2005
中国风险投资年鉴
China Venture Capital Yearbook

中国风险投资研究院（香港） 编

民主与建设出版社

图书在版编目（CIP）数据

中国风险投资年鉴.2005/ 中国风险投资研究院（香港）编.- 北京：民主与建设出版社，2005

ISBN 7-80112-682-3

I. 中… II. 中… III. 风险投资 - 中国 -2005- 年鉴

IV .F832.48-54

中国版本图书馆 CIP 数据核字（2005）第023211号

责任编辑 赵振兰 高志敏 程 旭
出版发行 民主与建设出版社
电　　话 （010）65523123　65523819
社　　址 北京市朝外大街吉祥里208号
邮　　编 100020
印　　刷 深圳市彩帝印刷实业有限公司
开　　本 889×1194　1/16
印　　张 63
字　　数 1650千字
版　　次 2005年4月第1版 2005年4月第1次印刷
书　　号 ISBN7-80112-682-3/F·319
定　　价 800.00元

注：如有印、装质量问题，请与出版社联系。

《中国风险投资年鉴（2005）》编委会

《中国风险投资年鉴（2005）》组织机构

主办单位及理事长单位

中国风险投资研究院（香港）

副理事长单位

广东省风险投资集团有限公司

深圳创新投资集团有限公司

Wilson Sonsini Goodrich & Rosati

常务理事单位

中科招商创业投资管理有限公司

武汉华工创业投资有限责任公司

橡子园创业投资管理（上海）有限公司

中国风险投资有限公司

Sofinnova Partners

3i Asia Pacific Plc

承办单位

深圳中投风险投资研究发展有限公司

支持单位

科学技术部火炬高技术产业开发中心

广东省风险投资促进会

湖北省创业投资同业公会

陕西省创业投资协会

深圳市创业投资同业公会

天津市创业投资协会

浙江省风险创业投资协会

合作媒体

《中国创业投资与高科技》杂志

《投资与合作》杂志

《东方企业家》杂志

序

风险投资是在市场经济相当发达的情况下产生的一种投资方式，它是一种高风险的、组合的、长期的、权益性的、专业的投资，在支持创新者创业、促进科技成果转化为生产力、推动高技术产业化等方面具有重要的作用。

我国的风险投资事业是在1985年开始起步的，但由于种种原因，发展比较缓慢。在1998年3月全国政协九届一次会议将民建中央《关于加快发展我国风险投资事业的几点意见》的提案列为会议的“一号提案”后，在各方面的大力支持和推动下，我国风险投资事业得到了比较迅速的发展。

但是，我们也应清醒地看到，在我国这样一个正处在从传统的计划经济向社会主义市场经济转变过程的发展中国家，引入风险投资这种先进的投资方式是一项十分艰巨的任务。为此，我们既要研究发达国家发展风险投资的经验和教训，深入了解风险投资的特点和发展规律，又要结合我国的实际情况，从战略、制度和实务等各个方面探索我国风险投资的发展道路。

江泽民同志在中国共产党第16次全国代表大会上的报告中提出：“**发挥风险投资的作用，形成促进科技创新和创业的资本运作和人才汇集机制**”。“**要形成与社会主义初级阶段基本经济制度相适应的思想观念和创业机制，营造鼓励人们干事业、支持人们干成事业的社会氛围，放手让一切劳动、知识、技术、管理和资本的活力竞相迸发，让一切创造社会财富的源泉充分涌流，以造福于人民**”。我深切地希望我国风险投资事业中的有志之士要认真学习和理解在我国发展风险投资的重要意义和指导思想，切实掌握并运用风险投资这一新型投资方式来为增强国力和造福人民而努力奋斗。

《中国风险投资年鉴》的编辑出版对于中国风险投资业界和学界具有重要的价值和作用。年鉴不但可以为中央及地方政府有关科技与经济管理部门提供决策参考，而且可以为各类风险投资企业、投资基金、金融中介机构、创业者等提供系统、准确、广泛的资讯，同时也可为有关研究中国风险投资专家学者提供重要的参考工具。

《中国风险投资年鉴》从2002年开始首次编撰，2002年的年鉴重点介绍了风险投资的有关理论、专业及业务方面的基础知识，对于普及风险投资知识、推进风险投资教育、加强人们的风险投资意识等发挥了积极作用。2003年的年鉴重点反映中国风险投资业在2003年当年发生的重要事实，具有史料性、学术性和工具性的特点。2004年的年鉴即《中国风险投资年鉴（2005）》沿用2003年年鉴的风格，以2004年的客观事实为核心，全景式介绍了中国风险投资业界的重要观点、政策法规、研究报告、调查数据和行业动态；收录了近一年来风险投资领域的重要讲话和重大事件；记载了著名风险投资案例和热点行业投资分析报告；综述了国内外有关风险投资的最新理论和实务研究成果；并收录更新了国内外风险投资协会、中国风险投资机构、相关中介机构、高新技术园区以及主管风险投资和高科技的政府部门的名录。全书按内容分类编排，由特载篇、发展篇、统计篇、研究篇、案例篇、行业篇和附录等七个部分组成。

2005年年鉴的具体编撰工作继续由中国风险投资研究院（香港）承担。对于承担这样一项既需要学术研究功底又需要深入细致精神和复杂组织工作的工程，实在不容易。经过近7个月的努力工作，这本既具有学术价值又具有史料性的工具书终于与大家见面了，我在此表示衷心的祝贺。同时，2005年年鉴编撰工作是一项系统工程，牵涉到中国风险投资及相关领域的学术界、实务界和政府管理部门，从中央及地方政府有关科技管理部门到各风险投资协会、公司、研究机构及有关企业人员等都给予了大力支持和积极配合。可以说，年鉴编撰工作是在大家的共同努力下完成的。在此，我向参与年鉴编撰工作的全体编委、编撰人员及有关支持单位表示感谢！希望《中国风险投资年鉴》这一全面反映中国风险投资发展历程的大型史书能够持续地编撰下去，并对促进中国风险投资研究和发展发挥重要作用！

成思危

2005年2月28日于北京

前言

《中国风险投资年鉴》是反映中国风险投资发展历程的大型史料性工具书。该年鉴的编辑出版对于中国风险投资业界和学界具有重要的价值和作用，不但可以为中央及地方政府相关科技与经济管理部门提供决策参考，为有关专家学者研究中国风险投资的发展规律提供事实依据，也为各类创投企业、投资基金、金融中介机构等提供了系统、准确、广泛的资讯，可以作为各图书馆、研究机构以及风险投资业界人士重要的参考工具书。

年鉴编撰工作是一项牵涉面广、头绪多而且复杂的文字工程。在编撰《中国风险投资年鉴（2005）》（注：按照国际惯例，我们将反映2004年中国风险投资全貌、2005年出版的年鉴命名为《中国风险投资年鉴（2005）》）的过程中，编辑队伍进行了合理分工。主编成思危确定编撰原则、内容大纲和总体思路，并在总体上对年鉴编撰工作进行了质量把关；常务副主编陈工孟负责年鉴编撰工作的具体规划、组织与实施；六位副主编（张景安、刘应力、何国杰、靳海涛、刘曼红、谈毅）分别从政策、实务和学术三个方面进行了指导与把关；常务编委会对年鉴的编撰工作从不同角度提供了专业意见和建议，并为年鉴提供了部分稿源；编委会委员全面参与了编撰年鉴的具体工作，包括问卷调查、联系约稿、收集整理资料、编撰与修改文稿等。

在主编确定编撰原则、思路和大纲后，2004年6月中国风险投资研究院成立了年鉴编撰工作组，制定了详细的工作计划和工作指引，并于2004年7月开始正式进入年鉴的编撰工作。2004年6月初至9月上旬的3个多月时间，年鉴编撰工作组组织了6个人的资料搜集小组，收集、整理了国内外风险投资协会、公司、基金、科技园区和创业服务机构等风险投资及相关机构的更新信息资料。与此同时，年鉴编撰工作组设计了“2004年中国风险投资机构评比调查问卷”，并在10月底寄出了大批问卷进行调查。在向全国重点大学相关领域专家学者和一些成功创业企业约稿的同时，编撰组还通过有关报刊、杂志和网站收集整理有关风险投资方面的分析研究文章和典型案例。从2004年10月中旬到2005年2月上旬，年鉴编撰工作组共组织了20多人全力投入编撰工作，到2005年1月底年鉴大部分文稿的编撰工作基本完成。年鉴编撰工作组以陈工孟院长为组长、谈毅博士为副组长，根据任务重点不同成立了三个工作小组，分别由王雨青、蒋磊磊和郭亚菲担任组长。郭亚菲组负责特载篇和附录的编撰，成员包括林良镱、陈红、胡琴琴等；蒋磊磊组负责发展篇、统计篇和研究篇的撰写，成员包括薛丽、曾丽莎、黄金竹、林良镱等，其中统计篇的数据由“评比问卷调查小组”负责，王雨青（后由张勇接替）担任小组长，成员包括钟念、吴士敏、沈涛、盛三化、谢光勇、薛光聪、杨红玲、水银银等；王雨青组负责行业篇和案例篇的撰写，成员包括孙昌群、谢光勇、薛光聪、陈华强、李全民等。在年鉴编撰期间，工作组每周都要召开一到两次沟通协调会议。为提高年鉴的编撰质量，年鉴编撰工作组还专门组织专家对各章文稿进行审阅，对有关文稿进行了反复核对和修改。在2005年2月初完成了全部约165万字的文稿编撰任务。2005年3月初，民主与建设出版社完成了全部文稿的三审。2005年3月1日～20日，研究院的编撰人员在深圳完成了年鉴最后的文字编辑与校稿工作。

年鉴的编撰工作是在中国风险投资及相关领域的学术界、实务界和政府管理部门的大力支持和积极参与下，由众多编撰人员共同努力完成的。具体参与年鉴各部分编撰工作的人员包括：郭亚菲、林良镱、陈红、胡琴琴、丁琳、秦艳等参与了“特载篇”的资料收集与编撰工作；蒋磊磊、曾丽莎、黄金竹等参与了“发展篇”的编撰工作；蒋磊磊、钟念、林良镱、许庆胜、曾丽莎、秦艳、丁琳等参与了“统计篇”的编撰工作；蒋磊磊、薛丽等参与了“研究篇”的编撰工作；孙昌群、陈华强、李全民、杨红玲、余毅等参与了“案例篇”的编撰工作；谢光勇、薛光聪、哈妮丽等参与了“行业篇”的编撰工作；郭亚菲、林良镱、陈红、胡琴琴、丁琳、秦艳等参与了“附录”部分的资料搜集、整理和编撰工作。参与年鉴审稿和编辑工作的人员有蒋磊磊、黄金竹、林良镱、吴士敏、薛丽、曾丽莎、钟念等。在此，我们向所有参与年鉴编撰工作的全体人员表示感谢！在年鉴的编撰过程中，我们同时也得到了有关政府部门、各风险投资协会和有关媒体机构的大力支持和配合，在此也一并表示感谢！

为尊重知识产权，我们严格要求所有编撰人员在撰写文稿时必须注明所参考和引用文献资料的出处和来源；在每次年鉴编撰工作会议中，常务副主编陈工孟博士都反复强调尊重知识产权的重要性。尽管如此，由于编撰工作的复杂性，在搜集资料和编撰过程中依然可能存在一些疏漏，敬请海内外的有关专家学者、风险投资业界人士对年鉴中存在的疏漏给予谅解，我们将争取在编撰《中国风险投资年鉴（2006）》时加以改进，并进一步提高年鉴的编撰质量。

由于时间关系，本年鉴中难免存在不妥和错误之处，敬请广大读者给予批评指正。

《中国风险投资年鉴（2005）》编委会

2005年3月

目　录

特载篇

发展篇

统计篇

研究篇

案例篇

行业篇

附　录

特载篇

发展篇

统计篇

研究篇

案例篇

行业篇

附 录

深圳市創新投資集團有限公司

深圳市创新投资集团是以资本为主要联结纽带的母子公司为主体的大型投资企业集团,于2002年9月正式成立。集团核心企业深圳市创新投资集团有限公司的前身为深圳市政府于 1999年 8月26日发起设立的深圳市创新科技投资有限公司，注册资本16亿元人民币。集团目前投资能力已超过30亿元人民币，并将通过广泛的境内外合作，不断提高投资能力。

集团董事长靳海涛先生

集团总裁陈玮先生

投资领域

互联网信息技术、电子通讯、信息通讯、生物医药、新材料、新能源

以高新科技改造升级的传统产业

市场广阔、收益稳定的基础产业

企业重组、兼并收购、上市策划

企业管理咨询、财务顾问

融资担保

投资策略

投资原则　以“出口”为导向，即投资能否退出作为选项的前提条件；

投资阶段　以成长期和扩张期项目为主，兼顾初创期和种子期项目；

投资方式　股权投资，对成长期和扩张期的单个项目投资规模通常在1000-3000万元人民币左右；

投资标准　技术创新：能否提供一种前景广阔的独特产品或服务；

高成长性：在巨大的潜在市场中，具有核心竞争优势和强大的拓展能力；

财务规范：良好的财务管理体系，合理的资本要求；

管理优秀：诚信度高，管理开放，团结、协作、能进行有效沟通的管理团队。

增值服务

我们提供的不仅是资本，还有经验、创意和资源：

确立商业模式，形成核心竞争力

进行上市策划，帮助后续融资安排

提供管理咨询，建立现代企业制度

健全财务管理，加强风险防范

完善法律保护，强化竞争优势

介绍战略伙伴，拓展市场渠道

发展方向

向以创业投资为核心的综合性投资集团方向发展

深圳市創新投資集團有限公司

地址：深圳市福田中心区深南大道4009号投资大厦11层

电话：86-755-82912888　传真：86-755-82912880

网址：www.szvc.com.cn　邮编：518026

广东省风险投资集团

GUANGDONG VENTURE CAPITAL GROUP CO.

集团简介

广东省风险投资集团

成立于2000年9月，是广东省人民政府授权经营的国有风险投资公司，负责管理广东省人民政府12亿风险投资资金。集团公司现拥有广东省创业投资公司、广东省科技风险投资有限公司等八家风险投资和实业公司。

广东省风险投资集团

主要以股权投资的形式投资于广东省内的科技创新企业。除直接投资外，集团的业务范围还包括：风险投资资金管理、投融资咨询、收购兼并、企业重组等。截止2004年底，广东省风险投资集团累计投资科技创新企业100余家，在投资参股的企业中有三家已成功上市，还有若干家正在积极筹划上市。

广东省风险投资集团

在国内风险投资行业中的影响与实力持续增强，集团在2001、2002和2003年度，被中国创业投资业界评选为国内风险投资机构综合实力前五名。

广东省风险投资集团

坚持市场化运作原则，以经济效益为中心，发扬积极探索、不断创新的精神，在增强投资能力、提高投资决策水平、探索投资撤出方式方面做了大量卓有成效的工作。同时公司在拓展与境内外同行合作空间，建立中外合资的风险投资管理公司，探索与上市公司、地方政府合作创办专业性或区域性的风险投资机构，为促进广东的创新科技产业与中小企业的发展作出了应有的贡献。

广东省风险投资集团

还在风险投资项目投资决策、投资团队管理、为投资企业提供增值服务、投资项目的运作与撤出等方面形成了鲜明的管理理念，在全国树立了粤科风险投资的品牌形象，公司在国内外的影响进一步扩大，已成为在全国具有影响力的风险投资机构。

广东省风险投资集团

将坚持积极、务实的投资原则，发挥集团公司风险资本对风险投资资金的引导和放大作用，吸引更多的各类资金参与风险投资，联合国内外的风险投资机构进一步探索符合中国国情的管理与运作机制，致力于开创中国本土科学有效的风险投资管理模式。

GVCGC

地　址：广州市先烈中路100号高中心大楼14-15楼（510070）
电　话：0086-20-87680388
传　真：0086-20-87682766
网　址：http://www.gvcgc.com
E-mail：gvcgc@gvcgc.com

特 载 篇

第一章　风险投资及相关重要问题的讲话选编

中小企业的发展成为今年风险投资业界最为关注的话题。本章收录了23篇2004年我国政策制定者及国内知名学者就中小企业发展等相关问题的重要讲话。

从讲话的内容可以看出，当前风险投资业的热点问题仍集中在中小企业板的推出、中小企业融资困境及解决高新技术产业发展等方面。全国人大常委会副委员长成思危，科技部、证监会、财政部等部门的高层人士和国内著名学者对风险投资企业发展所需要的外部环境、我国中小企业板的建设、高新技术产业的发展方面作出了较为明确的判断。可以看出，国家有关部门对风险投资的鼓励与支持力度不断增大。

一、充分发挥科技进步和创新的巨大作用①

中共中央政治局27日下午进行第十八次集体学习，由中共中央总书记胡锦涛主持。他强调，要坚定不移地树立和落实科学发展观，坚定不移地实施科教兴国战略，充分发挥科技进步和创新在经济社会发展中的巨大作用，更好地推进我国社会主义现代化建设。

胡锦涛在主持学习时发表了讲话。他指出，科学技术是第一生产力，是经济社会发展的重要推动力量。当今世界，全球性科技革命蓬勃发展，高新技术成果向现实生产力的转化越来越快，特别是一些战略高技术越来越成为经济社会发展的决定性力量。我们必须认清形势，居安思危，奋起直追，按照科学发展观的要求，加快发展我国的科学技术，为推进经济结构调整优化、实现经济增长方式的根本性转变，为推动经济社会全面协调可持续发展，提供更加有力的科技支撑。

胡锦涛指出，要坚持把推动自主创新摆在全部科技工作的突出位置，大力增强科技创新能力，大力增强核心竞争力，在实践中走出一条具有中国特色的科技创新的路子。要瞄准世界科技发展的前沿，加快国家创新体系建设，加强原始创新能力和集成创新能力。要坚持有所为有所不为的方针，抓住那些对我国经济、科技、国防、社会发展具有战略性、基础性、关键性作用的重大课题，努力把科技资源集中到事关现代化全局的战略高技术领域，集中到事关实现全面协调可持续发展的社会公益性研究领域，集中到事关科技事业自身持续发展的重要领域和基础研究领域，抓紧攻关，争取突破。

胡锦涛指出，要坚持贯彻经济建设必须依靠科学技术、科学技术必须面向经济建设的战略方针，继续推进科技体制改革，形成科技与生产紧密结合的有效机制。要确立企业技术创新和科技投入的主体地位，增强企业的研究开发能力，坚持先进技术引进和消化、吸收、创新相结合，实现市场开拓、技术创新和生产经营一体化。要加强经济政策和科技政策的相互协调，营造有利于技术创新、发展高新技术和实现产业化的政策环境。要促进产学研相结合，加快高新技术产业发展和传统产业优化升级。国家要继续增加科技投入，同时要吸引社会资金参与科技开发，逐步形成

① 该篇摘自中共中央总书记胡锦涛于2004年12月27日在中共中央政治局第十八次集体学习上的讲话。

多元化的科技投资体制。

胡锦涛指出，统筹城乡发展，统筹区域发展，统筹经济社会发展，统筹人与自然和谐发展，统筹国内发展和对外开放，既要从政策上采取得力措施，也需要从科技上给予有力支撑。要适应城乡、区域、经济社会协调发展以及人与自然和谐发展的需要，优化科技力量布局，加大对经济社会发展薄弱环节的科技力量投入。要坚持以人为本，加强对社会事业和公益事业的科技支持，加强直接涉及人民健康和生活质量的医药卫生、计划生育、环境保护、生产安全、社会公共安全等方面的技术攻关。要加强对节约能源资源的科技研究开发，促进循环经济发展，逐步建设节约型社会，真正走出一条生产发展、生活富裕、生态良好的文明发展道路。

胡锦涛强调，各级党委和政府都要切实把科技工作摆上重要议事日程，扎扎实实地把科教兴国战略落到实处。要立足当前、着眼长远，制定和实施正确有效的科技政策措施，着力推动科技进步和创新。要抓住重点、集中力量，形成协调一致和分工合作的良性机制，切实提高科技资源的利用效率。要尊重知识、尊重人才，坚持把发现、培养、使用、凝聚优秀科技人才作为科技发展的重要任务，建立健全一整套有利于人才培养和使用的激励机制，促进创新人才特别是年轻人才脱颖而出。要大力弘扬科学精神、普及科学知识、树立科学观念、提倡科学方法，努力形成全社会共同促进科技进步和创新的良好氛围。

二、鼓励中小企业和创业投资发展①

曾培炎说，我国政府采取积极措施，鼓励中小企业与创业投资发展。中美两国加强中小企业与创业投资领域的合作，具有很大的潜力和广阔的前景。

曾培炎说，改革开放以来，中国中小企业取得了长足发展。目前，中小企业占全国企业总数的99%，吸纳了全社会75%的就业人员，提供了全国60%以上的出口额和超过45%的税收收入，创造了全国70%的新增工业产值和55%以上的国内生产总值。中小企业已经成为中国经济增长、市场繁荣和扩大就业的重要基础。

曾培炎指出，长期以来，我国政府采取一系列鼓励政策，支持中小企业和创业投资的发展。国家运用税收政策，鼓励各类投资机构增加对中小企业的投资，安排了中小企业专项资金，建立了科技型中小企业创新基金。目前正在抓紧设立中小企业发展基金。在鼓励中小企业到境外上市融资的同时，今年5月，又在深圳证券交易所设立了中小企业板块。中国政府将进一步支持中小企业发展，多方面扩大融资渠道，逐步推进风险投资和创业板市场建设。

在谈到经济形势时，曾培炎说，当前，我国经济形势总体良好，宏观调控取得积极成效。我们将继续合理控制投资规模，努力缓解煤电油运供应紧张的矛盾。同时，支持有市场、有效率的企业正常发展，支持符合国家产业政策和市场准入条件的建设项目，支持农业、基础设施、生态环保、社会事业以及高技术产业等薄弱环节，继续推进西部大开发和东北地区等老工业基地振兴。这些措施都将为中小企业发展提供有利的环境。

曾培炎强调，中美两国经济互补性强，贸易往来不断增加。只要双方本着互相尊重、互惠互利的精神，不断开拓合作领域，丰富合作内容，就一定能推动两国经贸投资合作迈上新的台阶。

---

① 该篇摘自国务院副总理曾培炎于2004年6月23日在北京举办的首届“中美中小企业与创业投资论坛”开幕式讲话。

三、发展风险投资，奋力振兴中华[①]

自从1998年民建中央在政协九届一次会议上提出的《关于加快发展我国风险投资事业的几点意见》的提案被列为一号提案后，民建中央为促进风险投资事业的发展，每年都与有关单位共同组织举办风险投资论坛。我们这次论坛是第6届，也是第一次在北京以外举办。这次论坛从参加的人数和来宾的情况来看，是历次论坛中规模较大、层次较高的一次。这也反映了我国在新的一轮经济周期开始的时候，我国的风险投资经过了6年的探索，现在又开始走上比较健康和积极的发展道路。作为一个风险投资积极的促进者，我借此机会谈几个大家关心的问题。

（一）中国为什么要发展风险投资

风险投资从微观的角度看，是一个市场经济高度发达的情况下非常有效的投资工具。根据国外的统计，从较长的时期看来，风险投资总体的回报率要高于一般的投资回报率。所以，风险投资是一个比较先进的投资工具，它运用组合投资理念，而且把风险投资家的经验和创新者的创新技术结合起来，从而取得较高的收益。在中国，我一直认为发展风险投资还有一个更重要的意义。我国在21世纪要实现中华民族的伟大复兴，没有风险投资是不行的。因为从当今世界看，各国之间的竞争主要是经济实力的竞争，经济实力的竞争又集中体现在科技实力的竞争，科技实力的竞争本质上是人才实力的竞争，而人才实力的竞争归根到底是人才的创新能力的竞争。所以说，没有高水平的创新能力的人才，我们在世界的竞争中不可能取得较好的成绩。我曾经讲过，经济可以保证我们的今天，科技可以保证我们的明天，但是只有教育才能保证我们的后天。从这点上说，风险投资不仅仅是培育科技成果，更重要的是培育有创新能力的人才，使得这些人能够在社会上得到应有的尊重，在经济上能因他的创新而得到应有的回报。只有鼓励各种创新思想及创新技术的发展，才能真正增强我国的国际竞争力。

在21世纪，许多发达国家已经或开始进入知识经济社会。在知识经济社会中，最重要的是掌握知识。有人说将来会有两类国家：一类是头脑国家，就是产生知识的国家；另一类是躯干国家，就是运用知识的国家。目前在发达国家中，很多的实体经济活动都转移到国外，但它们却掌握着创新的技术和专利，更多地从事虚拟经济活动。我们中国如果没有自己的自主知识产权，没有自己的技术，我们在世界的竞争中就会处于被动的地位。因为，首先真正先进的技术是买不到的，别人不会把最先进的技术卖给你，他若是给了你，他就是培养了一个竞争对手。即使是国外很先进的技术，也有一个本土化问题，必须结合我国实际的情况加以运用。所以说，我们一定要掌握自己的创新技术，否则我们会处于被动的地位。例如，我国的DVD机产量是世界第一，但是，缴纳的知识产权费用也比较多，这样就压缩了我国DVD机生产企业的盈利空间。又如，我国的电脑产量也很大，但芯片是英特尔的，操作系统是微软的，因此有人说，我国的电脑生产在一定意义上是为他们打工。由此可见，风险投资在培育创新人才方面，在培养自己的知识产权方面，在促进我国的科技成果转化成为现实生产力方面，都具有非常重要的作用。这也是为什么中央这么重视风险投资，在中共十五大报告和十六届三中全会的决定中都明确提出要发展风险投资的原因。

---

① 该篇摘自全国人大常委会副委员长、民建中央主席成思危2004年4月2日在深圳举行的“第六届中国风险投资论坛”上的讲话。

尽管学术界有争论，有各种说法，但是，我认为对我国来说，发展风险投资不能只从微观方面看，还要从中国的前途、中国的命运宏观方面看。如果我们要在21世纪实现中华民族的伟大复兴，我们就要真正关注风险投资，以增强国家的综合竞争能力和综合实力。因此，我认为推动我国的风险投资并不仅单纯着眼于能够有一个很好的投资工具，让投资者取得更多的利润，还应看到，在一定意义上它事关我们国家的前途和民族的命运。

（二）应该认真总结国内外风险投资的经验

1998年民建中央提出关于风险投资的提案时，社会上很多人还不知道风险投资为何物。曾经有一个城市请我去做风险投资的报告，会场的横幅上竟写成“防范投资风险报告会”。现在，风险投资的观念在国内已经比较普及，这也是一个很大的进步。当年，全国的风险投资的规模还很小，风险投资公司也很少。目前，根据不完全统计，我国大约有300多家风险投资公司，大约掌握着500多亿元资金。在最近6年的探索中，我们积累了不少的经验和教训，我认为这些经验和教训对我们是最宝贵的东西。我希望风险投资界的同志们，能很好地回忆一下你们这6年来的酸甜苦辣，这6年的成功的经验和失败的教训。总结经验就要实事求是，应当明确该怎么做，不该怎么做。

另一方面，我们要认真学习国外在风险投资方面的好经验，避免重蹈他们的覆辙，对国外已经有过教训的事情，我们不要再去交学费。很多外国朋友对中国的风险投资都很关心，而且已经或将在这次会议上介绍他们的经验，我们应当认真地学习。希望我们的研究单位和大学要对国外的风险投资做认真的研究，将国外的经验与我国的实践结合起来，探索出一条发展中国风险投资的道路。尽管这两年世界风险投资经历了一个低潮阶段，现在正处于复苏状态，但是，我们和一些发达国家相比，仍有许多值得认真研究的问题。刚才我会见了一些外国朋友，有人提出我们的统计口径和国外不一致，我认为这个问题就很值得研究。如何改进我国风险投资数据的统计方法和企业绩效的衡量方法等等，都是值得我们研究的问题。国外的风险投资也经历了许多的经验和教训，例如，从美国的网络投资热的兴起到最后的泡沫破裂等。因此，我希望风险投资的从业者要认真将国外经验与我国的实际相结合，积极进行探索。

为了推进我国风险投资的发展，我们曾经探讨过一些问题，其中之一就是建立风险投资基金的问题。最初的投资基金法草案中包括三个方面，即证券投资基金、产业投资基金和风险投资基金。但是由于多方面的原因，仅限于证券投资基金，因此出台了《证券投资基金法》，没有纳入规范产业投资基金和风险投资基金的内容。但是，我们还是要积极地推进这方面的立法，因为没有相应的基金法，在国内成立基金是没有法律保障的，因此，目前有的风险投资基金是在香港地区或国外成立的。根据我国《立法法》的规定，有一些做法可以先制定地方性法规，当条件成熟后再制定适用全国的法律。现在有些地方制定了有限合伙制的法规，全国人大常委会已经将合伙企业法的修改列入了5年立法规划，修改的一个重要内容就是规范有限合伙制。有人认为我国不一定要搞有限合伙制，而我认为中国更需要搞有限合伙制。因为风险投资基金的管理者（主管合伙人）的权利和责任要对称，如果是管理者负无限责任，一般投资者（有限合伙人）负有限责任，这样可能更利于加强合伙企业的治理。如果都是有限责任，那就很难约束管理者。我比较赞成有限合伙制，但必须通过立法来规范。《证券投资基金法》中有比较严格的规定，基金管理人和托管人是分开的，以防范道德风险。目前，我们的风险投资主要还是以公司制运作，而且也摸索出了一些经验，但是，我认为还是要注意向有限合伙制转变。因为现在的基金管理公司的法人治理制度还不完善，其决策过程也比较慢，不利于培养真正有水平的风险投资家。我希望能进一步探索改进，既要能够有比较慎重的决策程序，又要能给项目经理以充分的授权，能够把他的责任和他的回报对应起来，既有激励，又有约束。

（三）中国风险投资的重点应该是支持高技术创新

这一点也有争论，有人说国外的风险投资并不都是支持高技术，但是，我认为应当重点支持高技术创新。从总体上看，即使在国外，重点也是两个：一个是信息技术，另一个是生命科学。美国风险投资中大约一半是支持信息技术，1/4到1/3支持生命科学，这两部分加起来占80%。我认为对我国来说，风险投资的重点也应当是这两个方面。这两个方面代表着高科技的主流，也是我们现在最薄弱的环节，应当在这两方面下更多的力量。这两方面技术更新快，风险也很大。当然高技术不光是上述两方面，还包括环保技术、海洋技术、航天技术、新材料等等。

在风险投资支持的企业（简称“风险企业”）的成长过程中，我认为风险投资应该重点支持起始阶段和发展阶段，即重点支持企业的建立和发展，这是和我们的目标相联系的。因为如果不支持有创新的创业者创办企业，再把企业做大，那风险投资就不可能发挥我前面所说的作用。现在看来，有一段时间确实存在着一种偏向，就是为了要快速获利，主要支持有可能在创业板上市的企业，结果是失败的。我们应该踏踏实实地支持中国的创新者创业，支持中国创新企业的发展。当然风险投资也不是不能支持风险企业后期的发展，但是可以通过战略合作等方法和其它的投资机构共同做。

（四）改善和健全风险企业的管理

风险投资成功与否，最后还是要看这些企业的绩效。这些企业要取得成功，需要许多方面的因素，要有自主的知识产权，要有产品和市场，要有比较好的管理团队。这些企业做好了，我国的风险投资才能扎扎实实地发展。我认为在这些企业中首先要加强法人治理制度的建设，避免内部人控制。这一点我们是有教训的。有的企业的管理者拿到了风险投资公司的资金后就独断独行，最后把钱花光了就一走了之。在最近这次修改宪法中，明确要保护公民的合法的财产权，这也包括保护广大投资者的财产权。以前对贪污国有企业财产者处罚得较严重，认为是触犯刑律，对损害民营企业财产者则只看成是一般的民事纠纷，处分较轻。现在我们还正在研究制定物权法，将越来越注意从法律上保障广大投资者合法的权利，这也将有助于促进我国的风险投资事业的快速健康发展。

为健全法人治理制度，我认为：第一，在开始阶段，风险投资公司和风险企业要有紧密的联系。风险投资公司在重大的投资决策和企业主要管理者的人选上，风险投资公司要有否决权，否则很难保障其合法权益。第二，随着企业的扩大，要注意股权的多元化。如果股权还是“一股独大”，就很难健全法人治理制度。不论是风险投资公司、还是风险企业，都要严格按照股份制的要求，逐步实现股权多元化。当然在第一轮融资的时候，可能就只有风险投资公司和技术持有者两家，但是随着第二轮及第三轮的融资，就要注意股权的多元化。在这个问题上，我们也是有深刻教训的。

（五）为风险投资提供出路

中共十六届三中全会提出，要推进风险投资和创业板市场建设。通过几年的努力，中小企业板块已经是指日可待了。我已经在报纸上发表了谈话，建议我国创业板市场的建设分三步走：第一步是将现在股票发行审核委员会已经通过的小盘股集中起来，建立一个中小企业板块在深交所上市，这一点各方面已经取得了共识，将较快地实现；第二步是研究如何降低门槛，扩大这一板块；第三步是到条件成熟的时候成立独立的创业板。所以，我想只要第一步开始走了，创业板的建立就会有希望，但是要非常谨慎，要注意防范风险。

我虽然一直在倡导发展风险投资，但在1999年时却不赞成马上设立创业板，因为当时很多公司是听说创业板要成立时才设立的。我去看了一些公司，办公室是租来的，工作人员是临时拼凑的，没有自己的技术，只是有一些初步的成果或设想，竟然有风险投资公司支持它上创业板，风险实在太大了。因此，在全国人大常委会1999年通过的修改公司法的决定中提出设立科技板块，而不搞创业板。现在看来，如果2000年我国开设了创业板，不知道有多少投资者要被套住。目前，积极稳妥地推进创业板的建设，已经取得各方面的共识，证监会也已证实了这一说法。

有人说，没有创业板就没有风险投资，这个观点我是不赞成的。因为，第一，美国的风险投资是从1946年开始的，美国的纳斯达克诞生于1971年，怎么能说没有创业板就没有风险投资呢？第二，从国外情况看来，风险投资所支持的企业中30%是通过上市蜕资，70%则是通过兼并收购蜕资。

在推进创业板建设的同时，我也在推进我国产权市场的建设。为此，我专门到上海产权交易市场进行考察，并支持他们于2003年开始出版《中国产权交易年鉴》。现在已通过国家认定，在上海、北京、天津三地成立产权交易所，这些产权交易所将来也是风险投资的另一个蜕资渠道。从产权交易看来，重要的是要解决资产定价的问题。资产定价高了，有行无市；资产定低了，会导致国有资产的流失。此外，还要注意动态地定价。为此我正在组织一批专家，准备开始研究这个问题。我认为，我国风险投资退出的渠道是光明的，既可从股市退出，又可从产权交易所退出。现在看这两条路都应该开辟，当然这两方面都还需要进一步完善。我认为退出的问题应该说不用担心，特别是国外的投资者不要担心。现在看来，两种形式都会具备，投资者可以选择任何一种形式。

（六）深交所将迎来一片艳阳天

由于3年前想在深圳设立创业板，确定停止深交所新股的发行，深圳的股市有一段时间陷入低潮。现在随着中小企业板块的即将推出，我认为深圳的股市，即深交所将迎来一片艳阳天。这也是几年来，深交所的同志们和广东省各方面的同志们共同推动的。2004年我们确定这个论坛在深圳召开，也具有这样一种暗示，即深交所将成为中国风险投资一个十分重要的退出渠道。我相信在下届论坛召开之前，我国的中小企业板块将已启动，但是启动以后还有大量的工作要做。根据现在的情况，要真正把深圳建成一个纳斯达克模式的市场，还需要作很大的努力。纳斯达克是三个板的联合，有主板、二板，还有一个柜台交易（俗称“三板”），这三个板联合起来才能构成一个多层次的股票市场。深圳在开了中小企业板块后，应该逐步努力建设纳斯达克模式的市场。一方面要在投资银行的支持下，通过杠杆收购(LBO)把在中小企业板块上市的企业中绩效比较好的进行重组，然后到主板再上市。业绩不好的企业要摘牌、退市，中小企业板块的设立，仅仅是深圳股市发展的第一步，以后的发展还需要通过认真的研究，通过大家共同的努力，才能够真正把深圳建设成为中国的纳斯达克。

最后我希望，我们大家共同努力来推进我国的风险投资事业。我们应当按照邓小平的教导，大胆试，允许看，不争论。现在有些人还是很喜欢争论，例如“Venture Capital Investment”是译成“创业投资”还是译成“风险投资”，我认为都没有关系。虽然中央文件采用的是“风险投资”这个译名，但是我也不反对“创业投资”这一译名。有些创业投资论坛我还是照样参加。但是有些人恨不得把“风险投资”这四个字抹掉，还为此发表了大量言论，说中国的Venture Capital Investment之所以发展缓慢，就是因为采用了“风险投资”这个译名。我认为风险投资能否发展起来，一要看国际的环境，二要看我们的努力。说实话，即使你叫它“发财投资”，它也不一定“发”得起来。有人在杂志上发表文章说，我们党一贯是善于纠正错误的，“文化大革命”时候的革命委员会不是也没有了吗？把一个译名问题跟“文化大革命”相提并论岂不太政治化了吗？现在有些人甚至说，如果叫“创业投资”就跟你合作，如果叫“风险投资”，就不合作，甚至在其发表的文章中将我们这个“中国风险投资论坛”改名为“中国创业投资论坛”，这就有点过于情绪化了。这次刘曼红教授发表了一篇文章，从学术角度阐述了这一问题。我希望大家多做一些踏踏实实的工作，不要在这个译名的问题上浪费唇舌、笔墨和时间。如果有时间，让我们探讨一下如何更好地发展中国的风险投资，这更为重要。

这几年来，我们本着风险投资的理念，举办“中国风险投资论坛”，出版《中国风险投资杂志》杂志，编纂《中国风险投资年鉴》，出版《中国风险投资实务丛书》，成立“中国风险投资研究院”等等，这些都是非盈利的事业，其目的在于推进中国风险投资事业的发展。当然我希望能早日成立中国风险投资协会，建立风险投资行业的组织

总而言之，我希望大家团结一致，共同努力，推动中国风险投资事业的发展，使其能够增强我国的国际竞争力，增强我国的科技实力，培养我国的创新人才，在本世纪内实现中华民族伟大振兴的目标。

四、创业板建设迈出积极审慎的第一步①

记者：多年来您一直孜孜不倦地倡导、推动我国风险投资的发展，被业界亲切地称为“中国风险投资之父”，您对这几年来风险投资在中国的发展状况是怎样评价的？

成思危：这些年来，我一直关注中国风险投资事业的发展，可以说是中国风险投资事业的一个积极促进者，但我坚决辞谢风险投资之父之类的桂冠。对于我国风险投资问题，我确实是在不断地研究和思考。

1998年全国政协九届一次会议上，民建中央提出的加快我国风险投资事业发展的提案被列为一号提案，对推动中国风险投资的发展起到了一定的作用。当时我就提出一个三步走的战略：第一步是在现有的法律框架内建立一批风险投资公司，探索中国风险投资发展道路；第二步是建立风险投资基金；第三步是建立包括创业板在内的风险投资体系。

从现在的情况看，第一步我们现在已经基本做到了。据不完全统计，现在全国有300多家风险投资公司，掌握的资金达500多亿元。从1998年到现在短短的6年时间里，能达到这样的发展水平，应该说已经相当不错了。第二步中风险投资基金的建立遇到了一定的困难，原来我们打算在起草投资基金法的时候，把证券投资基金、风险投资基金和产业投资基金放在一部法律中进行规范，后来由于各方面的意见难以协调一致，最后投资基金法草案演变成了单纯的证券投资基金法。现在有些地方实际的做法是通过变通的方式在搞风险投资基金。我想这样也好，让他们先做

---

① 该篇摘自上海证券报2004年5月18日对全国人大常委会副委员长成思危的访谈录。

些探索，等到积累了实际经验、条件成熟时，再通过立法予以规范。尽管现在还没有风险投资基金法，但是按照基金的管理思路，比如加大项目经理的管理权限、培养中国的风险投资家等，这些工作都已做。第三步是建立包括创业板在内的风险投资体系，现在正处于积极推进之中。

记者：创业板的建设多年前就被人提出来了，可我们目前还没有创业板，即将在深交所开设的中小企业板块也还不是真正的创业板，您认为这样一种设计主要是出于什么考虑？

成思危：我要说明的是，风险投资的退出，在境外一般有两条途径：一是并购，二是上市。并购大约占70%，上市约占30%。在我国，大家对上市的热情较高，其原因，除了上市能带来资金收益之外，主要因为并购之后原股东就难以保持对公司的控制权，再就是我国的产权交易制度还不规范，定价机制对卖方不太有利。尽管上市不是风险投资退出的惟一渠道，但如果在我国内地设立了创业板，能起到提高投资者信心的作用，也有利于那些需要融资的企业能够得到有效的融资。

但推进创业板建设，一要积极，二要慎重。因为我国股市存在着过度投机，还存在着信息披露不实、内幕交易和恶意操纵市场等问题，中小投资者的合法权益很容易受到侵害，甚至其财富被变相地掠夺。所以，我一直主张对创业板只能稳步推进。

为了稳步推进我国内地的创业板，我也提出三步走的建议，为与前述三步走战略相区别，可称为小三步走。第一步是把发审委已经通过的小盘股集中起来，开辟一个中小企业板块。由于不降低上市条件，各方面比较容易接受，且这部分企业的数量也不太多，上市对市场的冲击不会太大。第二步是适当降低条件，逐步扩大这个板块。第三步是条件成熟时建立一个完整的、独立的创业板。

对于创业板的小三步走的建议，现在各方面已基本上取得了共识。我想，在深交所推出中小企业板块的时间应该不会太长了。

记者：许多人有个疑问，您那么积极赞成搞风险投资，那为什么不赞成马上设立创业板？这其中是否还有对投资者负责的考虑？

成思危：的确如此。1999年的时候，国际上风险投资非常热，在这样的大背景下，我国也兴起了风险投资热。我到一些地方搞调研，发现很多企业实际上是虚的，没有自主的技术，场地也是租来的，管理团队也不行，而且根本没有3年的业绩，而不少企业是听说要设立创业板以后才临时拼凑起来的。这个时候开设创业板，可能开始时很热闹，但是最后会造成很坏的结果。所以，我当时不赞成马上就开设创业板，为这事我也遭到很多人的骂，说我阻碍创业板的建设，阻碍风险投资的发展。但我觉得，我们要为广大投资者负责，不能够头脑发热，更不应将风险投资公司应承担的风险转嫁给股市中的广大投资者。

到了2000年下半年，恰好美国的网络股大跌，中央领导果断决策暂时不搞创业板。否则的话，当时创业板就有可能开设出来了。大家可以想象一下，如果当时开设了创业板，会有多少投资者血本无归。创业板和主板还不一样，主板中业绩差的企业，不管怎样它还能存在，而创业板中差的企业可能就彻底消失了，投资者只能是血本无归。所以，我情愿挨别人的骂，也不能不对广大的中小投资者负责。

记者：有人担心，中小企业板块会分流出资金，从而对主板造成冲击。对这个问题您是怎么看的，设立中小企业板应该注意哪些问题？

成思危：如果市场增量一下子放得很大，根据市场供求规律，必然会造成股市的下跌，但是资本市场又必须不断地补充新的血液。因此我主张开始时只设立板块。把发审委已经通过的约30个～50个小盘股集中起来，按每家5 000万股流通股计算，也就15亿～25亿股，总量不是很大，我认为这对市场还不会造成太大冲击。

这里有个重要的问题，就是我国内地的股市与境外的还不太一样，不能做到有进有出，这样的结果是：不好的企业不能摘牌，不能退市，市场就只能不断地扩大。正常情况下，通过优胜劣汰进来一批，退出一批，这是最理想的。因为我们的股市还难以做到有进有出，所以，小三步走中的第一步不能将量放得过大，而且也不要求上市公司股票全流通，这样对市场就不会造成太大的冲击。从另外一个角度看，设立中小企业板块有利于发挥股市的有效配置资源的功能。如果一些中小企业上市，投资者对它的期望和它本身的业绩都不错的话，就会买进一些绩优公司的股票，而对于主板中业绩差的公司，投资者就有可能用脚投票，从而发挥股市优胜劣汰的作用。

记者：还有人担心，深交所的中小企业板块开出来之后，会对毗邻的香港创业板造成不利影响，您认为是否存在这种不利影响，影响又有多大？

成思危：影响肯定会有，但关键是影响有多大。现在的情况是，内地没有这样的板块，所以许多内地的中小企业就到香港去上市。但我认为，这不是主要问题，现在内地的企业加起来有20多万家，其中已经进行各种不同形式股份制改造的企业也有6万多家，已经上市的也就1 300多家，进入中小企业板块的更是只占很小的比例。从上市公司资源的角度看，应该不会对香港创业板造成太大的影响。当然，深圳的中小企业板块可能会与香港创业板形成竞争的态势，但我想，市场经济是鼓励竞争的，通过竞争来提高效率，这是市场经济发展的客观规律。我们应该鼓励竞争，而不应当回避竞争。

记者：即将推出的深交所中小企业板块的模式与您当初提出的设想是否有差异？您认为今后深交所是否应该以此为契机，把自己定位于一个主要为中小企业融资服务的证券市场？

成思危：与真正的创业板相比，中小企业上市的门槛还是高的，是按现行的发行审核标准审核通过的，如此就可能有一些好的小企业达不到上市条件而被拒之门外，但这也是权衡利弊的结果。前些时候，大家比较担心的一是这些上市企业的业绩，二是上市的总量。也正为此，即将推出的中小企业板块中的上市企业是严格按照主板的上市条件来审核的，市场风险是能得到控制的；并且这些企业是发审委已通过的企业，总量不大。所以说，它还只是主板的一个板块，不是独立的板，它离真正的创业板还有相当距离，是在创业板稳步推进过程中启动的第一步。

另外，目前深交所的模式离真正的纳斯达克模式还有一段距离。深交所现在保留了原有的上市公司，增量部分都被安排到上证所上市。所以，我提出，可以把深交所改变为纳斯达克模式的市场，即一、二、三板都有的市场。现在可以继续发展一板市场，就是在主板中设中小企业板块，等将来条件成熟后，把它独立出来变成二板。二板中的好的企业发展到一定程度，还可以在投资银行的支持下，通过杠杆收购进行重组，再到主板上市交易。同时，还要建立柜台交易，那些退市的和不愿意上市的企业，可以在柜台交易。

五、成思危谈中小企业板[①]

全国人大常委会副委员长成思危在致辞中指出，深交所中小企业板块的设立，在中国资本市场的发展史上具有重大和深远的意义，标志着我国多层次资本市场建设的开始，为我国的中小企业提供了通过资本市场进行融资的途径，也为中国的风险投资提供了一条通过资本市场退出的渠道。中小企业板块的设立只是千里之行的第一步，要真正把深交所建成类似于NASDAQ模式的多层次的资本市场，还需要进行艰苦的努力。

成思危就中小企业板块的建设提出了四点意见：一要循序渐进。要按照十六届三中全会提出的推进风险投资和创业板市场建设的目标，分步向前推进；二要尊重现实。改革是路径依存，要在现有资本市场发展的基础上积极稳妥地探索创新；三要打好基础。要保证上市公司质量，加强法人治理制度的建设，不断增强投资者的信心，最终达到建设一个完善的创业板市场的目标；四要不断创新。中小企业板块设立以后，还有很多问题需要进一步研究，要吸取包括香港在内的境外资本市场发展的经验和教训，结合我国实际情况，大胆运用，建设好我国的创业板市场。

六、《中华人民共和国中小企业促进法》座谈会发言[②]

2004年1月1日，是《中华人民共和国中小企业促进法》施行一周年纪念日。《中小企业促进法》是我国社会主义市场经济法律体系中的一部重要法律。它的颁布实施，标志着我国中小企业发展步入了法制化轨道，成为中小企业发展史上的一个重要里程碑。

（一）《中小企业促进法》贯彻实施取得初步成效

一年来，各地区、各部门积极宣传贯彻《中小企业促进法》，制定配套法规和政策，依法开展工作，不断改善发展环境，对促进中小企业发展发挥了重要作用。

第一，依法促进中小企业健康发展的氛围初步形成。今年以来，全国人大和全国政协的领导多次对中小企业发展情况进行调研，召开各种形式的座谈会，研究中小企业发展中面临的问题，提出许多依法促进中小企业发展的政策建议。国务院有关部门按照各自工作职责，加强了对中小企业促进工作的组织领导和协调配合，采取积极有效措施，将法律规定的各项政策落到实处。各地党委、人大和政府高度重视法律的贯彻实施，并以此为契机，推动相关工作的开展。

第二，有关配套法规和政策性文件陆续出台。2004年2月，经国务院批准，原国家经贸委、原国家计委、财政部和国家统计局联合下发了《中小企业标准暂行规定》。《中小企业发展基金管理办法》和《中小企业信用担保管理办法》已形成初稿，目前正在修改完善中。各省（自治区、直辖市）按照《中小企业促进法》的规定，研究起草了有关实施办法，分别在政府职责、权益保障、财政支持、信用担保、鼓励创业以及服务体系建设等方面，提出了具体的细化内容，有的地区还研究制定了多项促进中小企业发展的配套政策。

---

① 该篇摘自全国人大常委会副委员长成思危于2004年5月27日在深圳证券交易所中小企业板块启动仪式上的致辞。

② 该篇摘自国家发展和改革委员会主任马凯于2004年4月20日在《中华人民共和国中小企业促进法》座谈会上的发言。

第三，促进中小企业发展的工作机制基本建立。在2004年国务院机构改革中，将原国家经贸委促进中小企业发展的职能划入新组建的国家发展改革委，理顺了关系，充实了人员。同时，国务院组建了新的“全国推动中小企业发展工作领导小组”，负责全国中小企业和非国有经济工作的统筹规划、组织领导和政策协调，组织实施《中小企业促进法》，并监督检查实施情况。各地区也加强了对中小企业工作的组织领导，不少地方相继成立了以政府主要领导任组长，发展改革、经贸、财政、银行、工商、中小企业局等部门参加的领导小组，并建立了专门的中小企业管理机构，全国已有11个省成立了中小企业局。各部门协调配合，共同推进中小企业发展的工作局面正在形成。

第四，中小企业发展的政策环境有所改善。主要表现在三个方面：一是资金支持力度加大。按照《中小企业促进法》关于设立中小企业发展专项资金的规定，今年中央财政预算安排了中小企业专项启动资金，用于对中小企业服务机构开展培训、提供小企业信用服务和创业服务等方面的补助。绝大多数省区市也都不同程度地加大了对中小企业的扶持力度。二是信用担保体系逐步完善。据不完全统计，截至2003年6月底，全国已设立各类中小企业信用担保机构近1 000家，共筹集担保资金287亿元；累计受保企业约5万户，累计担保总额约1 200亿元；受保企业担保后从业人员增加58万人，新增销售收入1 100多亿元，新增利税100多亿元。

（二）贯彻实施《中小企业促进法》需要关注的几个问题

从一年来贯彻实施《中小企业促进法》的情况看，取得的成绩是主要的，但也存在一些问题，需要引起重视，认真加以解决。一是《中小企业促进法》配套法规体系有待完善。作为配套文件之一的《中小企业标准暂行规定》已经国务院批准实施，效果是好的。《中小企业发展基金管理办法》、《中小企业信用担保管理办法》等其它配套性文件还需抓紧制定，早日出台。省级实施细则的制定工作也需加快进度，使促进中小企业发展的法律体系日臻完善。二是依法行政的观念有待进一步加强。要建立依法行政、为各类所有制企业创造公平竞争环境的工作机制，增强贯彻实施法律的自觉性，确实使《中小企业促进法》成为推动中小企业工作、促进中小企业发展的有力保障。三是对中小企业发展的政策扶持力度需要进一步加大。以财政手段支持中小企业发展是《中小企业促进法》的重要内容。法律中规定了中央财政要设立中小企业科目，建立中小企业发展基金，地方政府也应当根据实际情况，为中小企业提供财政支持。另外，法律规定对残疾、失业等人员创办中小企业，应给予一定的税收优惠，但有些优惠政策还没有完全落实。四是中小企业融资难问题应着力解决。要把解决中小企业融资难问题作为贯彻《中小企业促进法》的一项重要任务，采取有效措施，拓宽融资渠道，加快信用担保体系建设，为中小企业发展提供资金保障。

（三）进一步贯彻实施《中小企业促进法》的建议

贯彻实施好《中小企业促进法》，首先，要进一步提高对中小企业在国民经济和社会发展中的重要作用的认识。第二，搞好宣传引导。采取切实有效措施，组织新闻媒体，加大宣传力度，普及法律知识，在全社会形成贯彻实施《中小企业促进法》的良好氛围。第三，健全配套法规。继续做好《中小企业发展基金管理办法》和《中小企业信用担保管理办法》的研究制定工作。按照《中小企业促进法》的要求，抓紧研究政府采购、风险投资、创业支持、技术创新、市场开拓、企业信用制度建设等方面的具体措施。第四，加强政策指导。国家发展改革委将根据国家产业政策，结合全国中小企业发展现状及特点，抓紧制定中小企业发展产业指导目录，明确扶持重点，进行分类指导。第五，完善服务体系。一是转变政府职能，加强部门间的协调与配合，简化审批手续，减少行政性收费，完善公共服务功能，提高办事效率。二是积极推进中小企业信用担保体系建设，加快建立全国中小企业信用再担保机构，引导担保机构扩大资金规模，增强担保能力，建立符合市场竞争规则的运营机制。三是逐步扩大中小企业信用服务的试点范围，搞好信用等级评价和信用信息征集工作，建立中小企业信用档案，逐步实现中小企业信用信息查询、交换和共享的社会化。四是鼓励中小金融机构为中小企业提供金融服务，推动中小企业投资公司的设立与发展。积极探索中小企业股权融资的有效形式，拓宽直接融资渠道。五是构建多成份、多形式、多层次、全方位的中小企业服务网络。积极推进各类服务机构共同发展，加大对公益性服务机构的支持力度。培养中小企业管理咨询队伍。积极开展创业培训、职业培训和专业培训，提高中小企业经营管理者的综合素质和管理水平。加快中小企业信息化建设，增强“中国中小企业信息网”的系统功能和服务能力，改善企业的信息利用条件。六是加强国际间经济技术合作。积极推进APEC领域的中小企业交流与合作及CEPA协议的落实工作。继续做好中日、中德、中英等合作项目，有效利用国外政府和世行、亚行等国际组织提供的资金。鼓励中小企业“走出去”，开展境外投资，参加国际展览和展销活动，努力开拓国际市场。第六，坚持制度创新。要按照中共十六届三中全会关于“建立归属清晰、权责明确、保护严格、流转顺畅的现代产权制度”的要求，继续采取多种形式，推进国有和集体中小企业产权制度改革，大力发展混合所有制企业。鼓励、支持和引导个体、私营等非公有制经济发展，抓紧研究出台《关于促进民营经济发展的若干意见》，为非公有制经济发展创造公平的市场环境。

七、中国中小企业融资机制仍不能满足发展需求[1]

中国国家发展和改革委员会主任马凯表示，近年来，中国政府在建立中小企业创业投资机制，完善融资体系方面做了大量工作，并取得了一些成效。中国及世界经济发展的实践证明，促进中小企业发展，一个特别重要的方面，就是建立中小企业创业投资机制，完善中小企业融资体系。近年来，中国政府加大了对中小企业的资金支持力度。中央财政预算设立了中小企业科目，安排了中小企业专项资金，建立了国家科技型中小企业创新基金和市场开拓资金。目前，正在建立的国家中小企业发展基金，扶持中小企业的创立与发展。许多地方政府也加大了对中小企业的资金扶持力度。

马凯称，从1998年开始，中国政府提出了对中小企业贷款实行浮动利率等一系列措施，鼓励和引导金融机构进行金融产品创新和服务创新。同时，政策性银行和商业性银行也增加了对中小企业的信贷投入。

马凯介绍说，中国还积极拓展中小企业直接融资渠道。在鼓励中小企业到境外创业板上市融资的同时，2004年5月，又在深圳交易所开通了中小企业板块，一批符合条件的成长型中小企业将获得上市融资机会。

此外，我国还多层次构建中小企业信用担保体系。截至2003年6月底，中国已设立各类中小企业信用担保机构近1 000家，筹集担保资金287亿元。

---

① 该篇摘自国家发展和改革委员会主任马凯于2004年6月23日在北京举办的“2004年中美中小企业与创业投资论坛”上的发言。

与此同时，马凯也承认，目前我国中小企业融资体系还不够完善，尤其是创业投资机制相对滞后，创业投资业的发展刚刚起步。据统计，到2003年末，全国各类创业投资机构只有200多户，可用资本总规模仅为500亿元。由于缺乏必要的激励机制，在非常有限的创业投资资本中，用于中小企业投资的不足三成，远远不能满足中小企业发展的需求。

八、尚福林谈中小企业板①

中国证监会主席尚福林指出，中小企业板块要注重上市公司质量，保障证券市场整体稳定；加强监管，防范和控制风险；不断规范中小企业板块上市公司运作，注重诚信体系建设；大力推动制度创新，努力探索新的运行机制。

中国证监会主席尚福林在致辞中指出，设立中小企业板块是分步推进创业板市场建设迈出的一个重要步骤，也是贯彻落实党的十六大、十六届三中全会精神，以及《国务院关于推进资本市场改革开放和稳定发展的若干意见》的一个具体部署。中小企业板块的设立，有利于拓宽中小企业的直接融资渠道，更大范围地发挥资本市场的资源配置功能；有利于对中小企业的培育、规范、引导和示范，促进中小企业的全面健康发展。

尚福林指出，做好中小企业板块的建设工作是一个长期的实践过程，必须扎扎实实地做好各项具体工作。一是要注重上市公司质量，保障证券市场整体稳定。要进一步完善证券发行上市审核体制，认真安排好主业突出、具有较好成长性和较高科技含量的中小企业发行上市，增强上市公司行业结构的互补性。要高度关注中小企业板块启动前后的市场变化，使市场的发展速度与市场的需求和可承受能力相适应。二是要加强监管，防范和控制风险。要实行更为严格的监管制度，适时强化和改进一线监控体系，不断完善监管的手段和方式，保护投资者合法权益。三是要不断规范中小企业板块上市公司运作，注重诚信体系建设。要强化发行上市的市场化约束机制，实行比主板市场更为严格的信息披露制度，建立起上市公司的诚信档案与诚信行为规范指引，促进中小企业规范健康成长。四是要大力推动制度创新，努力探索新的运行机制。要根据市场的实际和各方面条件的成熟程度，在发行上市、信息披露、交易制度、市场监察等方面建立起适应中小企业板块特点的制度创新，为创业板市场的建设积累经验，为资本市场的发展增添动力。

九、深圳交易所中小企业板运作顺利②

中国证监会主席尚福林日前在发给第三届中小企业融资论坛的贺信中表示，经过近3个月的市场运行，深交所中小企业板块运作正常，各方面工作进展顺利。实践表明，设立中小企业板块、分步推进创业板市场建设是符合中国证券市场实际的正确决策。

尚福林表示，深交所在诚信建设、市场监管等方面做了许多有益的探索，取得了一定的成效，希望进一步发挥一线监管职能，建立适应中小企业板块特点的监管制度与运行机制。他表示相信，通过倡导诚信守法与规范运作的理念，必将推动中小企业板块诚信体系的建设，促进中小企业板块的制度创新，确保中小企业板块平稳运行与健康发展。

① 该篇摘自中国证监会主席尚福林2004年5月27日在深圳证券交易所中小企业板块启动仪式上的致辞。

② 该篇摘自中国证监会主席尚福林致2004年8月14日在深圳举办的“第三届中小企业融资论坛”的贺信。

十、中小企业板突破高新产业瓶颈[①]

2003年，我国高新技术产业的总产值达到27 500亿元左右，占当年工业总产值的21.4%；高新技术产品出口超过1 100亿美元，占当年全国外贸出口的比重已达25%；高新技术企业成长迅速，2003年高新技术产业开发区内年销售额超过1亿元的高新技术企业，已经达到1 500家左右。然而，与高新技术产业的迅速发展相比，为高新技术企业服务的投融资体系建设却进展迟缓，其中，如何利用资本市场促进中小企业特别是科技型中小企业发展的问题，在相当长的时间内没有得到很好解决，融资难始终是困扰高新技术企业发展的瓶颈。

1. 科技部努力推进创业板。为了促进高新技术产业发展，营造更加有利的市场环境，科技部始终都在关注和推进创业板市场的建立。1998年在香港酝酿开设创业板的同时，科技部就邀请国内金融专家和相关人士展开讨论，提出了分三个层次建立国内资本市场的设想，并向国务院提交了为中小企业开设二板市场等多项建议。1999年，国务院办公厅转发了科技部等七部委《关于建立风险投资机制的若干建议》，指出"条件成熟时，在现有的上海、深圳证券交易所专门设立高新技术企业板块，为高新技术企业特别是科技型中小企业上市和交易服务"。在创业板市场的酝酿初期，科技部是积极的推动者，在创业板推进举步维艰的时候，科技部也在为之不懈呼吁，在各方面的共同努力下，中小企业板块终于获准在深交所推出。

2. 科技型中小企业的摇篮。中小企业板块的推出将会有力地促进科技型中小企业的发展。首先，它为科技型中小企业的上市融资提供了新的渠道；其次，它具有强烈的政策导向作用，有利于引导民间资本更加关注中小企业的发展，进而加大对处于发展初期的中小企业特别是科技型中小企业的投资力度；第三，它具有明显的示范引导作用，有利于强化中小企业的规范管理，促进现代企业制度的建立。我们有理由相信，一个充满活力、吸引力和竞争力的中小企业板块，将会成为我国中小企业特别是科技型中小企业成长壮大和规范发展的摇篮。

中小企业板块的推出是多层次资本市场建设中迈出的关键一步，但我们也应该清醒地看到，长期以来困扰资本市场发展的"全流通"问题，一直没有得到解决。实践表明，高新技术企业需要通过不断的资本聚集、技术聚集和人才聚集，才能实现快速发展，因此资本市场的资源配置功能对高新技术企业就显得尤为重要。不解决好"全流通"问题，我国资本市场的资源配置功能就不能得到很好地发挥，企业资源整合与兼并重组难以顺利实现，从而影响了高新技术企业快速地做大做强。另一方面，不解决好"全流通"问题，创业投资的撤出渠道不畅，导致早期投资特别是创业投资的收益得不到基本保障，从而伤害了民间资本投资于中小企业特别是科技型中小企业的积极性。中小企业板块如能在解决全流通问题方面进行探索和创新，将会有利于更大程度地发挥资本市场高效配置资源的功能。同时，我们也希望这一板块能够向科技型中小企业倾斜，不断地探索资本市场为高新技术产业发展服务的新模式。建立科学、合理的多层次资本市场，是一项长期而艰巨的任务，科技部将积极地配合有关部门，在科学发展观的指导下，以中小企业板块的实践为基础，逐步摸索经验，通过体制创新和机制创新，加快推进创业板市场建设进程，完善创业投资体系，形成促进科技创业和创新的资本运作和人才汇集机制。

---

① 该篇作者为原科学技术部副部长邓楠，摘自《中国经济周刊》，2004年6月7日。

十一、我国高新技术产业的发展[①]

（一）科技创新越来越成为引领高新技术产业发展的主导因素

当今世界，高新技术产业的发展已成为推动经济增长的重要力量。在高新技术产业的发展中，科技创新不仅是科技产业的主要推动力量，也是高新技术产业发展的主导因素。具体表现在以下几个方面：

第一，原始性创新对促进高新技术产业发展的作用日益增强，科学与技术的结合更趋紧密，科学基础研究和高新技术的发展几乎同步，原始性创新成果直接推动了高新技术产业的发展。第二，随着科学技术的交叉与融合，高新技术产业的发展更加依靠创新，前沿技术的重大突破呈现出群体突破的特征，单项技术基础上的集成创新已经成为高新技术产业发展的重要趋势。第三，高新技术向传统产业不断渗透，成为提升和引领高新技术产业发展的关键性因素，高新技术及产业发展有利于提升传统产业的发展水平，加速了传统产业的高技术化。第四，知识产权和技术标准成为高新技术产业发展的战略制高点，技术标准逐渐成为专利技术追求的最高体现形式，并往往领先于产品的生产。

（二）以科技进步为动力，我国高新技术产业蓬勃发展

我国高新技术产业在党中央、国务院的高度重视下，在各有关部门和地方的共同努力下，依靠科技创新加速高新技术成果的产业化，呈现良好的发展态势。科技工作为应对加入WTO带来的挑战，推动高新技术产业发展也采取了一系列的措施。一是提出并实施了人才专利和标准三大战略，提高创新能力和国际竞争力。二是组织实施了12个重大专项，加强集成、催化产业。三是加强了产业化基地的建设，加速863计划成果产业的集成。四是实施火炬计划，加快高新技术的产业化、商品化和程序化。科技创新为我国科技产业发展提供了强大发展动力，极大促进高新技术产业的迅猛发展。

第一，高新技术产业的规模迅速扩大，优化我国产业结构。我国高新技术产业的总产值从1996年的6 000亿元增加到2003年的2.75万亿元，年均增长20%，高新技术产业总产值达到21.4%，比1996年提高10%。2003年我国高新技术产品的出口达到1 103亿美元，占全国外贸出口比重25.1%。第二，我国高新技术产业竞争力有所增强，主要表现在：开始掌握了一批关键核心的技术，涌现出了一些知名技术企业。第三，产品更新速度加快，新产品开发成效显著。第四，高新区成为我们高新技术产业发展的重要力量。国家高新区实现的高新技术产业产值占全国的50%以上，已成为我国高新技术产业的重要基地。

（三）我国高新技术产业面临的挑战

我国高新技术产业发展处于经济全球化和发达国家新一轮产业结构调整，面临科技创新薄弱和竞争力不强等严峻的挑战。这些挑战表现为：

第一，高新技术产业自主创新能力不强，企业主体地位亟待加强。第二，高新技术产品附加

---

① 该篇作者为原科学技术部副部长邓楠，摘自《全球科技经济瞭望》，2004年8月。

值低，关键技术缺乏。第三，高新技术产业面临日益严重的知识产权壁垒。第四，高新技术产业化链条不完善。

（四）加强自主创新，提高我国高新技术产业国际竞争力

21世纪头20年是我国经济、科技发展的重大机遇期，也是我国高新技术产业发展的关键期。要从根本上解决高新技术产业从数量型向效益型的转变、从投资驱动型向自主创新型转变的问题，必须以科学的发展观为主导，大力促进我国高新技术产业的发展。

第一，坚持以企业为技术创新的主体，强化企业在推动高新技术产业化的主导作用。第二，加强产、学、研结合，不断完善高新技术产业化链条。第三，深化实施以标准、专利为核心的知识产权战略。第四，继续实施重大科技专项，集成资源，实现重点突破。第五，促进高新区“二次创业”，加强高新技术产业化基地的建设。第六，创造环境，扩大交流与合作，推动高新技术产业跨越式发展。

当前，我们正在制定国家中长期科学和技术发展规划，这个规划不仅明确了我国未来15年科学技术发展的总体战略、指导思想和奋斗目标，而且确定了我国高新技术产业发展的思路和方向。我相信，我国未来高新技术产业的发展，将在全面、协调、可持续发展观的指导下，进一步强化以企业为主体，以市场为导向，以技术创新为突破口，不断完善创新机制，优化资源配置，加强产、学、研的联合，有效提高自主创新能力，大力推进高新技术产业化。提升产业的国际竞争力，为我国走向新型、工业化道路，实现全面建设小康社会的宏伟目标做出贡献。

十二、充分发挥创新基金的引导和支撑作用，大力推进科技型中小企业的健康发展①

经国务院批准设立的“科技型中小企业技术创新基金”（以下简称“创新基金”）实施至今已经五年了。今天，我们在这里隆重召开创新基金五周年工作会议，其主要任务就是：以十六届四中全会精神和“三个代表”重要思想为指导，全面落实科学发展观，系统总结创新基金实施五年来的成就和经验，研究下一阶段创新基金工作的方向和方针，部署具体工作和任务。

刚才，财政部张部长作了重要讲话，其他领导也发表了热情洋溢的讲话。现在，我首先代表科学技术部，向长期以来一直支持、关心创新基金工作的各位领导和同志们表示衷心的感谢！

下面，我代表科技部做工作报告。

（一）创新基金实施五年来所取得的主要成效

五年前设立的创新基金，是“科教兴国”战略的重要组成部分，体现了党和政府对科技型中小企业健康发展的关心和支持；是我国在充分借鉴国际成功经验，并结合我国科技型中小企业发展实际提出的一项重要的战略决策。

作为我国第一个直接面向全社会各类所有制科技型中小企业的政府专项基金，创新基金实施五年来，共受理申报项目20 267项，经评审共批准立项4 946项，中央财政实际投入34.61亿元，平均资助强度为70万元 / 项。创新基金率先突破了国家科技经费使用的原有模式，以规范透明的运

① 该篇摘自科学技术部副部长刘燕华于2004年11月4日在南宁召开的创新基金五周年工作会议上的讲话。

作机制，努力探索国家支持企业技术创新的新模式，取得了令人瞩目的成效。创新基金已经成为我国政府支持科技型中小企业发展的主渠道，成为国家创新体系的重要组成部分。

1. 创新基金促进科技经济的健康发展，改善了企业的经济运行质量。五年来，创新基金有效地支持培育了一批创新型的中小企业，扩大了生产规模，增加了出口，极大地促进了高新技术产业和区域经济发展，对全国中小企业发展起到了良好的促进和带动作用，对我国高新技术产业的发展做出了显著的贡献。

创新基金资助企业的各项主要经济指标增长速度均高于社会高新技术产业发展的平均速度。截至2003年底，在已经完成验收的1 690个项目中，创新基金共资助9.1亿元，这些企业在创新基金资助后实现销售收入510.6亿元，上缴税金55.5亿元，出口额3.6亿美元，新增就业人数3.4万人，比资助前分别增长了5.2倍、6倍、1.27倍和0.5倍。预计全部立项项目验收后，可为国家上缴税金191亿元，新增就业人数30.9万人。

创新基金也大大加快了科技成果转化的进程。经过两年的扶持，原处于研发阶段的项目有75.7%进入了中试或批量生产阶段，原处于中试阶段的项目有53%进入了批量生产阶段，实现销售、进入市场的比例也由27%提高到了79%。需要特别指出的是，创新基金为我国科技经济的发展增强了潜力，其作用还将在今后日益显现出来。

创新基金积极培育和孵化创业企业，使一大批科技型中小企业借助国家政策导向的力量，坚定了依靠技术创新求生存、求发展的信心，从无到有，从小到大，实现了超常规的发展，提高了我国中小企业的整体素质和质量。虽然科技型中小企业仅占我国全部中小企业的3%，但在《中国企业家》杂志连续三年评出的“未来之星——最具成长性的中小企业”中，创新基金资助过的科技型中小企业占了半数以上；2004年评选出的21家企业中，有13家属科技型中小企业，其中11家申请过创新基金，并有10家获得了创新基金的资助。截至今年6月24日，在深圳中小企业板发布招股书的20家企业中，属于科技型中小企业18家，获得创新基金支持的有10家。获得今年中关村“十大软件品牌”的产品中，有7家企业的8个产品在种子期获得了创新基金的资助。

2. 创新基金引领科技创新创业活动，成为加快高新技术产业化进程的有效手段。创新基金运用市场筛选手段，对技术创新水平高、市场前景好但尚处于种子期的项目给予资金支持，从而引领了一大批中小企业的技术创新活动，有效地提高了企业自主创新的能力和水平，加快了高新技术产业化的进程。

一是培育了一批具有自主知识产权的高新技术项目。创新基金突出了对原始性技术创新活动的支持。在创新基金资助的4 946个项目中，获得专利2 489项，其中发明专利占35%；国家一类新药69项，二类新药105项，877项软件项目。80.3%的项目属于新产品技术和改进产品技术，属国内全新产品技术的占60%。

二是促进了政府科技计划成果的转化，对促进政府科技研究计划成果的转移发挥了积极作用。创新基金优先支持了国家各类科技研究计划中处于国内外领先的技术成果。在创新基金资助的项目中，47.6%的项目来自国家或省部级科技计划成果，17.2%的项目为产学研计划成果。处于国际领先水平或国际先进水平的项目占13%，达到国内领先水平的项目占85.17%。同时，可实现进口替代的项目占到了53%。创新基金还积极配合科研院所的转制工作，资助了一大批院所转制企业和从大学、研究院所中衍生出来的小企业。

三是重点支持面向市场的技术产品。创新基金在强调所支持项目技术创新性的同时，突出强调其商业价值和产业化的前景。基金资助的每一项创新技术的应用，都带动着一项甚至多项国内外市场广阔的新产品的开发。一些技术产品还将会形成未来极具强大竞争优势的产业。

四是重点扶持具备专业技术知识和管理能力的科技人员创办和领办的企业，增加社会就业。创新基金重视创新型企业家的培育。据统计，在已资助的企业中，29% 的企业由硕士以上学位的科技人员创办，其中由博士创办的企业325家，留学人员创办的企业达到340家。已完成验收的1 690个企业，职工人数从23.3万人增加到33.9万人，新增就业人数近50%，科技型中小企业已经成为增加就业，特别是高端人员就业的场所，为社会的稳定做出了积极的贡献。

五是重点扶持了一批种子期的科技企业。在创新基金已资助的项目中，33% 的企业为成立不足18个月的初创型企业，50% 的企业在获得创新基金资助时生存期不超过3年；50% 的企业资助前没有销售收入。基金项目立项前100人以内的企业占59.5%，不足50人的企业占41.1%。而经基金资助后的短短两年中，这些企业已经表现了很好的高成长性，其中的90% 实现了销售收入增长，46% 的企业销售收入增长了10% ～ 50%，13.1% 的企业销售收入增幅超过了100%。

3. 创新基金引导社会资本流向，促进了创业投融资体系的完善。五年中，中央财政实际投入创新基金34.61亿元，至2002年底，全国已有34个省、计划单列市以及国家高新技术产业开发建立了地方创新基金或专项配套资金28亿元。还吸引了一大批金融机构、科技担保、风险投资对创新基金资助项目的支持。

据初步统计，创新基金资助过的项目，有1/3以上获得了创业投资企业、战略投资企业的投入，吸引商业银行等金融机构的资金，接近创新基金本金的10倍。在已经验收的1 690个项目中，9.16亿元创新基金吸引了158.8亿元资金投入，放大了17倍。其中创新基金只占5% 左右；地方配套资金5.14亿元，占3.2%；新增银行贷款59.13亿元，占37.2%；企业自筹85.41亿元，占53.7%。创新基金的引导，对进一步完善科技型中小企业的创业投融资体系起到了积极的推动作用。

4. 创新基金支持重点产业的发展，促进产业结构的调整。创新基金坚持“有所为、有所不为”的原则，积极围绕“十五”国家科技计划发展目标，有选择地支持特定产业领域的技术创新项目，为支柱产业群的形成中发挥较大的推动作用，改善了我国的产业结构。创新基金五年来向电子与信息、生物与医药、新材料等领域持续集中支持。在电子与信息领域，资助了1 682个项目，占总立项项目数的34.02%，涉及软件技术、微电子技术、网络及计算机技术、通信技术、广播电视技术、新型电子元器件、信息安全技术及智能交通技术等多方面，所支持的项目代表了电子信息产业领域的技术发展方向。

为配合国家西部大开发战略和振兴东北老工业基地的战略，创新基金还适度向西部和东北倾斜。自2001年起创新基金特别安排了绵阳科技城专项，支持军转民项目。这些措施，大大地促进了产业结构的调整和区域经济的发展。

5. 创新基金提高了企业综合素质，促进企业核心竞争力的增强。创新基金不仅在资金上“雪中送炭”，同时还积极引导科技创业企业规范企业管理，提高其综合发展水平。创新基金通过制定规范化的项目申请和执行过程中的标准与程序，促进了科技型中小企业综合管理水平的提高，同时提高了企业的社会信誉和竞争能力。调查表明，分别有91% 和88.3% 的受资助企业认为实施基金项目明显提高了自身的管理水平与提高了企业的凝聚力。

另外，创新基金也促进了科技型中小企业重视知识产权保护意识，增强了企业的核心竞争力。据统计，受资助企业累计专利申请数量从申请项目前的2 692件增加到4 872件，增长率为181%，授权数量从1 887件增加到3 091件，增长率为163.8%。

创新基金的实施也使企业进一步意识到用国际的眼光、国际化的标准来规范自己的行为，加快了企业的国际化水平。

6. 创新基金探索了公共财政资金高效运作的模式和机制。创新基金充分借鉴国外的成功经验和先进手段，针对我国科技型中小企业发展的基本特点，对传统的科技计划项目管理模式进行了大胆和有效的改革与创新。构建了“决策监督与专家咨询紧密结合、与管理实施相对分离”的管理模式，和“政府部门决策和监督、专家咨询和指导、管理机构组织和实施”的三位一体的管理构架。

创新基金实行邮寄申报、常年受理、竞争择优、公开透明、链式管理、跟踪问效、全程监理、社会监督等方式，通过建立市场竞争、动态管理、社会监督等手段，注重发挥中介机构的作用，形成了较为完善和规范透明的市场化的项目筛选机制和有效的监管机制，最大限度地降低了资金风险。

创新基金在政府基金运作模式方面进行的有益探索，得到了广泛好评。科技部、财政部认为创新基金是国家计划中最为规范运作的一个计划；国务院发展研究中心进行的评估也表明90%的企业认为创新基金的运作规范和公正；《中国纪检监察报》专门在头版以“创新基金拒绝‘跑部前进’”为题给予高度评价；商务部连续两年将不同的四项计划委托创新基金管理中心为他们组织评审和遴选。

（二）提高认识，正确把握新时期科技型中小企业技术基金工作的机遇和发展方向

1. 当前的科技经济形势和面临的挑战

经济全球化，使科学技术正逐渐成为改变世界经济和社会发展的主导力量，面对当今科技经济发展的总体态势，世界各主要国家都把支持科技创新作为提升国家竞争力的重要战略选择，把强化科技创新能力作为提升竞争力的重要手段，把科技创新投资作为最重要的战略性投资；并且对关系经济繁荣和国家安全的战略技术和产业进行超前、积极的国家干预，以寻求实现创新跨越的突破口。2003年美国安排了历史上最大规模的联邦政府研究开发支出，欧盟国家提出到2010年将研究开发经费占GDP的比重提高到3%。

近年来，我国在邓小平同志“科学技术是第一生产力”思想的指导下，在航空航天、现代通信、生物医药等许多尖端科技领域取得了突破性进展，在高新技术产业化方面也得到了高速的发展，但与世界发达国家相比，我国的技术创新还存在较大的差距，这种差距主要表现在技术创新的能力和水平上。一是原始性科技创新能力和集成创新能力不足。我国对外技术依存度高达50%，而美国、日本等仅为5%左右。二是缺乏突破性的重大科学发现和技术发明。在美国授权的外国人发明专利中，来自中国大陆的仅占0.2%，而来自我国台湾地区的就占到6.4%。三是关键技术自给率和引进技术的消化吸收率低。在占固定资产投资40%左右的设备投资中，有60%以上依赖进口，高科技含量的关键装备基本上依赖进口。

与科技发展水平同样，我国科技型中小企业的发展也存在很大的差距。首先是自身的研发投入强度出现了下降趋势。1992年科技型中小企业研发投入总量仅为19.62亿元，2000年虽然增长为405.61亿元，增长了20多倍，但其投入强度则从6.61%下降到了2.77%；即使是科技型中小企业集中度相对较高的高新技术产业开发区，2003年研发投入强度也仅为2.9%。其次，科技企业盈利能力出现比较大幅度的下滑；2003年科技百强企业平均净资产收益率仅为4.67%。2001年至2003年沪深两市大盘的收益率不断上升，但是科技板块净资产收益率则不断下降，而且几乎下降了一半。三是近年来我国虽然一直致力于推动创业投资机制的建立和发展，但目前出现了创业投资机构缩

减、创业资本总量减少、政府性质的投资比重下降、创业投资机构的经营状况没有根本改观以及创业投资投向后移等特点。无论是与发达国家相比，还是与我国经济社会发展的现实需求相比，我国科技型中小企业发展环境和发展水平已远远滞后于经济发展，科技型中小企业技术创新面临的资金“瓶颈”矛盾依然十分突出。

全球科技经济发展的趋势和我国科技发展的实际，需要我们不断提高对科技创新重要性的认识，加快研究符合国际惯例创新模式。创新基金通过支持科技型中小企业的技术创新活动，增强国家技术创新能力的做法，是许多后发国家应对全球化挑战的有效对策。

2. 充分认识设立科技型中小企业技术创新基金的重要意义

首先，创新基金是政府鼓励创新的必然选择，符合国家战略的需要。企业竞争前政府投资是国际通行的惯例。中小企业技术风险、市场风险以及管理风险密集，往往又缺乏有效的资产抵押和信用担保，严重抑制了间接融资需求。因此，政府以基金或专项资金的方式支持科技型中小企业技术创新，是许多国家发现新技术、培育创新企业家队伍、孵化新企业和新产业的主要措施。如美国的小企业创新研究计划（SBIR），被视为美国明日科技企业之星的摇篮；英国、日本、德国、韩国、新加坡等工业化国家也制订了详细的科技中小企业发展计划，都把培育环境，促进科技型中小企业的发展作为提高国家竞争力的主要战略。

从我国的情况看，2003年，全国共有科技型中小企业12万家，从业人员960万，资产总额约4.5万亿元。我国专利的65%是由中小企业发明、75%以上的技术创新、80%以上的新产品也是由中小企业特别是科技型中小企业完成的，充分表明了发展科技型中小企业对技术创新和社会进步的重要意义。创新基金以技术创新项目为对象、以市场为导向，在扶持和引导科技型中小企业技术创新活动和促进创新创业企业成长方面，充分体现了政府的责任，特别在对种子期企业的扶持和培育、帮助初创企业渡过“死亡陷阱”方面，起到了不可替代的作用。创新基金通过提高我国技术创新能力发挥了作用，是我国国家发展战略的需要。

其次，创新基金的实施是改善和提高执政能力的有效手段。为了管好用好创新基金，科技部、财政部针对我国科技型中小企业的发展特点，大胆改革了政府部门传统的行政审批制度下的管理模式，始终坚持“引导创新、鼓励创业、市场导向、规范管理”的指导思想，从源头上加强监督管理的力度，探索出了一条在社会主义市场经济条件下，科学、规范、透明的政府基金运作办法，是新时期改善和提高执政能力的有益尝试。

过去的五年，创新基金在制度创新、管理创新上取得了很好的经验。创新基金成功创造的管理模式，对创新基金的良好运转起到了积极的保障作用。创新基金成为了体现国家意志和政策导向的“知名品牌”。今后，创新基金将发挥已有优势，继续探索提高管理水平和运行效率的新经验、新办法、新途径，真正体现执政为民的思想。

第三，创新基金的实施是全面落实科学发展观的具体体现。党的十六届三中全会在全面分析国际国内形势的基础上，明确提出了“坚持以人为本，树立全面、协调、可持续的发展观，促进经济社会和人的全面发展”。科学发展观从本质上明确了科技进步与创新主导的新型工业化道路，为我国高新技术产业的发展指明了方向。

创新基金设立以来，充分体现了政府基金的引导性、政策性和非盈利性等特点，也充分借鉴了国外同类基金管理的成功经验，开拓了全新的政府资金运作模式。创新基金这种通过市场化的项目筛选；坚持以市场为主体，在市场竞争中实现技术、人才、资本等生产要素的优化组合与创新；更多地关注原始性创新的运行机制，与科学发展观的精神是一致的。

当然，随着我国经济规模的迅速扩大，资本市场、产业市场和人力资源等方面的一些结构性矛盾开始显现，以支持中小科技企业技术创新为宗旨的创新基金也存在着运作模式、法制化建设等还不能适应我国科技经济发展的问题。如：在支持方式上，目前创新基金主要局限于对科技型中小企业的直接资助，资金的引导作用发挥有限，应当积极探索股本金投入。在法制化建设上，各国政府都十分重视通过立法，保证各项中小企业扶持政策、措施的有效实施。目前，我国科技型中小企业技术创新基金的指导性文件是国务院暂行规定，缺乏对创新基金的法律规范。全面落实科学发展观，不断探索科技型中小企业技术创新基金发展的新途径既是我们的责任，也是建设创新型国家的需要。

（三）坚持创新，努力开创科技型中小企业技术创新基金工作新局面

根据我国科技发展战略总要求，结合国家中长期科学技术发展规划，今后几年创新基金的指导思想是：以科学发展观为指导，继续坚持“支持创新、鼓励创业、市场导向、规范管理”的方针，遵循“公开、公平、公正、竞争、择优”的原则，进一步加大对种子期科技企业的扶持力度，进一步培育科技型中小企业的技术创新和市场竞争能力，进一步完善创新创业环境，建立起政府与市场两种资源无缝连接的政策机制，推动建立更为完善的科技型中小企业创新创业扶育网络，为科技型中小企业成长提供全方位的支持和服务。

基金工作下一步的总体目标是：遵循国际惯例，借鉴国际经验，以支持企业竞争前研究开发为重点；注重创新基金与其它相关科技计划的衔接；集成资源，加强政府与市场组织的结合；充分发挥创新基金的引导作用，营造有利于科技型中小企业成长的金融环境。

1. 在发展战略上，继续深化制度创新，加大改革和探索的力度。创新基金是我国政府应对国际竞争而采取的符合 WTO 规则的制度安排，也是积极探索市场经济条件下政府支持企业竞争前研发的举措。我国科技型中小企业发展面临的新形势，要求创新基金必须充分借鉴国际先进经验，不断加快与国际接轨的步伐。要在国家中长期科技发展规划的基础上，重点研究创新基金在“十一五”期间的发展战略。要进一步明确创新基金的功能定位、支持重点；不断完善管理模式；在优化资源配置、完善创新创业扶育网络、保护知识产权、促进成果转化方面，充分体现国家意志，强调政策导向。使创新基金成为支持科技型中小企业发展最重要的手段。

2. 在创新基金定位上，要强化“发现、引导、聚集”功能。随着我国经济增长方式从要素驱动型逐步向创新驱动型转变，科技创新将成为经济社会发展最强大的动力。创新基金必须逐步加大对科技型中小企业创新、成长全过程的支持。重点要强化“三大功能”。一是“发现”功能，创新基金要在重“技术发现”的基础上，更加重视“价值发现”和“价值培育”，逐步实现对科技型中小企业的分类指导。二是“引导”功能，要通过政府资金的引导，形成系统化的科技中小企业抚育网络；形成政府资金、民间创业投资、商业金融和资本市场相衔接的科技型中小企业技术创新培育链条。三是“集聚”功能，通过创新基金的运作，带动大批社会中介机构共同参与科技型中小企业的培育和服务。

3. 继续坚定不移地加大对种子期企业的扶持力度，坚定不移地推进技术创新。处在种子期的企业由于社会资本因风险巨大不愿投入，企业又无产品销售而无法实现资本积累。据统计，只有1/3的企业能度过3年的初创期，中关村的科技型中小企业的平均存活期为2.7年。目前中国尚无“天使投资“制度，所以政府对种子期企业的支持就显得尤其重要。创新基金要坚定不移地继续

支持种子期企业，承担政府资金应当承担的责任。增强企业走自主创新道路的信心，为更广泛的技术集成和技术集群打下坚实的基础。要通过对技术创新的支持，催生创业企业，提高科技型企业的生存能力和发展能力；通过对能够面向市场和创造新市场的技术创新的支持，增强企业财富创造能力；通过对产业集群的技术创新支持，形成区域创新能力。

4. 在资助方式上，要在完善无偿资助、贴息方式的前提下，积极探索母基金等间接资本金投入方式。在进一步完善原有资助方式的基础上，充分发挥经济杠杆作用，探索创新基金通过风险补贴方式，鼓励创业投资机构、金融机构、担保公司等向科技型中小企业进行投入，鼓励创业服务中心、生产力促进中心、会计师事务所、专利事务所、律师事务所、资产及信用评价等科技中介机构为科技型中小企业提供信息、管理咨询、培训等服务。

实现由以无偿拨款为主向拨款与投资相结合的转变，探索建立“母基金”，并通过创业投资机构进行间接资本金投入，推进创业投资的健康发展。

5. 在支持对象选择上，坚持以企业发展为核心，充分发挥政策引导和市场筛选的作用。要实现由“技术发现”向“技术发现”和“价值发现”并重的转变，即由单一支持技术项目向培育企业综合创新能力的转变。既要注重技术创新水平，更加注重在技术转移过程中的市场创新、商业模式创新。在项目申报、筛选、监理等主要环节，要积极推进与市场接轨。既体现国家意志，又能保持与市场选择的一致性。使公共财政发挥更大的市场效益。

积极推进“科技型中小型企业成长路线图计划”，根据科技型中小企业成长各阶段的特点，建立从天使投资、创业抚育、政策性融资到资本市场的投融资体系，同时，通过专家系统，开展多种方式的培训，帮助企业提高市场化运行水平。有效缓解创业投资不足、科技型中小企业贷款难问题；逐步解决技术创新、组织管理和市场开发水平较低等制约科技型中小企业发展的瓶颈问题；形成有助于科技型中小企业快速成长的支持网络和“绿色通道”，使之成为国家经济和社会发展的重要力量。

6. 在管理运行上，进一步突出创新基金“协同推进”的特点。通过加强与社会各界的合作，积极探索符合市场经济规律和我国科技型中小企业发展特点的支持方式和手段。建立在资助、融资、投资、担保、创业培训、对外合作等方面全方位支持科技型中小企业成长的良好氛围，搭建共享的中小企业投融资服务平台，逐步形成政府引导、社会资金积极参与、服务体系完善的技术创新投融资体系。

为进一步规范创新基金的管理，科技部正积极争取相关部门的支持，加快创新基金的法制化建设。

创新基金管理要进一步依靠地方，要在管理的各个环节采取不同的方式，充分发挥地方的优势和积极性。各地方的科技部门、财政部门，要积极扩大和推进“地方性的创新基金”，共同促进本地区科技型中小企业的发展。同时，加强与国家创新基金的互动，集成优势，共同发展。

同志们，创新基金的设立，为国家财政资金支持科技型中小企业技术创新探索出了一条成功的道路，并成为科技型中小企业技术创新活动最重要和最主要的财政支持渠道。

在肯定成绩的同时，我们也看到，随着全球科技经济的大发展、产业结构的大调整，创新基金的工作也面临着前所未有的机遇与挑战。我们相信，在党中央、国务院的正确领导下，有各部门和地方政府的大力支持，有社会各界的积极配合，创新基金一定能在推进我国高新技术产业发展中发挥更大的作用，为我国全面建设小康社会，走新型工业化道路作出更大的贡献。

十三、中小企业资金问题是瓶颈[1]

国家发改委副主任王春正说，中小企业的资金问题一直是难以突破的瓶颈。除了中小企业自身的原因，有关政策滞后也限制了境外创业资本来中国投资的欲望。

他说："我国中小企业获取信息、技术、人才、资金和市场等资源的能力还比较弱。这和他们担负的强大的经济和社会功能不成比例。"

2003年我国注册中小企业占企业总数的99.6%。中小企业创造的价值占国内生产总值的55.6%，出口额占62.3%，上缴税收占46.2%，并提供了75%以上的城镇就业机会。

中小企业已成为技术与机制创新的主体：中国专利的65%是由中小企业发明的，75%以上的技术创新是由中小企业完成的，80%以上的新产品是由中小企业开发的。

王春正表示，2004年发改委将重点组织实施中小企业创业、融资担保和培训三大工程，加强对中小企业的创新、信息和经济技术合作三项服务。

十四、全面贯彻落实科学发展观大力推进高技术产业发展[2]

当今世界，科学技术突飞猛进，高技术成果层出不穷，科技与经济的结合日趋紧密、相得益彰，高技术产业正在成为推动世界经济发展的主导力量，成为衡量一个国家综合实力的重要标志。中国改革开放26年来，高技术产业的发展取得了令人瞩目的成就，已成为国民经济的重要支柱产业，对促进增长、优化结构、扩大出口、增强综合国力发挥着日益重要的作用。2003年，中国高技术产业产值已达27 515亿元，占工业总产值的比重达到21.4%。特别是信息产业的发展更为迅猛，销售收入和业务收入总量由1978年的21亿元，增加到2003年的23 400亿元；电信用户数、互联网用户数和电子信息产品制造业规模分别居世界第一、第二和第三位。今年以来，我国高技术产业继续保持快速增长，1月～8月，规模以上高技术产业工业产品销售收入累计16 304.9亿元，同比增长36.2%；高技术产品出口974.4亿美元，增长57%。令人瞩目的是，近年来，中国企业技术中心迅速发展，科技投入大幅增长，创新成果不断增加，正在日益成为推进国家技术创新的主力军。2003年，国家和省（区、市）认定企业技术中心达2 922家，科技经费支出1 365亿元，科技人员128万人，申请专利29 000多项，均占全国大中型企业的90%以上。企业技术中心的发展，创新能力的增强，为促进技术的跨越式发展奠定了良好的微观基础。

展望未来，中国新时期的发展对高技术产业提出了新的更高的要求。21世纪的头20年，是我国经济和社会发展的重要战略机遇期，面临着新的形势和新的任务。我们要全面贯彻落实以人为本，全面、协调、可持续的科学发展观，建设惠及十几亿人口的更高水平的小康社会。要实现这一目标，任务艰巨。中国人口多，人均资源占有量少，科技和生产力水平与发达国家存在较大差距，随着

---

① 该篇作者为中国国家发展和改革委员会副主任王春正，摘自《中国青年报》，2004年7月9日，记者：魏和平，谭新鹏。

② 该篇摘自中国国家发展和改革委员会副主任张晓强于2004年10月12日在"第六届中国国际高新技术成果交易会世界科技与经济多国部长论坛"上的演讲。

资源和环境的约束日趋严重，经济增长方式面临根本性的转变。为此，必须大力发展高技术产业；必须运用先进技术改造传统产业；实现以知识经济、循环经济为主的结构转换；走出一条科技含量高、经济效益好、资源消耗低、环境污染少、人力资源优势得到充分发挥的新型工业化路子。

纵观世界，科技发展潮流为中国高技术产业的发展提供了新的机遇。目前，以信息技术为主导的新技术革命经过近年来的调整，在全球范围得到更为广泛和更理性的发展；信息技术、生物技术、新能源和航天、海洋、新材料等领域孕育着新的重大突破；新科技革命的迅猛发展，必将带来人类历史上更伟大的产业革命。所有这些，都为我们大力发展高技术产业，实现跨越式发展提供了难得的机遇。

我们要紧紧抓住历史机遇，积极发展对经济增长有突破性重大带动作用的高技术产业，努力培育若干销售收入超过万亿元的高技术行业。预计到2010年，我国高技术产业年均发展速度将保持在20%以上，产值达到10万亿元，增加值达到2万亿元以上。中国政府将坚持不懈地实施“科教兴国”战略，按照科学发展观的要求，制定和实施科技中长期发展规划和高技术产业“十一五”发展规划，加快国家创新体系建设，加强国际技术交流与合作，推进科技和经济社会发展的紧密结合，营造有利于高技术产业发展的宏观环境。

一是加强科技基础设施和能力建设。以提高自主创新能力为目标，加大投资和建设力度，重点加强国家重大科学工程、中科院知识创新工程、国家重点实验室、国家工程研究中心的建设，构建国家创新体系的基础条件平台。

二是进一步完善以企业为主体的技术创新体系。确立企业技术创新和科技投入的主体地位；加强对企业技术中心建设的指导，鼓励企业增加对技术创新和研究开发的投入；健全产学研合作机制，积极引导高等院校和科研机构的技术转移；培育一支高素质的技术创新队伍；积极推动技术创新中介服务机构的改革和发展，形成社会化、开放式、网络化的技术创新服务体系。

三是大力促进高技术产业化。继续组织实施高技术重大工程和重大产业化专项，如加快实施数字电视、下一代互联网、第三代移动通信系统、软件行动计划、生物及新医药、农业、西部高技术产业化专项，采用高新技术振兴老工业基地、信息化应用工程等专项，促进经济发展和结构调整。

四是积极推进高技术产业发展。重点推进信息产业的结构调整与升级，加快由“大”到“强”的发展步伐，加强政策引导，培育产业核心技术，提高国际竞争力；大力培育生物产业，以战略性生物产业为突破口，尽快形成产业规模，促进生物产业集聚化发展；加快航空航天产业的发展，大力促进卫星应用业务在国民经济和社会发展相关领域的应用，加强国际合作，推进支线飞机和民用直升机的研制和产业化进程，促进航空航天产业的健康发展。

五是加大传统产业的技术改造力度。积极采用高新技术和先进适用技术，在能源、冶金、化工、轻纺、机械、汽车、建材等行业有重点地改造一批骨干企业，提高工艺技术和装备水平。引导和促进中小企业向科技型和“专、精、特、新”方向发展，逐步形成大企业为主导，中小企业协调发展的格局。

六是加快推进国民经济和社会信息化。加速实施电子政务工程，提高政府工作效率、透明度和为企业与公众服务的能力；加快企业信息化步伐，促进信息化与工业化的有机结合、互相推动。加快互联互通、资源共享的科学技术信息网络建设，促进科技信息的交流与科技成果的扩散。

七是积极开展重大技术与重大装备研制工作。紧密结合重大建设工程的实施，加大重大装备研制力度，如百万千瓦级核电成套装备、百万千瓦级超超临界火电机组、高速铁路工程成套装备、75万伏输变电成套设备、大型高附加值船舶等。在继续加强国际经济技术合作、引进先进技术的进程中，不断增强自主创新能力。

中国经济和高技术产业的蓬勃发展，也给国外企业提供了广阔市场、带来了大量商机。先期进入中国的企业特别是高技术企业，业务迅速发展，经济效益明显。进入新世纪和现代化建设的新阶段，中国将进一步扩大高技术产业的对外开放，不断改善投资环境，着力加强知识产权保护，鼓励外商特别是跨国公司投资高新技术产业，设立研发中心，开展信息、生物、新材料等高新技术产业的交流与合作，实现优势互补、“双赢”或“多赢”，为世界高技术产业的发展和造福人民做出新的贡献。

十五、中小企业融资渠道需拓宽[①]

2004年1月10日，欧新黔在深圳召开的中小企业融资论坛上说，目前，中小企业融资渠道单一。据中国人民银行2003年8月的调查显示，我国中小企业融资供应的98.7%来自银行贷款，风险集中于银行。因贷款交易和监控成本高等原因，银行不愿对中小企业放贷。同时，中小企业因资信等级低，缺乏抵押资产，融资成本高等原因，难以得到银行资金支持。由于直接融资渠道缺乏，企业发展主要靠自我积累。据浙江省2001年统计，全省民间投资中自筹占55.9%，银行贷款20.1%，直接融资不到1%。由于我国创业投资体制不健全，缺乏完备法律保护体系和政策扶持体系，影响创业投资的退出，中小企业也难以通过股权融资。

欧新黔说，在现行金融体系中，多数金融机构主要面向大型企业，以中小企业为主要服务对象的中小金融机构发展滞后，服务范围、服务品种难以满足中小企业需要。

我国虽然设立了科技型中小企业技术创新基金和中小企业国际市场开拓基金，但由于数量少、服务范围有限，仍无法满足中小企业发展的需要。

欧新黔说，要促进中小企业发展，必须解决中小企业融资难的问题，采取积极措施，加快建立中小企业融资体系。

一是根据《中小企业促进法》，加大对中小企业资金支持力度，抓紧制定《中小企业发展基金管理办法》和《中小企业信用担保管理办法》等法律法规；尽快出台中小企业信用担保管理工作暂行办法，依法推进融资环境改善。

二是推进信用体系建设。中小企业信用体系未建立是造成融资难的原因之一。除企业自身努力外，相关部门要推进中小企业信用制度建设，加快建立中小企业信用信息征集、信用等级评价体系，实现中小企业信用信息查询、服务的社会化。

三是应加快中小企业信用担保体系建设。运用必要的政策扶持，创造条件重点扶持一批经营业绩突出、制度健全、管理规范的担保机构，加快组建中小企业信用再担保机构。抓紧提出担保机构风险控制和信用担保资金补偿、奖励机制政策，推动信用担保评估和行业自律制度，引导和规范信用担保行业发展。

四是政府应为中小企业发展安排专项资金，加大支持力度。这是中小企业发展的重要措施，也是世界各国支持中小企业发展的通行做法。要尽快推动设立中小企业发展基金。

欧新黔还强调，要拓宽直接融资渠道，借鉴国外好的经验，创新融资方式，建立创业投资体系，开设中小企业创业板市场。促进各类产权交易市场的规范发展。

---

① 该篇摘自中国国家发展和改革委员会副主任欧新黔于2004年1月10日在深圳召开的“中小企业融资论坛”上的发言。

十六、广东省经济、科技和风险投资发展情况[①]

中国的经济在经历了改革开放20多年的高速发展后，取得了世人瞩目的成就。其中广东的经济发展尤为突出，多年保持2位数以上的发展速度，2003年实现GDP13 450亿元，比2002年增长13.6%。随着中国经济同世界经济的融合，广东将继续发挥重要的作用。高新技术产业是广东产业结构优化升级和经济增长的重要推动力。过去几年，广东高新技术产业产值年平均增长率超过30%，大大高于同期工业增长率。2003年全省高新技术产品产值达到6 100亿元，是1995年的9倍，产值总和占工业总产值的比重均居全国各省市前列。广东省高新技术产业已经形成电子信息、生物技术、新材料、光机电一体化四大主流。广东省已经成为一个融入全球产业分工的世界级制造基地。

广东省是全国最先建立风险投资的地区之一，经过数年努力，广东省已经成为风险投资发展最为迅速的地区之一，并且形成以与政府合办为主体，以境外投资机构为重要补充，以民营生产投资机构为主力军，以投资顾问公司为中介配套服务的风险投资体系。据初步统计，截至到2003年，广东省的风险投资公司中介机构有200家，风险投资资本接近160亿元。如今广东在风险投资行业倡导的投资理念，风险控制体系已经得到了国内同行的借鉴，其做法也辐射到全国其它地区。广东省风险投资业非常注重行业的发展和企业自律，一批行业协会相继成立，在建立政府机构相关产业和社会沟通协商机制方面，发挥了积极的作用。广东省近年相继出台的高新技术发展策略，为风险投资提供了良好的环境。随着创业板推出时机的成熟，广东省的风险投资环境会进一步改善，这为经济快速发展提供了保证。广东省高速发展的高新技术产业，较为成熟的市场体制、强烈的创业意识以及临近香港地区的区域优势，都为风险投资提供了肥沃的土壤。随着CEPA的推进以及泛珠江三角地区经济合作的全面开展，广东省风险投资将面临更大的机遇。

十七、在“2004中国风险投资论坛”上的致词[②]

作为中国内地第一个风险投资试点城市，深圳的风险投资可以说是在探索中起步，在创新中发展，为中国的风险投资事业做出许多有益的尝试与实践。2000年深圳推出了创业规章——《创业资本投资高新技术产业的暂行规定》，2000年深圳市创业投资同业公会公布了中国内地首个创业投资文件，2003年深圳市颁布了中国内地首个创业投资地方法规——《深圳经济特区创业投资条例》。以这些为基础，深圳的风险投资已经初步形成了政府指导行业、行业自律管理的机制。目前在我市登记的创业投资企业有187家，实际收入总额是125亿元人民币，创业规模占国内的1/3，是国内创业能力最强、创业活动最活跃的地区之一。风险投资已经成为深圳创业企业的重要资金来源，成为深圳金融体系的重要组成部分，也是将深圳建设成区域金融中心的重要基础。近年来，深圳创业投资机构累计投资各类项目近500个，投资金额50亿元人民币，通过投资和后续服务，培育出金碟、科兴、金正科技等著名民营企业，为深圳的高新产业发展注入了活力。

---

① 该篇摘自广东省人民政府副省长宋海于2004年4月2日在深圳举行的“第六届中国风险投资论坛”上的讲话。

② 该篇摘自深圳市市长李鸿忠于2004年4月2日在深圳举行的“第六届中国风险投资论坛”上的讲话。

深圳的风险投资离不开中国的大环境，2003年召开的中国共产党十六届三中全会进一步提出推进风险投资和创业板的要求，2004年出台的《国务院关于推进资本市场改革开放和稳定发展的若干意见》中正式提出了设立创业板的计划。伴随着我国高新技术的蓬勃发展，在不久的将来，中国的风险投资将迎来一个快速成长的春天。

十八、非公经济发展亟需突破四大瓶颈[①]

全国政协十届二次会议第二次全体会议于2004年3月7日下午举行。厉以宁代表全国政协经济委员会作大会发言。他指出，中国的非公有制经济正逢历史上最好的发展时期，但由于过去的惯性和体制的局限，仍在许多方面面临制约因素。

厉以宁说，我国个体私营经济中99%是中小企业，其中77%面临资金短缺问题。要解决这一问题，不能完全依靠国有商业银行。银行现有的机制使它们倾向于追求风险较小的有政府背景的企业，非公有制企业贷款时受到所有制歧视和规模歧视，他在发言中提出三点建议：积极发展以中小型企业为服务对象的民营中小银行，或结合银行体制改革，划分层次，明确分工，使一定规模以下的金融机构主要为中小企业服务；进一步加快资本市场建设，抓紧建设、完善主要面向中小企业的创业板市场；探索由政府投入少量资本金，引导和集聚大量民间资本的途径，设立中小企业投资公司。

厉以宁指出，一些政府部门扶持国有企业或规模大的非公有制企业轻车熟路，却往往忽视了对众多中小型非公有制企业的服务，在工作中“锦上添花”多，“雪中送炭”少。他强调，要真正为非公有制企业“松绑”，必须加快政府职能转变。

厉以宁认为，社会舆论对非公有制企业的态度并不客观，媒体、影视往往将民营企业家与“贪”“黑”联系在一起，助长了社会上某些人的“仇富”心理，这不仅使非公有制企业主对社会公平失去信心，也不利于社会的稳定和进步。他呼吁：要引导社会正确看待私有财产，正确看待富人，正确认识有产者，只要是合法经营所得的私有财产都应该得到保护。

厉以宁还指出，1994年实施的新税制中某些规定已不符合现在发展实际，存在税率过高、税负过重、重复征税等弊端，他建议清理过时的税制规定，切实减轻企业的税收负担。

十九、高科技园区如何结合风险投资充分发挥孵化器功能[②]

风险投资和高新技术园区都是发展高新技术产业重要的组成部分，对21世纪的中国来说极为重要。因为中国经过了20年的改革开放，未来的发展受到资源和环境的巨大压力，迫切需要转变经济增长方式。我们曾经追求产品、产量、产值、GDP，现在我们发现，只有科学的发展观才是我们未来正确的选择。科学的发展观认为只有发展高科技产业才能摆脱被动，而高科技产业离不开创新，创新离不开风险投资。纵观世界，上个世纪80年代，美国的竞争力下降，我们去考察的时候，美国到处是一片都被日本人收购的恐慌，是美国的新型高科技使它重新实现经济腾飞，这足

---

① 该篇摘自全国政协常委、民盟中央名誉副主席、著名经济学家厉以宁于2004年3月7日在全国政协十届二次会议第二次全体会议上的发言。

② 该篇摘自科技部秘书长张景安于2004年4月2日在深圳举行的“第六届中国风险投资论坛”上的发言。

以引起我们的思考。另外，在上个世纪90年代，东南亚金融风暴到来的三四年前，美国麻省理工学院的教授就说，东南亚各经济体的经济奇迹建立在浮沙之上，没有技术创新的支撑，很快就要出问题，后来的确是出了问题。从这个意义上讲，进入21世纪，发展创新科技，对提升国家竞争力极为重要，可以说是21世纪发展的源泉。我们现在是靠信息化带动工业化，信息化、网络化、城市化的挑战都需要发展新型经济。

网络化发展在全世界正处在一个紧要关头，中国绝不能失去网络化带来的发展机遇，因为互联网现在进入了第二个发展期。泡沫之后，经过了3年的发展，又有许多公司开始成立。诺贝尔奖的获得者曾经说过，每次泡沫都是因为伟大的技术革新而引起的，这些技术为人类创造了长期的价值。泡沫之后，果然迎来了互联网的第二个春天，中国三大门户网站在纳斯达克的股价上升，而且开始相互融合，采用新的经营方式和生产方式。这种以人为本的取向带动了新的生产力，互联网的时代一定会到来。

（一）中国高新区是发展高新技术产业的重要基地

中国的高新区是国家创新体系建设的核心之一，起步比较晚，但是发展很快，已经取得了巨大的经济和社会效益，走出了一条中国高新区发展的独特之路。1985年，我国第一个科学园在特区深圳诞生。1988年，国务院批准建立了中关村科学园。之后，我们又建立了53个高新开发区。10年来，高新区以70%以上的速度发展，培养出联想、方正、华为、新浪等著名品牌，这些企业都是在高新区孵化成功的，并且带动了软件、数字化、网络、医药等新的产业的发展。截至2003年底，高新区已经有创业企业31 000家，从业人员达到了360万人，营业收入2万多亿元，净利润达到1 024亿元，上交税额964亿元，出口创汇57亿美元，高新区中60%的核心技术都是中国人自主创新的。

（二）孵化器是中国高新区的核心

我国现在共有孵化器436个，在孵企业18 650家。现在中国的孵化器在健康成长，在创新中不断发展，在形式上不断突破，有软件园、生物医药园、留学生创业园等多种形式。值得一提的是深圳的高新区已经成为中国研发力量的孵化器，为孵化企业的核心竞争力开了先河。我们经过调查认为，深圳高新区有突破性的创新，提高孵化企业的核心竞争力，为高新区二次创业做出新的示范。进入新的世纪，在创新、人才、科技竞争的背后是体系的竞争，是组织、制度、网络之争，高新区孵化器要发挥它的作用，让幼苗长成大树。因此，我们高新区进入了新的服务时代，要提供贴身服务、贴心服务，追逐企业的需要，在第一时间解决问题，为我们的创业企业成就创业的梦想提供服务和帮助。所有这些都离不开风险投资。因此，在这里我再次呼吁，我们要在高新区的建设中引入风险投资的机制。风险投资也离不开高新区，高新区是中国风险投资发展的沃土。

（三）风险投资也是创新体系的重要基础

我国高新技术的发展原来是靠成果转化，后来希望靠大量购买专利，但事实上靠买专利获得成功的并不是很多。后来又有了转让技术成果，但根据这几年的调查显示，转让技术成果也纠纷不断。那么，解决这么多技术的发展要靠什么？比较现实的还是要靠创新，因此，创新之路是比较现实可行的。现在还有一个更大的问题是，专利买卖和成果转化要依靠市场来进行，靠市场买卖就要有市场定价，但现在我国市场定价机制还不成熟，因此创新是最有利的选择。创新也是我们买卖技术发展这么快的重要原因。我们的一个很重要的选择就是要走硅谷之路，硅谷成功的三要素就是斯坦福大学、风险投资和创新文化，而风险投资是硅谷发展的三个支撑中最重要的一个。

今天，我们在论坛专门讲高科技园区和孵化器，说明园区和孵化器是我们经济增长的发动机，是我们必要的选择。我国的高新区已经取得巨大的发展，中关村、“张江模式”都有很多成功的经验，但是，未来的发展非常需要在风险投资方面、在激励机制方面、在知识产权方面、在人才战略方面有所突破。昨天成思危副委员长也说了，二板指日可待，三板也要推出，中国人是一个富有创新精神的群体，我相信本世纪总有一天，全世界也要像研究硅谷一样研究中关村，中国将在高新区的带动下再次腾飞。

二十、深圳创业投资发展的国际化环境①

深圳的风险投资只有4年历史。1999年，深圳在中央政府有关部门的大力支持下，开展风险投资研究，创立风险投资机构。经过4年的发展，深圳的风险投资业已经形成6个特点：第一，创投机构规模化。到2003年已有187家，其中专业风险投资机构85家，占45%；创投管理机构83家，占44%；相关的中介机构19家；外资代表机构43家，总注册资本125亿元。深圳创投机构和注册资本数量占全国1/3左右。第二，投资主体多元化。在深圳诸多风险投资机构中，政府投资不到16%，其它绝大部分是个人投资、企业投资和外资投资。政府从1999年开始，出资10亿元成立了担保公司和创投公司，同时吸引多元化投资机构，形成了多元化投资公司。第三，运行模式市场化。从1999年开始，市政府积极推进成立的公司，按照市场化模式运作，按照经济规律运行，市政府不干预。正是因为市场化运作，这些公司取得很大的成功。第四，投资领域专业化。深圳的高新技术产业已经形成IT、新材料、生物工程三个集群，这些公司更集中对生物、软件、移动通讯等进行分类投资。第五，创投环境国际化。现在境外机构在深圳有40多家，包括IDG、华平、华登国际、英特尔、微软汉鼎等诸多公司。同时在这些公司中出现两类投资，一类是外企直接设立的投资公司，一类是在境外设立投资公司在境内寻找投资项目。第六，政府扶持法制化。深圳市政府、市人大推出一系列法规性文件，使我们风险投资机构的风险投资行为更加规范化、国际化。

作为风险投资，与其说投项目，不如说投人，最关键是投人，并不是项目。24年前，深圳只有20万人，但是现在已经超过500万人，其中年轻人即30岁以下的人占一半以上，这些人是最有活力、最有创造力的人群，这就是风险投资的主体。在深圳聚集了这么多人才，并不是偶然的，而是这个地区、这个环境更适合高科技产业发展，更有利于创投的发展。深圳聚集了全国，包括海外的有效人才、有效贡献和有效资源。香港理工大学就在这里投资5 000万元设立生物研发中心，清华、北大、哈工大等40多所大学都在这里设立了研究院。因为这里有他们创业的沃土和成功的家园。

深圳2003年的人均GDP已经达到6 000美元。从表面看，深圳的成本可能是高了，但是仔细分析深圳的综合成本仍具有优势。作为成本，应该分显性成本和隐性成本，显性成本就是电、人工、土地等可以直接量化的成本。就算显性成本深圳也并不高，当然这些显性成本是很容易计算的。但是作为高科技发展最重要的是隐性成本，这包括了效力成本、通关成本、政府成本和时间成本。

① 该篇摘自深圳市副市长刘应力于2004年4月2日在深圳举行的“第六届中国风险投资论坛”上的讲话。

当然我们跟全国其它创投都遇到了同样的问题和困难，比如说退出机制问题。虽然我们都企盼二板市场，但是千军万马能度过这个独木桥吗？所以，我们应该研究退出的多元化机制，比如柜台交易、产权交易。目前中央政府还没有明确规定，但我们正在和中央和省有关部门研究探索一条可以实现多元化资本退出渠道。其次是民间资本如何进入创投，在这个问题上中国和国外的情形是不一样的，国外的退休资金、养老资金、教师资金都可以进入风险投资资本，但是由于种种限制，我们目前还不能进入。我们的个人存款超过了11万亿元，这些资本如何进入创投，这都是我们需要研究的问题。

最后是我们运作的国际化和规范化问题。虽然深圳的创投运行了4年，有了一定的成绩，我们也有很多经验，但是，我认为与国际水平相比，我们运作的规范化、国际化以及运作人才的水平仍有待提高。可以说，今天中国与世界的互动正是给我们中国创投界一个极好的机会，我们要向他们学习如何在国际市场上进行创投，如何在国际企业中进行创投，如何在国际经济发展中进行创投。

二十一、借鉴海外创业板市场经验，积极推进我国创业板市场建设①

（一）准确认识海外创业板市场的重大作用

从海外经验看，各国创业板市场的建设，发展壮大了资本市场，完善了资本市场功能，有效促进了各国经济的发展。

第一，创业板市场建设已成为增强国家核心竞争力的重要手段。国家核心竞争力主要体现为对科技、人才、资本等核心资源的掌握，而其中资本资源处于关键和统率地位。资本市场作为资本资源的主要组成部分，成为国家核心竞争力的重要因素。因此，各国通过创业板市场建设，完善资本市场功能，积极扶持中小企业，促进科技资源高效配置，营造创业和创新氛围，激励人们的创新精神和创业勇气，成为一个国家兴旺发达的不竭动力，增强了国家核心竞争力。

第二，创业板市场已经成为全球证券市场的重要组成部分。截至2003年底，全球创业板市场已达47家左右。很多国家已设立多个创业板市场，如日本，除佳斯达克市场外，东京、大阪、名古屋等5个主要交易所都设立了针对中小企业的市场或板块。根据对全球2002年36家创业板市场的统计，上市公司总数占全球证券市场的24.7%，交易额占全部股票交易总额22.8%，新上市公司数量占全球新上市公司数量的37%。进入2003年和2004年后，新上市公司数以及交易额又有较大增长。如纳斯达克2002年有39家IPO，2003年IPO有54家，2004年截至3月11日，有48家上市公司实现了IPO。

第三，创业板市场已成为多层次资本市场体系的重要组成部分。创业板市场建设是建立多层次资本市场体系的必然要求，推动着证券市场向纵深发展。首先，创业板市场为主板市场输送了大量优质的上市公司。1994年～2003年，日本佳斯达克市场有近300家上市公司转到东京交易所，占这些年东京交易所全部新上市公司的一半左右。其次，部分创业板市场在内部逐步形成了多个市场层次，推进了资本市场体系多维度的分层发展。如纳斯达克内部就形成了全国市场和小型市场两个子层次。最后，创业板市场的建设带动了其它小层次市场的发展。台湾地区柜台市场下面

① 该篇摘自中国证监会前主席刘鸿儒于2004年4月2日在深圳举行的“第六届中国风险投资论坛”上的讲话。

的兴柜股票制度，日本佳斯达克市场下面的未登录股票 (Green Sheet) 等，在很大程度上都是依赖于创业板市场发展起来的，这些不同层次的市场均以服务创业型企业、成长型中小企业为主。

第四，创业板市场已成为推动中小企业成长不可或缺的力量。这种推动作用主要体现为：其一，拓展直接融资渠道。自1997年到2003年，全球创业板市场约有8 000多家中小企业进行 IPO 发行，累计筹资5 000亿美元左右。其二，促进风险投资良性循环。创业板市场和风险投资有着良性互动关系，有风险投资背景的企业在创业板发行上市，带动了创业资本的发展，促进了创新型中小企业的成长。其三，提升中小企业治理水平。中小企业大量存在治理结构不完善的情况，通过创业板市场上市，有效分散企业股权，使中小企业在高速成长阶段接受市场监管和公众监督，有利于改善企业治理结构。

（二）全面看待海外创业板市场在快速发展中出现的波折

2000年后，海外创业板市场在经历了一段快速发展时期后，出现较大波折，部分市场还进行了整合。对此，必须有一个全面、正确的认识。

第一，不能简单地认为创业板市场必然导致泡沫。从一段特定时期来看，创业板市场确实有一定的不确定性。如纳斯达克综合指数2000年创下5 046点天高后急转直下，到2002年底跌至1 335点。但是，我们应该看到，无论是主板市场还是创业板市场，“非理性繁荣”现象时有出现，这是正常的。20世纪30年代以来，全球证券市场就发生过几次股灾。创业板市场的涨跌，与整个宏观经济状况相适应，与主板市场的涨跌也基本同步。而且，海外创业板市场只是在短期来看有较大调整，长期来看并没有出现大幅下跌。纳斯达克综合指数在2004年2月底已达到2 032.57点，比2002年底的1 335点上涨52%，高于1998年7月之前任何时点的指数，比1975年开办时的100点增长了19倍。

第二，海外部分创业板的整合并不意味着失败。最近两年，部分创业板进行了整合。这主要有三种情况：一是作为本国资本市场重组计划的一部分，将创业板市场合并到主板市场，成为主板的一个板块，如德国新市场、加拿大创业板市场等。二是受主板合并的影响而进行整合，如法国、比利时、荷兰等新市场由于主板合并成欧洲证券交易所 (Euronext) 而并入主板。三是交易所战略发生变化，如纳斯达克退出日本市场和欧洲市场，是由于纳斯达克业务向国内市场集中，而暂时放弃国际战略。迄今为止，还没有真正关闭的创业板市场，被整合的创业板市场都还以不同形式存在，保留中小企业上市渠道，服务中小企业的功能丝毫没有弱化，甚至得到加强。纳斯达克日本市场股权被转让后，进行了更名，由大阪交易所继续运行。德国新市场和法国、荷兰新市场并入主板后，形成新的板块，保留中小企业上市的渠道。

第三，海外创业板市场在改革中寻求新发展。自2000年开始，全球主要创业板市场进行了改革，一是全面提高上市与持续上市标准，强化对资产规模和盈利水平的要求，严格退市标准和程序。二是重视公司治理的规范，强化董事会的独立性，增加独立董事和审计委员会的权力；三是延长管理层股东的持股期限，严格禁售期管理，防止管理层“变现”过快冲击公司持续经营能力。改革为创业板市场注入活力，自2003年以来，全球各主要创业板步入稳步增长期。各项指标明显向好，股价指数持续上涨，市场交易趋于活跃，首次公开招股活动回暖，市值规模显著增长。与年初相比，纳斯达克、日本佳斯达克、英国 AIM 市场2003年底市值增幅分别为45%、50% 和65%，月交易额增幅分别为150%、500% 和270%。可以预期，全球创业板市场将进一步迸发出蓬勃生机。

第四，新设创业板市场再次成为全球证券市场亮丽的风景线。鉴于中小企业在推动经济增长、实现科技与资本结合以及增加就业中的重要作用，各国一直没有停止对创业板市场建设的探索，一些新的创业板市场又纷纷涌现，甚至一些小国家也在积极设立创业板。2003年4月，丹麦哥本哈根交易所专门新设中小盘股市场，并将主板符合条件的中小盘股上市公司转移到这个市场。瑞典创业板 (NGM) 获得正式股票交易所资格。11月，新西兰中小企业市场 (NZAX) 也得以正式开业。

（三）加快推进我国创业板市场建设的紧迫性

借鉴海外创业板市场经验，我们必须充分认识创业板市场建设的必要性，深入领会党的十六届三中全会精神，准确把握国务院《关于推进资本市场改革开放和稳定发展的若干意见》，加快推进创业板市场建设。

第一，及时启动创业板市场时不我待。目前，启动创业板市场建设的条件已经成熟：其一，资本市场面临大发展的良好经济氛围。资本市场有着与国民经济协调发展的迫切要求和内在规律，国民经济的持续快速增长，为资本市场的发展提供了广阔前景。其二，我国经济的快速增长，催生出大量成长性中小企业，上市资源贮备较为丰富，为创业板市场的成功奠定了基础，这是海外创业板市场所无法比拟的。其三，社会财富的增长为创业板市场提供了充足的资金保障。2004年2月末，我国居民人民币储蓄存款余额突破11万亿元。居民分享经济增长成果、增加财富的要求愈加迫切。2004年以来，开放式投资基金发行规模迅速扩大，2004年3月底，基金净值已达2 500亿元左右，出现单个发行规模突破100亿元的基金，市场上还出现了两支以小盘股为投资对象的专业基金。这次开放式基金扩容，个人投资者开户和投资的比例远远超过机构投资者。这些都要求我们及时启动创业板市场建设，以健全资本市场体系，丰富证券投资品种。其四，近几年市场的调整使广大投资者经受了风险的洗礼，投资者更加成熟，投资行为趋于理性。2003年以来，价值投资的理念开始深入人心，重视基本面和机构专业化投资，已经为广大投资者接受。而随着十几年市场的发展，我国资本市场的监管水平也有很大提高，证券法律法规体系逐步完善。这都为我国创业板市场的建设创造了良好的条件。

第二，国际资本市场竞争形势促使我国创业板市场分步建设的步伐只能加快，不能再有任何迟缓。资本市场竞争力是国家核心竞争力的重要因素，而资本市场竞争力关键在于上市资源。相对海外资本市场而言，目前我国资本市场在上市资源方面有着独特的优势，这是我们面对经济全球化、对外开放形势难得的优越条件。但是，我们并没有重视这个优势。我们一贯主张发挥国际、国内两个市场的优势，在进入国际资本市场的同时，不能忽视国内市场。目前，一方面，一批优质的大型企业，如电信、人寿、财险公司，乃至拟议中的中行、建行，考虑到与国际接轨、促进管理，要拿到海外上市，实际上低估了我国资本市场的承受能力。应该看到，正是由于资本市场没有充足的优质上市公司，我国11万亿元的储蓄只能呆在银行，不仅给银行造成很大的经营压力，而且不利于资源配置效率的提高。另一方面，我国资本市场没有真正重视中小企业。我们总是认为，中小企业不规范，业绩不稳定，但海外交易所、创业板对我国的中小企业和大型企业纷纷前来争夺，同等重视。从近几年海外交易所在我国的推广活动情况看，他们大都已经在中国“抢滩”，或设立机构和代表处，或举办各种推介活动，降低上市条件，竞相抢夺上市资源，其目标不仅仅着眼于大型企业，而且同样看重中小企业。

大型国企海外上市和大批中小企业的外走，虽然在一定程度上不失为缓解资金瓶颈的一个有效形式，但是，优秀的资源总是有限的，这些资源的大量流失，会影响我国多层次资本市场的建立，影响我国资本市场的可持续发展，进而影响到国家核心竞争力和国家经济安全。对此，须引起相关方面的高度重视，抓紧建设我们自身的多层次资本市场体系，服务各类企业，否则将错过与这些企业共同快速发展的时间段，在全球资本市场新一轮竞争中丧失机遇。

第三，创业板市场对中小企业规范化发展的示范作用不可替代。2003年，股票融资仅占中小企业国内融资总量的1%左右。由于国内上市无门，不少优秀中小企业不得不转向国外市场。所以，加快创业板市场建设对满足我国中小企业强烈的直接融资需求的作用是不言而喻的。但是，创业板市场的真正作用并不仅限于满足中小企业融资上。与我国目前800多万家中小企业比，能上创业板融资的中小企业毕竟是极少数。创业板市场的真正功能体现在引导、催化中小企业的改制规范，激励创业精神，构建社会创业机制，鼓励中小企业按照资本市场上市的标准要求自己。创业板市场这种鼓励创业、奖励优秀的机制对中小企业的发展具有巨大的示范效应和促进作用，这也正是我们对创业板的期待。

第四，创业板市场是将储蓄转化为直接投资的有效手段之一。2003年底，温家宝总理在美国哈佛大学演讲时，强调我国的发展要充分依靠“把庞大的居民储蓄转化为投资”。国务院《若干意见》也明确提出要提高直接融资比例。创业板市场作为我国当前资本市场最大的创新和发展的最大手段，能够促进居民将储蓄转为投资，使大量居民储蓄成为中小企业发展的长期、稳定的资金来源。这不但有利于提高企业直接融资比例，完善金融市场结构、维护金融安全，而且是推动资本市场走出困境、增强资本市场实力的重要途径，必将为资本市场的创新与发展提供新的活力与源泉。

第五，中小盘股市场建立后，要尽快研究，创造条件，逐步降低上市门槛，建立真正的创业板。中小盘股市场维持目前的法规和上市条件不变，离大多数中小企业的融资特点和需求还有一定的距离。所以，在启动中小盘股市场后，要本着不断创新的精神，抓紧建设创业板市场。应该看到，从提出建立创业版市场到现在，已有3年多了，在这段时间里做了大量的准备工作，创造了各种条件，投资者队伍更加成熟，法律法规更加完善，抗风险能力进一步加强，技术装备和人才配置处于整装状态，不能有以“条件不具备”为由拖下去了，形势逼人。我们要认真吸收海外创业板市场发展的经验和教训，认真领会十六届三中全会精神和国务院《若干意见》，积极推进创业板市场建设，为国民经济和全面建设小康社会服务。

二十二、中小企业也应具有全球视野[1]

博鳌论坛秘书长龙永图日前在宁波举行的第二届亚太经合组织中小企业服务联盟论坛上指出，中小企业要走出去，必须具有全球化的视野，关注全球范围的产业结构调整，关注国内外政治和经济形势的变化。

龙永图指出，中小企业分布比较分散，规模也不大，要走向国际具有一定困难。在走向国际市场的时候，中小企业应该具备4个条件：

第一，必须具有全球化的视野，明确自身在全球生产链和供应链的位置。由于经济全球化的发展，国际分工越来越细，企业应用全球资源优势来生产出更具竞争力的产品占领市场成为趋势。中小企业只有在全球生产链、产业链中寻找到自己的位置，才能获得稳定的市场和良好的发展前景。

---

① 该篇摘自博鳌论坛秘书长龙永图于2004年9月19日在宁波举行的“第二届亚太经合组织中小企业服务联盟论坛”上的发言。

第二，必须循序渐进，培养独特的优势。中小企业要走向国际市场，首先就要在国内争得一定的市场份额，培养自己在品牌、专利、团队等方面的独特竞争优势，然后再使产品走向国际市场。要循序渐进，绝不能盲目行事。

第三，必须认真按照国际规则办事。在今年新报的8 000多项国际技术标准、规范中，只有50项被世贸组织认为是技术壁垒，其它都是正常技术要求。要进一步融入世界市场，中小企业必须认真按国际规则办事，遵守保护知识产权规则，努力提升产品的质量、技术、环保，达到国际认证和国际标准。

第四，政府应加大对中小企业的扶持力度。首先，政府应进一步整合资源，推动行业协会和专业协会发展，使中小企业也能在第一时间获取世界最新信息。其次，政府还应拨出专款，帮助中小企业进行技术升级，在融资与担保方面，多给予支持，在招商引资方面，吸引更多的国外中小企业参与投资。

龙永图还指出，面对当前我国民营企业存在的各种问题，政府有责任为中小企业的发展创造出一个比较宽容的社会氛围，使社会对他们多些理解与包容，共同关注、支持中小企业的发展。

二十三、广东的高新技术产业发展与风险投资①

广东省1978年率先实行改革开放政策，1992年以来，风险投资机制逐步发展健全。目前，广东省已经成为我国风险投资发展最为迅速和最为活跃的地区之一。据初步统计，截止到2003年底，广东省的风险投资公司和相关中介机构约有150家，风险投资资本约20亿美元，广东省风险投资资本约占全国总量的1/3，是当前中国风险投资最活跃的地区。

投资形式也开始趋向多样化，从最初的直接投资，向股权置换、联合多家国际风险投资基金共同投资、进行有效融资等方向拓展。广东风险投资机构还与境外同行开展了广泛的交流与合作。自2001年以来，省内风险投资机构先后与新加坡大华银行、美国梧桐基金、香港创业基金、台湾创投国际集团等境外机构成立了合资创投管理机构，大力推进广东风险投资与高科技产业的发展。随着中国已加入世界贸易组织，投资环境得到进一步改善。这些年来，广东的风险投资机构的累计投资项目达600多个，累计投资金额11亿美元以上，取得了良好效果。广东风险投资机构通过提供股权投资和后期增值服务，已培育出风华高科、金蝶软件、广东榕泰、大族激光、广东天普、东江环保、科兴生物、迈瑞医疗等一批在中国著名的科技企业，有力地支持了广东高新技术产业的发展和产业结构的优化。风险投资事业正努力为技术革新和经济活动提供推动力。

跨入新世纪，随着经济的不断发展，那种靠外延型、粗放型的经济增长已经不合时宜，积极有效的措施之一就是大力培育出新的经济高速增长点——高新技术产业，以“高新技术创新体系的助推器——风险投资”促进高新技术产业化的发展。高新技术产业与风险投资事业是相互依存、相互促进的关系，高新技术产业对新的经济增长点有主要贡献，风险投资是催生高新技术企业的发动机。从广东“十一五”经济发展目标来看，2010年广东GDP要达到2.6万亿元（其中高新技术产业产品产值要力争达到2万亿元，对GDP的贡献率达77%）；而目前广东风险投资的资本总额约150亿元，要驱动2003年产值为6 100亿元的高新技术产业上新台阶显得势单力薄，因此，广东风险投资事业还需要进一步增强实力。广东从1993年开始探索建立风险投资的机制，而后20年

① 该篇摘自广东省科技厅厅长谢明权于2004年4月2日在深圳举行的“第六届中国风险投资论坛”上的讲话。

来的实践表明：风险投资在促进高新技术产业的发展，推动国民经济健康、快速和稳定的发展等方面，起着越来越重要的作用。因此，今后风险投资事业将随着高新技术产业的发展壮大而走上新的台阶，同时，我们也注意到，要保证风险投资事业与高新技术产业的共存共荣，就必须采取一系列有效的措施，我有如下几点建议。

1. 制定广东高新技术产业与风险投资发展战略规划

最近，广东开展了产业竞争力的研究，专家们对广东未来的发展之路（特别针对高新技术产业）提出了非常有建设性的建议，下一步应把这些建议转变成可实施的规划。同时，还应做好广东风险投资事业的战略规划。因此，明确广东高新技术产业和风险投资事业发展的方针政策、长远目标、发展总框架、引导机制、监督制度、配套机制等，将有利于广东高新技术产业和风险投资事业的规范、协调和健康成长。

2. 积极推动高新技术企业上市

风险投资追求超常规的股权投资收益，这种主动承担风险的投资动机客观上要求建立顺畅的资本退出机制。从投资回报率来看，公开上市(IPO，首次公开发行股票)是最佳的退出方式，这需要建立支持高新技术企业IPO的二板市场(Second Board Market)。二板市场是前瞻性市场，主要面向新兴中小企业和高科技企业，其上市的规模与盈利条件都比较低。鉴于我国二板市场的条件尚未成熟，可以分阶段推进，即先在主板市场设立科技板块，支持一些资本额比较大的高科技企业上市，等条件成熟后，再建立独立的二板市场。此外，还可以积极引导高新技术企业到香港或海外创业板(Growth Enterprise Market)上市。

3. 营造广东高新技术产业与风险投资协调发展的环境

高技术创业与风险投资相互依存的资本运作关系，一方面，倡导技术创新、创业精神、培育创业意识，另一方面，在富有创造力的环境下，宣传风险投资理念、创业与风险投资的有效结合，扶助创业成功，获得高回报。风险投资是一种高风险、高回报的直接融资活动，在这种机制中存活下来的是最有生命力和发展前景的项目，风险投资有了优质的投资对象，风险创业项目有了很好的筹资来源，两者互促互动、相辅相成、协调发展的机制环境是非常必要的。广东风险投资事业发展到目前的水平，应逐步走向开放，降低门槛，提供宽松的准入环境，允许国外独资的风险投资机构进入广东市场。

4. 引导民间资本进入风险投资领域

我国多年来的居民储蓄存款居高不下，这与创新企业发展过程中资金匮乏形成鲜明的对比。高新技术产业技术含量高、产品附加值高，对经济增长的贡献大，对冒险投资者的回报也高。风险投资是民间资本理想的投资方向，从政府到民间都需要正确看待风险投资问题，应积极引导投资向高新技术企业倾斜。风险投资机构应以专业的形象和科学策划吸引社会资金和民间资本。因此，要引导民间资本进入风险投资领域，实现民间资本增值和发展高新技术产业、健全风险投资机制的“多赢”局面。

第二章 风险投资专家论坛

为了从不同视角向风险投资从业人员提供有益的启示，中国风险投资研究院特邀请了一批政策制定者、业内杰出人士和专家学者就2004年风险投资界的形势、风险投资业的发展展望和有关理论、以及重大专业问题提出自己的看法和见解。通过约稿，年鉴编写小组共收到14篇文稿，内容包括：业内人士对我国风险投资业目前形势的判断、热点问题的评析、市场环境的分析、中国创投产业所存在的问题以及著名学者专家对理论的探讨和政策的建议等。

一、商业天使、天使投资与我国科技型中小企业发展策略[①]

1997年爆发的亚洲金融风暴，使得全球经济大规模下滑，但有些国家和地区，特别是美国，其经济不仅一枝独秀，且在连续保持高速增长的情况下，依然保持继续增长的势头。大量的分析研究结果都指向了围绕在大企业周围的中小企业，正是这些分布广泛、充满活力的中小企业，不仅使美国的经济增长异常空前，而且在其它国家发生大企业金融危机的时刻，发挥了拉动国家经济增长的引擎作用。因此，发展中小企业，特别是科技型中小企业，已经成为世界各国面对新一轮竞争的重要战略。

为了追赶世界经济发展潮流、改善我国科技型中小企业发展环境，科技部科技型中小企业技术创新基金管理中心、深圳证券交易所、国家开发银行投资业务局、资产重组保全局，联合中国高新技术产业开发区协会创业中心专业委员会、中国科技金融促进会风险投资专业委员会，共同发起并组织实施旨在营造有利于我国科技型中小企业不同成长阶段发展环境的社会化解决方案，并于2004年10月8日正式发布《科技型中小企业成长路线图计划》(以下简称“路线图计划”)。

“路线图计划”将集聚和整合国家现有推进科技型中小企业成长的资源，从七个方面改善我国科技型中小企业发展环境，其主要目的是提高种子期、初创期企业的生存能力。

“路线图计划”特别强调了要发展我国种子期企业的金融育成环境。由于新技术、新产品以及新企业的脆弱性，科技企业在初创期风险较大，2/3的企业会在此期间消亡，致使商业风险资本对于种子期的“死亡陷阱”(Death Valley）望而却步，这是世界各国的普遍现象。种子期科技型企业的存活能力，事关一国经济增长的未来，事关公共财政对于前期技术研发投入的效率，所以世界各国政府普遍通过行政干预，纠正市场失灵，强化风险资本对于种子期企业的投入强度。一个基本的政策手段是通过财政补贴和所得税减免，弥补风险投资在种子期的投资损失，引导大量风险投资机构介入科技型企业创业阶段。由于创业阶段的特殊性，针对创业阶段投资的风险资本，单提供资金是不够的，更重要的是提供对于创业企业有价值的企业家经验、市场渠道等辅导型增值服务。在此前提下，这种投资多表现为基于人对人辅导、监督的个人投资，西方将这种能够带领创业企业闯过“死亡陷阱”的投资称之为天使投资，将具备天使投资能力的个人和机构称之为

① 本文作者为国家科技部火炬高技术开发中心副主任梁桂。

商业天使。天使投资是风险投资的一个子系统，与风险资本有着互补的关系，其概念早在十年前传入中国，但是由于各种原因，“天使基金”在我国还没有形成规模。

（一）天使基金的概念及其作用

所谓天使基金，是指具有一定资本金的个人或机构，对于所选择的具有巨大发展潜力且具有高成长性的技术项目或初创企业，进行早期的、直接的权益资本投资，协助具有专门技术或独特概念而缺少自有资金的创业家进行创业，并承担创业中的高风险和享受创业成功后的高收益，以实现资本增值的一种民间投资方式①。

这种投资往往是民间的、自发的、个体的和分散的，投资者往往是以对初创企业参股或以私人借贷的方式进行的，成为了一种具有极大生命力的、特殊的个人投资方式。

由于天使投资者只是利用了自己的积蓄，资金实力有限，不足以支持较大规模的资金需要，因此投资主要集中于企业发育早期。作为一种具有巨大发展潜力、同时孕育巨大收益与风险的企业早期投资行为，天使基金在经济生活中起到越来越重要的作用，主要表现在：

1. 天使基金拓展了科技型中小企业的融资渠道，加快了科技成果的转化

资金是推动科技成果产业化的重要力量，资金的缺乏对企业的起步和成长发展都构成致命的制约，尤其是高新技术产业，具有高投入、高风险、高收益的特点，由于科技成果转化成为产品的技术风险、市场风险以及由不确定因素造成的各种风险，存在着较高的失败率，但一旦转化成功，又往往能够带来高的附加值和可观的收益回报。天使基金作为一种新型的投资机制，能够对那些传统投资缺乏兴趣而又确有发展潜力的技术成果，提供初期的资助，支持风险企业的发展。

2. 天使基金为初创企业的生存打下了坚实的基础

天使基金是个人投资，投资方式十分自由。可以认为：天使基金通过灵活特殊的投资方式，在资本与高新技术之间架起了一座桥梁，克服了高新技术产业化的资金障碍，为成千上万的科技型中小企业、尤其是高新技术风险企业的诞生和成长提供了资金保证，造就了无数的高新技术企业并促使它们以惊人的速度发展，许多曾经微不足道的小企业在商业天使的支持下，发展成举世瞩目的跨国公司。

3. 天使基金为初创企业迅速启动与发展赢得了空间和时间

商业天使在投资决策时，由于投资金额相对较小，有着审查相对简单、时间短、决策快的特点，而且投入不是以占有企业为目的，他们只要看准、看好某个项目，经过一些调查，凭着自己的经验和判断，就会很快与创业者签约，把资金投给创业者，让创业者迅速启动其创业计划，在竞争激烈的市场上，为企业的产品赢得成长的空间和时间。

4. 商业天使为初创企业提供成功的经验和有益的指导和监督

很多商业天使本身就是成功的商业人士，尽管他们投资行为的初衷是为了取得投资回报，但同时他们也愿把自己的创业经验和现有渠道拿来与创业者分享，为创业者在企业运作上提供好的建议与指导，给予创业者以更大的发展空间，并在这个过程中予以指导和监督，赢得创业者的信任与尊重。

（二）国内外天使基金发展现状

在“天使投资”最为发达的美国，其绝大部分投资于种子期的资金，就是来自被称为“创业

---

① 刘曼红：《天使基金与民间资本》，机械工业出版社，2003年6月。

天使”的商业天使。美国的天使基金已经有很长的历史，当今很多商业巨头，如贝尔电话公司、福特汽车等都曾从天使基金那里获得启动的资金。商业天使一般以团体的形式集合在一起，美国现有150个正式的天使俱乐部，每个投资团体大约平均有85位投资者会员；欧洲潜在商业天使约有近百万人，英国和荷兰的天使基金相应达到30亿欧元和15亿欧元。

1. 国外天使投资人的组成方式及发展趋势

美国的商业天使主要由各大公司主管、退休企业家、医生等专业人士或企业家组成，这些人在事业上曾经取得辉煌成就，他们不仅家财万贯，更具有丰富的经营管理经验，但由于年龄或社会地位等因素的制约，不大可能从零开始艰苦创业。但是对过去的怀念以及对新挑战的渴望，使他们希望找到志同道合的有为青年，通过后者进一步实现自己的梦想。这些“天使”的投资范围一般也限定在自己熟悉的领域和地区，他们和风险投资的主要区别在于，商业天使大多在申请天使基金的人士具有明确市场计划时，就已经开始投资了，他们协助这些富有创新精神的企业家开始组建新公司，而这些市场计划或想法暂时不被风险投资公司所接受（见表2.1）。

表2.1 美国部分著名天使基金机构概况

机构名称	公司所在地	创建日期（年）	成员数量	交易次数（2000年）	平均投资金额（百万美元）
Band of angels	加州	1995	150	22	1.1 ～ 1.2
Common angels	马萨诸塞州	1998	90	10	0.9 ～ 1
The dinner club	弗吉尼亚州	1999	60	4	0.5 ～ 1
The angels' forum	加州	1997	25	7	0.35 ～ 2
Tech coast angels	加州	1997	205	16	1.5 ～ 2
Texas angel investors	得克萨斯州	1998	20	11	0.75 ～ 3

资料来源：《中国计算机报》，2001年5月28日。

“天使长”（Mentor）一般是前企业家或会计师或律师等专业人士，具有丰富的企业管理知识、财务知识和法律知识，能担当起筛选投资企业，与投资企业签约和进行投资后参与管理和进行监督的能力，他可以代表整个天使团队决定投资方向。“天使”或“天使长”并不是简单地投资取益，“天使”能够利用自身经验和专业知识向被投资企业提供价值增值的顾问和咨询服务，有的直接进入董事会参与管理。有“天使基金”参与的企业比一般企业成功率要高，成长性要强。在美国表现为：有“天使基金”的企业更容易得到投资基金的支持，进而更容易上市进入公开股票市场进行融资，使创业者得到丰厚回报。这存在两个方面的原因：一是因为“天使”具有筛选好企业和好项目的能力，二是因为“天使”的管理活动增加了企业成功的概率。

随着计算机网络的发展，世界上大部分的商业天使已实现网络化，天使基金网络业已在实现信息共享、在小企业与潜在投资者之间架构桥梁方面发挥了重要作用。美国的天使基金网络已发展至成熟阶段，相当多创业企业与商业天使借用网络服务寻求配对；瑞典国家工业科技发展局通过介绍精英企业的经营理念和计划给商业天使、创业资本家和机构投资者，使企业获得创业资本；在韩国，通过税收优惠等新措施的实施，激励商业天使有组织地发起投资机构为小企业融资。由此可见，互联网已赋予传统的天使基金方式以新的活力，推动着天使基金业的快速发展。

2. 中国“天使投资”仍处于“种子期”，“天使投资人”和专家系统同时缺位

长期以来，我国科技型中小企业技术创新和发展的投融资体系极不健全。银行商业化运作的体制，使其不愿向既无抵押能力、又无担保能力的科技型中小企业的技术创新活动提供资金支持。近年发展起来的创业投资也大多将资金投向扩展期的项目，远远没有真正起到科技型中小企业科技创新助推器的作用，仅有不足6%的创业投资支持真正风险大、最需要资金支持的研发阶段的项目，发达国家通行的“天使基金”在我国几乎还是空白。

改革开放以来，我国造就了一个通过个人奋斗，积累了一定财富的事业有成的中产阶层，他们持有一定的现金，在短期内没有大额的资金支出，这时投资开始成为个人理财的重要内容。但是由于社会环境和投资理念等各种因素的影响，很多人都选择了风险规避型投资，直接反映就是我国城乡居民存款额的持续飙升，风险投资等理财方式还没有被大众接受，这是我国“天使投资”不发达的一个主要原因。

另一个主要原因就是专业人才和专家系统的缺位。我国全民平均教育水平还比较低，律师、会计师等专业人才相对较少，相对应的咨询、中介机构很不完善，大众投资缺乏适当的引导；专家系统是一种模拟专家决策能力的计算机系统，是一种智能的计算机程序，它能够运用知识进行推理，解决只有专家才能解决的复杂问题，而我国人民生活水平还不很高，电脑等现代化设备普及率低，客观上造成了专家系统的缺位。

（三）政府型“天使基金”——科技型中小企业创新基金发展现状

目前我国天使基金很不发达，缺乏专业的投资指导和信息支持，而科技型中小企业又极度需要资金支持，在这种情况下，由政府设立的创新基金毫无疑问充当了部分“天使基金”的角色，并发挥了十分积极的作用。

1. 政府科技型中小企业技术创新基金起主导作用，扮演了“天使基金”的角色

对于初创期的科技型中小企业来说，存在一个“死亡陷阱”：这类企业，其技术从不成熟到成熟，其产品从市场不认可到认可，其团队的逐渐磨合，大概需要1年～3年的时间，这期间企业并不具备经济实现价值，使得商业资本不愿介入企业的发展，从而导致市场失灵，如果再失去政府的支持，那这类企业必然生存艰难甚至死亡。所以，政府必须“把支持创立1年～3年的科技型中小企业作为自己的责任”，使其走出“死亡陷阱”。

建立创新基金，大力支持科技型中小企业发展，是大多数发达国家、发展中国家实现经济跨越式发展、增强自主创新能力的必然之路。美国和欧盟等发达国家都采用政府干预，采取强制性措施来保护本国科技型中小企业，并成立创新基金，来扶持这些企业。法国的创新基金已有37年的历史，美国的创新基金也成立了22年。

借鉴西方发展经验，我国也设立了专项基金。创新基金在我国的设立，既是针对科技型中小企业发展规律的一种制度安排，也是积极探索市场经济条件下政府支持竞争前研发活动的重要举措，它不仅支持企业的技术创新研究，更重要的是支持企业的发展，支持企业把技术转化为商品，同时引导社会资金的进入，创新基金是科技系统的制度安排在经济系统的体现。

我国的国家种子基金就是国家科技部负责管理的“科技型中小企业技术创新基金”，它是经国务院批准设立，用于支持科技型中小企业技术创新的政府专项基金。通过拨款资助、贷款贴息和资本金投入等方式扶持和引导科技型中小企业的技术创新活动，促进科技成果的转化，并有效地吸引地方政府、企业、风险投资机构和金融机构对科技型中小企业进行投资，逐步推动建立起

符合市场经济客观规律的高新技术产业化投资机制，从而进一步优化科技投资资源，营造有利于科技型中小企业创新和发展的良好环境。

2. 进一步加强科技型中小企业技术创新基金的资金规模和资助力度是现阶段我国创新发展的重要措施

创新基金引领科技创新创业活动，成为加快高新技术产业化进程的有效手段。创新基金运用市场筛选手段，对技术创新水平高、市场前景好但尚处于种子期的项目给予资金支持，从而引领了一大批中小企业的技术创新活动，有效地提高了企业自主创新的能力和水平，加快了高新技术产业化的进程。

自1999年我国设立科技型中小企业技术创新基金以来，从1999年～2003年中央财政安排创新基金预算共33亿元，实际安排资金34.61亿元，5年来受理创新基金申报项目20 449项，申请总额约172亿元；经评审共批准立项4 957项，中央财政实际投入34.61亿元，平均资助强度为70.6万元 / 项。在4 946项资助项目中，无偿资助3 796项，安排资金25.72亿元；贷款贴息1 148项，安排资金8.77亿元；资本金投入试点两项，安排资金0.17亿元。从创新基金的整体运作效果看，对获得资助的科技型中小企业的成长和发展起到了很大作用。

创新基金重点扶持了一批种子期的科技企业：在创新基金已资助的项目中，33% 的企业为成立不足18个月的初创型企业，50% 的企业在获得创新基金资助时生存期不超过3年，50% 的企业资助前没有销售收入。基金项目立项前100人以内的企业占59.5%，不足50人的企业占41.1%，而经基金资助后的短短两年中，这些企业已经表现出很好的高成长性，其中的90% 实现了销售收入增长，46% 的企业销售收入增长了10% ～50%，13.1% 的企业销售收入增幅超过了100%。

可以看出，创新基金在我国科技型中小企业发展中起到了巨大的推动作用，在民间投资还不完善的情况下，进一步扩展政府创新基金的规模和资助力度无疑是促进我国科技创新的重要举措。

（四）促进我国“天使基金”发展的策略

据不久前维欣创业投资网所做的一次调查统计，尽管我国创业投资政府出资比例已经降到42.9%，但仍然高居内资创业投资之首，而民间投资所占比例连10% 都不到。对于我国创业投资现状而言，这一比例实在太低。我国并不是缺乏私人资本，为何涌现不出一批“天使”投资人？从当前的国内形式来看，我认为主要有以下几个原因：

一是地域，由于天使投资对个案投入的资金在20万元～200万元，相对金额较小，追求低廉的监督成本，所以天使投资的地域性特点非常明显，也就是说各国天使投资家通常只关注周围数百公里范围内的人才或项目，大多不会去考虑跨国跨地区的天使投资个案。

二是风险，天使投资是一成九败的高风险高效率产业，国内投资人的独尊观念强、承受能力弱、急功近利色彩浓、声誉意识淡，加之法制环境与营运体系不健全，现阶段还不可能形成天使投资热，其运行机制和游戏规则的施行，还要经过相当长时间的培育和实际历练。目前我国的“天使”投资基本上还处于散兵游勇的状态，这无疑增大了投资风险，且个人的资本不易形成规模，难以驾驭较大的项目，一旦不成功，个人损失的成本太高。

三是盈利，天使投资人投入的基本都是自己的私人资金，与项目创业者共同分担创业风险，所有损失或收益均由天使投资人与项目创业者共同分担，而我国目前风险投资的退出机制还很不完善，“天使投资”获利后却难以退出，在很大程度上阻碍了天使投资的进一步发展。

综合考虑世界各国发展经验，结合我国经济发展现状，可以认为我国天使投资业已经发展到初级发展阶段的尾声，即将步入正规发展道路。市场化是基本前提，但是政府的支持也是很必要的，两者应该结合起来，抓住世界投资基金瞄准中国的契机，配合“路线图计划”推进我国“天使基金”的发展。当前政府的首要任务应该是：营造适合“天使基金”发展的经济和法律环境。这是因为：

首先，我国天使投资发展的资金供给环境较为宽松，大量的民间资本都没有很好的投资去向，齐聚银行，使得天使基金的发展具备了良好的外部环境，只要政策引导得当，这些存款中的一部分肯定可以流入天使基金。

其次，制度建设已逐渐成为我国投资业发展的瓶颈，当然也是“天使基金”发展的主要障碍，其核心就是天使基金没有畅通的退出机制，一旦投入，就可能变为长期股东，只有遵循市场规则，建立流畅的“退出”机制，让投资人真正体会到“高投入、高风险、高回报”，无论投资者是“赢”是“亏”，都能够随时退出，使投资能够真正“来去自由”，才能加快我国“天使投资”发展的步伐。

最后要强调的是，政府加强创新基金的投资规模和力度并没有违背市场经济的原则，而是弥补了市场的失灵。政府出资只是政府促进天使投资发展的初级形式，而制定出积极的鼓励政策体系，调动众多社会资本从事投资事业，才是政府发展投资事业更为高级也更为艰巨的工作，只要能够从市场的自身规则出发，制定适合我国的投资法规和制度，相信我国天使投资事业一定会日益发展壮大。

二、多层次股票市场 vs“二板”、“三板”①

中国股票市场自从以“股权割裂”的方式问世以来，就时时在彰显自己的“特色”。例如，我们虽然缺少股市手段的创新，却绝不缺少股市词汇的创新，但遗憾的是许多创新的词汇不能廓清概念反而只能导致混乱；像“二板”、“三板”、“创业板”之类的提法，就让人搞不明白到底说的是“板块”还是“市场”，到底能不能用于国际比较研究。

《国务院关于推进资本市场改革开放和稳定发展》的九条意见中，鲜明地提出要“建立多层次股票市场体系”。这是一个很到位的提法，它有助于政府推出具体的改革措施，也有利于学术界拨乱反正。

为了说明多层次股票市场之“是”，以及“二板、三板创业板”之“非”，不妨从纳斯达克及海峡对岸谈起。

（一）纳斯达克不是“二板”，是多层次股票市场

纳斯达克国际公司总裁约翰·沃尔来中国访问时，有记者问他：“你认为纳斯达克是二板市场吗？”他回答道：“我不认为纳斯达克是二板市场。世界上最大的股票在我们这里交易买卖，为什么把我们看作是二板市场呢？无论是按股票交易量算还是按美元量算，纳斯达克都是世界上最大的市场。”②。

① 本文作者为国务院发展研究中心郭励弘。

②《今日证券》，2002年4月29日。

看来，我们创造出的特色用语“二板”，并不受“二板”鼻祖的赏识，反倒搞得他们一头雾水不知所云。纳斯达克不是“二板”，那它是什么？

NASDAQ是“全美证券商协会自动报价系统”的英文缩写，它是场外交易市场的产物。在美国，场外交易市场是所有非挂牌股票的交易场所，更确切地说不是固定的场所，而是在交易所外买卖证券的多种交易方式的总汇。这些交易方式的共同特征，在于交易价格的达成不是按照交易所内风行的双向拍卖系统，而是通过谈判的途径。分布在全国的场外交易证券商及其顾客很难了解是否得到了某种股票的最好价格，也不知道究竟全国有多少个场外市场；从1904年开始，全美报价局（一家私人经营的价格报告服务组织）为解决这一问题采取了一些措施，办法是每天在粉红色的纸张上公布10 000多种场外股票和5 000多种债券的价格，尽可能快地印出并发往全国。直到1968年，由邦克·拉莫公司研制的自动报价系统获得应用，才取代了粉红色纸张的作用，但是这个最初级的场外市场仍被称作粉红单市场。

全美证券商协会成立于1939年，代表当时场外交易市场上的4 000名证券交易商。自动报价系统问世之后，美国证券交易委员会明确表示，它希望有一个全国范围的电子计算机系统，确保更准确、快速地反映价格和市场情况的变化。纳斯达克因之于1971年诞生，通过自动报价系统使分布全美的6 000个办事处的证券商有了直接联系。它的起点是来自粉红单市场的2 500种场外股票，入市门槛是股票发行公司有100万美元以上总资产，或50万美元以上净资产。

1975年，纳斯达克规定了上市标准，使纳斯达克证券与其他场外交易证券分离开来，自此有了纳斯达克上市公司这一高级市场。1982年，纳斯达克上市公司中的佼佼者按照更高的上市标准组成全美市场体系，其余的公司则组成小市场体系，于是公开交易市场分出两个层次。1990年，为便于交易并加强场外市场的透明度，美国证券交易委员会责成全美证券商协会为场外交易设立电子公告板，向投资者提供未上市公司的股票信息，并将一部分粉红单市场的优质股票转到电子公告板上来，这就是场外公告板市场即OTCBB。

所以，完整含义的“纳斯达克”是包含有四个层次的多层次股票市场（见表2.2）。四个层次都在全美证券商协会管理之下，都采用自动报价系统，当然都是“纳斯达克”。整个演进过程是从小到大，但并没有图大弃小。以往有些议论，把纳斯达克仅仅理解为中小企业股票市场、或高技术企业股票市场、或与纽约证交所平行的股票市场，都是片面的。

表2.2　纳斯达克多层次股票市场(按从低到高顺序)

名称	全美证券商协会自动报价系统（NASDAQ）			
	粉红单市场	OTCBB	小市场体系	全美市场体系
设立时间	市场创建1904年 协会成立1939年 自动报价1968年	1990年	1975年	1982年
股票只数	＞4 100只	＞3 838只	＞1 000只	＞3 832只
性　质	报价服务机构	报价服务机构	证交所	证交所
有形净资产	50万美元	50万美元	400万美元	1 800万美元

（二）我国台湾地区的多层次股票市场

20世纪50年代我国台湾的股票市场完全是店头市场，交易分散，不易管理，积弊甚多，于是实行有效管理监督、建立集中交易市场的呼声日高。1960年证券管理委员会成立，1962年证券交易所正式开业，标志着台湾股票市场进入有组织的发展阶段。

证交所成立后，为发展集中交易市场，曾一度禁止股票的店头交易。一直到1968年《证券交易法》颁布，股票交易市场才开始明确分为两个层次：一是在证交所进行的买卖，采取竞价的方式成交；二是在券商的营业柜台进行的买卖，属于非集中交易市场，采取议价的方式成交。为了便利中小企业筹资以及扩大证券市场规模，1988年成立了“柜台买卖服务中心”，1989年产生了台湾地区第一家股票上柜交易的公司，开启了股票柜台买卖市场新的一页。

未上市（柜）的股票是通过盘商中介交易。盘商，是专门从事未上市股票交易经纪业务的证券商，但均不合法。对这一类的交易既无监管又无统计，也游离于学者研究之外。

为给公开发行而未上市（柜）的公司股票一个合法、安全、透明的交易市场，并将未上市（柜）股票纳入制度化管理，以保护投资大众，柜台买卖中心奉命制定这一类股票交易的制度。经过广泛征询各界意见后，新制股票正式定名为“兴柜股票”。2002年2月1日兴柜股票正式挂牌。

历经以上演进过程，今天的台湾股票市场分为4个层次，在股票发行方面的比较见表2.3。

第一层次是公司制的台湾证券交易所，采取典型的竞价制度和电子交易，不允许场外交易，上市公司的实收资本额合人民币1.5亿元以上。

第二层次是财团法人制的证券柜台买卖中心，以竞价制度为主做市商制度为辅，上柜公司的实收资本额合人民币2 500万元以上。

第三层次是兴柜，由柜台买卖中心代管。兴柜只有一种交易方式，就是在自营商的营业处所议价。兴柜公司的实收资本额没有特殊规定，凡公开发行的股份有限公司都可以上兴柜，而制造业股份有限公司的发行门槛合人民币25万元。

第四层次是盘商市场，属于非公开股票市场。1996年底全台湾有盘商200余家。

表2.3　台湾地区多层次股票市场(2002年7月底)　单位：新台币元

类别	上市	上柜	兴柜	盘商
设立时间	1962年	1953年 1962年关闭 1989年重开	2002年	—
性　质	证交所	竞价为主 做市商为辅	柜台报价服务	无组织
股票只数	595只	381只	102只	＞90只
总资本额	41 977亿	7 136亿	—	—
总 市 值	90 420亿	13 900亿	—	—
实收资本门槛	6亿	1亿	100万	100万

（三）深沪二市做不出“多层次”文章

我们过去搞的是计划经济，政府对金融业的垄断比对其他行业更为突出，在各个金融领域都是大一统的局面，不可能出现多层次结构。现在要改革，要转轨，就必须逐步放松金融管制，培育那些能够提供基础服务、能够满足普遍性需求的金融机构及市场。所以我们这里金融发展的轨迹与市场经济常态恰恰相反，是先有大的再补小的，先有全国的再补区域的，先有政府的再补民间的，先有最高层次的再补初级层次的。也就是说，各类金融都需要从单一最高层次走向多层次，股票市场也不例外。

建立多层次股票市场是一项深层次、实质性的体制改革，它必然要求突破沿袭多年的“非法融资”、“非法交易”禁制，产生出一系列“合法融资”途径以及“合法交易”平台。至于深沪二市，本来就已经是最高层次的股票市场，再怎么构想也难孵化出一个“多层次”来。

1.“二板”不是多层次

为了筹建“创业板市场”，深圳从2000年9月起停发新股。本地市场资源在很大程度上已被闲置和浪费，股市资金配置迅速向上交所倾斜，广东省和深圳市政府着急。当初以大笔资金投入高技术企业，满以为短期内就可借“创业板市场”实现退出，没想到上市前套牢比股市上套牢更加无可奈何，机构投资者着急。为了活跃市场，为了解套，为了“促进中小企业融资”或“促进高技术企业融资”，为了“建立多层次股票市场”，为了……三年多来时而“创业板”时而“中小企业板”雷声不断。

2004年5月深圳“中小企业板块”终于开张。对它的意义不必多加渲染，重发新股、机构解套而已，与“多层次”没有任何关系。

多层次股票市场之所以称其为“多层次”，最起码的辨识标准是它们的入市门槛有很大区别。台湾地区上市门槛6亿新台币，上柜门槛1亿新台币；纳斯达克全美体系上市门槛之一为1 800万美元，小市场体系上市门槛之一为400万美元；其它财务标准及非数量标准暂且抛开，如此鲜明的实收资本（或有形净资产）差异，才能构成不同层次。

而深圳“中小企业板”的入市标准只能遵从《公司法》，股本总额为5 000万元以上，不可能与其他上市公司有所差别，充其量是构成小盘股板块。“板块”绝对不是“多层次”，从各种角度把上市公司分成各类板块的统计分析早已有之。

更何况，小企业的标准是资产总额在4 000万元以下，根本不可能达到上市标准，称作“中小企业板”实有欺世盗名之嫌。

2.“三板”不是多层次

分别于1992年7月和1993年4月开通的原STAQ、原NET法人股交易系统，由于有相当数量的自然人违规入市，1999年9月被关闭。一方面为了解决这两个系统中11家公司的法人股流通问题，另一方面为了给深沪二市源源不绝的退市公司的流通股提供交易场所，2001年7月“证券公司代办股份转让系统”正式运行，僭称“三板市场”。所以：

“三板”= STAQ + NET + ST + PT

市场经济中的股票市场，无论属于多层次中的哪一个层次，必然是始自“发行”而进入流通；惟独我们所创建的这个“三板”，是始自“退市”而进入流通，其特色何其浓也。如果强要把“三板”说成是“多层次”的话，只能是对“多层次”的亵渎。

台湾地区证券柜台买卖中心总经理简信男先生参访深圳高交会时，有记者请他对比一下大陆的“三板”和台湾的OTC市场。简先生的答复是：“‘证券公司代办股份转让系统’主要是为了解决历史遗留的法人股和退市公司股票的流通问题。从市场目的分析，与台湾OTC市场并没有多少可比性。台湾地区设立OTC市场的主要目的，是为众多的中小企业及早进入资本市场，促进产业升级提供交易管理。”①

---

①《21世纪经济报道》，2001年11月8日。

"二板"在纳斯达克国际公司总裁面前碰了一鼻子灰，"三板"在台湾柜台中心总经理面前碰了一鼻子灰。看来，如果我们真想为高技术中小企业的权益资本融通做些有益工作的话，如果我们真想建立多层次股票市场的话，那就不能再用词汇创新来代替制度建设，也不必再在深沪二市上费心思了。

三、欧洲风险投资发展经验及中欧合作的前景分析①

我是Sofinnova的合伙人，主要工作是帮助欧洲的一些初创公司，这些初创公司的研究领域主要是生命科学、创新科学、创新科技等等，此外我还担任欧洲风险投资协会主席。它的简称是EVCA，是一个非常成功的协会。我今天来谈谈欧洲风险投资协会的情况，以及欧洲私募股权及风险投资市场的统计数据资料，目前的行业及其规章问题，最后我简单谈谈中国与欧洲的合作前景。

（一）关于欧洲风险投资协会——EVCA

EVCA成立于1983年，当时只有25个成员，即创始成员。现在，它在36个国家有950多个成员，在亚洲也有成员。EVCA的发展宗旨主要有三个：第一，推动在欧洲的风险投资产业。第二，发展并执行一些公共项目，目标是希望使欧洲成为风险投资产业更加看好的市场。我们希望让我们的决策者在他们的法律制度、管理制度、税收制度的制订中考虑风险投资。第三，发展和执行风险投资职业标准，这些标准主要用于处理基金管理者和投资者之间，以及基金管理者和创业者之间的关系。

我们将制定一些公司的管理章程体系，建立相互信任的机制，提高公司的信誉，这些对于吸引投资者来说是至关重要的，而且可以帮助他们吸引更多的创业家。那我们是如何实现我们的目标的呢？首先我们为EVCA的成员以及工业界的企业提供联系与交流的机会，主要途径是年度研讨会，比如在这里我们就开了一个风险投资论坛，我们在欧洲每年召开三次这样的研讨会。除了这种年会，我们在欧洲15个不同国家都会召开各种各样的研讨会，探讨目前风险投资的问题。其次，我们EVCA的一些学术研究机构还会提供培训的机会，也就是一些专家发展项目。这样我们就培育了一些投资方面的专业人士，他们的投资知识帮助他们在欧洲其它国家找到与他们兴趣相同的人，让投资成为他们共同的语言。再者，我们还进行行业研究，并公布研究数据。这就是我们将主要信息传达给业界人士的重要方法。最后，我们还给政策制定者提供信息。

欧洲人口为48 600万人，EVCA在欧洲28个国家都有会员。我们在欧盟有15个成员，可能过段时间会有25个，还有一些国家完全不归欧盟管理，因此，欧洲从这个意义上讲并不是统一的，但是，我们正在朝这个方向不断地发展。EVCA致力于在私募股权和风险投资方面能够给近5亿人提供更多的帮助。

（二）欧洲私募股权及风险投资市场的统计数据资料

首先对发展中公司来说，风险投资是重要的融资渠道。这些得到风险投资资助的公司，能够

① 本文作者为欧洲风险投资协会主席、Sofinnova公司总裁Jean-Bernard Schmidt。该文是作者在"2004中国风险投资论坛"中发表主题演讲的内容。

促进经济的发展，缴纳更多的税收，创造更多的就业机会，实现更快速的增长，也使它们更加注重自身的研发投资，努力寻求国际发展。而这些得到资助的公司中，大多数是中小企业和私营企业，其中3/4的投资投向了员工人数低于100人的公司。EVCA告诉这些决策者，他们为什么要这么做，为什么要把欧洲创造成更适合风险投资的市场。

在2003年，欧洲筹集的私募股权和风险投资基金达到277亿欧元。在过去10年中，有1 771亿欧元的私募股权投资于欧洲的成长型公司。从图2.1我们可以看到，欧洲在这方面只有十几年的历史，在1996年、1997年才真正发展起来，2000年就达到了顶峰。但是随着互联网泡沫的破灭，我们大概又回到了1998年、1999年的水平，不过现在我们保持比较稳步的增长，虽然增长速度不是很惊人，但是发展势头是比较稳定的。我们资金的来源主要有两个，第一个来自养老金，第二个来自银行，如表2.4所示。我们可以看到，政府也会将它们的资金放到风险投资中来，从而帮助发展私募股权市场。2002年，欧洲投资发展趋于多样化，我们的投资占GDP的比例相当高。但是在一些不是很发达的国家，比如东欧一些较小的国家，投资占GDP的比例就非常低。从地域分布讲，我们的投资主要在法国、意大利、德国、英国、荷兰等国家，而对其他国家的投资就相对少一些。在2002年，不同的投资投入了不同公司的不同发展阶段，比如说有些投资是用在扩张期。在不同国家，投资在阶段方面的分配也是不同的。在整个欧洲层面上，风险投资对种子公司的投资才10%多一点，比例是非常小的。技术领域主要是与电脑、生物技术、医药技术相关的领域占据了大多数投资。也有非技术领域的。此外我们还在能源、消费者产品运输、自动化等方面有投资，这也是我们投资的重要领域。

表2.4 资金来源

	2001年(%)	2002年(%)
抚恤基金	26.8	16.3
保险公司	12.3	13.8
公司	5.8	7.3
政府机构	6.0	11.1
资本市场	0.5	0.1
银行	24	26.3
基金的基金	12.2	13.1
个人	6.6	6.0
学术机构	2.2	1.6
其它	3.7	4.3

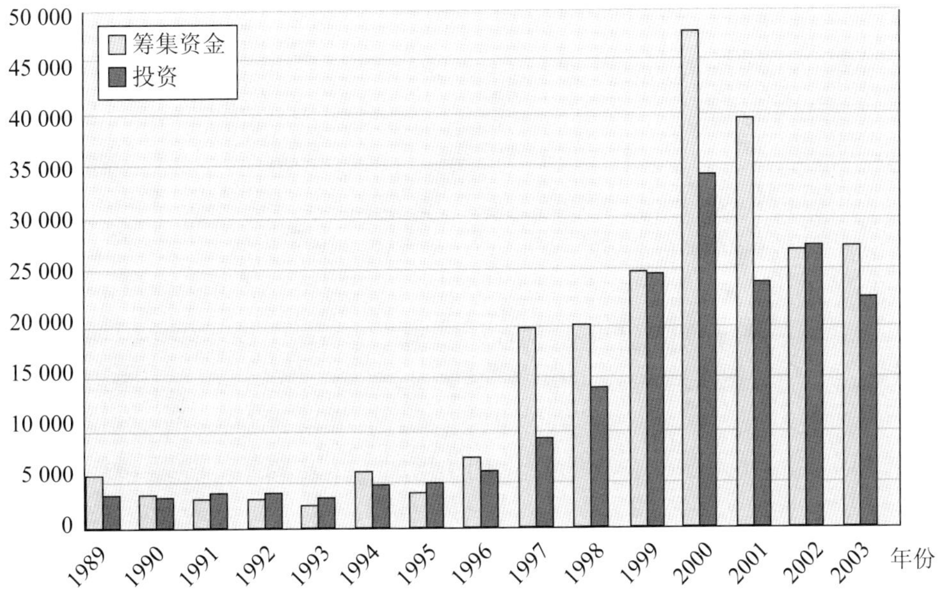

图2.1 欧洲的资金筹集及投资(百万欧元)

(三)目前的行业及其规章问题

我们再谈谈EVCA目前采取的一些举措以及发展的方向。首先我们来简单地看一看EVCA在业界发展中作出的贡献。这主要体现在目前的行业和监管事务方面。首先要有一个评估标准，这与我刚才谈到的职业准则相关。比如说，基金管理者怎样评估他们的投资和项目，怎样能够给投资者正确的解释。还有国际会计标准(IAS)，对于目前采用的国际会计标准的第27条，若公司合并就会给投资者带来一个错误的财务报告，这些标准的采取或者这些举措的采取就会影响到我们公司的运作，影响到我们对所投资的公司的判断，我们必须保证公司运作的可靠性和透明度，因此，我们建议不采取IAS中的这一条。

此外，还有银行业的监管方面，这些监管条例会导致银行从私募股权市场中抽离资金，而目前银行业占整个欧洲资金来源的25%，由于巴塞尔第二回合谈判，可能会使欧洲损失50亿欧元~100亿欧元投资，这样做是非常错误的。在欧洲我们有统一的税收和法制环境，EVCA的主要工作就是促进建立一个统一的税收和法规框架，建立一些相应的标准，制定一些等级，在这些标准和等级上，确定人们应该采取什么做法，从而使他们超越自己。我们希望充分利用我们目前的优势，促使政府颁布一些优惠性税收政策，并将这些政策在他们的国家内广泛使用。我们也缺乏一个实现国与国之间投资的统一的基金结构。在国家投资方面，我们仍然有法律税收等方面的问题，因此，我们需要统一的基金框架来实现国与国之间的投资。

最后，我们目前需要为高速增长的公司搭建统一的泛欧洲贸易平台，这些公司的发展对于风险投资的成功是非常重要的。我们的股票市场的发展也证明了这一点，如果被投资公司上市的话，就可以获得其他方面的资金投入来帮助公司不断的发展。欧洲在这方面比较分散，有3个股票交易所，在欧洲其他国家还有10个较主要的股票市场，我们希望将来在欧洲建立一个类似纳斯达克的统一交易市场。

（四）中国与欧洲的合作前景

对于我们来说，中国是一个非常重要的经济和商业合作伙伴。中国与欧洲的合作可以有三个层面：首先是协会层面。比如中国风险投资协会与EVCA相互交流他们的经验、专业知识、信息以及管理方面的资源。2003年，陈工孟先生就带领一支考察团去欧洲考察，在阿姆斯特丹和我们交流了经验。我们希望这种活动更多地开展，我们鼓励交流我们的知识，比如在网站上互相分享我们的经验。中国的风险投资业在欧洲还不是很出名，因此，我们必须大力提高中国在这方面的知名度。

第二个层面就是对于欧洲的投资公司来说，可以在中国建立一些创业公司或者种子公司，可以找一些一般合伙人、有限合伙人，比如在电信、电子领域。我们在中国开展了大概40个合作项目，我希望不久我们能增加6个～8个欧洲风险投资企业。通过这样的合作，就可以建立我们的伙伴关系，就能够进一步发掘中国的市场，并利用中国的市场发展整个风险投资行业。

最后一个层面，目前欧洲风险投资基金是自我筹资的，我们可以将这种资金直接投入中国，从而获得在中国投资的相关经验，而且评估中国的法律以及税收环境。而这点只有与当地的合作者一起进行才能够实现，这是一个非常好的想法，大家都应该积极地着手开展这方面的工作，来了解在中国投资有什么样的困难和问题，因为目前中国经济发展有非常大的活力。我们相信我们可以取得成功，而且这些合作也可以帮助我们在将来取得更大的成功。

四、深圳科技园引入风险资本促进企业孵化的思路与举措①

风险投资要取得成功有两个前提问题必须解决好：一是必须有一个比较通畅的投资渠道，二是必须投资于一个比较好的项目。也就是说，风险投资成功的第一要素是企业，第二要素也是企业，第三要素还是企业。这是做创投的人常说的话。孵化器是做什么的呢？就是专门孵化企业的。我们希望做创投的人把更多的注意力、更多的眼光投入到孵化器里。孵化器的起源最早是在20世纪五六十年代的美国，1959年美国人创造了第一个孵化器，开始培育新企业成长，目的就是创造新的工作机会，促进地方经济的发展。在20世纪八九十年代，企业孵化器作为一种创新理念迅速在全球兴起。不仅孵化器产生于美国，我们的科学园区和风险投资也起源于美国，所以，美国的强大也是顺理成章的事情。

孵化器理论又称为“苗床理论”，企业孵化器是为培育新生企业而设立的，这个环境可以促进技术型企业的大量聚集，同时促进新企业的快速增长。企业孵化器概念的第二个内涵是它并不局限于一栋或几栋孵化大楼，还有相应的知识、企业的成长能力、成熟公司对小企业的培育、一些研发机构的参与等。按照“苗床理论”，科学园区是孵化器的最佳选址。在孵化器理论方面探讨得比较深入的也是美国，美国有很多这方面的专家。孵化器的组织形态，从各国来看，因情况的不同而不同。孵化器的名称也各不相同，比如说工业创新中心、技术孵化器、企业创业中心、企业培育中心，虽然名称不同，但功能是基本一样的，都是为了培育孵化企业。孵化器的这种功能，已经得到了联合国开发署的确认，并且向世界很多国家推广。孵化器的功能或者孵化器构成的基本要素有以下几个：孵化产地、增值服务、优惠政策、创业文化、物业管理、人员培训等等。我说的这

① 本文作者为深圳高科技园区副主任刘忠朴。该文是作者在“2004中国内附投资论坛”中发表主题演讲的内容。

几条，是孵化器的比较理想的状态，我们多数孵化器还没有完全做到这一点。

美国是世界上孵化器最发达的国家，美国政府对孵化器给予了很大的支持，比如20世纪80年代推出了“培育箱计划”，很多企业的孵化器费用来自政府。资料显示，美国现有企业孵化器600多个，也是最多的国家之一。1986年成立的北美孵化器协会，成员有700多个，每年都开年会。美国政府在孵化器的创办过程中，扮演了一个很重要的角色，或者是直接投资，或者是间接投资来支持孵化器的发展，但是并不参与孵化器的日常管理和运营。其它发达国家孵化器的发展也是比较快的，20世纪七八十年代，欧洲一些国家开始建立孵化器，比如德国就有孵化器300多家，这300多家包括技术中心、科学园和入住企业共1万多家。欧洲其它国家，如英国、法国、意大利、瑞典也都建立了企业孵化器。据统计，欧洲大约有2 000多家企业孵化器。还有亚洲的韩国、日本、中国台湾，孵化器也都比较发达，非洲国家如尼日利亚和亚洲的一些落后国家也都开始启动孵化器。所以，孵化器已经成为一种全球现象。

中国企业孵化器的起步是在20世纪80年代末，比发达国家起步要晚。从发展历程上看，可分为三个阶段：一是起步阶段（1987年～1992年），比较公认的第一家孵化器的成立标志是1987年武汉东湖创业者中心的成立。当时我们办的孵化器的主要特征是以政府投资为主，以促进科技成果转化为目的，但是提供服务的层次比较低，这是初创时期，一直到1992年，全国只有企业孵化器41个，在孵的企业1 043家；二是发展阶段（1993年～1999年），世界上绝大多数的高新区都有孵化器，这时候全国也都兴办了各种类型的孵化器。截至1999年，全国建立孵化器111个，面积188万平方米，员工9.16万人，这是发展时期，但是比较缓慢；三是繁荣时期（2000年～现在），在这个阶段创办的孵化器的主要特征也发生了一些变化：一个就是孵化器的投资主体多样化了，政府、企业、大学都在兴办孵化器。而且运营模式也多样化了，一些专业孵化器开始产生，比如软件、生物医药孵化器，并同步走向了国际化。特别是近几年，科技部在美国也搞了孵化器，在俄罗斯、新加坡搞了新技术创业中心。确切来说，到2002年底全国建立了436个孵化器（见图2.2），孵化面积达776万平方米，企业23 373家，员工41.5万人。图2.2是全国企业孵化器发展的曲线，大家可以看到，从2000年之后，曲线的角度开始变大，1999年之前是比较平缓的，比较像股票市场的曲线，从2000年、2001年开始成倍的增长。孵化器在孵企业的情况（见图2.3）从2000年开始急剧上升，2002年达到2.3万多家。孵化场地面积（见图2.4）从2000年后开始急剧扩大，1999年才188万平方米，2000年272万平方米，2002年就达到700多万平方米。孵化器在孵员工的人数也是2000年之后开始迅速增长的，2000年12万人，2002年已经达到41万人。孵化器累计毕业数量截至2002年达到6 927家。

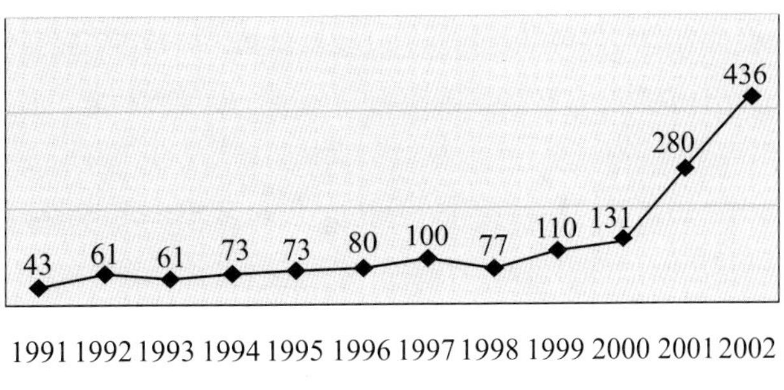

图2. 2　全国孵化器的数量

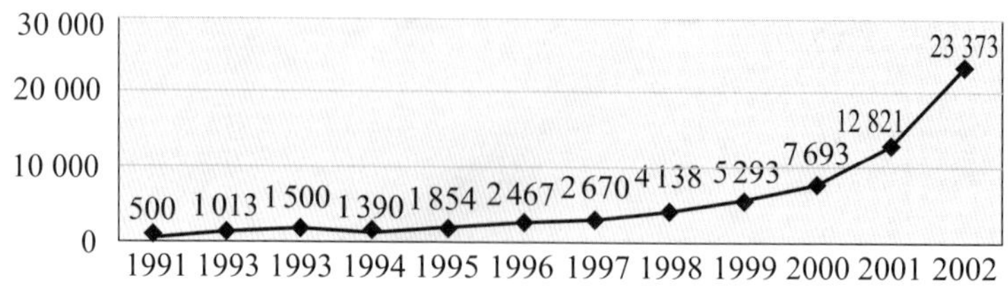

图2. 3　孵化器在孵企业数量

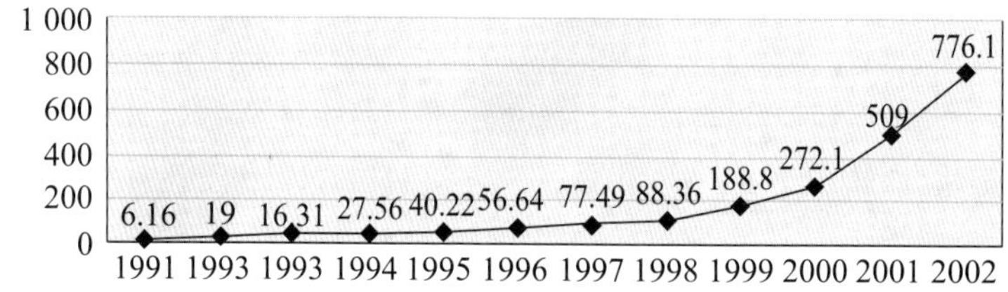

图2. 4　孵化场地面积

我们深圳最早于1988年成立了“深圳企业苗圃”，后来因为各种原因失败了。1999年又以政府投资为主体兴办了各种孵化器，比如深圳罗湖创业中心、南山创业中心。2002年深圳有各类孵化器27家，面积47万平方米，入住企业将近800家，在我们深圳高新区聚集了一大批孵化器，我们称其为孵化器群。从1999年开始发展比较迅速，并且已经形成了配套的孵化体系。现在有各种形式的孵化器14家，孵化场地面积24万平方米，孵化企业680家。从全国以及深圳的孵化器设置来看，由于孵化器投资主体、功能不同，形成了各具特色的孵化器。从名称来看有这么几类：大学科学园、高技术创新服务中心、科技企业孵化器、科技企业孵化中心、企业家孵化器、创新投资中心、国际创造中心、高新创业基地、留学生创业园等。这也说明我国的孵化器处在一个比较繁荣的时期，它们的名称虽然不同，但是功能是一致的。

专业化已经成为孵化器发展的趋势，比如现在的软件企业孵化器、集成电路孵化器、新材料孵化器，还有其它专业性很强的孵化器。它有几个特点：第一，通常有产业背景，比如软件孵化器；第二，有比较专业化的服务，比如软件服务，目标很明确。第三，这些专业的孵化器能根据这个产业上中下游产业链之间的联系把企业聚集到一个空间，使企业之间产生相互的业务支持、业务联系。

孵化器的投资主体也是多元化的，起步时是以政府为主体，现在是政府、高校、研究院所都在兴建孵化器，企业也在创办各种孵化器。一些企业投资孵化器的积极性还很高，另外，还有投资者如新加坡、中国香港、韩国在中国内地的深圳也都投资设立了孵化器。

我们对整个孵化器的产业布局情况做了一个调查，具体情况是这样的：电子信息类占整个孵化器总数的80.4%，生物医药占9.3%，光电一体化占3.5%，新材料、新能源占4.8%，其它占2%（见图2.5）。所以，信息类产业是孵化器的主体，同时生物医药现在发展比较快。

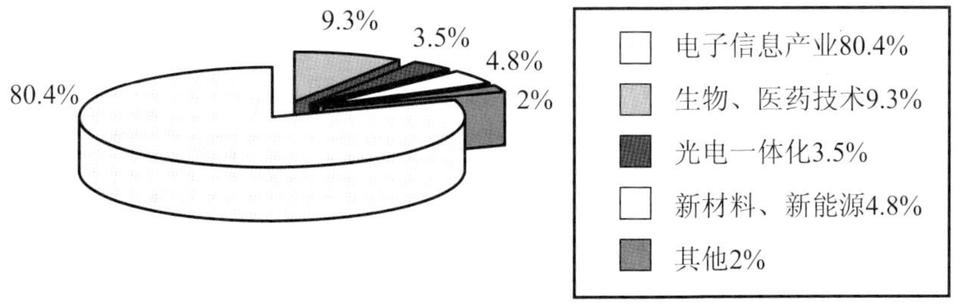

图2.5　孵化器的产业布局

孵化器可以分为三个层次：第一个层次是比较低的层次，孵化器仅能提供相应的办公场所，只有简单的物业管理，入住的企业没有经过精心挑选，但是对外也称孵化器，这个层次的孵化器大约占一半；第二个层次，它不仅能提供较好的环境，而且能提供一系列的功能服务，能够为企业办一些具体的事情，比如工商注册、年检、融资等企业日常的琐碎的事情；第三个层次，新企业的成长在孵化器中得到聚集、整合。这是一个比较理想的状态，达到这个层次的孵化器应该说只占少数。

风险投资与孵化器的发展正在日益引起人们的关注，二者的联系也日趋紧密，一方面许多孵化器引进了风险投资功能，另一方面风险投资也进入到孵化器中，二者的联系、互补、整合成为今后的发展趋势。具体来看，孵化器与风险投资是与生俱来的，这个同步性有两点最为明显：第一，二者服务的对象具有同步性，它们的服务对象都是新生的或者成长的高技术公司。第二，目标的同步性，它们共同的目标都是促进新生企业的成长，使其长大毕业，成为具有高成长性的好企业。从以上两点可以看出二者是天然同步的。孵化器与风险投资也有差异，具体体现在两方面：一个是功能方面的差异，孵化器对企业提供硬件环境和多方位的软件服务，而风险投资提供的投资服务的目的是通过资本增值取得回报，它对企业的增值是辅助性的。第二个差异就是两者关注企业成长的阶段不同，孵化器关注的是全过程的服务，从创业企业入住到成长的全过程，时刻都关注，但是，风险投资在企业不同阶段的关注程度是不同的，风险投资更偏好处于成长期的企业，提供的服务也是有阶段性的。我国的创投，由于各方面原因所迫，对种子期、初创期的企业关注比较少，更关注的是有潜力的公司。

虽然风险投资和孵化器有差异，但是两者仍有很强的互补性。孵化器降低了风险投资的投资风险，孵化器管理者对在孵企业更加了解，有助于解决投资者与创业者信息交流不充分的问题。我们也有过调查，一个企业在成长当中如果发展不好或者失败，主要的原因是管理，而市场、资金、融资等方面的问题应该都是次要的。从我们目前了解的情况看，风险投资在增值服务方面还比较弱，特别在对投资企业的交流、监管方面还是比较弱的。信息沟通的不对称性、管理方面的失衡，是做风险投资常常出现的问题，孵化器可以帮助风险投资解决这方面的问题，因为孵化器的管理人每天都在和企业打交道，掌握企业各方面的情况。另一方面，风险投资可以使孵化器提高孵化效率，加快企业成长，使企业尽快毕业。从孵化器的功能看，它是企业的孕育者，风险投资是企业的催生者，它是一个催化剂，加速了孵化企业的成长速度。这就是两者的互补性。从长远看，孵化器要实现开放思维，要引入风险投资的增值功能。从20世纪90年代到最近几年，孵化器和风险投资的合作与联系一直在探讨实践当中。人们一共总结出三种方式：第一种，孵化器自己成立投资公司，直接做投资人；第二种，孵化器把风险投资引入到投资项目中；第三种，孵化器与风险投资进行股本合作，共同兴办孵化器。在我国孵化器要与创投公会联手，比如深圳高新区，我们这个孵化器和深圳创投公会联合举办了两期项目，同时建立了经常合作的工作机制。

孵化器与风险投资的整合是今后发展的趋势，需要我们来共同探讨。从现在来看，这种整合有两种类型：一种是孵化器加风险投资，这已经得到各方面的认可，而且经过了多方面的探讨，但是比较成功的应该说还是少数。我比较赞成第二种，孵化器加风险投资再加大学研究院，现在做的比较成功的、层次比较高的、企业成长性比较好的应该是后一条。比如说清华大学研究院所创办的孵化器，他们有人才方面的支持、技术方面的支持，而且研究院有几个国家重点实验室，有一些国家工程技术开发中心，还承担了国家863计划，这些资源都进入到孵化器中，再加上风险投资方面的融合，就使这个孵化器完全提升了层次，而且比较成功。再比如国际技术创新研究院也是这种模式，创投公司、孵化器同时加上哈工大的资源，共同承担了国家资助的一些科研项目。这样就形成了比较好的企业文化和比较好的创业氛围。两种整合方式都是我们今后要关注的。

希望做风险投资的人今后能够把更多关注的目光投向企业孵化器。

五、我国需要创投资本家[①]

（一）VC两种形态的比较

作为中小企业板的倡导者，必须负责地告诉大家：中小企业板走的是NASDAQ小资本市场的路。中小企业板和创业板的本质区别是，一个有盈利，一个没有。

创业投资，Venture Capital，简称VC，叫风险资本我认为不妥，因Venture这个词主要是指创业。国际公认，美国VC是成功的，德日相反。但对美国成功的原因，国内业界存在一种错误认识：认为其成功得益于巨大且完善的股市和退出机制。但据我的实证研究，美国被投公司上市后，VC套现不到5%。上市套现不是创投资本家的投资目的，创投资本家看好被投公司未来发展，因此不借IPO退出。

在国际VC领域，笔者首创把VC分为两种形态：一种是创投资本家主导型，一种是金融机构主导型。

创投资本家主导的VC，以美国硅谷为代表。创投基金采用有限合伙人制度，合伙人中一定有一位管理合伙人，即创投资本家。虽然他的投资额只有1%，但却是核心人物，负责打理整个创投基金，比如选择投资的行业和公司，辅导被投资公司的管理层，必要时调换其CEO。创投资本家一般都来自投资银行或跨国实业集团的高层，其优势在于：有钱、有专业经验、有时间、有人脉关系。有创投资本家参与的VC成功率很高，像汉鼎这样的创投，成功率高达75%以上。因为他不是单纯的投钱，而是介入中小高科技企业的管理，帮助他们解决发展道路上的种种问题。

中国目前不缺钱，最欠缺的是中国没有创投资本家，即一批又有钱又有经验、又懂产业又懂投资银行的专才。

另一种则是以金融机构为主导的VC，日本是其典型代表，银行和保险公司下设VC。但具体管理VC的是中下层银行财务人员。因为缺少产业经验，投钱时只靠常规贷款经验，没有明确的产业思路，投钱后更不会介入企业的发展管理，企业好坏只有出事后才知道，所以这种创投基金

① 本文作者汪康懋博士是华东政法学院商学院名誉院长、博导、教授，新加坡交易所总裁顾问，国际金融管理学会和亚太金融学会学术审稿委员。

隐藏了很大的投资风险，失败率高。

笔者发表于国际顶级学报的研究结果显示，两种VC投资的公司上市两年后的股价表现，前者是上升80%，后者是下降20.5%。因此，问题的关键不在于企业有没有拿到充足的资本，而是有没有使用好创投资金，硅谷创投资金的使用依赖创投资本家的智慧和经验。

（二）张江需要挤科技泡沫

中国的创投是"资金加官员"，其效果和日式金融机构主导型类似，不能识别科技泡沫，对被投高科技公司不能提供全方位的帮助，诸如市场、人脉、产品出路等等，所以失败率高。两年前，上海曾经掀起一次VC投资高潮。政府出资10亿，配套其他来源的资金30亿总共投资了60个高科技公司，大部分在张江。但直到今天，只有两个公司在香港成功上市，绝大部分处于停顿状态，等待新资金。

问题根源是科技泡沫和无市场开发能力，因为很多被投公司有来头，比如国家级科研项目、863项目、院士名头等，但有没有商业价值，科技是否先进，没有人懂。

笔者的看法，在追加投资之前，先要挤科技泡沫，再请一个创投资本家来拓展市场。根本点是要走美国创投之路，创业投资的第一步是确定市场价值，第二步是专业的市场开发，培养或引进创投资本家是成功秘诀。

张江高科技园区以留学生创业为主，生化类较强，企业太小，市场不佳，成功率远低于新加坡苏州工业园。因此我的建议是，要对高科技企业做一个彻底的清查，无论是张江海归办的企业，还是以科研项目为主导的企业。根据清查结果分成A、B、C三类，A类有市场前景，追加投资，引进策略股东，帮助其发展成上市企业；B类项目有市场含量，但欠缺市场运作，立即配备市场运作人才；C类是高科技泡沫，要令其破产，不再输血。而核心是培养或引进创投资本家，这就是中国高科技企业之出路。

（三）中国未来企业融资会更依赖资本市场

由VC延伸开来，各国金融模式也有两种，一种是以美国为代表的资本市场主导型，另一种则是以商业银行为主导，以德国和日本为例。

在德国，分行比超市还多，导致成本增加。日本的金融体制里，有一种名叫JAKUSO的机制，就是一家银行和50家企业绑在一起，类似大财团，实施互相零利息借贷，结果呢？放眼整个日本经济，正是因为银行的低成本甚至内部完全无成本的乱放贷造成了大量的坏账，导致崩溃，10年不振。

事实证明，资本市场体制更加成功。有份量的专业投资者、70%的独立董事、董事会的专业治理结构，这些因素促成了资本市场的成功。中国未来企业融资会更依赖资本市场，所以提高我国资本市场质量势在必行。

六、转折点上的中国创投产业[①]

自90年代初迄今，中国创业投资产业已经经历了10个年头。这10年中，中国的创投产业从最初的启动成长到高速发展，在经历了2001年和2002年的沉寂和调整之后，2003年中国的创投产

---

① 本文作者为宏碁技术投资亚太有限公司总经理暨合伙人陈友忠（York Chen）。

业出现了触底反弹，根据北京清科公司的市场调查报告，2003年共计9.9亿美元的创投资金投入到170个项目中；资金投入高于前两年的投资总和。（2001年，5.2亿美元；2002年，4.2亿美元）。

2003年以来的回暖趋势，让业界人士重新看到了希望和曙光，而整个行业也从初始的盲目乐观，逐渐回归理性和冷静，呈现出一派健康发展的状态。

2004年，中国的创投产业继续着上年的投资步伐，与去年同期相比，投资金额增长了28%，共计有12.69亿美元的创投资本注入253个项目。这些增长的数字说明，创投公司经过前一阶段的重组和调整，又重新开始积极寻找投资项目，中国的创业投资产业已经复苏。2004年，中国创投产业的新投资金额已创历史新高。在已投资的项目中，创投公司的眼光不再死死盯住原来众所周知的几个领域，投资标的以广义IT为主，半导体行业高居第一位，约获得4亿美元的资本，排在第二位的是互联网行业，再次是通讯行业；而被投资的初创企业主要还是集中在上海、北京及珠三角洲地区。

另外，值得一提的是，共有21家创投机构，其中包括9家外资创投机构，募集到新的基金，资金总量达到7亿美元。

（一）外资创投，十年磨剑，曙光再现

在进入中国创投产业的外资创投公司中，IDG可说是外资创投的业界先行者，自1993年在中国投资，在恶劣的环境中摸索前进，带领大家走到隧道的尽头，终于看到了一点曙光。经历过2000年互联网经济的高潮和创投产业的低谷之后，IDG在2003年终于迎来了明媚春光。IDG在2003年共退出六个项目：携程、慧聪、速达软件、易趣、3721及物美等；2004年另有金融界、直真节点等多个项目实现退出。

1. 退出环境渐露改善迹象

很多创投业者都可能有过这样的感觉，由于缺乏行之有效的资本退出渠道，在中国做创投经常是一笔不赚钱的生意，自2003年底以来的20多个项目实现海外上市，宣告退出无门的情况今后可能将不复存在。退出会变成切实可行的——通过海外上市或被并购，境外创投基金将从在中国投资的项目上得到真正的回报。

2004年的退出成绩令人惊喜，20多家获得创投资金的项目，分别在美国、香港和新加坡成功上市（见表2.5）。这个成绩，充分显示了中国创投业空前的发展速度，以及创投项目退出环境的改善。

尽管部分创投公司在一些上市项目的股权尚未完全退出，但就财务回报而言，上市对项目获利的贡献远远超过其它退出方式，有项目上市成功的创投公司们，早已胜券在握。

上述这些成功的IPO案例，表明从专注于中国市场的创投项目上获得盈利退出是完全可能的。值得观察和注意的惟一问题就在于这种好“年景”是否能一直持续。当然还要看“中国概念”能否在海外市场上花开不败。

创投项目若因种种原因不能成功上市，并购则是另一个更重要的退出渠道，2003年初以来，已有超过50家以上VC投资项目被并购，eBay-易趣、Yahoo-3721、Amazon-卓越、Sina-讯龙、香港网 - 掌中万维等都是创投公司获利退出的很好例子。

当然，作为创投产业中的一员，我们需要有更多稳定而可预期的获利退出。成功的项目退出，对中国的创投业者，具有两方面的意义：一是，符合“创投铁律”——有退出，才有投入。退出的资金再投入新创企业，才能形成良性循环。中国需要更多的振奋人心及建立信心的退出案例，并让退出由特例形成常态。第二，仅当“中国创投、有利可图”是大家的共同认知时，境外的资金提供者（Fund of Funds），才会青睐中国的创投基金，破解中国基金融资难的困境。

表2.5 最近一年有创投支持的IPO高科技项目(部分)

上市公司	风险投资公司	时间	资本市场	行业
携程网	Carlyle Group, SoftBank, IDG, Shanghai Industrial, Orchid,Morningside	2003.12.9	美国NASDAQ	互联网
慧聪国际	IDG	2003.12.17	香港创业板	互联网
掌上灵通	Acer VC, Temasek, Index	2004.3.4	美国NASDAQ	电信
中芯国际	Shanghai Industrial, Global Growth Fund, H&Q Asia, Walden, Temasek Vertex, NEA, Oak	2004.3.16	NYSE 香港主板	半导体
中迅软件	Legend Capital	2004.4.30	香港主板	IT服务
双威通讯	Super Dynamic Consultancy, TVI, Intel, Cyber Smart Trading,Sergio Ventures	2004.5.4	新加坡主板	电信
盛大网络	SAIF	2004.5.13	美国NASDAQ	互联网
长城微光	Beijing Gensir	2004.5.18	香港主板	电信
明华澳汉科技	New Margin	2004.7.7	香港创业板	半导体
空中网	DFJ	2004.7.9	美国NASDAQ	电信
华润上华科技	CCI, 3i, IFC, FranklinTempleton	2004.8.13	香港主板	半导体
前程无忧	DCM	2004.9.29	美国NASDAQ	互联网
金融界	IDG, Vertex, Tongma Network,Capital Ventures	2004.10.15	美国NASDAQ	互联网
e龙	Tiger, Blueridge Capital, Purple Mountain, Billable Development, RMG	2004.10.28	美国NASDAQ	互联网
直真节点	IDG	2004.11.18	香港主板	电信
九城关贸	AIG, UOB, Titan, CFM, MMFI	2004.12.3	美国NASDAQ	互联网
China Wireless Tech	Jafco	2004.12	香港主板	互联网

2. 走出低谷，投募资及退出情况持续好转

2003年末，携程网带动了第二波纳市上市高潮，这一年多来，20多个项目奔赴海外上市，另有更多的并购项目，让创业者及投资者顺利退出，并有不错的财务回报。创投项目一个个的成功，促使中国的创投产业加大了投资步伐。与去年同期相比，投资金额增长了28%，共计有12.69亿美元的创投资本注入253个项目，投资额再次创出历史新高。2004年的创投活动，由量变到质变，除投资总量的继续增长外，成功退出项目的数量以及基金募集资金额的持续增长是本年度的二大特色。更多的项目退出，带来好的财务回报，可促进顺利募集新一轮的基金，中国的投资基金正形成一个募资－投资－退出的良性循环，这对未来整个产业发展有良性及深刻的影响（见图2.6）。

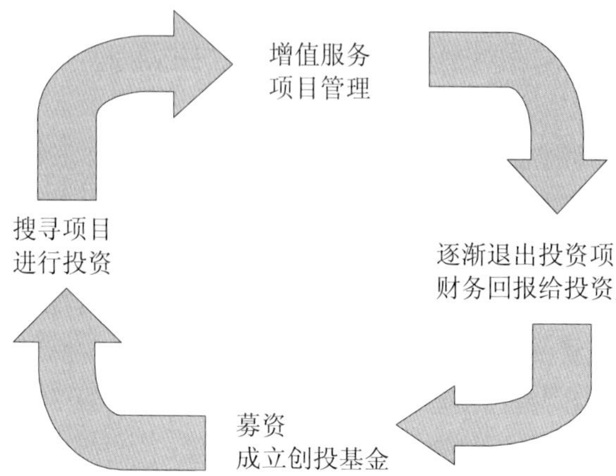

图2.6 创投基金的运作与循环

一个创投基金的始终，是从募集资金到最后获取财务回报并返还给投资人的过程。基金管理人在募集资金之后，积极寻找投资项目，进行投资，并通过管理已投资项目，为投资项目带入管理、营销、市场、企业发展、资本运作等各方面的增值服务，最后通过该投资项目的IPO或被并购而退出，为基金投资人争取到最好的财务回报。

美国流行的有限合伙人基金（Limited Partnership Fund），其有效期一般为7年～10年。有效期到期时，必须退出所有已投资项目，并将本金及获利返还投资人，该轮基金就此结束。

若一个基金有好的财务回报，那就意味着管理这支基金的管理团队具有同样好的业绩记录，同一个创投团队若再去筹募下一个基金，除了原有的投资人都愿意继续参与投资外，还会有新的投资人愿意跟进，由此形成良性循环，更多的基金集中到好的团队手中，创投基金的运作才能越来越大。

3. 主流VC试探中国

2004年，由于资本市场退出形势的好转以及网络热潮的回暖，中国创投业呈现了新的活力并迸发出勃勃生机，尤其是外资创投，他们对中国发起了新一轮的攻势，继续主导及引领着中国创投业。

早在20世纪90年代，就有众多国际著名的外资创投，如IDG、华登、汉鼎亚太、华平、卡来尔便纷纷看好中国市场，大举登陆，这是当年中国创投产业最大的亮点。但在此后的两年里，由于全球经济不景气和创投产业环境的低迷，海外创投公司在对中国项目的投资上，显得比较谨慎保守，但海外创投业者从未放弃中国市场这一大“蛋糕”。

2003年9月，中芯国际第二次大额融资6.3亿美元，除第一轮投资者（上海实业、汉鼎、高盛、东芝、淡马锡、永威和华登）继续增资外，新投资者除了北大微电子及花旗银行等、还有硅谷来的主流VC，如New Enterprise Associates (NEA)、Doll Capital、OAK、硅谷银行等，这是欧美的老牌主流VC第二次较大规模的进入中国。新一波的主流VC，皆有二三十年的历史，经营管理几十亿美元的基金，在国际市场领导风潮，但在华并无营业据点，而对中国项目的投资，常一出手即千万美元，其中以NEA最具代表性，在不到一年的时间之内，NEA已在中国的几个项目中投入了将近1.5亿美元的创投资金。这一年来，这些美国主流创投管理公司和创投基金加大了在中国寻找投资机会的脚步，采取了包括高层管理人员的来华访问，对中国项目的直接投资，在中国建立联络处或投资那些专门投资中国项目的创投基金等方法。

笔者认为，这些欧美主流的创投资金进入中国，是一个正面现象，至少他们已将中国划入他们的全球运营版图，他们的介入，也将有助于进一步提升中国创投产业的专业素质，而对他们所投资的初创企业而言，不仅提升了项目的估值，更为项目带来更多的附加价值，同时有利于到纳斯达克上市。当然他们比较粗放式的投资过程及估值，有人担心会加快产业的泡沫化，大家也担心，如果“中国概念”降温或他们在中国的投资回报未如预期，“来得快，去得也快”，终究不利于中国创投产业的长期健康发展。

除财务型的专业创投公司外，高科技产业的跨国公司，如IBM、高通、英代尔、Motorola、西门子、微软、Cisco、广达电脑等，同样加大了对中国项目的战略投资及财务投资的力度，他们的中国策略主要为两个方式：或直接对中国项目投入创业资本；或通过入股创投基金的方式，以有限合伙人的身份间接参与中国的投资机会。

（二）本土创投，退出无门，仍在摸索

能否安全退出是创投机构首先要考虑的问题，由于国内的资本市场还没有形成规范的体系，创投资金的退出渠道不像在美国、香港、新加坡等地那么顺利，再加上外汇管制、公司法的限制，双重课税，缺乏专门、完善的创投法律等等顾虑，中国创投产业就形成了一个比较特殊的现象：海外的创投基金，找到项目投资时，一般是以美元投资到项目的海外控股公司，并寻求境外资本市场的上市或并购等退出机会；与此相对应的是，在境内拥有人民币基金的本地创投公司，则以人民币投资在本地注册的公司，并寻求在本地资本市场的退出机会。

1. 内外资VC的差异更加激化

在1999年和2000年，凭借互联网泡沫和对深圳创业板的期待，中国的创投产业曾经经历了一个以本土创投为主导的高峰，本土创投的投资额曾超过外资创投，但其后即持续下滑，数据表明，本土创投的投资金额占整个中国创投业投资总额的百分比，从2001年的50%一路下降到2002年的45%和2003年的20%。

2004年度的统计表明，外资创投完成的投资金额占中国总体投资额度的70%，主导着中国创投业，内资创投仅贡献了30%的资金。对于外资创投公司来说，开展中国创投活动只是他们全球运营计划的一部分，身后更有强大实力和丰富经验为依托，坚持着自己的全球运营惯例。其项目的平均规模数倍于本土创投，这一年来的数据表明，外资创投在退出上也大有斩获，所有比较出色的退出案例，基本是外资业者的天下。

因投资及退出标的的不同，内外资创投很难合作，基本上河水不犯井水。但在中国创投产业遭遇“严冬”的2001和2002年，一些海外创投看中了本土创投的政府背景，及其对当地高新技术项目的了解等独特优势，曾经与本土VC进行合作设立平行基金或合资经营。然而随着创投市场的再度活跃，这种先天上带有体制挑战的合作模式已较不获青睐，两者业已恢复了“你走你的阳关道，我过我的独木桥”的状况。

本土创投的最大挑战是“有进无退”的投资环境，缺乏可行的退出机制是最大的“绊脚石”，而解决方案牵涉到法令法规及整体环境的改善，是一个巨大的系统工程，非创投业者本身所能改变，短期内难有改善的迹象。

2. 深圳中小企业板：有心助力中小企业，无能助益VC退出

千呼万唤才出台的深圳中小企业板，虽有心助力中小企业，但却不能助益创投的退出。因为

那并不是真正意义上的创业板块，不能与纳斯达克和香港的GEM Board相提并论，它的进入门槛还是很高，三年赢利的要求使能上市的公司，都是已经有较长期经营，且有了相当业绩的成熟公司，而不是初创企业。风险投资人的股权不能公开交易，也注定了中小企业板块尚难解决本土创投业者退出无门的困境。中小企业板目前影响虽不大，对持人民币的本土创投机构来说，它已经迈出了历史一步。

因上市无门及并购市场不够发达，本土创投机构所投资的项目，现阶段还是以通过股权转让的形式实现退出，这种非公开交易的退出形式，致使估值偏低，令本土创投的投资收益水平相对较低。

除了上述的不利因素，中国本土项目的风险也比较大，新创项目普遍存在一些问题，比如：项目公司的创始人与管理层对董事会不够尊重，董事会决议不能被认真履行；公司所有者与经营者的权责没有彻底分离；公司运营的透明度不够；管理层还不够专业；公司发展到不同时期，应选择相应的CEO，未能被普遍接纳，对创投的理解和期待还不正确等。

另外，中国缺乏被合理接受的GP-LP分工，尚无严格定义的LP（有限合伙人，即创投基金投资人）。创投基金是中长期的股权投资，财务回报需要三五年后才能体现，但本土的基金投资人追求“短、平、快”的心态，希望资金一旦投入，就要在当年产生效益，能马上分红，而不能等待几年后从资本利得上的财务回报。这样的错误观念，迫使本土的创投基金运作经常偏离正常VC轨道，而被迫参与非创投本业的投资活动。

综上所述，本土创投面临的挑战是制度层面的，主要为募资困难、退出无门以及项目风险，这些是来自于法律上、制度上与结构上的问题，是一个复杂的系统工程，非创投业者所能自行解决。

3. 特别环境下的创投特别法

虽然本土创投面临诸多的问题，但是，我们还是很高兴地看到，中国政府在创投立法上的一些改进和突破。2004年3月，国家发改委等10个部委组成起草小组，对2002年起草的《创业投资企业管理暂行规定》进行修改，形成第一稿。并在半年内征求各方专家意见进行修订，形成第三稿。2004年10月14日，深圳高交会期间，又特举办论坛，以征求意见稿中的关于政策扶持与规范管理的基本内容为中心议题，邀请国家发改委、科技部、财政部等有关领导进行主题发言，同时还邀请创投产业发达的美国、欧洲、以色列、韩国、新加坡及台湾等国家和地区的资深专家和著名创业投资家，介绍他们所在国家和地区相关的成功做法和显著成效，并提出积极的合理建议，以期推动中国尽快建立和完善创业投资的政策法规体系，从而使中国的创业投资事业尽快摆脱困境，迈向一个健康快速发展的新阶段。

（三）中国的创投机会，新的“三个代表”

在提出中国创投机会的“三个代表”之前，首先来让我们看看中国经济整个大的环境。

中国有一个巨大的市场及丰沛的创业资源，为创业者提供了更广阔的舞台和更多的成功机会，创业者的项目，即使在一个狭窄定义的应用领域，只要在所专注的领域中，做到领导地位，还是可以成为一个成功的项目、成功的公司。

在项目的商务模式上，例如：互联网应用业务，中国落后于美国等先进国家几年的速度，所以，借鉴和参考在美国等发达国家已经经商业验证成功的业务模式，仍然不失为在中国创业的成功机会。而同样模式的美国公司，首先要专注于巨大的本土市场，即使国际化，也会以欧日为优先考虑，所以中国的新创项目可以乘此机会，有几年的黄金时间在中国建立业务基础。

在某一特定领域排名第一的公司有可能上市，而第二、三名的公司，则可能成为同一业务性质的外资公司进军中国市场的并购对象，如表2.6所示：

表2.6　新项目的可能出路

第一（二）名的公司可能上市	第二、三名的公司可能被并购
携程、e龙 前程无忧 盛大、九城 当当* 百度*、慧聪 掌上灵通、Tom Online 空中网、华龙*	网龙网站、数位红 卓越 3721 讯龙、灵讯互动、吉菲尔 网兴

*表示已在上市的流程中。

1. 庞大市场的优势，代表消费品与服务的机会

中国是世界少数的拥有巨大本土市场的国家之一，凭借这个巨大的本土市场，任何经过实践论证的商业模式或技术解决方案，即便它仅仅服务于中国本地市场，也可以成为一个有实力而成功的项目。所以，中国创业项目应先专注于本地市场，而非世界市场。国门之内，即有巨大的内需。专注于本土市场，创立适合本土市场的项目，即有机会成就大事业。在一个不管看似如何狭窄的纵向应用领域 (vertical application) 中，即便仅仅服务于本地市场，都可能获得可观的收益，并成为一个有极大业务而成功的项目。

我们经常看到的一些统计数据，如：中国有3.2亿的手机用户，860万的互联网用户，3 000万的宽带用户，及每年约300万的大学毕业生……都蕴涵着巨大的商机，说明在中国，消费者的市场潜力无穷。任何一个以清楚界定的消费者群体为服务目标的项目，例如：移动增值、宽带内容服务；互联网行业应用；媒体、广告、数位内容服务；食衣住行、娱乐、生老病死、健康休闲等项目，只要定位合适，都有成功机会。

2. 世界工厂的地位，代表“进口替代”的零部件机会

中国已确立其“世界工厂”的地位，虽然承揽大量终端产品的生产，并使它们外销全球，但其中使用的很多关键零部件，是通过进口或由外商提供的。若中国的新创项目，能顺沿“进口替代”的思路，以本土的设计或服务取代进口，例如：芯片设计、核心零组件的生产，并不一定要是最前沿的技术，但它应偏重技术成熟、量大、价格弹性高而有长期稳定需求的产品，这样的创业项目，有很大的成功机会。零部件并不一定是硬件产品，譬如：直真节点，一个完全本土的公司，完全依靠自己的力量，开发、设计中国人自己的软件产品，用将近国外同类产品1/8的低廉价格，成功征服本土市场，并实现上市的大计。像这样的公司，它的核心竞争力表现在：国际水准的产品设计（技术）、本地的生产及供应（成本）和紧密及时而本土的客户关系（服务）。

3. 丰沛低廉的资源，代表外包服务纵横海外的机会

中国有低廉、高品质而充裕的人力、物力资源及稳定的经商环境，合理利用这方面的优势，可提供各种增值的外包服务。以符合国际化规范的运作模式、国外接单能力及快速增减规模的能力作为核心竞争力，为全球服务。除了传统的硬件生产及设计服务外，在软件设计外包、系统集成服务、业务流程服务及芯片设计服务上，皆有创业机会。

（四）结束语

目前中国粗放式的、高资源投入的经济成长策略，已遇到了发展瓶颈，宏观调控在于治标，创投活动所带动的则是一个比较集约的、低资源消耗、较高产值的创新型的产业活动，在中国的经济结构面临重大调整之机，政府对创投活动的参与，应摆在较高的战略层面来考虑。

在中国经济迅猛发展的势头下，兼有“世界市场”及“世界工厂”的双重概念，加上快速成长的中小民营企业，都注定了中国创投产业会有巨大的成长空间，中国将逐渐成为国际风险资本投资的热点，海外主流创投进一步深入中国是可以预期的。外资创投将继续以目前具体可行的境外“投资 - 退出”体系运作。但必须要有“摸着石头过河”的心理准备，积极熟悉本地的规章政策、行业规则和市场准入制度，寻求与有良好声誉的的业者合作，最大限度地避免运作中的各种风险，凭借专业的水准和技巧赢得成功。

中国已积累了足够的本土资本及 VC 运营知识，应进一步提升完全根植于中国本土的创投产业，中国的本土创投不能再进一步萎缩，一个较大规模的系统工程变革势在必行。

七、企业家成功引入风险投资基金的经验与案例①

经常听到投资者说找不到好的投资项目，但也经常听到企业说找资金很难。为什么投资者有钱没项目投？好的项目找不到资金？笔者认为其中一个重要原因是企业家没有真正了解投资者的理念与投资要求，并不知怎样向投资者充份地展现其实力及前景。

很多企业家在筹资时都曾考虑，是找一个风险投资基金还是直接股票上市。可以从以下几个方面作一个介绍：

- 一般来说，一个企业有不同的发展阶段，风险投资基金也有不同的基金，他们在企业不同的发展阶段都可以做出一些投资。相对来说，股票上市相对要求企业发展得比较成熟的时候才能成功上市，不然很难吸引股票上市投资者。
- 就前期准备的工作，引入风险投资的时间比较短，一般需3个月～6个月，但上市的准备工作一般都超过6个月。
- 引入风险投资的成本相对也比较低，但企业做股票上市的成本相对来说是比较高的，就算是中小企业上市也要约1 000万港币的前期费用（主要为各中介机构之费用），并须预付几百万元。
- 上市前引入风险投资，除了能于上市前加速发展外，亦能优化股东结构及增强管理意识，最终增加上市时投资者的信心。
- 引入风险投资对企业的业务也可能会有帮助，因为很多风险投资者可能会同时投资若干个同行业的公司，他们对行业熟悉，并且在同行业的公司里面也可以促进大家不同公司的一些业务往来。
- 然而，很多风险投资基金都会通过股票上市实行投资退出，故一般风险投资的价格会比上市价格底。

企业发展到什么时候较易融资？回答这个问题，首先要简单介绍一下企业的生命期。不同的

① 本文作者为香港金亿融资集团董事、总经理余建明。

风险投资专家在企业不同的发展阶段可能都会做出一些投资。一般来说企业家在开始的时候可能会先做自己的投资，后来到高速增长的时候需要大量的资金发展，这个时候也是风险投资者喜欢进入的时间。很多的投资者希望在企业成长的时候进入，进入之后帮助这个企业发展，发展到差不多成熟的时候他们要退出。

下面介绍一下融资的过程首先就是企业决定融资的方式，我通过什么方式融资，是私募融资还是股票上市？找金融性投资者还是找同行业的策略性投资者？如果企业对融资并不熟悉，便须聘请专业的财务顾问予以协助。首先，财务顾问会做一些前期的调查，了解公司的基本情况，如果财务顾问觉得这个项目可行，他会对这个企业作更详细的尽职调查和更加深入的了解。财务顾问亦会为企业准备数据备忘录、财务模型及协助企业完成所需的重组及审计等。之后财务顾问会接触一些投资者，如果投资者有兴趣，财务顾问就会安排企业和这些投资者见面，在见面之前当然要做大量的准备工作，而且也要对这个企业本身的价值有一定的了解，我们要出售多少股权，这些股权是值多少钱等等。投资者与企业见面后希望进一步发展，投资者就会对企业做详细的尽职调查，了解整个经营管理层的情况。最后一切满意便能达成投资意向。一般来说，投资者会派他们的人员成为公司的董事会成员。

以上介绍的过程是一个一般的过程，当然整个过程会有变化，不同的行业及企业会有不同的情况。

下面介绍一下财务顾问的工作，其实这些工作也是企业在融资之前要做的详细准备。一般来说财务顾问会对这个企业的公司背景、行业、法规、架构做一个了解，例如企业在外资准入方面是否有问题，这些都要做详细的调查。在财务顾问做了前期工作以后，认为这个企业是适合找投资者的话，他就要做一个详细全面的了解，包括企业的业务、管理层、财务、法律方面。

笔者认为财务顾问有时候像一个厨师一样，好的厨师会把各式调料及菜料（企业本身）准备妥当，表现出每种菜的特色并能把这个菜炒得很好给食客（投资者）品尝。当然这个企业要有一定的素质，前期准备工作做得很好才能吸引投资者。没有好的厨师，好的菜料也不能吸引食客。

财务顾问对这个企业进行了深入了解之后，他会准备很多材料，包括招股文件及一些总结资料。一般的做法就是财务顾问先把一些总结给一些潜在的投资者看，如果投资者有兴趣，需要更多的资料，财务顾问就会和投资者签署保密协议，然后把更多的资料给投资者。在投资者与企业见面之前，财务顾问会为企业做一些培训。这些都需要很好地安排，因为投资者选择的过程中是很谨慎的。

招股文件的内容就不详细介绍了。但是对公司的情况都必须很详细地介绍，包括退出机制的安排和企业的预算，这些都应该在见投资者之前有一个很好的准备。

一个企业需要融资，必须了解投资者是怎么做决定的。一般来说，投资基金有很多不同的类型，不同的基金有不同的投资类型，有些基金只投资在某个行业，有些只投资在特定的地区，所以首先要对这些有一个了解。投资者接到一个案子之后，投资者首先做初步的审查，审查这个企业所属行业是否符合投资基金的要求，他的业务怎么样，他的发展阶段怎么样。还有要确认这个投资的兴趣，以及看整个投资里面有什么障碍和风险，计算回报及施行尽职调查，最后才会做一个投资的决定。这个过程里面很多投资的基金都有专业的投资委员会，最后决定这个投资是否批准。

投资者对企业的期望有几个方面：

第一，对这个企业的利润和现金流的要求是非常重要的。很多企业可能把很多的资金放在建大楼和厂房上（当然这个也是很重要的），但是不管这个资产有多大，拥有资产的目的还是为企业创造利润，创造现金流，所以如果把过多的资金投资在办公楼里面，而忽略了创造利润的机会就会引起投资者的担心。

第二，投资者需要的回报率相对来说是比较高的。一般来说投资者希望内部收益率能有25%以上。另外还有一点就是投资者喜欢在他们熟悉的业务模型中投资。我认识某些科学家，他们发明了一些很好的产品，但可能需很长的时间才被市场接受，这样较难吸引一般的投资者。投资者希望寻找的是真正需要资金投资的企业。有很明确的投资目标，这个资金怎么用，用了之后怎么赚钱。所以这个业务模型很重要。

另外投资者喜欢什么企业？一是行业增长很快的企业，另外就是业务模型可以持续发展的。管理层也是非常看重的，与其说投资者投资在企业，不如说投资者投资在管理层。

很多投资者将企业家的诚信放在首位。要吸引投资资金最重要有几个方面：企业的主业一定要很清晰，要在本行业里专长，要能够挖掘新的机会；在人才方面也要有很好的配制。可能企业刚开始的时候依赖某个企业家，但是当这个企业发展壮大的时候就要考虑找些专业管理者。

投资者担心的问题：在法律方面，如果将来有新的法规会影响这个企业的发展，投资者也会比较重视；另外在账目方面，可能这个企业有几本账，一本是给税务局的，一本是自己实际的账，投资者对这些也是非常担心；另外，如果有争议怎么解决，退出的机制怎么样等都是投资者关心的问题。

退出机制有很多的方面，包括有创业者回购的安排，或者把股权出售给另外一个投资者，或者通过股票上市的方法等。

投资本身是一个非常谨慎的过程，作为投资者来说他们投钱之前会做很多的调查。但是他们投资以后对企业的管理不会太多的参与，他们只有通过合同的方式保护，所以他们对合同就有非常严格的要求。

另外介绍一下投资存在的一些误区。第一是公司需要多少钱发展跟公司本身价值相关的误区。很多企业说我需要3 000万元发展业务，并准备卖20%的股权筹款。但企业往往忽备看企业20%的股权是否值3 000万元。还有很多企业家说我的资产越大越好，其实很多海外投资者对资产概念和国内的银行是完全不一样的，投资者看中的是投资主体本身将来的发展情况，他将来能不能有很好的增值，创造很好的利润及现金流。

另外一个误区就是高科技含量高就等于有赢利。其实我们判断很多好的产品被人们接受还有一个很长的阶段。所以说并不是很高端的产品就一定有市场。

以下介绍一个笔者所在单位最近完成的案例。在2004年11月我们于3个月内成功为一家深圳的高科技电信系统集成公司引入知名的风险投资基金，同时成功地于海外设立控股公司（红筹公司），全资拥有国内所有的资产及业务，为将来公司以红筹股方式（即股票全流通方式）于海外上市做好准备。

在前期融资筹备阶段，我们对这家公司作了十份详细的了解，包括其发展历史、市场规模、产品及技术、销售及采购、所处行业的法规及财务数据等等。我们对公司及管理层的架构亦提出很多建议。在完成尽职调查后，我们亦准备了详细的招股文件及财务模型供投资者参考。投资者与企业会面后亦做出独立的尽职调查，我们亦全力协助。要成功吸引投资者，最重要是将企业的优势、管理层的能力及发展前景清晰地描述。经过多次讨论，投资者终于以较高的5.9倍之市盈率入股。然后，我们更介绍一家世界知名的同行业的投资者予该企业，作为战略投资者。该企业之融资总额为美元2 000万。

八、中国创业产业发展的几个瓶颈问题[①]

风险投资就是投资赚钱的一种方式，但它具有高风险和高收益的特点。风险投资一般多投向高科技创业公司，对创业者开办公司、对高科技行业的发展以及对个人或社会财富的积累等都有很大的帮助。美国自20世纪30年代正式发展风险投资，至50年代后期因成效很好，从而使风险投资开始在整个世界风行。风险投资要求高风险、高收益，所以并不能保证每一项投资都能够获利。也就是说，在这种情况下就要分散投资，最好的方法就是成立风险投资基金，对不同的公司进行投资，以降低风险。既然是一个基金，就需要一个有经验的管理公司来管理，这个管理公司实际上就是寻找投资项目的来源，并对之作尽职调查以决定能否投资，投资之后如何管理，以及未来应该往哪些方向运营、退出等等。

经过70年的发展，风险投资行业里形成了一个所谓的有限合伙制，其中合伙人分为两种：一种是有限合伙人，专门把资金投入风险投资基金；另一种是普通合伙人，负责管理合伙基金。这是一项很专业的工作，现在美国大部分风险投资基金都是由普通合伙人来管理的，有限合伙人基本上只是一个被动的投资者。但是，他要对投资管理公司(即普通管理人)有充分的信心，而且需要长期的投资承诺。一般来说，风险投资基金的循环大概是7年一个周期，有时还要延长2年～3年，因此可能有超过10年的时间，这些投入基金的钱是看不到的，所以，必须要对这个管理团队有信心才行。如果彼此的信赖程度很高，那么这些资金就不必一次到位，可以按照分期付款的方式把钱投进去。管理公司管理基金需要收取管理费，一般是基金规模的2%～3%左右。但在将来基金结束(清算)时通常要先归还基金本金，然后一般按照20%/80%或者25%/75%的份额来分享利润。在美国因为成立了有限合伙人制度，所以无所谓双重收税的现象，基金本身不用缴税，仅投资者在获利后需要缴税，这对投资者来说是有利的。

经过50年的运转，美国已有很好的法律制度，例如，采用公司法以及合伙人制度法来管理其投资管理行业。在美国，公司管理是在行业指导下运行的。另外，美国的股票市场相当发达，如纽约证券交易市场和纳斯达克市场，所以，进行投资有很好的退出渠道。当然，公开上市也有一定的门槛，即公司本身要有一定的盈利。如果证券市场能够有完善的制度，那么公开上市就可以成为一个退出的渠道。当公司的规模还不大，暂时达不到公开上市的要求时，如果公司已具有相当规模，且所做的产品或服务对其它大公司有一定互补性，那么大公司就可能会来收购。如果该大公司是一家上市公司，那么被收购跟公开上市的结果就非常接近。采用这种类似于公开上市的方法来进行被收购，对投资人来说也是很好的退出渠道。

美国的风险投资家一般都寻找在技术上、产品上或渠道上具有核心竞争力的投资项目，尤其是不容易被其它公司模仿或超过的投资项目。资金投进去之后，创业者因有工资可领，风险不是很高，风险主要由风险投资者承担。这种情况下，就要根据复杂的资本结构来运作公司股权，对将来如何分担风险和分配收益做好准备。

例如，如果投资者在公司进行清算的时候享有优先权，那么进行收购时投资者要首先收回股本，然后再与创业者共同分享剩余利润。在公司运营状况不好、股权又被稀释的情况下，就可能

---

① 本文作者为橡子园创业投资管理(上海)有限公司执行董事、总经理黄天来。该文是作者在“2004中国风险投资论坛”中发表主题演讲的内容。

以董事会来替代创业者主导公司的运营。但这对创业者也有一定的好处，譬如可以花很少的钱就买到普通股，或者在公司被收购时能够先获得部分或全部应有的股权。

中国台湾地区的风险投资行业是过去的二三十年发展起来的，比起中国内地来说起步要早一些，但比起美国来说其发展历史就短了很多。台湾地区的风险投资采用所谓的投资公司来运作，大部分的投资决策都在董事会上进行，股本要一次到位，不能像美国一样实行(分期)承诺到位制。其有利的一面是，可以将台币兑换成美元到国外进行投资。在网络泡沫之前，很多台湾风险投资公司就已开始到美国进行投资。由于台湾地区在风险投资业上运行时间很短，所以一般都是以硅谷的风险投资家为主导，台湾地区的风险投资公司跟进。当时，那些投资于硅谷高科技公司的风险投资家们都赚了不少钱。台湾地区的风险资本即使没有投到岛外，在台湾地区也有一个流通性很好的股票市场，有利于高科技公司的股票上市。台湾地区的高科技公司有多种类型的上市方式，有些门槛比一般的国家要低，也可以让小型公司上市。所以，在2000年纳斯达克市场崩盘之后，很多在硅谷创办公司的华人就转回到台湾地区注册公司，目前已有一些公司以这种方式在台湾地区成功上市。

中国内地的风险投资业与台湾地区有着相似的操作方式，大部分投资是由董事会决定的。但是人民币不能投资境外的公司，公开上市也只能在中国境内进行。中国只有上海和深圳两个股市，而想在中国证券市场上市的公司又很多，它们只好采取排队和轮流的方式。另外，在中国内地还存在法人股不能马上买卖的限制，原始股在上市3年之后，才能在特殊安排下进行有限价的转换，这就使得在中国证券市场上市并不是一个真正的退出渠道。所以，有人主张创业板推出之后公司股份可以全部流通，取消法人股的限制。开设创业板的好处是，国内的风险投资基金不一定要通过对境外公司投资就可以实现上市退出。有了创业板，将来上市退出就可以在境内进行，这样就多了一些上市退出渠道。然而，创业板并不会轻易推出，笔者于1999年第一次访问北京的时候，曾和科技部徐冠华部长进行了交谈，当时他已经提出创业板的概念，而且说一年内可以出来，但如今5年已经过去，创业板还是没有推出。这其中原因有很多，简单地说，就是中国的股市还不够成熟。创业板上市的门槛低，为公司提供了很好的上市机会，但怎样利用这个机会让真正有价值的公司上市从而得到资本运作的好处，同时坚决禁止那些不符合条件的公司上市，这是中国亟待解决的一个问题。

中国风险投资业的第一个问题是退出机制不完善，不能通过上市实现退出。一般来说，退出只有两种方式：一种是并购，通常以现金进行，成交的机会很少，金额也不会很高；另一种是在公司运行一段时间之后再将股权转让给其它投资者，一般发生在净值增长不是很高(只在1.5倍～2倍之间)的情形下。风险投资风险高，可能只有一半以下甚至更少的投资项目能够赚钱，赚到钱的投资项目必须有10倍以上的收益，才能有足够的总体投资利润。所以，1倍或者2倍的单项目并不是很理想的投资回报。

另外，中国的法律对无形资产的认定有一定的局限，最多只能占到出资额的20%或者30%。这种规定在国外是不存在的，创业者的无形资产价值多少，只需投资方认同，不受政府的干预。由于没有有限合伙制度，所以，风险投资公司的投资利润需要先缴税，再分给投资股东。另外一个比较重要的问题是，如何使投资管理队伍独立及专业化。因为在中国，大部分的基金是和管理公司在一起的，所以，有时候风险投资家是根据投资股东或董事会的意愿来进行投资的。比如说投资者是政府，政府要求你用基金投资一些特定的企业，这些企业并不一定可以很快回收，而且也不属于高风险和高利润的风险投资范围，但也要做，否则就违背了投资者的意愿。

中国的风险投资基金规模都比较小，因此，对高科技行业影响也很小。基本上来说，中国目前尚没有很多投资退出的成功案例，来让更多的投资者有信心对新公司进行投资和运作，这使中国的风险投资业减慢了发展步伐。外国有很多风险投资家也想来中国投资，因为中国毕竟有着很大的市场。但是碍于政府法律的限制以及中国风险投资业的不够成熟，所以，他们到中国投资一般是采取在境外投资，然后在中国成立全资子公司，希望将来能够以境外退出的方式进行投资。因为他们毕竟属于以中国运营的公司在境外证券市场(例如纳斯达克)上市，投资者对中国要有一定的了解才会进行投资。外国风险投资家对中国市场了解不够，所以，他们到中国进行投资的并不多。

台湾地区的风险投资行业已经相当发达，但岛内市场小，所以，他们也想来大陆进行投资。他们一般也采取美国的方式在境外成立控股公司和上市，但是这样一来就不能在台湾地区上市。由于目前两岸的形势，不允许境外公司在台湾地区上市。

中国风险投资行业虽然存在这样那样的缺陷，但总的来说还是可以发展得很好的。只要大家能够共同努力，政府能够修改法令，创业家和投资家能够相互信任，多一些互动，笔者相信中国风险投资行业将来一定能够得到更好的发展。同时，我希望中国将来能够产生更多更优秀的风险投资家，也希望中国能够降低公开上市的门槛，减少或取消法律的限制。另外，我希望中国政府能够放开外汇管制，让中国的风险投资家可以到国外进行投资。希望中国能够尽快推出创业板。关于创业板，可以分“三步走”的方式实现：首先让已经通过发展改革委员会审查的公司上市；第二步是降低门槛；第三步是开设创业板。中国开设创业板的路还很长，在短期内它对中国风险投资业的影响不会很大。希望让投资中国高新企业的风险投资资金，在香港创业板上市后不受法人股限制而能够实现全流通。虽然香港创业板市场本身的流通性不是很高，但如果有相当多的国内高科技增长型公司能够在香港创业板上市，加上这些公司的好业绩，一定会增加这些公司在香港股市的流通性、股价及市值。短期来看，这是能够很快实现的，此外，希望中国能够取消对公司盈利的双重征税。最后一个问题是，如何增进投资者和创业者之间的互信，这就需要有很好的公司股权架构，让双方能够有很好的合作条件，从而协助创业公司的创立和成长。

九、国际资本对中国非公开资本投资所面临的挑战[①]

目前，美国的风险投资家在中国很难找到理想的投资对象，而中国的投资家在美国也遭遇了同样的情况。美国有高水平的服务业，有完善的法律和高水平的律师，但在中国，这些条件还不具备。中国不是硅谷，中美国情的差异决定了中国也不会成为硅谷，因此，硅谷的商业模式在中国并不一定适用。

美国风险投资家发现中国很多地方都存在地方保护主义，他们进行风险投资有两个目的，一是获取资金，二是为了促进当地的发展，这样的观念在中国的风险投资界可谓根深蒂固。在管理上，中国也缺乏经验丰富的创业家和基金管理者。如果要在中国投资的话，必须要面对中国现存的很多理念上的差异，因此很多外国风险投资家不愿意来中国投资。

对西方的风险投资家来说，他们面临的挑战主要有：第一，不熟悉中国的市场，不熟悉中国的管理条例，也不熟悉中国商业运作的惯例，而这些都会影响他们的运作。第二，在中国不断变化

① 本文作者为美国 GFG 中国公司董事兼总经理 Frank Pope。该文是作者在“2004 中国风险投资论坛”中发表主题演讲的内容。

的环境中还没有出现一个成功的风险投资运作模式，没有一个统一的规范化的模式让人们可以效仿。中国地域辽阔，这就要求投资具有高度灵活性，而这种灵活性导致国外的投资者面临缺乏统一准则的投资环境。第三，他们还缺乏对中国关系网的了解。

风险投资是基于被投资企业所在地的环境来运作的，如果你对环境不是十分了解，就无法取得成功。而对于硅谷来说，中国还是一个遥远的世界。硅谷的风险投资之所以维持着长期的持续的增长，主要是围绕项目与基础交易展开的，双方在达成一个交易的基础之上，再进行另外一个交易。但是，在中国"关系"才是最重要的，中国人只和相识的人做生意，而在美国，我们在法律的框架下做生意，我们要做的是如何才能快速地完成这个交易。依靠"关系"会带来很多问题，比如有些人只想把关系搞好，拿到佣金就走人，也不管风险投资是否会成功，也不管这种投资方式是否适合企业的发展。因此，这就是我们在中国投资所要面临的一种挑战。

在中国，许多人只关心怎样才能退出，金融家变得越来越多，但是没有带来整个资产的升值。我们做风险投资实际上是要建立一个强大的公司，这样才有足够的资金来分配，这才是我们的终极目标。我们也希望能够解决一些文化传统方面的挑战，希望能够通过法律来管理我们的运作。此外，语言也给我们的沟通带来很多问题。

在 GFG 公司的整个构架下，我们建立了一些合作基金，这些基金是通过中国的一些高质量的风险投资机构和美国的风险投资机构共同投资建立的，这样就可以将资金整合在一起，也可以将筹集的资金放在基金会里面。在这个过程当中，我们的主要工作是帮助美国方面使用我们的网络来找到合适的中方合作对象，再选取合适的投资组合给我们的中国合作伙伴。

有一些早期的美国公司，他们对中国知之甚少，因此，他们根本不知道如何进行交易。我们就可以告诉他们，中国的运作方式和中国的发展情况，把他们带到中国来，找到合适的合作伙伴，给他们推荐项目。我们的联系网络也会随着这种业务的开展而不断地拓展。我们希望中方也能够参与我们的网络，希望能够有更多的中方合伙人成为我们的客户，希望他们能够真正关注交易，在完成交易之后，我们还期待着更加强大的未来的合作，希望通过我们的努力，使中国成为拥有多元化市场的国家。

风险投资的目的是为了建立一个强大的可以盈利的公司，而不是为了获取短期的过渡性的投资回报。在进行风险投资的过程中，我们可以与不同的人合作，资助他们，并从他们身上学到很多知识，同时他们也给我们带来丰厚的回报，由我们建立的网络带来的经济上成功的意义远远超过完成一个简单交易。

十、风险投资的国际法律框架在中国应用的问题[①]

最近在《经济学家》这本杂志中有一个国内调查，采访了一位非常有名的中国企业界人士，他说和美国人做生意的时候，美国人总是带着一堆律师和各种各样的合同谈生意。他这句话的言下之意是，美国人总是在用法律的东西，而这套东西在中国不太适用。美国人做生意确实是非常重视与他们的律师磋商并且起草各种各样的协议，在风险投资业尤其如此。

我们为什么要对风险投资基金特别重视，要把它放在法律框架下运作？为什么要带那么多风

---

① 本文作者为美国麦卡特英格利希律师事务所资深律师 Christopher Lane Davis。该文是作者在"2004 中国风险投资论坛"中发表主题演讲的内容。

险投资文件？在中国和美国有什么区别？是法律的区别，还是对交易有不同的认识？笔者认为最根本的区别是，我们虽然走在一起，都有一个共同的愿望，但是，我们的法律背景是不一样的。所以，我觉得最好的方法是做生意前先沟通，先把法律上的协议签订好，这样对双方都更有利，可以保证合作各方就最根本的认识达成一致。通过签订法律协议，不仅可以提高双方沟通的效率，同时也使我们在合作过程中出现问题的时候可以寻求法律途径来加以解决。我们签署的协议跟我前面讲的协议不一样，也就是我们讲的具有约束力的合同。它不仅要保证各个方面的合作意向被明确表示出来，而且更注重的是将来如果发生了问题，各方要负担什么法律责任，这一点是非常关键的。所以，美国的风险投资家在进行风险投资的时候，总是要签署法律协议。

我们这样做的初衷都是希望使这个合作更加实际，使我们签订的协议是有用的，并且对未来具有约束力。这一点正是美国人之所以在做生意时非常重视律师的原因。我们签署的协议内容必须是切实可行的，里面的条文不仅要符合双方的意向及当时具体的环境，还必须具有可操作性。此外，为了解风险投资，我们签署法律协议时就要考虑我们这次交易的类型是什么，有什么特征，然后就这个特征提出一些具体条款。如果你认为对方并不是一个非常可靠的合作伙伴，就要更加重视合作的法律效应了。因为在法律效应当中，对提出的各个协议的内容该怎么理解，如果在未来发生了变化，对这些变化应该怎样处理、怎样改变我们的协议以适应当时最切实际的环境等等，这些都应该考虑进去。所以，你在签署协议的时候就要考虑未来，确定你对未来的行情是看涨还是看跌，并且根据预测，把对涨跌的判断体现在所签订的法律协议当中。通过这样的方式，我们可以使未来的风险最小化。如果在签订协议的时候，你觉得在风险投资合作方面能够有一定的预测，最好把这个预测也融入现在所签订的法律协议中。法律协议的作用是非常广泛的。

我们再来看一下风险投资家们，特别是美国的风险投资家们，他们最关注的是哪些风险。比如未来的不确定性，这个风险总是存在的，对风险投资贸易来说也是特别急切的。对于未来，我们合作的各个方面可能没有能力操控，比如我们的世界，我们的大环境，作为签约的各方，我们对未来怎样理解呢？比如一个新的公司，通常刚开始的时候并没有很多人知道它，你怎么看这家初创公司的行情？你认为它需要多长时间才能业务成熟，才能开始赚钱、开始比较成功地运作呢？这就要把你的意图体现在事先签署的法律协议中。如果你认为这个初创公司的价值在未来可以实现，或者需要合作的各方付出一定努力才能达到你所期望的效果，也就是说未来价值的实现是有条件的，你就必须把这些条件考虑清楚。美国的投资家们在面对这些问题时，比如来自未来的风险，是怎么做的呢？他们会尽量控制风险。他们通常把风险放在大的环境中考虑，这个环境就是他们签署协议时各方所处的情形。比如说把一些经济问题和未来的经济发展前景结合起来，换句话说，就是把各种可能性都想出来，考虑如果这些可能性出现的时候，各方应该怎样去解决。他们还可以写出一些决议书去解决这些预测的风险，以便对其中出现的各种情况进行控制。对于新的初创公司来说，如果它的价值上涨需要一个前提，这个前提就是它需要做哪些努力，那么这些努力也可以明确列举出来。如果这些协议在投资前都已经签好了，你就可以控制整个风险投资的进程。

而对于投资者来说，他们也觉得签署法律协议是一种非常有效的方式。投资者也可以通过对风险进行预测，在一定程度上降低未来的不确定性。通常我们合作的各方要抱着一个公开的态度来讨论未来可能发生的风险，这样才能使风险变得不那么不确定。我们如何去保证有关未来的协议的有效性呢？由于无法保证我们签署的协议一定会降低风险，这就需要考虑该协议在未来风险发生的时候能够起到多大作用，能够如何影响风险、改变风险。要回答这个问题，就必须采取几种通常使用的方法，比如讨价还价。在签订协议的时候就讨价还价，在将来发生问题的时候，继续讨价还价。这样的过程可能会令人感到很不爽快，但却保障了双方的利益。

对于合作伙伴的关系，还要看他的价值，看他是不是一个非常可靠的合作伙伴。在我们的全部合作伙伴当中有各种各样的背景。如果你了解这些背景，当其中的一方发生问题时，你就能处理好他们之间的连带关系，最重要的就是你可以采取司法渠道或者政府渠道来强制签署协议，要求各方去实施他们在协议里做出的承诺。通常在签署协议的时候，我们可以通过对方的社会背景知道他属于哪个社会团体，再通过那个团体的共同特征了解对方的一些特征，确定和他们结成联盟是否可靠，是否应该跟他们继续发展关系，我们是否属于同一个团体。这些问题都是我们在签订法律协议时非常重要的判断标准。除此之外，美国人通常在法律协议签署的时候就会考虑到将来执行的可能性，作为一种认识的前提，他们会把交易做得更加理想，尽量避免协议里那些预测到的风险出现。所以，法律协议的签订也是作为一种我们对风险的认知上的准备，可以让我们知道会有哪些风险，从而在操作中避免风险的发生。我们要把法律协议当作是业务合作的一个必不可少的部分，它不是游离于我们的业务之外的，而是我们业务进行过程中的必经之路。

美国人和许多欧洲风险投资家对签署法律协议的认识和理解已经开始潜移默化地影响他们做生意时的思考方式，他们希望通过协议的方式与合作方结成一个联盟，如果哪个方面出了问题的话，就可以通过法律协议进行协调或者寻求弥补的方式。中国的风险投资家也必须重视这个问题，要从长远考虑，不仅看到现在的问题，也要预见到将来的问题，与合作各方建立起良好的关系。我觉得美国人到中国来开展业务的时候，要了解中国的国情和法律框架，要知道在中国如何使各合作方履行他们在协议中签订的义务。

我们带着不同的文化、不同的背景来共同做生意，必须有一个各方都认同的法律框架作为约束，这样我们才能做长期的投资。合作的各方也必须要保证有一个最基本的共识。有了这个共识，我们才能够展开进一步的合作。投资者也要考虑签署的协议里面的条款是否有可行性，是否有现实意义，如果出现问题的话，有哪一方是不可靠的，这些都是必须考虑清楚的。

十一、台湾地区风险投资公司发展现况与展望[①]

（一）前言

有鉴于美国风险投资公司扮演高科技产业技术与资金相结合的关键角色，台湾地区在1983年颁布《创业投资[②]34事业管理规则》，将资金引导至高科技产业。综观过去台湾科技产业之繁荣与发展，风险投资公司功不可没。为了更进一步推动风险投资产业的发展，台湾地区在2004年提出《风险投资基金计划》，加上过去“开发基金”与交通银行共同执行的两期“创业种子基金计划”，预期到2011年“1 000亿风险投资基金计划”届满时，整个募集的资金将可转投资1500家公司，增加2.5万个就业机会。因此，本文欲借审视台湾风险投资公司的发展状况，分析风险投资公司经

① 本文作者为高雄第一科技大学企业管理研究所陈振远教授。

② 亦即“风险投资”，此字词源自英文 Venture Capital，就字义而言应为“风险性资金”，然而 VC 在引进台湾时，当时李国鼎先生为免一般人望文生义，视“风险”而却步，故将其译为“创业投资”，并在台湾沿用至今。

营绩效与重点产业的投资机会，期能窥知台湾风险投资公司之未来发展趋势。

（二）台湾地区风险投资公司发展现况与绩效分析

1. 风险投资公司设立家数与资本形成分析

由于科技类股票的扬升，台湾地区在1996年开始引发风险投资公司的设立风潮，而1999年更成为台湾风险投资设立家数最多的一年，但是，在取消投资抵减的租税优惠后，风险投资热潮稍为衰退。截至2003年底，台湾风险投资公司的总家数为241家，实际营运家数为214家，总实收资本额为新台币1 717.1亿元，平均资本额则为新台币8.02亿元。历经20年，累计投资8719案，总投资金额高达新台币1619亿元，其中约1 100亿元直接投资台湾本土科技产业，协助创业家带动产业资本形成新台币1.6兆元的规模，历年被投资公司先后已有182家在台湾证券交易所上市[①]，126家在台湾柜台买卖中心上柜[②]，99家的海外被投资公司在NASDAQ上市。

2. 台湾地区风险投资公司基金管理模式分析

目前，台湾地区214家风险投资公司的经营模式，包括委托基金管理公司管理、风险投资公司自行管理以及委托其他风险投资公司管理等三种方式。其中，委托基金管理公司管理的经营方式比例，已从1996年的57.44%提升到2003年的85.98%；而自行管理及委托其他风险投资公司管理的比例却分别从1996年的29.79%及12.77%，大幅下跌到2003年的12.15%及1.87%。分析其原因，可能在于各风险投资集团面对竞争加剧的威胁，必须借由统合各风险投资之经营与管理，发挥业务开发、投资评估与管理之综效，以提高资金的使用效率、增加投资绩效、提升投资风险的承担能力。

3. 台湾地区风险投资公司资金来源分析

台湾地区风险投资公司之主要资金来源为法人公司、投资机构及个人投资者，至2003年底，地区内法人投资金额占总实收资本额的77.93%，其次依序为地区内个人、地区外法人、其它及地区外个人。在地区内法人的投资金额中，又以一般产业占25.74%、科技产业占13.38%为最多。

4. 风险投资公司投资金额分析

随着风险投资公司的新设与行业整体的复苏，台湾地区风险投资公司的总体投资金额逐年提高，投资金额由1996年的新台币88.13亿元提高到2003的204.21亿元。但是，值得注意的是，累计平均每案投资金额由1996年的新台币2 473万元，逐年衰退至2003年的1 857万元；就各个年度平均每案投资金额的变化而言，2003年的平均每案投资金额仅为1 430万元，约为1996年的76.43%。个案投资金额下降的原因有三：一是众多风险投资公司争相抢夺案源，产业的竞争日趋严重；二是成熟案源开发不易，乃以较小的投资金额往高风险的早期投资阶段发展；三是由于有85.98%的风险投资公司采取以委托专业管理公司经营的模式，故管理公司将所开发的案源平均分配，使得各个风险投资公司所分配到的投资金额缩小。

5. 台湾风险投资公司投资绩效分析

台湾风险投资公司的报酬已大幅衰退，2003年全体风险投资公司平均的EPS仅为0.12[③]，而

① 此数据为2003年12月31日以前在台湾证券交易所挂牌上市的公司的总计，并不包括风险投资公司曾经投资，但目前已下市或被合并的公司。

② 此数据为2003年12月31日以前在台湾证券柜台买卖中心挂牌上市的公司的总计，并不包括风险投资公司曾经投资，但目前已下柜、转上市或被合并的公司。

③ 2002年的平均EPS仅有0.05元，投资亏损的公司更高达53%。

投资亏损的公司高达41%；随着风险投资公司数量的逐年上升，市场已呈饱和的状态，在好的案源数目无法同比例提高的情况下，风险投资公司必然会遭遇边际投资报酬率递减问题，再加上2000年全球E-Commerce投资泡沫化的冲击，乃造成近年来许多风险投资公司投资案之亏损。

（三）台湾地区风险投资公司重点投资对象之分析

由于光电与通讯产业的快速发展，该行业已成为各国风险投资公司竞相投资的目标。在1996年～2001年间，台湾地区风险投资公司对光电产业的投资金额更呈爆发性的增长，投资金额从新台币5.48亿元增加到42.2亿元，成长幅度达770%，投资比重从6.2%提升到23.6%，首度超越半导体产业，成为风险投资主要投资产业的第一名。2002年的投资金额虽下滑，但在台湾地区大力推动“两兆双星”产业[①]政策下，以及光电大厂大幅投资TFT-LCD显示器等光电产品需求的驱动下，2003年风险投资对光电产业的投资额为27.83亿元，仍为第二大投资产业，且光电产品目前处于汰旧换新期，数码相机、照相手机，还有LCD TV、PDP TV与CRT TV的世代交替，使光电产业仍具有一定的成长潜力。由于光电产业目前处于高成长期，故预期未来仍将为风险投资公司之投资重心所在。2003年，风险投资公司投资在通讯产业的金额为15.6亿元，较2002的34.8亿元呈现大幅衰退，显示通讯产业目前处于新旧科技交替之际。在新的市场机会出现之前，风险投资对此产业处于观察状态。

台湾地区的半导体产业一向在全球市场中有不容忽视的地位，亦为台湾风险投资产业的主要投资目标之一。风险投资公司对半导体的投资金额在2000年达到高峰，2001年开始下滑，但其投资金额比重仍高达22.3%；随着光驱芯片组、液晶显示器(LCD)驱动、控制芯片需求的上升和在线游戏的热卖，增加了对高阶绘图卡之需求。2003年，半导体产业逐渐复苏，风险投资公司在此产业的投资金额为38.3亿元，投资比重为23.2%，使半导体产业再次成为台湾地区科技发展与风险投资业者关注之焦点所在。

由于台湾地区电子业的产业价值链最为完整，且具有明显的产业群聚效果，故历年来风险投资公司对电子业的投资金额皆维持一定的水平，占整体投资金额的比重约在8.5%～18.7%之间。由于2001年经济不景气的影响，导致投资活动趋缓，但风险投资公司投资电子业的金额仍占整体投资金额的11.2%，排行主要投资产业的第四位。随着行业整体的回温，2003年，风险投资公司投资电子业的比重提高至38.8亿元，排行投资产业的第三位，可见电子业对台湾的经济具有一定程度的影响力。

虽然信息产业在2000年的成长开始趋缓，风险投资公司在此产业的投资金额有所调降，但随着PC交换机需求逐渐浮现，带动计算机及外围产品需求成长，且LCD TV、Mini PC、DSC等消费性电子商品普及率日益提高，使信息产业走出2001、2002年的低潮期，2003年风险投资对信息产业的投资额为20.73亿元，成为风险投资公司主要投资产业中的第四位。

台湾地区的风险投资公司对软件业的投资金额自1996年开始呈现逐年递增，但由于2001年受到全球经济不景气的影响，投资金额的比重下滑至4.2%，并处于谷底。2003年，风险投资公司对软件产业的投资额为3.15亿元，相较于2002年的3.1亿元仅为持平；由于生物科技产业的快速发展，2003年，风险投资公司在生物科技产业的投资金额达12.07亿元，与前一年的9.0亿元相比，

---

① 所谓的“两兆双星”产业，系指未来在2006年时，台湾地区的半导体产业与TFT-LCD显示器两项产业的产值突破1兆元，并且推动数字内容与生技产业成为具发展潜力的明星产业。

成长了34%，投资比重跃居为风险投资主要投资项目的第六大产业，且相较于1996年仅投资0.3亿元而言，大幅成长了1 413%。未来在“两兆双星”产业政策推动下，属于明星产业的数字内容与生物技术产业，仍将成为风险投资公司的重点产业。

（四）台湾地区风险投资公司所面临的问题与挑战

台湾地区风险投资公司在《创业投资事业范围与辅导办法》颁布后，废止租税优惠措施①，代表着风险投资公司已正式进入崭新的经营年代。在市场容量有限、僧多粥少的情况下，台湾地区的风险投资公司已然呈现白热化的竞争局面，未来业者如何有效的开发案源，审慎运用资金，将成为风险投资公司最大的挑战。其未来的可能发展如下：

（1）逐渐转向投资早期发展阶段之个案。在风险投资公司众多，但投资案源未能同步增加的情况下，风险投资公司势将逐渐把投资焦点转向处于“种子期”及“创办期”的新兴公司投资比重已提高至24.11%），甚至于由风险投资公司主动筹设新公司的案例将增加。

（2）风险投资公司之间必将既竞争又合作。虽然未来竞争加剧，但对于早期发展阶段之投资个案以及主动筹设的投资计划，其资金需求与所面临的风险程度，却皆有赖于同业之间的合作与共同分担风险。

（3）专业化成为募集风险投资资金之主要诉求。由于科技的快速发展与产业分工的日趋精密，风险投资公司未来必须以特定产业为其专业投资对象，采取差异化的专业定位与投资策略，以凸显公司在特定产业的竞争优势。

（4）必须与国际风险投资公司合资，使风险投资迈向国际舞台。虽然近年来台湾地区风险投资公司的海外投资比例有所提升，但国际化的脚步仍不够快，必须透过与国际知名风险投资公司的合资（Joint Venture），将台湾地区风险投资公司推向国际舞台。例如2004年11月台湾地区的开发基金投资新台币4.5亿元到以色列的“GIZA IV”创投基金，借此加强与以色列之间的经贸关系，以及建立两地区经贸技术合作平台。

（五）结语——两岸携手创造双赢

除了未来推动募集千亿元风险投资资金外，为协助国内风险投资产业突破发展瓶颈，台湾地区亦于2004年将放宽风险投资公司的资金运用限制，以及松绑风险投资公司投资对象的限制，其修正的要点包括：允许在原投资事业“挂牌时持股总金额额度”内，买回先前已处分的原始投资事业股票，且买卖次数不限；准许从事债券型基金等投资；开放风险投资公司投资金融、信息及流通运输等服务业。这些法规措施的松绑，使台湾地区风险投资公司之资金运用与退出机制更为健全，将提升台湾风险投资公司之竞争力②。

展望未来，台湾地区下一阶段的风险投资政策，应该是会放宽风险投资基金的筹募对象与金

---

① 台湾地区过去为鼓励民间资金投入风险投资事业，因此给予风险投资公司的股东，在其持股满两年后，享有投资金额20%的投资抵减优惠。然而，此项优惠措施在1999年12月已废止。依据台湾地区风险投资商业同业公会之估计，虽然20年来台湾因风险投资股东享有的投资抵减金额，造成政府税收短少约为新台币50亿元（台湾风险投资商业同业公会，2002），但却造就了台湾地区科技产业的蓬勃发展。

② 在2000年以前，中国大陆风险投资机构的数量增长很快，但2003年却首次出现负成长，并且比上年大幅减少21.3%。造成风险投资总量缩减的原因，除了市场景气衰退外，主要因为缺乏完善的多层次资本市场，使得资金退出的渠道不畅，降低风险投资的投资意愿与报酬。

额。换言之，台湾地区政府将会加速开放邮政储金及各种退休基金投资风险投资公司；提高保险、银行与证券业对风险投资公司之投资上限；积极推动风险投资公司上市上柜，活化资金回收渠道。

近年来，台湾地区有不少风险投资公司进驻大陆，并一度蔚为风潮。但是，曾几何时，由于缺乏健全的退出机制[①]，使得台湾风险投资公司前进大陆的脚步趋缓，甚至于开始撤资，此项资本市场的结构问题实不容忽视，以吸引海外风险投资资金进入大陆，带动大陆高新技术产业的发展。

总而言之，在面对日益竞争激烈的经营环境下，台湾地区应整合风险投资公司的发展方向，并进一步放宽风险投资公司赴大陆投资的限制，以促进海峡两岸技术与人才的交流，结合华人社会之管理与行销优势，携手合作、扶植两岸风险投资公司，以共同促进大中华经济圈的科技发展与产业升级。

十二、风险投资与非公开权益资本[②]

风险投资是属于非公开权益资本的范畴。而非公开权益资本是活跃在金融市场上一支强劲的金融力量。本文从理论角度阐明风险投资与非公开权益资本概念的内涵及其形式。

（一）风险投资与非公开权益资本的内涵

风险资本（又译为“创业资本”）（英文为 Venture Capital, 又为 Risk Capital）[③④⑤]是一种特殊的非公开权益资本。根据美国风险投资协会的定义，风险投资是由专职资金管理者投入到新兴的、迅速发展的、有巨大竞争潜力的企业的一种权益资本投资。原则上，风险投资不限于投资高科技企业，只要高增长型企业都是风险投资的对象。而事实上，各国实践证明风险投资与高科技发展息息相关。Martin Haemmig 教授发现，以色列、美国和瑞士三国风险投资投入高科技的比重分别高达97%、84% 和84%[⑥⑦]，风险投资的创新内涵与高科技发展的内在因素互相吻合。在美国，学者们发现风险投资对科技创新的贡献度大约为企业 R&D 的3倍～4倍。从20世纪70年代末到90年代初，风险投资总资金量虽然仅占企业 R&D 的3%，却支持了企业科技创新的10%～12%[⑧⑨⑩]。风险投资对科技创新、高科技产业的巨大推动作用使各国政府纷纷从资金、税收、政策上大力支

① 目前大陆证券交易的主板市场无法满足科技型中小企业的需要，同时创业板市场和柜台交易市场尚未建构，使法人机构投资之资金有健全的市场退出机制。

② 本文作者为刘曼红，中国人民大学财金学院教授、博士生导师，中国人民大学风险投资发展研究中心主任，美国波士顿中国风险投资研究中心主任。

③ *Barron's Financial Guides: Dictionary Of Finance And Investment Terms,* Sixth Edition, By John Downes, Jordan Elliot Goodman, 2003, Page 687.

④ *The MIT Dictionary Of Modern Economics,* 4th Edition, By David W. Pearce, The MIT Press, 1992, Page 53.

⑤ *The Venture Capital Report Guide to Venture Capital in Europe: How and Where to Raise Risk Capital,* by Lucius Cary (Editor) Hardcover.

⑥ 为2003年投资额。

⑦ *The Globalization of Venture Capital;* Martin Haemmig, 2003.

⑧ *Short Term America Revisited – Boom And Bust In The Venture Capital Industry And Its Impact On Innovation,* By Paul Gompers And Josh Lerner, Prepared For Innovation Policy And The Economy, Volume 3, 2002.

⑨ *Assessing The Contribution Of Venture Capital On Innovation,* by Kortum And Lerner（2000）, Rand Journal Of Economics, 31, pp.674-692.

⑩ Baty, Gordon, William Bygrave, Donald Chew, Patrick Finegan, Kenneth Froot, Thomas Gray, John Kensinger, Gary Loveman, Stephen Magee, John Martin, Bruce Petersen, William Petty, and William Wetzel, “Roundtable on U.S. Risk Capital and Innovation,” *Journal of Applied Corporate Finance,* vol. 4（Winter 1992）, pp. 48-78.

持风险投资。

从金融的角度分析风险资本不能不把它作为非公开权益资本的一部分，作为非公开权益资本的子范畴来考察。

非公开权益资本（Private Equity）又被译为“私人权益资本”，由于与之相对应的是公开权益资本，笔者认为“Private Equity”译为“非公开权益资本”更能贴切地反映其内涵。

金融的两大基本工具为：权益资本（equity）和借贷资本（debt）。实际上，金融市场上的各种金融衍生工具不过是这两种基本金融工具的组合、变异和衍生。

权益资本有广义和狭义两种定义，狭义权益资本仅指普通股，广义的权益资本则包含任何带有权益资本性质的金融证券，通常包括普通股、可转换优先股、可转换债券、具有可转换条款的次级贷款（subordinated debt）、认股权证（warrant）的其它金融证券等等[①]。因此广义权益资本不仅包括权益资本，还包括“权益资本连接”，即其它与权益资本相连接的证券（Equity-linked Securities）[②]。

笔者把基本资本类型，权益资本与借贷资本，纯权益资本，权益资本连接，公开权益资本与非公开权益资本囊括在图2.7基本资本类型图。

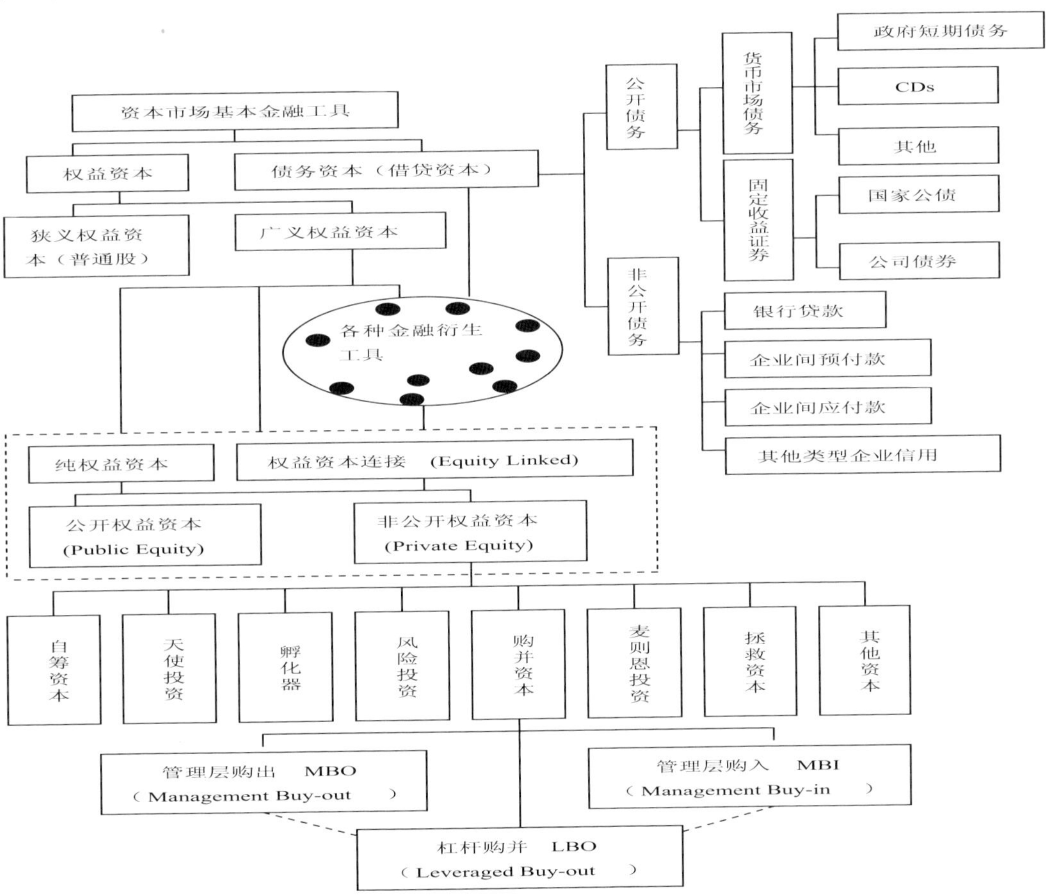

图2. 7 基本资本类型

① George W. Fenn and Nellie Liang--*Staff*, Board of Governors;Stephen Prowse--*Staff*, Federal Reserve Bank of Dallas，1995 *The Economics of the Private Equity Market*

② Gompers, P., and J. Lerner. *An Analysis of Compensation in the U.S. Venture Capital Partnership.* Journal of Financial Economics, 51, 1999; Sahlman, W.A. *The Structure and Governance of Venture-Capital Organizations.* Journal of Financial Economics, 27（1990）, pp. 473-521.

图2.7囊括了基本资本类型：权益资本与借贷资本。其中，借贷资本根据其内涵分为公开债务与非公开债务。前者又分为货币市场债务 (money market instruments) 和固定收益证券 (fixed income securities)。货币市场债务包括各类短期债务，如政府短期债务（美国政府的国库券）、CD（certificate deposit），及其它货币市场债务。固定收益证券主要有两大类：国家公债、公司债券。与之相反，非公开债务是指不能在市场上流通的债务，如一般的银行贷款（短期及中长期）、企业间预付款、应付款，及其它类型的企业信用。值得注意的是，公开债务是在市场上公开发行的，可流通的。这种流通性使得公开长期债务，如公司债券和国家公债具有很大的流动性，使之区别于非公开债务。后者则由于不能流通而流动性较差。借贷资本根据其偿还优先性又分为优先债务、次级债务、附属债务，等等。

与公开非公开债务相似，我们对于权益资本定义了公开权益资本和非公开权益资本范畴。二者的区别也在于其是否可公开流通。与借贷资本不同，我们定义公开权益资本及非公开权益资本是基于广义的权益资本即权益资本连接的范畴。我们的分析中囊括了所有带有权益资本性质的金融证券：公开发行的和非公开发行的证券。

严格地，只有在金融市场上公开交易的权益资本（股票），才可以称为公开权益资本，所有非上市公司的股票均为非公开权益资本。任何一个个人和企业，只要愿意，只要具有一定的资金，都可以成为某一个上市公司的股东。而要成为非上市公司的股东并非如此容易。假定公司A是一家非上市公司，它是否需要新的投资，在什么条件下 什么时候引入新的投资者，它需要多少资本，愿以什么价格交换（多少股份）等等信息都不是公开的。一般地，公司A仅向有限的经过精心筛选的潜在投资者（公司、投资基金，或个人）披露这些信息。这是非公开权益资本与公开权益资本的最本质的区别。

从总量上，非上市公司的数量远远大于上市公司的数量。我国上市公司总数只有1 000多家[①]。即使在经济发达国家，如美国，上市公司总量也不足1万家[②]。与上市公司相比，非上市公司数量要多得多。因此，非公开权益资本的总量远大于公开权益资本。众多非上市公司内部发行的股票均属于非公开权益资本之列。不仅包括企业初创股东的权益资本，还包括企业发展过程中新股东的权益资本。不仅包括个人投入企业的权益资本，也包括企业投入企业的权益资本。只要这些企业是非上市公司，其独资、控股、参股的权益资本均为非公开权益资本。因此，笔者认为，“Private Equity”被译为非公开权益资本，比“私人权益资本”更合适一些。一家非上市公司投入另一家非上市公司的权益资本，是非公开权益资本，却很难理解为“私人”权益资本。

（二）非公开权益资本的形式

非公开权益资本的总额虽然巨大，其交易量却受到许多因素限制，如经济发展的状况、相关法律制定、资金供需规模，以及从业人员的数量和素质等。因此，流通中的非公开权益资本数额一般大大小于潜在可交易的非公开权益资本数额。典型的非公开权益资本具有（并不限于）如下几种形式：自筹资本，天使资本、科技孵化器、风险资本、其它早期权益资本投资、购并资本[③]、麦

① 截至2004年底，深交所上市公司总数为540家，上交所上市公司总数为837家。

② 截至2004年底，纽约证券交易所（NYSE）上市公司共2800余家；纳斯达克（NASDAQ）上市公司约3300家。

③ 包括管理层购并和杠杆购并（Leveraged Buy out），前者又包含管理层购出（Management Buy-outs，MBO）和管理层购入（Management Buy-ins, MBI）

则恩投资、风险租赁、拯救资本，以及其它晚期权益资本[①]。其中麦则恩投资、科技孵化器、风险租赁等等均不是纯权益资本，而属于权益资本连接。

1. 自筹资本

自筹资本又被称为“Bootstrapping”，这是一种最古老也最原始的资金来源。大多数创业者最初是依靠自筹资本创业的。自筹资本有时又被称为三 F 资本，即朋友 (friends)、家庭 (family) 和创业者本人 (founders)，也有人称创业者为“傻瓜”(fools)。

在没有引入外来资本前，创业者是否具有一定的自筹资本是其是否能够成功创业的关键。据（Inc 500）统计，增长最快的500家企业中，自筹资本是其创业时资金来源的近80%（见表2.7）。

表2. 7　创业企业资本来源

创业企业的资本来源	占总资本来源的比重
创业者本人的积累	74%
朋友和家庭	5%
天使投资	7%
风险投资	5%
非金融业公司	6%
商业银行	0%
公开市场（股票市场）	3%

2. 天使投资

天使投资（Angel Investors）被称为非正式风险投资（Informal Venture Capital or Informal Risk Capital[②]），也是一种早期权益资本投资。与风险投资逐渐走向大型专业化的机构投资者模式相反，天使投资偏向于民间的、小型的、隐蔽的和非正规的投融资方式。如果说风险投资家是运用别人（往往是机构投资者的）的资本，那么天使投资家则运用自己的资本。相对于其它投资方式，天使投资的优势为：投资期较早、投资效益较高、投资成本较低、投资决策较快。天使投资的这种民间性、自发性、个体性和分散性使它独立于风险投资和其它投资形式，成为一种具有极大生命力的个人投资方式。无论从资金总量上，还是从投资项目上，天使投资都大大超过风险投资。随着经济的发展，天使投资的这种优越性越发明显[③]。

在上世纪90年代风险投资高度发展期，美国的天使投资总额是风险投资总额的3倍～5倍；其总投资项目是风险投资的10倍～20倍[④]。随着经济发展，我国富有的个人、成功的企业家也投身于天使投资事业。

3. 科技孵化器

科技孵化器（Technology Incubators）简称孵化器。是由政府，大学或其它科技机构支持的，帮助创

---

① The Economics of the Private Equity Market, by George W. Fenn and Nellie Liang--Staff, Board of Governors, Stephen Prowse--Staff, Federal Reserve Bank of Dallas, Board of Governors of the Federal Reserve System, Washington, DC 20551, December 1995

② Informal Risk Capital in the Eastern Great Lakes Region, by John D. Aram,1987. Contract awarded in FY 1983 to Aram Research Associates, 2881 E. Overlook, Cleveland Heights, OH 44118.

③ 刘曼红，《天使投资与民间资本》，机械工业出版社，2003 年。

④ 同上。

新企业科技成果转化的一种组织形式。在我国，科技孵化器又以各种科技园区，或创业园区的形式存在。

科技孵化器一般由政府或大学提供办公楼或厂房，以较低的房租吸引有发展潜力的创新企业入驻。一般地，创新企业向科技孵化器提出申请，经孵化器审核批准后方可入园。科技孵化器除了给予入驻企业以优惠的租金，还提供其它服务设施，如入园企业可以共用会议室、电传机、复印机等。此外，有些孵化器还为入驻企业开办学习班，辅导他们如何管理企业、如何融资、如何发展壮大。各地方政府认识到科技孵化器对于本地区经济发展的长远影响，往往提供一些优惠政策，如三免两减的税收政策等等。

在我国，科技孵化器最初较多的是事业单位，现在越来越多的孵化器采取企业模式运行。孵化器在以资金和服务等方式支持小企业创业发展的方面做出了巨大的贡献。他们在向入驻企业收取租金的同时，往往也占有入驻企业的一小部分股份，孵化器的这种运行模式事实上带有权益资本连接的性质，使其从理论上成为非公开权益资本族中的一个成员。

4. 风险资本

如前所述。

5. 购并资本

购并资本包括杠杆购并和管理层购并，二者往往相通，管理层大多采取杠杆购并的方式。

杠杆购并通常指投资者以很少一部分权益资本撬动大量借贷资金购买企业。购买方以被购并企业的资产作为抵押向银行贷款，再以收益现金流逐年偿还贷款。有时候管理层通过杠杆购并使被购并方从上市公司转变为非上市公司，以实现其对公司治理结构的全面整顿与改革；有时候投资者以其资产作为抵押向银行贷款。大多数情况下，由于购买方试图收回被购方的全部上市股票，被购方的公众股东会得到高于市价的股票贴水。当一家通过杠杆购并已经退市的公司再向公众出售股票时，这种现象被称为反向杠杆购并①。根据 Steve Kaplan 的研究，通过杠杆购并的公司，其平均资产负债率为88%，而购并前则仅为19%②。

在我国，由于金融体制以及经济环境等原因，实现上述形式的杠杆购并往往比较困难，购并时通常先注册一家公司为收购主体，再以各种方式融资（如向亲朋好友临时拆借），往往采取分期付款的方式，以避免资金一次到位。这种购并行为事实上也是一种杠杆购并，不过资金不是由银行等正规渠道，而是由各种非正规渠道提供的。

管理层购并包括管理层购出（MBO）和管理层购入（MBI）。

在发达国家，管理层购出常常指：上市公司的公开发行的股票为该公司的管理层收购，其目的是将该公司退出股票市场，成为非上市公司。一般地，管理层需要付出高于市场价格的贴水，以吸收整个市场发行的该公司的全部股票。有时，管理层需要依靠大量银行贷款以实现这一收购，这时的 MBO 采用了杠杆购并 LBO 的方法。

管理层购入是指外部投资者企图收购该公司的大部分股份（通常是控股），并保留该公司现有的管理层。这些外部投资者往往是风险投资家，他们看好该公司的产品或服务，希望通过控股以提高生产力，发掘其应有的潜力。

管理层购入与管理层购出的区别在于前者的收购主导为外部投资者，而后者则为该公司管理

---

① John Downes, Jordan Euiot Goodman, Dictionary Of Finance and Investment Terms, 6th Edition, *Barron's Financial Guides*

② Steve Kaplan

层本身，即购并活动主要由被购并公司的管理层运作。管理层购入和管理层购出都可以采取杠杆购并的形式。而国际上通行的管理层购出往往采取杠杆购并形式，管理层利用被购并企业的资产为抵押向银行贷款来进行收购。

杠杆购并需要依靠大量借贷资本，然而杠杆购并却被视为权益资本连接。这是因为，杠杆购并往往有风险资本或其它非公开权益资本参与，非公开权益资本投资公司投入一部分资金给管理层，作为其“血汗资本”(Sweat Capital)。通常，管理层占30%左右的股份，而参与购并的投资公司往往要求进入董事会，以从整体上监控公司的运作。由于被购并企业通常是资产非常大的上市公司，需要巨额资金才得以收购，同时，管理层又希望占有一定股份。要达到这种目的，以有限的资本金购买巨额资本的公司，只有通过大量贷款才能实现①。

从国外的实践看，管理层购并往往是由购并投资公司与被购并公司管理层结合，再通过大额贷款来实现的。我国的管理层购出的操作往往与国际惯例有较大差距，被购并公司的管理层通常与非公开权益资本投资公司（或购并投资公司）联手，往往通过其它途径融资实现购并目的。

6. 麦则恩投资（Mezzanine investment）

麦则恩 (mezzanine) 一词最初是指在图书馆、仓库或大厂房中一层与二层之间的半楼，麦则恩的出现最初只是为了充分利用空间。麦则恩一词借用于金融与投资理论，指介乎于两者之间的一种投资，也有人把它比作介乎于股权与债券之间的一种投资。麦则恩投资往往是指一种短期的桥梁式投资，它一般采取贷款方式，并带有一定的可转换证券，或认股权证等权益资本性质。原则上，麦则恩投资属于权益资本连接。

在企业已经完成了初步的股权融资，准备公开上市，即IPO(Initial Public Offering) 的过程中，他们有时存在暂时的资金需求，麦则恩投资往往是他们的主要融资方式。麦则恩投资期限比较短，相对其它非公开权益资本融资，其手续相对简捷，投资决策相对快。由于其带有权益资本的性质，也往往受到投资者的青睐。

7. 拯救资本（Distressed Finance）

拯救资本分为公开发行的拯救证券（Distressed Securities）和非公开的拯救权益资本 (Private Distressed Capital)。前者也被翻译成“廉价证券”，是指某些在财务上遭遇一定困难的公司的股票或债券。由于这些公司的财务困难很可能是暂时的，又由于他们在财务困难时期的股票或债券价格往往偏低，使之成为有吸引力的投资工具，也是他们被称为‘廉价证券’的原因。但正因为其价格低廉、投资者的资金流入，才可能使之转危为安，东山再起。

非公开权益资本中囊括的拯救资本是指一些大型公司在运作过程中出现暂时的财务困境，需要一定的资本金帮助其摆脱困境，然后通过内部的机制改革，实现复兴。不是任何一个处于暂时困难的公司都是拯救资本的投资对象。只有那些真正有市场、有生产能力、有发展潜力而又面临财务困境的公司，才能吸引拯救资本。这些公司往往由于企业管理不佳，或由于体制原因而生产力低下，但通过治理和改组能够更新。

我国目前正在实现经济体制的改革，一些国有企业成为拯救资本的理想投资对象。

（三）非公开权益资本与风险投资

理论上，风险投资（Venture Capital）是非公开权益资本 (Private Equity) 的一个子范畴。除了

① Steve Kaplan的研究证明，在实现杠杆购并之后，企业的平均负债率高达98%；而对比组企业的负债率仅有44%。

风险投资外，非公开权益资本还包括天使投资、购并资本、拯救资本、麦则恩投资等内容。

典型的风险资本往往投资于早期项目，如种子期、初创期、发展期，尤其是发展期，是风险资本的投资重点。而其它非公开权益资本，尤其是购并资本往往投资于晚期项目，如成熟期和稳定期。购并资本有时也投入企业的发展期。在美国，传统的风险投资基金一般比购并基金规模小，投资更偏向高科技企业的早期项目。而购并基金往往又称为巨额基金 (Mega fund), 其主要投资对象是成熟企业的购并和改组。

在美国，有的风险基金既从事典型的风险投资，又从事购并投资业务。而在欧洲，大部分风险投资基金从事非公开权益资本运作，他们往往将风险资本与非公开权益资本这两个概念混用，在实践中也不刻意区分。

在我国，由于风险投资还是一个比较新的投资运作模式，而目前又处于一个史无前例的经济高速发展时期，许多国内的风险投资公司同时从事购并资本投资业务和典型的风险投资业务。一方面，典型的风险投资需要具有科技前瞻性，没有一定的高科技背景很难做到；另一方面，由于体制改革和其它经济因素，国内往往存在具有巨大发展潜力的购并项目，这是非公开权益资本的投资良机。Martin Haemmig 教授的研究指出，比较中国本土风险投资，外国风险投资更重视早期投资，更重视对于高科技项目的投资。从各国的情况看，以色列的风险投资有97% 投入高科技项目，美国和瑞士为84%，中国的外资风险投资为76%，而内资风险投资仅为49%①。因此，中国本土风险投资公司将资金的大部分投资于传统企业，对于这些传统企业的投资又往往是购并资本投资。

非公开权益资本市场在西方发达国家已比较成熟，我国的非公开权益资本市场则刚刚兴起，还很不规范和完善。从科技创新的角度，从推动中小企业发展的角度来说，非公开权益资本比公开权益资本起的作用更大。我国正面临着发展经济，实现民族伟大复兴的历史任务，促进科技创新，提高科技竞争力无疑是非常重要的工作。因此，我们应该大力发展非公开权益资本市场，推动科技创新，推动科技成果转化，进而推动整个经济的发展。

十三、风险投资发展与产权交易市场②

（一）对我国风险投资的一孔之见

第一，风险投资好比投资一个巨大的梦。技术是要素中利润贡献最难测定的，因此，把无形资产有形化即被认为是资本运营的高境界。风险投资家们一直都在寻找一个问题的答案即如何把技术转变成现金。目前，中国的市场环境并不成熟，如果风险投资家们的着眼点仅限于高科技，那么在当前这种投资退出渠道并不畅通的情况下是难以为继的。因此，风险投资既要立足高科技又跳出高科技。

第二，目标企业的结构在风险投资中尤为重要。现代企业制度的核心可归纳为产权清晰、管理科学、结构开放。只有产权清晰了，才能将各种资源有效配置；但是，如果仅有清晰的产权而企

① Martin Haemmig, <Global Venture Capital>, presentation at the World Economic Forum, Sept. 2004, Beijing

②本文作者为北京产权交易所总裁，中关村百校信息园有限公司董事、总裁熊焰。该文是作者在“2004中国风险投资论坛”中发表主题演讲的内容。

业的结构不开放，那么企业的发展速度和周边资源的整合程度都将受到很大限制。北京中关村可谓是中国高科技发展的高地，然而在中关村的高科技企业中却不乏“小老头”企业：三年前，一间办公室，三个人，三年后虽有所增长，规模却不见扩大。这些企业既死不了也长不大，究其原因，便是企业结构存在问题。导致企业结构不开放的因素很多：首先，投资方与技术持有方之间存在理念上的差异，缺乏相互理解。许多企业宁为鸡头不为凤尾，坚决防止被别人控制，觉得自己单干舒服，与人合作就痛苦，这对企业的发展壮大十分不利。其次，企业对自己技术的价值缺乏理性判断。比如上世纪末本世纪初，某一软件公司在纳斯达克上市之后便有些飘飘然，面对投资公司，就其开发的某软件，开价就要两千万。然而，专家分析认为一个普通的软件公司在三个月时间内同样也可将该软件研发成功。显然该企业没能客观和理性地判断其技术的价值。这样的情形往往让投资方陷入非常难堪的境地，双方自然也就无法合作下去。第三，目前我国企业权益结构中尚存在许多不合理因素。这与政府管制以及工商行政管理机构的管理模式有关。在我国，多数企业的产权结构设计与现代企业制度和发达经济国家的许多成功做法存在较大的差异。因此，我个人认为，要解决企业结构开放和技术产生效益后的利益分配等问题我们都还有相当长的路要走。

第三，对于风险投资，资本流动是关键，这已为大家所共识。风险投资的高风险，必然要求高收益的资本退出。因此，目前我国风险投资业最迫切的需求就是建立畅通的资本退出渠道。我国的资本市场层次单一，我们翘首期盼的中小企业板对于我国数以千万计的企业来说也仅是杯水车薪，企业获准上市的概率更不足万分之一，绝大多数企业仍无法在公开的资本市场上募集自己所需要的资金。因此，建立多层次资本市场已迫在眉睫。

另外，笔者认为我国风险投资行业应多一些市场竞争，而少一点政府呵护。在我国，各级地方政府和政府领导都把发展高科技产业作为重点工作来抓。但有时往往事与愿违，家长对孩子越是呵护得多，这样的孩子反而长不大。这是由于风险投资的案例常具个性，投资成败仅在一念之间，因此必须通过市场行为而不是政府行为来形成一种投资决策与投资决策人之间的利益挂钩机制。如果我国的高科技风险投资不走出政府的呵护，就很难有较大的发展。由于政府对高科技管得过严，呵护得过多，企业成长的环境过于温暖，导致企业长不大也死不了，也无法成就大器。

（二）产权交易市场

以下介绍产权交易。产权交易是一个特殊名词，境外的朋友可能并不清楚什么是产权交易。产权交易市场是具有中国特色的并购市场，是在市场环境尚不完善，国有资产又不得不做战略性调整的情况下产生的无可奈何的制度设计。

我国的产权市场可从它的历史沿革中看出其成长的轨迹。这个市场始于20世纪80年代，随着中国的企业改革应运而生。

1984年～1992年是产权市场发展的第一阶段，在这一阶段产权市场主要是对国有经济中的存量进行处置。

1992年～1998年是第二阶段。随着邓小平视察南方重要讲话，共和国迎来了第二轮改革高潮。国有资产在这个时期进行了较大幅度的调整，产权市场也因此经历了一轮高峰。最红火的时候，全国约有产权机构四百家，所有省会城市甚至连许多普通市、县都有了自己的产权交易市场。

1998年，为防止金融风险、治理经济秩序，国务院发了10号文，将产权交易定义为非法场外交易，绝大部分产权交易所因此叫停。

但在我国特殊的市场经济环境下，产权交易制度本身有着它的内在合理性。在地方政府的支持下，自1998年起直至去年年底，产权市场经历一个恢复时期。一些中心城市和省会城市的产权市场又恢复了生机。截止去年年底，全国大约有产权交易机构150家～200家，其中较活跃的约有四五十家。

2000年之后，我国的产权市场又出现了一股新的力量：技术产权交易所。这是产权市场中的一个创新力量，主要致力于为高科技中小企业解决投融资问题。

2003年下半年，产权市场又一个新阶段到来了。中共十六届三中全会后，国务院国资委明确要求中央直属国有企业产权必须进场交易。在此背景下，全国产权市场出现了新的整合趋势，全国性大市场开始萌芽。早在20世纪80年代中期，中纪委就已提出国有企业应进场交易。可以说中纪委对于中国产权市场的建设起到了很大的作用。为什么中纪委提出国有资产交易必须进场呢？其原因还是前面那句“无可奈何”。它虽然不一定是最优的制度安排，但其合理性是显而易见的。设想某一级国资委领导监管8家国有企业，假设每个企业的净资产均为1亿元，各有50%的股份需做调整。有的企业把这50%股权卖了8 000万元，有的卖了4 000万元，3 000万元，还有人卖了1 000万元，究竟哪个合理？

企业价值的评估如同哥德巴赫猜想一样，一直是个难题。就好比世界上没有两个完全一样的人，世上也没有两个完全一样的企业。企业价值的认定是一个与时间、地点、环境等各种繁杂因素相关联的系统工程。简单地说，卖7 000万就一定合理，卖1 000万元就一定不合理吗？无法下结论。当然，倘若这8家企业的资产均为个人所有，那就相对简单多了。无论贵卖贱卖都属个人意愿。而对于国有企业的产权转让，问题的关键在于资产销价与企业决策人的切身利益没有直接挂钩。在缺乏一系列监控制度和约束机制的情况下，国有产权转让过程中私相收受、暗箱操作的发生概率是极高的。因此国有资产进场交易势在必行，必须用经济的办法、市场的机制来解决这个问题。

什么是市场机制？简言之就是等价交换、公开竞争。市场经济最核心的信号是价格。转让国有企业产权，把这一转让行为放到一个公开市场中，让所有潜在购买者机会均等地获得这个消息，在公开竞争的环境下搏弈，形成一个均衡的价格，即市场价格，这也就是公开市场的作用。公开的市场显然可以提高资源配置的效率，同时使国有产权转让过程中“暗箱操作”发生的可能性大幅度降低。

我国经济要放在全球经济总体框架下去考虑，在理论上不妨借用一下现代西方经济学理论，对我们国有经济调整做一番理性思考。西方经济学的一个重要理论就是把整个国民经济分成两大部门，即公共部门和私人部门。公共部门是指由国家出资、为全体公民无偿或有偿享用的、保证国家基础运行的产品及服务，城市道路、基础教育、国防、卫生等这些都是属于公共部门。我国过去几十年的发展积累了大量的财富，但同时暴露出一个问题，那就是对公共部门的投资力度不足。比如现在的“希望工程”，它本质上体现了政府对公共部门投入的严重不足。其次是社会保障，目前我国的社会保障欠账也非常多。调整公共部门的思路就是要把私人部门中大量的国有资产调整下来，充实到公共部门中去。

和公共部门对应的是私人部门，这不是私人企业，而是广义的工商企业，即以赢利为目的的企业。我认为国有资产调整可以用三句话概括：一、关系国计民生的垄断性行业，国家要继续坚持投入和控制，其中包括能源、通讯、国防科技工业等；二、一般性竞争行业，在这些行业里，国有资产已不具备竞争优势，因此要大幅度撤离，比较典型的如纺织厂、饭店等；三、竞争性的高收益行业，比较典型的如汽车工业，对于这一类国有资产应遵循有进有退的方针，确保其赢利、增值。

中国的国有资产战略调整必将是本世纪上半叶一个重大的国际性经济现象，它将为国内外投资者带来无限商机。

（三）北京产权交易所

北京产权交易所（以下简称“北交所”）是经北京市人民政府批准，由原北京产权交易中心、中关村技术产权交易所重组合并设立的综合性产权交易机构，是国内最早成立的产权交易机构之一。2004年3月16日，国务院国有资产监督管理委员会授权北交所为首批中央企业国有产权转让服务的产权交易市场。

北交所的定位是两句话，一是“专业化、集约化的并购市场”，二是“区域性、非公开的资本市场”。主营业务分为三大类，第一类是高科技及中小企业的投融资服务，第二类是国有资产产权交易，第三类是新资本市场探索。

北京市市属国有资产总量约为3 000亿元，其中经营性国有资产为1 860亿元，预计在未来3年～5年内约有一半左右的市属国有资产要进行战略调整，且必须进北交所交易。另外，北交所已成为国务院国有资产监督管理委员会授权的中央直属企业国有产权转让试点交易场所。中央直属国有资产根据其属性可分为三类：一类是经营性国有资产，国务院国资委直属的约有7.13万亿元；第二类是非经营性国有资产，即教育、卫生、文化、传媒等等，约为4万亿元，目前由财政部管理；第三类是金融类国有资产，即银监会、保监会、证监会的国有资产，约有1万亿元左右。遵循国务院国资委的试点要求，这些国有资产都必须进入北京、上海、天津的三个产权交易市场。因此，这三个中心市场将有可能成为我国产权交易的高地。作为北京市场的操作者，我相信在未来几年内，北京将出现大流量的国有资产产权交易，出现2 000亿元甚至3 000亿元的交易额也不意外。北京将成为我国国内最大的产权交易市场。

经过近10年的探索、实践，北交所已形成了完善的服务体系；制定了规范合理的交易制度和操作流程；组织起了一大批高素质、专业化的人才队伍，与国际、国内投资人建立了广泛的合作关系；积累了丰富的经验；具备了信息披露、价格发现、交易撮合、交易签证、咨询顾问和市场服务的六大功能。通过积极组织国内外投资者、进行广泛的信息披露、多渠道组织项目推介、高效率进行交易撮合等服务手段，建立健全招投标机制和拍卖机制，充分发挥产权市场的价值发现功能，促进资产在交易过程中实现价值最大化，在促进产权规范和合理流动的过程中，最大限度地促进国有资产保值增值、避免国有资产流失；为国资管理部门加强国有产权交易监管服务，充分利用产权市场从事国有产权交易、掌握交易信息的优势，对国有产权交易情况进行统计分析，定期向国务院国资委和市国资委报告国有产权交易情况和交易过程中出现的问题，提出合理化建议，配合做好对国有资产的监管工作。

北交所实行的是经纪商会员制。北交所由北京市政府授权特许经营，但交易所本身并不直接受理交易，只是为产权交易营造一个市场环境，搭建一个市场平台。北交所采取经纪商会员代理交易制，经纪商会员由一批投资公司、投资咨询公司及相关中介机构构成。在产权交易过程中，他们充当财务顾问的角色，为整个交易提供穿针引线、撮合、包装、谈判、准备等服务。北交所已汇集了一大批以国内投融资机构、知名企业集团为主体的产权经纪会员和一批专业从事法律咨询、评估审计、拍卖公证等服务的中介机构，目前会员机构已达到155家，具备为各类产权交易提供专业化全程服务的能力。

北交所的交易流程，大致上是分为四段：委托、公示，洽谈、交割。如果企业有资产要转让，首先要提供资产状况，然后委托交易所，交易所根据一定的挂牌规则，把企业的信息向社会公示。公示严格按照国资委员的要求，在公开媒体比如中国证券报和北交所的网站上进行公示。20天公示期结束后，如果只出现一家购买者，那么就可以进入协议转让谈判，达成交易价格，进行交割。如果公示后出现两家以上购买者，就会启动拍卖或者是招标程序。

（四）北交所对风险投资进退的探索

最后一个话题，北交所能为高科技企业的风险投资做些什么呢？高科技企业投融资服务一直是北交所业务“双轮驱动”中的一个轮子。北交所这项业务的开展主要是基于和北京中关村管委会和北京市科委的合作。例如：北交所与中关村管委会金融体系处共同设立了“中关村企业投融资服务中心”，对中关村园区内的高科技企业提供投融资支持，包括政府优惠政策支持、政府资助等。其次是在中关村园区内发放风投基金，并对基金进行管理。另外，北交所联合中关村管委会推出了“精品上市工程”，2004年将选择8家～20家盈利能力较强、成长性较好的企业，推动其到香港和新加坡等主流资本市场的创业板上市；北交所还计划设立专门的企业上市过桥基金，为这一工程提供业务支持。

希望大家关注中国产权市场，关注北交所，它将为中国的风险投资提供平台支持，与中国的风险投资相互促进，共同发展。

十四、西安地区风险投资的市场分析[①]

（一）西安地区的自然和经济发展状况

西安地处中国大陆的地理中心，是有数千年历史的文明古都，是国家实行西部大开发战略北部区域的中心城市。西安周围是有名的关中平原，土地肥沃、物产丰富，自然条件良好。西安所属的陕西省是中国有名的能源基地，有丰富的自然资源，大量的煤、油、天然气和多种矿产。

西安的经济在中国经济的东部发达地区、中部结合地区和西部发展中地区的三块格局中属于西部发展中地区。西安有比较雄厚的工业基础，有大量的国有企业，有很强的国防科技工业基础。工业基础以机械、电力制造、电子信息、纺织、航空、医药为主。

西安的综合科技实力仅次于北京、上海，居我国城市第三位，有丰富的科技资源，是我国重要的科研、高等教育、国防科技工业基地。有市级以上科研机构672家，国家重点实验室55个，有各类技术开发机构2 000多家；普通高等院校35所，在校学生40余万；有各类专业技术人员42万人，密度在全国城市中名列前茅。

西安是中国发展高科技产业最具有竞争力的城市之一。众多的科研院所、高等院校和科技人员，每年产生大量的科技成果，其中不少具有很好的产业化前景；有全国两个示范高新区：西安高新技术产业开发区和全国惟一的农业高新区——杨凌农业高新技术产业示范区。西安的科技产业化，在全国处于先进地位。

（二）西安地区中小企业状况

西安地区的中小企业总量上比不上沿海发达地区，但是与珠江三角洲和长江三角洲地区相

---

① 本文作者为陕西省创业投资协会副理事长刘延生。

比，其特点是：高科技企业多、企业产品的科技含量高、企业成长空间大。

以西安和杨凌高新区的企业为例。西安高新区的企业主要集中在电子信息（包括仪器仪表、软件、通讯三大类）占到1/3，制造业（包括机电一体化、整机、配套及检测）占1/3；生物医药（包括成药、医药中间体及衍生物、试剂、医疗仪器等）占1/3。按照行业主要集中在电力、石油、汽车三大工业门类中。杨凌农业高新技术产业示范区主要为农业、生物工程、环保和绿色食（药）品四大类。这些企业的共同特点是：普遍具有科技创新能力，大多具有自主知识产权，许多企业就是科技人员自己创办的。

西安地区中小企业的不足在于规模较小、市场化程度不高，特别是资金缺乏是西部中小企业的普遍问题。

这些特点恰恰为从事风险投资提供了得天独厚的条件。

（三）西安地区风险投资发展现状

1. 风险投资行业较为发达，但规模小

西安的风险投资公司和投资管理公司多达140家，总数居全国之首，资金规模20亿元人民币，注册资本金5 000万元以上的有8家。总体看来，风险投资类公司多，但资本总量小。投资公司多，说明风险投资的理念深入人心，从事风险投资的环境较好，风险投资较为发达；投资资本总量小的原因在于西部经济落后，本地资本总体规模小。

2. 风险投资行业发展呈现波动性

西安地区风险投资开始于20世纪90年代初期，是国内起步较早的地区之一。1999年～2001年在国家鼓励风险投资政策和创业板即将开通的预期下，风险投资形成高潮，仅西安高新区就成立风险投资公司和风险投资管理公司几十家，创业企业融资达十多亿元；在风险资本的推动下，高科技企业得到了较快的发展，几十家企业改制为股份公司，实力增强；还有不少企业在国内主板、香港创业板、新加坡和NASDAQ相继上市。2003年后，由于创业板久未开通，风险投资行业不如前两年发展快，进入低谷，但是风险投资理念已被企业普遍接受，引进风险投资仍是中小企业融资的首选目标。

3. 有比较发达的民间投资市场

西安民间资本对投资高科技创业企业的积极性很高，1999年～2001年，许多民间资金通过各种渠道进入创业企业。

由于西安的民营企业整体上实力还不强，民营企业直接进行风险投资的不多，进入风险投资的民间资本主要为个人资本。一些个人资本通过组建民营风险投资公司或投资咨询（管理）公司进行投资；更多的民间个人资本通过产权交易分散进入，其主要方式为通过企业改制，进入股份制企业，这类风险资本所占比重较大；还有一些天使投资者，通过投资咨询公司等中介机构直接投资创业企业；西安发达的民间投资市场也吸引了东部民间资本的投资，形成了区域性的投资市场。

西安的民间投资市场，有时运作上并不规范，也带来了一些问题。但是，民间投资高科技企业的积极性是很宝贵的，应该得到正确的引导和和支持。

4. 形成了区域性的产权交易中心

西安2000年～2001年间相继设立了西安技术产权交易所、陕西省技术产权交易所（后合并入西部产权交易所）。为了引导民间投资，还设立了三个股权托管中心。这些产权交易机构为技

术成果转化、企业融资、国企改制和企业并购重组提供了交易市场，也推动了西安民间风险投资市场的形成。

5. 造就了一批风险投资企业和风险投资家

数年的实践，西安地区造就了一批成功的风险投资企业和风险投资家，形成了适合西安实际的风险投资理念、投资运作模式和投资管理模式。如：陕西银河科技投资公司、陕西高新技术产业投资公司、西安高新技术产业投资公司等一批知名企业。

在行业协会方面，陕西省创业投资协会、西安市高新技术产业开发区投融资委员会等投资行业的自律性组织在西安的风险投资的发展中起着重要作用。

（四）西安地区风险投资的市场分析

1. 风险投资市场

按照经济学的观点，市场是由买卖双方构成的；从市场营销的角度，行业是由生产（提供）者构成的，市场是由购买者构成的。风险投资企业的服务对象是创业企业，所以，风险投资的市场是由创业企业构成的。

2. 西安是风险投资的好市场

按照市场营销学的观点，好市场是指：市场足够大，购买者足够多；购买者有支付能力；市场可进行市场细分；市场的近期增长率高；市场的远期增长率高。

市场容量决定风险投资的发展。中小企业特别是科技型中小创业企业的多少，是决定该区域是否值得做风险投资的先决条件。创业企业多的地方，对资金的需求就旺盛，就会形成较大的风险投资市场，而且市场活跃，生命力强。西安地区（含杨凌、宝鸡）内的创业企业总数超过了10 000家，这无疑是个足够大的市场。投资者容易选到适合自己口味的企业。

市场细分可从两个方面进行。一是按照创业企业的发展阶段，按照种子期、成长期、扩张期细分；西安地区的创业企业种子期、成长期的企业居多，扩张期的企业也不少；二是按照行业划分，则主要集中在电子信息、制造业和生物医药几个方面，且每个行业都有比较好的具有成长性的企业。

成长性。西安风险投资市场属正在发展的市场。西安地区高新技术企业发展很快，企业数大约每年增长15% ～20%；由于科技资源、科研成果和科技人员多，随着国家西部大开发进行，创业的科技人员越来越多，高科技企业会不断地涌现；随着市场运作和企业管理水平的提高，西安科技型企业的增长空间很大。市场需求的增加，必然推动风险投资行业的发展。因此，无论从近期或远期看，风险投资市场的成长率都会比较好。

3. 风险投资市场是买方市场

由于资金本身是稀缺资源，投资整体上是买方市场。但是西安地区的风险投资买方市场的特点尤为明显，表现在：

西安中小企业资金缺乏尤为明显。由于西部地区经济还不发达，企业自有资金还比较少，西安地区的企业中资金缺乏现象较之其它地区更为突出。

企业对风险投资有深刻认识。由于风险投资在该地区已有数年历史，且经过世纪初的风险投资热潮，西安企业引进风险投资意识很强，对于风险投资的运作规则也有相当的了解，风险投资公司与之合作，会相对比较容易。

企业价格便宜。由于需要融资的创业企业多，资金需求量大，西安地区企业的价格相对于北京、上海低得多，资金更有价值，钱更值钱。这对于风险投资公司规避风险、提高收益是很好的有利条件。

4. 风险投资的退出市场

由于风险投资不仅是个买入问题，还有退出问题，我们还应该分析西安的退出市场。

风险投资的退出主要是三条渠道：创业者回购、转让或并购以及上市。西安的退出市场与全国一样，但是有特点。

创业者回购，在西安地区已有较长历史，西安高新区的创业中心数年前已开展了创业者回购，创业中心的许多企业都通过回购机制得到了发展；其次，转让并购渠道需要交易场所，西安的数个产权交易机构，提供了区域交易市场，而且这些市场交易呈现上升势头，每年的交易量不断上升，今年西部产权交易所的交易量已达到20亿元；第三，西安活跃的民间投资市场，为风险投资退出提供了又一渠道；第四，一些企业已经在NASDAQ、香港创业板、新加坡以及国内主板上市，特别是2003年至今已有数家企业海外上市，说明西安企业上市意识和积极性很高，同时也说明西安企业得到国际资本市场的认可。

5. 风险投资的市场环境

西安风险投资市场环境可以概括为：政府大力支持，政策扶持力度很大；风险投资的氛围很好；资本市场有一定的基础和水平；规模化的风险投资资本缺乏。

（五）西安的投资机会和投资策略

总体上，西安地区的投资机会好，市场较大，选择余地大，市场竞争程度低，资金更有价值，特别适合有实力、有战略眼光的风险投资机构进行战略投资，投资会带来较高回报。

虽然西安是我国风险投资的一块很好的市场，但前几年，有些外地的风险投资企业在西安运作成功的并不多。究其原因主要是缺乏对企业深入的了解，仅仅到西安跑几次就仓促地确定项目，进行投资，结果投资后才发现这样那样的问题。我以为，这种问题出在风险投资企业本身。

首先，风险投资是一种高风险的投资行业，必须大量地考察企业才能从中选到好企业，以为到一个地方跑上几次，听听当地领导的介绍，就可以选到好企业，那是幻想。投资者必须做大量的艰苦细致的工作，才能真正了解情况，才可能选到好企业。

建议外地的投资者在西安进行投资应该选择好的合作伙伴，与当地运作较好的风险投资公司建立长期的合作关系。这样，既可发挥外部企业的资金优势，可避免自己找项目周期长的缺点，又可以避免投资风险，还可以便于协调当地的各种关系。从风险投资发展的历史经验看，本土化是进入新的投资区域的基本方法。

第三章 法律法规综述

本篇通过对我国风险投资业相关的中央、地区以及中小企业板块等重要法律法规进行综合分析，为相关人士提供借鉴和参考。

重点考察分析的法律法规有《关于推出资本市场改革开放和稳定发展的若干意见》、《国务院关于体制改革的决定》、中小企业板块设立的相关配套文件等2004年度颁布的全国性重要影响的法律法规文件，力求把握我国风险投资法律环境的整体容貌。通过对中小企业诚信建设、政策支持、高新技术开发区、产权交易等方面政策异同的分类解析，考察了2004年度各地区法规的立法动态。

一、风险投资有关法律法规概述

风险投资法律法规制度是整个风险投资机制的基础，是风险投资业得以顺利、规范发展的基本保障。自从20世纪80年代风险投资引入我国以来，政府等相关部门为了推进风险投资业的发展，已经起草了多项与之相关的法律法规。最早的原则性指导思想见于中共中央颁布的《关于科学技术体制改革的决定》（1985年3月颁布），首次提出设立风险创业投资支持高新技术开发、发展。20世纪90年代，中央相继颁布了《中华人民共和国促进科技成果转化法》（1996年）等多部法律法规，有力地推动了风险投资法律建设进程。进入21世纪后，中央又先后颁布了规范信托基本关系的大法——《信托法》（2001年10月）和我国第一部专门调整中小企业的法律——《中小企业促进法》（2002年6月）等，从而形成了以中小企业基本法为核心的、促进中小企业发展的法律体系。同时，各地方政府部门也在相关法律原则下，针对本地区风险投资业的实际发展情况，相继颁布促进创业投资发展的地方法规。这些法律法规在资金来源、财税等方面给予了政策优惠支持，在运作、投资等多方面加以规范，大大促进了中国风险投资业的发展。

2004年度，国务院、各部委以及各地方相继颁布了多项风险投资相关的法律法规，大大地充实和完善了中国风险投资业的法规制度体系。主要法规有《国务院关于推进资本市场改革开放和稳定市场发展的若干意见》、《国务院关于投资机制改革的决定》，以及深交所《中小企业板块实施方案》等一系列配套法规文件。首先，在年初，国务院于10多年来首次以国号文件颁布了《国务院关于推进资本市场改革开放和稳定发展的若干意见》，该《意见》从九个方面对包括风险投资、中小企业板块等在内的我国资本市场的发展意义和进程等多方面进行了全面论述，并提出了指导性意见。该《意见》的颁布，是我国资本市场，包括我国风险投资业发展史上的一个重要里程碑。7月份，国务院又颁布了另一重要法律法规《国务院关于投资体制改革的决定》，这是我国体制改革的纲领性文件，预示着新一轮投资体制改革的启动和深化。明确了企业的投资主体，规范政府的投资行为和职能，深化了投资的市场化，更好地发挥了市场的资源配置功能。

2004年5月17日，争论已久的深圳中小企业创业板块终于成立，相关的配套法律法规文件相继颁布，初步建立了较为完善的法律制度框架体系。该板块的成立，拓宽了我国资本市场的多层次、多元化投资、融资体系，扩大了中小企业融资空间，对中小企业发展具有重要意义。中小企业由于基础薄弱，不符合主板市场的上市规模门槛和业绩要求，难以通过主板市场获得所需资金。中小企业创业板是主板市场之外专为中小企业和新兴创业企业提供融资渠道的资本市场，筹资更具针对性，使得那些具有良好的未来发展前景而目前尚未盈利或盈利不理想的企业能获得融资发展机会；同时也完善了风险投资的退出渠道。

有关中小企业信用诚信建设体系的法规也是本年度的立法重点之一。中小企业板相关的配套法规以及各级政府颁布的法规，如深交所《深圳证券交易所中小企业板块上市公司诚信建设指引》，都有具体的反映。广东、湖北、南京等地方还颁布了具体的实施指导意见。

在指引外商进入我国投资领域方面，各级政府出台了相关的法律、法规文件。这些法律、法规从外商举办投资公司、进行投资的领域、投资产业目录等进行了规范和指引，使得引进外商投资更为规范，将外商投资纳入更加规范发展的轨道。国家商务部于2004年2月18日颁布了《关于外商投资举办投资性公司的规定》，对外商参与我国投资领域所涉及的各个方面进行了详细的规定。

此外，对一些风险投资业相关的重大法律法规的修订讨论，从一个侧面可以反映出法律体系的发展趋势。例如，对于《公司法》的修订，是一个重大的热点。专家们从不同角度地分析了对目前《公司法》修订的必要性和可行性，探讨了未来《公司法》的具体要求。专家们着重对公司法修改指导思想、立法宗旨、公司设立的种类、公司的登记原则等多方面讨论和剖析，其中，在公司设立种类和公司登记原则方面对风险投资业较为相关。多数人认为应该在《公司法》中拓展公司设立的种类，鉴于目前我国中小企业发展的状况和国际经验，应当明确表明允许设立单人公司。在设立公司的门槛上降低要求，使得更多的中小企业能够更好地从资本市场上筹集发展所需的资金。此外，尽快制定《风险投资法》也得到了行内人士的一致呼吁和要求。相信通过不断的努力，我国的风险投资法律体系将更加健全和完善。

在综合考察风险投资的法律环境，特别是2004年度的发展情况后，有必要深入地了解某些重大法律法规的内容，了解其中的深层内涵。接下来我们着重针对几部2004年度颁布的，于我国风险投资产生重大影响的法规文件——《国务院关于推进资本市场改革开放和稳定发展的若干意见》、《国务院关于投资体制改革的决定》等进行评述，综述本年度地方法规的立法动态，并详细分析深交所创业板块的配套法律法规体系。

二、《关于推进资本市场改革开放和稳定发展的若干意见》

2004年1月31日，国务院颁布了《关于推进资本市场改革开放和稳定发展的若干意见》(以下简称《意见》)。近12年来，国务院首度采取国发文件的形式，专题对资本市场的发展进行全方位的综合指引，着重阐述了资本市场开放和发展的意义、任务及其运作的原则意见，是我国资本市场发展历史中的一个重要里程碑。充分反映了现代市场经济对资本市场发展的内在规律和趋势，标志着中国资本市场发展的巨大历史机遇的到来。《意见》的发布意味着最高决策层已经在资本市场的发展、规范等重大问题上形成高度统一的认识。它是整个资本市场发展的总纲领和行动指南，对于今后我国整个资本市场的发展具有重要的指导意义，中国资本市场将迎来新篇章。

（一）明确发展资本市场的重要意义、指导思想和任务

《意见》从九个方面全面、系统地阐述了资本市场发展的重要意义、指导思想和任务、需要完

善的政策、资本市场的体系建设、上市公司的规范运作、中介机构的服务质量及其规范化发展、诚信建设与市场监管、防范和化解风险以及资本市场的开放等一系列重大问题，是指导资本市场未来市场建设和政策取向，促进市场健康、持续发展的纲领性文件。这一文件的颁布和逐步落实必将对资本市场的发展产生非常积极的影响，将成为我国证券市场发展史上的一个标志性事件[①]。

首先，《意见》总结了10多年来我国资本市场发展的经验和教训，充分肯定了我国资本市场所取得的“举世瞩目”的成就，全面阐述了资本市场在推进国民经济持续、快速、协调、健康发展和全面建设小康社会中的作用。首次提出，“大力发展资本市场是一项重要的战略任务”，是党中央、国务院从全局和战略高度出发所做出的重要决策，并认为大力发展资本市场“对我国实现本世纪头二十年国民经济翻两番的战略目标具有重要意义”。将资本市场的发展上升到“全局和战略”的高度，这样的措辞对于诞生10多年来的中国资本市场而言还是头一回。《意见》将其重要意义，或者说是对资本市场的具体发展要求，概括为三个“有利于”：有利于完善社会主义市场经济体制，发挥资源配置功能，促成长期投资；有利于国有经济的结构调整和战略性改组，加快非国有经济发展；有利于提高直接融资比例，完善金融市场结构，提高市场效率和维护金融安全。如此系统、明确地阐述资本市场意义更是前所未有[②]。

《意见》开宗明义地给出了推进资本市场发展的指导思想和任务。指导思想：以邓小平理论和“三个代表”重要思想为指导，全面落实党的十六大和十六届三中全会精神，遵循“公开、公平、公正”原则和“法制、监管、自律、规范”的方针，抓好“六个坚持”。推进发展的任务是：以扩大直接融资、完善现代市场体系、更大程度地发挥市场在资源配置中的基础性作用为目标，建立透明高效、结构合理、机制健全、功能完善、运行安全的资本市场。

同时，《意见》提出了促进资本市场稳定发展的有关政策引导和支持，并对各项工作进行了具体部署。中国资本市场的未来政策环境将空前良好，在中国社会改革和开放的又一个关键时刻，中国的资本市场再次被赋予全新的历史使命和地位。

（二）对所遇问题的解决思路[③]

我国资本市场是一个新兴的发展市场，“由于建立初期改革不配套和制度设计上的局限”，“存在一些深层次问题和结构性矛盾”等有待完善的地方。例如，关于如何化解我国资本市场的国有股股权分置等历史问题，如何协调平衡“发展与规范”的关系这类市场长期关注的敏感问题，《意见》给出了一般性的指导意见和原则。

《意见》明确提出“认清形势，抓住机遇，转变观念”，“尊重市场规律”，坚定“资本市场发展中遇到的问题，也只有在发展中逐步加以解决”，“坚持用发展的办法解决前进中的问题”的方针政策，提出了“坚持改革的力度、发展的速度与市场可承受程度的统一，处理好改革、发展、稳定的关系”的指导思想。明确了“循序渐进”的改革发展和开放思路与原则，摈弃“一步到位”、“推倒重来”等极端思想。

以“坚持用发展的办法解决前进中的问题，处理好加快资本市场发展与防范市场风险的关系”的指导思想，“共同防范和化解市场风险”的思路，“在出台涉及资本市场的政策措施时，要充分考虑资本市场的敏感性、复杂性和特殊性”的要求来化解市场风险。

---

① “九条意见告别边缘化 中国猴年仍存三大悬疑”，《21世纪经济报道》，2004年2月4日。

②③ “告别边缘化 迎来艳阳天”，《国际金融报》，2004年2月3日。

对于资本市场的定位问题，《意见》中关于“发挥市场在资源配置中的基础性作用”，“注重资本市场的投资”和“坚持资本市场改革的市场化取向”的叙述，无疑是反映了今后相当一段时期内市场政策走向。由为国有企业和国有经济融资服务到“逐步建立满足不同类型企业融资需求的多层次资本市场体系”，从而更大程度地完善市场功能、健全市场结构、发挥市场作用，中国资本市场的定位更加清晰，“市场化取向”更加凸现和完善。

（三）法制和诚信建设

资本市场要规范、稳定的发展，离不开健全的市场法规体系和诚信建设。《意见》指出，在发展资本市场的总体部署下，“健全有利于资本市场稳定发展和投资者权益保护的法规体系”，将投资者（特别是公众中小投资者）的权益保护上升到了显著的地位，树立、增强了投资者的参与投资信心；“清理阻碍市场发展的行政法规、地方法规、部门规章以及政策性文件”，力促创建良好的法制环境。

市场中的投资行为是多个主体之间的博弈结果，然而，由于信息不对称和道德风险的存在，投资行为会受到误导或非理性化。为了营造一个理性的投资环境，必要加强诚信建设。《意见》指出，“按照健全现代市场经济社会信用体系的要求，制定资本市场诚信准则，维护诚信秩序”，推进依法行政，坚决打击违法违规和严重失信行为和机构。在加强行政市场监管的同时，更要发挥行业自律和舆论监督作用，建立健全信用担保体系和机构，多方面地促进诚信体系建设。相信不久的将来，我国的资本市场将是一个法规体系健全、诚信坚实的市场环境。

（四）对中小企业（创业板块）发展的作用

中小企业是一个特殊的企业群体，由于多方原因，面临筹、融资难的艰难境地。为了打破这种僵局，《意见》明确提出了健全市场体系和丰富证券投资品种的改革任务，“逐步建立满足不同类型企业融资需求的多层次资本市场体系”、“分步推进创业板市场建设，完善风险投资机制，拓展中小企业融资渠道”，这不但为我国股市中小企业板的设立扫清了政策障碍，而且也为资本市场的发展开辟了更广阔的空间。《意见》还强调扩大直接融资，这不仅有助于增强防范和抵抗金融风险的能力，而且为包括创业投资在内的资本市场的发展送来了一场“及时雨”。这些规定为2004年5月18日深交所中小企业板的开设提供了坚实的政策依据。

业界专家认为，《意见》具体到创业投资行业来说有三大利好①。首先是为创业投资开辟了“黄金退出通道”。《意见》要求建立多层次股票市场体系特别是分布推进创业板市场建设，必然为中小企业特别是高科技企业提供资本市场的舞台。众所周知，由于多方面原因，中小企业难以通过主板市场上和银行贷款等渠道筹集发展所需资金，中小企业发展一直受到筹融资难的困扰。《意见》的这个要求也正适应了这个紧迫的需要。当然，在提供融资渠道的同时也为创业投资资金的退出打开了“黄金通道”，在很大程度上解决了“后顾之忧”问题。

其次，有利于中小企业特别是民营高科技企业完善管理机制，建立现代企业制度。因为只有那些管理机制等企业制度完善的民营企业才能在资本市场中获得“青睐”，这就促使民营企业要不断加强自身建设，建立现代企业制度。

最后，创业投资行业解决了“退出机制”后，还将有利于吸引境外投资参与到国内的创业投

① 王守仁：“中小企业板与创业投资”。

资中来，通过“引进来”，进一步提升我们资本市场的国际化程度。专家认为境外风险资金参与国内创业投资有三大因素要考虑：一是有没有好的投资项目；二是政府政策是鼓励还是限制；三是资本市场能否获利。《意见》出台后，庞大的中国市场将成为吸引境外风险投资的一片热土。酝酿已久的深圳中小企业创业板市场建成后，还可以和香港创业板形成良性互动，使国内资本市场逐步走向国际资本市场。

三、《国务院关于投资体制改革的决定》

2004年7月25日，国务院颁布了《国务院关于投资体制改革的决定》（以下简称“决定”），这是我国投资体制改革的又一纲领性文件，标志着我国新一轮投资体制改革即将启动并开始向纵向深度推进。对于深化改革，加强和改善宏观调控，促进经济结构调整，实现全面建设小康社会宏伟目标具有重要意义。

《决定》分为五部分，明确体制改革的指导思想和目标；要转变政府管理职能，确立企业的投资主体地位；完善政府投资体制，规范政府投资行为；加强和改善投资的宏观调控；加强和改进投资的监督管理，“最终建立起市场引导投资、企业自主决策、银行独立审贷、融资方式多样、中介服务规范、宏观调控有效的新型投资体制”。

（一）深化投资体制改革的指导思想和目标、明确企业投资主体地位

《决定》开宗明义，明确深化投资体制改革的指导思想是，“按照完善社会主义市场经济体制的要求，在国家宏观调控下充分发挥市场配置资源的基础性作用，确立企业在投资中的主体地位，规范政府投资行为，保护投资者合法权益，从而营造有利于各类投资主体公平、有序竞争的市场环境”。投资体制改革的目标就是，改革投资相关主体的行为制度，按照“谁投资、谁决策、谁收益、谁承担风险”的原则，落实企业投资的自主权。最终建立起“市场引导投资、企业自主决策、银行独立审贷、融资方式多样、中介服务规范、宏观调控有效”的新型投资体制。

在指导思想和目标中明确规定，企业在投资活动中享有高度的主体地位，企业的投资决策权应该由企业自己相对独立地行使。在过去高度集中的计划体制下，不分资金来源、也无论投资建设项目的性质，只要是企业投资的，都要根据投资规模的大小，由各级政府或者有关部门先行进行审批，也就是说，企业投资的方向、规模是政府说了算，而不是由企业独自决策①，企业更多的只是投资决策的执行者，这严重影响了企业的投资积极性。然而，在现行投资体制下，虽然打破原先高度集中的投资管理模式，企业投资决策权虽有改善，但是并没有完全落实企业的投资决策权等问题。

对于企业的投资决策，《决定》分为两种情况对待②。其一，不使用政府投资的，一律不再实行审批制，但将区别情况实行核准制和备案制。在附录《政府核准的投资项目目录》里属于重大项目和限制类项目的，实行核准，进行监管。实践证明，审批制度对于宏观调控并非万能的，容易分离市场，形成具有双重价格的市场，而凡是市场中存在双重价格的地方往往会出问题。因而，加强和改善宏观调控，关键是要更多地发挥市场规则规律和法律的手段，而不应该更多地依靠政

① “解读《国务院关于投资体制改革的决定》”，《法制日报》，2004年7月28日。

② “解读《国务院关于投资体制改革的决定》”，《法制日报》，2004年7月28日。

府的审批制度，政府观念要转变，更多地关注提供良好的市场环境，要适时“放权”。但即便是核准，政府也应当仅仅从维护社会公共利益角度进行核准，效益如何是企业自己的事，不加干预。目录之外的其它项目则无论规模大小，都改为备案制。其二，使用政府投资的，涉及国有资本投资及其运作的项目，仍需要政府审批。

《决定》最后还以附件形式给出了《政府核准的投资项目目录》(2004年本)。该目录给出的项目是指企业不使用政府性资金投资建设的重大和限制类固定资产投资项目，分为农林水利、能源、交通运输、信息产业、原材料等13个类别。按照规定，企业不使用政府性资金投资建设本目录以外的项目，除国家法律法规和国务院专门规定禁止投资的项目以外，实行备案管理。同时“根据情况变化，将适时调整”，所列项目具有动态性，根据国民经济运行情况，适时动态调整，这将更有利于强化和完善投资的宏观调控手段。

（二）规范政府行为，转变政府职能，完善政府投资责任追究制

由于政府机构的特殊性，“政府投资主要用于关系国家安全和市场不能有效配置资源的经济和社会领域，包括公益性和公共基础设施建设，保护和改善生态环境，促进欠发达地区的经济和社会发展，推进科技进步和高新技术产业化”几个方面。按照现代市场经济要求，政府应该避免直接参与市场中的具体投资，更多的是作为市场的环境建设者、政策的制订者或者说是“裁判员”，而非市场的“运动员”。要彻底改变计划经济体制下，政府既作为市场的“运动员”，又作为市场的“裁判员”双重身份的不合理局面。而且，政府的投资项目和方式都要科学化、规范化，适时引入市场机制，通过招标制度，开展公平竞争机制；对非经营性投资项目要加快推行“代建制”，严格控制项目质量，增强投资风险意识，建立风险管理机制。政府投资项目一般要经过符合资质要求，并具有竞争性的咨询中介机构的评估论证，特别重大的项目还应实行专家评议制度，并逐步施行政府投资项目公示制度，增加投资项目的透明度和接受舆论公众的监督。

《决定》明确，要建立政府投资责任追究制。对国有资产投资决策过程以及实施的各个阶段都要建立相应的责任约束，细化程序，明确各项责任制。违规操作且给国家造成重大损失的，要依法受到行政和法律责任追究。促进完善政府投资相关制衡机制、加强事前事后的各项审计监督、完善重大项目稽查制度。

（三）放宽社会资本的投资领域，拓宽企业投资项目的融资渠道

《决定》明确鼓励社会投资，放宽社会资本的投资领域，即只除非是法律法规禁止的基础设施、公用事业，以及其它行业和领域，都允许社会资本的参与。并且，国家通过注入资本金、贷款贴息、税收优惠等措施，鼓励和引导社会资本以独资、合资、合作、联营、项目融资等方式，参与经营性的公益事业、基础设施项目建设。对于社会资本投资渠道的放宽，通过公开招标等公开竞争方式，引入社会资本的参与，调动了社会资本进行投资的积极性，优化配置社会资金资源，必将产生巨大的社会效益。

社会（民间）资本作为一种重要的投资资本源头，在一些经济发达的地区已经越来越多，如何将这些“游离”资金纳入社会建设中，这已经引起各方的关注。《决定》要求各级政府要创造条件，利用多种方式吸引社会资本参与有合理回报和一定投资回报能力的公益事业和公共基础设施项目建设，拓宽了公益和公共基础建设的资金来源，顺应了社会发展和资本运作规律。当然，“对于涉及国家垄断资源开发利用、需要统一规划布局的项目，政府在确定建设规划后”，可向社会公

开招标。同时，政府鼓励和支持有条件的各种所有制企业“走出去”，进行境外投资。

《决定》“允许各类企业以股权融资方式筹集投资资金”，逐步建立面向各种需求的多层次的资本市场，“组织建立中小企业融资和信用担保体系”，鼓励进行制度创新，“推动设立中小企业投资公司，建立和完善创业投资机制”。中小企业资金不足，筹资难是影响其进行创业投资较为关键的薄弱环节，《决定》的这些针对性规定无疑将大大拓展中小企业的资金渠道，推动中小企业的发展。

当然，要将《决定》落到实处，还应该加快投资相关方面的具体立法，出台具体的实施细则。例如创业投资细则，对涉及中小企业创业投资各方面进行详尽的规范；出台公平竞争机制中的招标法细则，以便对投资领域的投招标行为和投招标市场进行全面规范。同时加强对咨询评估、投标代理等中介机构实行资质管理和监管，提高中介的服务质量。

总之，《决定》对深化投资体制改革具有十分重要的意义，也将发挥巨大的推动和促进作用，将有助于从根本上解决我国投资领域存在的一些深层次矛盾，更加充分地发挥市场配置资源的基础性作用。相信《决定》的落实，将加强和完善宏观经济、投资调控、实现宏观经济的“软着陆”，促进国民经济持续健康稳定发展。

四、中小企业板块制度安排评述[①]

——关于《中小企业板块上市公司特别规定》、《中小企业板块上市交易特别规定》及《中小企业板块证券上市协议》

2004年5月17日，经国务院同意，中国证监会批复在深圳证券交易所设立中小企业板块。这是分步推进创业板市场建设迈出的一个重要步骤，也是贯彻落实党的十六大、十六届三中全会精神以及《国务院关于推进资本市场改革和稳定发展的若干意见》的一个具体部署。5月20日深圳证券交易所公布了《中小企业板块交易特别规定》和《中小企业板块上市公司特别规定》，这标志着分步推进创业板市场建设工作已全面展开。

（一）出台背景

设立中小企业板块的构想始于1998年成思危教授在民建中央政协九届一次会议上的提案——《关于加快我国风险投资事业的几点建议》。自那时起至中小企业板块的正式推出，前后共历时6年。在1999年的九届全国人大常委会第十三次会议通过的修改《公司法》的决定中又提出了设立“科技板块”。与此同时，中国的产权市场建设也得到很大的推进，在北京、天津、上海等地陆续成立了产权交易所。

2000年起，深交所暂停新股上市申请，专门筹备创业板。国家明确了深交所创业板的地位，深交所创业板建设全面展开。

2000年2月21日，深交所高新技术企业板块小组成立。

2000年7月1日，深交所第二交易结算系统正式启用，进入双机并行运行，标志着深交所在技术系统上有一个新发展。

---

① 摘自《中国风险投资》，2004年第3期。

2000年9月18日，设立创业板市场发展战略委员会、国际专家委员会两个专门委员会和发行上市部等八个职能部门，标志创业板组织系统的建立。

2000年10月14日，深交所副总经理胡继之首次系统全面地阐述了创业板的功能定位、发展思路和深交所的历史使命，被视为中国的“创业板宣言”。

2000年10月28日，深交所创业板技术系统全网测试顺利完成，覆盖深交所所有会员2 600多家证券营业部。

2003年10月，十六届中央委员会第三次全体会议通过的《关于完善社会主义市场经济体制若干问题的决定》，提出要积极推进资本市场的改革开放和稳定发展，扩大直接融资；建立多层次资本市场体系，完善资本市场结构，丰富资本市场产品；规范和发展主板市场，推进风险投资和创业板市场建设。

2004年2月国务院下发的《关于推进资本市场改革开放和稳定发展的若干意见》提出，在统筹考虑资本市场合理布局和功能定位的基础上，逐步建立满足不同类型企业融资需求的多层次资本市场体系，研究提出相应的证券发行上市条件并建立配套的公司选择机制；继续规范和发展主板市场，逐步改善主板市场上市公司结构；分步推进创业板市场建设，完善风险投资机制，拓展中小企业融资渠道；积极探索和完善统一监管下的股份转让制度。

2004年2月10日至12日，全国证券期货监管工作会议召开。中国证监会主席尚福林明确提到：“2004年在深圳证券交易所设立中小盘股板块”。

2004年5月17日至20日，深交所陆续颁布《中小企业板块实施方案》、《中小企业板块证券上市协议》、《中小企业板块上市公司特别规定》和《中小企业板块上市交易特别规定》。至此，四个文件将中小企业板块和盘托出，各界人士第一次清晰、真实地感受到中小企业板块渐行渐近的脚步声。

总体上看，我国经济的宏观和微观环境已经具备了启动中小企业板块的条件，这就是：第一，资本市场面临大发展的良好经济氛围；第二，我国经济的快速增长，催生出大量成长性中小企业，上市资源储备较为丰富；第三，社会财富的增长为创业板市场提供了充足的资金保障；第四，近几年市场的调整使广大投资者经受了风险的洗礼，投资者更加成熟，投资行为趋于理性。

（二）基本内容

1.《中小企业板块上市公司特别规定》

制定《中小企业板块上市公司特别规定》的目的主要是为了强化对中小企业板块上市公司信息披露的监管。其主要措施体现在：

- 要求中小企业板块上市公司在其公司章程中明确指出：股票被终止上市后，公司股票进入代办股份转让系统继续交易。
- 中小企业板块上市公司应当在股票上市后6个月内建立内部审计制度，监督、核查公司财务制度的执行情况和财务状况。
- 中小企业板块上市公司股票根据《中小企业板块交易特别规定》被认定为异常波动的，该公司股票及其衍生品种应当停牌，直至中小企业板块上市公司做出相关公告的当日上午10:30复牌。
- 中小企业板块上市公司应当在定期报告中新增披露：截至报告期末前10名流通股股东的持股情况；公司开展投资者关系管理的具体情况。

- 中小企业板块上市公司应当在每年年度报告披露后举行年度报告说明会，向投资者介绍公司的发展战略、生产经营、新产品和新技术开发、财务状况和经营业绩、投资项目等各方面的情况，并将说明会的文字资料放置于公司网站供投资者查看。在条件许可的情况下，说明会可以采取网上直播和网上互动的方式进行。
- 中小企业板块上市公司当年存在募集资金运用的，公司应当在进行年度审计的同时，聘请会计师事务所对募集资金使用情况，包括对实际投资项目、实际投资金额、实际投入时间和完工程度进行专项审核，并在年度报告中披露专项审核的情况。

2.《中小企业板块上市交易特别规定》

制定《中小企业板块上市交易特别规定》旨在规范中小企业板块交易行为，强化对中小企业板块股票交易的监管。其主要内容为：

- 每个交易日9:15～9:25为中小企业板块开盘集合竞价时间，9:30～11:30、13:00～14:57为连续竞价时间，14:57～15:00为收盘集合竞价时间，15:00～15:30为大宗交易时间。
- 开盘集合竞价期间，深交所主机即时揭示中小企业股票的开盘参考价格、匹配量和未匹配量。开盘参考价格是指截至揭示时所有有效申报按照集合竞价规则形成的虚拟开盘价格；匹配量是指截至揭示时所有有效申报按照集合竞价规则形成的虚拟成交数量；未匹配量是指截至揭示时在开盘参考价位上的不能按照开盘参考价虚拟成交的买方或卖方委托剩余量。
- 中小企业股票的收盘价通过收盘前最后3分钟集合竞价的方式产生，收盘集合竞价不能产生收盘价的，以最后一笔成交价为当日收盘价。
- 对出现日收盘价格涨跌幅偏离值达到±7%、日价格振幅达到15%、日换手率达到20%情况之一的前3只股票，深交所将公布其成交金额最大的5家会员营业部或席位的名称及其买入、卖出金额。
- 中小企业股票交易属于异常波动的，应当停牌，直至有披露义务的当事人作出公告的当日10:30复牌。深交所公布该股票交易异常波动期间累计成交金额最大五家会员营业部或席位的名称及其买入、卖出金额。

（三）中小企业板块制度安排与主板的比较

中小企业板块的总体设计，可以概括为“两个不变”和“四个独立”，其运行所遵循的法律、法规和部门规章，与主板市场相同。在中小企业板块上市的公司也要符合主板市场的发行上市条件和信息披露要求。中小企业板块是主板市场的组成部分，同时它实行运行独立、监察独立、代码独立、指数独立。运行独立是指中小企业股板块的交易由独立于主板市场交易系统的第二交易系统承担。监察独立是指深圳交易所将建立独立的监察系统实施对中小企业板块的实时监控，该系统将针对中小企业板块的交易特点和风险特征设置独立的监控指标和报警阀值。代码独立是指将中小企业板块股票作为一个整体，使用与主板市场不同的股票编码。指数独立是指中小企业板块将在上市股票达到一定数量后，发布该板块独立的指数。

中小企业板块制度安排形成了以下特色：

1. 发行制度

中小企业板块主要安排主板市场拟发行上市企业中流通股本规模相对较小的公司在该板块上市，并根据市场需求，确定适当的发行规模和发行方式。

2. 交易及监察制度

表3.1　交易及监察制度

	中小企业板块	主板
开盘竞价	开放式集合竞价产生	封闭式集合竞价产生
收盘价	收盘前最后3分钟集合竞价产生	最后一笔交易前1分钟所有交易的成交加权平均价
交易公开信息披露制度	日收盘价格涨跌幅偏离值达到±7%的前3只股票、日价格震幅达到15%的前3只股票、日换手率达到20%的前3只股票、都必须公布成交额前5位的交易席位	日收盘价格涨跌幅偏离值达到±7%的前5只股票必须公布交易席位
异常波动停牌制度	交易所除要求当事人公告以外，还将公布该股票异常波动期间累计成交金额最大的5家会员席位的名称及买入、卖出金额	只要求有关当事人做出公告
对异常波动的认定	只要收盘价涨跌幅偏离值累计达上下20%，或者ST类股票累计达到上下15%	某只股票连续3个交易日涨停或跌停

3. 公司监管制度

针对上市公司股本较小的共同特征，中小企业板块实行比主板市场更为严格的信息披露制度。其中，建立年度报告说明会制度，发布涉及公司发展战略、生产经营、新产品开发、经营业绩和财务状况等内容，将大大拉近上市公司和投资者之间的关系。中小企业板块上市公司还被要求在定期报告中新增披露截至报告期末前十名流通股股东的持股情况和公司开展投资者关系管理的具体情况，与主板相比，此项规定使投资者能更及时地了解到股东持股分布状况的变化，给投资提供参考。在有关规定中，中小企业板块上市公司当年存在募集资金运用的，公司应当在进行年度审计的同时，聘请会计师事务所对募集资金使用情况进行专项审核，并在年度报告中披露专项审核的情况。这意味着中小企业板块上市公司的募集资金活动将受到更为严格的监管，引入中介机构将使其在募集资金的运用方面受到约束，其信息披露也将更加透明。

（四）中小企业板块制度对我国风险投资业的影响

一方面，中小企业板块的推出对我国的风险投资业是一个利好消息，给我国创投业带来发展的机遇。

第一，中小企业板使我国创业投资的推出渠道更加畅通。创业投资通过股权投资和长期精心培育的企业一旦获准上市，即使创业投资所持股份作为法人股暂时不能流通，起码由于上市企业的净值增值而通过协议转让也将获得较好的投资收益。

第二，创业投资的投向将更加明确。由于市场发现价格机制的作用和市场对行业及企业的选择，必将为创业投资的投资方向和投资结构起到趋利避险的引导作用，从而减少投资的盲目性。近几年，由于中国没有多层次资本市场，创业投资缺乏市场导向，吃尽了盲目投资的苦头，至今仍在艰苦地挣扎。有了中小企业板块，创业投资选投什么行业和企业，如何培育企业符合上市条件并在上市后能有一个好的股市行情等，只要跟着市场走便没错。

第三，中小企业板块将为场外交易市场提供价格参数。创业投资通过协议转让出售所持被投资企业的股权（股份），由于中小盘股市场上有同行业类似企业的股价提供价格的参考系，也将有望卖出一个比较好的价钱，而不至于因一对一私下交易的信息严重不对称而造成贬值而沽。

第四，将加速推进国家关于创业投资扶植政策和法律法规制定和出台的进程。国家有关部门目前正在研究起草《创业投资企业管理办法》及相关配套法律规章，并有望近期正式出台，该办法将对创业投资企业的设立、创业投资资金的投资运作、对创业投资企业的法律保护、政策扶持、监督管理做出明确规定，此外，两部涉及风险投资的重要法律《公司法》和《合伙企业法》正在进行重大修改。将取消或修改众多关于风险投资的限制性规定，增加了有利于风险投资发展的条款。在政策面上，创投机构将面临长期利好。

另一方面，从目前运行的情况来看，它的象征意义大于实质意义，实际的运作中还有很多的局限性和弊病。

第一，目前中小企业板块基本上复制主板的模式，规章制度与主板相似，没有很大的创新和特色。主板市场由于制度问题存在的种种的弊端同样出现在中小企业板块中。例如，发行市盈率过高。目前中小板前八股中最高市盈率为20倍，已经与二级市场一致，甚至超出了二级市场的股价定位。市盈率过高就容易产生新股跌破发行价的情况。中小板上的苏泊尔首日上市开盘即跌破发行价，最大跌幅达7.21%。例如，违规操作。中小企业板块开盘前一天，深交所正式颁布《中小企业板块上市公司诚信建设指引》，当时首批8家新公司的高管在深交所接受诚信教育时曾信誓旦旦。可一个月不到的时间，江苏琼花就因故意隐瞒上市之前委托理财的事实而受到谴责。深交所在公开谴责中批评江苏琼花造成了恶劣的影响，措辞之严厉前所未见。例如，上市后业绩“变脸”。随着中报的披露，很多投资者发现中小板部分个股的情况很不理想。如江苏琼花中期每股获利0.11元，比去年同期下降50%以上；德豪润达中期才0.11元，与2003年年终业绩更是相差甚远。

第二，中小企业板块的门槛相对创业企业一般所能具备的条件来说还太高，限制了更多优质的、有潜力的中小企业通过上市渠道来融资。特别是对于互联网企业，自身的风险性决定了其不符合国内上市标准，连续三年持续盈利纪录的要求更是难以满足。

第三，中小企业板块目前还无法实现全流通，这是一个很大的弊病和缺陷。其一，不能全流通对风险投资的退出是很不利的，对风险投资的发展也是一个很大的障碍。尤其是国外的风险投资企业可能会因为无法通过中小企业板块退出而不愿进入中国的风险投资市场。其二，不能全流通从理论上讲是不可行的。主板市场不能全流通是因为要保证国有股份的控股主导地位，是担心国有资产流失，这是由历史原因造成的。而中小企业板块不存在这个问题。中小企业绝大多数是民营企业，国有控股不是主要问题，不存在国有资产流失问题。其三，中小企业的流通盘很小，完全流通后对市场的冲击不大，不会影响市场的活跃度。其四，中小企业板块可以作为主板市场实行全流通的试验田，充分发挥中小企业板块的历史使命。

五、地方性风险投资相关法律法规

在中央部委所颁布的涉及风险投资相关法律法规原则指引下，各地方政府和高新区参照本地区经济发展、风险投资发展的状况以及市场化发展水平，相继出台了适用本地区的地方性法律法规文件。但是由于各地区所处经济条件和法规侧重点的差异，制定的法规文件也就不尽相同。归纳起来，主要包含了中小企业诚信建设、政策支持、高新开发区、产权交易等方面。我们将从这些方面来综合考察各地方法规的立法动态。

（一）力促中小企业诚信建设

信息不对称和道德风险问题是中小企业发展面临的重要问题，也是其融资困难的根本原因所在，制约着中小企业本身的融资和投资者对中小企业投资。同时，由于我国自身信用担保体系的不健全，使得中小企业的这些问题长期得不到解决。为此，在吸取了国际上发展中小企业信用担保的经验和教训的基础上，建立中小企业信用担保体系已经引起了我国各级政府的相当重视，多个地方都制订了相关的法规文件，指引该地区中小企业信用担保体系建设。信用担保体系是一项针对中小企业的长期服务业务，为其提供相对公平的融资环境，力促从根本解决中小企业信息不对称和道德风险问题，强化中小企业的自我监督和克服逆向选择的机会主义倾向。各地方法规中，广东省《关于加快我省中小企业信用担保体系建设的意见》、湖北省《关于加快建立全省中小企业信用担保体系意见的通知》、南京市《关于促进全市中小企业信用担保体系建设的意见》，这些针对中小企业信用担保体系建设的专门法规文件，积极鼓励建设中小企业信用担保体系，加强对担保机构的管理、扶持和引导。但在设立的担保机构主体方面重点不尽相同，湖北省明确表明要“逐步形成以政府出资为主的中小企业信用担保机构为主体、商业性担保机构、互助担保和再担保机构为补充的担保体系”，以政府担保机构为龙头，带动支撑中小企业信用担保体系的完善；而南京市是“社会资本为主、多元化投资、市场化运作、政府支持”，广东省由于中小企业较为发达，民间资本力量相对也较为浓厚，希望扩大信用担保体系建设的支撑力量，积极鼓励民间力量参与体系建设。此外，都在信用担保机构设立和运作方面明确给予了相关税收优惠和补偿政策支持。

（二）政策支持方面

在风险投资业发展还不是很成熟的条件下，通过适当的优惠政策扶持是相当必要的。财税政策是优惠政策的重要手段之一。2002年颁布的《中华人民共和国中小企业法》指出，“国家在有关税收政策上支持和鼓励中小企业的创立和发展”，符合国家有关规定的中小企业“在一定期限内减征、免征所得税，实行税收优惠”等等。在这一些原则指导下，各地方政府相机颁布了相关的具体优惠政策的细则，为风险投资业的发展提供了良好的软环境。例如，北京出台了风险投资机构享受财政专项资金支持高新技术成果转化的办法。上海促进高新技术成果转化，明确高新技术成果可作为无形资产参与项目投资并在税赋上给予减免等优惠政策。广东省规定创业投资企业从投资起5年内，上缴的营业税、企业所得税、增值税的地方分成部分，由同级财政安排同等数额的专项资金给予扶持，之后2年给予减半扶持；风险创业投资机构可按当年总收入提取10%的风险补偿金，用于补偿以前年度和当年投资性亏损，年度经营利润可先抵补前3年因投资创业企业而发生的亏损。在外商风险投资企业方面，地方业出台了多个具体支持细则。

2004年度，各地方继续通过财税等优惠政策来扶持发展风险投资业，成立专项基金给资金支持等等。深圳市出台《创业资本投资高新技术产业暂行规定》，对科技人才的培养和引进给予优惠和相关资金资助，重视高新技术企业的研究开发投入，“高新技术企业当年实际发生的研究开发经费可全额计入成本，如该费用比上年增长10%（含10%）的，且符合国家税收法律法规规定的，经主管税务机关批准，允许再按其实际发生额的50%，抵扣当年度的应纳税所得额”，扶持、促进民营、海外高新企业的技术创新研究，鼓励创业投资，培育创业投资市场。天津市也出台文件《促进个体私营经济和中小企业发展的意见》，除了加强中小企业融资上支持外，加大对科技型中小企业技术研发的支持，研发投入增长率达到规定比例的，实际费用可列入成本并可部分抵扣所得税，但是没有明确表明比例数值。江苏、湖北等地也都出台了相关类似的优惠政策支持：《关于进一步放宽市场准入，鼓励创业促进富民的若干意见》（南京市）、《省科技厅关于湖北省鼓励高校和科研机构科技人员创业的若干规定》（湖北省）。

（三）开发区相关的法规

高新区、科技园等区域，是一个相对特殊的区域，是为了发展中小企业、新兴创业企业而专门设立的。园区也起到了孵化器的重大作用，对中小企业发展提供了良好的软硬件环境，至今业已形成了多个具有较大规模的高新区或孵化园区。为了发展区内高新技术产业和中小新兴创业企业，各设区都积极制订适应促进本设区发展的相关法规文件。重庆市公布了《关于优化开发区发展环境鼓励投资创业的意见》，为了优化开发区环境、鼓励创业投资，在高新开发区积极创新，试行并联审批制度、企业主体资格与经营资格适当分离的登记管理制度、内资企业注册资本分期注入的登记管理制度、放宽注册资本最低限额的限制等制度，为吸引高新技术企业到园区发展创造了良好的环境。苏州市修改《苏州国家高新技术产业开发区条例》，明确了高新区高新技术（企业）的认定工作，细化了各项审核工作；创造条件，鼓励、吸引各类专业知识人才到开发区。青岛市《崂山区（高新区）科技企业孵化器管理暂行办法》不仅在设立、发展科技型中小企业提供良好的支持环境，而且还对其进行规范化考核管理。此外，齐齐哈尔高新技术开发区也在招商引资优惠政策方面颁布具体的实施办法（《齐齐哈尔高新技术开发区招商引资优惠政策实施办法》）。

（四）产权交易市场

始于20世纪80年代的我国产权交易经历了早期缺乏规范的低潮发展，从20世纪90年代后期逐渐步入规范发展之道，迄今已初步形成了遍及全国的技术产权交易市场体系。它服务于科技创新、风险投资，服务于高新技术成果产业化和中小成长型企业；实现技术成果的资本化、技术成果和社会资本特别是风险资本的结合、创业资本的有效退出；有力地推进了高新技术产业化，加速了科技中小企业产权的流动，为风险投资的进入和退出提供了又一个通畅的渠道。

2004年度，多个地方出台了产权交易相关的法规文件。例如，湖南省出台了《湖南省技术市场条例》，以促进科技成果转化、推动技术进步与经济发展和繁荣技术市场为目标，突出对技术交易市场的规范、发展，对技术交易市场相关主体的管理采用行业自律和政府监管相结合的方式；对技术交易中介机构的设立采用了以备案代替审批惯例；给予从事科技开发和转让相关的技术交易中介机构享受优惠政策的待遇；将采取措施扶持、促进农村技术市场和民族自治区的技术发展提到显著位置；明确以30%的比例规定了对科技人员的报酬分成比例，体现了尊重知识、尊重人才，维护科技人员利益；对成立技术产权交易机构及其管理运作等做出了原则性规定。浙江省也出台了规范该地区技术市场交易的法规文件《浙江省技术市场条例》，从交易服务、交易秩序以及交易合同确认等方面做出了相关规定和执行细则。

总之，通过分类考察地方风险投资相关法律环境的建设情况，我们能够较为清晰地了解到地方法规的脉络。充分显现了各地方已经关注风险投资特别是中小高新技术创业投资对于整个国民经济发展的重要意义，都积极地以中央法律精神为依托，结合本地区优势和实际发展情况，推动本区域风险投资的发展，不断充实和健全风险投资法律环境体系。虽然目前中国的风险投资法律环境还存在许多不足之处，但是我们有理由相信，通过各方努力，在不久的将来，风险投资业在中国大地一定能够结出丰硕的果实。

发展篇

第一章　2004年中国风险投资业发展概况

本章介绍了我国风险投资业2004年的发展特点和进展状况。首先，本章分析2004年中国风险投资总体概况，包括中国风险投资发展历程、2004年中国风险投资业的发展特点以及中国风险投资业的发展与创新，并对2005年中国风险投资业发展进行了展望。然后用三个专题来进一步分析中国风险投资情况，包括中国风险投资业政策环境分析、深圳中小企业板对我国风险投资的影响分析以及外资风险投资机构在中国的动向。

总体上看，随着全球风险投资业的逐步复苏，国内风险投资业也取得了较大的进展。我国风险投资业2004年呈现以下几个特点：风险投资主要集中于生命科学、软件、网络通讯等高科技行业；风险投资业务地域分布不均，主要集中于大城市和经济发达地区；风险投资集中于成长期和扩张期，种子期投资有所增加；风险投资退出活跃，项目退出收益良好；中国风险投资业发展的环境尚需进一步完善。

上述趋势、特点的判断依据中国风险投资研究院于2004年底进行的一次风险投资行业问卷调查。更为详细的内容可以参考统计篇的分析。

第一节　中国风险投资总体概况

一、中国风险投资发展历程

我国的风险投资业在20世纪80年代才姗姗起步。1985年1月1日，中共中央发布了《关于科学技术体制改革的决定》的文件，指出："对于变化迅速、风险较大的高技术开发工作，可以设立创业投资给以支持。"根据这一决定，当年成立了我国第一家股份制的、以从事风险投资事业为目的的风险投资公司"中国新技术创业投资公司"，这是中国在探索风险投资事业过程中一次有益的尝试，为后来的风险投资实践提供了重要的经验。但是风险投资在我国真正引起重视，还是在1998年民建中央向全国政协提交"尽快发展我国风险投资事业"的提案，即"一号提案"之后。1999年8月中共中央做出了《关于加强技术创新、发展高科技、实现产业化的决定》和12月国务院办公厅转发了科技部等七部委提出的《关于建立我国风险投资机制的若干意见》之后，中国风险投资事业才真正作为新投融资制度创新被系统地提出和广泛地推进，中国的风险投资事业才开始蓬勃发展起来。

回顾中国风险投资事业兴起的曲折历程，大体可以划分为三个阶段[①]。第一阶段是自1985年～1998年的13年漫长时期，其特征是尝试地引入风险投资概念和机制。但由于当时的认识有

① 王守仁："论中国创业投资十大问题"，《中国风险投资》，2004年第3期。

很大的局限性，把风险投资视作“高科技风险投资”，认为它是政府财政支持高新技术产业的补充手段。于是，由中央政府及地方政府财政出资，各级政府科技行政主管部门先后设立了30多家科技风险投资机构（包括科技创业中心、科技风险投资公司及风险投资基金等），实行清一色的行政事业单位建制和企业化管理。

第二阶段自1999年～2001年上半年，其特征是在科技部等七部委《关于建立我国风险投资机制的若干意见》的指引下，并受创业板市场开设消息传闻的影响，各地政府纷纷出资或者与大型国有企业共同出资设立专业风险投资机构，并制定和出台地方性的政策法规，吸引和带动民间资本和外资开始介入风险投资业，以投资由高新技术为支撑的具有高成长性的创业企业为重点，使中国的风险投资事业呈现出前所未有的可喜发展局面。拒不完全统计，此阶段全国各类专业风险投资机构及相关机构有400多家，资本总额为500多亿人民币，他们主要集中在北京、上海、深圳等地区。在这些地区还率先成立了区域性风险投资行业组织。

第三阶段为2001年下半年至今，其特征是中国的风险投资事业进入了调整和萎缩时期。由于国家统一的相关法律规范和扶持政策缺位，国内创业板资本市场又推迟开设，政策限制产权交易市场太多而导致交易不活跃，再加上全球创业资本市场持续低迷，因此，绝大部分中国本土的风险投资企业因投资了许多项目无法退出而使经营陷入困境，其中有些已不再投资或减少投资新项目，创业投资资本增量和新设机构也大幅度减少。相比之下，境外投资机构在中国从事风险投资的活动却日趋活跃，投资案数和金额呈现上升趋势。

二、2004年中国风险投资业发展现状及特点

中国风险投资经过几年的低迷期和调整期后，2004年中国风险投资进入了全面复苏期。科学技术部秘书长张景安认为：中国风险投资行业经过多年的奋斗，终于看到了希望和即将蓬勃发展的曙光，中国风险投资业将进入一个新的转折点①。科技部创业投资研究所在中国创业投资发展报告中认为，2003年我国风险投资业呈现出十大特点：风险投资机构大幅度缩减；风险资本总量出现大幅度缩水；政府及政府性资金比重下降，民间资本增加迅速；风险投资机构继续向发达地区聚集；风险投资项目的行业集中度比较高；传统行业成为风险投资的新重点；风险投资开始向项目后段倾斜；单个项目投资强度加大，有从财务投资人向战略投资人转变的趋势；风险投资于国家科技计划相关性比较大；风险投资机构经营情况没有实质改观。

中国风险投资研究院（香港）在2004年底对从事风险投资行业的机构就2004年我国风险投资活动进行了一次行业问卷调查②，实际回收有效问卷141份。结合问卷调查以及从公开渠道获得的信息，我们将对2004年度国内风险投资业发展的现状和特点做一步分析阐述。分析表明2004年中国风险投资业发展现状与2003年相比有许多相似之处③，但是也呈现出一些新的特点。

（一）风险投资主要集中于生命科学、软件、网络通讯等高科技行业

风险投资的热点行业与2003年相比较变化不大。2004年对风险投资公司的行业偏好进行调

① 科学技术部秘书长张景安在“第四届中国创业投资年度论坛”开幕式上的发言。

② 更为详细的说明可见统计篇的“2004年中国风险投资行业调研说明”。

③ 比较参照了《2003中国风险投资年鉴》。

查的结果显示，风险投资公司偏好的行业依次为生物科技、新材料、网络通讯、软件、光机电一体化、其他IT行业、新能源和环保等，前四大投资行业偏好的回答率分别为42%、39%、38%和26%。与2003年相比，网络通讯业重新成为本年度的投资偏好热点。

2004年中国风险投资行业分布集中度高，主要集中在生命科学、软件、网络通讯、新材料等高科技行业。根据中国风险投资研究院（香港）的调查问卷，共有76个风险投资机构提供了2004年的165个新增投资项目行业分布的具体信息。通过分析发现，生命科学（生物、医药和医疗器械）有30个投资项目，占18%，是投资行业分布中获得投资项目数最多的行业；其次是软件行业，获得了24个投资项目，占15%；网络通讯业也是2004年风险投资的热点行业，共获得23个投资项目，占14%；新材料共获得18个投资项目，占11%；属于传统行业的制造业和金融服务业共获得14个投资项目，占8%；其他属于高新技术产业的高新农业、环保、光机电一体化和新能源业都获得了相当数量的投资。

从行业的投资金额分布上看，165个新增风险投资项目中共有136个新增投资项目提供了有关投资金额行业分布的信息，这些风险投资项目投资总额为145 553万元。对样本投资金额行业分布的数据分析发现，生命科学行业吸引的风险投资最多，为27 264万元，占新增投资项目总额的19%；其次是新材料，共获得18 150万元，占新增投资总额的12%；网络通讯业获得的风险投资金额也比较多，共获得16 135万元，占11%；软件行业获得11 424万元，占到新增投资总额8%。

从上述的数据分析可以发现，本年度中国风险投资主要集中生命科学、软件、网络通讯、新材料等高科技行业，这几个行业获得的风险投资额占新增风险投资总额的50%，较2003年没有太大的变化。

（二）风险投资业务地域分布不均，主要集中于大城市和经济发达地区

中国风险投资主要集中于深圳、上海、北京等经济发达地区。无论是从新增投资项目数、投资金额还是新增管理资本方面，深圳、上海、北京三城市都占了相当大的比重，这一点与2003年相似。

根据中国风险投资研究院（香港）的问卷调查，对全国141家风险投资机构进行了考察。风险投资机构管理的资本主要集中于深圳、北京和上海，比例依次为26%、23%和6%。各地风险投资新增管理资本额总计524 540万元，北京和深圳地区的比重最高，新增管理资本额度为140 000万元和81 700万元，分别占全国新增资本额的26%和16%。上海地区新增资本8 000万元，占全国新增资本的1.5%，其它经济发达地区如华东地区新增资本占全国的比例为34%，西部地区占据了全部新增资本的4%。

从2004年新增投资额上看，深圳地区新增投资额最多，为43 755万元；其次是北京和上海，新增投资额分别为14 036万元和7 364万元，三地区总计占全国新增投资总额的35%以上。从新增投资项目数上看，2004年全国共有212个新增投资项目数，其中深圳、北京和上海分别有42个、23个和12个新增投资项目，三地总计占全国新增投资项目数的36%。除去上海以外的华东地区获得的投资项目数量最多，达到61个。

从风险投资强度（风险投资额／投资项目数）来看，深圳地区的投资强度最大，为1 042万元；其次是上海，风险投资强度为614万元；北京地区的风险投资强度为610万元。

（三）风险投资集中于成长期和扩张期，种子期投资有所增加

在行业不景气的形势下，国际风险投资业呈现出投资阶段后移的特点，国内风险投资业的投

资也主要集中于中后期。根据中国风险投资研究院（香港）的统计调查问卷，样本中共获得198个投资阶段新增项目数分布的有效信息。通过分析发现，成长期共有72个投资项目，占新增项目数的36%；其次是扩张期，共有56个投资项目，占到了新增项目数的28%；种子期/初创期获得风险投资项目数也比较多，共有47个，占24%；成熟期共有14个投资项目，占7%。从投资阶段金额分布情况来看，共有173个投资项目提供了投资金额信息，其中成长期和扩张期获得的投资金额最多，分别占新增投资金额的35%和30%；种子期获得的风险投资金额占15%；成熟期获得的风险投资金额占18%。

从上述数据分析可以发现，2004年中国风险投资仍主要集中于成长期和扩张期，这一阶段获得的风险投资金额占新增风险投资总额的65%。但由于中后期阶段投资的竞争越发激烈，单笔案例的估值水平被人为地不断抬高，2004年风险投资出现向种子期等早期阶段一定程度的转移。这在一定程度上说明，随着风险投资环境的日益好转，风险投资机构承受风险的意愿在逐步增强。

未来，中国要向创新型国家迈进，将建立国家级的创新体系。特别是中小企业的科技创新、投融资体系，将成为国家科技政策制定的重中之重，国家也会采取相应的鼓励政策。国家开发银行与科技部等发起募集10亿人民币的基金正在紧锣密鼓地进行，作为国家的母基金，它专门支持那些投资早期项目的民间创投，包括税收优惠或一些损失补偿等条件。可以相信，如果这个基金出台，将会有更多的本土风险投资机构投资于中国早期项目。

（四）风险投资退出活跃，项目退出收益良好

2004年，中国风险投资在退出方面取得可喜的进展。实现退出的风险投资机构数量及被退出的企业数量都较上年有大幅度的增加。其中，通过IPO实现的退出较上年明显增多。2004年外资风险投资机构在退出上表现非常活跃。大量外资风险投资支持的企业在海外上市，如中芯国际、盛大网络、掌上灵通、51job、蒙牛、李宁、九城关贸、空中网、腾讯等一大批企业在香港主板和NASDAQ等地上市，为其身后的外资风险投资机构实现获利退出创造了条件。

2004年国内本土风险投资机构退出也比较活跃，通过多种渠道退出。或在中小企业板上市；或去境外上市，在香港、新加坡、美国等；或卖给国内其他上市公司；或被跨国公司战略收购，等等。比如：深圳创新投支持的潍柴动力于2004年3月11日在香港主板上市；联想投资支持的中讯软件在2004年4月30日在香港主板上市；北京中泽支持的长城微光在2004年5月18日在香港创业板上市。中小企业板推出后，在已上市的38家上市公司就有11家有风险投资背景，其中大部分都是由本土风险投资支持的。除了IPO，其他的退出方式也被广泛尝试，比如被跨国公司并购等。深圳创新投投资的一家陶瓷公司曾被国外一家知名的跨国公司收购，取得了6倍的投资回报。除此之外，积极探索在国内的多层次资本市场上退出也是一种方式，山东高新投目前就正在依托自身的信托背景优势发行资产凭证，准备在相应的技术产权交易所去交易，从而实现退出。

2004年中国风险投资在退出上取得了辉煌的成绩，项目退出收益率也表现良好。根据中国风险投资研究院（香港）组织的调查问卷，141家样本公司中有33家风险投资机构提供了116个项目的退出情况，平均每个项目退出获得的收益为983.7万元。在141家样本公司中有36家风险投资机构提供了近三年的累计退出收益率，三年平均累计回报率为20.7%。

从上述分析可知，随着中国风险投资环境的不断改善和全球风险IPO市场的回暖，2004年中国风险投资业在退出上取得了一些新进展，风险投资机构的盈利能力有所增强。

（五）中国风险投资业发展的环境尚需进一步完善

完善的外部运行环境是支持风险投资体系顺畅运作的前提条件。虽然经过相当长一段时间的努力，我国风险投资业面临的政策环境已有很大的改善，但是仍然不能满足风险投资业发展的需要，甚至在某些方面成为风险投资业发展的羁绊。主要表现在：

第一，从体制和政策环境看，我国长期实行科研开发经费由政府的财政或行政主管部门层层分配的管理体制，科研与生产尤其与商品化生产相脱节。目前我国仍缺乏发展风险投资的有效激励措施、明确的发展计划和规范化的管理方法；同时，对高科技企业的税收优惠政策力度也远不及发达国家，对风险投资的政策扶持显得不够。对中国本土的风险投资来说，现阶段国内仍然没有一个有利于风险投资发展的优惠税收体制，并且还存在双重征税问题。

第二，从法律环境来看，目前我国有些法律法规的内容是不利于高科技产业和风险投资发展的。我国现行的《公司法》、《合伙企业法》等法律都有一些条文与鼓励发展风险投资相违背。如《公司法》中对无形资产入股占注册资本的比例规定了20%的上限，就有碍于我国风险投资的发展。此外，关于产权转让问题、上市问题等等，都需要先行法规做出修改和进一步明确规范。到目前为止，我国还没有关于风险投资的具体法规及管理条例。例如，对风险投资基金的发展就缺乏法律依据。

第三，从文化环境看，鼓励冒险、崇尚创新、倡导创业的民族精神有利于风险投资的发展，而我国还没有完全给人提供创新和创业的环境，这方面的支持和激励也很少。另外，诚信合作的商业氛围可以降低交易成本，提高资金运作效率，我国高发的经济欺诈案件表明了信用环境并不佳，而整体信用环境对风险投资资金的筹资和退出都有很大影响。

三、中国风险投资业的发展与创新

中国风险投资事业目前还处于发展初期，无论在理论上还是实践上，仍然处于对如何将国际通行做法与中国实践相结合的艰难探索之中，必然存在着许多问题。例如，中国风险投资规模偏小，融资渠道单一，目前尚没有充分利用个人、企业、金融或非金融机构等具有投资潜力的力量共同构筑一个有机的风险投资网络。资本市场不健全，风险资本退出机制尚未形成。虽然已经建立了中小企业板，但是由于其上市的门槛过高和未能实现全流通，对风险投资的作用也有限。因此，中国风险投资业要想发展，就必须不断地创新。2004年中国本土风险投资机构和政府为发展风险投资都进行了一系列的变革和创新。

（一）本土风险投资机构创新，多渠道寻求突破

近年来，本土风险投资一直处于困境之中，从科技部连续三年的统计数据来看，无论是机构数量还是投资总量在2003年都全面下滑。投资总量由2002年的581亿缩减到500亿；风险投资机构数量也首次出现负增长，由原来的296家锐减到233家。相对而言，外资风险投资在中国却非常的活跃，创造了一个又一个的经典退出案例，令本土风险投资汗颜。中国本土风险投资面临的最大的问题是制度层面上的问题，主要的阻力来自于政策环境。目前国内的风险投资机制还缺乏退出机制和相应的法律法规，税收制度也不尽合理。

经历了几年的风风雨雨，能够挺下来的本土风险投资机构也在不断尝试探索一些新模式，寻

求突围[①]。正如科技部秘书长张景安所说的，本土风险投资机构只有创新才能焕发新的动力和活力，才能有新的发展，才能扭转目前外资风险投资领先中国风险投资的局面。

1. 本土风险投资寻求组织模式创新，尝试有限合伙制

由于我国现有的法律框架和商业环境，中国本土的风险投资公司几乎都是以公司制的形式设立的。而外资风险投资公司大多都以有限合伙制形式设立，这就使得本土风险投资公司在与外资竞争时处于非常不利的地位。因为有限合伙制能有效解决风险投资机构内部激励机制问题，与公司制相比更具优势。

目前，国内的本土风险投资机构也开始尝试这一新的模式。2003年联想投资率先实现了有限合伙制，正式拉开了风险投资体制变革的序幕。一些有条件的公司也都在纷纷尝试，紧随联想投资之后的就是中科招商。中科招商目前管理的每只基金都采取有限合伙人的模式设立，在每只基金的资产构成中，中科招商只占1%的股份。

随着竞争的加剧，以及本土风险投资经理人的日渐成熟，无论是出于竞争的压力还是自身生存发展的考虑，会有越来越多的本土风险投资机构实施有限合伙制。

2. 本土风险投资尝试投资模式创新

“风险投资＋孵化器模式”，一直是最理想的风险投资模式，但是苦于竞争实力等诸多原因，目前国内风险投资还鲜有成功的例子。清华力合是少有的该模式的尝试者。目前在清华力合的投资盘子中，除了一些具体的项目，比如电子信息类、光机电一体化、生物医药、新材料外，还有一类就是孵化器。在其总共投资的40个项目中，孵化器就占到了15%，与生物医药的数量相当。从金额上，孵化器的投资仅次于电子信息。这种模式的创新，将大大有助于项目的发展及退出。

在国外特别是美国，风险投资机构普遍采用可转换优先股、可转换债券、股票期权等金融工具进行风险投资。然而，在国内，受相关政策和有关法律的限制，风险投资基本上以普通股权投资为主，十分不利于风险投资风险的规避和化解。深圳市高新技术投资担保有限公司的“担保换期权”的投资方式就是在这方面的创新。“担保换期权”就是把信用担保与风险投资业务结合起来，在为企业提供信用担保的同时，签订一定比例的期权协议，在适当的时机通过行权或回购等方式投资企业。这种风险投资模式通过担保与投资的组合，能有效丰富风险投资的方式和手段，并能为风险投资机构换取固定的股权分红回报以及企业高速发展所带来的风险收益。

3. 本土风险投资寻求退出方式创新，内循环率先突破

风险投资退出渠道不畅通，一直是本土风险投资业发展最大的障碍。因为只有实现了进出畅通，才能实现保值增值，进入良性循环。但是目前我国的风险投资还不能达到这一要求。

目前，我国的本土风险投资机构开始尝试在退出方式上创新。控股上市公司，通过内循环实现了资本的退出和再投入，就是在缺少退出渠道本土投风险投资机构的创新。所谓“内循环”，是指把一个好的项目发展到一定阶段后，投入其控制的上市公司实行风险资本的退出。这与通过国内外股票市场上市和并购方式来实现资本退出的“外循环”有所不同。

例如，位于深圳的清华力合创业投资有限公司就是这样一家风险投资机构。目前它控股了一家深圳上市公司力合股份。这样，清华力合创投就可以把深圳清华研究院孵化成熟的项目，投入上市公司力合股份实现创业资本的退出，从而可以实现自我循环。通过这种内循环，将自己的投资项目实现退出，从而也实现了上市公司与风险投资机构的双赢。一方面风险投资实现了退出，

① “本土创投自救，多渠道寻求突破”，《新经济导报》，2005年1月21日。

获得了收益，完成了循环；另一方面，上市公司本身获得了优质资产，会更好地发展，为下一个项目的退出提供更大的空间。

（二）中国风险投资业发展的政策环境创新

中国政府目前已经在着手改善风险投资政策环境。国家发改委正会同国务院有关部门制定相关法规规章，从以下四个方面积极推进建立我国风险投资机制：国家有关部门抓紧起草《创业投资企业管理暂行办法》及相关配套法规规章，以建立起基本的法律框架；通过修改相关法律法规，推动民间资本进入创业投资领域；以“中小企业板块”为起点，积极推进创业板市场建设，鼓励有条件的地方规范发展区域性产权交易市场，尽快建立多层次资本市场体系，建立并完善创业投资的退出机制；鼓励和引导更多民营企业进行创业投资，根据企业从种子期、起步期到成长期、成熟期的不同需求，引导创业投资基金参与投资。

另外，2004年为促进风险投资业的发展，改善风险投资环境，中国政府在许多方面也进行了创新。科技部研究中心2004年完成的一份调研报告指出：科技型中小企业作为国家经济增长和科技创新活动的主体力量，在近年发展中出现了研发投入、盈利能力和创业资本弱化的趋势，而融资难是造成这一现象的主要原因。为促进风险投资业发展，解决科技中小型企业融资难问题，政府进行了一系列政策创新。

科技部创业投资研究所所长房汉廷提出，国家应尽快建立推动企业技术创新的创业金融制度。他认为，创业金融是将创业企业筹资与风险投资有机结合的金融制度，它是将目前分散的政府基金、各种创投资金和创业市场纳入到统一的创业金融框架下，通过科学规范的管理运作，为中小企业的技术创新，特别是创业初期的研发活动提供积极有效的金融服务。目前，国家科技发展银行已经进入具体设计阶段，包括银行的职能、组织架构、运行机制等。这是我国建立创业金融制度的第一步。国家科技发展银行成立后，将有利于解决金融和科技结合的难题，为科技成果产业化提供融资便利。

2004年10月，科技部科技型中小企业技术创新管理中心、深圳证券交易所、国家开发银行投资业务局、资产重组保全局，联合中国高新技术产业开发区协会、创业中心专业委员会、中国科技金融促进会、风险投资专业委员会，共同发起并组织实施旨在营造有利于我国科技型中小企业不同成长阶段发展环境的社会化解决方案，即“科技型中小企业成长路线图计划”。这一政策的出台，将有利于发挥各自对于科技型中小企业不同成长阶段的培育优势，为造就大批优质、健康的科技型中小企业营造良好的发展环境，从而提高国家整体创新环境建设水平。

四、2005年中国风险投资发展展望

中国风险投资业经历了几年的低潮期后，随着风险投资环境的不断改善和全球风险投资复苏，目前正处于全面快速发展期，也出现了一些新的发展趋势。

首先，中国风险投资总量将会继续提升。随着中国风险投资政策环境的不断改善和全球风险投资业的复苏，中国风险投资业将会得到进一步的发展。2004年中国风险投资退出的活跃以及项目退出收益率的良好，将进一步增强风险投资机构的信心，吸引更多的风险投资。另外，美国主流风险投资机构正加快对华投资的步伐；新技术热点市场的逐步成熟，也将带来更多的投资机会。

其次，将会有更多外资风险投资涌入中国。2004年，NEA、DCM、Accel Partners等美国主流风险投资机构先后现身中国。随着硅谷风险投资重点向中国的转移，外资风险投资将在未来数年中成为提升整个中国风险投资行业的重要源动力之一。外资和本土风险投资差距将继续拉大。在未来相当一段时间内，外资风险投资主导中国风险投资行业的格局不会改变。

第三，风险投资行业仍主要集中生命科技、网络通讯等高科技行业，基于3G和视频方面的应用以及媒体将会是未来投资的热点。据了解，自2004年11月国家广电总局允许外资入股国内广播电视制作产业以来，影视制作市场已得到越来越多的关注。2004年11月底，索尼已率先杀入国内付费电视节目制作市场和动画制作市场，维亚康姆、时代华纳等公司也对中国影视业虎视眈眈。

第四，风险投资支持的海外IPO数量将持续递增。随着美国IPO市场持续活跃，风险投资支持的国内中后期企业不断增多，都将使更多有风险投资支持的企业在海外资本市场亮相。上市地点也有望由以往的美国、香港、新加坡延伸至东京和伦敦，但是IPO的主战场仍会集中在纳斯达克和香港主板两个主要市场。

第二节　中国风险投资业的政策环境分析

政策环境建设对风险投资起着至关重要的作用，是风险投资发展壮大的前提和基础。风险投资发达的国家实践证明，要使风险投资获得大力发展，政府必须要有一系列相应的政策引导和支持，要有对应的法律体系和资本市场体系与之相配套。

自20世纪80年代中期我国引入风险投资以来，为了促进风险投资业的发展和壮大，从政策环境上为其提供良好的实现基础，我国曾先后出台了一系列促进风险投资发展的政策法规。1996年颁布实施的《中华人民共和国促进科技成果转化法》第21条第一次以法律条文的形式体现了风险投资。1998年出台全国政协会议一号提案《尽快发展我国风险投资事业》，推动了我国风险投资新一轮的发展。1999年国家科技部、计委、经贸委、人民银行、财政部、税务总局、证监会七部委联合出台《关于建立风险投资机制的若干意见》，界定风险投资为“主要向属于科技性的高成长性创业企业提供股权资本，并为其提供咨询服务，以期在被投资企业发展成熟后，通过股权转让获取中长期资本增值收益的投资行为”，其提出通过“支持创业的投资制度创新”来构建我国的风险投资体制，标志着我国风险投资的政策法律实践步入了一个全面推进创业投资体制建设的新阶段。同时提出要研究制定有利于风险投资发展的财税、金融扶持政策。

2002年6月29日，《中小企业促进法》颁布实施。这是第一部针对我国民营企业特别是中小企业的专门法律，它的颁布实施明确了中小企业的法律地位，界定了其合法权益，明确了政府的责任，把现有的政策法制化，并强调“国家运用税收优惠政策，鼓励各类依法设立的风险投资机构增加对中小企业的投资。”2003年1月30日，科技部、外经贸部、国税总局、工商总局及外管局五部委又联合颁布了《外商投资创业投资企业管理规定》，为中方投资者提供了与外国投资者共同投资，并由外国基金管理专业人士管理其投资的合法途径，为风险投资创造了更为宽松的政策环境。

风险投资作为一种新型的金融工具，对政策环境具有很高的要求。近年来我国风险投资发展迅速，但政策法规建设还显得相对滞后。在制定《公司法》、《合伙企业法》、《专利法》、《合同法》时尚未考虑到风险投资信息高度不对称性和收益非线性的特点，从而造成了现有的法律体系极大地抑制了我国风险投资机制的创新，制约了我国风险投资事业的进一步发展。

《公司法》作为我国基本的经济法律涉及到经济活动主体的各个方面，是与风险投资相关的最重要的政策法律之一。但《公司法》自1993年颁布以来，国际国内的经济形式都发生了很大的变化，其很多条款都在风险投资的实际操作中造成了制度障碍。在风险投资公司的设立形式上，我国现行的《公司法》规定公司种类只有有限责任公司和股份有限公司两种，而国际风险投资的运作经验表明有限合伙制是组建风险投资公司最行之有效的形式，这要求对《公司法》、《企业合伙法》等法律尽快进行修改，加入有限合伙公司这一公司形式。在风险投资公司的运作上，《公司法》规定对外只能向有限责任公司、股份有限公司投资，且累计投资额不得超过本公司净资产的50%，使得风险投资的运用受到了规模的限制。《公司法》中关于无形资产入股的规定，也难以适应风险投资发展的需要。我国现行的法律制度要求风险投资公司采取实收资本金注册制，规定一次性缴付或分期在五年内缴付注册资本，没有根据投资机会分期缴付的方式。

在资本来源上，美国有一半以上的风险基金来源于养老基金、保险基金和银行基金，但我国目前的法律禁止风险投资基金向上述渠道筹集，影响了风险投资的资本供给。为了实现投资回报和进入下一轮投资计划，风险投资必然要求安全和畅通的退出渠道。但我国政策法规明确规定国家股和法人股目前不能上市流通，而且没有规定股权回购等退出机制，使得风险投资公司的退出行为受到很大的限制。

为了促进我国风险投资业的发展和壮大，需要尽快弥补原有政策法律的漏洞和缺陷，为风险投资的发展营造一个良好的政策环境。目前，包括政府在内的有关各方面都在积极推动风险投资产业的发展，《风险投资法》现已列入人大的五年立法计划，希望通过建立一个完整的风险投资法律体系来协调风险投资所产生的各种关系，同时完善和健全与风险投资密切相关的《专利法》、《商标法》、《著作权法》、《科技成果转化法》等。

风险投资与传统投资相比具有高风险性和收益不确定性，许多风险投资发达的国家都从税收方面给予了一定的优惠政策，而我国现行的税收制度却不利于风险投资的发展，应该及早建立有关的税收优惠政策，促进风险资金的形成，推动对高科技企业的投入，加快高技术成果的转化，带动国民经济的发展。

2004年1月31日，国务院出台了《关于推进资本市场改革开放和稳定发展的若干意见》，明确提出要建立有利于各类企业筹集资金，满足多种投资需求和富有效率的资本市场体系。中国证监会党委书记、主席尚福临指出，《意见》明确了资本市场发展的指导思想和任务，对中国资本市场的发展做出了全面的规划。2004年5月，深圳证券交易所的中小企业板块终于破壳而出，为中小企业和高技术风险企业直接融资提供了可能，也为风险投资的增值和退出提供了渠道。2004年7月16日，《国务院关于投资体制改革的决定》颁布实施，强调要营造有利于各类投资主体公平、有序竞争的市场环境，优化投资结构，提高投资效益，推动经济协调发展和社会全面进步。

据悉，2004年由国家发改委、科技部、财政部、商务部、税务总局、工商总局等十部委联合起草的《创业投资企业管理办法》有望在2005年推出。该办法将对创业投资企业的设立、创业投资资金的投资运作、对创业投资企业的法律保护、政策扶持、监督管理做出明确规定。根据《办法》规定，创投企业主要分为创投有限责任公司以及有限合伙两种形式，其设立将采取备案制。《办法》还规定，创投企业可以全额对外投资，并且可以以股权和可转换优先股、可转换债券、认股权证等准股权方式进行投资。法规中一个重大的突破就是利用税收优惠政策，建立健全创业投资的政府扶持机制。当中还特别强调“符合科技型中小企业创业企业”条件者可免所得税，并且“投资者若投资科技型中小企业创业投资企业”满三年以上，可按其投资额的20%申请一次所得税抵扣。此举标志着我国创业投资制度的重大创新，对促进我国创业投资的发展有着积极的导向作用。

第三节　深圳中小企业板对我国风险投资影响分析

2004年5月17日，一件注定要被载入史册的大事件标志着中国风险投资又将迎来一个快速发展的黄金期，中小企业板经国务院批准正式在深交所开设。这意味着中国资本市场将进入制度创新的新时期，是我国多层次资本市场发展的新起点。尽管中小企业板与创业板在制度上还有一定差距，尽管还存在上市门槛和股权流通方面的限制，但是它表达了一个强烈的信号——创业板的开设为期不远。这对风险投资机构来说是个长期利好消息，对中国的风险投资业的发展也有重大的影响。

一、中小企业板与创业板之间的关系

（一）中小企业板与创业板之间的区别

所谓创业扳，是与主板相对应的概念，是指在主板之外为中小型高成长企业、高科技企业和新兴公司的发展提供便利的融资途径，并为风险资本提供有效的退出渠道的一个新市场。它与中小企业板在上市对象和功能基本相同，虽然如此，但是它们之间还是有区别的，主要表现在：(1)中小企业板的进入门槛较高，上市条件较为严格，接近于现有主板市场。而创业板进入门槛较低，上市条件较为宽松。(2)中小企业板的运作采取非独立的附属市场模式，也称一所两板平行制，即中小企业板附属于深交所。中小企业板作为深交所的补充，与深交所组合在一起共同运作，拥有共同的组织管理系统和交易系统，甚至采用相同的监管标准，所不同的主要是上市标准的差别。而我国今后设立的创业板，其运作将采取独立模式，拥有独立的组织管理系统和交易系统，采用不同的上市标准和监管标准。(3)和主板市场一样，中小企业尚未实现国有股和法人股流通，这就对风险资本的顺利退出有一定的影响。而创业板最突出的特点就是“低门槛、全流通”。

（二）中小企业板与创业板之间的联系

创业板市场目前已成为建设多层次资本市场体系的关键。我国创业板市场的建设应当采取循序渐进的原则，分阶段、分步骤地加以实施。中小企业板块可以先行推出，它是建立创业板市场的第一步。如果把中小企业板块看作创业板市场的低级形态和初期模式，那么创业板就是创业板市场的高级形态和目标模式。同时，从建立中小企业板块入手，稳步推进创业板市场建设的发展思路已逐渐清晰。以建立中小企业板块为切入点和突破口，可以为推进创业板市场的建设积累有益的经验，探索出一条成功的发展道路，并尽量减少创业板的设立可能对主板市场带来的消极影响，进而构建多层次的资本市场体系。

我国创业板市场的称谓经历了从高新技术板、到第二交易系统、二板市场、再到创业板这样一个演变过程，意味着原先的上市对象重新进行合理地定位。在有关制度层面无法跟进、且中小企业的融资需求又日益增加的形势下，为了避免因设立创业板造成的过大风险而带来的阻力，对上市条件进行小幅调整、设立中小企业板块便成为更为现实的一种解决途径。从这个意义上来讲，

中小企业板块的推出正是建设多层次资本市场体系过程中应运而生的一块“探路石”①。

二、深圳中小企业板对我国风险投资的影响

首先，中小企业板有利于拓宽中小企业融资渠道。中小企业由于组织自身的特点，融资困难已是一个不争的事实。据调查，约有80%的企业认为融资难是它们面临发展的主要障碍，90%以上的个体私营企业是完全靠自筹来解决创业资金，80%的中小企业缺乏资金，30%的中小企业资金十分紧张，并且中小企业的融资渠道十分单一。据中国人民银行2003年8月的调查显示，我国中小企业融资的98.7%来自银行贷款，风险高度集中于银行。

建立中小企业板块，可以避免中小企业过分依赖银行贷款这一间接融资方式的现象，为中小企业增加直接融资方式，有利于拓宽中小企业融资渠道，降低银行信贷风险，从而使目前中小企业融资方式单一、融资渠道狭窄的现状有一个大的改观。中小企业板不仅仅为高科技企业提供融资服务，它的上市对象有两类，是指那些在较长时期（如3年～5年）内，具有持续挖掘未利用资源的能力、不同程度地表现出整体扩张的态势、未来发展预测良好的中小企业。成长型中小企业具有高增长性、企业活力和适应性、稳定性的特点。另一类是创业型企业，即在产业生命周期中处于初期和种子阶段的中小企业。这类企业通常是高科技企业和新兴企业，具有经营历史很短、市场需求不确定、盈利能力不稳定、破产风险较大的特点。中小企业板作为满足成长型中小企业和创业型企业融资需求的直接融资平台，其独特的引导、示范和催化功能，对于促进中小企业持续、健康成长将发挥无可比拟的重要作用。

全国人大常委会副委员长成思危指出，深交所中小企业板块的设立，在中国资本市场的发展史上具有重大和深远的意义，标志着我国多层次资本市场建设的开始，为我国的中小企业提供了通过资本市场进行融资的途径，也为中国的风险投资提供了一条通过资本市场退出的渠道。科技部副部长邓楠则认为中小企业板的设立将突破高新技术产业融资颈瓶②，其主要表现在：（1）它为科技中小企业的上市融资提供了新的渠道。（2）它具有强烈的政策导向作用，中小企业板块的开设将会引导社会资本对创业投资的重新关注，创业投资资本与机构会相应增加，创业投资活动会更为频繁。有利于引导民间资本更加关注中小企业的发展，进而加大对处于发展初期的中小企业特别是科技型中小企业的投资力度。（3）它具有明显的示范引导作用，有利于强化中小企业的规范管理，促进现代企业制度的建立。

其次，中小企业板使我国风险投资的退出渠道更加畅通。风险投资的根本目的不是控制公司，而是资本增值，选择合适时机退出，变现股权。能否及时有效地实现退出，是风险投资资本介入中小企业时所需要考虑的主要因素之一。根据清科公司的统计，截至2003年底，中国风险投资累计投资金额超过42亿美元，投资企业数量近1 700家，但退出还不到1/10。没有退出的风险投资无法顺利循环，从而也就无从持续地为优秀的企业提供支持。退出成本的增加，无形中也就减缓了风险资本自身的扩张速度，减少了资本供给。风险投资退出受困影响的不止于创投本身，还直接影响到对中小企业，尤其是高成长企业的支持和对资本市场的贡献。

要解决目前风险投资的退出困境，从而更有利于发挥其在中小企业发展过程中的重要作用，

① 艾华：“聚焦‘中国纳斯达克’——深交所中小企业开盘”，《广东审计》，2004年第4期。

② 引自科技部副部长邓楠2004年5月27日中小企业板在深圳证交所启动仪式上的发言。

就需要把断裂的“资本市场”链条连接起来，为优质的新创企业提供上市融资平台，也为创投资金提供增值退出的出口，从而使资本回复到良性的循环过程中。深圳中小企业板市场恰好能使风险资本及时有效的退出。目前，我国风险投资发展缓慢，与缺乏有效的退出渠道有关，这一状况将随着中小企业板市场的推出而得到改观。虽然目前中小企业板尚未实现全流通，风险资本在短期内通过IPO获得高额回报还不十分有利，但是风险投资通过股权投资和长期精心培育的企业一旦获准上市，即使通过协议转让也将获得较好的投资收益。

第三，中小企业板明确了风险投资公司的投资方向。中小企业板设立后，由于市场发现价格机制的作用和市场对行业及企业的选择，必将为风险投资的投资方向和投资结构起到趋利避险的引导作用，从而减少投资的盲目性。近几年，由于中国没有建立多层次资本市场，风险投资缺乏市场导向，吃尽了盲目投资的苦头，至今仍在艰苦的挣扎。有了中小企业板，风险投资选择什么行业和企业，如何培育企业符合上市条件并在上市后能有一个好的股市行情，市场的表现将成为晴雨表[①]。

据统计，中小企业板开设以来，深交所在各地陆续举办了十多期中小企业改制培训班，大约有1 500多家企业接受了培训，各地也纷纷进行企业改制与上市的培训。少数上市企业起到了引导与示范作用，带动了一大批企业朝着规范方向改制，朝着资本市场方向发展。如浙江，已经进入辅导改制期的企业大概有170多家，已经进行股份制改制的企业有780多家。中小企业板为中国的风险投资提供了广阔的活动舞台。

另外，中小企业板的达标机制促使风险投资为企业提供规范化的服务。中小企业板为企业发行上市制定了一系列的制度安排，尤其在发行的规模、财务指标、股东人数、信息披露、公司治理等方面提出了非常明确的市场准入标准。企业要进入这个市场，就要围绕着市场准入条件进行达标，这就促使创业资本家按照上市标准为创业企业提供规范化的指导与服务。中小企业板的设立还为风险投资提供了业绩评价机制。有效的业绩评价机制，将促使创业资本家将真正有潜力的创业企业筛选出来，从而使创业投资推动技术创新的功能充分发挥。资本市场的筛选机制与达标机制为创投资本家设置了很严格的业绩考核。

第四，中小企业板开设后，将加速推进国家关于风险投资扶持政策和法律法规出台的进程。国家有关部门正在研究起草《创业投资管理办法》及相关配套法律规章，并有望近期正式出台。该办法对创业投资企业的设立、创业投资资金的投资运作、对创业投资企业的法律保护、政策扶持、监督管理做出明确规定。此外，两部涉及风险投资的重要法律《公司法》和《合伙企业法》正在进行重大修改。将取消或修改众多关于风险投资的限制性规定，增加了有利于风险投资发展的条款。

此外，中小企业板的顺利运行，不但为中小企业提供了直接融资平台，而且能带动中小企业服务支持体系的建设，并以中小企业板块的发展为契机，在多层次资本市场建设的基础上推动针对中小企业、高新技术企业的创新基金、信用担保、银行信贷、创业投资、政策性贷款等多层次融资体系的建立。总之，深圳中小企业板设立为中国风险投资业的发展提供了很好的机遇，为创业板的推出奠定了历史基础。

三、深圳中小企业板设立后对风险投资作用的表现

中小企业板开盘虽然只有几个月，但是它与风险资本的良性互动已经显现。截至2004年10

① 王守仁：“中小企业板与创业投资”，《上海证券报》，2004年5月27日。

月12日已有38家公司发行上市，总发行规模为9.48亿股，融资总额为91.08亿元，平均每家公司融资2.40亿元。38家公司中，风险投资作为股东的共有11家（见表1.1），按净资产计算，企业上市后风险投资实现资本增值3.2亿元[①]。中小企业板带动风险投资的作用开始显现。

表1.1　已上市企业风险资本投入、增值统计表

上市公司	风险投资比例	资本投入（万元）	资本增值（倍）
大族激光	31%	2 400	9.2
江苏琼花	6.7%	302	7.32
威尔科技	9.1%	330	7.5
达安基因	21.5%	132	7.3
德豪润达	17.9%	1 350	18.2
天奇股份	9%	293	6.89
传化股份	25%	1 800	9.91
华星化工	11.1%	500	8.55
京星药业	16.1%	805	10.05
科华生物	23.8%	1 220	11.12
思源电器	6%	238	16.45

资料来源：曹凌枫，《深圳中小企业板对我国创业资本运作的影响》，http://www.gjmy.com/Article/paper/paper_fina/200411/6761.html。

中小企业板设立将使得风险投资机构投资收益大增。早在深圳暂停新股发行之时，由于期待创业板的设立，众多风险投资公司积极运作和孵化中小企业上市，其中就包括大量上市公司。而风险投资的最大机遇来自于退出机制，成功的风险投资项目往往能够获得十倍甚至上百倍的投资受益。A股市场近年来最典型的例子就是张江高科，由于其参股的中芯国际成功在海外上市，公司实现巨额的投资受益。

深圳市场的中小企业板推出之后，在一定程度上也就改善了中国风险投资的退出机制，那些风险投资公司显然将从中受益。广东高校第一概念股达安基因上市首日就上涨了113%，红塔创新、同创伟业、东盛投资三家创投机构也随着创业者一起“暴富”。红塔投资、东盛投资和同创伟业所持股份从最初的118.35万股、94.65万股和36.27万股分别增至如今的554.4万股、443.52万股和326.48万股，股本增幅比例分别高达468.44%、468.59%和900.14%。按发行后每股净资产2.87元来计算的话，目前三家风险投资机构所持股权对应的净资产值也已高达3 801.03万元，较2 000余万元的初始投资额也差不多翻了一番。此外，红塔创新还是大族激光的第四大股东，持股640万股，占总股本5.98%。红塔创新是在2001年9月大族激光进行股份制改造并展开第二轮融资时

① 深交所副总经理陈鸿桥在第六届高交会“中小企业板与多层次资本市场论坛”上的发言。

介入的，是时红塔创新出资为1 000多万元，目前这些股权价值已升值至2 170万元左右[①]。

中小企业板的推出，带来了机会，其中最为典型的还是深圳市高新技术投资担保有限公司对中小企业板上市企业大族激光的投资。1999年4月3日，高新投向大族激光注资438.6万元，控股51%。2001年，高新投将其持有46%股份通过拍卖，获得2 400万元，不过，剩余的5%的股份按照目前公司每股净资产3.39统计，股权价值为1 360万元，比其刚刚投资时增加了31倍。

第四节　2004年外资风险投资机构动向

外资风险投资机构进入中国可以追溯到20世纪80年代，当时如ChianVest、IDGVC等先行者先后设立中国办事处，但外资风险投资机构大举进入却还是1997年之后。凯雷投资集团董事伺欣把外资在中国的投资分为几个阶段：1997年～2001年相当于孵化期，外资VC在中国没有什么实际投资经验，完全以硅谷的成功案例作为范本，认为应该支持那些从海外回来的留学生，应该投资给35岁以下的年轻CEO，狂热成为这段时间的主要特征。互联网泡沫破灭后的2001年～2003年，外资VC经历了非常痛苦的学习期，很多创业公司先后失败，多数的VC变得非常保守，对风险的评估非常高，对未来的预期也很悲观。这段时间，VC开始投资给那些有经验的管理人员，热衷于选择成本低的IC和制造的项目。2004年往后的十年期间，将会是外资VC在中国的成长期，将会有越来越多的外资VC进入中国。

一、2004年外资风险投资机构在中国的表现

外资风险投资在中国一直处于主导地位，无论是从风险投资金额，还是从风险投资退出活跃程度和风险投资回报率来看，外资风险投资都远远优于本土风险投资。根据清科的调查，2004年外资风险投资额占全部风险投资超过了70%。中国本土风险投资虽然也获得了一定的发展，但是与外资风险投资相比仍然有很大的差距。2004年大量新的外资风险投资机构进入中国，并逐步展开实质性投资，这是本年度中国风险投资业一个很重要的特点。

2004年中国创业投资年度排名中，外资风险投资机构包揽前三名。软银亚洲信息基础投资基金由于成功投资盛大而获得中国最佳创业投资机构；IDG技术创业投资基金，以其众多投资企业海外上市排名第二；来自硅谷的风险投资新锐Doll Capital Management(DCM)因成功投资51JOB、中芯国际等企业而一跃成为本年度排名第三。在前10名中，外资风险投资机构占据6位，而在前20名中，外资风险投资机构数为14。可见，中国的风险投资业在经过7年的发展之后，尽管少数本土风险投资可与外资风险投资一争长短，但整体而言，目前还是外资风险投资主导中国市场。

2004年外资风险投资机构在众多利好因素的驱动下都纷纷加大对中国的投资力度。2月17日，以日本软银为首，包括富达、TDF风险投资公司和Granite Global Ventures在内的4家风险投资公司对阿里巴巴再度注资8200万美元，这是自互联网泡沫破灭以来最大的一笔私募资金。同时，2004年软银亚洲还先后投资了唯上科技、天融信、银联商务等各行业内的领头企业。早在2004年

① 《经济观察报》，2004年8月28日。

4月份华平创投就宣布对大唐微电子投资7 000万美元。

2004年作为世界最大的直接投资公司之一凯雷投资集团也加大了对中国的投资力度。今年9月份向总部位于上海的户外广告公司聚众传媒 (Target Media Network) 注入1 300万美元的资金；12月份向总部位于北京的网络电子游戏开发公司 Runstar International 投入1 400万美元。此外，凯雷投资集团还将联手成为创业 (Chengwei Ventures) 和 Pacific Venture Partners 向总部位于上海的半导体设计公司华亚微电子有限公司投入1 300万美元。凯雷投资集团旗下风险投资部门2004年已向中国投入了4 000万美元，远远高于2003年不足1 500万美元的投资金额①。

作为最早进入中国的外资风险投资公司 IDG 技术创业投资基金（IDGVC）投资主要集中于国际互联网、信息服务、软件、通讯、网络技术以及生物工程等高科技领域。迄今为止，已向中国蓬勃发展的创业公司投资数亿美元。2004年10月13日第六届高交会上，IDG 技术创业投资基金正式宣布入资250万美元著名电信增值服务提供商 Any8 Ltd.(深圳市华动飞天网络技术开发有限公司)。著名的投资银行高盛公司和欧洲最大的风险投资公司3i 公司2004年11月宣布共同投资3 000万美元入股分众传媒。

在投资领域上，外资风险投资明显倾向于 IT 产业。据清科调查显示，外资风险投资机构与本土风险投资机构在投资行业的取向上表现出较大的差异。外资风险投资机构在2004年下半年计划投资的前五个行业是通讯 / 电信、软件、半导体、互联网和 IT 服务。而本土风险投资机构在下半年计划投资的前五个行业则是生物 / 医药、新材料、新能源 / 节能、IT 服务和软件。这从外资风险投资支持 IPO 项目中也可以看出来（见表1.2）。2004年外资风险投资支持上市的公司所属行业均为互联网、电信和半导体等广义 IT 行业。在投资阶段上，外资风险投资主要倾向于投资成长期和扩张期，但更偏向于扩张期。

至于具体退出方式上，2004年大部分外资风险投资机构都选择 IPO（或借壳上市）以及 M&A 的退出方式。风险投资业界一直视之为心病的退出问题，自2003年底以来也陆续有了改善。通过国际资本市场，与风险投资支持企业相关的并购和 IPO 案例持续不断。2004年盛大、蒙牛、腾讯、李宁等纷纷在海外上市，而从中都能看到软银亚洲、鼎晖、新加坡政府投资等外资风险投资机构的身影。

表1.2为2004年有外资风险投资支持的 IPO 项目。可以看出，2004年有外资风险投资支持的公司大多选择海外上市作为退出机制，这是由外资风险投资机构通常采用“两头在外”的运作方式所决定的，即募资退出在境外，投资管理在境内。

表1. 2　2004年有外资风险投资支持的IPO项目

上市公司	外资风险投资机构	上市时间	资本市场	行业
掌上灵通	AcerVC,Temasek,Index	2004 3.4	NASDAQ	电信
中芯国际	Global Growth Fund、H&Q Asia、Walden、Temasek Vertex、NEA、Oak	2004.3.16	NYSE 香港主板	半导体
中迅软件	Legend Capital	2004.4.30	香港主板	IT服务

①《华尔街日报（中文版）》，2004年12月7日。

上市公司	外资风险投资机构	上市时间	资本市场	行业
双威通讯	China Equity、Intel、SUNeVision	2004.5.4	新加坡主板	电信
盛大网络	SAIF	2004.5.13	NASDAQ	互联网
蒙牛乳业	CDH、CCP、Morgan Stanley	2004.6.10	香港主板	传统行业
腾讯	IDG	2004.6.16	香港主板	互联网
李宁	GIC、CDH	2004.6.28	香港主板	传统行业
空中网	DFJ	2004.7.9	NASDAQ	电信
华润上华科技	PVP、3i、IFC	2004.8.13	香港主板	半导体
前程无忧	DCM	2004.9.29	NASDAQ	互联网
金融界	IDG、Vertex	2004.10.15	NASDAQ	互联网
e龙	Tiger、Blueridge、RMG	2004.10.28	NASDAQ	互联网
直真节点	IDG	2004.11.18	香港主板	电信
九城关贸	AIG、UOB、Fortune	2004.12.03	NASDAQ	互联网

另外，外资风险投资机构的联合投资正在成为一种趋势。2004年外资风险投资大多都采用联合投资的方式投资，这主要是出于共担项目风险的考虑。在中国几乎所有的外资风险投资机构和基金都是离岸性的，因为这样更易享受税收的优惠，并且更有利于最终的退出。在这种间接的风险投资下，风险投资公司可以在离岸的天堂注册，如开曼群岛、英属维尔京群岛，然后在中国建立分支机构来开展包括并购在内的日常业务。

二、外资风险投资机构对中国风险投资业的认识

2004年随着中国风险投资政策环境的转好，外国风险投资机构纷纷选择中国。美国本土的主流风险投资机构在探索中国市场投入了大量精力：高层的访问，寻找并参与直接投资的机会，在中国设立办公室，或投资于某只专注中国的基金。2004年6月底，美国著名的风险投资机构——硅谷银行联系在高科技和风险投资领域的金融服务公司，组成了有25位美国风险投资家参加的中国北京和上海之行，以进一步了解中国经济和投资环境、高科技行业的政策法规及中美经贸合作中存在的商机。Accel Partners公司董事合伙人、同时担任美国风险投资家协会总裁的詹姆斯·布莱尔表示，“作为风险投资家，中国将是世界上最有商机的国家之一。”

外资风险投资机构之所以纷纷涌入中国，国际风险投资专家和企业家，技术和创新管理中心（ceTIM）的Martin Haemmig博士认为[①]：“中国拥有风险投资所需要的关键要素：庞大的制造业基础、优秀的工程师和企业家、巨大的国内市场、资本和创新能力。”他认为，中国在许多产业领

① 安永（Ernst & Yonge）：“年度风险资本调查报告：聚焦中国”，《中国风险投资》，2004年第4期。

域，以成本的优势，在世界上确立了自己的“制造中心”的地位，这种优势正是风险投资所青睐的以资本密集型为特征的技术行业所追求的，如半导体和通信业。中国工程技术人员的工资水平非常低，仅仅相当于其美国或欧洲同行工资水平的一小部分。这种低成本的工程技术专家的涌现是中国成为非常具有吸引力的科技项目的投资地。另外，许多在国外接受教育而又具有企业家潜质的华人回到中国，这也壮大了风险投资家的行业队伍。中国政府还明确鼓励创新，并且已经开始在许多具有战略意义的行业着手建立中国行业技术标准，这无疑会为风险投资业的发展提供良好的条件。

安永风险投资咨询集团中国区负责人 Bob Partridge 说，中国一直都存在投资机会，但是由于监管和汇率方面的不明朗使国外投资者不敢轻易涉足。2003年初，中国修改了国外风险投资基金的监管办法，这使得国外风险投资基金在中国的建立和退出都更加容易。中国政府已经意识到风险投资作为可替代的投资来源的重要性，并提高了规则的透明度，使得在交易变得更为灵活和简单。Bob Partridge 说：“以前，在中国之外很难获得股票或资本。而今天，在中国投资有了更多更灵活的退出渠道，这为新的交易创造了动力。另外还有一个重要的推动因素是可以在香港上市或同时在中国和美国上市。”

国外风险投资机构普遍都看好中国风险投资业的发展前景。Martin Haemmig 博士在对中国的风险投资业展望时认为：中国的风险资本将继续保持增长；对于外国投资者而言，优惠的税收和法律政策正在逐步形成；适合中国的基金管理模式趋向成熟；国内风险投资公司的公司治理结构正在逐步改善；退出的数量和质量都在进一步增长；未来将会有更多的外国风险投资进入中国。

第二章　中国风险投资热点地区的发展概况

本章概述了近年来特别是2004年国内风险投资热点地区的风险投资业发展状况。北京市、上海市、天津市、陕西省和江苏省的风险投资业发展情况是本章介绍的重点。通过对不同地区风险投资发展现状的比较和分析，可以发现国内各地区的风险投资业有着各自的优势和特点。在对各地区的概述分析中，主要包括地区优势、行业规模、机构数量、产业体系、地区2004年主要业界动态和法律环境等多个方面。

通过比较分析可以发现，北京市风险投资的最大优势在于人才、市场和媒介资源；上海市的优势突出表现在法律环境、知识产权保护、信息沟通等软环境指标及其优越的地理位置和中国经济的中心地位；深圳市健全的市场机制、宽裕的资金环境和完善的产业配套条件都是其吸引风险投资的优势。从各地风险投资业的发展特点看，天津市重点放在了建立风险投资组织推动体系、政策制度体系、国际合作体系、专业队伍体系及骨干投资机构体系上，初步形成了一个国际化、市场化、民营化、专业化的风险投资模式；陕西省具有良好的区位优势、科技优势和人才优势，投资中介服务体系也在日渐完善；江苏省具有良好的风险投资环境，近年来成为了外商投资的热点地区。

2004年，我国风险投资主要集中在深圳、北京和上海等经济发达地区。以下将对我国风险投资热点地区的发展现状、模式、投资环境和政策环境进行初步的介绍和比较。

一、北京市风险投资发展概况

作为首都的北京拥有得天独厚的区位、人才、市场和媒介资源优势，一直是风险投资的热点地区。截至2000年底，北京创业投资协会已有会员200多家，其中明确称为“风险投资”、“创业投资”和“科技投资”的约50家；没有冠名而实际从事风险投资业务的有50多家，另有100多家从事与风险投资相关的业务，如律师事务所、会计事务所、咨询公司等。估计全市实际介入风险投资的机构数量远多于此①。

北京市有非常好的投资环境，目前已初步形成了中关村科技园区、北京经济技术开发区、北京天竺出口加工区、北京中央商务区（CBD）、金融街和工业开发区相互协调发展的格局。其中，中关村科技园是中国最早成立的国家级高新技术产业开发区，园内设有大量的高新技术企业、研发中心、孵化器和中介机构，成为科技创新和成果转化基地。园内高科技企业年销售收入从创立之初的35亿元猛增至300多亿元，增长近10倍；高新技术企业从不足30家增至660家，其中年产值过亿元的企业就有40家。2004年园内高新技术企业预计将实现销售收入335亿元，工业产品销售收入287亿元，上缴利税14亿元，出口创汇7.8亿美元②。

① 转引自魏哲桢（2003）的证交报告：《大陆风险投资之发展》。

② 中关村科技园，www.zgc.gov.cn。

北京经济技术开发区已经形成了以制药业、信息技术、光机电一体化、新材料等为主的产业格局，成为以高科技制造业为主导的产业基地。良好的投资环境吸引了越来越多的创业者。2004年1月～11月北京经济技术开发区新批入区企业345家，同比增长了34.8%；新批企业投资总额22.1亿美元，同比增长了102.2%。北京正在成为全国最大的技术信息的集散地，2004年的技术合同成交额预计将突破300亿元，创历史最好水平①。

2004年中科院产业局和中关村管委会为充分利用和开发中科院高新技术成果研发的资源优势，推动转化一批高新技术创新项目及成果，决定共建北京国家技术转移中心。该中心的主要任务是以组织实施技术转移重大项目为重点，发挥中关村企业的优势，选择条件较成熟的单位实施院市共建研发中心、孵化器、留学人员创业园、科技条件平台等；逐步建立以转移中心为轴心的中介服务体系；定期或不定期组织实施科技成果交流会、参观交流活动等。

综合来看，北京地区目前形成了以风险投资公司、创新服务机构、风险投资培育机构、创新企业、券商与中介机构为主体的多层次的投资体系，并且国内外各类证券公司和基金管理公司以及国外著名的金融机构和投资银行都在北京设立重点机构，形成了便利的金融服务体系。

北京市的人才优势和科技实力是风险投资业发展的最大优势。据不完全统计，北京已有具一定规模的各类研发机构2 000余家，其中企业设立的有1 000多家，各大学和政府设立的研发机构700多家，民办科研机构200多家。随着我国市场开放度的不断提高，首都投资环境的不断优化，越来越多的跨国公司竞相在北京设立研发机构，北京已经成为跨国公司在中国和全球重要的研发基地。截至到2004年6月，在我国以各种形式设立的外资研发中心已经超过600家，而北京市累计设立外资研发中心已近200家，这些研发机构主要集中在高技术领域，其中IT领域的外资研发机构就有100多家。

1999年以来，北京中关村每年诞生2 000家以上的科技型中小企业，吸引了近50万高素质的从业人员。目前，园区共有归国留学人员创业企业2 400余户，而1999年仅为251户；在园区高新技术企业创业就业的归国留学人员6 000多人，与1999年的1 052人相比，增长了5倍多。中关村已成为大量科技型中小创新企业和高素质人才的聚集地。一批高素质留学人员已成为中关村利用国际国内两个市场、两种资源的重要载体，成为高新技术产业发展的重要力量。

政策方面，2004年中关村海淀园管委会为促进园区企业发展，管委会最新出台了20项扶持中小高新技术企业的优惠政策，并专门设立了1亿元资金作为对企业的直接资助。在这20项优惠政策中，有15项涉及对企业资金上的直接资助。如对国家有突出贡献的优秀人才在海淀创业，可一次性得到30万元的创业资助；对于申请管理咨询的企业，政府将给予不超过咨询费用50%的补贴，最高可达10万元；对符合条件和支持原则的企业，在购置、租赁生产办公用房用于科技项目开发或生产时，政府给予部分资金支持，金额不超过1 000元/平方米，面积不超过2 000平方米；企业科技开发、新建产业项目、技改项目等贷款，贷款期限不超过3年的，政府将给予贷款贴息，贴息比例最高不超过利息的50%，每家企业每年最高贴息限额100万元等。2004年总额为1.74亿元的北京市财政专项资金分别对361个高新技术成果转化项目提供资金支持12 598万元，对32家孵化基地及399家在孵企业提供资金支持4 529.5万元，对2家科技中介机构和3家风险投资机构提供资金支持285.2万元。

2004年，北京市中小企业申请担保资金根据新的《北京市中小企业担保资金管理办法》操

① 资料来源：《北京日报》。

作，这为北京市中小企业融资担保可持续发展创造了条件。北京市政府和人大部门也对风险投资提供了有力的支持，从1997年10月至今已经有11项政策法规出台推动风险投资的发展。像近年出台的《北京市风险投资机构享受财政专项资金支持确认办法》、《北京市关于进一步促进高技术产业发展的若干规定》、《中关村科技园区条例》、《北京市财政支持高新技术成果转化项目等财政专项资金实施办法》以及《中关村科技园区高新技术企业股权奖励试点办法》等都为北京市风险投资业的发展提供了有力的法律支持，并且一些条例随着风险投资业的变化也在不断做些有益的修改，如《中关村科技园区条例》在2003年底至2004年初做了13项重大的变动，使之更适应现实操作，从而更快地推动风险投资业的发展。

尽管北京的风险投资从1985年起步，经过十几年的发展，取得了一些进展，但目前仍然未能形成一个独立的产业，也难以在高科技产业化方面起主导作用。北京市有着良好的风险投资环境，但目前北京市风险投资业的发展却一直在原地踏步。据科技部风险投资研究所王伟光博士介绍，目前，在北京的风险投资机构大致有1/3还在坚持，有1/3的风险投资企业虽然还挂着风险投资的牌子，实际上已经不再做风险投资业务，另有1/3的风险投资企业已经转行。

之所以出现这个现象，应该从两个方面来找原因：一是政府管理层面，一是创业企业自身。虽然北京市政府和中关村管委会对风险投资也比较重视，但是在改革的力度上不够。北京市已经连续好几年在风险投资上没有什么实质性的政策出台。而浙江、江苏、安徽等地在地方政府的支持下，风险投资环境得到明显改善，它们不光吸引了北京一部分资金和人才的外流，而且还吸引了一部分创业企业以及项目的外流。作为民营或外资的风险投资公司，哪个地方的政策环境好，自然就会往哪个地方投。而且北京的一些创业企业往往自诗清高，漫天要价的现象比较普遍，比如评估价值明明是两千万，可他会说是两个亿，这让风险投资的投资成本变高。

另外，北京市在促进高新技术发展上没有新的招数，在制度设计上也没有什么新的举措。比如，同样在资金投入上，北京的做法大都是围绕着项目本身来投钱，最终也只体现在项目本身上。而上海、江苏、天津等地的做法，则是把资金用在投资环境建设和对整个风险投资行业的支持上，通过引导资本对高新技术产业的投入，带动整个产业的发展。与其他地方相比，北京在为发展中小科技企业提供创业环境上做的也不够，中小企业面临着产业化成本过高的问题。北京市的高科技产业相对比较分散，战线拉得过长，与之相配套的产业结构又不完整。而在长三角和深圳地区，完整的产业链使得企业的发展成本要比北京低得多。比如在上海，一个新的产业可以很快地辐射到周边城市，而在与周边省份差距较大的北京，这几乎是不可能的①。

尽管如此，北京具有良好的投资环境和人才优势，仍然是中国风险投资机构优先选择的地方之一。

二、上海市风险投资发展概况

作为国内整体经济实力和投资环境最具竞争力的地区之一，上海一直是我国风险投资的热点地区。据不完全统计，我国各类风险投资机构数量达400家，其中上海投资机构的数量为189家；我国风险投资机构管理的资金总量达550亿元，其中上海风险投资机构管理的资金为260亿元。上海无论在机构数量还是资金数量上，几乎都占据了全国总量的一半②。虽然在土地、劳动力等

① “创投为何疏远了北京”，深圳市创业投资公会，2004年7月20日。

② 上海技术交易所网站，2004年5月11日。

商务成本方面上海并不占优势，但上海的法律环境、知识产权保护、人才、信息沟通等软环境指标在国内具有明显优势，使投资者受益匪浅。加之其独特优越的地理位置和中国经济的中心地位，上海成为投资者的首选地区之一。

上海的风险资本主要投向了电子信息、软件、生物医药和新材料为代表的高科技行业。上海的高新技术产业体系非常发达，在全国处于领先地位，为投资者营造了良好的投资环境。成立于1992年7月的上海张江高科技园区，是国家级的高新技术园区。1999年8月，上海市委、市政府制定了“聚焦张江”的战略决策，明确园区以生物医药和信息技术两大高科技产业为主导产业。经过12余年的发展，张江园区构筑了国家上海生物医药科技产业基地、国家信息技术产业基地和国家科技创业基地三大国家级基地，形成了生物医药、集成电路和软件三大主导产业。

生物医药产业目前已形成由罗氏、阿莫仙、先锋药业等42个国内外一流药厂组成的产业群体，引进中科院药物所、国家人类基因组南方研发中心等31家研发机构，以及以120多家中小型科技企业为代表的创业群体。信息产业基地以集成电路和软件产业发展为龙头，带动了计算机和通讯、光电子、信息安全、银行卡产业共同发展。目前，园区内集成电路企业已经超过130家，占到国内行业的半壁江山。随着中芯、宏力和贝岭等晶圆制造项目落户园区，已聚集了芯片设计、硅片制造、封装测试及设备供应等相关企业和研发教育机构，集成电路产业链在张江初步构成。经过几年的努力，面积12万平方米的浦东软件园已成为“国家软件产业基地”，2004年初，成为5个“国家软件出口基地”之一，规划面积达到58万平方米。微软、花旗、毕博、金蝶等一大批知名软件企业进驻园区，“国家软件产业基地”的集聚与辐射效应已经展现①。

科技创业基地建有多模式、多类型的孵化器，突出体现了创新创业功能。园区内发达的高科技产业体系和良好的创业氛围，吸引了广大海内外投资者。2004年，张江园区计划完成土地开发区域面积3平方公里，引进项目200个，吸引合同外资7亿美元，吸引内资35亿元，园区销售总额达到250亿元，实现固定资产投资105亿元②。

为履行中国加入世贸组织的承诺，上海放宽了对外商投资的限制，修改了外商投资产业指导目录，为境外投资者在上海投资创造了有利条件。据上海市外资委的统计数据：2004年1月～11月，上海实际到位外资58.01亿美元，同比增长14.2%；人均吸收实到外资434.86美元，为全国人均水平的10.45倍。近年来，上海抓住全球产业转移的有利时机，积极引进外商投资高新技术企业，不断推动产业升级，提升引进外资的质量和水平。

跨国公司地区总部和外资研发中心等“总部经济”项目，成为2004年上海外商投资的一个亮点。2004年，上海新批跨国公司地区总部30家、外资投资公司14家、外资研发中心140家。通用汽车、伟世通、资生堂、开利空调等跨国公司均在上海新设地区总部，亚申科研发公司、雅马哈发动机公司、雪樱汽车研究开发（上海）公司等外资研发机构也纷纷落户上海。截至2004年底，落户上海的跨国公司地区总部累计达到86家、投资性公司105家、外资研发中心140家。上海已成为除香港地区外，我国“总部经济”项目投资最集中的城市③。

在风险资本的投入机制和运作方式上，上海抛弃了单纯依靠政府投入的做法，结合具体情况，积极探索出新的发展模式。通过政府投入“种子”资金作为启动资金，带动社会资金的积极

① 转引自上海张江高科技园区。

② 中国风险投资联盟网站，2004年5月12日。

③ 上海投资网，2004年12月30日。

参与，共同投入科技创新和成果转化，为上海高新技术成果的产业化提供了重要财源。上海已产生政府资金作引导、广泛吸纳海内外资金的效应。上海先后成立的上海科技投资公司、上海创业投资公司等风险投资机构，政府累计投入资金12亿元，但其带动的社会投资现已近60亿元，投资项目超过100个。上海科技投资公司近年来投资的29个项目，公司总投入4.3亿元，同时拉动社会资金21亿元，支持了交大慧谷、万达信息、全光网络、科技同济、中科合臣等一批科技先导型企业，形成了年产值逾30亿元的产业规模。上海创业投资公司与上海、北京和海外的13家投资机构以及管理公司合作，建立了张江、交大、复旦、清华、中科生命孵化、漕河泾等风险基金，带动社会资金达31.24亿元，其中包括2.3亿美元外资，总的投资规模已达37亿元①。上海投资机构的类型和组织也呈现出多样化的趋势，除专职的投资机构外，许多上市公司、大型企业集团也涉足风险投资业。

上海的资本市场和金融市场非常发达，为风险投资提供了较完善的配套服务。包括证券市场、外汇市场、产权交易市场、资金拆借市场和保险市场在内的金融市场体系正在逐步完善。随着中国加入 WTO，多家知名外资银行纷纷在上海开设分支行，提供金融服务。2004年3月，美国银行的中国首家支行在上海正式投入服务，德国北德意志州银行上海分行也正式营业。6月，花旗银行在上海开设了其在内地的首家个人财富管理中心。汇丰银行2004年也在上海新设支行。

2003年底成立的上海联合产权交易所通过产权交易的“快速通道”，为投资者发挥了独特的“交易平台”作用。2004年上半年，上海联合产权交易所交易总量达1 481.61亿元，同比增长10.78%，使各类企业新增现金投资266.84亿元；成交技术产权交易902宗；成交拓展市场交易1 427宗；促成异地并购387宗，交易总量230.3亿元。其中，外地投资者通过异地并购进入上海投资的交易量，占上海异地并购总量的80%②。上海新一轮的发展前景、优化的投资环境和优质的配套服务，吸引了越来越多的海内外投资者通过异地并购方式进入上海发展。许多有实力的国外投资者和跨国公司开始以直接并购国内企业的形式代替新建项目的投资。如法国最大的电讯企业阿尔卡特有限公司并购上海贝尔公司，成立了上海阿尔卡特有限公司。上海联合产权交易所同时也为风险资本的退出建立了一条“快速通道”。在为科技企业提供融资服务的同时，也使风险投资在获得成功后能及时退出，实现资本增值。资本渠道的流畅运作，有力地推动了上海市风险投资更好的发展。

上海拥有丰富的高素质人力资源、良好的市场秩序、完善的产业配套条件以及逐步完善的法制环境和政策环境。为了贯彻落实《上海实施科教兴市战略行动纲要》，上海市委、市政府决定，从2003年～2005年，每年拿出20亿元设立专项资金，用于支持“科教兴市”重大产业科技攻关项目。2004年上海市风险投资的政策环境进一步优化。8月，上海市政府修改了有关促进高新技术转化的“18条”政策中的某些条款，删除了不符合 WTO 有关规则、不适应政府职能转变、或难以实际操作的条款，突出优化投融资体制改革，加强了对科技型中小企业的关注，把对一些科技型小企业创新资金的支持同现有的孵化器结合起来；设立区县科技资金，准备市区联手加大对科技型企业创业的支持。在人才建设方面，上海推出了“万名海外留学人才集聚工程”，加速建立“海外赤子交流中心”，积极实施上海“绿卡”制度。上海市政府表示将进一步加强上海公共服务平台建设，完善基础设施建设，为资本、技术和人才提供畅通的渠道，优化投资环境，完善现有政

① 转引自温州技术产权交易所新闻中心。

② 新浪网，2004年7月7日。

策，以吸引更多的投资者来到上海。

三、深圳市风险投资发展概况

深圳经济特区是我国风险投资发展最早，也是发展最为迅速和最为活跃的地区之一。截至2003年底，在深圳登记注册的风险投资公司共计187家，其中境外风险投资机构43家；深圳地区共有实收风险资本总额125亿元，比2000年增长了223%。深圳的187家风险投资机构中，专业风险投资公司85家，相关风险投资管理公司83家，专事服务的风险投资中介机构19家。目前，深圳地区的风险投资机构累计投资项目500多个，累计投资金额50亿元，涵盖了高新技术产业的各个领域①。

深圳市副市长刘应力认为深圳的风险投资行业经过短短四年的发展，已经形成了六大突出特点：其一，风险投资已经具备相当规模；其二，投资机构实现多元化。在深圳诸多的风险投资机构中，政府的投资不到6%，其他绝大部分是个人投资和外企投资；其三，运行模式逐步实现市场化；其四，投资领域专业化趋势明显；其五，创业环境逐步走向国际化；其六，政府扶持逐步实现法制化。深圳近年来陆续推出了一系列法规文件，使深圳的风险投资行业更加规范化②。

深圳的风险投资资金主要投向信息、网络、生物医药、新材料、机电一体化等高科技产业，占投资总额的85%以上。1996年，深圳市政府在原有的几个小工业区的基础上组建了深圳高新技术园区，重点发展以电子信息、生物工程、新材料、光电一体化等为主的高科技产业。目前，深圳高新技术园已成为国家重点支持的五大高科技创业园区之一，聚集了华为、中兴、联想、创维、TCL、方正、富士康、长城、金碟等一批国内民营高新技术龙头企业，同时也吸引了IBM、康柏、朗讯、爱普生、奥林巴斯等众多跨国公司。经过数年的努力，深圳已经形成以政府主办及机构合办的风险投资公司为主体、以境外风险投资机构为重要补充，以高科技贷款担保公司和投资顾问公司为中介配套服务的一系列完整风险投资体系。

深圳一年一度的高交会已经成为高新技术企业与资本市场、风险投资机构三方云集的盛会，每年都吸引大批风险投资机构到场。据不完全统计，参加前四届高交会的风险投资机构不下1 000家，他们为高交会准备的资金超过500亿元。仅2003年的第五届高交会上，参与的海外风险投资机构就有400多家。高交会使深圳成为风险投资的沃土。深圳风险投资活动的活跃，有力地促进了深圳乃至全国高新技术产业的发展。通过投资及后续服务，培育出了金蝶软件、大族激光、科兴生物、航盛电子、同洲电子、金正科技、朗科科技等一批著名民营科技企业。不仅如此，深圳风险投资行业还在规范工资治理结构、建立内部控制制度、完善激励约束机制等方面做了大量工作，取得了积极成效。

深圳的风险资本主要来自大企业、上市公司、民营企业及个人的民间资本，政府投资较少，而且这批专业性风险投资机构已逐渐走向成熟，形成了各自的投资风格。如深圳市创新投资集团、深圳市高新技术投资担保有限公司等政府背景的投资机构风格严谨，偏好于投资内部治理结构健全、管理规范的企业；深圳市国成科技投资有限公司、深圳清华力合创业投资有限公司等投资机构由于拥有较强的技术、管理背景，偏好于投资早期的企业；而深圳招商局科技集团、深圳中海创

① 深圳市市长李鸿忠在深圳中小企业板块启动仪式上的发言。

② 深圳市副市长刘应力在“2004中国风险投资论坛”上的发言。

业投资有限公司等拥有产业集团背景的风险投资机构，主要针对集团产业链中的企业进行投资；深圳高特佳投资集团、深圳大鹏创业投资有限公司等风险投资机构则偏好于投资相对成熟的企业。

2004年5月27日深圳中小企业板的正式启动为深圳的风险投资业带来了重大发展机遇，为深圳风险投资的退出提供了良好的资本市场环境。深圳中小企业板将为深圳高新科技产业带来"羊群效应"，全国高新科技产业都将瞩目于深圳，更多的高新技术企业可能扎堆于深圳，为深圳的高新科技产业再次增加更强大的凝聚力和号召力。虽然深圳目前已形成了比较完整的、开放的金融组织体系和金融市场体系，但近几年深圳创新发展的势头有所减弱，停发新股对深圳金融行业的发展影响更大。中小企业板的启动正好成为深圳金融行业再次腾飞的机遇，将直接促进深圳证券、基金业和风险投资行业的发展，通过资金和人才的聚集和流动效应，也将间接促进深圳银行、保险、期货行业的发展。

另外，随着中小企业板的推出，深圳的风险投资业也在积极尝试多样化的投资退出方式。一些风险投资机构与具有产业集团背景的风险投资机构联合投资，然后将股权转让给合作者，从而最终实现双赢。另外，深圳的一些风险投资机构涉足并购国内多家主板上市公司，通过其控制的上市公司配股和增发资金转让所投项目，如舟仁创投控股亚华种业，清华创投受让粤华电股权等。此外，有些深圳投资机构还采取了海外上市、大股东回购等方式作为退出渠道。

深圳市具有良好的风险投资环境，特别是政策扶持环境。良好的地理位置、气候条件和完备的基础设施，尤其是CEPA签署之后，深圳面临更多的机遇；此外，健全的市场机制、宽裕的资金环境都是深圳吸引风险投资的优势。2004年5月，在深圳市政府三届四次全体（扩大）会议上，对优化投资环境提出了"提高标准，降低成本"的新要求。提高标准就是提高规划建设标准和管理服务标准，降低成本就是切实降低投资成本、营商成本、行政成本和城市的综合运行成本，吸引更多的投资者前来创业发展。

在政策法规方面，2004年1月，深圳市政府出台《关于完善区域创新体系推动高新技术产业持续快速发展的决定》，为深圳市高新技术产业的持续发展提供了有力的支持和保证。在深圳市创业投资同业公会第五次会员大会上，深圳市创业投资同业公会对《深圳市创业投资同业公会章程》进行了修改，公会会长陈玮表示，创业投资公会将把吸引境外投资机构及个人作为2004年的工作重点，加强深圳与世界的互动。随着深圳证券交易所中小企业板的设立，深圳正式启动了中小企业上市培育工程，计划今后5年内每年安排1亿元专项资金用来支持中小企业和民营经济的发展。深圳市政府于2004年7月出台《加强发展资本市场工作的七条意见》，内容涉及资本市场创新机制、深交所中小企业板、提高深圳上市公司质量、券商股票质押贷款和同业拆借业务、基金管理公司业务创新及QDII试点、深港资本市场合作与交流等。深七条的出台，将有利于促进上市公司、中介机构及社会投资者三者的良性互动，有利于将深圳资本市场做大做强，将进一步巩固深圳资本市场服务全国的地位并强化其功能，努力将深圳建设成为中小企业的成长基地、风险投资的乐土、资本市场的中介机构和机构投资者的聚集中心。2004年10月，深圳市政府投资建设的深圳高新区生物孵化器正式启动，这将为深圳高新技术创新提供有力的支持。

无论是从国家宏观投资环境还是从风险投资机构微观运作上看，深圳作为全国风险投资业最活跃的地区，其已进入快速、理性的发展阶段，具体来说将面临四大发展机遇[①]：第一，我国将逐步推进创业板市场的建设。随着一批中小企业上市以及随之而来的收购兼并活动，必将为深圳风

①《证券时报》，2004年3月18日。

险投资营造良好的资本市场环境。第二，我国产权交易市场将进入一个新的发展阶段。国有产权的重组及民营产权的流动将出现一个高潮，必将为风险投资进入和退出开辟新的渠道，风险投资作为投融资活动的主体，将成为产权交易市场的活跃力量。第三，随着我国投融资体制深入改革，民间资本的市场准入放宽，国家将推出一系列支持民营企业发展和民营资本投资的政策措施。在民营经济发展环境不断改善的同时，也将为深圳的风险投资提供更加充足的项目资源。第四，境外投资在我国的投资将有新的大幅增长，政府出台一系列政策鼓励外资投资高新技术项目，这为本土的风险投资带来了新的国际合作机会。此外，社会民间资本参与风险投资事业将更加活跃，这也将为深圳风险投资行业注入新的活力。

虽然，深圳市的风险投资业在2004年许多方面都有很大的改善，但是，专家称深圳的风险投资目前仍有四大障碍①：其一，所投项目由于长期不能退出，预计投资额的80%以上沉淀于项目中，造成资金循环链条中断，投资成本增大；其二，项目投资盲目照搬国外做法，实行少数股权投资，造成信息不对称，管理失控，从企业获得的分红收益很少，大股东回购协议难以履行，部分被投资企业经营陷入困境；其三，闲置资金盲目进入资本市场，资金被套，造成不同程度的潜亏，经营处于困境；其四，内资风险投资机构内部治理不科学，面临着巨大的经营压力，与境外风险投资机构在项目选择、投资方面的竞争中处境不利。

四、天津市风险投资发展概况

天津市风险投资取得了非常迅速的进展，特别是1997年以来，天津市风险投资行业规模不断扩大，已集聚了南开戈德、天大天财、力源电池、海量科技、干细胞基因工程、芯生物等一批高新技术企业。外部环境不断改善，实现了风险投资业的跨越式发展。天津市具有雄厚的科技综合实力和丰富的风险投资资本，每年有1万多项科技成果和专利技术面市，截至到2004年，全市累计注册风险投资机构40多家，注册资本总额达到40亿元。虽然天津市风险投资行业的总体规模仍小于北京、上海或深圳，但自2002年以来，风险投资机构数量、注册资本数额和投资项目连续稳定增加的势头表明，天津市已经成为环渤海地区风险投资活跃的中心城市，并必将跻身国内风险投资的先进行列。

围绕机制创新，天津市重点放在了建立风险投资组织推动体系、政策制度体系、国际合作体系、专业队伍体系及骨干投资机构体系上，初步形成了一个国际化、市场化、民营化、专业化，具有天津特色的风险投资模式，被有关专家誉为“天津模式”。到2003年底，天津市工商登记范围中含科技中介服务的各类机构约3 000多家，科技中介服务总收入达到20亿元以上，增加值约11亿元以上，从业人数约5万人。2004年1月～11月，天津高新技术产业完成产值1 550.3亿元，同比增长37.5%。目前，天津已形成科技服务门类齐全、公共机构与民间机构互补协同发展的格局，初步形成了一批科技服务业的骨干行业，天津新技术产业园区和天津经济技术开发区成为科技服务业发展最活跃的两大发展基地②。信息产业部也已正式批准天津市成为首批认定的电子信息产业基地之一。经过多年的发展和建设，天津电子信息产业已形成了四个专业明晰、生产相对集中的产业密集区：即以移动通信设备及终端产品制造、集成电路和正在兴起的汽车电子为主体的天津

① 《深圳特区报》，2004年8月12日。

② 《科技日报》，2004年2月27日。

经济技术开发区；以绿色能源、软件及系统集成为主导的天津新技术产业园区；以片式元器件、显示器及数字家电生产为主体的西青开发区和微电子小区；以电真空器件为龙头产品的天津武清逸仙园工业区。

经过几年的努力，天津市构建了由风险投资工作联席会、市风险投资发展中心、天津风险投资有限公司、市风险投资协会、高新技术成果转化服务中心等机构为骨干的工作体系。这些机构各司其职，协调配合，共同推进天津市风险投资工作。2004年11月，为加速天津市科技成果向产业和市场的转化，建立起便捷、畅通的技术产权交易和风险投资退出渠道，由天津市高新技术成果转化中心、技术产权交易所、北方技术交易市场、知识产权服务中心和风险投资发展中心五家机构联合组建的天津市技术产权交易公司，在天津市产权交易中心正式挂牌运行。这是天津市建立的覆盖面广、规模大、集成果转化和技术产权交易于一体的综合服务平台，它的成立将为天津市以及国内外科技成果的转化和技术产权的交易提供全方位的服务，也是推动天津市风险投资发展的重要举措。

天津市注重专业人才队伍建设，经常举办风险投资大型报告会、项目交流会、培训班和讲座等活动。天津市风险投资从业人员已达400多人，目前，经过天津市风险投资协会认证的风险投资高级管理人才45名、风险投资项目经理人50名。另外天津市政府发挥政府引导性资金的作用，建立骨干投资体系。政府资金通过以小引大的方式，牵动国际风险投资机构把资金、技术、人才等大量优质资源不断引入天津，发挥了一般招商引资所起不到的作用，形成了天津市高科技招商引资平台。

法律政策方面，为鼓励各经济组织及个人投资于高新技术产业，建立和完善风险投资机制，天津市政府先后出台了相关的优惠政策和规定，其中包括：《关于积极推动我市建立风险投资机制的意见》、《天津市鼓励外商投资高新技术产业的优惠政策》、《天津经济技术开发区促进高新技术产业发展的暂行规定》、《天津港保税区优惠政策》、《天津新技术产业园区优惠政策》、《天津市促进风险投资业发展的暂行规定》、《天津经济技术开发区鼓励风险（创业）投资的暂行规定》等，在投入政策、税收政策、人才政策等方面给予了多项优惠。

天津市依靠自己独特的区位优势、科技优势、人才优势、产业基础优势、广阔的发展空间及投资环境的极大改善，已成为境内外风险资本流入的热点地区。

五、陕西省风险投资发展概况

陕西省的风险投资发展至今已初具规模。截至2003年底，陕西省已注册各类风险投资公司300多家，省外来陕西的风险投资机构40多家；投资管理公司、券商、律师、评估事务所等机构40多家。2002年以来，全省已完成股份制改造的科技企业60多家，累计吸引社会投资20亿元～30亿元。

陕西省的风险投资业务主要集中在西安地区，西安地区已成为国内风险投资最为活跃和集中的地域之一。西安市高新区是国家级高新技术产业开发区，拥有良好的区位优势、科技优势、人才优势和较强的金融辐射力。西安高新区注册各类科技企业3 000多家，其中高新技术企业703家，银行机构20多家，风险投资和其他投资公司140多家，会计、审计、律师等中介服务机构80多家。科技成果的转化和科技企业的孵化，是西安高新区的一大特色和优势。据统计，2004年以来，高新区新增孵化企业115家，引进留学人员138人，累计留学人员企业总数达到364家，参与创业的留学人员累计达到504人，引进IBM西安分公司、日本FTS等国外知名研发机构17家。"百名院士亿元创业工程"起步良好，目前已有9位院士在高新区领衔创业[①]。西安高新区已成为全国高新区中依靠本地科技资源创办创新型中小科技企业数量最多的高新区之一，目前，有6 000多家科技型中小企业在西安高新区创业、发展，并以每年1 000家的速度在增加。

陕西省科技投资中介服务体系日渐完善。在加快和完善社会化科技服务体系建设中，陕西省地市建成了主要为中小企业提供各种技术服务的非营利性的生产力促进中心42家，高新技术创业服务中心5家，大学科技园4个，企业孵化器12个，成立了陕西省技术产权交易所，正在努力使其成为立足陕西、面向中西部地区的技术交易市场。各种中介组织，开展技术、咨询、经纪、知识产权、资产评估等服务，逐步形成了覆盖全省的技术交易网络[②]。

不可否认，陕西省西安地区具有良好的风险投资发展的环境。国家权威统计数据显示，西安科技力量仅次于北京、上海。西安现有科学与技术开发机构672个，其中30个是我国在该专业技术领域最大的研究开发机构，还建立了2 000多家民间科研和技术开发机构；各类专业技术人员42万人，占全市职工总数的25%，科技人员密度居中国大中城市之首；国家及省所属高等院校35所，民办高等院校68所，国家级重点试验室55个，国家级工程研究中心11个，两院院士42人。西安现有大学中拥有6所以电子信息、材料、医药、航空航天、自动化控制专业为主的国家重点大学。西安每年产生科技成果3 000多项，每年500多项科技成果在西安高新区内转化，截至2003年底，西安高新区累计转化科技成果5 000多项，其中列入国家级计划的846项，居全国高新区前列；列入国家发展和改革委员会的高技术示范项目、科技部科技型中小企业技术创新基金的项目均居全国高新区之首[③]。

2004年9月份的投资环境改善月活动中，西安市经济技术开发区搭建了金融服务、中介服务、科技服务、人才服务、招商引资等五个平台，特别是将按年度财政收入预算的一定比例设立"经开区科技发展基金"，与省、市科技部门、著名高校和科研院所合作，重组开发区生产力促进中心，彻底改善入区企业的创新发展环境。

为加大鼓励吸引风险资本投资的力度，陕西省在产业政策制定、投融资体系建设、投资环境等方面大开"绿灯"，尽全力支持民营科技和高新技术产业的发展。2004年，陕西省为促进风险投资业的发展出台了很多优惠政策。1月份出台了《西安高新区知识产权资助基金管理暂行办法》，5月份出台了《关于鼓励和吸引创业资本投资高新技术产业的若干政策》、《投融资扶持政策》、《西安高新区二次创业主要优惠政策》等一系列优惠政策。在此之前已经通过了《陕西省促进关中高新技术产业带风险投资业发展暂行规定》和《西安地区关于鼓励和吸引创业资本投资高新技术产业的若干政策》等条例来支持风险投资业的发展。另外，2003年9月成立的"陕西省风险投资协会"也为风险投资相关的信息交流和资源协调、管理、共享搭建了较好的平台。

六、江苏省风险投资发展概况

江苏省政府在1992年注入1.5亿元设立高新技术风险投资基金作为启动基金，拉开了江苏风

---

① 《西安晚报》，2004年12月16日。

② 西安新闻网，www.xawb.com。

③ 《中国高新技术产业导报》，2004年10月11日。

险投资发展的序幕。近年来江苏省风险投资业发展迅速，很多城市和高新技术开发区都设立了风险投资基金，有效地促进了江苏高科技产业的发展。根据江苏省科技厅和统计局提供的最新统计资料，2004年1月～6月份，江苏高新技术产业实现产值2 663.05亿元，同比增长59.8%；实现产品销售收入2 567.64亿元，同比增长59.3%；出口交货值达1 298.49亿元，同比增长70.88%①。

根据江苏省创业投资研究中心（2003）对全省创业投资机构的调查资料显示，江苏省的风险投资主要集中在软件、通讯、医疗保健、光电子与光机电一体化、制造业和其它信息行业，占全部投资项目的绝大多数，这些行业都是国家和江苏省重点发展和扶持的对象。2004年，风险投资在这些行业的表现依然非常活跃。10月，美国国家半导体公司表示将在苏州组建我国第一家制造工厂，初步计划在该厂投资2亿美元。10月中旬，江苏基因药物中心在南京成立，旨在开发出有自主知识产权的高端产品，推动江苏基因药物产业的发展。11月，《江苏省软件园徐庄规模发展区详细规划》已获得批准并正式开工建设。该项目总投资预计15亿元，将成为江苏最大的软件基地，建成后也将成为全国十大软件产业基地之一。

江苏省近年来成为外国和港、澳、台地区对中国大陆投资最集中的地区之一，国家级开发区成为江苏利用外资的主要载体。江苏省12个国家级开发区2003年实际到账外资为45亿美元，占江苏实际利用外资总数的29%。苏州工业园区、无锡高新区、苏州高新区3个国家级开发区，新批协议外资规模超过10亿美元②。2004年，英国柏莱普建材公司、瑞士罗记科技公司、美国维能科技公司等企业纷纷落户苏州高新区，欧美企业已累计超过300家，累计注册资金22亿美元。其中2004年1月～10月，新增欧美企业34家，注册资金3.63亿美元，同比增长150%以上③。日资企业也加快了在江苏省的投资进程。无锡高新区仅2004年上半年就引进日资项目32个，总投资7.82亿美元。到2004年底，在苏州高新区投资的日本企业已超过200家，总投资超过35亿美元，形成了一个日资企业群。这些企业投资主要集中在电子信息、精密机械等产业④。

与此同时，江苏各大高新区还设法提供良好的投资氛围和优质的服务水平，吸引海外留学生前来投资创业。其中，苏州工业园区和高新区已成为海外留学人员聚集的重点地区。位于苏州高新区的苏州留学生创业园自1996年挂牌以来，带动了一大批海外留学生来到这里创业投资。2004年前10个月，苏州已吸引239名留学人员前来创业，比上年同期增长了20%⑤。

江苏省的风险投资虽然已经初具规模和初见成效，但同我国其他风险投资发达的地区相比，仍然存在着较大的差距。江苏省风险投资的发展主要靠政府扶持，风险资本主要来自于政府的财政拨款，而像风险投资较发达的上海地区，风险投资领域就吸引了大量的民间资本和外国资本。国外风险投资发展的成功经验也说明，政府在风险投资中扮演的角色主要是良好投资环境的提供者。

为了优化投资环境，进一步推动江苏省风险投资的发展，江苏省委、省政府先后出台《关于进一步推进科技成果转化和高新技术产业化的若干规定》、《江苏省科技发展风险投资基金管理办法》等一系列政策。为了给风险投资者搭建投资平台，2004年5月江苏省发展和改革委员会与

① 《中国高新技术产业导报》，2004年9月17日。

② 新华网，2004年3月1日。

③ 《中国高新技术产业导报》，2004年12月8日。

④ 《中国高新技术产业导报》，2004年12月10日。

⑤ 《中国高新技术产业导报》，2004年11月24日。

南京财经大学联合设立了“江苏创业发展中心”，开展创业方面的政策研究，举办各种有利于掀起创业热潮的重大活动。同时，总投资3亿元的江苏省科技成果转化专项资金也正式启动实施。此举旨在进一步提升江苏省科技成果的转化能力，为具有自主知识产权的高新技术产业提供支撑。2004年7月，江苏省工商业联合会中小企业委员会正式成立。会上讨论通过了《江苏省工商业联合会中小企业委员会职责任务与工作计划》和《中小企业委员会2004年度工作计划》，为改善江苏省中小企业的生存环境和促进中小企业的健康发展做出了积极的贡献。逐步完善优化的政策环境必将更好地促进江苏省风险投资业的发展。

第三章　台湾风险投资业发展现况与展望①

本章综述了我国台湾地区的风险投资发展状况。首先，分析了台湾地区风险投资业发展现状和绩效，分别从筹资、投资、投资阶段、投资收益等几个方面进行了详细的描述。其次，对台湾风险投资行业重点投资对象进行了分析。最后，本章对台湾风险投资业所面临的问题与挑战进行了分析，并对台湾未来风险投资业发展进行了展望。

一、前言

由于美国风险投资公司（Venture Capital）扮演高科技产业技术与资金媒合的关键角色，有鉴于此，台湾在1983年颁布《创业投资②事业管理规则》，将资金引导至高科技产业。综观过去台湾科技产业之繁荣与发展，风险投资公司实功不可没。为了更进一步推动风险投资产业的活络，台湾在2004年提出“风险投资基金计划”，加上过去行政院开发基金与交通银行共同执行的两期“创业种子基金计划”，预期到2011年“1 000亿风险投资基金计划”届满时，整个募集的资金将可转投资1 500家公司，增加2.5万个就业机会。因此，本文欲藉由审视台湾风险投资公司的发展状况，分析风险投资公司经营绩效与重点产业投资分析，期能窥知台湾风险投资公司的未来发展趋势。

二、台湾地区风险投资业发展现况与绩效分析

（一）风险投资公司设立家数与资本形成分析

由于科技类股股票的扬升，台湾地区在1996年开始引发风险投资公司的设立风潮，而在1999年更成为台湾风险投资设立家数最多的一年，但是，在取消投资抵减的租税优惠后，风险投资热潮稍为衰退。截至2003年底为止，台湾风险投资公司的总家数为241家，实际营运家数为214家，总实收资本额为新台币1 717.1亿元，平均资本额则为新台币8.02亿元（见表3.1）。历经20年累计投资8 719案，总投资金额高达新台币1 619亿元，其中约1 100亿元直接投资台湾本土科技产业，协助创业家带动产业资本形成达新台币1.6兆元的规模，历年被投资公司先后已有182家在台湾证券交易所上市③、126家在台湾柜台买卖中心上柜④，以及99家的海外被投资公司在NASDAQ上市。

---

① 本章内容由台湾高雄第一科技大学陈振远教授提供。

② 亦即“风险投资”，此字词源自英文Venture Capital，就字义而言应为“风险性资金”，然而VC在引进台湾时，当时李国鼎先生为免一般人望文生义，视“风险”而却步，故将其译为“创业投资”，并在台湾沿用至今。

③ 此数据为2003年12月31日以前在台湾证券交易所挂牌上市的公司的总计，并不包括风险投资公司曾经投资，但目前已下市或被合并的公司。

④ 此数据为2003年12月31日以前在台湾证券柜台买卖中心挂牌上市的公司的总计，并不包括风险投资公司曾经投资，但目前已下柜、转上市或被合并的公司。

表3.1 台湾风险投资业现状比较（1996年～2003年）

年份	1996	1997	1998	1999	2000	2001	2002	2003
年度风险投资公司总数	48	76	114	160	192	199	217	241
新设立家数	14	28	38	46	32	7	18	23
实际营运家数	47	72	107	153	170	176	194	214
当年度实收资本额（亿新台币）	254.60	426.31	729.32	1 034.25	1 280.76	1 341.07	1 512.88	1 717.1
当年度新增资本额（亿新台币）	67.57	171.71	303.01	304.93	246.5	60.31	171.81	204.22
平均每家风险资本额（亿新台币）	5.42	5.92	6.82	6.76	6.96	7.62	7.80	8.02

数据来源：台湾创业投资商业同业公会。

（二）台湾风险投资公司基金管理形态分析

目前台湾地区214家风险投资公司的经营形态，包括委托基金管理公司管理、风险投资公司自行管理，以及委托其他风险投资公司管理等三种方式。其中委托基金管理公司管理的经营方式比例，已从1996年的57.44%提升到2003年的85.98%；而自行管理及委托其他风险投资公司管理的比例却分别从1996年的29.79%及12.77%，大幅下跌到2003年的12.15%及1.87%（见图3.1）。分析其原因可能在于各风险投资集团为因应竞争加剧的威胁，因此必须借由统合各风险投资的经营与管理，发挥业务开发、投资评估与管理的综效，以提高资金的使用效率，增加投资绩效与提升投资风险的承担能力。

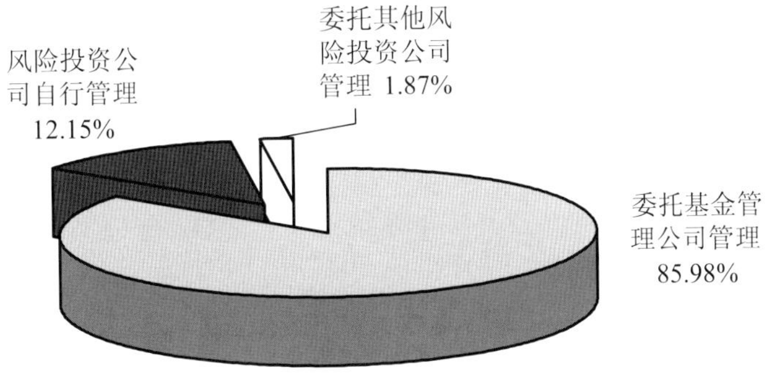

数据来源：台湾创业投资商业同业公会。

图3.1 2003年台湾地区风险投资基金管理形式分布

（三）台湾风险投资公司资金来源分析

台湾风险投资公司的主要资金来源为法人公司、投资机构及个人投资者，至2003年底为止国内法人投资金额占总实收资本额的77.93%，其次依序为国内个人、国外法人、其它及国外个人。在国内法人的投资金额中，又以一般产业占25.74%、科技产业占13.38%为最多（见图3.2）。

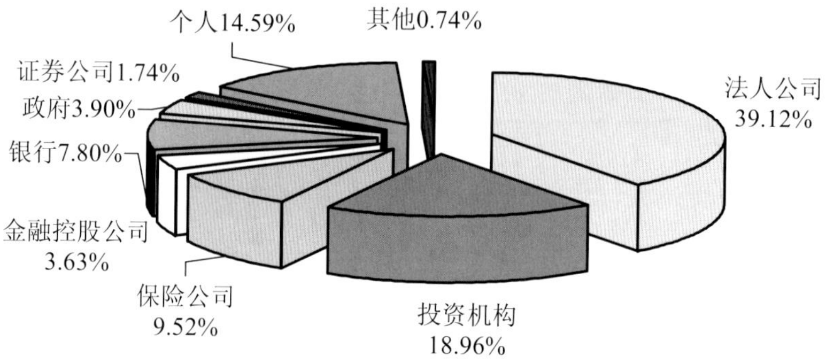

数据来源：台湾创业投资商业同业公会。

图3.2 2003年台湾地区风险资本来源部门分布

（四）风险投资公司投资金额分析

随着风险投资公司的新设与景气的复苏，台湾地区风险投资公司的新增投资金额逐年提高，由1996年的新台币88.13亿元提高到2003的投资金额为165.4亿元（见图3.3），2003年新增投资案数1 159个（见图3.4）。但是，值得注意的是，以累计平均每案投资金额的变化而言，由1996年的新台币2 473万元，逐年衰退至2003年的1 857万元；以各个年度平均每案投资金额的变化而言，2003年的平均每案投资金额仅为1 430万元，约为1996年的76.43%。此个案投资金额下降现象的原因有三：一是众多风险投资公司争相抢夺案源，产业的竞争日趋严重；二是成熟案源开发不易，乃以较小的投资金额往高风险的早期投资阶段发展；三是由于有85.98%的风险投资公司采取以委托专业管理公司经营的模式，故管理公司将所开发的案源平均分配，使得各个风险投资公司所分配到的投资金额缩小。

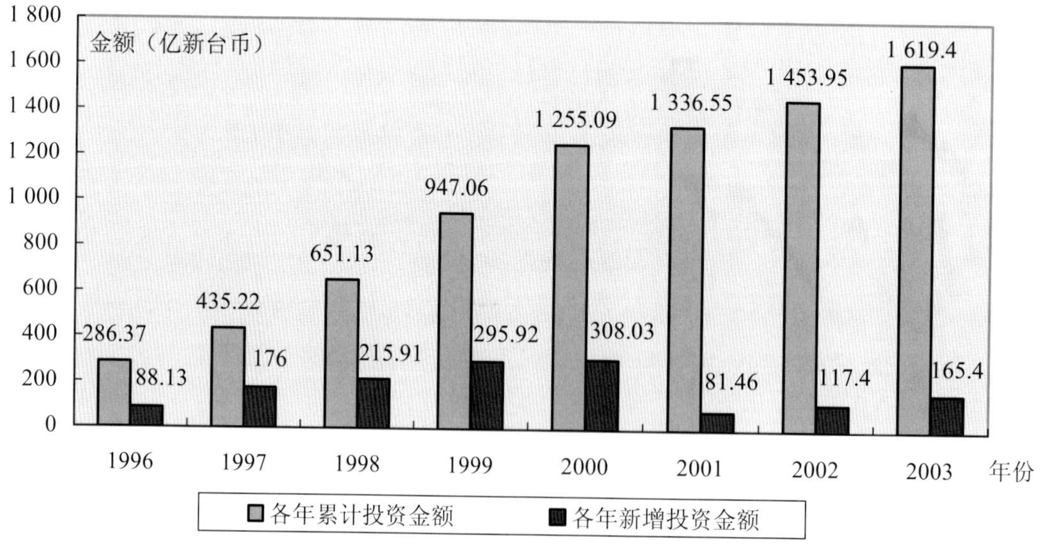

数据来源：台湾创业投资商业同业公会。

图3.3 台湾地区风险投资金额分布情况

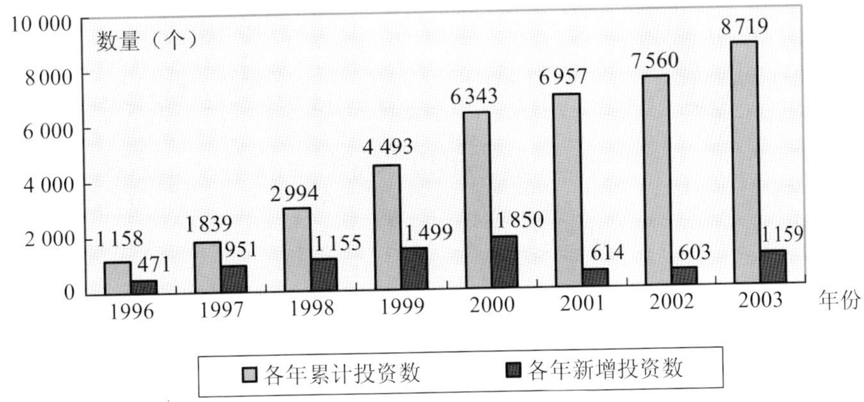

数据来源：台湾创业投资商业同业公会。

图3. 4 台湾地区风险投资项目数分布情况

（五）台湾风险投资阶段分析

台湾地区风险投资在发展早期都主要投资于风险和回报相对较小的后期阶段。随着台湾地区风险资本市场的成熟，加上激烈的市场竞争，资本家开始投入初创和发展阶段的新公司，以获得更高的收益。2003年投资于种子期的风险资本比例为5.89%，比2002年略有提高；投资于初创期的风险资本比例为18.22%，与2002年相比有较大幅度的下降，但是投资早期阶段（包括种子期、初创期）的风险资本比例仍然比较大，达到了24.11%。扩张期仍然是台湾地区风险投资最为集中的阶段，2003年投资于扩张期的风险资本比例高达48.24%（见图3.5）。

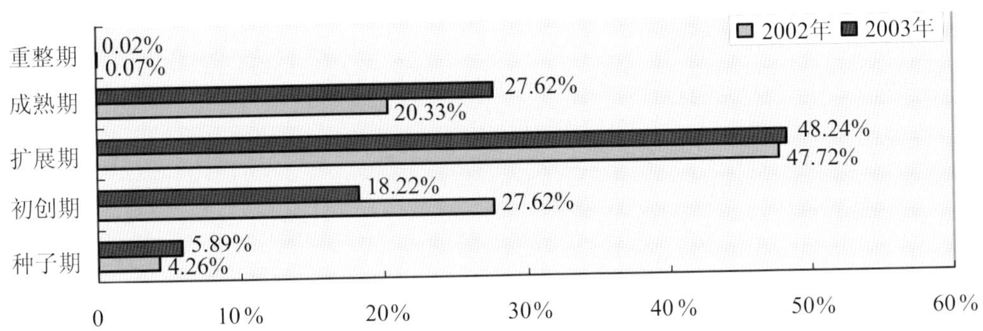

数据来源：台湾创业投资商业同业公会。

图3. 5 台湾地区风险投资额的阶段分布情况

（六）台湾风险投资公司投资绩效分析

台湾风险投资公司的报酬已大幅衰退，2003年全体风险投资公司平均的每股盈余（EPS）仅为0.12，而投资亏损的公司高达41%，但相比2002年每股盈余0.05元已经大有改善（见图3.6）；此反应随着风险投资业家数逐年上升，市场已呈饱和的状态，在好的案源数目无法同比例提高下，风险投资公司必然会遭遇边际投资报酬率递减问题，再加上2000年全球E-Commerce投资泡沫化的冲击，乃造成近年来许多风险投资公司投资案的亏损。

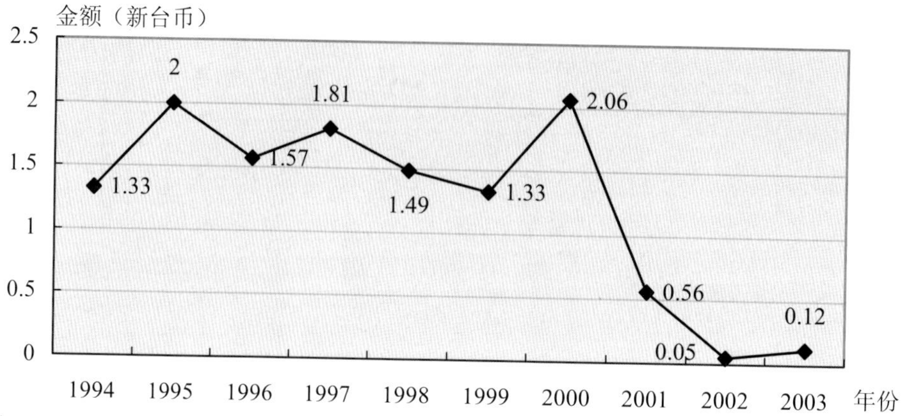

数据来源：台湾创业投资商业同业公会。

图3.6　风险投资每股盈余分布趋势

三、台湾风险投资行业重点投资对象分析

由于光电与通讯产业的快速发展，已成为各国风险投资公司竞相投资的标的。在1996年～2001年间，台湾风险投资公司对光电产业的投资金额更呈爆发性的成长，投资金额从新台币5.48亿元增加到42.2亿元，成长幅度达770%，投资比重从6.2%提升到23.6%，首度超越半导体产业，成为风险投资主要投资产业的第一名。2002年的投资金额虽下滑，但在台湾大力推动“两兆双星”产业[①]政策下，以及光电大厂大幅投资TFT-LCD显示器等光电产品需求的驱动下，2003年风险投资对光电产业的投资额为27.83亿元，仍为第二大投资产业，且光电产品目前处于汰旧换新期，数码相机、照相手机，还有LCD TV、PDP TV与CRT TV的世代交替，使光电产业仍具有一定的成长潜力。由于光电产业目前处于高成长期，故预料未来仍将为风险投资公司之投资重心所在。2003年风险投资公司投资在通讯产业的金额为15.6亿元，较2002的34.8亿元呈现大幅衰退，显示通讯产业目前处于新旧科技交替之际，在新的市场机会出现之前，风险投资对此产业处于观察的态度。

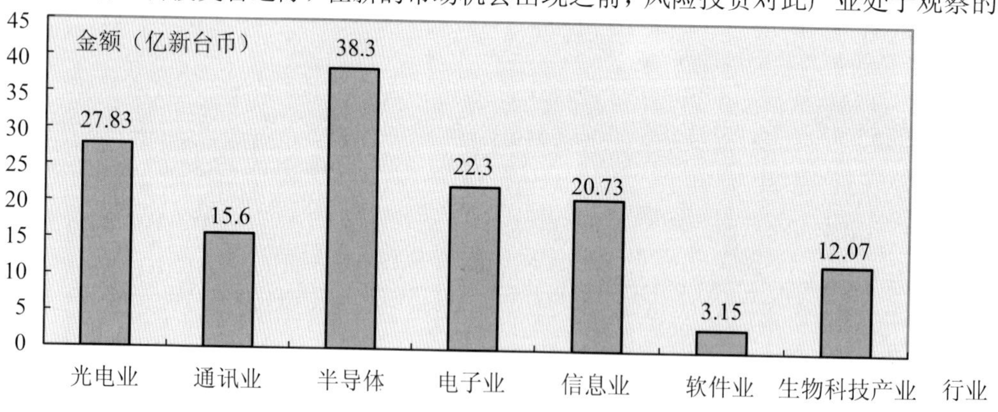

数据来源：台湾创业投资商业同业公会。

图3.7　2003年台湾地区重点行业投资金额分布

① 所谓的“两兆双星”产业，系指未来在2006年时，台湾的半导体产业与TFT-LCD显示器两项产业的产值突破1兆元，并且推动数字内容与生技产业成为具发展潜力的明星产业。

台湾的半导体产业一向在全球市场中有不容忽视的地位，亦为台湾风险投资产业的主要投资标的之一。风险投资公司对半导体的投资金额在2000年达到高峰，2001年开始下滑，但其投资金额比重仍高达22.3%；随着光驱芯片组、液晶显示器(LCD)驱动、控制芯片需求上升和在线游戏热卖，增加对高阶绘图卡的需求，2003年半导体产业逐渐复苏，风险投资公司在此产业的投资金额为38.3亿元，投资比重为23.15%。半导体产业再次成为台湾科技发展与风险投资业者关注的焦点所在。

由于台湾电子业的产业价值链最为完整，且具有明显的产业群聚效果，故历年来风险投资公司对电子业的投资金额皆维持一定的水准，占整体投资金额的比重约在8.5%～18.7%之间。由于2001年经济不景气的影响，导致投资活动趋缓，但风险投资公司投资电子业的金额仍占整体投资金额的11.2%，排行主要投资产业的第四位。随着景气的回温，2003年风险投资公司投资电子业的比重提高至22.3亿元，排行投资产业的第三位，可见电子业对台湾的经济具有一定程度的影响力。

虽然信息产业在2000年的成长开始趋缓，风险投资公司在此产业的投资金额有所调降，但随着PC换机需求逐渐浮现，带动计算机暨外围产品需求成长，且LCD TV、Mini PC、DSC等消费性电子商品普及率日益提高，使信息产业走出2001年、2002年的低潮期，2003年风险投资对信息产业的投资额为20.73亿元，成为风险投资公司主要投资产业中的第四位。

台湾的风险投资公司对软件业的投资金额自1996年开始呈现逐年递增，但由于2001年受到全球经济不景气的影响，投资金额的比重下滑至4.2%，并处于谷底，2003年风险投资公司对软件产业的投资额为3.15亿元，相较于2002年的3.1亿元仅为持平；由于生物科技产业的快速发展，2003年风险投资公司在生物科技产业的投资金额达12.07亿元，与前一年的9.0亿元相比，成长了34%，投资比重跃居为风险投资主要投资项目的第六大产业，且相较于1996年仅投资0.3亿元而言，大幅成长了1 413%。未来在“两兆双星”产业政策推动下，属于明星产业的数字内容与生物技术产业，仍将成为风险投资公司的重点产业（见图3.8）。

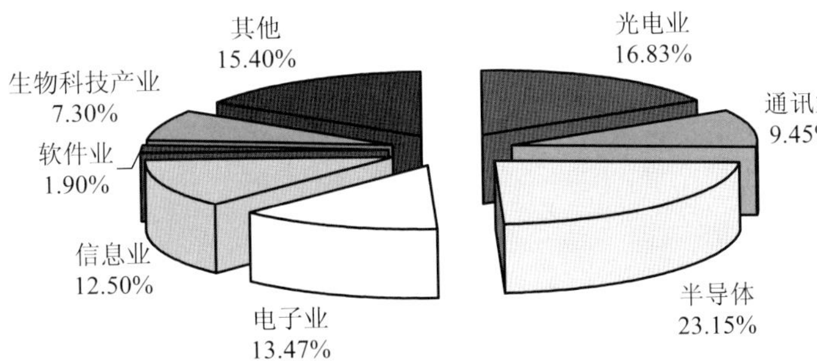

数据来源：台湾创业投资商业同业公会。

图3.8 2003年台湾地区重点行业投资金额所占比分布

四、台湾风险投资业所面临的问题与挑战

台湾风险投资公司在《创业投资事业范围与辅导办法》颁布后，废止租税优惠措施[①]，代表

① 台湾过去为鼓励民间资金投入风险投资事业，因此给予风险投资公司的股东，在其持股满两年后，享有投资金额20%的投资抵减优惠。然而，此项优惠措施在1999年12月已废止。依据台湾风险投资商业同业公会之估计，虽然20年来台湾因风险投资股东享有的投资抵减金额，造成政府税收短少约为新台币50亿元（台湾风险投资商业同业公会，2002），但却也造就了台湾科技产业的蓬勃发展。

着风险投资公司已正式进入崭新的经营年代。在市场胃纳有限、僧多粥少情况下，台湾的风险投资公司已然呈现白热化的竞争局面，未来业者如何有效地开发案源，审慎运用资金，将成为风险投资公司最大的挑战。其未来的可能发展如下：

（1）逐渐转向投资早期发展阶段的个案：由于风险投资公司众多，但投资案源未能同步增加的情况下，风险投资公司势将逐渐把投资焦点转向处于种子期及初创期的新兴公司（投资比重已提高至24.11%），甚至于由风险投资公司主动筹设新公司的案例将增加。

（2）风险投资公司之间必将既竞争又合作：虽然未来竞争加剧，但由于早期发展阶段之投资个案，以及主动筹设的投资计划，其资金需求与所面临的风险程度，却皆有赖于同业之间的合作与共同分担风险。

（3）专业化区隔成为募集风险投资资金的主要诉求：由于科技的快速发展与产业分工的日趋精密，风险投资公司未来必须以特定产业为其专业投资对象，采取差异化的区隔定位与投资策略，以凸显公司在特定产业的竞争优势。

（4）必须与国际风险投资公司合资，使风险投资迈向国际舞台：虽然近年来台湾风险投资公司的海外投资比例有所提升，但国际化的脚步仍不够快，必须通过与国际知名风险投资公司的合资（Joint Venture），将台湾风险投资公司推向国际舞台。例如2004年11月台湾的开发基金投资新台币4.5亿元到以色列的GIZA IV创投基金，借此加强与以色列之间的经贸关系，以及建立两国经贸技术合作平台。

五、结语——两岸携手创造双赢

除了未来推动募集千亿元风险投资资金外，为协助国内风险投资产业突破发展瓶颈，台湾亦于2004年放宽风险投资公司的资金运用限制，以及松绑风险投资公司投资对象的限制，其修正的要点包括：允许在原投资事业“挂牌时持股总金额额度”内，买回先前已处分的原始投资事业股票，且买卖次数不限；准许从事债券型基金等投资；开放风险投资公司投资金融、信息及流通运输等服务业。这些法规措施的松绑，使台湾风险投资公司的资金运用与退出机制更为健全，将提升台湾风险投资公司的竞争力①。

展望未来，台湾下一阶段的风险投资政策，应该是会放宽风险投资基金的筹募对象与金额。换言之，台湾当局将会加速开放邮政储金及各种退休基金投资风险投资公司；提高保险、银行与证券业对风险投资公司的投资上限；积极推动风险投资公司上市上柜，活化资金回收通道。

近年来，台湾有不少风险投资公司进驻大陆，并一度蔚为风潮，但是，曾几何时，由于缺乏健全的退出机制，使得台湾风险投资公司前进大陆的脚步趋缓，甚至于开始撤资，此项资本市场的结构问题实不容忽视，以吸引海外风险投资资金进入大陆，带动大陆高新技术产业的大跃进。

综言之，在面对日益竞争的经营环境下，台湾应整合风险投资公司的发展方向，并进一步放宽风险投资公司赴大陆投资的限制，以促进海峡两岸技术与人才的交流，结合华人社会的管理与行销优势，携手合作扶植两岸风险投资公司，以共同促进大中华经济圈的科技发展与产业升级。

---

① 在2000年以前，中国大陆风险投资机构的数量增长很快，但2003年却首次出现负成长，并且比上年大幅减少21.3%。造成风险投资总量缩减的原因，除了市场景气衰退外，主要因为缺乏完善的多层次资本市场，使得资金退出的渠道不畅，降低风险投资的投资意愿与报酬。

第四章　海外风险投资发展概况

本章通过综合来源于“普华永道全美风险资本协会”、“欧洲风险投资协会”、“亚洲风险投资杂志”等大量权威的海外风险投资数据和资料，对海外风险投资业的发展状况进行了概述。对全球风险投资业进行了一个总体性的介绍，并分别对全球不同地区的风险投资发展概况进行了详细的描述。

本章重点介绍了北美、欧洲、亚太三大地区的风险投资业发展情况，主要从风险筹资、风险投资、风险投资收益和风险投资退出方面等进行了分析。在概述了北美地区的总体情况后，详细介绍了北美风险投资的代表国家美国风险投资业的发展状况。欧洲是继美国之后的另一个风险投资重点地区。在描述了欧洲的风险投资概况后，对欧洲风险投资重点地区德国的风险投资业发展情况进行了详细介绍。最后，本章详细介绍了亚太地区风险投资业的发展概况，近两年亚太地区的风险投资显示出了强劲的增长趋势。

第一节　全球风险投资业

风险投资最早出现于19世纪末，至今已经发展了100多年，从最初私人直接投资企业的形式发展到现在风险投资基金的形式，投资规模得到了长足扩展，相关的体制也趋于完善，最重要的是风险投资业的迅速发展给世界经济提供了强劲的动力。

一、全球风险投资业概况

目前，全球风险投资业处于恢复时期。从风险投资筹资额来看，2003年全球筹集约820亿美元的风险资本，与2002年相比下降12%。风险投资方面，全球有大约1 150亿美元的风险资本投资于企业，在2002年的基础上增加了33%。2004年上半年约有481亿美元风险资本投资与企业，筹集风险资金380亿美元（见表4.1）。

一般来讲，总风险投资额和筹资额的变化趋势能大致反映出风险投资业的发展状况，1998年～2003年风险投资的发展状况如图4.1所示。全球风险投资业在这段时期经历了快速增长（1998年～2000年）和持续下滑（2000年～2002年）两个阶段后，开始出现缓慢回升的趋势。

全球风险投资主要集中于三个区域：北美、欧洲和亚太。1998年～2003年，北美地区年累积风险投资额达4 119亿美元，占全球风险投资额的60%；欧洲累积风险投资额为1 830亿美元，占26%；亚太地区为64.23亿美元，占9%（见表4.2）。2003年投资于这三个区域的风险资本占当年全球风险投资的97%，其中北美占52%，西欧占30%，亚太占15%。

表4.1 全球近两年总风险投资状况一览(单位：10亿美元)

项 目	2002	2003	增长同比	2004年上半年
总风险投资额	86	115	33%	48.1
总风险筹资额	93	82	-12%	38
用于科技型企业的风险投资额	-	38	-	-
用于种子期的风险投资额	-	-	-	4
用于扩张期的风险投资额	-	21	-15%	-
并购基金	-	73	61%	28.3

数据来源：普华永道/风险经济/NVCA年报/CVCA年报/EVCA年报/AVCJ报告。

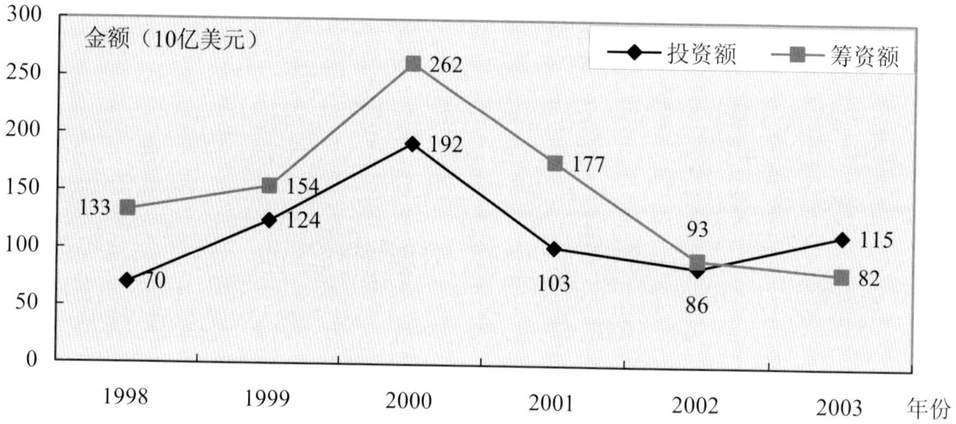

数据来源：普华永道/风险经济/NVCA/CVCA年报/EVCA年报/AVCJ报告/拉丁美洲私人权益投资分析/SAVCA私人权益调查报告。

图4.1 全球风险投资额与筹资额的增长趋势

表4.2 全球各区域1998年～2003年累计风险投资和筹资额(单位：10亿美元)

区域	风险投资额	风险筹资额	差额
全球	690.63	910.45	219.82
北美	411.93	600.32	188.39
欧洲	182.96	221.62	38.66
亚太	64.23	58.15	-6.08
中东和非洲	13.25	11.86	-1.39
中南美洲	18.26	9.50	-8.76

数据来源：普华永道/风险经济/NVCA/CVCA年报/EVCA年报/AVCJ报告/拉丁美洲私人权益投资分析/SAVCA私人权益调查报告。

二、全球风险投资行业分析

风险投资推动了高科技行业的快速发展，风险投资额的很大比例也都投向了高科技行业。因此，在分析行业状况时本节将以高科技行业作为重点。1998年～2003年，全球总风险投资额和对高科技行业的风险投资额变化趋势如图4.2所示。2000年以前，伴随着总风险投资额的增长，对高科技行业的风险投资总额也呈增长趋势；2000年中期，对高科技行业的风险投资额达到历史最高1 180亿美元；此后出现了下降趋势，到2002年，全球对高科技行业的风险投资额仅占2000年的33%。2003年大约有38亿美元的风险资本用于科技型企业，比上年略有提高。

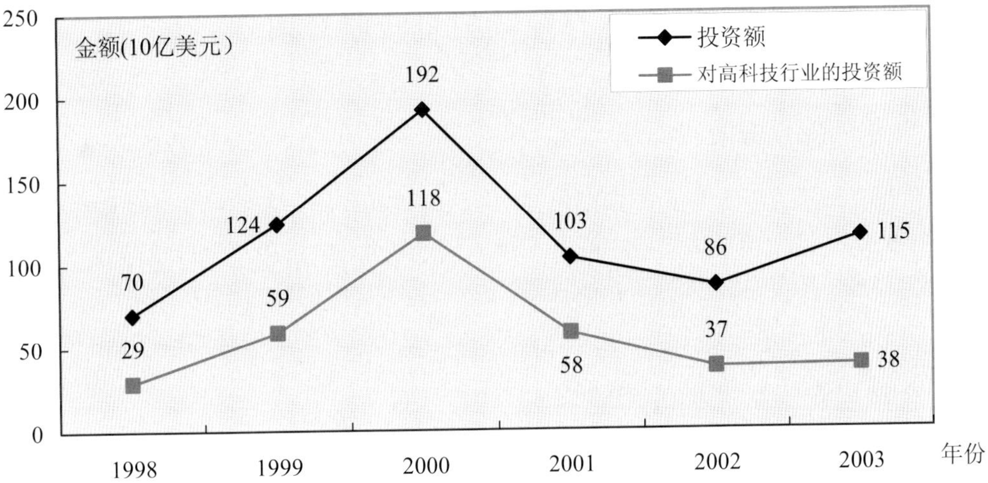

数据来源：普华永道/风险经济/NVCA年报/CVCA年报/EVCA年报/AVCJ报告。

图4.2　全球对高科技行业的风险投资额增长趋势

各地区对高科技行业的风险投资额也不尽相同，2003年全球对高科技行业的风险投资额（380亿美元）主要集中于西欧和亚太地区，北美地区也占很大比例，主要集中于美国和加拿大，具体的前20名地区分布情况见表4.3。

表4.3　2003年全球对高科技行业风险投资额的地区排名(前20名)

名次	国家	金额（亿美元）	名次	国家	金额（亿美元）
1	美国	195	6	韩国	11.1
2	英国	47.6	7	中国	10.6
3	日本	25.1	8	瑞典	8.2
4	法国	17.5	9	加拿大	8.1
5	意大利	15.3	10	以色列	7.7

名次	国家	金额（亿美元）	名次	国家	金额（亿美元）
11	德国	7.6	16	丹麦	1.6
12	爱尔兰	2.9	17	瑞士	1.6
13	芬兰	2.1	18	新加坡	1.6
14	挪威	2.1	19	西班牙	1.5
15	荷兰	1.9	20	南非	1.3

数据来源：普华永道/风险经济/NVCA年报/CVCA年报/EVCA年报/AVCJ报告。

三、全球风险投资阶段分析

（一）全球风险投资阶段概述

全球风险投资资本主要集中于扩张期和并购期，成长期和成熟期的投资相对较少，占的比例也相对较小。2003年，共有210亿美元的风险资本投入扩张期企业，占当年全球风险投资额的18%，比2002年下降了15%；共有730亿美元的风险资本投入并购期，占63%，比2002年增长了61%。2004年上半年共有283亿美元的风险资本投入并购期，而仅有3.9亿美元的风险资本投入早期阶段。

（二）全球投资于扩张期的风险资本分析

投资于扩张期的风险资本额和全球总风险投资额一样，也先后经历了急剧上升和逐渐下降的过程。1998年～2003年，投资于扩张期的风险资本额从210亿美元上升到880亿美元。2000年后，投资于扩张期的风险资金逐步减少，到2003年仅为210亿美元（见图4.3）。

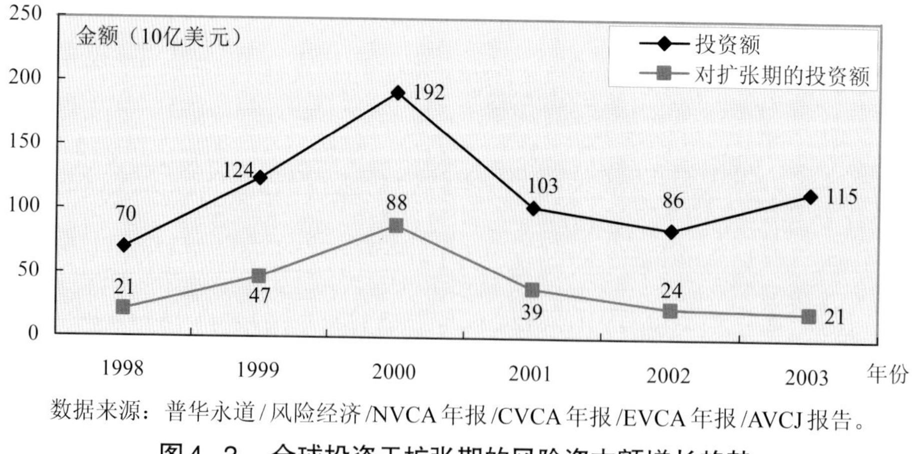

数据来源：普华永道/风险经济/NVCA年报/CVCA年报/EVCA年报/AVCJ报告。

图4.3　全球投资于扩张期的风险资本额增长趋势

全球投资于扩张期的风险资本额主要集中在北美、西欧和亚太地区，2003年全球投资于扩张期的风险资本额的地区排名具体情况见表4.4。

表4.4　2003年全球投资于扩张期的风险资本额地区排名(前20名)

名次	国家	金额（亿美元）	名次	国家	金额（亿美元）
1	美国	99.0	11	韩国	4.1
2	英国	23.0	12	南非	3.8
3	法国	11.8	13	瑞士	2.5
4	日本	10.4	14	中国	2.4
5	西班牙	10.4	15	以色列	2.3
6	意大利	6.8	16	挪威	2.2
7	瑞典	5.1	17	丹麦	1.2
8	德国	4.8	18	印度	1.2
9	荷兰	4.7	19	芬兰	1.2
10	澳大利亚	4.2	20	印尼	1.0

数据来源：普华永道/风险经济/NVCA年报/CVCA年报/EVCA年报/AVCJ报告。

（三）全球投资于并购阶段的风险资本分析

全球并购基金的变化趋势与总风险投资额的变化趋势有很大差别。当总风险投资额在1999年还处于上升趋势的时候，并购基金已经开始下降；2001年以后全球总风险投资额减缓下降速度时，并购基金已经开始回升，从2001年的320亿美元上升到2003年的730亿美元（见图4.4）。

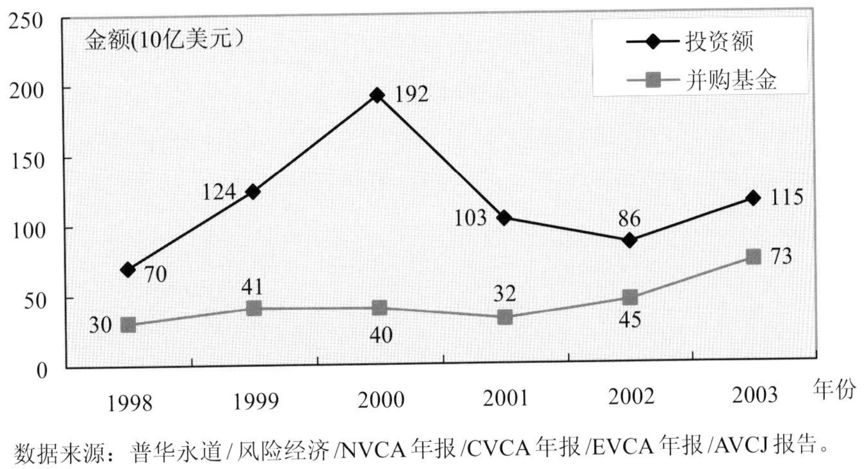

数据来源：普华永道/风险经济/NVCA年报/CVCA年报/EVCA年报/AVCJ报告。

图4.4　并购基金增长趋势分布

与投资于扩张期的风险资本地区分布情况一样，全球的并购基金也主要集中于北美、西欧以及亚太地区，具体的前20名地区分布情况见表4.5。

表4.5　2003年全球并购基金额的地区排名（前20名）

名次	国家	金额（亿美元）	名次	国家	金额（亿美元）
1	美国	410.0	11	瑞典	7.1
2	英国	110.9	12	西班牙	4.3
3	日本	34.7	13	印度	4.2
4	法国	28.6	14	南非	3.4
5	意大利	26.4	15	印尼	3.2
6	德国	20.8	16	新加坡	2.6
7	澳大利亚	14.2	17	丹麦	2.5
8	韩国	13.7	18	孟加拉	2.3
9	中国	8.0	19	比利时	2.1
10	荷兰	7.2	20	爱尔兰	2.1

数据来源：普华永道/风险经济/NVCA年报/CVCA年报/EVCA年报/AVCJ报告。

第二节　北美风险投资业

一、北美风险投资业发展概况

（一）北美风险投资业概述

北美地区的风险投资业也是在2000年的时候达到了一个高峰时期，从2001年开始大幅下降。2003年北美地区的风险投资止住了急速下降的趋势，但其并没有显示出强劲的复苏势头。风险投资总额比2002年增长了43%，而2003年的风险筹资总额比2002年却下降了21%，为453亿美元（见图4.5）。

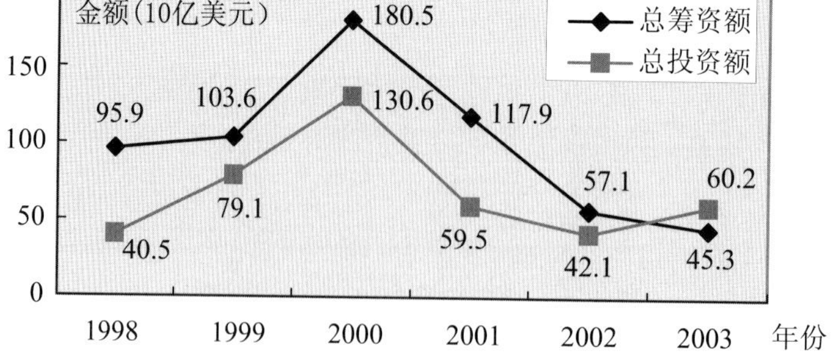

数据来源：普华永道/风险经济/NVCA/CVCA年报。

图4.5　北美总风险筹资额和风险投资额变化趋势

统计显示，2004年上半年北美地区风险投资总额约为239亿美元，其中美国的投资总额为234亿美元，所占比例高达98%；在全部247亿美元的筹资总额中美国同样占有98%的比例，为241亿美元。2004年上半年，北美地区投资于高科技行业的风险基金为93亿美元，并购基金为12.8亿美元（见表4.6）。

表4.6　北美地区近两年总风险投资状况一览（单位：10亿美元）

项目	2003年	与2002年同比增长	2004年上半年
总风险投资额	60.2	43%	23.9
总风险筹资额	45.3	-21%	24.7
投资于科技行业的资本额	20.3	-10%	9.3
投资于扩张期的资本额	10.4	-24%	-
并购基金	41.0	115%	12.8

数据来源：普华永道/风险经济/NVCA/CVCA年报。

（二）北美风险投资行业分析

从图4.6可知，北美地区投资于高科技行业的风险资本额从1998年～2003年经历了一个急速上升和持续下降的过程。2001年投资于高科技行业的风险资本额从2000年的903亿美元迅速下降到393亿美元，减少了56%。2002年比2001年又下降了42%，2003年高科技行业的投资额为203亿美元，在2002年的基础上再下降了10%，相比2000年的投资额则下降了大约78%。

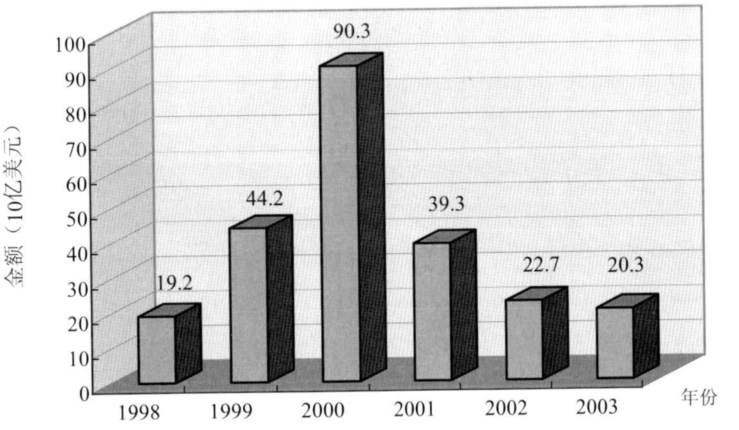

数据来源：普华永道/风险经济/NVCA/CVCA年报。

图4.6　北美投资于高科技行业的风险资本额变化趋势

（三）北美风险投资阶段分析

近年来北美地区风险投资的阶段变化中一个比较明显的趋势是投资于扩张期的风险资本在逐渐减少。2003年投资于扩张期的风险资本总额为104亿美元，比2000年时下降了83%。投资于并购期的风险资本额从2002年开始缓慢上升，在2003年一跃为410亿美元，比2002年增长了大约115%（见图4.7）。

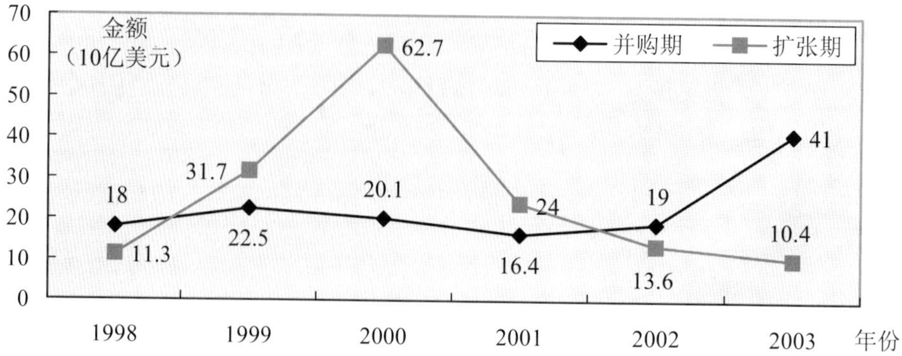

数据来源：普华永道/风险经济/NVCA/CVCA年报。

图4.7 北美风险投资阶段分布的变化趋势

（四）北美风险投资地区分析

北美风险投资的地区分布非常集中，主要集中在美国和加拿大两个国家。其中，美国又占据着绝对主要的地位。2003年美国风险投资额为592亿美元，筹资额为439亿美元，分别占北美地区投资总额和筹资总额的98%和97%。加拿大的投资额为10亿美元，筹资额为14亿美元，分别占北美地区总额的1.6%和3.2%（见图4.8）。

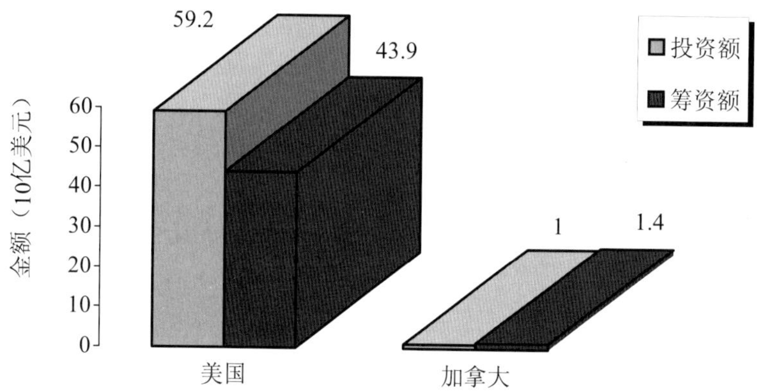

数据来源：普华永道/风险经济/NVCA/CVCA年报。

图4.8 2003年北美风险投资地区分布

二、北美重点地区——美国风险投资业发展概况

（一）美国风险投资业的发展历程

目前，美国是全球风险投资最发达的国家。但是，纵观美国风险投资业的发展历程，不难看出：其步履有缓有急，有迂回曲折也有一帆风顺。美国的风险投资活动，最早可以追溯到18世纪末期。到了20世纪40年代，一些金融机构开始向研制新产品的企业提供资金，形成了最初意义上的风险

投资。1946年创立的“美国研究与发展公司”（American Research and Development Corporation）在风险投资的发展史上具有里程碑意义。随后，美国风险投资业发展又经历了几个阶段：

第一阶段是从1958年到20世纪70年代末，以1958年《中小企业投资法案》（Small Business Investment Act）的出台与小企业投资公司的成立为标志。20世纪50年代中期，美国政府为了加速发展先进技术，对风险投资采取了积极的鼓励和扶持政策。1958年美国国会通过了小企业投资法案，并在此基础上建立了小企业投资公司（Small Business Investment Companies，SBIC），SBIC的发展、政府对中小企业的融资担保以及降低风险资本收益率（从1969年最高资本收益率50%降到1973年的28%，直到1981年的20%）等一系列做法，直接刺激了美国风险投资的蓬勃发展。

20世纪80年代以来，美国的风险投资进入第二个阶段，此期间以美国政府出台的一系列鼓励和促进民间资本进行风险投资的扶持政策为标志，政府和民间携手共进，促进了风险投资事业的繁荣。

20世纪90年代以后，由于美国新经济和高新技术产业迅速发展的带动，风险投资业有了飞速的发展，融资总额从1995年的82.2亿美元迅猛增长到2000年的1 059亿美元，平均增长幅度达63.04%。2001年，“泡沫经济”为美国经济带来了重大影响，风险投资各方面都有所下降，风险投资每季度平均投入的资金仅100亿美元，只有全盛时期的1/3。自此，风险投资业随着美国新经济进入了调整期。

目前，美国风险投资公司已达4 000多家，风险投资总额达1 000亿美元，它们的资金主要投向信息技术、生命科学等高科技产业，为确立美国在信息产业方面在国际上的主导地位做出了巨大的贡献，使信息网络、生物工程、金融工程、医疗保健等成为美国发展最快的产业，每年约有10 000个高科技项目得到风险资本的支持。

（二）美国风险投资业的发展现状

1. 风险筹资状况分析

2000年，美国635家风险投资基金共筹资1 060亿美元，达到历史的最高点。随后由于网络泡沫的破灭和全球经济的下滑，风险筹资额锐减，到2002年仅为36.6亿美元。2003年共有134家基金筹资105.3亿美元，比2002年增加了188%，风险筹资状况有所改善。2004年前三个季度共有125家基金筹资112.5亿美元，超过2003年全年的风险筹资总额。2004年第三季度风险筹资增长强劲，共有46家创投基金筹资55亿美元，35家购并和夹层投资基金募集140亿美元（见表4.7）。这表明美国风险投资业在经历了2001年和2002年两年的低迷期后，已经开始复苏。

表4.7　美国风险筹资状况（单位：百万美元）

年份/季度	风险资本		购并和夹层投资	
	基金数目	风险资本金额（百万美元）	基金数目	购并和夹层投资额（百万美元）
2000	635	106 027.9	160	76 729.3
2001	305	38 063.8	117	44 684.6
2002	164	3 660.7	84	26 621.8
2003	134	10 528.4	86	29 625.4
2004前三季度	125	11 249.1	75	32 494.7
三季度/03年	31	1 990.2	27	53 68.1

<table>
<tr><th rowspan="2">年份/季度</th><th colspan="2">风险资本</th><th colspan="2">购并和夹层投资</th></tr>
<tr><th>基金数目</th><th>风险资本金额（百万美元）</th><th>基金数目</th><th>购并和夹层投资额（百万美元）</th></tr>
<tr><td>四季度/03年</td><td>54</td><td>5 539.4</td><td>30</td><td>15 565.3</td></tr>
<tr><td>一季度/04年</td><td>46</td><td>2 599.6</td><td>21</td><td>2 714.5</td></tr>
<tr><td>二季度/04年</td><td>51</td><td>3 106.9</td><td>28</td><td>15 697.3</td></tr>
<tr><td>三季度/04年</td><td>46</td><td>5 542.6</td><td>35</td><td>14 082.9</td></tr>
</table>

数据来源：普华永道/汤姆逊经济委员会/NVCA2004年第三季度报告。

2. 风险投资状况分析

（1）风险投资概况。据调查数据显示：20世纪末，美国风险投资总额和投资项目总数都处于一个不断增长的过程，于2000年到达顶峰。2001年，受“9·11”事件及全球经济发展缓慢的影响，美国风险投资额锐减，2003年第一季度到达谷底，以后随着美国采取一系列措施，使风险投资额止跌并开始回升，但是增长步伐缓慢。2004年前三个季度风险投资额为153亿美元，预计全年风险投资总额将超过2003年的187亿美元（见图4.9）。2004年第三季度美国风险投资业共投资了601个项目（见图4.10），总计投资额43.29亿美元。与第二季度的58.7亿美元和794个项目相比，在投资额和投资数量上都有较大的下降，分别降低了26%和24%，但仍与2003年同时期持平。

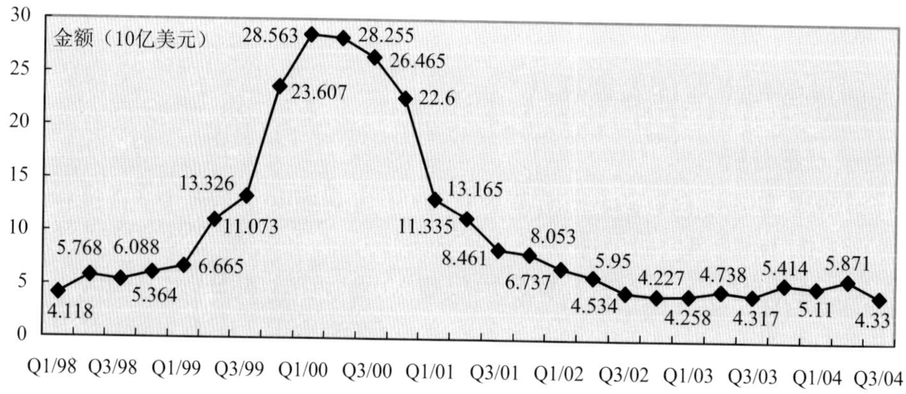

数据来源：普华永道/汤姆逊经济委员会/NVCA2004年第三季度报告。

图4.9　美国风险投资总额的变动趋势

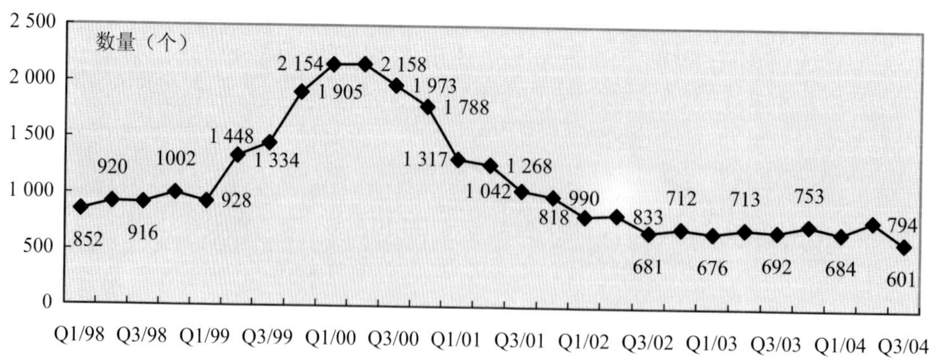

数据来源：普华永道/汤姆逊经济委员会/NVCA2004年第三季度报告。

图4.10　美国风险投资项目总数的变动趋势

（2）风险投资行业分析。20世纪90年代中期，美国风险投资业中名列前茅的行业是工业和制药业。20世纪末，这两个行业都逐步退出热点行列。"生物技术"、"通讯行业"和"网络设备"的投资迅速崛起，由过去的榜上无名分别攀升至前四名之内。

图4.11和图4.12显示，美国在2004年前三个季度投资到生命科学领域（包括生物技术和医疗设备行业）的风险资本一直占据主导地位，共计40.5亿美元，占所有行业风险投资总额的29.8%。前三季度共有418家生命科学行业的公司获得了风险资本。这充分表明，风险投资家相信在生命科学领域的革新将尽快转化为新的产品和新的服务。

2004年前三个季度美国风险投资中，软件行业的公司接受风险资本最多，为33亿美元，占全部风险资本的24.3%，与2003年同期相比增长了18.7%；其次是生物技术为27.5亿美元，与2003年同期相比增长了16%；再次是通讯业和网络设备，分别为14.8亿美元和12.3亿美元。

与此同时，2004年前三个季度软件行业共有562个项目接受了风险投资，其次是生物技术，共有240个，再次是通讯和医疗设备，分别为183个和178个。从这些数据可以看出，目前软件行业和生命科学领域仍然是风险投资的重点行业，占据了风险投资资本的半壁江山。

各行业的公司所获得的风险投资的平均规模也不一样。2003年获得风险投资资本的平均规模最大的是生物技术行业的公司，为7 880万美元；其次是商业金融行业和通讯行业的公司，平均规模分别为5 020万美元和4 390万美元；虽然软件行业获得风险投资的数目和金额都远多于其他行业，但是软件行业的公司所获得的风险投资额的平均规模较小，只有2 000万美元（见图4.13）。

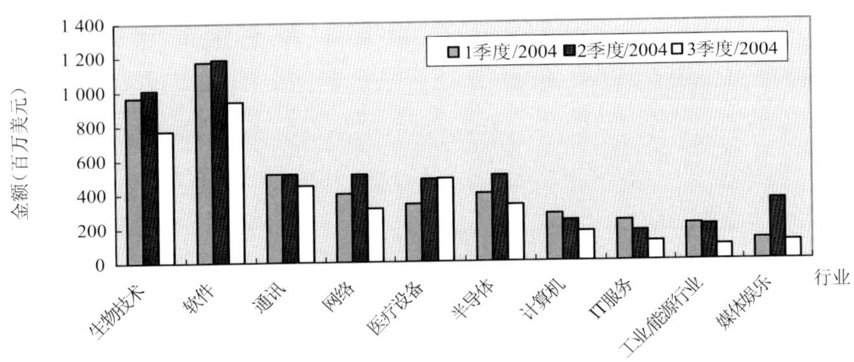

数据来源：普华永道/汤姆逊经济委员会/NVCA2004年第三季度报告。

图4.11　美国重点行业的风险投资额分布

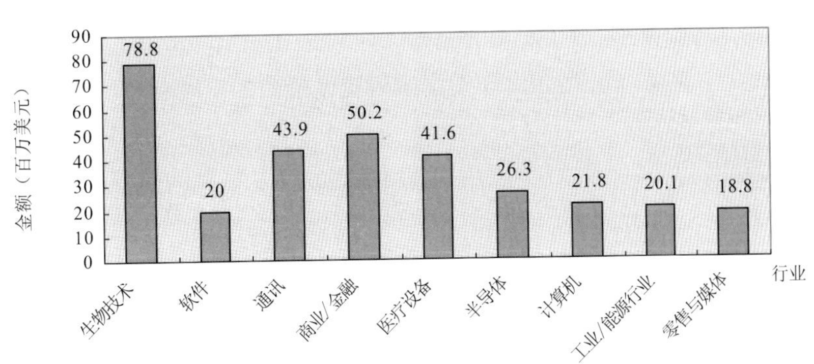

数据来源：普华永道/汤姆逊经济委员会/NVCA2004年第三季度报告。

图4.12　美国重点行业的风险投资项目数分布

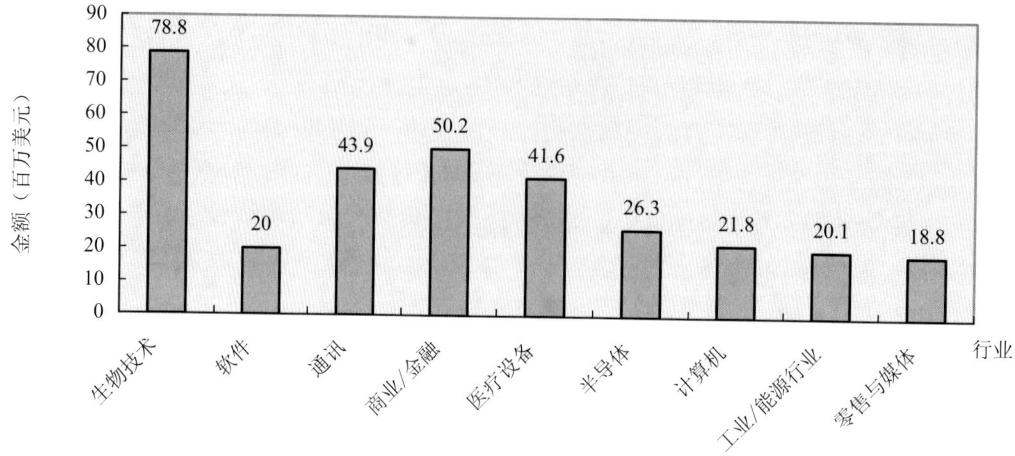

数据来源：普华永道/汤姆逊经济委员会/NVCA2004年报。

图4.13　2003年美国各行业获风险投资额的平均规模分布

（3）风险投资阶段分析。2003年美国投入扩张期的风险资本为98亿美元，占风险投资总额的54%，但与2002年相比仍减少了22%；投入早期阶段的风险资本为33亿美元，占风险投资总额的18%，比2002年减少了21%；投入后期阶段的风险资本为46亿美元，比2002年增加了9%，是2000年以来的最高水平（见图4.14）。

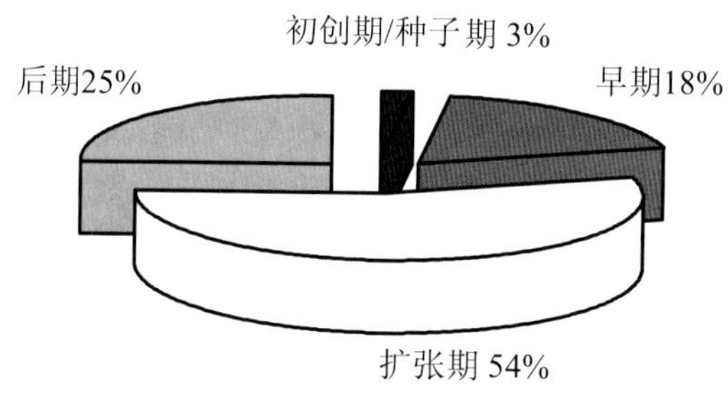

数据来源：普华永道/汤姆逊经济委员会/NVCA2004年报。

图4.14　2003年美国风险资本投资的阶段分布

从图4.15可以看出：2004年第三季度约有21亿美元（占总风险投资额的50%）的风险资本投向处于扩张期的公司；投向后期公司的金额大约占30%，为12.8亿美元；对早期公司的风险投资额占总风险投资额的19%，为8.4亿美元。

从图4.16可以看出：2004年第三季度，对早期公司的风险投资项目数为181个，占风险投资项目总数的30%，与第二季度同阶段相比，减少了51个；对扩张期公司的风险投资项目数最多，占风险投资项目总数的44%，共267个，比第二季度增加了7个；对成熟期公司的风险投资项目数占总投资项目数的22%，共130个。

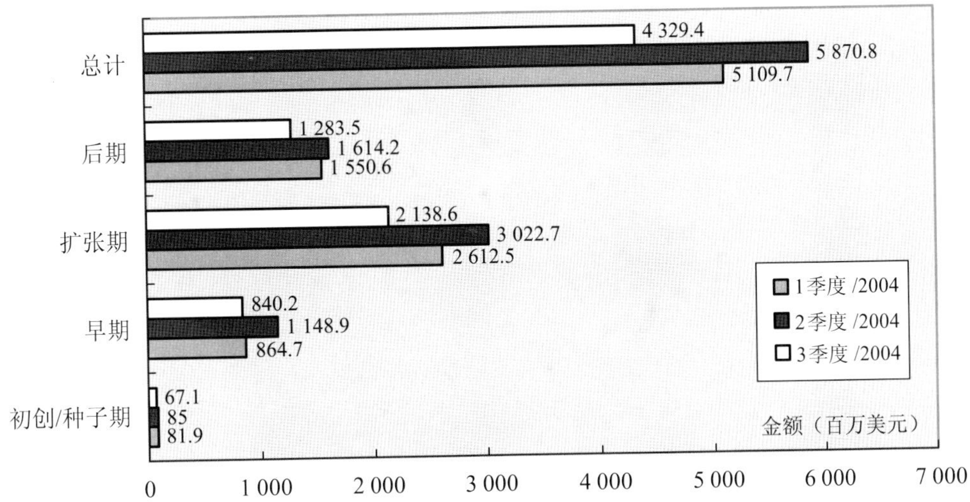

数据来源：普华永道/汤姆逊经济委员会/NVCA2004第三季度调查报告。

图4.15　2004年美国风险投资额的阶段分布

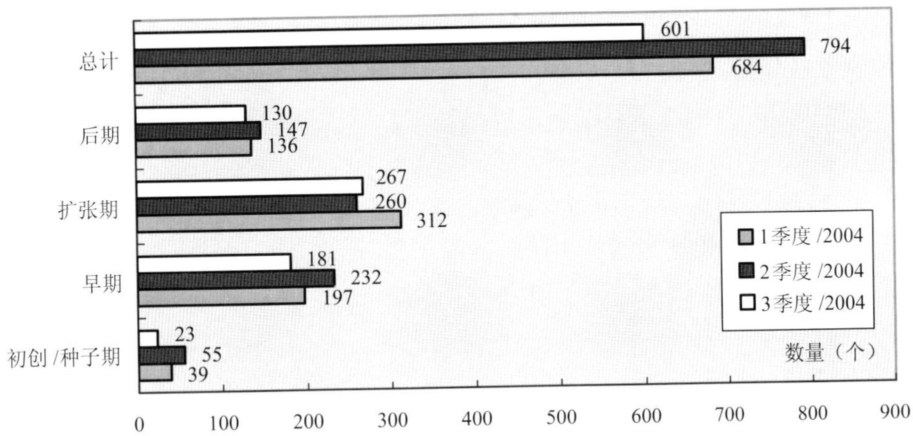

数据来源：普华永道/汤姆逊经济委员会/NVCA2004第三季度调查报告。

图4.16　2004年美国风险投资项目数的阶段分布

（4）风险投资地区分析。根据2003年的报告，美国风险投资主要集中于硅谷、新英格兰、华盛顿等地区。但是2004年第三季度的地区分布情况发生了一些变化，排在前列的三个地区分别为硅谷、纽约、新英格兰，它们拥有的风险投资额占了所有当期风险投资额的一半以上（见图4.17）。2004年第三季度美国纽约地区的风险投资增长迅速，比上个季度增加了56%，与2003年同期相比增加了24%，超过了新英格兰排名第二位，而华盛顿地区的风险投资额有较大幅度的下降，掉到第10位。

另外，2004年第三季度的风险投资额与前一个季度相比，硅谷和新英格兰地区风险投资金额有较大幅度的下降：硅谷下降了35%，但仍比上年同期增长了8%；新英格兰下降了55%，与上年同期相比下降了46%。图4.17显示，2004年硅谷和新英格兰地区仍然是美国风险资本投资最为热点的地区。

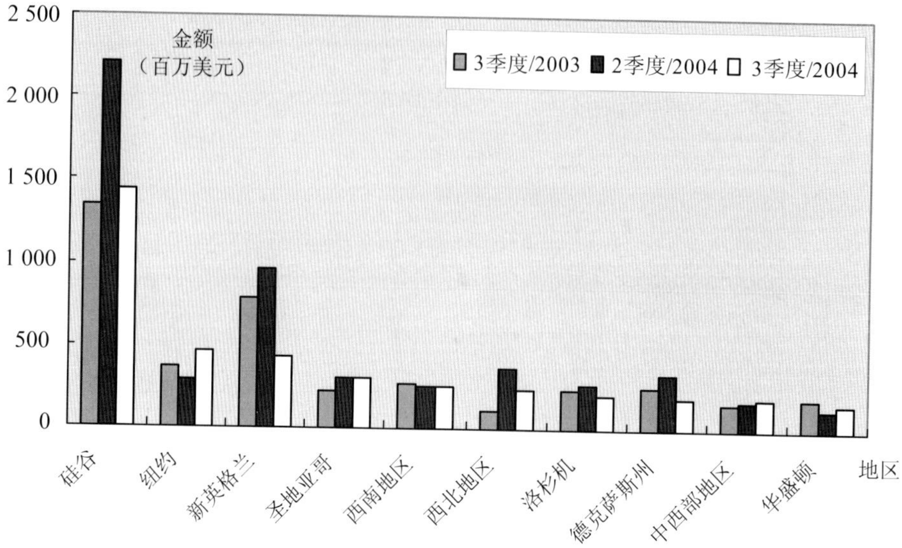

数据来源：普华永道/汤姆逊经济委员会/NVCA2004第三季度报告。

图4. 17　2004年美国风险投资额的地区分布

3. 风险投资收益分析

美国风险投资业的内部收益率也经历了起伏波动。美国风险资本投资的内部收益率在整个20世纪90年代一直都处于稳定的上升趋势，2000年达到最高（48.6%）。2000年以后，风险投资收益率逐渐下降，到2003年美国风险资本5年累积内部收益率（IRR）仅为22.8%（见图4.18）。表4.8为美国2003年投资于各个阶段的风险资本的收益率。

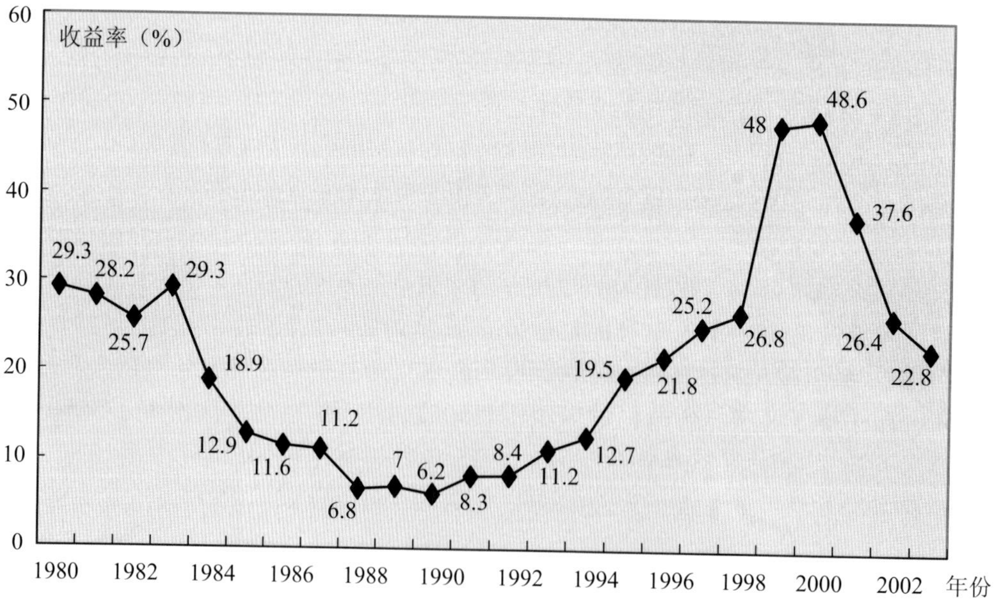

数据来源：普华永道/汤姆逊经济委员会/NVCA2004年报。

图4. 18　美国风险资本5年累积内部收益率(IRR)

表4.8　2003年美国风险投资各阶段内部收益率

基金类型	风险投资内部收益率				
	1年	3年	5年	10年	20年
种子期/早期	-7.0	-23.3	54.9	37.0	19.1
平衡期	11.0	-13.9	19.4	20.4	13.3
后期	25.4	-18.8	3.5	17.0	13.8
风险投资基金	8.1	-18.9	22.8	25.5	15.5
并购基金	24.1	-2.1	2.2	7.8	12.4
夹层基金	5.7	1.1	5.6	7.3	9.6

数据来源：普华永道/汤姆逊经济委员会/NVCA2004年报。

4. 风险投资退出分析

20世纪80年代以前，美国风险投资主要是以首次公开上市（IPO）方式退出，随着资本市场的发展，以兼并收购（M&A）方式退出的数量越来越多。90年代是美国风险投资退出项目数最多的时期。从2000年开始，伴随着全球经济不景气，美国风险投资退出变得越来越困难，退出项目数和退出价值都逐步降低，特别是以IPO方式退出的金额和数量都急剧下降。2000年，以IPO方式退出的风险企业数量为262家，以兼并收购方式退出的数量为372家；2003年IPO方式退出的风险企业猛跌到29家；2004年IPO方式退出的风险企业数有较大的回升，为67家，募集资金49.8亿美元，是网络泡沫后的最高水平（见图4.19）。2004年规模最大的IPO公司是Google，总共募集12亿美元的资金。

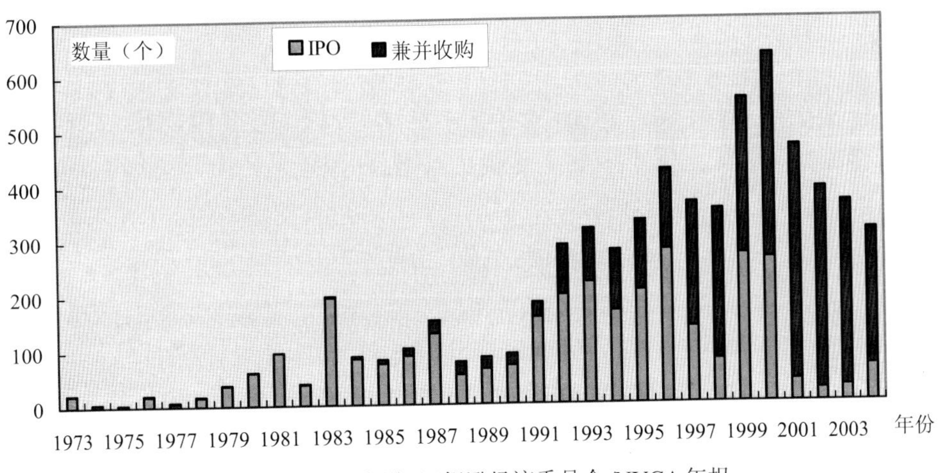

数据来源：普华永道/汤姆逊经济委员会/NVCA年报。

图4.19　首次公开上市和兼并收购方式的风险退出项目数比较

近几年来，以兼并收购方式退出的数量占风险投资退出数的比例越来越高。2000年美国以兼并收购（M&A）方式退出的项目数为557个，退出金额为579.6亿美元，达到顶峰；2000年之后就持续下降，2004年开始有所回升。2004年前三个季度以兼并收购退出的项目数为281个，退出金额为179亿美元，与2003年同期相比退出项目增加了12%，而退出金额增加了98%（见图4.20）。

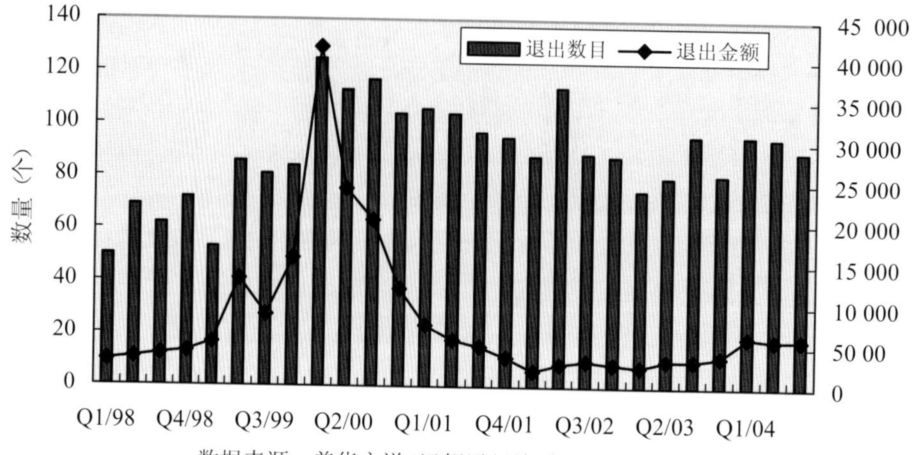

数据来源：普华永道/汤姆逊经济委员会/VentureOne。

图4. 20　美国兼并收购退出项目数和退出金额分布

随着以兼并收购方式退出的风险资本总金额和总数量的变化，其退出的行业分布情况也随之变。2004年前三季度软件行业以兼并收购方式退出数最多，共有81个公司退出，占所有退出数目的33%，退出金额为40.3亿美元；其次是媒体娱乐业，以M&A方式退出数目为23个，退出金额为28.6亿美元；IT服务和通讯行业以并购方式退出数均为18个，其它行业的具体情况见图4.21。

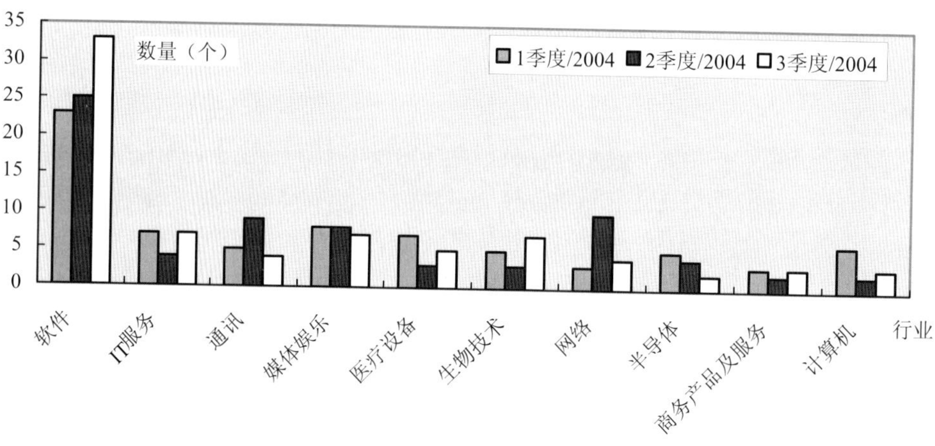

数据来源：普华永道/汤姆逊经济委员会/NVCA2004年第三季度报告。

图4. 21　美国2004年各行业兼并收购方式退出项目数分布

（三）美国风险投资业的发展趋势

美国风险投资业发展经历了一些波折。2000年达到顶峰，当时每季度风险投资额约为270亿美元，此后，在网络泡沫与经济不景气冲击下大幅下滑。2004年美国风险投资额与筹资额都有所回升，但是趋势较为缓慢。美国全国风险投资数量增长与公开上市退出数量大增有着密切的关系。2004年前三季度，共有89家公司上市，筹资80亿美元，而2003年同期只有12家公司上市，只募集了9.7亿美元。虽然目前美国风险投资的交易数量没有20世纪90年代多，但是有许多非常好的交易，投资者知道他们在寻找什么，企业管理团队非常强，市场供求也比较平衡。因此，目前美国风险投资正处于一个健康的上升趋势。

美国风险投资业经历了3年的低迷期后，开始慢慢回升。在风险投资行业中，软件和生物技术等高科技行业依然是风险投资的重点，特别是生命科学领域获得的风险资本越来越多，目前已成为吸引风险投资最多的领域。在风险投资的地区分布中，硅谷依然是吸引风险投资最多的地区，该地区通常吸收全国风险投资总额的1/10。

美国的风险投资业，无论是其自身运作经验和普遍采用的企业制度，还是政府在风险投资过程中的扶持政策，等等，都是举世公认最有效果的，如今景气回升，预计风险投资业将稳定发展。

第三节　欧洲风险投资业

一、欧洲风险投资业发展概况

（一）欧洲风险投资业的发展历程

相对美国而言，欧洲风险投资业起步较晚。但自20世纪80年代中期以来，随着欧洲国家政府对风险投资和科技创新的重视并实施了一系列鼓励措施，使欧洲成为继美国之后的又一风险投资重要地区，尤其在90年代初期更是得到了快速的发展。欧洲权益资本2003年的筹资总额达到270亿欧元，略低于2002年275亿欧元的筹资额。投资总额在2003年达到291亿欧元，比2002年276亿欧元的投资总额提高了5.2%。2003年的欧洲风险投资额仅次于2000年达到空前投资记录的349亿欧元。

欧洲的风险投资之所以能够在90年代后期快速发展，一个重要的原因就在于政府的推动。欧洲各国政府都非常重视风险投资的发展，采取了国有资本与私人权益资本进行配套投资的策略：国有资本承担投资失败的亏损，国有资本和私人权益资本共享投资成功的收益；或是让私人权益资本享有投资成功的收益，而国有资本和私人权益资本共同承担投资失败的亏损。这种措施在很大程度上刺激了私人资本进入风险投资领域，有效地推动了欧洲风险投资业的发展。

欧洲的新兴市场为风险投资提供了便利的退出途径，有效地激发了风险投资的积极性。然而2000年科技股泡沫破灭后，全球经济发展放缓，欧洲风险投资业在2001年又放慢了其发展的脚步。从2002年开始，欧洲风险投资业逐渐步入缓慢回升的轨道。

（二）欧洲风险投资业的发展现状

1. 风险筹资状况分析

（1）风险筹资概况。欧洲风险筹资额在2000年的时候达到历史高峰480亿欧元，2001年下降到400亿欧元。2002年筹资额出现了大幅下降，仅有275亿欧元，比2000年的筹资额减少了约43%。2003年的筹资额比2002年下降了1.8%，仅有270亿欧元（见图4.22）。

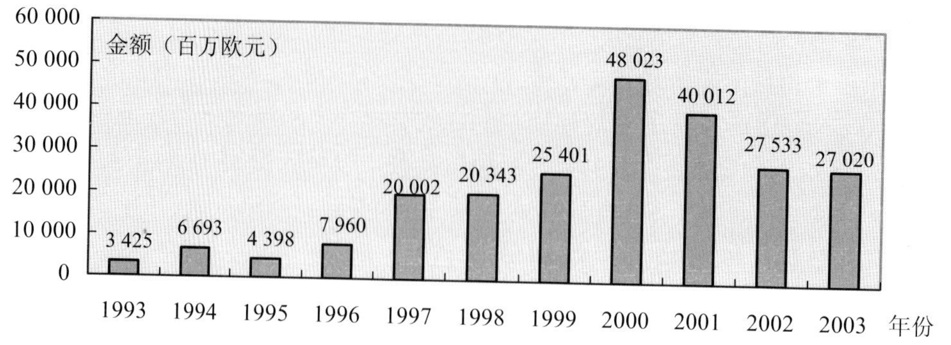

数据来源：EVCA2004年报。

图4. 22　欧洲风险筹资额

欧洲风险筹资额的变化趋势见图4.23所示。该图设定2002年第一季度的风险筹资额为基数100。2002年第二季度筹资额出现了大幅下降的趋势，直到2003年第三季度才上升到与2002年第一季度基本持平的水平。2003年第四季度筹资额又开始下降，到2004年第二季度开始有所回升。2004年第三季度的筹资额达到了自2003年第四季度以来的最高值，比2004年第二季度增加了29%。

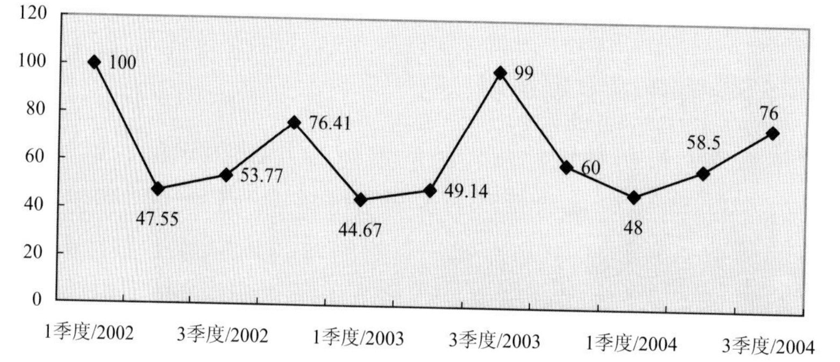

数据来源：普华永道/汤姆逊经济委员会/EVCA。

图4. 23　欧洲风险筹资额的分布趋势

（2）风险资本来源分析。虽然近年来风险资本的来源呈现出多元化的格局，但可以发现，银行、退休基金仍然在欧洲风险资本中占据了重要的位置。银行超过退休基金成为了风险资本的单一最大来源。从图4.24可以看出，银行和退休基金分别占有总风险资本的22%和19%。基金之基金也以16%的比例成为风险资本的单一重要来源。

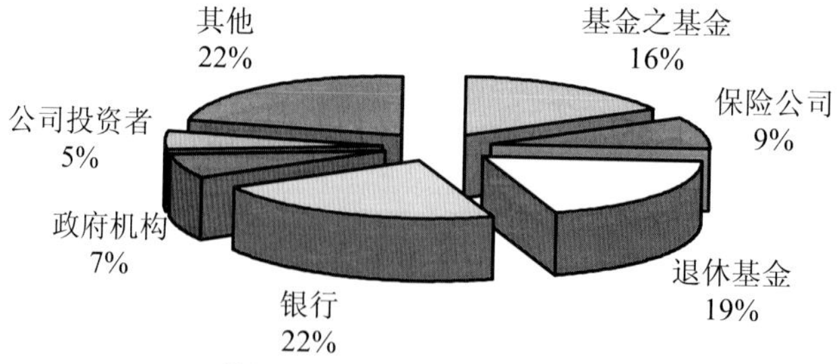

数据来源：EVCA2004年报。

图4. 24　2003年欧洲风险资本的来源部门分布

2. 风险投资状况分析

（1）风险投资概况。在2000年的时候，欧洲风险投资业得到了迅速的发展，投资额猛增到349亿欧元，到2001年又下降到243亿欧元。从2002年开始，欧洲风险投资业出现了缓慢回升的趋势，2003年欧洲风险投资额年在2002年的基础上又提高了5.2%，达到了291亿欧元，是继2000年欧洲风险投资额达到349亿欧元后的第二高值（见图4.25）。

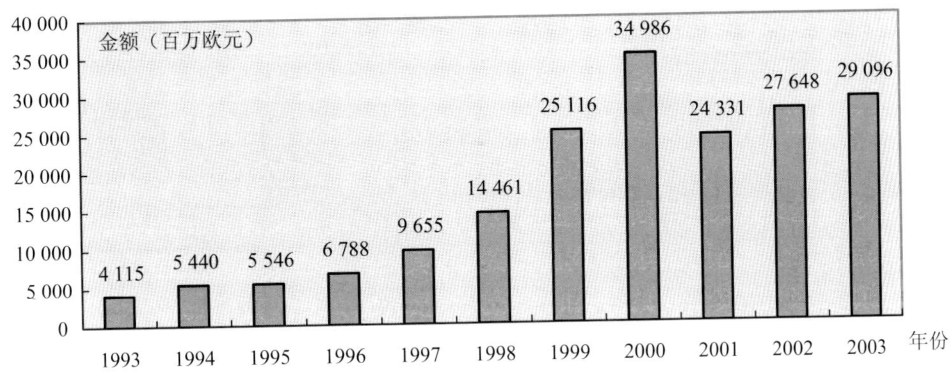

数据来源：EVCA2004年报。

图4. 25　欧洲风险投资额

图4.26主要显示了近年来欧洲风险投资额的变化趋势（设定2002年第一季度的风险投资额为基数100）。2002年前三季度，欧洲风险投资额稳步增长。2003年上半年投资额出现了较大幅度的下降，从2003年第三季度开始，欧洲风险投资额开始回升。特别是2004年出现了较大幅度的增长，2004年第三季度在第二季度的基础上增长了14%。

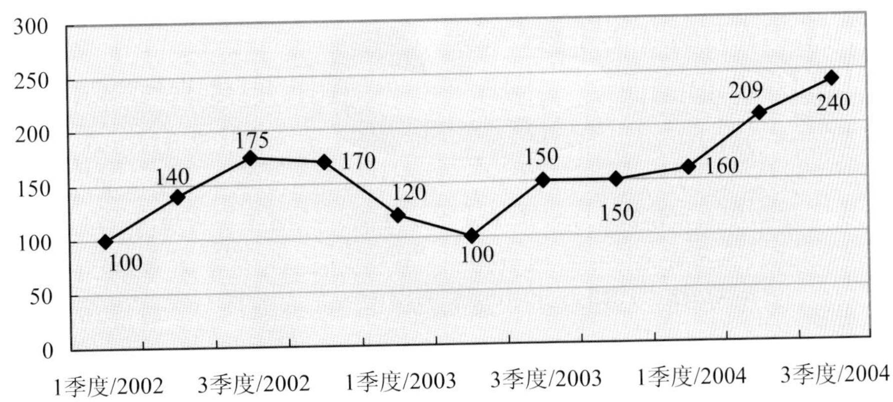

数据来源：普华永道/汤姆逊经济委员会/EVCA。

图4. 26　欧洲风险投资额的分布趋势

（2）风险投资行业分析。2003年和2004年上半年的风险投资额在各个行业的分布情况如图4.27所示。伴随着网络及其相关行业的逐渐回温，近年来信息技术的投资额在同期风险投资中占据着最大的比重。2003年信息技术占有风险投资总额的一半之多，2004年上半年稍有下降，但依然要高于其他行业的投资额。医疗保健也是风险投资家所偏好的行业，2004年上半年对医疗保健行业的投资总额上升到41%。制造业和服务业的投资额没有太大的变化，2003年占投资总额的10%，2004年上半年下降到8%。

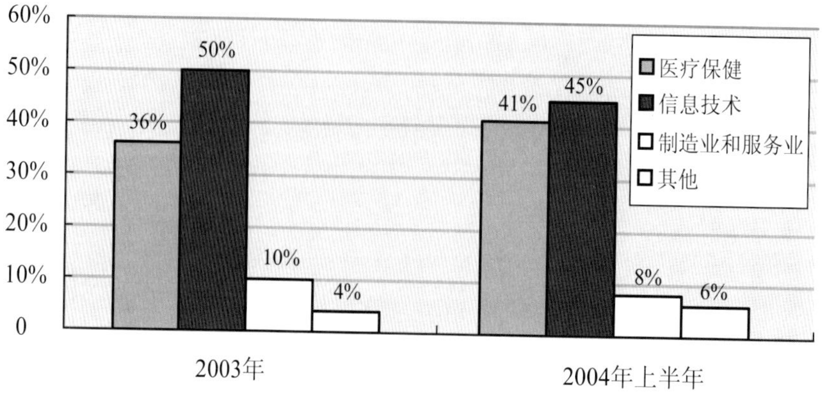

数据来源：VentureOne。

图4.27 欧洲风险投资额的行业分布

（3）风险投资阶段分析。在欧洲风险投资基金越来越多地从投资早期阶段转向后期阶段，早期投资在整个投资金额中所占的比重非常小。从图4.28我们可也以观察到，投资于成熟期的风险投资额在风险投资总额中占有绝对份额。2003年投资于成熟期的风险投资金额相比2002年略有提升，所占比重从2002年的61%上升为63%。而投资于早期的金额略有下降，成长期的投资比例从10%下降到7%。

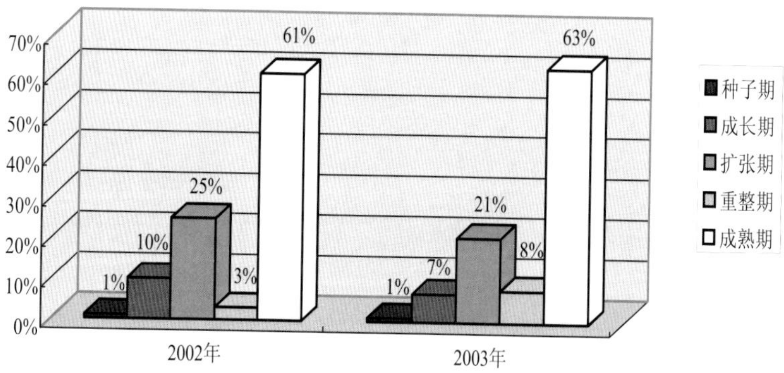

数据来源：EVCA2004年报。

图4.28 欧洲风险投资额的阶段分布

再从风险投资项目数方面来进行阶段分析。对比图4.28和图4.29中2003年的数据可以发现，虽然投资于成熟期的风险投资额占有63%的比例，但其投资数却只占15%，这说明投资于成熟期企业的平均投资额相比其他阶段要高得多。投资于扩张期企业的风险投资数在总风险投资数中所占比例最大，达到了46%，投资于成长期的风险投资数约占总风险投资数的31%，其投资额却只占风险投资总额的7%，表明它的平均投资额不高。

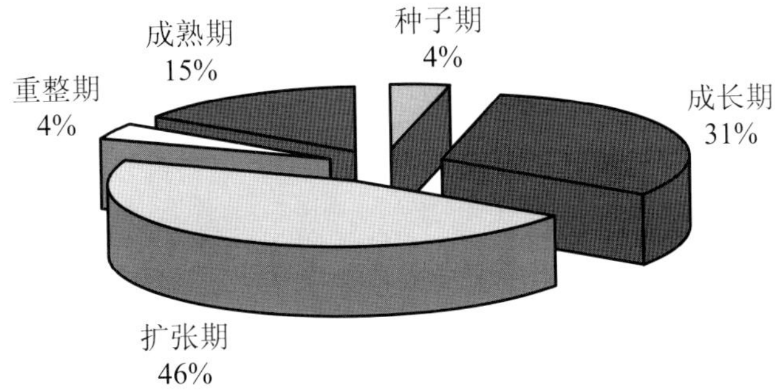

数据来源：EVCA2004年报。

图4.29　2003年欧洲风险投资项目数的阶段分布

结合图4.30来了解一下欧洲各阶段风险投资额的变化趋势。2004年第一季度，除并购基金外，其他阶段的风险投资额都比2003年第四季度有所增加。但从2004年第二季度开始，并购基金开始迅速增长，2004年第三季度的并购基金比第二季度又增长了36%。但投资于早期和扩张期的风险资本额在2004年第二季度和第三季度均出现了下降的趋势，其中投资于早期的风险资本额在2004年第三季度比第二季度减少了60%。欧洲的总风险投资额自2004年第一季度以来，一直呈上升的趋势。

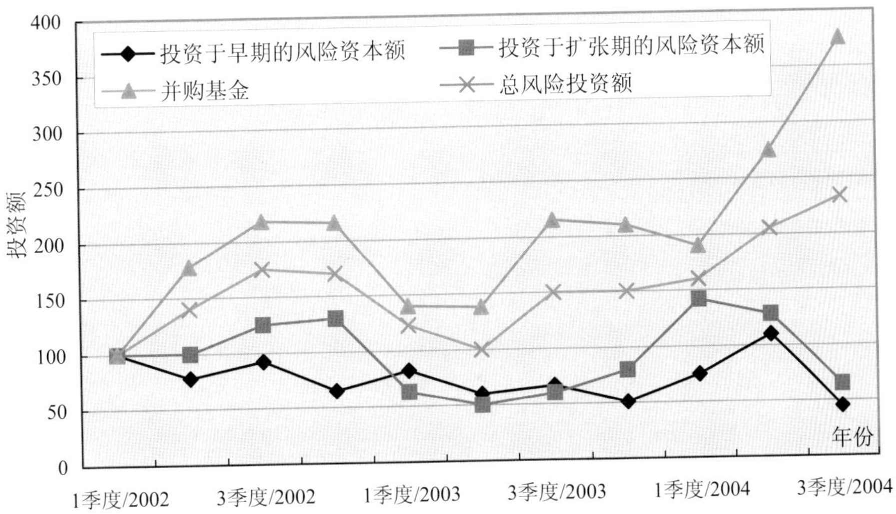

数据来源：普华永道/汤姆逊经济委员会/EVCA。

图4.30　欧洲风险投资额的阶段分布变化趋势

从图4.31可以发现，2003年第四季度投资于各阶段的风险投资项目数和总的风险投资项目数都大有增长。但到了2004年第一季度，除了扩张期，其他阶段的风险投资项目数又开始减少。2004年第三季度，欧洲总风险投资项目数和各阶段的风险投资项目数都呈现出下降的趋势。总风险投资项目数比2004年第二季度下降了15%，投资于早期和扩张期的项目数比2004年第二季度分别下降了52%和27%。

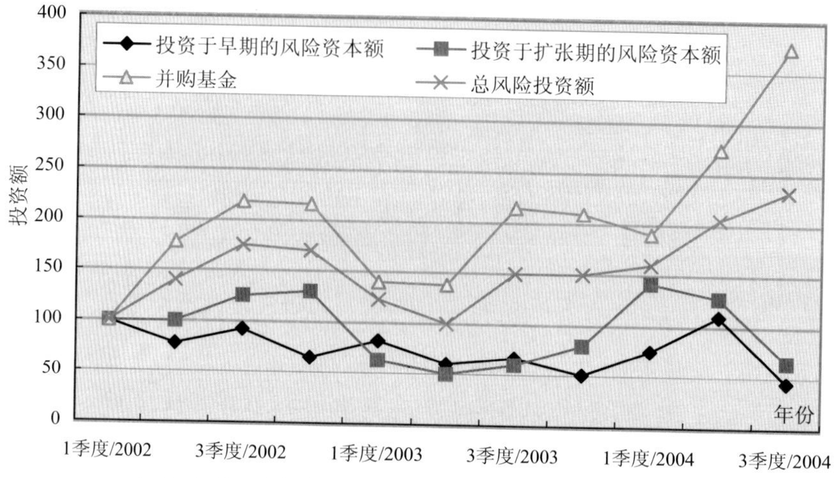

数据来源：普华永道/汤姆逊经济委员会/EVCA。

图4. 31　欧洲各阶段的风险投资项目数分布趋势

（4）风险投资地区分析。欧洲风险投资主要集中于英国、法国、德国和瑞典等地区。其中，英国是欧洲风险投资最为发达的地区，2003年共有风险投资项目数2 508个。法国2003年有风险投资项目数2 092个，比2002年增长了17.7%，德国2003年的风险投资项目数相比2002年下降了29.4%，有1 214个（见图4.32）。

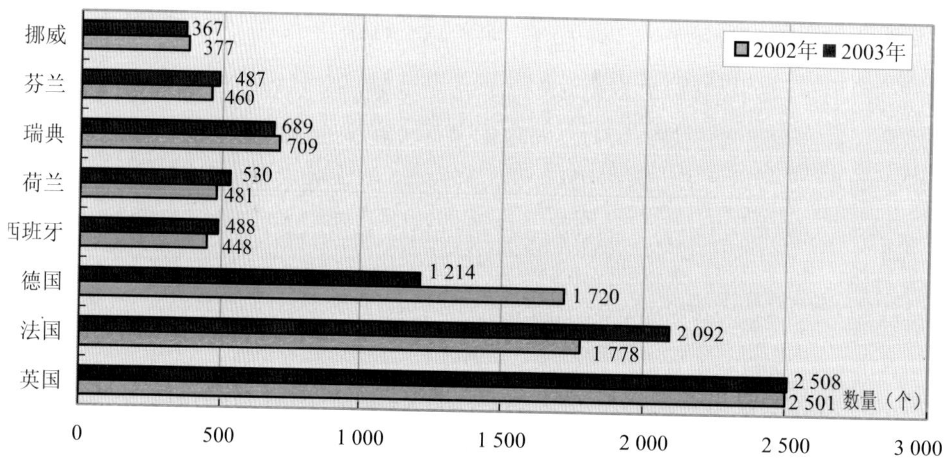

数据来源：EVCA2004年报。

图4. 32　欧洲风险投资项目数的地区分布

3. 风险投资收益分析

从2001年开始，欧洲风险资本的内含收益率和并购基金的内含收益率都出现了下降的趋势。特别是2001年风险资本的内含收益率从2000年的43.3%急降到-31.3%，2002年和2003年风险资本的内含收益率在2001年的基础上稍有回升，分别是-21.4%和-11.6%。并购基金的内部收益率从1999年开始逐步下降，2001年下降到8.9%，2002年为0.3%，到2003年仅为-1.8%（见图4.33）。

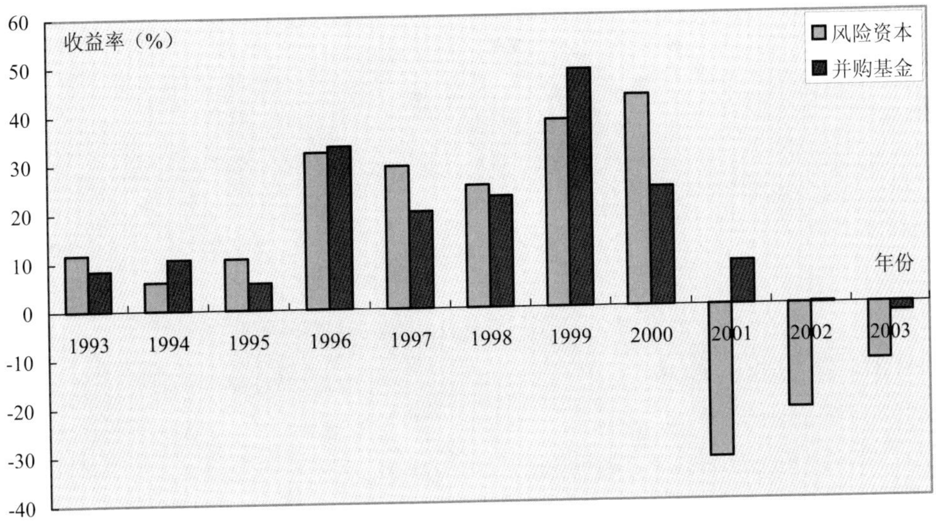

数据来源：普华永道/汤姆逊经济委员会/EVCA。

图4. 33　欧洲风险资本和并购基金收益分析

受宏观经济环境不佳和退出机会减少的影响，从2001年开始欧洲私人权益基金的综合回报率就处于逐年下降的态势。在2000年达到15.1%的顶峰后，2001年下降到13.4%，2002年为11.2%，比2000年下降了25.8%，到2003年仅为9.7%，相比2000年下降了35.7%。（见图4.34）。

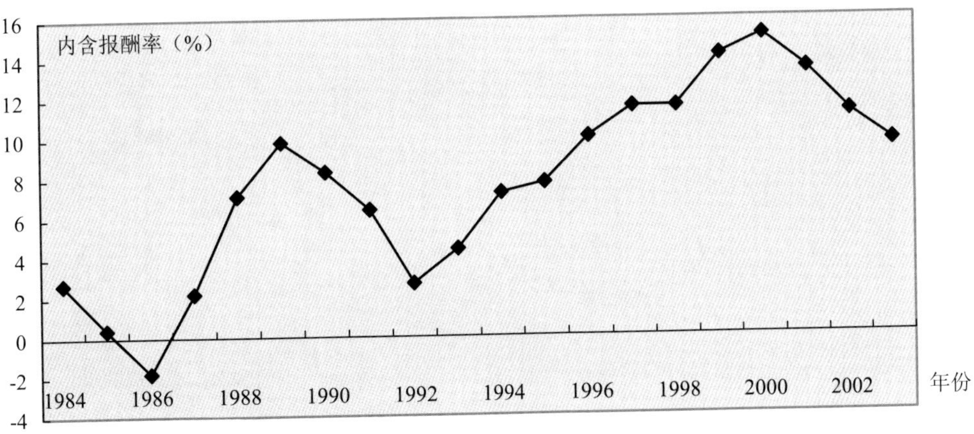

数据来源：普华永道/汤姆逊经济委员会/EVCA。

图4. 34　欧洲私人权益基金收益率趋势

4. 风险投资退出环节分析

2003年欧洲风险投资的退出总额达136亿欧元，比2002年107亿欧元的退出额上升了27%。其中通过股权转让方式退出的风险资本由2002年的33亿欧元下降到28亿欧元，所占比重由2002年的31%下降到20%。而通过清算方式的退出金额在2003年下降到16亿欧元，只占了退出总额的12%，比2002年有了较大幅度的下降。另外，向其他风险投资公司出售的退出方式也有了比较显著的变化，2002年只有4.2亿欧元通过这种方式退出，到2003年其金额上升到了27.4亿欧元（见图4.35）。

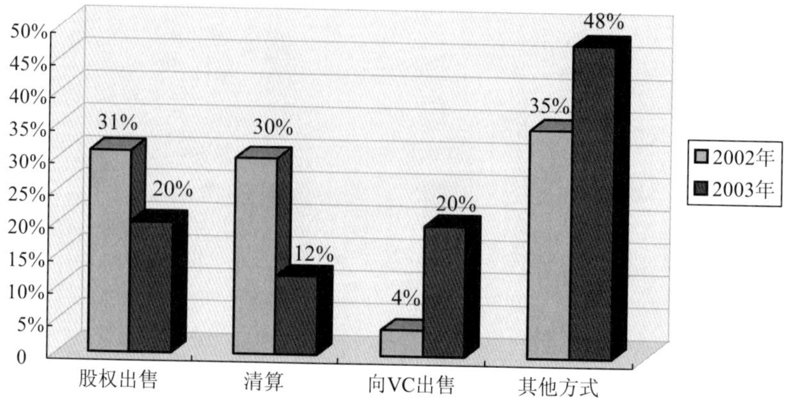

数据来源：EVCA2004年报。

图4. 35　欧洲风险投资额的退出分布

通过图4.36可以进一步了解最近一段时间欧洲风险投资额退出渠道的分布情况。该图设定2002年第一季度退出金额为基数100。从图中可以看出，2004年第一季度，通过各种渠道退出的金额比2003年第四季度都有所增加。特别是通过股权转让方式退出的金额在2004年第一季度达到了近年来的最高值，但其在第二季度又开始下降，第三季度在第二季度的基础上回升了21%。2004年第三季度，通过清算和出售等方式退出的金额比2004年第二季度分别下降了7%和19%。

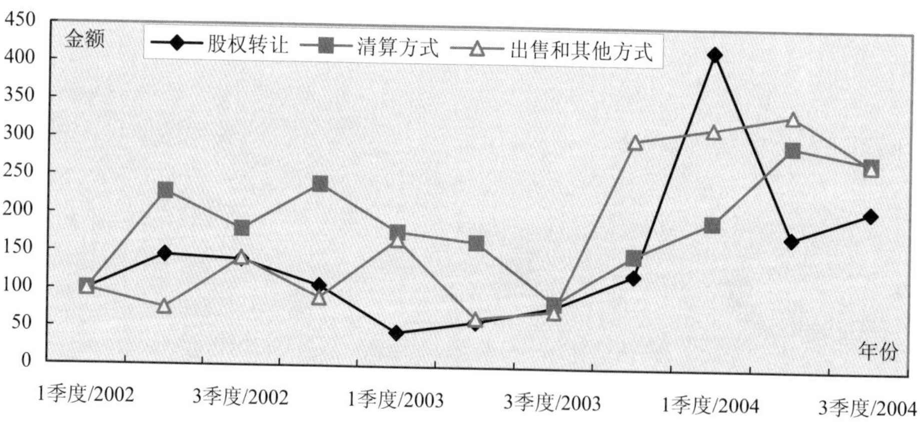

数据来源：普华永道/汤姆逊经济委员会/EVCA。

图4. 36　欧洲风险投资额的退出渠道分布趋势

（三）欧洲风险投资业的发展趋势

2004年欧洲的风险投资业出现了喜人的复苏景象。风险投资额表现出了逐步攀升的趋势，风险筹资额也从2004年第二季度开始缓慢回升。值得注意的是退出方面的表现，2004年第一季度的退出金额达到了近年来的历史新高，虽然在第二季度和第三季度的退出额有所下降，但仍要好于近年来的表现。这些现象都说明投资者已经重获投资信心，他们对投资前景表现出乐观的心态。

欧洲的风险投资现在正进入一个新的阶段。过去几年欧洲的风险投资业一直处于徘徊阶段，虽然落后的管理并不是导致这些困境的惟一原因，但它的确是一个重要的影响因素。在2004年的欧洲风险投资年会上出现了很多有关这方面的讨论，并提出了许多有效的意见和建议。

随着一些高科技行业的复苏和市场环境的逐步转好，加之政府的有效扶持和自身管理的不断完善，欧洲的风险投资很可能迎来新的发展高潮。

二、欧洲重点地区——德国风险投资业发展概况

（一）德国风险投资业的发展历程

德国的风险投资始于1965年，但直到20世纪80年代末才真正发展起来。德国第一家风险投资公司于1982年创建于慕尼黑，1983年政府将风险资本列为“建立技术开发型企业”计划的一项重要工作加以扶持。但是由于惧怕风险，德国风险投资的发展速度缓慢，缺少应有的活力。特别是证券市场和股票投资公司在创业企业和中小企业投资领域中所起的作用不明显。加之德国的风险资本市场缺乏通常的股权转让渠道，导致投资者回收投资困难，影响了风险投资的发展。直到1997年，德国的风险投资才开始快速发展起来。

在过去的十年里，德国风险投资的发展速度受到经济环境的影响，一段时期以来一直处于缓慢发展中。2000年德国风险投资的发展达到顶峰，当年投资额48亿欧元，投资组合价值115亿欧元，累计筹资额201亿欧元。然而伴随着泡沫经济的出现与破灭，德国的风险投资市场也由高潮转入调整中。

（二）德国风险投资业的发展现状

1. 风险筹资状况分析

（1）风险筹资概况。从1997年开始，德国风险投资基金累计筹资额开始快速增长。1997年的累计筹资额为76亿欧元，比1996年增长了51.3%。1998年的增长速度有所下降，只有24.7%。从1999年开始，德国风险投资基金的累计筹资额再次快速增长，到2002年累计筹资额为332亿欧元。2003年的新基金筹资额为66亿欧元，累计筹资额达到399亿欧元，比2002年上升了20.1%（见图4.37）。

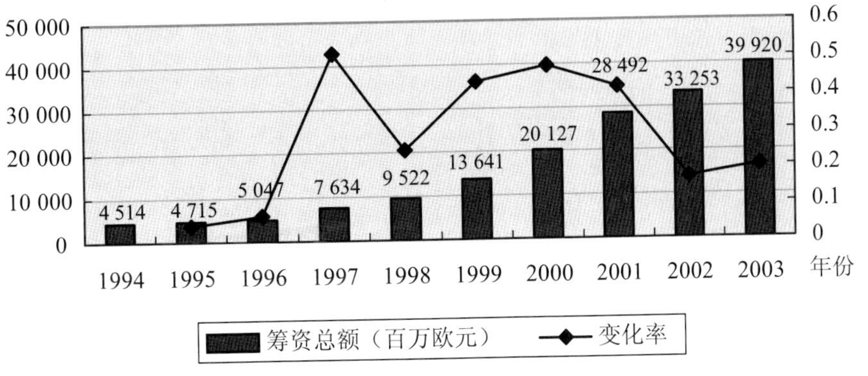

数据来源：BVK（1994年～2003年）。

图4. 37　德国风险投资基金累计筹资额

（2）风险资本来源部门分析。德国风险资本的来源有多种渠道，其中包括银行、保险公司、政府部门、基金之基金等。由于法律和税制方面的原因，德国的退休基金在风险资本中只占据了很小一部分，这与美国和欧洲其他国家的风险资本构成有着明显的差异。2003年，德国的风险资本主要来自银行，占总额的40.7%，其次，有24%的资本来自政府部门，21.7%的资金来自保险公司，而来自资本市场和退休基金的资本都非常有限（见图4.38）。

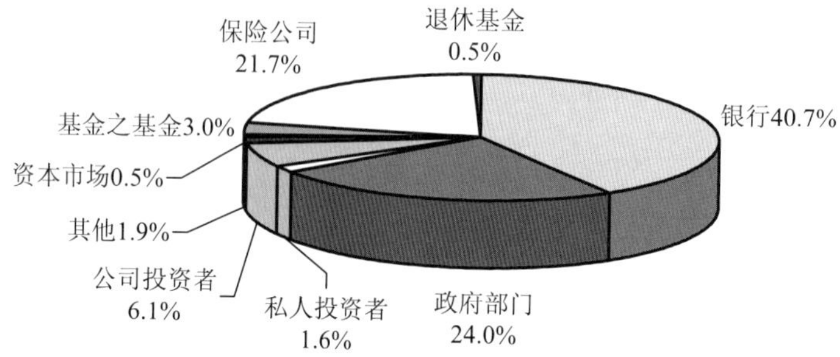

数据来源：EVCA2004年报。

图4. 38　2003年德国风险资本来源分析

2. 风险投资状况分析

（1）风险投资概况。2000年德国的风险投资总额迅速上升，达到47.7亿欧元，创造了历史最高记录，比1999年的31.6亿欧元上升了50.9%。但从2001年开始，德国的风险筹资总额开始下降。2001年的风险筹资额为44.4亿欧元，比2000年的顶峰时期下降了7%。2002年投资额急剧减少到25亿欧元，与2000年相比下降了47.4%。2003年德国的风险投资额保持在24亿欧元，比2002年下降了3.6%（见图4.39）。

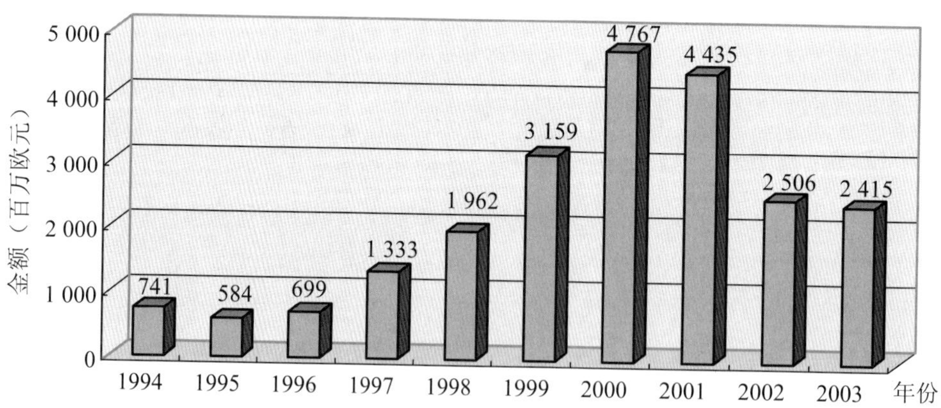

数据来源：BVK（1994年～2003年）。

图4. 39　德国风险投资额

（2）风险投资行业分析。德国的风险投资并没有集中在高新技术领域，在计算机和生物技术方面的投资还不到总投资额的1/4。相对美国和其他欧洲国家来说，德国的风险投资家对制造业、服务业和消费业等一些传统行业比较偏好。2003年其他服务业的投资比例从2002年的3.1%上升到29.5%，在同期总风险投资额中所占比重最大。2003年德国对计算机和生物技术行业的投资额在总投资额中的比例都有所下降，2002年这两个行业占总风险投资额的18.7%，2003年已下降到9%（见图4.40）。

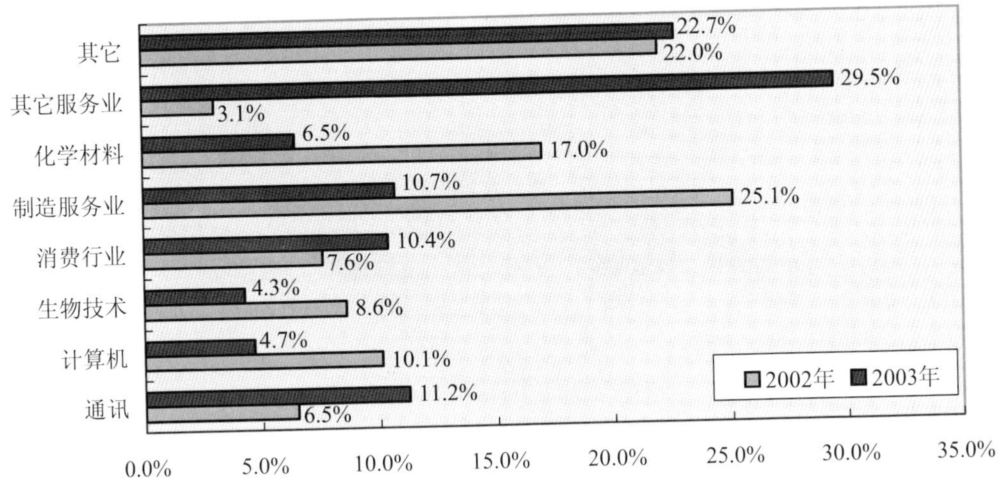

数据来源：EVCA2004年报。

图4. 40　德国风险投资额的行业分布

（3）风险投资阶段分析。投资于成长期和扩张期企业的项目数在德国风险投资总数中占据了大多数。2002年德国投资于扩张期企业的风险数目超过总风险投资项目数的一半，达到了52%。2003年投资于扩张期的企业有624家，占所有投资项目数的51.4%。2003年用于成长期企业的风险投资数为483家，占全部风险投资数的39.8%，与2002年相比，所占比重略有提高（见图4.41）。

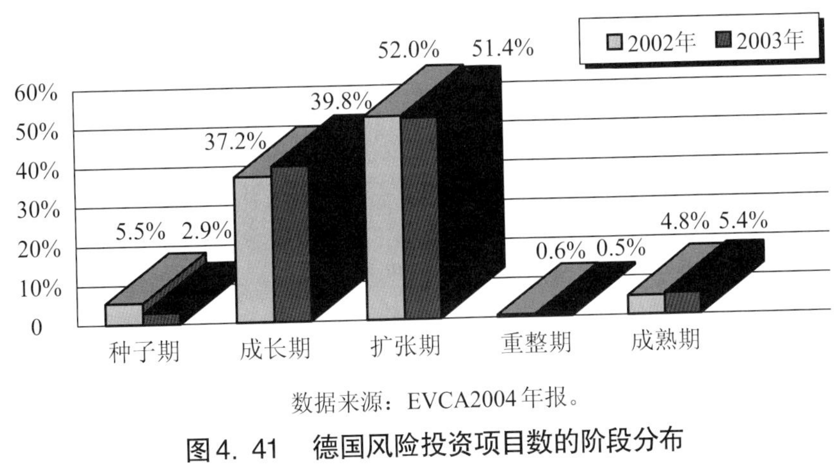

数据来源：EVCA2004年报。

图4. 41　德国风险投资项目数的阶段分布

图4.41主要从风险投资项目数方面分析，图4.42将从风险投资额方面进行阶段分析。一个明显的特征是德国风险资本的绝大多数都投向了成熟期的企业。2003年投资于成熟期企业的风险投资额在总额中所占比重高达71.5%，相比2002年的45.7%有了大幅上升。而投资于其他阶段风险资本的比例，2003年与2002年相比都有所下降。扩张期投资金额的比重由2002年的31.2%下降

到2003年的16.6%，成长期由19.3%下降到10.7%。

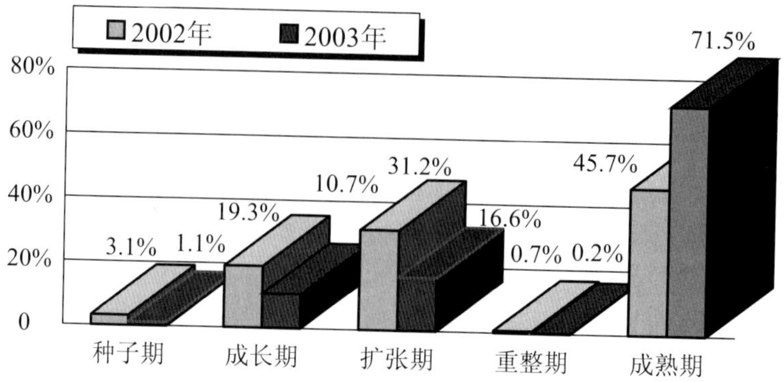

数据来源：EVCA2004年报。

图4. 42　德国风险投资额的阶段分布

3. 风险投资组合价值分析

德国风险投资协会的统计结果显示，德国的风险投资组合价值从1998年开始快速增长，1999年为79亿欧元，比1998年上升了46.5%，是迄今为止增长率最高的一年。此后两年仍然保持了较高的增长率，到2001年时，德国风险投资组合价值达到了158亿欧元。从2002年开始，投资组合价值的上升幅度开始放缓，2002年与2001年相比，只增长了5.1%，为167亿欧元。2003年比2002年增长了7.4%，仅有179亿欧元（见图4.43）。

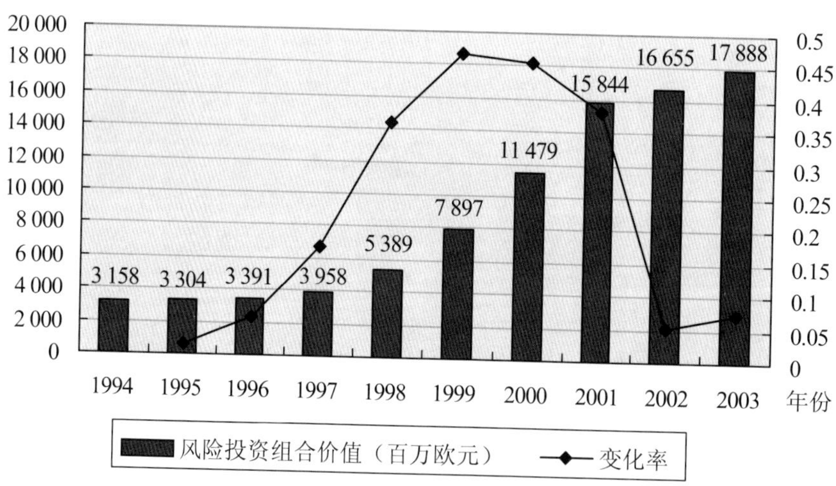

数据来源：BVK（1994年～2003年）。

图4. 43　德国风险投资组合价值

4. 风险投资退出环节分析

随着2000年经济泡沫的破灭，IPO这个曾经是最重要最有利的退出渠道，在德国成了不可接受的选择。因为，在德国人的传统观念中转让股权即意味着企业经营失败。近年来，风险投资的退出渠道问题严重地抑制了德国风险投资的发展。调查结果显示，2002年的退出项目数为1 225个，2003年减少到598个。2002年通过清算退出的项目数有491个，占全部退出数的40.1%。2003年有259个风险投资项目通过清算方式退出，其所占比例依然远高于其他退出方式，达43.3%。2002年通过股权出售的退出数占总数的7.9%，2003年这一比例上升为9.2%（见图4.44）。

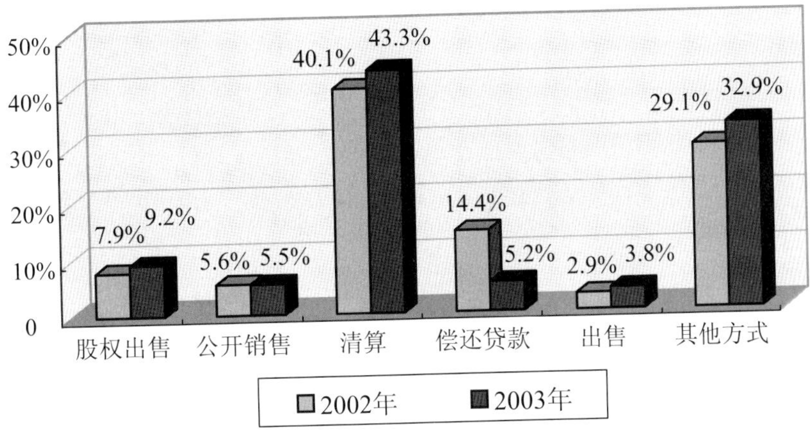

数据来源：EVCA2004年报。

图4.44　德国风险投资退出的渠道分布

（三）德国风险投资业的发展趋势

近年来，德国的风险投资处于一个相对较低的发展水平，并购方式支配了主要的投资活动，而高科技投资和风险资本交易则较少发生。由于税收环境的不确定性，机构投资者对风险资本的运用依然存在着某些限制，进而阻碍了风险资本的筹集。为了活跃风险投资市场，德国联邦政府十分重视改善风险投资的外部环境，采取了制定新规定、修改现有法规、推出风险投资计划等一系列具体的措施。例如：允许风险投资公司采用股份公司、股份有限公司、两合公司以及股份两合公司的法律形式注册经营；将风险投资机构纳入投资公司的征税条例运用范围；将强制性持股最短期限由6年减为1年等等。

第四节　亚太地区风险投资业

一、亚太地区风险投资业发展概况

（一）亚太地区风险投资业概述

2003年，亚太地区的风险投资显示出强劲的增长趋势，各项指标在2002年的基础上都有了大幅度的提高（见表4.9）。其中，仅风险投资额一项就比2002年增长了93%，并购基金也比2002年增加了74%。统计显示，2004年上半年亚太地区的风险投资业继续保持着回暖态势。2004年上半年的风险筹资额比2003年上半年上升了236%，投资额比2003年同期增加了40%。

表4.9　亚太地区近两年风险投资状况一览(单位：10亿美元)

项目	2003年	2003年与2002年相比的增长比例	2004年上半年
总风险投资额	17.6	93%	8.6
总风险筹资额	3.3	11%	5.0
投资于科技行业资本额	5.0	19%	0.9
投资于扩张期的资本额	2.5	34%	1.1
并购基金	8.5	74%	4.6

数据来源：AVCJ报告/普华永道。

亚太地区近几年来的风险投资额和风险筹资额的变化趋势见图4.45。与全球风险投资业的发展趋势大体一致，亚太地区的风险投资额和风险筹资额都在2000年达到了高峰，并从2001年开始衰落，特别是风险筹资额在2002年下降到30亿美元，与2000年相比下降了83%，风险投资额的下降趋势则没有这么明显。2003年，亚太地区的风险投资额出现了大幅增长，达到了176亿美元，接近2000年时的最高值。筹资额也有了小幅的增加，为33亿美元。

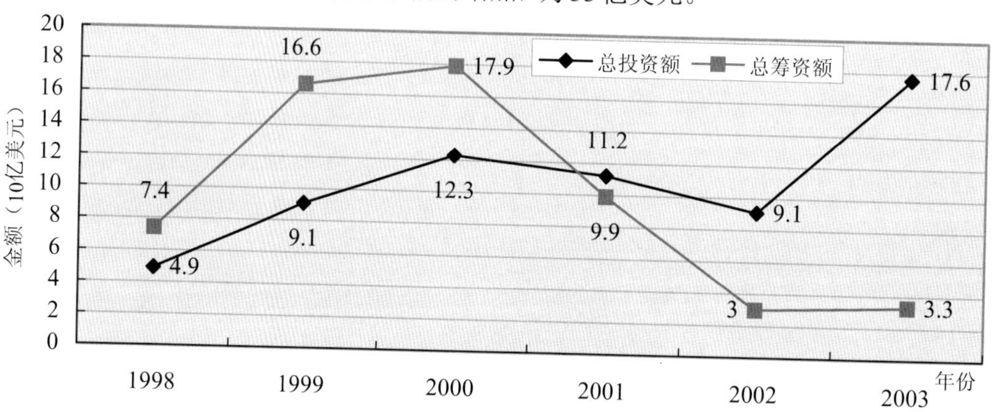

数据来源：AVCJ报告/普华永道。

图4.45　亚太地区风险投资额和风险筹资额的变化趋势

（二）亚太地区风险投资行业分析

亚太地区的风险投资行业分析同样以高科技行业为代表。从图4.46可以看到，投资于高科技行业的资本额自2001年开始减少，2002年下降到了37亿美元，比2000年下降了34%。伴随着整个行业的逐渐回升，2003年投资于高科技行业的资本额也开始增长，从2002年的37亿美元增长到50亿美元。

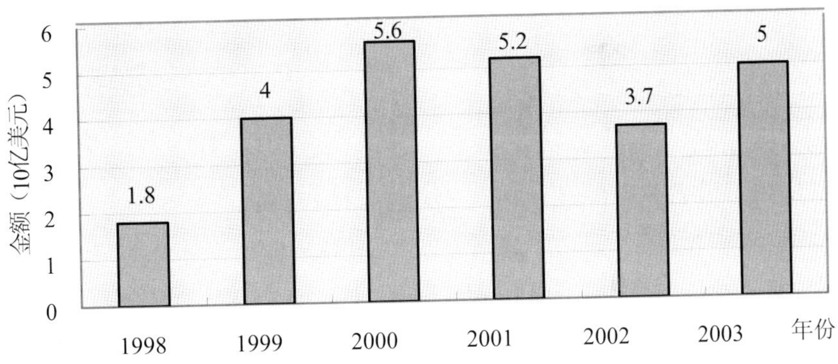

数据来源：AVCJ报告/普华永道。

图4.46　亚太地区投资于高科技行业的风险资本额变化趋势

（三）亚太地区风险投资阶段分析

从图4.47可以看到，亚太地区投资于并购期和扩张期的风险投资额在近几年呈现出不同的变化趋势。在2002年以前，投资于扩张期的风险资本额要高于投资并购期的风险资本额。但从2000年开始，投资于并购期的风险投资基金则呈现出持续上升的趋势，在2002年达到49亿美元，超过了同期投资于扩张期的风险资本额。2003年投资于并购期的风险资本额更是达到了85亿美元，比2000年增长了750%。而投资于扩张期的风险投资基金，从2001年开始下降，至2003年才开始有所回升，达到25亿美元，与2002年相比上升了32%。但依然要低于同期投资于并购期的风险投资额。

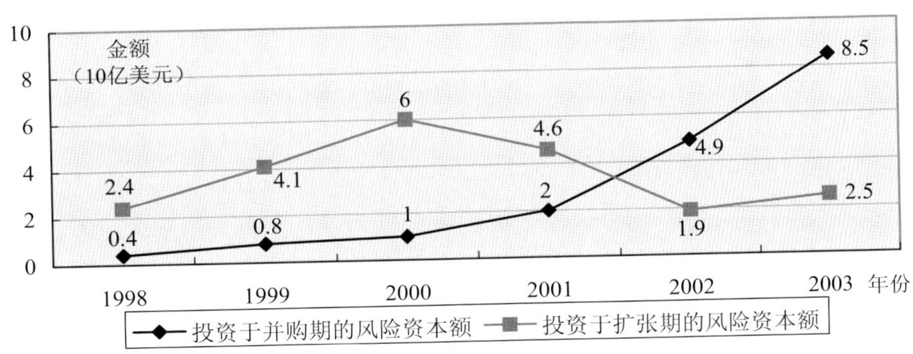

数据来源：AVCJ报告/普华永道。

图4.47　亚太地区风险资本额投资阶段的变化趋势

（四）亚太地区风险投资地区分析

日本是亚太地区风险投资最发达的国家，2003年日本风险投资总额为72亿美元，占亚太地区风险投资总额的41%。其次是澳大利亚，风险投资额为29亿美元，占总额的17%。接着是韩国、中国和印度，风险投资额分别为28亿美元、17亿美元和9亿美元（见图4.48）。

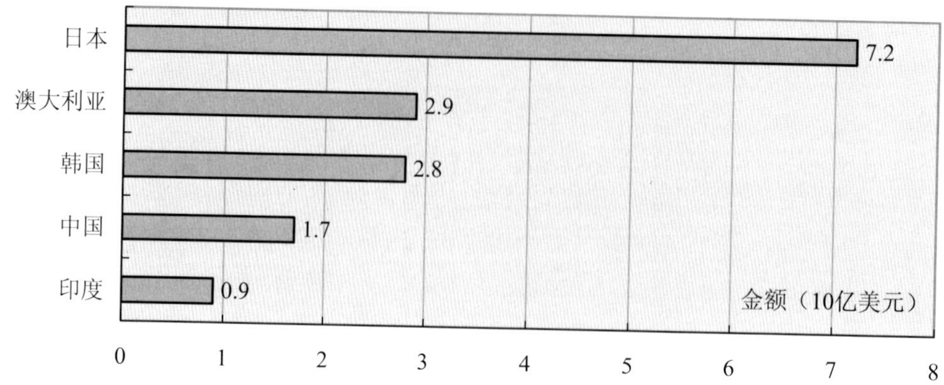

数据来源：AVCJ报告/普华永道。

图4.48　2003年亚太地区风险投资额的地区分布

二、亚洲风险投资业发展概况

（一）亚洲风险投资业的发展历程

与美国相比，亚洲的风险投资起步较晚，促使亚洲风险投资业迅速发展的环境因素与美国也有很大差别。支持美国硅谷风险投资业发展的环境因素主要有：较强的技术支持、大量的高级工程师以及一大批敢于冒险的企业家和风险资本家，而亚洲并不完全具备以上条件。因此，亚洲在早期主要投资于有形资产特别是固定资产等传统产业，很少投资于高科技行业和未确定的理念方面。

1997年，亚洲金融风暴严重损坏了银行经济的同时也刺激了私人权益投资的发展；其后，亚洲无论是风险筹资额还是投资额都急剧上升。2000年3月，虽然亚洲的公共权益市场有所下降，但新的风险资本基金和退出基金都有上升趋势。但是，新增的风险基金基本上与传统行业有关，这在韩国和日本表现尤其明显。1999年，亚洲的私人股本和风险投资规模有60多亿美元，但只占2000年全球此类投资总额的5%。随后，由于美国互联网泡沫的破裂，亚洲风险投资经历一个艰难的时期，但是，亚洲经济蕴藏的巨大商机仍吸引着越来越多的风险投资。

经过几十年的发展，亚洲各国都已经为自己开辟出一片广阔的天空。如我国台湾地区的风险投资业经历1988年和1989年的“过渡”创业投资热及1990年和1991年的市场萧条期后，又再度活跃起来，并实现了台湾地区经济结构从劳动密集型向科技密集型的重大转型。日本作为亚洲的“领头羊”，其风险投资业也开展得如火如荼。

（二）亚洲风险投资业的发展现状

1. 风险筹资状况分析

（1）风险筹资概况。亚洲风险投资业经历了2000年的繁荣和其后的萧条时期。筹资总额从1991年的20.45亿美元稳步上升到2000年的178.97亿美元，达到顶峰，随后风险筹资额开始下降，到2002年筹资总额仅为29.91亿美元。2003年亚洲风险投资业开始出现复苏，筹资额也开始慢慢回升，到2004年筹资总额再次突破100亿美元，达到了105.92亿美元，与2003年相比增长了219%（见图4.49）。

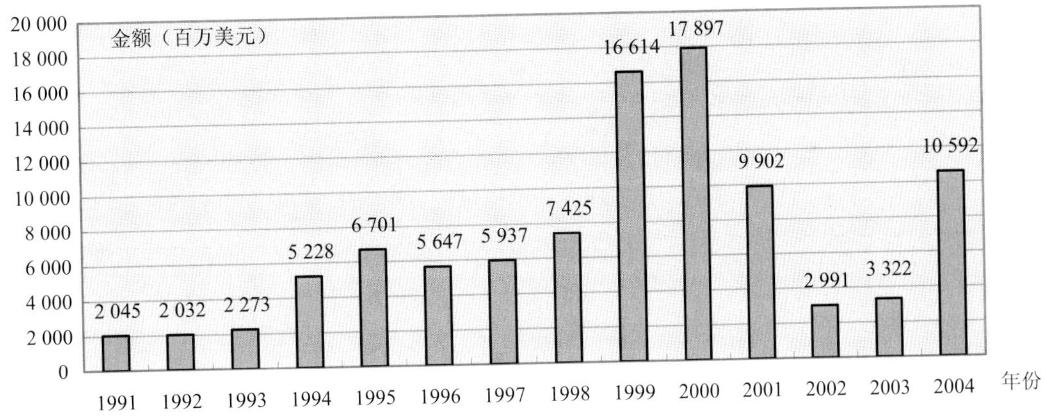

数据来源：亚洲风险投资杂志（AVCJ）。

图4. 49　亚洲风险筹资额增长趋势

（2）亚洲主要地区风险资本筹资状况分析。亚洲风险资本筹资分布主要集中在日本、澳大利亚、新加坡、印度和中国（包括香港）等地区，这些地区占据亚洲风险筹资额的90%以上。2004年亚洲主要国家的风险筹资额均有较大幅度的增加，特别是日本和澳大利亚。2004年澳大利亚筹集风险资金18.57亿美元，超过2003年筹集资金的9倍。日本2004年为国内筹集资金55.37亿美元，而2003年仅为13.65亿美元。其他国家，如印度、新加坡等的筹资额也有较大增长（见表4.10）。

表4. 10　亚洲主要地区风险筹资状况（2000年～2004年）（单位：百万美元）

地区	2000年	2001年	2002年	2003年	2004年
日本	4 620	2 471	715	1 365	5 537
澳大利亚	1 046	641	210	200	1 857
新加坡	1 817	1 058	474	100	922
印度	1 174	411	160	260	665
中国香港	3 160	2 416	550	450	498
中国内地	2 028	821	325	340	436
韩国	1 796	835	364	270	367
中国台湾	1 513	793	130	115	146

地区	2000年	2001年	2002年	2003年	2004年
新西兰	144	81	20	28	83
马来西亚	169	250	25	81	60
越南	22	18	-	103	10
泰国	305	81	18	10	-

数据来源：亚洲风险投资杂志（AVCJ）。

2. 风险投资状况分析

（1）风险投资概况。亚洲地区风险投资业发展在最近几年一直保持着良好的势头，并没有经历像美国、欧洲地区那样大幅度上升和直线下跌的动荡局面。1991年～2004年亚洲风险投资总额一直在缓慢增长，受2000年全球经济不景气的影响非常小。2004年亚洲风险投资继续保持较快的增长，投资总额首次超过了1 000亿美元，达到1 063.83亿美元（见图4.50）。

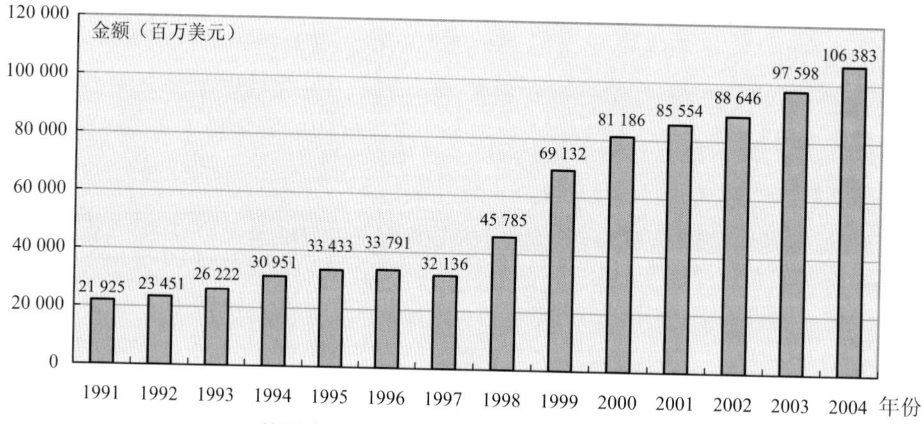

数据来源：亚洲风险投资杂志（AVCJ）。

图4. 50　亚洲风险投资总额变化趋势

（2）风险投资行业分析。与美国相比，亚洲各国的风险投资更侧重于传统行业，对传统行业的投资金额一直都占总投资的一半以上。亚洲风险投资比较偏好金融服务业，2004年上半年投资12.7亿美元，占总投资额的14.8%，与2003年同期相比略有减少。2004年亚洲风险投资行业的最大变化是高科技行业获得的风险投资大幅度增加，特别是通讯业和电子业。2004年上半年通讯业获得风险投资金额为26.1亿美元，占总投资额的30.4%，成为风险投资的第一大行业，是2003年同时期的8倍以上；电子行业获得9.6亿美元的风险投资，占总投资额的11.1%，与2003年同时期相比增长了162%。其他高科技行业，如计算机、医药生物技术等高科技行业获得风险投资均有不同程度的增加（见图4.51和图4.52）。

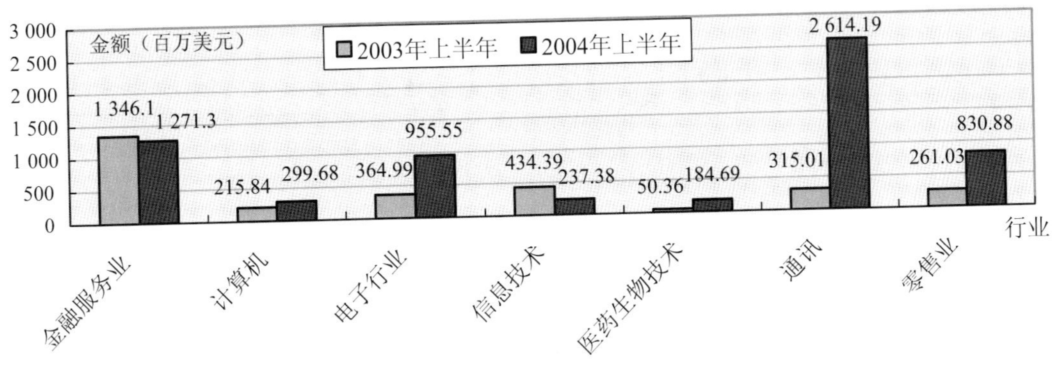

数据来源：亚洲风险投资杂志（AVCJ）。

图4.51　亚洲风险投资重点行业投资金额分布

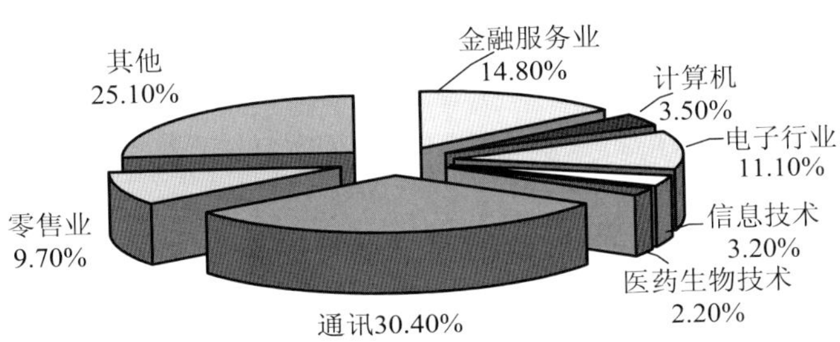

数据来源：亚洲风险投资杂志（AVCJ）。

图4.52　2004年上半年亚洲风险投资重点行业投资金额所占比分布

（3）风险投资阶段分析。亚洲风险投资主要集中于后期阶段，投资于后期阶段的风险资本占投资总额超过80%，而早期阶段（种子期和初创期）的投资非常少，不到10%。2004年上半年，亚洲风险投资于早期阶段的金额为2.2亿美元，占总投资额的2.5%，与2003年同期相比下降了21%。

亚洲风险投资家非常热衷于投资并购阶段的企业，这一阶段的投资一直占据投资总额的一半以上。2004年上半年投资于并购阶段的金额为47.13亿美元，占投资总额的54.8%，与2003年同期相比增加了59%。2004年上半年投资于扩张期和麦则恩期的风险资本与2003年同期相比也有较大的增长，而投资于重整期的风险资本则有较大幅度的下降（见图4.53）。

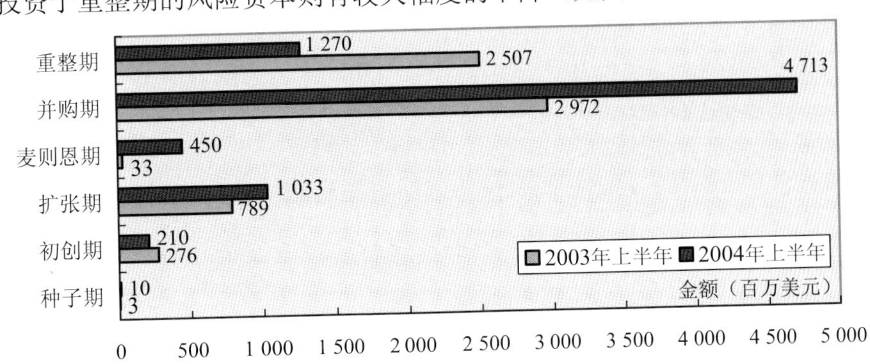

数据来源：亚洲风险投资杂志（AVCJ）。

图4.53　亚洲风险投资阶段分布

（4）风险投资地区分布。图4.61是以投资总额超过10亿美元为标准进行选择的。从图4.61中可以看出，亚洲风险投资主要集中在澳大利亚、中国（包括香港）、印度、日本、韩国、新加坡、中国台湾等地区。2004年中国（包括香港）的风险资本额在亚洲地区最多，达348.6亿美元，比2003年增加9.1亿美元。其次是日本，2004年日本的总风险资本额为297.8亿美元，与2003年相比增加了4.43亿美元；新加坡和澳大利亚次之（见图4.54）。

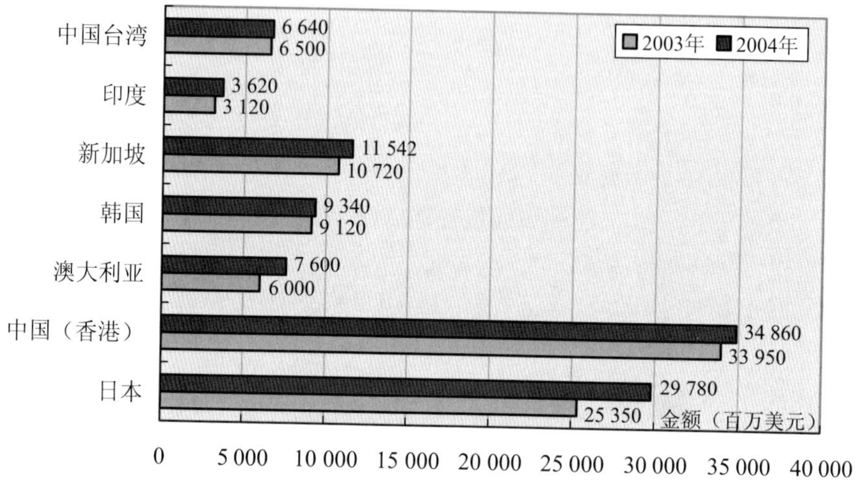

数据来源：亚洲风险投资杂志（AVCJ）。

图4. 54　亚洲主要地区的风险投资额分布

另外，投资高涨在东南亚也有所表现，泰国和马来西亚投资增幅巨大。2004年上半年泰国共获得投资约2亿美元，而2003年同期仅有2 300万美元；对马来西亚的投资则由2003年的3 000万美元猛增至2004年上半年的4.59亿美元。

3. 风险投资退出分析

随着全球IPO市场的回暖，亚洲风险投资退出也日趋活跃。2004年亚洲风险投资退出延续了这一趋势。2003年亚洲共有45.67亿美元风险投资实现退出，与2002年相比退出金额增加47.2%；2004年上半年亚洲地区共有43.97亿美元风险资本退出，几乎相当于2003年全年的退出金额。

2004年上半年退出金额最多的是日本，共有13.24亿美元退出，其主要是以IPO方式和破产方式退出；其次是澳大利亚，共有10.7亿美元的风险投资退出，其退出方式以IPO和管理层收购为主。2004年上半年，中国内地风险投资退出也比较活跃，共有6.39亿美元的风险投资实现退出。其他国家的退出情况见表4.11。

表4. 11　亚洲主要地区风险投资退出金额分布　（单位：百万美元）

地区	2002年	2003年	2004年上半年
澳大利亚	530	869	1 070
中国内地	90	721	639
中国香港	220	322	110

地区	2002年	2003年	2004年上半年
日本	431	1 624	1 324
韩国	1 332	320	635
新加坡	152	156	96
中国台湾	116	145	86
印度	178	215	250
新西兰	8	78	70
泰国	-	25	6

数据来源：亚洲风险投资杂志（AVCJ）。

（三）亚洲风险投资业的发展趋势

从亚洲风险投资基金相继成立的情况来看，亚洲高科技公司因风险投资资金的投入已茁壮成长，风险投资机构也因科技事业的发展而蓬勃发展，风险投资具备进一步发展的良好环境。

亚洲风险投资业由于全球风险投资业的不景气，在近几年呈现下滑趋势，特别是筹资总额。亚洲风险筹资额在经历了三年的急剧下滑后，2004年终于迎来快速增长的新时期。2004年全年的风险筹资额接近2000年鼎盛时期，这预示着亚洲风险投资业将全面复苏。亚洲风险投资总额还将继续保持稳定的上升趋势。亚洲筹集的资金主要投资于并购期等后期企业，随着风险投资业的发展，投资于扩张期和早期阶段企业的比例将会不断增加。随着全球IPO市场的逐步回暖，亚洲风险投资退出日趋活跃，将会有更多的风险资本实现退出。亚洲各国越来越关注高科技行业，特别是通讯、电子业等，预计未来投资于高科技行业的风险资本将会进一步增加。

另外，与欧洲和美国相比，亚太地区的平均投资规模仍然停留在较低水平，这主要与亚洲地区的风险投资退出机制不健全有关。因此，亚洲地区必须尽快完善资本市场，完善亚洲风险投资业的发展环境。

三、亚洲重点地区——以色列风险投资业发展概况

（一）以色列风险投资业的发展历程

以色列被誉为世界第二硅谷，其高科技产业取得的成就和发展速度令全世界瞩目。以色列创新技术企业数量仅次于美国，在纳斯达克股票交易所上市的高新技术企业数量紧追美国与加拿大，排名世界第三。过去10年，以色列高新技术业出口增长了3倍，2001年高新技术出口占工业出口的57%。这些惊人的成就与以色列的风险投资业密不可分，风险投资已成为以色列高科技产业发展的重要资金来源和助推器。以色列风险投资业发展大致经历了以下几个阶段。

雏形阶段： 20世纪60年代初～70年代中期。以色列贴现银行最早涉足风险投资领域。一家

电子行业公司获得了第一笔风险投资，后该公司在美国纳斯达克股票交易所上市并取得成功，投资者获得了相当丰厚的投资回报。但由于当时以色列政治形势动荡、外汇管制严格、经济税收政策僵硬，许多外国投资者轻易不敢涉足该国的风险投资业。以色列风险投资业发展大致经历了以下几个阶段：

成长阶段：20世纪70年代末～80年代末。以色列许多公司建立了技术孵化器，并向技术创新型企业提供支持。70年代末，以色列政府积极鼓励新技术研究并提供适当补贴，同时，还采取了一系列经济宽松政策，包括放宽外汇管制等。80年代中期，以色列涌现出一批风险投资者，几家由风险投资公司支持的企业成功地在纽约股票交易所上市。80年代后期，以色列政府采取了更加宽松的经济政策，加大对研发的支持力度，加上经济状况的稳定、基础设施的改善、地区紧张局势的进一步缓和等，这些都为90年代风险投资业的大力发展奠定了良好的基础。

成熟阶段：20世纪90年代初至今，以色列风险投资业飞速发展，出现了三次投资高潮。1992年，以色列政府为了进一步促进风险投资业的发展，设立了1亿美元的风险基金，同时成立了国有独资的风险基金公司YOZMA。随着YOZMA基金公司的建立，以色列进入了风险投资的第一个高潮。截止1995年底，YOZMA公司吸引了1.5亿美元的外国资金，并与外国投资者合作，共同设立了10个风险投资基金，使以色列风险基金的总量达到了5.5亿美元。1996年，以色列风险投资进入第二个高潮。短短一年内，以色列涌现出3亿美元的风险投资基金，并首次出现了多种基金竞争投资同一项目的情形。2000年，以色列出现了风险投资的第三次高潮，当年风险基金筹资高达37亿美元，超过前四年筹资额的总和，风险投资业进入了鼎盛时期①。

目前，风险基金已成为以色列重要的经济成分，风险投资资金也成为以色列资金市场最重要的组成部分之一。

（二）以色列风险投资业的发展现状

1. 风险筹资状况分析

风险资本发展迅速，基金数量、募集金额和投资规模不断扩大。1993年前以色列风险投资的金额仅为8万美元。自1993年YOZMA公司成立到1997年，以色列的风险投资基金筹资累计达到20多亿美元，风险基金数量近50家。风险投资在随后的1998年、1999年和2000年则更是加速发展，2000年以色列风险筹资额达到37亿美元，成为以色列历史上风险投资业最辉煌的一年。

随后，由于全球经济的不景气，风险投资基金筹资迅速减少，2001年风险基金筹资净额有13亿美元，而2002年全年的风险资本筹资额仅为8 000万美元，风险基金筹资净额更是下降到-1.45亿美元。2003年风险投资基金筹资1.18亿美元，筹资净额为2 800万美元，以色列风险基金筹资状况开始好转（见图4.55）。

近几年，尽管以色列风险筹资额不断减少，风险投资业的闲置资金却在不断增加（见图4.56）。2004年第三季度以色列风险闲置资金占风险资本总额的31%，与2003年同时期相比，增加了7%，与2000年同时期相比增加了13%。

另外，以色列风险投资基金筹资集中度很高。自1992年以来，以色列最大的20家风险投资基金筹集了约64亿美元投资于高科技企业，其中约42亿美元是在2000年～2003年筹集的（占同期全部风险投资基金筹资额的87%）。

---

① 王全火，刘蕾："以色列风险投资业发展的特点和作用"，《中国金融半月刊》，2003年第20期。

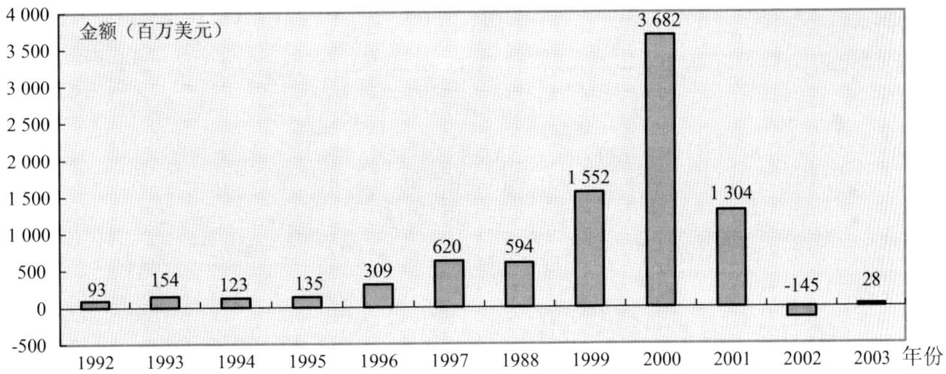

数据来源：以色列风险资本研究中心（IVC Research Center）。

图4.55　以色列风险投资基金净筹资额

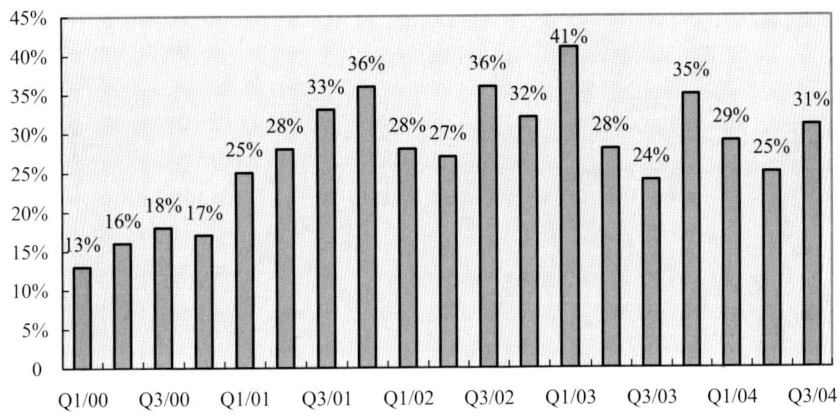

数据来源：普华永道调查报告。

图4.56　闲置的风险资本占总资本额的比例发展趋势

2. 风险投资状况分析

（1）风险投资概况。从图4.57可以看出，以色列风险投资发展趋势与美国的风险投资发展趋势非常的相似，这是因为以色列风险投资中约有一半来源于国外（其中56%来自美国）（见图4.58）。20世纪末，以色列风险投资总额一直处于一个不断增长的过程，在2000年到达了顶峰。随后由于全球经济的不景气和美国风险投资额的锐减，以色列的风险投资额也开始下降，由2000年第三季度的10.3亿美元减至2003第一季度的1.43亿美元。从2003年第二季度开始，以色列风险投资额开始缓慢上升。

调查数据显示，2004年第三季度共有3.47亿美元投向高科技公司，比第二季度的3.26亿美元增加了6%，而与2003年同时期相比增加了83%，创下了2000年以来的最高纪录。2004年前三个季度风险投资额为9.27亿美元，超过2003年全年的投资总额（7.68亿美元）。2004年第三季度共有75家公司获得了风险投资，比上个季度多了5家。

与此同时，以色列风险投资平均规模也有所不同。2000年以色列风险投资平均规模最高曾达到620万美元，随后不断下降，到2003年仅为270万美元。2004年第三季度的风险投资平均规模为460万美元，略高于第二季度，但是与2003年同期相比，增加了84%（见图4.59）。

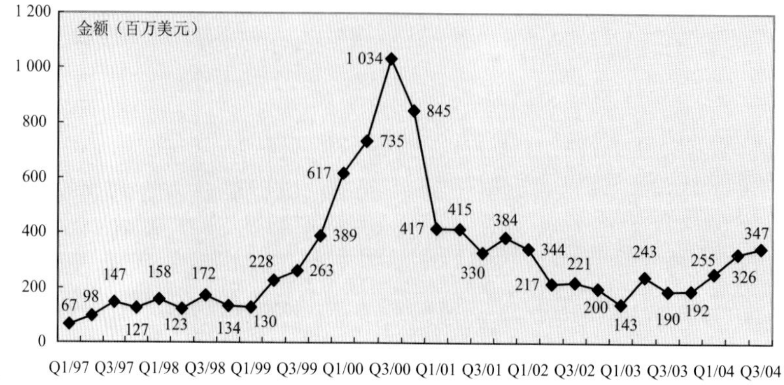

数据来源：普华永道调查报告。

图4.57　以色列风险投资总额的变动趋势

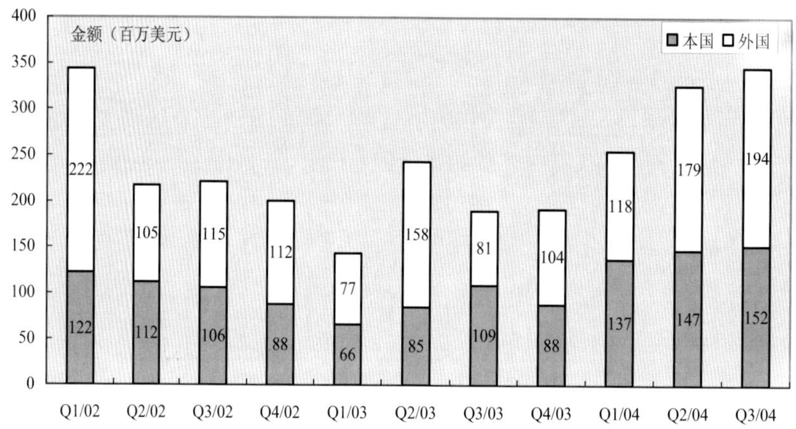

数据来源：普华永道调查报告。

图4.58　以色列风险投资本国来源与外国来源对比

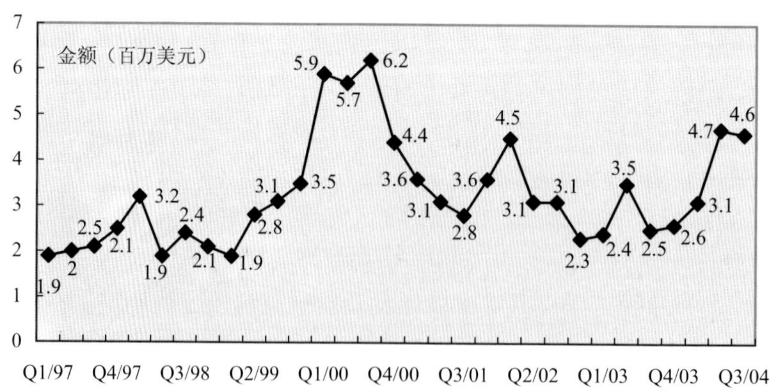

数据来源：普华永道调查报告。

图4.59　以色列风险投资平均规模的变动趋势

（2）风险投资行业分析。以色列风险投资对象主要是高新技术产业，风险投资基本上都投向高新技术类中小企业，通讯、软件、生命科学、因特网和半导体等五大投资热点。其中投向通讯业的风险资金所占比重最大，其次是软件业、生命科学和因特网。

调查数据显示，2004年上半年，通讯行业和软件业接受风险投资额增长迅速。2004年第二季度通讯行业共有32家公司接受风险投资额1.23亿美元，占所有风险投资的36%。2004年上半年通讯行业接受风险投资额占所有风险投资的35%，与2003年同时期相比，增加了2%（见图4.60）。

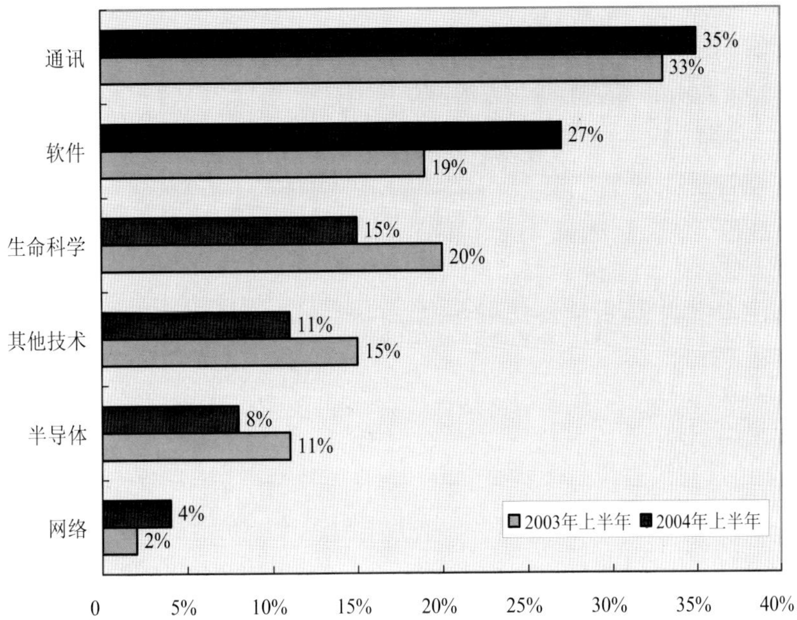

数据来源：以色列风险资本研究中心（IVC Research Center）。

图4.60　以色列重点行业的风险投资额占总额的百分比分布

2004年第一季度20家软件公司筹资8 900万美元，至2000年以来，以色列软件业筹资首次超过其他行业。2004年上半年软件行业接受风险投资1.78亿美元，占所有风险投资的27%，几乎是2003年同时期投资额（9 000万美元）的两倍。

2004年第二季度生命科学行业接受风险投资额4 000万美元，略低于上个季度，但是上半年生命科学行业接受风险投资1亿美元，占所有风险投资的15%，仍比上年同时期风险投资额多500万美元。2004年第二季度3个因特网公司共接受700万美元风险投资。上半年因特网行业接受的风险投资额占所有风险投资额的4%，比2003年同时期的2%略有提高。

（3）风险投资阶段分析。从图4.51可以看出，以色列风险投资主要投向高新技术产业的早期和中期阶段。1999年～2003年五年中，以色列风险投资对高新技术产业早期和中期阶段的投资占总投资的比重分别为37%和39%。

2004年第二季度共有1 700万美元投入种子期，占当期风险投资的5%，比上个季度减少了300万美元；共有7 700万美元投资早期阶段，占当期风险投资的23%；共有1.74亿美元投资于中期阶段，占当期风险投资的51%；共有7 000万美元投资于后期阶段（见图4.61）。

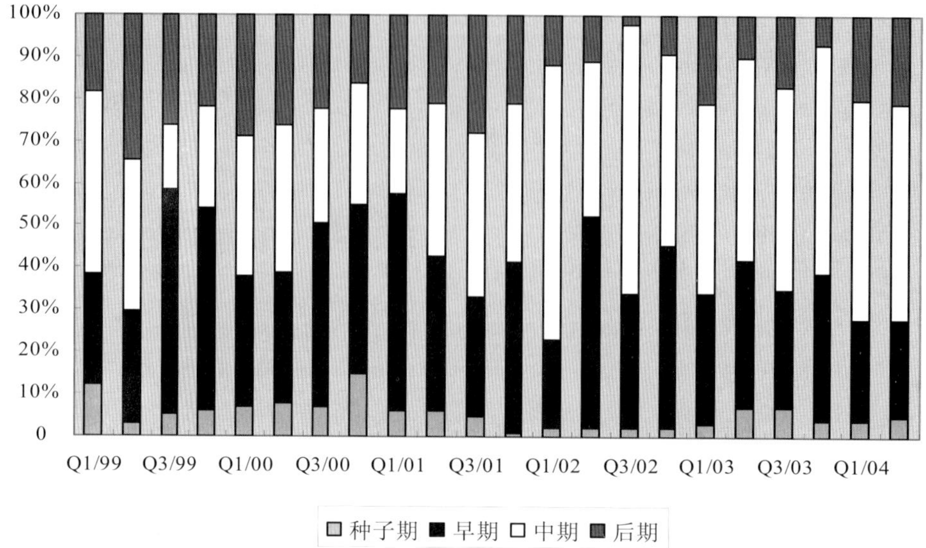

数据来源：以色列风险资本研究中心（IVC Research Center）。

图4. 61　以色列风险投资额的阶段分布

3. 风险投资退出分析

风险资本主要通过被投资企业在海外上市和并购方式有效撤出。风险投资是一种长期性战略投资，其投资价值的实现主要是通过股权转让和股票上市获得收益回报。美国纳斯达克股票交易所有着良好的风险资本变现机制，是风险资本退出的有效途径。以色列高新技术企业上市主要选择美国。这些上市企业每年募集到的大量资金为企业的进一步发展创造了条件。

1995年～2002年，以色列高新技术企业在美国证券交易所募集的资金总额达129.56亿美元；其中风险资本投资支持的企业募集资金总额42.82亿美元；同期，在欧洲证券交易所募集的资金总额11.16亿美元，其中风险资本投资支持的企业募集的资金总额为7.77亿美元。1996年～2002年的7年间，以色列约有50多家高新技术企业被跨国公司收购或兼并，购并总额达194.42亿美元，这些并购为风险资本的有效撤出提供了保证。

（三）以色列风险投资业的发展趋势

以色列的风险投资业起步较晚，但在政府的支持下经过近30年的发展，目前已成为世界上风险投资最发达的国家之一，被誉为“第二硅谷”。以色列风险投资业经过了2000年的高速增长后，随着全球经济不景气和美国风险投资的锐减，风险投资和筹资都急剧下降。在经历了三年低潮期后，2004年这一状况开始有所改善，以色列风险投资业出现复苏迹象。

从风险投资的行业分布情况来看，以色列风险投资的对象主要为高新技术产业，其中投向通讯业的风险资金比重最大，其次是软件业、生命科学和因特网。从风险投资的阶段分布情况来看，风险投资主要投向早期和中期阶段，投向这两个阶段的资本占所有风险资本70%以上。

以色列风险投资中有很大一部分是来源于美国，伴随着美国风险投资业的逐步复苏，以色列的风险投资业也将逐步复苏，特别是以色列的风险投资受政府的支持较多，因此可以预计风险投资业将稳步发展。

统计篇

第一章　2004年中国风险投资行业调查说明

本章主要是对中国风险投资研究院所进行的风险投资行业问卷调查的情况进行解释和说明，以帮助读者全面了解问卷调查的内容和形式。

为了保证数据来源真实、准确，以及行业调查报告内容全面，中国风险投资研究院成立了专门调研组，经过两个多月的艰苦而细致的跟踪调查工作，于2005年1月20日完成了全国范围的2004年风险投资行业发展状况的调查。本次调查无论从调查范围的广度还是调查内容的深度，都是系统的、全面的。有效反馈问卷的风险投资机构达到了144家①，调查范围包括北京、上海、深圳三大重点中心城市在内的全国23个省、市、自治区（详情见调查地区划分和样本说明）。

此次调研工作的顺利完成，得到了深圳创业投资同业公会、广东省风险投资促进会、天津市创业投资协会、陕西省创业投资协会、湖北省创业投资同业公会和浙江省风险创业投资协会的鼎力支持。在此，我们向所有支持和协助这次年度调查的相关人员和全国各风险投资机构表示诚挚的谢意！

一、调查内容

此次调查内容的时间截至2005月1月20日，主要内容包括风险投资机构公司信息、公司资本运作、公司投资运作、风险投资项目管理、公司投资绩效等（详细情况见本章第七部分的问卷内容样本）。

二、调查范围

此次调查的范围是投资于非上市高新技术企业的风险投资机构（个别被调查公司存在对传统产业如汽车制造业、化工行业等涉及投资规模较大的产业投资，我们在相关分析中作为奇异值给予了剔除）。

其中涉及的地区包括除内蒙古、甘肃、山西、海南、青海、宁夏、贵州、广西、西藏以外的中国大陆所有省份。

调查组向国内各主要省份的主要风险投资机构发出了调查问卷，回收有效问卷144份。在没有反馈信息的风险投资机构之中，有相当一部分风险投资机构不愿反馈问卷的原因是最近两三年已不再从事风险投资业务或2004年没有任何风险投资活动，如在我们跟踪反馈的过程中，深圳地区就有13家没有反馈问卷的风险投资机构明确说明已不再从事风险投资业务或风险投资业务很

① 其中北京科技风险投资股份有限公司、时代创新投资管理公司和通和置业投资有限公司在截止日期之后给我们返回了问卷，因此这三家公司的数据并未被纳入统计分析中，在此也对他们的支持表示感谢！

少，占深圳本地全部61家发放问卷总数的25%。基于这样的情况，我们认为2004年有实际业务运作的中国风险投资机构的绝大多数已经包括在本次调查有反馈信息的144家风险投资机构之中。中国大陆风险投资机构调研的发放和回收情况见表1.1。

表1. 1　2004年中国风险投资行业调研调查公司地区分布

地区	北京	上海	深圳	东北	华北	华东	中南	西部*	合计
回收数	14	15	39	6	11	27	18	14	144

* 注：包括陕西地区发放和回收的7家公司。

三、调查地区

风险投资业的发展较易受到地区经济环境的影响，加之中国经济环境的地区差异性，所以风险投资业在中国大陆的发展是不平衡的。依据中国风险投资业的地区发展状况的具体情况，我们将此次调查的区域划分为风险投资业发展的三大重点中心城市（北京、上海、深圳）和除此之外的五大区域（东北、华北、华东、中南、西部）。此次调查的风险投资（管理）公司包括的省市见表1.2。

表1. 2　2004年中国风险投资行业调查地区

地 区	所辖省市
北京	北京市
上海	上海市
深圳	深圳市
东北	辽宁省、吉林省、黑龙江省
华北	天津市、河北省、山西省*、内蒙古自治区*
华东	山东省、江苏省、安徽省、浙江省、江西省、福建省
中南	河南省、湖北省、湖南省、广东省、广西壮族自治区*、海南省*
西部	陕西省、新疆维吾尔自治区、重庆市、四川省、贵州省*、甘肃省*、青海省*、宁夏回族自治区*、云南省、西藏自治区*

注："*"表示在此次调查中没有有效回收问卷的省份。

四、调查内容释义

（一）投资行业分类

投资行业分类根据中国产业发展的状况和风险投资公司的一般偏好，并参考科技部颁布的

《中国高新技术产品目录2000》和中国证监会《上市公司行业分类指引》（2001）见表1.3。

表1.3　2004年中国风险投资行业调研投资行业分类

产业领域	行业类别	行业小类
高新技术产业	软件	*
	电子信息	计算机设备
		网络/通讯
		半导体
		其他IT行业
	环保	*
	生物、医药和医疗器械	医药保健
		医疗设备
		生物科技
	光机电一体化	*
	新材料	*
	新能源	*
	高新农业	*
传统产业	传统制造业	**
	教育	**
	旅游业	**
	金融服务	**
	传媒业	**
	娱乐业	**
	消费品及服务	**
	商业批发零售	**
	其他传统行业	**

注："*"的行业小类请参考《中国高新技术产品目录2000》；"**"的行业小类请参考《上市公司行业分类指引》（2001年），其中"传统制造业"为除上述高新技术产业行业类别之外的C类制造业，"其他传统行业"是除上述高新技术产业行业类别之外的未列明的其他行业。

（二）投资阶段定义

我们将此次调研涉及的投资阶段分为五类：种子期（Start-up/Seed）、发展期（Early）、扩张期（Expansion）、成熟期（Later）、其他（包括MBO、MBI、Pre-IPO等），其定义见表1.4。

表1.4 风险投资的投资阶段分类和定义

阶段	定义
种子期（Start-up/Seed）	创业领导者建立了核心创业团队，创业团队拥有技术、产品和概念，还没建立企业或者刚刚建立企业，致力于技术和产品的商业化开发，没有进入正式的销售阶段，融资数额较小，主要用于技术产品的开发和市场开发调研。
发展期（Early）	发展期的企业已经将其较完善的产品和服务推向市场，销售呈现快速的增长态势，没有产生盈利收入，融资数额较种子期大，主要用于产品的进一步完善、建立产品和服务的市场渠道和加强创业团队的建设。
扩张期（Expansion）	扩张期的企业已将其基本定型的产品完全推向市场，产品和服务得到广泛认可，市场快速增长，抢占市场份额是扩张期企业的首要目标，未必产生盈利收入，企业融资数额较大，主要用于市场开拓和营销能力的加强。
成熟期（Later）	成熟期企业的产品和服务已经完全被消费者所接受，市场增长趋缓，市场份额已基本圈定，有较稳定的盈利收入，该阶段企业融资主要用于维持企业的市场份额、巩固竞争优势。
其他	如企业发展中的重整期、周转困境期、MBO、MBI和Pre-IPO等其他非上述企业生命时期的阶段。

五、调研方法和过程

为了顺利完成“2004年中国风险投资行业调查”，中国风险投资研究院于2004年9月专门组织了一支由陈工孟院长亲自领导的专业研究人员调查组。调查组于2004年11月至2005年1月在“深入了解中国风险投资业发展状况，重点关注风险投资实际运作中的热点问题”这一调研目标的指导下，通过设计经过专家评审通过的专业调查问卷，并通过对调查范围内的多家知名风险投资（管理）公司的问卷测试和问卷设问的修改，在确定调查范围、地区和设计的调查问题的规范定义的基础上，以传真和E-mail方式发放问卷并加以电话回访的方式，分阶段分地区的对全国范围的风险投资（管理）公司进行了问卷调研。其中，广东、深圳、湖北、天津、浙江、陕西地区的调研初期曾委托当地的风险（创业）投资行业协会进行，在此向上述协会的相关工作人员一并表示致谢。在问卷调研的过程中，我们也充分运用了通过互联网设置问卷下载链接和专设电子邮箱反馈的调研方法。在整个的调研过程中，我们坚持了“细致、严谨、客观、高效”的调研原则，系统有序的组织完成了从调研筹备、调研目的和范围的策划定义、调研问卷设计、调研实施、调研数据处理和调研结果统计等各个过程和环节。

六、2004年中国风险投资机构调查有效反馈样本公司（公司排名不分先后）

北京市	
1	中科招商创业投资管理公司
2	北京中关村宏和投资咨询有限公司
3	北京清华兴业投资管理有限公司
4	北京安彩科技风险投资公司
5	北京知金科技投资有限公司
6	北京中关村青年科技创业投资有限公司
7	汇亚资金管理有限公司
8	华夏世纪创业投资有限公司
9	清华科技创业投资有限公司
10	清华紫光科技创新投资有限公司
11	北京高新技术创业投资股份有限公司
12	中金高技术资产管理有限公司
13	红塔创新投资股份有限公司

14	北京科技风险投资股份有限公司 *
上海市	
15	祥峰中国投资
16	戈壁合伙人有限公司
17	上海漕河泾新兴技术开发区科技创业中心
18	上海创新投资管理有限公司
19	上海创业投资管理有限公司
20	上海复旦创业管理有限公司
21	上海交大创业投资有限公司
22	上海交大信息投资有限公司
23	上海太平洋技术创业有限公司
24	上海信虹投资管理有限公司
25	上海兆丰创业投资有限公司
26	上海华盈创业投资基金管理有限公司
27	上海兴信投资发展有限公司
28	华登国际
29	时代创新投资管理公司 *
重庆市	
30	重庆科技风险投资有限公司
安徽省	
31	合肥信息投资有限公司
32	安徽省科技产业投资有限公司
33	安徽省科创投资管理咨询有限公司
34	安徽中锐投资顾问有限责任公司
35	安徽省经贸投资集团有限责任公司
福建省	
36	福建华兴创业投资有限公司
河北省	
37	秦皇岛市科技投资公司
38	石家庄科技创业投资有限公司
39	河北科技风险投资有限公司
河南省	
40	河南联创投资股份有限公司
41	河南创业投资股份有限公司
42	河南高科技创业投资股份有限公司
43	河南省科技投资总公司
44	洛阳炬星创业投资有限公司
黑龙江省	
45	哈尔滨国创科技投资管理有限公司
46	黑龙江辰能哈工高科技风险投资有限公司
湖北省	
47	武汉武大创新投资有限公司
48	武汉东湖创新科技投资有限公司
49	武汉开元科技创业投资有限公司
50	武汉光谷创业投资有限公司
51	武汉华工创业投资有限责任公司
湖南省	
52	湖南高科技创业投资有限公司
53	湖南省宏升创业投资有限责任公司
吉林省	
54	长春经开科技风险投资有限公司
55	长春科技风险投资有限公司
江苏省	
56	南京市高新技术风险投资股份有限公司
57	江苏弘瑞科技创业投资有限公司
58	江苏南大高科技风险投资有限公司
59	江苏省高新技术创业服务中心
60	南京富鑫通讯创业投资公司
61	无锡高新技术风险投资股份有限公司
62	中新苏州工业园区创业投资有限公司
江西省	
63	江西高技术投资股份有限公司
辽宁省	
64	辽宁科技创业投资有限责任公司
65	辽宁东软创业投资有限公司
山东省	
66	山东省高新技术投资有限公司
67	潍坊创业投资有限公司

序号	单位名称
68	济南科技风险投资有限公司
	陕西省
69	陕西东隆投资有限责任公司
70	西安交通大学国家技术转移中心
71	西安海星科技投资控股（集团）有限公司
72	陕西七方投资有限公司
73	陕西省高新技术产业投资有限公司
74	西安保德信投资发展有限公司
75	先锋投资（集团）有限公司
	广东省
76	广州市冠通创业投资管理有限公司
77	广州开发区建设创业投资有限公司
78	广州融捷投资管理集团有限公司
79	广东省风险投资集团
80	广州中科环能科技有限公司
81	广州科技创业投资有限公司
82	深圳清华力合创业投资有限公司
83	深圳市天成投资有限公司
84	世威创业投资管理（深圳）有限公司
85	深圳市光瑞风险投资有限公司
86	深圳市深港产学研创业投资有限公司
87	深圳市长园盈佳投资有限公司
88	深圳市正中创业投资有限公司
89	深圳信科创业投资管理有限公司
90	深圳市中关村创业投资管理有限公司
91	招商局科技集团有限公司
92	南山区科技创业服务中心
93	深圳市新产业创业投资有限公司
94	深圳市贤泽投资有限公司
95	深圳市高特佳投资集团有限公司
96	深圳市华通创业投资有限公司
97	深圳市维西创业投资管理有限公司
98	深圳市罗湖区高新技术创业中心
99	深圳市天富锦业投资有限责任公司
100	深圳市福田区高新技术创业中心
101	深圳市鸿源创业投资管理有限公司
102	深圳虚拟大学园管理服务中心
103	深圳盛润创业投资管理有限公司
104	深圳市中科招商创业投资管理有限公司
105	深圳市南山区科技创业服务中心
106	二十一世纪科技投资有限责任公司
107	光大控股创业投资（深圳）有限公司
108	中海创业投资（深圳）有限公司
109	深圳市高新技术投资担保有限公司
110	深圳市国成科技投资有限公司
111	深圳市巍峨创业投资有限公司
112	深圳中新创业投资管理有限公司
113	深圳市创新投资集团有限公司
114	深圳中小企业创业投资有限公司
115	深圳市联信创业投资管理有限公司
116	深圳世纪愿景创业投资有限公司
117	大象创业投资有限公司
118	中国科技开发院
119	冠誉创业投资管理（深圳）有限公司
120	深圳市达晨创业投资有限公司
	四川省
121	成都新兴创业投资有限责任公司
122	成都科技风险开发事业中心
123	成都科技创业投资有限公司
124	成都创新风险投资有限公司
	天津市
125	天津新技术产业园区海泰科技投资管理有限公司
126	天津纳米创业投资有限公司
127	天津开明创业投资发展有限公司
128	天津锟桥创业投资有限公司
129	天津新技术产业园区新纪元风险投资有限公司
130	天士力生物技术创业投资管理有限公司
131	天津泰达科技风险投资股份有限公司

132	天津市南大科技投资有限公司		137	宁波凯建投资管理有限公司
新疆维吾尔自治区			138	浙江大学科技园发展有限公司
133	新疆创新投资有限公司		139	浙江国信创业投资有限公司
云南省			140	杭州市高科技投资有限公司
134	云南高新创业投资有限公司		141	浙江省杭嘉湖技术开发公司
浙江省			142	浙江省科技风险投资有限公司
135	中融投资管理有限公司		143	浙江天堂硅谷创业投资有限公司
136	通联创业投资股份有限公司		144	通和置业投资有限公司*

注："*"表示数据信息未纳入统计分析的公司。

七、"2004年中国风险投资机构调查"问卷样本

2004年中国风险投资调查问卷

感谢您在百忙之中填写本问卷。本问卷所涉及的问题仅做为中国风险投资研究院联合各地区风险（创业）投资协会或科技部门的课题研究之用，希望本研究为共同推动中国风险投资业的规范和繁荣发展做出一点有益的贡献，敬请协助配合！

请贵公司于2005年1月20日（星期四）前，将本问卷通过邮寄、传真或电子邮件方式回复至中国风险投资研究院。

下载本问卷电子版本请在IE中登陆http://www.cvcri.com/vcaward或登陆www.cvcri.com通过网页右栏的链接下载。

地址：深圳市福田区北环大道7003号中审大厦21层　　邮编：518034

专线电话：0755-83948478　83948309　　专线传真：0755-83940379

专设电邮：vcaward@cvcri.com;

填 表 人：______________	职　位：______________
电　话：______________	手　机：______________
电子邮件：______________	

第一部分　公司信息

1. 公司基本信息

<table>
<tr><td rowspan="2">公司名称</td><td>中文</td><td colspan="5"></td></tr>
<tr><td>英文</td><td colspan="5"></td></tr>
<tr><td>公司网址</td><td colspan="3"></td><td>电子邮件</td><td colspan="2"></td></tr>
<tr><td>机构类型</td><td colspan="6">请选择（　　　）A. 投资公司　B. 管理公司　C. 投资公司兼管理公司</td></tr>
<tr><td>公司分类</td><td colspan="6">请选择（　　　）A. 政府风险投资机构　B. 外资风险投资机构（含中外合资）
C. 其他商业风险投资机构</td></tr>
<tr><td>组织形式</td><td colspan="6">请选择（　　　）A. 有限责任公司　B. 股份有限公司　C. 合伙企业　D. 其他________</td></tr>
<tr><td>注册资本</td><td colspan="3">万元人民币</td><td>成立时间</td><td colspan="2">年　月　日</td></tr>
<tr><td>联系人</td><td></td><td>联系电话</td><td></td><td>传　真</td><td colspan="2"></td></tr>
<tr><td>地　址</td><td colspan="3"></td><td>邮政编码</td><td colspan="2"></td></tr>
</table>

2. 公司高管

公司高管职位	姓　名	从业经历（参照下注）	联系方式
董事长			
总经理			

注：从业经历为从事风险投资以前的工作经历，包括以下几项

A. 政府官员　B. 教师 / 研究人员　C. 银行从业人员　D. 非银行金融机构（证券或保险机构）从业人员

E. 企业经营者　F. 留学人员　G. 外国机构人员　H. 其他（请具体说明）

3. 公司员工和专业人士

员工总人数____ 人，专业人士（从事风险投资专业运作）共有____ 人。

请填写专业人士结构资料（填写各项人数）

<table>
<tr><td rowspan="2">学历背景</td><td>博士学历</td><td>硕士学历</td><td>学士学历</td><td>其　他</td></tr>
<tr><td></td><td></td><td></td><td></td></tr>
<tr><td rowspan="2">年龄结构</td><td>20 岁～ 29 岁</td><td>30 岁～ 39 岁</td><td>40 岁～ 49 岁</td><td>50 岁及以上</td></tr>
<tr><td></td><td></td><td></td><td></td></tr>
</table>

<table>
<tr><td colspan="2" rowspan="2">行业背景</td><td>科 研</td><td>金 融</td><td>企业管理</td><td>其他</td></tr>
<tr><td></td><td></td><td></td><td></td></tr>
<tr><td rowspan="4">行业资历</td><td rowspan="2">风险投资从业时间</td><td colspan="2">4年以下</td><td>4年～6年</td><td>6年以上</td></tr>
<tr><td colspan="2"></td><td></td><td></td></tr>
<tr><td rowspan="2">专业资格</td><td>ACCA/ CPA</td><td>CFA/CFP</td><td>证券/风险投资专业资格</td><td>其他</td></tr>
<tr><td></td><td></td><td></td><td></td></tr>
</table>

4. 贵公司主营业务范围(标准：该业务营业收入占总营业收入比例不少于1/3)(　　　　)

A.项目投资　B.管理咨询　C.投融资服务　D.投资银行业务　E.证券投资　F.房地产业务　G.其他(请具体说明)__________

5. 贵公司控股股东的性质(　　　　)

A.政府　B.国有资产管理公司　C.国有或国有控股企业　D.事业单位(大专院校、科研机构及其他)　E.银行　F.非银行金融机构　G.集体企业　H.民营企业　I.外资　J.自然人　K.其他(请具体说明)__________

6. 公司激励机制：

(1)公司在组织形式和激励制度上是否采取了合伙制或类合伙制的模式？(　　)　A.是　B.否

(2)公司采取了何种激励机制？(可以多选)(　　　　)

A.岗位工资制　B.绩效工资制　C.年薪制　D.股权机制(如MBO、股票期权)

E.其他(请具体说明)__________

第二部分　公司资本融资

1. 公司截至目前管理资本总额_____(万元人民币)，其中受托管理_____(万元人民币)；2004年新增管理资本额_________(万元人民币)

2. 2005年，贵公司最有可能从哪些渠道筹集资金(可选多项)(　　　　)

A.政府　B.国有资产管理公司　C.国有或国有控股企业　D.事业单位　E.银行　F.非银行金融机构　G.集体企业　H.民营企业　I.外资　J.自然人　K.其他(请具体说明)__________

3. 公司未来一年的融资规模计划是(　　　)(元人民币)

A.1 000万以下　B.1 000万～5 000万　C. 5 000万～1亿　D.1亿～5亿　E.5亿～10亿　F.10亿及以上　G.保持目前基金规模，不打算筹集

4. 公司是否成立中外合资风险(创业)投资公司(基金)或管理公司(　　) A. 是　B. 否

序号	中外合资公司名称	外方公司		公司类型	管理资本或注册资本(万美元)	成立时间
		名称	出资额(万美元)			
1						
2						
3						
4						
5						

第三部分　公司投资运作

1. 贵公司2004年主要收入来源(选项最多为3个)(　　　)

A. 已投资项目股权转让收益　B. 已投资项目分红　C. 管理咨询收入　D. 财务顾问收入
E. 证券投资收入　F. 其他(请具体说明)______________

2. 贵公司偏好重点投资的行业为1____、2 ____、3____、4____、5____

(请将相应行业的字母代码填入横线上，选项如下)

A. 软件　B. 计算机设备　C. 网络/通讯　D. 其他 IT 产业
E. 航空航天　F. 光机电一体化　G. 生物、医药和医疗器械　H. 新材料
I. 新能源和节能产品　J. 环境保护　K. 海洋资源开发　L. 核应用技术
M. 高新农业　N. 其他高新技术行业　O. 农、林、牧、渔业　P. 制造业
Q. 电力、燃气及水的生产和供应业　R. 交通运输、仓储和邮政业　S. 金融业
T. 房地产业　U. 教育科研　V. 商业批发零售　W. 文化、体育和娱乐业
X. 其他(请具体说明)__________________

3. 贵公司偏好的投资阶段是(可以多选)(　　　)

A. 种子期(Start-up/Seed)
B. 发展期 (Early)
C. 扩张期 (Expansion)
D. 成熟期 (Later)
E. 其他(包括 MBO、MBI、Pre-IPO 等)

4. 贵公司累计投资金额________万元人民币，累计投资项目数____个。

其中：累计投资高新技术企业[①]___家，投资额____万元人民币；

2004年贵公司共评估了____个项目，实际投资了____个项目，投资总金额_____万元人民币。

2004年新投资项目（本表可复印或复制）

	所在地区	所处行业	投资阶段	该轮投资轮次	该轮投资时间	该轮投资额（万元人民币）	累积投资额（万元人民币）	投资经理姓名	联系电话
项目1				第　轮					
项目2				第　轮					
项目3				第　轮					
项目4				第　轮					
项目5				第　轮					
项目6				第　轮					
项目7				第　轮					
项目8				第　轮					
项目9				第　轮					
项目10				第　轮					

5. 贵公司在未来一年(2005年)的投资预期

(1)与2004年相比，贵公司在未来的一年(2005年)的投资金额(　　)

A.将会超过2004年　B.将会少于2004年　C.将会与2004年持平　D.不知道

(2)在未来一年(2005年)，贵公司投资地区偏好(　　)

A.北京及环渤海地区　B.长江三角洲　C.珠江三角洲　D.东北地区

E.中部地区　F.西部地区　G.海外地区

(3)贵公司在2005年是否有拟投资项目(　　)　A.是　B.否

① 高新技术企业指经过国家、省、市认定的高新技术企业或受国家863计划、创新基金等支持的企业。

拟投资项目情况

	被投资企业				投资方考察信息					
	企业名称	所在地区	联系人	联系电话	所处行业	投资阶段	投资轮次	拟投资金额	投资经理	联系电话
项目1							第 轮	万元		
项目2							第 轮	万元		
项目3							第 轮	万元		
项目4							第 轮	万元		
项目5							第 轮	万元		

第四部分 公司投资绩效

1. 截至目前贵公司累计退出的项目(包括部分和完全退出)数量为 _____个，累计实现投资分红和退出收益为_____万元人民币。近三年公司管理资本回报率_____ %。
2004年贵公司退出项目(包括部分和完全退出)数量为 ______个，实现投资分红和退出收益________万元人民币。

2. 在2005年，贵公司预计将会退出项目 ____ 个。

3. 近三年退出项目收益实现方式及收益预期(本表可复印或自行增加行项目)。

	所在行业	退出时间	累积投资金额	投资持股比例	已实现收益额	收益实现方式①	年平均收益率	现存股份	
								股份比例	预期回报判断②
项目1				%			%	%	
项目2				%			%	%	
项目3				%			%	%	
项目4				%			%	%	

① 收益实现方式：A. 境内上市　B. 境外上市　C. 国内企业收购　D. 国外企业收购　E. 创业者或管理层回购　F. 清算　G. 分红　H. 其他

② 预期回报判断：A. 佳　B. 与投资额持平　C. 差

第二章　风险投资机构情况分析

本章主要对风险投资机构的地区分布、激励机制、注册资本、员工状况、高管的从业经历、主营业务和主要收入来源等进行了全面详细地介绍，有助于读者对风险投资机构的基本情况有一个清晰的认识。

首先介绍了风险投资机构的地区分布，然后按照公司类型、机构类型和组织形式对风险投资机构的分布情况做了介绍；其次对风险投资机构的性质、激励机制、成立中外合资机构情况以及注册资本情况进行了分析；接着，从学历、行业背景等方面对风险投资机构的员工状况进行了调查研究，最后，较详细地介绍了风险投资机构的高管从业经历、主营业务情况和主要收入来源。

本章数据来源于中国风险投资研究院（香港）2004年11月～2005年1月所进行的中国风险投资业行业问卷调查的分析结果。

一、风险投资机构的地区分布

关于2004年风险投资机构地区分布调查的有效样本数为141家，其中北京13家，所占比例约为9%；上海13家，所占比例也为9%；深圳42家，所占比例为30%；华东地区和中南地区分别有26家和17家，所占比例分别为18%和12%；此外，东北、华北和西部地区分别为6家、11家和13家，所占比例分别为4%、8%和9%。与上年调查分布情况相比，北京、上海和西部地区所占比例分别下降了2%、1%和14%；深圳和华北地区所占比例分别上升了15%和2%；而东北、华东和中南地区所占的比例没有变化（见表2.1和图2.1）。

表2. 1　2003与2004年不同地区风险投资机构的数量分析

年份	地区 指标	北京	上海	深圳	东北	华北	华东	中南	西部	合计
2004年	家数	13	13	42	6	11	26	17	13	141
	比例	9%	9%	30%	4%	8%	18%	12%	9%	100%
2003年	家数	20	18	27	8	11	33	22	41	180
	比例	11%	10%	15%	4%	6%	18%	12%	23%	100%
比例增加		-2%	-1%	15%	0	2%	0	0	-14%	—

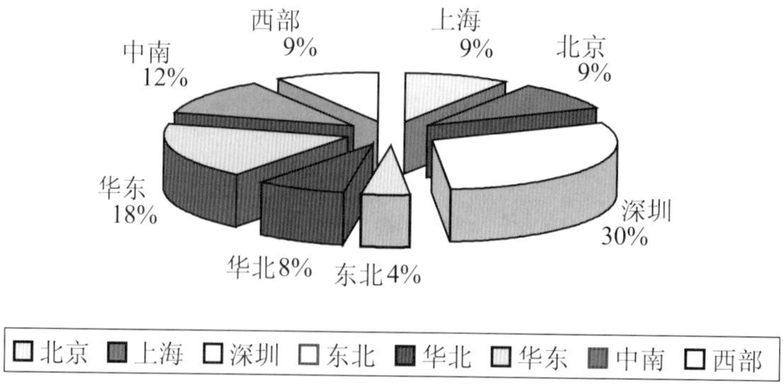

图2.1　2004年不同地区风险投资机构的数量分布

二、风险投资机构公司类型分布情况

我们把风险投资机构的公司类型分为政府风险投资公司、外资风险投资公司（含中外合资）和其他商业风险投资公司三大类。关于风险投资机构公司类型分布调查的有效样本数为105家。其中，政府风险投资公司为39家，所占比例为37%；外资风险投资公司（含中外合资）有11家，所占比例为10%；其他商业风险投资公司有55家，所占比例为52%（见表2.2和图2.2）。

表2.2　不同公司类型的风险投资机构分布情况

公司类型	政府风险投资公司	外资风险投资公司（含中外合资）	其他商业风险投资公司	合计
数　量	39	11	55	105
比　例	37%	10%	52%	100%

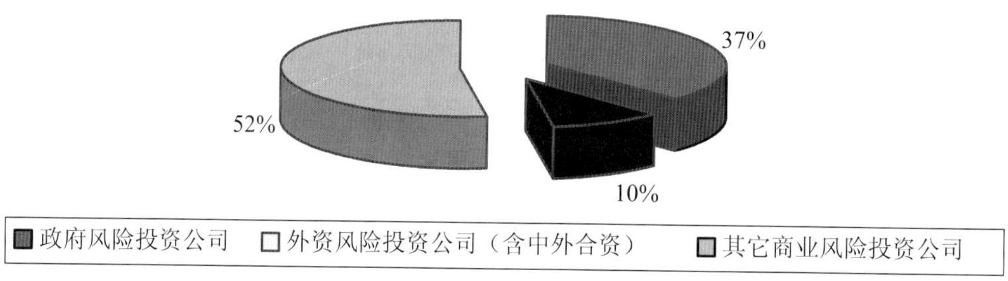

图2.2　不同公司类型的风险投资机构分布

三、风险投资机构类型分布情况

依据风险投资机构的机构类型，我们将风险投资机构分为投资公司、管理公司和投资管理公司三大类。关于风险投资机构类型调查的有效样本数为108家。其中投资公司有56家，所占比例为52%；管理公司有13家，所占比例为12%；投资管理公司有39家，所占比例为36%。从中可以看出，在参与调查的风险投资机构中有一半以上都是投资公司（见表2.3和图2.3）。

表2.3 不同类型的风险投资机构分布情况

机构类型	投资公司	管理公司	投资管理公司	合计
数 量	56	13	39	108
比 例	52%	12%	36%	100%

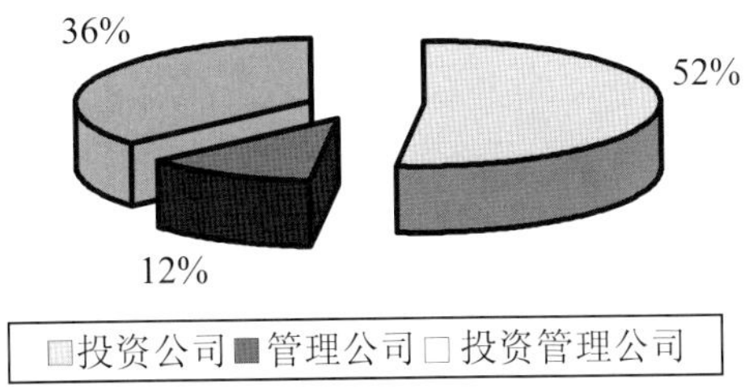

图2.3 不同机构类型的风险投资机构分布

四、风险投资机构组织形式情况

按照不同的组织形式，我们将风险投资机构分为有限责任公司、股份有限公司、合伙企业和其他四大类。关于风险投资机构组织形式的调查有效样本为110家，其中有限责任公司有89家，所占比例为81%；股份有限公司有12家，所占比例为11%；合伙企业有两家，所占比例约为2%；其他组织形式的风险投资机构有7家，所占比例为6%。可以看到，在参与调查的风险投资机构中，大部分都是有限责任公司（见表2.4和图2.4）。

表2.4 不同组织形式的风险投资机构分布情况

组织形式	有限责任公司	股份有限公司	合伙企业	其他	合计
数 量	89	12	2	7	110
比 例	81%	11%	2%	6%	100%

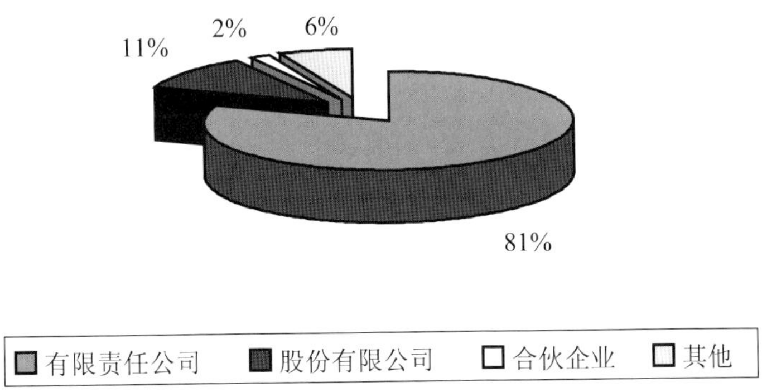

图2.4 不同组织形式的风险投资机构分布

五、风险投资机构性质分析情况

我们依据风险投资机构控股股东的性质将风险投资机构分为政府控股、国有资产管理公司、国有或国有控股企业、事业单位（大专院校、科研机构及其他）、银行、非银行金融机构、集体企业、民营企业、外资控股、自然人控股和其他控股形式共11类。参与风险投资机构性质调查的有效样本数为101家，有的机构同时有多种控股形式。其中政府控股的有11家，所占比例为10.9%；国有资产管理公司有7家，所占比例为6.9%；国有或国有控股企业有37家，所占比例为36.6%；事业单位有7家，所占比例为6.9%；银行和非银行金融机构分别有1家和2家，所占比例分别为1.0%和2.0%；民营企业、外资控股和自然人控股的分别有22家、8家和12家，所占比例分别为21.8%、7.9%和11.9%；在参与调查的风险投资机构中没有集体企业控股的形式，而其他控股形式的机构有5家，所占比例约为5.0%（见表2.5和图2.5）。

表2.5　不同性质风险投资机构分布图

机构性质	政府	国有资产管理公司	国有或国有控股企业	事业单位	银行	非银行金融机构	集体企业	民营企业	外资	自然人	其他
数量	11	7	37	7	1	2	0	22	8	12	5
比例	10.9%	6.9%	36.6%	6.9%	1.0%	2.0%	0	21.8%	7.9%	11.9%	5.0%

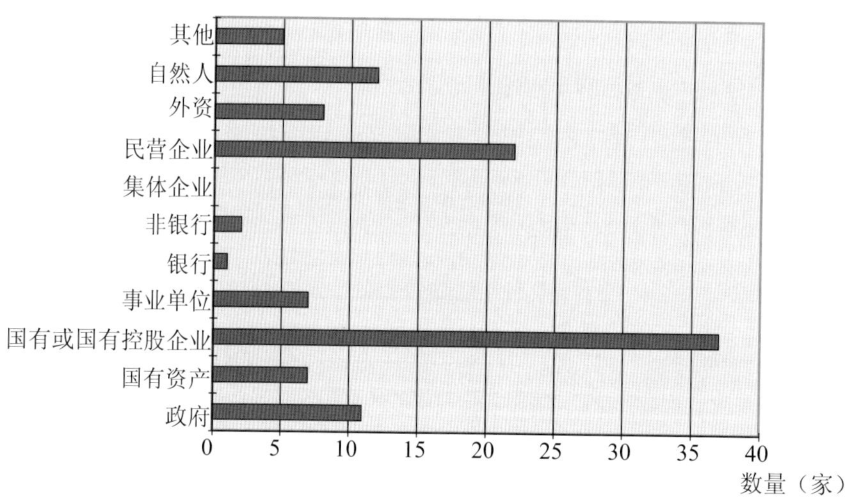

图2.5　不同性质的风险投资机构分布比较

六、风险投资机构的激励机制情况

（一）概况

本项调查的有效样本数为100家。我们将公司的激励机制分为岗位工资制、绩效工资制、年薪制、股权机制（如MBO，股票期权）和其他类型共五类。调查数据显示，在参与调查的风险投资机构中，采用岗位工资制的有67家，所占比例为67%；采用绩效工资制的有72家，所占比例为72%；采用年薪制和股权机制的分别有24家和16家，所占比例分别为24%和16%；而采用其他激励机制的共有7家，所占比例为7%。可见，大部分受调查的风险投资机构采用的激励机制是岗位工资制和绩效工资制（见表2.6和图2.6）。

表2.6　风险投资机构激励机制的分布情况（有机构同时采用多种激励机制）

激励机制	岗位工资制	绩效工资制	年薪制	股权机制（如MBO、股票期权）	其他
数量	67	72	24	16	7
比例	67%	72%	24%	16%	7%

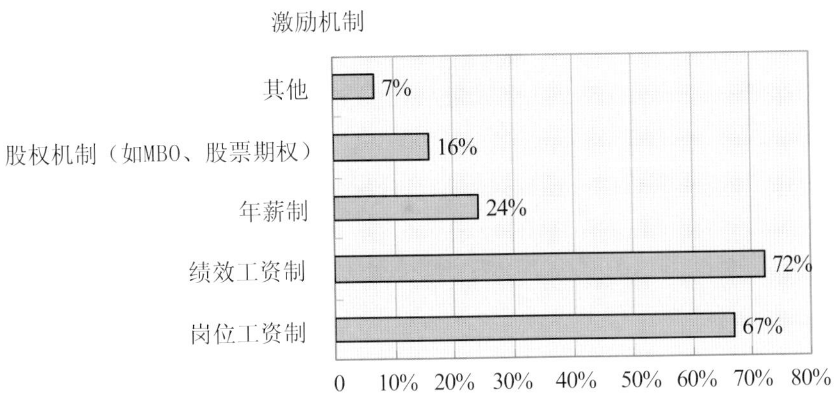

图2.6　风险投资机构激励机制的分布对比

（二）不同机构类型的风险投资机构激励机制分布

按照不同机构类型分类，在56家投资公司中，有36家采用岗位工资制，所占比例为64%；有36家采用绩效工资制，所占比例也为64%；采用年薪制和股权机制的分别有13家和5家，所占比例分别为23%和9%；而采用其他激励机制的有5家，所占比例为9%。在13家管理公司中，采用岗位工资制的有7家，所占比例为54%；采用绩效工资制的有4家，所占比例为31%；采用年薪制和股权机制的分别都是3家，所占比例都是23%。在39家投资管理公司中，采用岗位工资制和绩效工资制的分别有22家和30家，所占比例分别为56%和77%；采用年薪制和股权机制的分别有7家和8家，所占比例为18%和21%；采用其他激励机制的有3家，所占比例为8%（见表2.7和图2.7）。

表2.7　不同机构类型的风险投资机构激励机制的分布情况

机构类型	激励机制	岗位工资制	绩效工资制	年薪制	股权机制（如MBO、股票期权）	其他
投资公司	数量	36	36	13	5	4
	比例	64%	64%	23%	9%	7%

机构类型	激励机制	岗位工资制	绩效工资制	年薪制	股权机制(如MBO、股票期权)	其他
管理公司	数量	7	4	3	3	0
	比例	54%	31%	23%	23%	0
投资管理公司	数量	22	30	7	8	3
	比例	56%	77%	18%	21%	8%

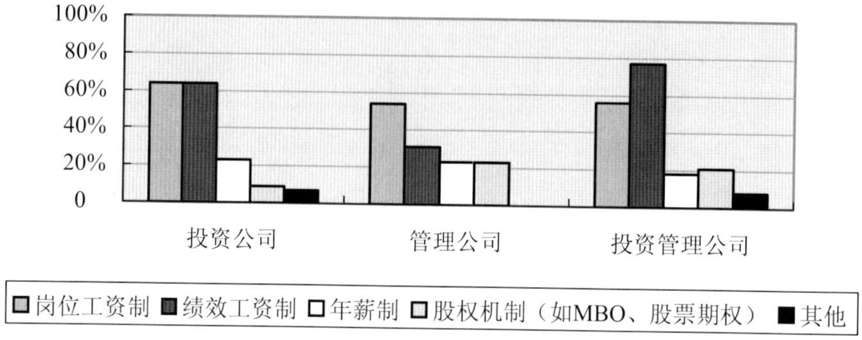

图2.7　不同机构类型的风险投资机构激励机制的分布

（三）不同公司类型的风险投资机构激励机制分布

按照不同公司类型分类，则在39家政府类型的风险投资机构中，采用岗位工资制和绩效工资制的分别都有27家，所占比例都是69%；采用年薪制和股权机制的分别有4家和3家，所占比例分别为10%和8%。在11家外资（含中外合资）类的风险投资机构中，分别有3家采用岗位工资制和绩效工资制，所占比例均为27%；分别有2家采用年薪制和股权机制，所占比例都为18%。在55家其他商业类型的风险投资机构中，采用岗位工资制和绩效工资制的分别有34家和38家，所占比例分别为62%和69%；采用年薪制和股权机制的分别有16家和10家，所占比例分别为29%和18%；而采用其他激励机制的有5家，占9%的比例（见表2.8和图2.8）。

表2.8　不同公司类型的风险投资机构激励机制的机构分布

机构类型	激励机制	岗位工资制	绩效工资制	年薪制	股权机制(如MBO、股票期权)	其他
政府类型	数量	27	27	4	3	0
	比例	69%	69%	10%	8%	0
外资(含中外合资)类	数量	3	3	2	2	0
	比例	27%	27%	18%	18%	0
其他商业类型	数量	34	38	16	10	5
	比例	62%	69%	29%	18%	9%

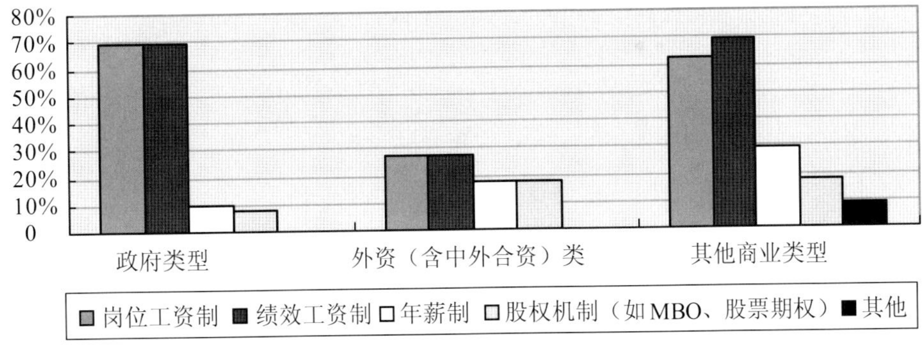

图2. 8　不同公司类型的风险投资机构激励机制的分布

（四）不同组织形式的风险投资机构激励机制分布

按照不同的组织形式来分类，在89家以有限责任公司为组织形式的风险投资机构中，分别有59家采用了岗位工资制和绩效工资制，所占比例为66%；采用年薪制、股权机制和其他机制的分别有20家、16家和6家，所占比例分别为22%、18%和7%。在12家以股份有限公司为组织形式的风险投资机构中，采用岗位工资制和绩效工资制的分别有4家和9家，所占比例分别为33%和75%；采用年薪制和其他激励机制的分别有4家和1家，所占比例分别为33%和8%。在两家以合伙企业为组织形式的风险投资机构中，有1家采取了岗位工资制（见表2.9和图2.9）。

表2. 9　不同组织形式的风险投资机构激励机制的机构分布

组织形式	激励机制	岗位工资制	绩效工资制	年薪制	股权机制（如MBO、股票期权）	其他
有限责任公司	数量	59	59	20	16	6
	比例	66%	66%	22%	18%	7%
股份有限公司	数量	4	9	4	0	1
	比例	33%	75%	33%	0	8%
合伙企业	数量	1	0	0	0	0
	比例	50%	0	0	0	0

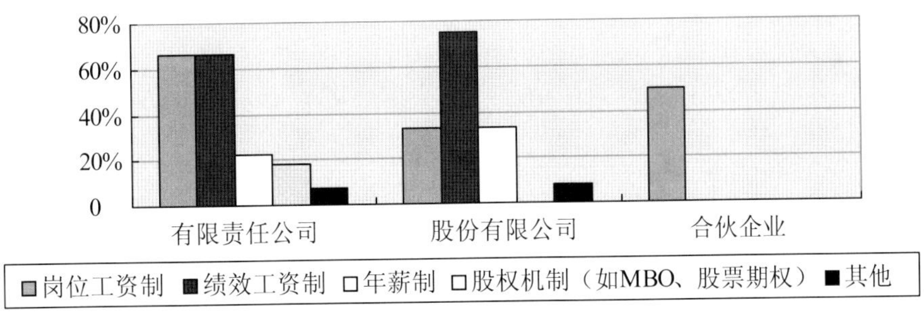

图2. 9　不同组织形式的风险投资机构激励机制的机构分布

七、风险投资机构成立中外合资机构情况

关于本项调查的有效样本数为83家。调查显示，北京、中南和西部分别有1家风险投资机构成立了合资公司，所占比例为成立中外合资公司机构总数的11%；深圳、华东分别有3家，所占比例为33%；而其他地区均没有机构成立合资公司（见表2.10）。

表2. 10　成立合资公司的风险投资机构的地区分布

地区	北京	上海	深圳	东北	华北	华东	中南	西部	合计
成立合资公司的机构数	1	0	3	0	0	3	1	1	9
比例	11%	0	33%	0	0	33%	11%	11%	100%

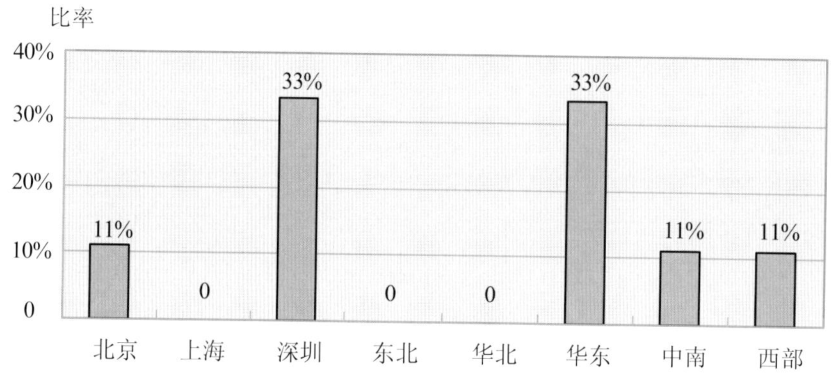

图2. 10　成立合资公司的风险投资机构的地区分布

八、风险投资机构的注册资本情况

（一）概况

关于本项调查的有效样本数为141家，其中注册资本规模在0～5 000万元（不包括5 000万元，下同）的风险投资机构有57家，所占比例为40%；规模在5 000万元～10 000万元的风险投资机构有26家，所占比例为18%；规模在10 000万元～20 000万元的风险投资机构有29家，所占比例为21%；规模在20 000万元～50 000万元的风险投资机构有20家，所占比例为14%；规模在50 000万元及以上的有9家，所占比例为6%（见表2.11和图2.11）。

表2. 11　风险投资机构注册资本规模情况　（单位：万元）

注册资本规模	0～5 000	5 000～10 000	10 000～20 000	20 000～50 000	50 000及以上	合计
家数	57	26	29	20	9	141
比例	41%	18%	21%	14%	6%	100%

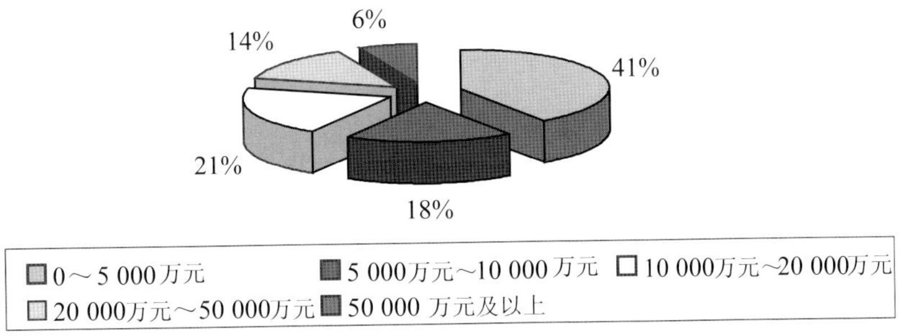

图2. 11　风险投资机构注册资本规模情况

（二）不同类型的风险投资机构的注册资本分析

1. 风险投资机构的注册资本规模分析——按机构类型分类

按照机构类型分类，在56家投资公司中，有20家的注册资本规模在0～5 000万元之间，所占比例为35%；规模在5 000万元～10 000万元之间的有13家，所占比例为23%；规模在10 000万元～20 000万元的有15家，所占比例为26%；规模在20 000万元～50 000万元的有7家，所占比例约为14%；规模在50 000万元以上的有1家。12家管理公司的注册资本规模都在0～5 000万元之间。在39家投资管理公司中，注册资本规模在0～5 000万元的有20家，所占比例为51%；规模在5 000万元～10 000万元的有9家，所占比例为23%；规模在10 000万元～20 000万元和20 000万元～50 000万元之间的分别有3家和5家，所占比例分别为8%和13%；规模在50 000万元以上的有2家，所占比例为5%（见表2.12和图2.12）。

表2. 12　不同类型风险投资机构的注册资本规模（单位：万元）

注册资本规模		0～5 000	5 000～10 000	10 000～20 000	20 000～50 000	50 000及以上	合计
投资公司	家数	20	13	15	7	1	56
	比例	35%	23%	26%	14%	2%	100%
管理公司	家数	12	0	0	0	0	12
	比例	100%	0	0	0	0	100%
投资管理公司	家数	20	9	3	5	2	39
	比例	51%	23%	8%	13%	5%	100%

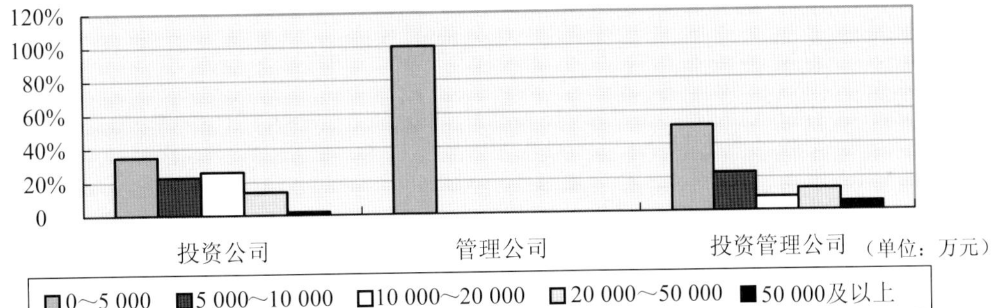

图2. 12　不同类型风险投资机构的注册资本规模比较

2. 风险投资机构的平均注册资本额分析——按机构类型分析

在本项调查中，56家投资公司的注册资本量为669 491.3万元，占总额的52%，平均注册资本额为11 955.20万元；13家管理公司的注册资本额为11 690万元，占总额的1%，平均注册资本额为899.23万元；39家投资管理公司的注册资本额为597 214.35万元，占总额的47%，平均注册资本额为15 313.19万元（见表2.13和图2.13）。

表2. 13 不同机构类型的风险投资机构的平均注册资本额(单位：万元)

项目 \ 机构类型		投资公司	管理公司	投资管理公司	合计
注册资本额	总额	669 491.3	11 690	597 214.35	1 278 395.6
	比例	52%	1%	47%	100%
机构数目	家数(个)	56	13	39	108
	比例	52%	12%	36%	100%
平均注册资本额		11 955.20	899.23	15 313.19	11 837.00

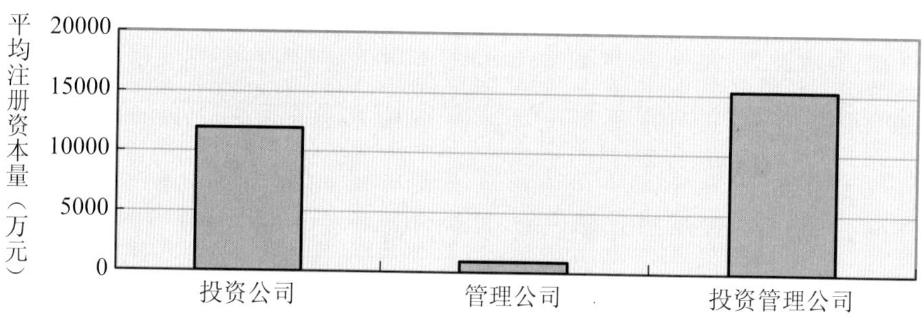

图2. 13 不同机构类型的风险投资机构的平均注册资本额

3. 风险投资机构的注册资本规模分析——按组织形式分析

按照不同组织形式来分类，89家以有限责任公司为组织形式的风险投资机构的注册资本额为1 089 145.6万元，占总额的83%，平均注册资本额为12 237.59万元；12家以股份有限公司为组织形式的风险投资机构的注册资本额为170 500万元，占总额的13%，平均注册资本额为14 208.33万元；2家以合伙企业为组织形式的风险投资机构的注册资本额为8 150万元，占总额的2%，平均注册资本额为4 075.00万元；7家其他组织形式的风险投资机构的注册资本额为50 700万元，占总额的4%，平均注册资本额为7 242.86万元（见表2.14和图2.14）。

表2. 14 不同组织形式的风险投资机构的平均注册资本额(单位：万元)

项目 \ 组织形式		有限责任公司	股份有限公司	合伙企业	其他	合计
注册资本额	总额	1 089 145.6	170 500	8 150	50 700	1 318 496
	比例	83%	13%	1%	4%	100%

项目 \ 组织形式		有限责任公司	股份有限公司	合伙企业	其他	合计
机构数目	家数（个）	89	12	2	7	110
	比例	81%	11%	2%	6%	100%
平均注册资本额		12 237.59	14 208.33	4 075.00	7 242.86	11 986.32

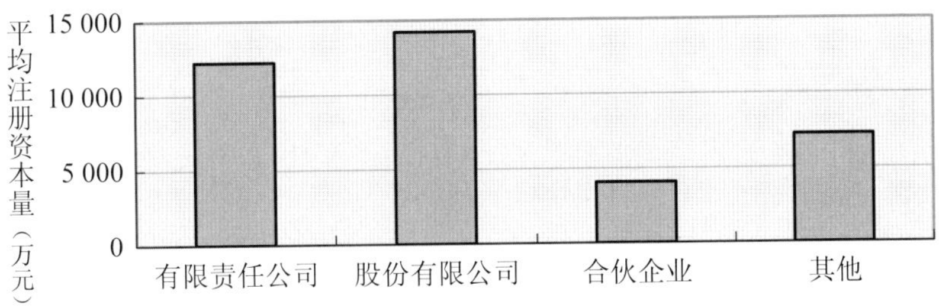

图2. 14　不同组织形式的风险投资机构的平均注册资本额对比情况

（三）风险投资机构的注册资本总量分析——按地区分类

根据地区的分类，北京地区13家风险投资机构的注册资本额为182 000万元，占总额的10%，平均的注册资本额为14 000万元；上海地区13家风险投资机构的注册资本额为32 200万元，占总额的2%，平均的注册资本额为2 476.923万元；深圳42家风险投资机构的注册资本额为568 119.9万元，占总额的31%，平均的注册资本额为13 526.66万元；东北地区6家风险投资机构的注册资本额为96 250万元，占总额的5%，平均的注册资本额为16 041.67万元；华北地区的11家风险投资机构的注册资本额为94 011万元，占总额的5%，平均的注册资本额为8 546.455万元；华东地区26家风险投资机构的注册资本额为473 418万元，占总额的26%，平均的注册资本额为18 208.38万元；中南地区17家风险投资机构的注册资本额为25 2017.4万元，占总量的14%，平均的注册资本额为14 824.55万元；西部地区13家风险投资机构的注册资本额为123 768万元，占总额的7%，平均的注册资本额为9 520.615万元（见表2.15、图2.15和图2.16）。

表2. 15　不同地区的风险投资机构的注册资本总额与平均注册资本情况（单位：万元）

地区	北京	上海	深圳	东北	华北	华东	中南	西部	合计
注册资本总额	182 000	32 200	568 119.9	96 250	94 011	473 418	252 017.4	123 768	1 821 784.3
所占总额比例	10%	2%	31%	5%	5%	26%	14%	7%	100%
家数（个）	13	13	42	6	11	26	17	13	141
平均注册资本额	14 000	2 476.923	13 526.66	16 041.67	8 546.455	18 208.38	14 824.55	9 520.615	14 000

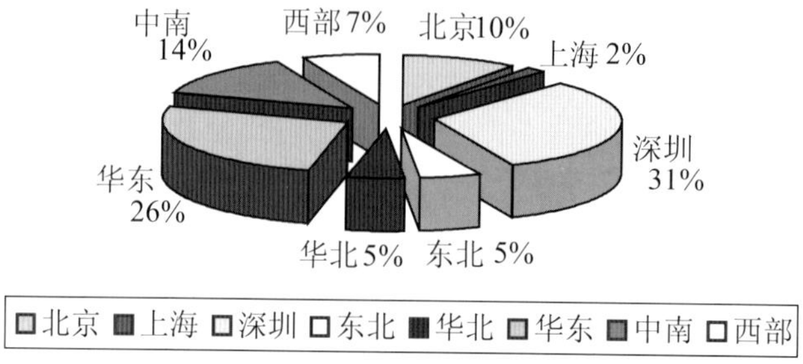

图2. 15　不同地区的风险投资机构的注册资本额分布情况

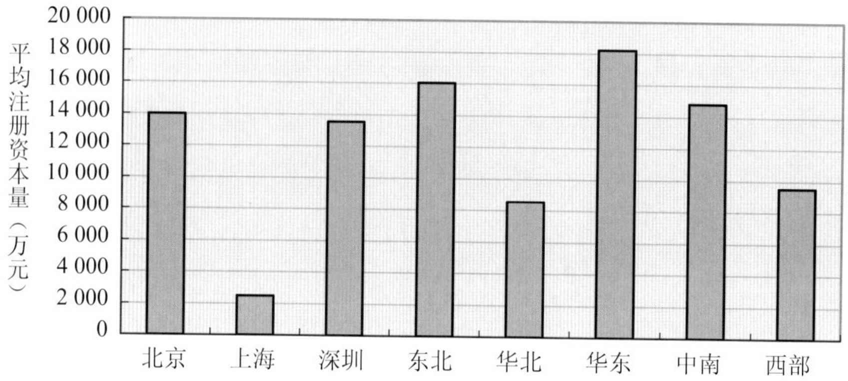

图2. 16　不同地区的风险投资机构的平均注册资本额分布

九、风险投资机构的员工状况

（一）专业人士学历分布

1. 概况

本项调查的有效样本数为100家。调查显示，风险投资机构专业人士中拥有博士学历的有110位，所占比例为5%；拥有硕士学历和学士学历的分别有634位和876位，所占比例分别为31%和43%（见表2.16和图2.17）。

表2. 16　风险投资机构专业人士的学历分布概况

学历	博士	硕士	学士	其他	合计
人数	110	634	876	414	2 034
比例	5%	31%	44%	20%	100%

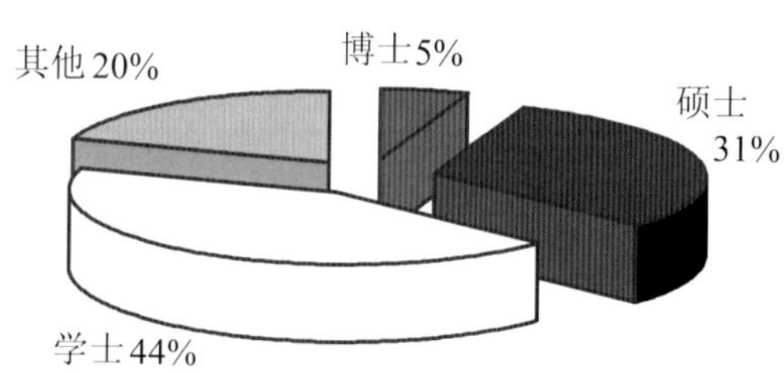

图2. 17　风险投资机构专业人士的学历分布

2. 不同类型的风险投资机构的专业人士学历分布及其比较

（1）不同机构类型的风险投资机构专业人士学历分析

投资公司类型风险投资机构专业人士学历分布。该项调查有效样本为48家风险投资机构，调查结果如表2.17和图2.18。其中，过半拥有学士学位，为537人，占53%；硕士学位的有241人，占24%；有39人拥有博士学位，占4%；其他学历的有193人，占19%。

在调查的76位管理公司类型风险投资机构专业人士中，有41位具有硕士学位，比例最高，占54%；具有学士学位的有25人，占33%；博士和其他学历的人数分别有9人和1人，所占比例分别约为12%和1%，见表2.18和图2.18。

投资兼管理公司类型风险投资机构专业人士学历分布。该项调查有效样本数为35家，涉及493位专业人士。其中，218人拥有硕士学位，比例最高，为44%；硕士学位的有177人，占36%；其他学历和博士学位的依次分别有68人和30人，所占比例分别为14%和6%（见表2.19和图2.18）。

表2. 17　投资公司类型的风险投资机构的专业人士学历分布

学历	博士	硕士	学士	其他	合计
人数	39	241	537	193	1 010
比例	4%	24%	53%	19%	100%

表2. 18　管理公司类型的风险投资机构的专业人士学历分布

学历	博士	硕士	学士	其他	合计
人数	9	41	25	1	76
比例	12%	54%	33%	1%	100%

表2. 19　投资管理公司类型的风险投资机构的专业人士学历分布

学历	博士	硕士	学士	其他	合计
人数	30	177	218	68	493
比例	6%	36%	44%	14%	100%

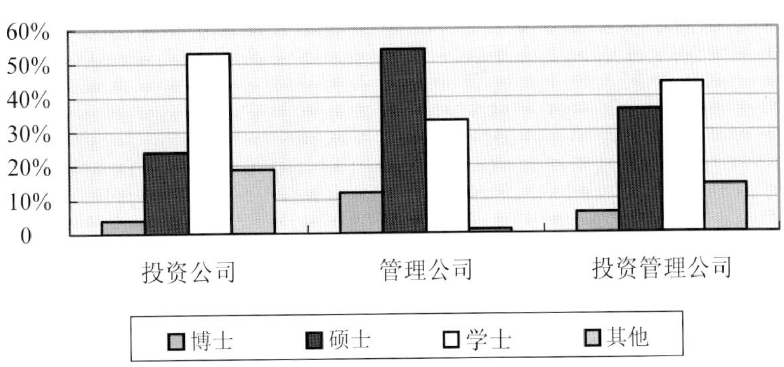

图2. 18　不同机构类型的风险投资机构专业人士学历分布比较

（2）不同组织形式的风险投资机构专业人士学历分析

有限责任公司类型风险投资机构的专业人士学历分布。该项调查有效样本数为76家，总共涉及到1 353位专业人士，调查结果见表2.20和图2.19。调查显示，拥有学士学位的专业人士674人，比例最高，为50%；有398人具有硕士学位，占29%；博士学位的有68人，约占5%。

股份有限公司类型风险投资机构专业人士学历分布。该项调查有效样本为10家，调查结果见表2.21和图2.19。其中，拥有学士学位的最多，有81人，占49%；具有硕士学位的有41人，占25%；有8人具有博士学位约占5%。

合伙企业类型风险投资机构专业人士学历分布。该项调查有效样本为2家，其中，有学士学位的居多，有6人，占60%；4人拥有硕士学位，占40%，见表2.22和图2.19。

表2. 20　有限责任公司类型的风险投资机构的专业人士学历分布

学历	博士	硕士	学士	其他	合计
人数	68	398	674	213	1 353
比例	5%	29%	50%	16%	100%

表2. 21　股份有限公司类型的风险投资机构的专业人士学历分布

学历	博士	硕士	学士	其他	合计
人数	8	41	81	36	166
比例	5%	25%	49%	21%	100%

表2. 22　合伙企业类型的风险投资机构的专业人士学历分布

学历	博士	硕士	学士	其他	合计
人数	0	4	6	0	10
比例	0	40%	60%	0	100%

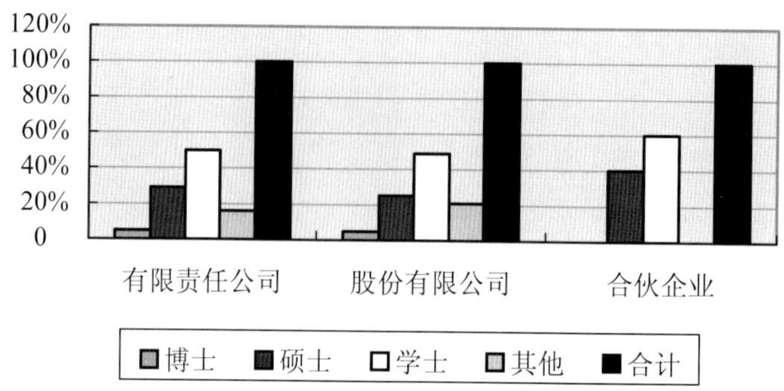

图2. 19　不同组织形式的风险投资机构专业人士学历分布比较

（二）专业人士年龄结构分析

1. 概况

本项调查的有效样本数为100家，在100家风险投资机构的1 183位专业人士中，年龄在20岁～29岁间的有338位，所占比例为29%；年龄在30岁～39岁间的有602位，所占比例为51%；年龄在40岁～49岁间的有205位，所占比例为17%；50岁及以上的有38位，所占比例为3%。与2003年相比，各个年龄段所占比例的波动不是很大，年龄在20岁～29岁和40岁～49岁间的人数比例分别上升了2%；年龄在30岁～39岁和50岁及以上的人数比例分别下降了1%和3%（见表2.23和图2.19）。

表格2. 23　2003年与2004年风险投资机构专业人士的年龄结构概况

年份	年龄阶段	20岁～29岁	30岁～39岁	40岁～49岁	50岁及以上	合计
2004	人数	338	602	205	38	1 183
	比例	29%	51%	17%	3%	100%
2003	人数	479	954	282	106	1 821
	比例	27%	52%	15%	6%	100%
比例增加值		2%	-1%	2%	-3%	-

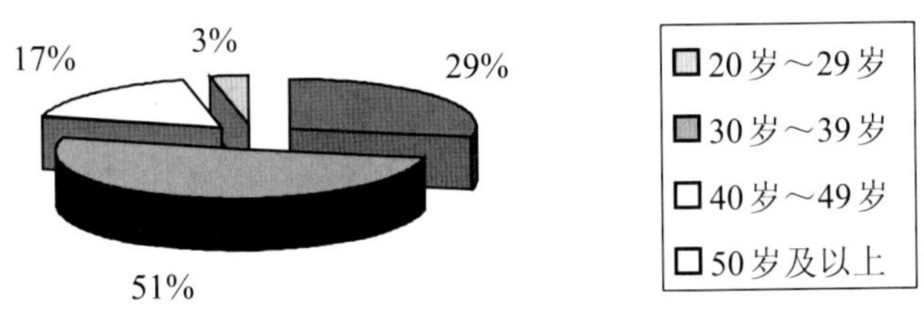

图2. 20　风险投资机构专业人士的年龄结构分布

2. 不同类型的风险投资机构的专业人士年龄结构及其比较

（1）不同机构类型的风险投资机构专业人士年龄结构分析。

投资公司类型风险投资机构专业人士年龄结构分布。该项调查有效样本数为44家，调查结果如表2.24和图2.21。其中，年龄在30岁～39岁之间的最多，为304人，所占比例为49%；20岁～29岁之间的为178人，占29%；有114人处于40岁～49岁之间，所占比例为18%；50岁及以上的有22人，占4%。

管理公司类型风险投资机构专业人士年龄分布。该项调查有效样本数为10家。其中处于30岁～39岁之间的人数最多，有36人，占55%；16人处于20岁～29岁之间，所占比例为24%；40岁～49岁和50岁及以上的人数均为7人，占11%，见表2.25和图2.21。

投资管理公司类型风险投资机构专业人士年龄分布。该项调查有效样本为30家风险投资机构。调查结果显示，处于30岁～39岁之间的人数最多，为243人，所占比例为52%；137人处于20岁～29岁之间，占29%；40岁～49岁的82人，占17%；50岁及以上9人，约占2%，见表2.26和图2.21。

表2. 24　投资公司类型的风险投资机构的专业人士年龄结构

年龄阶段	20岁～29岁	30岁～39岁	40岁～49岁	50岁及以上	合计
人数	178	304	114	22	618
比例	29%	49%	18%	4%	100%

表2. 25　管理公司类型的风险投资机构的专业人士年龄结构

年龄阶段	20岁～29岁	30岁～39岁	40岁～49岁	50岁及以上	合计
人数	16	36	7	7	66
比例	24%	55%	11%	11%	100%

表2. 26　投资管理公司类型的风险投资机构的专业人士年龄结构

年龄阶段	20岁～29岁	30岁～39岁	40岁～49岁	50岁及以上	合计
人数	137	243	82	9	471
比例	29%	52%	17%	2%	100%

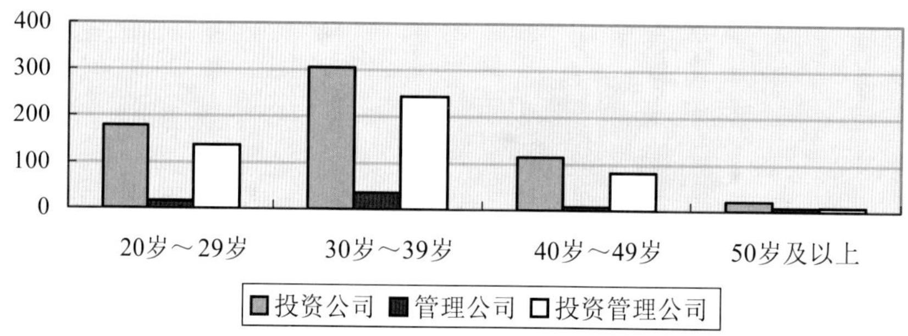

图2. 21　不同机构类型的风险投资机构专业人士年龄结构比较

（2）不同组织形式的风险投资机构专业人士年龄结构分析。

有限责任公司类型的风险投资机构的专业人士年龄结构。89家有限责任公司类型的风险投资机构共有专业人士942位，其中年龄在30岁～39岁之间的最多，为480人，所占比例过半，为51%；20岁～29岁之间的为268人，所占比例为28%；处于40岁～49岁间的专业人士164人，所占比例为18%；50岁及以上的30人，占3%（见表2.27和图2.22）。

表2. 27　有限责任公司类型的风险投资机构的专业人士年龄结构

年龄阶段	20岁～29岁	30岁～39岁	40岁～49岁	50岁及以上	合计
人数	268	480	164	30	942
比例	28%	51%	18%	3%	100%

注：该项调查有效样本为89家机构的942位专业人士。

股份有限公司类型的风险投资机构的专业人士年龄结构。12家股份有限公司类型风险投资机构共有专业人士172位，年龄分布比较明显地集中于30岁～39岁之间，共有87人，所占比例为51%；20岁～29岁间的专业人士有53人，所占比例为31%；处于40岁～49岁间的专业人士为30人，所占比例为17%；50岁及以上的专业人士有2人，所占比例为1%（见表2.28和图2.22）。

表2. 28　股份有限公司类型的风险投资机构的专业人士年龄结构

年龄阶段	20岁～29岁	30岁～39岁	40岁～49岁	50岁及以上	合计
人数	53	87	30	2	172
比例	31%	51%	17%	1%	100%

注：该项调查有效样本为12家机构的172位专业人士。

合伙企业类型风险投资机构的专业人士年龄结构。两家合伙企业类型风险投资机构的专业人士10人，年龄分布集中在20岁～39岁之间，占总人数的比例为80%；20岁～29岁和30岁～39岁均为4人，各占总人数的40%；40岁～49与50岁及以上的均为1人，各占比例为10%（见表2.29和图2.22）。

表2. 29　合伙企业类型的风险投资机构的专业人士年龄结构

年龄阶段	20岁～29岁	30岁～39岁	40岁～49岁	50岁及以上	合计
人数	4	4	1	1	10
比例	40%	40%	10%	10%	100%

注：该项调查有效样本为2家机构的10位专业人士。

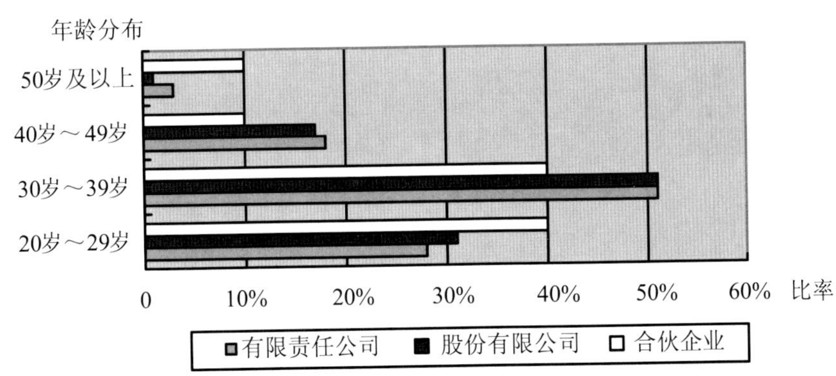

图2. 22　不同组织形式风险投资机构专业人士年龄分布对比

（三）专业人士行业背景分析

1. 概况

本项调查的样本数为120家，总共有1297位专业人士。我们将从事风险投资专业人士的行业背景分为：科研、金融、企业管理、其他。在这1 297位专业人士的行业背景中，从事金融或者企业管理的人数最多，分别为567人和566人，所占比例分别为：43.7%、43.6%；行业背景为科研的专业人士有372人，所占比例为29%；其他背景的专业人士有207人，占16%（见表2.31和图2.23）。

表2.31　风险投资机构专业人士的行业背景概况

行业背景	科研	金融	企业管理	其他
人数	372	566	567	207
比例	29%	43.6%	43.7%	16%

注：该项调查有效样本为120家机构的1297位专业人士，且每位人士可能兼有1到2类或以上行业背景。

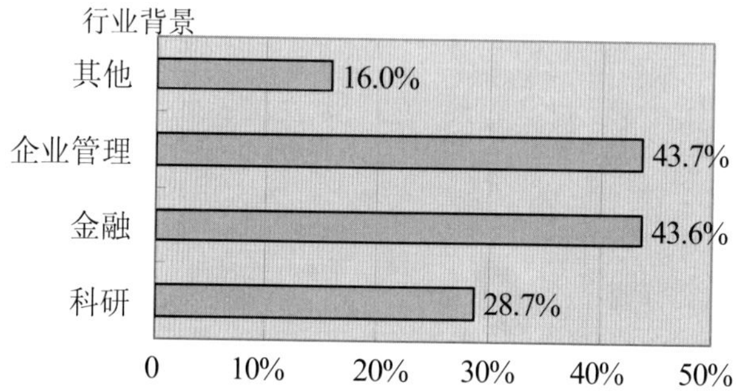

图2.23　风险投资机构专业人士行业背景分布

2. 不同类型的风险投资机构的专业人士行业背景及其比较

（1）不同机构类型的风险投资机构专业人士行业背景分析。

投资公司类型风险投资机构的专业人士的行业背景情况。投资公司类型的风险机构中，总共有455位从事风险投资的专业人士。其中，行业背景为企业管理的居多，有237人，占52%；共有209人从事过金融行业，占46%；科研背景的专业人士有121人，占27%；其他行业背景的专业人士有146人，占32%（见表2.32和图2.24）。

表2.32　投资公司类型的风险投资机构的专业人士行业背景

行业背景	科研	金融	企业管理	其他
人数	121	209	237	146
比例	27%	46%	52%	32%

注：该项调查有效样本为455位专业人士，且每位人士可能兼有1到2类或以上行业背景。

管理公司类型风险投资机构的专业人士行业背景结构。在66位管理公司类型风险投资机构的专业人士中，行业背景为金融的人数最多，为38人，占58%；科研背景的人数为20人，占30%；企业管理背景的有17人，占26%；其他行业背景的有1人，占2%左右（见表2.33和图2.24）。

表2.33　管理公司类型的风险投资机构的专业人士行业背景

行业背景	科研	金融	企业管理	其他
人数	20	38	17	1
比例	30%	58%	26%	2%

注：该项调查有效样本为66位专业人士，且每位人士可能兼有1到2类或以上行业背景。

投资兼管理公司类型风险投资机构的专业人士的行业背景机构。投资兼管理公司类型风险投资机构中，有416位从事风险投资的专业人士。其中，行业背景主要集中在金融和企业管理，分别为173人和159人，所占的比例分别为42%和38%；科研背景的专业人士有82人，占20%；有59位专业人士的行业背景为科研、金融、企业管理之外，所占比例为14%（见表2.34和图2.24）。

表2.34　投资管理公司类型的风险投资机构的专业人士行业背景

行业背景	科研	金融	企业管理	其他
人数	82	173	159	59
比例	20%	42%	38%	14%

注：该项调查有效样本为416位专业人士，且每位人士可能兼有1到2类或以上行业背景。

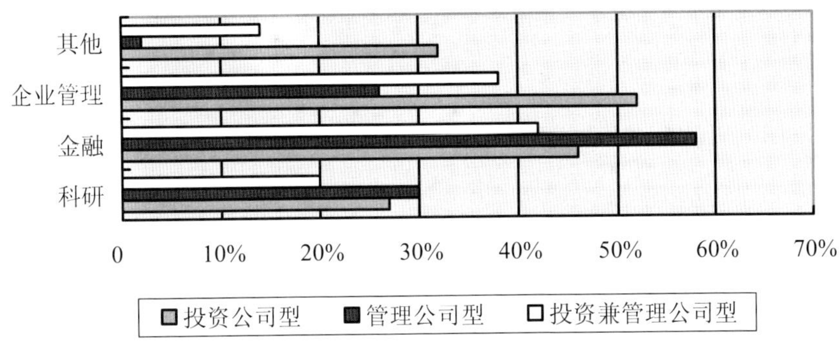

图2.24　不同机构类型风险投资机构专业人士行业背景对比

（2）不同组织形式的风险投资机构专业人士行业背景分析。

有限责任公司类型风险投资机构的专业人士行业背景结构。在798位有限责任公司类型风险投资机构的专业人士的行业背景中，金融、企业管理背景的专业人员最多，分别为355人和349人，所占的比例分别为45%和44%；有191位科研背景的专业人士，所占比例为24%；其他行业背景的专业人士有142人，所占比例为18%（见表2.35和图2.25）。

表2.35　有限责任公司类型的风险投资机构的专业人士行业背景

行业背景	科研	金融	企业管理	其他
人数	191	355	349	142
比例	24%	45%	44%	18%

注：该项调查有效样本为798位专业人士，且每位人士可能兼有1到2类或以上行业背景。

股份有限公司类型风险投资机构专业人士的行业背景结构。在股份有限公司类型风险投资机构中，共有124位从事风险投资的专业人士。其中，以金融行业背景的人数最多，为57人，所占比例为46%；企业管理背景的人数为49人，占40%；科研背景的人数为18人，所占比例为15%；其他行业背景的人员有46人，占37%（见表2.36和图2.25）。

表2. 36 股份有限公司类型的风险投资机构的专业人士行业背景

行业背景	科研	金融	企业管理	其他
人数	18	57	49	46
比例	15%	46%	40%	37%

注：该项调查有效样本为124位专业人士，且每位人士可能兼有1到2类或以上行业背景。

合伙企业风险投资机构从事风险投资专业人士的行业背景结构。有10位合伙企业风险投资机构的专业人士。其中，主要集中在企业管理、金融两个行业背景，各有6人和4人，所占的比例分别为60%和40%（见表2.37和图2.25）。

表2. 37 合伙企业类型的风险投资机构的专业人士行业背景

行业背景	科研	金融	企业管理	其他
人数	0	4	6	0
比例	0	40%	60%	0

注：该项调查有效样本为10位专业人士。

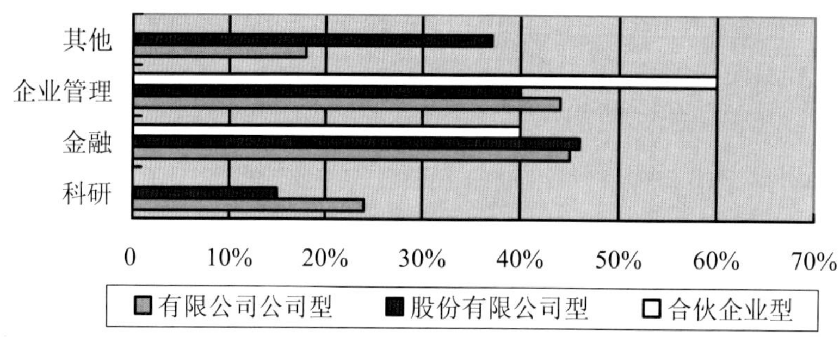

图2. 25 不同组织形式风险投资机构专业人士行业背景对比

（四）专业人士行业资历分析

1. 概况

在对专业人士行业资历的调查中，我们以专业人员的风险投资从业年限和专业资格来考察。专业人员的风险投资从业年限分为：4年以下、4年～6年、6年及以上；专业资格分为：ACCA/CPA、CFA/CFP、证券 / 风险投资专业资格、其他。

对从业年限的考察中，调查的有效样本数为88家，共有939位风险投资的专业人士。从业年限最多的处于在4年以下，有480人，所占比例为51%；4年～6年的有365人，占39%；从业年限为6年及以上的有94人，占总数的10%（见表2.38和图2.26）。

表2. 38 风险投资机构专业人士风险投资的从业年限分布

从业时间	4年以下	4年～6年	6年及以上
人数	480	365	94
比例	51%	39%	10%

注：该项调查有效样本为88家机构的939位专业人士。

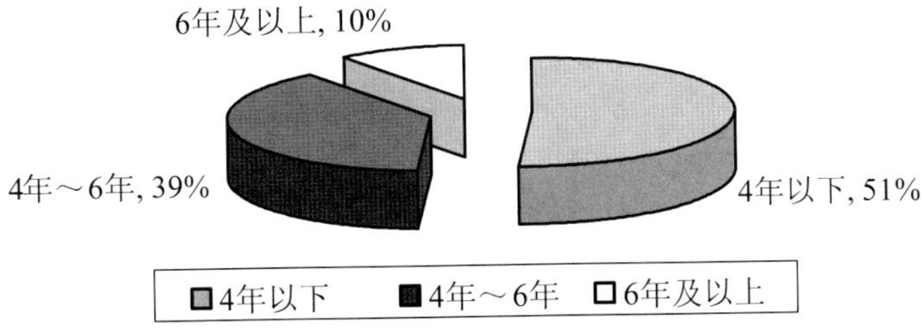

图2. 26　风险投资机构专业人士年龄分布

对专业人士具备专业资格情况考察中，调查的有效样本数也为88家，共有455位专业人士。具有证券/风险投资专业资格和其他专业资格的人员最多，分别为208人和228人，所占的比例分别46%、50%；具有ACCA/CPA专业资格的人员有84人，占15%；具有CFA/CFP专业资格的专业人员为23人，所占比例为5%（见表2.39和图2.27）。

表2. 39　风险投资机构专业人士具备专业资格概况

专业资格	ACCA/CPA	CFA/CFP	证券/风险投资专业资格	其他
人数	84	23	208	228
比例	18%	5%	46%	50%

注：该项调查有效样本88家机构，共有455位专业人士，且每位人士可能兼有1到2种或以上专业资格。

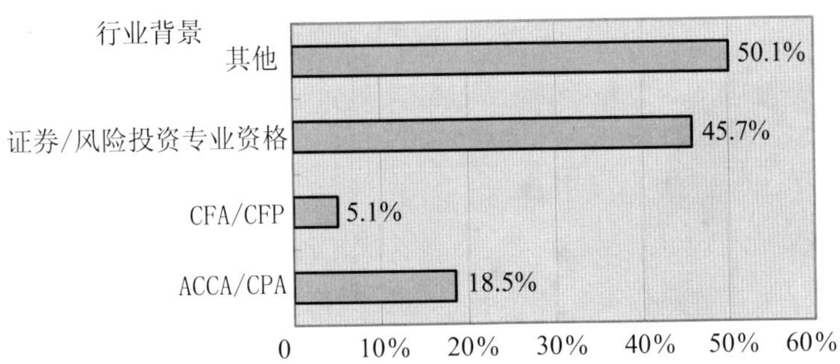

图2. 27　风险投资机构专业人士具备的专业资格

2. 不同类型的风险投资机构的专业人士行业资历及其比较

（1）不同机构类型的风险投资机构专业人士行业资历分析。

投资公司类型风险投资机构专业人士的从业年限分布。调查的有效样本数为43家，总共435位专业人士。其中，从业年限主要集中在4年以下，有223人，占51%；从业年限在4年～6年间的有159人，所占比例为37%；年限在6年及以上的有53人，占12%（见表2.40和图2.28）。

表2. 40　投资公司类型的风险投资机构的专业人士风险投资的从业年限

从业时间	4年以下	4年～6年	6年及以上
人数	223	159	53
比例	51%	37%	12%

注：该项调查有效样本为43家机构的435位专业人士。

投资公司类型风险投资机构专业人员具备的专业资格分布。调查的有效样本数为25家，257位投资公司类型风险机构专业人士中，具有的证券/风险投资专业资格的有60人，占23%；有32人拥有ACCA/CFA专业资格，所占比例为12%；拥有其他专业资格的人员有85人，占33%；具有CFA/CFP资格的专业人士有2人，所占比例为1%（见表2.41和图2.29）。

表2.41　投资公司类型的风险投资机构专业人士具备的专业资格

专业资格	ACCA/CPA	CFA/CFP	证券/风险投资专业资格	其他
人数	32	2	60	85
比例	12%	1%	23%	33%

注：该项调查有效样本为25家机构的257位专业人士。

管理公司类型风险投资机构专业人士的从业年限结构。调查的有效样本数为8家，共有68位专业人士。在这68位专业人士中，其从事风险投资的年限主要集中在6年以下；4年～6年间的有32人，占47%；有30人从业年限在4年以下，所占的比例为44%；有6位专业人士的从业年限在6年及以上，占9%（见表2.42和图2.28）。

表2.42　管理公司类型的风险投资机构的专业人士风险投资的从业年限

从业时间	4年以下	4年～6年	6年及以上
人数	30	32	6
比例	44%	47%	9%

注：该项调查有效样本为8家机构的68位专业人士。

管理公司类型的风险投资机构专业人士具备的专业资格情况。本项调查的有效样本数为6家，共有42位专业人士。在这些专业人士中，具有证券/风险投资专业资格的有16人，占38%；拥有其他专业资格的有14人，所占比例为33%；具有ACCA/CPA资格的有8人，占19%（见表2.43和图2.29）。

表2.43　管理公司类型的风险投资机构专业人士具备的专业资格

专业资格	ACCA/CPA	CFA/CFP	证券/风险投资专业资格	其他
人数	8	0	16	14
比例	19%	0	38%	33%

注：该项调查有效样本为6家机构的42位专业人士。

投资管理公司类型风险投资机构专业人士的从业年限分布。调查的有效样本数为32家，共有423位专业人士。其中从业年限主要集中于4年以下，人数有225人，所占比例为53%；4年～6年的人数有163人，占39%；有35人从业年限在6年及以上，占总的比例为8%（见表2.44和图2.28）。

表2.44 投资管理公司类型的风险投资机构的专业人士风险投资的从业年限

从业时间	4年以下	4年～6年	6年及以上
人数	225	163	35
比例	53%	39%	8%

注：该项调查有效样本为32家机构的423位专业人士。

投资管理公司类型的风险投资机构专业人士具备的专业资格情况。调查的有效样本数为27家，共有356位专业人士。其中，具有证券/风险投资专业资格和其他专业资格的分别有124人和129人，对应的所占比例分别39%和41%；有43人具有ACCA/CPA专业资格，占14%；拥有CFA/CFP的有21人，占7%（见表2.45和图2.29）。

表2.45 投资管理类型的风险投资机构专业人士具备的专业资格

专业资格	ACCA/CPA	CFA/CFP	证券/风险投资专业资格	其他
人数	43	21	124	129
比例	14%	7%	39%	41%

注：该项调查有效样本为27家机构的356位专业人士。

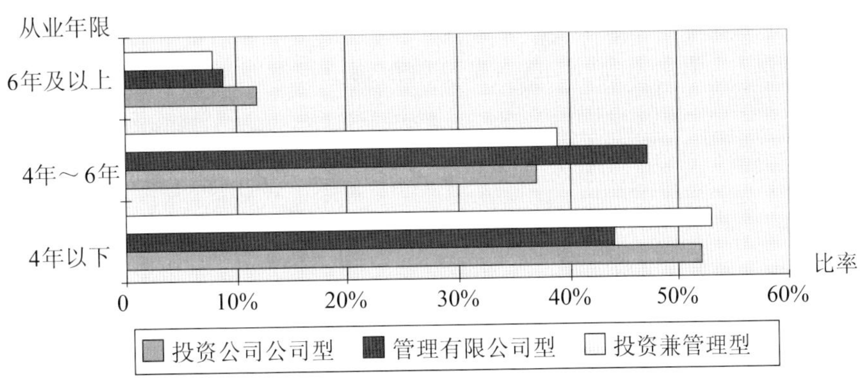

图2.28 不同机构类型的风险投资机构专业人士从业年限

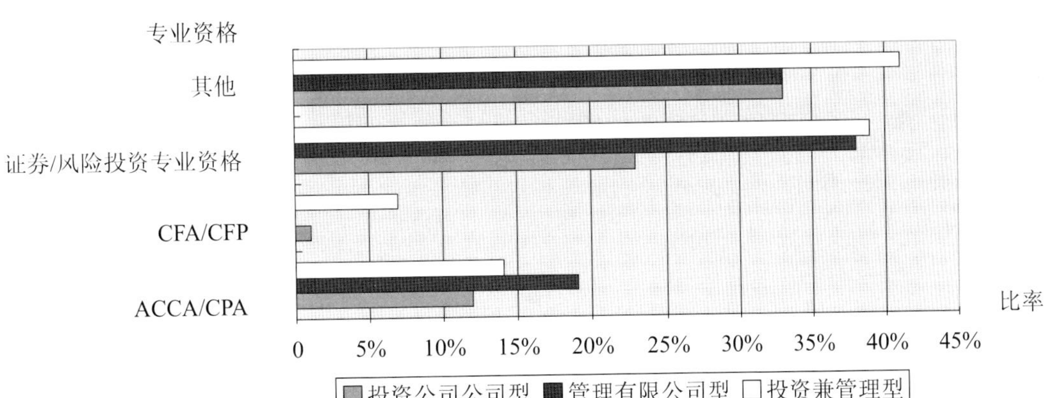

图2.29 不同机构类型的风险投资机构专业人士具备专业资格

（2）不同组织形式的风险投资机构专业人士行业资历分析

有限责任公司类型风险投资机构的专业人士从事风险投资年限。调查的有效样本数为71家，共有766位专业人士。其中，从业年限主要集中于4年以下，有386人，占51%；有302人的从业年限处于4年～6年，所占比例为39%；有78人的从业年限在6年及以上，占10%（见表2.46和图2.30）。

表2. 46　有限责任公司类型的风险投资机构的专业人士风险投资从业年限

从业时间	4年以下	4年～6年	6年及以上
人数	386	302	78
比例	51%	39%	10%

注：该项调查有效样本为71家机构的766位专业人士。

有限责任公司类型风险投资机构专业人士具备专业资格的结构。调查的有效样本数为49家，总有558位专业人士。其中，具有证券 / 风险投资专业资格和其他专业资格的人数最多，分别为159人和207人，所占的比例分别为28%和37%；拥有ACCA/CPA专业资格的有70人，占13%；有12人具有CFA/CFP专业资格，所占比例为2%（见表2.47和图2.31）。

表2. 47　有限责任公司类型的风险投资机构专业人士具备的专业资格

专业资格	ACCA/CPA	CFA/CFP	证券 / 风险投资专业资格	其他
人数	70	12	159	207
比例	13%	2%	28%	37%

注：该项调查有效样本为49家机构的558位专业人士。

股份有限公司类型风险投资机构专业人士从业年限机构。调查的有效样本为10家风险投资机构，有139位风险投资专业人士。在这139位专业人士中，从事风险投资时间主要集中于4年以下，有78人，占总数的56%；4年～6年的有52人，所占比例为37%；有9人从业年限在6年及以上，占的比例为6%（见表2.48和图2.30）。

表2. 48　股份有限公司类型的风险投资机构的专业人士风险投资从业年限

从业时间	4年以下	4年～6年	6年及以上
人数	78	52	9
比例	56%	37%	6%

注：该项调查有效样本为10家机构的139位专业人士。

股份有限公司类型的风险投资机构专业人士具备的专业资格情况。调查的有效样本为9

家风险投资机构，有89位风险投资专业人士。其中，拥有证券/风险投资专业资格的人数最多，有46人，所占比例为52%；有16人具有其他类型的专业资格，占18%；13人具有ACCA/CPA专业资格，占15%；具有CFA/CFP专业资格的有10人，所占比例为11%（见表2.49和图2.31）。

表2.49 股份有限公司类型的风险投资机构专业人士具备的专业资格

专业资格	ACCA/CPA	CFA/CFP	证券/风险投资专业资格	其他
人数	13	10	46	16
比例	15%	11%	52%	18%

注：该项调查有效样本为9家机构的89位专业人士。

合伙企业风险投资机构专业人士的从业年限。调查的有效样本数为1家，有10位风险投资专业人士。其中，从业年限在4年以下的最多，有6人，占60%；有4人从业年限介于4年～6年间，所占比例为40%（见表2.50和图2.30）。

表2.50 合伙企业类型的风险投资机构的专业人士风险投资从业年限

从业时间	4年以下	4年～6年	6年及以上
人数	6	4	0
比例	60%	40%	0

注：有效样本数是1家机构的10位专业人士。

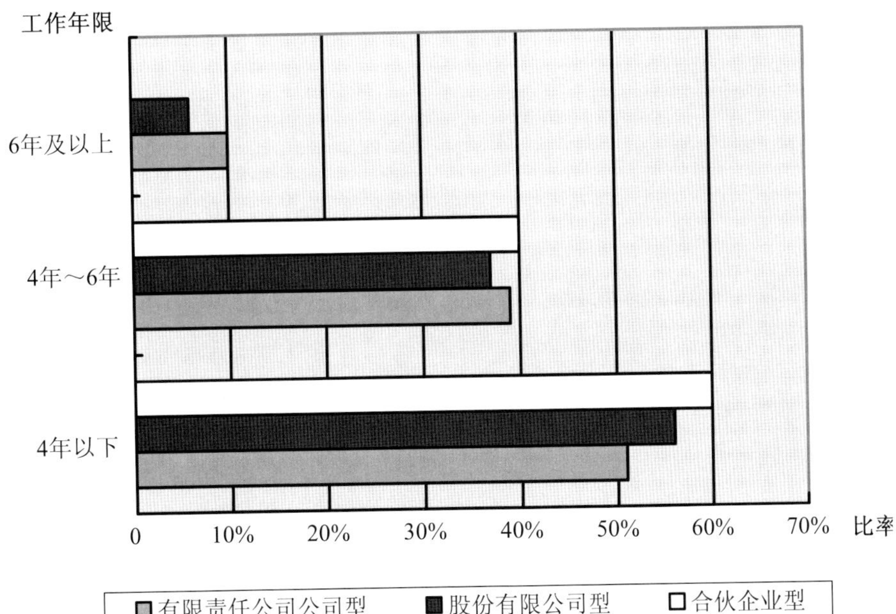

图2.30 不同组织形式风险投资机构专业人士从业年限分布情况

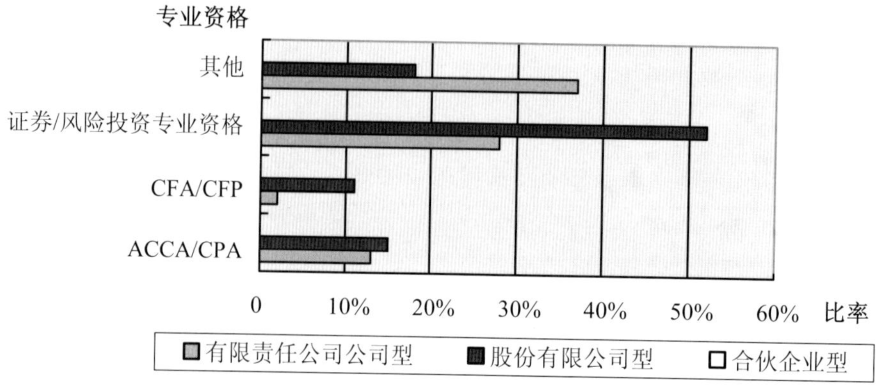

图2. 31　不同组织形式风险投资机构专业人士具备专业资格分布情况

十、风险投资机构高管的从业经历

（一）概况

在对风险投资机构高管从业经历分布的分析中，我们从董事长和总经理的从业经历分布来考察。将从业经历分为8个方面：政府官员、教师/研究人员、银行从业人员、非银行金融机构人员、企业经营者、留学人员、外国机构人员、其他经历。

董事长的从业经历调查中，有效的样本为87家风险投资机构的董事长；其中，曾是企业经营者的人数最多，有48位，占总数的比例为55%；其次是政府官员，有31人，占36%；教师/研究人员的有14人，所占比例为16%；有8人曾是非银行金融机构人员，占9%；留学人员和银行从业人员的分别有6人和4人，所占比例分别为7%和5%；外国机构人员和其他经历的分别有2人和3人，占总数的2%和3%（见表2.51和图2.32）。

表2. 51　风险投资机构董事长从业经历情况

经历	政府官员	教师/研究人员	银行从业人员	非银行金融机构人员	企业经营者	留学人员	外国机构人员	其他
人数	31	14	4	8	48	6	2	3
比例	36%	16%	5%	9%	55%	7%	2%	3%

注：该项调查有效样本为87家风险投资机构的董事长。

调查风险投资机构总经理从业经历的有效样本为80家风险投资机构的总经理；从表2.52和图2.32中可以看出：有企业经营经历的人数最多，有44位，占总数比例为55%；政府官员经历的有17人，占21%；14人有非银行金融机构的从业经历，占总数的18%；教师/研究人员和银行从业经历的分别有13人和7人，占16%和9%；留学经历和外国机构人员经历的分别有6人和4人，所占比例为8%和5%；其他从业经历的有2位，占3%。

表2. 52　风险投资机构总经理从业经历情况

经历	政府官员	教师/研究人员	银行从业人员	非银行金融机构人员	企业经营者	留学人员	外国机构人员	其他
人数	17	13	7	14	44	6	4	2
比例	21%	16%	9%	18%	55%	8%	5%	3%

注：该项调查有效样本为80家风险投资机构的总经理。

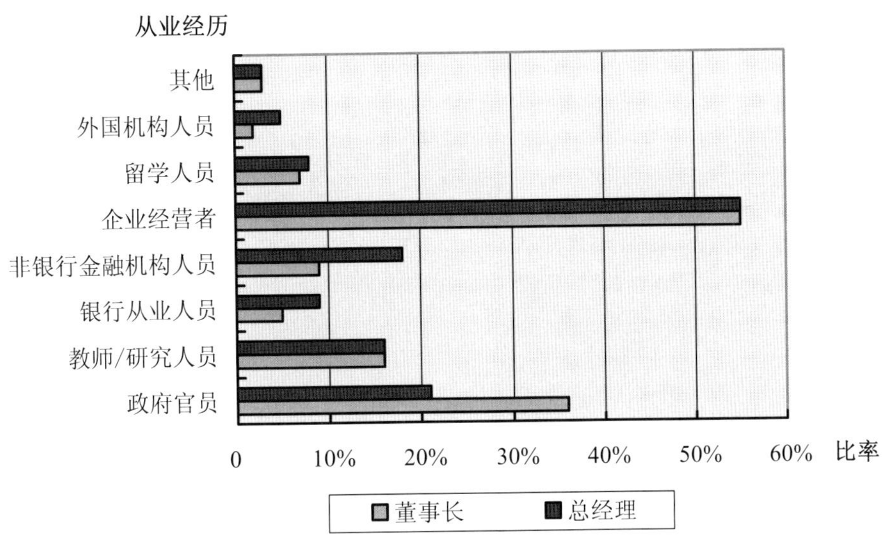

图2. 32　风险投资机构高管人员从业经历分布

（二）董事长的从业经历

1. 不同机构类型风险投资机构的董事长从业经历分析及其比较

投资公司类型风险投资机构董事长的从业经历分析。调查的有效样本为40家风险投资机构的董事长。其中，曾是企业经营者的人数最多，有22人，占55%；19人曾是政府官员，所占比例为48%；从事过教师/研究人员的有6人，占15%；4人曾是非银行金融机构人员，占10%；曾是银行从业人员和留学人员分别为2人和1人，所占比例分别为5%和3%；其他经历的有1人，占3%（见表2.53和图2.33）。

表2. 53　投资公司的风险投资机构董事长从业经历分析

经历	政府官员	教师/研究人员	银行从业人员	非银行金融机构人员	企业经营者	留学人员	外国机构人员	其他
人数	19	6	2	4	22	1	0	1
比例	48%	15%	5%	10%	55%	3%	0	3%

注：该项调查有效样本为40家风险投资机构的董事长。

管理公司类型风险投资机构董事长从业经历分析。调查有效样本有11家风险投资企业。其中，曾是企业经营者的人数有5人，占45%；有3位曾是教师/研究人员，所占比例为27%；留学人员的有2人，占18%；曾是政府官员、非银行金融机构人员、外国机构人员及其他经历的各1人，占9%（见表2.54和图2.33）。

表2. 54　管理公司的风险投资机构董事长从业经历分析

经历	政府官员	教师/研究人员	银行从业人员	非银行金融机构人员	企业经营者	留学人员	外国机构人员	其他
人数	1	3	0	1	5	2	1	1
比例	9%	27%	0	9%	45%	18%	9%	9%

注：该项调查有效样本为11家风险投资机构的董事长。

投资兼管理公司类型风险投资机构董事长的从业经历分析。调查的有效样本为34家风险机构，其中，曾是企业经营者的有19人，占56%；有11人曾是政府官员，所占比例为32%；曾是教师/研究人员的有5人，占15%；留学人员和非银行金融机构人员为3人，占9%；曾是银行从业人员的有2人，占6%；外国机构人员和其他经历的各有1人，所占比例为3%（见表2.55和图2.33）。

表2. 55　投资管理公司的风险投资机构董事长从业经历分析

经历	政府官员	教师/研究人员	银行从业人员	非银行金融机构人员	企业经营者	留学人员	外国机构人员	其他
人数	11	5	2	3	19	3	1	1
比例	32%	15%	6%	9%	56%	9%	3%	3%

注：该项调查有效样本为34家风险投资机构的董事长。

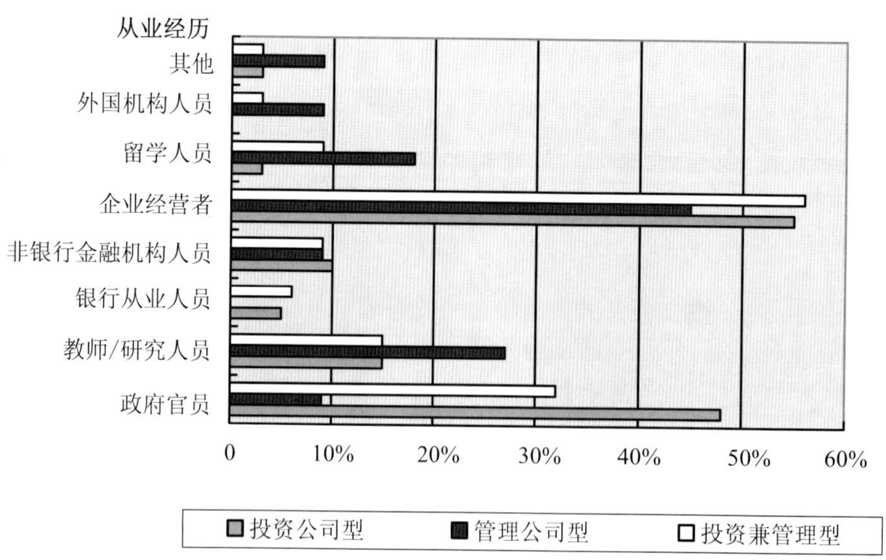

图2. 33　不同机构类型风险投资机构董事长从业经历分布

2. 不同组织形式风险投资机构的董事长从业经历分析及其比较

有限责任公司风险投资机构董事长的从业经历分析。调查的有效样本为70家风险投资机构，其中，41人，占总数59%的曾是企业经营者；曾是政府官员的有24人，所占比例为34%；教师/研究人员经历的有13人，占19%；有7人曾是非银行金融机构人员，占总数的10%；留学人员的5人，占7%；银行从业人员的有4人，占6%；外国机构人员和其他经历的各有2人，所占比例为3%（见表2.56和图2.34）。

表2. 56 有限责任公司的风险投资机构董事长从业经历分析

经历	政府官员	教师/研究人员	银行从业人员	非银行金融机构人员	企业经营者	留学人员	外国机构人员	其他
人数	24	13	4	7	41	5	2	2
比例	34%	19%	6%	10%	59%	7%	3%	3%

注：该项调查有效样本为70家风险投资机构的董事长。

股份有限公司型风险投资机构董事长的从业经历分布。调查有效样本是9家风险投资机构；其中，曾是政府官员和企业经营者的最多，均为4人，占44%；1人曾是非银行金融机构人员，所占比例为11%（见表2.57和图2.34）。

表2. 57 股份有限公司的风险投资机构董事长从业经历分析

经历	政府官员	教师/研究人员	银行从业人员	非银行金融机构人员	企业经营者	留学人员	外国机构人员	其他
人数	4	0	0	1	4	0	0	0
比例	44%	0	0	11%	44%	0	0	0

注：该项调查有效样本为9家风险投资机构的董事长。

合伙企业性质的风险投资机构董事长的从业经历分布。本项调查的有效样本为2家风险投资机构的董事长；其中曾政府官员和其他从业经历的各1人，各占50%（见表2.58和图2.34）。

表2. 58 合伙企业性质的风险投资机构董事长从业经历分析

经历	政府官员	教师/研究人员	银行从业人员	非银行金融机构人员	企业经营者	留学人员	外国机构人员	其他
人数	1	0	0	0	0	0	0	1
比例	50%	0	0	0	0	0	0	50%

注：该项调查的有效样本为2家风险投资机构的董事长。

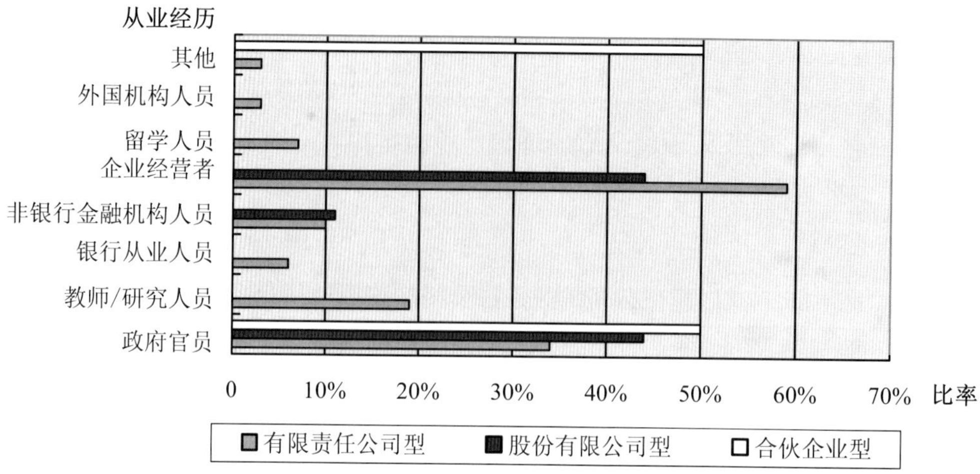

图2. 34 不同组织形式风险投资机构董事长从业经历分布

（三）总经理的从业经历

1. 不同机构类型风险投资机构总经理从业经历分析及其比较

投资公司类型风险投资机构总经理从业经历分布。本项调查的有效样本为38家风险投资机构的总经理；其中，从业经历主要集中于企业经营者，有25人，所占比例为66%；曾是政府官员的有9人，占24%；教师/研究人员的有7人，所占比例为18%；留学人员和非银行金融机构人员的有4人，占11%；银行从业经历的有2人，占总数的5%；外国机构人员和其他经历的有1人，所占比例为3%（见表2.59和图2.35）。

表2. 59 投资公司的风险投资机构总经理从业经历分析

经历	政府官员	教师/研究人员	银行从业人员	非银行金融机构人员	企业经营者	留学人员	外国机构人员	其他
人数	9	7	2	4	25	4	1	1
比例	24%	18%	5%	11%	66%	11%	3%	3%

注：该项调查有效样本为38家风险投资机构的总经理。

管理公司类型风险投资机构总经理从业经历分布。本项调查的有效样本为11家风险投资机构的总经理；其中，从业经历主要集中于非银行金融机构人员，有4人，所占比例为36%；曾是企业经营者的有3人，占27%；政府官员、教师/研究人员、银行从业人员、外国机构人员的各有2人，均占总数比例为18%；留学人员和其他经历的各有1人，占9%（见表2.60和图2.35）。

表2. 60 管理公司的风险投资机构总经理从业经历分析

经历	政府官员	教师/研究人员	银行从业人员	非银行金融机构人员	企业经营者	留学人员	外国机构人员	其他
人数	2	2	2	4	3	1	2	1
比例	18%	18%	18%	36%	27%	9%	18%	9%

注：该项调查有效样本为11家风险投资机构的总经理。

投资兼管理公司类型的风险投资机构总经理的从业经历分布。调查的有效样本为29家风险投资机构的总经理；企业经营经历的人数最多，有14人，占48%；曾是政府官员和非银行金融机构人员的有6人，所占比例为21%；教师/研究人员的有4人，占14%；有3位曾从事银行工作，占10%；留学人员和外国机构人员的各有1人，占总数的比例为3%（见表格2.61和图2.35）。

表2.61　投资管理公司的风险投资机构总经理从业经历分析

经历	政府官员	教师/研究人员	银行从业人员	非银行金融机构人员	企业经营者	留学人员	外国机构人员	其他
人数	6	4	3	6	14	1	1	0
比例	21%	14%	10%	21%	48%	3%	3%	0

注：该项调查有效样本为29家风险投资机构的总经理。

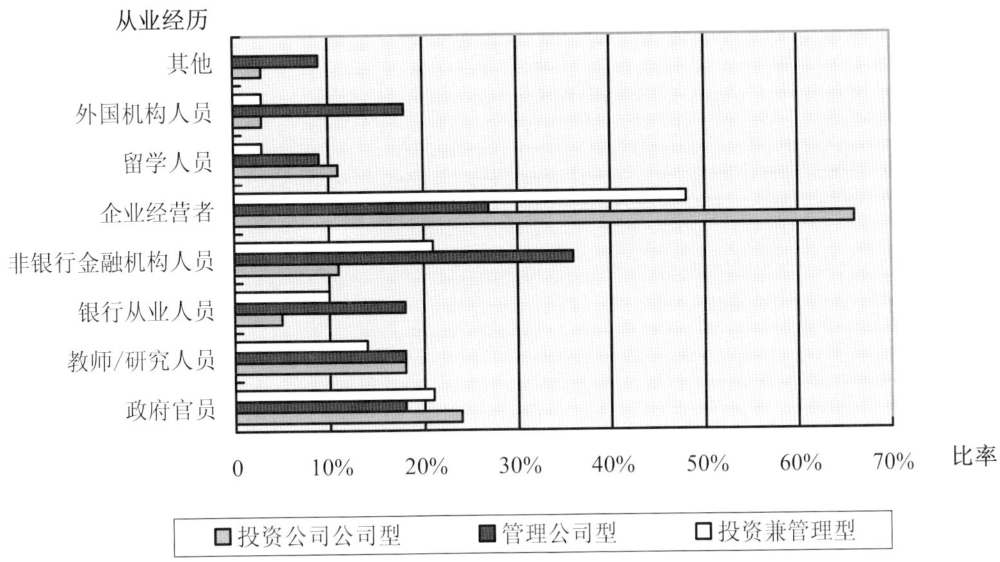

图2.35　不同机构类型风险投资机构总经理从业经历分布

2. 不同组织形式风险投资机构的总经理从业经历分析及其比较

有限责任公司类型的风险投资机构总经理的从业经历分布。本项调查的有效样本为64家风险投资机构的总经理；有企业经营经历的最多，有36人，占总数比例56%；其次是政府官员、非银行金融机构人员，均为13人，所占比例为20%；教师/研究人员有11人，所占比例为17%；银行从业经历的有7人，占11%；留学人员有6人，占9%；外国机构人员经历的有4人，占总数的6%；1人有其他经历，占2%（见表格2.62和图2.36）。

表2.62　有限责任公司的风险投资机构总经理从业经历分析

经历	政府官员	教师/研究人员	银行从业人员	非银行金融机构人员	企业经营者	留学人员	外国机构人员	其他
人数	13	11	7	13	36	6	4	1
比例	20%	17%	11%	20%	56%	9%	6%	2%

注：该项调查有效样本为64家风险投资机构的总经理。

股份有限公司类型的风险投资机构总经理的从业经历分布。调查的有效样本是8家风险投资机构的总经理；曾是企业经营者的人数是5人，占总数的63%；政府官员的人数为2人，占25%；非银行金融机构人员的有1人，占13%（见表格2.63和图2.36）。

表2. 63　股份有限公司的风险投资机构总经理从业经历分析

经历	政府官员	教师/研究人员	银行从业人员	非银行金融机构人员	企业经营者	留学人员	外国机构人员	其它
人数	2	0	0	1	5	0	0	0
经历	25%	0	0	13%	63%	0	0	0

注：该项调查有效样本为8家风险投资机构的总经理。

合伙企业性质的风险投资机构总经理从业经历分布。调查的有效样本为2家风险投资机构的总经理；主要分布在政府官员和其他经历，各都为1人，平均占50%（见表2.64和图2.36）。

表2. 64　合伙企业性质的风险投资机构总经理从业经历分析

经历	政府官员	教师/研究人员	银行从业人员	非银行金融机构人员	企业经营者	留学人员	外国机构人员	其他
人数	1	0	0	0	0	0	0	1
比例	50%	0	0	0	0	0	0	50%

注：该项调查有效样本为2家风险投资机构的总经理。

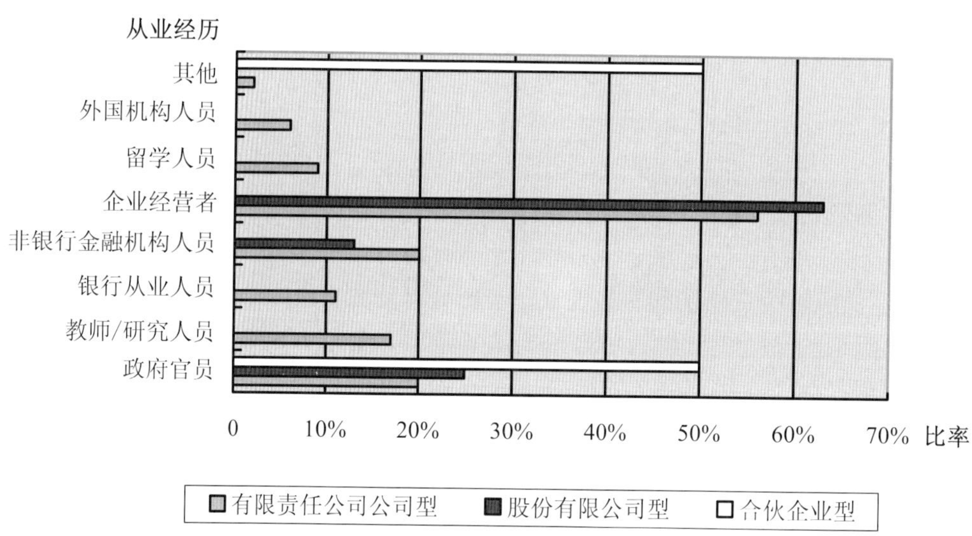

图2. 36　不同组织形式风险投资机构总经理从业经历分布

十一、风险投资机构主营业务情况

（一）概况

本项调查的有效样本数为100家。我们把风险投资机构的主营业务分为7个部分：项目投资、管理咨询、投融资服务、投资银行业务、证券投资、房地产业务、其他业务。其中主营业务之一为项目投资的机构数最多，有89家，所占比例为89%；其次是投融资服务为主营业务之一的机构，机构数有34家，占总数的34%；以管理咨询服务为主营业务之一的有30家，占30%；以投资银行业务、证券投资为主营业务之一的分别有19家和13家，占总数的比例分别为19%和13%；房地产和其他业务为主营业务之一的分别有9家和5家机构，占总数的9%和5%（见表2.65和图2.37）。

表2.65　风险投资机构的主营业务概况

主营业务	项目投资	管理咨询	投融资服务	投资银行业务	证券投资	房地产业务	其他业务
机构数目	89	30	34	19	13	9	5
比例	89%	30%	34%	19%	13%	9%	5%

注：该项调查有效样本为100家风险投资机构。

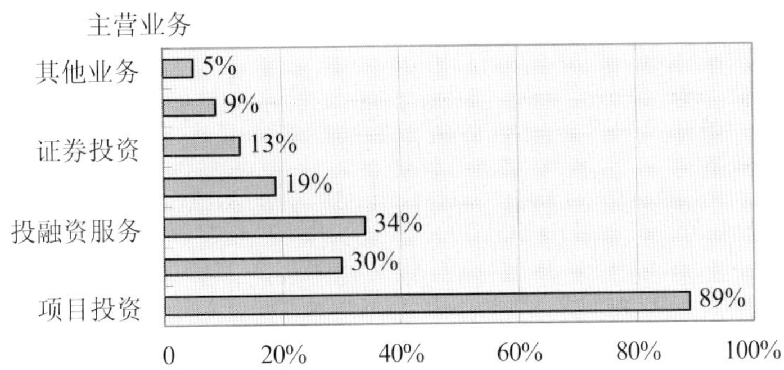

图2.37　风险投资机构主营业务分布情况

（二）不同地区的风险投资机构主营业务分布

本项调查的有效样本为96家风险投资机构。调查结果如表2.66～表2.73和图2.38所示。8个不同地区的风险投资机构主营业务分布也各有一些自身特点，如北京地区、上海地区和东北地区的风险投资机构主营业务集中度较高，其中北京地区的12家风险投资机构主营业务都包括了项目投资业务，而没有涉及房地产业务范围；另外华东地区、西部地区的风险投资机构主营业务则较为广泛，均涉及到了8个不同的业务。

表2.66　北京地区风险投资机构的主营业务分布

主营业务	项目投资	管理咨询	投融资服务	投资银行业务	证券投资	房地产业务	其他业务
机构数目	12	1	3	2	1	0	1
比例	100%	8%	25%	17%	8%	0	8%

注：该项调查有效样本为12家风险投资机构。

表2. 67 上海地区风险投资机构的主营业务分布

主营业务	项目投资	管理咨询	投融资服务	投资银行业务	证券投资	房地产业务	其他业务
机构数目	11	3	5	0	1	1	0
比例	85%	23%	38%	0	7%	7%	0

注：该项调查有效样本为13家风险投资机构。

表2. 68 深圳地区风险投资机构的主营业务分布

主营业务	项目投资	管理咨询	投融资服务	投资银行业务	证券投资	房地产业务	其他业务
机构数目	7	2	3	3	1	0	0
比例	77%	22%	33%	33%	11%	0	0

注：该项调查有效样本为9家风险投资机构。

表2. 69 东北地区风险投资机构的主营业务分布

主营业务	项目投资	管理咨询	投融资服务	投资银行业务	证券投资	房地产业务	其他业务
机构数目	2	1	1	0	0	0	0
比例	100%	50%	50%	0	0	0	0

注：该项调查有效样本为2家风险投资机构。

表2. 70 华北地区风险投资机构的主营业务分布

主营业务	项目投资	管理咨询	投融资服务	投资银行业务	证券投资	房地产业务	其他业务
机构数目	10	1	2	1	1	1	0
比例	91%	9%	18%	9%	9%	9%	0

注：该项调查有效样本为11家风险投资机构。

表2. 71 华东地区风险投资机构的主营业务分布

主营业务	项目投资	管理咨询	投融资服务	投资银行业务	证券投资	房地产业务	其他业务
机构数目	23	10	8	6	5	4	1
比例	92%	40%	32%	24%	20%	16%	4%

注：该项调查有效样本为25家风险投资机构。

表2.72 中南地区风险投资机构的主营业务分布

主营业务	项目投资	管理咨询	投融资服务	投资银行业务	证券投资	房地产业务	其他业务
机构数目	14	7	8	3	3	0	2
比例	88%	44%	50%	19%	19%	0	13%

注：该项调查有效样本为16家风险投资机构。

表2.73 西部地区风险投资机构的主营业务分布

主营业务	项目投资	管理咨询	投融资服务	投资银行业务	证券投资	房地产业务	其他业务
机构数目	10	5	4	4	1	3	1
比例	83%	42%	33%	33%	8%	25%	8%

注：该项调查有效样本为12家风险投资机构。

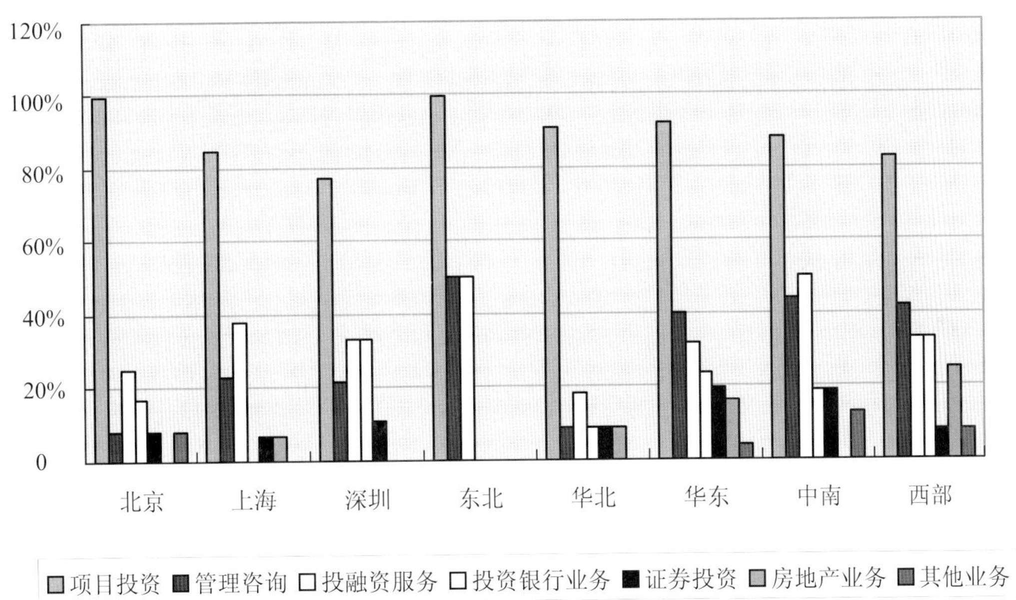

图2.38 不同地区风险投资机构主营业务构成对比

（三）不同管理资本规模的风险投资机构主营业务分布

本项调查的有效样本为110家，调查结果如表2.74～表2.81和图2.39所示。从中可以发现无论资本管理规模的大小，其“项目投资”均是他们的主营业务之一，而当资本管理规模在50 000万以上时其主营业务主要由4部分构成：项目投资、管理咨询、投融资咨询、投资银行业务，但当资本管理在50 000万以下时，其主营业务一般为6部分构成：项目投资、管理咨询、投融资服务、投资银行业务、证券投资、房地产业务。

表2.74 管理资本规模在5 000万元以下的风险投资机构的主营业务分布

主营业务	项目投资	管理咨询	投融资服务	投资银行业务	证券投资	房地产业务	其他业务
机构数目	15	8	7	3	2	1	1
比例	100%	53%	47%	20%	13%	7%	7%

注：该项调查有效样本为15家风险投资机构。

表2.75 管理资本规模在5 000万元～10 000万元的风险投资机构的主营业务分布

主营业务	项目投资	管理咨询	投融资服务	投资银行业务	证券投资	房地产业务	其他业务
机构数目	20	7	8	3	4	6	1
比例	95%	33%	38%	14%	19%	29%	5%

注：该项调查有效样本为21家风险投资机构。

表格2.76 管理资本规模在10 000万元～20 000万元的风险投资机构的主营业务分布

主营业务	项目投资	管理咨询	投融资服务	投资银行业务	证券投资	房地产业务	其他业务
机构数目	17	6	6	5	3	0	0
比例	68%	24%	24%	20%	12%	0	0

注：该项调查有效样本为25家风险投资机构。

表格2.77 管理资本规模在20 000万元～50 000万元的风险投资机构的主营业务分布

主营业务	项目投资	管理咨询	投融资服务	投资银行业务	证券投资	房地产业务	其他业务
机构数目	19	4	5	5	4	1	3
比例	61%	13%	16%	16%	13%	3%	10%

注：该项调查有效样本为31家风险投资机构。

表格2.78 管理资本规模在50 000万元及以上的风险投资机构的主营业务分布

主营业务	项目投资	管理咨询	投融资服务	投资银行业务	证券投资	房地产业务	其他业务
机构数目	12	3	6	2	0	0	0
比例	63%	16%	32%	11%	0	0	0

注：该项调查有效样本为19家风险投资机构。

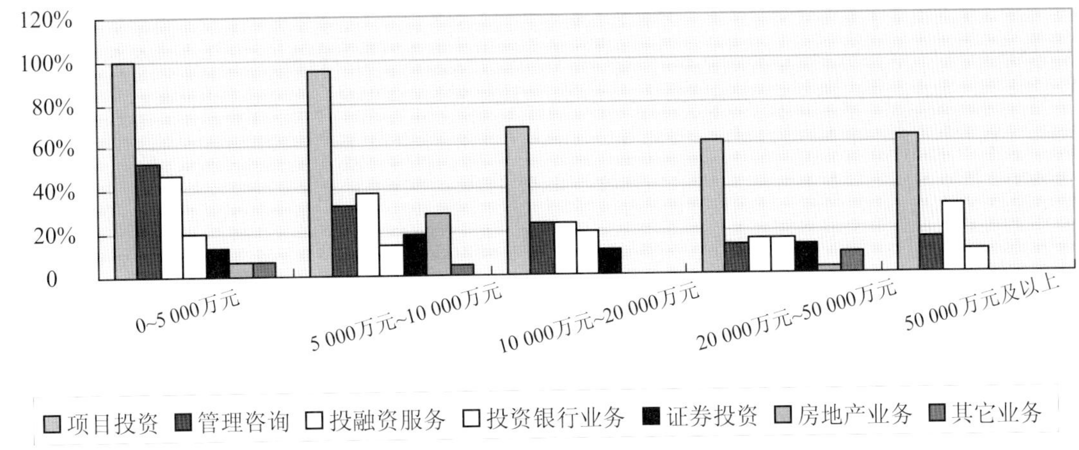

图2. 39　不同管理资本规模的风险投资机构主营业务对比

(四)不同类型风险投资机构的主营业务分析

1. 不同公司类别的风险投资机构的主营业务分析

本项调查的有效样本数为105家，调查结果显示不同类型的风险投资机构的主营业务分布有所不同。外资（含中外合资）类型的风险投资机构的主营业务构成较为集中，主要涉及项目投资、管理咨询、投融资服务三项；而其他类型的风险投资机构的主营业务相对分散些，每项业务均有涉及。政府类型和其他商业类型的风险投资机构从事投资银行和证券投资业务比较多，而外资类型的风险投资机构较少从事这方面业务。政府类型风险投资机构在从事项目投资和管理咨询的比例最高，分别达到87%和28%；外资类型风险投资机构在从事投融资服务上比例最高，为36%；其他商业类型风险投资机构则在房地产业务上比例最高，为13%，并且相对其他类型的风险投资机构而言，其他商业类型的风险投资机构的主营业务分布更为平均（见表2.79～表2.81和图2.40）。

表2. 79　政府类型的风险投资机构的主营业务分布

主营业务	项目投资	管理咨询	投融资服务	投资银行业务	证券投资	房地产业务	其他业务
机构数日	34	11	10	7	5	1	1
比例	87%	28%	26%	18%	13%	3%	3%

注：该项调查有效样本为39家风险投资机构。

表2. 80　外资(含中外合资)类型的风险投资机构的主营业务分布

主营业务	项目投资	管理咨询	投融资服务	投资银行业务	证券投资	房地产业务	其他业务
机构数目	7	3	4	1	1	0	0
比例	64%	27%	36%	9%	9%	0	0

注：该项调查有效样本为11家风险投资机构。

表2.81 其他商业类型的风险投资机构的主营业务分布

主营业务	项目投资	管理咨询	投融资服务	投资银行业务	证券投资	房地产业务	其他业务
机构数目	44	14	18	10	5	7	4
比例	80%	25%	33%	18%	9%	13%	7%

注：该项调查有效样本为55家风险投资机构。

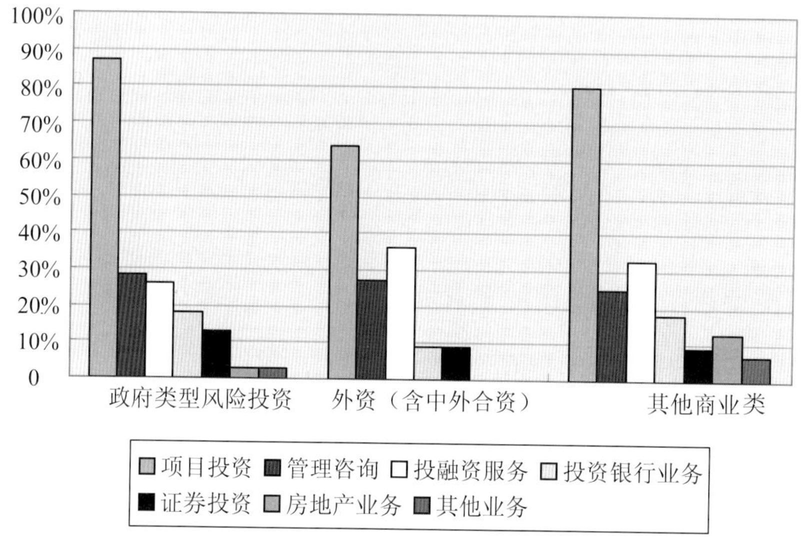

图2.40 不同公司类型的风险投资机构主营业务对比

2. 不同机构类别的风险投资机构的主营业务分析

本项调查的有效样本数为108家，调查结果表明项目投资、管理咨询和投融资服务是各类型风险投资机构最为重要的主营业务。投资公司类型和投资管理公司类型的风险投资机构的主营业务分布较为分散，投资银行、证券投资和房地产业务也是其重要的主营业务。相对而言，管理公司类型的风险投资机构则较少从事这些方面的业务。投资公司类型的风险投资机构在项目投资和管理咨询业务上比例最高，分别为86%和29%；管理公司类型的风险投资机构在投融资服务上的比例最高，为38%；投资管理类型的风险投资机构则在投资银行业务、证券投资和房地产业务上比例最高，分别为23%、15%和15%（见表2.82～表2.84和图2.41）。

表2.82 投资公司类型的风险投资机构的主营业务分布

主营业务	项目投资	管理咨询	投融资服务	投资银行业务	证券投资	房地产业务	其他业务
机构数目	48	16	15	10	6	3	3
比例	86%	29%	27%	18%	11%	5%	5%

注：该项调查有效样本为56家风险投资机构。

表格2.83　管理公司类型的风险投资机构的主营业务分布

主营业务	项目投资	管理咨询	投融资服务	投资银行业务	证券投资	房地产业务	其他业务
机构数目	6	3	5	0	1	0	0
比例	46%	23%	38%	0	8%	0	0

注：该项调查有效样本为13家风险投资机构。

表格2.84　投资管理公司类型的风险投资机构的主营业务分布

主营业务	项目投资	管理咨询	投融资服务	投资银行业务	证券投资	房地产业务	其他业务
机构数目	33	11	14	9	6	6	2
比例	85%	28%	36%	23%	15%	15%	5%

注：该项调查有效样本为39家风险投资机构。

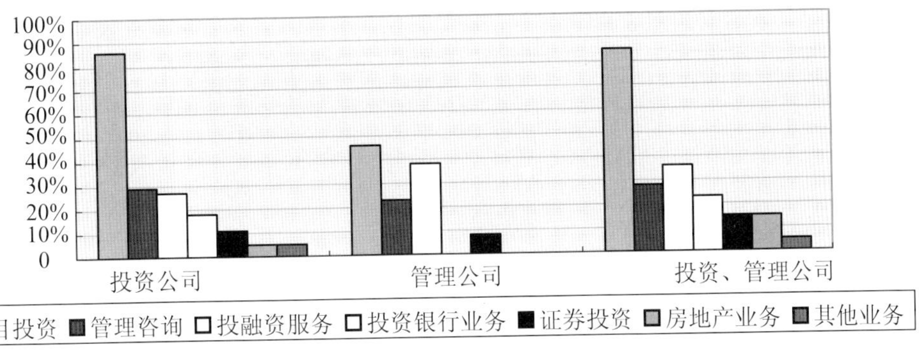

图2.41　不同机构类型的风险投资机构主营业务对比

3. 不同组织形式的风险投资机构的主营业务分析

本项调查的有效样本数为103家，其中主要是有限责任公司类型的风险投资机构。调查结果表明，有限责任公司类型的风险投资机构的主营业务主要分布在项目投资、管理咨询和投融资服务上，其比例分别为83%、30%和31%，但是其投资的主营业务较为分散，投资银行业务、证券投资和房地产业务也是其投资的重点业务；股份有限公司类型的风险投资机构的主营业务主要分布在项目投资、投融资服务和投资银行业务上，其比例分别为75%、33%和33%，其它的业务涉及较少；合伙企业类型的风险投资机构调查数较少，其主营业务主要涉及项目投资和投融资服务（见表2.85~表2.87和图2.42）。

表2.85　有限责任公司类型的风险投资机构的主营业务分布

主营业务	项目投资	管理咨询	投融资服务	投资银行业务	证券投资	房地产业务	其他业务
机构数目	74	27	28	15	12	7	4
比例	83%	30%	31%	17%	13%	8%	4%

注：该项调查有效样本为89家风险投资机构。

表2. 86　股份有限公司类型的风险投资机构的主营业务分布

主营业务	项目投资	管理咨询	投融资服务	投资银行业务	证券投资	房地产业务	其他业务
机构数目	9	2	4	4	1	0	1
比例	75%	17%	33%	33%	8%	0	8%

注：该项调查有效样本为12家风险投资机构。

表2. 87　合伙企业类型的风险投资机构的主营业务分布

主营业务	项目投资	管理咨询	投融资服务	投资银行业务	证券投资	房地产业务	其他业务
机构数目	1	0	1	0	0	0	0
比例	50%	0	50%	0	0	0	0

注：该项调查有效样本为2家风险投资机构。

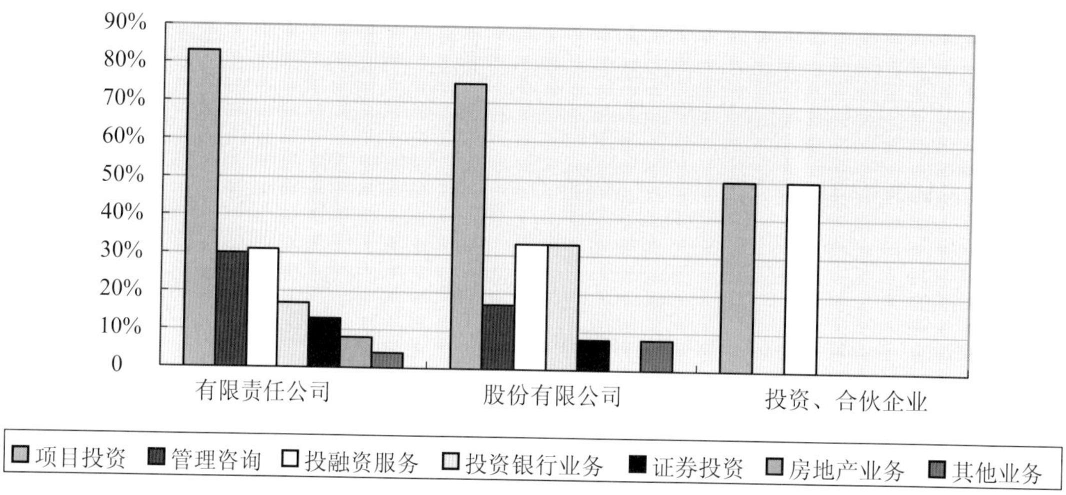

图2. 42　不同组织形式的风险投资机构主营业务对比

十二、风险投资机构的主要收入来源分析

（一）概况

本项调查的有效样本数为96个。我们将风险投资机构的收入分为以下六项：项目退出收益、已投资项目分红、管理咨询收入、财务顾问收入、证券投资收入、其他来源收入。调查结果显示，67家风险投资机构的收入来源于“已投资项目分红”，占有效样本的比例为70%；其次来源于“项目退出收益”的为52家，所占比例为54%；以“管理咨询收入”做为收入来源之一的有26家，所占比例为27%；以“财务顾问收入”做为收入来源收入之一的有21家，所占比例为22%；以“证券投资收入”做为收入来源之一的有18家，所占比例为19%；以“其他收入来源”做为收

入来源之一的有12家机构，所占比例为13%（见表2.88和图2.43）。

表2.88　风险投资机构的收入来源分布

收入来源	项目退出收益	已投资项目分红	管理咨询收入	财务顾问收入	证券投资收入	其他来源收入
机构数目	52	67	26	21	18	12
比例	54%	70%	27%	22%	19%	13%

注：该项调查有效样本为96家风险投资机构。

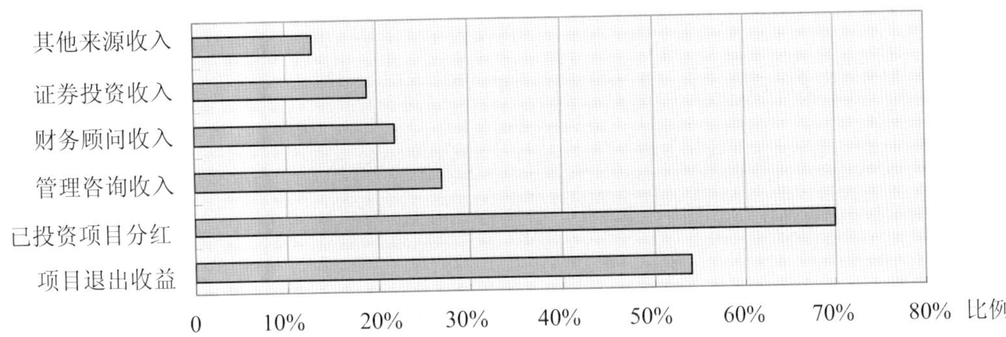

图2.43　风险投资机构的收入来源对比

（二）不同地区的风险投资机构的主要收入来源分析

本项调查分8个地区，2004年的有效样本为96家风险投资机构，调查结果如表2.89～表2.96和图2.44所示。可以看出，2004年八个不同地区的投资机构的收入来源仍主要是以“项目退出收益”、“已投资项目分红”方式为主，并且所占比例基本上都在一半以上。同时，2004年的收入来源具有地区性的特征，如在深圳地区的样本中无“证券投资收入”方式，东北地区的样本中仅有“项目退出收益”、“已投资项目分红”两种收入方式，华北地区的样本中收入来源的比例最为平均。值得注意的是2004年华北地区的样本中的比例与2003年相比，除“财务顾问收入”外均有所减少；而2004年北京地区、东北地区和中南地区收入来源中“项目退出收益”、“已投资项目分红”方式的比例较之2003年有大幅增加。

表2.89　2004年与2003年北京地区风险投资机构的收入来源分布

年份	收入来源	项目退出收益	已投资项目分红	管理咨询收入	财务顾问收入	证券投资收入	其他来源收入
2004	机构数目	8	8	2	5	3	0
	比例	73%	73%	18%	45%	27%	0
2003	机构数目	10	12	5	8	8	2
	比例	50%	60%	25%	40%	40%	10%
比例增加		23%	13%	-7%	5%	-13%	-10%

注：2004年该项调查有效样本为11家风险投资机构。

表2. 90 2004年与2003年上海地区风险投资机构的收入来源分布

年份	收入来源	项目退出收益	已投资项目分红	管理咨询收入	财务顾问收入	证券投资收入	其他来源收入
2004	机构数目	4	8	5	1	3	1
	比例	33%	67%	42%	8%	25%	8%
2003	机构数目	9	11	8	5	2	2
	比例	50%	61%	44%	28%	11%	11%
比例增加		-17%	6%	-2%	-20%	14%	-3%

注：2004年该项调查有效样本为12家风险投资机构。

表2. 91 2004年与2003年深圳地区风险投资机构的收入来源分布

年份	收入来源	项目退出收益	已投资项目分红	管理咨询收入	财务顾问收入	证券投资收入	其他来源收入
2004	机构数目	6	5	2	2	0	2
	比例	67%	56%	22%	22%	0%	22%
2003	机构数目	10	15	4	6	8	2
	比例	42%	63%	17%	25%	33%	8%
比例增加		25%	-7%	5%	-3%	-33%	14%

注：2004年该项调查有效样本为9家风险投资机构。

表2. 92 2004年与2003年东北地区风险投资机构的收入来源分布

年份	收入来源	项目退出收益	已投资项目分红	管理咨询收入	财务顾问收入	证券投资收入	其他来源收入
2004	机构数目	1	1	0	0	0	0
	比例	100%	100%	0	0	0	0
2003	机构数目	5	5	2	0	0	2
	比例	63%	63%	25%	0	0	25%
比例增加		37%	37%	-25%	0	0	-25%

注：2004年该项调查有效样本为1家风险投资机构。

表2. 93 2004年与2003年华北地区风险投资机构的收入来源分布

年份	收入来源	项目退出收益	已投资项目分红	管理咨询收入	财务顾问收入	证券投资收入	其他来源收入
2004	机构数目	4	6	3	2	1	1
	比例	36%	55%	27%	18%	9%	9%

年份	收入来源	项目退出收益	已投资项目分红	管理咨询收入	财务顾问收入	证券投资收入	其他来源收入
2003	机构数目	5	8	4	0	1	2
	比例	50%	80%	40%	0	10%	20%
比例增加		-14%	-25%	-13%	18%	-1%	-11%

注：2004年该项调查年有效样本为11家风险投资机构。

表2.94　2004年与2003年华东地区风险投资机构的收入来源分布

年份	收入来源	项目退出收益	已投资项目分红	管理咨询收入	财务顾问收入	证券投资收入	其他来源收入
2004	机构数目	13	20	7	2	5	4
	比例	52%	80%	28%	8%	20%	16%
2003	机构数目	14	23	9	2	10	10
	比例	42%	70%	27%	6%	30%	30%
比例增加		10%	10%	1%	2%	-10%	-14%

注：2004年该项调查有效样本为25家风险投资机构。

表2.95　2004年与2003年中南地区风险投资机构的收入来源分布

年份	收入来源	项目退出收益	已投资项目分红	管理咨询收入	财务顾问收入	证券投资收入	其他来源收入
2004	机构数目	10	13	4	5	3	2
	比例	63%	81%	25%	31%	19%	13%
2003	机构数目	11	13	11	5	7	4
	比例	50%	59%	50%	23%	32%	18%
比例增加		13%	22%	-25%	28%	-13%	-5%

注：2004年该项调查有效样本为16家风险投资机构。

表2.96　2004年与2003年西部地区风险投资机构的收入来源分布

年份	收入来源	项目退出收益	已投资项目分红	管理咨询收入	财务顾问收入	证券投资收入	其他来源收入
2004	机构数目	6	6	3	4	3	2
	比例	55%	55%	27%	36%	27%	18%
2003	机构数目	15	19	15	8	8	8
	比例	41%	51%	41%	22%	22%	22%
比例增加		14%	4%	-14%	14%	5%	-4%

注：2004年该项调查有效样本为11家风险投资机构。

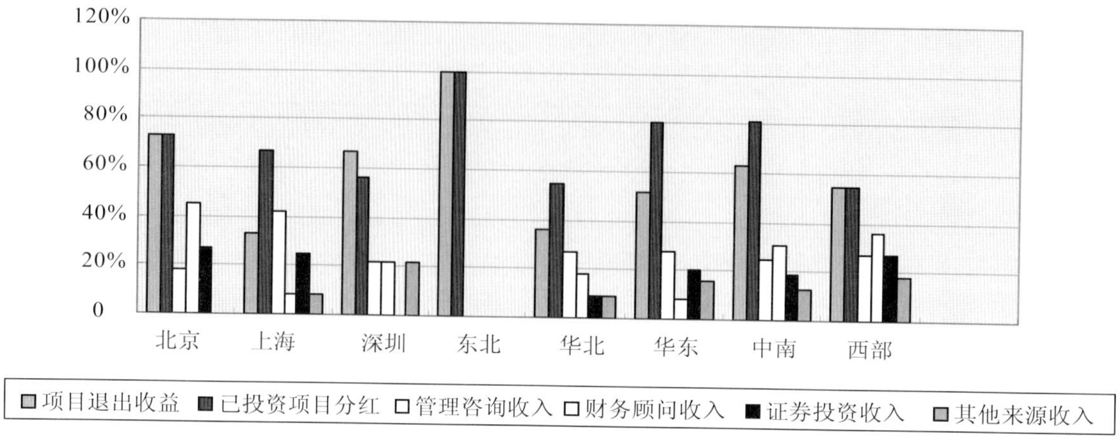

图2. 44　2004年各地风险投资机构的收入来源对比

（三）不同管理资本规模风险投资机构的主要收入来源分析

本项调查把管理资本规模分为5种情况，2004年有效样本数为91家，调查结果如表2.97～表2.101和图2.45所示。可以看出，“项目退出收益”和“已投资项目分红”仍是风险投资机构2004年主要的收入来源方式，特别是管理资本规模在5 000万元～10 000万元和管理资本规模在50 000万元及以上的机构表现最为突出，分别达到了50%、100%和60%、67%。资本规模在5 000万元～10 000万元和10 000万元～20 000万元的风险投资机构，与2003年相比，“项目退出收益”与“已投资项目分红”所占比例有所大幅增加，但值得注意的是资本规模20 000万元～50 000万元的风险投资机构，与2003年相比，收入来源方式却有所减少。另外，2004年资本规模在20 000万元～50 000万元的样本中没有“其他来源收入”方式，而资本规模在5 000万元以下时，有5家机构有“其他来源收入”这种方式，所占比例为36%。

表2. 97　2004年与2003年管理资本规模在5 000万元以下风险投资机构的收入来源分布

年份	收入来源	项目退出收益	已投资项目分红	管理咨询收入	财务顾问收入	证券投资收入	其他来源收入
2004	机构数目	6	9	8	4	1	5
	比例	43%	64%	57%	29%	7%	36%
2003	机构数目	16	21	19	11	11	5
	比例	42%	55%	50%	29%	29%	13%
比例增加		1%	9%	7%	0	-22%	23%

注：2004年该项调查有效样本为14家风险投资机构。

表2. 98　2004年与2003年管理资本规模在5 000万元～10 000万元风险投资机构的收入来源分布

年份	收入来源	项目退出收益	已投资项目分红	管理咨询收入	财务顾问收入	证券投资收入	其他来源收入
2004	机构数目	9	18	4	3	5	3
	比例	50%	100%	22%	17%	28%	17%
2003	机构数目	10	18	9	5	7	8
	比例	37%	67%	33%	19%	26%	30%
比例增加		13%	33%	-11%	-2%	2%	-13%

注：2004年该项调查有效样本为18家风险投资机构。

表2. 99　2004年与2003年管理资本规模在10 000万元～20 000万元风险投资机构的收入来源分布

年份	收入来源	项目退出收益	已投资项目分红	管理咨询收入	财务顾问收入	证券投资收入	其他来源收入
2004	机构数目	9	13	6	6	5	3
	比例	50%	72%	33%	33%	28%	17%
2003	机构数目	16	26	12	7	10	8
	比例	40%	65%	30%	18%	25%	20%
比例增加		10%	7%	3%	15%	3%	-3%

注：2004年该项调查有效样本为18家风险投资机构。

表2. 100　2004年与2003年管理资本规模在20 000万元～50 000万元风险投资机构的收入来源分布

年份	收入来源	项目退出收益	已投资项目分红	管理咨询收入	财务顾问收入	证券投资收入	其他来源收入
2004	机构数目	14	14	4	5	3	0
	比例	54%	54%	15%	19%	12%	0
2003	机构数目	21	22	9	7	11	5
	比例	60%	63%	26%	20%	31%	14%
比例增加		-6%	-9%	-11%	-1%	-19%	-14%

注：2004年该项调查有效样本为26家风险投资机构。

表2. 101　2004年与2003年管理资本规模在50 000万元以上风险投资机构的收入来源分布

年份	收入来源	项目退出收益	已投资项目分红	管理咨询收入	财务顾问收入	证券投资收入	其他来源收入
2004	机构数目	9	10	3	2	3	1
	比例	60%	67%	20%	13%	20%	7%

年份	收入来源	项目退出收益	已投资项目分红	管理咨询收入	财务顾问收入	证券投资收入	其他来源收入
2003	机构数目	15	14	5	0	4	5
	比例	65%	61%	22%	0	17%	22%
比例增加		-5%	6%	-2%	13%	3%	-15%

注：2004年该项调查有效样本为15家风险投资机构。

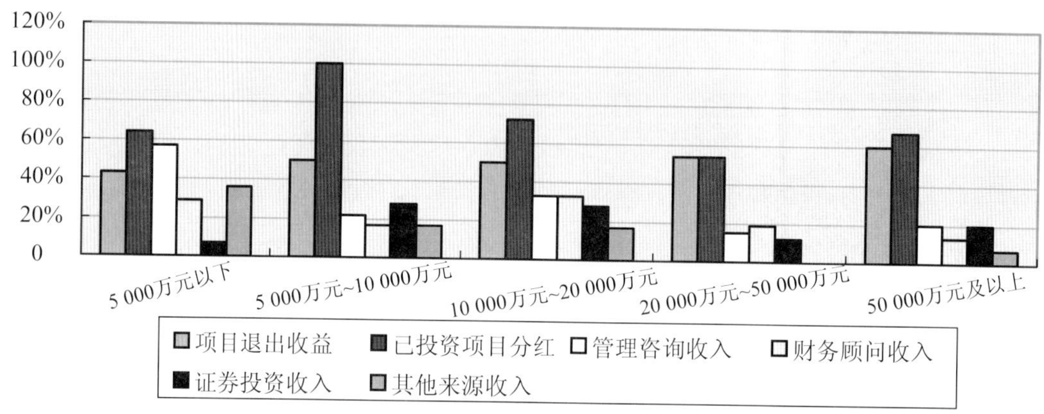

图2.45　2004年不同管理资本规模的风险投资机构收入来源对比

（四）不同类型风险投资机构的主要收入来源分析

1. 不同公司类型的风险投资机构的主要收入来源分析

本项调查的有效样本为105家，调查结果如表2.102～表2.104和图2.46所示。从总体上看项目退出收益、已投资项目分红是大多数风险投资机构的主要收入来源。具体来看政府风险投资机构收入来源最为集中，39家政府风险投资机构中有29家以“已投资项目分红”做为收入来源之一，所占比例为74%；有20家以“项目退出收益”做为收入来源之一，所占比例为51%。其他商业风险投资机构主要收入来源分布与政府的风险投资机构收入来源相比较为分散，55家其他商业风险投资机构中有33家以“已投资项目分红”做为收入来源之一，所占比例为60%；有25家以“项目退出收益”做为收入来源之一，所占比例为45%；“管理咨询收入”和“财务顾问收入”也占一定比例。值得注意的是外资风险投资机构（含中外合资）的收入来源仅集中于“项目退出收益”、“已投资项目分红”、“管理咨询收入”和“财务顾问收入”，且选择每种收入来源的机构家数相近。

表2.102　政府风险投资机构的主要收入来源分布

收入来源	项目退出收益	已投资项目分红	管理咨询收入	财务顾问收入	证券投资收入	其他来源收入
机构数目	20	29	10	4	8	6
比例	51%	74%	26%	10%	21%	15%

注：该项调查有效样本为39家风险投资机构。

表2. 103　外资风险投资机构(含中外合资)的主要收入来源分布

收入来源	项目退出收益	已投资项目分红	管理咨询收入	财务顾问收入	证券投资收入	其他来源收入
机构数目	4	2	2	2	0	0
比例	36%	18%	18%	18%	0	0

注：该项调查有效样本为11家风险投资机构。

表2. 104　其它商业风险投资机构主要收入来源分布

收入来源	项目退出收益	已投资项目分红	管理咨询收入	财务顾问收入	证券投资收入	其他来源收入
机构数目	25	33	13	14	8	5
比例	45%	60%	24%	25%	15%	9%

注：该项调查有效样本为55家风险投资机构。

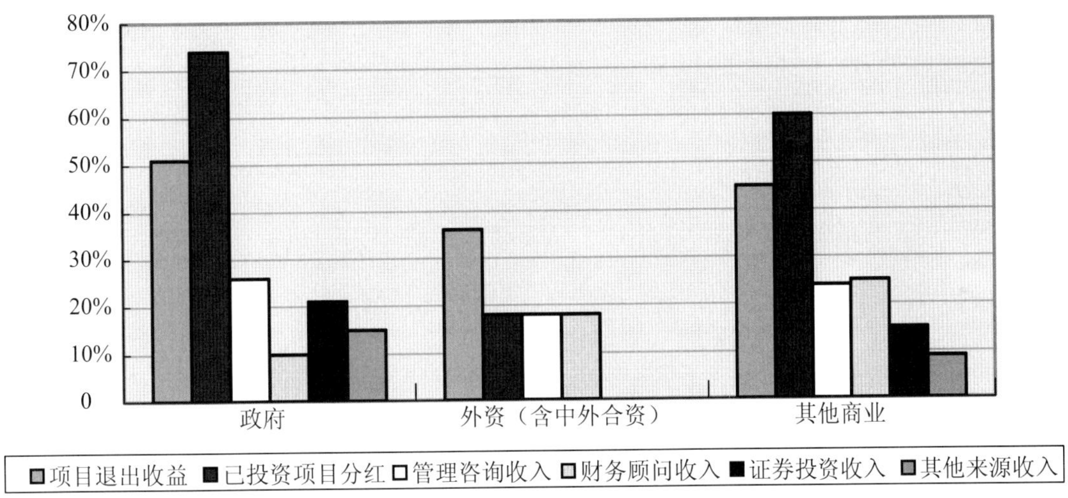

图2. 46　不同公司类型的风险投资机构的主要收入来源

2. 不同机构类型的风险投资机构的主要收入来源分析

本项调查的有效问卷为108家，调查结果见表2.105～2.107和图2.47所示。从总体来看，“项目退出收益”、“已投资项目分红”、“管理咨询收入”是大多数风险投资机构主要收入来源。在56家投资型风险投资机构中，有28家以“项目退出收益”做为收入来源之一，所占比例为50%；有41家以“已投资项目分红”做为收入来源之一，所占比例为73%；在13家管理型风险投资机构中，有5家以“管理咨询收入”做为收入来源，所占比例为38%，有3家以“已投资项目分红”做为收入来源，所占比例为23%；在39家投资管理公司型风险投资机构中，有22家以“项目退出收益”做为收入来源，所占比例为56%，有21家以“已投资项目分红”做为收入来源，所占比例为54%。

表2. 105　投资公司型风险投资机构主要收入来源分布

收入来源	项目退出收益	已投资项目分红	管理咨询收入	财务顾问收入	证券投资收入	其他来源收入
机构数目	28	41	10	10	8	6
比例	50%	73%	18%	18%	14%	11%

注：该项调查有效样本为56家风险投资机构。

表2. 106　管理公司型风险投资机构主要收入来源分布

收入来源	项目退出收益	已投资项目分红	管理咨询收入	财务顾问收入	证券投资收入	其他来源收入
机构数目	1	3	5	1	1	0
比例	8%	23%	38%	8%	8%	0

注：该项调查有效样本为13家风险投资机构。

表2. 107　投资管理公司型风险投资机构主要收入来源分布

收入来源	项目退出收益	已投资项目分红	管理咨询收入	财务顾问收入	证券投资收入	其他来源收入
机构数目	22	21	11	10	8	6
比例	56%	54%	28%	26%	21%	15%

注：该项调查有效样本为39家风险投资机构。

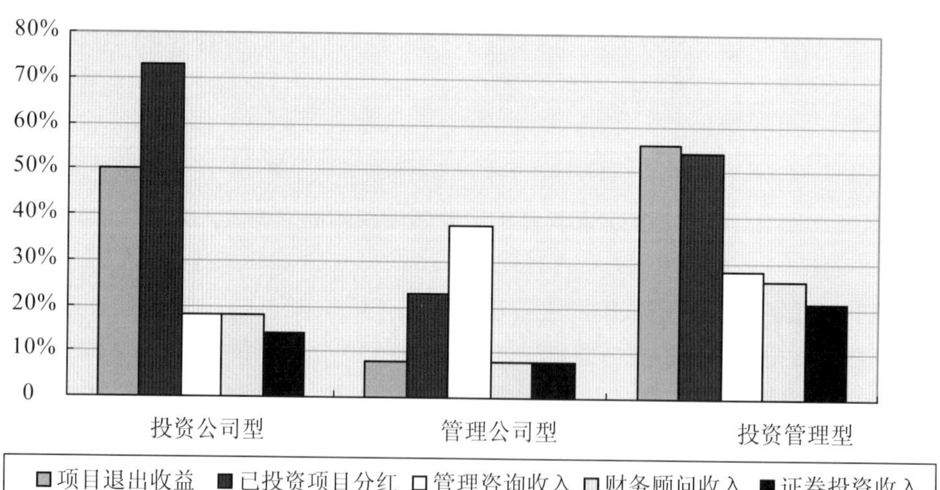

图2. 47　不同机构类型的风险投资机构的主要收入来源

3. 不同组织形式的风险投资机构的主要收入来源分析

本项调查的有效问卷为103家，其中有限责任公司89家，股份有限公司12家以及合伙企业2

家。调查结果如表2.108～表2.110及图2.48所示。可以看出，有限责任公司型风险投资机构和股份有限公司型的风险投资机构以“项目退出收益”、“已投资项目分红”做为主要收入来源，而合伙企业型风险投资机构则以“管理咨询收入”做为主要收入来源。在89家有限责任公司型风险投资机构中有41家以“项目退出收益”做为收入来源，所占比例为46%，有54家以“已投资项目分红”做为收入来源，所占比例达到61%；12家股份有限公司型的机构中，7家以“项目退出收益”做为收入来源，所占比例为58%，9家以“已投资项目分红”做为收入来源，所占比例达到75%。值得注意的是合伙型风险投资机构，在两家样本中就有1家以“管理咨询收入”做为收入来源，所占比例的达50%。

表2. 108　有限责任公司型风险投资机构主要收入来源分布

收入来源	项目退出收益	已投资项目分红	管理咨询收入	财务顾问收入	证券投资收入	其他来源收入
机构数目	41	54	19	17	16	7
比例	46%	61%	21%	19%	18%	8%

注：该项调查有效样本为89家风险投资机构。

表2. 109　股份有限公司型风险投资机构主要收入来源分布

收入来源	项目退出收益	已投资项目分红	管理咨询收入	财务顾问收入	证券投资收入	其他来源收入
机构数目	7	9	4	4	2	1
比例	58%	75%	33%	33%	17%	8%

注：该项调查有效样本为12家风险投资机构。

表2. 110　合伙企业型风险投资机构主要收入来源分布

收入来源	项目退出收益	已投资项目分红	管理咨询收入	财务顾问收入	证券投资收入	其它来源收入
机构数目	0	0	1	0	0	0
比例	0	0	50%	0	0	0

注：该项调查有效样本为2家风险投资机构。

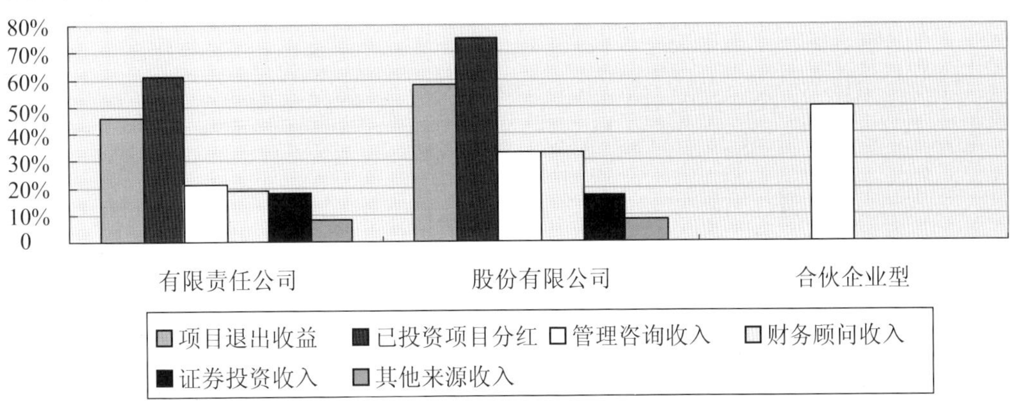

图2. 48　合伙企业型的风险投资机构主要收入来源分布

第三章 风险投资机构资本情况分析

本章主要全面详细地介绍了风险投资机构的资本情况，有助于读者对风险投资机构的风险投资资本有清晰而明确的认识。

首先分别按公司类型、机构类型和组织类型对风险投资机构的管理资本进行规模分析，接着按不同地区分布对风险投资机构的管理资本进行分析，最后分析了2004年风险投资机构受托管理资本和新增管理资本的规模及地区分布情况。

本章数据来源于中国风险投资研究院2004年11月～2005年1月中国风险投资行业问卷调查的分析结果。

一、风险投资机构的管理资本规模分布情况

（一）概况

2004年本项调查的有效样本数为111家，调查结果如表3.1和图3.1所示。其中资本管理规模处于0～5 000万元（不包括5 000万元，下同）之间的风险投资机构15家，所占比例为14%，与2003年相比，减少了9%；规模在5 000万元～10 000万元之间的风险投资机构21家，所占比例为19%，与2003年相比没有变化；资本管理规模在10 000万元～20 000万元之间的机构数量为25家，所占比例为23%，与2003年相比减少了1%；资本管理规模处于20 000万元～50 000万元之间的机构数量为31家，所占比例为28%，与2003年相比增加了7%；资本管理规模在50 000元及以上的机构为19家，所占比例为17%，与2003年相比增加了4%。

表3. 1 2003年与2004年风险投资机构管理资本规模情况（单位：万元）

管理资本规模		0～5 000	5 000～10 000	10 000～20 000	20 000～50 000	50 000及以上	合计
2004	家数	15	21	25	31	19	111
	比例	14%	19%	23%	28%	17%	100%
2003	家数	39	31	40	35	22	167
	比例	23%	19%	24%	21%	13%	100%
比例增长情况		-9%	0	-1%	7%	4%	

注：2004年该项调查有效样本为111家风险投资机构。

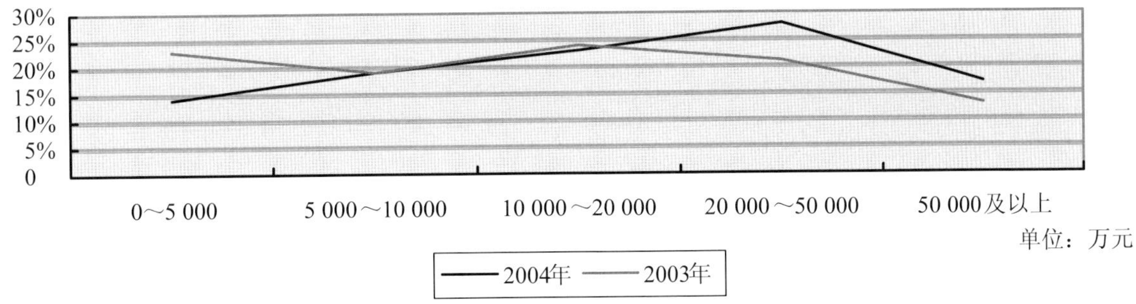

图3.1 2003年与2004年风险投资机构管理资本规模情况

（二）不同类型风险投资机构的管理资本规模分析

1. 风险投资机构的管理资本规模分析——按公司类型分类

本项调查的有效样本数为89家。调查结果见表3.2～表3.4和图3.2，其中，政府型风险投资机构有33家，外资风险投资机构（含中外合资）9家，其它商业类型风险投资机构47家。对于政府型风险投资机构，管理资本规模集中在10 000万元～20 000万元之间的机构有9家，占总比例的27%；管理资本规模在5 000万元～10 000万元和20 000万元～50 000万元的机构均为8家，所占比例均为24%；管理资本规模在5 000万元以下和50 000以上的机构分别为3家和5家，所占比例分别为9%和15%。对于外资型风险投资机构，管理资本规模集中在20 000万元～50 000万元之间，此区间的机构有3家，占总比例的33%；管理资本规模在5 000万元～10 000万元和10 000万元～20 000万元的机构数均为1家，所占比例均为11%；管理资本规模在5 000万元以下和50 000万元以上的机构均为2家，所占比例均为22%。对于其他商业型风险投资机构，管理资本管理规模集中在20 000万元～50 000万元之间的机构有14家，占30%；管理资本规模在5 000万元以下和10 000万元～20 000万元的机构均为9家，所占比例均为19%；管理资本规模在5 000万元～10 000万元之间的机构有8家，所占比例为17%；管理资本规模在50 000万元及以上的机构有7家，所占比例为15%。

表3.2 政府型风险投资机构管理资本规模（单位：万元）

管理资本规模	0～5 000	50 00～10000	10 000～20000	20 000～50 000	50 000及以上	合计
家数	3	8	9	8	5	33
比例	9%	24%	27%	24%	15%	100%

注：该项调查有效样本为33家风险投资机构。

表3.3 外资型风险投资机构管理资本规模（单位：万元）

管理资本规模	0～5 000	5 000～10 000	10 000～20 000	20 000～50 000	50 000及以上	合计
家数	2	1	1	3	2	9
比例	22%	11%	11%	33%	22%	100%

注：该项调查有效样本为9家风险投资机构。

表3.4 其他商业型风险投资机构管理资本规模(单位：万元)

管理资本规模	0～5 000	5 000～10 000	10 000～20 000	20 000～50 000	50 000及以上	合计
家数	9	8	9	14	7	47
比例	19%	17%	19%	30%	15%	100%

注：该项调查有效样本为47家风险投资机构。

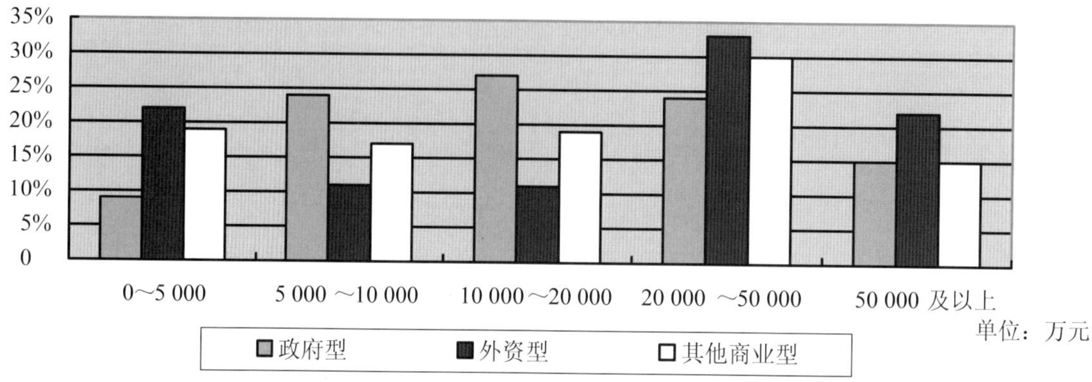

图3.2 不同公司类型风险投资机构管理资本规模

2. 风险投资机构的管理资本规模分析——按机构类型分类

本项调查共收到有效问卷69份。调查结果见表3.5～表3.7和图3.3，其中，投资型风险投资机构有40家，管理型风险投资机构有7家，投资兼管理型风险投资机构有22家。在40家投资型风险投资机构中，有14家的管理资本规模在20 000万元～50 000万元，所占比例高达35%，管理资本规模在50 000万元以上的仅有2家，所占比例为5%；管理资本规模在5 000万元以下的机构有7家，所占比例为18%；管理资本规模在5 000万元～10 000万元之间的机构有8家，所占比例为20%；管理资本规模在10 000万元～20 000万元之间的机构有9家，所占比例为23%。在7家管理型风险投资机构中，管理资本规模在5 000万元～10 000万元和10 000万元～20 000万元之间的机构均有2家，所占比例均为29%，管理资本规模在5 000万元以下、5 000万元～10 000万元和50 000万元以上的机构均有1家，所占比例均为14%。在22家投资管理型风险投资机构中，有7家机构的管理资本规模在10 000万元～20 000万元之间，占总比例的32%；有9家机构的管理资本规模在5 000万元～10 000万元之间，占总比例的41%；管理资本规模5 000以下的有4家，所占比例为18%；管理资本规模在20 000万元～50 000万元和50 000万元及以上的机构均为1家，所占比例均为5%。

表3.5 投资型风险投资机构管理资本规模(单位：万元)

管理资本规模	0～5 000	5 000～10 000	10 000～20 000	20 000～50 000	50 000及以上	合计
家数	7	8	9	14	2	40
比例	18%	20%	23%	35%	5%	100%

注：该项调查有效样本为40家风险投资机构。

表3.6 管理型风险投资机构管理资本规模（单位：万元）

管理资本规模	0～5 000	5 000～10 000	10 000～20 000	20 000～50 000	50 000及以上	合计
家数	1	1	2	2	1	7
比例	14%	14%	29%	29%	14%	100%

注：该项调查有效样本为7家风险投资机构。

表3.7 投资兼管理型风险投资机构管理资本规模（单位：万元）

管理资本规模	0～5 000	5 000～10 000	10 000～20 000	20 000～50 000	50 000及以上	合计
家数	4	9	7	1	1	22
比例	18%	41%	32%	5%	5%	100%

注：该项调查有效样本为22家风险投资机构。

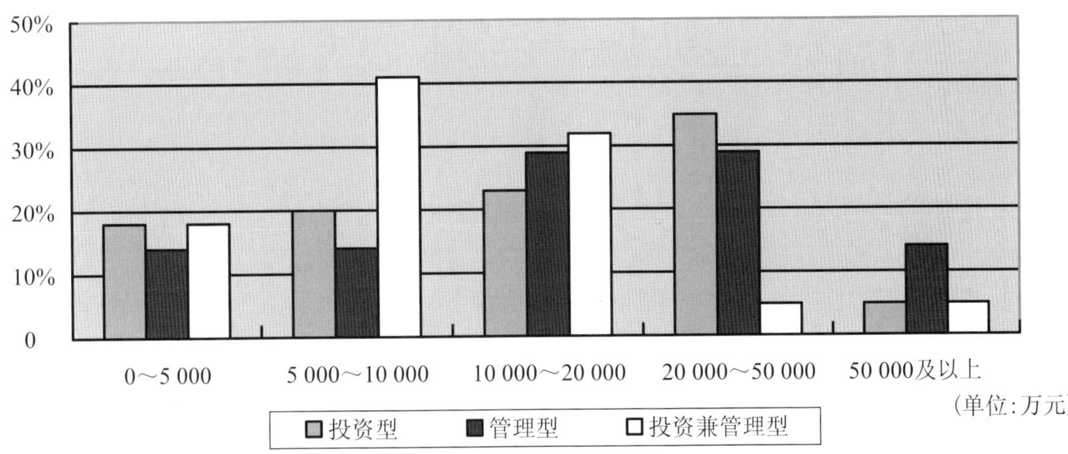

图3.3 不同机构类型的风险投资机构管理资模

3. 风险投资机构的管理资本规模分析——按组织形式分类

本项调查有效问卷一共有89家。调查结果见表3.8～表3.10和图3.4，其中，有限责任型风险投资机构有77家，股份有限公司型风险投资机构有11家，合伙企业型风险投资机构有1家。在77家有限责任型风险投资机构中，有20家机构管理资本规模在20 000万元～50 000万元之间，占总比例的26%；管理资本规模在5 000万元～10 000万元和10 000万元～20 000万元的机构均为14家，所占比例均为18.2%；管理资本规模在5 000万元以下和50 000万元以上的机构分别为13家和16家，所占比例分别为16.9%和20.8%。在11家股份有限公司型风险投资机构中有5家管理资本规模在20 000万元～50 000万元，所占比例达46%，有4家管理资本规模在10 000万元～20 000万元，所占比例为36%，还有2家公司管理资本规模在5 000万元～10 000万元，所占比例为18%，在5 000万元以下和50 000万元及以上规模管理资本的风险投资机构数为零。合伙企业型风险投资机构的有效问卷只有1家。

表3.8　有限责任公司型风险投资机构管理资本规模（单位：万元）

管理资本规模	0 ～ 5 000	5 000 ～ 10 000	10 000 ～ 20 000	20 000 ～ 50 000	50 000 及以上	合计
家数	13	14	14	20	16	77
比例	16.9%	18.2%	18.2%	26.0%	20.8%	100%

注：该项调查有效样本为77家风险投资机构。

表3.9　股份有限公司型风险投资机构管理资本规模（单位：万元）

管理资本规模	0 ～ 5 000	5 000 ～ 10 000	10 000 ～ 20 000	20 000 ～ 50 000	50 000 及以上	合计
家数	0	2	4	5	0	11
比例	0	18%	36%	46%	0	100%

注：该项调查有效样本为11家风险投资机构。

表3.10　合伙企业型风险投资机构管理资本规模（单位：万元）

管理资本规模	0 ～ 5 000	5 000 ～ 10 000	10 000 ～ 20 000	20 000 ～ 50 000	50 000 及以上	合计
家数	0	0	0	1	0	1
比例	0	0	0	100%	0	100%

注：该项调查有效样本为1家风险投资机构。

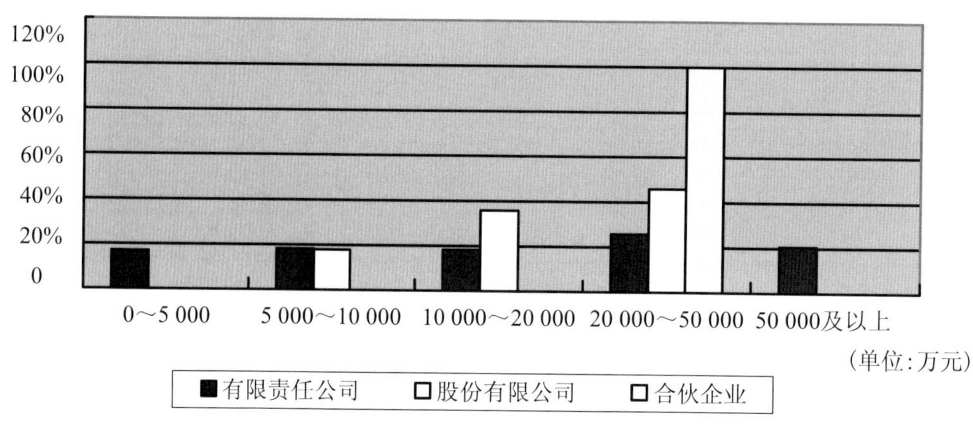

图3.4　不同组织形式风险投资机构的管理资本规模

（三）不同地区风险投资机构的管理资本规模分析

本项调查有效样本为106家风险投资机构。其具体分布情况如表3.11～表3.18及图3.5所示。从调查结果可以看出，在北京地区的11家风险投资机构中有6家的管理资本规模在20 000万元～50 000万元，所占比例为55%；上海地区的13家风险投资机构里，有4家机构的管理资本规模在20 000万元～50 000万元之间，所占比例为31%，管理资本规模在5 000万元以下和5 000万元～10 000万元之间的风险投资机构数均为3家，所占比例均为23%；深圳地区的24家风险投资机构中，有7家管理资本规模在50 000万元及以上，比例高达29%，管理资本规模在5 000万元～10 000万元和10 000万元～20 000万元的风险投资机构均为5家，所占比例均为21%；东北地区的3家风险投资机构中有2家的管理资本规模在5 000万元～10 000万元，所占比例达67%，另外1家公司管理资本规模在10 000万元～20 000万元，所占比例为33%；华北地区的10家风险投资机构中，管理资本规模的分布非常均匀，每种规模所占比例均为20%；华东地区的22家风险投资机构中有8家管理资本规模主要集中在10 000万元～20 000万元，所占比例达36%；中南地区3家风险投资机构中有2家机构的管理资本规模在20 000万元～50 000万元，所占比例达67%；西部地区10家风险投资机构中有4家机构的管理资本规模在20 000万元～50 000万元，所占比例为40%。

表3. 11　北京地区风险投资机构管理资本规模(单位：万元)

管理资本规模	0～5 000	5 000～10 000	10 000～20 000	20 000～50 000	50 000及以上	合计
家数	0	1	2	6	2	11
比例	0	9	18%	55%	18%	100%

注：该项调查有效样本为11家风险投资机构。

表3. 12　上海地区风险投资机构管理资本规模(单位：万元)

管理资本规模	0～5 000	5 000～10 000	10 000～20 000	2 0 000～50 000	50 000及以上	合计
家数	3	3	2	4	1	13
比例	23%	23%	15%	31%	8%	100%

注：该项调查有效样本为13家风险投资机构。

表3. 13　深圳地区风险投资机构管理资本规模(单位：万元)

管理资本规模	0～5 000	5 000～10 000	10 000～20 000	20 000～50 000	50 000及以上	合计
家数	3	5	5	4	7	24
比例	13%	21%	21%	17%	29%	100%

注：该项调查有效样本为24家风险投资机构。

表3. 14　东北地区风险投资机构管理资本规模(单位：万元)

管理资本规模	0～5 000	5 000～10 000	10 000～20 000	20 000～50 000	50 000及以上	合计
家数	0	2	1	0	0	3
比例	0	67%	33%	0	0	100%

注：该项调查有效样本为3家风险投资机构。

表3. 15　华北地区风险投资机构管理资本规模(单位：万元)

管理资本规模	0～5 000	50 00～10000	10 000～20 000	20 000～50 000	50 000及以上	合计
家数	2	2	2	2	2	10
比例	20%	20%	20%	20%	20%	100%

注：该项调查有效样本为10家风险投资机构。

表3. 16　华东地区风险投资机构管理资本规模(单位：万元)

管理资本规模	0 ～5 000	5 000 ～ 10 000	10 000 ～ 20 000	20 000 ～ 50 000	50 000及以上	合计
家数	3	6	8	4	1	22
比例	14%	27%	36%	18%	5%	100%

注：该项调查有效样本为22家风险投资机构。

表3. 17　中南地区风险投资机构管理资本规模(单位：万元)

管理资本规模	0 ～5 000	5 000 ～ 10 000	10 000 ～ 20 000	20 000 ～ 50 000	50 000及以上	合计
家数	0	0	0	2	1	3
比例	0	0	0	67%	33%	100%

注：该项调查有效样本为3家风险投资机构。

表3. 18　西部地区风险投资机构管理资本规模(单位：万元)

管理资本规模	0 ～5 000	5 000 ～ 10 000	10 000 ～ 2 0000	20 000 ～ 50 000	50 000及以上	合计
家数	2	1	2	4	1	10
比例	20%	10%	20%	40%	10%	100%

注：该项调查有效样本为10家风险投资机构。

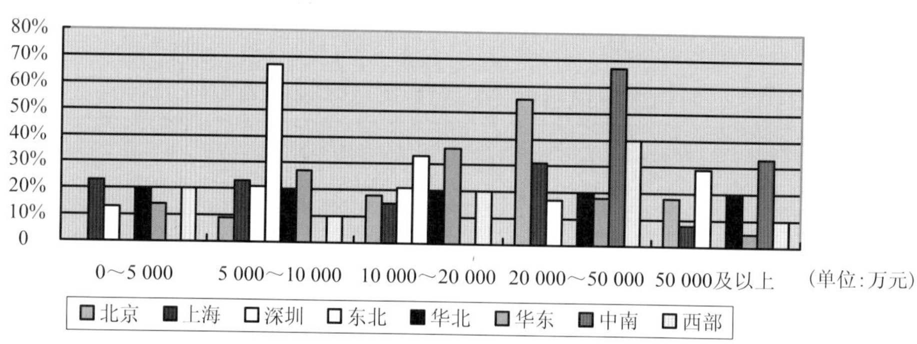

图3. 5　不同地区管理资本规模分布

二、风险投资机构管理资本的地区分布情况

本项调查的有效样本数为141家。具体分布如表3.19和图3.6所示。从调查可以看出，风险投资机构的管理资本分布较为均匀。其中，北京地区13家，风险资本总额达101.4亿元，占全部资本总量的23%，比2003年增长了8%；上海地区13家，其风险资本总量为24.3亿，占全部资本总量的6%，与2003年10%相比下降了4%；深圳地区40家，风险资本总额达113.2亿元，占全部资本总量的26%；东北地区6家，其风险资本总量为2.2亿，不到全部资本总量的1%，比2003年减少了5%；华北地区11家，风险资本总量为22.8亿元，占全部资本总量的5%，比2003年减少了1%；华东地区26家，风险资本总量为70.9亿元，占全部资本总量的16%，比2003年增加了2%；中南

地区占18家，风险资本总额达81.3亿元，占全部资本总量的19%，与2003年相比增长了8%；西部地区14家，其风险资本总量为22.2亿，占全部资本总量的5%，比2003年减少了7%。

表3.19 风险投资机构管理资本地区分布

年份	地区	北京	上海	深圳	东北	华北	华东	中南	西部	合计
2004	资本总额	1 014 226	243 232.8	1 132 414	22 530	228 351	709 720	813 626.4	222 854	4 386 954
	比例	23%	6%	26%	1%	5%	16%	19%	5%	100%
	机构数目	13	13	40	6	11	26	18	14	141
	平均管理风险资本额	78 017.38	18 710.22	28 310.35	3 755	20 759.18	27 296.92	45 201.47	15 918.14	31 113.15
2003	资本总额	491 392	310 976	853 420	210 600	203 548	458 810	345 321	379 349	3 253 416
	比例	15%	10%	26%	6%	6%	14%	11%	12%	100%
	机构数目	20	18	22	8	10	31	20	31	160
	平均管理风险资本额	24 567	17 276	38 792	26 325	20 355	14 800	17 266	12 237	20 334
比例增加		8%	-4%	0	-5%	-1%	2%	8%	-7%	—

注：2004年该项调查有效样本为141家风险投资机构。

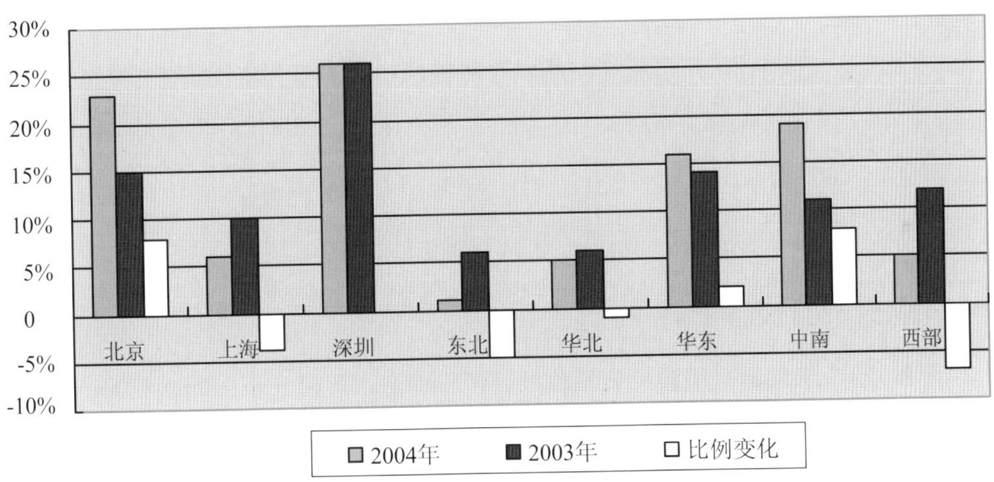

图3.6 2004年风险投资机构管理资本的地区分布

三、风险投资机构受托管理资本情况

（一）概况

本项调查的有效样本为68家风险投资机构。调查结果见表3.20～表3.27和图3.7，其中，北京地区的10家风险投资机构中有4家的受托管理资本分布在20 000万元～50 000万元，所占比例为40%；有3家机构受托管理资本规模在5 000万元以下，所占比例为30%；上海地区的8家风险投资机构中有3家理资本规模在5 000万元以下，所占比例为38%，有2家的受托管理资本分布在5 000万元～10 000万元，所占比例为25%；深圳地区的9家风险投资机构中有6家机构的受托管理资本规模在5 000万元以下，所占比例为67%；东北地区的2家机构的受托管理资本规模都在5 000万元以下；华北地区7家机构中有4家机构的受托风险管理资本规模在5 000万元以下，所占比例57%；有2家机构受托管理资本规模在20 000万元～50 000万元之间，所占比例为29%；华东地区16家风险投资机构中有10家机构的受托管理资本规模在5 000万元以下，所占比例为63%；受托管理资本规模在5 000万元～10 000万元和10 000万元～20 000万元之间均有3家机构，所占比例均为19%；中南地区9家风险投资机构中有3家机构的受托管理资本规模在10 000万元～20 000万元，所占比例为33%，受托管理资本规模在5 000万元以下、5 000万元～10 000万元和20 000万元～50 000万元之间的机构数均为2家，所占比例均为22%；西部地区的7家机构中有5家机构的受托管理资本规模在5 000万元以下，所占比例为71%。

表3. 20　北京地区风险投资机构的受托管理资本规模分析(单位：万元)

管理资本规模	0～5 000	5 000～10 000	10 000～20 000	20 000～50 000	50 000及以上	合计
家数	3	0	2	4	1	10
比例	30%	0	20%	40%	10%	100%

注：该调查有效样本为10家风险投资机构。

表3. 21　上海地区风险投资机构的受托管理资本规模分析(单位：万元)

管理资本规模	0～5 000	5 000～10 000	10 000～20 000	20 000～50 000	50 000及以上	合计
家数	3	2	1	1	1	8
比例	38%	25%	13%	13%	13%	100%

注：该项调查有效样本为8家风险投资机构。

表3. 22　深圳地区风险投资机构的受托管理资本规模分析(单位：万元)

管理资本规模	0～5 000	5 000～10 000	10 000～20 000	20 000～50 000	50 000及以上	合计
家数	6	0	0	2	1	9
比例	67%	0	0	22%	11%	100%

注：该项调查有效样本为9家风险投资机构。

表3. 23　东北地区风险投资机构的受托管理资本规模分析(单位：万元)

管理资本规模	0～5 000	5 000～10 000	10 000～20 000	20 000～50 000	50 000及以上	合计
家数	2	0	0	0	0	2
比例	100%	0	0	0	0	100%

注：该项调查有效样本为2家风险投资机构。

表3.24 华北地区风险投资机构的受托管理资本规模分析(单位：万元)

管理资本规模	0～5 000	5 000～10 000	10 000～20 000	20 000～50 000	50 000及以上	合计
家数	4	0	1	2	0	7
比例	57%	0	14%	29%	0	100%

注：该项调查有效样本为7家风险投资机构。

表3.25 华东地区风险投资机构的受托管理资本规模分析(单位：万元)

管理资本规模	0～5 000	5 000～10 000	10 000～20 000	20 000～50 000	50 000及以上	合计
家数	10	3	3	0	0	16
比例	63%	19%	19%	0	0	100%

注：该项调查有效样本为16家风险投资机构。

表3.26 中南地区风险投资机构的受托管理资本规模分析(单位：万元)

管理资本规模	0～5 000	5 000～10 000	10 000～20000	20 000～50 000	50 000及以上	合计
家数	2	2	3	2	0	9
比例	22%	22%	33%	22%	0	100%

注：该项调查有效样本为9家风险投资机构。

表3.27 西部地区风险投资机构的受托管理资本规模分析(单位：万元)

管理资本规模	0～5 000	5 000～10 000	10 000～20 000	20 000～50 000	50 000及以上	合计
家数	5	2	0	0	0	7
比例	71%	29%	0	0	0	100%

注：该项调查有效样本为7家风险投资机构。

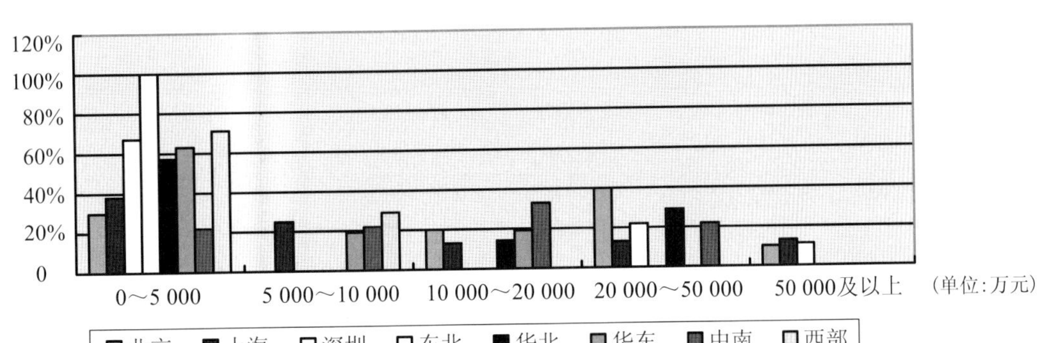

图3.7 不同地区受托管理资本规模分布

（二）受托管理资本的地区分布

本项调查的有效样本为141家风险投资机构，各地区的受托管理资本规模如表3.28和图3.8～图3.9所示。其中，上海地区的受托管理资本比例最高，达61%；其次为华北地区，受托管理资本比例为38%；北京地区的受托管理资本比例为28%；深圳地区受托管理资本比例为21%；中南和西部地区机构的受托风险管理资本比例均为17%；华东地区受托管理资本比例为12%，东北地区受托管理资本比例最低，仅为5%。

表3. 28　受托管理资本的地区分布（单位：万元）

地区	北京	上海	深圳	东北	华北	华东	中南	西部	合计
受托管理资本总额	282 553.0	148 773.27	241 000	1028	87 550	83 940	135 526.35	39 400	1 019 771
管理资本总额	1 014 226.0	243 232.0	1 132 414	22 530	228 351	709 720	813 626.35	225 854	4 389 953
占全部资本管理的比例	28%	61%	21%	5%	38%	12%	17%	17%	23%

注：该项调查有效样本为141家风险投资机构。

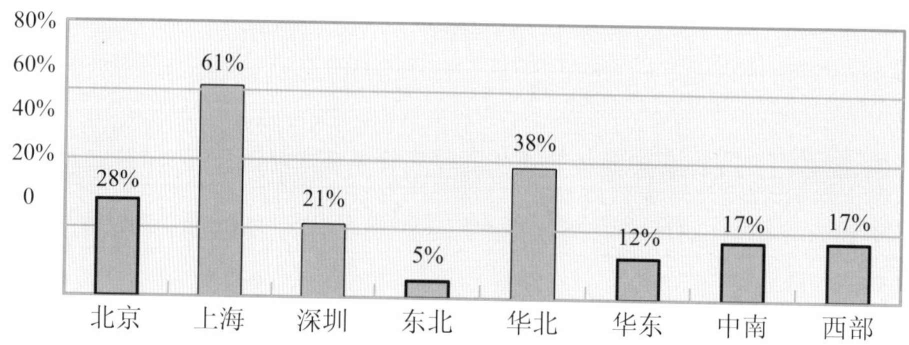

图3. 8　不同地区受托管理资本占全部管理资本比例分布图

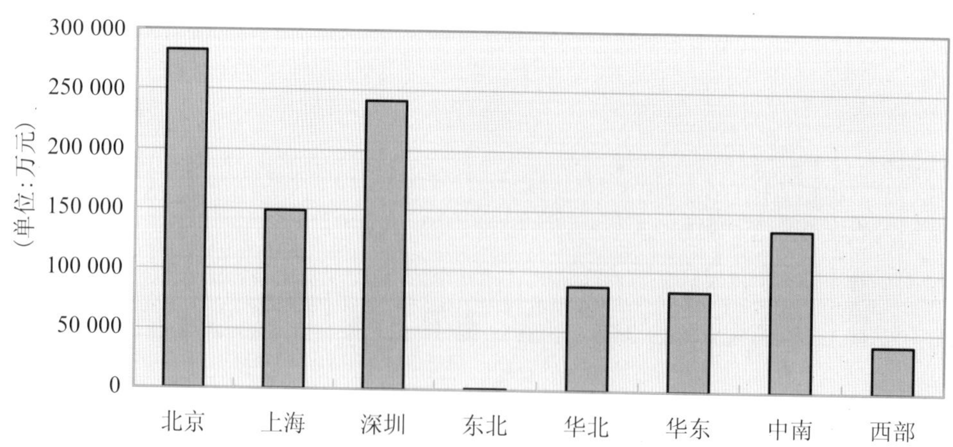

图3. 9　不同地区受托管理资本额分布图

（三）不同类型风险投资机构的受托管理资本分析

1. 风险投资机构的受托管理资本分析——按公司类型分类

本项调查的有效样本为64家风险投资机构。其中，政府型风险投资机构22家，外资型风险投资机构5家，其他商业风险投资机构37家。政府型风险投资机构的受托管理资本总额为14.7亿元，所占比例为18%；外资风险投资机构的受托管理资本总额为12.4亿元，所占比例为15%；其他商业风险投资机构的受托资本总额为55.5亿元，所占比例为67%，见表3.29和图3.10。

表3.29 不同公司类型的风险投资机构的受托管理资本（单位：万元）

公司类型	政府风险投资机构	外资风险投资机构	其他商业风险投资机构	合计
受托管理资本总额	147 040.0	124 326.27	555 176.34	826 542.6
比例	18%	15%	67%	100%
机构数	22	5	37	64

注：该项调查有效样本为64家风险投资机构。

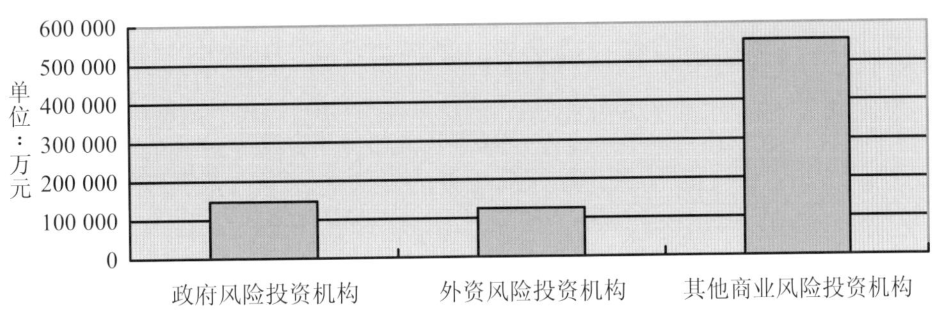

图3.10 不同公司类型的风险投资机构的受托管理资本

2. 风险投资机构的受托管理资本分析——按机构类型分类

本项调查的有效样本为64家风险投资机构，如表3.30和图3.11所示。30家投资型风险投资机构的受托管理资本占全部受托管理资本总量的36%，6家管理型风险投资机构的受托管理资本占全部受托管理资本总量的19%，28家投资管理型风险投资机构的受托管理资本占全部风险投资受托管理资本总量的45%。

表3.30 不机构类型的风险投资机构的受托管理资本（单位：万元）

公司类型	投资公司	管理公司	投资管理公司	合计
受托管理资本总额	368 743.0	191 000.0	456 699.62	1 016 443
比例	36%	19%	45%	100%

注：该项调查有效样本为64家风险投资机构。

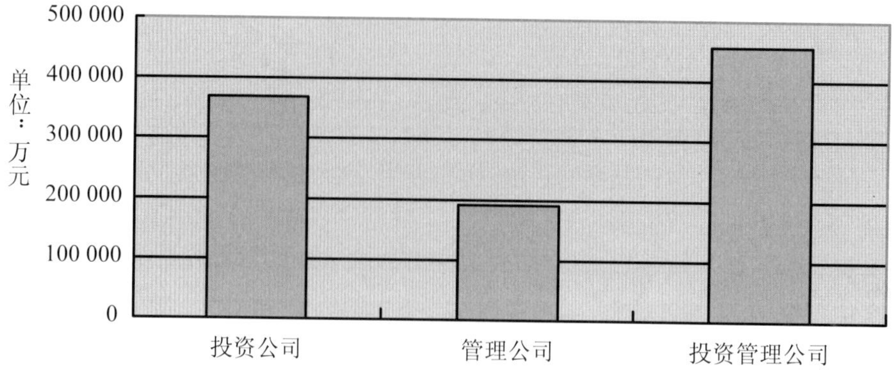

图3. 11　不同机构类型的风险投资机构的受托管理资本

3. 风险投资机构的受托管理资本分析——按组织形式分类

本项调查的有效样本为62家风险投资机构，其中，有限责任公司54家，股份有限公司7家，合伙企业1家，具体分布如表3.31和图3.12所示。其中有限责任公司型风险投资机构的受托管理资本占全部风险投资机构受托管理资本总额的88%；股份有限公司型风险投资机构的受托管理资本占全部风险投资机构受托管理资本总额的9%；而合伙企业的风险投资机构受托管理资本占全部风险投资机构受托管理资本总额的3%。

表3. 31　不同组织形式的风险投资机构的受托管理资本(单位：万元)

公司类型	有限责任公司	股份有限公司	合伙企业	合计
受托管理资本总额	869 842.62	91 100.0	29 000.0	989 942.6
比例	88%	9%	3%	100%

注：该项调查有效样本为62家风险投资机构。

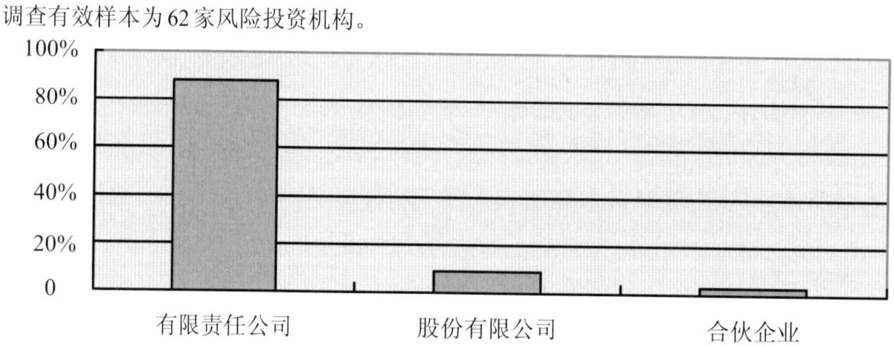

图3. 12　不同组织形式的风险投资机构的受托管理资本

四、风险投资机构新增管理资本情况

（一）概况

本项调查的有效样本为57家风险投资机构，其中有44家机构的新增资本规模在5 000万元以下，所占比例为77%，值得注意的是有3家风险投资机构新增资本在50 000万元及以上，所占比例为5%，见表3.32。

表3. 32 2004年风险投资机构型增管理资本情况(单位：万元)

新增管理资本规模	0～5 000	5 000～10 000	1 0000～20 000	20 000～50 000	50 000及以上	合计
家数	44	4	2	4	3	57
比例	77%	7%	4%	7%	5%	100%

注：该项调查有效样本为57家风险投资公司。

(二) 新增管理资本的地区分布

本项调查2004年的有效样本为140家风险投资机构，具体情况如表3.33和图3.13所示。北京地区新增管理资本占全部管理资本总量的14%，与2003年相比下降了2%;上海地区新增管理资本占全部管理资本总量的3%，比2003年下降了3%;华北地区新增管理资本占全部管理资本总量的15%，比2003年下降了5%；中南地区新增管理资本占全部管理资本总量的7%，比2003年下降了3%；东北地区2004年的新增管理资本为0；与众多地区下降的趋势相比，华东地区的新增管理资本有大幅增加，2004年新增管理资本占全部管理资本总量的25%，比2003年上升了14%；西部地区新增管理资本占全部管理资本总量的10%，比2003年上升了1%。

表3. 33 新增管理资本的地区分布(单位：万元)

年份	2004年			2003年			比例增加
	新增资本量	管理资本	占全部资本量比例	新增资本量	管理资本	比例	
北京	140 000.0	1 014 226.0	14%	77 850	491 392	16%	-2%
上海	8 000.0	243 232.75	3%	19 962	310 976	6%	-3%
深圳	81 700.0	1 132 414.0	7%	64 100	853 420	8%	-1%
东北	0	22 530.0	0	48 000	210 600	23%	-23%
华北	34 900.0	228 351.0	15%	40 550	203 548	20%	-5%
华东	177 940.0	709 720.0	25%	49 700	458 810	11%	14%
中南	60 300.0	813 626.34	7%	34 667	345 321	10%	-3%
西部	21 700.0	225 854.0	10%	35 400	379 349	9%	1%
合计	524 540	4 389 954	12%	370 229	3 253 416	11%	1%

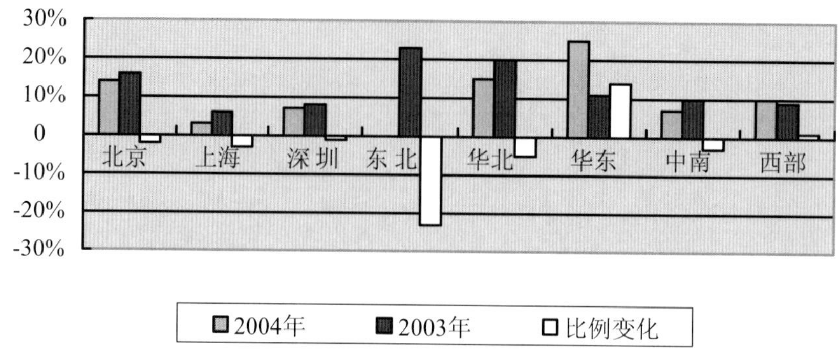

图3. 13　新增管理资本的地区分布

（三）不同类型风险投资机构的新增管理资本分析

1. 不同公司类型风险投资机构的新增管理资本分析

本项调查的有效样本数为32家，其中，政府类风险投资机构11家，其他商业风险投资机构21家，外商投资机构（含中外合资）没有提供此项调查的数据。调查结果表明，其他商业风险投资机构的新增管理资本总额为23.76亿元，所占比例为55%；政府风险投资机构新增管理资本总额为19.21亿元，所占比例为45%，见表3.34。

表3. 34　不同公司类型的风险投资机构的新增管理资本（单位：万元）

公司类型	政府风险投资机构	外资机构（含中外合资）	其他商业风险投资机构	合计
新增管理资本总额	192 140.0	-	237 600.0	429 740
比例	45%	-	55%	100%

注：该项调查的有效样本为32家风险投资机构。

2. 不同机构类型风险投资机构的新增管理资本分析

本项调查的有效样本数为34家。按投资机构的类型将之分为投资公司、管理公司和投资管理公司三大类。其中，投资公司有15家，管理公司3家、投资管理公司16家。在这三种类型的风险投资机构中，投资管理公司的新增管理资本总额最多，有28.66亿元，所占比例为55%；其次是投资公司，新增管理资本总额为12.24亿元，所占比例为24%；管理公司的新增管理资本总额为11.1亿元，占样本总比例的21%（见表3.35）。

表3. 35　不同机构类型的风险投资机构的新增管理资本（单位：万元）

公司类型	投资公司	管理公司	投资管理公司	合计
新增管理资本总额	122 440.0	111 000.0	286 600.0	520 040
比例	24%	21%	55%	100%

注：该项调查的有效样本为34家风险投资机构。

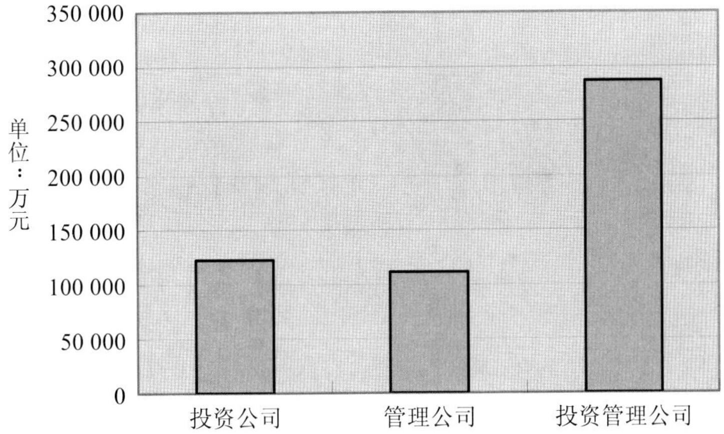

图3.14 不同机构类型的风险投资机构的新增管理资本

3. 不同组织形式风险投资机构的新增管理资本规模分析

本项调查的有效样本为34家。按风险投资机构的组织形式将之分为有限责任公司、股份有限公司和合伙企业三类。其中，有限责任公司30家、股份有限公司3家、合伙企业1家。调查结果表明，在各种不同组织形式的风险投资机构中，有限责任公司新增管理资本总额最多，有49.82亿元，占样本比例的95%；股份有限公司新增管理资本总额为1.85亿元，占样本比例的4%；合伙企业的新增管理资本总额为7 000万元，占样本比例的1%（见表3.36）。

表3.36 不同组织形式的风险投资机构的新增管理资本（单位：万元）

公司类型	有限责任公司	股份有限公司	合伙企业	合计
新增管理资本总额	498 240.0	18 500.0	7 000.0	523 740
比例	95%	4%	1%	100%

注：该项调查的有效样本为34家风险投资机构。

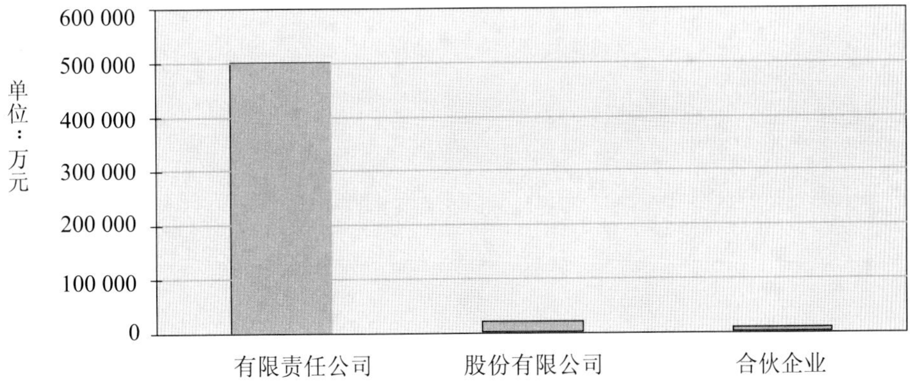

图3.15 不同组织形式的风险投资机构的新增管理资本量

（四）不同地区风险投资机构的新增管理资本规模分析

本项调查的有效样本数为57家，其中北京9家、上海6家、深圳8家、华北9家、华东12家、中南6家、西部7家。总体来看，各地区风险投资机构的新增管理资本规模大多都是在5 000万元以下，要高于其它规模的新增管理资本的比例。具体来看，北京地区的风险投资机构新增管理资本规模在5 000万元以下的有6家，所占比例为67%，规模在5 000万元～1亿元、2亿元～5亿元及5亿元以上的各有1家；上海地区的风险投资机构新增管理资本规模在5 000万元以下的有5家，所占比例为83%，规模在5 000万元～1亿元的有1家；深圳地区的风险投资机构新增管理资本规模在5 000万元以下的有6家，所占比例为75%，规模在2亿元～5亿元的有2家；华北地区的风险投资机构新增管理资本规模在5 000万元以下的有8家，所占比例为89%，规模在1亿元～2亿元的有1家；华东地区的风险投资机构新增管理资本规模在5 000万元以下的有10家，所占比例为83%，规模在5亿元以上的有两家；中南地区的风险投资机构新增管理资本规模在5 000万元以下的有3家，所占比例为50%，规模在5000万元～1亿元、1亿元～2亿元、2亿元～5亿元的各有1家；西部地区的风险投资机构新增管理资本规模在5 000万元以下的有6家，所占比例为86%，规模在5 000万元～1亿元的有1家（见表3.37）。

表3. 37　各地区风险投资机构的新增管理资本规模(单位：万元)

新增管理资本规模		0～5 000	5 000～10 000	10 000～20 000	20 000～50 000	50 000及以上	合计
北京	家数	6	1	0	1	1	9
	比例	67%	11%	0	11%	11%	100%
上海	家数	5	1	0	0	0	6
	比例	83%	17%	0	0	0	100%
深圳	家数	6	0	0	2	0	8
	比例	75%	0	0	25%	0	100%
东北	家数	-	-	-	-	-	-
	比例	-	-	-	-	-	-
华北	家数	8	0	1	0	0	9
	比例	89%	0	11%	0	0	100%
华东	家数	10	0	0	0	2	12
	比例	83%	0	0	0	17%	100%
中南	家数	3	1	1	1	0	6
	比例	50%	17%	17%	17%	0	100%

新增管理资本规模		0 ～ 5 000	5 000 ～ 10 000	10 000 ～ 20 000	20 000 ～ 50 000	50 000 及以上	合计
西部	家数	6	1	0	0	0	7
	比例	86%	14%	0	0	0	100%

注：该项调查的有效样本为57家风险投资机构。

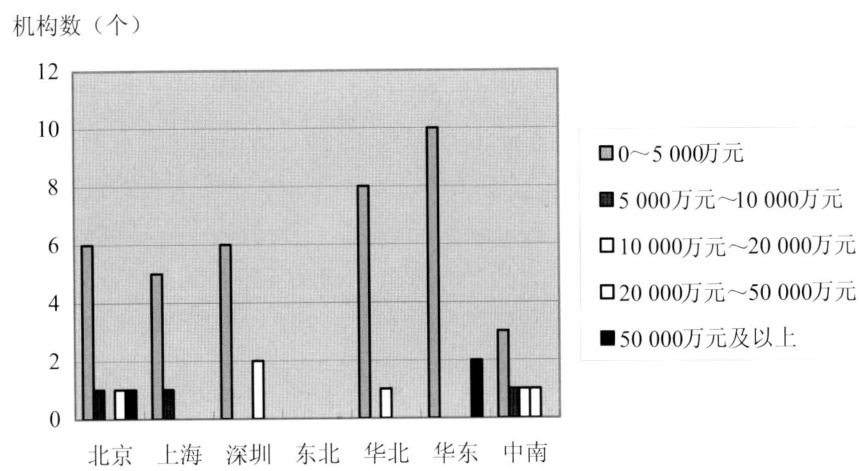

图3.16 各地区风险投资机构新增管理资本规模情况

第四章　风险投资机构投资及其结构分析

本章对2004年风险投资机构的实际投资总量、新增投资、累计投资、投资高新技术企业、投资行业、投资阶段和选择投资项目的效率进行了全面的介绍，有助于读者了解2004年中国风险投资机构的项目投资情况及其结构特点。

首先介绍了2004年风险投资机构实际风险投资总量的情况，分别从不同地区、不同公司类型、不同机构类型和不同组织类型的角度进行了分析；其次从数量、金额和投资强度方面对各地区2004年新增投资项目进行了介绍；风险投资机构累计投资的数量和金额也是从四个方面：不同地区、不同公司类型、不同机构类型和不同组织类型来分析的；接着介绍了风险投资机构投资高新技术企业的情况；在对风险投资机构进行行业分析和投资阶段分析时，均是从数量、金额及投资强度等方面来阐述的；本章最后介绍了各地区风险投资机构选择投资项目的效率。

本章数据来源于中国风险投资研究院2004年10月～2005年1月所进行的中国风险投资业行业问卷调查的分析结果。

一、风险投资总量和新增投资分析

（一）实际风险投资总量分析

1. 不同地区实际风险投资总量分析

本项调查的有效样本数为79家，其中北京8家、上海5家、深圳17家、东北2家、华北10家、华东18家、中南11家、西部8家。总体来看，各地区2004年实际风险投资总量37.91亿元。其中，深圳地区的实际风险投资总量最大，有10.94亿元；其次是华东地区，实际风险投资总量10.07亿元；北京地区的实际风险投资总量为5.84亿元。接下来依次是中南地区、华北地区、西部地区、上海地区和东北地区（见表4.1）。

表4. 1　各地区实际风险投资总量(单位：万元)

地区	北京	上海	深圳	东北	华北	华东	中南	西部	合计
投资项目数	23	21	82	4	238	112	36	23	539
有投资金额数据投资项目数	23	9	81	4	238	112	36	23	526
投资金额	58 435.67	7 314.0	109 372.0	4 880.0	32 909.0	100 653.0	45 052.0	20 505.0	379 120.7

注：该项调查的有效样本为79家风险投资机构。

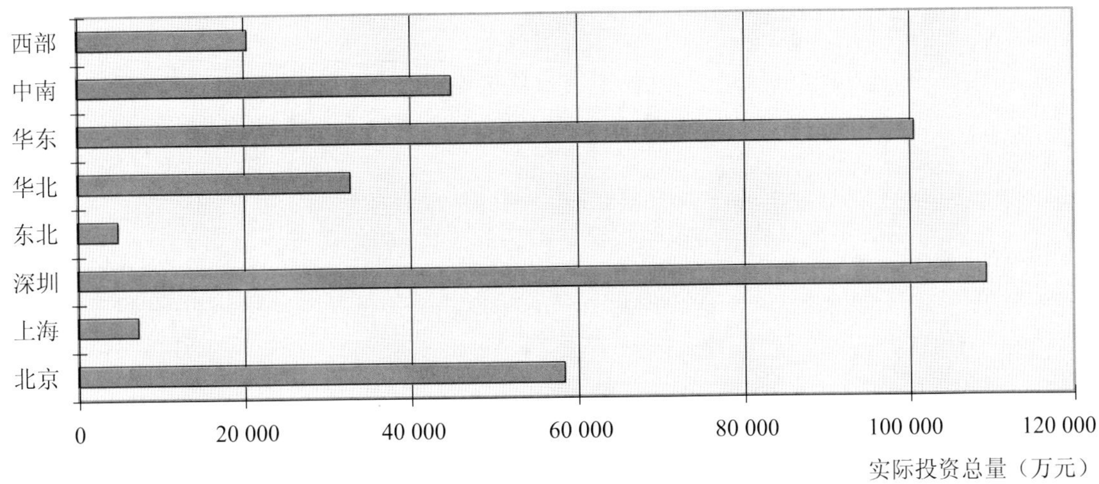

图4.1 各地区实际风险投资总量

2. 不同公司类型风险投资机构实际投资总量分析

本项调查的有效样本数为64家，其中政府类风险投资公司27家，外资风险投资公司（含中外合资）3家，其他商业风险投资公司34家。从总体上看，三种公司类型的风险投资机构2004年实际风险投资总额为28.67亿元。其中，其他商业风险投资公司的投资额为15亿元，所占比例为52%；政府型风险投资公司的投资额为13.41亿元，所占比例为47%；外资风险投资公司的投资额为2613.7万元，所占比例为1%（见表4.2）。

表4.2 不同公司类型风险投资机构实际投资总量(单位：万元)

公司类型	政府风险投资机构	外资风险投资机构（含中外合资）	其他商业风险投资机构	合计
投资项目数(个)	301	15	164	480
有投资金额数据的项目数(个)	301	5	162	468
投资额	134 059.0	2 613.67	150 019.0	286 691.7
比例	47%	1%	52%	100%

注：该项调查的有效样本为64家风险投资机构。

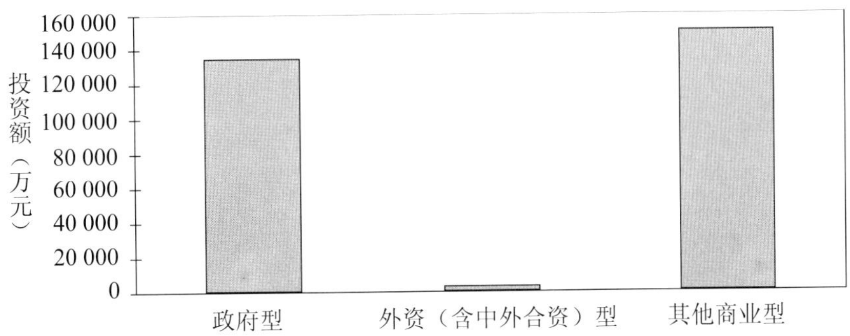

图4.2 不同公司类型风险投资机构实际投资总量

3. 不同机构类型风险投资机构实际投资总量分析

本项调查的有效样本数为64家。其中，投资公司35家，管理公司4家、投资管理公司25家。从总体上看，各种类型的风险投资机构2004年实际风险投资总额为29.4亿元。其中，投资管理公司的实际风险投资总额最大，有13.9亿元，所占比例为47%；投资公司的实际风险投资总额为11.2亿元，所占比例为38%；管理公司的实际风险投资总额为4.3亿元，所占比例为15%（见表4.3）。

表4.3 不同机构类型风险投资机构实际投资总量(单位：万元)

机构类型	投资公司	管理公司	投资管理公司	合计
投资项目数	323	16	141	480
有投资金额数据的投资项目数	323	14	131	468
投资额	112 064.67	42 990.0	139 029.0	294 083.7
比例	38%	15%	47%	100%

注：该项调查的有效样本为64家风险投资机构。

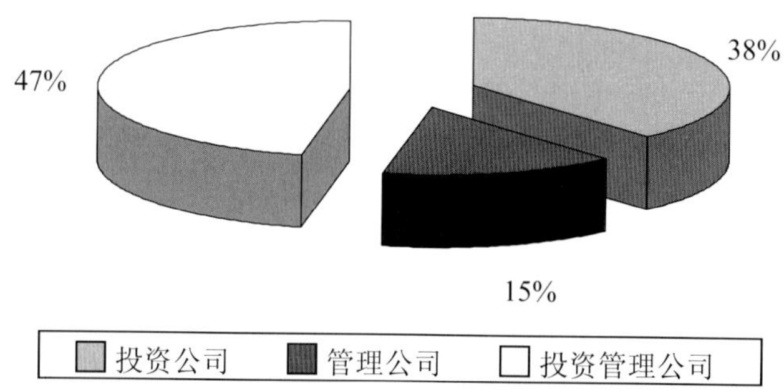

图4.3 不同机构类型风险投资机构实际投资总量对比

4. 不同组织形式风险投资机构实际投资总量分析

本项调查的有效样本为70家。其中，有限责任公司为53家，股份有限公司为9家，合伙企业1家，其他组织形式的风险投资机构7家。从总体上看，各种组织类型的风险投资机构2004年实际风险投资总量为29.68亿元。具体来看，有限责任公司的实际风险投资总量为25.3亿元；股份有限公司的实际风险投资总量为4.03亿元；合伙企业的实际风险投资总量为450万元（见表4.4）。

表4.4 不同组织形式风险投资机构实际投资总量(单位：万元)

组织形式	有限责任公司	股份有限公司	合伙企业	其他	合计
投资项目数	407	27	2	49	485
有投资金额数据的投资项目数	395	27	2	49	473
投资额	253 022.67	40 316.0	450.0	2 995	296 783.7
比例	85.2%	13.6%	0.2%	1%	100%

注：该项调查的有效样本为70家风险投资机构。

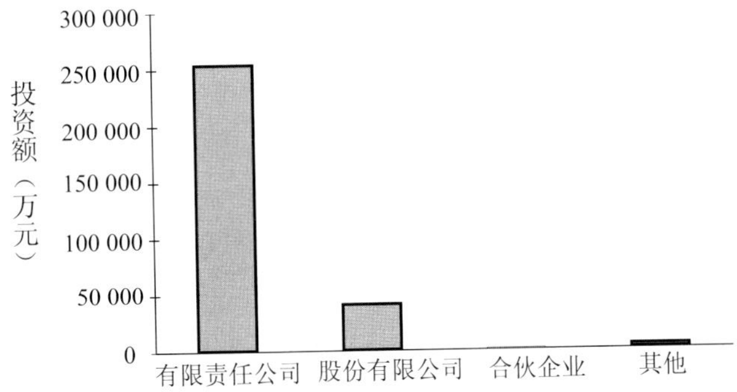

图4.4 不同组织形式风险投资机构实际投资总量

（二）新增投资项目分析

1. 新增投资项目数量的地区分布

调查结果显示，2004年有79家风险投资机构对212个新项目进行了投资。其中，华东地区的风险投资机构新投资项目数最多，有61个，占新增投资项目总数的29%；其次是深圳地区，新增投资项目数有42个，占新增投资项目总数的20%；中南地区新增投资项目总数27个，占新增投资项目总数的13%；北京地区新增投资项目总数23个，占新增投资项目总数的11%。其他地区的新增投资项目数情况详见表4.5。

表4.5 新增投资项目数的地区分布

地区	北京	上海	深圳	东北	华北	华东	中南	西部	合计
新项目数	23	12	42	4	20	61	27	23	212
所占总量比例	11%	6%	20%	2%	9%	29%	13%	11%	100%
新投资项目的机构数目	8	5	17	2	10	18	11	8	79

注：该项调查有效样本为79家风险投资机构。

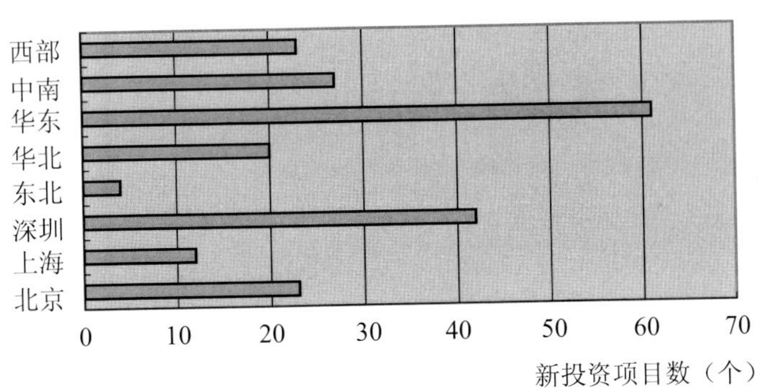

图4.5 新增投资项目数的地区分布

2. 新增投资项目金额的地区分布

本项调查的有效样本数为79家。从总体上看，2004年调查范围内的风险投资机构共新增投资额18.44亿元。从各个地区的详细情况来看，华东地区的新增投资金额最多，有4.61亿元，占调查范围内全部新增投资金额的25%；深圳地区新增投资金额4.37亿元，占新增总额的23.7%；华北地区新增投资金额2.66亿元，占新增投资总额的14.4%；中南地区新增投资金额2.57亿元，占新增投资总额的13.9%；其它地区的新投资金额情况详见表4.6。

表4.6 新增投资项目投资金额的地区分布(单位：万元)

地区	北京	上海	深圳	东北	华北	华东	中南	西部	合计
新投资金额数	14 035.6775	7 364.23	43 754.59	150	26 634	46 108.21	25 721.95	20 655.32	18 4424
所占总量比例	7.6%	4.0%	23.7%	0.1%	14.4%	25.0%	13.9%	11.2%	100.0%
新增投资金额的机构数目	8	5	17	2	10	18	11	8	79

注：该项调查的有效样本为79家风险投资机构。

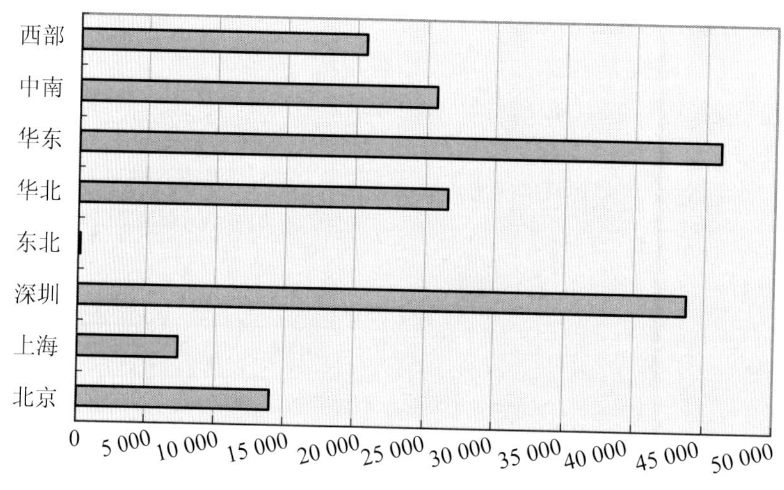

图4.6 新增投资项目金额的地区分布

3. 新增投资项目投资强度的地区分布

本项调查的有效样本数为79家。投资强度定义为投资总额除以项目数。调查结果显示，华北地区虽然新投资总金额排在第三的位置，但它的投资强度却是最大的，为1 331.7；其次是深圳地区，投资强度为1 041.78；中南地区的投资强度为952.66；西部地区的投资强度为898.05；接下来依次为华东地区、上海、北京和东北地区（见表4.7）。

表4.7 新增投资项目投资强度的地区分布

地区	北京	上海	深圳	东北	华北	华东	中南	西部
投资强度	610.24	613.686	1 041.776	37.5	1 331.7	755.87	952.66	898.05
机构数目	8	5	17	2	10	18	11	8

注：该项调查的有效样本为79家风险投资机构，其中，投资强度＝投资总额/项目数

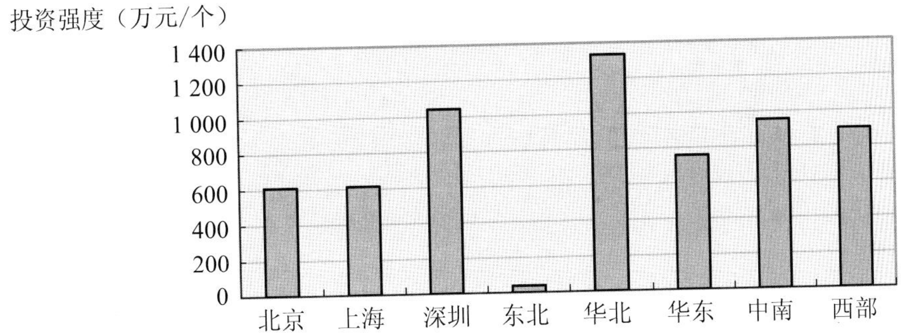

图4.7 新增投资项目投资强度的地区分布

二、风险投资机构累计投资情况分析

（一）累计投资项目数分析

1. 累计投资项目数的地区分布

本次调查的有效样本数108家。从总体上来看，调查范围内八个地区的累计投资项目数为1 606个。其中，华东地区的累计投资项目数为565个，所占比例为35.2%；深圳地区的累计投资项目数为292个，所占比例为18.2%；西部地区的累计投资项目数为187个，所占比例为11.6%。接下来的累计投资项目数依次为中南地区153个，北京地区151个，华北地区126个，上海地区115个，东北地区17个（见表4.8和图4.8）。

表4.8 累计投资项目数的地区分布

地区	北京	上海	深圳	东北	华北	华东	中南	西部	合计
累计投资项目数	151	115	292	17	126	565	153	187	1 606
所占总量比例	9.4%	7.2%	18.2%	1.1%	7.8%	35.2%	9.5%	11.6%	100.0%
机构数目	11	12	23	2	10	24	15	11	108

注：该项调查的有效样本为108家风险投资机构。

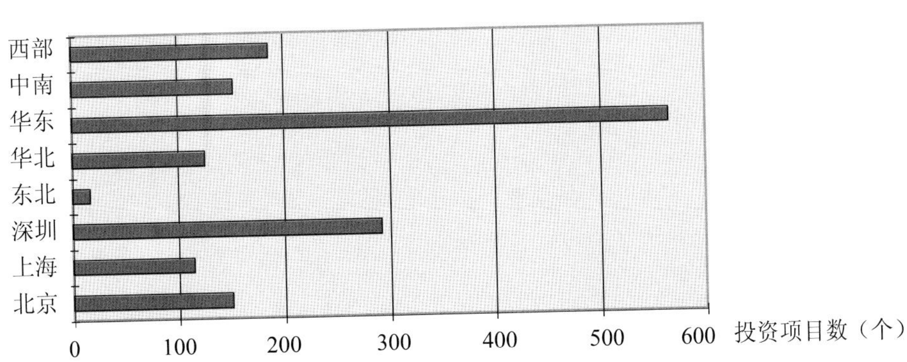

图4.8 累计投资项目数的地区分布

2. 不同公司类型风险投资机构累计投资项目数分析

本项调查的有效样本数为86家。其中政府类风险投资机构34家，外资风险投资机构（含中外合资）6家，其他商业风险投资机构46家。三种机构类型的投资机构累计投资项目总数为1 330个。其中，其他商业风险投资机构的累计投资项目数为729个，占总比例的55%；政府类型的风险投资机构累计投资项目数为570个，占总比例的43%；外资风险投资机构的累计投资项目数为31个，占总比例的2%（见表4.9和图4.9）。

表4. 9　不同公司类型风险投资机构累计投资项目数

公司类型	政府风险投资机构	外资风险投资机构（含中外合资）	其他商业风险投资机构	合计
累计投资项目数	570	31	729	1 330
所占总量比例	43%	2%	55%	100%

注：该项调查的有效样本为86家风险投资机构。

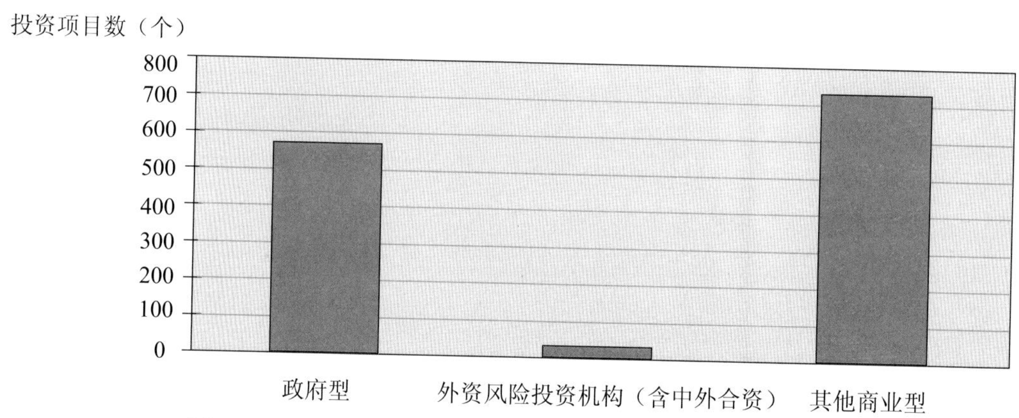

图4. 9　不同公司类型风险投资机构累计投资项目数

3. 不同机构类型风险投资机构累计投资项目数分析

本项调查的有效样本数为88家。其中，投资公司有43家，管理公司8家，投资管理公司37家。从总体上看，三种类型风险投资机构的累计投资项目数为1 397个。其中，投资管理公司的累计投资项目数最多，有700个，约占总比例的50%；投资公司的累计投资项目数有599个，占总比例的43%；管理公司的累计投资项目数有98个，占总比例的7%（见表4.10和图4.10）。

表4. 10　不同机构类型风险投资机构累计投资项目数

机构类型	投资公司	管理公司	投资管理公司	合计
累计投资项目数	599	98	700	1 397
所占总量比例	43%	7%	50%	100%

注：该项调查的有效样本为88家风险投资机构。

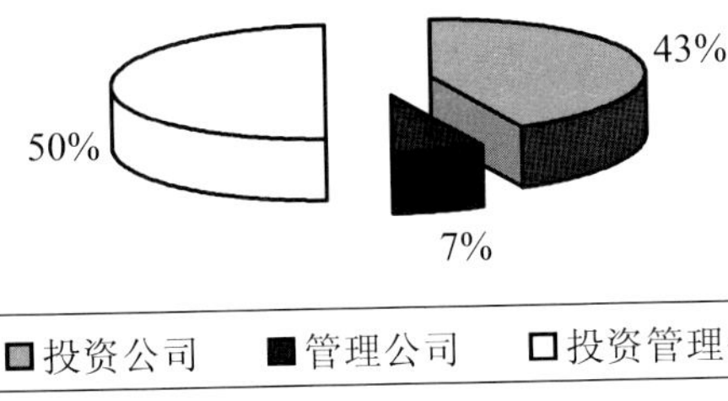

图4.10 不同机构类型投资机构累计投资项目数对比

4. 不同组织形式风险投资机构累计投资项目数分析

本项调查的有效样本为85家。其中，有限责任公司为72家，股份有限公司为12家，合伙企业1家。从总体上看，有限责任公司累计投资项目数最多，有979个，占累计投资项目总数的87%；股份有限公司累计投资项目数为106个，占累计投资项目总数的10%；合伙企业的累计投资项目数为34个，占总比例的3%（见表4.11和图4.11）。

表4.11 不同组织形式风险投资机构累计投资项目数

组织形式	有限责任公司	股份有限公司	合伙企业	合计
累计投资项目数	979	106	34	1 119
所占总量比例	87%	10%	3%	100%

注：该项调查的有效样本为85家风险投资机构。

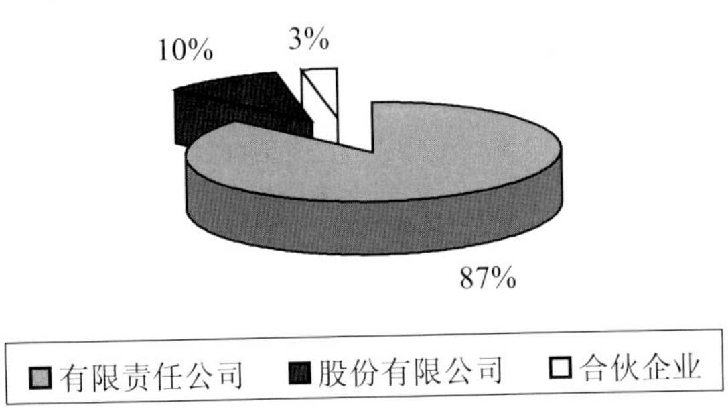

图4.11 不同组织形式投资机构累计投资项目数对比

（二）累计投资金额分析

1. 累计投资额的地区分布

本项调查的有效样本为103家风险投资机构。2004年风险投资机构累计投资总额达到了181亿元。中南地区最多，累计近48亿元，占总量的26.5%；华东地区次之，累计近44亿元，占总量的24.3%；东北地区最少，仅1亿元，占总量的0.6%。与2003年相比，投资项目累计金额增长最快的是中南地区，增幅达15%；华东地区次之，增幅11.8%；深圳累计投资金额减少幅度最大，减幅10.7%。详细数据见表4.12和图4.12。

表4. 12　2003年与2004年风险投资机构累计投资额的地区分布

年份	地区	北京	上海	深圳	东北	华北	华东	中南	西部	合计
2004	累计投资项目金额（万元）	174 779.67	92 683.9	296 992.0	10 680.0	101 530.0	439 744.5	479 308.0	216 089.20	1 811 807
	所占总量比例	9.6%	5.1%	16.4%	0.6%	5.6%	24.3%	26.5%	11.9%	100.0%
2003	累计投资项目金额（万元）	189 799	161 584	374 307	31 770	103 735	173 231	157 996	187 467	1 379 889
	所占总量比例	13.7%	11.7%	27.1%	2.3%	7.5%	12.5%	11.5%	13.6%	100%
比例变化		–4.1%	–6.6%	–10.7%	–1.7%	–1.9%	11.8%	15%	–1.7%	-

注：2004年的有效样本为103家风险投资机构。

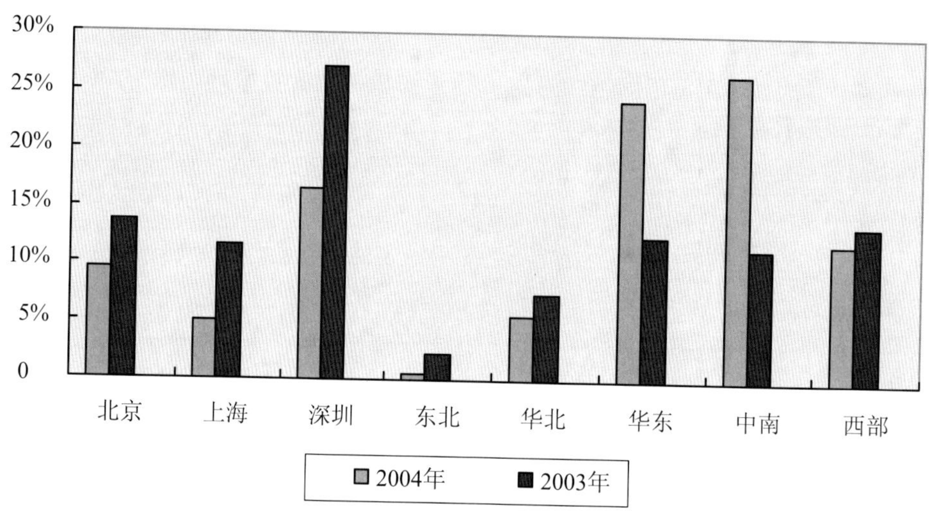

图4. 12　风险投资机构累计投资额的地区分布

2. 不同公司类型风险投资累计投资额的分析

此次调查机构有效样本为84家机构。其中，政府风险投资机构35家，外资风险投资机构4家，其他商业风险投资机构45家。2004年累计投资项目金额达160亿元，主要集中在其他商业风险投资机构和政府风险投资机构，其中其他商业风险投资机构投资项目金额为96亿元，占总金额的60%；外资风险投资机构投资项目金额最少，近5亿元，占总比例的3%。详细数据见表4.13和图4.13。

表4. 13　不同公司类型风险投资机构累计投资额分析

公司类型	政府风险投资机构	外资风险投资机构（含中外合资）	其他商业风险投资机构	合计
累计投资项目金额（万元）	593 762.5	49 065.06	963 719.55	1 606 547
所占总量比例	37%	3%	60%	100%

注：该项调查有效样本为84家风险投资机构。

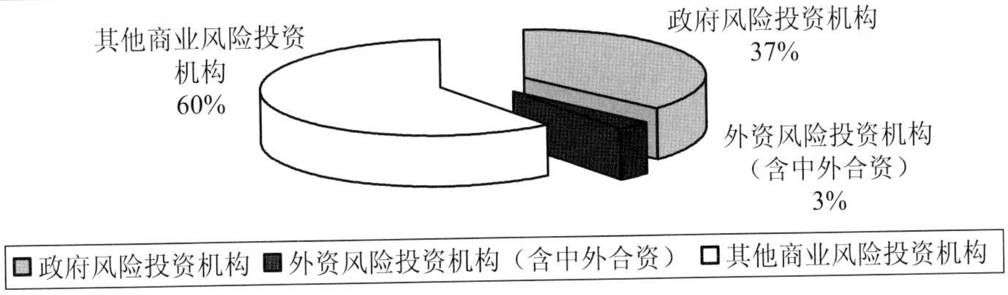

图4. 13 不同公司类型风险投资机构累计投资额分析

3. 不同机构类型风险投资累计投资额的分析

该项调查有效样本为85家机构。其中，投资公司44家，管理公司6家，投资管理公司35家。2004年累计投资项目金额165亿元，主要集中在投资管理公司和投资公司，其中投资管理公司累计投资项目金额最多，近94亿元，占总金额的57%；管理公司累计投资金额仅9亿元，占5%。详细数据见表4.14和图4.14。

表4. 14 不同机构类型风险投资机构累计投资额

机构类型	投资公司	管理公司	投资管理公司	合计
累计投资项目金额（万元）	624 191.67	90 536.75	939 931.89	1 654 660
所占总量比例	38%	5%	57%	100%

注：该项调查有效样本为85家风险投资机构。

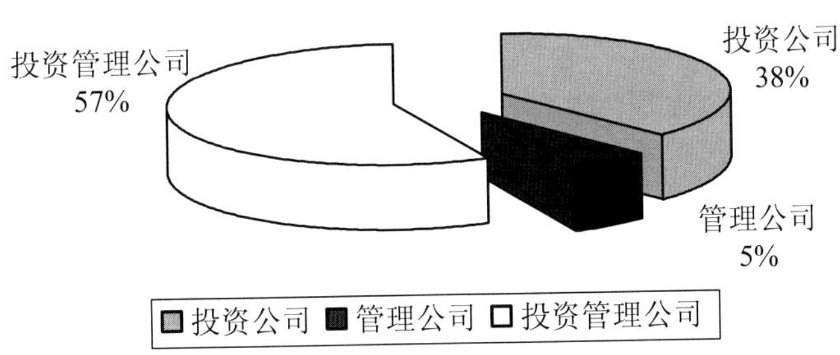

图4. 14 不同机构类型的风险投资机构累计投资额分布

4. 不同组织形式风险投资累计投资额的分析

此次调查有效样本为82家机构。其中，有限责任公司71家，股份有限公司10家，合伙企业1家。2004年累计投资退出项目金额161亿元，主要集中在有限责任公司，累计投资项目金额为149亿元，占到92%。详细数据见表4.15。

表4. 15 不同组织形式风险投资机构累计投资额

组织形式	有限责任公司	股份有限公司	合伙企业	合计
累计投资项目金额（万元）	1 491 888.51	109 495.0	153 44.0	1 616 727.51
所占总量比例	92%	7%	1%	100%

注：该项调查的有效样本为82家风险投资机构。

（三）累计投资项目投资强度的地区分布

对累计投资项目投资强度的地区分布调查的有效样本数为98家。调查结果显示，累计投资强度最高的是中南地区，为26 628.22万元/个；最低的是东北地区，为1 780万元/个，详细情况见表4.16。

表4.16　累计投资项目投资强度的地区分布

地区	北京	上海	深圳	东北	华北	华东	中南	西部
累计投资强度（万元/个）	13 444.59	7 129.53	7 424.80	1 780.0	9 230.0	16 913.25	26 628.22	15 434.94

注：该项调查有效样本为98家风险投资机构。

三、投资高新技术企业情况分析

（一）累计投资高新技术企业投资额的地区分布

本项调查的有效样本为92家风险投资机构。2004年累计投资高新技术企业总金额121亿元，主要集中在中南、华东地区，其中中南地区近31亿元，占总金额的25.4%；华东地区30亿元，占总金额的25.1%；东北地区最少仅1亿元，不到总量的1%。详细情况见表4.17。

表4.17　累计投资高新技术企业投资额的地区分布

地区	北京	上海	深圳	东北	华北	华东	中南	西部	合计
累计投资高新技术企业金额（万元）	124 242	67 958	196 875	10 650	81 781	305 455	308 954	119 819	1 215 734
所占总量比例	10.2%	5.6%	16.2%	0.9%	6.7%	25.1%	25.4%	9.9%	100%

注：该项调查的有效样本为92家风险投资机构。

（二）累计投资高新技术企业数目的地区分布

本项调查的有效样本为93家风险投资机构，这93家风险投资机构累计投资高新技术企业973家，主要集中在华东地区，有349家，占35.9%；深圳次之，有195家，占20%；东北地区最少，有16家，占1.6%。详细情况见表4.18。

表4.18　累计投资高新技术企业数目分布表

地区	北京	上海	深圳	东北	华北	华东	中南	西部	合计
累计投资高新技术企业家数	93	42	195	16	83	349	96	99	973
所占总量比例	9.6%	4.3%	20.0%	1.6%	8.5%	35.9%	9.9%	10.2%	100%

注：该项调查的有效样本为93家风险投资机构。

四、风险投资机构投资行业分析

（一）风险投资机构投资行业偏好分析

我们对风险投资（管理）公司2004年的投资行业偏好进行了调查，要求被访机构至多列出5个重点投资的偏好行业，该项调查有效样本数为105家。结果显示，以各行业的回答机构数目排序得到的前八大投资行业偏好次记为生物科技、新材料、网络/通讯、软件、光机电一体化、其他IT产业、新能源、环保，前三大偏好行业的回答机构数目分别为59家、55家和53家，见图4.15。

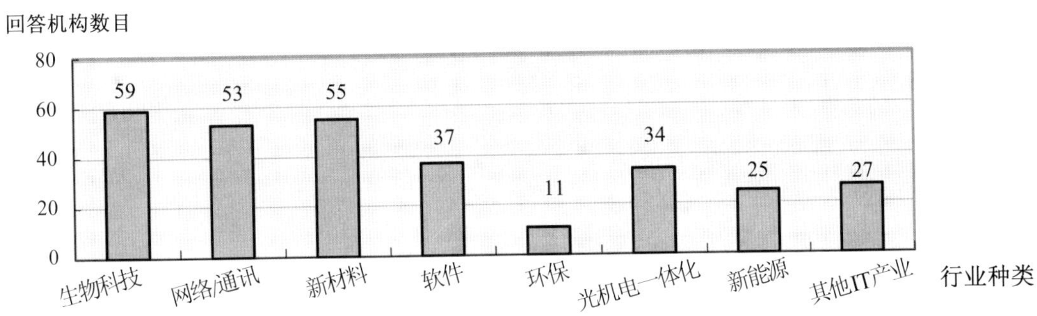

图4. 15　风险投资行业偏好分布

（二）新投资项目数量的行业分布

此次调查，将风险投资（管理）公司2004年新投资项目行业分为24类，有效样本为76家风险投资机构的213个新投资项目。分布最集中的是生物、医药和医疗器械行业，其次是其他传统行业，软件、网络/通讯行业投资数基本持平。详细情况见图4.16。

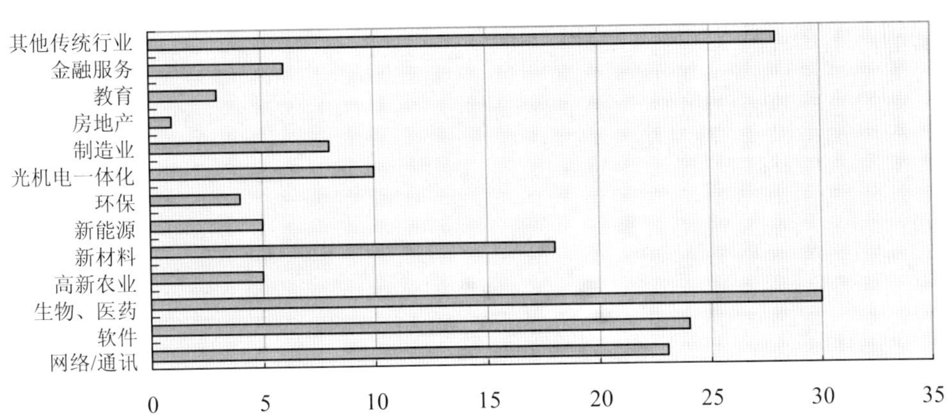

图4. 16　新投资项目数的行业分布

（三）新投资项目投资金额的行业分布

此次调查，将风险投资（管理）公司对2004年新投资项目行业分为24类，有效样本为76家风险投资机构。投资金额最集中的项目处于生物、医药和医疗器械行业，其次为其他传统行业。详细情况见图4.17和图4.18。

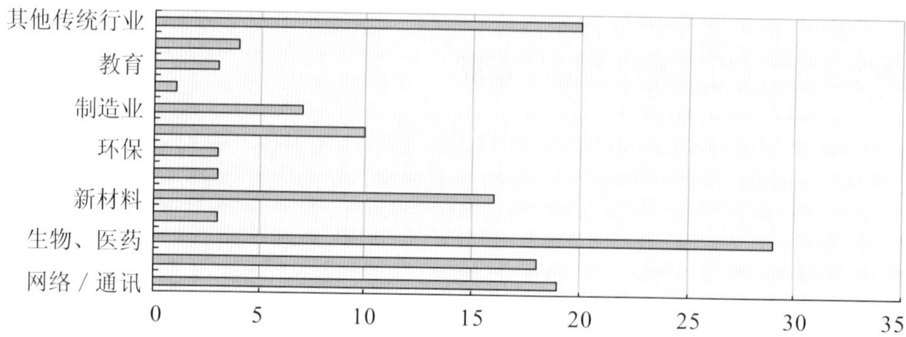

图4. 17　新投资项目中有投资金额项目数的行业分布

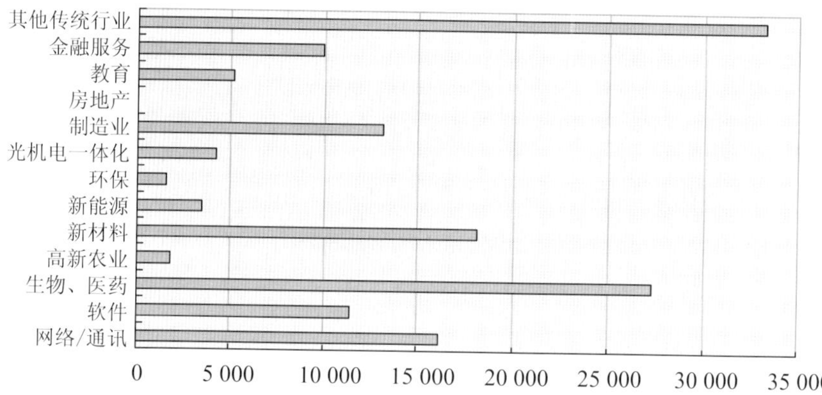

图4. 18　新投资项目中投资金额的行业分布

（四）新投资项目投资强度的行业分布

此次调查，将风险投资（管理）公司2004年新投资项目行业分为24类，投资强度最大的是金融服务业，达到了2 475万元 / 个；其次是传统制造行业，为1 880万元 / 个；教育行业为1 700万元 / 个，居第三。详细情况见图4.19。

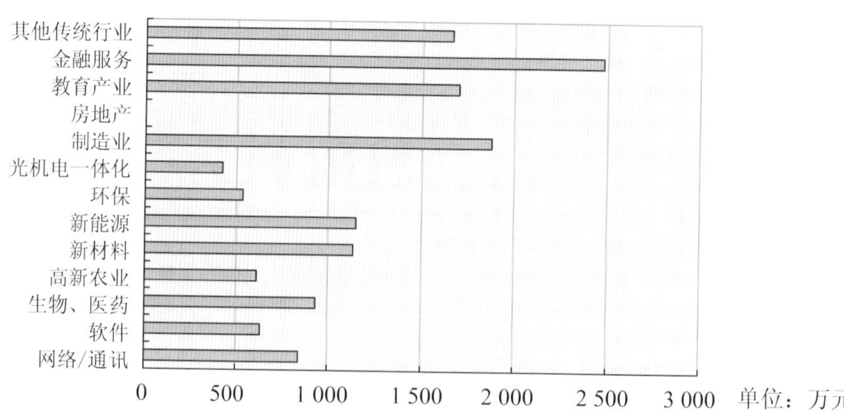

图4. 19　新投资项目投资强度的行业分布

五、风险投资机构投资阶段分析

（一）风险投资机构投资阶段偏好分析

对2004年中国风险投资机构投资阶段偏好的调查中，有效样本数为106家风险投资机构。在其所偏好的投资阶段中，成长期是风险投资机构偏好投资的阶段，回答率达到了76%；其次是扩张期，占66%。整体来看，2004年与2003年的投资偏好阶段相似，见表4.19和图4.20。

表4.19 风险投资机构投资阶段偏好

年份	投资阶段	种子期	成长期	扩张期	成熟期	其他阶段
2004年	回答公司数	35	81	70	29	19
	回答率	33%	76%	66%	27%	18%
2003年	回答公司数	59	138	101	43	98
	回答率	31%	73%	53%	23%	52%

注：2004年该项调查有效样本为106家风险投资机构。回答率＝回答公司数/有效反馈公司数。

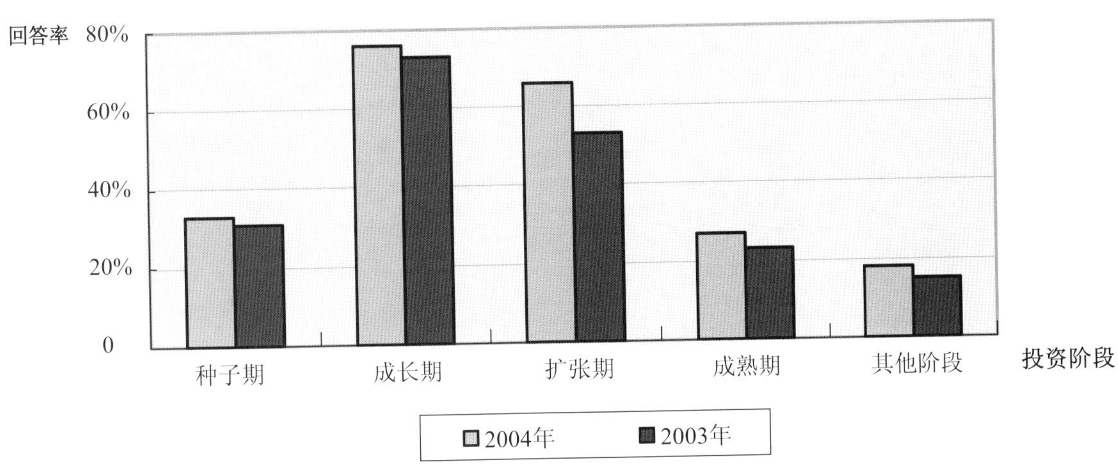

图4.20 风险投资机构投资阶段偏好分析

（二）新投资项目数量的投资阶段分布

本项调查的有效样本数为71家机构，在2004新投资的212个项目中，有198个新投资项目提供了投资阶段的信息，其中有72个新投资项目处于成长期，占到了36%；其次是处于扩张期的项目和处于种子期的项目，分别占总项目数的28%和24%；成熟期与其他阶段的投资相对较少，都在10%以下。详细情况见表4.20。

表4. 20　新投资项目数量的投资阶段分布

年份	投资阶段	种子期	成长期	扩张期	成熟期	其他阶段	总计
2004年	投资项目数	47	72	56	14	9	198
	比例	24%	36%	28%	7%	5%	100%
2003年	投资项目数	43	78	17	11	7	156
	比例	28%	50%	11%	7%	5%	100%
比例变化		-4%	-14%	17%	0	0	-

注：2004年该项调查有效样本为71家风险投资机构。

（三）新投资项目投资金额的投资阶段分布

2004年本项调查的有效样本数为61家机构，合计212个新投资项目中，有173个新投资项目提供了投资阶段金额分布的信息。表4.21显示，成长期投资金额为61 828万元，占35%，在五个投资阶段中居首位；其次是扩张期，54 231万元，占30%。详细情况见表4.21和图4.21。

表4. 21　新投资项目投资金额的投资阶段分布

年份	投资阶段	种子期	成长期	扩张期	成熟期	其他阶段	总计
2004年	投资总额（万元）	25 942.765	61 828.3275	54 231	31 524.41	3 308.25	176 834.8
	所占比例	15%	35%	30%	18%	2%	100%
	项目个数	43	64	50	10	6	173
	项目平均投资额（万元）	603.32	966.07	1 084.62	3 152.44	551.38	1 022.17
2003年	投资总额（万元）	26 253	68 420	15 904	34 127	141 199	285 903
	所占比例	9%	24%	6%	12%	50%	100%
	项目个数	34	65	14	9	7	129
	项目平均投资额（万元）	772	1 053	1 136	3 792	46 633	2 216
比例变化		6%	11%	24%	6%	-48%	-

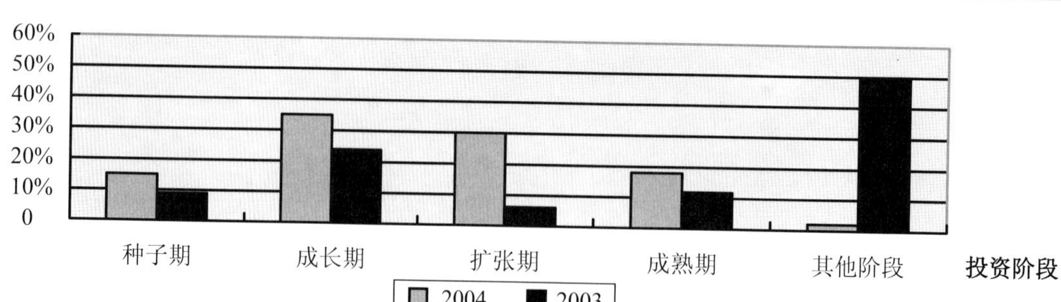

图4. 21　新投资项目投资金额的投资阶段

六、机构选择投资项目效率的地区分布

此次对2004年机构选择投资项目效率的调查，有效样本数为82家。结果显示，总体选择投资项目效率为7%，其中，中南地区选择投资项目效率最高，总评估项目297个，实际投资36个，选择投资项目效率为12%；华北、华东、西部地区选择投资项目效率均为9%；东北地区效率最低，仅有2%，详细情况见表4.22和图4.22。

表4. 22 机构选择投资项目地区的效率分布

地区	北京	上海	深圳	东北	华北	华东	中南	西部	合计
实际投资项目数	23	20	82	4	52	112	36	21	350
总评估项目数	931	371	1 371	202	590	1 205	297	225	5 129
选择投资项目效率	2%	5%	6%	2%	9%	9%	12%	9%	7%

注：选择投资项目效率＝实际投资项目数/总评估项目数。

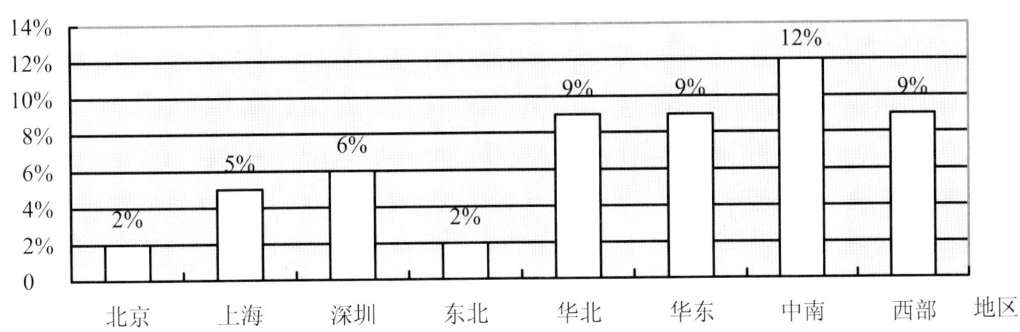

图4. 22 机构选择投资项目效率的地区分布

第五章　风险投资退出及其绩效分析

本章对2004年风险投资机构的退出项目数总量情况、2004年实现投资分红和退出收益、累计退出项目数总量、近三年风险投资退出项目退出方式及其行业分布、累计投资分红和退出收益，进行了全面的介绍，有助于读者了解2004年及近三年中国风险投资机构的投资项目退出与绩效情况。

首先介绍了2004年风险投资退出项目数总量情况，分别从不同地区、不同公司类型、不同机构类型和不同组织类型的角度进行了分析；接着从地区分布和规模分布两个角度对2004年实现的投资分红和退出收益进行了考察；随后又分别从不同地区、不同公司类型、不同机构类型和不同组织类型的角度分析累计退出项目数总量；并考察了近三年风险投资退出项目退出方式及其地区、时间、行业分布；最后分析了累计投资分红和退出收益的地区与规模分布。

本章数据来源于中国风险投资研究院2004年10月～2005年1月所进行的中国风险投资行业问卷调查。

一、风险投资退出项目数总量情况

（一）风险投资退出项目数的地区分布

本项调查有效样本为41家风险投资机构，包括116个退出项目。退出项目超过20项的有华东地区、北京和中南地区，其中华东地区最多，退出25项，占22%；北京稍次之，退出24项，占21%；中南地区22项，占19%；其他地区退出项目较少，合计仅占38%，其中东北地区无退出项目。详细数据见表5.1和图5.1。

表5.1　风险投资退出项目数的地区分布

地区	北京	上海	深圳	东北	华北	华东	中南	西部	合计
投资退出项目数	24	19	8	0	9	25	22	9	116
所占的比例	21%	16%	7%	0	8%	22%	19%	8%	100%

注：该项调查有效样本为41家风险投资机构。

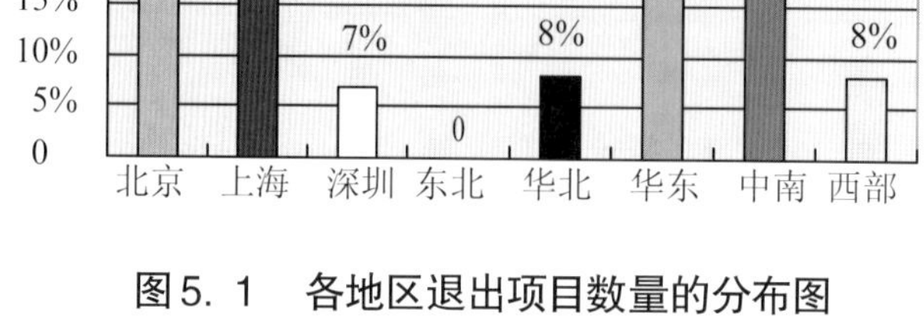

图5.1　各地区退出项目数量的分布图

（二）不同类型风险投资退出项目数的分布

1. 不同公司类型风险投资退出项目数分布

该项调查有效样本为39家机构，风险投资退出项目数109项。主要集中在其他商业风险投资机构和政府风险投资机构，其中其他商业风险投资机构退出项目数最多，59项，占到54%；外资风险投资有限机构推出项目数最少，仅5项，占5%。本次调查的141家机构中，39家风险投资机构提供退出项目数，其中其他商业风险投资机构最多，21家，占54%；外资风险投资有限机构最少，仅两家，占5%。详细数据见表5.2。

表5. 2 不同公司类型风险投资退出项目数分布

公司类型		政府风险投资机构	外资风险投资机构	其他商业风险投资机构	合计
风险投资退出项目数	数量	45	5	59	109
	比例	41%	5%	54%	100%
风险投资退出项目的机构数	家数	16	2	21	39
	比例	41%	5%	54%	100%

注：该项调查有效样本为39家风险投资机构。

2. 不同机构类型风险投资退出项目数分布

该项调查有效样本为36家机构，风险投资退出项目数111项，主要集中在投资公司和投资管理公司，其中投资公司退出项目数最多，52项，占到47%；管理公司退出项目数最少，仅8项，占7%。本次调查的141家机构中，36家风险投资机构提供退出项目数，其中投资公司、投资管理公司均为16家，各占44%；管理公司最少，4家。详细数据见表5.3。

表5. 3 不同机构类型风险投资退出项目数分布

机构类型		投资公司	管理公司	投资管理公司	合计
风险投资退出项目数	数量	52	8	51	111
	比例	47%	7%	46%	100%
风险投资退出项目的机构数	家数	16	4	16	36
	比例	44%	12%	44%	100%

注：该项调查有效样本为36家风险投资机构。

3. 不同组织形式风险投资退出项目数分布

该项调查有效样本为35家机构，风险投资退出项目数115项，主要集中在有限责任公司，93项，占到81%；合伙企业退出项目数最少，仅两项，占2%。本次调查的141家机构中，35家风险投资机构提供退出项目数，其中有限责任公司最多，28家，占到80%；合伙企业最少，仅有1家。详细数据见表5.4。

表5.4　不同组织形式风险投资退出项目数分布

机构类型		有限责任公司	股份有限公司	合伙企业	其他	合计
风险投资退出项目数	数量	93	16	2	4	115
	比例	81%	14%	2%	3%	100%
风险投资退出项目的机构数	家数	28	3	1	3	35
	比例	80%	8.5%	3%	8.5%	100%

注：该项调查有效样本为35家风险投资机构。

二、实现投资分红和退出收益分析

（一）实现投资分红和退出收益的规模分布

本项调查的有效样本数为35家。53个项目提供了投资分红和退出收益的信息，其中规模低于300万元的有22个项目，占了42%；其次是2 000万元及以上的有17个项目，占了32%；分别有7个项目处于300万元～1 000万元和1 000万元～2 000万元，占了13%。详细情况见表5.5和图5.2。

表5.5　实现投资分红和退出收益的规模分布

规模	0～300万元	300万元～1 000万元	1 000万元～2 000万元	2 000万元及以上	合计
项目数	22	7	7	17	53
占总项目数比例	42%	13%	13%	32%	100%

注：该项调查有效样本为35家风险投资机构。

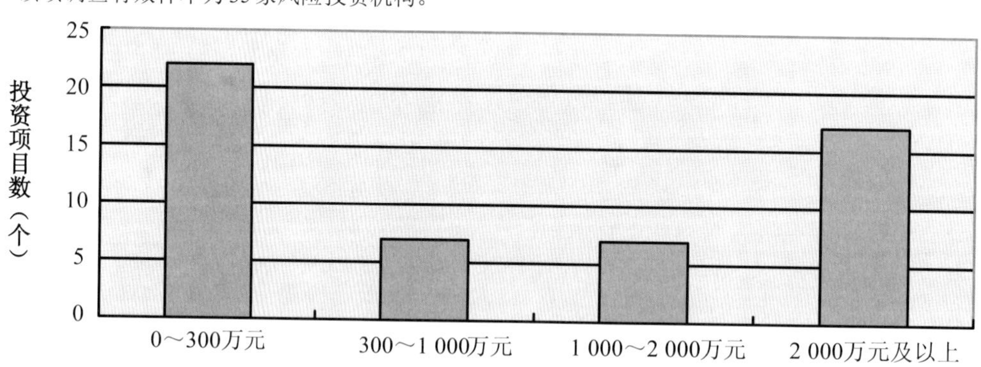

图5.2　实现投资分红和退出收益的规模分布

（二）实现投资分红和退出收益总量的地区分布

根据此次调查，53个项目实现投资分红和退出收益总量为114 109.3万元，从地区分布来看，主要集中在中南地区，收益量62 080万元，占总量的54%；上海、深圳、华北、西部所占比都不超过5%。详细数据见表5.6和图5.3。

表5.6　实现投资分红和退出收益总量的地区分布(单位：万元)

地区	北京	上海	深圳	华北	华东	中南	西部	合计
实现投资分红和退出收益	14 372	1 694	4 943	6 039	22 216.8	62 080	2 764.5	114 109.3
所占比例	12.6%	1.5%	4.3%	5.3%	49.5%	54.4%	2.4%	100%

注：该项调查有效样本为53家风险投资机构。

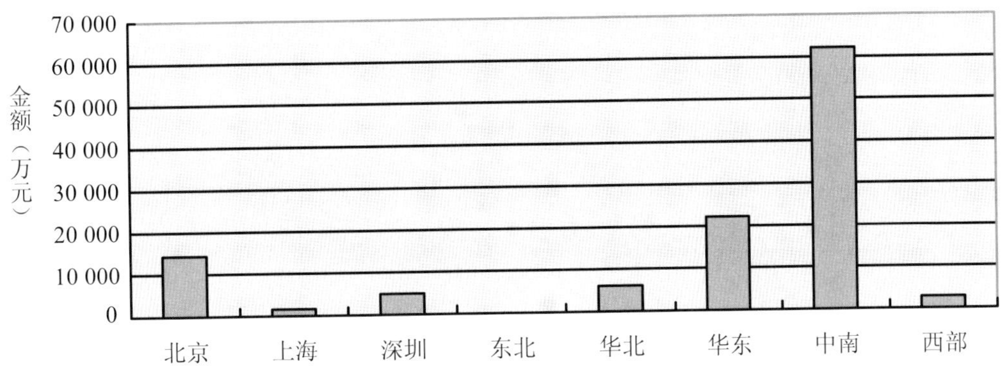

图5.3　实现投资分红和退出收益总量的地区分布

三、累计退出项目数总量分析

（一）累计退出项目数量的地区分布

该项调查有效样本数为49家。累计退出项目数量总数为243项，从地区分布来看，华东地区最多，累计退出79项，占32.5%；北京次之，累计退出41项，占16.9%；中南地区39项，占16.1%；其他地区退出项目较少，其中东北地区累计退出项目仅两项，不到1%。详细数据见表5.7和图5.4。

表5.7　累计退出项目数量的地区分布

地区	北京	上海	深圳	东北	华北	华东	中南	西部	合计
累计数量	41	21	14	2	21	79	39	26	243
比例	16.9%	8.6%	5.8%	0.8%	8.6%	32.5%	16.1%	10.7%	100%

注：该项调查有效样本为49家风险投资机构。

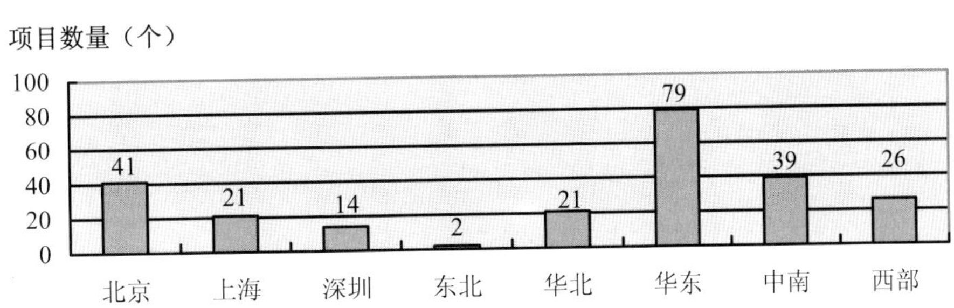

图5.4　累计退出项目数量的地区分布

（二）不同类型风险投资退出项目数量分布

1. 不同公司类型风险投资退出项目数量分布

该项调查有效样本为60家机构，其中，政府风险投资公司24家，外资风险投资公司7家，其他商业风险投资公司31家。风险投资累计退出项目数226项，主要集中在其他商业风险投资机构和政府风险投资机构，其中其他商业风险投资机构累计退出项目数最多，有116项，占到51%；外资风险投资机构累计退出项目数最少，仅7项，占3%。详细数据见表5.8和图5.5。

表5. 8　不同公司类型的风险投资机构累计退出项目数量分布

公司类型	政府风险投资公司	外资风险投资公司（含中外合资）	其他商业风险投资公司	合计
项目数量	103	7	116	226
比例	46%	3%	51%	100%

注：该项调查有效样本为60家风险投资机构。

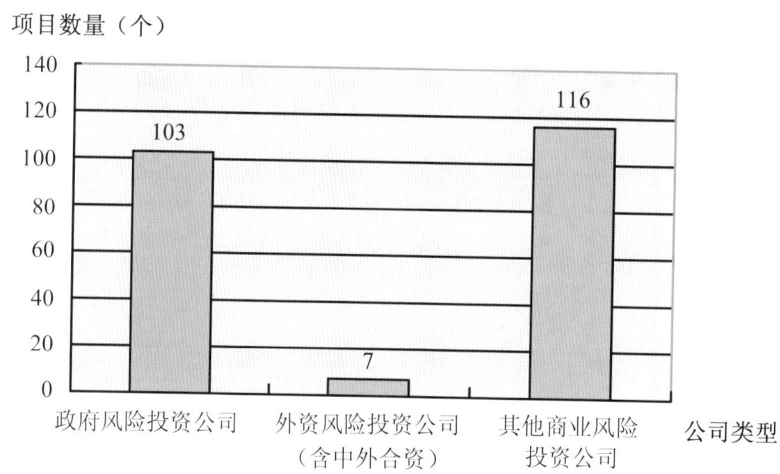

图5. 5　不同公司类型风险投资机构累计退出项目数量分布

2. 不同机构类型风险投资退出项目数量分布

该项调查有效样本为62家机构，其中，投资公司34家，管理公司6家，投资管理公司22家。风险投资累计退出项目数237项，主要集中在投资公司和投资管理公司，其中投资公司退出项目数最多，125项，占到53%；管理公司退出项目数最少，仅14项，占6%。详细数据见表5.9和图5.6。

表5. 9　不同机构类型的风险投资机构累计退出项目数分布

机构类型	投资公司	管理公司	投资管理公司	合计
项目数量	125	14	98	237
比例	53%	6%	41%	100%

注：该项调查有效样本为62家风险投资机构。

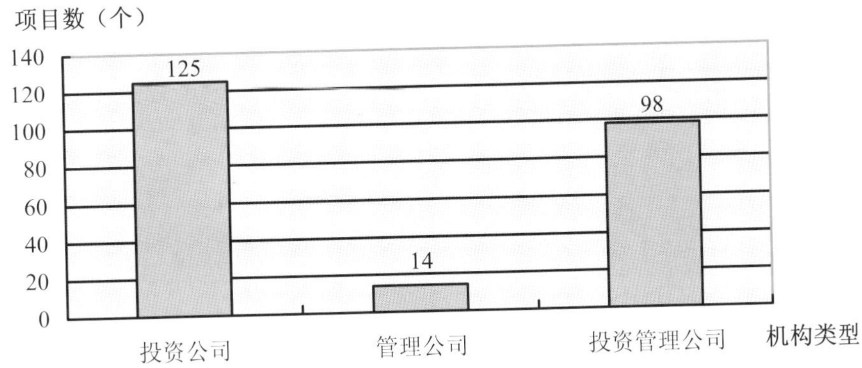

图5.6 不同机构类型风险投资机构累计退出项目分布

3. 不同组织形式风险投资退出项目数量分布

该项调查有效样本为64家机构，其中，有限责任公司55家，股份有限公司6家，合伙企业1家。风险投资累计退出项目数241项。有限责任公司累计退出项目数207项，占总项目数的86%；合伙企业退出项目数最少，仅4项，占2%。详细数据见表5.10和图5.7。

表5.10 不同组织形式的风险投资机构项目累计退出分布情况

组织形式	有限责任公司	股份有限公司	合伙企业	其他	合计
项目数量	207	22	4	8	241
比例	86%	9%	2%	3%	100%

注：该项调查有效样本为64家风险投资机构。

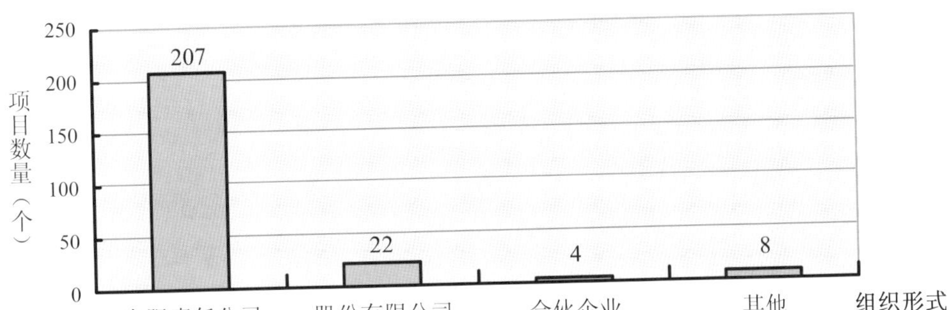

图5.7 不同组织形式风险投资退出项目数量分布

四、近三年风险投资退出项目的退出方式及其行业分布

（一）近三年风险投资退出项目的退出方式分布

本项调查的有效样本数为36家机构的123个退出项目。其中，有49个以国内企业收购方式退出，占到了39.8%；以境外上市和国外企业并购方式退出的项目数最少，均为1个。详细数据见表5.11和图5.8。

表5.11　近三年风险投资退出项目的退出方式分布

退出方式	境内上市	境外上市	国内企业收购	国外企业收购	管理层回购	清算	分红	其他	合计
项目数量	3	1	49	1	13	2	14	40	123
占总项目数比例	2.4%	0.8%	39.8%	0.8%	10.6%	1.6%	11.4%	32.5%	100%

注：该项调查有效样本为36家风险投资机构。

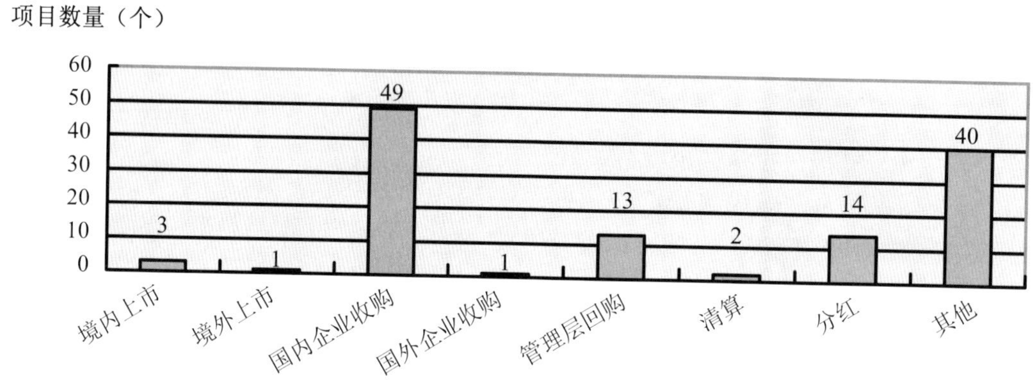

图5.8　近三年风险投资退出项目的退出方式分布

（二）近三年风险投资退出项目的行业分布

本项调查的有效样本数为36家机构，涉及投资项目数有127个。在这127项中，有27项集中在生物、医药和医疗器械行业；软件行业有23项；网络/通讯和其他IT产业的各有12项；8项为其他高新技术企业；45项在其他行业（见图5.9）。

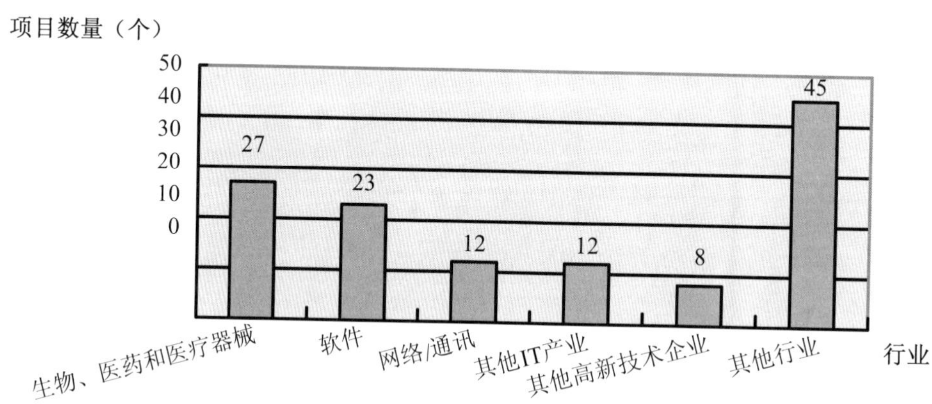

图5.9　近三年退出项目的行业分布

（三）近三年风险投资退出项目的地区分布

根据此次调查，近三年退出项目数量总数为127项，从地区分布来看，北京地区最多，近三年退出31项，占总退出项目数的24.4%；华东地区次之，累计退出23项，占总退出项目数的18.1%；深圳、西部地区持平，均为17项，占13.4%；其他地区近三年退出项目较少，其中东北地区最少，仅3项，占2.4%。详细数据见表5.12和图5.10。

表5. 12　近三年退出项目的地区分布

地区	北京	上海	深圳	东北	华北	华东	中南	西部	合计
项目数量	31	15	17	3	12	23	9	17	127
比例	24.4%	11.8%	13.4%	2.4%	9.4%	18.1%	7.1%	13.4%	100%

注：该项调查有效样本为36家风险投资机构。

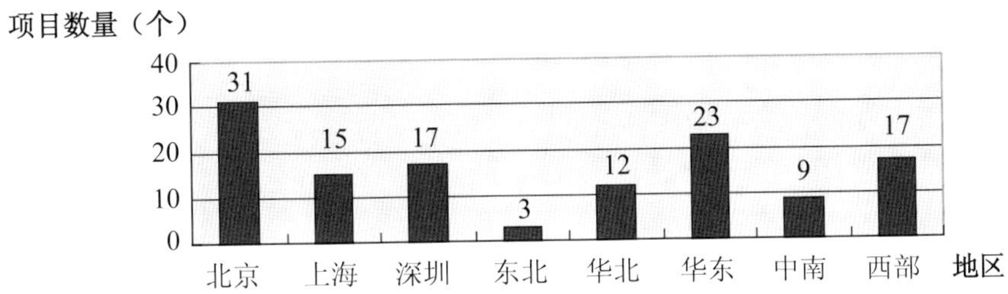

图5. 10　近三年退出项目的地区分布

（四）近三年风险投资退出项目的时间（年）分布

从时间分布来看，近三年退出项目数量总数为110家，退出项目数量随时间增长呈递增趋势，2004年度最多项目数为64项，占了近三年总退出数目的58%，远远高于2001年度只有4项的退出项目数。详细数据见表5.13和图5.11。

表5. 13　近三年退出项目的时间分布

退出时间	2001年	2002年	2003年	2004年	合计
项目数量	4	14	28	64	110
比例	4%	13%	25%	58%	100%

注：该项调查有效样本为34家风险投资机构。

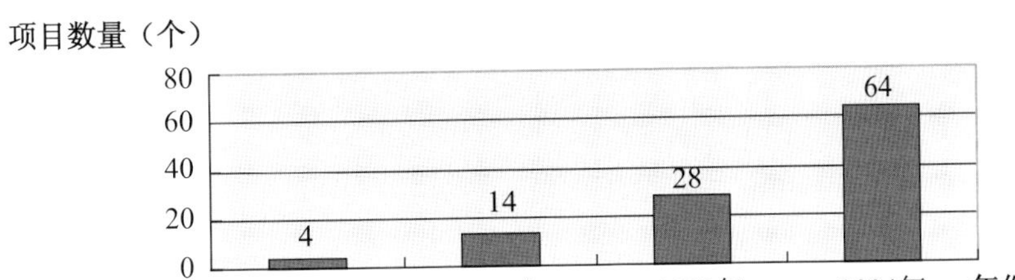

图5. 11　近三年退出项目数分布

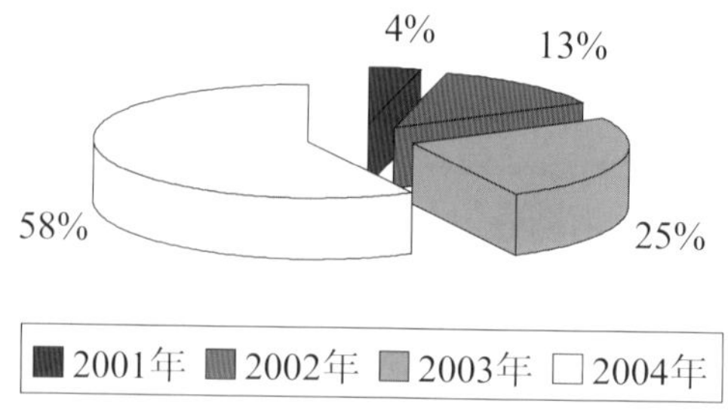

图5. 12 近三年退出项目的时间分布

五、累计投资分红和退出收益分析

（一）累计实现投资分红和退出收益的规模分布

本项调查的有效样本数为43家机构，46个项目提供了累计实现投资分红和退出收益的信息，规模主要集中在300万元～1 000万元之间，占了总项目数的72%，其中规模低于300万元的项目有22个，占了48%；1 000万元以上的项目数较少，详细数据见表5.14和图5.13。

表5. 14 累计投资分红和退出收益的规模分布

规模	0～300万元	300万元～1 000万元	1 000万元～2 000万元	2 000万元及以上	合计
项目数	22	11	5	8	46
占总项目数比例	48%	24%	11%	17%	100%

注：该项调查有效样本为43家风险投资机构。

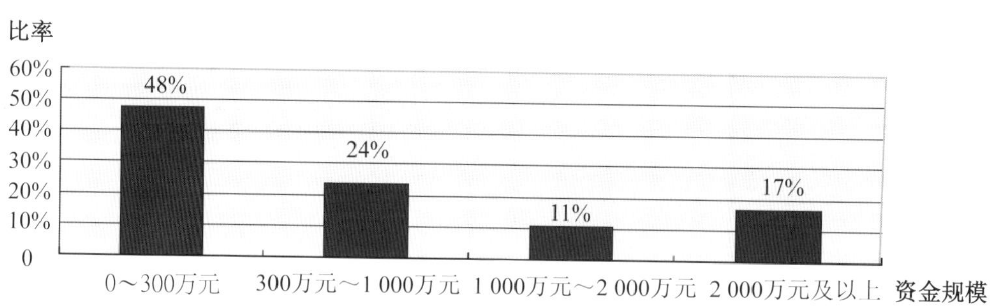

图5. 13 累计投资分红和退出收益的规模分布

（二）累计实现投资分红和退出收益总量的地区分布

此次调查结果显示，风险投资机构累计实现投资分红和退出收益总额为429 604.7万元，从地区分布来看，主要集中在中南地区，收益总额为305 350万元，占总量的71%；除去中南地区只有华东地区收益总额达58 525.8万元，占总量的14%，其它地区所占比例都不超过6%；东北地区最少，收益总额20万元，仅占0.04%。详细数据见表5.15和图5.14。

表5. 15 累计实现投资分红和退出收益总额的地区分布(单位：万元)

地区	北京	上海	深圳	东北	华北	华东	中南	西部	合计
累计投资分红和退出收益总额	20 429.0	3 921.0	7 181.0	20.0	6 301.6	58 525.8	305 350.0	27 876.32	429 604.7
比例	5%	1%	2%	0.04%	1%	14%	71%	6%	100%

注：该项调查有效样本为43家风险投资机构。

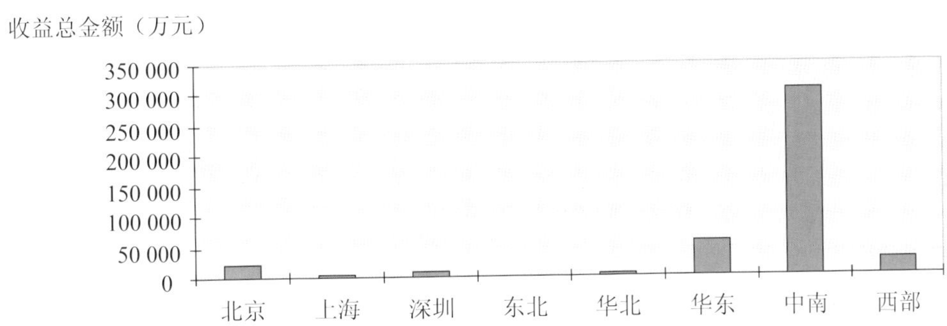

图5. 14 累计实现投资分红和退出收益总额的地区分布

研究篇

第一章 2004年风险投资研究综述

本章首先综述了2004年国内外风险投资研究的概况。然后，根据若干途径检索了2004年国内外风险投资的期刊文献约560篇，经过全面地梳理工作，筛选出50余篇重要文献，对其进行了详细介绍。具体的结构分为国外重要期刊文献和国内重要期刊文献两个层面。同时，国内外的文献又分别划分为理论研究文献和实物专题综述两类。国外的理论研究文献主要介绍了有关风险投资中的决策、风险投资的政策环境与国际比较、风险投资的契约安排与监管以及风险投资的作用等方向的文献；实物专题综述主要介绍了目前国外风险投资行业的流行观点和关注的热点，主要包括2004年风险投资行业走势、增加值服务与人员雇用、风险投资决策领域相关问题以及法律变更、信息披露和政策等方面的探讨。国内的文献理论部分主要划分为风险投资制度结构与组织形式、风险投融资中的契约安排与监管、风险投资的退出、风险投资决策与评估以及中国风险投资发展模式与支持体系等五个方面；国内实务部分的综述主要涵盖了中国风险投资的发展模式探讨、风险投资基金的组织模式创新、风险投资的发展环境、中小企业的发展环境、中小企业与风险投资的互动和中小企业板的展望六个方面。本部分详细介绍了23篇国外文献和27篇中文文献。最后，在本章的附录中列出了百余篇2004年风险投资研究文献的参考目录，方便有兴趣的读者查阅。

第一节 国际风险投资研究综述

一、国际风险投资研究概况

风险投资在经历了1999年～2000年的高潮期以及2001年的互联网泡沫破灭之后，一直处在徘徊、调整和恢复的阶段，学术界对于风险投资的研究同时进入了更深的层次。2003年风险投资的研究领域主要集中在微观层面对于风险投资的运作机制的研究，研究的范围较为广泛，涉及到的具体内容有风险投资家的作用、风险投资的资本来源与组织构架、风险投资的评估与决策行为、风险投资企业的管理和监控、风险投资的退出路径与收益分配、风险投资的契约安排等。其次，对于风险投资的研究方法上主要偏重于技术层面，并且大部分都是基于美国风险投资的实证研究基础上得出的结论，忽略了制度背景的差异。最后，研究的思路整体上基本偏向于建立模型，提出假设，最后进行实证检验的模式。

与2003年相比，2004年的理论研究出现了从微观向宏观不断扩展的趋势，尤其是越来越多的学者开始注意到不同的制度背景对风险投资效率的影响，并且将研究的焦点转向亚洲等国家，开始关注中西方制度的差异，风险投资的区域发展以及对创新技术的作用，并且运用生态系统的概念来探讨风险投资的发展模式。在公共政策方面主要集中在探讨税收政策特别是资本利得税对风险投资的影响。微观层面，2004年的研究显得更为集中，主要的焦点是集中在风险投融资之间的契约安排和监管以及风险投资决策两个方面，这与目前的风险投资处在恢复并上升的趋势相吻合，如何更加有效地在风险投资这个信息高度不对称的领域解决逆向选择和道德危害的问题，从而更好地控制风险投资的风险，挖掘有潜力的风险投资企业并且提供更多的创造附加值的活动，再次成为研究的热点。其次，在研究的方法上与2003年保持一致，仍然是以建立模型和实证检验为基础，但是在数据的来源上首次采用了数据库的系统，并且随着政府对风险投资的重视，数据收集的渠道变得较为广泛，如澳大利亚出现了风险投资数据统计署，提高了数据的可信度，结论的准确性。下面将从风险投资的作用、风险投资政策环境与国际比较、风险投融资之间的契约安排和监管以及风险投资的作用四个方面对2004年的研究加以归纳和总结。

（一）风险投资的作用

风险投资与创新技术的关系从现象层次看，就是风险资本大部分投向了科技企业，即风险投资最重要的作用就是为那些高风险的技术产业融资，成为创业发展的主要推动力。大型的创业或研发项目和风险资本的联合将很大程度的降低风险。Huang（2003）[①]认为对于研发这样高风险的项目而言，采用外部的联合融资将及时终止失败的项目，有效的降低风险。在他的模型中，提出融资企业家的流动性是不受限制的，不管是集权经济还是市场经济，大规模的辛迪加贷款等形式都将成为公司基金的主要来源。Antonio Davila（2003）[②]以信号理论为依据，检验了风险投资基金在劳动力市场上的信号作用，认为风险投资交易和雇员增长之间存在正相关的关系，并且会提高交易完成的可能性，从而促进初创企业的质量。Adrew L. Zacharakis（2003）[③]从生态系统的角度，运用了人口学、制度理论的概念分析了风险投资对网络企业的作用，指出应该依据每个地区的资源和专长来制定网络行业不同部门的具体发展重点，单纯的模仿是不可取的。Juan Florin（2005）[④]提出衡量创办人业绩的概念，指出不同的风险投资水平会影响创办人业绩报酬的具体形式，如果创始人希望以获取财富或保留控制权为主要报酬形式，应该将风险投资的支持水平最小化。

（二）风险投资政策环境与国际比较

随着风险投资业在世界各国的蓬勃发展，国外关于风险投资的研究不断的扩展到宏观环境的研究，关于风险投资的外部环境主要是包括政策环境，经济环境，文化和社会环境的研究，并且研究的焦点扩展到了亚洲。Roman Inderst（2004）[⑤]建立了一个关于合同和交易的模型，研究了风险投资相对缺乏的资本市场的特征对市场均衡的影响，并进一步分析了对交易能力，权益分享以及

---

① Haizhou Huang, Chenggang Xu, 2003. ‘Financial syndication and R&D’, *Economics letters*,80, pp.141-146

② Antonio Davila, George Forster, Mahendra Gupta, 2003. ‘ Venture capital financing and the growth of start-up firms’, *Journal of Business Venturing*, 18, pp.689-708

③ Andrew L. Zacharakis, Dean A. Shepherd, 2003. ‘The development of venture-capital-backed internet companies An ecosystem perspective’,*Journal of Business Venturing*, 18, pp.217-231

④ Juan Florin, 2005. ‘Is venture capital worth it Effects on firm performance and founder returns’, *Journal of Business Venturing*, 20, pp.113-135

⑤ Roman Inderst, Holger M. Muller, 2004. ‘The effect of capital market characteristics On the value of start-up firms’, *Journal of Financial Economics*, 72, pp.319-356

初创企业的定价，社会福利等方面的影响。Marco Da Rin（资料来源欠缺）[①]研究了公共政策如何影响投资额在初创期和扩张期，高技术和低技术企业之间的分配，提出了应该开放以创业公司为目标的股票市场，降低资本利得税，降低对创业者政策方面的限制。Garry D. Bruton（2003）[②]从制度的角度比较了中西方风险投资业的差异，主要包括基金公司的筛选，风险投资与创业企业之间的契约关系，基金公司的价值创造活动，作者提出中国的风险投资业虽然可能形成与西方相同的模型，但是仍然会保留着自己特有的文化和商业特征。Garry D. Bruton（2004）[③]还对东亚的制度对风险投资行业的影响进行了实证性的研究，指出由于东亚存在着弱的监管系统和认知性的制度要素，风险投资的发展将面临很大的挑战。

（三）风险投融资之间的契约安排和监管

如今，西方的不少学者都尝试将契约理论应用于风险投资过程的研究，把风险投资过程看作是一种融资契约安排，试图用制度经济学的研究方法和工具解决其中的一些问题。

首先，风险投资中存在着双重委托－代理关系，同时，风险投资是一个信息高度不对称的领域，这使得风险投资家需要处理逆向选择和道德风险危害的问题。实践中，大部分风险投资家通过详尽的契约条款来保护自身的利益，以达到将代理成本最小化的目的。Versa Kanniainen（2004）[④]建立了一个静态的风险融资模型，分析了经济租金和相对成本对制定合约中关于最优化的咨询规模和利润分享方案的影响，提出此时整合投资组合并且更加集中地对每一家风险投资公司提供咨询服务是最优的策略。Christian Keuschnig（2004）[⑤]建立了一个双重道德风险的创业企业融资模型，研究了资本利得税在调整风险投资家和创业者之间关系中发挥的作用，提出可以在部分的降低资本利得税的同时，对创业企业征收创业资本成本税或对潜在的创业者征收进入税来调整风险投资家和创业者之间的关系。同时，Versa Kanniainen（2004）[⑥]也在该模型的基础上，研究了风险投资组合的最佳规模，提出风险投资融资中创业企业投资组合的最佳规模会随着与代理问题的严重性相关的参数的变化而变化，边际报酬递减和管理成本的提高是决定投资规模的大小和所提供的咨询建议的程度的重要因素。Josh Lerner（2004）[⑦]以私募资本的普通合伙人为研究对象，建立了模型和假设，通过实证性的检验提出对投资者的流动性限制可以作为一种可行的选择来减轻逆向选择问题。

---

① Marco Da Rin, Giovanna Nicodano, Alessandro Sembenelli, ‘Public policy and the Creation of Active Venture Capital Market’

② Garry D.Bruton, David Ahistrom, 2003. ‘An institutional view of China’ s venture capital industry Explaining the difference between China and the west’, *Journal of Business Verturing*, 18, pp.233-259

③ Garry D.Bruton, David Ahistrom, Kuang S. Yeh, 2004. ‘Understanding venture capital in East Asia: the impact of institutions on the industry today and tomorrow’, *Journal of Business,* 39, pp.72-88

④ Vesa Kanniainen, Christian Keuschnigg, 2004. ‘Start-up investment with scarce venture capital support, *Journal of Banking &Finance*, 28, pp.1939-1959

⑤ Christian Keuschnigg, Soren Bo Nielsen, 2004. ‘Start-ups ,venture capitalists, and the capital gains tax’, *Journal of Public Econonmics*,88, pp.1011-1042

⑥ Vesa Kanniainen, Christian Keuschnigg, 2003. ‘The optimal portfolio of start-up firms in venture capital finance’, *Journal of Corporate Finance* ,9, pp.521-534

⑦ Josh Lerner, Antoinette Schoar, 2004. ‘The illiquidity puzzle: Theory and evidence from private equity’, *Journal of Financial Economics*, 72, pp.3-40

第二，风险资本与其他金融中介最重要的区别在于风险投资家对初创企业除了投资资本还有管理方面的支持。风险资本家可以对企业管理团队进行支持与控制，为企业招揽关键人才，与客户和供应商建立商业伙伴的联系，也就是为初创企业带来附加值。Clement K. Wang（2003）①选取了新加坡的初创企业进行了实证性的检验，在风险投资家创造附加值的活动中，支持了认证模型、逆向选择模型和逐名模型，但是不支持监管模型。Lowell W. Busenitz（2004）②从组织间学习的角度，结合代理问题和管理规范化理论，选取了183家风险投资的案例，研究了风险投资家和创业团队之间的相互合作的问题，指出创业团队的辞退与创造附加值之间存在负相关的关系，管理的规范化与被投资公司的长期的业绩之间存在着正相关的关系。Douglas Cumming（2005）③选取了澳大利亚统计办公署1999年～2001年之间关于风险投资家开展的融资、管理、营销和策略制定等活动方面的数据，研究了风险投资家的不同类型的价值创造活动对筹资的影响，第一次从根本上区分了承诺基金和来自于资本承诺的资金划拨，并且指出那些擅长提供策略制定服务的风险投资基金更易获得承诺基金，而那些擅长提供营销服务的风险投资基金更易获得来自于资本承诺的资金划拨。

第三，风险投资家与初创企业契约关系的另一个核心体现在对被投资企业的监管问题上，投资后管理是风险投资家控制投资风险实现收益的重要环节，不同的组织和监管机制会对风险管理方法的选择产生不同的影响。Toru Yoshikawa（2004）④以日本风险投资业为研究的出发点，建立代理关系模型，从日本的风险投资公司的附属公司、投资管理者的补偿方式、管理的所有权三方面分析其对选择积极的监管管理策略还是选择投资组合多样化的消极的管理策略的影响。研究指出或有报酬可以成为一种有效的自我控制的激励机制，但必须与组织结构紧密相连，与业绩挂钩的报酬和管理所有权都会导致选择积极的监控方法来控制风险，管理的所有权与选择消极的风险管理策略之间存在负相关的关系。Henry Chesbrough（2003）⑤研究了施乐公司的35家衍生公司的组合结构，发现如果衍生公司安排内部的人员作为CEO将会表现出较差的财务业绩，如果衍生公司在董事会中风险投资者的比例较高，则表现出较高的业绩，也就是外部的董事会成员，外部的CEO可以通过运用外部的资源，技术和人力资本来推动技术衍生公司新项目的进程，并且从地域上扩大原有公司自身的规模。

（四）风险投资决策

在投资阶段，风险投资家首先要处理的问题就是在众多的商业计划书中选出若干优秀的被选项目，然后在此基础上进行更详细的审查与评估。

---

① Clement K. Wang, Kangmao Wang, Qing Lu, 2003. 'Effects of venture capitalists participation in listed companies', *Journal of Banking &Finance*,27, pp.2015-2034

② Lowell W. Busenitz, James O. Fiet, Douglas D. Moesel, 2004. 'Reconsidering the venture capitalists "value added" proposition: An interorganizational learning perspective', *Journal of Business Venturing,* 19, pp.787-807

③ Douglas Cumming, Grant Fleming, Jo-Ann Suchard, 2005. 'Venture capitalist value-added activities, fundraising and drawdowns', *Journal of Banking &Finance,* 29, pp.295-331

④ Toru Yoshikawa, Phillip H. Phan, Jonathan Linton, 2004. 'The relationship between governance structure and risk management approaches in Japanese venture capital firms', *Journal of Business Venturing,* 19, pp.831-849

⑤ Henry Chesbrough, 2003. 'The governance and performance of Xerox' s technology spin-off companies', *Research Policy*, 32, pp.403-421

首先，在项目选择的整个过程中，风险投资家的主观性占了很大的成分，从而对投资决策产生重要的影响。Dean A. Shepherd（2003）① 以 BootStrapp 模型为基础，对拥有不同经验的风险投资家的决策过程进行了比较，研究发现经验与风险投资家的决策过程的关系是曲线型的，与拥有适度经验的风险投资家相比，缺乏经验或经验过于丰富的风险投资家所作的决策的可靠性和有效性都相对较低。Dimo P. Dimov（2005）②将人力资本进一步划分为一般性的人力资本和专业性的人力资本，来调查风险投资家多样化的知识背景和广泛的经验对于风险投资决策的影响，一般性的人力资本与公开发行的比例呈正相关的关系，而专业性的人力资本与破产的比例呈负相关的关系。Joel A.C. Baum（2004）③对风险投资家充当"侦探"（挑选有潜力的初创企业）和"教练"（帮助创建优秀的初创企业）的观点进行了比较，选取了创业联盟（社会资本）、专利权（人力资本）、高层管理团队（人力资本）作为衡量创业公司发展前景的主要信号，提出风险投资公司在进行决策时，应该将发掘具有高潜力的技术创业企业与注入管理方面的经验技术结合在一起，全面地考察风险投资企业的市场前景，而不是仅仅过分关注创业公司的人力资本。

其次，风险投资决策的另一问题就是决定风险资本的投入方式，使其具备一定的效率和灵活性。Susheng Wang（2004）④ 分析了当创业者面临着不完善的资本市场以及投资者面临着道德风险和不确定的环境条件下，分阶段融资是如何减弱道德风险的，文章指出分阶段注入所承诺的资本并且保留放弃该项目的权利，在早期提供较少的风险投资，对于那些具有高回报增长潜力的风险投资而言，可以达到更高的效率，作为契约的一种有效的补充机制，来控制和降低道德风险。

第三，风险投资家需要通过退出实现其投资收益，而风险投资的决策会影响退出的时机和方式的选择。Sea Jin Chang（2004）⑤首次运用大规模的数据库检验了网络初创企业的风险资本融资和战略联盟对 IPO 的影响，指出初创企业与风险投资公司建立的战略联盟规模越大，声誉越好，IPO 的时间就越早，因为风险资本融资和战略联盟可以为初创企业提供所需的资源如现金和其他补充性的资产，同时向外界发出一个权威的信号。

总的说来，国外对风险投资的研究已经从微观的运行机制逐步扩展到宏观环境、政策制度以及地域分布方面等宏观问题的研究，同时，研究的焦点不光是集中在风险投资业发达的美国地区，而且扩大到对日本、中国、澳大利亚等国家的风险投资业，并且关注中西方之间制度上的差异对风险投资业发展的影响，适应了全球经济一体化发展的趋势。

风险投资的微观研究仍然集中在对风险投资的契约机制，风险投资的评估程序，风险投资的信息不对称等问题的研究，并且许多都是采用理论和实证相结合的研究方法。研究人员运用契约理论、委托代理理论、人力资本论、以及生态系统论对风险投资的运作效率从各个方面进行了论

---

① Dean A. Shepherd, Andrew Zacharakis, Robert A. Baron, 2003. 'VCs' decision processes: Evidence suggesting more experience may not always be better', *Journal of Business Venturing*, 18, pp.381-401

② Dimo.P.Dimov, Dean A. Shepherd, 2005. 'Human capital theory and venture capital firms: exploring "home returns" and "strike outs"', *Journal of Business Venture*, 20, pp.1-21

③ Joel A. C. Baum, Brain S. Silverman, 2004. 'picking winners or building them Alliance, intellectual, and human capital as selection criteria in venture financing and performance of biotechnology start-ups', *Journal of Business Venturing*, 19, pp.411-436

④ Susheng Wang, Hailan Zhou, 2004. 'Staged financing in venture capital: moral hazard and risks', *Journal of Corporate Finance*, 10, pp.131-155

⑤ Sea Jin Chang, 2004. 'Venture capital financing, strategic Alliances, and the initial public offering of Internet start-ups', *Journal of Business Venturing*, 19, pp.721-741

证，所得结论具有很深的指导意义。

但是，对于风险投资的研究仍然有待深入分析。例如虽然已经将契约理论运用于风险投资过程的研究，但是目前只是限于各阶段的分散的研究，缺乏对风险投资家在各阶段行为的相互关系的研究。其次，对于风险投资的作用的研究仍然是停留在现象归纳和实证研究的层面，缺乏系统性，对于风险投资对技术和经济贡献的具体路径、影响因素仍然需要进一步探究。另外，在研究方法上往往都是采用假设的方法，然后实证检验，但是所选的数据往往是某一地区的，缺乏一般性，限制了所得结论的适用范围。

二、2004年国际重要研究文章介绍

根据目前风险投资的热点方向，主要从EBSCO和Proquest数据库的检索结果中筛选了若干篇在国际一流学术期刊上发表的文献，来源主要是：《Journal of Business Venturing》9篇，《Journal of Financial Economics》2篇，《Journal of Corporate Finance》3篇，《Journal of Banking & Finance》和《Research Policy 》等其他杂志的文章9篇。理论研究类主要介绍了风险投资决策、风险投资政策环境与国际比较、风险投融资之间的契约安排和监管以及风险投资的作用等方向的重要文献。

（一）风险投资理论与实证研究

1. 风险投资决策

·***《人力资本理论和风险投资公司：研究"公开上市"和"破产"两种形式》***

英文标题：Human Capital Theory and Venture Capital Firms: Exploring "Home Runs" and "Strike Outs"

作者：Dimo P. Dimov， Dean A. Shepherd

来源：*Journal of Business Venture,* 20（2005）

页码：1页～20页

关于人力资源理论的一般的认识是多就是好。实证上对这种主张的支持主要是用教育和经验的年限作为衡量人力资本的代表。但从方法学的角度看，这都缺乏理论和经验上的精确性。这篇文章从另一角度，将人力资本的主要的不同组成要素加以细分，并且针对业绩的两种表现形式，研究两者之间的关系，在理论上有了新的突破。

总的来说，文章的框架结构如下。首先，讨论了风险投资家的任务和业绩的两种表现。其次，讨论了人力资本的不同方面对于两种业绩的贡献并且由此提出了一系列的假设。第三，详细地阐述了用来检验上述假设时所采用的研究方法并给出了结果。最后分析了结果并且为创业活动的学者和实践家们给出了一些启示。

文章的主要目的是调查人力资本和风险投资公司业绩之间的关系。风险投资行业的背景非常适合于研究人力资本的多种特性——风险投资家拥有多样化和广泛的知识和经验。此外，这个行业为研究绩效的多种维度也提供了可能。当被投资公司组合公开上市时，风险投资公司价值就会提高，反之当被投资公司组合破产时，则会下降。因此，这篇文章，主要调查了风险投资公司高级管理团队所拥有的教育和工作经验的类型，并分析了他们与以下两种投资业绩之间的关系："home runs"首次公开市场发行，"strike outs"破产。

基于这篇文章的研究目的，文章首先将风险投资公司的任务分成了前期和后期投资活动。前期活动主要包括签订投资合约，尽职调查，谈判并与创业投资家建立关系。后期投资活动主要包括初期投资交易后的所有行动，如寻找并雇佣高质量队伍，为中期或接下来的投资寻找共同合作者，提供策略和运作方面的建议等。

文章指出，以前的主要的研究都表明，对风险、回报、机会和威胁有清晰概念认识的一个核心因素就是具有相关的知识。此外，因为风险投资公司的活动大多涉及到高新行业，所以还要具有积累新知识的能力，这种知识的储备包括外部的如学历以及内部的如某一领域的具体经验。基于此，本文从另一角度，将人力资本划分为一般性的人力资本和专业性的人力资本。

一般性的人力资本主要是指总体的教育和实践经验，专业性的人力资本主要是指某一特殊领域或活动的教育和经验。区分两者的标准是判断某一特殊领域的学历和经验是不是能直接的被用来进行投资决策、筛选和管理等活动。按照这个原则，文章认为商业、法律和咨询一般属于专业性的人力资本，而自然科学和人文科学属于一般性的人力资本。

在以上的分类基础上，文章提出了四点假设：

假设1：风险投资公司的高层管理队伍中，拥有工商管理硕士（a），法律硕士（b），以及法律行业工作经验（c），金融业工作经验（d），咨询业工作经验（e）的人越多，投资公司组合中公开市场发行的比例就越高。

假设2：风险投资公司的高层管理队伍中，拥有工商管理硕士（a），法律硕士（b），以及法律行业工作经验（c），金融业工作经验（d），咨询业工作经验（e）的人越多，投资公司组合中破产的比例就越低。

假设3：投资公司组合的高层管理队伍中，拥有人文科学学历（a），自然科学学历（b），以及创业投资经验（c）的人越多，投资公司组合中公开市场发行的比例就越高。

假设4：投资公司组合的高层管理队伍中，拥有人文科学学历（a），自然科学学历（b），以及创业投资经验（c）的人越多，投资公司组合中破产的比例就越低。

文章选取了大量的数据，对所选变量进行了多重共线性的检验和相关性分析，最终研究得出：专业性人力资本在解释首次公开市场发行业绩时没有明确的结论，但专业人力资本在解释破产的业绩和一般人力资本在解释首次公开发行业绩方面与预期相吻合。也就是，一般人力资本——自然科学和人文科学的教育，和被投资公司中首次公开发行的比例呈正相关的关系。破产方面，如果风险投资公司的高层管理团队中拥有越多的专业化的人力资本——如工商管理硕士、法律学历，咨询经验，则被投资公司中破产的比例就越低。但同时研究还发现，法律行业的从业经验与被投资公司组合中破产的比例呈正相关的关系。风险投资公司中拥有越高比例的自然科学和人文科学教育背景的高层管理队伍人员，他们的被投资公司的组合破产的趋势就越高，与预期的结论相矛盾。

此外，文章还做出了一系列有价值的贡献。首先，对于人力资本提出了一种更精细的研究方法，就是调查风险投资公司高层管理队伍具有的不同类型的教育和工作背景的业绩表现。其次，提出了业绩的两种表现形式，并且研究了与这两种业绩相联系的人力资本种类之间的差别。第三，风险投资和创业投资的文献都集中于研究首次公开发行，而忽略了相关的业绩结果的潜在的下降趋势，而在这篇文献中增加了对被投资公司组合破产的研究。最后，为以后更进一步的研究奠定了一定的基础。

结论表明，该篇文献的研究结果对于实践家们也有一些重要的启示。风险投资公司可以通过了解那些能更多贡献于公开市场发行而非破产业绩的人力资本的因素来帮助他们建立一支能够增加公司业绩的团队。而对于创业家在寻找风险投资公司融资支持时，应该更多关注于风险投资公司能够为初创企业所带来的价值，在前期通过对风险投资公司高层管理队伍的背景的检查，创业者们就可以选中那些能为他们的成功做出最大贡献的风险投资公司。

·《风险投资的分阶段融资：道德风险》

英文标题：Staged financing in venture capital: moral hazard and risks

作者：Susheng Wang，Hailan Zhou

来源：*Journal of Corporate Finance,* 10(2004)

页码：131页～155页

在风险投资中，分阶段融资是一种被广泛采用的风险投资工具的形式之一。文章主要分析了当创业者面临着不完善的资本市场以及投资者面临着道德风险和处于不确定性的环境条件下，分阶段融资是如何减弱道德风险的。

文章是近年来众多通过建立模型来研究分阶段融资在风险投资业中控制并减弱道德风险的作用的文章之一，但有一些不同之处。首先，该模型考虑了可实施的税收共享合约的因素。其次，该模型认为不光风险投资家会提供融资性工具，同时创业者也提供非融资性的努力。最后，通过不允许再次谈判的假设，避免了委托问题，而将该模型仅仅集中在分析风险投资中的代理问题。

文章认为，风险投资融资的一个重要特征就是分阶段注入所承诺的资本并且保留放弃该项目的权利。更进一步的说，在道德风险下，风险投资家倾向于在早期提供较少的风险投资，通过监管获得所需信息并且持有终止可能发生的危险的权力，使得风险投资家可以有效地控制潜在的道德成本。

文章的研究对象是新初创企业融资的道德风险和不确定性的问题，在提出了一系列的假设条件后，建立了一个正式的模型，并采用参数的研究方法，比较了分阶段融资和一次性融资，分阶段融资和契约之间的相互补充作用。研究得出，除了契约以外，对于风险投资家而言，分阶段融资是减少代理成本和控制风险的一种有效机制。

文章的架构如下，首先定义了在充满不确定性和道德风险的环境中风险融资的模型。其次，对模型进行了一系列的更改，包括在有前期谈判和无前期谈判的条件下，分阶段融资和一次性融资的次优和最优的解决办法。最后讨论了分阶段融资的特性并给出了结论。

文章指出，由于分阶段融资的流动性，一个项目可能会创造出高于风险投资家的预期的回报，因此，在一次性投资下的一些非盈利的项目在分阶段融资中可能会变成盈利性的项目。特别是对于那些具有高回报增长潜力的风险投资，分阶段融资是最佳选择，可以达到更高的效率。作为契约的一种有效的补充机制，分阶段融资除了可以通过后续的投资来较少风险并获得利益外，同时还在控制道德风险方面扮演着重要的作用。分阶段融资可以促使创业者高效的努力。但是，在社会福利方面，分阶段融资并不总是比一次性融资占有优势。对于低成长的风险投资业来说，一次性融资或许是一个更好的选择。因为如果采取分阶段融资，可能会在投资早期对该项目投资不足，从而对一个可行的项目造成很大的杀伤力导致其失败而最终出现社会福利的损失。

文章同时表明虽然论文涉及的是风险投资业，但是分阶段融资已经被用在了许多不同的情况。例如，运用于研发部门的连续性投资和取得的涉及多时间的分阶段投资的分阶段偿还问题。而本文的模型应该很容易的被运用于那些涉及到跨时间投资的案例中。

· *《网络初创企业的风险投资，战略联盟和首次公开市场发行》*

英文标题：Venture Capital Financing, Strategic Alliances, and the Initial Public Offering of Internet Start-ups

作者：Sea Jin Chang

来源：*Journal of Business Venturing*, 19 (2004)

页码：721页～741页

网络技术和与网络相关行业的初创企业的大规模发展已经从根本上影响了世界的经济。这篇文献是第一次企图运用一个大规模的数据库来检查网络初创企业的业绩，选取的都是已经IPO公开上市的初创企业。为了采用此方法，文章对IPO的市场环境作了严格的控制，因为它会对IPO事件产生重要的影响。

文章主要检验了网络初创企业的风险资本融资和策略的联盟是如何影响初创企业获得成长所必需的资源的能力。通过选用首次公开市场发行的方式作为衡量网络初创企业的早期业绩的一个方法，并且对首次公开市场发行的市场环境加以控制，文章研究发现了影响初创企业IPO上市时间的三个积极的因素：参与的风险投资公司和战略联盟伙伴的声誉越好，初创企业筹集到的资金越多，初创企业的战略联盟的规模越大，IPO的时间就越早。

文章指出选用IPO衡量网络初创企业早期的业绩，首先因为那些常规的衡量业绩的方法，例如利润和销售额，对于如此年轻的企业是不适用的。因为网络初创企业在技术和商标上需要大量的前期投资，此时如果用普通的财务变量精确的衡量其业绩会存在一个较大的时差。其次选取IPO具有可行性。因为通过IPO，可以将私人持有的风险投资变为公众拥有的公司，风险投资家希望尽可能快地将初创企业公众化来实现他们的盈利并且投入到其他的初创企业中。对于创业家而言，IPO也是一个可以使他们通过股票交易获得现金和取得资本利得的途径。因此，一个公司的公开上市意味着其业绩上的里程碑，暗示着它会更进一步的增长。

文章具体指出了风险资本融资和策略联盟对于初创企业的业绩的影响的两个方面。第一，他们会为初创业企业提供所需的资源如现金和其他补充性的资产。第二，他们会向其他资源的拥有者发出一个信号——该初创企业值得投资或提供资源，这种保证为初创企业提供了一个权威的证明，使得初创企业能够获得额外的资源。一个从具有良好声誉的风险投资公司那里获得了基金、并且加入了由主要的客户和供应商组成的庞大的战略联盟的初创企业能够吸引更多的资源，从而比那些缺乏这些资源的初创企业更易上市。这些经验性的结论对于学者和实践家都有着重要的启示。

文章存在一些局限性。首先选取IPO作为衡量网络初创企业的业绩的方法并不完善，因为选取的对象有许多在IPO后就破产了，所以今后的研究还应该要考虑哪些因素会帮助网络初创企业在IPO后继续发展和生存。其次，在考虑承销商对于IPO成功的影响时，文章只是考虑了风险投资家，以后的研究可以进一步考虑投资银行家，这将更充分的说明战略联盟的重要性。

对于创业者而言，这篇文章同时也建议，在成立初创企业的时候，应该从声誉好的风险投资公司那里取得基金。此外，应该与主要的合作伙伴发展战略联盟，来获得需用几年的时间才可以积累的社会、技术和商业方面的资源，这样将会降低成本，提高业绩，并且可以快速的建立相关的规模。规模经济在网络行业里是成功的一个关键因素。虽然，仅仅获得这些资源，初创企业并不能确保获得长期的成功，但是，它的确会加快初创企业上市的步伐使得他们能够运用这些基金在激烈的竞争环境中获得更长远的发展。

·《风险投资家的决策过程：证据显示过于丰富的经验会适得其反》

英文标题：VCs Decision Processes: Evidence Suggesting More Experience May Not Always be Better

作者：Dean A. Shepherd, Andrew Zacharakis , Robert A. Baron

来源：*Journal of Business Venturing,* 18(2003)

页码：381页～401页

理论界普遍认为，经验的增长伴随着判断能力的提高。将这一概念运用到创业者中，似乎就是说随着风险投资家的经验的增长，他们的决策过程的效率将会提高。但是，过于丰富的风险投资经验是否一定会带来更佳的决策呢？作者认为，这一理念并没有经过系统的调查，而且相关领域的文献也提出了一些对立面的叙述。本文对拥有不同经验的风险投资家的决策过程进行了比较。

研究认为，开始的时候，随着经验的增加，风险投资家的决策能力会得到提高，但如果到达了一个特殊点的时候，增加的经验可能会对决策的过程产生有害的影响。要说明这个问题，就产生了一个很重要的讨论，即如何评价风险投资家的决策。一种可能是检查他们实际决策的正确度，但在现实中往往由于很大的障碍而缺乏可行性。另外一种方法就是聚焦于决策的过程而不是决策的结果，也就是分析风险投资家们结合信息并形成最终决定的方法以及与 Bootstrapping 模型相关的业绩表现。最终，在这篇文章中，从以下三方面对决策过程进行了评价：可靠性，一致性以及与 Bootstrapping 模型相关的可能的业绩表现。Bootstrapping 模型试图捕捉决策人的认知系统，但在许多的研究中都发现该模型往往会超过决策人的真实水平。

文章研究指出，经验与风险投资家的决策过程的关系是曲线型的。与拥有适度经验的风险投资家相比，缺乏经验或经验过于丰富的风险投资家所作的决定的可靠性和有效性都相对较低，但造成两者业绩较低的原因却不相同。对于缺乏经验的风险投资家来说，当他们在挑选与决策相关的可获得的信息时，由于对决策形式的生疏导致了判断上的错误。而另一方面，经验过于丰富的风险投资家往往会将他们的决策过程流线化，受到直觉的影响，最终受到不同形式的偏见和错误的影响。

同时需要注意，文章的研究有一定的局限性。首先，如果要将文章的结论一般化的时候，必须要排除澳大利亚的风险投资家，因为澳大利亚的风险投资家往往会积极的评估交易项目，与在美国的情况不同。第二，风险投资家的评估策略是非线性的。文章中一系列的测试都表明非线性的决策不会改变文章的研究结论。第三，文章对于风险投资和环境提出了一系列的假设，因此会较少的关注和评判风险投资家选取信息的能力。第四，没有获得直接衡量决策准确度的方法，而是集中在研究风险投资家的专业能力和决策过程之间的关系。

·《挑选胜利者还是创建胜利者？联盟，知识和人力资本作为风险投资和生物技术类初创企业业绩的衡量标准》

英文标题：Picking Winners or Building Them Alliance, Intellectual, and Human Capital as Selection Criteria in Venture Financing and Performance of Biotechnology Start-ups

作者：Joel A. C. Baum, Brian S. Silverman

来源：*Journal of Business Venturing,* 19(2004)

页码：411页～436页

在创业企业发展的历程当中，风险投资公司这样的融资媒介可能是新的创业公司在发展过程中可选择的最主要的融资来源。风险投资公司在进行选择的时候，可以扮演“侦探”的角色来挑选出具有发展潜力前景的企业，也可以扮演“教练”的角色帮助创业公司完成创业的目标。尽管有大量的文献研究了风险投资公司在鼓励创业公司中所起的作用，但是他们普遍都想当然的认为风险投资公司是侦探专家和教练，从而忽略了对风险投资公司提高创业企业业绩的方式的探究。在这篇文章中，通过比较创业联盟、知识、人力资本等特征变量对风险投资公司融资决定和初创企业业绩的不同影响，来分析得出风险投资公司是挑选优秀的创业企业还是创建优秀的创业企业。如果风险投资公司主要挑选胜利者，那么那些吸引风险投资的创业企业的特征变量将会提高创业公司未来的业绩。相反的，如果风险投资公司主要创建胜利者，那么吸引风险投资的特征变量与创业公司未来的业绩联系就不是很紧密，甚至有可能产生负面的影响。

文章首先对于将风险投资公司看作“侦探”和“教练”的观点进行了详细地阐述，其次确认了将创业联盟（社会资本）、专利权（知识资本）、高层管理团队（人力资本）作为衡量创业公司发展前景的主要信号。接着建立了模型，评估了这些因素对风险投资融资的影响，并选取了1991年～2000年之间的加拿大的生物技术行业的创业公司，比较了这些因素对创业企业业绩的影响。最后分析了结论和得到的启示。

对加拿大生物行业创业公司的研究表明，创业联盟和专利在吸引风险投资和对创业公司后续业绩的影响方面具有相类似的作用。但是，吸引风险投资的高层管理队伍这个特征对于后续业绩的影响作用微乎其微。同时，研究发现吸引风险投资融资的特征变量与退出的变量具有很大的相关性，特别的是，风险投资公司更多的关注那些拥有潜在业绩增长的高技术的公司，即使该公司在短期会处在失败的边缘。风险投资公司是一个有经验的专家，会将发掘具有高潜力的技术创业企业与注入管理方面的经验技术结合在一起。同时，文章指出如果风险投资公司在进行投资决策时，过分关注创业公司人力资本这个因素，很可能会导致错误的决策。

文章具有一定的局限性。首先，搜集的数据并不能够区分风险投资公司能力之间的差异。其次，数据全部来源于生物技术行业，虽然得出的结论与研究硅谷的电信行业的结论相一致，但是在将结论一般化的时候仍然是受到了限制，缺乏充分的证明。

·《创业融资：争论与证据的综述》

英文标题：Entrepreneurial Finance an Overview of the Issues and Evidence

作者：David J. Denis

来源：*Journal of Corporate Finance,* 10 (2004)

页码：301页～326页

目前，关于融资的大部分研究都集中在讨论上市公司的融资及其所发行的证券的定价问题。但是，小企业和新的商业已经成为经济发展重要的组成元素，相应的，私募资本的数量也出现了明显的增长趋势，金融学者们也更多的关注创业企业的融资问题。

文章对研究快速增长的创业企业融资的文献进行了概括和总结。主要回顾了以下四个研究领域：可选择资本的来源，融资契约的争论，公共政策，私募资本回报的动力。这四个领域并不是争议的全部，但却是主要方面，此外，上述四个问题的文献也只是选取了最新的也最具有代表性的文章。

文章指出，过去，金融学者们都倾向于将创业从公司融资的领域中全部分离出来，这种方法其实暗示着这样一种观点，即创业投资融资面临的问题是与上市公司截然不同的，从而限制了传统融资理论的应用。但是，近年来，金融学者们已经认识到，创业融资也面临着两个基本的问题——代理成本和信息不对称，与传统的公司融资所不同的仅仅是这两个问题的影响程度不同，相应的就要求采用不同的契约来解决。因此，近期的关于创业融资的争论的分析文章都以传统的公司融资理论为依据。

文章的结构如下，首先对有关筹资来源的文献进行了概述，种类包括风险投资，天使投资者，公司风险投资计划，银行和自我筹资。其次，对目前创业部门遇到的契约问题进行了讨论，包括发行的证券类型，与证券相联系的契约的特征，所有权和控制权等。接着阐述了公共政策对推动创业融资方面的贡献，特别是政府投资项目，税收政策以及其他的监管措施。最后对私募资本的风险和收益的特征进行了总结，给出了相关的结论。

文章指出，天使投资者和风险资本投资者对初创企业的投资存在一个明显的分界。是什么原因导致了这种均衡的存在，风险投资公司和商业孵化器项目又是如何适应这种均衡的？制度和法律在决定创业投资的最佳融资契约的重要性体现在哪里？导致公共资本和私募资本报酬率差异的因素是什么？这些都有待于进一步的研究。

文章同时建议，目前，对于创业企业投资来源的研究多集中在风险投资家，应该更多地考虑其他可选择的资金来源，这对于研究私募资本的回报会有更深入的帮助。此外，目前的研究主要都集中于美国的公司和风险投资家。但是随着风险投资和私募资本在其他国家的发展，金融专家应该更多的关注其他的市场，毫无疑问，这将会更进一步深化对制度和法律等影响风险融资需求和供应的因素的认识，并且随着可获得数据的增加，创业融资在接下来的几年，仍然是一个值得研究的领域。

2. 风险投资政策环境与国际比较

·《从制度的角度比较中西方风险投资业的差异》

英文标题：An Institutional View of China's Venture Capital Industry Explaining the Differences Between China and the West

作者：Garry D. Bruton , David Ahlstrom

来源：*Journal of Business Venturing,* 18(2003)

页码：233页～259页

制度理论认为，一般来说，制度特别是文化会对公司或是个人的行为在许多方面产生微妙而巨大的影响，该理论曾被用于解释世界不同地方管理差异的原因。目前，对美国和欧洲的风险投资业的研究较为深入，但是对其他地方如亚洲的研究仍然非常有限。中国的制度环境与西方存在着巨大差异，风俗习惯和特有的文化营造了一个明显不同的商业模式，文章通过对投资于中国的24个风险投资公司的36个风险投资家的采访，试图探究制度对该国风险投资行业的影响。

文章首先对制度理论及其在中国的运用进行了简要地说明，并回顾了中国风险投资业的发展背景。接着在对中国的风险投资家和3个基金公司的采访的基础上，建立了研究框架，并对中国风险投资业的运作与西方进行了比较和对照，主要集中在以下4个方面：第一，对于预期的基金公司的选择过程；第二，风险投资与创业企业之间的契约关系和监管；第三，基金公司提供的价值创造活动；第四，退出机制。最后对上述发现进行了分析、讨论，并对实践家提出了建议。

研究指出，对于风险投资家来说，在中国的投资并不是一项简单的任务。了解中国当地的环境对于获得市场的成功是至关重要的。中国的环境是非常复杂的，近年来一个明显的改变就是对被投资公司的筛选和监管的过程。随着时间的推移，风险投资家逐渐意识到，尽管中国是独特的，但是在尽职调查等方面，他们也必须要广泛地采用与西方相同的步骤，来适应中国不同的制度环境。

同时，西方的投资者更多的是坐在谈判桌上而不仅仅是带来资金。他们的建议和关系网以及全球化的理念对于基金公司的成功起着重要的作用。尽管中国的创业公司不情愿让风险投资家参与公司的融资和战略上的决策，但是他们现在也日益认识到投资者并不仅仅是被动的资金提供者。中国最精明的公司正在积极地寻找由风险投资家提供的多样化服务的输入，相应的风险投资者们也认识到要想成功必须雇用各种广泛的专业人才。但是拥有这些专业技能并不意味着风险投资家们可以忽略中国已经存在的制度方面的差异。相反的是，他们必须根据中国的实际情况对这些专业技术进行合理的调整。因此，在以后，中国的风险投资业很可能会形成与西方的模型拥有很多相似之处的框架，但是仍然保留着自己特有的文化和商业的特征，影响诸如人员的雇佣，资产的评估以及完成尽职调查所需的时间等问题。

随着国有企业对外商投资的不断开放以及政府要私有化这些部门的愿望的不断增强，将来会为风险投资家们创造出大量的机会。此外，传统的投资家们正试图将他们的投资多样化，一个很明显的信号就是将中国包含在他们的被投资公司的组合中。西方的投资家一定要做好充分准备，通晓中西方之间的环境差异，并不断调整自己的行为争取在这个复杂的市场将获得成功的可能性最大化。

·《公共政策与创建活跃的风险投资市场》

英文标题：Public Policy and the Creation of Active Venture Capital Markets

作者：Marco Da Rin, Giovanna Nicodano, Alessandro Sembenelli

文章主要研究了公共政策在提高资本市场中对初创企业和高技术企业的投资份额中所发挥的效用，因此有助于帮助建立活跃的风险投资市场。文章在对 Holstron 和 Tirole 所提出的简单模型扩展的基础上，研究了投资额在初创期和扩张期，高科技和低技术企业之间的分配，提出了“创新比率”的概念，并将其定义为早期投资占总体风险投资的比率，用来衡量风险投资市场的活跃程度。其次，文章选取了1988年～2001年之间的来自于欧洲14个国家的一组数据，对模型研究得出的结论作了实证性的检验。文章选取的研究方法主要是在一个区域内部对各种变量进行跨时间的综合的检测，对于政策绩效的衡量又引入了新的变量，文章并没有集中在对风险投资需求和供应水平的研究，相反是将一个合理的比率作为研究的焦点，这些都是本篇文章的创新之处。

文章的组织结构如下，首先描述了近年来试图创建活跃的风险资本市场的政策的主要内容，接着建立了模型并提出了一系列的假设。然后对所选的数据进行了描述，并对假设的结论进行了实证分析，最后加以总结。

研究指出，第一，以创业公司为目标的新的股票市场的开放会大大提高初创企业和高科技企业投资的规模，因为这将为风险投资公司的成功退出提供更多的机会；第二，资本增值税的降低会提高风险投资市场的“创新比率”；第三，降低对创业者政策方面的限制，如对劳动力的监管，将会促进风险投资的活跃；第四，没有证据证实欧洲缺乏风险投资的供应和创业投资机会，同时研究发现研发项目的公共支出对于提高“创新比率”没有任何作用。

上述这些结果，可以用来解释欧洲风险投资业看似矛盾的景象——欧洲缺乏将具有竞争力的优秀的科技成果转化为成功的商业化的风险投资。这其中的原因并不是因为缺乏创业投资的机会，而是对创业投资公司的创建有太多的政策限制。

研究的结论对于那些新生的风险投资资本市场的国家的政策制定者们也具有很大的帮助。虽然这些理论是来源于欧洲的经验，但是文章的结论表明了调整政策结构对促进风险投资的普遍重要性。虽然文章的分析并没有包含所有的可行的政策，但新引入的变量对于政策绩效的评估也做出了有价值的贡献。

·《认识东亚的风险投资：制度对该行业现状和未来的影响》

英文标题：Understanding Venture Capital in East Asia: the Impact of Institutions on the Industry Today and Tomorrow

作者：Garry Bruton , David Ahlstrom , Kuang S. Yeh

来源：*Journal of World Business,* 39 (2004)

页码：72 页～88 页

东亚的风险投资在地区性的发展中已经扮演了很重要的经济角色，并且被期盼在将来发挥更重要的作用。但是，关于该行业的认识仍然是非常有限。众所周知，东亚目前的制度造就了该地区目前的组织机构的行为。文章主要分析了这些制度，特别是与监管的环境和东亚的文化有关的制度是如何造就风险投资业，并且导致了与西方风险投资行业不同的地方。尽管事实上，许多风险投资家在西方的风险投资公司受过培训，并且在风险投资的运作方面拥有相同的理念，但是差异是真实存在的。文章提供了一份关于东亚的透彻的风险投资业的运作过程的研究报告，并且分析了外国投资者和机构需要熟悉和注意的事项。

文章分析了东亚风险投资的惯例，焦点集中于本土的制度如何影响风险投资业并导致与西方的差异。数据主要集中在我国香港，新加坡和我国台湾的风险投资业，因为这三个地区是东亚风险投资业的三个主要的中心，也是海外的中国人所支配的主要的风险投资中心。这些地区的投资团体因一系列特殊的商业管理而闻名，创造出了一套与众不同的商业系统，与当地的制度一起影响了风险投资的行为并被认为可能进一步影响风险投资行业的功能。东亚的风险投资业同时也受到西方标准化管理的影响。因此，这篇文章不仅仅是分析当前制度对东亚风险投资行业的影响，同样也考虑到随着全球化趋势的增加，该行业的未来前景。最后，在这些研究的基础上，为管理者提供了一份研究报告和启示。

研究发现，制度要素（调整的，标准的，认知的）对风险投资行业的影响非常深远，其中，非正式的认知性的制度要素影响最大。当这些标准性的，认知性的制度要素和脆弱的调控系统和弱的政府监管机构相联系时，东亚的风险投资家们不得不面对不寻常的挑战。研究同时指出，非认知性的要素“关系”在东亚的风险投资业中也是不容忽视的。

关于东亚的风险投资业的将来，主要集中在讨论未来东亚和西方的风险投资业差异是会一直保持下去还是最终达到统一。本文认为，未来东亚的风险投资家会更多的考虑投向一系列的技术性初创企业。此外，随着更多的高校毕业生在择业时倾向于自己创业，未来东亚的风险投资者对投资公司的选择被认为将与西方更加接近，但是，东亚地区的风险投资的实践与西方的差异将持续存在。

文章最后指出，对于东亚地区的风险投资的研究需要持续下去，对于这个地区新型的公司以及具有明显特色的制度和商业模式需要更进一步的探索。

·《资本市场的特征对初创企业价值的影响》

英文标题：The Effect of Capital Market Characteristics on the Value of Start-up Firms

作者：Roman Inderst , Holger M. Muller

来源：*Journal of Financial Economics,* 72 (2004)

页码：319页～356页

风险投资行业具有高度的循环性，需求和供应的水平会发生定期的变化。文章主要建立了一个关于合同和交易的均衡模型，并且研究了风险投资相对缺乏时对创业者和风险投资家的交易能力的影响。文章的理论建立在两个基础上，第一是初创企业合约和交易的模型，第二是将外部的选择和相对缺乏的风险投资相联系的搜寻模型，最后得出一个均衡的结果，分析资本市场的特征对于相关的资本的需求和供应的水平的影响，进一步对交易能力和所有者权益分享以及初创企业的定价和价值创造的影响。

文章提出的模型的核心是分析风险投资业短期和长期发展的动力因素。短期，风险投资家的数量是固定的，长期会随着市场条件的改变出现风险投资家的进入或退出，因此资本市场的竞争是内生的。按照惯用的思路，模型的时间跨度涉及了网络行业从繁荣到失败的阶段。文章同样检验了市场的均衡对于改变市场进入成本和资本市场透明度的效用。传统的风险投资合约模型是将创业者和风险投资家分开考虑，这篇文章则是将两者结合在一起，直接去除了传统的关于创业者拥有完全的交易能力的假设，而将部分的交易能力赋予风险投资家。模型的原则有两个，一是资本市场的竞争状况和交易能力的改变会影响所有者权益的分享。二是该模型将所有者权益分享和激励机制相联系。

通过建立一个均衡的框架，文章将衡量风险资本市场特征的变量，如投资回报率、进入成本以及资本市场透明度与创业企业的价值，评估和收益率相联系。研究指出，外生的投资收益率提高会引起新的资本流入，最后在创业者的协助下形成资本供应和需求之间的均衡。当创业者的外部选择权的增加——交易能力的提高，会出现风险投资家的外部选择权的减少。这就影响了权益的分享，从而影响激励机制以及初创企业的价值创造。如果资本的供应和需求极度不平衡的话，初创企业的价值创造相对就很低，因为以个体身份进入市场的风险投资家不会考虑他的进入会对整个资本市场的供应水平的影响。政策会影响风险投资的供应水平，风险资本市场的竞争会提高社会福利。

文章也存在有一些局限性，今后的研究可以在许多方面加以扩展。如该模型认为所有的风险投资家都是同类的实体，而实际上，风险投资家是由有限制和合伙制契约共同组成的。此外，模型认为项目成功的可能性虽是由风险投资家和创业者共同决定，但是他们不能选择不同的项目。举个例子来说，如果风险投资家的权益分享非常低而资本市场竞争又非常激烈，那么对于他最佳的选择是放弃对于项目种子期的投资，而选择只需要较少支持和协助的项目后期的投资，但是不能放弃该项目而选择其他的有潜力的项目，这点是模型所未考虑到的。

文章的架构如下，首先提出模型，其次分析了当资本市场的竞争是外生的时候市场均衡的特征。外生的变量主要是投资回报率、进入成本以及资本市场的透明度。接下来分析了关于社会福利和政策启示等非常尖锐的问题和争论，探究了风险投资家事先筛选项目的激励机制，最后进行了实证性的检验。

3. 风险投融资之间的契约安排和监管

·《从组织间学习的角度重新探究风险投资家创造附加值的论题》

英文标题：Reconsidering the Venture Capitalists "Value Added" Proposition: An Interorganizational Learning Perspective

作者：Lowell W. Busenitz, James O. Fiet, Douglas D. Moesel

来源：*Journal of Business Venturing.* 19 (2004)

页码：787页～807页

与其他的投资相比，风险投资具有独特的特征，即在帮助管理被投资公司中起着重要的作用。风险投资家和新的风险投资队伍之间的合作使得风险投资家能够对各种活动进行监管和调停从而加强和保护初创企业。文章主要从风险投资家和创业团队组织之间的关系出发，研究了他们对被投资公司业绩在长期提高中所作的贡献。文章收集了183家风险投资的案例，其中36家已经倒闭，44家仍然保持私人持有，36家被兼并和收购，67家通过首次公开市场发行成功地完成了退出。这些数据从1989年年末开始进行跟踪收集，涉及了一个较长的时间段，使得作者能够充分地对每一个风险投资案例从学习支持、创业团队的辞退和管理规范化三个方面来分析风险投资家和创业团队之间的关系对于被投资公司创造附加值的影响。

作者将研究学习问题、代理理论和管理规范化的文献相结合探究了风险投资家和创业团队之间的相互合作问题。相互合作的含义是风险投资家和创业团队愿意共同付出努力进一步提高他们在风险投资中的共同利益。文章首先检验了信息对于共同合作的价值，接着在学习活动、代理关系和管理合作关系方面提出了一系列的假设，并利用所拥有的数据进行了实证性的检验最后得出结论。

研究发现，在策略信息方面，尽管并没有明显的证据证明风险投资家提供的策略信息与创造附加值之间的关系，但不能就否认其与创造附加值毫无关系，因为这个结论很可能和所选择的数据来源有关，有时候对于被投资公司的管理很可能不是由风险投资家亲自执行，而是雇用一些咨询者来帮助他们完成战略规划的任务，在这种情况下，风险投资家就不会创造价值。在创业团队的辞退方面，发现与创造附加值之间存在负相关的关系，这很可能是由于被解聘的管理者拥有的信息很可能是私有的和专业化的，快速地寻找他的替换者就变成了一个难题，从而影响对被投资公司的价值创造活动。在管理的规范化方面，发现其与被投资公司的长期的业绩之间存在正相关的关系，文章认为有时候更重要的是不在于交换什么样的信息，而在于信息是如何被交换的，建立一个规范化的管理程序有助于高效和快速的信息传递，从而提高监管和决策的正确性，提升对被投资公司带来的附加值。

文章同时存在一定的局限性，就是在这十年里可能会有外来的未知的因素对结果产生混淆的影响，此外，研究选取的样本都来自于美国，这在将结论一般化的时候就会受到约束，要非常小心。

·《风险投资家在上市公司中的作用》

英文标题 : Effects of Venture Capitalists’ Participation in Listed Companies

作者：Clement K. Wang , Kangmao Wang , Qing Lu

来源：*Journal of banking & Finance,* 27(2003)

页码：2 015页～2 034页

风险投资是中小型创业者融资来源的外部媒介。以前的研究都认为，风险投资公司可通过更低的偏低定价创造附加值，并且提高风险投资支持的公司公开上市后的经营业绩，但其实风险投资家们参与的效用是非常复杂的。本文是实证性研究新兴市场的风险投资的文献之一。在这篇文章中，以有20多年风险投资历史的新加坡新兴市场作为研究的框架，检测了认证模型和逆向选择模型。由于上市公司有义务向公众披露其背景以及经营数据，本文聚焦于风险投资家对上市公司的影响时，主要是通过与非风险投资支持的公司的公开发行成本、价格以及上市后的业绩相比较来体现。文章主要实证性的研究了在新加坡，风险投资公司在公开上市过程之前和之后的作用。

研究了风险投资家对被投资公司公开上市的价值创造，并通过上市前后的经营业绩和市场的业绩表现检验了上述两个模型。

文章的架构如下，首先提出了风险投资家在公开上市过程中所起的作用的两个模型，认证/监管模型和逆向选择/逐名模型，并对其进行了实证性的检验。其次，描述了数据样本，并比较了风险投资支持和非风险投资支持的公司之间的差别，最后对今后的研究提出了建议。

本文研究发现了一系列有趣的结果。通过比较新加坡的有风险投资与无风险投资的公司之间的差异，发现风险投资支持的公司更加年轻并且拥有更偏低的定价和更高质量的承销商。与美国的证据相矛盾的是，研究并未发现风险投资支持的公司会拥有更高的收益，低的发行成本或高质量的审计者。同时发现，长期拥有风险投资支持的公司在公开上市那一年的经营业绩劣于无风险投资的公司。

文章的研究支持了认证模型和逆向选择模型，但不支持在公开上市后的风险投资公司的监管作用。同时，文章发现由年长的风险投资公司支持的首次公开发行会表现出更好的业绩，即支持了逐名模型，而年轻的风险投资公司会过早的将他们的被投资组合公司带入市场。

在公开市场发行后的业绩方面，风险投资支持的公司公开上市后的业绩处于劣势，尽管他们会被更偏低的定价，并且这种差距会随着时间加大，而资本利润率和销售利润率会明显的下降。此外，拥有长期的风险投资的公开上市公司的业绩在绝对值上明显更糟，而拥有短期的风险投资公司只是在与公开上市的那一年相比在相关的改变方面更糟。在短期和长期的市场业绩方面，两者之间并没有明显的差异。这些结论与传统的研究发达国家市场的文献有所不同。因此，本文也为研究新兴市场的风险投资家及其效用划出了一道新的曙光。

·《风险投资家的价值创造活动，筹资和划拨》

英文标题：Venture Capitalist Value-added Activities, Fundraising and Draw-downs

作者：Douglas Cumming , Grant Fleming, Jo-Ann Suchard

来源：*Journal of Banking & Finance,* 29(2005)

页码：295页～331页

文章是第一篇研究风险投资家的不同类型的价值创造活动对筹资所带来的效用的文章，目的是加深对于影响风险投资基金筹资等因素的实证性的研究，并且分析了风险投资基金的提取问题。文章将研究的主要焦点放在很少引起学术界注意的处于发展中的澳大利亚风险投资市场，利用大量的数据对承诺基金和来自于资本承诺的资金划拨作了实证性的区分，这一点是以前的学术研究中所未考虑到的。研究指出两者之间有着根本性的区别，并值得更深一步的探究。考虑到风险投资基金是机构投资者和创业企业的媒介，文章选取以养老基金作为私募资本筹资来源的风险投资公司为研究对象，研究其开展的活动包括筹资方面的融资、管理、营销和策略制定对于筹资的影响。此外，通过与养老基金和风险投资基金相比，分析了承诺基金和来自于资本承诺的资金划拨两者之间功能上的差异。文章以澳大利亚统计办公署（ABS）搜集的在1999年～2001年之间涉及风险投资家业绩、风险、投资、管理和业绩收费等多项活动的数据作为实证分析的依据。

文章指出，总的说来，决定资本的划拨和资本承诺的因素具有本质上的不同，也就暗示着风险资本的筹资和创业公司所能获得的风险资本的供应具有不同的经济含义，应该将筹资与资本划拨联合在一起考虑。研究结果明显的表明，与提供营销和管理专长服务的风险投资家相比，更多的资本会流向于那些为创业公司提供融资和策略制定的风险投资家。此外，那些具有高回报和与业绩紧密挂钩的管理收费以及低固定管理费用等特点的基金更易获得筹资。相反，在资本的划拨方面，更多的是流向于提供融资和营销专长服务的风险投资基金，以及那些具有较高的业绩收费和固定管理费特点的基金。最后，研究发现，在IPO退出问题上锁定期限对于风险投资筹资具有不利的影响。

值得注意的是，文章是第一次强调指出养老基金管理者应该关注风险投资家对其被投资公司的组合所提供的价值创造活动的类型。这里的价值创造活动仅仅是针对风险投资家，而不同于其他的金融中介机构所提供的服务。风险投资基金提供更多的战略管理和融资建议，将会获得更多的养老基金的支持，而那些较多提供营销和融资建议的基金往往会具有较高的资本划拨支持。这些结果为养老基金的管理者如何分配资本提供了新视角，并且帮助解释了风险基金中资本划拨的相对比率。尽管目前这方面仍然没有可比较的数据库，但是作者认为收集其他国家相同的信息进行归类并且进行更深一步的研究是非常值得和必要的。

·《风险资本投资创业企业组合的最佳规模》

英文标题：The Optimal Portfolio of Start-up Firms in Venture Capital Finance

作者：Vesa Kanniainen , Christian Keuschnigg

来源：*Journal of Corporate Finance,* 9(2003)

页码：521页～534页

对初创企业来说，风险投资家们不光是进行融资，同时也会带来附加值。由于为公司提供咨询服务需要花费时间，所以风险投资家要在投资组合的规模和提供咨询的程度之间进行适当的权衡。对公司提供咨询服务的单位报酬的减少会导致投资组合规模的扩大。但是，随着管理成本的提高，又会导致被投资公司获得的咨询服务减少，创业者会要求更多的利润分享，最终又会导致扩张投资组合的规模是不经济的。对于上述问题，文章采用相对的静态分析方法研究了风险投资的规模与投资回报和其他参数之间的关系。

在真实世界中，一个风险投资家投资于小型初创企业的数量一般为5家到30家。文章在考虑了双重道德风险的风险投资融资模型的基础上，对真实的情况进行了合理化的改变，即假设风险投资家只对一个创业企业融资。双重道德风险的分析焦点是激励机制的重要性同时体现在影响创业者的努力和风险投资家在被投资组合中的积极行动。结论认为，风险投资融资中创业企业投资组合的最佳规模会随着与代理问题的严重性相关的参数变化而变化。就风险投资家而言，被投资公司提供的管理建议报酬的减少和管理努力成本的提高，将在改变投资规模的大小和管理建议的程度之间的权衡中起着特别重要的作用。同类的文章，更多的倾向于探究这种权衡如何决定在市场均衡中风险投资的结构，从而影响风险投资行业的演变。

文章首先在以前研究的基础上，建立了一个风险投资的双重道德风险模型，并分析了最佳风险投资组合规模的特征，得到了相对静态的分析结果，最后给出了结论。但文章也有一定的局限性，就是并没有获得衡量风险投资家业绩的方法，但非常有意思的是，文章发现对于风险的多样化标准的讨论可能不是惟一的，但可能是决定一个风险投资公司的投资组合规模大小的主要机制。

文章最后强调，投资组合的决策对于风险投资的结构会产生重要的结果。举个例子来说，如果初创企业的投资是偏向于资本集中的话，那么风险投资家必须要付出更高的价格才能获得该公司的股权。尽管收购成本不会直接影响激励机制与相应的利润分享，但是会使得风险投资加强它的被投资组合。这样，他们只会对少数的公司提供融资和相应的咨询服务，目标的集中使得它能够更多地获得风险投资家的利润分享。文章同时也对增值服务的稀释作用进行了试验。研究表明如果风险投资具有更高的盈利的话，风险投资家会提供更多的咨询服务使得它能够以同样的价格收购该公司更多的股份，但是，随着公司数量的增多可能会产生管理方面的稀释，最终抵消最初在咨询服务方面的增长。

·《流动性不足之谜：来自于私募资本的理论和经验》

英文标题：The Illiquidity Puzzle：Theory and Evidence from Private Equity

作者：Josh Lerner , Antoinette Schoar

来源：*Journal of Financial Economics,* 72(2004)

页码：3页～40页

文章提出并检验了关于流动性限制的理论，认为管理者，在文章中主要表现为私募资本的普通合伙人，能够通过对投资者所有权的流动性的限制来影响投资者的组成。同时提出流动性限制作为一种可行的选择能够使得普通合伙人在接下来的融资中减轻逆向选择问题。

文章的思路为首先从理论上对私募资本进行讨论，然后提出模型并运用数据进行分析。具体的内容如下，首先阐述了激发该研究的三个事实：第一，美国私募资本的有限合伙制有明显的限制权利以及激励机制来影响或控制基金公司的活动。第二，私募资本的投资者往往要求更广泛的信息获得权来保证他们监管基金公司的业绩。第三，对合伙利益的转移的限制非常严格，有许多都超出了证券法规定的必须满足的条件。接下来，在对250份私募资本合约调查的基础上，采用实证性的方法对模型的两个重要的假设进行了检验：一是有限合伙者能够了解其所投资的基金的质量因此获得内部的信息；二是在有限合伙制组成的私募资本的不同组织形式中，其获得内部信息的能力会一直持续的存在。最后文章对于模型提出了另外一种可能的解释，即对于转移限制的运用可能是一种机制，通过它使得普通合伙人能够禁止盲目捣乱的人投资于该基金。

研究指出，经理人可以将债券的流动性作为一种可行的选择，来筛选那些资金实力雄厚的机构投资以及面对流动性冲击可能性较低的投资者。文章假设在现有的投资者和市场之间对于管理者的能力了解存在信息不对称的问题，当管理者必须向外部的投资者为后续的发展筹借基金时，就会出现逆向选择问题，因为外部的投资者不能决定管理者的质量是否很低，或者是现存的投资者是否会受到流动性的冲击。因此，流动性的投资者在将来的筹资中会降低管理者的资本成本。文章以私募资本为对象，对模型的假设和预期进行了检验。研究发现，实证与理论的结果相同，即对于同样的私募资本公司而言，如果信息不对称的问题相对较弱的话，那么投资者在后续转移中的限制就不会那么明显。此外，如果合伙制的投资集中在投资周期较长的行业，也会受到较多的转移限制。最后，文章提出了与模型的假设相符合的证据，其中包括后续基金投资者高度的连贯性和精明的投资者参与那些可能后续业绩表现较差的基金的能力。

对于文章的研究结果可以推广到更一般和广泛的范围，而不仅仅是局限于私募资本。例如，许多公司的融资交易也额外的强加了许多限制，超过了证券法规定的标准。可见，对于流动性的权衡问题的研究对于学术界和实践家们都有重要的意义。

·《初创企业，风险投资家和资本利得税》

英文标题：Start-ups, Venture Capitalists, and the Capital Gains Tax

作者：Christian Keuschnigg, Soren Bo Nielsen

来源：*Journal of Public Economics,* 88(2004)

页码：1 011页～1 042页

创业者拥有创新的思想，具备技术方面的竞争力，但是缺乏资源和商业经验。风险投资家可以为初创企业提供融资和管理方面的支持。但是，当面对不充分的创业者的努力和风险投资的支持时，市场的均衡会发生偏移。在这种情况下，资本利得税就特别有害，会削弱努力和管理的水平，从而产生一些社会福利的损失。文章从合作监管的理念，调查了资本利得税对调整风险投资家和创业者之间关系的作用。

文章建立了一个具有双重道德风险的创业企业的融资模型，分析了税收政策在促进风险投资质量方面的作用。该静态模型主要是研究了风险投资家和创业者之间的激励机制的关系。更重要的是，通过该模型能够模拟风险投资在行业均衡中的效应，并且接下来直接分析各种政策的主动性。文章将风险投资家和创业者之间的努力联系在一起的思路扩展了以前的研究。

文章指出，由于管理的最大问题在于其成本大多是无形的而且是不可测的，这就排除了直接通过补助和津贴的方法来改善风险投资家在被投资公司中的管理业绩的可能性。同样的，对创业者的尽职调查和承诺也是很大的无形的不可测的成本，使得它不能作为目标成本津贴的一个目录。如何通过税收政策对其进行控制，成为了理论界分析的焦点。其中资本利得税就成为了改革的一个主要目标。毫无疑问，税收已经成为风险投资业发展的一个巨大的障碍，但是目前在公开发表的所有文献中都没有涉及到税收在改变风险投资激励机制方面的作用。研究发现，即使很小的资本利得税也会导致社会福利的损失，因此资本利得税的确是高技术风险投资企业发展的最主要的障碍。

文章同时指出，税收的改革不能是以牺牲普通纳税人的利益为代价，而仅仅降低资本利得税。除了将减轻税负有限制和选择的运用于风险投资家或是创业者，还可以从根本上对风险投资支持的公司征收创业资本成本征税，或对潜在的创业者征收进入税，由于增加的创业投资的成本最终是由风险投资家来融资的，其实这就是由风险投资家自己支付资本利得税。征收资本利得税会降低创业者或风险投资家的业绩水平，但是对创业企业资本成本或进入成本征税却不会削弱激励机制。不过这种税收政策发挥主动性的一个重要前提就是风险投资的成本以及基本的工资从根本上能与其他的成本项目相区分，并且能够对那些具备减轻资本利得税资格的风险投资企业进行实际的评估和筛选。

文章最后强调税收政策对于激励机制的影响是非常重大的，会明显的促进风险投资业的发展，但是对于这些政策是否能的确有效的提高管理方面的支持仍然需要实证方面的检验。

·《缺乏风险投资支持的创业企业投资》

英文标题：Start-up Investment with Scarce Venture Capital Support

作者：Vesa Kanniainen , Christian Keuschnigg

来源：*Journal of Banking & Finance,* 28 (2004)

页码：1 939 页～1 959 页

风险投资者拥有大量的资本，会对初创企业进行筛选、监管并且提供咨询服务。为了研究风险投资在行业均衡方面的真正作用，文章建立了一个简单的静态风险融资模型，也就是直接普通权益是最理想的融资合约，并认为将直接权益融资作为研究的框架非常适合本文的研究目的。为了将可转换证券合理化，文章同时考虑了风险投资家和创业者之间复杂的动态的相互作用。

这篇文章对描述风险投资部门在行业均衡中的演变，提出了新的思路，即考虑了管理的投资来源的供应的缺乏。而目前的许多文献都集中在最优的激励性契约，忽略了对在行业均衡和最佳被投资公司组合中获得的投资回报内生性的解释。

文章分析了次优的最理想的咨询和利润的分享如何与合约伙伴所面临的经济租金和成本相匹

配。更重要的是，证明了存在一个惟一最优的投资公司组合，能够在所提供咨询的公司数量和提供咨询的努力之间达到一个均衡。此外，完成了一个关于行业均衡的全面的静态的模型分析，探究了过去的商业经验是如何决定咨询的质量，并与风险投资行业的扩张相互影响的。研究得出：第一，通过在公司的数量和管理的咨询价值之间进行权衡，可以确定风险投资公司组合的最佳规模。第二，在行业进行扩张时，风险投资家的能力在短期会呈现缺乏的状态，咨询的服务可能倾向于被稀释，显得较为薄弱。但是随着有经验的风险投资家的延迟进入最终会恢复咨询的质量并且对被投资公司组合投入更多的关注。第三，由于福利的原因，风险投资家倾向于提供较少的咨询努力并且投资于较少的公司。

这篇文章的架构如下，文章首先从奖励性的合约入手，解决了当风险资本融资于被投资公司组合时最优的管理咨询。其次，研究了被投资公司组合的最佳数量，并且强调了要在组合的规模与项目的风险之间进行重要的权衡。接着分析了行业的均衡问题，提出在短期内风险投资家的数量是固定的，并且每个人投资于不同数量的公司来满足创业者对风险投资的需求。文章讨论了存在的租金是如何吸引更多的风险投资家的，同时探究了当进入门槛很低，使得风险投资家的供应具有很大弹性以及管理的资源较充分的条件下行业的均衡问题。

在实证方面，认为在风险投资行业的发展中最重要的资源就是管理专家和有经验的风险投资家们的知识。风险投资家们的专业化人力资本无法轻易获得而是需要花时间来培养。管理资源的缺乏会导致经济租金的产生最终会吸引新的风险投资家们与其竞争，从而达到长期的均衡。当更多的风险投资家们准备投资于初创企业，他们会发现整合他们的投资组合并且更集中的对每一家公司提供咨询是最优的方法。

文章最后提出该模型的许多方面仍然需要进一步的分析。一个值得做的工作就是将模型的关于创业者的供应是完全弹性的假设扩展到不完全范围，并且进一步考虑创业者和风险投资家之间更为动态的关系，进行更深一步的研究。

· ***《施乐公司衍生公司的治理结构与绩效》***

英文标题：The Governance and Performance of Xerox’s Technology Spin-off Companies

作者：Henry Chesbrough

来源：*Research Policy,* 32 (2003)

页码：403页～421页

拥有内部研发项目的公司往往不能提前对该项目的产量做出精确估计。不可避免的就导致产量过剩。此时，公司可以选择建立一个技术衍生公司来实现该研发项目的价值。但是这样一个衍生公司如何加以监管？在高度不确定的环境条件下，一个有效的衍生公司的监管结构必须能够提高该公司的实验性和适应性，才能够开发该技术潜在的价值。但这经常又会与原本打算将其管理并协调成为母公司的补充性资产的那些组织结构相冲突。于是，文章主要对衍生公司的组织结构和监管进行了研究。

这篇文章分析了来自于施乐公司的35家衍生公司的组织结构。发现施乐公司特有的最初的权益立场与其衍生公司接下来的业绩表现之间是负相关的关系，但这并不是由于权益本身，而是在于其对衍生公司的管理惯例。如果一个衍生公司在董事会中拥有较高比例的风险投资者，往往表现出较高的财务业绩，而如果衍生公司安排施乐公司内部的人员作为CEO，往往会表现出较差的财务业绩。定性的数据分析表明，施乐公司的管理惯例会导致它的衍生公司在本地寻找与施乐公司相近的行业，而由外部投资者管理的衍生公司往往会寻求一个更广泛的空间来实现技术的商业化。

文章首先讨论衍生公司组织结构的文献与单独分析监管的文献之间的联系，这些文献的联合将有助于正确评价在衍生公司和母公司之间的补充性活动的需求。同时比较了内外部监管结构的优缺点以及内外部 CEO 对衍生公司价值的影响。接下来文章描述了从施乐公司的衍生公司收集的数据，并详细说明了所采用的分析方法。最后对数据进行了分析并讨论了结果。

文章指出，影响衍生公司技术商业化成功的一个重要条件就是创建能够提高适应性的监管结构的能力，因为新的技术和市场是需要被开发的。公司必须决定，是否以及何时替换风险投资的 CEO，或者是否修改风险投资的交易模型。监管方法必须能够促进新实验的开展，同时对于没有前途的实验施加强大的筛选压力。

外部的董事会成员，外部的 CEO，可以通过运用外部的资源、知识和人力资本来推动技术衍生公司新项目的进程。他们获得上述资源的不同途径往往会帮助衍生公司扩展研发的空间。像施乐这样的公司，最好可以与风险投资家合伙，而不是将他们排除在衍生公司的监管之外。对于一个单独的技术衍生公司而言获得融资成功的可能性是非常低的，而风险投资的被投资组合公司的前景会更具有吸引力。此外，运用外部的风险投资和外部的 CEO 将会从地域上扩大原有公司自身的规模。这个新的发现使得公司能够认识到新的机会并且鞭策他们创造出新的内部的补充性的资产来达到这些高峰。

文章同时存在局限性。文章中关于技术衍生公司的数据都来源于一个单一的公司，受到地区的限制，这对于评价敏感的新生市场往往是不充分的。其次大量的风险投资的商业化都在硅谷进行，那里拥有不同的制度环境，这些因素都会限制将文章的结论一般化并运用到其他的行业。

·《日本风险投资公司的监管结构与风险管理方法之间的关系》

英文标题：The Relationship between Governance Structure and Risk Management Approaches in Japanese Venture Capital Firms

作者：Toru Yoshikawa, Phillip H. Phan, Jonathan Linton

来源：*Journal of Business Venturing,* 19(2004)

页码：831 页～849 页

不同的组织和监管机制会对风险投资公司选择风险管理方法产生不同的影响。美国的风险投资家往往采用积极的管理监控来获得一些私有信息，从而将投资回报率最大化，而传统的日本风险投资家往往采用投资组合多样化的方法来减少投资风险。近几年来，日本的风险投资家们也开始运用一系列混合的策略，包括直接的管理监控来控制风险。文章从风险投资公司和基金管理者之间的合同代理关系出发，建立了模型，试图探究影响日本风险投资基金管理者选择积极的管理监控方法或是被动的投资组合多样化的方法的主要因素。文章首先回顾了日本的风险投资业的发展并建立了代理关系模型，接着主要从日本风险投资公司的附属公司，投资管理者的补偿的方式，以及管理的所有权三个方面分析其对决定选择积极的还是消极的管理策略的影响。

研究指出，合作的附属公司与风险管理方法之间的选择并没有任何联系，虽然理论上认为附属的风险投资公司很可能会与被动的风险管理方法相联系，原因可能是因为子公司的策略目标往往来源于母公司，更多的倾向于被投资组合现金流的稳定性而不是收益性。但是，管理者的补偿计划和管理的所有权与风险管理方法的选择有着紧密地联系。特别的是，与业绩挂钩的报酬和管理所有权都会导致选择直接的监控方法来控制风险，而且管理的所有权与选择被动的风险管理方法之间呈负相关的关系。同时，文章对将标准的代理关系理论一般化提供了支持。

文章同时指出，对于风险投资家而言，应该像关注被投资公司的创业者一样来关注对于风险投资基金管理者的激励机制的结构设计。代理理论认为，由于个人的努力和贡献很难测量和检验，或有报酬就成为一个有效的自我控制的激励机制。但是，这种机制的制定和其所运用的组织结构是高度相关的。由于日本很多的大公司，都是采取在公正分配的基础上支付相应的奖金作为激励，从而类似于所有制权益等形式的或有报酬的激励机制就很难执行。

同时，文章对于研究风险投资家和创业公司之间的关系也做出了一定的贡献。尽管普遍认为风险投资公司和被投资企业之间存在着代理鸿沟，但是文章暗示两者之间的利益是趋向于一致的。作者认为，代理模型对于解释来自于信息不对称、风险分担不均衡、不确定的现金流等所引起的监管方面的问题是非常有用的。

文章的研究存在着不完善的地方。虽然作者试图通过与风险投资家的面谈收集更好的数据，但是文章中还是引用了许多以前文献当中的数据，在精细度上有所欠缺。作者建议今后的研究者们在该课题的研究中，最好能够通过个人的网络收集到第一手的资料，而不仅仅是依靠二手数据，提高结论的准确度。

4. 风险投资的作用

·《联合投资与R&D》

英文标题：Financial Syndication and R&D

作者：Haizhou Huang, Chenggang Xu

来源：*Economics Letters,* 80 (2003)

页码：141页～146页

目前，在高技术产业里，大型的公司往往选择和风险资本联合来对不确定性很高的研发项目进行融资，即使是这些项目和它的核心产业紧密相连，并且它有能力独自承担。文章主要是针对这种现象从理论上做出了解释。

文章提出了一个契约型的基金，用来解决在研发部门融资中的一系列承诺的问题，并且解释了为什么那些大型的公司，即使自己有充足的资源可以独自支持研发部门的融资，却往往选择和风险资本相联合来进行融资。

文章以Dewatripont-Maskin的模型为基础，将其从集权经济扩展到了市场经济，提出融资企业家的流动性是不受限制的，在此条件下来研究研发部门的融资问题的争论。文章指出当一个项目被执行的时候，与该研发项目相关的不确定性就会降低，因此，前期的选择往往比后期的选择更有效。但是，前期的筛选要求一个承诺，即失败的项目在将来是可以被放弃的。研究发现，外部的联合融资（Syndicated financing）能够及时的终止失败的项目，使这一承诺得以实现。但是，如果采用内部的融资合并（Financial integration），一个拥有充足资金的大型公司往往就失去了这种承诺的能力。并且，研发项目的不确定性越高，导致这种合并的成本就越高。

在结论部分，文章通过一个例子说明了在现实世界中该模型的运用：创业者拥有一个关于治疗心脏病方面的新药物项目。投资者A是一个大型的传统心脏病药物的专业化制药公司，并且知道营销药物的手段，投资者B是专门投资于相关的新兴技术行业的风险投资家，并且了解该项技术的成本。他们中的每一个人都有充足的资源来单独支持这个项目。如果这个项目在第二个阶段被发现失败了，可选用的策略有：a）改变技术；b）保留该技术缩小适用范围，这两种不同策略的效用最终取决于新药物的市场前景以及该技术的成本。如果这个项目的不确定性非常高的话，那么投资家A，由于预期到通过内部的融资合并意味着不能及时的终止失败的项目，则就会选择和投资家B对该项目进行联合融资。

事实上，许多不同的机构，包括日本的“主银行”联合融资，韩国的政府联合融资，以及中央集权经济下的政府对所有项目的融资，都与该文章建立的模型相吻合。联合融资同样可以采用其他的形式，如辛迪加贷款市场就是近年来大规模快速增长的获得公司基金的来源之一。

· *《风险投资值得吗？对公司业绩和创始人报酬的影响》*

英文标题：Is Venture Capital Worth it Effects on Firm Performance and Founder Returns

作者：Juan Florin

来源：*Journal of Business Venturing,* 20(2005)

页码：113页～135页

高速增长的风险投资的创始人是创业历程发展的活力。文章的研究动机主要是提出并检验一个衡量创业者成功的客观的方法，同时假设这些结果的决定因素并进行检验，最后探究创始人的业绩是否与他们的风险投资者和其他投资者相一致。文章首先从理论上分析了风险投资者和保管人的业绩与创办者为其快速成长的公司所作的早期决定之间的关系，接着提出了衡量创始人成功的两个概念，即财富创造和管理控制，最后选取了1996年公开上市的一系列风险投资公司对两者之间的关系进行了检测。

文章扩展了对风险投资融资的研究，主要探究了其对风险投资的业绩和在首次公开发行后创办人风险报酬的效用。“创办人的业绩”的概念，被定义为创始人财务和非财务形式的回报，建议用来衡量和比较创始人的报酬和投资人的报酬以及公司业绩。一般说来，比较有风险投资和无风险投资支持的公司时，发现公开上市前的风险特征和公开上市后的风险业绩在两者之间没有明显的不同。只有当风险投资支持水平非常高时，公开上市前获得的资源和基金才会有明显的提高。但是这种高水平的资源的捐赠，对于风险投资和其他投资家而言似乎不会影响公开上市后的业绩。另一方面，创始人在他们的公司公开上市前求助于风险投资基金往往会导致创始人自身财富的明显减少，并且降低他们在公开上市后仍然保持CEO位置的可能性。研究结果表明，那些以创造财富为主要动机以及想要依旧保持对风险投资控制权的创始人，在他们的公司公开上市时，应该将风险投资的支持水平最小化。文章同时认为，对于可能由于创始人作为当事人和代理人的双重角色导致的潜在的利益冲突还需要进一步的研究。

文章指出，对于那些计划通过公开市场发行的途径将其公司带入高速成长的创办者，如果希望对于他们的付出，最好以个人财富或风险投资管理的控制权作为回报的形势，那么他们应该避免风险投资公司过多的涉及。虽然当风险投资支持水平很高时，更易获得增长所需要的大量的资本，但是对于后期的公司业绩似乎并没有很大的影响。而且另一方面，获得风险投资的成本对于创始人本身而言是很高的。但需注意，上述理论只适用于小型的、高速增长的、公开市场发行的风险投资业的创始人。

文章同时建议，对于未来的研究，可以通过集中于一小部分的变量并且用等级衰退的方法来检测创始人对于公开上市路径的早期决策与其业绩之间的相互作用，或者用路径分析的方法来检测潜在的因果关系。毕竟，对于创始人是否以及如何获得高水平的财富创造和管理控制权的研究将会帮助他们了解自身的决策对公司的影响，并且可以帮助外部的投资者来避免委托和代理之间的潜在的利益冲突。

· *《从生态系统的观点分析风险投资支持的网络企业的发展》*

英文标题：The Development of Venture-capital-backed Internet Companies an Ecosystem Perspective

作者：Andrew L. Zacharakis, Dean A. Shepherd, Joseph E. Coombs

来源：*Journal of Business Venturing*, 18(2003)

页码：217页～231页

网络已经对经济的发展产生了巨大的影响。文章运用人口生态学、制度理论、生态系统的观点对网络的发展进行了调查，探讨了以下的争论：在创业投资的动力和促进技术进步方面，美国代表一个单一的生态系统和整体的力量还是由大量的生态系统所组成？此外，生态系统的影响对于整个网络部门都是积极的还是对于网络行业的不同的部门有不同的作用？文章主要围绕美国的网络行业在地理上的特征来加以分析。

文章的研究虽然是粗线条的，但有许多有价值的地方。首先，运用了人口学、制度理论和生态系统的概念来研究网络这种快速发展的行业，对该行业的发展和增长在宏观上获得了更深层的理解。其次，对于网络部门的大量传闻性的描述添加了实证方面的说明。第三，文章的粗略的结论为以后的研究提供了许多的途径。最后，为那些试图鼓励创业投资者的政策制定者提供了一些启示。

文章的研究框架如下，首先对现存的关于人口生态学、制度理论和生态系统论的文献进行了回顾，同时对地理和网络行业的发展两者之间的关系提出了一系列的假设。接着选用了非参数的分析方法对假设进行了研究，并分析了结果以及对政策制定者的启示。

研究指出，不同的地理位置拥有不同的生态系统特点，适合网络行业的不同部门的发展。以美国为例，网络的硬件主要集中在加利福尼亚的北部。网络软件主要集中在西南部，而电子商务主要集中在洛矶山脉。研究同时发现，网络行业的发展是重复性的，顺序往往是网络软件公司首先发展起来，接着就伴随着网络基础设施、网络硬件、网络运营服务商到最后的电子商务公司，也就是网络公司的不同部门会在不同的时间，迅速地发展起来。

这篇文章的研究有许多政策上的启示。首先也是最重要的，就是政策制定者应该了解他们地区的专长和提高该专长所需的直接的资源，而不仅仅是模仿其他的地区。总之，每个地区的生态系统是不同的，潜在的回报也是不同的。对生态系统地了解可以帮助政策制定者确定将来的行业发展方向。

文章也存在一定的局限性。文章只是检验了总的假设，就是存在有不同的生态系统，但是并没有对创造出不同生态系统的要素之间的相互作用进行检验。风险投资的数据库非常适用于研究宏观的现象，而其他的技术可能会更适合回答上述微观水平的问题，所以以后的研究可以在这方面深化文章提出的模型。

· ***《风险投资融资与初创企业的成长》***

英文标题：Venture Capital Financing and the Growth of Start-up Firms

作者：Antonio Davila , George Forster , Mahendra Gupta

来源：*Journal of Business Venturing*, 18(2003)

页码：689页～708页

风险投资市场与传统的资本市场和债务融资市场相比，具有独特的特征。文章的研究目的就是比较有风险投资支持和无风险投资支持的公司之间的增长差异并且探究原因。文章选取的数据库系统包括了硅谷494家创业企业，该样本里包括了同行业，主要是技术行业里有风险资本支持和无风险资本支持的创业公司。文章以信号理论为依据，首先检验了在一个基金融资回合中雇员数量的增长情况。其次，研究了风险投资公司是否可以将高速增长作为一个信号来确认初创公司是否有资格获得风险投资基金。由于有风险投资支持的公司的增长快于无风险投资支持的公司，文章分析了这种显著的成长是否在第一轮风险融资之前就可以作为确认创业公司能力的一个标准。同时，文章还探究了雇员数量的增长是否与另外一种衡量增长的方法——收到后续基金后初创企业的权益价值的变化相联系。

研究指出，潜在的雇员因为初创企业的公开信息缺乏而面临着信息不对称的问题，当初创企业有风险投资支持时，会为筛选不同质量的初创企业提供一个相关的信号，从而在风险投资基金融资之前会出现雇员在数量上的增加，当融资之后又会出现进一步的提高。此外，由于在真正交易之前建立了可信性的信号，会提高交易完成的可能性。基金交易和雇员增长之间的相关性表明，初创企业可能由于缺乏及时的基金而延迟其增长。因为高速增长的初创企业的成功需要及时抓住有利条件并制定相关的策略，所以滞后的行动会对其成功带来负面的影响。风险投资公司和创业者都将从高效的融资机制当中获得利益。

研究同时发现，在收到首轮风险投资基金之前，有风险投资支持和无风险投资支持的公司在增长的路径上并没有明显的区别。因此，虽然风险投资基金能够向劳动力市场发出信用能力的信号，但是早先的初创企业的增长并没有提供有利的信号来减少风险投资家和初创企业之间的信息不对称问题。同时，考虑到风险投资家们似乎不会将增长作为重要的选择标准，运用增长的策略来吸引风险投资似乎就不是那么有效了。研究同时发现，雇员数量的大规模增长会导致权益价值的正相关变化。

文章的研究成果对于认识风险投资基金在劳动力市场上的信号作用，以及在信息高度不对称的市场中筛选不同类型的初创企业有巨大的帮助。研究指出风险投资不光是融资的来源，同时也是促进初创企业质量的一个强大的机制。但是需要注意的是，文章所选取的数据全部是1994年～2000年间硅谷的风险投资的被投资公司。由于这段时间被认为是独特的，因此在将这些结论一般化的时候要非常小心。此外，文章认为还可以根据雇员给初创企业带来的技术将研究范围扩展到评估与雇员数量增长之间的关系以及对权益价值的影响。

（二）风险投资实务研究的若干专题综述

从风险投资的发展周期来看，2004年风险投资业在恢复、整合中缓慢向前发展。我们从《Venture Capital Journal》、《European Venture Capital Journal》中查找到152篇实务操作类型的文献，经过全面地梳理和比较，从中筛选了40余篇文章，对实务界关注的热点问题和观点进行了总结。2004年对风险投资的关注焦点主要集中在探讨研究风险投资相关的发展状况和经济形势、行业结构、投资热点、业绩评价、法律环境、人员雇用、增加值服务与风险投资企业治理等方面，下面将分四个专题分别加以阐述。

1. 2004年风险投资行业的主题：复苏与整合

2004年的风险投资行业处于复苏和调整的阶段，即使是对于美国和欧洲这类拥有相对较成熟的风险投资体系的国家而言，风险投资行业也处于波动之中。据估计，欧洲大约有2/3的风险投资企业在宣告破产后退出市场。面对这样的情况，专业人士指出目前尽管风险投资的业绩有所改善，但是仍处于行业周期的低谷，风险投资业与其说代表着成熟，倒不如说正在经历着行业的整合。

2004年的风险投资业的投资地区呈现出投资区域分布广泛，亚洲市场开始占据主导地位的特点。以色列基金有限合伙人 Avi Hasson 指出，那些曾经不愿投资于以色列的国际投资者往往是质疑于当地的政治骚动会波及投资回报率。尽管如此，以色列的风险投资依旧吸引了国际投资者的目光，特别是欧洲风险投资家。为什么面对着中东这个充满动荡的地区，以色列现在会变成许多欧洲投资者和美国技术公司的成功退出的渠道，实务界人士作了相应的分析和探讨。对于德国，相关报道指出，由于具有潜在的退出渠道，稳定的投资环境和不断提高的基金筹集前景，德国的风险投资业正在从灰烬中逐步复苏。同时，随着越来越多的中国企业成功地在纳斯达克挂牌上市，他们在美国及其他国际投资者间的信誉度不断得到提高，中国成了欧洲和美国风险投资家关注的另一个投资热点地区。此外，虽然有众多的人士认为私募资本市场过于拥挤，有太多的基金管理者和销售代理，但是专家却指出，这是由于轻度的经济衰退和股票市场的震荡引起的，其实私募资本市场的发展潜力仍然很大，还有许多的工作需要被开发和完成，竞争只是相对的，需要一段时间的调整。

风险投资的行业结构也出现了明显的变化。首先，生物技术类行业与制药公司相结合的趋势越来越明显。传统的大型公司投资于小型的新兴技术公司进行融资和创业成为了欧洲2004年风险投资的另一鲜明特质，许多学者专门针对欧洲的生物技术类的风险投资进行了案例研究和分析。

其次，房地产领域开始与私募资本进行整合，产生了明显的协同效应和优势。Doughty Hanson(DH) 是最早进入欧洲房地产市场的私募资本公司，并计划在2005年的上半年完成第二轮的资金筹集。业内人士认为，对于新的缺乏上市能力的房地产公司而言，采用与私募资本相结合的方式来获得资金的筹集形成了另外一个可行的巨大的投资市场，并且该市场正以快速的速度增长，创造出了大量的新的投资机会。

最后，在工业活动方面，出现了行业的普遍整合——就是将软件、硬件甚至是网络服务行业相合并。目前，网络行业已经开始真正的复苏，并导致了超额利润交易数额的增加，如2004年初，雅虎以575 000英镑的价格收购了 Kelkoo 网址，软件行业依然保持活跃的状态，有相当数量的跨国交易的完成。投资行业呈现出了多样化的特点，正从网络和技术交易行业扩展到客户服务业、制造业等。

风险投资的阶段偏好发生了转移。在第一次风险投资的浪潮中，西方公司更多的关注行业发展的早期阶段，但是2004年，可以看到的是大公司开始更多的关注风险投资的成熟期和成长期的投资以及大型的并购交易。风险投资的工具选择也呈现出安全多样化的特点。英国由股东组成的伦敦股票交易所的另项投资市场（AIM）逐渐活跃起来，有效解决了现金流偿还的问题。在欧洲，2004年杠杆融资趋势的表现之一就是麦则恩投资[①]的快速增长。随着麦则恩投资定价的下降和杠杆作用水平的上升，市场上吸引了大量的新的投资者，传统的以会员制作为市场主要形式的投资对于保守的投资者的吸引力正在逐渐的下降，而麦则恩投资的优势是显而易见的。专家指出，同目前其余的可选择的投资的资产种类相比，麦则恩投资具有低的违约率、显著的高回报率、优先清偿权以及二次抵押权定价等特点，并可以在此基础上开发出其他的可选择的投资领域，如小规模的退出、普通公司融资等。最后，从风险投资的策略上来看，2004年风险投资的扩张性而非预防性的收购活动有显著的增加，防御性和自卫性的交易可能会在像软件这样的行业里继续存在。同时，在上市策略方面，专家强调应该根据上市的市场情况，来调整公司的战略、总部、管理和运作与收入的理想运营地，面对总体的波动，应该恰当的运用投资市场的灵活性，所以2004年表现出来的更多的是类似于平行选择权（Payroll Options）这样的双向路径的交易。

---

① 麦则恩投资（Mezzanine Finance）：特指在风险投资业中，对成长阶段到扩张阶段尚未盈利，但仍然需要大量资金进行扩张的风险企业进行的投资，是介于传统风险投资和一般债权和股权投资之间的投资行为。

2. 增加值服务与风险投资企业人员雇用相关问题探讨

2004年，私募资本市场虽然仍处于调整和整合的阶段，但是随着风险投资行业景气指数的不断上升，风险投资公司需要提供更广泛的技术和服务支持，吸引了众多的原来只热衷于为大银行和咨询公司工作的优秀人才，出现了人才方面供大于求的现象。此外，面对全球化市场的挑战，风险投资公司除资本增值之外也在不断寻找在其他方面实现价值增值的机会，市场出现了包括专业化水平的提高、运作的监管、执行队伍的建设、训练的程序化等在内的许多新兴主题，引起了实务界的普遍关注和探讨。

2004年，英国的私募资本市场在人员雇用方面受到新监管制度的冲击，引起关注。法定的解雇和严格的规范化程序（Dismissal and Disciplinary Procedures）制度于2004年10月1日起生效。该法规指出雇主在解聘和管理员工时必须遵循一系列的法定程序，如果出现不公平的解雇，员工的赔偿诉讼金额增加到50%。同时，2005年4月，欧洲的员工咨询法规也将在英国生效，要求雇主必须与员工进行更多的交流和沟通，听取意见，保证公平性。专家指出，这一系列的法规虽然旨在保护员工的利益，但在中短期可能产生相反的效果。新的规定虽并不会最终直接影响退出和收购的决定，但是会增加成本，甚至出现相应的融资模型的改变。在私募资本市场中，由于被投资组合公司的管理者往往是股票持有者，面对面的谈判会花费更长的时间，如果员工不情愿的话，该会议也将不会具有任何的效果，相反可能会增加收购或出售的决策过程的复杂性。所以目前许多投资公司正处于等待状态，来观察他们的员工对于该项决策的反应，但是至今并没有证据显示私募资本公司在公司重组和雇佣方面有减少的趋势。

面对着竞争日益激烈复杂的风险投资行业，行业人士花费了大量的时间去研究所投资的公司如何才能更好地运营。阿德文风险投资公司（Advent Venture Partners）主席David指出，风险投资公司成功的关键是在员工树立合作伙伴和团队精神，保持一个平等、无等级制度的合伙制结构。面对职位更替对风险投资群体带来的威胁，可以通过采用有限债务合伙的管理方法来解决。在一个等级分明的企业里，管理层热衷于雇用年轻的专业人士去配合品牌，但对于具有创业精神的企业而言，需要的是具有丰富操作背景的合伙人，也就是经验是不可替代的。Tideway System的CEO以及创建人Richard指出，寻找合适的雇员需要CEO们花费大量的时间来构想。这一过程包括数据资料的处理，组织的构建以及合同的签订，坚持最终允许的询问底线和控制整个的面试过程等。毕竟，装配一个有弹性和活力的成功的团队是驱动行业创造价值的根本。

管理方面，业内人士指出，目前受以下几个因素的影响，管理的架构将会变得更加正式。首先，许多风险投资企业正在面临着同样的一个发展转折点，即企业的创始人在这一代开始退出，而第二代合伙人开始掌握了实权。这样的一个过程无疑会使公司内部的管理架构和决策过程被重新审视；其次，有限合伙制变得越来越复杂，迫切需要在公司内部寻找比较清晰的责任界限，风险投资企业的管理成为有限合伙人履职的一个重要部分；最后，随着风险投资企业逐渐成熟以及管理基金数目的增加，投资者关系及后勤部门的作用会越来越重要，对这些“非投资”因素的专业管理需求的上升往往是企业建立更加正式的管理架构的一种催化剂。专家指出新旧合伙人的交替将是风险投资企业在未来12到18个月间要面对的一个重要问题，继任成为了关注的焦点。由于最初的普通合伙人不愿放弃控制权和享有酬金的权利，就会埋下严峻的管理危机的导火索。为了避免这个问题，需要公司里的每个人正确的理解地位与权力应如何分配，改进协调机制，同时将制定决策的过程和财务的安排完全透明化。

因此，风险投资企业的治理问题是一个非常复杂的系统性课题，每年的特点都会不断的更新，虽然相对的讨论较为零散，也没有形成完整的观点和定论，但对于风险投资操作者而言，仍具有很大的启发。

3. 风险投资行业决策领域相关问题的讨论

在风险投资行业决策领域中，业绩评价一直是实务研究的重点之一，2004年也保持了这样的趋势。长期以来，对私募资本投资的业绩分析仍然停留在不严密的专业知识水平，大多数的机构投资者选择采用长期的可确定的多重回报率（现金流入与现金流出的对比）和内涵报酬率作为衡量工具，但由于各类资产的评价缺乏统一的标准，存在很大的局限性，效果往往不尽人意。INSEAD退出研究机构成员Gottschalg和Zollo建议，机构投资者可以通过将可选择投资期权的业绩作为评判基准来提高他们的业绩评价的实际应用价值。他们指出，此价值评估方法的实施主要通过三个步骤完成。首先，选用获利能力指数作为业绩的衡量工具，使得投资的业绩能够精确地被比较，并且能够直接的表示为相关非私募资本投资选择的回报率；其次，将私募资本基金的投资业绩分解为四个主要的表现特征：利润的增长、效率的提高、多重扩张以及杠杆作用；第三，该子目录下的每项业绩衡量要以来源于相关的公开或私人投资者的数据为基准点。通过这样的方式，私募资本的基金管理者就能够确定其投资究竟能在哪些领域创造出附加值，发掘出潜在的投资机会。获利能力指数暗示着预期的回报率可以被当作是折现率来计算投资的现值，从而帮助投资者更好地进行投资机会的选择。

在投资的决策过程中，由于不断增长的过剩的尽职调查服务将涌入私募资本市场，商业化的尽职调查成为了2004年风险投资业界的关注焦点。ECI风险投资董事James Stewart指出，财务尽职调查是内部的一个层面，可以检查公司的财务问题并且进行财务预测，而商业化的尽职调查是一个有效的外部检验层面，可以预测公司的发展和市场前景，尽职调查的诀窍就在于如何通过这两个层面来形成对被投资公司清晰地认识。由于私募资本市场的多样化和脆弱性，商业化的尽职调查在私募资本的交易中就变得更为重要。面对这一特点，私募资本交易的尽职调查在接下来的两到三年中将呈现专业化特点的趋势，各领域的专家将贯穿于整个商业化的尽职调查全过程，而不论交易规模的大小。这一点对于提供增值服务的各类风险投资家具有重要的启示。

此外，对于在进行私募资本投资的决策中，是否应该考虑私募资本的品牌也就是信誉的效用也处于了争论之中，目前观点很难集中和统一。部分专家指出私募资本的信誉主要应该集中在资金的筹集活动中，特别是对于停滞了两年后又重新注入了新的活力的投资市场。但是可以确定的一点就是，在像英国和欧洲大陆等私募资本投资较成熟的地区，对于长期信誉的建立应该引起重视。专家认为，在风险投资的决策过程中寻找的私募资本公司一定是被公认的具有优秀的合作和组织能力的投资公司，品牌效应可以带来更远的投资利益，降低决策的成本，并提高退出成功的可能性。但是在以此作为决策标准之一的同时，不应该忽略公司继任等复杂问题对信誉能力的影响。

4. 信息披露、法律变更、税收政策的变化与讨论

尽管，有关私募资本市场的信息披露战役从2002年末就已经开始，但是相关的争论却一直非常激烈。继2003年加利福尼亚大学（UC）和密执安大学建立基金（UTIMCO）的信息披露的实证案例之后，2004年德克萨斯州的律师协会也提出了要对合伙人的相关资产的信息进行公开。有关的法律部门要求风险投资基金披露投资组合公司的业绩、相关资产的信息以及一些潜在的交易信息，但是大多都受到风险投资行业人士的坚决抵制。奥斯丁风险投资的普通合伙人，美国风险投资协会的主席Joe Aragona认为，在风险投资中，很难找到一个普通合伙人或有限合伙人愿意将被投资公司组合的信息公开化，因为他们认为这样会对投资造成不利的影响。毫无疑问，某些信

息应该是私有化的，合伙人对于信息的安全和保密性是有一定的要求尺度，应该在两者之间寻找很好的权衡点。不过该提议的支持者却指出，到目前为止，并没有证据表明信息的保密会确保投资的成功，但是却可以肯定地说保密会隐藏坏的投资。虽然该法案并没有正式通过，并且对于其合理性仍在争议之中，但是已经对被投资公司带来了威胁。因为，被投资公司的信息公开化会导致首次公开发行时的剧烈竞争，对被投资公司的价值产生冲击，导致一些基金可能会放弃某些潜在的投资机会，从而对整个风险投资行业带来负面的影响。另外，信息披露法规的变化同时也会对行业本身的自律行为、监管方式带来较大的影响，这一点也是不容忽视的。

同时，2004年值得关注的是英国对于养老金法案（Pensions Bill）的修订。英国于2004年4月突然宣布要修改养老金法案，并且可能会在2005年4月正式通过并实施。英国的私募资本市场的投资者们对于该法案的修改提出了强烈的反对意见。业内人士指出，该法案的修订使得他们的有限责任被转移到拥有既定收益养老金方案的公司，从而导致退出成本的增加，如果对这些令人不快的修订方案不作修改的话，英国的风险投资将会急剧下跌。目前，私募资本投资团体已经中止了一些可行的投资，因为他们预言那些被投资公司将由于该法案的实施而导致破产。专家指出，该法案实施对于私募资本市场的主要影响体现在：改变了基金的最低报酬率的计算，会增加公司的收购成本，影响公司的现金流和多重杠杆作用等方面。此外，一旦该法案被实施，还会产生一些无意识的不利影响，如可能会增加尽职调查的收取费用；那些投资组合中含有巨大赤字的被投资公司的基金可能会被清除于市场之外，导致后续基金的筹集变得更加困难以及延缓外国投资机构在英国的投资。从以上可以看出，即使是在相对成熟的风险投资体系中，法律变更等外部力量的冲击也会带来整个风险投资业的自我调整。

在政策方面，今年实务界的关注焦点集中在税收政策尤其是资本利得税的修订上。英国大臣Gordon Brown曾指出，英国计划在2004年4月6日废除资本利得税的延缓征收，并且从2006年4月开始将会引入与资本利得税等价值的新的收入税基激励机制，来更好的促进风险投资的长期均衡发展。此外，由于政府逐渐地意识到创业投资家带来的增加值和对创新经济的推动作用，在接下来的两年当中，计划将从投资者中筹集到的资金总额的20%额外偿付与风险投资团队，这也就意味着会有越来越多的投资者将目光投向于风险投资团队。专家认为，毕竟风险投资不是一个短期的商业行为，它需要的是至少7年～10年的长期投资，而恰当的税收激励政策会对风险投资起到良好的循环激励作用。目前，虽然该项政策的废除并没有真正执行并且仍然在讨论之中，而且所带来的影响可能要通过更长的时间和业务才能体现出来，但确实给实务界带来了一些思考和启示。

伴随着风险投资业行业景气指数的不断上升，实务研究将会不断向前推进，为风险投资实务的发展提供更多的理论支持。

第二节　国内风险投资研究综述

一、国内风险投资研究概况

我国的风险投资萌发于20世纪80年代中期，它的发展历程大致经历了三个阶段：即从1985年～1996年的酝酿期、1997年～2001年的兴起期以及2001年至今的调整恢复期。迄今为止，我国风险投资业的总体特点表现为：政府或国有资本持有机构是风险投资的主体、风险资本主要投向了高新技术产业化过程中的成长期、在创业板市场未开启的情况下对创业板持有较高的期待等特点。面对这样的发展状况，学者们在探讨与发达国家的差距和寻求发展思路的过程中，2004年风险投资的理论研究也出现了新的特征和关注的焦点。

2003年国内关于风险投资的研究领域主要集中在宏观层面，涉及风险投资发展的宏观条件、宏观运行机制和支持体系等方面的探讨，而对微观层面的关于风险投资运作机理的探讨较为缺乏。研究思路方面，多为在介绍国外风险投资发展的历史、经验和现状的基础上提出对我国有关问题的见解，或是从国内风险投资的运作个案或现有知识出发，提出对有关问题的看法；与国外首先提出假设并建立模型，最后通过实证分析得出结论的研究思路差异很大。在研究方法上，主要偏向于理论分析，而很少涉及技术层面的应用，因此，对风险投资的实际运作的指导较为欠缺。

与2003年相比，2004年国内对风险投资的研究呈现出了一些新的特点：

第一，研究的总体思想趋向于对风险投资本质问题的研究，体现出系统化、本质化和深层次的特点。如在宏观层面，从制度问题这一全新的视角来研究对风险投资的影响；有限合伙制是不是我国风险投资最佳的组织形式；在我国当前的资本市场条件下，不同背景和规模的风险投资企业间模式和价值取向的区别等最基本的问题。

第二，研究领域出现从宏观向微观转变的趋势，研究的范围涵盖了风险投资的制度结构与组织形式、风险投融资之间的契约安排与监管、风险投资的退出以及风险投资的决策与评估等微观层面的问题。对我国风险投资的发展模式和支持体系这些宏观问题的研究也继续深入。

第三，实证性的研究分析得到重视。2003年的研究往往是注重风险投资的介绍、引进和政策的建议，理论性较强。而2004年则有更多的学者针对某一类型的问题开始了实证性的研究，如对创业机会评价重要指标序列以及我国风险投资区域的聚类研究等问题的研究。

第四，研究的思路方面，体现模型与定量、定性分析相结合的特点。在对风险投融资之间的契约安排问题的研究方面，建立了委托代理模型、整合模型，在风险投资项目的决策和评价中，对AHP模型、主成分分析法和三维系统模型等数理性和实际性较强的方法进行了探讨和分析。但同时要注意的一点是，其中对于一些模型的检验由于数据的缺乏，往往是以美国的数据为检验依据，使得结论缺乏一定的突破性。

第五，2004年的研究也体现了与国外风险投资研究发展相接轨的特点。具体表现在：国内的学者也开始从人力资本的角度分析风险投资的退出绩效，从区域性的角度研究风险投资发展的均衡问题，为利用地区优势促进风险投资的发展提供启示，从风险投资的整全性研究风险投资网络化运行等问题。

总的说来，2004年国内对风险投资的研究在理论和实证上都有了明显的深入，使得风险投资对于国人而言已经不再是神秘的话题。但是，不管怎么说，由于国内风险投资的发展仍处于初步阶段，因此数据的搜集与获得依然非常困难，同时由于国内风险投资仍缺乏相应的宏观运行环境，这些都对深入研究风险投资公司的运作机制等微观决策问题以及采用实证性的研究方法带来了障碍。因此，今后我国的风险投资研究，一方面应该从对风险投资所涉及的如金融与科技的体制、市场、法规、创新、风险、改革、评估和管理等多个方面来进行探索，另一方面应该尽快建立中介服务机构，为风险投资的研究搭建信息共享的平台，为更多地运用模型、实证分析的研究方法对微观层面的机制问题进行探讨创造条件，从而尽快缩小在理论研究方面与国外的差距。

二、2004年国内重要研究文章介绍

（一）风险投资理论研究的若干专题综述

经过全面地梳理和比较，从《中国期刊网》、《中国风险投资》杂志中筛选了若干篇有价值的国内文献进行了详细地介绍，主要分为风险投资制度结构与组织形式、风险投融资之间的契约安排与监管、风险投资的退出、风险投资决策与评估、中国风险投资发展模式与支持体系五个研究领域。

1. 风险投资制度结构与组织形式

·*《我国风险投资制度安排的演进与创新》*

作者：谈毅

来源：《研究与发展管理》，2004年6月第3期

页码：1页～8页

风险资本采用什么样的组合制度安排，在很大程度上决定了风险投资的效率。从风险投资的投资模式上可分直接投资和间接投资，从投资者的动机和资本来源看，主要可分为天使投资者、政府性投资机构、大公司的风险投资计划和独立的风险投资公司四类。文章在分析有限合伙制的治理结构与效率的基础上，结合我国的实际情况，研究了风险投资组织形式的选择与创新。

有限合伙制对解决双重代理问题的困境是非常有效的，其在治理结构上的法律设计与制度创新是其成功的关键因素，核心是固定的寿命期。做为有限合伙人的投资者一方面不参与投资决策过程和对风险企业的管理，另一方面事先为风险投资基金设定了固定的生命期限，会在未来某个确定的时间收回投资。按照博弈论，这些措施为在风险投资过程中采取硬预算措施约束提供了可信的承诺，另一方面通过将该预算约束有效的传递给被投资企业，保证了融资效率的实现，从而在很大程度上防止风险投资家和企业家做出有损投资者利益的决定。

作者提出，虽然美国风险投资基金采取有限合伙的组织形式有其法律和税收上的考虑，但是有限合伙制的效率并非体现在其法律形式和税收特点上，而是其契约结构符合创新企业的融资特点，即通过法律设计与制度创新对风险投资家形成有效的硬预算约束，从而达到委托人与代理人之间最佳的均衡局面和最佳的治理结构，但这在不同的法律环境中完全可以通过其他的组织安排来模拟。对于近年来在我国兴起的新的风险投资制度安排——管理公司模式，从一个侧面也说明了有限合伙制独特的税收方式、报酬机制并不起决定作用。

文章指出，鉴于我国目前的法律环境，并不具备直接采用有限合伙制的组织形式的条件。目前，国内的风险投资基金管理模式从组织形式上主要分两类，一类是通过设立公司的方式来组织和运作基金的法律结构，另一类是通过契约的方式。这两种方式具有一个共同点，那就是针对中国现实的经济法律环境，模拟有限合作制投资机构的运作模式。虽然这些模式无法解决双重税负问题，但却通过固定存续期，加强了对投资基金管理人的预算约束。

在目前的经济法律环境中，仅仅分析投资者与风险投资家之间的激励约束机制，是无法解释风险投资与一般产业投资基金和其他金融中介在投资价值取向和投资行为上的差异，而关键是要分析有限合伙制的本质特征。风险投资业的发展是一项系统工程，不能单纯的从形式上模仿美国的经验，那样必将导致失败。

·***《中国风险投资业的现状及运行模式选择》***

作者：潘庆华，杜立婧

来源：《软科学》，2004年第3期

页码：18页～21页

在我国，由于以政府为主的融资模式和以公司制为主的体制模式的风险投资很难实现市场化运作，而风险投资能否进入资本市场，对科技型中小企业的发展起着决定性的作用。文章首先描述了我国风险投资的现状，并在此基础上分析了存在的问题，提出了一种适合我国国情的战略联盟式的风险投资运作模式，并讨论了该模式在我国运用中存在的障碍及解决的途径，为我国风险投资的发展提供了一定的启示。

文章强调，目前我国风险投资的发展受到金融机制和法制体系的制约，在认识和操作上存在许多误区。从风险投资的角度看，战略投资者和机构投资者都还未发展起来，民间的资金很少且退出的渠道有限，风险投资公司微观运作方面缺乏能力而且不成熟。其次，我国的科技型中小企业不能完全等同于风险企业，普遍表现出创新能力较弱，缺乏有效的规范管理。再者，政府的角色定位不清楚，既是投资者又是主要管理者，使得风险投资内部激励机制的作用无法发挥。最后，外部的支撑体系不完善，如信用水平低，产权交易制度和科研制度改革滞后，中介机构的缺位，都不利于风险投资的发展。一句话，中国的风险投资尚处于发展的初级阶段。

作者指出，可以建立一个战略联盟式的风险投资模式来促进风险投资在我国的发展。这种模式的建立在我国具有可行性：首先，风险投资是一种阶段性的组合投资，合作是其必然选择。从筹资、管理、生产、销售等方面，风险企业仅凭自己的力量无法开展科技创新和科技成果的商业化及产业化活动，通过战略联盟式的运作方式可以使政府在投资中担当起“前头风险投资家”的角色，引导民间资金投资风险企业。此外，孵化器和风险投资在资源上具有较强的互补性，它们分别处于风险投资企业成长链条的上下游，它们的合作将是双赢的。

但是，战略联盟式的风险投资模式的运行在现实中存在着障碍，首先由于其具有很强的继承性和开放性，其组织管理、协调和控制的难度也就由此而加大。其次，各个风险投资机构的经营目标的不同导致了联合难度加大，在运作中会变成具体矛盾。最后，联盟内各单位的异质性导致收益分配上的认识差异，而且各单位之间也难以建立信息沟通体系和互信体系。考虑以上的障碍，在实际的操作中必须注意以下几个方面：在组织框架设计方面，应以风险投资公司的项目管理为核心，在战略策划上应注意目标的一致性和协调性，在利益分配机制上应综合考虑合作各方所处的环境以及他们的价值取向。同时，政府应该承担起搭建信息沟通平台的职责，鼓励改革，同时转变对R&D活动和风险投资业的支持方式，逐渐以间接投资方式促进其发展，并为风险企业提供融资担保以及运用资金需求政策（税收政策）来为风险投资的发展创造一个好的外部环境。

·***《日本风险资本产权缺失的影响——新制度经济学分析》***

作者：尹国俊

来源：《科研管理》，2004年3月第3期

页码：42页～48页

制度经济学家认为，制度的功能就是为经济提供服务。产权作为一定产权结构的组织制度时，便使资本由一半的被占有转化为实际运用，从中体现出一定的效率水平。文章主要从制度经济学的产权角度研究了日本的风险资本产权缺失对资产运行效率在激励作用、约束作用和组织制度的成本三个方面的影响，同时分析了契约中的剩余权分配与附属性风险投资机构的效率之间的关

系，深化了对风险投资效率的认识。

文章首先从权能受限和权力分割两个方面分析了日本主流风险投资机构产权缺失的表现，指出日本的风险投资组织机构都具有附属性的特征，在该机构中，风险资本的实际使用权、收益权、处分权和让渡权是按照传统的企业管理模式或公司治理结构被分解的，不适宜风险资本运作的要求。接着从产权缺失的角度研究了日本的风险投资效率。作者认为，产权的缺失首先使风险资本长期处于一种非效率均衡，资源严重浪费，具体表现在风险资本管理者倾向于与被投资企业的长期合作，同时热衷于债权融资，而不是股权融资，这一结论也揭示了日本低效率的附属性风险资本组织结构得以长期存在和变革动力不足的一个重要原因。其次，产权的缺失使得日本的风险投资组织效率不高，限制了投资的高收益，具体表现在其支持的项目成功率低，与美国相比，日本风险资本倾向于风险企业后期投资，前期投资所占比例较小，同时采取向母公司转让产权从而实现退出的方式，难以获得较高的资本增值。最后，产权的缺失会导致风险资本剩余权分配发生扭曲，致使资本管理者激励不足，资本的运作偏离风险资本的本来意义，表现在日本风险资本投资行业分散，新兴产业不突出，传统产业的比重较高，同时，风险资本管理者可能利用信息优势，损害股东利益，架空了董事会的剩余使用权，谋取非法的收入。所以，对日本的风险资本来说，产权缺失就是效率损失，这对于我国风险投资业的发展具有深刻的启示。

·《基于公司治理的创业投资基金组织形式分析》

作者：郭建鸾

来源：《山西财经大学学报》，2004年2月第1期

页码：72页～76页

创业投资基金组织形式是一种制度安排，并且是公司治理的基础。恰当的组织形式能够较好地解决双层委托代理和严重的信息不对称问题，既降低了代理成本，又可以激励代理人，发挥创业投资家的专业水平，提高创业投资家的决策效率，降低决策的成本，使公司治理成本（文章中主要是代理成本与决策成本之和）下降，获得高收益。换句话说，创业投资基金的组织形式会影响公司治理。基于此，文章从公司治理的角度，运用了比较分析的方法，对创业投资基金的组织形式进行了优缺点的分析和研究。

创业投资基金的组织形式从组织架构和立法模式方面进行划分，主要有公司制、有限合伙制和信托基金制。文章将有限合伙制与公司制基金的组织形式进行比较，分析他们在代理成本与决策成本方面的异同，并且研究了创业企业发展的不同阶段所具有的不同信息特征对创业投资基金组织形式的选择的影响。有限合伙制的核心是普通合伙人与有限合伙人之间的契约安排，在资金的结构上一般都有“分期到位”的安排，约束机制方面的契约条款主要可以分为与基金管理有关的条款、与普通合伙人活动有关的条款、与投资类型有关的条款三类，他们分别通过限制单个企业的投资规模、普通合伙人的活动以及基金投资的资产类型来达到有效的公司治理。有限合伙制具有显著的特点，如分阶段供给资本并保留放弃投资的权利，采用与价值增值直接联系的报酬体系，设定基金的固定期限等。这些特点可以有效解决四个基本问题，即选择问题（如何选择最好的创业投资家），代理问题（如何使代理成本的现值最小化），营运成本问题（如何使包括税收在内的营运成本现值最小化）和决策成本问题。相对于公司制企业，往往不能通过利益捆绑来激励创业投资家们努力工作，其公司的治理成本高于有限合伙制的基金公司。对投资与创业早期的创业基金而言，在组织形式方面是有限合伙制优于公司制。但是当企业进入成熟前期后，规模逐渐扩大，已形成稳定的经营管理，企业前景的可预测性增强，管理成的经营能力得到肯定，外部投

资者可以较容易观察企业家的表现，在公司治理上已建立起多种有效的内部和外部治理机制，此时，公司制的组织形式较为合适。

经验上，作者指出在美国创业资本中，有限合伙制占主导地位，这与美国创业资本多投向创业企业早期阶段和高科技产业有密切关系。亚洲在20世纪80年代引进美国的创业投资概念，创业投资基金多由银行、金融企业、投资控股公司设立，以公司制为主，缺少像美国那样的有限合伙制，投资创业企业早期的不多见，以传统工业和零售业为主。在上述分析的基础上，作者认为从公司治理的角度来看，创业企业信息特征会影响创业投资基金的组织形式。对于投资于创业早期的创业投资基金而言，有限合伙制是其较佳的组织形式。

·*《创业投资组织形式选择问题分析——基于民间投资者的角度》*

作者：应瑞瑶，赵永清

来源：《江苏社会科学》，2004年第2期

页码：37页～41页

自从上世纪末以来，风险投资在我国得到了迅速的发展。随着政府职能的转变和民间资本的不断壮大，政府创业资本将逐步退出，民间资本有可能成为创业资本的主体。文章从创业投资组织形式的视角出发，构建了一个民间投资者选择创业投资组织形式的理论模型，并进行了初步的验证。

投资者选择不同的创业投资机构组织形式的实质就是选择不同的激励契约。从民间投资者的角度来看，创业投资的组织形式主要分为有限合伙制、公司制、附属公司制和信托基金制四大类，民间投资的主体主要由个人、企业、养老基金、保险公司和投资银行构成。在构建民间投资组织形式的模型时，作者提出了四个假设前提，然后对各种组织形式的治理机构中的激励安排进行了分析，最后得出了几点结论：第一，对个人来说，有限合伙制是其选择创业投资组织模式的最优的选择。第二，对于大型企业集团来说，附属公司制的组织形式是其最优的选择；而对于一些大中型企业来说，参股创业投资公司是其最优的选择。第三，对于保险公司、养老基金、投资银行等机构来说，信托基金和有限合伙制均有可能是最优的选择，但取决于收益与安全系数综合考虑后所得值的比较。对于上述的命题，文章同时选取了西方发达国家相对成熟的民间创业资本市场来检验上述模型，由于发达国家的民间创业资本市场就是我国民间创业资本未来发展的走向，因此该检验是可行且有效的。

文章最后分析了该模型的政策含义，提出，我国目前尚未具备设立有限合伙制创业投资机构的条件，一方面现行的《合伙企业法》尚无有限合伙制的规定，而且《合伙企业法》仅适应于自然人合伙企业。我国已经有了《信托法》，但法律基础还比较薄弱。因此应当通过专门立法，以解决创业投资中信托基金制的特殊问题。总之，我国随着民间资本的逐步壮大，政府创业资本为主体的格局将逐步改变。在未来，民间资本有可能成为创业资本的主体。为了引领民间资本参与创业投资，国家应该及早制定有关有限合伙制和信托基金制的法律。

·*《对我国采取有限合伙创业投资的质疑》*

作者：陈业宏，文杰

来源：《武汉大学学报》，2004年5月第3期

页码：425页～429页

创业投资的组织形态在创业投资机制中至关重要，我国学者大多主张仿效美国建立有限合伙制创业投资机构，但是本文的作者却提出了不同的观点。在考察美国创业投资机构采用有限合伙

制创业投资机构的原因的基础上，作者对我国应仿效美国建立有限合伙创业投资机构的主张提出了质疑，并就选择股份有限公司创业投资机构的有关问题提出了自己的建议，对我国的创业投资立法有很大的帮助。

美国的风险投资采用有限合伙制是因为判例法为有限合伙的产生与发展提供了法律契机，同时有限合伙机构不需交纳所得税，而且创业资本主要来源于享有免税资格的机构投资者；再者，存在高素质的创业投资家和良好的市场信用和约束机制，社会鼓励冒险和创新。但是，作者提出，虽然有限合伙制能够将激励与约束机制有效结合，刺激投资者的积极性，但是我国现阶段不能建立有限合伙投资机构，原因主要有三方面：首先，我国现阶段不能克服有限合伙制本身固有的缺陷，具体表现在难以防范创业投资家滥用权力，我国的创业投资家普遍缺乏承担法律责任的物质基础，有限合伙的寿命期限短，稳定性差，不利于筹集资金，同时我国市场信用水平很低；其次，我国缺乏实行有限合伙制的经济和社会基础，具体表现为缺乏成熟而富裕的机构投资者和个人投资者，缺乏合格的创业投资家，缺乏冒险精神和创新的社会文化环境；最后，我国建立有限合伙创业投资机构存在法律障碍，具体表现为《民法通则》和《公司法》明确排除有限合伙制，《合伙企业法》等现行金融立法上都存在障碍，税法上双重征税的困扰，产权约束机制也相对缺乏。

作者提出我国应建立股份有限公司制创业投资机构，因为股份公司制的资金来源广泛，组织结构较为规范，公司制的创业投资企业稳定性强，而且实践中在我国创业投资的主要组织形式就是股份公司制，股份公司的制度是现代企业制度的主流，只承担有限责任的约束有利于创业投资在我国的发展。但是，为了更好的建立股份公司制的创业投资机构，作者认为应该修改《公司法》的有关规定，同时制定《创业投资公司法》作为《公司法》的特别法。此外，聘请专家组成委员会介入创业投资公司，健全公司内部监督的约束机制，进行税收改革，避免双重征税，同时给与税收减免的优惠，增强内部激励机制，明确规定公司的存续期，减少风险来促进风险投资的发展。

2．风险投融资之间的契约安排与监管

·《不对称信息条件下风险投资的委托代理模型研究》

作者：徐玖平，陈书建

来源：《系统工程理论与实践》，2004年1月第1期

页码：19页～24页

在风险投资中，一般都包括三方的当事人，即投资者、风险投资机构和风险企业，所以会存在两重委托代理关系。本文从信息不对称的角度出发，运用信息经济学的相关理论，仅仅分析风险投资机构与风险企业之间的委托代理关系，探究它们之间的利益博弈。研究的核心问题是由于信息不对称对风险投资机构产生的代理风险以及风险投资机构如何克服代理风险。

文章依据“状态空间模型化方法”以及“分布函数的参数化方法”，构造了风险投资驾驭风险企业的委托代理模型，并分成信息对称和不对称的情况对模型进行了定量的分析，得出由于信息不对称，作为委托人的风险投资家（信息劣势）的利益就会受到一定的损害，相应的做为代理人的风险企业家（信息优势）就会降低他们的努力水平从而使自己的实际收入增加。文章对风险投资家的代理成本给出了一个定量的公式。

在上述分析的基础上，作者进一步引入了其他的相关变量，如监督、资本的注入方式、市场声誉机制、股权的设置、风险企业家及项目的识别等因素，对模型进行了更深入的研究，得出了以下的结论：第一，在信息不对称情况下，风险投资家通过观测其他变量并写进委托合同（只要这些变量包含的信息与产出具有一定的相关性），就可以增加风险企业家的激励强度，减少风险投资机

构的代理成本，从而增加风险投资家的期望收益；第二，风险投资家积极参与所投资企业的重大管理决策、监督企业家和高层管理人员可以减少代理方的隐蔽行为；第三，对风险企业进行分阶段逐步投资，一方面可以减少风险投资机构因投资失败而带来的损失，另一方面对风险企业有着巨大的激励和约束的作用；第四，灵活的股权设置可以有效协调风险投资机构，风险企业以及风险企业员工的利益，从而很好地解决风险企业的激励问题；第五，一个有着长远发展抱负的风险企业必须具有良好的声誉，否则他在下一轮的融资就得不到保障；第六，通过具有信号传递或信号甄别功能的外部信息来对风险企业家及其项目进行客观评价，可防止逆向选择问题，从而挑选出出色的风险企业家及其项目，增加风险投资家的期望收入。

·《风险投资中激励机制与代理成本分析》

作者：应瑞瑶，赵永清

来源：《财经研究》，2004年6月第6期

页码：22页～29页

在风险投资机制中，存在双层委托代理关系，但是目前的研究对于此问题的研究都使用单层委托代理关系的方法进行分析，忽视了风险投资高风险下委托代理关系的形成和维系机理。本文在博弈论的信息经济学的基础上，从投资者的角度对其中的两层委托代理关系进行了整合，通过将风险企业家的努力引入产出函数中，建立了相应的整合激励模型，对影响风险投资驾驭风险企业家的激励强度的若干因素进行了分析，避免了单纯从一般的委托代理关系来构建激励模型的局限性。接着对影响激励机制效率发挥的总代理成本进行了测度，并对影响总代理成本的相关因素的作用方向进行了分析，为风险投资机制中激励制度的设计提供了相关的信息和启示。

文章指出，为了使激励机制在激励风险投资家和风险企业家努力方面更有效率，必须尽可能的减少机制运行的代理成本。代理成本有两类成本构成：一类是由帕雷托最优风险分担无法达到而出现的风险成本，另一类是由较低的努力水平导致期望产出的净损失减去努力成本的节约，称为激励成本。研究发现，代理人的成本系数、风险规避量、外生的不确定性、风险投资家的理论分享份额、风险企业家的利润贡献率以及风险资本占据风险企业的份额都会以不同的程度和方向影响双层委托代理关系中总的代理成本。风险企业自身的股份份额的增加、成本稀疏的降低、外部不确定性的增强以及风险企业家的保留效用的减少等均可激励风险投资家的努力。因此，作者提出，投资者在设计激励契约时，必须首先考虑这些变量的作用方向，然后把这些变量写进契约，以已达到降低代理成本的目的。但是必须注意，代理人的成本系数与总代理成本呈负相关的关系，但却与风险投资家和风险企业家的努力呈正相关的关系，所以投资者设计激励契约时要统筹考虑，以达到最佳的平衡点。

·《风险投资中委托代理问题与制度安排》

作者：乔桂明，卜亚

来源：《科研管理》，2004年1月第1期

页码：118页～122页

风险投资在运作的过程中，存在着由于信息不对称而导致的委托代理的问题。虽然国内较多学者对此有过论述，但很多是着眼于对已经存在的风险过程的控制和一些具体方法机制的运用和研究，本文则是从制度安排这一全新的视角，在借鉴国内许多学者的研究成果的基础上，对如何控制风险投资中的委托代理问题提出了新的解决方案。

作者认为在风险投资的运作过程中，必须有一个有效的制度安排，即必须为风险投资的高效

运转创造一个良好的氛围，以期约束、规范风险投资家。文章从风险投资组织形式的安排、中介结构的设立和监管体制的完善等制度安排的视角，对该问题进行了较为全面的讨论。具体的建议如下：第一，有限合伙制作为一种有效的风险投资组织形式，实现了所有权与控制权的统一，而且把风险投资家的收益与其承担的风险相联系起来，大大降低了信息不对称和委托代理成本；第二，风险投资中介机构的设立，可以建立信息服务平台，沟通风险投资家和风险企业家、投资者和风险投资家之间的信息渠道，有效促进风险资本市场的繁荣，而目前我国还没有类似的专门机构，因此在我国设立风险投资中介机构具有重要的现实意义；第三，在监管层面，主要涉及政府部门、行业自律组织和风险投资内部监控三个方面。在我国，随着民间资本的进入，设立行业自律组织是必然的，同时，应该对与风险投资运作过程相抵触的相关法律进行修订，并通过参加董事会、对企业的日常经营行为的监控、撤销企业经理层等直接监控方式对风险投资的效率进行监管，促进我国高科技产业的快速发展。

·***《提高风险投资过程中两级委托—代理效率的思考》***

作者：管军，马晓国，温向军，李高扬

来源：《科学管理研究》，2004年2月第1期

页码：112页～115页

风险投资者——风险投资商——风险企业之间委托代理链能否顺利运行决定着风险投资能否成功。文章首先对这一双重的委托代理关系进行了简要地分析，在诠释了委托－代理关系的内涵的基础上，构建了一个分析委托－代理效率的理论框架，并应用此框架对如何提高上述两层委托－代理关系的效率问题进行了探讨。

作者提出，研究委托－代理效率应该分别从委托人和代理人两个角度看问题，即应分别研究委托效率和代理效率。影响委托效率的因素主要有投资规模、投资收益、在特定制度安排中的权力大小和行使权力的途径。而代理效率实质上是代理人接受委托，在提高自身素质的基础上，通过相关激励机制所激发的敬业精神获取良好业绩，从而实现委托人利益最大化目标的可能性。

在上述基础上，文章分析了提高风险投资者与职业风险投资家、职业风险投资家与风险企业两个方面的委托－代理效率的主要途径。作者认为，对于风险投资者与职业风险投资家而言，应该着眼于赋予有限合伙人一定的参与管理的权利；其次应该加强合伙制风险投资企业的信息批露制度，以法规的形式明确地加以规定；再者，进一步强化对风险投资家经营业绩的评价；最后，改进风险投资家的遴选机制，这主要是指赋予风险投资家应有的控制权以及设计科学合理的风险投资家报酬制度。对于职业风险投资家与风险企业而言，对投资的项目进行严格的评估、筛选、监控是一个提高委托效率的重要途径；其次，提高风险投资的技巧，合理利用市场契约方式，增加获利的概率；第三，安排风险投资家代表加入风险企业的董事会等权力机构，确保风险投资家的代表享有一定的监督权利；最后，合理设计创业家的报酬结构，这里的一个关键的问题是要处理好创业家的持股比例，确定这一比例时应该主要考虑风险投资的投入金额，预期的风险投资受益，风险企业的前景，创业家自身的能力水平以及资本市场的状况等因素，通过上述机制的实施，能够更好地激励风险投资家的敬业精神，提高代理效率。

·***《创业投资过程中的团队生产、监控与激励》***

作者：谈毅

来源：《科研管理》，2004年9月第5期

页码：132页～139页

通常，人们是在委托代理的理论框架下研究创新型企业的企业家与创业投资家之间的关系，企业家代理人，而创业投资家作为委托人出现。但事实上，尽管创业家和创业投资家之间的具有等级特征，却不是“纯代理关系”。在一些方面，它更像合伙关系，也就是说每一方独立地选择各自的努力程度，但是创造一个共同的产出，每一方对产出的边际贡献依赖于其他人的努力，不可独立的观测。文章依据团队生产理论，描述了创业投资关系中的团队特征，并且研究了监控模型、打破预算平衡模型和担保模型以及其对创业投资契约的作用，同时从团队生产的视角对创业投资的契约结构进行了解释。

文章指出，团队生产的特征是团队成员的投入是“不可观测的”，团队向市场提供的产品是联合产品，并不是每个成员的边际产品。作者从企业家的投入和创业投资家的投入两个方面分析创业投资团队生产的特点，并指出在创业投资团队中存在的关键问题是如何使创业投资家有足够的动力提供增值服务。监控模型为创业投资契约中的团队生产问题提供了有益的启示：投入的可观测性不仅依赖于投入的数量，而且取决于投入的性质；解决创业投资中的团队生产问题必须允许再投资后对产出的重新分配以及惩罚偷闲行为。打破预算平衡模型指出委托人依据团队的产出而不是投入来确定代理人的收入是可行的。担保模型面临着一个严重的问题，即代理人可能面临着初始财富约束。在以上分析的基础上，文章对创业投资的契约结构提出了一个新的观点：创业投资的契约结构更像是个团队生产模型，企业家和创业投资家是团队成员，企业家投入的是其专业技术和企业管理能力，创业投资家投入的是资本管理能力和管理增值服务，他们的共同努力是企业成功的关键。而投资者除了投入资本以外，发挥的作用类似于团队的外部监控者，它通过有限合伙的契约安排控制和影响创业投资的契约安排，从而约束企业家和创业投资家的行为。

3. 风险投资的退出

·***《风险投资“退出”内涵新论——基于现代人力资本理论的微观分析》***

作者：程静

来源：《南方经济》，2004年第5期

页码：43页～45页

风险投资的成功退出是实现风险资本增值的基本前提，是风险投资在时序上和空间上不断循环的保证。文章运用现代人力资本理论，在对风险投资行为主体及其相互关系和风险投资周期考察的基础上，系统地界定了风险投资“退出”的内涵，深入地分析了风险投资“退出”的微观经济功能。

文章指出，风险投资“退出”是风险投资周期必不可少的环节。导致风险投资“退出”必要性的根本原因在于风险投资的三个行为主体及其之间存在的双重委托－代理关系。风险投资是以风险投资者、风险资本家、风险企业家三位一体的方式运作的，就必须在这三个行为主体之间设置某种机制，将风险投资的投资风险和投资收益在三者之间合理地分配。风险资本是由财务资本和人力资本复合而成的，风险投资中的财务资本所有者（风险投资者）和人力资本所有者（风险资本家、风险企业家）均享有声誉索取权并通过风险投资“退出”获取投资回报，风险投资“退出”是适应风险投资中双重委托－代理关系最佳制度安排。

文章对风险投资“退出”的内涵作了系统地界定，认为风险投资“退出”是由风险投资项目退出和风险投资基金退出两部分构成。风险投资项目退出是风险投资基金退出的前提，风险投资基金退出是在风险投资项目的基础上进行的，两者具有不同的微观经济功能，相互补充。作者指出，目前，我国风险投资机构的组织形式基本上是公司制，对风险投资退出的关注主要都停留在风险投资项目退出的层面，而对风险投资基金退出很少给予关注。在公司制风险投资机构中引入有限存续期，导入风险投资基金退出机制，承认风险资本家人力资本，让风险资本家人力资本享有剩余索取权，不失为现阶段我国风险投资者对风险资本家进行有效激励和约束的现实选择。

·《风险投资的退出绩效研究——IPO与M&A的比较》

作者：王晓东，赵昌文，李昆

来源：《经济学家》，2004年第1期

页码：102页～111页

风险投资的成功必须依赖于良好的退出机制，风险投资理论的发展和风险资本市场的完善使得风险投资退出机制的创新成为必然的趋势，从而为风险投资的退出提供了更多的路径选择。从目前各国风险投资的发展状况来看，首次公开发行（IPO）和企业并购（M&A）已经成为风险投资最重要的两种退出方式。文章以上述两种方式的比较为主线，选取了有关退出收益、退出价格、退出成本（中介费用、交易时间成本）、内部控制权激励效应、退出时效性和退出市场容量六个方面的数据进行了实证分析，在此基础上试图对风险投资的退出绩效问题进行较为全面和深入地研究。

文章提出风险投资退出绩效的评价标准应该包括效益标准和效率标准两个方面，高回报率和高流行性是衡量风险投资是否成功退出以及在多大程度上获得风险资本增值的退出绩效评价标准。风险投资按照高回报率和高流动性的双重标准实施最优的战略安排，在与之相匹配的退出市场上选择不同的退出方式以期实现退出绩效的最大化。文章收集了大量的数据，在对风险投资退出的相关理论分析的基础上，通过比较首次公开发行和企业并购两种退出方式的绩效，初步建立了风险投资的退出绩效评价模型，得出的主要结论如下：

1. 风险投资的退出绩效是指风险投资的资本增值能否顺利实现，以及所实现的资本增值程度的高低。

2. 风险投资退出绩效的评价标准应该包括效益标准和效率标准两个方面，它们分别是高回报率和高流动性。

3. 从退出收益、退出价格、退出成本、内部控制权激励效应、退出时效性和退出市场容量这六个指标来看，企业并购的总体退出绩效高于首次公开发行。

4. 退出绩效评价模型从定性和定量两方面说明了理性的风险投资家如何选择最佳的退出方式，同时，该模型还显示了影响风险投资退出绩效各指标间的相互关系。

5. 风险投资退出方式的选择适宜退出绩效最大化为原则的“相机抉择”。退出绩效评分法省去了评价模型可能涉及到的复杂计算，以简单直观的方式帮助风险投资家在各种退出方式中进行“相机抉择”。

·《退出策略：中外合资风险投资模式的探讨》

作者：何国杰，刘曼红

来源：《中国风险投资》，2004年第4期

页码：16页～40页

国内外学者已经从不同角度探索了风险投资的退出问题，本文根据风险投资在我国的实践和探索经历，结合当前国内的政策和法规环境，简要的评述了风险投资的退出理论，系统地分析了在我国退出问题的特殊性。在此基础上，详细地探讨了开展中外合资风险投资的必要性和可能性，同时探讨了中外合资风险投资的八种运作模式。在总结其退出渠道、特点、优势和存在价值的基

础上，对风险控制、投资收益、资金利用率、资金管理机制的合理性、资金管理者的聘用等方面的问题进行了系统的比较研究。

作者认为，目前，中国的风险投资表现出：国内的资本市场容量相对较小，成熟度和规范度相对较低，外汇资本项目兑换的不确定性高，金融机制为大银行、小资本市场的特点。这些特殊性成为外资风险投资公司进入中国市场很大的障碍。因此，外资风险投资公司与国内风险投资合作是非常必要的。合作的方式可以采用直接雇用本土风险投资管理人员或是与国内的风险投资机构合作。作者针对后一种方式，在吸收国外风险投资基本运作模式的基础上，结合我国风险投资处于初期阶段的特点，设计了八种运作模式：平行基金模式、直接合作模式、两阶在内与两阶在外模式、管理先行与反向筹资模式、合建创业孵化器模式、技术转移基金模式、基金受托模式、置换国有控股风险投资机构股权模式。

文章通过比较上述八种基金模式的优缺点，得出了一些结论：首先，平行基金模式，两阶在内、两阶在外模式，管理先行、反向筹资模式以及基金受托模式在资金利用率和投资收益方面具有一定的优势；其次，这八种模式虽然都无法避免“双重代理”问题，但是两阶在内、两阶在外模式，技术转移基金模式以及基金受托模式的代理成本相对较低；再者，在两阶在内、两阶在外模式，管理先行、反向筹资模式以及技术转移基金模式中，风险投资管理公司均普遍采取有限合伙制形式，具有投资效率高、税赋低、权责分明的优势；最后，平行基金模式、直接合资模式以及置换国有控股风险投资模式有利于中外管理者的优势互补，他们配合得越好，就越有利于风险投资业务的快速成长和顺利退出。

4. 风险投资决策与评估

·*《基于主成份分析方法的风险投资项目评估模型》*

作者：潘雄峰，刘凤朝，王元地

来源：《科技进步与对策》，2004年3月

页码：65页～67页

风险投资项目的高风险性，迫切的需要在投资前，对风险投资项目进行科学全面地分析和评估，来帮助做出正确的判断，并采取合理的防范措施降低风险，获取最大的利益。文章采用主成份分析的方法详细探讨了风险投资项目评估中风险值的确定问题，并建立了一种简单的可直接利用现有计算机软件MATLAB进行数据处理的项目评估模型，开辟了一种风险投资项目评估的新视角。

主成份分析方法的目的就是对多元数据进行最佳的综合简化，在力保数据信息丢失最小的原则下，对高维变量和空间进行降维处理。本文中，作者对利用主成份分析法在风险投资项目评估中的应用作了详细地说明，具体的步骤为：首先划分风险投资项目风险种类并提请风险投资各方专家打分，获得风险投资项目的风险样本空间；其次，将上述数据表转化为数据矩阵；再者，利用MATLAB中用于主成份分析的princomp函数，对于上述矩阵进行主成份分析，计算出特征值及特征值的贡献率；最后，根据贡献率的大小，选取主要元素，构造评价函数，利用该评价函数就可计算风险投资项目的风险值。

作者同时指出，利用主成份分析法可以降低各风险类型之间的信息重叠，建立起随机变量（风险变量）与项目风险值之间的线性关系，简化了以往采用层次分析中，模糊数学对于风险层次划分的负担，而且利用现代计算机软件MATLAB的数据处理功能，可以方便的进行主成份分析。这样，在进行项目评估的时候，只要正确划分风险类型，获取样本数据，就可以大大减少风险评估

的工作量，同时提高了项目评估的定量分析。

·***《高新技术风险投资项目评价的AHP模型》***

作者：王世波，王世良

来源：《科技管理研究》，2004年第1期

页码：106页～108页

目前，我国的风险投资在评价的标准上过分强调财务指标，一般的定性讨论较多，缺乏深入和系统化的定量研究。同时，由于环境和体制的差异，加之风险投资处于不同的发展阶段，各国、各地区的风险投资项目评价的标准也不尽相同。作者通过对我国风险投资和风险投资项目评价实践的调研分析，并结合对国内外高新技术风险投资项目评价的研究及实践总结的基础上，设计了一个风险投资项目评价的指标体系，并构建了具体的AHP模型，最后用实际的案例验证了该指标体系和评价模型的合理性和较好的可操作性。文章的目的在于促进风险投资项目评价向科学化、定量化、规范化的方向发展。

作者通过对浙江省和外地的一些风险投资公司的访谈和问卷调查认为，在进行风险投资项目评价时，所考虑的因素可以归结为创业者素质、技术、市场和管理四个方面。具体而言，创业者的素质可以通过精神素质、知识素质、能力素质来考核；技术方面应该关注技术的先进性、技术的成熟度、产业化预期和知识产权；市场方面涉及到市场的增长潜力、市场规模、竞争性、进入屏障；管理方面主要是包括团队的结构、企业的战略、企业的文化以及规章制度。在确定了上述风险投资项目评价的指标体系后，就可以采用层次分析法AHP，分别确定各个评价指标的权重，同时构造判断矩阵，并计算各个评价指标相对准则层的权重和综合权重，最后按照公式计算项目的总得分来评价项目的好坏，为决策提供科学依据。

作者最后强调，风险投资项目评价毕竟是一项复杂的系统工程，涉及因素众多，在项目评价的指标体系中是否应该纳入财务效益、风险投资的退出以及项目所处阶段等因素，还有待于进一步的研究和完善。

·***《风险投资项目筛选的战略性思考》***

作者：金怒江

来源：《科学学与科学技术管理》，2004年3月

页码：141页～144页

风险投资项目评估可以说是整个风险创业活动中最重要的部分，而其中对项目的战略筛选是评估过程中的一个关键环节，而该阶段也最能体现风险投资家的宏观眼光和战略水准。文章主要从理论上总结了风险投资决策的一般过程和战略过程两个方面，指出风险投资的决策过程涉及到项目计划资料的收集、项目的战略性（初步）筛选、项目的一般筛选、项目的尽责调查阶段以及签订合同五个内容；而风险投资决策的战略分析需考虑的内容因不同的风险投资机构而异，但必须包括投资产业、投资规模、投资项目发展阶段、风险企业的技术和市场定位、被投资企业的区位特点五个方面。

作者同时提出，从众多没有或只有少量经营历史纪录的风险企业中选出最具有获利潜力的投资项目，是风险投资有别于其他投资形式的特色之一。一般的投资公司在审查投资项目时，重点放在财务分析与物质保障方面，而风险投资公司在选择投资项目时，财务分析居次要地位，它们会根据自身资本的构成结构和资本来源、资本规模、宏观经济和产业政策、产业和资本市场的趋势与特点以及自身的投资经验和人才结构等，权衡收益和风险，并由此形成一定的投资策略和产

业偏好，设定自身的战略筛选标准，以此对收到的项目建议书进行战略性的初选，并由此进入后面的一般筛选和尽责调查阶段。由此可见，风险投资项目的战略性筛选起着很重要的承上启下的作用，对风险投资的成功有重要的影响。

· *《风险投资项目评估评价决策三维系统模型》*

作者：徐绪松，曾凡涛，殷圣平，王丽，周琳，熊保平

来源：《中国风险投资》，2004年9月第3期

页码：55页～68页

风险投资项目评估是一个复杂的决策过程，必须用复杂科学的理论和方法建立投资项目评价的系统模型。文章首先建立了一个系统模型的概念。系统模型是针对大型复杂决策问题建立的概念模型，由定性和定量因素组成，是一个定性分析的递推过程，其求解是一个定量计算的回溯过程，具有多层次树形结构、递归性的特质。文章在提出系统模型概念的基础上，建立了系统模型的指标因素法以及定性分析的工具——探索图。利用指标因素法和探索图，构建了风险投资项目评价决策的三维系统模型。

作者首先从信息经济学的视角构建了风险企业家及创业团队的指标；接着从核心潜能的角度构建了商业模式指标，认为核心潜能的内涵包括为顾客及社会创造价值、整合的技能、核心产品、与竞争者有所差异、能提供进入新市场的途径等方面；第三，以从更大环境考虑问题的观点构建了项目的环境指标，最后得到风险投资项目评价决策的一级指标。在上述基础上，作者建立了风险投资项目评价决策子系统模型，具体步骤为构建探索图、生成系统模型（初步）、形成调查问卷、问卷调查、样本分析以及生成子系统模型。

通过研究，作者提出，系统模型与以往的指标体系不同，具体表现在：第一，系统模型描述的是指标、因素之间互动变化的关系，如企业家与企业团队与商业模式、项目环境三个指标是互动的；好的团队将会建立好的商业模式，也会营造好的项目环境；好的商业模式和好的项目环境，会孕育出一支好的创业团队，产生更多优秀的创业家。第二，观察一个系统要看其整体，不是看片段，某一个微小因素的微小变化，有可能导致整体惊人的变化。第三，系统模型是用智能信息处理的方法求解，要考虑其互动性、动态性、非线性。应该说，用系统模型描述项目的评价比建立指标体系更切合实际。

· *《创业机会评价重要指标序列的实证研究》*

作者：姜彦福，邱琼

来源：《科学学研究》，2004年2月第1期

页码：59页～63页

创业机会是通过把资源创造性地结合起来，迎合市场需求并传递价值的可能性。这里机会的开发过程包括机会的识别、评价和开发，其中识别和选择创业机会是一个动态的过程，而机会的评价活动则贯穿了全过程。在整个机会开发过程中，对机会进行评价的人主要是创业者（及创业团队）和投资人（天使投资人、风险投资家和股东）。目前，并没有什么绝对权威的机会评价标准，而且创业者对机会进行非正式评价时基本就不依赖什么系统的指标体系。文章将Timmons的机会评价框架引入我国，在这个框架下，通过调查问卷的方法对国内自身创业者和一般管理者进行比较研究，提出了适合我国创业者进行非正式评价或投资人在进行尽职调查前快速评估创业机会的10项关键指标序列。

作者在确定机会评价标准时认为，创业经历、工作年限以及管理经验是非常重要的因素，按

此标准将样本分为两组，从管理团队、竞争优势、行业与市场、致命缺陷、个人标准、收获条件、经济因素、战略性差异等10个指标序列进行了考察。研究发现，资深创业者在评价机会是考虑的因素更多一些，对某些重要因素的强调程度也更深刻一些；同时，资深创业者比管理者更重视创业团队的组成、经验和创业者个人承担压力的情况，更重视机会的经济价值和战略意义。尽管两者在行业与市场的两类因素上重视程度有差异，但对顾客的强调和重视程度还是比较一致的。

文章最后强调，根据研究分析的结果，国内创业者在进行机会评价时应该最重视人的因素。可以从以下五个方面综合分析人的因素：创业者团队是否是一个优秀管理者的结合，是否拥有优秀的员工和管理团队，创业家在承担压力的状态下心态是否良好，行业和技术经验是否达到本行业内的最高水平，个人目标与创业活动是否相符合。但同时需注意，机会本身不能存在任何致命的缺陷。

·《中美创业企业家评估方法的比较与分析》

作者：田增瑞，司春林

来源：《科技导报》，2004年3月

页码：56页～58页

价值评估是创业企业投融资中的关键问题，它不仅关系到创业企业投资价值的评估，而且也关系到创业者与创业投资家股份比例的确定。由于在创业企业发展之初既没有现金流，又不是公开上市，因此其价值评估成为了一个难点。本文对各种创业企业价值评估方法进行了理论分析，指出了各种评估方法的局限性，并对实践中美国与中国创业投资家所使用的创业企业价值的评估方法进行了分析，在案例对比的基础上，指出了美国创业投资家的拇指规则评估方法具有的优点，希望能为国内创业投资家提供一些启示。

目前，在企业价值评估中采用的方法有账面价值法、重置成本法、市场价执法、清算价值法、折现现金流法和实物期权定价法。各种方法都有其自身的优缺点，在实践中，美国创业投资家是用拇指规则方法（修正风险贴现率的折现现金流法）对创业企业价值进行评估，而我国评估创业企业价值的方法则一般是使用重置成本法。相比较而言，修正风险折现率的折现现金流方法对创业企业价值评估是一种可行的方法，因为它既考虑了创业者对预测值的乐观估计，也考虑对早期投资的稀释，可纠正过高的预测估计，并能保护早期投资，并对创业投者和创业投资家起到激励的作用。而重置成本法虽然也考虑了无形资产，但所占股份份额较小，以现有的实有资本为主体，无法充分反映创业企业的特点，因而不适用于创业企业的价值评估。

作者最后指出，当创业投资活动分散于不同行业和国家时，由于资本市场和创业投资家的成熟度的差异，折现率的确定要根据各国的情况而定。我国的创业资本刚刚起步，还不是完全的创业资本投资，股市的市盈率过高，因此，不能完全照搬美国创业投资家的模型，否则会使得本来就乐观的估计更为放大。相反，应该在借鉴美国创业投资方法的基础上，根据中国的特点，探寻适合中国的、客观的、合理的创业企业价值评估方法。

5. 中国风险投资发展模式与支持体系

·《美日创业文化对创业投资发展影响的比较及借鉴》

作者：马飞，秦彩萍，王江

来源：《东北亚论坛》，2004年1月第1期

页码：53页～58页

创业文化是影响创业投资成败以及快速发展的一个重要因素。创业文化的不同，导致与之相

应的创业投资的发展轨迹和效果也不同。奉行“拿来主义”并曾获得巨大成功的日本，将世界上创业投资最发达、最活跃的美国创业投资模式“拿”到了日本，经过几十年的发展，虽然其创业投资总额仅次于美国，位居世界第二位，但是，其创业投资的内涵却与美国有着很大的差异。并且，具有日本特色的创业投资也没有像美国那样，使创业资本真正成为本国高新科技企业发展的原动力，创业投资本身所蕴含的巨大能量和效应在日本未能被充分地释放和利用。究其原因，美日特有的文化，尤其是创业文化在其中起了至关重要的作用。文章在对美日创业文化对比的基础之上，研究其对创业投资发展的影响，并对构建和培育我国创业文化环境提出了几点建议。

文章指出，美国的创业文化在微观层面上展现出美国人敢于冒险，勇于创新的个性，而日本则表现出追求稳定，忠诚于团队，压抑个性的特质；中观层面上，美日企业文化都突出“以人为本”的管理思想，但美国采用短期雇用制，鼓励竞争，日本的终身雇用制、年功序列制使得员工对企业高度依赖；宏观层面上美国弘扬开拓创业的文化氛围，政府鼓励创业，并在科技、金融、法律等领域提供一系列的支持，日本虽然也鼓励创业，但是日本政府在推动创业投资体系建设方面，采取了直接干预方式，没有充分利用市场机制。上述这些因素就导致了两个国家在创新的基础、创新的主体、创新的方式、创新的驱动力方面的不同，最终表现为在组织创新方面采取了完全不同的路径选择。

作者最后对构建我国的创业文化环境提出了几点建议，具体为：

1. 解放思想，更新观念，宣传“创业投资”理念，丰富我国创业文化内涵；

2. 尊重知识与人才，鼓励创新，促进创业活动全面开展；

3. 发挥政策导向的功能；

4. 进一步加大教育体制改革力度，全面推行素质教育；

5. 深化企事业组织人事制度改革，全面推行“全员聘用、竞争上岗”，加强人力资源科学的管理；

6. 发挥高新科技园区的示范效应，以点带面，最终在全国范围内形成创业投资的文化氛围。

·《发展我国风险投资基金的条件分析及相关建议》

作者：朱丹丹

来源：《经济问题探索》，2004年第8期

页码：53页～55页

风险投资基金，又成为创业投资基金，是目前世界上广泛流行的一种主要为高新技术产业和中度产业融资，并提供多种服务的信托组织，是风险资本的一种有效组织形式。文章对发展我国的风险投资基金的有利条件、制约因素、必要条件进行了分析，并在此基础上，探索了适合我国国情的风险投资基金模式，提出了相关的建议。

作者指出，目前，我国建立风险投资基金的有利条件表现为：宏观环境方面，中国风险投资基金法律环境将不断趋于完善，市场对风险资本的需求不断增长；资金供给方面，随着国外投资者的不断涌入，将带来巨大的资金来源和先进的管理技术，资本市场已经初步形成，上海和深圳两个主板市场以及多层次的产权交易中心的建立都为高技术产业的投资提供了渠道。但同时也存在着相应的制约条件，首先我国的市场机制仍不健全，具体表现为在资金的入口方面，各机构投资者实力还不够充足，资本来源还较单一，数额也不足；在出口方面，主板市场门槛较高，成本较大，技术交易量小。其次，组织形式和组合结构带来了融资和管理上的障碍，表现为现有的风险投资公司在组织结构上没有突破行政级别的约束，缺乏完善的政策法律环境，风险投资意识薄弱

和社会诚信建设不足。

文章最后对发展我国风险投资基金提出了相关的建议。作者认为，首先在设立主体方面，应该吸收社会闲散资金，同时逐步培育民间投资主体；在组织形式方面，受体制转轨和现有《公司法》的影响，应该成立公司制的风险投资基金，以及通过“领投”和“跟投”的搭配和协调来加强各个风险投资公司的交流与合作；在资金来源与筹集方式方面，应该以政府资金为引导，社会资金为主导，逐步允许商业保险资金、社会保障资金甚至银行资金等机构投资者进入风险投资领域；在投资方向上，并不一定局限于高新技术产业，还可以将目光瞄准在中国农村城市化过程中可能创造出的中度适用技术产品产业化的巨大市场需求；退出方式方面，以政府资金为主的风险投资采取回购方式退出，二板市场的建立也迫在眉睫；监管体制方面，应该构建一种“法律约束下政府监管和行业自律相结合”的体制，完善行业内部的运作机制，不断提高基金管理组织的管理水平和自制能力。

·《风险投资的整全性及其网络化运行》

作者：丁云龙

来源：《科学学研究》，2004年8月第4期

页码：411页～418页

创新资本化过程中蕴含了多种要素的相互作用关系，必须要把每个单要素的整合过程纳入到整体的系统中来，才能够完成创新的资本化过程，进而实现高新技术的产业化过程，风险投资的这种整合特性成为整全性。从整全性的角度来看，我国的风险投资能否在区域经济发展过程推动新企业创业，涉及到风险投资的发展方向问题，这需要用已有的成功经验来检验预设了其发展方向的整全性，同时还涉及风险投资运行的有效性问题，这需要辨析风险投资有效运行的结构化特征。

文章以硅谷为例，研究了硅谷作为创新网络的本质特性。所谓创新网络，就是在特定空间条件下，行为者基于创新活动建立起来的关系网络。同时，从技术网络：技术－资本结构与一体化，社会网络：二元资本结构与支撑作用，交易网络：交易结构与适应性三个方面研究了风险投资的网络化运行，得出了风险投资有效运行的结构化特征。

研究指出，在反思风险投资发展战略的过程中，必须面对风险投资的发展方向和风险投资运行的有效性问题。基于整全性视角对成功经验进行分析，发现风险投资不会孤零零的发展，它需要在创新网络中运行才能够充分发挥作用。创新网络作为一个内含技术网络、社会网络和交易网络的“三网”集成体，为风险投资提供了一个有效运行的场域。风险投资在创新网络中运行的结构化特征表明，技术网络所培育的“技术－资本”结构，一方面推动着高新技术产业化和企业孵化，另一方面在深度上造就了资本追逐高新技术的机制。社会网络作为风险资本运行的平台，支撑着风险资本运行，其中积淀而成的社会资本与风险资本合二为一，形成二元资本结构，克服了风险资本单一运行的弊端，并提供了风险资本网络化运行的社会通道，既降低了风险资本有效运行的交易成本，又强化了技术与资本的一体化结构。风险投资机构与交易性市场中介组织之间形成的交易网络，其在功能上体现出来的适应性，能够使资本、技术和人力资源充分融合，进而推动着风险投资的有效运行。同时，风险投资的整全性要求交易结构必须做出与时俱进的适应性变迁和创造性转化，才能够提高资本追逐技术的效率，风险资本才能够实现彻底的网络化运行。

·《风险投资支撑环境的作用机理分析》

作者：李雪灵，蔡莉

来源：《吉林大学社会科学学报》，2004年7月第4期

页码：79页～85页

风险投资的支撑环境主要包括经济、文化、科技、金融、人才、社会中介服务、法律法规和政策等八个支撑要素。由于各要素演进发展的规律不同，风险投资支撑环境分为“诱致性”和“强制性”两类。诱致性支撑环境主要包含经济、文化、科技、金融和人才等要素，强制性支撑环境主要包括与风险投资建立、发展相关的法律法规、政策和社会中介服务要素等。诱致性支撑环境是强制性支撑环境存在和发展的基础和前提，强制性支撑环境完善了诱致性支撑环境，为诱致性支撑环境的发展提供了保证。文章对风险投资的诱致性支撑环境和强制性支撑环境的作用机理进行了深入地分析，在认识和培育我国风险投资的支撑环境方面得到了一些启示。

诱致性支撑环境的作用机理表现为：首先，经济环境为风险投资和其他各环境要素的发展提供基本的物质条件；其次，文化环境为风险投资和其他各支撑要素的发展提供精神动力；第三，科技、金融和人才环境的结合，促进了风险投资的产生和发展。强制性支撑环境的作用机理表现为：首先，建立一套完备的法律、法规体系是实现风险投资正常运行的必要条件，是促进风险投资得以健康发展的重要保证；其次，政策环境对风险投资的支持集中体现在财政支出、税收和风险分担等三大政策上。

文章指出，我国在风险投资环境建设方面还存在许多缺陷，首先，强制性环境的建设还不完善；其次，诱致性环境中的某些要素还相当欠缺。面对这种情况，作者对培育我国风险投资支撑环境提出了以下几点建议：完善市场经济体制，加大对失信者经济和法律的惩戒力度，在社会中形成良好的守信氛围，改变现有的教育体制，培养创新意识，加快金融市场结构化的建设步伐，在行业内制定培训计划或方案；同时，修改现有法规条款，设立中介服务机构。作者最后强调，对我国风险投资支撑环境的培育应该以动态的和发展的眼光来看待，根据风险投资发展的不同阶段，确立支持环境不同的构成要素，从而有计划、分步骤地完成风险投资环境的建设工作。

·《知识产权证券化：知识资本与金融资本的有效融合》

作者：艾毓斌，黎志成

来源：《研究与发展管理》，2004年6月第3期

页码：22页～27页

知识产权转化一般涉及高技术产业，具有显著的高收益 / 高风险金融特征，与商业银行吸存放贷、替客户转移分散风险的基本经营特点存在矛盾冲突，因此，商业银行一般不宜介入。科技进步迫切需要创造出适合知识产权转化的金融工具，于是诞生了知识产权证券化。文章介绍了知识产权证券化在国内外发展的情况及其内涵，并且分析了在中国，知识产权证券化发展的市场动力以及作用，在此基础上设计了国内知识产权证券化的基本交易结构并对有关问题作了进一步探讨，最后对一个具体的案例进行了分析，希望对国内知识产权证券化的理论研究与实践能有所启示。

作者指出，短短几年时间，知识产权证券化在我国得到了快速的发展，除了外部的推动力量外，关键是具有内在的市场动力，主要来源于科学技术进步、知识产权所有者、投资者、各类市场中介等方面。根据政府部门在证券化交易结构中的参与程度，可以将证券化模式划分为政府主导型、市场主导性和混合型三种。文章认为我国处在证券化的初步阶段，应该选择政府主导型，在该模式下，将知识产权证券化的交易结构设计为三个阶段：真实出售阶段、证券设计与发行阶段、证券发行后的管理阶段。在这个过程中，构建SPA是整个交易结构的关键，SPA是专门为知识产权证券化设立的具有法人地位的公司，其职能是完成证券化的各项工作。作者建议在我国，SPA应该设计为由政府出资组建或以政府出资为主的机构，这样既可为投资和提供基本的信心支

持，同时也能保证国家技术产业政策的贯彻。同时理想的信用增级结构应该安排为内部信用增级与外部信用增级相结合，政府信用增级与商业化信用增级相结合，并且通过设计证券的次级结构实现证券的内部增级。

文章最后强调，由于知识产权本身固有的复杂性，知识产权证券化的发展道路并不平坦，面临着很多挑战，需要更深入的研究。主要包括在证券化过程中交易各方缺乏共同的价值基础；其次，知识产权证券化的信用基础是知识产权这个无形资产，只有通过生产经营实践，价值才能释放，因此对信用增级提出了更高的要求；最后，随着科技进步不断加快，知识产权的无形折旧速度加大，并且有很大的随机性，增加了证券化的风险，这需要构建更精密的资产池，扩大资产池的容量，发挥资产组合降低风险的优势。

·《创业投资税收激励政策的国际比较及借鉴》

作者：王卉彤

来源：《税务研究》，2004年第7期

页码：22页～24页

税收政策对于创业投资的影响不容忽视，文章在分析了政府提供创业投资税收激励的必要性以及设计税收政策时需要考虑的因素后，研究了具有代表性的五个OECD成员国在促进创业投资发展所采取的税收激励政策的经验和教训。在此基础上，结合我国创业投资发展的总体情况及创业投资税收激励政策的缺乏，对中国创业投资税收激励体系的建设进行了探讨，并提出了相关的建议。

文章指出，由于创业投资的高风险的特点，从公共利益和资金缺口的角度分析，政府都有必要介入风险投资。介入的方式主要有三种，即政府直接提供资金给创业投资基金或小企业、对投资与创业投资的基金或小企业的投资者给与财政刺激以及对于创业投资者类型的控制。目前，国际上广泛应用的是财政刺激的方法，而这其中最重要的手段就是税收抵免。在设计税收激励政策时，政府需要在激励的形式、激励的目的、激励的强度、税收的激励成本、具体的目标、激励的范围以及激励对投资市场的效果等因素中进行权衡。

文章选取了美国、英国、加拿大、韩国、丹麦五个国家，并将其分为创业投资成效显著、创业投资新兴以及创业投资不发达三类地区，对比各国的税收激励政策对创业投资影响的经验和教训。在此基础上，作者提出建立适合我国的创业投资发展的税收激励体系，应该注意以下几点：首先，在激励的形式方面，应该以前端激励为主，对所有从事创业投资活动的投资者，均给予所得税方面的税收优惠，资本利得税仅作为所得税方面税收优惠的补充；其次，激励的范围应该采取多元激励的方式；再者，应该根据创业投资的周期，对创业投资公司实行适当年限的亏损弥补制度；最后，准确地制定细则，具体到投资领域、投资阶段、投资数额和税收抵免率等方面。

·《我国风险投资区域聚类研究》

作者：蔡莉，朱秀梅，孙开利

来源：《管理学报》，2004年9月第2期

页码：195页～198页

风险投资研究需要有不同视角，既要从时间的角度，即历史发展的角度研究风险投资的发展进程，又要从空间的角度，即地区发展的角度研究风险投资的区域格局。文章以衡量风险投资发展水平的若干指标为基础，对我国主要省市风险投资进行了聚类分析，划分出我国风险投资发展水平不同的区域。研究每一类区域的风险投资发展特征，揭示各类地区风险投资发展的不同特征，

探索风险投资与其支撑环境的相互关系，依据各个地区的区域优势，因地制宜采取相对不同的发展策略，以促进我国风险投资的快速发展。

我国的风险投资的发展大致可以分为酝酿期、兴起期和调整期。基于科学性、可比性、可度量性的原则，文章选取了能够反映风险投资区域发展情况的四个指标进行聚类分析，分别为风险投资资本额占全国风险资本额的比重、该区域风险投资公司数量占全国风险投资公司数量的比重、区域从事风险投资专业人员数占全国风险投资专业人数的比重以及区域风险投资公司投资项目数占全国风险投资项目数的比重。根据分析的结果，文章将风险投资区域划分为了风险投资发达区域、风险投资中等发达区域、风险投资欠发达区域三类，并对各自的特征进行了总结和分析。

在上述分析的基础上，作者提出，我国风险投资的地区呈现出分布不平衡的特点，各地区的风险资本额的数量差异比较大。风险投资业的发展与各地的科技、经济的发达程度、政府有关部门对高新技术产业发展和风险投资事业发展的重视程度有着非常密切的关系。我国各级政府现在开始重视当地风险投资发展的政策法规，但是应当注意要根据各自区域的特点，建立适合自己产业优势的风险投资环境。一些经济落后的地区，可以在发展当地支柱产业的基础上，适当引导风险投资的发展，以带动当地高科技企业的发展，并促进经济的迅速发展。

（二）风险投资实务研究的若干专题综述

经过2001年～2003年的低谷后，中国的风险投资市场再度活跃起来，吸引了众多国外的风险投资家和风险投资机构。业界对于中国风险投资行业的发展也进行了深刻的思考，我们从《中国创业投资与高科技》、《中国风险投资》、《2004年中国风险投资论坛》中挑选了相关的有价值的实务文章40余篇左右，从中国风险投资的发展模式探讨、风险投资基金的组织模式创新、风险投资的发展环境、中小企业的发展环境、中小企业与风险投资的互动和中小企业板的展望等六个领域总结了2004年国内实务研究的主题和热点。

1. 中国风险投资发展模式的探索与创新

我国风险投资业的发展实践证明，在风险投资过程中，制度体系、经济环境、法律体系、文化背景等都会对其产生不可忽略的影响和作用。风险投资的业界人士试图从我国现有的国情出发，探索风险投资在我国的发展模式和道路。

深圳创新集团投资总裁陈玮认为，在国际资本市场环境下，外国创投机构在华投资依旧坚持高科技投资的“初衷”，屡屡出大手笔进行投资；而中国创投机构，反而好像成了一般性投资公司。他认为，在当前中国创业投资发展困难的条件下，生存问题仍是中国创投需要首先面对的问题，中国创投机构不是离开了“创业投资”领域，而是在坚持创业投资为主业的前提下，调整了投资策略，中国创业投资在“思存求变”。他提出，与外国创投机构的战略型投资策略不同的是，中国创投机构总体上采取了财务型投资策略，更严格遵守谨慎性原则。表现在：第一，投资领域方面，由仅投高科技领域转向非高科技领域，偏好于传统产业中具有一定成长性、风险水平较低且收益较稳定的项目。第二，由“前端”投资转向“中后端”投资。减少种子期投资规模，同时加大成长期、扩张期甚至是成熟期的投资力度是最大限度降低投资风险的有力举措。第三、投资规模适当放大。鉴于当前退出主要是股权转让方式，为了便于实现退出，对于特别好的项目适当加大持股比例，进一步提高在董事会上的决定权。第四，保持原有股权投资的基础上，进行更为稳健的投资方式调整，如采用“变异”转股方式、担保方式等。

北京大学创业投资研究中心刘健钧博士提出，我国目前仍处于从传统计划经济向市场经济转型的过程中，现行的各种经济制度都难免带有传统计划经济的烙印，它们不仅难以为创业投资这种高度市场化的投资制度创造必要的条件，而且在不少方面还构成制度障碍。因此，只有借助于各个层次的制度创新（包括创业投资制度自身的创新和相关制度体系的创新），才能真正建立起适应创业投资发展内在要求的创业投资体制。他对我国现行创业投资体制所存在的问题进行了剖析，有针对性地提出了运用制度创新实现我国创业投资体制转换的六大对策建议：第一，完善鼓励创业的基础性制度，实现创业投资动力机制由"发展高科技的主观愿望推动型"向"企业创业需求推动型"转换。第二，疏通社会资本转化为创业投资的渠道，实现创业投资进入机制由"单纯财政与企业资金投入型"向"企业、富有个人、保险机构、银行和外资等多元资金投入型"转换。第三，完善创业投资运作机制，实现运作机制从"信贷投资或产业投资方式"向"与创业相联系的资本经营方式"转换。第四，发展多层次资本市场，实现创业投资退出机制由"即使跑道终点也得不到实质性奖励的马拉松长跑赛"向"能够及时得到奖赏的接力赛"转换。第五，通过"间接扶持政策"，实现创业投资政策扶持机制由"政府直接出资从事创业投资"向"政府间接引导民间资金从事创业投资"转换。第六，运用法律手段和行业自律，实现创业投资监管机制从"行政直接干预"向"适当法律监管和行业自律相结合"转换。

北大创业投资研究中心高级研究员周洪海认为①，分析一个国家的创业投资的发展模式，必须首先分析其创业模式的特点。制度变革和技术变革是驱动创业活动的两股最原始的动力，因此，从制度变革和技术变革来理解我国的创业活动之区别于美国等典型西方国家的创业活动的特点，有助于探索中国特色创业投资的发展模式。他进一步指出，对美国而言，市场经济体系已经相当完备，制度变革这一驱动创业活动的动力较弱，主要以技术变革为主来驱动创业活动。而我国技术创新能力不足，原创技术很少，主要由经济转型时的制度变革来驱动当前的创业活动。正是由于催生我国创业投资活动的驱动因素与美国等西方国家不同，其不可避免地表现出与美国等西方国家创业投资不同的特性。他指出，基于制度变革驱动型创业活动这一大背景，我国在寻找中国特色创业投资发展模式的过程中，必须把握好以下几个基本策略：第一，我国的创业投资应有合理的收益预期。第二，政府资金应以更大的力度持续发挥作用。第三，应大力发展资本市场，但在相当长时期内不宜降低企业上市的门槛。第四，创业资本宜采用跨区运作、机构联合的方式。第五，创业资本更应注重评估创业团队，更应注重参与企业管理。第六，创业资本不宜划定投资的专业领域。第七，创业投资的投资阶段更要后移。第八，当前在我国从事创业投资不宜将眼光仅盯住高新技术项目，而应放眼于以下三大领域：一是传统产业中的投资机会，二是企业二次创业的投资机会，三是市场开放过程中的投资机会，四是产权变化过程中的投资机会。

东南大学的潘庆华和北京航空大学的杜励婧认为②，我国的风险投资尚处于发展的初级阶段，存在许多的问题。其中关键的一点是存在多方利益主体，这些利益主体不仅要共享利润，更要共担风险。她们提出，任何一项投资都会冒两种风险：一种是市场的不确定性造成的风险，另一种是由企业家的管理才能、技术的先进性等因素决定的投资项目本身的风险。市场风险难以把握，而项目风险可以控制，降低项目风险的一个有效方法就是组成战略联盟，参与管理。据此，她们提出在我国建立战略联盟式的风险投资模式。通过结成联盟，风险投资公司可以从不同的对象处取得待定资源，这样可减少投资风险。也就是说，通过风险投资机制集合各种生产资料，风险投

① 周洪海："从创业活动驱动因素看中国创业投资发展模式"，《中国创业投资与高科技》，2004年9月。

② 潘庆华，杜励婧："中国风险投资业的现状及运行模式选择"，《软科学》，2004年第18卷第3期。

资公司不仅是一种金融中介，更是一种生产资源的集合体。以项目为核心把各方利益主体联系在一个联盟组织里，共同致力于项目的开发，这样有利于把分散的力量聚集起来，共同推进风险投资的发展。她们进一步提出战略联盟式的风险投资模式在操作中应该注意以下几方面的问题：第一，在组织框架设计方面，应以风险投资公司的项目管理为核心。第二，在战略策划上应注意目标的一致性和协调性，战略目标的不一致会导致合作失败。第三，在利益分配机制的设计方面，应综合考虑合作各方所处的环境以及他们的价值取向来设计一个公平合理的收益分配合同，为组织联盟的高效运作提供制度性保障。第四，政府应承担起“牵头风险投资家的职责”搭建信息沟通平台，同时也要形成规范的约束机制，使组织联盟顺利运行。第五，鼓励金融改革，为金融创新扫清法律障碍，扶持在市场中新产生的新兴金融机构和金融中介机构。第六，政府转变对研发活动和风险投资业的支持方式，研发项目的选择不仅应该尊重专家的意见，而且还应该听取产业界的声音，进一步与大企业联合，组成战略联盟，共同进行开发。

2. 风险投资基金组织模式的创新

风险投资基金的组织形式和管理模式也是国内实务界讨论的热门话题。在国外，风险投资基金的组织形式主要有三种类型：公司制、有限合伙制和信托制。在我国《投资基金法》尚未出台，1993年颁布的《中华人民共和国公司法》只规定了有限责任公司和股份有限公司两种组织形式。目前，我国的风险投资公司基本都是采取公司制的组织形式，并且绝大部分都是由政府出资建立的，这是由我国的国情所决定的。

深圳市创业投资同业公会秘书长王守仁提出，在我国，只有按照公司制风险投资基金委托管理模式，科学地设计投资人与管理人、管理人与受资企业之间的委托代理关系，才能建立和完善风险投资机构的治理结构，并形成核心竞争力。对于风险投资的规范管理问题，重点应放在积极推行和发展私募基金委托管理制，大力借鉴台湾公司型投资基金管理的成功做法，不应盲目照搬美国的有限合伙制。因为，一是我国与美国法律体系差别太大，而与台湾均为大陆成文法体系；二是大陆与台湾同文同种，思维方式和文化理念一样。在我国创投业起步发展时应更多地学习借鉴台湾地区的做法，并紧密结合大陆实际，而对美国的做法，可有鉴别地吸收引进某些机制并加以创新。

中科招商创业投资管理有限公司总裁单祥双认为，公司制模式的存在有其历史性，存在着很多的弊端。这种模式不能把经营团队的利益和股东的利益捆在一起，不能形成一个有效的、稳定的、专业的职业投资人团队，运营成本也很高。他指出，在中国应该走基金管理模式的道路，即采用有限合伙制模式，只有这样才能建立一个良好的激励约束机制。

深圳的匡晓明认为，无论从理论上，还是从国外的实践来看，最适合创业投资的制度安排都是可灵活定制的契约，该契约可以有限合伙这种规范化的复杂形式出现，也可以信托型的基金形式出现。有限责任公司因为其中固定的权利义务安排和法律确定的治理结构，使得这种缺乏弹性的组织形式并非是开展创业投资的理想选择。但是，当外部环境不能保证定制契约的有效实施（比如合伙法对有限合伙的限制），或者契约的谈判成本过高时，作为市场经济中最普遍的市场主体组织形式——有限责任制，对于创业投资机构（包括股份有限公司）仍然具有较强的生命力。他提出，可以在一定的市场环境下，基于有限责任公司的框架，吸收借鉴有限合伙等定制契约的优点，对创业投资的内部制度进行优化设计。这种优化应当实现：第一，权利与责任对等的治理机构。借鉴有限合伙制中的做法，一旦选择了管理团队，就应当将日常的经营管理完全委托出去，股东对管理层的约束主要体现为对经营计划的严加审核和投资效果的有效监督。第二，收入与业绩挂钩的薪酬制度。他认为，应当降低管理者收入中的固定部分，提高与业绩相关报酬的比例，激发管理者为所有者创造效益的动力，其中被激励的是主要负责投资决策的管理者。这种收入业绩的匹配不仅是数量上的，还要考虑业绩的时间滞后性，真正做到在保证所有者利益最大化的同时，管理层个人利益也最大化。

北京大学创业投资研究中心刘健钧博士提出，创业投资基金是一种“支持创业的集合投资制度”，因此要为创业投资基金的投资运作创造出最佳的组织制度安排，就必须首先对通过投资基金间接从事创业投资的制度优势以及需要解决的问题进行深入的分析，然后再结合国际社会创业投资基金组织制度选择的历史过程，分别对不同组织制度对创业投资基金的适用性进行比较，从而最终为我国创业投资基金的组织制度选择提供参考。他认为，公司型创业投资基金是可以通过制度创新实现自我完善的，即使是发展有限合伙制创业投资基金也应当通过引入公司制来克服有限合伙制本身的不足。

3. 风险投资的发展环境

风险投资作为一种特殊的投资工具，对环境具有很高的要求。完善的风险投资环境是风险投资规范、高效发展的保障。我国尚处于风险投资发展的起步阶段，在发展过程中，还明显存在着政策法律环境支持力差的状态。

国际经验表明，大多数国家在发展风险投资时都是采取了税收优惠的政策和法规，这是对风险投资最有效的激励方式之一。财政部税政司副司长史耀斌认为，我国现行的税收政策中之所以没有专门针对创业投资企业的税收优惠政策，是因为现行税收优惠政策的制定主要是从产业政策和社会目标的角度出发，在体现税收制度公平原则的同时有效发挥税收的杠杆作用。他表示，会继续积极关注和支持中小企业与创投事业的发展。在研究和制定相关的税收扶持政策时会注意结合两方面的工作。一是充分借鉴、吸收国内外的有益经验，分析有关国家制定政策的原则和方法。运用税收政策支持创业投资企业的发展，需要充分借鉴国际上的成功经验，需要同国际社会保持密切的接触和广泛的合作。这既是国内中小企业和创业投资事业发展的内在需要，也是全球经济一体化的必然要求。二是在制定和实施具体的扶持政策时，既要充分学习吸收国外的有益经验，把握政策的共性，同时更要立足我国的实际，尤其不能只就优惠论优惠，把税收扶持政策的定义框进狭隘、片面的圈子里。应该将鼓励支持创业投资发展的税收政策研究工作放在整个宏观经济的大环境中思考，结合我们公共财政体制改革的总体目标，分布实施税收制度改革统筹考虑。只有这样，才能和国家的产业政策协调统一，才能真正形成有利于中小企业和创业投资事业长久稳定的政策环境。

深圳创新集团投资总裁陈玮认为，2003年我国创业投资的宏观政策环境是逐步改善的，但从业界调查反映来看，相对于中国创投发展的客观需要而言，改善的力度还是不足的，表现在：《管理规定》并没有解决实质性的问题，如税收问题、外汇管制问题、退出机制问题，在实际操作上也存在诸多不明确：新版税收办法并未使得外商创业投资公司实质享受到税收优惠，对行业发展并未有实质性促进作用。因此，在总体上看来，宏观法律和政策方面的限制仍是制约中国创投发展的瓶颈之一，实质性制定和出台真正推动创投发展的相关法律政策是业界人士对政府的期盼。

香港郎明投资集团董事高级经理董浩岩提出，鉴于我国地域广阔、地区差异大的特点，只要不与国家宏观政策相违背，一些地方政府应在营造鼓励风险投资发展的市场环境方面发挥先导作用。并应关注以下几个方面的问题。首先，要针对现有法律有关条款实行赦免。同时，还应进一步强化对专利和知识产权的保护力度。其次，完善风险投资的法律体系。我国现有的两部风险投资法规（《105号文件》和《外资创投规定》）存在的问题是：宏观政策有余，而微观政策不足；监管有余，而鼓励不足。再有，激活风险资本的退出通道。同时努力形成有利于风险资本退出的多元化资本市场格局。他认为，灵活调整税制是对风险投资产业最为有效的激励方式。政府部门不应将风险投资机构作为纳税主体，而应该将它们视为增加税源的工具和载体，因为风险资本扶植的企业越多，政府的纳税主体也就越多。不仅如此，推动中小高科技企业的发展一直是政府所追求的目标，而实践证明达到这一目标的最有效方式就是风险资本的推动，风险投资机构通过自身的努力代替政府履行了某些职能，降低了政府在此方面的运营成本，政府完全应该从节省的成本中拿出一部分来补偿给风险投机构。但我国政府相关主管部门还未在对风险投资的税收激励制度上达成共识。

国浩律师集团事务所副理事长兼秘书长李淳指出，现阶段中国风险投资的法律体系整体还相当落后，他对完善中国风险投资的法律环境进行了展望：一是尽早出台《风险投资法》的呼吁声会越来越高，早出台，早受益。收益者，不仅仅是创业投资公司，亦包括整个国家和全社会；二是风险投资法律可能不会过多强调“中国特色”，相信会大胆借鉴及大胆移植西方成熟的风险投资法律。因为这样成本小、见效快，且可以提升整个中国风险投资法律水准；三是利用抓住《风险法》修改的大好时机，将近年来风险投资业反映强烈、要求集中的问题体现到公司法修正案中，并可能会被最终确认；四是全国首家中国风险投资法律研究机构可能组建，相信可以弥补我国风险投资法律先天不足之缺憾；五是中国风险投资论坛会加大法律成分；六是更多的人鼓励参与风险投资立法活动。总之他认为，中国风险投资法律体系和法律环境的健全与完善，任重而道远。

华夏证券研究所的徐子桐在文章《民间资本创业投资的最新发展和法律风险》[①]中提到，发展风险投资的关键就是要发展民间风险资本。从历史的角度看，我国以政府出资主导的风险投资的经营理念和运作方式只能是一种过渡，民间资本才是我国风险投资业繁荣的基础。但他同时指出，我国创业投资的制度和法律环境仍然存在不少限制，不确定性因素也很多，与民间资本创业投资相关的法律风险不能不引起重视。第一，资本制度的限制。就现行公司法来说，在公司设立和资本制度上存在两个突出的问题：一是公司设立成本过高，创投公司首先不得不面对注册资本最低限额这道投资“门槛”，而且不得不面对公司登记成立过程行政审核带来的不确定性和不透明性；二是法定资本的限制，由此导致的一个直接后果是资金使用效率太低。第二，出资问题。随着技术出资比例的放宽，由此可能引发的问题也更多。技术方的出资与资金相比有相当的弹性，过高的评估价值将会放大风险，同时也侵害资本充实原则。第三，关于股权投资。在公司法规定修改之前，公司募集的资金在股权投资方面有着严重限制，无法满足创投的资金需求。同时，股权投资的限制也抑制了经营活动的多样化和灵活性，从而认为加剧了创业投资企业以及创业投资家自身的风险。第四，信用环境。风险投资的决策本身是在高度不确定的条件下进行的，既要看项目又要看人，如果信用环境比较恶劣，对项目和人、投资方和技术方等相互之间都有负面影响，使创业投资的风险额外加大，交易成本不得不内化、转移和上升。第五，治理机制。建立健全公司治理结构和运行机制，其关键是平衡效率与监督之间的关系。另外，退出机制方面的限制也是需要考虑的风险之一。创业投资的发展离不开顺畅的风险资本退出机制，退出的方式主要是二板上市、清算退出或者股权转让等。从长远来看，在主板市场之外建立创业板可能是主要方向，但在有关条件尚为成熟之前，退出方式的选择性、效率性和收益性都难免有很大局限。

---

① 徐子桐：“民间资本创业投资的最新发展和法律风险”，《中国创业投资与高科技》，2004年5月。

4. 中小企业的发展环境

中小企业的发展已经受到国际社会的广泛关注，世界上大多数国家和地区都把促进中小企业的发展作为一项重要的经济政策。近年来，中小企业已成为推动我国经济持续快速发展的重要力量。我国政府也开始采取一系列措施，为中小企业的发展营造良好的环境。

国家财政部副部长朱志刚认为，利用财政政策支持中小企业发展是世界各国的通行做法。借鉴国际经验，我国政府陆续制定了财政支持中小企业发展的政策措施，主要有三个方面：一是税收优惠政策。按照“统一税法、公平税负”的指导思想，我国政府出台了一些支持企业的税收政策。尽管税收政策不是按企业规模设计，而主要是考虑产业政策、福利性程度和社会管理目标。从实施效果看，这些政策的获益主体主要是中小企业。他表示，根据完善社会主义市场经济体制的要求以及《中小企业促进法》的有关规定，为了充分利用税收杠杆加大对中小企业的指导和扶持力度，我国政府将进一步深化税制改革，从促进中小企业科技开发、改善中小企业投融资环境等方面考虑，完善促进中小企业发展的税收政策。二是支出政策。他指出，《中小企业促进法》明确规定国家财政要安排专项资金支持中小企业发展。根据法律规定，在国家财力许可的范围内，按照WTO规则的要求，相应安排支持中小企业发展的专项资金，重点支持中小企业的技术创新以及中小企业服务体系建设。三是利用政府采购。他表示，我国政府采购工作开展时间不长。目前，我国政府正在积极按照《中小企业促进法》和《政府采购法》的有关规定，研究制定《政府采购促进中小企业发展的实施办法》，鼓励中小企业积极参与政府采购。

1999年5月，我国《科技型中小企业技术创新基金》正式启动，创新基金分别以无偿资助、贷款贴息和资本金投入等不同的方式资助中小企业的技术创新活动。科技部副部长马颂德指出，创新基金在我国的尝试，是一项探索性很强的工作。创新基金设立以来，财政部和科技部通过基金管理中心组织基金管理，基金管理中心严格遵守基金宗旨，坚持公开、公正、透明的原则，扶持了一批科技型中小企业。他认为，在看到成效的同时，创新基金发展中存在的问题更应引起关注和重视。第一，创新基金在引导、调动金融资本投向科技型中小企业的渠道还不很通畅。如何通过有效的制度安排，建立一套创新基金与金融资本衔接、配套的投资渠道，是创新基金发展过程中需要进一步解决的重要课题。第二，创新基金与创业投资结构结合还不够，彼此没有形成相互衔接的资金链条。第三，创新基金与科技金融机构结合不够，彼此未能形成合理、高效的分工体系。建立一套科技中介机构和金融中介机构共同参与的创新基金运作方式，是改善基金运作效率的重要措施。

科技部创业投资研究所所长房汉廷指出，国家应尽快建立推动企业技术创新的创业金融制度。创业金融是将创业企业筹资与风险投资有机结合的金融制度，它将目前分散的政府基金、各种创投基金和创业板市场纳入到统一的创业金融框架下，通过科学规范的管理运作，为中小企业的技术创新，特别是创业初期的研发活动提供积极有效的金融服务。

在建立创业金融制度方面，中国银河证券公司高级经济学家苑德军教授指出，我国现有的金融结构框架、金融工具结构和金融市场结构，都难以满足中小企业发展需要，亟待创新金融制度，开拓新的创业融资途径。

2004年10月，由科技部、国家开发银行、深圳证券交易所等科技、金融部门联手启动了“科技兴中小企业成长技术路线图计划”。科技部创新基金管理中心副主任梁桂指出，各部门要根据路线图计划制定的协同工作机制，充分发挥各自优势，相互配合协作，为科技型中小企业解决发展中的“瓶颈”问题，营造激励企业技术创新的绿色通道。

中国证监会市场监管部主任谢庚指出，从经济发展的内在要求看，资本市场的层次结构是由企业的层次结构决定的，中小企业的培育和发展需要多层次的资本市场。2004年2月1日颁布的《国务院关于推进资本市场改革和稳定发展的若干意见》指出：建立多层次股票市场体系，在统筹考虑资本市场合理布局和功能定位的基础上，逐步建立满足不同类型企业融资需求的多层次资本市场体系，研究提出相应的证券发行上市条件并建立配套的公司选择机制。继续规范和发展主板市场，逐步改善主板市场上市公司结构。分布推进创业板市场建设，完善风险投资机制，拓展中小企业融资渠道。他认为，从我国证券市场风险管理的角度看，比较现实的选择是依托交易所现有的市场基础，从分步建设创业板市场入手来推进多层次资本市场建设。未来一段时期的主要任务是：在中小企业板块的基础上，推进制度创新，改进市场监管，逐步放宽创业型企业发行上市在股本总额和持续盈利记录等方面的限制；在各方面条件成熟时，将中小企业板块从现有市场中剥离出来，正式建立创业板市场。对于场外市场的发展，要逐步完善场外市场的法规体系、交易结算制度和监管体制，特别是要建立市场化的风险防范和化解机制。他认为，除了多层次资本市场建设的问题外，其它资本市场的结构性问题也与中小企业的培育和发展密切相关，例如股权分置问题关系到创业投资的退出，证券市场不够发达限制了中小企业的融资方式。总之，资本市场为中小企业发展服务的前景是广阔的，有巨大的制度创新空间。

中国风险投资有限公司监事长钱弘道认为，由于信息不对称和银行贷款限制等问题，造成了中小企业发展过程中的融资困境，限制了中小企业的进一步发展。他从政策法律角度提出了促进中小企业发展的几个重要方面。第一，从金融政策法律支持的角度，主要需做好以下几个方面的工作：一是大力发展中小金融机构；二是发展中小企业信用担保体系；三是发展多层次的资本市场和多渠道的融资体系，扩大中小企业的融资空间；四是大力发展风险投资。第二，对中小企业实行税收优惠的法律支持。第三，加快反垄断立法，保护中小企业发展。他认为，中小企业最大的困难是其在市场上处于弱者地位，往往经受不住大企业的冲击，因此，确保自由竞争的市场秩序和市场经济结构是中小企业立法的重点和核心所在。第四，及时修改《公司法》、《中小企业促进法》等相关法律法规。

中科院科技政策与管理科学研究所王胜光副研究员认为，目前对企业技术创新支持存在的主要问题有三个：一是政府在制度和立法层面上的跟进措施不够，配套措施缓慢；二是直接支持中小企业技术创新的专项政策少、支持力度小；三是缺乏引导金融机构支持中小企业的创业融资。

5. 中小企业与风险投资的互动

第二次世界大战后新兴中小企业在全球范围内获得了迅速发展，逐渐成为各重要经济体技术进步与创新的主流。到20世纪末，新兴中小企业在创造就业机会与促进经济增长方面甚至超过了传统大工业对国民经济的贡献。尽管从整体上看，中小企业在社会经济发展过程中发挥着越来越重要的角色，但从个体看，由于资金的缺乏和管理的薄弱，中小企业却在市场竞争中处于弱势地位。如何通过风险投资促进中小企业的发展，进而推动我国整体国民经济的发展，实务界为之进行了有益的探索。

国家发展和改革委员会主任马凯指出，中国及世界经济发展的实践表明：促进中小企业发展，一个特别重要的方面，就是建立中小企业创业投资机制，完善中小企业融资体系。他表示，近年来，我国政府在建立中小企业创业投资机制，完善融资体系方面做了大量工作，并取得一些成效。但目前我国中小企业融资体系还不够完善，尤其是创业投资机制建设相对滞后，创业投资业的发展刚刚起步。他认为，结合中国的实际，有以下几个方面需要进一步研究：第一，关于创业投资企业的组织形式。第二，关于创业投资的扶持政策。创业投资在运作过程中，既面临所投资企业的经营风险，也面临所投资企业的道德风险。为促进创业投资企业的发展，需要政府给予政策扶持。第三，关于政策性创业投资基金的设立模式。运用政策性创业投资基金参股等方式，引导商业性创业投资基金投资创业前期的中小企业是各国通行的做法。如何发挥政府政策性创业投资基金的引导作用，还需要在实践基础上不断创新和完善。第四，关于创业投资的退出机制。他认为，我国“中小企业板块”的设立，对于创业投资退出机制的完善无疑将发挥重要作用。但这只是迈出了创业板市场建设的第一步，还需要不断开辟多元化的创业投资退出通道。

中国风险投资研究院院长陈工孟博士认为，为了保证中国经济持续、稳定的发展，国家需要有以创新为核心的经济增长模式。微软、戴尔、华为、新浪等一些国内外著名企业就是凭借着技术创新、管理创新与机制创新成为了行业领袖。他指出，在我国中小企业是创新的重要源泉，也是创新的实践者和执行者，而风险投资就是推动中小企业创新的催化剂。因此扶持中小企业，推动风险投资业发展，从而促进整个经济的良性增长，对我国的经济发展有着重要的战略意义。正是因为中小企业创新职能在我国目前经济发展阶段的重要性，我国政府也在积极探索对中小企业创新的有效支持。最重要的举措就是1999年设立的科技型中小企业技术创新基金，但每年5亿元的资金支持很难起到大规模促进和激励中小企业创新活动的作用。政府在财政支持上对中小企业最主要的手段就是税收政策。但有专家提出，对创新创业型中小企业而言，虽然税收优惠是必要的，但关键还在于提供创业资本支持。只有运用税收政策鼓励创业投资企业发展并引导其增加对中小企业的投资，才是促进创新创业型中小企业发展的根本办法。

中科招商创业投资管理有限公司总裁单祥双认为，创业投资是一种为中小企业提供长期股权投资和增值服务，通过企业成长后的股权经营获得资本增值收益的金融工具和投资手段。创业投资对于中小企业的发展具有独特的作用。他指出，创业投资能够提供中小企业发展和长期发展所需的资金，通过提供股权投资，可以实现创业企业股权多元化，并推动企业与资本市场对接，有助于促进中小企业治理结构的完善。创业投资在提供资金的同时提供管理和资本运作的增值服务，主动化解投资风险，加速企业成长和价值提升。相比于其他融资手段特别是银行贷款，创业投资具有决策灵活，融资成本低和融资周期短的特点，最符合中小企业的融资需求。

海通证券研究所的陈峥嵘在其文章《发展私募股权市场提高中小企业融资效率》①中提到，包括创业投资市场在内的私募股权市场可以满足中小企业的间接融资需求。他认为，私募股权融资在中小企业融资中最具有效率和效益，它在信息评价、风险承担、收益分享、合约安排和监控等方面比正规金融更加有效。美国的实践表明，发展私募股权市场的关键是要有合理的组织创新，并进行有效的管制变革。他在文章中指出，企业融资创新的活跃程度和有效性与一国的法律限制和政策管制程度密切相关。目前我国有关金融合约的法律给企业融资提供的创新空间很小，甚至可以说对企业融资创新构成了障碍。所以监管层应该尽快废除不合时宜的法规政策，建立以市场为主导的融资产品创新机制。

6. 展望中小企业板

2004年5月17日，经国务院批准，同意深圳证券交易所在主板市场内设立中小企业板块，并核准了中小企业板块实施方案。2004年5月27日，中小企业板块正式启动。

一直致力于推进我国创业板设立的全国人大常委会副委员长成思危教授表示，中小企业板块的启动具有重大和深远的意义。第一，它标志着我国多层次资本市场建设的开始；第二，它将为

① 陈峥嵘：“发展私募股权市场提高中小企业融资效率”，《中国创业投资与高科技》，2004年12月。

我国的中小企业提供一条通过资本市场进行融资的途径；第三，它也将为中国的风险投资提供一条通过资本市场退资的途径。原科技部副部长邓楠认为，中小企业板块的推出将会有力地促进科技型中小企业的发展。首先，它为科技型中小企业的上市融资提供了新的渠道；其次，它具有强烈的政策导向作用，有利于引导民间资本更加关注中小企业的发展，进而加大对处于发展初期的中小企业特别是科技型中小企业的投资力度；第三，它具有明显的政策导向作用，有利于强化中小企业的规范管理，促进现代企业制度的建立。

国务院发展研究中心金融研究所副所长巴曙松博士提出，中小企业板要想走好关键要有好的监管、好的市场制度，特别是对原来主板市场一些突出的制度缺陷的弥补和创新。他认为，从目前情况看，市场制度创新、监管创新的色彩几乎没有。当前中小企业板有两个问题十分突出：首先，在依然保持股权分置缺陷的制度条件下，如何保护投资者，特别是公众投资者的利益。同时，在利益的天平过分倾斜于非流通股东、控股股东的制度缺陷下，如何客观评估和把握财富在制度缺陷下以事实上的掠夺方式加速流向民营企业主。他指出，在未来的日子里，中小企业板有几个问题不容忽视。第一是监管问题。对中小企业板块中民营企业的监管要有别于主板市场上的国企，用于主板市场的监管概念、方法、模式需要改变。中小企业板应当在制度创新、市场定位、完善主板的市场缺陷等方面有一系列的创新。而且，中小企业板如果监管不力，出现的问题可能较之原来的主板还要严重。仅仅从公司治理层面考察，尽管国有企业的治理结构存在重大缺陷，民营企业一股独大、家族控制等导致的问题也不容忽视，而且可能更缺乏基本的制衡机制。所以，民营企业如何监管，如何保障公众投资者的利益确实是一个全新的挑战。第二是在股权分置的缺陷下，防止财富不公平地流向中小企业主。原来主板市场一个显著缺陷就是股权分裂，占控股地位的非流通股股东和占弱势地位的流通股股东分割的格局，使得整个融资行为，整个权力的天平过分倾斜到投资方，过分倾斜到控股地位的非流通股股东。中小企业板只是多层次资本市场的起步，到目前为止，实际上还是主板的一个部分，并不是一个多层次市场。因此，中小企业板基本上延续了主板市场的一些制度缺陷。第三是如何真正为中小企业服务，到底应该扶持哪些类型的中小企业。他认为，从方向来说，应该转向创新型中小企业，所以企业的规模应该降低，只有区别于主板市场，才能真正叫多层次的资本市场。同时一些区域性的证券市场，能够为主板市场和中小企业板块培育优质的上市公司资源，因此也必须作为构建多层次资本市场的主要内容之一。

中国风险投资研究院院长陈工孟博士指出，中小企业板块的推出对我国的风险投资业是一个利好的消息。但是从目前运行的情况看，它的象征意义大于实质意义。中小企业板块还有很多的局限性和弊病。第一，中小企业板块的模式、规章制度与主板相似，没有很大的创新和特色。主板市场由于制度问题存在的种种弊端很可能会同样出现在中小企业板块中。第二，中小企业板块的门槛相对创业企业条件来说还太高，限制了更多优质的、有潜力的中小企业通过上市渠道融资。第三，中小企业板块目前还无法实现全流通，这是一个很大的弊病和缺陷。其一，不能全流通对风险投资的退出是很不利的，对风险投资的发展也是一个很大的障碍，尤其是国外的风险投资企业可能会因为无法通过中小企业板块退出而不愿进入中国的风险投资市场；其二，不能全流通从理论上讲是不可行的。主板市场不能全流通是因为要保证国有股份的控股主导地位，担心国有资产流失，这是由历史原因造成的。而中小企业板块不存在这个问题，中小企业绝大多数是民营企业，国有控股不是主要问题，不存在资产流失或国有控股问题；其三，中小企业的流通盘很小，完全流通后对市场的冲击不大，不会影响市场的活跃度。第四，中小企业板可以作为主板市场实行全流通的实验田，充分发挥中小企业板块的历史使命。他提出，中小企业板块的运行应积极提高监管质量和效率，确保公正与透明，提高信息披露的真实性、及时性、全面性，遏制过度投资与操纵，避免市场大起大落，加快推进中小企业板块向创业板块的转化，风险投资家和中小企业家期待着真正创业板的推出。

深圳市创新投资集团副总裁李万寿表示，对风险投资机构而言，中小企业板的推出起到了促进的作用，虽然没有达到像对香港创业板和美国纳斯达克那种欣喜若狂的感觉，但毕竟是一个经历了从无到有的板块，可以帮助风险投资机构所投的企业找到一个出路。他说，之所以没有欣喜若狂的感觉，是因为风险投资自身需要一个出口，这并不是中小企业板所能解决的问题。中小企业板并不是他们所期待的创业板，只是相对主板的门槛降低了。风险投资需要的是一个完整概念的创业板，不仅门槛降低，股票也是可以流通的，没有股权分置这个问题。所以，中小企业板的推出对市场起到了有限度的带动作用，创投机构持谨慎乐观的态度。他同时表示，中小企业板的推出使得中小企业的融资环节比较配套，并对中小企业起到重要的标杆作用。中小企业可以通过中小企业板看到，将来以什么样的价格上市，怎样达到上市企业的标准。也使风险投资机构对企业有了一个合理的定价，调动了风险投资机构对企业投资的积极性，相应拉动了风险投资公司的投资者能够源源不断向风险投资公司提供资金。

《中国创业投资与高科技》杂志主编许江萍认为，中小企业板在现有主板市场框架内运行，同时又有相对独立的原则。从其交易规则，上市企业的选择及信息披露看，其要求严格程度比主板有过之而无不及。如果仅从证券市场的角度看，似乎很难找到中小企业板的创新之处，因为它与主板并无实质性区别。但是他提出，如果从整个经济发展角度看，中小企业板是我国资本市场的一大创新。其创新之处，与其说是创业板的前奏，不如说它是为中小企业融资开辟了新渠道。其意义在于：一是政府对于中小企业的支持从原来的立法宣传到了操作层面的融资扶持上面；二是对民营企业的扶持由宣传走向落实，因为中小企业板主要以民营企业为服务对象；三是为证券市场的进一步创新、发展奠定了基础。

第三节　2004年风险投资研究文献参考目录

一、2004年国际风险投资研究文献参考目录

[1] Haizhou Huang, Chenggang Xu, 2003. ‘Financial Syndication and R&D’, *Economics Letters*, 80, pp.141-146

[2] Antonio Davila, George Forster, Mahendra Gupta, 2003. ‘Venture Capital Financing and the Growth of Start-up Dirms’, *Journal of Business Venturing*, 18, pp.689-708

[3] Andrew L. Zacharakis, Dean A. Shepherd, 2003. ‘The development of Venture-capital-backed Internet Companies an Ecosystem Perspective’, *Journal of Business Venturing*, 18, pp.217-231

[4] Juan Florin, 2005. ‘Is Venture Capital Worth it Effects on Firm Performance and Founder Returns’, *Journal of Business Venturing*, 20, pp.113-135

[5] Roman Inderst, Holger M. Muller, 2004. ‘The Effect of Capital Market Characteristics on the Value of Start-up Firms', *Journal of Financial Economics*, 72, pp.319-356

[6] Marco Da Rin, Giovanna Nicodano, Alessandro Sembenelli, ‘Public Policy and the Creation of

Active Venture Capital Market'

[7] Garry D.Bruton, David Ahistrom, 2003. 'An Institutional View of China' s Venture Capital Industry Explaining the Difference between China and the West', *Journal of Bussiness Venturing*, 18, pp.233-259

[8] Garry D.Bruton, David Ahistrom, Kuang S. Yeh, 2004. 'Understanding Venture Capital in East Asia: the Impact of Institutions on the Industry Today and Tomorrow' , *Journal of Business*, 39, pp.72-88

[9] Vesa Kanniainen, Christian Keuschnigg, 2004. 'Start-up Investment with Scarce Venture Capital Support', *Journal of Banking & Finance*, 28, pp.1939-1959

[10] Christian Keuschnigg, Soren Bo Nielsen, 2004. 'Start-ups, Venture Capitalists, and the Capital Gains Tax', *Journal of Public Economics*, 88, pp.1011-1042

[11] Vesa Kanniainen, Christian Keuschnigg, 2003. 'The Optimal Portfolio of Start-up Firms in Venture Capital Finance', *Journal of Corporate Finance*, 9, pp.521-534

[12] Josh Lerner, Antoinette Schoar, 2004. 'The Illiquidity Puzzle：Theory and Evidence from Private Equity' , *Journal of Financial Economics*, 72, pp.3-40

[13] Clement K. Wang, Kangmao Wang, Qing Lu, 2003. 'Effects of Venture Capitalists' Participation in Listed Companies' , *Journal of Banking & Finance*, 27, pp.2015-2034

[14] Lowell W. Busenitz, James O. Fiet, Douglas D. Moesel, 2004. 'Reconsidering the Venture Capitalists "Value Added" Proposition: An Interorganizational Learning Perspective', *Journal of Business Venturing*, 19, pp.787-807

[15] Douglas Cumming, Grant Fleming, Jo-Ann Suchard, 2005. 'Venture Capitalist Value-added Activities, Fundraising and Drawdowns' , *Journal of Banking & Finance*, 29, pp.295-331

[16] Toru Yoshikawa, Phillip H. Phan, Jonathan Linton, 2004. 'The Relationship between Governance Structure and Risk Management, Approaches in Japanese Venture Capital Firms', *Journal of Business Venturing*, 19, pp.831-849

[17] Henry Chesbrough, 2003. 'The Governance and Performance of Xerox' s Technology Spin-off Companies', *Research Policy*, 32, pp.403-421

[18] Dean A. Shepherd, Andrew Zacharakis, Robert A. Baron, 2003. 'VCs' Decision Processes: Evidence Suggesting More Experience May Not Always Be Better', *Journal of Business Venturing*, 18, pp.381-401

[19] Dimo. P. Dimov, Dean A. Shepherd, 2005. 'Human Capital Theory and Venture Capital Firms: Exploring "Home Returns" And "Strike Outs", *Journal of Business Venture*, 20, pp.1-21

[20] Joel A.C. Baum, Brain S. Silverman, 2004. 'Picking Winners or Building Them Alliance, Intellectual, and Human Capital as Selection Criteria in Venture Financing and Performance of Biotechnology Start-ups', *Journal of Business Venturing*, 19, pp.411-436

[21] Susheng Wang, Hailan Zhou, 2004. 'Staged Financing in Venture Capital: Moral Hazard and Risks', *Journal of Corporate Finance*, 10, pp.131-155

[22] Sea Jin Chang, 2004. 'Venture Capital Financing, Strategic Alliances, and the Initial Public Offering Of Internet Start-ups', *Journal of Business Venturing*, 19, pp.721-741

[23] David J. Denis, 2004. 'Entrepreneurial Finance an Overview of the Issues and Evidence' , *Journal of Corporate Finance*, 10, pp.301-326

[24] Peggy M. Lee, Sunil Wahal, 2004. 'Grandstanding, Certification and the Underpricing of Venture Capital Backed IPOs' , *Journal of Financial Economics*, 73, pp.375-407

[25] Robert J. Hendershott, 2004. 'Net Value: Wealth Creation and Destruction during the Internet Boom' , *Journal of Corporate Finance*, 10, pp.281-299

[26] Mark Lehrer, Kazuhiro Asakawa, 2004. 'Rethinking the Public Sector: Idiosyncrasies of Biotechnology Commercialization as Motors of National R&D Reform in Germany and Japan' , *Research Policy*, 33, pp.921-938

[27] Douglas Cumming, Daniel Schmidt, Uwe Walz, 2004. 'Legality and Venture Governance around the world' , *Center for Financial Studies*, 17, pp.1-39

[28] Dirk Bergemann, Ulrich Hege, 1998. 'Venture Capital Financing, Moral Hazard, and Learning' , *Journal of Banking & Finance*, 22, pp.703-735

[29] Uwe Walz, Douglas Cumming, March 2004. 'Private Equity Returns and Disclosure around the World' , *Center for Financial Studies*, 5, pp.1-39

[30] Mike Wright, Y. Lockett, December 2003. 'The Structure and Management of Alliances: Syndication in the Venture Capital Industry' , *Journal of Management Studies*, Vol.40, pp. 2073-2102

[31] Paula Gompers, Josh Lerner, David S. Scharfstein, July 2003. 'Entrepreneurial Spawning: Public Corporations and the Genesis of New Ventures, 1986-1999' , *Economic Research*

[32] Christian Keuschnigg, Soren BO Nielsen, December 2003. 'Taxes and Venture Capital Support' , *Public Finance*, NO.1094, pp.1-38

[33] Victory Fleischer, 2004. 'The Rational Exuberance of Structuring Venture Capital Startups' , *Tax Law Review*, Vol. 57

[34] John R.M. Hand, April 2005, 'The Value Relevance of Financial Statements in the Venture Capital Market' , *Accounting Review*

[35] Thomas Keil, July 2004. 'Building External Corporate Venturing Capability' , *Journal of Management Studies*, Vol. 41, No.5, pp. 799-825

[36] Laura Bottazzi, Marco Da Rin, July 2004, 'Active Financial Intermediation: Evidence on the Role of Organizational Specialization and Human Capital' , *Working Paper Series*, pp.1-39

二、2004年国内风险投资研究文献参考目录

[37] 徐玖平，陈书建："不对称信息下风险投资的委托代理模型研究"，《系统工程理论与实践》，2004年1月第1期

[38] 郭建鸾："创业投资基金双层委托代理机制研究"，《南开经济研究》，2004年第1期

[39] 付强："风险投资的风险代理关系类型"，《科学管理研究》，2004年6月第3期

[40] 应瑞瑶，赵永清："风险投资中激励机制与代理成本分析"，《财经研究》，2004年6月第6期

[41] 乔桂明，卜亚："风险投资中委托代理问题与制度安排"，《科研管理》，2004年1月第1期

[42] 管军，马晓国，温向军，李高扬："提高风险投资过程中两级委托"，《科学管理研究》，2004年2月第1期

[43] 马正，秦彩萍，王江："美日创业文化对创业投资发展的影响与借鉴"，《东北亚论坛》，2004年第1期

[44] 苑新丽："促进风险投资发展的税收政策选择"，《财经问题研究》，2004年第5期

[45] 赵国忻，曹惠丽："对风险投资促进高新技术产业化作用的反思"，《科技进步与对策》，2004年第1期

[47] 黄永明："论风险投资中的财税政策扶持"，《统计与决策》，2004年第6期

[48] 刘健钧："论我国创业投资法律体系建设"，《证券市场导报》，2004年7月

[49] 蔡春华："完善外商风险投资法律制度探讨"，《上海金融》，2004年第6期

[50] 郑敏华："我国风险投资的宏观环境障碍"，《统计与决策》，2004年第7期

[51] 田钢："我国风险投资企业监控体系的构建"，《经济师》，2004年第7期

[52] 何峰，陈德："早期高科技企业融资困境分析研究"，《科学学与科学技术管理》，2004年第1期

[53] 王世良，王世波："AHP模型在风险投资项目评价中的应用"，《企业经济》，2004年第4期

[54] 金怒江："风险投资项目筛选的战略性思考"，《科学学与技术管理》，2004年3月

[55] 潘雄蜂，刘凤朝，王元地："基于主成分分析方法的风险投资项目评估模型"，《科技进步与对策》，2004年第3期

[55] 王晓莉："金融业经营模式与风险投资模式选择"，《经济与管理》，2004年第2期

[56] 郭江明："谈谈风险投资对象的综合评估"，《经济问题》，2004年第6期

[57] 王卉彤："创业投资信托——创业投资融资新模式"，《上海金融)》，2004年第2期

[58] 王世波，王世良："高新技术风险投资项目评价的AHP模型"，《科技管理研究》，2004年第1期

[59] 洪宇，苏鹭："日本证券系风险投资公司与母公司利益冲突研究"，《东北亚论坛》，2004年5月第3期

[60] 李宏明："创业风险投资筹集和转让方式选择"，《金融理论与实践》，2004年第1期

[61] 冯勤，沈斌："创业投资退出机制及其绩效分析"，《经济论坛》，2004年12期

[62] 程静："风险投资'退出'内涵新论——基于现代人力资本理论的微观分析"，《南方经济》，2004年第5期

[63] 王晓东，赵昌文，李昆："风险投资的退出绩效研究"，《经济学家》，2004年第1期

[64] 陈冰："关于我国风险投资退出机制的探讨"，《市场周刊》，2004年4月

[65] 程静："论风险投资'退出'的内涵、功能及必要性"，《暨南学报》，2004年第1期

[66] 刘剑，李敏，陈嗥："我国风险投资退出机制研究"，《经济论坛》，2004年第13期

[67] 应瑞瑶，赵永清："创业投资组织形式选择问题分析——基于民间投资者的角度"，《江苏社会科学》，2004年第2期

[68] 傅利平，张响东，侯海霞："从创业投资主体关系看有效的公司治理结构"，《科学管理研究》，2004年4月第2期

[69] 谈毅："创业投资过程中的团队生产、监控与激励"，《科研管理》，2004年9月第5期

[70] 朱丹丹："发展我国风险投资基金的条件分析及相关建议"，《经济问题探索》，2004年第8期

[71] 丁云龙："风险投资的整全性及其它网络化运行——以硅谷为例"，《科学研究》，2004年8月第4期

[72] 魏星，夏恩君，李全兴：“风险投资项目决策中的风险综合评价”，《理论与方法》，2004年第2期

[73] 李雪灵，蔡莉：“风险投资支撑环境的作用机理分析”，《吉林大学社会科学学报》，2004年7月第4期

[74] 冷宣荣，张怡梅：“风险投资中政府的作用”，《经济论坛》，2004年第15期

[75] 刘晓宏：“风险资本契约价格与市场均衡理论研究”，《财经研究》，2004年9月第9期

[76] 崔文杰：“高新技术产业发展与风险投资”，《财经问题研究》，2004年3月第3期

[77] 侯合银，王浣尘：“高新技术—创业资本系统的创生过程分析——毁损解策略情形”，《中国管理科学》，2004年8月第4期

[78] 刘建香：“建立有效约束风险投资家行为的机制”，《统计与决策》，2004年第8期

[79] 王宗润，陈晓红：“竞争环境下的中小企业融资创新”，《科研管理》，2004年3月第2期

[80] 罗慧英，严太华：“论我国创业投资市场定位的重新选择”，《经济问题探索》，2004年第2期

[81] 尹国俊：“日本风险资本产权缺失的影响——新制度经济学分析”，《科研管理》，2004年3月第3期

[82] 尹国俊：“日本风险资本产权缺失与制度创新”，《研究与发展管理》，2004年8月第4期

[83] 谈毅：“我国风险投资制度安排的演进与创新”，《研究与发展管理》，2004年6月第3期

[84] 艾毓斌，黎志成：“知识产权证券化：知识资本与金融资本的有效融合”，《研究与发展管理》，2004年6月第3期

[81] 潘庆华，杜励婧：“中国风险投资业的现状及运行模式选择”，《软科学》，2004年第18卷第3期

[82] 孙璐，黄进之：“中小企业融资可行性评价模型探讨”，《经济体制改革》，2004年第4期

[83] 姜彦福，邱琼：“创业机会评价重要指标序列的实证研究”，《科学学研究》，2004年2月第1期59-63页

[84] 郭建鸾：“创业企业相机治理分析”，《中央财经大学学报》，2004年第5期

[85] 鲍承沛：“创业投资基金的规模经济效应”，《经济论坛》，2004年第2期

[86] 王卉彤：“创业投资税收激励政策的国际比较及借鉴”，《税务研究》，2004年第7期

[87] 周淇海：“从创业活动驱动因素看中国创业投资发展模式”，《中国创业投资与高科技》，2004年9月

[88] 陈业宏，文杰：“对我国采取有限合伙创业投资的质疑”，《武汉大学学报》，2004年5月第3期

[89] 阎坤，杨元杰：“对我国创业投资税收激励政策的探讨”，《税务研究》，2004年第7期

[90] 郭艳，蔡敏，胡波：“风险投资对投资工具和契约条款的运用”，《社会科学家》，2004年3月第2期

[91] 周小茜：“关于建设深圳‘天使资金市场’的几点思考”，《特区经济》，2004年第5期

[92] 郭建鸾：“基于公司治理的创业投资基金组织形式分析”，《山西财经大学学报》，2004年2月第1期

[93] 徐子桐：“民间资本创业投资的最新发展和法律风险”，《中国创业投资与高科技》，2004年5月

[94] 房汉廷：“全方位透视中国创业投资发展”，《中国创业投资与高科技》，2004年8月

[95] 吕娟，林延龄：“我国风险投资筹资来源分析”，《统计与决策》，2004年第10期

[96] 甘时勤：“西部地区发展风险投资的模式选择”，《经济学家》，2004年第5期

[97] 姚梅芳，王升涛，郑雪冬："信息不对称背景下风险投资的资信风险评估体系研究"，《情报科学》，2004年4月第4期

[98] 张志民："中国政策性创业资本的地位及定制研究"，《首都经济贸易大学学报》，2004年第6期

[99] 田增瑞，司春林："中美创业企业价值评估方法的比较分析"，《科技导报》，2004年第3期

[100] 何国杰，刘曼红："退出策略：中外合资风险投资模式的探讨"，《中国风险投资》，2004年12月第3卷第4期

[101] 马凤岭："我国企业孵化器管理与服务模式现状研究"，《中国风险投资》，2004年12月第3卷第4期

[102] 陈柳钦，孙建平："中国中小企业信用担保体系的经济学考察"，《中国风险投资》，2004年3月第3卷第1期

[103] 徐绪松："风险投资项目评估评价决策三维系统模型"，《中国风险投资》，2004年9月第3卷第3期

[104] 刘应力："深圳创业投资的国际化环境"，《中国风险投资》，2004年6月第3卷第2期

[105] 蔡莉，朱秀梅，孙开利："我国风险投资区域聚类研究"，《管理学报》，2004年9月第1卷第2期

第二章 专题研究报告

本章主要对2004年风险投资行业的重点和热点问题进行了深入研究，由三个专题研究报告组成，内容分别涉及深圳中小企业板的设立和启示、美国政府支持小企业与风险投资发展的模式选择、我国风险投资法律环境的回顾与展望等热点问题。

研究报告一为深圳中小企业板的设立对我国风险投资的影响和启示。报告主要在将深圳中小企业板和纳斯达克市场进行对比分析的基础上，分析了深圳中小企业板的现状和存在的问题，探讨了我国创业板的构建以及深圳中小企业板对我国风险投资的影响。

研究报告二为美国政府支持小企业与风险投资发展的模式研究。报告分析了小企业在美国经济中的地位，介绍了美国小企业管理局（SBA），并从总体服务、融资渠道服务、技术援助服务、政务采购服务以及宣传和维权服务等多角度探究了美国小企业管理局的功能。

研究报告三为2004年我国风险投资法律环境的回顾与展望。报告从产权转让、股权交易、外商投资公司、企业登记等方面分析了2004年中国风险投资立法状况，在此基础上从企业法、金融法、税法、市场交易法四个方面对风险投资法律的环境进行了研究，最后，报告还对我国风险投资法律存在的问题进行了探讨，并对进一步完善我国风险投资法律环境进行了展望，提出了相关的建议。

研究报告一

深圳中小企业板的设立对中国风险投资的影响和启示[①]

一、深圳中小企业板与纳斯达克市场的对比分析

（一）上市条件的比较

2004年5月17日我国中小企业板块获准设立，其总体设计思路，可以概括为“两个不变”和“四个独立”。其中两个不变是指，中小企业板块运行遵守的法律法规和规章与主板市场相同，中小企业板块的上市公司符合主板市场的发行上市条件和信息披露要求；“四个独立”指中小企业板块是主板市场的组成部分，同时实行运行独立，监察独立，代码独立，指数独立。遵照上述规定，我们可以看出，中小企业板的进入“门槛”相对于主板市场并没有降低，一个企业选择是在主板上市还是在中小企业板上市主要根据计划发行的流通股的规模来区分。具体的上市条件

① 作者：李存行，博士，副教授，华南理工大学风险投资研究中心副主任。崔毅，教授，华南理工大学风险投资研究中心主任。

见（表2.1）。

表2.1　中小企业板的上市标准

实收资本	发行股本不少于5 000万元人民币
营运记录	须具备3年业务记录
盈利能力	近3年连续盈利
股权分布	1 000元以上股东不少于1 000人，向社会发行的额度不少于25%，超过4亿元的，向社会发行的额度不少于15%
主要股东的最低持股量	发起人认购的数额不少于总股本的35%
财务会计	无虚假记录
其他规定	近3年无重大违法行为，遵纪守法

纳斯达克是全美证券商协会于1971年在华盛顿建立并负责其组织和管理的一个自动报价系统，是世界上第一个电子股票市场，其最大特色在于利用现代信息技术建立了自己的电子交易系统，经过20多年的发展，现已成为全球最大的无形交易市场，并且建立了自己独立上市交易的全国市场，即NASDAQ全国市场。1992年又为小型及新兴公司设立了NASDAQ小型资本市场也称小盘股市场，其上市标准没有业绩要求。所以NASDAQ市场由两个部分组成：全国市场和小型资本市场。以纳斯达克全国市场为例，其上市标准有三个，符合其中任一个标准即可达到上市要求（见表2.2）。

表2.2　纳斯达克全国市场的上市标准

<table>
<tr><th colspan="2">标准</th><th>标准1</th><th>标准2</th><th>标准3</th></tr>
<tr><td rowspan="8">选择条件</td><td>股东权益总额</td><td>1 500万美元</td><td>3 000万美元</td><td>N.A</td></tr>
<tr><td>市值总额</td><td rowspan="3">N.A</td><td rowspan="3">N.A</td><td rowspan="3">7 500万美元
或
7 500万美元
且
7 500万美元</td></tr>
<tr><td>总资产</td></tr>
<tr><td>总收入</td></tr>
<tr><td>税前收入</td><td>100万美元</td><td>N.A</td><td>N.A</td></tr>
<tr><td>营运年限</td><td>N.A</td><td>2年</td><td>N.A</td></tr>
<tr><td>流通股市值</td><td>800万美元</td><td>1 800万美元</td><td>2 000万美元</td></tr>
<tr><td>做市商</td><td>3家</td><td>3家</td><td>4家</td></tr>
<tr><td rowspan="3">共同条件</td><td>股东数</td><td colspan="3">400人以上</td></tr>
<tr><td>股权数</td><td colspan="3">110万股以上</td></tr>
<tr><td>每股底价</td><td colspan="3">5美元</td></tr>
<tr><td colspan="5">注：N.A——不需要</td></tr>
</table>

从上述上市条件和监管规则等方面来看，我国的中小企业板块与纳斯达克市场还是有很大区别的：

（1）中小企业板的进入门槛较高，上市条件较为严格，而纳斯达克的进入门槛较低，上市条件较为宽松，同时它还设立了小型资本市场，其上市的标准更低，使之没有业绩要求。

（2）中小企业板的运作模式采取非独立的附属市场模式，也称“一所两板”平行制，即中小企业板附属于深交所。中小企业板作为深交所的补充，与深交所组合在一起共同运作，拥有共同的组织管理系统和交易系统，甚至采取相同的监管标准和上市标准。而纳斯达克市场则采取独立市场模式，即二板市场与主板市场各自独立运作，拥有独立的组织管理系统和交易系统，并采取不同的上市标准；在监管模式方面，美国的证券监管体系属于集中型，政府监管体系发达，虽然鉴于创业板市场的需要实行自律管理，但仍然由政府职能部分直接监管。

（3）交易制度方面，中小企业板在主板的基础上采用了改进的集合竞价制度。而NASDAQ运作的核心是实行相互竞争的做市商制度，凡在NASDAQ上市的公司至少要有4名以上的做市商同时为其做市股票进行报价，以达到相互竞争的目的。传统交易是由一个专家处理几百家上市公司股票交易，而做市商制度是多对一的关系，即一组做市商为一个上市公司服务。这种做法提高了股票的流动性，有助于稳定市场和发现价格。

（4）中小企业板股权全流通的问题仍然没有得到解决，这不仅降低了市场的流动性，也使非流通股股东和流通股股东之间的利益关系处于不对等的状态，从根本上损害了“公平”的原则。这一点是与发达国家成熟资本市场最主要的区别之一。

（二）深圳中小企业板的功能和市场定位

从服务对象看，中小企业板块示旨在为成长行、创新型中小企业服务的市场，通过对中小企业成长的推动、对资源配置的影响、对创业精神的示范和鼓励，发挥其综合性功能。

1. 从微观角度看我国中小企业板的功能

（1）为风险投资提供有效的退出通道。高新技术产业的发展，需要在金融上有一种不同于常规的制度安排予以支持。在现代经济中，银行作为资本资源配置的重要机构在放贷行为上存在着逆向选择问题，风险与收益的失衡将降低银行对高新技术企业进行贷款的动力。正因如此，高技术产业特别是中小高技术企业融资的主要来源应该是基于市场经济运行机制的风险投资。

高新技术产业发展离不开风险投资的支持，虽然风险投资者投入的是权益资本，但其真正目的并不是要获得风险企业的所有权，而是要带着丰厚利润退出风险企业，退出是进入的暗含前提。在什么时候选择什么方式退出风险企业，直接影响风险投资者的收益，风险投资退出风险企业的方式通常有五种：公开上市（IPO）、收购、企业回购、转售和清算。无论在欧洲还是美国，IPO和收购都是两种最常用的方式。如1998年，欧洲在风险投资总退出量的697亿欧洲货币单位中，收购、企业回购和转售三种方式一共占53.6%，IPO占18.8%。而美国的风险投资业中约有20%～30%的创业资本是采用IPO方式退出，采用企业回购和转售的约占60%～70%。其中，风险投资价值实现的主要途径也是最佳途径就是实现公司上市。由于高科技公司初创阶段大都为中小企业，难以满足在主板市场上市的条件。为使风险投资能顺利退出，激发风险投资者的积极性，国外高科技企业大都通过在中小企业板上市来实现。我国中小企业板块市场的建立，可以为风险投资获得利润后顺利退出提供有效的通道。

（2）促进高新技术产业和传统产业的成长。由于高新技术产业在总体上具有高收益、高风险的特征，又因为目前居我国比较优势的是传统产业，而其中大多又是在现有资本市场难以融资的民营中小企业，因此，中小企业板是一种高新技术产业和有发展潜力的传统产业发展的理想渠道，尤其是高新技术产业最佳的直接融资渠道。

2. 从宏观角度看我国中小企业板的功能

（1）作为主板市场的补充，实现资本市场的多层次。之所以有越来越多的国家和地区在主板之外重新设立了自己的中小企业板，是考虑到中小企业板与主板市场之间的功能互补关系。就我国即将设立的中小企业板而言，它与主板市场之间的互补关系更为明显。

（2）实现资源有效配置，推动产业结构优化升级。中小企业板的意义已经超越证券市场的范畴，建立好中小企业板不仅是证券市场的重大事件，而且会影响整个经济结构的调整。我国作为一个经济快速发展的发展中国家，随着市场化进程的深入，一批批高技术企业正源源不断地涌现，成为促进我国产业结构升级调整与国民经济持续发展的新生力量。我国每年省部级以上的科技成果超过1万项，专利申请达2万余项，然而，其中能迅速转化为现实生产力的不足10%，远远低于发达国家的水平。因此，迫切需要形成一个新的资本市场，为这批新兴的高新技术企业提供可持续发展的资金动力，提供比商业银行和传统证券市场更灵活、更有效的融资安排。可以说，中小企业板是为了适应新经济的要求和高新技术产业发展的需要，弥补现有市场缺陷而设立的新市场。

二、深圳中小企业板的现状

（一）市场规模与特征

自从2004年6月25日第一只股票新和成在深圳中小企业板块上市以来，截止到2004年10月15日，深圳中小企业板共有38只股票上市，总股本3 223 355 978股，总流通股本958 682 200股，上市公司市价总值41 681 828 705元人民币，上市公司流通市值12 141 688 280元人民币，平均股价为每股12.66元人民币（见表2.3）。

表2.3　深圳证券市场中小企业板日行情统计表

市场总貌(Market Overview) - (2004年10月19日)		
上市公司数目(家)	No. of Listed Companies	38
上市证券数目(家)	No. of Listed Securities	38
总发行股本(股)	Total Issued Capital	3 223 355 978
总流通股本(股)	Total Negotiable Capital	95 8682 200
上市公司市价总值(元人民币)	Total Market Capitalization	4 168 1828 705
上市公司流通市值(元人民币)	Total Negotiable Market Capitalization	12 141 688 280
总成交额(元人民币)	Total Turnover	535 207 307
总成交股数(股)	Total Shares Traded	42 265 778
总成交笔数(笔)	Total No. of Deals	56 740
平均市盈率(倍)	Average P/E Ratio (Times)	31.43

资料来源：http://www.szse.cn/main/sme/。

从38家公司的地域分布来看（见表2.4和图2.1），主要是分布在江苏，浙江，广东等沿海经济发达地区。其中江苏4家，浙江12家，广东8家，这三个省份占了差不多2/3。浙江、江苏两省共占16席，在数量上占有绝对优势，这应该与该地区民营经济比较发达而且普遍比较重视资本市场有较大关系。鉴于中小板市场可能基本定位于为民营企业提供融资服务，预计在今后一段时间，江浙及其他沿海地区企业将继续成为中小企业板块的主角，有可能形成江浙板块和广东板块效应。

表2.4　地域分布表

上市公司所属省份	上市公司总数
浙江	12
广东	8
江苏	4
重庆	1
河南	1
湖北	1
安徽	2
上海	2
四川	1
贵州	2
山东	1
福建	1
云南	1
北京	1

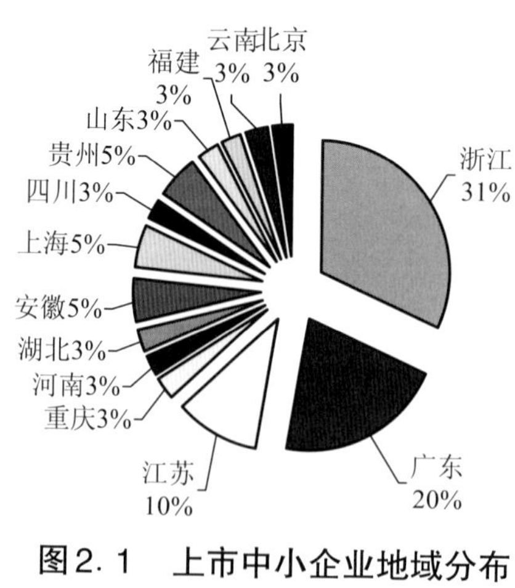

图2.1　上市中小企业地域分布

从所属行业的分布来看（见表2.5和图2.2），行业大类上传统产业居多。不少公司在其细分行业处于领先地位，其中江苏琼花的PVC片材在国内的市场份额达到了12.5%，伟星股份是服装辅料行业公认的龙头企业，而新和成的维生素产品也在同行业处于领先地位。在38家上市公司中，属于制造业的有34家，总发行股本为2 840 505 477股，占38家上市公司总发行股本的88%。属于信息技术（IT）业的只有1家，也就是广州七喜。因此，深圳中小企业板高新企业所占比例很低。

表2.5 所属行业的分布表

行业分类统计 (Data of Sector Stocks)-(2004年10月19日)				
行业分类 Industry	上市公司总数 Listed Companies Stocks	股票总数 Issued Capital	总发行股本（股） Capitalization	市价总值（元） Volume
农林牧渔 Agriculture				
采掘业 Mining				33 854 266 041
制造业 Manufacturing	34	34	2 840 505 477	
水电煤气 Utilities				
建筑业 Construction				1 449 458 539
运输仓储 Transportation	1	1	78 391 484	1 189 184 790
信息技术 IT	1	1	111 975 969	395 300 000
批发零售 Wholesale & Retail	1	1	93 160 000	
金融保险 Wholesale & Retail				
房地产业 Real Estate				1 229 619 344
社会服务 Social Services	1	1	99 323 048	
传播文化 Media				
综合类 Conglomerates				
合计 Total	38	38		

资料来源：http://www.szse.cn/main/sme/。

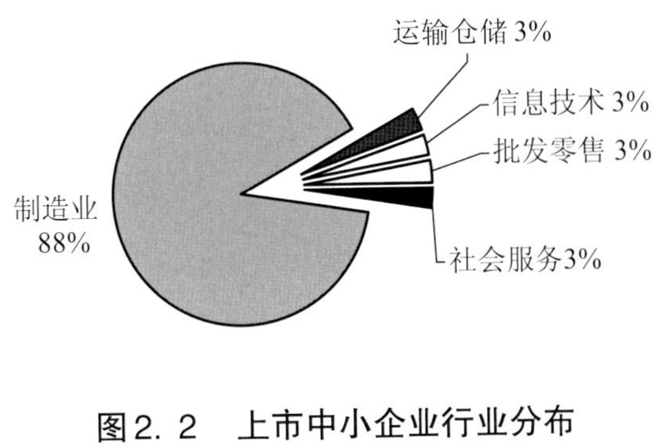

图2.2 上市中小企业行业分布

从公司规模来看，目前上市的38家中小企业流通股介于13 400 000股至38 000 000股之间，平均仅24 460 000股。总股本则介乎于50 000 000股至141 000 000股，平均83 670 000股。上市公司平均总股本为83 670 000股，平均流通股本为24 460 000股。因此流通股本占总股本的比例只有29.2%，大部分为不能流通的股本。

（二）存在的问题

在已上市的30多家中小企业板上市公司中，民营家族企业占80%以上，平均控股达50%左右。在中小企业板上市的民营企业，同样可能利用“制度性”缺陷，来达到大股东利益最大化及侵占少数股东利益的目的。中小企业板基础制度延用的仍是主板市场制度，上市公司股权同样被分割为非流通股和流通股两部分。股权结构的人为割裂，使得同股同权同利基础丧失。利益的差别导致非流通股股东和流通股股东各自追求不同的目标，一股独大的股权结构则为大股东凭借其控股地位侵占相关者的正当利益提供了现实可能性。

深圳中小企业板要得到良好的发展，主板与创业板相互独立运行是必须的，因为这是国际股票交易所发展的规律。如美国NASDAQ创业板市场即是与纽约股票交易所相互独立的。因为，不同层次的股票交易所呈现出的专业化分工格局，在很大程度上都具有公共服务的性质，所追求的是规模效应和专业化效率，这就有利于为投资者提供公平竞价场所。

目前在深圳中小板上市的38家公司总流通股本占总发行股本的比例为29.7%，但从前29家中小板上市公司的股本结构看，属国家控制的股份只占总股本的10%，有17家没有国有股。可以看到，中小板在解决全流通问题、处理国有股方面相对比较容易，对市场压力也很小，完全有条件尽快实现全流通。中小板作为向创业板过渡的市场，应当在解决股权分置问题上做出大胆探索。建立更严格的信息披露制度；建立更严格的市场监管制度。

三、深圳中小企业板和中国创业板的构建

（一）中小企业板为创业板的推出奠定了历史基础

首先，深圳中小企业板将这几年已经具有一定成长规模和成长业绩的中小企业推上了资本市场，为将来创业板的推出奠定成熟的市场主体。

中小企业在我国经济中的地位日益突出，并成为最活跃、最具潜力的新的经济增长点之一。根据有关研究数据表明：截至2002年，全国中小企业数量已经达到17万家之多，中小企业数目占到全国全部企业数目的95%以上；中小企业工业总产值59 648.16亿元，占53.85%；中小企业产品销售收入56 313.97亿元，占51.43%；容纳就业人员3 615.11万名，占65.48%(见表2.6及图2.3)。

表2.6　截至2002年全国大、中、小型企业发展比较(单位：亿元)

类别	总计	大型企业	中小型企业	小企业所占比重(%)
企业单位数(个)	181 557	8 752	172 805	95.18
工业总产值	110 776.48	51 128.32	59 648.16	53.85
产品销售收入	109 485.77	53 171.80	56 313.97	51.43
产品销售利润	13 442.21	7 543.86	5 898.35	43.88

类别	总计	大型企业	中小型企业	小企业所占比重(%)
利税总额	12 022.09	7 223.40	4 798.70	39.92
就业(万人)	5 520.66	1 905.55	3 615.11	65.48

资料来源：《2004中国民营企业发展报告》。

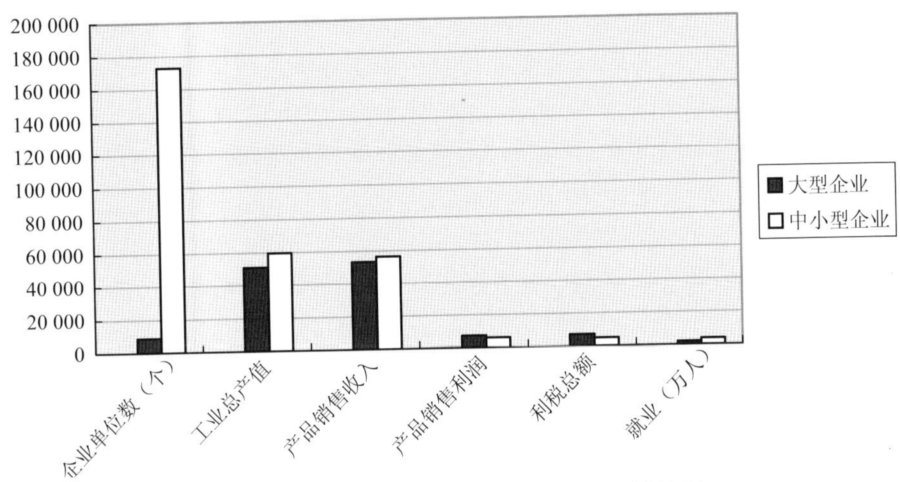

图2. 3　中国大型企业与中小企业的比较

其次，中小企业板实行独立挂盘、独立交易、独立披露信息、独立设立指数的“四个独立”，与主板市场保持了距离。有了这种制度安排，中小企业板在市场运作中实现了相对独立性，拥有了新的市场环境，而这种制度安排和独立性正是将来的创业板市场所需要的运作基础。而且有别于主板市场的监管原则为今后创业板推出后的建设积累丰富的监管经验。

（二）中小企业板与创业板的区别

中小企业板虽然能为将来创业板的推出奠定一些条件，但并不具备创业板的基本特征与功能，而且具有本质的差别。以香港创业板为例，深圳中小企业板与创业板的区别主要表现在以下几个方面：发行条件、投资者构成、股权结构和发行市盈率等几个方面（见表2.7）。

表2. 7　中小企业板和香港创业板的比较

	香港创业板	中小企业板(当前标准)
盈利要求	不设盈利要求	连续三年盈利
营业记录	至少24个月的活跃业务记录(可豁免至12个月)。上市时公众股东至少有100名。	三年以上
股东人数	如公司只能符合12个月“活跃业务记录”的要求。上市时公众股东至少300名。	千人千股
投资者及偏好	主要投资者是国际性的机构投资者。通常对规模较大、国际化程度较高的企业感兴趣。	以个人投资者为主。比较适合国际性程度不高的企业
股权结构	全流通	股权分置
发行市盈率	8倍～2倍	16.35倍(第1只股票)

（三）中国创业板市场的建设

我国创业板市场的建设应当采取循序渐进的原则，分阶段、分步骤地加以实施。

（1）中小企业板向创业板过渡的微观基础。中小企业板不是创业板，但都是由上市企业、投资者、监管方构成其行为主体。通过市场校正，使行为主体在新的市场环境下，形成更加理性的行为。尤其是在现行法律制度框架下，组成的现有中小盘股市场，股价波动较大，容易被操纵以及可能产生的流动性不足等问题，需要通过有效的监管机制和监管行为加以规范；企业的成长性及其评价机制，需要在新的市场环境下得到形成。这些都会为创业板的监管和市场运行积累经验。

（2）中小企业板向创业板过渡的金融市场环境。如果说推出中小企业板是通过金融创新为将来过渡到创业板积累经验和奠定基础的话，还应逐步规范和演绎出与国际惯例能够接轨的柜台交易市场，以及区域性证券交易市场。对于多层次资本市场体系的建设，其战略步骤应该是先建立柜台交易市场（OTC），后建立地方区域市场，再建立全国性创业板市场。

（3）中小企业板向创业板过渡的制度安排。在柜台交易市场（OTC）、地方证券市场建立的基础上，正是出台替代中小企业板的创业板市场。其制度安排是在股权结构安排方面，允许上市交易的股份全流通；在上市交易标准安排方面，不设盈利要求，强调活跃的业务记录；在市场准入安排方面，实行监管者备案制，完全由公众投资者做出裁决。

四、深圳中小企业板对我国风险投资的影响及建议

（一）深圳中小企业板对我国风险投资的影响

根据清科创业投资研究中心的专项调研表明：52.38% 的本土创投机构认为中小企业板对中国创业投资有实质的推动作用，同样比例的本土创投机构表示中小企业板对自己已投项目的退出有一些帮助。而42.86% 的外资创投机构认为中小企业板对中国创业投资没有实质意义，35.71% 的外资创投机构认为仅对本土创投机构有实质意义，57.14% 的外资创投机构表示中小企业板对自己已投项目的退出没有帮助。对于中小企业板作为创业投资退出渠道的局限性，本土和外资创投机构的观点较为相似。61.95% 的本土创投机构和57.14% 的外资创投机构认为，上市后法人股3年内不能转让将阻碍创业投资通过中小企业板实现退出。28.57% 的本土创投机构认为中小企业板的上市门槛太高是其作为创业投资退出渠道的一大局限，持这种观点的外资创投机构的比例为21.43%（见图2.4）。

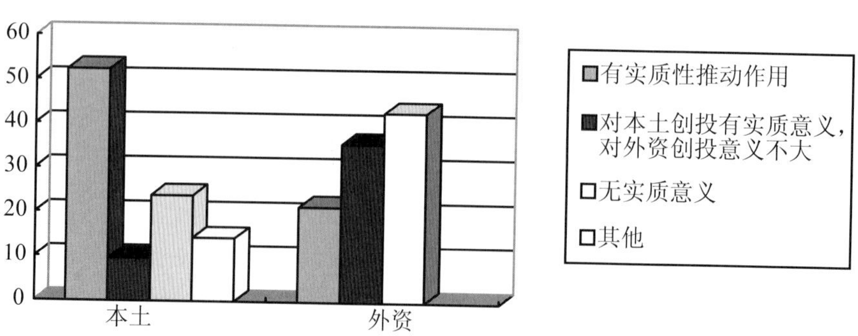

图2. 4　创业投资机构对中小企业板的看法

但中小企业板对于风险投资的意义不能只看重目前的影响，更为重要的是中小企业板设立对风险投资的长远意义。长远来看，中小企业板的设立是中国资本市场为风险投资孕育一个良好投资环境的开始！其现实意义就在于：一是有利于中小企业建立现代企业制度，剔除企业家长式管理、决策信息不透明、缺乏经营管理的监督和制约等种种劣迹。二是提高企业市场竞争力。中小企业上市需要做出各方面的努力，如要制定出企业自身发展切实可行的上市规划，为此还要加大企业的技术改造、产品升级换代能力，使企业成为高成长、高附加值、高科技、高效益的现代企业。三是有利于我国风险投资的退出（比较传统的退出方式），促进我国风险投资公司的经营管理水平和增值服务的提高；也有利于我国风险投资公司的资本运作和国际化。

（二）一些建议

1. 明晰企业产权

我国中小企业特别是中小高科技企业大都是80年代脱胎于高等学校、科研院所，与其母体的关系往往导致产权关系的模糊不清，这种模糊不清的产权关系将直接影响企业股份制改造。我国一些民营集体所有制科技企业的实践表明：没有清晰的受法律保护的自然人投资主体或控股主体，本质上就不可能产生对投资回报和企业长远发展的足够关心，不可能形成严格的内部治理机制，不可能保证企业的健康发展。因此，产权明晰化工作应分两个层次进行：新建企业依《公司法》办理，对旧企业的初始产权、股权界定应本着“谁投资，谁所有”和“鼓励改革，支持创新”的原则客观公正进行。界定股权不仅是对过去企业发展的功劳进行股权分割，而且要把股权结构设计与企业发展战略、人事制度、激励制度等企业管理体制结合起来。具体操作应围绕“冻结存量，界定增量，依法行事，着眼发展”这一基本思路，避免在沉淀资产的量化分配上争执不休，要将重点放在新扩大部分资产的界定上，以清晰的增量来稀释不清晰的存量，依照法律法规推进企业改制以建立规范化的现代企业制度。

2. 提高经营管理水平

推行严格、规范化的企业管理，提高企业管理层的素质，以便企业上市后继续保证可持续发展。一个项目乃至一个企业的成功，技术是基础，资金是保证，管理是关键。我国许多中小高科技企业已具备相当规模的经济资源，但在管理上仍停留在创业期，凭经验进行市场判断；凭意志和愿望进行经营决策；凭个人威信进行内部管理。在机遇和风险并存的市场竞争中，这样的企业最容易出现决策失误，造成企业运转效率低下，甚至在竞争中被淘汰。有鉴于此，我国内地中小企业特别是中小高科技企业应在管理思路和管理模式上进行全面改革，加强自身学习，引进高素质管理人才，变家族式管理为科学化、规范化的现代企业管理。

3. 架构鲜明的主导产业

中小企业板要求上市公司具有明确的主业发展特色。政府应在那些有鲜明的主导产业、发展潜力大、具备优良管理和营运素质，并为国家政策鼓励的行业中挑选企业赴海外上市，防止出现类似国内上市公司主业不明的所谓“大而全”综合公司，使海外投资者易于对公司发展前景做出正确的判断，降低投资风险。

4. 加强信息披露的透明度

中小企业板市场是一个以信息披露为本的市场，监管者当局不会对投资的利弊做出评论，而是确保向投资者提供上市公司及其证券发行所需要的一切重要资料，供投资者自行判断公司所发行的证券是否值得投资。在此必须做好三方面的工作：（1）提高经营管理水平。在募股资金使用、未来赢利预测等方面必须经过科学论证，避免盲目立项造成投资失误，科学安排资金使用，提高资金使用率。(2) 研究经济环境、国家宏观经济政策和产业政策，充分估计环境变化和政策调整的效应，公司管理层在准备业务发展目标计划时，应在综合考虑公司现有的业务和资产以及全面了解本行业的发展趋势和计划实施的可能性的基础上谨慎做出。并应尽量保证业务目标计划的可实施性，取信于投资者。(3) 强化财务管理。聘请有专业资格、精通国际惯例的会计人员负责公司财务管理工作，建立符合国际标准的财务管理和内部监控制度。

研究报告二

美国政府支持小企业与风险投资发展的模式研究①

美国经济连续近10年的强劲、高速增长，其原因何在，各国政府和学者还有企业家们在研究和学习它的成就。虽然，近两年来美国经济因“网络经济”泡沫的破灭而大大影响了美国经济的增长，但美国经济内在的活力和新的经济增长点却是依然强劲。本次应美国政府的邀请，通过对美国小企业管理局的访问，我们特别的感到了这一点。

一、小企业在美国经济中的地位和美国小企业管理局(SBA)

按照美国的规定，一般来说，人数不到500人的企业就称为小企业。当然，根据雇员人数和销售额，不同行业有不同的标准。企业之所谓“小”是指同行业所有企业比较后的相对规模型的企业。

小企业在美国经济中起着举足轻重作用。据统计，美国现有小企业2 500万家，平均每10个人就有一个小企业，其中1 770万家是个人独资企业。小企业数占企业总数的99%，创造了75%的净增就业，雇佣了私营企业52%的员工，雇佣私营企业38%的高科技员工，创造了占私营企业总产出的51%。可见小企业是美国经济活力和增量所在。

由于小企业强大的经济活力和新的经济增长所在，美国政府支持经济发展的一个经济哲学理念是，扶持小企业的发展，以保持现有经济发展的活力和促进经济发展产生新的增长点。所以美国小企业能有今天的规模，是美国政府多年扶持的结果。

为了加快小企业的发展，1953年美国政府制定了《小企业法》，并根据颁布的《小企业法》，于1958年建立了美国小企业管理局（U.S. Small Business Administration，以下简称SBA）。该局为美国独立的联邦政府机构，直接向总统报告工作，预算由国会拨款，2002年的财政年度预算约7.65亿美元，占联邦预算总额的0.06%，但却是美国五大联邦信贷机构之一。

该局的使命是：为小企业的创业发展提供技术援助；为小企业提供担保贷款融资服务，解决小企业发展过程中的资金短缺问题；为小企业投资基金（公司）提供资金和人才方面的支持，对符合国家产业、经济政策的方向进行风险投资，加速小企业的成长；为了小企业能够规避市场的风险，以政府项目承包（即政府采购政策）来拉动小企业的发展；为了维护市场公平的竞争环境，对小企业的利益，进行宣传和维权。从而维护市场自由竞争，保持并促进国民经济的全面发展。

① 作者：张陆洋，复旦大学国际金融系。

二、SBA的总体服务功能

如图2.5所示，该局有四项基本职责：(1) 融资渠道。(2) 技术援助（教育、信息、培训）。(3) 政府项目承包（联邦政府采购）。(4) 宣传和维权。通过这四项职责形成了一个有效的促进小企业创业发展动力体系。这样的动力体系就是在新的经济环境下，政府服务于经济发展的一种极其有效的供给。

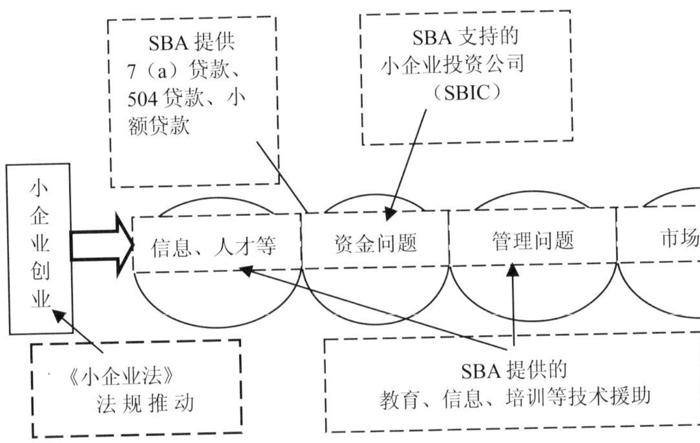

图2.5　美国小企业管理局促进小企业创业动力系统示意图

由图2.5可知，美国政府支持和服务于小企业创业发展的动力系统构成为，首先是由《小企业法》为核心的政策系统，构成的对创业的推动力，给创业者以合法的资格和相关的经济政策支持，即以政策法规手段推动人们积极的去创业；其次是政府以项目承包为核心的采购政策，解决创业型小企业的市场切入问题，以及解决其收入现金流的利益启动问题，即以市场手段拉动创业者努力的去创业；第三是政府提供的各种贷款项目，解决小企业创业启动资金和流动资金的短缺问题，即以货币市场的手段促进创业者敢于去创业；第四是政府支持的小企业投资公司，对创业型企业进行长期性的投资，来加速小企业的市场成长速度，既以资本市场的手段促使创业者去长期性的创业；第五是政府通过对创业者们的信息、教育、培训等服务，提高创业的质量素质，即以现代化的服务促进创业者高水平的高素质的去创业；第六是政府专门聘请了一批法律和经济等方面的专家，为小企业在市场中受到不公正、不公平待遇时，这些专家就直接到国会去宣传，促使国会敦促司法系统进行调查，以达到对小企业的权益进行维护，即以保护小企业成长的权益国家管理体系，来保障创业者们创业进程中的合法权益，促使创业者们放心的去创业。

可见这样的政府提供的服务系统，系统性的支持促进小企业的发展，增强经济发展的活力，并形成新的经济增长点的做法，彻底的打破了传统经济学中的一个核心性原理，市场是只看不见的手，市场维护着企业间的公平竞争，政府不应干预企业发展的基本原理。

这样的服务系统将政府发展经济，促进就业等经济目标与企业发展的经济利益目标有效有机的结合起来，充分体现的政府与市场、政府与经济发展、政府与企业的多重关系的一致性。即政府既积极推动了经济发展，又没有干预经济的市场运作，政府既高超的充分的利用现代促进经济发展的手段，又保证了经济的市场规律过程完整性。这样的现代政府促进经济发展的运作模式，值得我们认真研究和借鉴的。

三、SBA的融资渠道服务功能

SBA通过两种方式向小企业提供资金，一是贷款，二是风险投资。

SBA是美国联邦五大信贷机构之一。2001年财政年度向小企业贷款总额近165亿美元，是美国小企业最强大的创业资金支柱。

贷款有三种方式，第一是7（a）贷款，即为小企业从商业借贷机构获得最高不超过100万美元的短期和长期贷款担保约75%。该贷款的运作模式是，约有7000家商业银行通过SBA地区办公室协调，可提供由SBA担保的7（a）贷款。向小企业提供贷款利率不得超过主导利率的2.75%。目前为止，SBA提供贷款金额平均为24万美元。

第二是504CDC贷款，即SBA通过非赢利的注册开发公司（CDC）向成长企业提供诸如土地、厂房等主要固定资产投资的长期融资。该贷款项目旨在支持小企业在CDC所在的社区创造和保持就业。504CDC贷款现在的运作模式是约有270家CDC通过银行及SBA的合作提供固定利率的长期融资。

第三是小额贷款，即通过个社区的民间借贷中介机构网络向小企业提供最多3.5万美元的小额贷款。为实现这种小额贷款，SBA先向小额贷款中介机构提供资金，中介机构再贷给小企业。该贷款的运作模式是，160家中介机构负责发放SBA提供的小额贷款。为了保证借贷资金的有效使用，小企业在借贷的同时必须提供用于技术援助（培训）的专项资助。

以上贷款方式有共同的特点：由SBA制定规则，向中介机构提供部分担保或贷款，中介机构审理小企业的贷款申请，向符合条件的小企业贷款并负责收回。实践表明，这种运作方式能够较好地保证政府贷款的有效使用。

SBA向小企业提供的第二种融资渠道是风险投资。即促进小企业投资公司 发展对小企业的创业进行投资，其运作过程如图2.6所示。

SBA通过受托机构在公开市场上募集资金，并向这些受托机构提供政府信用担保。通过小企业投资公司（SBIC）向小企业提供风险投资。SBIC是由经SBA审核的、由职业投资人组建的投资管理公司，目前有428家。SBIC向投资人募集投资基金，组建有限合伙制的基金公司，并按管理的资金量的2%～3%提取管理费。SBIC按风险投资的做法选择投资项目。一旦决定投资，SBA将向SBIC提供最多达投资额的2/3的贷款或投资。项目成功，SBIC向SBA支付利润；项目失败，则由SBIC和SBA承担相应的损失。

美国政府认为，向小企业投资的风险很大，一般私人资本不愿介入。为此，应由政府向投资人提供优惠的条件，降低私人投资风险。除了较低的投资收益税之外，还向SBIC提供资金，并承诺在成功时让利于投资人。按照现在的安排，SBIC应向SBA缴纳按基准利率计算的利息，之后再缴纳总利润的10%。其余利润在投资人和投资管理人之间按8:2分配。

据SBA提供的数据，2000年，SBA用2 700万美元的担保，在公开市场上得到23亿美元的贷款，连同私人投资的12亿美元，SBIC共得到35亿美元的资金用于投资。由于有了这批投资，小企业又可以得到15亿美元的银行贷款。这样，总共50亿美元流向了小企业。政府2 700万美元的担保，带动了50亿美元的投资。细究起来，这50亿美元都是来自民间，只不过政府要为其中的23亿美元承担还本付息的责任，政府每投入的1美元，预计损失8美分，这个损失由国会的预算提供。但是，由于SBA在选择投资管理人这个关键问题上积累了丰富的经验，保证了运作的成功。累计到2001年底，政府的初始投资收回后，仍有盈余6亿美元。

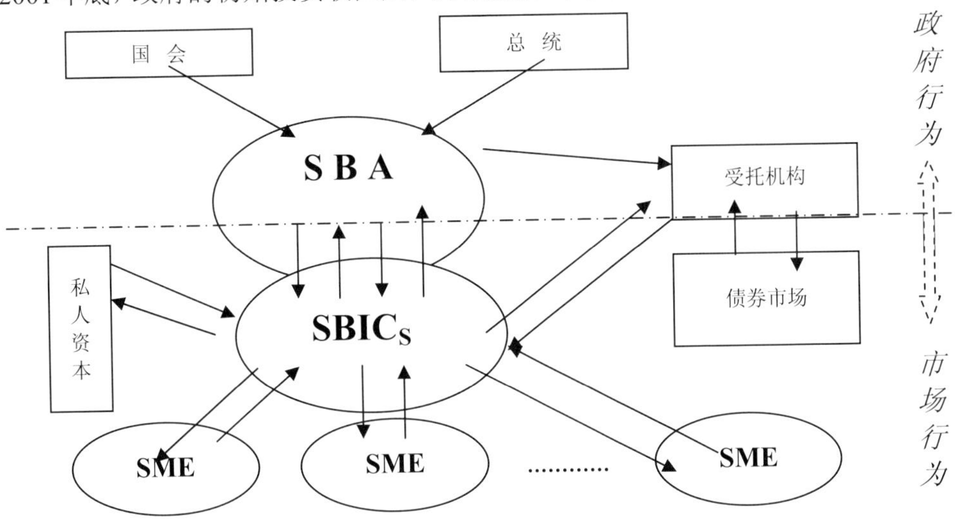

注：图中$SBIC_S$为小企业投资公司，SME为小企业。

图2.6　美国小企业管理局支持风险投资事业发展示意图

如图2.6所示，该运作过程容入了四个基本模型：政府出资杠杆融资的模型；激励私人资本投资的模型；投资收益分配的模型；政府促进小企业投资公司发展的管理模型。SBA的成功经验现在澳大利亚、以色列等国推广，并取得了不同程度的成功。这是很值得我们学习和借鉴的经验。

政府出资杠杆融资的过程是，SBA以往年风险投资的投资失败损失的金额的比例（%）为基础，例如损失了8%，拟订来年的财政拨款计划，以8%的金额要求拨款。当总统批准后，该8%的金额资金，作为政府将承担的损失。以此拨款来的8%的资金，并以政府信用为担保，委托给某个发行债券的机构，由他们到公开市场上去，发行余下92%金额的债券，所融得资金足足放大了。再将这些发行债券融来的资金，去支持小企业投资公司进行风险投资。即政府出资杠杆融资的模型就是，政府财政拨款以承担损失带来的风险，以此作为杠杆的一端，杠杆的另一端是以政府的信用为担保去发行债券，融得较财政拨款放大约10倍的资金，去支持小企业投资公司的风险投资行为。

激励私人资本投资的过程是，政府将从债券市场融来的资本金，以2/3的比例为限，鼓励私人出资1/3资本金，来组建小企业投资公司，该小企业投资公司交由合格的职业经理人进行风险投资。该模型的意义在于，私人只出了1/3的资本，就可以去经营一个完整的投资公司。对拥有大量富裕资本金的私人而言，有着巨大的诱惑力。

投资收益分配的过程是，当小企业投资公司进行风险投资获得收益时，政府虽然出了2/3的资金，但政府仅仅只收利润的10%。而私人出资1/3的资本可以获得90%的利润。这种投资收益模型大大提高了私人资本参与风险投资的积极性。激励私人资本投资的模型与投资收益分配模型的结合，产生的共同合力，将社会大量私人资本引向了风险投资业。

政府促进小企业投资公司发展的管理模型，参见图2.6所示，SBA的功能是向总统和国会负责，申请财政拨款，以政府信用担保，委托机构发行债券杠杆融资，培训和选拔风险投资的职业经理人，通过利益机制吸引私人资本创办小企业投资公司进行风险投资。而私人资本在政府利益机制的吸引下，解决从事风险投资的业务活动，完全按照市场机制运作。显然这样的管理模型，将政府发展经济的目标与私人资本投资收益的目标进行充分有机结合的模型。

四、SBA的技术援助服务功能

SBA通过技术援助项目向创业人士提供免费面对面的咨询服务，开办各种主题广泛、收费低廉的培训班。同时通过退休经理人服务团（SCORE）、小企业开发中心（SBDCs）、企业信息中心（BICs）、妇女创业中心（WBCs）、美国出口援助中心（USEACs）等，利用志愿者、大学、企业、银行等社会力量向小企业提供各方面的信息和服务，帮助小企业成长。

SCORE就是由退休经理人作为志愿者组成的服务团，就策划市场营销、拟定商业计划等创业过程中遇到的问题，提供专家见解，并就愿意创业的人士提供创业前期培训。技术援助的运行模式是，通过的389个SCORE服务网点和SCORE网上服务点，对全国创业者们提供技术服务。目前一共有10 500个志愿者在389个服务点为大家，提供技术服务，并通过电子邮件平均每月解答1万件的案例。

SBDCs就是SBA与各地大专院校、私营企业、各洲和地方政府通力合作，向任何有意创办小企业的人士，提供管理和技术方面的援助、提供贷款申请方面的援助。其运作模式是通过大多遍布在全国大专院校的1 000多家小企业开发中心操作的。

BICs是在SBA的指导下，就详细的研究和市场信息，运用最先进的电脑硬件和最新的软件库，进行网上的SCORE咨询服务。其运作模式是，通过建立在全国各地78个BIC进行信息服务的。

由于美国妇女创办企业的速度是男性创业速度的两倍，而且妇女拥有的企业所雇佣的员工总数超过财富500强的所雇员总数。美国政府专门为全国妇女创业提供导师计划的咨询和培训机构，即WBCs（妇女创业中心）。该中心的运作模式是，通过遍布全国46个州的83个WBC为妇女创业提供服务。

USEACs是由美国政府的SBA、美国商务部（DOC）、美国进出口银行（EXIM Bank）共同努力创建的，目前在全国共有19家USEAC为小企业提供出口援助方面的支持。SBA的作用主要是EWCP预先资格认定，并进行有关国际贸易贷款和EWCP贷款操作。

通过上述各种技术援助，帮助小企业解决在发展过程中遇到的力所难及的各种问题，促进小企业的创业快速发展。

五、SBA的政府采购服务功能

美国政府采购预算年均约2 000亿美元，是全球最大的采购者。为帮助小企业得到政府采购合同，SBA设有专门机构政府采购办公室，推行实力认证、主承包和分包协助计划，协助小企业获得相当于联邦采购预算23%的合同，小企业通过分包还获得更大的份额。

SBA通过主承包和分承包协助计划，或者通过少数族裔创业开发办公室实施8a创业开发项目和师徒计划等手段来贯彻政府的采购计划。

SBA还通过技术办公室推进联邦高新科技计划，提升小型研发企业的竞争实力；通过鼓励紧跟市场技术交流和培训，来推广联邦科技计划；通过调动私营和共有资源，实现联邦科研成果转化，等提高小企业的科技竞争力。

政府的这些采购计划，从市场的角度，拉动着小企业的市场进程和科技竞争力的提高。

六、SBA 的宣传和维权的服务功能

小企业是市场中的弱者，在市场经济的竞争中往往处于不利的地位，为了维护他们在市场竞争中公平、公正、合法的权益，SBA 根据国会立法，1976年设立宣传和维权办公室，办公室首席顾问由美国总统任命并直接向总统和国会负责。办公室的使命是在联邦政府的立法和决策过程中保护、加强并有效代表全国小企业利益。

宣传和维权办公室，在国会代表所有2 500万家小企业的利益，进行有关小企业的经济研究、数据统计，并出版相关报告和数据。其首席顾问在国会作证时维护小企业权益，支持有利于小企业发展的监管、立法和其他政策措施。

SBA 通过设在全国的10个宣传与维权办公室，作为全美小企业的耳目，SBA 有权监督其他是否遵循《弹性监管和公平执法法案》(SBRFA)。此法规定，SBA 的宣传与维权办公室可审查所有国会尚未通过的法案，以确保其对小企业无消极影响。

总之，美国政府支持风险投资事业发展，是全方位的，不论是法规政策上，还是具体管理机构设置上，或是实务工作的运作上，都是促进着风险投资业的健康发展。首先是推动和拉动创业，为风险投资业发展提供了巨大的投资市场；其次是以政府的信用，为风险投资业在资本市场上提供了杠杆融资的条件，保证了风险投资业融资机制的通达；第三是通过各种技术援助手段，帮助创业小企业的快速成长，降低了投资收益产出周期，为风险投资业加速获得收益创造了条件；第四通过投资收益分配的利益机制，提高了从事风险投资者的收益获得，为风险投资业的发展开创了高收益的新方式；第五通过对小企业的宣传和维权，保障了创业者的市场经济地位，为风险投资业的收益提供了可靠的法律保障。几十年来的经验证明，美国政府的做法是成功的。

显然，美国政府的这些做法，将政府作为服务人的概念，介入到中小企业的创业过程中以及促进风险投资业的发展过程中，彻底的打破了传统经济学中政府不得干预经济的基本原则，巧妙的规避了 WTO 规则的约束。这在告诫我们在发展新经济的过程中，不能简单的套用传统经济学的理论来指导，而是要在传统经济学原理的基础上，与时俱进，积极创新经济学的理论，来指导我们新经济发展的实践。

在20世纪80年代中期曾有一段时间，美国国会要关闭 SBA，当然这与 SBA 早期运作和探索过程中有些问题直接相关。但这并不是主要的理由，而是理论学界经济哲学的变化以及未受到 SBA 资助小企业的政治势力的反对。在80年代一批强调政府不应干预经济的传统经济学家，在美国政坛上占了上峰，加之 SBA 的运作也出现了一些问题，同时，几千万个小企业，诸如小商埠、维修站、理发店、书店等小企业，不可能获得 SBA 的资金支持，但他们形成的政治势力在国会反对 SBA 的做法，等等，这一系列事件，导致了国会曾动议要关闭 SBA，好在一些明智之人，在国会力谏保留 SBA 的意义，及其的发展经济和保障经济活力的价值所在，国会通过投票，最终保留 SBA。实际证明保留 SBA 是美国政府的明智之举。不然的话，美国新经济的发展，就不可能有今天的规模和活力，美国的经济也不会有这样强劲的动力。

美国政府作为促进中小企业创业和风险投资事业发展的最大的服务人，其成功的经验和做法是值得我们系统的借鉴和学习的。

研究报告三
2004年中国风险投资法律环境的回顾与展望①

"法律与风险投资密不可分，没有法律保障的风险投资，那种结果是不可想象的"，成思危副委员长在2004年中国风险投资论坛上的讲话非常科学和准确地界定、总结了法律与风险投资的关系以及法律在风险投资的作用。

如何客观和理性地评价2004年中国风险投资的法律环境，对于总结过去和展望未来都是十分重要的。

一、2004年中国风险投资立法状况

衡量和判断风险投资法律制度是否完备和健全，最主要的标准或标志就是看其法律制度的完善情形。分析在风险投资公司的组建、风险投资行为的发生、风险投资的适时退出等所有环节上的法律保障，是评价某个国家或地区风险投资法律环境很重要的内容。下面，我们将从产权转让、股权交易、外商举办投资公司、企业登记等方面的法规建设进行分析，从中把握2004年度风险投资的立法状况。

（一）关于产权转让、股权交易的法律、法规

1. 国有产权转让的规定

2003年12月31日，国务院国有资产管理委员会与国家财政部共同发布了《企业国有产权转让管理办法》（以下简称《办法》），该《办法》自2004年2月1日起实施。

《办法》对风险基金/风险资金进入产权交易领域，参与国有企业重组提供了程序和制度的保障。企业国有产权，是指国家对企业以各种形式投入形成的权益、国有及国有控股企业各种投资所形成的应享有的权益，以及依法认定为国家所有的其他权益。这是《办法》对企业国有产权所做的科学和严谨的界定。

企业国有产权转让应当遵守国家法律、行政法规和政策规定，有利于国有经济布局和结构的战略性调整，促进国有资本优化配置，坚持公开、公平、公正的原则，保护国家和其他各方合法权益。企业国有产权转让应当在依法设立的产权交易机构中公开进行，不受地区、行业、出资或者隶属关系的限制。

《办法》明确了企业国有产权转让可以采取拍卖、招投标、协议转让以及国家法律、行政法规规定的其他方式进行，转让的企业国有产权权属应当清晰，权属关系不明确或者存在权属纠纷的企业国有产权不得转让。被设置为担保物权的企业国有产权转让，应当符合《中华人民共和国担保法》的有关规定。《办法》还就企业国有产权转让的程序进行非常明确和具体的规定：企业国有产权转让应当做好可行性研究，按照内部决策程序进行审议，并形成书面决议。转让事项经批准或者决定后，应当开展对企业的清产核资，并根据清产核资结果编制资产负债表和资产移交清

① 作者：李淳，国浩律师集团（深圳）事务所合伙人。

册，委托会计师事务所实施全面审计（包括按照国家有关规定对转让标的企业法定代表人的离任审计）。资产损失的认定与核销，应当按照国家有关规定办理。社会中介机构应当依法独立、公正地执行业务，企业和个人不得干预社会中介机构的正常执业行为。

在清产核资和审计的基础上，委托资产评估机构依照国家有关规定进行资产评估。评估报告经核准或者备案后，作为确定企业国有产权转让价格的参考价格的参考依据。在产权交易过程中，当交易价格低于评估结果的90%时，应当暂停交易，在获得相关产权转让批准机构同意后方可继续进行。企业国有产权转让的全部价款，受让方应当按照产权转让合同的约定支付。转让价款原则上应当一次付清，如金额较大、一次付清确有困难的，可以采取分期付款的方式。采取分期付款方式的，受让方首期付款不得低于总价款的30%，并在合同生效之日起5个工作日内支付；其余款项应当提供合法的担保，并应当按同期银行贷款利率向转让方支付延期付款期间利息，付款期限不得超过1年。

关于产权转让信息披露，《办法》规定转让方应当将产权转让公告委托产权交易机构刊登在省级以上公开发行的经济或者金融类报刊和产权交易机构的网站上，公开披露有关企业国有产权转让信息，广泛征集受让方。产权转让公告期为20个工作日。

《办法》规定，转让企业国有产权涉及国有划拨土地使用权转让和由国家出资形成的探矿权、采矿权转让的，应当按照国家有关规定另行办理相关手续。

关于职工权益，《办法》规定转让企业国有产权导致转让方不再拥有控股地位的，应当按照有关政策规定处理好与职工的劳动关系，解决转让标的企业拖欠职工的工资、欠缴的各项社会保险费以及其他有关费用，并做好企业职工各项社会保险关系的接续工作。

《办法》亦相当清楚地表明和界定了转让方与受理方的法律责任。在企业国有产权转让过程中，转让方、转让标的企业和受让方有下列行为之一的，国有资产监督管理机构或者企业国有产权转让相关批准机构应当要求转让方终止产权转让活动，必要时应当依法向人民法院提起诉讼，确认转让行为无效，并依法追究相关责任人员的责任。

我们认为，《办法》是针对国有经济布局和结构调整的步伐明显加快、国有企业重组改制中涉及转让企业国有产权的行为日益增多等现实情况，为推进国有企业规范改制，促进国有产权有序流转而专门制定的。作为加强企业国有资产监督管理基本制度建设的一项重要内容，这个《办法》立足于对企业国有产权转让的相关行为主体和各项交易程序的规范，既要推动企业国有产权有序流转，又要防止国有资产流失，避免逃废银行债务、侵犯职工合法权益等现象的发生。《办法》出台的只要目的就是规范企业国有产权转让行为，促进国有产权有序流转，加强对企业国有产权交易的监督管理。

其意义主要体现在以下几方面：一是为产权交易各方公开、公平、公正交易提供了一项制度保障，因而能更好地通过市场机制，加快国有经济"有进有退"的战略调整，提高全社会资源配置的效率；二是使企业国有产权转让有了统一的工作原则和操作规范，从而既能有力地促进国有产权的流转，又能有效地防止国有资产的流失；三是作为《企业国有资产监督管理暂行条例》的配套规章之一，《办法》为各级国有资产监督管理机构在产权流转方面依法履行出资入职责提供了行为依据。

应当看到，《办法》主要是从企业国有产权的转让场所、转让方式、转让程序和相关主体的法律责任等方面进行规范和明确。一是对产权转让的场所进行了规定，即企业国有产权转让应当在依法设立的产权交易机构中进行。二是对企业国有产权转让的主要方式进行了规范。转让企业国有产权可以采取拍卖、招投标、协议转让以及国家法律、行政法规规定的其他方式进行。三是对转让程序进行了规范。在事前决策中，要做好可行性研究，强化内部决策机制，对涉及职工安置等政策性较强的事项需经职工代表大会审议通过；在转让实施程序中，要做好清产核资、财务审计、资产评估等基础性工作，要公开披露国有产权转让信息，要合理选择产权交易方式；在产权转让行为生效后，转让方要对产权交易情况进行报告，及时办理交易结算、交易鉴证、产权变动登记等手续。对于违反有关规定的，国资监管机构或相关批准机构有权要求终止产权转让活动，必要时可依法提起诉讼，确认转让行为无效。

企业有有产权交易进入市场后，产权交易机构在其中如何发挥作用，是企业国有产权转让能否规范、顺利实施的关键环节。在《办法》中，对产权交易机构从事企业国有产权活动的条件、程序和违规处罚都提出了一些基本的要求和规定。

按《办法》的规定，国有资产监督管理机构具有对从事企业国有产权交易活动的产权交易机构的选择权，企业国有产权转让，只能选择在那些经国资监管机构认定为能够按照《办法》的要求，规范地进行交易的市场上去做。企业国有产权转让进入市场，产权市场在信息发布、咨询服务、交易撮合、价格发现、交易鉴证以及交易纠纷调处等方面要发挥更大的作用，产权交易机构一定要立足于规范要努力提升服务水平，不能只停留在简单的交易撮合、鉴证上，要抓住入场公开竞价交易这个关键环节，促进交易前后相关程序的规范化，为产权交易发挥积极的促进作用。

近年来，许多地方成立了不同性质、不同形式、不同规模的“交易机构”，但哪些交易机构能够从事企业国有产权交易，国有资产监督管理机构将按照一定的工作规则进行选择确定。在选择工作中，将重点考察是否具备《办法》规定的基本条件，是否有利于打破地区、行业限制。要考察相关产权交易监管制度建设与产权交易操作的规范情况，交易信息系统与交易服务的水平，交易规模、交易历史和诚信守法情况，信息渠道的通畅与专业人员的素质等情况，还要注重发挥区域性产权市场的作用，促进提高运作效率，降低交易成本。

有理由相信，随着《办法》的实施，风险投资参与国有产权重组的行为更具有法律保障；同时，亦可以促进风险投资参与国有企业重组的积极性。

2. 上市公司国有股向外商转让的规定

国家商务部与国家国有资产管理委员会于2004年1月21日发布了关于上市公司国有股向外国投资者及外商投资企业转让申报程序有关问题的通知（以下简称《通知》)。《通知》规定：非金融类企业所持有上市公司国有股向外国投资者及外商投资企业转让，属地方企业的，由国有股持有人通过省级国有资产监管部门向国务院国有资产监督管理委员会提出申请，同时抄报商务部；属中央企业的，由中央企业母公司（未脱钩企业由其主管部门）向国资委提出申请，同时抄报商务部。国资委在接到相关申请后，以国资委司局函征求商务部意见，商务部就转让是否符合吸收外商投资政策提出意见，并以商务部司局函回复。国资委在接到商务部同意意见后，按规定办理相关转让审核手续。转让申请获核准后，上市公司根据有关规定拟订有关法律文件，并按规定程序向商务部申请办理变更的核准手续。商务部按外商投资相关规定进行审核后予以批复，并抄送国资委、国家工商总局、中国证监会等部门。

3. 股权转让税赋的规定

国家税务总局于2004年3月25日就企业股权转让有关所得税问题发了《补充通知》。《补充通知》明确：企业的一般股权（包括转让股票或股份）买卖，按《国家税务总局关于企业股权投资业务若干所得税问题的通知》有关规定，股权转让人应分享的被投资方累计未分配利润或累计盈余公积，应确认为股权转让所得，不得确认为股息性质的所得。

企业进行清算以及转让全资或者持股95%以上的子公司时，应按《国家税务总局关于印发<企业改组改制中若干所得税业务问题的暂行规定>的通知》的有关规定执行，投资方应分享的被投资方累计未分配利润和累计盈余公积，应确认为投资方股息性质的所得，并允许其在计算股权转让所得时，从转让收入中减除此股息性质的所得。

按照《国家税务总局关于执行<企业会计制度>需要明确的有关所得税问题的通知》第三条规定，企业清算或转让子公司（或独立核算的分公司）的全部股权时，被清算或被转让企业应按过去已冲销并调增应纳税所得的坏账准备等各项资产减值准备的数额，相应调减应纳税所得，增加未分配利润，转让人（或投资方）按享有的权益份额确认为股息性质的所得。

（二）关于外商投资公司的法律、法规

国家商务部于2004年2月18日发布经修订的《关于外商投资举办投资性公司的规定》（以下简称《规定》），《规定》所称之投资性公司系指外国投资者在中国以独资或与中国投资者合资的形式设立的从事直接投资的公司，公司形式为有限责任公司。跨国公司系指设立投资性公司的外国投资者所属公司集团的母公司，投资性公司在中国境内的投资活动不受公司注册地点的限制。《规定》并对申请设立投资性公司的条件进行了详尽的规定。

申请设立投资性公司的外国投资者符合条件的，该外国投资者须向审批机关出具保证函，保证其所设立的投资性公司在中国境内投资时注册资本的缴付和属于该外国投资者或关联公司的技术转让。以全资拥有的子公司的名义投资设立投资性公司的，其母公司须向审批机关出具保证函，保证其子公司按照审批机关批准的条件完成对所设立的投资性公司的注册资本的缴付，并保证该投资性公司在中国境内投资时的注册资本的缴付和属于该母公司及其所属公司的技术转让。

申请设立投资性公司的投资者应持相关文件经拟设立投资性公司所在地的省、自治区、直辖市、计划单列市外经贸部门审核同意后，报商务部审查批准。文件除已注明为复印件的，一律应为正式文件。非法定代表人签署文件的，应出具法定代表人的委托授权书。委托依法设立的中介机构代为办理申请手续的，应出具由投资者法定代表人签署的委托授权书。经商务部批准设立后，设立的投资性公司在国家允许外商投资的领域依法进行投资、业务经营。

《规定》同时要求，外国投资者须以可自由兑换的货币、其在中国境内获得的人民币利润、因转股和清算等活动获得的人民币合法收益作为其向投资性公司注册资本的出资，以其人民币合法收益出资的，应当提交相关证明文件及完税凭证。国内投资者可以人民币出资。在投资性公司的注册资本中，外商投资企业的出资至少应有3 000万美元，或作为向其母公司或关联公司已投资设立外商投资企业（已依法办理完毕股权转让手续）未缴付完毕的出资额的出资，或增资部分的出资，或用于购买中国境内内资公司股东的股权（不包括投资性公司母公司或其关联公司已缴付完毕的出资额形成的股权）。对于投资性公司贷款额的规定中，注册资本在3 000万美元及以上的，其贷款额不得超过已缴付注册资本额的4倍；注册资本在1亿美元及以上的，其贷款额不得超过已缴付注册资本额的6倍；投资性公司因经营需要，贷款额要超过上述规定倍数的，应当报商务批准。

经中国人民银行批准，投资性公司可向其所投资设立的企业提供财务支持。可以作为发起人发起设立外商投资股份有限公司或持有外商投资股份有限公司未上市流通的法人股，也可以根据国家有关规定持有境内其他股份有限公司未上市流通的法人股。投资性公司应视为股份有限公司

境外发起人或股东。

《规定》要求，投资性公司设立后，依法经营，无违法纪录，注册资本按照章程的规定按期缴付，投资者实际缴付的注册资本额不低于3 000万美元且已用于其所投资企业的投资的，投资性公司经所在地的省、自治区、直辖市或计划单列市外经贸部门审核同意，向商务部报送验资报告等相关规定文件，提出申请并获批准的，还可依其在中国从事经营活动的实际需要，经营在国内外市场以经销的方式销售其所投资企业生产的产品，为其所投资企业的产品的国内经销商、代理商以及与投资性公司、其母公司签有技术转让协议的国内公司、企业提供相关的技术培训等法律、法规所规定的业务。

投资性公司投资设立企业，若折算出的外国投资者的投资单独或与其他外国投资者一起投资的比例不低于其所投资设立企业的注册资本的25%，其投资设立的企业享受外商投资企业待遇，发给外商投资企业批准证书和外商投资企业营业执照。

符合规定条件的投资性公司可向所在地的省、自治区、直辖市和计划单列市商务主管部门提交相关规定的申请文件，经初核后报商务部审批设立分支机构，也可申请被认定为跨国公司地区总部（以下简称“地区总部”）。被认定为地区总部的，换发外商投资企业批准证书（加注“地区总部”）并依法向工商行政管理部门申请办理变更登记手续。被认定为地区总部的投资性公司可经营下列业务：经中国银行业监督管理委员会批准，设立财务公司，向投资性公司及其所投资企业提供相关财务服务；经商务部批准，从事境外工程承包业务和境外投资，设立融资租赁公司并提供相关服务等等。

（三）关于企业登记的法律、法规

1. 企业登记程序管理的规定

国家工商行政管理总局于2004年6月10日颁布《企业登记程序规定》（以下简称《规定》）。对企业的设立登记、变更登记、注销登记及企业名称预先核准等都做了规范。

首先，企业登记机关应当设立企业登记场所，统一办理企业登记事宜，有条件的企业登记机关应当建立企业登记网站，受理企业登记申请，方便申请人下载申请书格式文本、提交申请材料、查询企业登记办理情况和企业登记管理规定等。企业登记机关工作人员在法定条件和程序下，依法对申请材料是否齐全、是否符合法定形式进行审查，对实质内容依法进行核实，做出是否受理、登记的决定。

申请人或代理人可以采取直接到企业登记场所或者邮寄、传真、电子数据交换、电子邮件等方式提交申请材料。通过传真、电子数据交换、电子邮件等方式提交申请的，应当提供申请人或者其代理人的联络方式及通讯地址。对予以受理的申请，申请人应当自收到《受理通知书》之日起15日内，提交与传真、电子数据交换、电子邮件内容一致并符合法定格式文本的申请材料原件及其有关材料。涉及法律、行政法规和国务院发布的决定确定的企业登记前置许可项目的，申请人应当提交法定形式的许可证件或者批准文件。申请人应当如实向企业登记机关提交有关材料和反映真实情况，并对其申请材料实质内容的真实性负责。

企业登记机关决定予以受理的，应当出具《受理通知书》；决定不予受理的，应当出具《不予受理通知书》，并注明不予受理的理由。并做出准予企业设立登记的，应当出具《准予设立登记通知书》，告知申请人自决定之日起10日内，领取营业执照；做出准予企业变更登记的，应当出具《准予变更登记通知书》，告知申请人自决定之日起10日内，换发营业执照；做出准予企业注销登记的，应当出具《准予注销登记通知书》，收缴营业执照。企业登记机关做出不予登记决定的，应当出具《登记驳回通知书》，注明不予登记的理由，并告知申请人享有依法申请行政复议或者提起行政诉讼的权利。《规定》明确了登记公示、公开的程序和内容。应申请人的要求，企业登记机关应当就前款公示内容，予以说明、解释。企业登记机关应当建立企业登记簿，供社会查阅。企业登记材料涉及国家秘密、商业秘密和个人隐私的，企业登记机关不得对外公开。

《规定》明确了撤销和吊销的注销登记的程序和内容。有下列情形之一的，企业登记机关或者其上级机关根据利害关系人的请求或者依据职权，可以撤销登记：滥用职权、玩忽职守做出准予登记决定的；超越法定职权做出准予登记决定的；对不具备申请资格或者不符合法定条件的申请人做出准予登记决定的；依法可以撤销做出准予登记决定的其他情形。

被许可人以欺骗、贿赂等不正当手段取得登记的，应当予以撤销，可能对公共利益造成重大损害的，不予撤销，应当责令改正或者予以纠正。企业被依法撤销设立登记或者吊销营业执照的，应当停止经营活动，依法组织清算。自清算结束之日起30日内，由清算组织依法申请注销登记。被依法撤销设立登记或者吊销营业执照的企业，其设立的非法人分支机构应当停止经营活动，依法办理注销登记；其投资设立的相关企业应当依法办理变更登记或者注销登记。

2. 企业名称登记管理的规定

国家工商行政管理总局于2004年6月14日颁布了《企业名称登记管理实施办法》(以下简称《办法》)。该《办法》适用于工商行政管理机关登记注册的企业法人和不具有法人资格的企业的名称。企业应当依法选择自己的名称，并申请登记注册，并享有名称权，各级工商行政管理机关应当依法核准登记企业名称，超越权限核准的企业名称应当予以纠正。

工商行政管理机关对企业名称实行分级登记管理。国家工商行政管理总局主管全国企业名称登记管理工作，并负责核准“国字号”以及不含行政区划的企业名称。地方工商行政管理局负责核准前款规定以外的下列企业名称。外商投资企业名称由国家工商行政管理总局授予外商投资企业核准登记权的工商行政管理局按《办法》核准。《办法》还就具体命名做出详细的说明。

《办法》就企业名称的登记注册予以了具体规定：企业营业执照上只准标明一个企业名称。设立公司应当依法办理企业名称预先核准，并向相关工商行政管理机关核准的企业名称报送审批。直接到工商行政管理机关办理企业名称预先核准的，工商行政管理机关应当场对申请预先核准的企业名称做出核准或者驳回的决定。予以核准的，发给《企业名称预先核准通知书》，予以驳回的，发给《企业名称驳回通知书》。通过邮寄、传真、电子数据交换等方式申请企业名称预先核准的，按照《企业登记程序规定》执行。预先核准的企业名称在有效期内，不得用于经营活动，不得转让。申请企业设立登记，已办理企业名称预先核准的，应当提交《企业名称预先核准通知书》。企业变更名称，也应当按照规定向其登记机关申请变更登记，接受核准或驳回的审核。在其登记机关核准变更登记前，不得使用《企业名称变更核准通知书》上核准变更的企业名称从事经营活动，也不得转让。

企业应该规定的范围内合法使用企业名称，各级工商行政管理机关对在本机关管辖地域内从事活动的企业使用企业名称的行为，依法进行监督管理，并依据《办法》的有关规定，对因企业名称不当等原因所造成的争议进行处理。

外国（地区）企业名称，依据我国参加的国际公约、协定、条约等有关规定予以保护。

3. 公司注册资本登记管理的规定

国家工商行政管理总局于2004年6月14日发布了《公司注册资本登记管理规定》(以下简称《规定》)。公司注册资本是公司登记机关依法登记的全体股东或者发起人实缴或者认缴的出资额。

公司登记机关依据法律、行政法规和国家有关规定登记公司的注册资本，对符合规定的，予以登记，对不符合规定的，不予登记。公司注册资本数额、股东或者发起人的出资方式，应当符合法律、行政法规的有关规定。

公司设立登记或者注册资本变更登记都必须经法定验资机构验资并出具验资证明。《公司法》规定必须进行评估作价的出资，应当由具有评估资格的资产评估机构评估作价后，由验资机构进行验资。公司股东或者发起人必须以自己的名义出资。以实物、工业产权、非专利技术出资的，股东或者发起人应当对其拥有所有权；以土地使用权出资的，股东或者发起人应当拥有土地使用权。公司设立登记时，股东或者发起人以货币出资的，应当将货币足额存入准备设立的公司在银行开设的临时账户；以实物、工业产权、非专利技术、土地使用权出资的，公司章程应当就上述出资的转移事宜做出规定，并于公司成立后6个月内依照有关规定办理转移过户手续，报公司登记机关备案；以工业产权、非专利技术作价出资的，其所占注册资本的比例应当符合国家有关规定，工业产权、非专利技术中属于国家规定的高新技术成果，其作价金额超过公司注册资本20%的，应当经省级以上科技主管部门认定。在设立公司的验资证明中，应该载明规定所要求的相关内容。

公司增加注册资本时，以货币出资的，股东或者发起人应当将出资足额存入公司的账户并经验资机构验资；以实物、工业产权、非专利技术、土地使用权出资的，股东或者发起人应当在依法办理财产转移手续后，经评估、验资机构评估、验资。公司减少注册资本，应当符合《公司法》规定的程序，减少后的注册资本数额应当达到法律、行政法规规定的公司注册资本的最低限额，并经验资机构验资。在验资证明中需要载明相关内容，例如，减少注册资本的，应当说明公司履行《公司法》规定程序情况和股东对公司债务清偿或者债务担保情况等等。同时，公司变更注册资本还应当修改公司章程。

有限责任公司成立后，作为出资的实物、工业产权、非专利技术、土地使用权的实际价额显著低于公司章程规定数额的，应当由交付该出资的股东补交其差额。原出资中的实物、工业产权、非专利技术、土地使用权应当重新进行评估作价，公司注册资本应当进行重新验证并由验资机构出具验资证明。以实物、工业产权、非专利技术、土地使用权出资，在规定时间内，未能办理财产权转移手续的，交付该出资的股东应当以其它出资方式补交其数额，股东会应当就股东以其它出资方式补交做出决议，并对发起人用于抵作股款的财产的作价进行审核，同时相应修改公司章程。补交的出资应当符合本规定并由验资机构进行验证，出具验资证明，并报公司登记机关备案。

股东或者发起人以非货币出资，未按照《规定》第九条的规定办理转移过户手续，或者转移过户的出资未达到公司章程规定的注册资本数额的，属于虚假出资行为，验资机构、资产评估机构出具虚假证明文件的，等等，公司登记机关应当依法予以处罚。

4. 企业经营范围管理的规定

国家工商行政管理总局于2004年6月12日发布《企业经营范围登记管理规定》(以下简称《规定》)，该规定适用于在中华人民共和国境内登记的企业。经营范围是企业从事经营活动的业务范围，应当依法经企业登记机关登记。企业的经营范围由企业登记机关根据投资人或者企业的申请依法登记，经营范围应当与章程或者合伙协议的规定相一致。经营范围分为许可经营项目和一般经营项目，许可经营项目是指企业在申请登记前依据法律、行政法规、国务院决定应当报经有关部门批准的项目；一般经营项目是指不需批准，企业可以自主申请的项目。申请许可经营项目，申请人应当依照法律、行政法规、国务院决定向审批机关提出申请，经批准后，凭批准文件、证件向企业登记机关申请登记。审批机关对许可经营项目有经营期限限制的，登记机关应当将该经营期限予以登记，企业应当在审批机关批准的经营期限内从事经营。申请一般经营项目，申请人应当参照《国民经济行业分类》及有关规定自主选择一种或者多种经营的类别，依法直接向企业登记机关申请登记。企业登记机关依照审批机关的批准文件、证件，登记许可经营项目。

批准文件、证件对许可经营项目没有表述或者表述不规范的，依照有关法律、行政法规、国务院决定和《国民经济行业分类》登记。企业登记机关根据企业的章程、合伙协议或者申请，参照《国民经济行业分类》及有关规定中的类别，登记一般经营项目。企业的经营范围应当包含或者体现企业名称中的行业或者经营特征。跨行业经营的企业，其经营范围中的第一项经营项目所属的行业为该企业的行业。企业变更经营范围应当自企业做出变更决议或者决定之日起30日内向企业登记机关申请变更登记。涉及许可经营项目的，应当自审批机关批准之日起30日内凭批准文件、证件向企业登记机关申请变更登记。合伙企业、个人独资企业变更经营范围应当自做出变更决定之日起15日内向企业登记机关申请变更登记。

因分立或者合并而新设立的企业申请从事许可经营项目的，应当在申请登记前，依法向法律、行政法规、国务院决定规定的审批机关提出申请，经批准后，凭批准文件、证件向企业登记机关申请登记；因分立或者合并而存续的企业申请从事许可经营项目的，变更登记前已经审批机关批准的，不需重新办理审批手续。企业改变类型，改变类型前已经审批机关批准的许可经营项目，企业不需重新办理审批手续，法律、行政法规、国务院另有规定的除外。企业变更出资人，原已经审批机关批准的许可经营项目，变更出资人后不需重新办理审批手续，法律、行政法规、国务院另有规定的除外。企业的出资人由境内投资者变为境外投资者，或者企业的出资人由境外投资者变为境内投资者的，企业登记机关应当依照审批机关的批准文件、证件重新登记经营范围。不能独立承担民事责任的分支机构（以下简称“分支机构”），其经营范围不得超出所属企业的经营范围。分支机构经营所属企业经营范围中许可经营项目的，应当报经审批机关批准。审批机关单独批准分支机构经营许可经营项目的，企业可以凭分支机构的许可经营项目的批准文件、证件申请增加相应经营范围，但应当在申请增加的经营范围后标注“（分支机构经营）”字样。

企业申请的经营范围中有下列情形的，企业登记机关不予登记：法律、行政法规、国务院决定禁止企业经营的；属于许可经营项目，不能提交审批机关的批准文件、证件的；注册资本未达到法律、行政法规规定的从事该项目经营的最低注册资本数额的；法律、行政法规、国务院规定特定行业的企业只能从事经过批准的项目而企业申请其他项目的；法律、行政法规、国务院规定的其他情形的。同时，因法律、行政法规、国务院决定调整经营项目后，企业未按有关规定申请办理审批手续并获得批准以及经营期限届满且审核未获得批准等原因，企业应该依法应当停止有关项目的经营并及时向企业登记机关申请办理经营范围变更登记或者注销登记。企业未经批准、登记，或者违反《规定》第十四条规定，从事经营项目的，企业登记机关应当依据《无照经营查处取缔办法》予以查处。

2004年我国风险投资立法除了前述法律、法规之外，还有其他一些法律规范，诸如国务院《国务院关于推进资本市场改革开放合稳定发展的若干意见》和《国务院关于投资体制改革的决定》、中国证监会《关于规范境内上市公司所属企业到境外上市有关问题的通知》、深圳证券交易所《中小企业板块交易特别规定》、《中小企业板块上市特别规定》、《中小企业板块证券上市协议》、国家商务部《关于境外投资开办企业核准事项的规定》、国家发展改革委员会《境外投资项目核准暂行管理办法》、《外商投资项目核准暂行管理办法》等等。

综观2004年我国经济及商业立法状况，可以得出这样的结论：尽管专门性的《风险投资法》、

《风险投资企业条例》尚未公布，但相关的法律、法规业已呈健康发展态势。

二、2004年中国风险法律研究成果评价

（一）2004年风险投资法律研究的基本特点

2004年风险法律研究成果比2003年及之前有了较大的提升和长进，其主要表现在如下几个方面：一是研究领域，已从框架性研究向体系性研究过渡和发展；二是研究层面，已从宏观研究向中观研究或微观研究过渡和发展；三是研究对象，已从理论研究向实证研究过渡和发展；四是研究队伍，已从学院科研机构为主向政府机构、专业机构和学院、科研机构并举过渡和发展；五是研究方法，已从介绍外国（主要是美国）向比较研究过渡发展；六是研究思维，已从单纯的学术探讨向提出具体立法、司法建议和参与立法、司法过渡与发展。

（二）关于构建风险投资法律环境的研究

华中科技大学法学院蓝寿荣在《论构建完善的风险投资法律环境》一文中，除了着重介绍美国以立法推动风险投资发展的经验和启示，还特别对我国风险投资法律方面存在的制约因素做了比较系统的研究，同时，还对我国完善风险法律环境提出了很好的建议。

在我国风险投资界，比较统一地认为，我国的风险投资开始于20世纪80年代中期。1985年，中共中央在《关于科学技术体制改革的决定》中指出：“对于变化迅速、风险较大的高技术开发工作，可以设立创业投资给予支持。”同年9月，国务院批准成立了我国第一家风险投资公司——中国新技术创业投资公司，这是一家专营风险投资的全国性金融机构。1991年国务院在《国家高新技术产业开发区若干政策的暂行规定》中指出：“有关部门可以在高新技术产业开发区建立风险投资基金，用于风险较大的高新技术产业开发，条件成熟的高新技术开发区可创办风险投资公司。”这标志着风险投资在我国已受到政府的高度重视。1996年我国颁布实施《中华人民共和国促进科技成果转化法》，该法第21条以法律条文的形式对我国的风险投资加以规定，该法第24条规定国家鼓励设立科技成果转化基金或者风险基金。1998年3月，民建中央在全国九届政协一次会议上提出了《关于尽快发展我国风险投资事业的提案》，被列为政协“一号提案”，在社会各界引起广泛影响，其内容包括应该制定《风险投资法》。1999年8月20日，中共中央国务院《关于加强技术创新、发展高科技、实现产业化的决定》，指出：“要培育有利于高新技术产业发展的资本市场，逐步建立风险投资机制，发展风险投资公司和风险投资基金，建立风险投资撤出机制，加大对成长中的高新技术企业的支持力度。引进和培养风险管理人才，加速制定相关政策法规，规范风险投资的市场行为。优先支持有条件的高新技术企业进入国内和国际资本市场。”紧接着，1999年11月16日出台了《国务院办公厅关于建立风险投资机制的若干意见》。

蓝寿荣在充分肯定我国发展风险投资的总体方针是十分明确的，在实践中也取得了成效的前提下，对风险投资法律存在问题亦提出了自己的建议。蓝寿荣认为，问题的症结在于我们还没有制定一部专门调整风险投资法律关系的《风险投资法》。与此同时，现有相关的法律法规条文也正制约着风险投资的发展。

1. 企业法方面

（1）关于企业组织形式。目前，我国的风险投资公司基本上都采取公司制的组织形式，并且

绝大部分都是由政府出资设立的，这是由我国国情所决定的，因为在发展风险投资的初期只能由政府出资加以推动，而其组织形式则由《公司法》所限制。我国于1993年颁布的《中华人民共和国公司法》只规定了有限责任公司和股份有限公司两种组织形式。从国外的经验看，风险投资公司的组织形式有投资公司、信托投资公司和有限合伙企业等，其中有限合伙企业是最佳组织形式。当然，我国制定的《公司法》，鉴于当时的社会经济状况，没有规定有限合伙企业，1997年颁布的《中华人民共和国合伙企业法》还是没有规定有限合伙企业这一组织形式，并且该法第39条规定："合伙企业对其债务，应先以其全部财产进行清偿。合伙企业财产不足清偿到期债务的，各合伙人应当承担无限连带责任。"这一对一般合伙企业的重要规定，正成为发展有限合伙这一风险投资组织形式的法律制约因素。

（2）关于公司设立注册资本。根据我国《公司法》和1994年《公司登记管理条例》的规定，公司的注册资本是全体出资者(股东)投入公司的实缴出资之和，是经公司登记机关登记的全体股东实缴出资以货币数额表示的资本总额，也是股东对公司享有股东权益和承担有限责任的依据。没有注册资本或注册资本不到最低限额，公司就不能取得法人资格，不能成为民事法律主体。股东未按照公司章程的规定缴纳所认缴的出资的，应当承担违约责任。这一法律规定使风险投资公司的风险资本运作陷入两难境地。在国外，高科技企业多采用授权资本制或承诺资本制，即在风险投资过程中，按照风险投资当事人的协议与企业发展的实际需要，风险投资资金按照承诺分期分批投入。而我国《公司法》和《公司登记管理条例》要求高科技企业在设立的时候一次缴纳足额出资资本，对于传统企业很有必要，但不符合高科技企业的发展规律，往往会造成风险投资资金的大量沉淀，进而形成资金的浪费，加大对创业者的压力，甚至增大了引发资金管理者的道德风险的机会。

2. 金融法方面

发展风险投资，没有巨大的风险资金来源和通畅的风险资金筹集渠道是不行的。我国目前的风险投资资金主要来源于政府，很明显，政府不应该成为风险投资的主体。为什么会出现投资主体单一呢？一方面是由于我国许多机构对风险投资不了解，另一方面是相关的法律规定束缚了我国养老基金、保险基金、商业银行和非银行金融机构的资金进入风险投资领域。如《保险法》第104条规定："保险公司的资金运用，限于在银行存款、买卖政府债券、金融债券和国务院规定的其他资金运用形式。保险公司的资金不得用于设立证券经营机构和向企业投资。"《商业银行法》第43条规定："商业银行在中华人民共和国境内不得从事信托投资和股票投资，不得投资于非自用不动产。""不得向非银行金融机构和企业投资。"我国的《贷款通则》、《养老基金条例》也有类似规定。

3. 税法方面

（1）关于企业所得税。国外政府对于高新技术企业的税法规定，普遍采用税收信贷、延迟支付和加速折旧等措施，而我国由于税法制定主要基于传统企业，因而没有能体现高新技术企业的特色。高新技术企业由于无形资产(技术)投入比重大，新陈代谢速度快，往往会出现资产自然寿命未到而由于技术进步不得不淘汰。根据1994年《企业所得税暂行条例实施细则》和1996年《关于促进企业技术进步有关税收问题的规定》，"国务院批准的高新技术产业开发的高新技术企业，减按15%的税率征收所得税；新办的高新技术企业自投产年度起免征所得税2年"；另外，允许研究开发费用比上年实际增长30%以上的赢利企业把研究开发费用的15%在税前扣除。这项规定无疑有利于高新技术企业的创业，但对于大多数创业阶段的高新技术企业来说意义不大，因为微利或亏损在开始阶段是难免的。

（2）关于增值税。我国的增值税法律规定对高新技术企业发展也没有体现鼓励作用。我国的《增值税暂行条例》规定的基本税率为17%、13%和零三档税率。其中，零税率适用于出口货物，17%税率适用于加工、修配等，适用13%的为粮食、食用植物油、暖气、冷气、热水、煤气、天然气、图书、报纸等，而没有对高新技术企业做出规定。高技术企业可能适用17%或13%。显然，这不完全符合高技术企业的特点，更谈不上鼓励，因为高技术企业附加值高，创业时投入的无形资产（技术）比重大，消耗的原材料少，核定税额时允许抵扣的进项税自然就少，形成高税负的现象，降低了风险投资的回报率。

（3）关于个人所得税。美国吸引风险投资资金的一个经验是完善了有限合伙制以避免投资者双重纳税，给富有家庭和个人长期投资以税收优惠。目前我国在风险投资上还存在双重征税现象，虽然国家给了高技术企业15%的税收优惠，但双重征税还是对投资者不利，制约了广大民间资本进入风险投资领域。

4. 市场交易法方面

涉及风险投资市场交易方面的法律规定很多。上市是使风险投资资金得以退出的主要渠道之一，因为上市意味着企业创业阶段的结束和风险投资使命的完成，关系着风险投资的成败。这方面，我国现行法律规定也不利于风险投资资金的退出。

《公司法》第152条规定，股份有限公司申请其股票上市必须符合下列条件："公司股本总额不少于人民币五千万元；开业时间在三年以上，最近三年连续赢利"；"持有股票值达人民币一千元以上的股东人数不少于一千人，向社会公开发行的股份达公司股份总数的百分之二十五以上公司股本总额超过人民币四亿元的，其向社会公开发行股份的比例为百分之十五以上"。第173条规定公司发行新股必须具备下列条件："公司在最近三年内连续盈利，并可向股东支付股利"，"公司预期利润率可达同期银行存款利率"。这些规定对于那些刚步人扩张阶段或走向正常赢利阶段的高新技术企业来说有一定难度。

《公司法》第149条规定，"公司不得收购本公司的股票，但为减少公司资本而注销股份或者与持有本公司股票的其它公司合并时除外"。这项规定，使风险投资无法要求上市企业回购其持有的股份。《证券法》第78条规定："上市公司收购可以采用要约收购或协议收购的方式"，这条规定是允许风险投资家采用要约收购方式的退出。但《股票发行与交易管理暂行条例》第47条和第48条同时又规定，收购方在持有目标公司发行在外的普通股达到5%时要作出公告，以后每增持股份2%时要作公告，且自该事实发生日起二日内不得购买该股票，当持股数达到30%时应当发出收购要约。这样必然会使收购目标的股票价格持续不断上涨，给收购方带来巨大的成本障碍，不利风险投资采用要约收购的方式从已经上市的该投资企业中退出风险资本。

《公司法》第143条规定，"股东持有的股份可以依法转让"，第148条规定，"国家授权投资的机构可以依法转让其持有的股份，也可以购买其他股东持有的股份"，"转让或者购买股份的审批权限、管理办法由法律、行政法规另行规定。"国有资产管理局、国家体改委等部门发布的《股份试点企业国有股权管理的实施意见》、《股份有限公司国有股权管理暂行办法》等行政法规，明确规定国家股和法人股目前不能上市流通。这些规定极大地制约了风险投资采用协议收购的方式，从已经上市的该投资企业中退出。在实际业务中，风险投资机构可以通过场外协议转让股权的方式退出企业，这将使风险投资的回报率大打折扣，远不如将资金投向购买一些实行股份制改造时的企业发行的社会公众股回报高。

风险投资法律环境是国家法律环境的重要的组成部分。完善、健全的风险投资法律环境对保障和促进风险投资上的发展是相当重要的。尽快制定《风险投资法》几乎是风险投资法律学者一致的呼吁和要求。但是在2004年却有一种更深沉、更理性的观点出台。这种观点认为，解决“风险投资”法律环境的根本出路并不在于尽快制定《风险投资法》，而是通过修订《公司法》、《合伙企业法》、《保险法》、《银行法》、《证券法》等相关法律，完善风险投资法律体系。这种观点的代表人物是北京大学创业投资研究中心博士，现就职于国家发改委财政金融司的刘建钧先生。他认为如果不对以上诸多法律进行修订，制定《风险投资法》便必然面临与相关法律相抵触的问题。

关于风险投资法律体系的基本构成，刘建钧有着独特的理解和认识。他认为，风险投资作为“支持风险的投资制度创新”，在其运作过程中必然地要涉及到与之相关的方方面面，所以，在风险投资业发达国家与地区，都不是通过制定单行的《风险投资法》，而主要是从以下五个方面来完善风险投资法律体系。

（1）关于风险投资基金组织形式的法律制度。风险投资的主体按照其组织化的程度不同，可以分为“非组织化的风险投资”和“组织化的风险投资”两大类。前者系由分散的个人或者非专业机构以自己的名义直接或通过委托方式间接从事风险投资，后者系由两个以上的多数投资者通过“集合投资”形成新的财产主体，再以新的财产主体的名义进行投资，由于它具备了国内俗称的“投资基金”的本质内涵，故可以称其为风险投资基金。对于“非组织化的风险投资”而言，其投资运作很难通过《公司法》加以调整，而主要只能通过投资者与管理人在《合同法》等法律框架内签订私法的方式来调整。由于风险基金通常按照公司和合伙等企业组织形式设立，所以，在对风险投资（基金）企业进行立法时，也主要是根据它区别于一般加工贸易类企业的不同特点，进行特别立法。

（2）关于风险投资基金资本来源的法律制度。就其运作机制而言，投资创新乃是一种“与风险相联系的资本经营过程”。因此，风险投资的资本来源只宜定位于具有以下特征的投资群：勇敢而富有耐性，具有长期投资理念，最好对投资活动也具有一定的兴趣；具有较高的风险鉴别能力；具有较高的风险承受能力。按照这些要求，风险投资基金的资本来源主要宜定位于：富有个人，尤其是那些曾创业成功的富有个人、大型企业、人寿等各类保险基金和银行等金融机构。

在以上四大主要资金来源中，人寿基金等各类保险基金作为一种典型的风险资产，随时处于“理赔”风险中，对于“安全保值”的要求较高，但是由于其资金规模大，故以较小比例（如不超过5%）的资金从事风险投资并不造成整体性风险。银行资金对于“安全性、流动性”的要求较高，所以一般意义上的银行资金不适合于从事风险投资。但是由于银行具有“资金规模大，资本实力雄厚”优势，因此，将较小比例的核心资本用作风险投资，并不会对银行总体资产的“安全性、流动性”构成威胁。但是，由于保险基金和银行资金的使用往往要适用于特定的行业性法律，因而使得这些行业性法律制度直接影响着风险投资基金的资本来源。所以，在考察风险投资法律体系时，还必须将《保险法》、《银行法》等行业性法律制度也包括进去。

（3）关于风险投资基金募集方式的法律制度。由于风险投资基金的资本来源主要适宜定位在前面所述的具有长期投资意识，较强风险鉴别能力与承受风险能力的机构和个人，所以无论是从国家出于保护公众投资者的角度看，还是从基金经理便于做长期投资角度看，风险投资基金都更加适合于以私募方式募集资本。因此，对私募方式加以法律规定，就显得十分必要。

需要指出的是，由于风险投资基金的私募与证券投资基金以及其他类型证券的私募（包括加工贸易类公司通过私下发行股票募集股本）具有相同点，所以，需要通过《证券法》来对“私募条款”进行统一规定。所以，完善的风险投资法律体系还应包括一部能够为风险投资基金的私募提供法律保护的《证券法》。

（4）关于投资运作方式的法律制度。风险投资作为一种谨慎而有风险的投资，通常需要在对拟投资项目进行认真调查之后才会产生现实的资金需求。因此，在法律上允许风险投资公司的资本分期到位，这对于避免资金闲置有重要意义。在现代社会，风险企业不仅迫切需要外源资本的支持，以适应其资本快速扩张的需要，而且这种外源资本还必须是一种能与创业企业“共担风险、共享收益”的中长期权益资本或者准权益资本。这就决定风险投资只宜以股权或者准股权的方式对风险企业进行投资，由于对风险企业进行股权投资是一种权利义务具有高度不对称的投资，为了克服权利义务上的高度不对称性，国家的有关法律又通常允许风险投资方能够以“可转换优先股”、“特别投票权普通股”等特别股权方式投资于风险企业，即，可确保风险投资方既享有一般股东的权利，又能够较好地保障投资者权益。由于特别股权方式往往是与公司的股票发行制度联系在一起的，所以，又涉及到了《公司法》。

（5）关于投资退出的法律制度。风险投资无论是以推动所投资企业上市，还是私下转让所持股权、整体并购或回购等方式退出，都要涉及多种法律关系。为了便利于推动所投资企业上市的方式实现投资退出，世界各主要的经济体都设立创业板。由于创业板的运行规则不同于主板市场，所以在构建风险投资法律体系时又必然地涉及与创业板的运行规则相关的各种法律、法规。

刘建钧在谈到我国风险投资法律体系存在的问题时，更是一针见血地指出我国在制定《公司法》、《合伙企业法》和《证券法》等法律时，由于并没有考虑到风险投资在运作上的特殊要求，导致现行法律体系不但较难为风险投资提供特别法律保护，而且在若干方面还构成法律障碍。刘建钧认为这些法律障碍具体表现为：

（1）现行有关企业组织的法律不适于风险投资基金的设立。例如，按照现行《公司法》，公司必须同时设立董事会和监事会，这样会造成组织结构比较繁琐，不利于风险投资公司决策的高效率。按照《合伙企业法》，合伙企业的合伙人仅限于自然人，且必须对合伙承担无限责任，这使得比较适合风险投资特点的有限合伙企业无法设立。

（2）相关法律体系限制了风险投资基金的资金来源。根据1995年颁布的《中华人民共和国保险法》第104条第2款规定，“保险公司的资金运用，限于在银行存款、买卖政府债券、金融债券和国务院规定的基他资金运用形式”。虽经国务院批准，目前保险资金可部分地通过证券投资基金间接地投资于证券市场，但要使之能够通过风险投资（基金）企业间接从事风险投资，则又受第3款“保险公司的资金不得用于设立证券经营机构和向企业投资”的限制。尽管2002年我国对保险法做了一些修订，但修订后的保险法依然禁止保险资金用于设立证券经营机构和保险业以外的企业。

依据1995年颁布的《中华人民共和国商业银行法》第43条规定，“商业银行在中华人民共和国境内不得从事信托投资和证券经纪业务，不得向非自用不动产投资或者向非银行金融机构和企业投资，但国家另有规定的除外”。然而，由于目前并没有为商业银行可向风险投资（基金）企业投资制定特别规定，使得商业银行的资金还无法成为风险投资资本的现实来源。

尤其是引进外资在我国设立中外合资创业投资公司方面，存在更多的障碍。由于我们对外资方式业我国投资的意义缺乏足够认识，导致不仅没有任何鼓励政策，反而对加以种种歧视。例如，在我国设立的生产性外商投资企业可享受各种税收优惠政策，但根据2003年出台的《关于外商投资创业投资公司缴纳企业所得税有关税收问题的通知》，外商投资风险投资企业却“不得享受税法规定的生产性外商投资企业的有关税收优惠待遇”。

（3）关于调整风险投资基金募集活动的法律、法规一直滞后。我国在制定《证券法》时，由于经验不足，未能设置证券私募条款。于是，按照现行《公司法》的规定，股份有限公司虽然可以按照“募集方式”设立，但是这所谓的“募集方式”特指“公开募集”，这实际上排除了“私募”。在这种情况下，除“公募”外，股份有限公司就只能按照“发起方式”设立；对有限责任公司则只能采取“出资方式”设立。按照现行的《合伙企业法》，我国的合伙企业只能是高度“人合”的企业组织，无法通过“私募方式”设立。正是由于现行法律体系缺乏私募条款的规定，导致国内已经设立的各类风险投资公司主要仅限于由地方财政出资或国有企业共同出资或共同发起设立。由于建立在国有产权的基础上，现有的风险投资公司自然难以建立起与风险投资内在要求相适应的收益激励机制和风险约束机制。

（4）按照现行法律规定，风险投资公司的投资运作难以适应内在要求。例如，按照现行的《公司法》所规定的实收资本制，风险公司在设立之初就必须将所有注册资本都募集到位，这就很难避免资本闲置。现行《公司法》要求公司对外投资不能超过净资产的50%，这对于确保加工贸易类企业以足够净资产对债权人承担责任有一定的作用，但对于主要以自有资本对外投资而且较易控制自身资产负债水平的风险投资公司而言，除了容易造成资本闲置外，没有任何实际意义。按照现行《公司法》，公司只能对外发行普通股票，因而使得风险投资公司无法以可转换优先股、特别投票权普通股等方式进行投资，这就较难保护投资者权益。

现行法律体系制约了创业板的发展，不利于风险投资退出。按照现行《公司法》，公司必须具有3年赢利业绩方可上市，这种高门槛显然不利于数量众多、高速成长的风险企业通过公开上市的方式融资。受此限制，自然难以建立起真正意义上的创业板。尽管1999年底在修改《公司法》时规定“高新技术企业可另行规定”，但由于无法对“高新技术”进行准确的法律界定，也不宜以科技含量作为公司能否上市的标准，所以，这种修改的实际意义不大。据此，有关部门不行不决定分两步建成创业板，即第一步，在《公司法》等法律法规的框架内扒出“中小企业板”，待《公司法》修改后，再建成真正意义上的创业板。

（三）关于风险投资法律实务的研究

在2004年，我们很高兴看到这样一种情形：有关风险投资法律实务研究的成果开始出现。尽管总量还不是很大，层次还不是很高，影响还不是很强。但作为风险投资法律研究的一个重要组成部门，已经有了其一席之地和生存空间。

我们注意到，在2004年有关风险投资法律实务研究方面，最突出的是一批精英律师。除此之外，还有一些证券公司、基金公司、风险管理公司的法律从业人员以及部分从事风险投资纠纷审判和仲裁的专业人员。

其中，有代表性的是姚惠娟女士。她在《我国风险投资法律制度和律师业务》一文中，对律师参与风险投资三个阶段的论述在律师业、在风险投资业内都产生了一定的影响。姚惠娟女士认为在一个完整的风险投资的运作案例中，律师业务可以分成三个不同的阶段：

1. 风险资本投入之前的阶段

这一阶段的决定与措施对于以后整个风险投资项目的成败具有决定意义，因为双方关键性的决策都是在这个阶段做出，包括风险投资商对项目的筛选、评估及做出投资决定，风险公司对于投资商的了解和制作商业计划书，双方对于投资的方式、数量、资本结构、交易定价、管理权限、回报方式等进行谈判并达成协议等，因此律师在这一阶段具有十分重要的作用。由于风险公司和风险投资商对法律服务的需求是不一样的，因而以下将分别介绍：

（1）风险投资商的律师。由于在风险投资市场上，风险投资商将投资人的资金投向风险公司，因此需要十分谨慎，才能达到获得高利润的目的。而且一般投资商处于优势地位，所以这一阶段中许多协议和法律文件是由风险投资商的律师起草的，律师在此是处于关键的地位。其业务与职责主要包括：

其一，协助投资方调查风险公司。由于风险投资的高风险性，投资商需要对公司的各个方面做全面的调查、了解，才能做出理性的决策。尽管风险投资商从经济回报的角度会对公司进行调查，但是这时律师可以从法律角度协助进行审慎的调查。如果公司提供的信息有虚假或者种种不规范的做法，律师应该提出书面的意见。其二，协助投资方进行商业谈判。律师在商业谈判中的作用不可忽视，因为涉及的许多法律问题需要立即解决，否则可能使谈判的条款因为违反我国法律而无效，从而给委托人带来可能是十分巨大的经济损失。其三，审查和起草相关法律文书。审查的法律文件主要是风险公司提供的合作计划书、法律意见书、新的人事协议等，而需要律师起草的法律文件一般包括法律意见书和投资协议，其中最重要的是投资协议，因为它是这个项目的基础法律文件，协议是否完整准确，直接影响了双方的利益。

（2）公司的律师。虽然在这一阶段投资方的律师的工作占主要地位，但是风险公司的律师也不是无所作为。他的职责主要包括：其一，尽责调查。这是其主要任务之一，目的在于保障投资的合法性，防止在有关投资的文件中公司称述有重大误导或者严重缺陷，从而避免投资行为的无效，也避免以后因此而承担民事责任。其二，参与谈判。这一职责与投资方律师的工作内容是一致的。其三，指定起草和审查相关法律文件。主要包括出具法律意见书，协助制定项目计划书，审查投资协议。法律意见书涉及合法有效的相关事件和可能发生纠纷及其解决方式等等；项目计划书主要是投资方介绍公司业务和产品、技术，公司的管理，资金使用计划和回报计划等等。律师主要就其中法律问题，如股权转让和投资方退出的计划等，协助公司管理层拟订一份准确周密而又严谨的计划书。

2. 风险资本投入经营的阶段

虽然风险投资商的最终目的是要通过股权变现而获得高额利润，但是为了避免其在风险资金注入后，在每股增值下就转让以套现获利，一般的协议都规定了一定期限的禁期（一般3年），这段时间投资商不得转让其股权，以便风险资金有实际经营阶段。在这一期间，主要是公司的律师进行相关法律事务，包括：其一，协助公司按照风险投资协议到原工商管理机关办理增资扩股手续，协助公司修改章程、处理相关的董事会决议和意见，并到原工商管理机关办理相关手续。其二，由于公司的净资产、股本和结构都发生了变化，相应的管理结构也变化。按照投资协议的规定，公司的律师还应该起草一份合法的新的人事劳务协议，以满足新的管理结构要求。

投资方的律师主要是协助和监督公司按照投资协议的要求完成相关法律手续。

3. 风险资本退出的阶段

这一阶段，律师的作为显得尤其重要，因为这是风险投资项目的最后一个阶段，无论项目是成功还是失败，都需要律师的参与。这一阶段主要的法律业务是由公司的律师完成，而投资方的律师主要进行必要的协助工作。

关于资本退出，最主要是首次发行上市（IPO）和普通股权转让方式。首次发行上市之后，投资商可以出售其所持有的股票，从而获得高额利润。而在首次发行上市中，律师的介入是法定的和强制的。在公司上市之前，律师需要对公司的资信做完全的调查，并出具法律意见书，对公司及其上市的合法性出具意见；从法律角度协助公司选择上市地点，并出具书面意见；制作申请上市的各种法律文件；向准备上市的证券交易所和证券管理机构出具法律意见书。对于普通股权转让方式，需要按照《公司法》的要求进行，律师应该对其中的相关事务进行协助。

除此以外，现在还出现了管理层回购的退出方式（MBO），即公司原来的股东购买投资商的股权。在有的协议中，还规定在投资商的要求下，原股东必须按照一定的价格回购其投资的股份（注意不是公司回购而是股东或者管理层回购）。在这种方式下，律师的任务是协助选择回购的方式；确认其合法性；办理相关股权变动手续；出具法律意见书。

在风险投资项目失败的情况下，投资商的退出模式只有清算了。在公司遇到困难时，对高科技企业而言，往往需要当机立断，及时退出。这时候律师应该协助公司和股东按照《公司法》第189条到第198条的规定进行清算，并可以被任命为清算组的成员，进行清算事务。值得注意的是，如果在投资协议中规定了投资方在清算时的优先权，同时根据风险投资的特性，在法定必须予以优先支付的债权（如清算组的工作费用等）之后，应该给予投资商优先补偿。但是，如果公司已经破产，那么投资商将得不到任何补偿，这也就是风险投资的高风险性所在。

成思危副委员长在多个场合讲过，律师是风险投资的活跃主体。离开了律师的参与，风险投资可能会有更大的风险。我们关注到，在第三届、第四届《中国律师论坛》上，有多人提出了有关风险法律实务的论文，其中北京铭达律师事务所的杨占武律师《外资并购和竞争法》，安徽君威律师事务所的鲍善军律师的《企业清算盲区、误区探讨》、湖北得伟律师事务所的周勇峰律师的《股权转让中的几个特殊问题》，海南法立信律师事所的符琼芬律师、孙雨寒律师的《试论有限责任公司股权执行问题》及广东鹏都律师事务所的季社建律师的《企业重组：法律技术与法律工具的运用》等风险投资法律实务研究成果都是具有相当学术水准的。

三、关于中国风险投资法律存在问题评价

在较为客观和理性地分析了2004年中国风险投资的法律环境后，我们认为，从风险投资角度而言，我国风险投资法律环境实在是不容乐观，还存在许多有待完善的问题。

1. 风险投资法律地位并未获得业内共识

可以简单举两个例子，足以说明和佐证这个问题：其一，2003年与2004年的中国风险投资论坛，大会共邀请了近30位嘉宾在大会演讲。有人注意到，13位国外或境外的演讲嘉宾中，65%是学过法律、做过律师或从事过法律工作的。他们演讲题目有40%是涉及风险投资法律规则或风险投资法律环境的；而国内的17位演讲嘉宾中没有一个学过法律、做过律师或其他法律工作，亦没有一个人谈到风险投资法律规则，这不能不说是一件遗憾和令人感触的事情。其二，有人翻阅了《中国风险投资发展报告》（2004年版），共有157页，竟然没有一篇、没有一章、没有一节谈到法律的问题。

2. 风险投资的法律体系整体还相当落后

（1）我国尚无一部具有权威性的风险投资法律。这个问题，我们讲了好多年。一下子搞一部成熟的综合性的法律可能是有些困难，那么可否先搞一部风险投资促进法、风险投资保障法、风险投资企业条例？风险投资无法可依的现状实在令人担心。

（2）我国风险投资法律教育几近空白。据了解，我国尚无一所大学法学院、商学院开设风险投资法律课程，我国尚无一位风险投资法博士生导师及风险投资法学教授。教育落后是最大的落后。从我国风险投资法律教育现状可以看出我国风险投资法律现状之水准究竟如何。

（3）风险投资纠纷每年有10%的增幅，而风险投资法律从业人员总量却少的惊人。我国民商案件每年差不多有20%的增幅，其中涉及公司诉讼的幅度上升更快。如果从广义的风险投资而言，可以将所有的公司诉讼列为风险投资纠纷。我们的法院，我们的法官，有多少懂得风险投资的法律理论，保守一点说，恐怕还不到1%。国际仲裁的情况可能会稍好一些。全国有13万律师，懂得风险投资，包括懂得风险投资法律和懂得风险投资国际规则和国际惯例的有多少呢？业内普遍认为不会超过3%。即使这不到4 000人的律师队伍，相信其中的85%集中在北京、上海、广东，地域分布极为不均。

（4）风险投资服务贸易方面法律规则的问题。相当长的时间，我们关注较多的是风险投资的产权结构、产权状态、利润实现和退出机制这些“硬性”的东西，而相对忽视风险投资服务成本和服务质素及服务绩效。在经济发达尤其是风险经济发达的国家，注重风险投资的服务贸易，强化风险投资服务贸易法律体系的健全和法律环境的完善业已成为全社会的共识。我国在这方面还相当落后，这一点要充分意识到。

四、关于完善中国风险投资法律环境的展望

（一）《风险投资法》尽早出台的呼吁声会越来越高。早出台，早受益。受益者，不仅仅是创业投资公司，亦包括整个国家和全社会。

（二）风险投资法律可能不会过多强调“中国特色”，相信会大胆借鉴及大胆移植西方成熟的风险投资法律。因为这样成本小、见效快，且可以提升整个中国风险投资法律水准。

（三）抓住拟对《公司法》修改的大好时机，将在公司法修正案中体现近年来风险投资业反映强烈、要求集中的问题，并可能会被最终确认。

（四）全国首家中国风险投资法律研究机构可能组建。在时机和条件成熟时，在成熟的地区组建半官方或民间性质的风险投资法律研究机构已经是相当急迫了。机构可能会称之为中国风险投资法律研究院或研究中心或研究所，相信可以弥补我国风险投资法律先天不足之缺憾。

（五）中国风险投资论坛会加大法律成份。相信会邀请更多著名律师、法官、仲裁员法学研究学者在大会上介绍和阐述；亦可能设法律分论坛，开设风险投资纠纷个案判例研讨会等等。

（六）更多的人鼓励参与风险投资立法活动。在制定相关风险投资法律时，在法律体系、法律框架形成前或形成时听取一下法律界，律师、法官的意见和建议相信会更受重视，这些人的专业能力、敬业精神和立法智慧相信会得到普遍认同。

案例篇

案例分析既是对过去成功经验的总结，也是对过去失败教训的反思，所以，一个好的案例给予人们的启示甚至超过洋洋万言的理论说教。因此，我们十分重视案例篇的编写。

本篇中的案例，是我们从实地调研、采访和直接收集的数十个案例中精选出来的，包括创业企业如何融资、风险投资机构创新投资模式、风险资本退出、风险投资增值服务、孵化器商业化运作、风险资本牵手传统产业等方面的18个个案。每个案例我们都进行了评述。应该说，我们的分析只是“一家之言”，但我们希望它能带给读者的不仅仅是成功故事的描述，更有一些新的启迪，若如此，我们的心愿足矣。

在案例的收集和撰写过程中，我们得到了许多风险投资机构和融资企业的大力支持，在此向他们表示衷心的感谢。

案例一　安凯公司引入风险投资的成功之道①

背　景

一个曾经是美国风险投资家的“弃儿”，在回到祖国的怀抱后，立即受到了国内风险投资公司的青睐。在风险资本的精心呵护下，昔日的“弃儿”已顺利度过创业期和成长期，迎来了它的发展期，与此同时，它也给风险投资公司最初投入的资本带来了三倍多的资本增值。它便是安凯（广州）软件技术有限公司（以下简称“安凯公司”），一个海外留学人员回国创办的企业。

（一）胡胜发先生的创业历程

胡胜发先生是安凯公司发起人和创立者，毕业于国内著名学府清华大学，获自动化专业博士学位，并拥有美国著名大学的社会学博士学位。在海外的日子里，胡胜发先生基本上是在IT行业度过的，因而拥有丰富的计算机软硬件设计与开发工作经验。2000年，也就是美国IT行业正飞速发展、处于巅峰之机，胡胜发先生凭着敏感的意识，洞察到未来手持设备市场对手持终端多媒体应用处理器(multimedia application processor)芯片的需求，并大胆提出了手持终端多媒体应用处理器芯片的开发计划。正是这个诱人的设想和完整的计划，引起了美国某些风险投资基金的关注。经过多次接触和沟通，最终一些天使投资基金决定支持胡胜发先生的项目开发，并注入50万美元的启动资金。

但随后发生的网络泡沫让胡胜发先生的开发计划落空，这是始料未及的事情。美国网络泡沫的破灭使IT行业的发展受到严重打击，纳斯达克市场一蹶不振，投资者对IT行业的创业者避之尤恐不及，更遑论对胡胜发先生的开发项目追加风险投资了。

海外创业融资的不顺利并没有让胡胜发先生丧失创业的勇气，反而坚定了他回国创业的

① 本案例是在广州科技风险投资有限公司和安凯软件技术有限公司提供材料的基础上整理而成的。

信念。

2001年4月，胡胜发先生及其合作伙伴在广州注册了安凯公司。公司注册资本36.67万美元。主要从事芯片中算法以及体系结构设计，移动手持设备的移动多媒体应用软件、硬件产品的研究与开发工作，并为移动手持设备（手机、掌上电脑等）厂商提供完整的系统、应用解决方案。此时，公司已经推出的产品包括具有影视及音频功能的多媒体手机解决方案、多媒体手机 MMI 软件、开放式多媒体手机开发平台、移动闪客（MobileFlash）软件、手机卡拉 OK 软件等。

有道是：天道酬勤。胡胜发先生不懈的创业努力深深打动了一个人，他便是广州科技风险投资有限公司（以下简称“广州风投”）的总经理王鸿茂先生。

在安凯公司刚刚成立后的两个月，王鸿茂先生借在美国考察访问之机，与胡胜发先生进行了初步接触。在随后半年左右的时间内，双方经过不断地相互了解和沟通，最终达成了合作共识。自此，拉开了国内风险投资家与留学归国创业人员结缘的序幕。

（二）安凯公司的融资过程

创业企业一般要经历种子期、成长期、发展期、扩张期等阶段，每个阶段都需要资金支持，因此，创业企业在其发展过程中需要进行若干次融资。一般而言，只有那些发展势头良好、能给投资者带来较好的收益预期的创业企业能获得后续资金，而大多数创业企业往往因为不能满足投资者的预期导致后续资金“断链”而被淘汰出局。因此，风险资本的不断注入是创业企业发展的保证。安凯公司的管理者深谙此中道理。他们用实际行动和良好业绩保证了投资者的利益，也因此源源不断地获得了企业发展需要的资金。

1. 第一轮融资

广州风投在总经理王鸿茂先生的支持下，对安凯公司进行了长达半年的考察，最终于2001年底达成了投资协议，广州风投以每股0.5美元的价格投资安凯公司300万元人民币。

在得到广州风投的支持后，安凯公司取得了多方面的突破。首先，在技术上，成功研发了 mobileflash ™，并籍此取得了多项发明和实用专利。同时，公司的技术创新也获得了科技部、广东省和广州市有关部门的支持。其次，在市场开拓方面，从2002下半年开始，公司为欧美的手机巨鳄提供了软件技术服务，取得了上百万美元的销售收入。再次，在人力资源方面，资金的支持和市场的扩大，壮大了系统开发与软件设计技术团队以及市场营销队伍，公司朝着规范化管理迈上了一个台阶。

总之，广州风投的资金注入为安凯之后正式展开移动多媒体处理器芯片的设计开发起到了至关重要的催化剂作用，也为安凯广州的发展壮大奠定了基础。

2. 第二轮融资

随着安凯公司的不断发展，其影响力也不断扩大，但此时公司的资金缺口也不断增加。由于要支持迅速膨胀的市场，公司不但要壮大开发队伍，同时要扩大市场营销团队，因而公司管理费用出现快速增长。恰在此时，公司引起了香港招商局富鑫基金的高度关注。经相关各方多次沟通和协调，香港招商局富鑫基金于2002年底向安凯公司注入了350万美元的资金，广州风投也同时追加了300万人民的投资。

依靠第二轮融资资金，安凯公司又相继推出 AK3210M、AK3220M 移动多媒体应用处理器芯片。AK3210M 芯片是专门为新一代多媒体手机（智能手机、PDA 手机）和其他手持设备定制的，也将是第三代移动通讯终端的应用处理器。该芯片有1 000多万个晶体管，在国际同类产品中处于领先地位。AK3220M是AK3210M的升级版，是安凯公司最新推出的新一代多媒体应用处理器，在多媒体、应用软件支持方面具有更卓越的性能，能提供视频录制、视频播放、可视电话、64和弦MIDI、MP3编解码、USB、3D游戏等丰富的功能和应用，使用户以极低的成本、极快的速度、极简易的架构开发出极具竞争力的产品。

目前，AK3210M已顺利实现批量化生产，并取得生产订单。同时，围绕该芯片的配套手机方案、系统与软件开发平台以及各种多媒体应用内容也已开发完成。

3. 第三轮融资

本轮投资又可分为两次，第一次是在2003年底，广州风投追加投资200万元人民币，随后本着双赢和推动安凯公司更加快速健康发展的原则，广州风投把此次注资所形成的股权转让给美国摩奈（MONET）基金。

随后的融资是安凯公司最大规模的一次融资。安凯产品巨大的市场潜力和辉煌的发展前景，获到了更多国外主流风险投资机构的青睐，包括华登国际等著名国外风险投资机构主动提出了投资的愿望。2004年12月，安凯公司以上一轮三倍多的价格完成了1 000多万美元的融资，其中广州风投再次投入200万美元，而华登国际则成为了安凯的最大股东。

可以想象，安凯公司在这些实力雄厚的投资机构强力支持下，必将取得更高速的发展。

（三）安凯公司吸引广州风投的主要因素

正如王鸿茂总经理坦言，他选择创业企业的标准是“四个到位”，即：① 人员到位，不能脚踏两只船，摇摆不定；② 技术到位，必须是创业者自己拥有知识产权的技术，以免以后引起争议；③ 资金到位，虽然不要求很多，但创业者自己也必须有一定的资金投入，以回避道德风险；④ 管理到位，创业企业不仅要有技术，而且要有丰富的企业管理和市场营销经验。以上这四点安凯公司可以说全部符合。除此之外，安凯公司还拥有吸引广州风投的如下因素：

1. 行业前景广阔

首先，全球手机市场在过去几年里每年增长百分比都以双位数在增长，随着2.5G和3G时代的到来，预计该增长趋势将持续下去。

其次，在多媒体手机方面，以前的手机产品由于受硬件配置不高和无线带宽不足等多方面的限制，在多媒体的应用方面非常少，但随着无线网络和手机技术的发展，手机产品和市场向多媒体的方向发展。目前手机的多媒体解决方案有两种技术路线，一种是由基带芯片加分立的和弦音乐芯片、分立的数码相机后端处理器、分立的3D加速芯片等构成；另一种是由基带芯片加多媒体应用处理器(SoC)构成。随着手机应用向功能强大的视频、音频方向发展，第一种方案中的基带处理器将不能负担越来越复杂的多媒体处理运算，同时越来越多的外围器件也对手机的小尺寸带来了冲击。所以第一种方案中的基带处理器将被后一种方案中的多媒体应用处理器所取代，因此，多媒体应用处理器是未来手机架构发展的一个趋势。

最后，在具有微内核操作系统和手机软件开放式开发平台方面，主要有Nokia等公司控制的Symblan系统，美国微软公司的Smattphone系统，美国Palm公司的Palm系统等；在高档的智能手机方案开发方面，主要由韩国、日本以及欧洲的一些手机设计公司把持，我国的许多手机方案是从以上国家和地区花巨资引进。这也为基于AK3210M芯片的手机方案开发带来无限的商机。

2. 产品具有极强的竞争优势

目前，国际上的半导体公司在应用处理器开发方面均刚刚起步，尚未形成市场的巨头。而中国的手机市场又是全球手机市场的发动机，中国制造的手机将逐渐走向国际市场，这对安凯公司开发市场非常有利。

在手机应用处理器方面，国内市场目前基本上被国外几家大供货商把持，而安凯公司的AK3210M是目前国内唯一的同类产品。AK3210M着眼于未来手机的发展趋势，集成了丰富的视频、音频、2D/3D图形加速功能和丰富的外围接口，产品在国际上处于领先水平。其中照相机接口支持400万像素照相机传感器，3D加速功能支持3D游戏，音频支持64和弦音乐和AMR编解码，视频支持MPEG4/H.264编解码。部分参数优于国际同类产品。

在手机多媒体软件方面，安凯公司主要技术人员在移动通讯和多媒体方面积累了丰富的经验，并拥有多项国内外专利，研究和开发在国际上具有技术先进性及创新性。

总之，安凯公司是国际上少数完全掌握从芯片设计、多媒体算法、智能手机开放式开发平台到具有影视和音频功能的智能手机完整方案的公司。同时，安凯公司具有低成本优势，其核心技术全部扎根在内地开发完成，与国外公司同类产品的开发成本相比至少减少50%，因而具有极强的竞争优势。

3. 具有进取精神的管理团队

安凯公司拥有高素质的管理团队，以胡胜发先生为代表的安凯团队在国内均受过良好的主流教育，同时又有国外留学或工作经验。该团队中既有沉浸IT行业多年、掌握国际上最新技术、有丰富产品开发经验的技术精英，又有谙熟企业管理、市场营销、资本运作的管理高手，因此，可以说安凯公司管理团队是一支富有朝气和进取精神的团队。

同时，该团队又经过了时间的考验。3年来，该团队使安凯公司一步一个台阶，从无到有、从小到大地发展起来，随着安凯公司的不断发展，其团队也得到补充和加强。广州风投一次次地加大投入，境外主流风险投资机构也倾巨资注入安凯，这一切都说明安凯团队能经得起时间的考验。

4. 一致的投资经营理念

广州风投和安凯公司之所以3年来能密切合作，其中还有一个重要原因就是双方有高度一致的投资经营理念。对广州风投来说，浓厚的政府背景使其既要全力扶持广州高新技术创业企业的发展，又要肩负起吸引海外留学生到广州创业的责任。而安凯公司恰好符合这两点，安凯的成功为广大海外留学生树立了榜样，在一定程度上加大了广州作为留学生回国创业基地的份量。

对安凯公司来说，美国网络泡沫的破灭是其回国创业的最初动力，而国内的成本优势使这种选择成为现实。据业内专家估算，像多媒体应用处理器芯片这样的产品，在美国开发至少需要1 000万美元的资金和3年的时间，而在国内开发只需要1 000万人民币和两年的时间，巨大的成本和时间上的差异使胡胜发先生选择了在国内创业，而与王鸿茂先生的接触以及双方高度一致的共识，使安凯公司最终扎根在广州。

事实上，落户到广州以后，在广州风投的大力推荐和协助下，安凯公司得到了当地政府多方面的大力支持，当地主要领导多次到安凯公司视察，现场办公解决问题，为安凯公司以后的发展奠定了坚实的基础。同时，广州风投也积极为安凯公司出谋划策，帮助其完善公司架构，并进而在全球布局，使安凯公司的股权结构更为合理，具备了国际化公司的雏形。

（四）案例评述

安凯公司的成功融资揭示我们，一个主投资商的存在有利于创业企业获得后续融资。

在安凯公司的历次融资中，广州风投不但是积极的投资者，同时也是热心的“牵线搭桥者”。

目前，尽管许多境外主流风险投资机构都参股安凯公司，但广州风投一直保持着较大份额的股权，至今仍然是三大股东之一。由此可见，在安凯公司的融资过程中，广州风投一直担当主投资商的角色，正是因为有作为主投资商角色的广州风投的存在，后来投资者才坚定了投资信念。反之，假如广州风投不是义无反顾地多次追加投资，那么其他的投资者又怎会信心十足地对安凯公司进行投资？

安凯公司成功融资的另一点启示是，创业企业与主风险投资商的良好合作关系是保证风险资本源源不断注入的关键。

如果说，广州风投对安凯公司的初次投资决定取决于其独到的投资眼光，那么，后续多次追加投资行为就不单单是投资眼光所能决定的了，这是双方良好的合作关系和信任关系升华的结果。正是这种良好的合作关系展现出极大的感召力，使后来的投资者趋之若鹜，也造就了安凯公司的成功。

案例二　风险资本追逐分众传媒的启示[1]

——分众传媒的急速扩展之路

背　景

与安凯公司创始人胡胜发先生相比，江南春的分众传媒并不具备任何技术优势，然而，江南春就凭着独特的商业创意和敢为天下先的胆识，让那些“高傲”的风险投资家们“屈尊降贵”。在短短18个月的时间里，软银、高盛、维众、鼎辉等多家国际顶级风险投资商毫不犹豫地向江南春的分众传媒慷慨解囊8 000多万美元，不但书写了中国风险企业的神话，也令国际同行汗颜不已。江南春的成功是否能给予您一些启示？

在创立分众传媒之前，江南春就已经在国内广告界摸爬滚打了整整10个春秋，成为国内广告业最年轻的成功人士之一，由他创立的永怡传播在1998年时，就已经占据了上海IT领域广告代理市场的95%以上份额，随后，江南春将永怡传播的业务范围拓展到消费品和其他行业，确立了“两条腿走路”的经营方针，并在2000年之后，率领永怡传播顺利渡过IT业的严冬，跨入年营业额超亿元人民币的广告明星企业行列。首次创业的成功并未令江南春沉醉，相反激发了他更大的创业雄心。

由于市场竞争的日益激烈，国内广告业的毛利率已从10%迅速下降为3%，江南春敏感地意识到传统广告业市场空间正临近增长的极限，必须另外寻找拓宽业务的突破口。

（一）创造新的市场

2002年春节，当人们沉浸在节日喜庆气氛中，享受亲朋好友相聚的欢乐之际，江南春却把7天假期的大部分时间花费在汉源书屋。经过几天的总结和反思，一个极具商业价值的创意逐渐在他脑海里清晰起来。

1. 有比看广告更无聊的时候吗

自1994年离开大学的校门，江南春还没有如此大方地将时间“浪费”在书屋，因为他太忙了。当走进汉源书屋，埋头在书山之中，江南春就彻底释放自己的思维，任由其自由翱翔。

他首先关注到一篇关于“国内媒体广告效率”的研究文章，文章认为，国内媒体广告效率自1998年以来一直呈现下降趋势的原因是，国内媒体未能针对受众的不同，对广告内容和表现手法进行细分化，使得媒体一直居于大众媒体的形态，造成大量的广告被淹没在大众化的受众之中，导致广告效率的低下，因此分众广告是广告业未来的发展方向。

随后，另一篇调查报告触动了江南春敏感的神经。新生代市场研究公司所做的一项市场调查发现，90%以上在高档写字楼出没的受众并不排斥在等候电梯时接受液晶屏所传递的广告信息。江南春不禁眼前一亮，原来还有比看广告更无聊的时候！这不正是新业务的突破口吗？

一个新的创业计划立即在江南春脑海里酝酿起来。江南春决定做一个新的媒体，这个新媒体

---

① 本案例是在下列媒体资料的基础上整理而成的：《远见中国》、《商务周刊》、《南方日报》、《经济观察报》、《福布斯》等。

首先要有充分的表现能力，同时还应该是分众性媒体，即面向特定观众的媒体。对于前者，江南春选择了液晶电视联播网这种高新技术表现形式；对于分众的具体方法和手段，他选择的突破口是城市高档商务写字楼的电梯，面对媒体的受众是经常进出高档写字楼的高收入白领阶层。

2. 敢为天下先

了解江南春的人都知道，他是一位捕捉商机的高手，更有“敢为天下先”的胆气，因此，当江南春与永怡传播另三位创始人讨论自己新的商业计划时（被江南春称之为“分众传媒商业计划”），得到了一致支持。2002年下半年，江南春投入资金2 500万元人民币启动分众传媒商业计划。江南春向自己的创意一掷2 000多万元人民币风险资本，这应该说是中国风险投资业的一项记录。

分众传媒商业计划分三步进行，第一步，对液晶电视进行技术改造，完成楼宇电视多媒体液晶一体机的研发；第二步，签约高级商务楼电梯出入口广告位以及安装楼宇电视多媒体液晶联播网络系统；第三步，购买与广告穿插播出的电视节目版权。楼宇电视系统采取内置DVD硬盘存储信息源，实现统一播出，同步控制，以求达到最佳的广告效率。

3. 首战告捷

分众传媒商业计划初期进展相当顺利，2002年底，成功完成楼宇电视多媒体液晶一体机研发工作，签约上海100多幢顶级商务楼广告位，安装400多台楼宇电视多媒体液晶电视，形成一张日覆盖近百万人次的联播网，至2003年5月，楼宇电视多媒体液晶联播网络终端增加到1 000多个，联播网日覆盖达到200万人次。

2003年1月，常常进出上海高级商务楼宇的白领们好奇地注意到，平日单调无味的电梯等候厅和电梯间一夜之间增添了许多时尚液晶电视，这些电视滚动播放品牌广告、悦耳动听的音乐、电影预告和全新的国际体育赛事集锦等，且每周内容更新。这就是江南春他们在一年左右时间内努力的结果，他们把这种媒体方式称为Digital Outdoor。

一时之间，商业楼宇液晶电视联播网引来众多媒体的猜测和关注，也引起了业内一些有心人士的浓厚兴趣。

分众传媒广告的营业收入第一个月就达到了100多万元人民币，按照这样的发展速度，江南春可以在两年时间内收回投资。江南春并没有在“首战告捷”的成绩面前沾沾自喜，相反，他感觉到了来自四面八方的威胁，他深知楼宇液晶电视系统并没有太高的技术壁垒，后进入者很容易依靠资金优势而后来居上，因此，他不遗余力地“跑马圈地”。

液晶电视联播网是一个资金需求量极大的行业，很快，江南春就意识到2 500多万元人民币的投入犹如杯水车薪，根本无法做大市场。

（二）风险投资家的“宠儿”

世界上的事情有时候真是无巧不成书。在江南春所在办公室同层电梯口的另一端，就是国际风险投资界赫赫有名的软银投资基金上海代表处，两家公司的人员经常在上下电梯时碰面，并有所交流，因此软银的工作人员对江南春的分众传媒也早有所闻。

然而，使软银对分众传媒产生浓厚兴趣的却是另外一件事。在2003年初，江南春的Digital Outdoor在上海刚一出现，便“启发”了同城的另外一个创业者。这位创业者立即想到了风险投资这条路，于是一份商业计划书便摆在了软银中国创业投资有限公司上海代表处首席代表余蔚的办公桌上。“咦，这不是办公室对门江南春他们正做的事吗？”余蔚注意到这个比邻而居公司的老总整天在忙忙碌碌，有一天在电梯里碰到江南春才了解到，“原来他在新发现的暴利行业跑马圈地。”

这块地有多大呢？余蔚进行了一番分析，未来5年内中国整个广告市场的规模为1 000亿～1 500亿元，其中分众传媒市场为200亿～500亿元。同时，余蔚参照白马、通成和MPI这些已在香港上市的户外媒体公司的业绩和市值表现后，发现江南春的分众传媒作为国内第一个运用分众行销概念成功崛起的Digital Outdoor，已经成为行业领先者，其前景只可能比它们好，不会比它们差。

更为重要的是，余蔚亲眼目睹了江南春作为创业者的激情，多年的投资经验使余蔚体会到，风险投资实际上投的就是创业者本人。同样也是创业者出身的余蔚非常欣赏江南春的眼光、胆气以及激情，“风险投资项目很大程度上是在赌人，我注意到他每天早9点上班，工作到12点以后才回去”，“1999年加入软银中国以来，这是我第一次主动拿钱去追逐一个项目”，余蔚最后说。从这些话语中我们也许可以体会到软银投资分众传媒的真正原因。

而在江南春方面，他也不是没有想过融资，只是因为忙而无暇顾及。因此，当余蔚主动上门提出投资时，江南春高兴地接受了。就这样，两者一拍即合。2003年5月，第一笔约4 000万美元的海外风险资本注入了江南春的分众传媒。

在获得软银的巨额投资后，分众传媒得到了快速发展，在各主要城市都成立了分公司，业务遍及全国，营业额和利润都在飞速增长。其独特的经营理念和模式，加上公司业绩不断上升的现实，进一步吸引了众多的国际著名投资商。

2004年4月，曾投资蒙牛、李宁体育用品公司的中国鼎晖国际（CDH）又携手美国知名投资基金德丰杰（DFJ，该基金在中国投资空中网、百度等公司）、中经合、麦顿投资咨询有限公司、Venture TDF China LLC等海外投资机构向分众传媒注资1 250万美元风险资本，使分众传媒的股权结构进一步优化，社会知名度进一步提高。

2004年11月，分众传媒又与另外3家国际著名的投资商——美国高盛公司、英国3i公司、维众创业投资集团（中国）有限公司结缘，3家海外著名投资商共同投资3 000万美元入股分众传媒。

（三）展望未来

目前，分众传媒已建成覆盖包括北京、上海、广州、深圳、香港在内的37个大中城市超过万栋的商业楼宇联播网，公司的赢利水平扶摇直上，现在，分众媒体月营业额达到了4 000万元人民币，月税后净利润维持在1 400万元人民币左右，2004年全年总利润超过1亿元人民币。

展望未来，江南春踌躇满志，对今后的发展规划了然如胸。江南春认为，对于商业楼宇液晶电视联播网而言，商业楼宇是稀缺资源，因此，要继续“扩张领地”，计划在2005年，将商业楼宇资源发展到2万栋以上；寻找新的商业领地也纳入到分众媒体的未来商业计划，仿照楼宇联播网的经营模式，建立一系列其它的联播网，比如大卖场联播网、机场联播网、高尔夫练播网、医院联播网等。江南春的最终目标是，建立一个覆盖中国2 000万中产阶层的数字化户外媒体广告网络。

分众传媒的海外上市工作也在紧锣密鼓中进行。早在2003年同年6月，软银注资不到一个月，分众传媒（中国）控股公司（Focus Media）就在英属维尔京群岛的正式注册成立，江南春和其他三位永怡传播的创始人以及软银为公司股东，而控股公司在香港设立子公司，香港公司又在上海注册成立两家公司——分众多媒体技术（上海）有限公司和上海分众广告传播有限公司，由这两家公司具体运营从永怡传播剥离出来的商业楼宇联播网项目。这种公司构架安排和股权结构设计不但为后续二次融资奠定了基础，也为分众传媒的海外上市做好了前期准备。最近，江南春向记者证实，分众传媒已经确定于2005年3月到5月间在美国纳斯达克挂牌上市，预期融资金额为1.5亿美元，公司市值也将因此达到4亿美元左右。

毫无疑问，分众传媒将会拥有更加美好的未来。

（四）案例评述

短短18个月的时间，融资8 250万美元，资产总值从2 500万元人民币激增至1.8亿美元，增长超过60倍，江南春书写了中国风险投资史的奇迹。

江南春成功的原因是什么？我们可以从软银上海代表处首席代表余蔚和Venture TDF China LLC项目负责人陈文靓的话中得到一些启示。

余蔚："当别人没有看到商机的时候，他看到了；当别人看到没去做的时候，他去做了；他去做的时候是百分之百投入。你说，这样的创业者，投资者怎么能不追？怎么会没有信心？"。陈文靓："分众传媒的液晶电视联播网是一个独特的媒体概念，受到投资商的关注是理所当然的事情。"

由此可见，江南春的成功首先应归功于其独特的创意和新颖、优秀的盈利模式，同时，其强烈的敬业精神、深厚的责任意识以及相互协作的团队观念也是吸引众多国际投资商加盟的重要因素。

本案例也从一个侧面反映，只要是好的项目，不论是国际上多么大牌的投资商，都会降低身份，趋之若骛。苹果、网景、YAHOO等众多IT业的新贵，不都是风险投资商主动发掘出来的"金矿"吗？

与国外风险投资机构灵活的运作方式相比，国内风险投资机构囿于体制原因，投资灵活性明显不足，激励机制不完善，导致错失许多投资机会，以至于像分众传媒、盛大网络等许多业界骄子牵手海外资本，这岂非我国风险投资业的悲哀？！

案例三　风险投资与盛大网络的“传奇”①

背　景

2004年5月13日，第一只纯正的中国网络游戏概念股——盛大网络登陆美国NASDAQ市场，并在3个月后，成为NASDAQ市场中市值最高的中国概念网络股。是什么力量让一个成立只有5年的公司取得如此惊人的发展速度？是什么力量支持盛大网络渡过网络泡沫破灭时“尸横遍野”的寒冬？

正当国人对突如其来的“网络泡沫的破灭”惊魂未定时，一个奇迹像夜空里的流星重新拨动了人们兴奋的神经。国人又开始津津乐道于“网络神话”，而将更多的思考留给了我们的风险投资同行们。

盛大网络的成功，牵出了一个注定要载入中国风险投资发展史的经典故事。一个本应成功的国内风险投资者与财富“擦肩而过”，一个国外的投资者“即兴之作”无意中收获了“盆满钵满”。

（一）早期的创业史

这个传奇故事的主角，理所应当是盛大网络创始人陈天桥先生。

1. “平步青云”

说来也许有些让人不相信，在盛大网络创始人陈天桥的成长过程中，每一步都遵循着传统的模式。父亲是工程师，母亲是教师，少年时代家教很严，而陈天桥也是个不需要大人操心的孩子，不但成绩优异，而且一直是学生干部。他18岁就入了党，在复旦大学读经济学的时候，获上海市学生干部标兵称号，并提前修完学分，成为1993年复旦18名提前毕业的学生之一。在这18名学生中，到国有企业工作的，只有陈天桥一人。第二年，他就从陆家嘴集团的普通员工，做到了集团子公司的副总经理，到1996年，24岁的陈天桥已经成为了陆家嘴集团的董事长秘书。

同一年，陆家嘴集团总裁被调往浦东新区任副区长，要带陈天桥一起去，但他婉言谢绝了。随后，陈天桥从陆家嘴集团辞职，去了一家证券公司。当时有人劝他：单位马上就要分房子了，等房子到手再走也不晚，但陈天桥并没有因此而迟疑，他心里想：难道我这辈子，自己还挣不了一栋房子？

2. 另起炉灶

陈天桥在证券公司虽没有待多长时间，但在此其间他有两个重要的收获：一是在证券公司的同事里觅得一位外秀中慧的夫人，此后又是与他一起创业的得力助手；二是在1999年股市的“5.19”井喷行情中掘到了第一桶金。1999年11月，他与夫人一起从证券公司出来，并用第一桶金的50万人民币，和弟弟及另外两个志同道合的朋友，正式注册了“上海盛大网络发展有限公司”。

① 主要资料来源：金羊网（www.ycwb.com）、新华网（www.xinhuanet.com）、通信信息报（www.fec.com.cn）、天极网（www.chinabyte.com）、千龙网（www.qianlong.com）、互联网周刊（www.ciweekly.com）、太平洋电脑网（www.pconline.com.cn）、知识经济（www.uprich.com）、经济观察报（www.eobserver.com.cn）等。

从此，陈天桥与他的盛大网络一起开始了他新的人生历程。

3. 初露锋芒

公司的草创人员只有五名，一间小小的工作室，陈天桥他们扛着自己做的招聘板，坐火车到南京大学招毕业生，说要做网络上的迪斯尼，没有人理睬他们。但他们并没有灰心，全力以赴、没日没夜地工作，创办了 stame.com 网，以动画、卡通为主，还开出了“天堂归谷”的虚拟社区(当时尝试的虚拟社区就是日后网络游戏的前身)。当时，公司危机四伏，陈天桥常常深更半夜被吵醒：哪里的服务器又瘫痪啦，哪里又出现严重的私服外挂啦等等，如果任何一个危机没有处理好，就有可能把羽翼未丰的盛大网络葬送在摇篮之中。

所有这些辛苦并没有白费，连创业者们都感到吃惊的是，他们的网络卡通在短短几个月中竟拥有了100万左右的注册用户，这可是一个比 YAHOO 上市之前还要多的网络资源。公司网页点击率在随后也成几何基数递增。初创的成功激起了陈天桥做大做强公司的信心。当时，网络投资热浪滚滚，陈天桥也做起了牵手“资本”之梦。

（二）牵手“资本”

网络公司对资本永远是一种渴求，这不仅仅是因为网络公司的前期发展需要靠钱来维持，更重要的是资本能迅速壮大公司实力，在只有第一才能为王的时代，这是惟一成功的道路。

1. 初次牵手的失败

中华网公司 (Chinadotcom Corp.) 是亚洲最大并在全球享有盛誉的综合互联网公司，业务遍布亚洲地区，在全球设有多处分支机构。中华网公司于1999年7月在美国纳斯达克上市（NASDAQ：CHINA)，是第一家在纳斯达克上市的中国概念的互联网公司。中华网公司在网络泡沫发展的巅峰之际，从千百万个只知烧钱的 .COM 中找到了盛大网络，应该说是独具慧眼。2000年1月，中华网公司向这只注定要展翅高飞、但目前仍在襁褓之中的幼鹰，注入了300万美元风险资金。盛大网络获得了梦寐以求的资本，从此，公司步入了快速发展的道路。

对初尝成功之味的盛大网络来说，随后的日子并不顺利。首先是网络泡沫破灭之风由美国不断吹来，阴风阵阵，使前几个月还雄心勃勃、浩气万丈的 .COM 们心惊胆战。而且随着时间的推移，形势还在继续恶化，美国纳市中网络股一泻千里，风险资金血本无归，因而对网络企业的投资锐减，而创业者也因为没有后续资金的支持而信心丧失殆尽、茫然无措，当时的情景只能用“尸横遍野”、“惨不忍睹”来形容。在这种情况下，盛大网络投融资双方的心情可想而知。也正是在这种市场背景，原本存在于投融资双方关于经营方式和理念的矛盾极度加剧，最终导致投融资双方关系的破裂。

中华网的意思是盛大网络应继续在动画行业发展，并以此为中心展开经营活动，而陈天桥此时已经倾心在网络游戏，并与一家韩国网络游戏生产商 ActozSOFT 开始积极接触。中华网眼巴巴看着陈天桥在“消极怠工”而没有丝毫办法，同时自己的投资也一天一天被耗掉，只好痛苦地决定撤资。最后双方讨价还价的结果是：既然是中华网主动提出退出，那么公司所剩余的钱，就不能全被中华网拿走，陈天桥也有股份，也要按股份瓜分剩余的钱。出于减少损失考虑，中华网扔给陈天桥30万美元，于2001年6月，跺脚走人，双方各不相欠。这30万美元为盛大网络以后的发展起到了极其重要和关键的作用。

随后，陈天桥继续与那家名叫 ActozSOFT 的韩国公司谈判，该公司正在寻找网络游戏《传奇》在中国的运营商，后经上海市动画协会推荐和协调下，于2001年6月末，双方达成了授权协议——盛大网络用30万美元的入门费和27%的分成获得运营权，而此时离中华网撤资还不到一个月的时间。

盛大网络与ActozSOFT的合作仅维持了2年，最终因为《传奇》的版权及游戏“外挂”问题而破裂，恰在此时，本案例的另一主角——软银亚洲闪电登场。

2. 软银亚洲的入股

软银亚洲的全称为软银亚洲信息基础投资基金，属于软银集团在中国组建的风险投资管理机构，而软银集团（Softbank）是由日籍华人孙正义于1981年在日本创立，目前为世界著名的计算机网络业的投资商，雅虎就是其投资的成功案例之一。而软银亚洲管理的资金主要来源于世界著名的互联网解决方案提供者思科公司。

在盛大网络与ActozSOFT发生争执的整个过程中，软银亚洲作为旁观者，对盛大网络进行了深入考察，也许正是这场危机使盛大网络的核心管理团队无意中向软银亚洲展现了其优秀品质和巨大的发展潜力。因此，当ActozSOFT向外界宣布终止与盛大网络的合作合同时，软银亚洲的评估人员就与盛大网络的员工坐在了一起。

2003年初的盛大网络已经是中国网络游戏业的龙头，但依然风险暗涌。但软银亚洲认为这些风险的存在是廉价购买的好时机。因此，在与盛大网络接触不到3个月的时间里，软银亚洲果断做出了投资的决定。2003年3月初，软银亚洲4 000万美元资金就已经存入到盛大网络的账户，至此，软银亚洲取得了盛大网络25.1%的股权，而陈天桥及其家属持有的盛大网络股权的价值猛升到1.2亿美元。

软银亚洲参股盛大网络，仅仅是盛大网络牵手“资本”的开始。随后，盛大网络在软银亚洲帮助下，成功在美国NSADAQ市场发行了1.5亿美元的可转债，并于2004年5月成功登陆NSADAQ。

（三）案例评述

在本案例中，同样是投资一家公司，但两个投资商得到的结果却大相径庭，一个赔了夫人又折兵，最后黯然退出；一个赚得盆满钵满，笑逐颜开。案例揭示的道理是深刻，它启示我们：

1. 投资者可以参与经营决策，但不得干预经营

在风险投资过程中，投融双方的合作和信任关系是实现“双赢”的基础。因此，加利福尼亚资深风险投资家布兰特·瑞德尔认为，当资金的供给者和使用者结成合伙关系并进行富有成效的合作时，风险资本运作的效果才能达到其最理想的状态。所以，对风险投资机构而言，应做到“尽责不越位”，既要尽心尽力地为风险企业出谋划策、提供增值服务，又不能越庖代俎，妨碍风险企业正常的经营管理活动。很显然，中华网公司犯了过分干预盛大网络经营的错误，这也是导致中华网公司与盛大网络最终分道扬镳的主要原因。

2. 要有顺畅的沟通渠道及时解决分歧

一般而言，投融资双方在经营和管理上存在分歧是在所难免的，关键是有顺畅的渠道及时进行沟通，否则，任由其积聚，一旦爆发必然导致合作关系的破裂。中华网公司与盛大网络在经营方向上的分歧应该不是一日所形成的，但由于缺乏沟通渠道，分歧始终未能解决，日积月累，最终爆发。

3. 增值服务是与“资本”一样的财富

软银亚洲不但为盛大网络带来了巨大投资，同时也为盛大网络提供了大量的增值服务，如，

居中协调，有效解决盛大网络与 ActozSOFT 的争端，成功获得“传奇2”两年运营许可；帮助盛大网络在 NASDAQ 成功发行1.5亿美元的可转债，壮大资本实力。从后来的发展来看，软银亚洲的增值服务的确是盛大网络超常规发展的关键。软银亚洲“尽责但不越位”的支持方式赢得了盛大网络信任，密切了双方合作关系，最终赢得了市场。

本案例充分说明风险投资是一个专业性和艺术性都极强的事业，只有那些能够驾驭专业和艺术“两驾马车”的风险投资者才能到达胜利的彼岸。

案例四　阿里巴巴的发展与风险投资[①]

背 景

2004年2月17日，著名B2B电子商务网站阿里巴巴（Alibaba.com）的创始人、CEO马云在北京宣布：阿里巴巴再次获得巨额融资——总额达8 200万美元。据了解，此次私募由软银 (Softbank) 牵头，其他还包括富达 (Fidelity)、Granite Global Ventures(GGV) 以及TDF风险投资有限公司等，这是中国互联网业界迄今为止金额最大的一笔风险投资。在此之前，阿里巴巴已经获得总额为3 000万美元的融资，正是这些源源不断的风险投资促使成立不到5年的阿里巴巴迅速成为全球最大B2B网站。其发展及融资的过程，可作为中国、乃至全世界互联网发展的一个缩影。

大学毕业后，马云曾在杭州一间大专院校执教英语6年多，期间，他成立了杭州首家外文翻译社。1995年，当时号称"杭州英语最棒"的马云受浙江省交通厅委托到美国催讨一笔债务。结果是钱没要到一分，但在当时互联网已经相当发达的美国西雅图，首次接触互联网的马云就想到为他的翻译社做广告，上午10点他把英文广告发送上网，中午12点前他就收到了6封Email，分别来自美国、德国和日本，说这是他们看到的有关中国的第一个英文网页。这件事情对他震动很大，进而他想：如果把中国企业的资料集中起来放到网上向全世界发布，同时向上网企业收取一定的费用，一定能行得通。初步创意由此形成。

回到杭州后马云就行动起来，找了个学自动化的同学，加上妻子，一共三人，成立了他的第一家互联网公司——海博网络，产品叫做"中国黄页"。结果一炮打响，一年的营业额不可思议地做到了700万！马云作为互联网风云人物也上了中央电视台。随后，互联网在国内渐渐普及，马云受到了外经贸部的注意。1997年，马云被邀请到北京，参与开发外经贸部的官方站点以及后来的网上中国商品交易市场。在这个过程中，马云的B2B思路逐渐形成并丰富起来，即用电子商务为中小企业服务。

同时，马云渐渐地也感觉到，在政府里做事情跟纯粹的商业运营有很大距离，国家管理部门更多地倾向于如何规范和管理，而大量的中小企业有着强烈向外展示产品、特别是向国外展示产品的愿望。马云认识到，自己真正要做的应该是通过互联网给中小企业提供切实的服务、使中小企业可以在全球范围内实现交易。当时美国从事网上电子商务的公司已经有好几家，比如eBay、Amazon等，但在中国还没有类似的公司，马云决定创办一种中国没有，美国也找不到的商业模式。

（一）公司初闯与首次融资

1. 创建阿里巴巴网站

1998年冬季的北京，滴水成冰，马云决定回杭州创业。当时整个公司团队共18个人，马云只

① 本案例在以下媒体信息的基础上编制而成：《互联网周刊》、《经济观察报》、《21世纪经济报道》、《中国证券报网络版》、《财经时报》、《阿里巴巴网站》、《国际金融报》、《网易科技报道》等。

给他们3天时间考虑，回杭州的条件是每月只有500元工资，在加拿大MBA毕业的也一样。一边是实惠，一边是梦想，大家被梦想所激动，没有一人留在北京。他们来到长城，宣誓“要做一个伟大的企业”，一幅风萧萧易水寒的感觉。1999年春节后在杭州的创业动员会上，大家把各自口袋里的钱掏出来，凑了50万元，开始创业。同年3月10日，阿里巴巴网站正式推出，并确定了B2B的商业模式。

最初的办公室就在马云自己家里，他家最多的时候坐了35个人。把自己封闭在房间里，埋头苦干，每天工作16小时～18小时。员工住的地方离马云家不超过5分钟，每天深夜回家睡几个小时马上又开始工作。买东西要砍价到对方毫无利润的地步，然后用三轮车拉回公司。

2. 初露锋芒

在阿里巴巴网站成立不到两个月的时间里，其注册会员总数就超过2万人，其中中英文网站会员均突破1万名。同时，在马云不遗余力地鼓动和宣传下，美国《商业周刊》、《亚洲华尔街日报》和英国《经济学家》等多家境外媒体就相继报道和转载阿里巴巴网站，受到全球互联网界的广泛关注。

在成立后不半年的时间内，阿里巴巴网站就相继推出了三个版本，质量一个比一个高，服务一个比一个全，并且起初全部都是免费的。他们所提供的服务可通过下面一个小例子生动地说明：

青岛一家工厂使用的是从韩国进口的机器，生产的扩大使他们需要继续订购同样的机器，但是韩国的厂商不愿继续向他们供货。他们在得知阿里巴巴之后，便在站点上登记了一条求购信息，结果不出几天，一家青岛同城的机器生产企业给他们发来了信息，可以为之提供同类产品。事后双方才得知，这正是同一种机器，韩国的商人不过是将其买进又出口给中国的企业。

3. 首次融资

随着阿里巴巴在国内外的影响力不断扩大，在当时互联网大潮汹涌澎湃的背景下，越来越多的国际风险投资商聚集在阿里巴巴周围，寻求投资机会，最多时达到40多家。因此，当时的情况是风险投资商寻找阿里巴巴，而不是阿里巴巴寻找投资商。

在多次比较、沟通和协调后，马云最后选定了五家风险投资商。1999年10月26日阿里巴巴与高盛（Goldman Sachs）、汇亚（Transpac）、新加坡政府辖下科技发展基金（Singapore TDF）、瑞典INVESTOR AB和美国Fidelity等机构正式签署投资协议，引入第一轮500万美元风险投资。

在此轮融资过程中，有一件事情引起了风险投资界不小的震动。原为瑞典INVESTOR AB亚洲代表的蔡崇信，从香港飞赴杭州，与马云洽谈投资。经过多次推心置腹交谈，以及一段时间与马云的接触后，深感阿里巴巴的发展前景将无限广阔。因此，蔡崇信不但促成了INVESTOR AB成功投资阿里巴巴，最后竟然把自己也“投资”到了阿里巴巴！他说：“马云，那边我不干了，我要加入‘阿里巴巴’！”马云吓了一跳：“不可能吧，我这里的月薪只有500元人民币啊！”两个月后，蔡崇信就任阿里巴巴首席财务官。

“如果当初您不让他进阿里巴巴，他会恨您一辈子的。”蔡夫人后来对马云说。

（二）软银投资与阿里巴巴的发展

1. 与孙正义的首次接触

几乎与阿里巴巴举行首轮融资的同时，IT风险投资界大佬——软银董事长孙正义出现在北京，约了众多国内互联网企业的CEO面谈，其中包括王志东、张朝阳、丁磊等人。因来访的人太多，孙正义只给了每人20分钟时间。轮到马云，也许是所谓“欲擒故纵”的原因吧，他绝口不提一个“钱”字，而且话讲得也很张狂，孙正义的表情却不一样了，立马提出给阿里巴巴融一笔资金。出乎意料，马云表示自己已经融到500万美金，不想要钱，一口回绝了。

第二天，孙正义委托软银中国区的一位负责人联系马云，并请他一定要到东京。就在签署首轮融资协议的第二天，马云登上了去日本的飞机。在东京，两人畅谈甚欢，相见恨晚，马云对互联网商务的深邃理解和精辟论述，给孙正义留下了深刻的印象。同时，两人义气相投、英雄相惜也使马云感到十分振奋。“从第一天起，我就知道马云和亚马逊的贝佐斯、雅虎的杨致远是一个级别的。”孙正义后来多次说。

2000年1月17日，阿里巴巴与软银 (Softbank) 在东京达成合资合作协议，引入第二轮2 000万美元风险投资。同时，孙正义也正式成为阿里巴巴的首席顾问。

2. 熬过互联网严冬

接下来的日子就是互联网泡沫的破灭，纳斯达克指数狂跌，所有的网络企业陷入寒冬期。

马云至今回忆起来都心有余悸。“很庆幸，我们没有上市。”“不上市不是有先见之明、绝顶聪明，而是运气好。”

最终他们还是挺过来了。其中主要原因有两点，一是成本控制。马云在创建阿里巴巴时就宣称，计划3年内不赚钱，因此，即使有雄厚的风险资本做后盾，他们还是能省就省，在国内网络界，阿里巴巴以不烧钱而著称；二是坚持走公司商务的路线。在阿里巴巴成立之初就决定做B2B，不管外面的潮流怎么变，都没有动摇他们这种决心。外界各种新概念确实很诱人，其他的机会也有很多，阿里巴巴也面临很大的压力，但他们还是朝着既定的方向往前走，走自己的路，用心去做，为中小企业服务。

后来，当别人被迫转向时，阿里巴巴先停下来“换跑鞋”，潜心全面改写技术平台，那段时间，阿里巴巴几乎每月都有新产品出来。阿里巴巴独特的技术平台和优秀的商业模式，给投资者树立了更加坚定的信心。在互联网处于低潮时期，阿里巴巴的业务不但没有萎缩，而且还东进我国台湾地区、日本，西征欧美，并坚持不取消免费会员。与大多数网站急于向投资人表明自己盈利能力，解释盈利模式不同，阿里巴巴一直保持着自己盈利模式的神秘感，众多媒体和分析家百般拷问而不得而知。

事实证明马云的选择是正确的。到2001年初，阿里巴巴已经拥有来自202个国家的42万个商人会员。欧洲很多商会都与他们签订协议，把阿里巴巴推荐给中小企业。美国商务部也重点推荐阿里巴巴给其用户。他们所开创的为商人与商人之间实现电子商务而服务的模式，被认为是符合亚洲，特别是符合中国发展特点的B2B模式。2001年12月，阿里巴巴注册商人会员突破100万家，成为全球首家超过百万会员的商务网站。同时，当月冲破收支平衡线，盈利达几万美金。它标志着中国互联网公司冲出了烧钱岁月，向新经济公司盈利迈开了第一步！

3.“诚信通”的推出

起初，阿里巴巴仅是买方与卖方的一个简单交易平台，后来会员飞速增加，海量信息也意味着虚假信息的增长，商家身份的甄别成为阿里巴巴发展壮大的最大掣肘。经过一次次与客户交流、调查，阿里巴巴发现有87%的企业最担心的问题是诚信。马云意识到，如何在寻找信息的过程中解决诚信问题，已经成为电子商务发展的关键。虽然诚信体系的加入在当时可能意味着会员的减少，但是马云还是义无返顾，因为他相信，诚信是最终实现网上成交所必经的“独木桥”，是电子商务最大的瓶颈，也是最大的机会。

2002年3月10日，阿里巴巴发表《共建诚信商务社区》宣言，宣布即日起，对所有加盟会员用“诚信通”服务进行诚信认证，每家会员企业都要进行4级审核。他们与工商银行合作，并且有几家商业调查机构和阿里巴巴合作调查会员的信用，这使得通过阿里巴巴达成的交易更让人放心，诚信通的会员比普通会员成交量大10倍。马云曾担心实行“诚信通”后会员可能会减少，但后来的事实证明，诚信体系的加入构成了他们日后得以几何式成长的基础，并成为阿里巴巴的两个主要盈利点之一。

4. 第三轮融资

虽然2002年初的互联网业仍然处于低潮时期，但阿里巴巴的发展脚步并没有停止，随着业务不断向全球扩展，马云觉得有必要引进另外一个战略投资者。

2002年2月，阿里巴巴与日本亚洲投资公司签署投资协议，引进500万美元的战略投资，完成了第三轮融资。同年10月，阿里巴巴正式发布日文网站，全面进军日本市场，此举成为阿里巴巴构建全球最大的网上贸易市场的重要行动。

（三）阿里巴巴的第四轮融资

1. 淘宝网站的推出

本来马云是不看好C2C业务发展的，但有一件事情改变了他的看法。在一次与一个美国朋友闲聊的时候，当时她非常自豪地告诉马云，自己身上穿的、戴的，大部分都是从网上“淘”来的，网上“淘”货在美国的年轻人中已经成为一种时尚。这让以前从来都号称只作B2B老大的马云有些心动。

心动的结果是，2003年7月，阿里巴巴宣布投入1 200万美元打造C2C的交易网站淘宝网。仅过了半年，在全球最权威的独立域名评级机构alexa.com的评级中，淘宝网就闯入前50位。按照马云的说法，投资淘宝，则是首次将电子商务的价值链打通，将电子商务的各种形态结合在一个平台上运行。同时，淘宝网将继续阿里巴巴的策略，在相当长的一段时间内集中精力培育网上平台的“商气”，完善包括信用评估、支付手段和交易流程等环节，而不是收取交易费用。目前淘宝网已成为国内最大的3个C2C网站之一。

2. 第四次融资

此次融资的念头可以上溯到2003年2月，为了考察全球电子商务发展趋势，马云带领公司副总裁金建杭、李琪等一行远赴日本考察。几天后，当马云即将起程回国并已经到达机场的当口，孙正义得知消息，马上打电话给马云，约他第二天面谈。马云遂匆匆从机场返回。结果一谈之下，二人对中国互联网未来的看法乃至全球电子商务发展竟惊人地一致，但是，马云并没有开口要钱。

在2003年的“非典”之后，孙正义从日本打来电话，主要是说服马云接受软银的新一轮投资。几天后，马云与公司首席财务官蔡崇信一起飞往日本。在东京，马云和孙正义并未多谈融资细节，而是整天坐而论道，就互联网发展大势交换看法。到快要签字了，两人在卫生间小解，马云提了一个数目——8 200万美元，孙正义不假思索就同意了。

“全世界没几个人可以这么快作出如此大数额的融资协定的”，蔡崇信事后对《财经时报》评价说。在8 200万美元的总额当中，孙正义的软银就有6 000万美元，其余的投资者包括富达、TDF、Granite Global Ventures（GGV），除了GGV以外其他都是阿里巴巴的老股东。而阿里巴巴首次融资时领衔的高盛却没有参与这次投资，马云透露，阿里巴巴现阶段正着手以刚刚引进的策略投资者替换掉少部分有兑现周期的风险资金，这种此消彼涨有利于公司的健康发展。

3. 融资背后的形势判断

为何总是声称“不缺钱”的马云这次要接受如此巨量的投资？其原因可能是他对中国互联网乃至全球电子商务发展趋势的判断。他多次谈到，未来几年中国互联网企业之间的竞争将从短信、广告以及游戏市场转向电子商务市场。日前全球知名电子商务网站亚马逊到访中国考察电子商务市场的举动，就十分意味深长。而国内 C2C 网站之间竞争的白热化，也说明了这个问题。阿里巴巴需要在短时间内给竞争对手设置一个更高的门槛，进一步强化其在电子商务领域内的领先地位，并在即将开始的电子商务格局变化中掌握主动权。而这一切无疑需要大量的增量资金支持。

至于股权结构问题，由于阿里巴巴不是上市公司，而马云对股权之类的敏感问题又常常避而不谈，因此，阿里巴巴的股权结构只能靠相关媒体报道做大致判断。本次融资完成后，创业团队占40% 左右的股份，软银接近30% 股份，富达约18.8%，其他几家股东合计约15%，鉴于马云在团队中约占40% 股份，其个人现在拥有阿里巴巴的股份应在16% 左右，以现在软银约8 000万美元投资占其30% 股份推算，马云的个人身家超过4 500万美元。

（四）案例评述

与其他风险投资案例相比，阿里巴巴的最大特点就是不急于上市，马云认为私募的成本比 IPO 要低得多，既不需要为上市而打乱正常的经营计划，也没必要在上市后为每季度要发表的盈利报告而煞费苦心，更不用千方百计地取悦成千上万个公众投资者，他只需得到几位投资人的理解和支持。因而，他不需要快进快出的风险资金，他需要的是战略投资，需要的是能长期给他支持的战略合作者，实际上他也做到了。软银、富达、TDF 等首轮投资者，在明知道阿里巴巴不急于上市的情况下，还继续追加巨额投资，就说明了这点。

其实，马云并不排斥将来有一天阿里巴巴会成为上市公司，但重要的是一切都要水到渠成，而不是拔苗助长。实际上，阿里巴巴此次私募到的资金总额，比许多公司 IPO 募集到的资金还多。能这样做需要的当然是实力，而所谓的实力就是公司整体的业务发展、管理团队的综合素质以及给予投资者的坚定信心，这些才是最重要的。

阿里巴巴另一个特点就是股权分散，马云的股份只有百分之十几，创业团队作为一个整体为第一大股东，人数达1 000多人。据他说，从阿里巴巴创立的第一天开始，他就从来没想过用控股的方式控制这家公司，也不允许任何一个股东或者任何一方投资者控制这个公司。他觉得阿里巴巴公司的股权需要分散，管理和控制一家公司主要是靠智慧，而不是其他。也许正因为如此，到目前为止，在阿里巴巴成立时的18个创业者中，没有一个离开公司。

本案例还表明，风险投资在很大程度上就是投资创业者个人。高瞻远瞩的战略规划和执行能力、极强的凝聚力和领导才能以及非凡的人格魅力，是马云多年来一直能吸引众多国际投资大腕的重要原因之一。正如软银掌门人孙正义所表示的那样：软银更看重投资的战略性，这跟被投资方的领导者有相当大的关系。他看重领导者的领袖气质和战略决心，并表示，马云完全具备这个能力，他绝对信任马云，相信阿里巴巴将成为中国第一个世界著名的公司，它完全有能力创造出像雅虎一样的奇迹，因而对阿里巴巴和淘宝网绝对有信心。

案例五　深圳高新投“担保换股权”的创新投资模式[①]

背　景

2003年2月，深圳市高新技术投资担保有限公司（以下简称“深圳高新投”，原名深圳市高新技术产业投资服务有限公司）与深圳市冠日通讯科技有限公司（以下简称“冠日通讯”）签署了“担保股权回购”协议。两年前，深圳高新投以“担保换股权”方式取得冠日通讯2%的股份，现在由冠日通讯溢价回购，深圳高新投从中获得了50%的回报。

在国外特别是美国，风险投资机构普遍采用可转换优先股、可转换债券、股票期权等金融工具进行风险投资。然而，在国内，受相关政策和有关法律的限制，风险投资基本上以普通股权投资为主，十分不利于风险投资“风险”的规避和化解，严重制约了风险投资业的发展。风险投资机制急需创新。

2000年4月，深圳高新投通过“担保换股权”方式为冠日通讯承担了1 000万元人民币银行贷款担保，作为风险补偿，冠日通讯以“低于市场的价格”向深圳高新投转让2%公司股权。深圳高新投这一金融创新行为拉开了我国风险投资机制创新的序幕。也正是这种“担保换股权”创新投资模式引领着深圳高新投在布满荆棘的风险投资之路收获了累累硕果。

（一）冠日通讯发展遇难题

冠日通讯主要从事通讯产品的研发、生产和销售，公司主导产品是“智能公用电话系统”，该产品所采用的技术和网络组成方案属国内首创，较之国内同类产品具有明显的技术优势，和传统IC卡公用电话系统比较，具有计费准确性高、终端造价低、系统安全性高、财务结算准确等诸多优点，已经申请了国家专利，并于2000年3月18日通过了信息产业部组织的生产定型鉴定会。

冠日通讯公司的第一代产品“FR1995型公用电话计费集中管理系统”已在全国103个电信局运行使用，计费器使用量近60万台，公司因此与各电信局建立了良好的合作关系，具备较好的市场基础和品牌优势。

2000年4月7日，“冠日智能公用电话系统”又独家获得信息产业部颁发的进网许可证，向公司的市场竞争者们又竖起了一道难以逾越的行政壁垒，进一步加强了公司的市场竞争地位。

“冠日智能公用电话系统”还被国家科技部列为国家九五火炬项目，被国家计委列为国家高新技术示范工程项目，被深圳市认定为高新技术项目，获得了深圳市计划局投资立项批准，因此，该项目的产业化将得到国家相关部委和深圳市政府优惠政策的大力支持。

“冠日智能公用电话系统”拥有巨大的市场潜力，但依靠当时冠日通讯的生产能力，无法满足市场对新产品的需求。因此，冠日通讯决定扩大生产经营规模，并加大市场开拓力度。

公司计划部门给出的资金需求计划是1 000万元人民币。但是，此时的冠日通讯固定资产仅

① 本案例根据深圳市高新技术投资担保有限公司提供的材料整理而成。

为330万元人民币，已有负债为215万元人民币，因此依靠公司自身实力取得1 000万元人民币银行贷款简直是“天方夜谭”。

2000年4月，冠日通讯向深圳高新投提出1 000万元的商业银行贷款担保的申请。

难题摆在了深圳高新投决策者的案头上。

（二）果断决策，创新投资机制

接到申请的深圳高新投对冠日通讯进行了考察，对有利因素和不利因素进行了全面分析。

不利因素：冠日通讯固定资产严重不足，此时只有330万元人民币；担保金额是公司固定资产总额的3倍多，担保风险较大。

有利因素：冠日通讯尽管固定资产不足，但净资产达到了3 407万元；以净资产为基数计算，资产负债率极低，仅为6%；公司利润率年增长较快，具有较强的还款能力，如1999年的净利润为683万元，利润率达到30%，2000年前4个月的净利润为276万元；市场潜力巨大，自20世纪90年代以来，公用电话一直保持极高的增长速度，仅1995年的增长量比建国后的45年的总和还多。尽管如此，到1998年我国的公用电话普及率仅为2‰，远低于7.5‰的世界先进水平，由此可见，国内公用电话市场的发展潜力巨大。公司的新产品“冠日智能公用电话系统”市场潜力也非常巨大，截至1999年底，在中国电信网上使用的电话为270万部，其中：无人值守公用电话机65.7万部，占24%；有人值守电话机204.3万部，占76%。我国公用电话市场主要以有人值守的集中管理计费器和无集中管理的单机计费器构成，无人值守公用电话仍处于发展阶段，市场可期；冠日通讯的生产基地通过ISO9002质量体系认证，具备批量生产条件；深圳二板市场开设在即，作为高速发展的高新技术企业，冠日通讯具备上市条件，预期上市后股权收益较大。

通过各种有利因素和不利因素的比较，深圳高新投决策者们认为，为冠日通讯提供担保显然存在较大风险，但受公司担保业务不以盈利为目的的经营原则限制，这种风险无法通过收取高额的担保费率来补偿，所以，必须设计新的风险补偿机制。最终，深圳高新投决策者们本着对冠日通讯未来发展以及深圳即将推出创业板的良好预期，设计了将担保和投资相结合的“以担保换股权”的创新投资模式。一方面深圳高新投的担保风险可以通过将“换取的股权”兑现，分享公司高速发展带来的“风险收益”得到补偿；另一方面，冠日通讯通过获得急需的资金，加速发展。

协议很快就达成了。在这次“担保换股权”方案中，深圳高新投在为冠日通讯提供1 000万元人民币的贷款担保的同时，投资223.8万元人民币受让公司2%的股权，每股受让价格为3.46元人民币。2000年7月双方完成股权转让，同年9月，冠日通讯又吸收北大青鸟和深港产学研作为其股东，正式改制为股份有限公司，为在深圳二板上市做好了前期准备。

（三）回购退出

2002年年末，由于种种原因，冠日通讯最终没能上市。在股份制完成的两个完整会计年度，冠日通讯净资产年均增长62%，增长了3倍，市场价值达到3.02元/股，但仍少于深圳高新投投资时的市场价值3.46元/股，总额相差30万元左右。最后，经过协商，双方同意以第一大股东冠日高科的名义回购高新投的2%股权，回购价格定为335.7万元，付款方式为回购协议签署之日先付100万元，余款在2003年10月底前一次性支付完毕。完成股份出让后，深圳高新投的实际收益为112万元，收益率达到50%。自此，深圳高新投完成了从冠日通讯的退出。

（四）案例评述

深圳高新投对冠日通讯的投资从形式上来看是权益资本的投资，也有风险投资的退出，但从实质上来看，这并非是一次单纯的风险投资过程，它将担保和风险投资联系起来，把风险投资收益看成是对担保风险的一种补偿，这一点可以从投融资双方的动机上看得出来。

对深圳高新投来说，投资冠日通讯的目的并非完全是为了给冠日通讯的规模扩张提供资金，一方面是因为处于创业初期的企业，面临很大的风险，为它提供全额担保存在很大的风险，投资一定的股份可以作为对担保的一种风险补偿，因为在企业发展顺利时，可以分享他们的成果，更为重要的是，冠日通讯计划在未来1年～2年内在创业板上市，如果能在股票市场转让股份，获利的空间就会更大，综合考虑，高新投在为冠日通讯提供担保的同时也投入了风险资本。

在冠日通讯看来，引入高新投一方面可以补充资本实力，另一方面也是对其贷款担保的一种风险补偿，同时也是出于未来上市的考虑。按照冠日通讯的战略规划，公司将在未来的1年～2年内在创业板上市，要实现上市首先得进行股份制改制，而要达到股份制公司不少于5个发起人的要求，冠日通讯必须再吸收3名股东作为股份公司的发起人，高新投有意投资冠日通讯也正好切合他们的自身利益。于是，冠日通讯在吸收高新投的同时，又吸收了北大青鸟和深港产学研两大股东，三家新股东的持股比例分别为2%、3.5% 和2%，从而顺利完成了股份制改制。从这三家新股东的持股比例也可以看得出来，他们并非传统意义上的风险投资。这种“担保换股权”的风险投资创新模式最终使双方的利益博弈达到了均衡。

本案例揭示，“担保换股权”风险投资模式通过担保与投资的组合，能有效丰富风险投资的方式和手段，并能为风险投资机构换取固定的股权分红回报以及企业高速发展所带来的风险收益。

然而，我们也看到，由于“担保换股权”投资模式在股权取得方式和时间上的不够灵活，给风险投资机构同时又带来了普通股权投资的风险。因此，在随后的投资实践中，深圳高新投不断推出其它的创新投资模式，如担保换期权、担保换债权、担保分红、担保换取固定回报等投资模式，进一步丰富了风险投资方式，取得了辉煌业绩。截至2004年2月，深圳高新投先后与“迈迪特”，“同洲电子”，“比克”等70多家高科技企业签订了“担保换期权”协议，其中期权增值的企业共计43家。通过“担保换期权”创新投资模式，一方面处于初创期的企业及时获得了企业发展急需的资金；另一方面深圳高新投也可以从中挑选到好的企业，并在适当时候将期权转换成股权进行投资，从而降低了投资风险，获得比较满意的回报，实现了双赢。

值得反思的是，深圳高新投溢价参股冠日通讯，原计划在一至两年内，等到创业板市场推出，冠日通讯上市后，通过二级市场转让股份。冠日通讯当年的每股收益达到0.75元 / 股，按照平均的20倍市盈率计算，上市价格在15元左右，高新投可以获利3到4倍。但创业板市场迟迟没有推出，在经过两年多的等待后，靠自身积累的冠日通讯2002年的每股净资产为3.02元 / 股，仍小于深圳高新投投资时的价格3.46元 / 股，双方的计划彻底落空。无奈之下，冠日通讯决定由第一大股东冠日科技回购高新投的股份。即使从现在来看，中小企业板已经推出，但对于上市公司的法人股仍然不能上市流动，恐怕深圳高新投在二级市场转让的梦想即使在现在也无法实现。由此看来，退出机制的不畅确实给风险投资的发展带来了很多的障碍。

案例六　联合风险投资推动同洲电子发展[①]

背　景

2000年前后，国内风险投资业借“创业板即将推出”之风，首度达到了高潮。然而，为“抢项目”而产生的恶性竞争却为这次高潮平添了不和谐的旋律。当同洲电子在深圳第二届高交会上闪亮登场时，马上引来多家风险投资机构关注的眼光，自然其价值也在市场的“哄抬”下明显出现了“泡沫”。深圳市达晨创业投资有限公司（以下简称“达晨”）敏锐地观察到这一点，通过与深圳市创新科技投资有限公司（以下简称“深圳创新投”）、深圳市高新技术产业投资服务公司（以下简称“深圳高新投”）和深圳市深港产学研创业投资有限公司（以下简称“深港产学”）组成投资联盟，成功地与同洲电子达成了投资协议，最终推动同洲电子取得了快速发展。

2000年前后，国内风险投资业在“创业板即将推出的传闻”刺激下，第一次出现了发展高潮，但因市场的不规范和行业自律性差，因“抢项目”而发生的恶性竞争在业界时有发生，给“繁荣”增添了不和谐的旋律。当时的恶性竞争，主要是争着向拟在创业板上市的企业投资，影响了行业的规范发展，一方面哄抬了价格，有的项目投资方要支付高出好几倍的溢价，与企业价值不相称，加大了投资成本；另一方面乱了心态，匆匆定夺，放松了对项目的审查，放大了投资风险。迫于恶性竞争压力，国内风险投资机构纷纷酝酿着成立投资联盟，实施联合投资策略。

达晨可以说是国内“联合投资”早期实践者之一。在达晨的推动下，2001年，由达晨、深圳创新投、深圳高新投、深港产学四家组成的“联合投资联盟”成功投资深圳市同洲电子有限公司（以下简称“同洲电子”），并取得了骄人的投资业绩。

（一）“花香引来群蜂舞”

1. 高交会的“明星”

同洲电子成立于1994年，1998年通过证券市场的LED显示屏完成了原始资本积累，同年成功实现产品转型。1999年，同洲电子又抓住我国数字电视“村村通”工程，完成了产品的战略转型。2000年，同洲电子生产的产品走出国门，成功开拓了国际市场。

正当公司在研发产品和拓展市场中取得节节胜利之际，资金成为了阻碍公司发展的瓶颈。也就在此时，恰逢第二届高交会召开，同洲电子决定一试运气。

2000年10月，在“创业板开通在即的传闻”刺激下，国内风险投资机构犹如注射了兴奋剂一样“群情激昂”，对处于发展期的高新技术企业的追捧几乎可以用“追星”来形容。因此，在高交会上首次亮相的同洲电子立即吸引了多家风险投资机构的关注。

几乎是一夜之间，同洲电子成了风险投资机构眼中的“香饽饽”，身价自然不可同日而语。

---

① 本案例是根据深圳市达晨创业投资有限公司提供的材料基础上整理而成的。

2. “门庭若市”

接下来的一段日子里，登门“追星”的投资者可以说是“门庭若市”，然而，没有一家投资者能进入同洲电子的“法眼”。是什么原因令同洲电子犹豫不决呢？同洲电子董事长兼总裁袁明先生后来说：当时我们的定位是，选择一家能够互补、互利，能够有利于企业快速发展的互补型投资机构。而在这些登门拜访者中，没有一家具备这些条件。

一时间，市场出现许多关于同洲电子的传闻，有的说同洲电子要价太高，也有的说，同洲电子发展潜力有限，不被投资者看好。总之，在经过一段“门庭若市”的繁荣之后，同洲电子再次出现了“门可罗雀”的景象。

3. 达晨的介入

深圳市达晨创业投资有限公司（以下简称“达晨”）是最早接触同洲电子的风险投资机构之一，作为一家由湖南省广播电视产业中心发起设立的从事创业投资、股权投资的专门机构，具有丰厚的行业背景和广电系统的丰富资源，对同洲电子的产品优势和市场前景自然了如指掌。达晨尽管看好同洲电子，但也敏锐地发现市场“哄抬”了同洲电子的价值。为此，达晨一直在等待时机。

当市场上关于同洲电子的传闻兴起时，达晨认为时机成熟了，因此，主动上门与同洲电子再次进行了商谈。尽管这次商谈以失败告终，但达晨也了解到了同洲电子未能成功融资的原因。

（二）联合风险投资推动同洲电子进入发展快车道

1. 组成投资联盟

达晨通过观察，认为同洲电子是在等待一家既有资金资源、又有市场资源以及政府资源的投资机构出现，同时，达晨也从侧面了解到同洲电子同时也在与深圳创新投、深圳高新投、深港产学等深圳本地风险投资机构商谈投资事宜，但均因价格问题而搁浅。

基于上面的了解，达晨迅速与深圳创新投、深圳高新投、深港产学进行了沟通，并达成合作协议，由达晨担当主投资商与同洲电子谈判，深圳创新投、深圳高新投、深港产学作为追随投资商参与投资。

投资联盟的结成，一下子将同洲电子可选择的风险投资商对象减少了3家，此时，同洲电子不得不面临只能与一家（即达晨）商谈投资的局面。而达晨的背景将双方的信息不对称减少到了最低点，因此，在价格的谈判上，同洲电子已不再拥有信息优势。

2. 冷静思考

另一方面，同洲电子也在进行冷静思考。

首先，同洲电子认识到达晨拥有巨大的市场资源。达晨是由湖南省广播电视产业中心发起设立的一家从事创业投资、股权投资的专门机构，隶属于湖南广电集团。而湖南广电集团旗下的湖南卫视和上市公司电广传媒不但在业界赫赫有名，而且控制了湖南省的有线电视网络，因此拥有巨大的潜在市场资源。

其次，同洲电子了解到深圳高新投拥有为高新技术企业提供政策性贷款担保的金融资源，因而有利于公司后续融资；而深圳创新投与深圳市政府关系密切，有利于公司取得科技拨款和上市推荐；深港产学拥有的学校资源，能为公司提供科技人才和研究成果的便利。

四家风险投资机构的资源正好实现了互补和互利，而且都是同洲电子急需的资源。这些资源也是无法用资金所能取代的。

经过冷静思考和反复研究，同洲电子认为，与达晨等四家风险投资机构合作，有利于公司快速发展。

3. 达成风险投资协议

当双方有了共同认识之后，协议的达成就变得水到渠成了。

2001年2月，达晨及其三家追随投资商与同洲电子达成投资协议，由达晨及其三家追随投资商联合投资2 000万元人民币入股同洲电子，占公司股份25%，同年4月同洲电子改制为股份公司。

随后，深圳高新投为同洲电子提供了2 000万元人民币的贷款担保，深港产学为同洲电子提供了多项过桥贷款服务，由达晨牵线搭桥，四家创投机构共同投资的另一家企业与同洲电子互保2 000万元人民币，既解决了两个企业的资金短缺，又降低了成本。而深圳创新投也为同洲电子带来了政府资源，2002年，深圳市政府专门拨款300万元，在同洲电子建立了深圳交互式数字电视工程技术研究中心；同年市政府又拨专款150万元，扶持同洲电子承担了深圳市高清兼容机顶盒产业化项目，并专门在龙岗区划出9万平方米的建筑用地，准备筹建年产500万台的国内最大的数字机顶盒产业化基地；2003年，同洲电子又在深圳创新投的帮助下，获得180万元人民币国家级重点软件企业发展专项基金。由于引入创投机构做股东，同洲电子的身份大变，不再受到银行冷眼，2003年还获得了2 000万元人民币的信誉贷款，信贷额度骤然间也由2000年末的300万元人民币提升到2004年的6 000万元人民币。资金不再成为同洲的瓶颈，为企业的发展提供了充足的“弹药”。2004年，同洲电子对机顶盒的研发投入达到近2 000万元人民币，一举奠定了机顶盒市场国内“龙头”地位。目前，同洲电子已进入高速发展阶段，年营业额数亿元，公司每年以100%的速度高速增长，正在崛起成为中国数字电视、卫星通信等领域最大的宽带通信设备生产商和系统集成商。2004年7月7日，同洲电子首次申请公开发行股票，获中国证监会批准，相信，成为公众公司的同洲电子，将迎来公司发展的新篇章。回想这一切，同洲电子董事长兼总裁袁明先生感慨地说：同洲电子有今天的发展，创投机构功不可没。

（三）案例评述

与其他行业相比，创业投资的合作更甚于竞争，投资方之间结成战略合作关系、进行联合投资是获得成功的重要策略。本案例揭示：

1. 联合投资提高创投方的议价能力

由达晨等四家风险投资公司形成了投资联盟，提高了创投方的议价能力，降低了投资成本，防止了内部哄抬价格，恶性竞争。当时，同洲电子是很想一家家单独谈判的，可是投资联盟没有让步，坚持共同谈判。一时间，同洲电子空有个好产品，可无法获取深圳本地风险投资商的支持。双方先后一起断断续续，谈了近半年，终于按投资方的预期的价格达成投资协议。

2. 有利于投资前项目评估的多重把握

每家投资商都有自己的投资理念和评价标准，一起合作可以取长补短，从多方面提高评估的准确性。同时，在项目价格判定方面，可以大家一起把关，防止有些企业要价过高。

3. 分散风险

风险投资先天具有高风险，更应该讲求合作精神，以达到分散风险的目的。国外有成三败七的说法，也就是说，风险投资商每投资10个项目，只有3个成功，其余7个项目均以失败结束。因此，在风险投资界奉行“不要将鸡蛋都放在一个篮子里”的分散投资原则。然而，每个风险投资商的资金有限，被投资企业愈多，资金缺口愈大，解决的办法只有进行联合投资。如在本案例中，2 000万元人民币的投资对任何一家国内投资机构都是一笔不小的投资，但分散到4家之后，每家投资商只要出资500万元人民币就完成了投资，自然风险就被分散了。

4. 提高创投方的话语权

联合投资提高了创投方在企业的话语权。虽然四家创投方在同洲电子的股份合计只占25%，但他们在7个董事席位（其中含两个独立董事）中占有三个，企业重大事项必须经创投方一致同意方能通过。这加强了创投方对企业的影响力，便于参与企业的重大决策。为以后对企业的监管和增值服务打下了基础。

5. 提高增值服务能力

风险投资机构的增值服务是被投资企业快速成长的关键，而联合投资能实现各方资源互补，大大提升投资机构的增值服务能力。本案例中，联合投资的四方充分利用自己的优势，如达晨的市场资源、深圳创新投的政府资源、深圳高新投的金融资源、深港产学的学校资源，为同洲电子提供全方位的增值服务，是同洲电子的高速发展的重要保证。

附录：

给创业企业有价值的钱

——访深圳市达晨创业投资公司副总裁陈立北①

创业企业在引入风险投资的时候不能盲目，要根据企业的实际情况有选择地引进。一个根本性的标准是：能否使企业得到规范和发展。

搭建一流的投资平台

尽管已有了一些风险投资的成功经验，达晨创业投资有限公司副总裁陈立北还是坦言自己是个“初学者”。“风险投资在我国才刚刚兴起，它还是个婴儿，大家都在探索中成长。”但他十分看好这个“婴儿”，认为它必会迅速成长，终成巨人。他对达晨的前景也十分自信，“它终将成为一流的风险投资企业。”

达晨成立于2000年4月，当时注册资本1 000万元；同年10月，公司更改为现名，注册资本增至1亿元。创建之初，达晨便提出“建一流环境、留一流人才、创一流业绩”的企业理念，并将企业定位为“专业务实高效的风险投资先行者。”

“我们有自己优势，只要利用好这些优势，我们就会搭建出一个一流的风险投资平台。”陈立北说，“我们有人才优势。”达晨引进了一批高素质的人才，并且公司鼓励员工学习，凡有机会，公司必提供最好的条件让他们去学习。抢占人才制高点才能抢占风险投资的制高点，这是这一行业“高风险、高收益”的特点所决定的。

“我们能给创业企业的，不仅仅是资金，更能助其开拓市场，帮其规范化运作。”达晨的大股东是湖南省广电集团，诸如湖南卫视、电广传媒等都是集团中很有影响的实体。“广电行业是个十分巨大的市场，现这一市场逐步开放，吸引了众多的创业者，这也给我们巨大的商机。”谈到这一点，陈立北津津乐道，“我们对广电领域很熟悉，也有多年的产业投资和资本运作经验，有着这

① 摘自金斯达克创业板网站，http://www.mykj.gov.cn/forum/money/096.htm。

一行业精明强干的投资专家，能帮助创业者在广电领域迅速成长。”2003年底，达晨投资北京远景东方影视传播有限公司，2004年该公司财经栏目《财富中国》广告经营权被北京一家广告公司以3 000万元买断，投资很快就产生了效益，达晨的优势初步得到体现。

欲成大器先练内功

现在的风险投资企业多是2003年创业板热的时候上马的，不少企业有些盲目。“无论从风险投资行业的发展也好，从创业企业的成长也好，还是从我国经济的发展也好，我认为创业板都应尽快推出。但事物总有其两面性，”陈立北说，“创业板的延期正好给了我们做功课的时间。现阶段我们的任务主要是练好内功。”

达晨在内部建立一系列创投、评估及风险监控体系，规范公司运作并逐步加以完善。他们也在实践中摸索出一些行之有效的做法，比如与其他风投企业联合做创投。“联合投资有不少好处”，陈立北这样分析道：第一，可以降低风险。联合投资可扩大投资领域，提高成功率，不至于被一家企业“套牢”；第二，可以取长补短。每个风投企业都有自己的专业特长，都有各自熟悉的产业领域，大家联合起来投资，各展所长、分工协作，就能形成合力，帮助企业更好发展；第三，有利于对创业企业的规范和监控。多个风投企业在创业企业董事会中发挥的作用总比一家要大，这更有助创业企业实现规范化运作，更易于及时发现问题、解决问题，规避风险。陈立北透露，目前深圳几家大的创业投资公司已初步形成了“同盟军”，联手交叉投资，避免相互抬价的恶性竞争。据悉，达晨最近来联合深圳的“创新投”、“高新投”、“深港产学研”等，成功地对深圳同洲电子有限公司进行了投资。

选择有价值的投资

对创业企业，陈立北有着自己的看法，他说：“我感觉一些创业企业未能客观地认识自己，对风险投资公司的选择也存在一定的盲目性。”

2003年创业板热的时候，风险投资公司四处出击，创业企业“物价飞涨”，但经过一段时间的冷却，现已基本恢复正常。但一些创业企业还是不能很真实地评价自己，由他们请的评估机构对其评估也往往过高。陈立北举了一个例子，有一家注册资本只有100万元的小公司，它请评估机构给它做评估，评估净资产达1 000万元，它嫌不过瘾，另请一家评估，“评”出净资产竟高达6 500万元，真是令人啼笑皆非。还有一些创业者，有那么一两项新技术或产品，还未成型，市场前景也不明，他不是去考虑如何转化成定型的产品打入市场，却成天找风险投资企业“谈数”，也很敢要价。这种盲目的自我膨胀是很不利创业企业发展的。

创业企业引入风险投资应该是有选择的，要根据企业的实际情况去选，可有计划分批分期引入，引入的资金要有利于企业的发展。引入也要有度，并非多多益善。选择风险投资企业时，要看对方的背景和专长，要看它是否能给公司带来业务的扩展，或市场，或其他公司发展亟需的东西。“创业企业引进的应是有价值的钱，而不是为引进投资而引进投资。”陈立北总结道。

对达晨将来的发展，陈立北说，未来将转向风险投资基金，或发展成专业的风险投资管理公司或兼而有之。“目前我们就是扎扎实实做业绩，打出、打响达晨的品牌。”

案例七　管理层收购（MBO）帮助风险资本实现退出[①]

在IPO通道不畅，兼并收购的管理风险较大的现实压力下，管理层收购（MBO）已成为国内风险资本退出的重要形式之一。由于MBO在中国还是一个新生事物，国家对这一领域的专门法规尚处于缺失状态，在实践中已有的案例操作也都是摸着石头过河，每一个案例虽都体现着参与各方利益的较量与妥协，但每一个个案均有其不同于其他案例之处。这也就彰显出对MBO问题进行研究的必要性。

本文精选了3个案例，每个案例都能给我们一些成功的启迪。

（一）烯王生物管理层收购（MBO）华工创投风险资本

1. 借力资本图发展

武汉烯王生物工程有限公司（以下简称“烯王生物”）成立于1999年12月29日，初创注册资本为500万元人民币。

2000年8月，公司利用中科院等离子体物理研究所的“高产AA工程菌”技术和部分技术人员，租赁武汉抗菌素厂的厂房和设备，加上自行购置的干燥、提油和精炼设备，完成了发酵法生产40%含量AA油脂的小试、中试和大试，具备了进行规模化生产AA油脂（年产10吨）的能力。在这样的背景条件下，公司于2000年9月进行了首轮融资，公司注册资本增加到1 465万元人民币，新增注册资本965万元人民币，新增股东为中科院等离子体物理研究所、华工大学科技园和两位自然人股东。

首轮融资为公司进行AA油脂规模化生产和市场营销提供了资本支持，同时，公司也进一步明晰了产权关系，优化了治理结构，提高了管理效率。自2000年12月，实现第一笔销售，到2001年4月，公司已将国内10多家食品行业巨头企业纳入到客户行列。销售额的大幅增长是始料未及的，必须继续扩大生产规模，成为了管理层和股东们的共识。

2002年2月，第二轮融资拉开了序幕。在此轮融资中，本案例的主角之一武汉华工创业投资有限责任公司（以下简称“华工创投”）注入200万元人民币风险资本，成为烯王生物新的股东。

2. 引进外资欲高飞

顺利度过初创期的艰难后，烯王生物又制订了更加宏伟的发展计划——借外资图高飞。因此，从2002年8月开始，烯王生物就频频与外国投资机构接触。经过2年的努力，2004年8月，烯王生物与美国嘉吉公司达成了合营共识，由烯王生物与嘉吉投资（中国）有限公司、嘉吉亚太有限公司三方共同出资成立合营公司——嘉吉烯王生物工程（武汉）有限公司，公司注册资本5 882万元人民币。在不到5年的时间里，烯王生物完成了三轮融资，资本总额由当初的500万元人民币激增至5 882万元人民币，增长10倍多，用奇迹二字形容恐不为过。

2004年12月，经过协商，烯王生物管理层以现金400万元人民币收购了华工创投持有的股

① 本案例根据武汉华工创业投资有限责任公司（http://www.szse.cn/main/sme）提供的材料整理而成。

权。至此，华工创投在此项目上顺利实现了盈利退出，不到三年时间获得了100%的投资回报率。

3. 案例述评

烯王生物管理层通过内部协商的方式回购华工创投的股权，实现了风险资本与风险企业的双赢，这在目前国内MBO还没有一个统一的定价模式下，显然是成功的。

案例揭示，在我国目前以管理者自筹资金或私募投资为主体的方式来完成MBO的情形下，烯王生物借助战略投资者的资本完成MBO，显然具有积极意义。首先，解决了管理层收购的资本困难；其次，引入战略投资者，有利于公司的后续发展。

案例还揭示，在MBO过程中，风险投资机构和风险企业之间的信任和合作关系是成功的关键。在此案例中，按说华工创投退出还未到最佳时机，因为烯王生物正处于高速扩张期的初期，但华工创投理性地认识到风险资本的附加价值对烯王生物的发展已经不大，而且，这个时候的烯王生物也是最具想象空间的企业，因此此时退出能使双方都收获到"双赢"的结果。

（二）大族激光管理层回购深圳高新投风险资本

大族激光创始人回购深圳高新投风险资本案例，是风险投资界津津乐道的成功范例之一，尽管《2003年中国风险投资年鉴》已将该案例收录其中，但由于其独特的运作方式对MBO具有十分重要的启示作用，所以，我们不得不再次"老生重谈"。

1. 深圳高新投决定"退出"大族激光

1999年4月3日，深圳市高新技术投资担保有限公司（以下简称"深圳高新投"）将428.6万元人民币划入刚刚注册的民营企业深圳市大族激光科技有限公司（以下简称"大族激光"）的账户上，取得该公司51%的股权。在1998年底，这些股权的价格原本只有200万元人民币，4个月中上涨了1倍多，但深圳高新投依然义无返顾地做出了投资决定。这笔风险资本虽然数量不多，但恰如及时雨，对大族激光的发展起到了至关重要的作用。投资当年，大族激光就在产品开发、生产和销售等方面呈现出飞速发展的势头，到2000年，全年销售额就突破了6 000万元人民币，2001年销售收入更是突破亿元大关。

鉴于大族激光已进入成长期，深圳高新投决定退出，以便将变现的资金资助更多嗷嗷待哺的创业高新技术企业。

2. 市场"竟价"

如何退出的问题成为深圳高新投决策者面临的难题。IPO在当时显然是"遥遥无期"，而且上市公司股票不能全流通也阻碍了股权变现；MBO或者转售，没有可以参考的价格机制，变现收益难以保证。最终，深圳高新投决策者决定在深圳市产权交易中心挂牌交易，让市场为大族激光定价。

2001年4月4日，随着拍卖师的一声锤响，深圳高新投拥有的大族激光46%股权，由大族激光创始人以2 400万元人民币价格成功回购。

3. 案例述评

在我国现阶段，MBO主要以内部协商的方式完成，通过产权交易市场的公开竞价来实现，鲜有成功案例，大族激光创始人回购成功的确为我国缺乏亮点的风险资本退出市场注入了清新空气。

毫无疑问，公开竞价有助于风险资本有效率退出，也为MBO定价提供了一个公平方式，但操作不当也会"遗祸无穷"。因为，以公开竞价方式退出，很难预测最终收购方是谁，假如，本案例不是以大族激光创始人回购成功，是否也如今天一样出现“两全其美”的结局呢？

应该说协议回购和市场竞价两种方式各有特点，实践中，必须根据各自不同的实际情况来选择。

（三）传化股份管理层回购浙大创投风险资本

2004年11月8日，浙江大学创业投资有限公司（以下简称“浙大创投”）与传化集团有限公司（以下简称“传化集团”）签署了《股权转让合同》，将其持有的600万股公司股权（占公司总股本的7.5%）以每股3.416元人民币转让给传化集团，合计股权转让价款为人民币2 049.6万元人民币。本次股权转让完成后，浙大创投继续持有浙江传化股份有限公司（以下简称“传化股份”）7.5%的股份，传化集团持有传化股份7.5%的股份。至此，浙大创投实现了风险资本的部分退出。

1. 传化股份简介

传化股份由杭州传化化学制品有限公司整体变更设立。原制品公司系由自然人徐传化、徐观宝、徐冠巨父子3人投资设立，于1996年9月25日在原萧山市工商行政管理局登记，2001年4月～5月，自然人徐传化将360万元人民币、90万元人民币和20万元人民币的出资额分别转让给浙江大学创业投资有限公司、自然人徐冠巨和浙江航民实业集团有限公司，自然人徐观宝将90万元人民币、70万元人民币的出资额分别转让给浙江省科技风险投资有限公司和浙江航民实业集团有限公司。以2001年5月31日为基准日，原制品公司采用整体变更的方式设立了传化股份。截至2001年5月31日净资产为人民币6 000万元人民币，折为总股本6 000万股。浙大创投在传化股份的设立过程中，取得了传化股份1 200万股，持股比例为20%。2004年6月29日，传化股份在深圳二板市场上市，向社会公开发行2 000万股，浙大创投所持股权份额下降为15%。

2. 风险资本退出变现

尽管传化股份已经上市发行，然而，限于法人股不能自由流通的规定，浙大创投依然无法享受IPO为它带来的巨大风险投资收益，这不能不说是我国风险投资的“悲哀”。权衡利弊，浙大创投最终选择转售部分股份，以求“落袋为安”，也为后续的风险投资奠定资本基础。

选择转售对象也是浙大创投煞费苦心的事。在当前股市一落千丈人气低沉的情形下，愿意拿出巨资收购的对象的确是难以寻找。几经商议，浙大创投最终与传化集团达成收购协议。这一起表面看是一桩转售的案例，实则是典型的MBO，因为传化集团的三位股东徐传化、徐冠巨、徐观宝也是传化股份的重要股东和管理者。

3. 案例述评

浙大创投以每股净资产值为价格基准转售股权，实则为MBO价格确定了标准，在我国IPO还不利于风险资本退出的情形下，不失为一个好办法。

而传化股份创始人徐传化父子借用公司资本回购股权，不但解决了收购资金问题，也有利于获得中国证监会豁免要约收购义务的批准，降低了收购成本。

案例再次揭示，我国IPO限制法人股自由流通的规定严重阻碍了风险资本的退出，十分不利于风险投资业的发展。

（四）留给我们的思考

综合上述案例分析，发现国内MBO存在如下特点：

（1）定价模式多样化。由于MBO定价模式缺乏充分的数据支持，也没有规范的中介参与，加之公开竞价机制不完善，无法保证价格的合理性，从而造成定价模式多样化。

（2）操作过程不透明。由于缺乏配套的法律制度，导致操作过程无法可依，增加了操作难度，也导致了许多“暗箱操作”，结果是 MBO 定价进一步混乱。

（3）缺乏资本支持。国外 MBO 过程中，管理层通常只付出收购价格当中的一部分，其他资金通过债务融资等其它方式筹措，资金可以由银行提供，也可以由保险公司、养老金基金、风险投资公司提供，而我国目前是以管理者自筹资金或私募投资为主体的方式来完成，大大降低了 MBO 的效率。

2004年初，国资委推出了《企业国有产权转让管理暂行办法》，明确规定：企业国有产权转让定价应以企业净资产为基准，结合市场进行，同时规定转让交易必须在合法的产权交易所进行，实行竞价交易。尽管这些管理规定是针对企业国有产权转让做出了，但无疑为企业法人股转让和 MBO 提供了可资参考的标准。这是否也预示着，MBO 最终走向市场竞价交易呢？我们将拭目以待。

案例八　国成转售海得威股权的成功启示[1]

背　景

2000年7月22日，“中核苏州阀门股份有限公司与深圳市国成科技投资有限公司（以下简称“国成公司”）高新技术风险投资项目股权转让协议”的签字仪式在深圳市五洲宾馆隆重举行，国成公司将所持有的海得威生物公司的股权作价1 530万元人民币全部转让给中核苏州阀门股份有限公司，至此，国成公司以风险投资形式投入到深圳市海得威生物科技公司（以下简称“海得威生物公司”）的430万元人民币的风险资金，经过短短两年的时间，即以4.5倍的价格成功变现退出，率先在国内实现了风险投资项目的增值变现。

就世界范围而言，风险资本退出渠道目前主要有：公开上市（IPO）、兼并收购、风险企业或管理层回购、清算。毫无疑问，风险资本退出方式对风险资本的增值能力影响极大。一般而言，IPO退出方式能为风险资本带来最大的收益，兼并收购或企业（管理层）回购退出时，风险资本的收益次之，而清算一般是风险投资失败时不得已采取的退出方式。

尽管IPO是风险投资最为理想的退出途径，但从目前我国的情况来看则很不现实：主板市场的种种限制性条款既大大增加了风险企业上市的难度，又极大限制了风险投资退出变现；国内二板市场尽管已经开放，但其许多限制性条款使得风险投资退出变现依然困难重重；到香港或海外二板市场上市，又难以成为国内风险资本退出的主流，况且目前香港创业板市场表现欠佳，风险资本退出变现的增值效应远未达到预期；而回购也囿于法律的限制，致使操作难度大，如我国现行的《公司法》第149条规定，“公司不得收购本公司的股票，但为减少公司资本而注销股份或者与持有本公司股票的其他公司合并时除外。”很显然，按照这项规定，风险投资家无法要求风险企业回购其持有的股份。因此，从最现实角度来看，转售应该成为目前国内风险投资退出的主渠道之一。

然而，由于国内股份转让手续繁琐，产权交易成本昂贵，转售成功的案例依然很少。本案例被称为国内风险投资机构实现风险投资项目增值变现的第一例，其揭示的意义之深远可想而知。

（一）风险资本牵良缘

1997年底，刚刚成立不久的国成公司就将目光投向了深圳高新技术产业，在众多候选者中，国成公司的目光很快就锁定在了海得威生物公司。当时的海得威生物公司还是一个“襁褓中的婴儿”，刚刚成立才1年，规模小、人才少，产品尚处在开发阶段。就是这样一个典型的种子期公司，却吸引了国成公司的目光，并最终让国成公司的决策者们将第一笔风险资本投给了它。430万元人民币，在当年几乎可以启动一个中型房地产项目。而海得威生物公司能给国成公司带来什么，当时却是一个未知数，因为在20世纪90年代，生物公司并不像今天这样能为投资者带来暴利的

[1] 此案例是在深圳市国成科技投资有限公司提供的材料基础整理而成。

预期。

然而，海得威生物公司领先的技术优势，促成了风险投资交易的迅速达成。

海得威生物公司成立于1996年8月，主要从事呼气诊断生物试剂项目产品的开发、生产及销售，公司开发的产品具有以下几个明显特点：第一，技术领先。由于呼气诊断技术在国际上尚属创新科技，美国也只在1997年4月刚刚通过FDA审批上市；从技术角度来看，海得威生物公司的小剂量C14测试技术水平还领先于美国；第二，市场前景广阔。幽门螺杆菌呼气诊断技术主要应用于胃病的诊断，而胃病是常见病，在我国更是如此，根据统计，我国患有胃病的人数多达3 000万人，由此可见该技术具有广阔的市场前景；第三，项目具有惟一性，自主知识产权。目前在国内只有海得威生物公司一家具有该项目的知识产权，具有较强的市场竞争力；第四，主要技术和管理人员素质较高、敬业精神强。

1998年初，国成公司与海得威生物公司正式达成风险投资协议，国成公司籍430万元人民币风险资本的投入取得了海得威生物公司34%的股权。揭开了国成公司风险资本的寻梦之路。

（二）未雨绸缪

海外无数成功的风险投资案例揭示，风险资本增值变现退出是风险投资成功的标志。因此，“退出”较之“投入”是更加重要的环节。

国成公司决策者深知“退出”的重要性，并在投入海得威生物公司之初就开始为后来的“退出”未雨绸缪，早早拟订了计划。

通过对国外生物公司发展模式的分析，并针对海得威生物公司项目的实际情况，国成投资公司将转让时间订在公司取得完全合法的医药生产企业资格的时候。这个时候也正是海得威生物公司具备高速增长的各项客观条件，面临扩张发展之际。此时，项目投资风险相对较低，对后续投资方而言项目价值易于把握。

有鉴于国内股权转让涉及面广，情况复杂，是个系统工程。国成公司在拟订“退出”计划之后，开始着手进行前期准备工作，诸如，提前与潜在的投资方接触，向他们推介项目，按照规范标准准备大量项目文件、资料供投资方评估考察。

“退出方式”论证是国成公司必须提前进行的另一项重要工作。世纪之交，中国资本市场呈现一片混沌。主板市场经过数年的发展，问题暴露越来越多；开设创业板的呼声越来越急，可主板市场的混乱迫使决策者不得不慎之又慎；香港创业板开设之初，便在NASDAQ的拖累下，一蹶不振。尽管如此，依然有为数不少的企业期盼着能挤上二板上市这班车，可幸运儿究竟有多少，国成公司显然不敢作他想。虽然也有专业人士建议国成公司可推动海得威生物公司在香港创业板上市，但清淡的香港创业板能否带来预期收益却是未定之数。

国成公司的决策者经过慎重考虑，认为与其千军万马争过独木桥，还不如面对现实，脚踏实地地去寻找一种更为实际的退出方式。从海得威生物公司的情况来看，由于原股东及管理者均不具备回购的实力，因此，国成公司最终确定了利用兼并收购方式实现风险资本的退出。

从国外风险投资发展的历史来看，利用兼并收购方式实现退出是风险投资的重要退出方式之一，其比例要远远高于公开上市。后来的事实也证明，国成公司选择兼并收购来实现投资变现是极为成功的。

（三）转让对象的选择

在确定了“退出时间”和“退出方式”后，国成公司接下来的工作就是为海得威生物公司寻找一个“好婆家”，这个后续投资者既有利于海得威生物公司未来发展，也能让国成公司的风险收益最大化。因此，受让对象应当具备资金、人才、管理等综合优势。

经过深思熟虑，国成公司将选择的目光投向了深、沪两市千家上市公司。这是因为，我国的证券市场经过多年的发展，已具备了相当大的规模，但由于历史原因，许多上市公司均属传统产业，其中有相当大一部分面临用高科技改造传统产业或向高科技转型的问题，同时，许多上市公司的募、配股资金也急需寻找出路，这就为从事高科技风险投资企业进行兼并收购提供了庞大市场。另外，优秀的上市公司普遍具有资金、人才、管理等综合优势。

经过多方接触、谈判，国成公司最终和深交所上市公司中核苏州阀门股份有限公司（简称中核苏阀）达成转售协议。中核苏阀是中国核工业系统惟一的上市公司，其主要产品为各种高科技特种阀门，广泛应用于核工业、石化等部门，1999年销售额为25亿元，利润3 000万元。为了实现公司的长远发展，中核苏阀拟拓展新的领域，尤其是和核技术应用有关高技术领域，因此，特别看好海得威生物公司的核技术医药产品。中核苏阀不仅符合上述优秀上市的各种优势，更为突出的是具有核工业的行业优势，公司对海得威核技术医药产品比其他上市公司有更深、更全面的理解和认同，再加上核工业方面的技术、人才优势，使得中核苏阀成为国成公司在海得威股权转让方面的理想合作伙伴，在这一点上，中核苏阀与国成的想法完全吻合。

国成公司与中核苏阀就海得威生物公司股权转让协议最终于2000年7月22日达成，中核苏阀同时还受让了西安海纳创新科技有限公司持有的海得威生物公司11%的股权，成为海得威生物公司的最大股东。籍此协议，国成公司获得了原投资额4.5倍的现金收益，为我国风险投资业书写了辉煌一页。

（四）成功后的思考

国成公司成功转让海得威生物公司股权，实现风险资本增值退出，具有如下启示意义。

1. 项目选择是成功基础

风险投资选择项目就像农民选择种子一样重要，这是今后获得好收成的基础。好的项目标准有许多，最根本的四条就是高成长性、惟一性（创新）、市场潜力和管理者素质。高成长是对项目的基本要求，而惟一性、市场潜力和管理者素质是实现这一基本要求的基础条件。因此，选择项目首先要看该项目是否具备高成长性，然后考察是否具备实现高成长的各项条件。

2. 退出时机的选择

退出是风险投资变现的主要方式，也是风险投资的最终目的。一般而言，风险企业的任何发展阶段都可作为风险资本退出的时机。这需要风险投资机构对风险企业的技术发展前景与企业现有价值做出判断，并结合自身投资的资产结构来综合考虑。由于投资成熟企业是普通投资者的投资方向，因此就风险投资的行业特点而言，风险投资退出的最晚时机应是企业成熟期的初期，一般在扩张期的末期就应该考虑退出问题。

在退出时机的选择上，风险投资机构往往还应根据退出方式的要求，按企业价值与其市场价格的变动来把握。同时，还要根据项目的发展阶段，选择合适的交易对象，谈判才容易获得成功。

本案例中，国成公司预先确定了退出时机，即选择在海得威生物公司进入扩张期时退出变现，此时的海得威生物公司留给后续投资者极大的想象空间。而在实施过程中，国成公司在具体退出时间的把握上也是“妙至毫颠”。国成公司选择我国上市公司并购风最盛、股市疯狂上扬之际退出，此时海得威生物公司的市场价值也正处于高位，因此赚得“盆满钵满”。

由此可见，退出时机的把握是风险投资成功的关键。

3. 退出方式的选择

在中国风险资本退出机制还不甚完善之际，退出方式的选择尤为重要。因此，风险投资机构在入资时就应该设定退出方式，最好是在投资协议中予以明确。但是，由于风险投资是一种长期权益投资，短则2年～3年，长则5年～8年，因此，退出方式应该是多样化的，或者是尽可能根据不同情况设定不同的退出方式，以规避事后的不确定性。

国成公司入资海得威生物公司之时，我国资本市场正处于一片混沌，国成公司最终选择以并购方式退出，显然是为了规避市场的不确定性。事后的成功证明国成公司选择的正确性，也说明了在目前中国的转型期，市场的不确定性比企业发展的不确定性更难把握。因此，退出方式的选择一定要进行风险比较，尽量回避风险。

4. 受让对象的选择

受让对象的选择既关系着风险投资机构的风险收益，也关系着风险企业未来价值的实现，因此，选择受让对象应慎之又慎。

本案例的成功揭示，选择受让对象的关键是为风险企业物色一位战略投资者。

中核苏阀尽管与海得威生物公司是完全不同行业的两家企业，但由于核工业的背景，中核苏阀对核技术依然有很深入的了解，因此，它特别看好海得威生物公司的核技术医药产品就不足为奇了。海得威生物公司的加盟，既有助于中核苏阀实现产品多元化目的，又使得中核苏阀原有的核技术人才有了用武之地；而中核苏阀入主海得威生物公司，不但为其带来了资金，更为其带来了先进的管理方式和人才。因此，中核苏阀入主海得威生物公司，可以实现双方的战略互补，达到“双赢”。

而当中核苏阀觉得海得威生物公司“物有所值”时，国成公司的风险收益就获得了成功实现的机会。

案例九　风险投资家增值服务提升被投企业价值①

海外风险投资实践表明，在实施风险投资的整个过程中，风险投资家并不满足于扮演消极的投资人角色。更为重要的是，他们通过对所投资企业运作过程的积极参与，为其未来的成功注入了增值活力。在1997年度举行的一次产业发展研讨会上，加利福尼亚资深风险投资家布兰特·瑞德尔就风险投资家是否能在风险投资过程中发挥积极作用的论题引起了与会者广泛而热烈的讨论。他的立场十分明确而又坚定："风险投资家是否具备增值潜力是风险企业成败的关键所在。"布兰特·瑞德尔实质指出了风险投资家为被投资企业提供增值服务的重要性。

现在的研究进一步表明，对被投资企业提供增值服务本质是风险投资家为实现风险资本的最大增值而采取的重要经营策略，也是风险投资家和被投资企业双方利益统一的集中表现，是区别风险投资与其他投资方式的重要标志。显然，不同类型的风险投资者对被投资企业提供增值服务的方式和介入程度都是不同的。

在如下的实例中，我们将向读者展现国内一些风险投资机构为被投资企业提供增值服务的方式，以及最终取得成功的事实。

（一）深圳高新投后续融资服务提升航盛电子价值

长期以来，深圳市高新技术投资担保有限公司（以下简称"深圳高新投"）一直以各种形式的金融手段为所投企业提供后续资金支持，协助企业度过资金短缺困境，并最终提升企业价值。

在入股深圳市航盛电子股份有限公司（以下简称"航盛电子"）以后，深圳高新投做了大量的增值服务，为其后来的高速发展起到了重要的作用。

1. 提供了有力的资金支持

深圳高新投的投资参股，使航盛电子可以充分利用深圳高新投本身所具有的贷款担保的行业政策优势。因此，除了624万元的股权投资以外，深圳高新投又利用自身的业务优势，为航盛电子担保了500万元人民币，虽然数量有限，但恰如及时雨，使其度过了发展中最严峻的资金短缺时期。

2. 导入了政府资金资源

深圳高新投充分利用和深圳市政府各大机构的良好关系，为航盛电子与市政府建立了密切的联系。在深圳高新投推荐下，2001年，航盛技术中心被深圳经贸局评为高新技术企业，有力推动了航盛电子的发展。同时，在深圳高新投协助下，航盛电子还得到了市局多项三项经费支持，解决了研发初期投入的不足。目前，航盛电子正与市政府探讨如何把深圳的各种优势与航盛电子的市场资源与技术实力有机结合起来，发展深圳的汽车电子产业群，建立深圳市的汽车电子产业体系。

3. 启动了资本运作

深圳高新投进入后，航盛电子的视野开阔了，不再满足于国内行业小巨人的现状，而是定位

---

① 感谢深圳市高新技术投资担保有限公司王勇经理、广东省风险投资集团项目投资部总经理沈沙亭先生和广东省科技创业投资公司为本案例提供资料！

为国际化企业，要成为国际上性价比高、竞争能力强的汽车电子品牌企业。为此，在深圳高新投支持下，航盛电子适时地进行了资本运作，以吸引在技术上、品牌上、综合实力上更强的国际型企业成为战略联盟，如DELPHI、BOSCH、SIEMENS等等。此外，深圳高新投还不失时机地帮助航盛电子进行第二次增资扩股，不但大大增强了航盛电子资本实力，更引进了最重要的战略投资者——东风集团，为企业的发展注入了新的活力。

（二）广东风投为天普生化提供全方位增值服务

当1998年5月，广东省风险投资集团（以下简称“广东风投”）经原广东省科委牵线搭桥，首次接触广东天普生化医药股份有限公司（以下简称“天普生化”）时，天普生化只有一条中试生产线，主要业务为初级药品原料的出口，在国内市场，也只有洛欣一种药品刚刚进入市场，销售系统远未完善。就是这样一家处于成长期初期的公司，在广东风投的精心培育下，用不到4年的时间，跨入了亚太区高科技高成长企业500强，并位于前250名之内。与此同时，广东风投也享受到了成功的快乐。2004年8月，广东风投以2 500万元的价格将持有的天普生化10%股权转让给上海实业联合集团股份有限公司，累计收益率达到了400%。

在天普生化的成长过程，广东风投的增值服务是全方位。

1. 后续融资服务

国外有人统计，风险企业在不同发展阶段，对资金的需求呈现不断增加的趋势，一般在种子期、成长期、扩张期对资金需求比例是：1:10:100。因此，资金链是风险企业成功的关键。而对于生化类公司而言，资金更是重要。一是生化产品开发难度更大，周期更长，因此，需要更多的研发资金；二是生化产品上市需要审批，产品被市场接受需要一个过程，因此，市场推广费用更大。所以，对天普生化而言，后续融资服务非常重要。

2000年12月，广东风投的帮助下，天普生化再次增资扩股，广州市科技风险投资有限公司作为新股东注资天普生化，大大提升了天普生化的资本实力，也使天普生化的资本结构得到进一步优化。

2. 市场营销指导

在广东风投进入天普生化时，该公司只有一名搞国际市场的营销人员，国内市场的营销工作，也只是刚刚起步。广东风投进入后，帮助天普生化制定了具有竞争性的营销战略，并协助天普生化规划营销网点、进行市场布局、建立营销渠道、制定营销方案、招聘营销人才，为天普生化营销系统的建立和完善，做了大量辅助工作。天普生化的产品能迅速占领市场，影响力能快速提升，无不得益于广东风投的营销指导。

3. 企业管理服务

高科技企业在创业期有一个通病，就是不注重企业的管理。天普生化也是如此。广东风投加盟后，将提升公司的战略决策和企业管理能力作为首要辅导任务。为此，广东风投协助天普生化制订了企业中、长期发展规划和上市融资计划，理清了天普生化的发展方向；在制度建设方面，广东风投帮助天普生化建立了一套现代企业管理制度，而这些制度为提升天普生化生产绩效奠定了良好的基础；在组织架构建设方面，广东风投协助天普生化于1999年通过了由国家科技部和中国科学院组织的高新技术企业上市前的相关认证（以下简称“双高认证”），2001年6月，为了使公司的组织架构能够向上市公司靠拢，又对组织架构提出了建议，逐步调整了公司管理架构，规范了运作。

总结为天普生化提供增值服务的经验时，广东风投项目投资部总经理沈沙亭先生认为，应做到既有支持又有监督。当风险投资机构与创业企业的经营策略发生冲突时，要特别注意这点，按照沈沙亭先生的话说，就是“允许经营团队磕石头，但不能摔倒”。允许磕石头就是让创业企业在实践中不断总结经验，吸取教训，逐步成长起来；但是，当情况比较严重、超出控制时，一定要给予扶持，以免创业企业摔倒，因为风险投资的期限一般来讲也就是几年的时间，与创业企业的成长期和扩展期基本吻合，如果此时摔倒，其发展的黄金时代一旦错过，该企业将会一蹶不振，风险投资机构也会遭受较大损失。

（三）风险投资助广东榕泰成功上市

广东榕泰实业股份有限公司（以下简称“广东榕泰”）作为一家民营企业，在短短的几年时间里，从一家家族企业成长为一家颇具规模的公众上市公司，在其成长过程中，广东省科技创业投资公司（以下简称“广东科创”）发挥了重要作用。

1999年底，广东科创在广东榕泰第二轮增资扩股中参股广东榕泰，拉开了广东榕泰新的发展序幕。当时的广东榕泰还只是一家管理落后的民营高科技企业，管理观念陈旧、任人唯亲、管理制度和财务制度不配套，可以说，民营企业所有的管理陋习都集中反映在了广东榕泰身上。为实现广东榕泰的快速发展和风险投资目标，广东科创有针对性地制订了增值服务计划，并通过建立有效的沟通渠道，保证增值服务价值的实现。

1. 提高认识，协调思想

作为一家风险投资公司，在长期的投资实践中，广东科创亲眼目睹了一批企业成长壮大，另一批企业走向衰落。市场经济这种剧烈多变的环境要求企业自身不断从制度上做出调整。特别是随着经济的全球化和我国加入WTO，企业间的竞争已突破了传统的地域限制，企业要面对更为严峻的挑战，客观上对公司治理提出了更高要求。一个不能根据市场变化而动态转变管理机制的企业，将难以适应充满风云变幻的经济环境，迟早会面临被淘汰的危险。

然而，在陈旧的家族管理理念支配下，广东榕泰管理层的大多数人并未认识到科学管理的重要性。因此，广东科创首先要做的是，如何提高广东榕泰管理层的管理意识，协调管理行为。

于是，广东科创举办各种形式的企业内部管理研讨班，在交流和讨论中，将现代管理思想传递给广东榕泰管理层，帮助他们认识到，现代化企业管理制度的优点以及家族管理模式的缺点，企业绩效与企业组织形式的关系，企业核心资源与企业市场竞争力的关系，企业治理结构与组织架构对企业持续发展的影响等。通过内部研讨，提高了广东榕泰管理层的认识，统一了广东榕泰管理层的思想，大大降低了企业改制的阻力，有利于公司治理机制的完善，确保了企业规范健康的运作。

2. 推动上市

1999年下半年，当时国家有关部门出台了优先支持通过“双高认证”的高新技术企业上市的政策，广东科创敏锐地发现，这是广东榕泰上市融资的一个大好机会。此时的广东榕泰刚刚经过第二次融资扩股，尽管资本实力有了增强，但面对迅速扩大的市场，资金运用依然“捉襟见肘”。为此，广东科创鼓励广东榕泰利用该政策，争取通过双高认证，尽快上市融资。

在广东科创的推动下，2000年初，广东榕泰分别通过科技部和中国科学院的高新技术企业的认证。2000年6月，广东榕泰开始向有关部门申请公开发行股票和上市。

当时，也正值国家有关部门酝酿开设创业板，由于当时酝酿的创业板是完全流通的市场，专门面向科技企业，一些中介机构甚至证券监管部门的个别人员都建议广东榕泰等创业板出台后，争取在创业板第一批上市。在这种情形下，广东榕泰的主要负责人犹豫了，举棋不定。广东科创得知这一情况后，帮助广东榕泰管理层分析形势，比较当时已有证券市场和拟议中的创业板的优劣势，分析融资时间对广东榕泰发展的影响以及股东的实际需求等等。综合分析之后，建议广东榕泰抓住机遇，尽快申请在现有的证券市场上市。

广东榕泰的其他股东和董事会最终采纳了广东科创的建议。2001年6月，经中国证监会批准，广东榕泰成功公开发行股票4 000万股，募集资金近4亿元。其时正值证券市场大跌之前的高峰期，可以说广东榕泰上市“恰逢其时”，这是否证明了广东科创的眼光独到？！

3. 建立现代公司治理机制

董事会是公司治理的核心，在公司治理结构中的地位举足轻重。董事会建设和履行职责的好坏，直接关系到公司的治理和运作的效果。在长期的投资实践中，广东科创深深认识到董事会作为公司的决策机构在公司治理结构中的重要地位。

在2000年底广东榕泰董事会换届时，广东科创就向广东榕泰股东大会提出两点建议，一是按照专业、技能和素质合理配置董事会成员，二是引进独立董事，优化董事会人员结构，确保董事会能够进行富有成效的讨论，做出科学、迅速和谨慎的决策。在广东科创的建议和推动下，广东榕泰大股东自觉减少家族成员在董事会中比例，第二届董事会中家族成员从原来的5个减至2个，另外从外部选聘4个董事（广东科创推荐了一位理论和实践经验相当丰富的优秀中层管理人员），从公司骨干中选聘3个董事。这样，公司的第二届董事会成员9人中，具备高级职称的5人，具备中级职称或硕士以上学历的4人；董事会成员的专业领域覆盖化工、企业管理、科技管理、法律、金融、财务等方面；董事会成员基本上都是所在单位的中高级管理人员，有丰富的实践经验，有较强的议事能力和决策能力，为董事会提高决策水平、防止决策失误提供了保障。董事会9位成员中，独立董事有3位。广东榕泰股东大会制定了《独立董事工作细则》，确保独立董事按照相关法律、法规、公司章程的要求，认真履行职责，维护公司整体利益，尤其要关注中小股东的合法权益不受损害；确保独立董事能够独立履行职责，不受公司主要股东、实际控制人、以及其他与上市公司存在利害关系的单位或个人的影响。公司的独立董事对公司聘任会计师事务所及决定会计师事务所的报酬事项发表了独立意见，并分别担任了公司董事会审计委员会、薪酬委员会、投资管理委员会的委员。

（四）案例评述

以上案例揭示，增值服务实质是一个十分广义的概念，包括了后续融资服务、企业管理服务、市场营销服务、资源整合、人才招聘等。它存在于企业发展的每时每刻，是风险投资者进行股权管理的必然工作。增值服务的优劣反映风险投资机构的投资水平和管理能力，反映了风险投资经理的责任心。增值服务是风险投资过程的重要组成部分，风险投资机构必须认识到“风险投资与管理并重”才是一项完整的风险投资过程，风险投资者在乎投资的收益，但风险投资的收益不仅仅来源于风险投资的决策，更重要的来源于风险投资的管理，来源于对企业提供卓有成效的增值服务。

案例十　风险资本参与国有企业改制的成功实践[①]

我国风险投资业的兴起和发展是出于促进高新技术产业发展，因此很多人习惯性地把风险投资等同于对高新技术项目及企业的投资。实际上，从美国、我国台湾地区等风险投资业较为发达的国家和地区的实践来看，风险投资的对象及范围被定位于中小型高成长性项目或企业，也就是说，传统产业的中小型企业只要具有高成长性，一样会受到风险投资商的青睐。而在西方特别是西欧，绝大多数被我们称之为的风险资本被用于风险并购中。在西方，管理层并购或杠杆收购的资金一般不是来源于银行贷款或发行垃圾债券，而是来源于风险资本基金，即收购方通过融入风险资本，来购并目标公司的产权。

本文案例描述了风险投资机构和国有企业结缘的故事，尽管没有IT行业的故事那样激动人心，但是，透过案例，我们可以窥视到国内风险投资业未来发展的新动向。

（一）风险资本助鸿图科技展鸿图

广东被誉为我国改革开放的前哨阵地，在市场经济的大海中，广东人向来有“敢为天下先”的勇气。当国内风险投资机构专注于中小型高新技术企业时，广东人凭着对风险投资的独特理解，就已经在传统国有企业风险兼并市场上收获了成功的喜悦。

1. 高要市政府的邀请

高要鸿图科技有限公司（以下简称“高要鸿图”）位于风景秀丽的肇庆市，为高要市市属的一家国有企业，从事压铸及机械加工等业务。和大多数国有企业一样，由于资本金投入少，企业发展的资金主要依靠银行贷款。2000年初，高要鸿图的银行贷款已经超过8 000万元，资产负债率高达85%，大量贷款已经到期或者即将到期，企业甚至已经上了银行的“黑名单”。由于企业经营的盈利还不能补偿贷款的利息，致使现金流几乎断流，严重影响了企业的正常经营。

面对这样一家曾经“辉煌”的企业，在资金断链的压力下，正走向破产的边缘，高要市政府也是忧心如焚。高要市政府清醒地认识到，要让高要鸿图走出困境，惟一的办法是重组。高要市有关部门随即拟定了若干套重组方案，包括债转股方案、民营化方案、引进战略投资者方案，迅速呈送到高要市政府领导的案头上。

经过反复研究和论证，高要市政府认为，造成高要鸿图经营困境的因素，表面上是资金缺乏，实质是国有企业股权结构不合理、治理机制不合理、激励机制不到位、管理混乱等导致的，因此，高要鸿图重组既需要引进有资本实力的投资者，更需要注入现代化的管理理念和机制。最终，高要市政府选择了引进战略投资者方案作为重组高要鸿图的方案。

重组方案确定后，高要市政府开始对省内投资机构进行考查和筛选，最后将目光锁定在广东省风险投资集团（以下简称“广东风投”），随即，高要市政府向广东风投发出了邀请。

---

① 该案例是在广东省风险投资集团、以及河北科技风险投资有限公司王立刚、庄征宇两位先生提供的材料基础上整理而成的，在此表示感谢。

2. 果断决策

应高要市政府的邀请，广东风投于2000年上半年开始接触高要鸿图，随后进行了几个月的认真调查和研究。

广东风投发现，高要鸿图虽然遭遇较大的经营困难，但也面临较好的发展机遇。一是我国汽车工业快速发展，湖北、上海、广州等省市都把汽车产业作为支柱产业来发展，汽车产业的压铸件市场需求广阔；二是压铸作为一种传统的加工工艺，其应用范围越来越大，特别是正在蓬勃发展的通信设备行业对铝合金压铸件的需求与日俱增；三是高要鸿图在压铸行业中具有一定的市场基础和技术优势。正是基于这方面的考虑，广东风投决策层决定参与高要鸿图的重组。

为了保持重组后企业的竞争力，轻装上阵，广东风投和高要市政府重新拟定了重组方案：一是剥离与压铸业务无关的资产，保证重组企业的资产优质和主业突出；二是根据重组企业的需求和“缺陷”，寻找拥有相关资源的投资者，实现组合投资。在广东风投的引荐下，广东省机械集团和广东省机械研究所将“精密模具制造技术”作为技术投入参股重组企业，增强重组后企业的技术水平和技术开发能力；三是重组企业实行股份制，建立现代企业治理机制和激励机制。

经各方共同努力，广东鸿图科技股份有限公司（以下简称“鸿图科技”）于2000年12月正式成立，注册资本5 000万元人民币，其中广东风投注入风险资本2 700万元人民币，占54%股份。

3. 鸿图科技展鸿图

重组后的鸿图科技建立了一系列现代化管理机制和激励机制，很快就焕发出勃勃生机。重组前的1999年，高要鸿图压铸业务仅实现销售收入7 000万元，利税1 100万元；而2001年鸿图科技实现销售收入1.2亿元，比重组前增长70%，利税2 700多万元，比重组前增长140%。

鸿图科技的技术创新能力也得到了大大增强。在股东广东省机械集团和广东省机械研究所的支持下，鸿图科技成立了技术中心，配置先进的检验、测量和实验设备，为研究开发和技术革新提供可靠的中试和检测条件。目前，技术中心已被省经贸委认定为“广东省重点技术中心”。同时，鸿图科技组建了“广东省精密压铸工程技术研究开发中心”，在自主进行新技术和新工艺研究开发的同时，与华南理工大学、广东工业大学、上海交通大学等国内著名高等学府合作，进行铝合金压铸技术和压铸模具的热处理项目、镁合金压铸项目研究，并取得了多项研究成果。不断的技术创新推动鸿图科技迅速发展，公司先后被各级政府主管部门评为“广东省高新技术企业”、“国家火炬计划承担单位”、“全国CAD/CAM应用示范企业”。技术创新也带来了产品质量的提升，凭着生产技术和产品质量的优势，鸿图科技赢得了诸如爱立信、三菱电机、通力电梯、广州本田、广州风神、广州日立、广东北电、深圳华为、深圳中新兴、广东普泰、武汉精伦等国际国内知名企业的信任和青睐，建立起良好的战略合作伙伴关系。如，广州本田汽车公司，2002年给鸿图科技的压铸件订单达2 000万元以上，2003年达到5 000万元，2004年已经超过1亿元。

尽管鸿图科技已取得令人瞩目的发展，但在汽车工业和通信业强劲发展势头的带动下，我们相信鸿图科技的明天会更加美好。

（二）崛起的鹤煌网业

1. 困境中的安平丝网厂

河北安平县被称为全国丝网之乡，该县丝网全年销售额近60亿元人民币，占全国丝网总产值的80%，全县丝网行业从业人员达10余万人，占全县总人口的1/3，其中各类丝网专业技术人员

3 000余人，全国筛网筛分标准化委员会27名委员中有8人是安平人。

在安平县有一家国有企业——安平丝网厂，安平丝网厂理所当然是安平丝网业的龙头老大，而以安平丝网业在国内行业中的地位，安平丝网厂在全国的地位可想而知了。然而，就是这样一个在国内享有一定声誉的企业，在2002年初时，总资产不足1.2亿元人民币，净资产只有5 200万元人民币，负债却高达7 000余万元人民币，资产负债率近67%，入不敷出，现金流匮乏，企业经营活动已经不能正常进行。

为谋求安平丝网厂的脱胎换骨，带动当地经济取得更大发展，安平县政府决定引进外部投资者，实现对安平丝网厂的股份制改造。

起初，县政府的想法是希望借助当地有实力的法人机构以及丝网生产个体经营者的资本资源，对安平丝网厂进行增资扩股。但经过调查发现，一是当地资本资源有限，二是当地资源无法为改制后的企业带来管理和后续金融服务，不利于企业的长期发展。为此，县政府将寻找外部投资者的范围扩大至河北省全省。2002年3月，华北平原已是春意融融，由河北省体改办出面，安平县政府主办的安平丝网厂增资扩股推介会在省会石家庄隆重举行。抱着浓厚的兴趣，河北科技风险投资有限公司（以下简称“河北风投”）与几家河北省内国有投资机构参加了推介会。事实上，河北风投对安平丝网厂早有耳闻，但近距离与其接触还是第一次。通过这次推介会，河北风投对安平丝网厂算是有了初步的全面认识。

2. 成功加盟

长期以来，在投资圈子里，弥漫着“谈国企色变”的气氛，况且，投资国有企业改制也不符合风险投资机构的传统投资原则。因此，一开始河北风投对安平丝网厂的热情也仅仅是“工作的需要”。然而，随着考察的深入，河北风投逐渐感觉到巨大商机的诱惑。

当时国内的聚酯造纸网的年生产能力不足150万平方米，而据国内权威机构预测，国内需求量正呈现急剧增长，2002年需求量为400万平方米，2003年需求量将达到500万平方米，2004年也会有较大的需求增长；国外市场，聚酯造纸网的需求也很大，欧美许多国家均采用宽幅、高速造纸机，美国使用聚酯多层网的造纸机已达到1 500台左右，而且正高速增长，因此对聚酯造纸网需求也将急增。

聚酯印刷网有较高的技术含量，产品附加值高，用途十分广泛，在国际市场上属高档紧俏商品。当时，能够进行聚酯印刷网大规模生产的只有瑞士、日本、意大利的少数几家大企业，生产能力远不能满足市场需求。据调查，聚酯印刷网国内市场年需求量为2 500万平方米，但国内年生产能力不足200万平方米，有生产能力的只有上海筛网厂、江阴特种筛网厂等少数几家，供需矛盾十分突出。

安平丝网厂是国内少数能生产聚酯造纸网和聚酯印刷网的厂家。建厂之初，安平丝网厂就引进了代表当时世界先进技术水平的设备，并在1993年成功开发热定型超宽聚酯网新产品，被原国家经贸委评定为“八五”国家级新产品，获国家级新产品奖，替代进口并有少部分出口。同时，安平丝网厂在国内率先开发成功了聚酯双层成型网、聚酯印刷网等多种新产品，并制定了我国第一部两层半成型网、四层成型网、聚酯印刷网产品企业技术标准。随着造纸行业的技术不断革新，安平丝网厂也进行了两次大的技术改造，在新技术和新工艺开发研究方面始终保持与国际先进水平同步发展。先进的技术和工艺保证了安平丝网厂生产的产品在国内同行业居于领先地位。此外，安平丝网厂通过赊销方式，不断扩充市场份额，产品市场占有率稳定增长。

然而，安平丝网厂也存在国有企业的通病，产权不明晰，治理结构不合理，管理混乱，经营机制不灵活，吃“大锅饭”，富余人员多，缺乏激励机制。

经过认真调查和研究，河北风投发现安平丝网厂拥有领先的技术、高质量的产品、稳定的市场份额、潜在的巨大市场需求、以及优秀的管理团队和研发队伍，因此，具有快速发展的潜力，尽管还存在产权分割、人员分流、未来公司管理、市场开拓等方面的风险，但依然具有较高的投资价值。最终，河北风投在权衡利弊之后，决定加盟安平丝网厂。

3. 崛起的鹤煌网业

2003年1月25日，安平丝网厂迎来了重生的日子，在它的基础上改制而成的河北鹤煌网业股份有限公司（以下简称“鹤煌网业”）正式成立。河北风投注入风险资本1 500万元人民币，参股份额21.4%，成为鹤煌网业的主要股东之一。

为了控制投资风险，保障投资收益，河北风投要求鹤煌网业管理层主要成员必须参股，同时与其他股东签署了股权回购协议，即5年后若公司不能上市，由其他股东负责按比例将河北风投的股权购回。由于河北风投的参股，新成立的鹤煌网业不但股权结构合理，也建立了有效的激励机制，为鹤煌网业未来发展奠定了基础。

重组当年，鹤煌网业资产负债率下降到34%，财务费用比2001年节省近一半，大大提高了公司的融资能力。同时，鹤煌网业采取各种得力措施，加强应收账款的管理，大大加快了资金的周转速度，进一步提高了资金使用效率。同时，鹤煌网业把技术引进和改造有机地结合起来，尤其是2003年新购织机运行，使造纸网整体配套生产能力提高约30%，造纸网年生产能力达到25万平方米。产品水平也普遍提高了一个档次，并陆续开发了卷烟纸专用网等几个创新品种，受到了客户的广泛赞誉。2004年实现销售收入超过6 000万元，净利润1 100万元，经济效益在全国同行业居于领先。另一方面，单独组建安平县印刷网业有限公司专门生产印刷网，并在安平丝网工业园新征地4万平方米，规划新建厂房1万平方米，建成后的印刷网业有限公司将继续保持国内第一的生产规模。

随着鹤煌网业的发展壮大，企业的社会知名度不断提升，公司上市的脚步也频频加快，目前，已有多家证券公司纷纷提出辅导上市要求。同时，鹤煌网业的产品竞争力也日益增强，招徕不少慕名的国外同行前来洽谈合资及并购事项。

鹤煌网业正沿着规划的蓝图阔步前进。

（三）成功的启示

以产权清晰为主要内容的国有企业产权制度改革，是构建现代企业制度的重要基础和体制前提。因此，近年来，通过国有企业的兼并重组，改变国有企业单一产权结构为多元产权结构，形成有效的法人治理，已成为国有企业改革的主流。然而，受制于融资渠道不畅，以及产业基金迟迟不能推出，国有企业改制遭遇了资金瓶颈。此时，风险资本的适时介入，正如及时雨，为国有企业改制洒下了滋润的雨露。

本文案例揭示，风险资本参与国有企业改制大有可为。大多数国有企业都拥有一定的市场资源，拥有较好的赢利能力，其一时的困境往往来自于体制不顺、机制不畅，因此，投资基本面较好、具有产品和技术优势、负债不重的国有企业，对经历了高科技泡沫折磨的风险投资机构而言，不失为投资选择之一。

风险投资机构的社会资源和管理经验也是国有企业重要的稀缺资源。如在本文案例中，广东风投和河北风投都在为被投资企业投入资金资本的同时，提供了增值服务，包括：引进技术股东、股权设计、激励机制设计、后续融资服务等，是国有企业改制成功的重要条件。这也从一个侧面反映了风险投资机构参与国有企业改制具有资源优势，可以成为国有企业改制的生力军。

当前，国有企业改制在全国范围内如火如荼地展开，巨大的市场和较高的投资收益正吸引着越来越多的风险投资机构“试水”，这是否预示着中国风险投资即将迎来投资战略的调整？我们将拭目以待。

案例十一 携手风险资本共同为科技企业创业服务

——广东珠海高科技成果产业化示范基地运作模式分析[1]

背 景

广东珠海高科技成果产业化示范基地（又名：广东省中小企业创新服务中心科技产业示范基地，以下简称"珠海基地"），是由广东省风险投资集团和珠海市科技局于1997年共同投资组建的一个将高新技术企业孵化和风险投资相结合的新型企业孵化器，经过5年的发展，珠海基地已发展成为国内著名、广东省内配套最完善的高科技企业孵化器，它的成功说明风险资本参与企业孵化器建设"大有可为"。

企业孵化器的概念由美国学者乔·曼库索于1959年首次提出，1963年美国和英国各组建了一个企业孵化器。近20多年来，随着中小企业的发展，企业孵化器发展迅速，至今全世界已有近4 000家，在发展高科技与解决就业方面发挥了很大的作用。

企业孵化器的概念于1987年引入我国，1988年被纳入国家火炬计划的范畴，被称为高新技术创业服务中心，主要孵化科技型企业。经过十多年的发展，目前我国共有企业孵化器近500家，孵化科技企业16 000余家，已毕业企业4 000多家，其中被推荐上市企业已达30多个，孵化企业年销售额达到数百亿元。企业孵化器已经成为加速科技成果转化，培育科技企业和企业家的有效手段。

然而，由于国内大多数企业孵化器的投资主体单一（以政府投资为主），不以盈利为目的的政策行为极大限制了它们的可持续发展空间。因此，改革投资和经营模式已成为企业孵化器提升其生存能力和发展空间的战略选择。

珠海基地的快速发展正是沿着商业运作模式不断探索的结果。

（一）政府与风险投资公司联姻促生"珠海基地"

珠海，南粤海滨的一颗明珠，我国最早的改革开放城市之一，由于受地理位置和政府财力的限制，一直不能施展其发展高新技术产业的抱负。面对隔岸深圳发展高新技术产业的迅猛势头，珠海人不再沉默。1997年，珠海决策者们终于做出依靠"外来资金"发展珠海科技产业的重大决定，珠海市科技局通过与广东省风险投资集团和广东省科技创业投资公司联姻，合资组建广东珠海高科技成果产业化示范基地有限公司。珠海基地终于呱呱落地了。

可以说，珠海基地出生时就已经是"根正苗红"，这为他后来的发展奠定了坚实的基础。

珠海基地于1997年奠基建设，1999年初正式投入使用，占地面积100亩。珠海基地是珠海科技创新海岸第一家科技创业孵化器公司，也是广东省内起步最早的科技创业孵化器之一，目前已发展为广东省内配套相对最完善的高科技企业孵化器，成为珠海国家高新技术产业开发区的重要组成部分和珠海市众多科技孵化器园区的龙头。

珠海基地在发展过程中，一直得到参股股东广东省风险投资集团和广东省科技创业投资公司

---

① 本案例根据广东省风险投资集团提供的材料整理而成。

的分阶段融资扶持，同时也得到了省市各级政府优惠政策的大力支持。目前，珠海基地已完成基本建设投资1亿多元，建成设施完善的2座标准工业厂房（19 642平方米）、2座配套宿舍楼（267间房）、1座办公楼（3 827平方米）、员工饭堂及其它附属设施，基地内道路通畅，绿树成荫，水电通讯设施齐全，已建成双回路1 260KVA配电系统并拥有先进的通讯设备，通讯线路达200多条，同时还建设了完备的信息网络系统，其中100M的小区宽带网已建成并投入运行。1999年，珠海基地被纳入珠海国家高新区建制。

珠海基地以公司形式运作，充分享有商业运行模式的灵活性，同时作为珠海国家高新区建制的重要组成部分，也分享了政府的优惠政策，正因为如此，珠海基地才得以快速发展。

（二）携手风险资本，筑巢引凤

孵化器成功与否，并不在于其厂房有多少，也不在于办公楼房有多少栋，关键在于入园企业的数量以及对高新企业的吸引力。

珠海囿于自身的条件，“凤”并不多。珠海基地就将目光投向了全省、全国，乃至全球。然而，要将全球各地的“凤”引入“巢”，光有“巢”还远不够，还得有“凤”急需的“食粮”——资金。正是拥有如此的远见卓识，珠海基地建设的决策者从一开始就将目光投向了风险资本。携手风险资本，筑巢引凤。

风险资本的加盟，不但带来了珠海基地建设所必须的资金，更给入园企业送来了未来的希望，坚定了入园企业的创业信心；而风险资本通过与珠海基地结盟，直接参与到企业孵化，将风险投资过程大大提前，也因此获得了更大的风险收益。真可谓一举两得。

目前，珠海基地园内有企业25家，全部为高新技术企业，其中初创企业8家，注册资本超过2 000万元的企业有7家。这些入园企业有来自美国硅谷的珠海光联通讯技术有限公司（该公司已经出园，并于2001年在美国NASDAQ上市）、以及由留美归国学者创建的百奥生物技术有限公司、有从其他孵化器转移过来的珠海力讯纳科技有限公司、珠海华冠电容器有限公司。由此可对珠海基地的吸引力窥见一斑。

（三）联合风险资本，共同孵化科技企业

广东省风险投资集团和广东省科技创业投资公司是珠海基地的股东成员，这为珠海基地联合风险资本共同孵化科技企业提供了十分便利的条件，事实证明，这种多元化投资主体架构，也是珠海基地成功的关键原因。

截至目前，广东省风险投资集团对珠海基地的入园企业投资的金额已达8 000多万元，为高科技中小企业的成长壮大、高科技成果的产业化提供了关键的资金扶持。同时广东省风险投资集团与珠海基地公司的合作，也为孵化器与风险投资相结合的创新机制，探索出了一个成功的经验。

现在珠海基地园内有由广东省风险投资集团参与投资企业三家，分别是珠海粤科清华电子陶瓷有限公司、亚仿科技股份有限公司、瓦特电力设备有限公司。

入园企业——珠海粤科清华电子陶瓷有限公司是广东省风险投资集团与清华大学合作的一个重点项目，是目前能够生产大面积、高尺寸精度电子陶瓷基板产品的惟一一家国内企业。公司成立于1999年3月，由广东省风险投资集团下属广东省科技创业投资公司和广东省科技风险投资有限公司与清华大学共同出资组建，其中广东省科技创业投资公司和广东省科技风险投资有限公司联合出资5 900万元，占公司股权82%。珠海粤科清华电子陶瓷公司科技产品中试和产业化生产

都是在风险资本的支持以及珠海基地尽心孵化下完成的，2002年3月公司的“高效流延法制备陶瓷基板技术”通过了省科技厅组织的专家技术鉴定，2003年公司整体发展已开始走向盈利。

入园企业——广东亚仿科技股份有限公司是专业化从事仿真与控制系统、信息科技产业工程和以嵌入式技术为核心的智能电子产品研制、开发和生产的国家级高新技术企业，是亚洲地区最具规模与实力的仿真控制、信息技术和智能电子产品开发基地。亚仿公司一直以振兴民族产业为己任。公司成立以来，共承担了各类大型仿真控制、信息科技工程项目90多个，其中80%是国家级、部级的重点科技项目，获得了包括1995全国十大科技成就奖在内的一系列科技成就，为国家节省了大量外汇，为具有中国知识产权的技术发展做出了重要贡献。目前，广东亚仿公司已经完成了股份制改造，正积极争取在国内证券市场上市。

在风险资本和珠海基地共同培植下，已成功实现产业化的高新技术企业还有：光联通讯技术有限公司、百奥生物技术有限公司、亚仿科技股份有限公司、力讯纳科技有限公司、福尼亚医疗设备有限公司等企业，这些企业的注册资本和投资额都已超过2 000万元以上，并在国内外市场赢得了一定声誉。

（四）新的起点和未来发展

2003年5月27日，经广东省中小企业服务中心批准，在广东珠海高科技成果产业化示范基地隆重举行了“广东省中小企业服务中心技术创新示范基地”的挂牌仪式。广东省中小企业局副局长刘焕泉、广东省中小企业服务中心主任许霞、广东省风险投资集团董事长何国杰、珠海市副市长林行道及来自于省、市政府部门、上市公司、金融机构、中小企业的代表等近百人出席了此次挂牌仪式。

广东省中小企业服务中心是依据《中华人民共和国中小企业促进法》经广东省经贸委批准成立，由广东省经贸委领导的社会公益性机构，它是我省“积极扶持中小企业发展”的一项重要举措。

广东省中小企业服务中心在广泛考察和深入研究的基础上，选定珠海基地，为其增挂“广东省中小企业服务中心技术创新示范基地”的牌子，无疑是对珠海基地企业孵化创新模式的肯定。

“广东省中小企业服务中心技术创新示范基地”的挂牌，将是珠海基地加快发展步伐的又一契机。珠海基地将在广东省中小企业服务中心的指导下，尝试把技术创新服务与信息服务、贸易、人才培训结合起来，成为政策导向、技术开发、市场开拓、人才培训、投融资相结合的综合服务中心，为中小企业创立和发展营造良好的环境，并提供多层次、多渠道、多功能、全方位的优质服务。

此外，由于珠海基地现有厂房和宿舍供不应求，为了扩大孵化功能，珠海基地正在筹备建设面积达2.38万平方米的创新孵化大厦。该大厦的主要功能是为高科技企业培育及成长提供良好的办公、行政管理、技术开发和无污染、无噪音实验场所及其他必备的设施。目前该大厦已进入建筑设计阶段，建成后预计可多吸纳孵化项目30多个，并将成为珠海基地又一个新的创业投资亮点。

经过5年的发展，珠海基地正在健康成长。我们相信，珠海基地在以建设广东省中小企业服务中心技术创新示范基地和创新科技大厦为契机的第二次发展浪潮中，通过不断吸引战略投资者，提高系统管理的水平，在不远的将来，将成为广东省最具影响力的创业孵化园区，成为具有中国特色的孵化器与风险投资相结合的一个典范。

（五）案例评述

资金是中小企业的生命线，是决定孵化企业成功与否的重要因素之一。孵化企业的主要措施之一或者孵化服务的主要内容之一就是要帮助孵化企业解决资金问题。因此，孵化器的基本职能就是向被孵化企业提供融资服务。

传统孵化器融资服务的模式主要有：① 设立孵化资金。孵化资金一般来源于政府科技基金，但因为面小量不足，无法解决大量嗷嗷待哺被孵化企业的资金困难；② 融资担保。孵化企业的信用度低，难以获得银行的贷款，孵化器可以以自己的信用为其适当提供贷款担保，但由于孵化器的信用有限，融资担保也难以满足大量企业的资金需求。③ 充分利用外部资金。组织孵化企业积极申请国家创新基金、国家科技专项基金，充分利用这些资金促进企业孵化，但这些资金不但数量极其有限，中标者更是凤毛麟角，也无法解决企业发展的资金困境。

因此，解决孵化企业资金困难的可行办法是，携手风险资本，共同孵化创新企业。

珠海基地的成功实践揭示，风险资本与企业孵化器相结合是企业孵化器成功运营的有效机制。

珠海基地成功给我们的另一点启示是，风险资本直接参股企业孵化器是风险资本介入的最佳方式之一。作为企业孵化器的股东，风险投资机构不但与企业孵化器的利益攸关，更是风险的共同承担者，这将密切两者的合作关系，既有利于加强对孵化企业的服务与管理，又能增强创业者的入园信心。

案例十二　蒙牛乳业国际化资本运作的启示[1]

背　景

1999年成立时，蒙牛乳业起步资金只有1 398万元人民币，而到2002年初，蒙牛乳业的注册资本已增至4 598万元人民币。蒙牛乳业以每年营业额复合增长率137%的成长速度成为中国非上市、非国有企业的成长冠军，牛根生也因此成为2001年度的中国风云人物。2002年春节，牛根生以嘉宾的身份出席了中央电视台春节联欢晚会。无巧不成书，而当时他的邻座恰恰是摩根士丹利投资经理，两人从此结识，同时也拉开了蒙牛乳业国际化资本运作的序幕。

1999年5月，蒙牛乳业在内蒙古呼和浩特市一间总共才53平方米的居民小平房里成立，这在当时是再普通不过的小事了，然而，正是这个当时默默无闻的蒙牛乳业最终却改变了中国乳业的版图，成为中国乳业界在海外市场上市的第一家企业。在短短5年时间内，蒙牛乳业从无到有、从小到大，取到了令人惊异的发展和极其辉煌的业绩，管理层成员也分享了企业快速成长带来的巨大利益。支撑蒙牛乳业超越行业常规发展速度高速成长的，既有资本催生的力量，更有创新激励机制唤起的创业动力。

（一）年度风云人物

1. 成立蒙牛乳业

1999年5月，蒙牛乳业在内蒙古呼和浩特市一间总共才53平方米的居民小平房里成立了。尽管这时的蒙牛乳业只是一个默默无闻的小公司，但他的掌舵人——牛根生却是业界大大有名的人物。被业界称之为“乳业怪才”的牛根生已在中国乳业摸爬滚打了20个春秋，从一名洗瓶工做起，一直做到当时国内乳业龙头老大——伊利集团的副老总，仅有勤奋显然是不够的。

正是凭着业界的名气和良好的人缘，成立之初的蒙牛乳业立即受到了各方面的“关注”。所以当蒙牛乳业改制募股时，牛根生的旧部、朋友、与他做过生意的人，还有这些人的亲朋好友纷纷掏钱要求“加盟”，资金从四面八方向“流进”那间面积不足53平米的居民小平房。这在当时的确是一件不可思议的事情，因为此时的蒙牛乳业既无厂房也无市场。在这些加盟者当中，其中有一个人不能不说，那就是广东潮州阳天印务有限公司总经理谢秋旭，谢以前是伊利集团的供货商，牛根生在伊利期间因为订制包装制品与谢秋旭成为好友，他对牛根生的能力和气魄十分清楚，也十分钦佩，因而对初创的蒙牛乳业提供了大量的资金支持，其后成为蒙牛乳业最大的自然人股东，甚至超过牛根生。由此可见，声誉是多么重要的资本！

牛根生也变现了自己和妻子在伊利的全部股票，并拿出了全部积蓄，筹集资金180万。就这样，数月间蒙牛乳业共募资1 398万元，具备了发展的基本条件，蒙牛乳业也正式驶入创业的跑

[1] 本案例的主要信息来源如下：蒙牛乳业招股说明书、《21世纪商业评论》、《南方都市报》、中国食品科技网（www.cbiq.com）等。

道。

2. 创业之初

当时中国乳业市场的竞争已进入白热化阶段。一方面，几个国内乳业巨头利用雄厚的资本实力不断扩充领地，咄咄逼人；另一方面，为求生存的小企业不断压低价格，导致乳业市场利润锐减。

面对激烈竞争的市场，牛根生决定出奇制胜。牛根生通过考察发现，国内乳业企业因为花巨资设厂房建基地，因此生产成本非常高，为此，牛根生采取“先建市场，后建工厂”的逆向经营模式，不但大大节约了生产成本，更是赢得了宝贵的市场资源。在市场营销上，牛根生采用甘做老二的“跟随”策略，不显山不露水，使蒙牛乳业稳步发展。

3. 邂逅国际资本

尽管初创是艰难的，但牛根生凭着在业界的名气和有力的经营，很快就引领着新公司步入快速发展轨道。

事实上，只经过两年多的发展，蒙牛乳业就已经在国内乳业市场崭露头角。

这一方面得益于资本的力量。经过两次扩股，到2002年初，蒙牛乳业注册资本达到4 598万元，极大增强了企业的生产和营销实力。

另一方面得益于牛根生的个人魅力和经营组织。牛根生的个人魅力吸引了业界精英纷纷“投奔”，大大提高了蒙牛乳业管理水平和效率；牛根生推行的“借力壮大”、“虚拟联合”等策略，保证了蒙牛乳业在创业之初能以低成本快速扩张。

在1999下半年、2000年、2001年的两年多时间里，蒙牛乳业以年营业额复合增长率137%的成长速度成为中国非上市、非国有企业的成长冠军，耀眼的经营业绩也使牛根生成为2001年度的中国风云人物。

2002年春节，牛根生以嘉宾的身份出席了中央电视台春节联欢晚会。无巧不成书，而当时他的邻座恰恰是摩根士丹利投资经理，两人从此结识，同时也拉开了蒙牛乳业国际化资本运作的序幕。

（二）牵手国际资本

在邂逅摩根士丹利投资经理10个月之后，蒙牛乳业精心设计的资本故事真正开锣上演了。

1. 首轮增资

2002年10月17日，蒙牛乳业开始首轮增资计划。

事实上，正是首轮增资为蒙牛乳业其后发展提供了三个方面的保证：其一，引入外部战略投资者，提供持续扩张的资金及外部约束机制；其二，两次重组公司股权结构，使其具有较强的拓展边界；其三，利用多种金融工具建立公司内部激励机制，强化内部凝聚力。

在具体执行融资计划上，蒙牛乳业采取了三步走的策略。

第一步：重组蒙牛乳业，构建一个可拓展的股权结构。

2002年6月至10月，蒙牛乳业对企业架构进行了重组，以吸引更多的投资者。以蒙牛乳业发起人、其他投资者、业务联系人和雇员组成的金牛公司和银牛公司成为整个蒙牛乳业的股东公司，处在了股权结构的最上端，这两家公司均为投资性质的壳公司。随后，蒙牛乳业陆续成立了开曼群岛公司（2002年6月5日）、毛里求斯公司（2002年6月14日）两家典型的海外壳公司，其作用在于构建二级产权平台，以方便股权的分割与转让。这样，蒙牛乳业可以在不同情况下根据自己需要灵活运用两个平台吸收外部资本。

第二步：利用各类金融工具，创建内部人激励机制。

蒙牛乳业成立金牛与银牛两家投资公司在另一个层面上的真实目的，是通过股权划转、直接出资入股及信托等方式，将蒙牛乳业的管理层、雇员、其他投资者、业务联系人员的利益悉数注入到两家公司中，透过金牛和银牛两家公司完成对蒙牛乳业的间接持股，蒙牛管理层理所当然成为公司股东。其中，金牛的股份由15位自然人持有，他们全部为蒙牛乳业的高管人员，牛根生、郑九强、卢俊、孙玉斌、杨文俊、孙先红和邱连军7位蒙牛乳业主要高管控股金牛87.4%。银牛的股份则由16位自然人控制，除郑九强是蒙牛乳业的董事之外，其他人均为蒙牛乳业自身或与业务相关的公司中高层管理人员，其中，谢秋旭一人便控制了63.5%的股份。这种安排的目的很明显，以持股的方式重新确立创业者、公司雇员及其他投资人于蒙牛乳业中的地位，保证内部经营管理目标与利益，以及外部市场环境的稳定性。

第三步：战略投资者注资，实行外部约束。

2002年9月24日，开曼群岛公司进行股权拆细，将1 000股每股面值0.001美元的股份划分为A类股份（5 200股）和B类股份（99 999 994 800股），每股价值0.001美元。次日，金牛与银牛分别以1 134美元、2 968美元的总价认购了开曼群岛公司1 134股和2 968股的A类股票，这时，金牛与银牛持股数分别增加到1 634股和3 468股。而32 685股、10 372股、5 923股的B类股票则分别配发给了摩根士丹利、英联投资、鼎晖投资三家海外战略投资者，其认购价格分别为17 332 705美元、5 500 000美元、3 141 007美元。

在完成了三方注资之后，开曼群岛公司以战略投资者提供的2 597.37万美元认购了毛里求斯公司全部的股份，毛里求斯公司又利用此笔资金从蒙牛乳业的法人股东和部分自然人股东手中收购了其66.7%的股份，至此，蒙牛乳业完成了首轮增资，三家战略投资者摩根士丹利、英联投资、鼎晖投资被成功引进。

2. 二次增资

2003年10月，三家海外战略投资者认购开曼群岛公司发行的可换股证券，再次注资3 523万美元。

这种可换股证券事实上是一种延期换股凭证，购买者可以根据企业发展情况在一定时间内，按照一定比例转换成股权。可换股证券暗藏了对企业经营者很强的激励作用。由于二次增资中，没有增加公司股本规模，蒙牛乳业和投资者之间达成的可换股证券设计方案发挥了如下作用：其一，不摊薄管理层的持股比例，保证管理层的绝对控制与领导；其二，保证公司每股经营业绩稳定增长，做好上市前的财务准备；其三，由于换股协议规定，三家战略投资者在将来可根据蒙牛乳业的业绩情况将可换股证券转换为股权，从而锁定了三家战略投资者的投资成本，保证了一旦蒙牛乳业业绩出现下滑时的投资风险。

（三）资本埋下的伏笔

伏笔之一。在首轮增资中，三家战略投资者在进入蒙牛乳业的最初虽然控制了其90.6%的股权，但由于在投资协议中有如此约定：战略投资者持有的B类股票在开曼群岛公司中每股可投一票，而蒙牛乳业管理层透过金牛、银牛持有的A类股票每股可投十票，这样，实际上，蒙牛乳业管理层拥有了开曼群岛公司51%的投票权。此外，协议还规定了如下激励条款：若蒙牛乳业管理层能够达到设定的业绩目标，便有权将其所持的A类股份转换为B类股份，即相当于以同样的价格1股换10股。事实上，2004年3月22日，金牛公司和银牛公司同时宣布了公司权益计划，以酬谢金牛、银牛的管理层人员、非高级管理人员、供应商和其他投资者对蒙牛乳业发展做出的贡献。每份"公司权益计划"的股份数量不定，但价格均为1美元，待受益者将其转换成对应的金、银牛股权时，每股转换价格是：金牛238美元，银牛112美元。这就为蒙牛乳业管理层间接回购部分蒙牛乳业股权埋下了伏笔。

伏笔之二。第二次增资中发行的可换股证券，其中的30%可在公司股票公开上市半年后转换为股票，一年后可全部转换为股票，目前双方商定的转换价格为每股0.096美元，即转换比例为27左右。按照蒙牛乳业首次IPO发行股票数3.5亿股（其中2.5亿为新发行股票，1亿份为已发行股票的出售）为基数计算，上市后，可换股证券还没有转股以前的股本结构为：金牛、银牛公司合计持有蒙牛乳业49.4%的股权，牛根生个人持有4.6%，三家金融投资公司持有11%，公众持有35%，而当可换股证券全部转成股本，但不行使超额配股权，金牛、银牛公司合计持有蒙牛乳业的股权下降到36.2%的股权，牛根生个人持股下降到3.3%，三家金融投资公司的股份上升到34.9%，公众持有的股份下降到25.6%。由此可见，三家战略投资者购买可转换证券，实质上将利益锁定在了蒙牛乳业未来的发展之中，这也使得蒙牛乳业未来的股权结构充满不确定性。

伏笔之三。根据金牛公司与三家金融投资公司在2004年5月14日签订的股东协议，各方同意将根据蒙牛乳业今后的业绩表现来调整股本结构。大致为：如果公司今后三年的复合增长（以销售额计算）超过某一数值（据说为50%），三家金融投资公司将向金牛公司转让一定数量的股份，否则，金牛公司要向三家金融投资公司转让一定数量的股份，金牛公司也可以用相当数量的资金转让，同时规定，转让股份数额的上限为现已发行总股本的7.8%（即7 800万股）。这个协议被媒体称之为"对弈国际投资巨头，牛根生豪赌7 000万股权"的股权结构调整安排，"股权调整安排"实际上是给牛根生等蒙牛乳业管理层套上了新的紧箍咒。

（四）案例评述

在蒙牛乳业发展过程中，资本的"魔力"被发挥得淋漓尽致。我们不得不对国际资本运作之巧妙刮目相看。

奥妙之一。通过开曼群岛公司A、B类股票设计，将融资及管理层收购（MBO）蒙牛乳业股权巧妙地结合在一起，既实现了融资之目的，也对蒙牛乳业管理层甚至其他利益相关者实施了股权激励。可以将这种形式的管理层收购（MBO）称之为内部管理者与外来投资者联合收购（BIMBO），这种收购方式有助于管理层结合多方资源优势，使MBO更容易获得成功。

奥妙之二。金牛公司和银牛公司的公司权益计划，实质是曼群岛公司A、B类股票激励机制的具体化，通过这一计划将股权激励与蒙牛乳业利益相关者的贡献大小紧密联系在一起，强化了A、B类股票激励机制。

奥妙之三。可转换证券的采用。囿于法律的限制，国内企业发行可转换证券十分困难。而可转换证券是一种更有利于投资者的金融工具，因此易于被投资者接受，从而促进了融资。开曼群岛公司是由蒙牛乳业利益相关者控股的海外壳公司，开曼群岛公司对三家金融公司发行可转换证券，实质上又一次将自身利益与蒙牛乳业的业绩挂钩，因此对蒙牛乳业利益相关者产生了较强的激励作用。

有了上述创新激励机制设计，蒙牛乳业的"奇迹"也就不足为怪了。

案例十三　宁夏红与风险资本的合作[①]

背　景

2004年8月24日，宁夏红枸杞产业（集团）有限公司（以下简称“宁夏红”）总裁张金山和英联投资（以下简称“英联”）亚太地区总裁陈柏松在北京正式宣告合作。据悉，此次英联的投资总额为1 000万美元，约占宁夏红总股本的20%，控股公司董事会的董事将由中外双方共同组成，英联投资不参与宁夏红的运营。双方计划通过上市融资、引进技术、改进管理等手段使宁夏红成长为该行业的龙头企业，并进一步在全球发展枸杞产业。这是国内传统消费品行业吸引国外风险投资进驻的一个典型案例。

宁夏红的前身为国营宁夏中卫酒厂，在经过了40年的风雨后，该厂于1996年因产品陈旧、管理落后、技术匮乏、资不抵债而被迫停产。随后，应当地有关领导的邀请，张金山先生接手该厂，选中他的主要原因是，此前他曾将资产只有5 000元、陷入困境的青铜峡糖酒公司发展成为资产300万元的当地一流企业。1996年11月1日，他在中卫酒厂的基础上组建了宁夏香山酒业有限公司（即为宁夏红枸杞产业集团有限公司的前身），从此拉开了宁夏红快速发展的序幕。

1997年，成立仅一年的香山酒业就一举扭亏转盈，并坐上了宁夏白酒行业的第一把交椅。1998年，香山酒业当年上缴利税706万元，比上年增长18倍，产品在宁夏市场占有率超过60%，并辐射至甘肃、陕西、内蒙古、新疆等省区。1999年公司成功改制国营中卫面粉厂，成立“香山面粉公司”，向多元化、集团化方向迈进。

（一）“宁夏红”品牌的产生

1999年末，香山集团生产的白酒在本地市场占有率高达60%，已成为当地的主导品牌。当时国内白酒市场的竞争已经白热化，如果继续以白酒为主向前走，就必须与国内几家已具有相对垄断地位的强势品牌来竞争、抢市场。实际上，当时的“香山”产品也曾试图冲击过北京等区外大城市的市场，但由于市场已被一些名酒企业瓜分，最终无功而返。铩羽而归的张金山意识得目前香山集团还没这个实力参与这场竞争，必须另外寻找别的突破口。

张金山的目光首先盯上了葡萄酒，宁夏的地理环境和气候条件比较适合葡萄种植，宁夏全区的葡萄种植面积十万多亩，在国内占有一定份额，从资源优势来将，发展葡萄酒也有一定的道理。但是，经过仔细考虑，他觉得所有这些思考，都是习惯性思考。身处在这样一个环境中，按常规，人们都想参与种葡萄或者去卖葡萄酒，但把这样一个产业放在全国，究竟有多大的优势，能不能成为企业发展的惟一选择、正确的选择？他认为这种习惯性的思维等同于习惯性死亡，毫无创意。

接下来，张金山把目光转向了在宁夏司空见惯的枸杞，当地人称之为“红宝”。宁夏种植枸杞

① 本案例是在以下媒体资料的基础上整理而成：《新浪财经》、《第一营销网》、《经济观察报》、《搜狐财经》、《福布斯》、《中国经济周刊》。

已有500多年的历史，产量占全国枸杞总量40%，号称“枸杞之乡”，“世界枸杞之都”，但是宁夏却没有一个正规的枸杞深加工企业，这样，做酒的张金山自然把酒和枸杞联系在一起。

实际上，宁夏当地居民早就有用枸杞泡酒的习惯，但是枸杞泡酒只是经过简单的初级加工，这种方法只能使枸杞中的有效营养成分和功效发挥10%左右，产品的附加值很低，也没有多少高科技技术含量，属于自产自销的日用消费品。但是如果利用现代高科技手段，对枸杞进行深加工，生产出一种独特、新颖的酒品饮料，再加上使用现代化的营销手段，该产品一定能够畅销，并创出名牌。至此，一系列有关宁夏红的创意在张金山脑海里逐渐清晰起来。

事有凑巧的是，2000年4月，作为中国第一家枸杞制品企业—中宁枸杞制品厂濒临倒闭，张金山抓住了这个难得的机会，开始把自己深思熟虑的想法付诸实施：首先，香山酒业投资收购了中宁枸杞制品厂，改制成立了宁夏香山中宁枸杞制品有限公司；其次，通过与中国食品发酵工业研究所、南昌大学中德联合研究所等技术雄厚的科研院所联合，推出了具有浓郁地方特色的“宁夏红”系列枸杞酒。该产品由于在传统发酵酿酒工艺的基础上结合了现代生物食品技术，激活了枸杞蜡质层的生物链，使酒中枸杞的内在营养成分释放达到90%以上，从而更有利于人体吸收，翻开了枸杞开发利用的新篇章；最后，在产品的市场定位上，“宁夏红”既不是葡萄酒，也不是药酒，更不是白酒，而是“健康果酒”，并打出了“每天喝一点，健康多一点”的广告语，使产品迅速占领了市场。

2001年，“宁夏红”正式面市，在以后的三年时间里取得了超常规发展，每年都以三位数在增长。2003年“宁夏红”实现销售额2.5亿元，比2002年同比增长118%，“宁夏红”品牌在短时间内红遍全国，成为中国果酒第一品牌。正因为如此令人吃惊的增长速度，英联投资才注意到了宁夏红，也注意到了整个枸杞果酒业。

（二）宁夏红与英联投资的结合

1. 英联投资介绍

英联投资是英国联邦投资集团（CDC）拆分出的基金管理公司，是新兴市场上领先的直接投资机构，已有55年的投资经验，目前管理CDC及第三方在新兴市场上共计28亿美元的基金。CDC是英国政府下属的投资机构，英联通过管理层收购（MBO）把CDC由原先的雇主变成了现在的客户。

2. 英联投资的产业选择

英联在中国产业投资选择上有两个基本方向：一是那些受惠于大众消费能力的增长和消费习惯改变的产业，另一个是得益于中国成为世界生产基地的制造业。而枸杞果酒业和牛奶乳业都属于前者，这类产业有一个基本的特点，当人均收入在某一个程度以下时发展缓慢，但是突破一个临界线后就会直线上升、成倍增长。当初英联选择投资蒙牛乳业时，牛奶还没有在中国百姓的家庭中实现高度普及，乳业市场还有相当大的发展潜力，枸杞果酒业也正是凭借自身这种广阔的市场潜力吸引了英联的眼光。

枸杞是国人惯用的日常补品，含有人体必需的各种营养成份和多种微量元素，具有滋肾、补肝、明目、润肺等功能，并对人体癌细胞有明显的抑制作用，而“宁夏红”最吸引英联的是巧妙地改变了药酒的概念，让枸杞酒成为大众日常饮用的养生保健饮品。用现代高科技手段加工过的枸杞果酒，突破了人们传统的使用枸杞习惯，最大限度地释放枸杞鲜果的营养，为人们增添了一种新的健康饮品。随着生活水平的不断提高，天然和健康成为人们生活的时尚，枸杞果酒将渐渐登上越来越多的宴会和家庭餐桌，其市场发展潜力不可估量。

3. 英联投资的对象选择

作为一个成熟的国际投资机构，英联投资对任何项目的选择都不是盲目的。每一个目标企业都要经过产品、技术和人员的多方面考察，宁夏红也不例外。

不可否认，近年来宁夏红的高速发展是吸引英联投资的主要原因之一，除此而外，还有其他因素。首先，枸杞酒的好坏，果源起决定性作用。宁夏枸杞是枸杞中的上品，《中国药典》甚至规定"惟宁夏枸杞才可入药"，而中宁地区生长的枸杞，又是宁夏枸杞中的最好品种。宁夏红正好坐落于中宁，占据着世界上绝无仅有的枸杞良田。同时，宁夏红还拥有达到国内先进水平的原料预处理器（消毒清洗器）、不锈钢发酵罐群、大型冷冻机组、膜过滤机、自动包装流水线等工艺设备。资源优势和先进的生产设备，使"宁夏红"的质量有了绝对保证，这些进一步增强了英联投资宁夏红的信心。

另外，英联在选择投资对象时有两个标准：一是有500万美元的净利润；二是有强烈上市意愿的民营企业，而宁夏红恰好符合这两个条件。而张金山先生的个人魅力及给英联投资留下的深刻印象使双方合作最终变成了现实，英联投资亚太区总裁陈柏松先生带着十分欣赏的口气说："张总有个融资计划，想把公司扩大，使公司成长，进而在海外上市。而且张总有魄力，经过2003年底对张总的拜访，就基本达成共识，现在双方的合作已经启动"。

据了解，英联的投资规模一般在1 000万美元～3 000万美元之间。双方本次合作的1 000万美元仅仅是英联对宁夏红的首期投入，如果项目进展顺利，以后还会追加投资。

（三）英联给宁夏红带来了什么

最直接的效果就是宁夏红的实力大大增强了，可以引进更加先进的技术与设备，进一步提高产品质量，扩大"宁夏红"的市场占有率。当然，国际资本注入带来不光是钱，还能为企业带来内部整改、重组产权关系，建立现代企业制度和完善法人治理结构，加快境外上市步伐，使企业具有国际视野。

除此而外，国际投资者先进的经营理念、广阔的视野以及现代化的经营管理方法，都对宁夏红起着潜移默化的作用，促使其在各个方面都提升一个台阶。下面几个小例子就充分说明了除资金以外，英联投资对宁夏红的这种作用。

（1）2003年宁夏红花费3 000万人民币向意大利购买了两条灌装生产线，但是从2004年4月份安装调试完毕后，设备一直运行不稳定，无法发挥出最大的能效。英联在一个偶然的场合，听说了此事。立刻找来了两位可口可乐的技术人员，用了几天时间，花了3 000元，设备就能正常运作了。

（2）投资宁夏红之后，英联帮助公司引进了一位在可口可乐服务多年的饮料专家，担任独立非执行董事。在宁夏红原先的计划中，准备在2004年增加几种新产品。英联和饮料专家经过市场调查之后提出：宁夏红已经是枸杞酒行业的领导者，当前的主打产品枸杞果酒还有很大的市场空间（比如广东省等），应该把现有的市场做足了，再进行产品链延伸。

（3）宁夏红的工作人员讲了一个"国际公司居然会如此小题大做"的故事：去年当英联决定投资我们，请来了普华永道的审计人员。他们无意中看见我们正在用废旧的油漆桶盛枸杞。立刻在厂里上上下下全面检查，前后折腾了半年。

但显然，正是像寻找技术人员、帮助做市场调查以及检查油漆桶这样的事情，让国内这些朴实无华的中小型企业在不知不觉中受到了教育，得到了提升和发展。当然，这些国际投行巨头也从中获得了巨大收益。

（四）案例评述

本案例是国内传统行业得到国际投资商注资的一个典型案例，其经验尤其值得总结和借鉴。

传统产业的出路首先在于和高科技的结合，利用资源优势，进行产品再造，寻找新的突破口。对于传统行业中的中小型企业，只有在形成了自己独特的比较优势，并显示出非凡的高成长能力以后，才能吸引投资者的目光，得到投资商青睐。在市场经济条件下，风险资本特别是境外的风险资本的特点是追逐利润和锦上添花，而不是雪中送炭。因此，充分显示出自己独得的比较优势和高成长能力是吸引风险投资的关键所在。

融资的目的当然首要的是为了寻求资金，但是资金并不是融资的全部，资金之外还有许多东西要考虑。据说，当时与张金山协商的投资商并不只是英联一家，有的要价还低于英联投资，但宁夏红最终选择了英联，其主要原因就是资金之外的东西。投资商投资一个企业，与资本同时进入的一些资源并不是完全可以用金钱来衡量的，投融资双方结成了一个利益共同体，只要是在投资方的资源网络之内的，他就会尽力帮助融资企业去解决。传统行业的企业必须充分利用投资人拥有的资源网络，享受更好的增值服务，这样就在无形当中放大了资金所起的作用，而这方面的帮助可能比资金进入时的价格因素更为重要。

行 业 篇

第一章 医药行业投资分析报告

近几年来，我国加大了对医疗体制、医药行业监管等方面的改革，我国医药行业取得了可喜的发展。随着国民收入的快速增长，人们更加关注自身健康。巨大的医疗保健服务需求将催生出更大的商机。目前，在我国，医药行业一直是投资者关注的热点领域，在医药流通领域、化学制剂业、中药业、生物医药业、医疗器械制造业等子行业，存在着众多商机。

一、加入WTO以来对医药行业发展的影响分析

至2004年底，我国加入WTO已经三年，按照我国加入WTO所承诺的条款，涉及医药行业的主要内容包括：（1）知识产权保护，实质是严格按照国际通行的原则尊重人类的知识产权，因为我国1992年公布的专利法基本和国际是接轨的，所以关键是要严格执行。（2）关税下调，2003年药品的进口关税进一步下调，中药大部分在3%左右，西药大部分在4%～5%，原料药大部分在4%～6%，只有少数在6.5%以上。实际上对进口药品零售价的影响，不仅有关税的影响，还包括市场的影响。2004年在关税方面的降低幅度很有限。（3）3年内开放服务业，包括物流业、药品批发业、零售业。外资对物流介入的兴趣远远高于药品批发和零售业；但在管理市场开发等方面仍然存在很大的问题。最大的问题可能仍然是人才和管理的问题以及如何应对我国经济迅速发展同时所带来的负面影响。（4）医疗单位向外资开放，可以成立外资医院。

从实际情况看，加入WTO对我国药品生产和市场的影响并不大，我国的药品生产和药品商业没有由于加入WTO而有明显改变。据2002年我国医药商业协会对70家会员单位的158个主要品种的调查，国产药品销售占27%，合资药品销售占55.6%，进口药品占17.4%。说明实际上的市场占有率并没有因为我国加入WTO而有所改变。由于国有企业改制、药价降低，市场份额有所改变，但从销售数量上，比例应该变化不大，低于以销售额计算的市场占有率变化。而且，近年来，我国的医药市场发展仍然很快，增长速度相当于GDP增长的2倍。

由于兼并，我国的医药行业大型企业越来越多，销售和利润越来越集中，这是经济活动中正常的发展过程，但我国企业国际化水平低、研发能力差、管理水平低等缺陷仍然存在。医疗体制改革仍然沿着原来的方向在缓慢前进，医院在控制药价和处方的同时，加大了化验的力度，以补充在药费上收入的减少，手术费用也在提高。我国的医疗事业实际上没有真正进入市场，仍然是一个垄断的事业，医院药房的药品价格虚高，正是因为医院的药价不是市场价格，存在着随意加价现象。

第一，我国医疗事业的基本估计：我国有13亿人口，但是医疗事业费用只有400亿美元，美国有2亿人口，医疗事业费为14 000亿美元。

我国的非专利名药物的价格比较低，所以绝大多数病人的医疗要依靠非专利名药物。我国年收入在600元以下的人口占4 000万人以上，年收人在800元以下的人口近1亿人。真正能自己负担大病的人口可能在5 000万人，甚至更少。医疗保险是一个基本保险，真正得了大病，大部分仍

然很难负担。近年医疗技术和医疗设备有很大的进步，但医生的水平并没有得到很大的提高，一部分医患矛盾也因此而产生。

第二，我国的医药事业已经持续多年快速发展，近年的产值增长率都超过20%，销售额的增长率超过10%，药价降低并不影响制药企业的销售，但是，那些没有通过GMP的企业在市场上会面临严重的挑战。在销售增长中跨国企业增长都在20%以上，特别是一些在20世纪90年代中期投资的企业经过多年市场的努力，增长都在25%以上。根据相关销售统计数据，合资企业中，龙头企业仍然是西安杨森制药公司(销售额超过30亿元)，其次是天津史克制药公司(销售额超过15亿元)。

国内企业的特征是企业发展多元化所有制，民营企业仍然继续发展壮大，兼并和收购仍然是资产运作的主要方式，股市融资越来越难，上市公司效益仍然不尽人意。上药集团拍卖资产成为国有企业资本运作的一种模式，很多地方集团也在做同样的事情。而且上药集团改组后，真正按照国际跨国企业的现代企业管理模式进行尝试。

第三，国内的商业企业也在进行整合，外资仍然没有真正进入这个领域，但是TNT（天地快运）、DHL（敦豪）等外资物流企业都专门成立了生命科学物流部门，准备进人医药物流领域。永裕公司和北京新兴公司合资成立的企业仍然规模很小，无法满足制药企业的物流需求。所以，医药商业已经开始变成多种所有制竞争的场地。我国1 500亿元药品生产的物流需求是很大的。物流成本可能占销售的2.5%～4.0%。如果加上原料、辅料、包装材料的物流需求，就是一个更大的市场。

在药品流通领域的不正当竞争和纷繁芜杂的局面，仍然有待进一步改观。如果以严格执行GSP作为进入医药商业的门槛，我国的药品批发企业可能只有数百家，但目前的现实情况是，现有的药品批发企业中亏损面超过30%，主要是小、散、乱的状况导致的。由此看来兼并不会避免，改革也不可避免。

平价药房已经得到政府部门和医药消费者的共识，促进了同业药价的下降，同时，政府部门也加强了督促和质量管理，同业的抵触情况得到改善。实际上，平价药房是一个市场行为，成功与否决定于企业本身的运作和市场。我国有医疗保险的只有7 000万人，自费医疗市场仍然是大头。但是，我国医疗保险的品种仍然有限，由于历史原因，参与保险的人数比较少。

第四，企业管理上台阶，很多企业开始请著名的海外咨询公司进行咨询，虽然效果不一定理想，但至少说明企业在走国际化的道路。越来越多的企业开始应用ERP管理软件，说明现代企业管理思想开始着陆中国企业。我国企业都在学习海外先进经验和共享世界的科技成果。

第五，我国的医药物流得到很多企业的重视，国债项目正在启动。但是，在项目的实施中决定成功的主要因素是领导重视(亲自参与)、技术适用、投资回报、服务质量、降低成本。例如，采购已经从价格比较到质量和服务比较，到集中采购，从而进入战略采购阶段。分销进入了减少流通渠道和作业环节阶段，从而可以减少人员和成本，应用供应链管理体系后，内部控制也得到了比较好的实施。

总之，我国加入WTO后3年的“与狼共舞”，我们获得了很多经验，我们也有了一些准备，虽然有的地方仍然是我行我素，但是大多数都在跟着时代的进步与时俱进。

在我国加入WTO后3年，和印度比较，我国仍然有不足的地方，如投资对GDP的贡献率只有印度的一半，印度已经迅速地进入了国际舞台，2003年印度有10个以上品种通过FDA的审批。印度在欧洲的企业进行了兼并，使其规模壮大。

我国一些计划成为医药航母的企业，应该进入世界药品市场，培养自己的国际化团队，包括国际并购、国际市场、国际药品注册、国际药品营销、管理（生产、质量、营销、财务、法律等的管理）的团队，要有一批懂得GAP、GMP、GLP、GCP、GDP的人才。只有做好人力资源、资金准备、法律等的准备，才能真正地成为国际意义上的航母。目前，比较容易的方法是参加WHO的投标项目，积累经验，但是，欧美日应该是药品的目标市场。

二、2004年医药行业发展情况回顾

医药行业近7年的平均发展速度始终高于国民经济的发展速度，但从2000年开始，医药行业的平均发展速度就呈现下滑趋势（见图1.1）。2004年上半年，医药行业的平均增长率仍没有能够扭转下滑的趋势。

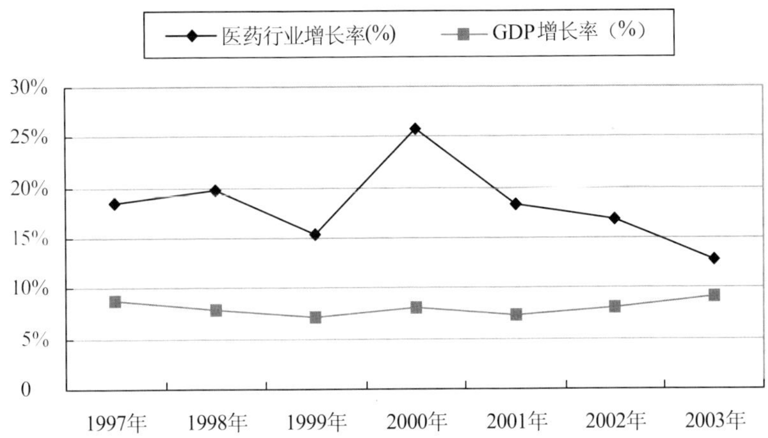

资料来源：华泰证券研究所《2004年医药行业四季度分析报告》。

图1.1　医药行业增长率与GDP增长率

根据统计，2004年上半年医药工业共实现销售收入1 617.42亿元，同比增长12.83%；工业利润总额实现141.33亿元，同比仅增长4.50%。分行业看，化学原料药行业的利润总额增长出现大幅下降，2004年同比下降19.65%，这是近4年来化学原料药利润总额首次出现下降。其他细分行业的利润总额2004年上半年均有不同程度的增长，但增幅与一季度相比，除医疗器械行业外，其他子行业均出现了下滑（见表1.1和表1.2）。

表1.1　2004年上半年医药行业主要经济指标

项目	金额	同比
增加值（亿元）	662.5	12.83%
销售收入（亿元）	1 617.42	14.60%
进出口总额（亿美元）	51	16.17%
其中：出口（亿美元）	26.7	26.24%
进口（亿美元）	24.3	6.80%

数据来源：中国医药经济信息网http://www.menet.com.cn。

表1.2　2004年医药工业利润情况(单位：亿元)

项目	金额	同比
医药工业利润总额	141.33	4.50%
其中：化学原料药	26.38	-19.65%
化学制剂药	44.9	10.46%
医疗器械	8.74	23.57%
生物制药	12.5	23.31%
中成药	33.6	14.68%

数据来源：中国医药经济信息网，http://www.menet.com.cn。

随着2004年6月30日GMP论证最后期限的到来，医药行业虽然淘汰了一批小企业，但通过GMP论证的企业，又扩大了产能。因而GMP论证并没有改变行业的竞争激烈格局，反而使得全行业的产销率与上年同比出现下降。2004年上半年，医药行业平均产销率依然在低位徘徊，从一个侧面透射出医药市场供大于求的复杂状况。

1. 成本上升挤占行业利润

上游成本上升对医药行业各子行业的影响程度各不相同。自2003年下半年以来，化学药上游原料价格的上涨抵消了技术进步节约的成本，沿着原料药－中间体－制剂药的线路，给化学药生产企业带来明显的不利影响。根据目前形势判断，当前的价格传导速度及成本构成特征对原料药特别是大宗原料药不利，对于特色原料药而言，由于毛利率较高，增加新产品或扩大销量将在很大程度上消化成本上升的负面影响，因此不会对其业绩起重大负面影响；而化学制剂药在价格传导链中居后，影响暂时较小；生物制品的成本构成多半是人工和资产折旧等，消耗材料能源少，因此影响最为轻微；中药材整体价格上涨尚较微弱，但农业收益提高及农业用地紧张，还有肥料种子等提价可能会带来中药材成本的上升，但其影响显著地小于化学药。

2. 药价持续下降，导致企业盈利水平降低

中国医药商业协会对全国30个主要城市化学药品零售物价指数测算结果显示，药品价格已连续几年呈下降态势。近5年来，国家先后10次降低药品价格，这样的高频率降价，对医药企业的生产经营带来了较为严重的影响，这种影响主要表现在以下两个方面。一是由于药品降价的政策不透明，一次又一次的降价使企业对价格调整心中没底；二是过快频率地进行药品降价，使企业减少进货或不断改变进货量，打乱了企业的正常生产经营活动。

企业售出的各种药品价格不断下降，而企业为扩大销售所付出的中间环节成本并没降低，使企业利润不断减少。这种负面影响已在2004年上半年体现出来。

3. GSP论证工作提速

GSP作为医药流通企业新的法定市场准入条件和全面质量管理的要求，对医药流通企业的业务流程再造及现代物流建设起到了促进作用，同时GSP提高了医药流通企业的核心竞争力，为医药流通企业的进一步购并、重组奠定了基础。实施GSP论证已成为医药流通企业经营工作的重点。截至2004年6月底，有6 030家批发企业、9 729家零售企业通过了GSP论证。GSP论证呈明显加快之势。

4. 零售市场竞争加剧

2004年是医药零售市场竞争加剧的一年，主要是：一是各种资本加速进入医药零售业；二是各种零售业态纷纷登场；三是价格大战此起彼伏；四是引进国外先进的营销管理模式，整合现有零售企业。这一切促成了医药零售业重新洗牌的新格局。

5. 医药现代物流和配送中心建设成为新的投资热点

医药营销模式的改革，企业降费增效目标的实现，促进了医药现代物流和配送中心建设的加快。国家贴息贷款支持的医药物流项目，有的已在试运行中，有的正处于建设调试阶段。与此同时，医药第三方物流在杭州、海南等地已经出现，为行业及企业提供了更多选择。

三、2004年医药行业宏观经济和政策分析

近几年，医药业作为朝阳产业已成为投资的热点，大量业外资金的投入也随着宏观经济的增长而不断增加，而这些资金并非短期资金，其后续投入将源源不断，这对医药经济的持续增长将起到有力的推动作用。

政策法规方面，第一个关键因素是GMP、GSP的认证。GMP、GSP认证期限迫近，截至2003年5月底，通过GMP认证的药厂只有1 821家，通过GSP认证的商业企业有252家。也就是说，尚有约2/3的工业和大部分商业企业未通过认证。2004年，GMP、GSP认证对企业的压力很大，其带来的影响：一是并购个案增多；二是部分生产、经营企业在2005年上半年将不得不放慢生产经营的步伐；三是部分生产经营条件差的企业将被淘汰。

第二个关键因素是农村“两网”建设。农村“两网”（药品供应网和监管网）建设是国家食品药品监督管理局（以下简称SFDA）近期的工作重点，也是国务院“食品药品放心工程”的重要组成部分。“两网”建设为农村市场的启动带来新的契机，特别是对经济发展较好的地区。

第三个关键因素是药品分类管理政策的进一步落实。根据新《药品管理法》第60条规定，自2002年12月1日起，OTC目录以外的药品不准在大众媒体做广告。该规定实施一年来，一批靠大众媒体广告拉动销售的处方药品种市场份额急剧下降，而新的OTC强势品牌正在逐步形成。

2003年10月，SFDA又有新规定，明确从2004年7月1日起，未列入非处方药目录的各种抗菌药物（包括抗生素和磺胺类、喹诺酮类、抗结核、抗真菌药物），在零售药店必须凭医师处方才能销售。零售市场品种结构将出现新的调整，来自国内外大型企业的新的OTC强势品牌在未来两年将陆续登场。

另外，招标购药、药价改革、医药分开核算与医药分业试点、《药品进口管理办法》的实施、出口退税率的下调等政策因素都将影响产业经济的发展。

从医药产业内在因素看，首先表现在医院用药快速增长。2003年上半年，16城市医院用药比2002年同期增长15.7%，较2002年下半年增加3.28个百分点。即使是在SARS最严重的第二季度，16城市医院用药金额仍较第一季度增加2.5个百分点。可见，医院用药已走出医改冲击波的影响，重新步入快速增长的轨道。中国人口众多、老年化进程加快、人均消费水平提高等对医院用药起长期的拉动作用。

第二是零售终端需求稳步增长。据“南方所”零研系统数据显示，2004年医药零售市场仍呈快速增长的势头。

第三是平价冲击波。席卷全国的平价冲击波对医药经济的影响不可小觑。平价零售与平价批发（“快批”）有着千丝万缕的联系，如九州通与开心人的供货合作等。平价公司、药店不但挤压

商业的利润空间，还让工业企业处于两难的境地，不与之合作，则担心竞争对手捷足先登；与之合作，则供货价不得不下调（包括对其他客户）。因此，工业的利润空间也将被挤压。另外，企业之间的并购行动将进一步升温。随着国内药品分类管理的进一步规范，风险资本介入国内的药品零售市场，这极大的促进了2004年我国医药经济的增长[①]。

四、医药行业资本市场动态分析及同业动态

在“国退民进”政策指导下，国有资本的集中急促退出，要在国企退出中拔得头筹，资本成为首当其冲的要素。2002年，在“国退民进”政策指导下，我国医药业也掀起了第三次浪潮。而2003年，贵州神奇收购永生数据，西安步长入主红河光明，东盛与太太对决潜江制药……，这一次轮到羽翼初丰的民营资本大显身手。整个中国医药行业市场集中度的严重偏低，意味着中国医药行业蕴藏着无限的并购潜能。近几年，整个世界医药市场形势正在发生着巨大的变化，中国医药企业当然面临着前所未有的压力，洗牌不可避免，以资本为动力的产业整合开始出现，外资由于种种原因暂时还难以大规模进入我国药业，这就为民营资本跃上并购舞台提供了很好的机会。医药行业大部分都属于竞争性行业，国有资本存在很大的退出空间，这无疑给民营资本获得了绝佳的投资机会。近几年，中医药、保健品、生物工程、化学制剂、医疗服务等领域相继成为国内民营资本的投资热点，在新一轮医药产业的调整中，民营企业有机会以资本对医药行业优势企业、资源的整合，提升了其在行业竞争中的地位。

在证券市场上，一家大的医药行业集团公司控股和参股数家公司，我们往往称这些母公司及控股参股公司为一个医药系。随着医药行业兼并重组的不断进行，已经有七大医药系浮出水面（见表1.3），相信今后这样的医药系会越来越多[②]。

表1.3　七大医药系成员

医药系	控股／参股的主要公司
太极系	太极集团、桐君阁、西南药业
华源系	上药集团、华源制药、华源股份
复星系	复星实业、豫园商城、友谊股份、天药股份、羚锐股份、重庆药友、花红药业、北京金象
华立系	华立控股、昆明制药、华立科技
太太系	丽珠集团、健康药业（H股）
远大系	华东医药、如意集团、浙江医药
东盛系	东盛科技、潜江制药、盖天力制药、青海制药

1. 太极系

1998年5月，上市仅半年的太极集团就斥资1亿元收购桐君阁全部国有股，成为桐君阁的绝

① 中国医药经济研究中心首席顾问牛正乾：“2004中国医药产业预演”，《医药经济报》，2004年5月30日。

② “活跃在资本领域的七大生物医药系”，基因潮，http://www.genetide.com/。

对控股公司，实现了本企业资金、技术、产品优势与桐君阁百年老字号品牌和庞大商业零售网点等优势资源的整合。1999年，太极集团主营业务收入达10余亿元，净利润7 500多万元，总资产逾20亿元。桐君阁的经营状况也随之迅速好转，业绩大幅提升，尤其是医药商业规模跃居全国前列，并实现了上市以来的首次配股，配股融资8 400余万元。

2001年2月，太极托管本地区的另一家上市公司西南药业，并不拥有其产权，只是负责向西南药业提供新药报批的支持，同时委托西南药业加工曲美、睡宝等产品。而据2003年最新公告，太极集团已经完成对西南药业的收购。此次收购将使太极集团旗下3家上市公司的运作思路更加明晰：以后太极股份只负责中成药生产，西南药业主攻西药和生物制药，桐君阁则发挥医药流通作用。

2. 华源系

以纺织业起家的中央直属企业华源集团不断调整产业结构，最终定位于以医药产业为核心的“大生命产业”，涵盖医药研究、制造、流通和医疗保健等。并购重组就是华源进入并完善“大生命产业”的主要途径。

华源集团首先重组浙江凤凰为华源制药，然后由华源制药重组辽宁本溪三药，收购安徽广生制药，确立了华源制药在中药领域的发展方向。

2002年，中国医药史上最大的并购案就是以华源为主角的。2002年8月初，华源集团出资11亿元人民币，占有上药集团总股本的40%，成为上药集团第一大股东。这样，华源集团和上药集团在医药领域的销售额加起来接近200亿元，强强联手打造了医药领域的“巨无霸”。

3. 复星系

复星系大厦始建于1992年，当时郭广昌与其他4位复旦同学筹集几万元开办了名为“广信”的民营科技咨询公司；同年11月，广信组建了上海复星高科技集团，开始进入生物医药领域。2001年6月18日，天药股份在上海证券交易所上市，天津药业集团为第一大股东。而早在2000年8月，复星即注资1.49亿元人民币拥有天津药业集团22%的股份，成为天津药业集团第二大股东。复星对羚锐制药有类似的间接参股。近几年来复星的收购兼并动作神速，先后参股河南信阳、天津药业、武汉中联、上海雷允上北区药业，并收购了商业性资产豫园商城、友谊股份，参股广西花红药业，控股了重庆药友、北京金象。

一系列的收购令复星实业成为一个庞大的医药产业综合体，而在医药商业渠道上的扩张目前已经成为公司的投资重点。2003年1月16日，复星集团宣布和中国医药集团组建注册资本达10.27亿元的国药集团医药控股有限公司。根据协议，中国医药集团以旗下固定资产投资，拥有合资公司51%的股份，而复星集团以资金进入，拥有49%的股份。复星集团为此一举抛出5个亿的资金。此举奠定了复星在国内医药连锁方面的优势地位。

4. 华立系

华立集团近期从红塔集团收购了昆明制药，为公司植物药的成药制造、研发和销售提供了一个重要平台，是华立打造生物制药产业链的重要一环。

由重庆川仪更名而来的华立控股，目前已成为华立集团发展生物制药产业的旗舰，发展方向是青蒿素。根据世界卫生组织的报告，未来5年～10年，青蒿素类产品将在全球市场上形成15亿～20亿美元的销售额，而我国目前所占份额很小。华立控股的目标是3年～5年内，投入3亿～5亿元，在国际上占有30%～50%的份额。而昆明制药公司的主营产品主要有高甲醚系列、三七系列、天麻素系列药品等。收购昆明制药无疑拿下了我国青蒿素产业链最关键的一环。华立已经将该行业内从上游到中游、下游的实力最强的企业收购控股，着力打造从种植、培育、提炼、制药、研发一直到国际市场营销的青蒿素产业链。

5. 远大系

远大系的核心中国远大集团属于国务院扶贫办下面的大型国家计划单列企业，注册资本1亿元，以资本为纽带形成了40亿元的实业体系。以前农业是其发展主线，但是20世纪80年代后，远大在国际贸易、房地产、科技、制药等领域发展势头迅猛。当华东医药改制上市时，远大集团作为实际控股者首次亮相。

2000年11月，远大集团先后与远大（连云港）海洋集团有限公司、连云港兴农农业有限公司、珠海生兴贸易发展有限公司签订了股权转让协议，以抵债方式受让各方所持如意集团法人股共计5 570.1万股，以41.26%股份控股如意集团。2001年6月13日，如意集团将其持有的远大（连云港）花生食品有限公司90%的股权和连云港艾利如意食品有限公司70%的股权，包含部分应收账款等资产，与中国远大集团持有的四川远大蜀阳药业有限公司60%的股权进行置换。主要由于医药资产蜀阳药业的功劳，如意集团的每股收益由2000年的0.03元上升至2001年的0.19元，再到2002年的0.22元，并推出了10配3的再融资方案。

浙江医药于2003年2月26日发布公告，公司第二大股东国投药业投资有限公司与中国远大集团公司签订了股权转让协议，拟以每股1.244元出让其持有的公司国有法人股9 730.7591万股，完成此次股权转让后，中国远大集团公司将持有该公司总股本的21.62%，成为第二大股东。

6. 太太系

太太药业（已更名为“健康药业”）是一家典型的保健品企业，虽然保健品利润丰厚，太太药业的太太口服液、静心口服液销售也不错，但太太药业一直都想在处方药和非处方药市场寻求突破，将发展空间延伸到生化医药领域。而太太药业花5.5亿元巨资收购健康药业及丽珠集团是实施其“大医药”发展战略的重要一步，收购健康药业，拓宽了公司在保健品市场的经营领域。而丽珠在消化道用药、心脑血管用药和抗感染用药上有一定优势，并具有较为完善的处方药销售渠道，这与太太药业较为成熟的OTC渠道形成有效互补。通过合并报表，太太药业可望实现主营业务收入较大增长，并遏制住原有业务下滑带来的负面影响。

7. 东盛系

2002年，东盛集团技工贸总收入30亿元人民币，集团现拥有1个药物研究所，6个药品生产基地，1个医药公司和1个保健品公司。1996年12月，东盛集团兼并陕西卫东制药厂，正式切入医药行业。从1996年起，东盛集团每年都有超过亿元的资本并购活动。1999年11月，东盛集团受让青海同仁铝业股份有限公司国家股股权，以28.92%的股权成为该公司第一大股东，2000年3月，同仁铝业更名为东盛科技。2000年11月，东盛科技受让江苏启东盖天力80%的国有股股权，拥有了启东盖天力的白加黑、盖天力等老牌名药。2001年底，白加黑受惠于PPA事件，销量达2.67亿元，为国内感冒药销量第一。2001年8月，东盛科技以7 000万元控股青海制药集团股份有限公司52.9%的股权，由此控制了国家惟一定点麻醉制剂生产商。

2003年6月21日潜江制药发布公告称，公司将向东盛集团、西安风华医药科技投资有限公司分别转让其所持有公司国有法人股2 150万股、283.75万股。转让后，东盛集团将成为第一大股东。综合来看，东盛集团击败丽珠集团成功收购潜江制药物有所值，意义重大，尤其是在2002年和太太药业在“丽珠争夺战”中失利之后。

五、医药行业投资价值分析

从长期看，医药行业仍属于成长性行业。但医药行业是个性差别较大的行业，各子行业所面临的问题是不同的。具体而言：大宗化学原料药品受到终端价格低迷、上游成本提升的双重挤压，其盈利前景不容乐观；而特色原料药行业则受益于国际市场需求扩大和产业转移影响，未来还有成长空间，可保持关注。对于化学制剂药行业，由于药品价格的持续下降和医疗体制改革的不到位，使得该子行业中的企业很难保持稳定的利润增长，但该子行业中研发能力强、能够持续推出新产品的企业仍然能够保持良好的发展势头，应予以重点关注。中药行业是典型的民族历史文化积淀的产业，具有历史品牌的企业应保持长期关注；此外，中药现代化水平高且又具有良好营销渠道的现代中药企业，也应保持关注。

（一）医药行业上市公司投资价值分析

总体而言，医药行业各细分行业里面一批有特色的上市公司，能够克服行业所面临的主要矛盾，因而具有较高投资价值。这些公司2004年的主要指标如表1.4所示，这些公司的股价也具有一定吸引力，因而推荐。

表1.4　医药类推荐的上市公司估值情况（单位：元）

名称和代码	2004年9月10日收盘价	P/E（2003年）	P/E（2004年）	P/E（2005年预计）
恒瑞医药（600276）	10.16	27.39	20.32	14.72
云南白药（000538）	13.80	29.30	22.26	18.16
天士力（600535）	9.45	18.90	16.58	14.77
同仁堂（600085）	19.58	27.12	23.04	19.58

资料来源：华泰证券研究所《2004年医药行业四季度分析报告》。

（二）医药行业各子行业蕴涵投资价值分析

预计2005年～2006年国内药品市场年增长率介于13%～17%之间，高于“十五”计划和IMS的预测。国内医药制造业一般分为化学药、中药和生物制药，其中化学药包括原料药与制剂，中药包括饮片和成药，在各子行业中蕴涵丰富的投资机会①。

1. 稳定增长的化学药制剂业

在2001年～2010年间，国际上市场价值超千亿美元的专利药的专利保护期将满，抓住机会快速仿制这些药能够带来额外的市场增长。关键在于快速和高标准，快速是指抢在专利到期前完成研发投产，高标准是为了通过欧美监管当局的认证而打入欧美市场。恒瑞医药等部分企业能够通过新药研发、剂型创新、抢仿获得超出行业平均水平的增长速度和盈利能力。

2. 增长趋缓的化学原料药业

未来大宗原料药的投资机会在部分企业可能形成对某些品种的市场垄断。特色原料药技术

① “2005年我国医药产业特征及投资价值分析”，hc360慧聪网医药行业频道，2004年12月24日。

附加值较高，且随着大量专利药到期后特色原料药市场的份额将扩大，增长速度将高于原料药行业，发展诀窍在快速和高标准，华海药业、海正药业等将分享行业成长。

3. 处于新发展阶段的中药业

2004年，我国中药工业年总产值已达900多亿元，比上年增长10%以上，中药工业的净资产收益率、销售利润率、成本费用利润率分别达到10%以上，均高于医药工业的平均水平，展现出了较强的发展潜力。中药的双重市场属性及国际需求赋予中药企业成长空间，目前中药行业正处于与现代技术结合的新发展阶段，中药行业中如同仁堂、天士力等具有品牌、技术、资源优势的企业将分享这一成长。

4. 向研发转变的生物医药业

我国生物制药工业处于成长初期，生物制药类上市公司的生物制药治疗用新药产出能力较弱。国内基因诊断行业有快速发展前景且技术成熟，中国疫苗市场年用量增长率达15%且治疗性乙肝疫苗和口服菌苗技术走向成熟，达安基因、科华生物、天坛生物、双鹭药业等将分享行业的成长。

截至2004年，国内生物制药企业总数约在200家～250家，大体可以分为三类：第一类，是原化学制药企业参与到生物制药，如华北制药；第二类是新建立的生物制药公司，如沈阳三生、深圳科兴等；第三类是上市医药企业引入生物制药项目。生物制药领域是长期以来风险投资界广泛看好的领域，但是由于行业本身的特点，投资者对于生物制药的投资仍处于谨慎试探阶段，没有出现对该领域的大规模投资。

目前，国内风险投资机构在生物制药领域的投资大部分集中在有成熟产品的企业上，生物制药方面投资做得不错的，主要有：（1）北京高新技术创业投资公司，公司投资博奥生物芯片公司1 600万元，投资深圳康泰药业4 224万元。（2）上海联合创业投资公司曾经投资过一些生物制药项目，比较著名的有万全药业和康缘药业，其中康缘药业2002年在国内主板上市，联创持有其8.46%的股份，是第二大股东，2003年上海联创又斥资3 000万元投资北京一家生物技术企业。

5. 处于成长期的医疗器械制造行业

医疗器械制造业已经形成一定的品类优势和技术储备，处于成长阶段，仍需要大量的资金投入。医疗器械行业涉及医药、机械、电子、塑料等多个行业，是一个多学科交叉、知识密集、资金密集的高科技产业。高新技术医疗设备的基本特征是数字化和智能化，产品技术含量高，利润高，因而是各科技大国，国际大型公司相互竞争的制高点，相应的介入门槛较高。即使是目前行业整体毛利率较低，行业投资也不太活跃的情况下也不断有技术含量较高的产品出现，并从中孕育出一些具有较强盈利能力的企业，适宜风险投资机构在恰当的时候介入。

截至2003年12月底，我国有一类医疗器械生产企业2 214家，二类医疗器械生产企业5 247家，三类医疗器械生产企业1 548家；核发医疗器械产品注册证28 043个，其中进口注册证6 510个，许字证号注册证136个，国产三类注册证3 531个，国产一、二类注册证17 866个；医疗器械重点产品生产企业1 240家，其中属国家重点监管的企业有624家。

2004年1季度，医疗器械行业共实现总产值82.64亿元，相对上年同期有较大幅度的提高。其中，卫生材料、诊断、监护、治疗设备，以及医疗、外科及兽用器械三大门类仍然是主流，其产值占据了整个医疗器械行业总产值的77.37%，行业的整体集中程度较高。在行业整体保持上升势头的同时，医疗器械行业季节性生产和销售的特点在第1季度也得以体现，几个大的门类在三个月当中的产值和销售额度与2003年4季度持平或者略有下降。

2004年1月～5月，我国西药及医疗器械类商品进出口总额达52.2亿美元，同比增长74.46%，继续保持了强劲的增长态势。其中，出口额为28.4亿美元，同比增长63.73%；进口额为23.76亿美元，同比增长89.31%；累计实现贸易顺差4.64亿美元。

6. 处在十字路口的流通业

我国已正式加入WTO，面对药品关税的逐步降低和即将开放的药品分销服务市场，我国医药商业企业正处在生死攸关的十字路口：医疗卫生、社会医疗保险制度改革措施相继出台；医药分业、医院药房改零售药店、平价药店、定点药房、招标采购……，我国的医药商业，面临太多的变数，如何建立创新的发展模式以应对变局已迫在眉睫。我国的合资药厂已达到1 500多家，占了1/3。10多年的市场竞争，使传统医药工业也逐步适应了市场经济的要求。但医药商业领域，由于长期以来过分强调药品的特殊性、专营性及国有主渠道作用，医药商业几乎是在相对垄断的环境下生存的，虽然买卖市场有所变化，但经营思想、体制和制度改变不大，经营模式更是缺乏创新，企业的竞争力普遍不强，市场网络基础薄弱①。

目前在企业的产品线上，多是独家代理品种少，或者是科技含量不高，临床特色不明显。而且常规药同类品种多，盈利能力不强，品种规格也不够全面。

微利时代的到来，原有的商业调拨等体系发生变化，部分民企大有代替传统调拨企业之势；商业作用向配送、服务等方向转变，掌握终端网络日益重要，并且终端流向的细化也日趋凸显。同时，出现了主营从事某些品种市场推广的专业商业公司。很多企业都是不同的产品共用相同的渠道。企业多采取“普遍撒网”的策略来建立自己的销售渠道。这种策略会使产品铺货率上升，但是分销商的积压难题没有得到很好的解决，而且由于人力、物力、财力的限制，企业缺乏重点的扶植经销商，不能“重点捕鱼”。

针对存在的问题，加快医药流通改革的步伐，创立医药商业品牌，走特色经营之路，完善总代理、总经销制，是医药流通行业发展的出路所在。

批发与零售的规模化、集约化是大势所趋。美国三大批发商的销售额已占90%以上，而我国现存的13 000个批发商数目太多。目前，只有5家最大经销商的销售总额超过50亿元。全国还没有超过100亿元的商业企业，规模优势仍无从谈起。整个行业亟需优化组织结构，实施企业间的并购、联合，按照现代企业制度逐步实行产权主体多元化，尤其需要5个～10个面向国内外市场、年销售额达到50亿元且有现代化营销领先水平和高度文化内涵的特大型医药流通企业集团，以抵御跨国医药商业公司的冲击。

目前，如火如荼的“平价药店”是一时之策，这种通过降价来占领市场份额的做法不可能维持太久。大力打造产品的知名度、美誉度以及盈利才是关键。连锁、现代物流渐成气候，也将成为未来商业发展的主要模式。

在国外，建立自己独立的商业销售品牌，拥有自己的商标、包装、服务等方面的形象标识已成为企业参与竞争的一个重要模式。在我国仅有为数几个“老字号”，近年出现的连锁药店也仅仅处在探索阶段。

我国的传统医药商业没有自己的注册商标，企业名称大多是“地名＋医药公司”，谈不上什么品牌识别。事实上，我国的国有医药商业有良好的销售网络、较高的信誉和商誉，充分利用这些无形资产，发展自己的品牌，应该是大有作为的。眼下已有一些医药商业或医药生产企业在尝试

① “医药行业整体盈利能力下降”，中国医药网 http://www.pharmnet.com.cn/，2004年12月13日。

以商业品牌为核心的医药连锁经营，为连锁药店设立的统购配送中心将有利于产生规模效应和组合效益，从而降低费用和价格。商业品牌的良好信誉，也有助于提高品牌忠诚度，促进药品销售。

医药商业根据自己的经营专长，选择合适的品种，做到真正的总代理、总经销制，与厂方风险利益同担，结成真正的合作联盟，不失为一条可行的商业出路。一方面，可降低交易成本、控制市场；另一方面，可保证药品市场的“垄断”地位，获取高额利润。目前，通过总代理进入我国的国外药品有七八十种，总代理药品的效益往往是惊人的。因此，进入利润丰厚的医药流通领域，也是风险投资能够充分发挥的舞台。

（三）医药行业区域投资热点分析

从国内各地区发展情况看，存在一些区域的投资热点，以下我们做相关的分析：

1. 北京安万特制药公司成立

国际医药企业巨头安万特医药和中国医药工业公司合资建立的北京安万特制药有限公司，日前在北京经济技术开发区举行了开业典礼。该公司是安万特医药在中国投资中的核心所在，目前已经顺利通过GMP认证，认证范围包括小容量注射剂的分包装、片剂和胶囊剂的分包装和生产。

2. 杭州将开放医疗市场鼓励社会各界创办医疗机构

从杭州市有关部门了解到，该市将开放医疗市场，鼓励社会各界创办医疗机构，在数量上不作限制。

杭州市在一个有关医药卫生和医疗保险救助体制改革的文件中说，今后在杭申办营利性医疗机构不仅将不受区域和数量的限制，还将享受工业企业招商引资的政策，在税收、用地等方面得到优惠。同时，符合条件的营利性医疗机构经申请核准，可列为医保定点单位。

据介绍，杭州市将鼓励市外的境内医疗机构或民资、外资兴建中外合资、合作医院；鼓励境外资本、民资投资收购或兴建老年病院、精神病院和传染病院等公益性非营利性医疗机构；鼓励境外资本建立专门为来华商人提供医疗服务并连接境外医疗保险体系的营利性医疗机构。

此外，杭州市还将逐步弱化医疗机构的行政隶属关系和所有制界限，推进医疗机构的政资分开，确立医院的独立法人地位，规范出资人和医疗卫生机构的产权关系。与此同时，还将鼓励民资、境外资本以收购、兼并、重组等方式，参与公立医疗机构产权制度改革。

3. 工商强强联合，石药集团与乐仁堂合并

石家庄市委、市政府研究决定，同意将乐仁堂公司中的国家股14 446.23万元，划转石药集团持有，由其作为国家股股东，依法行使股东权利，实现了石家庄市属最大的药品生产企业与最大的药品流通企业的联合，两企业的产品结构具有高度的互补性。

4. 浙江化学原料药基地临海区块绿化规划通过会审

2003年12月，台州市农科院、台州市林业局有关专家经实地考察现场、审核，通过了由中国林业科学研究院亚热带林业研究所编制的《浙江化学原料药基地临海地块绿化总体规划》和《浙江化学原料药基地临海区块首期绿化工程设计方案》。2001年，国家计委、经贸委相继批准了在台州市建立浙江省化学原料药出口基地，浙江化学原料药基地临海区块是国家级浙江省化学原料药基地的核心区块，是国内化学原料药和医药中间体产业的重要集聚区，规划总面积近20平方公里，已入园企业26家，成为临海新的经济增长点。

5. 北京一批大型建设项目寻求国际合作

首都四大现代制造业基地之一的北京生物工程与医药产业基地，即日起开始向海内外全面征集大型投资项目合作伙伴，这些大型项目的首期投资总额将超过30亿元人民币。

该基地负责人表示，为了打造中国最大、国际一流的现代化生物工程与医药产业基地，切实把政府经济管理职能转到主要为市场主体服务和创造良好的发展环境上来，诚邀全球有实力的投资商参与一批基础设施建设项目、专业化配套服务项目，共同分享巨大商机。

生物工程与医药产业是决定国民健康水平和整体素质的战略性产业。近年来，中国生物工程与医药产业高速增长，成为世界上发展最快的医药市场之一，北京的医药年销售额已经超过百亿元人民币。2003年12月31日，北京市人民政府正式决定在大兴区建设北京生物工程与医药产业基地。这个北京市重点产业基地项目总占地28平方公里。经历过非典风雨后，基地更是全面加快了建设步伐。

基地的产业发展规划、概念性总体规划、标志性建筑群设计方案、标准厂房设计方案等陆续确定。基地发展的总体目标是：以产业配套和技术创新能力建设为核心、以高水平的软硬件环境和服务设施为保障；建设集研发、企业孵化、生产制造功能为一体的国际一流的生物工程与医药产业基地。

另一方面，基地的基础建设和招商工作也全面展开。一期建设的8.88平方公里中，起步区3.5平方公里已做到“八通一平”，具备企业入驻条件，双鹤制药、同仁堂、中国兽药微生物鉴定中心、中德合作的欧迈亚健康康复中心等第一批入区企业相继签署入区协议，总投资30亿元人民币。依托首都优势，基地呈现出产业快速集聚的态势。

为了给入区企业提供一流的软硬件环境，基地将陆续开工一批大型投资项目，主要有：标志性建筑群、贸易商业区、集中供热厂、标准厂房、生命科学技术馆、生活居住区。其中近期投资项目“生命之源国际广场”标志性建筑群占地185亩，由中外一流设计师联合设计，总投资超过17亿元人民币，分为孵化园（生物医药工程研发生产区）和综合区（办公、旅馆、酒店、娱乐、生活服务等）；其中综合区的主楼，建成后将成为我国生物工程与医药产业的标志性建筑和与世界交流的窗口。另一投资项目贸易商业区占地200亩，项目总投资12亿元人民币，建成后将成为我国生物工程与医药产业链的主动脉，为整个产业发展提供完善的贸易、商业、金融、法律、咨询、信息等一条龙服务体系。

六、医药产业投资风险分析

1. 医药产业处于低级发展阶段

国内新药产出能力弱，普药市场份额超过90%，而在国际医药制造业中专利药占据超过7成份额；国内医药制造业集中度低，制造业20强的国内市场集中度为42%，而世界医药市场上20强占据66%的市场份额。

2. 新药研发的预期回报率低导致创新能力弱

因为受到国内用药水平低、难以进入国外市场、国内医药基础研发薄弱等因素影响，我国新药研究的预期回报率较低，导致我国医药制造业的研发投入不足。美国医药制造业的R&D强度是我国的7倍。2001年，我国投入医药制造业的新产品研发经费仅为14.1亿元人民币，而国外平均一个新药的研发投入为8亿美元。

3. 市场进入壁垒不同导致子行业间存在盈利能力差异性

中成药和生物制药的利润率达11%，超出行业利润率2个百分点，中药饮片的利润率高出化学原料药的利润率2个百分点，化学药利润率较低。

4. 医药制造业处于内部结构调整期

调整主要分为两个方面：一是各子行业间比重在进行调整，中药及生物制药等子行业的快速发展是导致化学药比重下降的重要原因；二是专利药的比重将增加，2000年专利药在我国医药市场上占据9%的市场份额，预计到2010年将占有21%的市场份额，其中中药与生物制药具有较大创新产出潜能。

5. 政府将继续推动药价下降

未来药价下降空间主要来自医院药价的下降。2004年7月资料显示，医院的平均实际零售价高于药店39.50%。政府将继续医药分业改革，且在这个过程中通过提高服务收费来补偿医疗机构在药费收入上的损失，从而推动药价下降。很明显，药价下降的整体趋势，对于目前医药行业的发展是不利条件。但从另一方面考虑，我们有理由相信，随着虚高的药价逐步下降到合理的水平，对医药行业的长期发展将是真正的利好，进一步扩大了医药行业在未来发展的空间。

七、2005年医药行业发展的展望

从1998年～2003年的5年间，全国医药生产一直处于持续、稳定、快速发展阶段。5年间，全国药品生产销售收入年平均递增8.4%，实现利润年平均递增28.8%。化学原料药产量由1998年的35.37万吨增长到2003年的80.35万吨，中成药产量由34.28万吨增长到60.29万吨，医药产品出口额由38亿美元增加到90.2亿美元。1998年全国只有70家企业和车间通过GMP认证，2003年已超过3 000家。

那么，2005年医药行业态势如何？宏观和微观上可能会有些什么样的变化呢？

按照2004年全球医药产业的发展情况，可以预测2005年医药产业将依然保持稳定发展的趋势，预计未来3年世界医药市场年增长率为9%，生物制药市场年增长率为20%，专利药将继续主导市场发展但增幅减缓。

预计2005年医药行业利润增速将出现阶段性回落。经过几年医药工业经济保持两位数的产销和利润增长速度之后，2003年第3季度由于政策和市场两大层面的负面因素导致的利润增速回落的趋势仍将继续。

2005年，我国医药需求将持续增加。人口增长、人口老龄化、人均用药水平提高等行业长期增长的内在驱动因素并未改变；同时由于2004年8月份以来占据国内第一大用药领域地位的抗感染药物市场逐步回暖，对于化学原料药与化学制剂药行业的整体效益水平回升具备重要意义；中药行业的销售与利润水平的持续稳定增长和生物制品行业的快速成长，综合上述因素，2005年医药行业的效益有望回升，并且可以预计未来3年国内药品市场年增长率将达到13%～17%。

根据相关的产业分析，对于未来5年的医药产业发展态势做出如下的预测①：

1. 重组是重头戏

我国医药生产企业通过改革与重组，组织结构将发生重大变化。原来的6 000多家企业将逐步减少到4 000户或更少，加上13 000多家批发公司，企业“多、小、散、乱”的局面将得到改观。一批以上市公司为核心的大企业集团将成为引领中国医药发展的主力军。他们无论是生产集中度

① “中国高新技术产业导报”，《生物医药周刊》，2004年12月21日。

或利润集中度都会越来越高，强者愈强、两极分化之势将越来越明显。

2004年，上海医药集团公司药品销售收入已经赶上了2003年世界药业排名第50位的日本小野制药，预计未来5年还将有4户～5户大企业跻身世界医药企业50强行列。

技术创新带来产品结构的优化，历史形成的一个药品多厂生产的局面正在缓慢地得到改善，像氟哌酸这样一个产品有1 000多家制剂厂生产的情形将会迅速减少。随着“仿创结合”战略的落实，有企业技术特色和品牌的名牌药品会越来越多，尤其是中药，像地奥心血康、排毒养颜胶囊等年销售5亿元甚至10亿元的产品会越来越多。扬子江药业的左旋氧氟沙星作为一个仿制药品，2003年销售近10亿元，创造了一个新的奇迹。我们期待着2005年，这样的奇迹继续上演。

2. 区域市场联动

曾经有许多商业企业有过宏伟的全国布点蓝图，提出“打造全国万家连锁店”的口号。但是，中国太大了，各地方之间的差异也太大了，加之形形色色的地方保护，无论哪一家企业的网络要想形成全国性的控制，几乎都不可能。

那么，未来的市场流通的发展方向是什么呢？应该是有限范围的市场控制能力加上区域市场的联动为主体，逐渐形成各种形式的战略联盟。即不同地方的批发企业各自发挥在本地的优势，在品种上相互调剂，发展联合代理配送服务，既竞争又合作，以期获得最高的效率和最低的流通成本。

可以预期2005年医药商业的毛利只会下降不会上升，预计由目前的8%～9%会逐步降到6%～7%或更低，流通费用率也必然会由目前的8.75%水平逐步下降。现在已经出现流通费用率在1%～3%的优秀批发企业，如安徽华源仁济药业公司、湖北九州通药业公司等，这类企业在城镇及县、乡市场还会不断增加，这种被称为“大卖场”的医药批发是“降费增效”的必然产物。重庆太极集团、上药集团雷允上药业、广药集团组合成一个联盟，资源共享、三地联动、共同受益，这就是一个重要的发展方向。

3. 整合物流中心

整合做强是大势所趋，医药物流中心也需要整合。要连点成线、连线成网，全国范围的“物流中心热”会迅速降温。因为每个企业不可能也没有必要建自己的物流中心，而适当联合，以优质服务、高效率和低费用吸引第三方，再逐步扩大流量，成为第三方物流的公共平台，为其他企业服务才是上佳选择。珠海联邦制药公司有20亿元的销售收入，核算成本后，该公司没有建自己的物流中心，而选择了第三方专业物流公司。

4. 走出去与引进来

抓住机遇走出去，让我国的优势产品在发达国家实现本土化生产，是新形势下的新增长点，也是实现利润倍增的良策。“走出去”将成为医药企业发展的新亮点。

“引进来”是指外商的投资。对外开放20多年来，各跨国制药公司在我国都投资建了工厂，他们的全球产业布局基本完成，可以说这一轮的产业投资已告一段落。外资当前正在发生的投资方向的变化是由产业投资转向研发投资，如丹麦诺和诺德公司、瑞士诺华公司和罗氏公司、英国葛兰素史克必成公司、美国礼来公司等等，他们相继在我国巨资投入研发机构，充分利用国内优秀人才和高水准的临床医院进行原创药物筛选和新药临床试验，这对国内企业正是一次很好的机遇。

5. 后GMP时代的竞争

GMP改造已近尾声。近1 000亿元投入，从基本生产条件到企业管理都彻底改变了我国医药生产的面貌。欣喜之余，应冷静地看到GMP改造后的隐患，由于GMP改造投入较大，成本、费用上升，企业压力很大；另一方面由于改造中盲目竞相扩大了制剂加工能力，使原来就不高的生产能力利用率更低了，这是让人忧虑的问题，希望经过GMP改造后的药企采取为其他企业、医院、商业企业委托加工来缓解困难。

同时也建议政策面放开对科研单位自身成果产业化的限制，放开对行业外企业持有新药证书后委托加工的限制，以期减少新建药厂。今后，GMP企业的优越感将不复存在，新的竞争更明显地集中到产品创新和营销创新上来。

6. 医院改革将有突破

“三项改革”进展很快，但是现在还有很多矛盾，“以药养医”、“补偿机制”、“经营性医院与公益性医院分开”等一系列核心问题急待取得政策性突破。

关于医院改革的重大政策会陆续出台，内容可能涉及以下几点：（1）鼓励医院投资多元化，对医院资产评估、人员身份转换及相关政策予以明确；（2）允许医院自主决定用人机制和分配机制；（3）增加国家对公共卫生事业的投入，建立并完善财政对公益性医院的补偿机制；（4）提高部分医疗收费标准；（5）推动建立医院内部和外部竞争机制，卫生技术人员、医院装备等实现市场化配置；（6）大力发展社区医疗服务并纳入医疗保险等等。这些消息对于风险投资来说可以视为值得期待和关注的利好消息。

7. 药品定价市场化

药品定价市场化是大势所趋。比如，2004年上半年对抗生素的大幅降价，使国有骨干企业受到沉重打击。华药、石药、新华、鲁抗的利润分别下降50%～91%，利润率低到0.64%、1.37%不等，损害了企业技术改造和开发新产品的能力，引起社会舆论与企业议论纷纷。

关键问题就在于药品定价要不要市场化。我们预计未来5年，国家可能会对现行定价政策做出重大修改。进口药、合资药、新药、普药通过市场竞争来确定自己的价值。如果考虑到不要加重医疗保险的负担，那么也可以考虑授权医疗保险部门制定报销比例。政府可以对一部分价格较高的药品按一定比例由保险公司承担，超出部分由选择该药品的用药人自付，这样既尊重了市场定价原则，也满足了不同层次人群的需要。

参 考 文 献

[1]《中国统计年鉴》，1999年～2003年

[2] 吴晓川：“1992年～2002年10年全球药业发展概况”，中国商业报告库中国资讯行，2002年12月

[3]《中国医药年鉴》，1995年、1997年～2003年

[4] 曹棣泉，常科：“论国药企业竞争优势的构造”，《经济与管理》，2002年6月

[5] 孙国君，邱家学：“试论医药企业的规模经济”，《中国药房》，2003年9月

[6]“我国医药行业知识产权保护现状分析”，《中国中医药报》，2004年11月8日

[7]“我国医药行业并购浪潮成因及特点分析”，中国医药经济信息网 www.ebiotrade.com，2004年11月11日

[8] 郑小兰：“引进风险投资，创业板深圳迈瑞脱胎换骨”，《新财富》，2002年第4期

[9] 中国医药经济研究中心网，http://www.ccper.org/

[10] 中国医药信息网，http://www.cpi.ac.cn/

[11] 科技部科技型中小企业技术创新基金管理中心网站：http://www.innofund.gov.cn/index.asp

[12] 中国医药网，http://www.pharmnet.com.cn/

附录：

一、医药行业风险投资案例分析——深圳迈瑞生物医疗电子有限公司[1]

1997年，迈瑞提交一份很简单但却有很强操作性的商业计划书之后，经两轮谈判，迈瑞获得华登集团的200万美元的风险投资。

深圳迈瑞用这笔资金做了两件事：加快项目研发和建立市场网络。不过，随风险投资进来的不仅仅是资本，更多的是随之而来的一些全新的企业经营概念。

尽管风险投资不控股、不参与经营，但他们一些经营管理理念却让深圳迈瑞搞技术出身的企业创始人学会了怎样做企业。深圳迈瑞按照华登集团市场先于销售的建议，加大市场推广力度、建立起遍及全国的销售和客户服务网络，直接与安捷伦、通用等国外竞争对手抗衡。

引入风险投资后，公司的创始员工学会并习惯了符合国际惯例的议事规则，即严格遵照公司章程办事，董事会成员依据章程对重大事项进行投票表决。

在风险投资帮助下，迈瑞很快建立起董事会领导下的总裁负责制，这种规范的法人治理结构使公司责权明确，不仅提高了决策效率，也调动了经营者的积极性，至今三个创始人仍亲密无间。1998年迈瑞接受资本方建议，聘请了一位职业经理人——新加坡籍的陈泽民做常务副总裁。陈有过西门子公司的长期工作经验，这使得迈瑞很早便开始按国际规则办事。

1997年，华登首次注资时，迈瑞年销售额大概在6 000万，其中有一半是代理国外品牌的销售收入。经过风险投资的改造，这几年迈瑞的销售额以年均40%、净利润100%的速度增长。到2001年底，迈瑞的生命信息监护产品中国市场占有率紧跟安捷伦、通用之后排在第三位，其他两类检验和超声产品逐步成为国内市场的领导品牌。

事实上，我国的高技术医疗设备市场主要被美、日、德等少数国家的少数几个跨国大公司所垄断，包括美国的通用、皮克、惠普，德国西门子，日本东芝、岛津、日立及荷兰飞利浦等。而在加入WTO以前，我国医疗器械行业便已由审查制改为报备制，可以说像迈瑞这样一些国内的医疗器械企业，是在与国际领先企业的直接竞争中成长起来的。

回顾迈瑞的成长，定位清晰和目标准确的市场、全面分销网络、提供培训及有效客户援助系统，均是取得成功的关键要素。

迈瑞三位创业元老李西廷、徐航、聂彤和其他高管人员，早在1987年就开始从事生物医疗电子科技产业。李西廷和聂彤曾参与过我国第一台核磁共振成像仪的研发，徐航领导过我国第一台彩色B型超声诊断成像仪的研发工作，分别获得过国家科技进步一等奖和二等奖。因此，对我国生物医疗电子产业的发展他们有着更为深刻的了解。

目前公司已建立起一支138人的业内最大的研发团队。这些年迈瑞一直坚持拿出销售额的10%投入研发，每年至少推出2个新品种。在产品开发上，迈瑞的策略十分明确：一是坚持开发拥有自有知识产权的产品；二是针对中国用户需求，选择最适用的功能、最先进的技术开发医院常规产品，并进行有效的成本控制。这样，在同等性能下，迈瑞产品价格往往比同类进口产品低1/3。

由于我国用户缺乏对生物医疗产品的了解，迈瑞通过全国23个办事处和当地代理商，建立起了覆盖全国的强有力的销售服务网络，把市场触角伸向了各地的众多医院。这个中国生物医疗电

①《新财富》杂志，2002年第4期，作者：郑小兰。

子科技行业中最大的市场营销和服务网络，令国外公司望尘莫及。

与我国传统的医疗设备企业拥有自己的工厂不同，迈瑞在产品制造中，充分利用深圳和珠三角来料加工企业群，外包产品初级加工，本部则致力于产品的技术开发、组装、调试和供货方的品质检验。这种专业化分工的外包模式，降低了成本并提高了产品质量。

1999年，华登集团决定二次注资。这次华登集团带来了日本软库、日本亚洲、亚洲盛昌三家风险投资公司，共同投了600万美元。2000年，迈瑞已全部通过了中国证监会和香港联交所的有关程序，只剩临门一脚。但在最后关头，迈瑞却收回了“这一脚”。“当时香港创业板指数是300多点，现在只有200点不到。”徐航说，香港创业板的持续低迷及香港社会对高科技的理解有限，是促使他们回来的主要原因。“中国A股市场已由审批制改为核准制，为中小民营企业上市敞开大门；而且随着2001年以来监管力度的增强，整个证券市场也日趋规范。”

深圳迈瑞对国内证券市场充满信心。事实上，迈瑞的高速增长和良好业绩早已引起国内资本市场的关注。2000年，深圳市科技局曾将其列为首批推荐上创业板的企业。2001年上半年，迈瑞又进行了一次股权改革，说服外资出让股权，由外商独资企业变更为中外合资企业。在这次股改中，联想投资、强生控股(600662)等多家国内企业成了迈瑞新的战略合作伙伴。

新资金引入后，迈瑞首先致力于继续挖掘国内市场潜力。自20世纪90年代以来，我国医疗设备市场以年均20%的增长率迅猛发展，2000年市场容量已达220亿元，2010年将达到300亿元。在生命信息监护产品市场取得稳固市场占有率的同时，迈瑞还将针对我国中档市场，进一步扩充和完善临床检验设备和超声设备产品线，增加盈利能力。

其次是开拓国际市场，从2000年开始，迈瑞产品已销售到了40个国家和地区。英国皇家医院就有20台监护仪是迈瑞的产品。2001年海外销售只占总销售的10%，2002年出口实现了300%的增长，未来3年～5年迈瑞都会以平均100%的速度扩大出口，深圳迈瑞的目标是争取海外销售占到50%以上。

深圳迈瑞可说是风险投资的一个成功的案例，总结起来，深圳迈瑞和华登集团的一见钟情，正是因为作为专业风险投资华登集团专业的管理咨询和经营的指导，与深圳迈瑞在医药行业选择的正确的发展方向和专业精深的创始人员的最佳组合的结果。近几年来，我国风险投资发展处于低迷阶段，我们认为这与目前国内风险投资业界急功近利，忽视风险投资作为长期投资的特点，对短期利益的过分苛求有关。相对于国外风险投资机构对投资行业和投资企业的准确把握和对被投资企业所提供的切中要领的增值服务，以及良好的运作机制，国内的风险投资机构需要做的还有很多。

二、2004年科技部科技型中小企业技术创新基金管理中心验收合格项目(医药类)

立项代码	项目名称	企业名称
00C26113100178	“银杏酮酯”及其制剂的产业化	上海杏灵科技药业有限公司
00C26113301020	治疗冠心病的单味中药制剂可达灵片产业化	浙江英特制药有限公司
00C26113301220	盐酸沙拉沙星	浙江新昌国邦兽药厂
00C26114201272	国家三类新中药“当归芍药颗粒”产业化工程	湖北虎泉药业有限公司
00C26115100420	新药肝胆消石片的批量化生产	四川旭华制药有限公司
00C26115201339	3亿粒仙灵骨葆胶囊规模化生产	贵州同济堂制药股份有限公司
00C26115201340	注射用盐酸拓朴替康冻干粉针剂生产	贵州汉方制药有限公司
00C26116100457	葛根提取黄豆甙元	陕西平利县制药厂
00C26211100016	多功能自体全血回收机	北京京精医疗设备公司
00C26212111155	叶金排石胶囊	沈阳东陵药业股份有限公司
00C26213100737	肿瘤化疗增敏药物-丁磺氨酸胶囊剂	上海中敏新技术有限责任公司
00C26213200558	用核糖研制开发治疗心脑血管疾病的新型药物	无锡市生物技术公司
00C26213310609	盐酸依托必利	宁波市天衡制药厂
00C26214420391	碳[14C]-尿素呼气试验药盒中试生产	深圳市海得威生物科技有限公司
00C26214420872	重组腺病毒-p53抗癌注射液	深圳市赛百诺基因技术有限公司
00C26231100049	数字化高档呼吸机研制	北京航天长峰股份有限公司
01C26112110810	新复方制剂——复方电解质眼内冲洗液(世可)	沈阳市兴齐制药有限责任公司
01C26112300074	肝脾康胶囊	黑龙江中龙医药集团
01C26113200863	复方丙酸氯倍他索抗银屑病新药	江苏圣宝罗药业有限公司
01C26113300131	3.5-二羟基苯乙酮	浙江台州海翔医药化工有限公司
01C26113500146	新型抗真菌药——盐酸萘替芬软膏(国家二类新药)	福建金山生物制药股份有限公司
01C26114200388	基因工程菌酶促转化技术生产L-色氨酸	湖北省鹤峰八峰民族药化工业总公司

立项代码	项目名称	企业名称
01C26114200551	减振降噪用宽温域高阻尼材料	湖北省麻城市降噪材料厂
01C26115110589	RGZ—2000型人工肝支持仪	重庆赛诺生物药业股份有限公司
01C26115300734	注射用灯盏花素冻干粉针剂	昆明龙津药业有限公司
01C26116510749	阿胶强骨新药产业化	新疆华世丹药业股份有限公司
01C26211100271	三维医学图像处理与分析系统3ddms	北京数字指通软件技术有限公司
01C26211100621	多导睡眠记录分析系统	北京新兴生物医学工程研究发展中心
01C26211100771	高精度圣唐胰岛素泵	北京鼎涛医疗器械技术开发有限公司
01C26211200791	盐酸法舒地尔注射液	天津红日药业股份有限公司
01C26211500798	螺旋CT三维仿真内镜口服对比剂	内蒙古阿泰医疗器械有限公司
01C26213200672	远端带定位平台的远近端交锁髓内钉（无须X线机引导）及固定系统	常州市康辉医疗器械有限公司
01C26213200847	S-4-苯基-2-噁唑烷酮(S-POZ)	苏州恒益医药原料有限公司
01C26215100574	高性能医用X射线管旋转靶盘	四川省科学城神工实业总公司
01C26215110970	医用灭菌袋	重庆博迈生物医学技术有限公司
01C26216100736	股蓝泼尼松片	陕西安康药用植物开发研究所
01C26221100781	WE7568型多极射频肿瘤消融仪	北京为尔福电子公司
01C26223700900	盐酸吡格列酮	山东诚创医药技术开发有限公司
01C26226110252	天癸宝胶丸Ⅱ、Ⅲ期临床研究及放大中试生产的可行性研究	西安交大天奎医药生物公司
02C26112100032	小牛血去蛋白注射液	锦州奥鸿药业有限责任公司
02C26113200191	国家一类新药爱普列特及片剂	江苏联环药业股份有限公司
02C26113300611	多肿瘤标志物蛋白芯片检测系统	湖州数康生物科技有限公司
02C26114200093	年产2 000吨牛磺酸	黄冈永安药业有限公司
02C26126110770	医学图像存档与通信系统	西安华海医疗信息技术股份有限公司
02C26211100485	磁分离酶联免疫检测试剂（BIOZYME）	北京倍爱康生物技术股份有限公司

立项代码	项目名称	企业名称
02C26213400210	手性催化技术合成L--苯丙氨酸	淮南市山河药用辅料有限公司
02C26216200152	新型中药自动制丸生产线设备	天水华圆制药设备科技有限责任公司(原天水华圆医药食品设备厂)
02C26223600374	TEK-2000全自动三分群血细胞分析仪	江西特康科技有限公司
02C26223700083	中药细胞破壁动态提取技术与关键设备	济南倍力粉技术工程有限公司
02C26223700214	基因工程溶栓新药瑞替普酶	山东元隆生物技术有限公司
02C26224100217	化学发光诊断技术平台的建立及系列产品	郑州博赛生物工程有限责任公司
02C26226500256	甲苯咪唑固体分散剂	新疆华世丹药物研究有限责任公司
03C26113100104	生产抗肿瘤新药的中间体--三环吡啶	上海子能高科股份有限公司
99C26214400555	艾滋病病毒感染快速及确认系列诊断试剂	中山市中山生物工程有限公司
99C26215120581	GD-6型多媒体医学影像PACS系统	成都金盘电子科大多媒体技术有限公司

资料来源：根据科技部科技型中小企业技术创新基金管理中心网站：http://www.innofund.gov.cn/index.asp整理。

第二章　2004年中国通讯业投资分析报告

通讯业是我国国民经济发展的重要行业，对我国的信息化建设有着重要影响。多年以来，我国通讯业维持了高速增长势头，预计在今后几年里，仍然将以较高的速度增长。随着业界对2005年3G发展的良好预期，我国通讯业在2005年将取得更大的增长。2004年，通讯业是国际、国内风险投资关注的热点。2005年，网络设备、手机研发、移动增值服务、IPv6等领域将成为新的投资热点。

一、2004年我国通讯行业发展概况

电子通讯业作为我国国民经济的基础产业、先导产业和支柱产业，在我国国民经济建设、社会发展和国家安全中具有重要的战略地位。通讯业已成为拉动我国经济增长、促进信息化建设的中坚力量。

我国通讯行业在短短几年间超常规发展，在市场规模和技术水平方面都取得了令世人瞩目的成绩，近几年来的发展速度一直保持在30%左右，中国已经成为全球通讯市场的重要影响力量。2004年6月，ITU正式宣布2006年世界电信展将在中国香港举行，这是世界电信展创办多年以来首次在瑞士日内瓦之外的城市举行，表明亚太地区特别是中国电信业在国际上的地位有了突破性的提高。

2004年，我国通讯业依然保持了旺盛的增长势头，为我国经济的发展再次立下汗马功劳。

（一）全球通讯产业发展迅猛

经过被称为是全球通讯业复苏年的2003年一年的休整之后，2004年是诸多电信巨头值得高兴的一年。GSM突破10亿用户，迎来了一个全球的发展时代；3G产业大规模商用化进程越来越快，越来越多的移动通信运营商加入到3G产业的大军中；一笔笔大手笔的并购案暗示着电信投资者开始逐渐重拾信心；以3G、NGN等为代表的新发展时代的到来即将为全球通讯业再添一道靓丽的风景。2005年，将成为全球通讯业发展史上的重要一年。

从通讯业的产业链来看，通讯行业主要由通讯设备制造、电信服务、网络服务三部分组成，是我国国民经济的支柱产业。随着全球信息产业复苏，通讯业也将迎来新一轮快速发展。IDG预测，2005年全球通讯业将增长15%，2005年～2008年这四年里，全球通讯业将增长2 740亿美元。

国际电信同盟(ITU)12月10日称，到2004年上半年为止，全球手机用户总量已将近15亿，约占全球人口的1/4。自2000年以来，全球手机用户增加了一倍。

来自ITU的这份年度报告表明，近年来全球移动通信产业发展迅速，尤其在发展中国家表现得更为明显。手机用户的增长速度已超过固定电话及互联网两大行业的用户增长率。中国、印度和俄罗斯三国手机用户呈现高速增长局面。截止2004年上半年，发展中国家手机用户已占据到全球手机用户的56%。

2004年7月我国手机用户达到了3.1亿，约占我国总人口的1/4。印度手机用户的基数并不高，但近年来该国手机用户飞速增长。预计今年印度手机用户增长率为25%，新增用户1 100万户，增至4 450万户。俄罗斯2003年的手机用户为3 650万户，到2004年9月份已增至6 000万户。

（二）2004年我国通讯行业运行状况分析[1]

与2003年的高速增长相似，2004年我国通讯行业维持了高速增长的势头，继续成为拉动我国经济增长的火车头。

1. 通讯设备制造

我国通讯设备制造业向外资开放得较早，主要包括：固定通讯设备、光通讯设备、移动通讯设备和网络数字通讯设备的制造。在激烈的市场竞争中一批具有自主知识产权的民族通讯企业，如华为、中兴、大唐等脱颖而出，与北电、朗讯等国外大企业在不同产品领域展开角逐。

（1）通讯设备制造业成绩喜人。2003年，我国通信制造业形成年产手机2亿部的生产能力，生产手机1.86亿部（其中出口近9 000万部），同比增长54.5%，占全球手机总产量的1/4，是历史最好水平。在它的带动下，2003年我国通讯设备制造业也开始有所复苏，特别是在2003年9月出现了拐点，并在2003年底扭转长达近两年之久的利润下滑局面。

2004年上半年，受国际经济全面复苏和国内市场升温的影响，我国电子信息产业快速增长，经济运行质量明显好于上年。上半年电子信息产业完成产品销售收入10 804亿元（不含软件产业的1 200亿元），同比增长44.5%；出口总额881亿美元，同比增长55%；实现利润426亿元，同比增长49%。其中通信设备行业实现收入1 903.5亿元，同比增长42.6%，利润总额99亿元，同比增长102%，成为增长最快的行业。

2004年我国的通信设备制造业克服了不利因素的影响，在发展战略、技术创新、海外拓展、管理服务等方面都取得了骄人业绩，整体实力再上新台阶，可以说2004年我国的通信设备制造业延续2003年复苏的趋势，为我国通信信息产业发展又立新功。

（2）国内市场强者恒强，企业级市场受到重视。2004年国内领先厂商在市场份额上仍然取得长足的进步，传统交换接入市场仍是华为、上海贝尔、中兴通讯三足鼎立，而大唐电信在2004年出现复苏迹象，下滑趋势得到遏制，上半年已经实现扭亏。

中兴通讯在无线市话的地位日益稳固，目前销售已占到公司收入近1/3（含手机），华为在中低端数据产品和传输产品市场仍占据绝对优势，市场份额均超过30%。

ADSL在运营商采取集中采购策略之后，市场份额继续向华为、UT斯达康、上海贝尔以及中兴通讯等优势厂商转移，局端设备80%以上已被上面四家厂商占据。

作为国内最大的两家通信设备制造商，华为和中兴通讯2004年销售增长均超过40%，远远高于行业平均水平。在国内上市公司中，中兴通讯作为规模最大的通信设备制造商，在销售额超过5亿元的公司中其收入增长速度也是最高的，前三季度达到66.71%。

（3）海外厂商技术优势减弱。2004年10月份结束的3G网络技术测试是业内关注的焦点之一。三种标准分别在北京、上海和广州等城市进行了设备层面和网络层面的测试。其中TD-SCDMA标准测试有4个厂商的4套系统参加，其业务平台多数与WCDMA共用；WCDMA标准测试有12个厂商的16套系统和3套业务平台参加；CDMA2000标准有9个厂商的9套设备和3套业务平台参加，在测试过程中，华为和中兴通讯均取得不错的成绩，与海外主流厂商差距在不断缩小。

我们注意到，在国内厂商不断发展的过程中，海外厂商只在作为通信设备市场主要分支的移动通信市场中处于相对垄断的地位，其垄断地位的形成与国内厂商在数年之前的技术落后不无关

① 数据来源：信息产业部。

系，在联通CDMA一至三期的网络建设中，中兴通讯作为国内厂商的代表，市场份额在不断上升。而在3G时代，在WCDMA和CDMA2000领域，华为和中兴已具备和海外厂商抗衡的实力，而大唐电信集团提出的TD-SCDMA，虽然目前进度稍稍落后，但仍是国内厂商的优势所在。

可以预见，2005年将延续2004年的增长势头，随着我国发放3G牌照的日益临近，并开始3G网络的建设，2005年中国通讯行业的形势会更加乐观。

（4）2004年：国产手机的冬天。我国手机制造产业在短短的几年内获得了飞速发展，成为全球最大的手机生产制造基地。2003年，是国产手机打翻身仗的一年，也是我国手机制造行业辉煌的一年。2003年5月，信息产业部发布消息，第一季度国产手机销售占国内手机销售份额的50%以上。这意味着在与洋品牌的争夺战中，继2002年成功实现突围之后，国产手机在数量上取得历史性的优势。2003年1月～11月，国内市场手机销售总量达到了7 000万部，其中，国产手机所占份额超过55%，是国产手机发展史上所占份额的最高比例，从而占据了国内手机市场的半壁江山。这标志着国产手机产业已经获得群体突破，在产品研发、生产制造、技术创新、市场份额、市场运作等多方面具备了和国际知名厂商竞争的实力。

但进入2004年以来，国产手机产业开始面临一些困难，主要表现在其国内市场份额的下降以及企业的营业额与利润率的下降等。国产手机正在“熬冬”，进入了残酷的“淘汰赛”，洗牌正在向纵深方向发展。2004年12月20日，TCL移动通讯总经理万明坚的黯然离职，使人们浮想联翩。万明坚、郝建学代表的第一代国产手机领军人物的黯然隐退，宣告手机暴利时代的终结，同时也是手机业大洗牌的开始。无论是对人还是企业，都进入了“胜者为王”的时代。而目前手机牌照制度开放也是大势所趋，2005年，我国将全面开放手机市场，并将有更多的企业进入，手机市场的竞争也将更加激烈，手机市场的淘汰必将加快，手机市场洗牌的进程也必将加速。目前和今后相当长的时间内，手机厂家争取存活是首要目标。

2004年1月，国产手机市场占有率降到了50.1%，到2004年9月，降至了48.7%。国产手机占据国内市场半壁江山的风光不再。与此同时，部分国产手机上市公司的业绩公告加重了市场阴影：销售额、利润、单机销售价格大幅下降，而存货量却大幅上升。2004年上半年，TCL通信的净利润为3.02亿美元，与2003年同期下降34%，营业额下降29%，其1 000元以下的手机在总销量中所占的比例从20%上升到40%；科健1月～6月的产量下降了50%，第三季度的利润则为负值；产量最大的波导上半年的存货金额高达20.3亿元；夏新电子第三季度更是亏损4 163万元[①]。曾经辉煌的国产手机开始集体进入寒冬。2001年～2004年国产手机销量对比见图2.1。

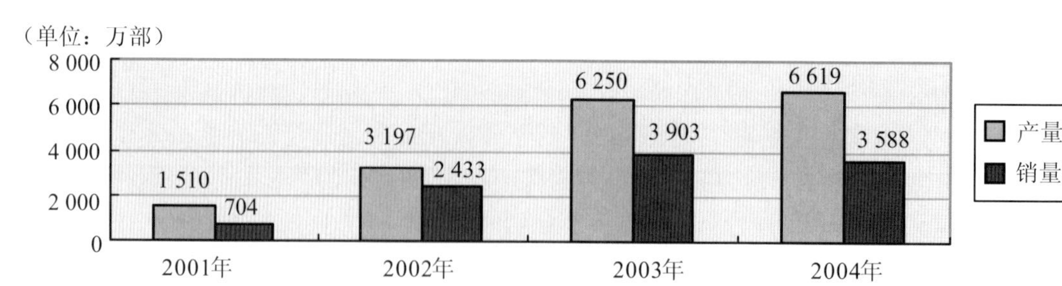

注：2004年数据为预测值　数据来源：赛迪顾问。

图2.1　2001年～2004年国产手机销量对比

① 《经济观察报》，2005年1月10日。

严峻的形式迫使国产手机产业开始了新一轮的艰难突围。与国内市场的集体失语相比，国产手机的海外销售却取得了令人瞩目的增长。2003年，中国大陆手机及其零部件出口达到115.2亿美元，增长60.9%，其中手机出口9 523万台，增长50.8%，出口金额73.7亿美元，增长39.5%；手机零部件出口41.5亿美元，增长127.6%①。《经济日报》2004年11月15日的报道表明，据信息产业部公布的数据显示，截至2004年9月份，国产品牌手机出口数量已超过400万台，大大超过了2003年的206万台的年度出口总量。

在3G产业的格局下，国产手机产业将再次发力，重铸昔日辉煌。

2. 电信服务

2004年，政府对于电信产业的政策更加明晰，同时整体电信业务结构和市场竞争格局转变趋势日益明显，这使得电信业务的整体市场的结构化发展趋势更加显著。

在大众应用领域，短信、网络游戏和即时通信等服务已经获得广泛应用和深入推广，市场由娱乐性应用向理性的日常应用推进。

在行业领域，不少企业表现出对新兴技术的渴望，在这种情况下，运营商联合技术供应商向广大企业大力推广短信网关、IP-VPN等应用。

移动数据业务的发展成为电信行业发展中的亮点。中国移动依靠“梦网模式”建立起庞大的移动数据业务的价值链体系，而中国联通则通过CDMA网络建立起“联通无限”的移动数据业务品牌，双方在此基础上联合SP和CP，为用户提供了种类繁多的移动数据业务。

研究发现，我国行业用户基础电信业务的竞争非常激烈，目前主要处于价格竞争阶段。在整体解决方案上，除政府部门外，我国电信运营商还没有为其他行业用户提供整体解决方案，而这部分工作主要由设备厂商、系统集成商来完成，电信运营商和电信业务只是辅助提供商和辅助产品。

电信运营商为了摆脱低价竞争的恶性循环，纷纷下大力气开拓深度捆绑行业用户的增值服务和电信解决方案，试图将电信业务内嵌到企业信息化系统、业务流程中，增加客户粘性、实现保网创收的目标。

运营商在加强原有电信业务发展的同时，要关注未来网络发展的趋势，适应网络演进，及时依托新的网络技术推出新的电信业务。未来的电信核心网络总体是向IP发展，而接入网络则是向无线、有线多种方式发展，运营商根据这两个发展的主体趋势，及时推出适应用户需求的新业务或者是代表技术发展趋势的新业务，这样才能保证在未来的发展中能够向用户提供具有竞争成本的电信业务。

我国的电信服务主要包括固定电话业务、移动电话业务、IP电话、数据业务，以及互联网接入业务等。从1991年至今，我国电信业务总量和GDP总量都处于增长态势，且电信业务总量的增长大大快于GDP总量的增长。

通信业务总量持续猛增。2004年1月～10月份全国通信业务总量完成8 016.5亿元，比上年同期增长36.6%。其中，电信业务总量完成7 543.8亿元，比上年同期增长39.2%；邮政业务总量完成472.8亿元，比上年同期增长5.1%②。

通信业务收入总体平稳增长。2004年1月～11月份，通信业务收入完成5 251.7亿元，比上年同期增长12.0%。其中，电信业务收入完成4 754.9亿元，比上年同期增长13.2%；邮政业务收入完成496.7亿元，比上年同期增长1.6%③。

①数据来源：《中国大陆手机制造产业研究报告2004》。

②③“今年1月～10月我国通信行业运行状况分析”，中国信息产业网，http://tech.sina.com.cn/t/2004-12-03/1537469987.shtml。

电话用户规模不断扩大。无线市话用户带动固网电话用户较快增长，但用户增长速度逐步放慢。2004年1月～11月全国固网电话用户新增5 040.9万户，达到31 315.6万户。固定电话普及率达到24.5部 / 百人，其中，城市固定电话普及率达到36.9部 / 百人。

2004年前11个月新增无线市话用户2 764.6万户，达到6 493.7万户，占新增固网电话用户的54.8%，是固网电话用户增长的主导力量。2003年8月到2004年6月是无线市话用户发展的高潮阶段，每月新增无线市话用户均在200万户以上。2004年下半年开始有逐步放缓的趋势。

移动电话用户继续快速增长，趋于平稳。2004年1月～11月份累计新增移动电话用户5 997.1万户，达到32 992.4万户，月均新增移动电话用户与上年基本持平。移动电话普及率达到24.8部/百人。

短信收入快速增长。截至2004年11月，短信发送1 958.9亿条，与2003年同期相比上升了60%。在移动增值业务中，短信依然是各运营商的业绩。

固定资产投资规模相对稳定。2004年1月～11月完成固定资产投资1 792.0亿元，比上年同期增长4.9%。其中，电信固定资产投资完成1 765.0亿元，比上年同期增长4.6%；邮政固定资产投资完成27.0亿元，比上年同期增长30.7%①。

3. 网络服务

近几年，我国互联网发展迅猛，极大地促进了我国的信息化建设。CNNIC在2004年7月发布的《第十四次中国互联网络发展状况统计报告》表明，我国上网用户人数截至2004年6月30日已达8 700万户，其中专线上网人数为2 870万户，拨号上网为5 155万户，ISDN上网为600万户，宽带上网为3 110万户。按上网计算机记，上网计算机总数已达3 630万台，其中专线上网计算机数为652万户，拨号上网计算机数2 097万户，其它方式上网计算机数为881万户②。

目前，我国网络服务主要包括以下几类：电子邮件服务、搜索引擎服务、域名注册服务、信息内容提供服务、接入服务、主机租用服务等。

二、2005年我国通讯行业投资热点分析

我国通讯行业的持续高速发展吸引了众多国内外投资者的关注。2004年国内通讯行业投资热点纷呈，一派繁荣。展望2005年，3G牌照即将发放的预期更是刺激了国内通讯行业的投资热情。

（一）运营商

随着人们的关注热点逐渐转向3G，通信运营商们似乎对“旧”技术的设备投资开始不感兴趣了。2004年，运营商们减少了2G网络的投资，但在3G设备的投入上却谨慎有加。此举令众多设备生产商很是焦急。随着3G概念开始转为现实，新的业务开始出现，预计2005年，我国通信运营商的投资热点将关注这样一些领域。

1. 3G网络投资

3G已成为运营商们豪赌的下一场盛宴，在越来越清晰的市场前景面前，国内运营商很快将迎来新一轮的大发展。2004年9月，爱立信全球总裁兼CEO思文凯把中国3G牌照发放的时间结点指向了2005年年中。2004年10月13日，中国信息产业部副部长娄勤俭在“2004年中国第三代手机发

①“1月～11月通信行业运行状况分析”，中国信息产业网，http://tech.sina.com.cn/t/2004-12-29/1431488972.shtml。

② CNNIC，“第十四次中国互联网络发展状况统计报告”，2004年7月，http://www.cnnic.net.cn。

展论坛”称，现在能够看到的3G手机太少，这是信产部迟迟没有发放3G牌照的重要原因。但与此同时娄勤俭也明确表示，目前3G在全球的部署已经明显提速，中国不能错过3G发展的大好机会。

3G的正式商用，业界普遍看好的时间是2005年中期。国内几大通信运营商巨头都在摩拳擦掌，加大了在3G上的投入。相信2005年，将是他们精彩的一年。

2. 通信增值业务投资

增值电信经过近几年的市场培育以及用户的需求拉动，显示出越来越强劲的发展势头。无论在固网领域还是在移动领域，都涌现出许多新业务、新应用。

移动增值业务当前发展尤其迅猛。在移动领域，SMS的红火让中国移动运营商们有理由相信，下一个机会就在眼前。按照服务技术属性划分，目前我国市场上已有的移动增值服务主要有以下6种：SMS、WAP、彩信、MMS、J2ME和BREW。而这其中，基于彩屏手机的彩信将会出现光明的市场前景。

运营商大手笔投资的是无线基础网络和交换。MMS前期投资较小，MMS中心一般是集中建设，再不断地裂变，投资成本不算大，但是收益却很可观，而且按照日韩的经验，对提升ARPU也很有效。因此，可以预计，运营商们肯定会在增值服务领域加大投入，毕竟这是个“香饽饽”，谁也不想失去机会。

（二）终端厂商：手机研发成投资热点

2004年的事实给了国产终端厂商一个残酷的教训，“没有技术就没有发言权”，国产手机厂商已经开始清楚地认识到了这个事实。

目前，国产手机产业链的细分正在日渐成熟，这给研发公司提供了巨大的生存空间。IT咨询机构“水清木华研究中心”将手机厂家的生产方式分成四个层次：第一层次是贴牌或组装；第二层次是设计方案级，即在核心软硬件平台上进行相关应用的开发。一般而言，一套完整的设计方案加上LCD屏等外设即成为一部完整手机；第三层次是模块级和硬件平台级；第四层次的生产方式是芯片级生产（全球有此能力的手机厂商仅10家左右）。

2003年以前，我国国产手机企业还处于第一层次，依赖日韩等设计公司进行整机贴牌。后来由于成本竞争的加剧，厂商部分介入第二层级，由此诞生了专事第二层次工作的独立手机研发公司。2004年，我国本土手机生产企业的困局，已经实实在在地表明，缺乏技术储备将给国内企业带来灭顶之灾。2005年，手机研发也许是国内企业奋起的机会。

研发公司的操作模式分为两种：一种是方案一次买断；另一种是除了提供方案，同时介入采购与生产，交给整机厂一个完整的产品。在手机产业链中，不同的角色获得回报参差不齐，而研发公司的角色更像一个掌握上游核心部件资源与下游厂家、市场的关节点，尽管它躲在幕后，但是已经成为价值链的核心。由于拥有相应的技术能力，并且不必兼顾厂家庞大的市场开销，手机研发公司比整机厂商其实更赚钱。

（三）设备制造厂商：网络设备投资

统计数据显示，国内的2G网络设备投资从2004年开始进入了衰退期，2004年网络设备投资额减少9%，而新的一轮投资高潮将期待3G牌照的发放。中国移动和中国联通的GSM网络设备的实装率已经达到了82%～94%之间，只剩下百分之十几的市场空间，网络设备投资的市场空间十分有限。

基于对3G牌照发放的良好预期，2005年3G设备商将会取得良好的发展机会。目前，3G标准中的WCDMA、CDMA2000、TD-SCDMA等三种标准都已在国内生产，华为、中信、大唐等国内厂商在3G设备研发与生产上都已具备较强的竞争力。同时，国外通讯设备生产巨头也都开始角逐中国市场。围绕着3G这个大产业，2005将会出现良好的投资机会。

（四）内容提供厂商：增值业务的机会

对比2G业务，增值业务将会是未来3G业务的重点。随着未来增值业务种类的不断丰富，增值业务平台的功能亦不断提升。中国移动和中国联通目前还主要是满足短消息、多媒体消息等业务的需要。随着网络的进一步建设和新业务的进一步开发，未来增值业务还会进一步丰富，例如，流媒体、游戏等。因此，增值业务将是未来的一个重点。

从增值业务的创新上看，2004年宽带应用、语音增值服务、IVR、SMS、MMS、WAP、KJAVA、BREW等新业务都取得了较大的发展。2004年12月22日，由中国通信企业协会增值服务专业委员会主办的首届成员大会在北京召开。在探讨2005年增值领域的亮点业务、可能遇到的问题以及应对措施等问题时，业界关注的焦点主要集中在电子商务、IPTV、宽带电话等固网宽带应用以及移动流媒体、手机下载、终端融合等移动热点业务的发展趋势上。易观国际通过对产业发展的详细分析，未来两年内，增值市场很有可能又迎来一个新的飞跃。

1. 手机游戏

手机游戏领域现在是风险投资的热点：营运商需要留住顾客的新方法，玩家需要新的游戏。因此，资金正如潮水般流入少数有机会成为手机游戏市场中巨无霸的企业。

非语音类的移动新业务正快速发展，配合3G的推出，游戏以及多媒体消息的业务也将得到快速发展。索尼爱立信全球总裁思文凯在谈到2005年我国乃至全球市场的发展策略时表示，目前的移动通信产品对内容服务的需求呈现出大幅增长的模式。未来最有前景的移动数据应用主要集中在视频、音乐和游戏方面。

手机游戏的势头之猛与网络游戏相比，有过之而无不及，而随着真正3G时代的到来，各种移动上网、无线传输技术的日新月异，更使手机游戏行业步入黄金增长期。

Frost & Sullivan研究公司指出，全球移动游戏业2002年创收4.364亿美元，2008年将上升至93.4亿美元。其中，2004年底，我国的手机游戏用户将达到1个亿。业界预测，2005年国内光是手机游戏市场将达5.5亿元，其中下载类的手机游戏，市场份额将为1亿元。2005年将成为我国的手机游戏年。

我国现有手机用户已经超过3亿户，如果按照8%～10%高端手机用户比例计算的话，那么，我国市场将有3 000万愿意使用高端产品和手机游戏服务的高级用户。移动行业给这批“目标客户”算了一笔帐：假设这3 000万用户每人每月只下载一个游戏，每下载一个游戏收费5元，那么一个月的市场就有1.5亿元，一年就超过15亿元。易观国际统计证实了这一点：移动通信各细分市场目前的业务功能中，除话音、短信、电话簿或记事方面使用之外，对游戏功能的使用达到了35.7%的比例。相形之下，用户对彩信、邮件、MP3等其他增值业务的使用都还没有超过10%。

In-Stat/MDR公司的分析师表示，无线游戏业务的利润比手机铃声下载丰厚得多。也就是说，手机游戏完全有可能成为继短信之后最为火爆的一类增值业务。手机游戏的美好“钱途”已经吸引了众多厂家参与。2004年多种手机游戏给我们带来了惊喜，先是美通无线的《三界传说》，而后《掌上运动会》、《大话三国》、《神役》、《无限乾坤》、《开天》、《恋爱行星》、《触通武侠世界》等等手机游戏如雨后春笋般，接踵而至。2004年11月，国内著名的移动设备游戏提供商——数位红软件应用技术有限公司，开发的《地狱镇魂歌》(Requiem of Hell）在全球上市。这是全球地区首款推出，也是由国人独立完成的惟一的一款N-Gage平台的A-RPG游戏。数位红软件应用技术有限公司自1999年成立迄今已有5年的历史，现为中国本土最优秀的手机游戏软件开发商，国内手机游戏的领头军。至2004年底，自行开发K-java游戏品种300余款，Symbian OS近60款，现已成为国际手机游戏行业中标志性企业。

与此同时，众多厂家开始介入这个市场。2005年初，网易对外展示其163.com的移动百宝箱，推出了《教父之地狱猎手》等多部取材好莱坞大片的手机游戏，这意味着网易拉开全面进军手机游戏的大幕。

这样一个黄金产业将不仅仅给运营商们带来真金白银，同时还给内容提供商们带来了巨大的机遇。也许，投资手机游戏正是时候！

2. MMS（移动多媒体短信）

多媒体短信服务（Multimedia Messaging Service，MMS）是一项存储和转发短信的服务，它可以使移动用户互相交换多媒体短信。可以把它看做是SMS的进一步发展，MMS可以传输更多的媒介形式：文字、图片、音响、影像以及以上各项的组合。

据研究机构Juniper在2004年底的研究报告表明，2005年全球多媒体消息业务(MMS)收入将达到425亿美元，是2004年的两倍多。该市场收入的增长主要来自移动用户之间互发消息以及各种信息服务如由第三方厂商提供给移动用户的体育赛事服务等等。MMS业务为电信运营商以及这一价值链上的其他提供商提供了一个新的收入来源。

而在我国市场，这一业务将成为通信运营商、内容提供商、手机生产商新的利润来源。2002年10月1日，我国移动的MMS开始投入商用。据业界人士的保守估计，到2005年，将有上千亿条MMS被发送，收入将超过百亿并与短消息持平，如按MMS现有收费标准，这个盘子将达到900亿元。因此，MMS的市场发展潜力大。

专家预测，由于手机、网络、价格等因素的限制，MMS最初将主要提供终端对终端的业务，并在相当长时间内占主导地位，然后才是MMS增值应用的发展——从静止图片、屏保、问候卡、铃声等，到提供日常的新闻、娱乐、交互式卡通、游戏等。在应用上，MMS的发展将先是人—人，然后才是内容—人。在MMS应用的初期阶段，大致上人—人的应用将占75%，而内容—人则只占25%。

随着3G市场的即将启动，MMS概念已经成为通信增值业务新的增长点，这将促使更多的内容提供商（CP）参加到这块大蛋糕中来，投资MMS概念应当说是正逢其时。

（五）3G概念市场广阔

1. 2005年：3G大发展的机会

由于消费升级将是2005年市场一大主题，这就为3G概念提供了一定想象空间。3G就是指第三代移动通讯技术，是无线通讯与国际互联网等多媒体通信结合的新一代移动通信系统，是语音、数据、视频之间的“三网合一”或者说是语音、数据、视频、存储之间的“四网合一”①。有三类公司将最先受益于3G概念：一是电信运营商。任何一个网络的建设至少需要上千亿元的先

①“3G概念股：后市科技股中能持续走强的品种”，新华网，2004年11月12日。

期投入，当然3G网络建设也不例外。中国联通已成为我国目前最大的3G运营商。二是通信设备制造商。据预测，中外电信设备制造商在3G的竞争中，国内厂商将占据33%的市场份额，远远超过2G时代的5%。此类公司中的中兴通讯、大唐电信、华为科技竞争力最为强大。三是通信终端制造商，也就是3G手机制造商。目前国内企业中有包括波导股份、中兴通讯、夏新电子、华为科技等都将是受益者。

日韩在3G市场的成功，给了人们足够的信心。尤其是韩国，3 400万移动用户中已有3 000万人使用高速数据业务的事实足以令人瞩目。目前，韩国共有将近800万CDMA2000 1xEV-DO用户，WCDMA网络也已经开始部署。

随着欧美开始迎来3G的启动，3G开始大规模走进人们的生活。据有关方面公布的数据，截至2004年6月，全球共有97家运营商提供3G业务，43个国家铺设了3G网络，51家厂商生产了3G设备，485种3G移动终端投入商用，全球3G用户也已突破1个亿。这一切都表明，全球3G已彻底告别阴霾，进入全面复苏和高速发展的新阶段。

2. 3G：中国的机会

中国标准成熟。2002年10月30日，TD-SCDMA产业联盟在北京成立。大唐电信、南方高科、华立、华为、联想、中兴、中国电子、中国普天等8家企业成为联盟的首批成员。但是，当时主流的国际电信设备企业并不看好该技术的前景，因此少有参与[②]。

决策层对TD-SCDMA的坚决支持对这一标准的发展起了决定性的作用：划分给TD-SCDMA最宽的频率、加大资金的投入和扩大产业联盟等。在这样的强烈暗示下，主流制造公司开始有所行动。

西门子、北电网络、德州仪器、上海贝尔阿尔卡特等主流制造企业逐渐加入到TD-SCDMA的阵营当中。在这些国际主流设备公司的促进下，从芯片到终端制造的TD-SCDMA产业链开始逐步完善。而这一结果也很有可能直接带动我国的3G进程。

很长时间以来，决策者一直拒绝对3G政策作最细致的表态。但是，扶植TD-SCDMA这一中国标准的决心却早已经表露无疑，在其他利益关系尚不明朗的时候，TD-SCDMA的前景无疑是最有底的。这也使得国际厂商开始采取更灵活的方式促进中国3G时代的到来，其中最重要的措施就是帮助中国企业开发TD-SCDMA技术。

2004年11月底，中国移动全球最大的软交换网工程交割顺利完成，为这家全球网络规模最大的移动运营商向3G网络过渡提供了便利。而在此之前，有消息称中国移动已经开始在部分地区部署2.75G的EDGE网络。

2004年，中国联通的CDMA1X网络也已经完成建设，在网络带宽上有能力运营3G的业务。即使是中国电信、中国网通这两家固网运营商同样也有机会，小灵通网络给了它们一个演练移动业务的平台。从这一层面来讲，我国3G的竞争时代来到了。

在固网运营商方面，关于网通、电信要发展3G的消息由来已久。目前，中国网通在天天在线总部建有自己的3G实验室。2004年12月2日，上海贝尔方面称，中国网通采用其网络设备在北京部署3G实验网络。而中国电信的3G方案在媒体的传说中已经有过好几个版本，此前有媒体报道说，中国电信计划投资800亿元建设3G网络，而来自上海贝尔阿尔卡特的消息说，中国电信在上海的3G实验网络已经建成了。

---

① “TD-SCDMA发展历程”，计算机世界网，2003年9月3日。

设备制造商的机会。3G牌照发放的时间被一拖再拖，于是，众多寄望于我国3G产业的本地设备厂商不得不先期投入，等待时机，而相比于实力雄厚的跨国公司，我国企业等待的代价则显得更为昂贵。华为在3G上已经投入了几十亿元，却仍没得到相应规模的回报；中兴、UT斯达康等设备商同样在缺少国内市场支撑的情况下迟迟发展不起来。与海外同行相比，曾经以技术领先和成本优势在全球市场获得快速发展的中国设备企业，眼下已经开始体会到了后劲不足的尴尬，而3G市场的启动将直接刺激到他们的成长[①]。

（六）IPv6技术新年新概念

2004年12月下旬，国家发改委、教育部等8部委联合宣布，我国第一个下一代互联网拉开序幕，这是世界上规模最大的IPv6互联网。我国计划在4年～6年时间内将原来的IPv4网络改造成IPv6网络，由于IPv6和IPv4的网络设备并不兼容，所以改造这么一个大规模的网络，是一个数千亿元的庞大市场。预计在今后5年内我国电信运营商仅仅在IPv6路由器上的投资，将累计达到150亿元，因而IPv6未来发展前景广阔。

目前，市场上真正涉足IPv6题材的企业不多，主要包括设备供应商和网络运营商两类。国内基于IPv6技术的路由器将成为未来建设下一代互联网的核心部分，清华紫光参股17.24%的紫光比威研制成功我国第一台IPv6路由器，另外，大唐电信、深桑达等都是设备供应商的代表。从运营商的角度来看，道博股份、重庆路桥、九龙电力等都是典型代表。IPv6将成为我国下一阶段投资的重点。

三、我国通讯行业市场环境分析

我国通讯行业经过多年的发展，已经成长为市场化程度较高、发展较为成熟的行业。从总体上来看，我国通讯行业的市场环境比较成熟，对促进我国通讯行业的发展，加快我国信息化建设起到了重要的作用。

（一）电信市场监督管制环境[②]

近年来，虽然我国电信市场监管工作者在信息产业部的领导下历经几年不懈的努力，针对我国电信市场经济改革的实际，创新了很多监管方法，已在法律、经济、技术、行政、制度、社会舆论监督等方面形成了对电信市场监管的基本框架，为我国电信市场初步建立公平、有效、有序的市场竞争环境做出了贡献，但监管效果依然不佳。

1. 电信市场管制缺少经验

我国电信市场相对来讲发展时间较短，从1994年联通公司建立算起，电信市场经济体制改革至今不过10年的时间，而建立电信市场的监管机制的时间就更短了，在电信市场监管方面十分缺乏经验，而西方发达市场的监管理论与实践又与我国的实际国情存在较大的差距，因此建立适合我国市场发展需要的监管机制，对促进我国电信市场的进一步开放与发展具有十分重要的意义。

---

① 明叔亮，黄燕："电信：3G市场全力冲刺 国内设备厂商寄予厚望"，《互联网周刊》，2004年12月28日。

② 刘百计："电信市场环境分析与提高监管能力的思考"，通信世界网，2004年12月13日。

2. 电信监管法律法规缺位

目前，适用于我国电信市场监管的仅有《中华人民共和国电信条例》，显然其法律体系建设还不完整。同时监管手段带有传统行政管理和阶段性色彩，从某种程度上讲也影响了监管的权威性与有效性。

随着《电信法》立法的加快，将极大的促进我国电信业的发展。由信息产业部提交国务院审议的《电信法》有望在2005年出台。它的出台，将为我国电信市场建立一个相对完善的游戏规则，维护各方的利益，促进电信市场有序、健康发展。

3. 电信市场监管体制不完善

一是电信市场监管体制改革还不到位。目前电信市场管制实行政监合一的体制，使监管机构既负有通信市场监管的责任，也负有国有资产增值保值的任务，这种目标的双重性弱化了监管能力。二是电信市场监管队伍建设不到位。省级通信监管机构依法行政监督管制能力薄弱，对政策认识不统一。

与此同时，电信市场监管执行能力有待提高。尽管信息产业部针对电信市场的发展及时出台了较多的部颁规章和规范性文件，但执行无力，效果不好，部省两级监管机构都存在贯彻落实执行力度不大，效果不理想的问题。

（二）通讯设备制造业

20世纪90年代初以来，我国通讯设备制造业经历了一条不平常的发展道路。20世纪90年代初，我国的通讯设备市场几乎全部被外国跨国公司所占领；1996年～1997年，中国通讯设备制造业中的“巨大中华”（巨龙、大唐、中兴、华为）等企业承担起了重振河山的重任，与国外公司展开了激烈竞争，从外国公司手中夺回可观的市场份额；随着我国本土企业竞争力的增强，更多的本土企业参加到了这个市场中，我国不仅能够在国内市场与外国公司竞争，而且具备了在国际市场与外国公司竞争的能力；同时，我国企业不仅能够参与产品的国际市场竞争，而且能够全面承包国际通讯建设工程，具备了提供通信网全面解决方案的实力。

目前，在国内国际市场上，本土通讯设备制造商与国外公司、以及本土公司之间，展开了激励的竞争。以大唐电信、华为、中兴、UT 斯达康等为主体的本土优秀企业，不仅赚着真金白银，而且其强大的竞争力也让世界为之一惊。2004年，是这些本土企业大发展的一年①。

1. 华为

2004年，华为公司海外销售额已超过销售总额的40%，2004年海外销售超过了20亿美元，海外市场已经撑起了华为的半边天。华为的成功正扭转当前西方国家通信设备制造商独霸市场的局面。而在由爱立信 、诺基亚 、西门子和阿尔卡特等主导的欧洲市场上，华为也夺得一席之地。华为承建的阿联酋 Etisalat、香港 SUNDAY、毛里求斯 Emtel、马来西亚 TM 四个 WCDMA 商用网络，中标 Telfort 的 WCDMA 商用网络更具影响力，这是我国基于 WCDMA 制式设备对 GSM、WCDMA 发源地欧洲的突破。2004年11月15日，华为公司在香港举行发布会，正式推出三款系列化、可规模商用的3G 终端，标志着华为正式跨入3G 手机供应商的行列，成为全球仅有的十多家能够提供商用3G 手机的企业之一。在 CDMA2000 领域，华为产品目前应用在全球37个国家，52个运营商的网络中，服务用户超过1 700万用户。在450M 频段的 CDMA2000 市场，华为已经成

① 数据及资料来自华为、中兴、大唐网站。

为领跑者，市场份额超过65%。2005年华为将建30个试商用3G网。

2. 中兴通讯

中兴通讯已基本形成了完善的公司治理结构和坚强的技术储备。这是公司实现长远发展的重要保障，与国内的大多数国有企业相比，有着明显的优势。目前，公司已成为国内多业务路由交换产品、高端路由产品、宽带接入产品等方面的技术领军企业。同时，公司在移动通信、光通信、传统交换机和软交换方面的产品已经相当成熟，稳定性和性能方面与国外产品差别不大，价格上具有较强优势，这是公司海外市场快速发展的主要原因。在海外市场，中兴GSM设备连续在巴基斯坦、尼日利亚、埃塞俄比亚、俄罗斯等人口众多、市场潜力巨大的国家获大额订单。

2004年，中兴通讯在全球NGN市场不断掀起"中兴旋风"。在全面承建中国电信浙江、广东、黑龙江、天津等省市NGN商用网和中国联通九省综合NGN业务网的同时，中兴通讯还获得了中国香港、菲律宾、罗马尼亚等多个国家和地区的NGN商用合同。中兴通讯还与跨国电信运营商巴基斯坦DANCOM公司签署了覆盖巴基斯坦全国的NGN项目合同。截至目前，中兴通讯在全球已经成功建设了近百个NGN商用网络，成为驰骋世界的"中国NGN第一品牌"。

赛迪顾问预测，到2007年底，中国移动电话用户将接近5亿户，其中3G用户将占30%，约1.5亿户，将带来接近2 500亿元的3G网络投资和2 700亿元的终端市场规模。与之相比，中兴通讯2003年的营业额只有160亿元左右。对应WCDMA、CDMA2000以及TD-SCDMA三种制式，中兴都进行了全面的准备，经过数年的大手笔投入，中兴通讯的3G业务把突破口选在了WCDMA上。其具有核心技术的WCDMA基站的无线性能指标，已经与国际领先水平同步，其在3G网络的市场空间极为可观。业界估计，3G牌照可能会在2005年左右发放，届时中兴通信业绩又将走上一个新的台阶。

3. 大唐

随着我国3G步伐的加快，拥有3G标准TD-SCDMA自主知识产权的大唐再次成为我国3G市场的焦点，大唐电信已成为国内、国际市场上重要的3G设备和服务供应商。2004年11月11日，上海贝尔阿尔卡特与大唐移动通信设备有限公司联合宣布，双方签署合作协议，加速TD-SCDMA在我国的商业化进程。此次合作具有业界空前的广度和深度，在TD-SCDMA产业发展中具有划时代的意义。

（三）手机市场竞争环境

我国手机市场的竞争非常激烈，国内外手机生产厂商在我国市场上展开了激烈的较量。纵观2004年，国产手机过得并不轻松，尽管我国手机市场依然保持强劲的增长态势，但国产手机曾经占有半壁江山的乐观景况并未续写下去，国内手机逐渐走上了下坡路。

1. 手机市场竞争激烈

我国手机市场基本上是个完全竞争市场，国内众多生产厂商与欧美日韩等国外生产厂商展开了激励的竞争。在国内厂商中，已经形成了中国电子信息产业集团（CEC）（旗下拥有夏新电子、上海贝岭两家上市公司，包括夏新、桑达、CECW、CECT等知名手机品牌）和中国普天（旗下包括普天首信、普天东信、宁波电子、北京爱立信普天、南京爱立信熊猫等手机生产企业，拥有东方通信、波导股份两大上市公司，同时拥有波导、普天、首信、东信等知名手机品牌）两大集团，以及TCL、中科健、中兴通讯等优秀企业。2004年波导再次成为本土最大手机生产企业。

与此同时，2004年众多国外手机生产厂商加快了在我国市场上攻城略地的步伐，再次将我国本土手机生产厂商逼入绝境。到目前为止，国外知名的手机生产厂家几乎全部到达中国市场，在与国内企业合作的同时，也展开了激励的拼杀。诺基亚、摩托罗拉、西门子、爱立信、菲利浦、阿尔卡特、LG、三星、京瓷、NEC等国际巨头，再次取得了不俗的业绩。2004年，摩托罗拉、诺基亚和韩国三星电子等全球手机巨头在我国大肆抢占市场份额，使TCL通讯和波导股份大受损伤。我国政府下属机构赛迪顾问股份有限公司(CCID Consulting Co.)称，国内公司年初时的市场份额还有50%，到6月份就只剩下38%了。

到目前为止，信产部一共颁发了49张手机生产牌照（见表2.1），其中，GSM手机牌照30张，CDMA手机牌照19张，有12家企业同时取得了GSM及CDMA牌照。在这些牌照中，GSM手机牌照发给了13家合资企业和17家国内企业，而CDMA的19张牌照中，除了摩托罗拉一家外资企业外，其余全都颁给了国内企业。截至2004年10月，我国手机生产企业共有61家。

表2.1　获得手机生产许可证的厂家数量

拥有手机牌照企业	GSM手机	CDMA手机
国内厂商（前11家同时拥有GSM和CDMA牌照）	中科健、康佳、中兴通讯、南方高科、厦华电子、东方通信、波导、海尔、TCL、首信、中电通信、南京熊猫、夏新、托普等17家	中科健、康佳、中兴通讯、南方高科、厦华电子、东方通信、波导、海尔、TCL、首信、中电通信、大唐、振华科技、浪潮、海信、大显集团、普天通信、天津电话设备厂等18家
国外合资或外资厂商	诺基亚、摩托罗拉、爱立信、三星、西门子、大霸、菲利浦、松下、阿尔卡特、LG、京瓷、NEC、三菱等13家	摩托罗拉
国内涉足手机生产的主要上市公司14家	TCL、波导股份、中科健、ST夏新、深康佳、中兴通讯、振华科技、海信电器、广电信息、青岛海尔、大显股份、南京熊猫、东方通信、ST厦华	
迫切领证的部分厂商	宁波三星集团、创维数码控股、神州数码（中国）、深圳市金立通信设备、英迈国际（中国）、京东方科技集团、恒基伟业、华为、上海易美通信实业等	

资料来源：网易科技频道。

可以毫不夸张地说，我国手机市场的竞争已经白热化，而本土手机生产企业更是到了生死存亡的关头。2004年，我国本土品牌扩张的步伐停止了，几乎所有国内生产企业陷入亏损、扩展受阻的不利局面。多家企业调低销售预期，并发布了预亏公告。年底，TCL总经理万明坚黯然离去。这一切似乎都在说明，中国本土生产厂商的困境。

2. 海外扩张进步神速，难掩行业硬伤

截至2004年9月份，国产品牌手机出口数量已超过400万台，大大超过了2003年全年的206万台的总量。信息产业部有关人士表示，国产手机出口量直线上升的态势已十分明显。分析人士认为，国产手机出口红火的背后，潜伏着很多危机。

从波导、夏新、TCL、科健、海信等厂商得到的资料显示，国产手机出口的主要市场集中在东南亚地区。另外，还有俄罗斯、非洲、南美等市场。真正体现实力的欧美市场，国产手机目前基本上还是空白。有关人士指出，无论是市场成熟度还是消费水平方面，欧美市场都更值得国产手机去开拓。但是，由于在技术储备、销售渠道、产品品质、资金实力等方面的欠缺，在欧美市场，国产手机并没有实质性的进展。

不掌握核心技术，是国产手机永远的痛。国内市场上，今年国产手机的份额失守，很大程度上是因为技术瓶颈。海外市场同样如此。海信手机的有关人士坦陈，核心技术的缺失，影响着国产手机厂商进一步拓展海外市场。“拥有技术专利的跨国公司，随时可能就专利使用费向国内厂商发难，为此绝大部分厂商在出口方面相当低调”。同时，产品品质的不稳定和售后服务的不健全，对国产手机的出口提出考验。

国产手机出口红火的真正原因，还是低价格。几大主流厂商坦陈，其出口产品的价格，比当地市场的平均价格要低上15%～20%。TCL通讯国际业务部的一位人士直言：“由于我们是国产品牌，在国外的名气还不是很大，主要的优势仍然是价格。”再加上国产手机厂商擅长的外观设计、实用功能的开发等，国产手机赢得了部分海外消费者的青睐。但这种低价格策略容易引发贸易纠纷，现在国产手机的出口量还不是很大，一旦在当地占据一定的份额，贸易纠纷可能就会产生。

在2004年出口猛增的情况下，各大手机厂商又对2005年的出口寄予了厚望，均大幅提高了海外出口的目标。波导希望2005年的出口量能达到600万台，2006年更是要达到1 000万台。夏新则表示，2005年手机出口的销售额要占到整个销售额的20%～30%。不少二线厂商在国内市场开拓不力的情况下，也把目光投向了海外。

2004年，是我国手机生产厂商的滑铁卢，技术的瓶颈成为制约国产品牌海外扩张的步伐。信息产业部的官员警告国内手机产业，谨防我国手机产业成为下一个VCD产业。众多企业开始压宝3G，也许3G将是我们的救命稻草，但众多像TCL这样没有技术储备的企业，将在2005年生存得更为艰辛。

（四）主体电信运营商[①]

近十年来，电信运营商在经历了拆分、重组、上市等一系列变迁之后，中国电信运营业形成了相对稳定的竞争格局，竞争推动了电信业务的高速增长，推动了电信服务的极大改善，为国民经济的发展和人民生活质量的提高做出了巨大贡献。但是近几年来，电信业效益迅速下降。据信息产业部统计，2003年我国电信业务总量增长32.7%，而业务收入只增长了13.9%，这就意味着2003年平均资费下降了14.2%。2002年，电信全行业收入利润率为19.4%，2003年降为16.9%，短短一年收入利润率便下降12.9%[②]。

目前，我国已经形成了六大运营商：中国电信、中国网通、中国联通、中国移动、中国铁通和中国卫通。在我国六家基础电信运营商中，中国铁通和中国卫通的企业实力较弱，市场份额也非常的小。2003年中国铁通和中国卫通两家占电信市场份额1.6%，而同时期中国电信所占份额是30.7%，中国网通为16.2%，中国移动为37%，中国联通所占比重为14.5%，中国铁通和卫通与其他运营商的差距非常明显，也是全方位的。

2004年11月16日和11月17日，中国网通分别在纽约、香港两地挂牌。至此，我国四大主要运营商全都完成了上市资本运作。上市使电信企业面向市场的创新能力迅速提高。相对2000年之后的世界电信业的普遍低迷，中国电信、中国移动、中国联通在世界500强综合实力的排名每年都在提升，并且始终保持着快速的增长势头。电信运营商上市是中国电信业改革的重要步骤，四大运营商全部上市也标志着中国电信业改革再次取得阶段性成果。

现在，各电信企业都把精力集中到开发新业务上来。中国电信推出了互联星空、家加e、宽带接

① 资料数据来自各运营商网站。

② 马鹏程，陈伟：“浅谈电信运营商的业务发展趋势——‘微笑曲线’的启示”，世界通信网，2004年10月12日。

入、新视通等多种新业务。中国网通把目光瞄准到宽带业务创新上。中国移动推出的梦网彩信、彩铃，中国联通推出的“世界风”双模手机新业务，均具有一定特色。中国铁通、中国卫通也纷纷加大了业务创新力度，铁通在2004年推广了“一号通”、呼叫中心和电话QQ等特色增值产品；卫通正努力形成有鲜明盈利模式的卫星通信广播、地面IP网络通信和卫星导航信息服务三大业务板块等。此外，各电信企业在技术创新、管理创新、机制创新、服务创新等方面也取得长足进展。据报道，我国手机用户在2004年11月底达到3.29亿人，预计在2005年该手机市场将拥有4.02亿用户。

1. 中国电信

中国电信是我国最大的基础网络运营商，最大的综合信息提供商，拥有世界第一大固定电话网络，网络覆盖全国、服务通达世界各地，成员单位包括遍布全国的31个省级企业，拥有全国性骨干通信网络，在全国范围内经营电信业务。

2. 中国移动①

中国移动在2004年前三个季度公司的运营收入为1 377.87亿元，比上年同期增长了17.9%，净利润达288.98亿元，比上年同期增长10.3%，但每名用户每月平均消费（ARPU）则继续下降。EBITDA（未计利息、税项、折旧及摊销前的利润）为780.36亿元，比上年同期增长了13.1%；EBITDA利润率高达56.6%。如果不包括从母公司收购的10省网络的贡献，中国移动今年前三季度的运营收入、EBITDA和净利润分别为1 319.5亿元、750.21亿元和282.78亿元，较上年同期分别增加12.9%、8.7%和7.9%。

中国移动前九个月的网络利用率为86%，2004年上半年为85.4%。中国移动的语音通话量增长与订户增长基本同步。截止到2004年9月底，中国移动总用户数为19 438万亿户，前三季度净增用户2 827万户，8月份净增302.5万户，9月份净增用户300.7万户。虽然用户数量快速增长，但是新用户绝大部分为低消费量用户，所以2004年前三季度的每名用户每月平均消费继续下降，前三季度下降到了92元，而2004年上半年为93元。2004年首三季度，中国移动每分钟使用量的平均收入为0.316元，2004年上半年为0.324元。

截至2004年6月30日，中国移动用户总数达到1.586亿户，比2003年底净增1 702万户。各项新业务增长态势良好，短信业务保持稳定发展，彩铃、WAP等业务迅猛增长，新业务累计收入为人民币111.05亿元，占总营运收入的12.9%，对收入的贡献更加明显。目前，中国移动已成为全球最大的移动通信运营商。但是，中国移动通信业面临的困难与挑战不容低估。特别是12月11日，按照我国加入WTO组织的承诺，中国基础电信市场将实现开放，国外的移动通信运营商将凭借资金、技术实力及管理、市场经验在中国移动通信市场展开激烈竞争。因此，加强主业经营，拓展主业核心竞争力，将成为今后中国移动在市场中与其他竞争对手抗衡的一个重要方向。

3. 中国联通②

截至2004年6月30日，中国联通的移动电话用户规模突破1亿户，达10 251.3万户。其中，GSM移动电话用户数比2003年末净增了621.0万户，总数达到7 878.0万户；CDMA移动电话用户数比2003年末净增了478.7万户，总数达到2 373.3万户。营业收入为人民币393.7亿元，比2003年同期增长23.2%。其中，GSM移动电话业务收入为240.1亿元，比2003年同期增长17.0%，CDMA移动电话业务收入为127.4亿元，比2003年同期增长62.5%；长途通信、数据通信

---

① 数据来自中国移动公布的营运收入数据。

② 数据来源：ZDNet China，http://www.zdnet.com.cn/common。

和互联网业务收入为26.2亿元。EBITDA达到人民币142.0亿元，比2003年同期增长13.9%。联通的营业利润为49.5亿元，比2003年同期增长15.6%；其中，GSM移动电话业务营业利润为46.8亿元，比2003年同期下降5.6%，CDMA移动电话业务由2003年同期亏损5.7亿元转为盈利0.5亿元；长途、数据及互联网业务营业利润为3.2亿元，净利润达人民币28.1亿元，比2003年同期增长17.8%。每股盈利为人民币0.224元，比上年同期增长17.7%。

联通在CDMA和GSM移动业务协调发展的同时，CDMA 1X增值业务的优势逐步显现出来。CDMA 1X的移动增值业务开发取得较大进展，业务优势日益突出。联通通过与SK电讯、微软、高通以及其他海内外公司的合作，加速开发各类移动增值业务；与几百家内容和服务供应商合作，提供内容丰富、受用户欢迎的移动增值内容服务。2004年上半年移动增值业务总收入为27.3亿元，移动增值业务收入占服务收入的比重分别为：GSM业务7.7%，CDMA业务7.8%。CDMA 1X无线数据业务自2003年3月开通以来，用户已达450万户。

作为国内最大的CDMA运营商和全球第二大CDMA运营商，中国联通一直把CDMA业务作为今后主业发展的方向。但是，要实现全国的CDMA网络建设、经营和管理，就必须最大限度地利用其现有的GSM网络和客户资源来筹集确保CDMA系统成功所必需的资金；而另一方面，如果不从GSM网络上“打主意”，中国联通要想在2010年前同时运营GSM和CDMA两个不同网络系统的话，其收支将难以平衡，这就要求联通在未来的主业市场，需要确立其发展的重点方向。

4. 中国网通

中国网通注册资本为600亿元人民币，截至2003年底，资产总额超过2 500亿元，员工23万多人。中国网通集团主要经营国内、国际各类固定电信网络与设施，包含本地无线环路；基于电信网络的语音、数据、图像及多媒体通信与信息服务，相关的系统集成、技术开发等业务；国内外投融资业务；经营国家批准的其他业务。拥有覆盖全国、通达世界、结构合理、技术先进、功能齐全的现代通信网络，主要经营国内、国际各类固定电信网络设施及相关电信服务。截至2004年4月，中国网通的电话用户总数已突破1亿户。

在网通境外上市两个月后，2005年初，网通与电盈历时一年的收购终于结束。中国网通并未如愿控股香港新经济时代最受关注的公司电讯盈科旗下的香港电话公司，只是斥资77.6亿港元的价格参股20%。

中国网通的业务正逐渐开始拓展到传统话音以外的领域，宽带再次成为竞争的焦点。众所周知，固定电话竞争的焦点是本地接入网。谁拥有本地接入网，谁就能成为固定电话的核心力量。但是，由于电信技术发展，异质竞争加剧，业务分流，企业仅靠固定电话业务已很难保障收入的连续增加，其发展前景令人担忧，如何寻找新的经济增长点，将成为固定网运营商所思考的重点。

尽管在固定电话利润空间越来越小，移动电话利润越发丰厚的形势下，固定电话运营商急切盼望移动电话牌照。但是，从目前形势看，固定电话运营商在短时期内还无法得到移动通信业务经营许可证，因而以互联网发展为核心的数据业务将成为中国网通主业新的增长点。

5. 中国铁通

据来自铁通集团对外公布的最新数据，铁通的资产总额已达424亿元，为成立时的3倍。至2004年10月份，在全国设有31个省（自治区、直辖市）分公司、316个地市分公司以及5个控股子公司。目前，中国铁通已开展的业务范围有：国际国内语音、数据、图像及多媒体通信，国内通信设施服务等基础电信业务，以及各类增值电信业务。

目前，铁通固定电话用户已经突破1 000万，达到了1 121.71万户，提前3个月实现全年预定的目标。ADSL宽带用户也达到了84.7万户；电信业务累计实现收入87.4亿元，超过了2003年全年的收入，其中2004年9月份实现电信业务收入10.09亿元，单月收入首次突破10亿元大关。

按照中国铁通总经理张永平的发展思路，中国铁通未来三年的奋斗目标是，实现固话用户年增长30%以上，宽带用户年增长50%以上，电信业务收入年增长30%以上，劳动生产率年增长30%以上，利润年增长2倍以上。中国铁通将努力实施五大重点战略：实施“多元渠道，多方合作，全方位拓宽”的融资战略；实施“差异经营，先强后大，率先在专网市场和局部公众市场有突破”的市场战略；实施“效益为先，理性投资，有所为有所不为，突出重点地区和重点业务”的投资战略；实施“注重实用，提高网络质量，跟踪潮流，保持适度领先”的技术发展战略；实施“内培外引，优化结构，突出重点，加大力度，三类人才，打造观念新、能力强、素质高的员工团队”的人才战略。

6. 中国卫通

作为六大基础电信运营商的中国卫通，从市场份额、总资产和员工人数看，只能算作一个“小兄弟”。中国卫通计划到“十五”末形成500亿元总资产，建立以“天地一体”网络系统为基础的综合性通信企业集团框架，实现300亿元营业额，成为在亚太地区首屈一指的卫星通信运营企业。中国卫通正在抓紧构筑天地结合的立体化基础传输网络，在一两年时间内向社会提供“天地一体化”的综合性网络服务、宽带接入、IP基本服务和IP增值服务等业务。

（五）通讯行业的开放步伐

1. 基础电信业务领域的开放

我国基础电信业务领域在原有对外开放的基础上，以外资介入、成立合资企业的方式继续加大对外开放步伐。据信息产业部的消息，在外资钟情的增值电信业务领域，韩国SK与联通合资的联通时科是中国首家经营增值电信业务的合资企业，此外还有中信21世纪旗下的鸿联九五，目前十余家企业尚在申请中。在基础电信方面，英国沃达丰2002年买下中国移动香港上市公司部分股份，并称要在5年内力争控股20%。此外，英国电信与网通合作、法国电信与中国电信共同投资建立研发中心等一系列行为使电信业对外开放步伐加大。

总体上看，我国电信市场的开放已经取得了巨大进展。

（1）较具代表性的电信外资开放事件①

事件一：1983年，大东电报局与深圳电信建立合资公司，外资所占股份为49%。目前已基本宣布解体。

事件二：2001年，上海电信与美国AT&T等建立合资公司，总投资2 500万美元，上海电信持股60%，AT&T持股25%。

事件三：2000年11月，沃达丰以25亿美元收购刚刚上市的中国移动2.18%的股份，2002年5月，沃达丰追加了7.5亿美元的投资，将其在中国移动的股份增加到3.27%。

事件四：2004年4月，中国联通与韩国SK电讯建立合资公司，联通时科正式在北京挂牌，SK电讯占股49%。

事件五：2004年，法国电信与中国电信宣布共同成立北京研发中心。

事件六：内地电信业务向香港澳门地区开放。

---

① 根据新浪科技频道资料整理，http://tech.sina.com.cn/focus/Base_Tele/index.shtml。

事件七：英国电信与网通签署战略合作协议。

事件八：至2004年，国内四大电信运营商完成海外上市。

电信市场开放是我国加入世界贸易组织的重要方面。加入WTO3年，按照相关承诺，我国一直在积极、有序地开放电信市场，而且，电信业务市场开放已成为我国电信业的重要发展动力。从2004年12月11日起，外资可以在上海、广州和北京设持股30%的合资企业，并在这些城市内及其之间提供服务。随着3G启动临近，电信法颁布在即，电信重组传闻不断。在这个多变的日子，曾经潜行的外资电信有望浮出水面，迎来一个真正的投资热潮。

（2）电信业对外资开发时间表①：

加入WTO的1年内，初步开放网络服务（主要是ISP）；

加入WTO第2年，逐步放开增值服务的地域限制，重点是移动通信、无线寻呼、Internet服务；

加入WTO第3年，有线网及光缆开始放开、全面取消增值服务地域限制；取消半导体、计算机、计算机设备、电信设备和其他高技术产品的关税限制；

加入WTO第4年，允许外资在基础电信中持股比例由放开初期的25%逐步提高到49%；在寻呼业务、数据压缩转发等电信增值服务领域，外资持股比例由放开初期的30%逐步提高到50%以内；

加入WTO第5年，逐步取消外资在寻呼机、移动电话进口，以及国内固定网络电话服务等领域的地域限制；完成开放网络服务；

加入WTO第6年，有线网及光缆完成全面开放，中国电信服务业传统垄断格局基本打破，形成竞争性市场。

电信市场开放加快了我国电信企业建立与国际接轨的现代企业制度。随着我国网络通信集团公司近日在纽约、香港挂牌交易，市场份额超过98%的我国四大主导基础电信运营商均已成为国际公众公司。在境外融资方面，电信企业的表现始终引人注目。

电信市场开放还为我国电信企业开辟了广阔的国内和国际市场。在与跨国企业的合作中，我国电信巨头的“走出去”步伐也在加大，并在更广阔的全球市场中提高自身竞争力。

为了更好地适应电信业对外开放的需要，国务院于我国加入世界贸易组织之时颁布了《外商投资电信企业管理规定》，这一文件成为外商投资电信企业的主要法律依据。

2. 手机牌照的开放

民营企业奥克斯状告信产部一案成了2004年10月份最为轰动的事件，敢于向潜规则及主管部门的权威发起挑战，让人们不得不钦佩奥克斯的勇气，而这一切源于信产部对手机牌照发放的垄断。

从1998年《五号文件》颁发起形成的牌照制度把一批具备一定的研发实力的企业挡在了手机市场的门外，而造成了部分靠卖牌照赚钱的“不劳而获者”。而这种靠卖政策吃饭的企业的存在对我国手机产业的发展并无益处。目前，手机牌照也开始由“审批制”向“核准制”悄然转变。这场官司在其中恐怕起了至关重要的催化作用。

手机牌照的可能放开给2005年国产手机的发展增加了一些变数。随着国家对手机牌照的放开，国内手机市场上民资、外资争相涌入，市场竞争将大幅升温。一方面，手机市场的淘汰进程将加速，洗牌难以避免；另一方面，牌照的发放将促进行业的充分竞争，手机厂商可能谋变。

手机牌照解禁后，外资企业手机生产工厂将获准在华直接落地，而不必如以往般依靠国内厂商跳板曲线嵌入。而牌照上的松动同样赋予了一些有资金、技术优势的国产手机厂商重新崛起的

① 根据新浪科技频道资料整理，http://tech.sina.com.cn/focus/Base_Tele/index.shtml。

机会，目前创维、奥克斯、华为等多家企业对牌照跃跃欲试。

但有很多人担忧，取消手机牌照后，会给不太景气的国产手机更沉重的打击，业界还有不少人士认为，一旦牌照取消后，手机很可能将面临类似彩电业的过度竞争状况，造成整个行业的利润率大幅度下降。面对利润越摊越薄的手机市场，只有那些能够跟得上用户需求并不断针对用户的需求开发出相应产品的厂商才能立于不败之地，由于国产厂商并没有这方面的技术优势与能力，因此，在未来的竞争当中可能处于不利的境地。

为应对技术储备不足所造成的困局，国内企业开始通过与国外知名企业的合作来弥补技术短缺。比如TCL集团与法国阿尔卡特成立合资公司，凭借阿尔卡特的品牌和技术优势，突围手机市场。而西门子与波导的合作也佐证了核心技术的重要性。

其次，将有更多的手机厂商实践“走出去”战略。牌照放开后，国内手机市场将日趋饱和，为谋求新兴市场，将有更多的手机厂商选择海外战略。加上近日政府提高了出口退税率，旨在鼓励国内通讯制造企业走出去，这对国产手机厂商而言是个利好消息。波导正在调整着它未来的海外出口战略；康佳方面也表示，会积极调整康佳手机的海外策略。

再次，渠道的争夺和控制将日益明显。2004年洋品牌复制了国产手机厂商的成功模式，注重本土化的战略推进，在渠道的渗透和培植上毫不逊色于国产品牌。种种迹象表明，手机终端渠道的地位越来越突出，逐渐掌握了渠道的话语权。随着手机市场的压力骤增，利润大幅度压缩，手机厂商难以支撑传统的层层代理模式，直供终端将成为一种必然的选择，而各种手机连锁卖场的规模化优势、强大的分销能力都有利于国产手机逐步走出困境。

总之，2005年国产手机机遇与挑战并存。在行业竞争加剧的背景下，国产手机仍然有着翻身机会，如3G的机遇，海外战略等等，使得国产手机有可能重写上坡故事。2004年以来，国产手机出口量猛增，数字显示，2004年国产手机出口达432.32万台，同比增长249.38%。这多少让我们看到了一些希望。

参考文献

[1] http://www.sina.com.cn，2004年12月3日中国信息产业网-人民邮电报，信息产业部综合规划司

[2] 广州方舟市场研究有限公司，《中国通讯行业市场研究报告》，2002年

[3]《中国大陆手机制造产业研究报告2004》，2004年10月15日

[4]Andrew Chetham：《Telecoms in China 2004 Telecoms in China 2004》，20th July 2004

[5] 李源，张岚岚（中国国际金融有限公司）：《通讯设备行业分析报告》，2003年6月

[6]《计算机产品与流通》，2004年5月19日

[7] 水清木华研究中心，北京邮电大学：“2004年中国手机行业产业链研究报告”

[8] 新世纪：机遇与挑战并存的中国通讯业

[9] http://www.3see.com，《国通信设备行业研究报告2004年版》，2004年7月

[10] 中国企业竞争情报中心，《中国移动通讯行业研究报告》，2004年6月

[11] 蒋海：“通信设备制造商全球化战略成型”，泰尔网

[12] 泰尔网，http://www.cttl.com.cn/

[13] 刘百计：电信市场环境分析

[14]“国产品牌手机出口猛增，难掩行业硬伤”，《经济日报》，2004年12月2日～9日

附录：

科技部《科技型中小企业技术创新基金》资助项目——通讯业

编号	立项代码	项目名称	企业名称
1	00C26133200569	GPX28型光纤配线架产业化项目	常州太平电器有限公司
2	00C26211100910	华泰贝通客户服务中心系统	北京华泰贝通网络科技有限公司
3	00C26211300932	数字移动通信用温补振荡器	唐山晶源电子股份有限公司
4	00C26213210571	卫星移动网络通信节点单元	南京维迪欧系统工程有限公司
5	00C26224101049	MD-ADSL非对称数字用户环路	洛阳牡丹通讯设备有限公司
6	01C26113200678	58s半导体抑制栅	宜兴市东大微电子有限公司
7	01C26113200864	CDMA移动通信智能直放站及室内分布系统	海门市东洲通信设备有限责任公司
8	01C26114200914	光纤电力互感器	武汉华工电气自动化有限责任公司
9	01C26211100770	新一代计算机红外线通讯网络系统	北京赛思瑞泰科技有限公司
10	01C26212300828	移动通信运营决策支持系统	哈尔滨工业大学计算机技术服务公司
11	01C26213100661	基于Peer to Peer技术的宽带ISP增值业务软件平台	上海易联网络技术有限公司
12	01C26213100833	VisDa PDA（手持终端移动互联网平台）	商泰软件（上海）有限公司
13	01C26213200322	KTW2型矿用救灾无线电通讯装置	煤炭科学研究总院常州自动化研究所
14	01C26213200671	基站前端——终端子系统	镇江蓝宝石电子实业有限公司
15	01C26213400887	支持交互电视应用的嵌入式操作系统	安徽现代电视数码技术有限责任公司
16	01C26214410204	11Mbps宽带无线局域网产品	广东创智网络系统有限公司
17	01C26214410924	XyboWAP——即时可行的WAP解决方案	广州艾虎策略科技有限公司
18	01C26215110971	TD-SCDMA第三代移动终端	重庆重邮信科股份有限公司
19	01C26216110600	新型广域差分GPS系统用户机	西安航天恒星科技股份有限公司
20	01C26216110995	无线电频谱与台站管理系统软件	国家无线电频谱管理研究所
21	01C26221100017	电信业务质量监控分析系统	北京上行通信技术研究所
22	01C26221100017	电信业务质量监控分析系统	北京上行通信技术研究所

编号	立项代码	项目名称	企业名称
23	01C26221400050	多功能移动式卫星导航定位仪	山西创益科技实业有限公司
24	01C26223300874	基于宽带网的全分布式内容投递和服务软件管理系统	杭州英卓网络科技有限公司
25	01C26224210185	通信网络地理信息系统	武汉中地信息工程有限公司
26	01C26225100722	宽带无源光接入（BPON）系统	四川益昊实业有限公司
27	01C26225100961	IP网络电话终端及系统	成都国腾软件有限公司
28	01C26225100961	IP网络电话终端及系统	成都国腾软件有限公司
29	01C26225100965	基于移动通信平台的企业无线经营指挥软件	绵阳高新区得道软件有限公司
30	01C26225110977	Attractor III-USSD移动增值业务平台	重庆瑞笛恩科技有限公司
31	01C26225120404	无线宽带IP路由器	成都成电先锋信息系统有限公司
32	01C26225120404	无线宽带IP路由器	成都成电先锋信息系统有限公司
33	01C26226110604	进口通信设备电子单元故障诊断测试技术	西安欣业科技发展有限公司
34	02C26113300614	个人移动通信终端用微型多功能受话器	浙江新嘉联电子股份有限公司
35	02C26115110736	DVB-C数字电视宽带接入网电缆产业化	重庆正通广播电视器材有限公司
36	02C26116110769	卫星数据通信宽带调制解调器	陕西蓝海风科技股份有限公司
37	02C26126110770	医学图像存档与通信系统	西安华海医疗信息技术股份有限公司
38	02C26131100285	CDMA直放站系统	北京威奥特信通科技有限公司
39	02C26211100002	10Gb/s光接收组件	北京世维通光通讯技术有限公司
40	02C26211100010	GSM/CDMA移动交换系统大话务量模拟呼叫与信令分析仪	北京直真节点技术开发有限公司
41	02C26211100010	GSM/CDMA移动交换系统大话务量模拟呼叫与信令分析仪	北京直真节点技术开发有限公司
42	02C26213100178	数字集群技术应用于移动通信覆盖系统与设备	上海欣民通信设备有限公司
43	02C26213100318	企业级宽带IP统一多媒体系统	上海金桥信息工程有限公司
44	02C26213200055	纳米材料传感器	江苏华泰纳米器件有限责任公司
45	02C26213200182	新一代基于网关技术的HFC网络设备监控系统	无锡市路通电子技术有限公司
46	02C26213400208	8位微控制器可重用IP软核及其嵌入式应用	合肥工大先行微电子技术有限公司

编号	立项代码	项目名称	企业名称
47	02C26213710086	客户服务系统	青岛高科通信股份有限公司
48	02C26214210393	宽带网综合运维支撑平台软件	武汉天迅科技有限公司
49	02C26214410414	用于移动手持设备的嵌入式移动多媒体软件	安凯（广州）软件技术有限公司
50	02C26214420696	电信决策支持系统	深圳市新宇龙信息科技有限公司
51	02C26215110433	宽带移动卫星通信系统（动中通）	重庆航天测量通信技术有限责任公司
52	02C26215120739	综合业务EOS远程网桥	成都广域通信技术有限责任公司
53	02C26216110455	JUMP千兆三层交换机	西安交大捷普网络科技有限公司
54	02C26221100166	移动网综合测试系统	北京世纪恒丰科技有限责任公司
55	02C26221100277	IEEE802.11b基带芯片	北京六合万通微电子技术有限公司
56	02C26221100279	(电信运营企业)市场综合分析系统	北京东方惠群科技发展有限公司
57	02C26223200184	DSL-4000/4010综合复用设备	苏州科达通信技术发展有限公司
58	02C26224300222	宽带综合业务支撑平台	湖南创发科技有限公司
59	02C26225120133	基于MHS的龙信使安全电子邮件系统	成都三零盛安信息系统有限公司
60	02C26225120134	BAnet宽带接入服务器	成都华诚信息产业有限公司
61	02C26225120747	电信传输资源管理系统	四川通信科研规划设计有限责任公司
62	02C26226110249	统一消息系统前置机（UMS-FEP）	西安长凯通信技术有限公司
63	99C26214400556	高级智能公用电话系统（HIP-phone）及其终端耳塞式卡片电话机	珠海高凌信息科技有限公司

资料来源：科技部科技型中小企业技术创新基金管理中心，www.innofund.gov.cn/index.asp。

第三章　2004年中国半导体/IC行业投资分析报告

2004年，半导体行业获得了最多的风险投资注入。随着电子消费在我国的快速发展，我国对半导体的需求将维持着目前的高速增长势头。目前，我国半导体行业在全球半导体产业链中的地位越来越重要。2005年，芯片设计、芯片封装测试、消费电子芯片、通信芯片等半导体子行业，将是风险投资关注的热点。

一、我国半导体/IC产业发展概况

我国半导体产业的建设始于20世纪60年代，经过长期发展，已经建立起包括集成电路设计、集成电路制造、封装测试、半导体分立器件、半导体设备和材料等产业的基本架构，近几年的加速发展缩短了与国外的技术差距。2004年是全球半导体市场历经数年低迷之后高速增长的一年，是中国IT产业加速发展再创佳绩的一年，也是中国半导体产业由量的积累走向质的飞跃的一年。

（一）全球半导体/IC产业发展概况

借助全球经济的复苏，2004年全球半导体产业再次得到了迅猛发展。iSuppli公司统计表明，83%的半导体公司在2004年都得到了增长，主要是内存和无线芯片厂商。其中51%厂商的增长额在20%以上。半导体产业协会(SIA)报告也指出，2004年半导体市场连续第二年呈现两位数字增长，并创下约2 128亿美元规模的历史新高。全球半导体产业发展及预测状况见表3.1。

表3.1　全球半导体产业发展及预测

	总产值（百万美元）				年度增长率（%）			
	2003年	2004年	2005年	2006年	2003年	2004年	2005年	2006年
美国	32 330.7	39 369.3	38 770.8	38 404.2	3.4	21.8	-1.5	-0.9
欧洲	32 310.0	38 480.8	38 570.8	39 411.4	16.3	19.1	0.2	2.2
日本	38 942.2	46 234.7	46 849.0	48 381.2	27.7	18.7	1.3	3.3
亚太	62 842.6	88 689.6	91 131.8	95 603.3	22.8	41.1	2.8	4.9
全球	166 425.5	212 774.5	215 322.4	221 800.0	18.3	27.8	1.2	3.0
分立器件	13 347.0	15 964.6	15 921.4	16 382.0	8.1	19.6	-0.3	2.9
光电子	9 544.7	13 784.6	15 781.5	17 113.6	40.6	44.4	14.5	8.4
传感器	3 569.2	4 890.9	5 456.9	6 164.2	237.9	37.0	11.6	13.0
集成电路（IC）	139 964.7	178 134.5	178 162.6	182 140.2	16.1	27.3	0.0	2.2

	总产值（百万美元）				年度增长率（%）			
	2003年	2004年	2005年	2006年	2003年	2004年	2005年	2006年
双极晶体管	216.8	246.8	202.3	165.9	-4.2	13.8	-18.0	-18.0
模拟	26 793.9	31 623.6	31 862.0	33 202.8	12.0	18.0	0.8	4.2
微处理器	43 526.1	49 737.1	50 667.8	53 810.9	14.3	14.3	1.9	6.2
逻辑芯片	36 921.9	49 297.1	49 896.9	52 181.2	18.1	33.5	1.2	4.6
存储器	32 506.0	47 230.0	45 533.5	42 779.4	20.2	45.3	-3.6	-6.0
总产值	166 425.5	212 774.5	215 322.4	221 800.0	18.3	27.8	1.2	3.0

数据来源：世界半导体贸易组织（World Semiconductor Trade Statistics）的统计数据。

多家研究机构对2005年全球半导体产业的发展做出了预测，他们认为，2005年半导体产品销售较乐观，预计出现小幅增长；但大多市场分析人士都认为2005年的整个销售情况将与2004年持平，不会有新的增长。

IC Insights根据主要芯片厂商2004年前的业绩，发布了2004年度全球十大芯片厂商排名（见表3.2）。报告显示，英特尔继续保持龙头地位，而三星电子和英飞凌则是增长速度最快的两家芯片厂商。

表3.2　全球Top 10半导体厂家排行榜

2004年	2003年	厂商	2004年（亿美元）	2003年（亿美元）	增长
1	1	英特尔	300.5	270.3	11%
2	2	三星电子	159.3	104	53%
3	3	德州仪器	108.85	82.5	32%
4	4	瑞萨科技	94.75	79.7	19%
5	7	英飞凌	93.65	69.25	35%
6	5	东芝	90.3	73.55	23%
7	6	意法半导体	87.15	71.7	22%
8	8	台积电	76.65	68.55	31%
9	9	NEC	66.6	56.05	19%
10	10	Freescale	56.5	46.3	22%

数据来源：据iSuppli发布的统计资料整理。

同2003年全球十大芯片厂商排名相比，前四位的芯片厂商没有变化，英特尔依然居首位，之后依次是三星、德州仪器以及瑞萨科技(Renesas)。英飞凌则由2003年的第七位攀升至第五位，在它之后依次是东芝、意法半导体、台积电、NEC以及Freescale。如果把芯片代工厂商台积电排除在外，飞利浦半导体则进入十大芯片厂商之列。

根据IC Insights公布的数据，2004年全球十大芯片厂商的销售额比2003年增长24%，与此同时，全球芯片市场比2003年增长28%。英特尔2004年的芯片销售额超过300亿美元，不过据报告中称："英特尔2004年的增长速度仅为11%，1999年～2004年期间该公司年复合增长率(CAGR)仅为3.4%，而同一时期整个芯片产业的年复合增长率则为6.9%。"

2004年，三星电子和英飞凌成为芯片产业最大的赢家。报告显示，由于DRAM芯片和闪存芯片的热销，三星电子2004年的营业收入比2003年增长53%。英飞凌的增长幅度也高达35%，在十大芯片厂商排名中的名次由第七位上升至第五位。受英飞凌名次上升的影响，东芝由第五位下滑至第六位，意法半导体则由第六位下滑至第七位。

全球芯片代工企业中，中芯国际（SMIC）超越特许半导体（CSM），进入第三名。排在第一、第二位的依然是台积电（TSMC）和台联电（UMC）。台湾积体电路公司董事长张忠谋在2004年4月25日的博鳌亚洲论坛年会企业家峰会演讲时表示，我国有很大的半导体内需市场。他预测，10年之内大陆跟台湾地区的半导体产业总和，包括半导体技术发展、营销、市场规模等各方面，一定会领先世界半导体业。同时，在接受媒体采访时还表示，台湾地区目前半导体内需市场较小，而大陆将在5年～10年内追赶上台湾半导体产业。

虽然世界半导体贸易统计组织（WSTS）已将2005年芯片销售增长预期由8.5%削减至1.2%，但分析人士指出，许多芯片厂商仍然保持乐观。

2004年手机出货量由2003年的5.2亿部增加至6.5亿部，但到2005年会有所减缓，而其他消费电子产品市场则有望扩大。平板电视有望突破价格瓶颈，步入大众消费市场。

（二）我国半导体/IC产业发展现状

我国半导体行业的春天已经到来，2003年该行业总销售额同比增长超过四成，成为全球半导体的"火车头"。这是2004年2月19日在上海举行的"2004年我国半导体市场年会"上传出的令人振奋的信息。

2003年全球PC、手机及数字消费电子等产品供需两旺，带动了半导体市场全面复苏。全年实现销售额1 633亿美元，同比增长达15.8%，远远超过2002年1.6%的增幅。我国半导体产业在全球经济复苏的刺激下，也取得了不俗的业绩。

1. 半导体设备制造业

被国际上称之为战略工业的半导体和集成电路专用装备制造业是支撑半导体和集成电路产业健康发展的基础，是半导体和集成电路产业链中重要的一环，它融合了约50个学科的高新技术，是基础研究和应用研究共同发展的产物和科学技术水平的集中表现，也是半导体生产工艺的高度物化。没有强大的半导体和集成电路专用装备的支撑，我们将不具备争夺未来庞大信息产业市场的主动权。

相比于我国的芯片制造业，半导体设备制造业无论从规模，研发水平，投资强度以及人材聚集等都相形见拙。2003年，我国从事半导体设备开发和生产的企业接近60个(包括兼做单位)，其中主要单位20家左右。大部分单位从事前工序和后工序设备研制，材料制备设备、净化设备、半导体专用工模具、检测设备、试验设备和半导体设备零部件。一些国外企业已开始在我国设厂，为行业的发展注入了新的活力。

从销售角度分析，虽然国产半导体设备的服务方向仍以一些院校和研究所中的科研型集成电路生产线以及半导体分立器件、LED、太阳能电池、SAW、电力电子等其他应用半导体设备的领域为主，但部分材料制备设备(6英寸单晶炉、研磨机、抛光机)、后道工序设备(6英寸划片机、塑封机、自动封装系统、模具)以及6英寸前道工序中的扩散设备、快速热处理设备、清洗设备等已逐步进入集成电路生产领域。

在国际合作、科研及重点项目方面，进展较为顺利。由中国电子科技集团公司第四十五研究所和四十八研究所、北京七星华创电子股份有限公司、国投南光有限公司、西北机器厂和西安电子科技大学等单位研制，中国电子科技集团公司第二十四研究所负责应用研究的国家重点攻关项目——6英寸、0.5微米集成电路芯片生产线关键设备，共计14种、18台套，全部顺利通过了鉴定和验收，并已经在生产线投入使用。其中突破重大关键技术152项，取得专利49项，培养和锻炼专业技术人才189人。这是我国自行研制的第一条6英寸0.5微米的集成电路生产线，它的研制成功为缩小我国与国际先进水平的差距做出了贡献，为振兴电子专用装备制造业奠定了良好的基础。

与此同时，良好的产业发展环境正逐步形成。1994年以来，我国集成电路行业一直保持了高速发展的态势，2003年，我国集成电路总产量134.1亿块，同比增长39.3%。预计2005年我国集成电路总产量将达到200亿块，销售额600亿元～800亿元；预计2010年我国将成为全球第二大集成电路市场，2020年我国有可能成为全球最大的集成电路制造基地之一。我国集成电路的快速发展，带动了我国半导体设备市场的快速增长。据国外市场调研公司统计，2003年我国半导体设备市场达到17亿美元，占全球市场销售额的5.2%。此外，由于我国半导体分立器件行业的快速发展，也将带动国产半导体设备市场的较大增长。

但是，与我国快速发展的半导体和集成电路产业相比，国内半导体设备制造业的发展却相对缓慢，新建的6英寸、8英寸集成电路制造厂几乎都是从国外引进设备，无论在技术上还是在资金上都制约着我国集成电路产业的发展，我国半导体和集成电路产业发展的基础仍然是非常脆弱的。

2003年以来，关于发展我国“半导体和集成电路专用装备制造业”的问题已分别被列入《国家中长期科学和技术发展规划》和《“十一五”振兴我国装备制造业的途径与对策》等项目中进行研究，反映了国家对此领域的高度重视；北京、上海、广东、沈阳等地也分别将发展半导体和集成电路专用设备列为地区的发展重点；风华集团申报的装备制造业基地项目已被广东省列为装备制造业重点技术改造项目，得到了广东省的大力支持；沈阳芯源公司的半导体设备项目得到了沈阳市政府的高度重视……，发展半导体设备的良好环境正在逐步形成。

2. 集成电路（IC）产业

IC产业是半导体产业的核心，在我国经济发展中具有十分重要的战略意义。IC卡是集成电路卡（Integrated Circuit Card）的英文简称，在有些国家也称之为智能卡、智慧卡、微芯片卡等。

国内权威研究机构赛迪顾问则预计，2004年～2008年这5年间，我国集成电路产业销售收入的年均复合增长率将达到近30%，到2008年，我国集成电路产业销售收入将突破1 000亿元，届时我国将成为世界重要的集成电路制造基地之一。总体来看，我国IC产业呈现出以下特点：

（1）产业发展迅速。来自国际、国内各种不利因素的干扰，并不能阻止我国半导体市场高速增长的步伐。据CSIA和CCID的统计数据显示，2003年我国集成电路产量首次突破百亿达到124亿块，比2002年增长29%，在全球半导体制造市场的市占率为9%。全行业共实现销售收入351.4亿元，与上年同比增长30.9%，而在全球电子整机产品的需求全面复苏的2003年，世界半导体销售增长是14%。

由于全球计算机、手机、消费家电等电子整机产品的生产制造向我国转移，带动了我国上游芯片市场需求的增加，2003年市场规模首次突破2 000亿元，总销售额达2 074.1亿元，同比增长高达41.0%，为近3年来的最快增长速度，成为全球半导体市场增长的“火车头”。与此同时，我国的集成电路产业继续保持了高速增长的态势，2003年国内集成电路总产量首次突破100亿块，达到134.1亿块，比2002年增长39.3%，全行业共实现销售收入351.4亿元，与上年同比增长30.9%。

国内一些企业开始在国际市场上与半导体巨头展开竞争。中芯国际已经在芯片代工领域确立了自己的地位。而北京中星微电子有限公司自主研制生产的“星光”系列数字多媒体芯片目前已占领了同类产品世界市场份额的60%，其领先优势进一步扩大。“星光”芯片是第一颗大规模打入国际市场的“中国芯”。到2004年底，“星光”系列产品已累计销售2 000多万枚，全球市场份额较2003年提高了20个百分点。

在产业链各环节中，以设计业的增长最为引人注目，全年国内集成电路设计行业共实现销售收入44.9亿元，同比增幅超过100%，在国内集成电路产业中所占得份额也首次突破10%。

伴随着产业的发展壮大，一批颇具规模和竞争力的企业正脱颖而出。大唐微电子、杭州士兰微、无锡华润矽科微电子、中国华大、上海华虹、江苏意源科技等10家设计公司国内销售规模已经超过亿元（见表3.3）。大唐微电子董事长魏少军、杭州士兰微董事长陈向东、上海先进半导体总裁刘幼海、中芯国际总裁张汝京、江苏长电科技董事长王新潮等人士，已成为我国半导体企业领军人物。

不过，业内专家也指出，虽然国内集成电路产业在近年来成绩非凡，但从产业规模、技术水平、芯片设计水平以及产品档次等方面与美、日、韩等集成电路发达国家相比仍有待提高。2003年整个芯片设计行业收入只相当于台湾地区收入的1/11，还比不上台湾地区第二大设计公司(威盛)一家的营业额。而且大部分产品档次偏低，利润率也较低，在创新能力方面还不足应对瞬息万变的市场。

表3.3　国内部分IC设计企业销售额(2003年)

序号	企业名称	销售额（万元）
1	大唐微电子技术有限公司	62 308
2	杭州士兰微电子股份有限公司	34 194
3	绍兴芯谷科技有限公司	23 932
4	杭州友旺电子有限公司	19 821
5	无锡华润矽科微电子有限公司	16 288
6	北京中星微电子有限公司	15 094.2
7	北京希格玛晶华微电子股份有限公司	14 682.5
8	中国华大集成电路设计中心	13 769
9	上海华虹集成电路有限公司	13 513
10	深圳国微电子股份有限公司	11 760
11	复旦微电子有限公司	9 700

数据来源：中国半导体行业协会IC设计分会http://www.ssipex.com.cn/bbs/thread.jsp?boardid=21&threadid=95。

（2）产业结构不尽合理。尽管目前我国半导体业处于高速运行当中，但与成熟国家和地区的产业结构相比，我国的半导体产业结构比例失调的情况，就如同其有着庞大的需求潜力与自给能力失调一样明显。以我国大陆和台湾地区的产业结构为例，2003年大陆半导体产业销售比重分别为：设计13%，制造17%，封装70%（见图3.1）；台湾地区：设计23%，制造58%，封装19%。很显然，大陆的后道封装测试占着绝对的比重，而半导体设计的比重又太小，尚无力对制造环节起到支撑作用，这与设计是支撑、封装是配套、制造是中坚的合理产业结构相比是有失协调的。

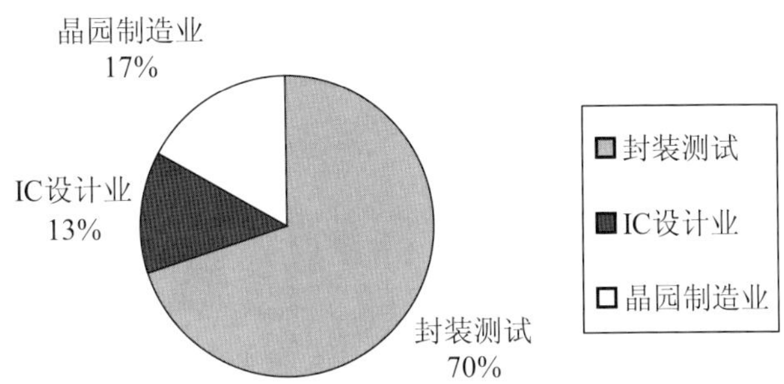

数据来源：《21世纪经济报道》，2004年12月30日。

图3.1　2003年大陆IC设计、制造、封装测试所占比重

与此同时，内地本土IC设计企业同比增加了20%，达到463家。方舟、龙芯、爱国者、星光、网芯等“中国芯”的诞生，使很多人喊出了从“中国制造”到“中国创造”的口号。从设计到生产、测试封装，中国基本形成了一条完整的产业链。作为世界第三大芯片消费市场，2003年我国芯片市场的销售额同比增长41%，达到人民币2 074.1亿元（约合250亿美元），而2004年的增长幅度也达到31%。不过，我国拥有的生产能力，只能满足我国16%的需求。

（3）我国IC产业在全球半导体产业链中占有重要地位。我国已经成为全球半导体产业链中的重要一环，并且正在成长为影响全球半导体产业格局的重要力量。我国经济的持续高速发展，不仅给我国自己创造了机会，而且也成为全球经济增长的引擎。正如意法半导体所称，目前，我国市场占世界半导体市场的14%。在2003年～2008年期间，我国市场的年复合增长率预计会达到20%以上。

产业政策支持、大量投资和市场驱动下，我国已经成为一个重要的芯片加工地。中芯国际投产的12寸生产线，使中国成为少数能够生产0.11微米线宽芯片的国家。

中国半导体协会公布的一系列统计数据也说明了我国半导体产业的强劲升势：2000年至2004年，我国芯片投资额高达到140亿美元，相当于过去20年总和的4倍。截至2003年，我国半导体行业的规模已经达到了350亿元人民币，年平均增长速度超过了30%，高于全球半导体行业平均增长的2倍。中芯国际2004年第二季度的报表佐证了我国芯片产业的景气状况：公司在2004年第二季度销售额达2.21亿美元，相比第一季度增长18.2%，毛利与第一季度相比，上升了2.2%，净收入也增至3 420万美元，较第一季度的2 750万美元增长24.5%。以生产技术分类来看，0.18微米及以下技术的销售百分比从第一季度的70.2%上升至71.8%。截至2004年第二季度，月总产能已从第一季度的65 420片硅圆片增至80 872片。8英寸硅圆片出货量达到201 534片，与第一季度相比，上升了15.6%。公司的产能利用率始终保持在99%。

（三）我国台湾地区[①]

2001年，全球半导体产业在产值为1 400亿美元，2004年则达到2 100亿美元，增长幅度为53%；而台湾地区半导体产业2001年产值为156亿美元，2004年则达到348亿美元，增长幅度达123%，在全球半导体产业中比重大幅增长。台湾地区半导体产业在全球的影响力不断提升，其发展历程已成为我国发展半导体产业的典范。

在全球集成电路产业高速发展之际，我国台湾地区半导体工业得到迅速发展。有关数据显示，目前台湾地区的IC设计业全球占有率为19.6%，IC制造业占6.8%，专业代工占67.5%，封装业占29.0%，测试业占28.0%。

二、半导体/IC行业投资热点分析

对我国经济发展的良好预期，使得国际投资家争先把我国作为重要的投资地。目前，中国半导体已经成为国际投资家们关注的焦点。美国、欧洲以及我国台湾地区的芯片商已经把大量的生产与研发投放在我国的上海、北京等地，半导体成为我国沿海最强势的产业之一。

2004年11月底，8家美国硅谷著名的风险投资商，包括Accel Partners、Crystal Venture Partners等，公布了他们的中国战略。据悉，此次8家硅谷风险投资商的账上有几百亿美元，他们把半导体产业视做在中国长期发展的机会。此外，凯雷投资集团还将联手创业(Chengwei Ventures)和Pacific Venture Partners向总部位于上海的半导体设计公司华亚微电子有限公司(Huaya Microelectronics Inc.)投入1 300万美元。

（一）芯片设计

以原国家计委1994年对“908”工程集成电路设计项目的批复为标志，我国集成电路设计产业从无到有至今已走过整整十个年头。在这十年间，我国涌现出一大批集成电路设计企业和优秀技术人才，部分产品在市场上具有很强竞争力，在技术上直追发达国家水平。国家资金和政策方面给予了有力的扶持，再加上世界集成电路制造开始转向我国以及我国本身所具有的市场与人力资源优势，使得我国集成电路设计业仅用十年时间就从创业阶段进入了与海外领先企业同台竞技的阶段。

IT行业的核心是IC，IC知识产权的核心是设计，因此，加强IC设计业的技术创新已成为头等重要的任务。

据统计，我国目前集成电路设计公司有约500家，从业人员约17 000人，2003年销售收入57.6亿元，占整个集成电路产业产值的12.6%，2004年销售额达110亿元，占中国集成电路产业总产值20%以上。预计未来四年销售额年复合增长率将接近70%，照此计算，到2008年时全行业收入将超过800亿元人民币，约100亿美元。

Zero2ipo清科公司的统计资料显示，2004年IC行业得到了创业资本最多的青睐，以4.24亿美元的总投资额位居各行业榜首。作为2004年的最大热点，IC行业所获投资的分布和上年有显著不同。相对于2003年投资集中于IC制造和IC设计，2004年的投资主要集中在IC设计领域，该领域在2004年取得超乎寻常的快速发展，有超过30家IC设计企业获得总计3.53亿美元的投资，

---

① 资料来源：台湾半导体产业协会TSIA。

包括华平对大唐微电子7 000万美元的注资和新进半导体获得的5 000万美元的投资。而2003年只有6家IC设计企业获得总计4 220万美元的投资。

半导体设计业有可能给我国带来巨大利益。半导体设计公司能够创造有价值的知识产权，并能参与全球技术标准的制定。以全球最大的独立晶片设计企业高通公司(Qualcomm Inc.)为例，该公司使用其CDMA无线技术从事的晶片设计工作创造了公司的大部分收入。高通上一财年的总收入为49亿美元。

我国在晶片设计方面仍较美国和我国台湾地区等先进的经济体落后多年。但我国在这一领域的快速起步却正在引起一些知名企业的关注。德国的英飞凌科技公司(Infineon Technologies AG)和荷兰的飞利浦电子集团(Philips Electronics NV)等企业都已在我国建立了晶片设计业务。世界最大的半导体代工企业台湾积体电路制造股份有限公司(Taiwan Semiconductor Manufacturing Co.，简称：台积电)的董事长张忠谋(Morris Chang)将我国的晶片设计产业比作一个从静止状态起步但却具有无限加速度的物体。

我国在芯片设计方面的巨大产业需求已经吸引了众多的国际投资者。风险投资公司华平创业投资有限公司(Warburg Pincus LLC)2004年7月同意向大唐微电子(Datang Microelectronics Technology)投资7 000万美元。未来几个月中，中星微电子有限公司(Vimicro Corp.)可能成为首家在美国进行首次公开募股的我国内地晶片设计企业。

基于IC设计业在半导体产业领域的重要作用，中国IC设计产业在接下来的几年来仍将成为国内、国际投资家们关注的热点，图3.2为未来几年中国IC设计业增长趋势的具体预测。

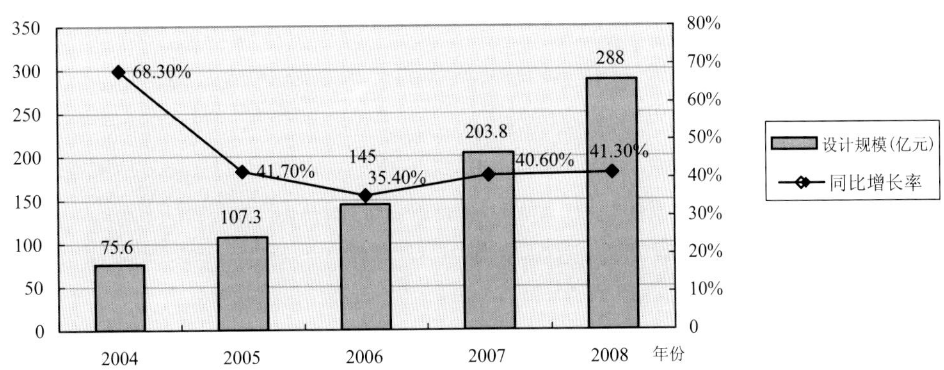

资料来源：赛迪顾问。

图3.2　未来几年中国IC设计业的增长趋势

(二)IC封装测试业

集成电路测试业贯穿在集成电路设计、芯片制造、封装及集成电路应用的全过程。测试业要完成集成电路设计的验证测试、制订集成电路产品规范的相关测试、大批量芯片中测和成品测试、用户的入库检测和科研单位产品研发检测等一系列检测任务。测试既是集成电路产业链中的一环，也是验证出厂的关键，由于测试技术含量高、知识密集，一直是我国集成电路产业发展的瓶颈，可以说测试制约了我国集成电路产业的发展。随着我国系统组装产业的逐渐成熟，加上产业政策的引导，在大量人力、土地供给的优势下，预计未来我国半导体封装测试产业将能持续成长。

根据中国半导体产业协会资料显示，现阶段国内从事分离式组件及IC封装测试的厂商约有210家，其中从事IC封装测试厂超过100家，真可谓是百家争鸣，但实际上有一定水准封装测试技术，且年封装量超过1亿颗的业者不到20家。

到目前为止，封装测试业依然是我国半导体产业的主干。根据赛迪顾问（China Center of Information Industry Development，CCID）2004年4月的报告，2003年我国国内半导体产值为人民币257.9亿元，而其中封装测试产值为152.5亿元，占整体半导体产值的59.1%。

直到1995年我国才出现了第一家专业封装代工厂——阿法泰克，随着政府优惠政策的实施，使得英特尔（Intel）、AMD、三星电子（Samsung）及摩托罗拉等国际大厂整合组件制造商（IDM）扩大投资，纷纷以1亿美元以上的投资规模进驻到我国。

2000年后，中芯、宏力、和舰及台积电等半导体代工厂陆续成立，新产能的开出和相继扩产，国内对封装测试的需求大幅增长。

随着半导体制造技术的进步，相应的对封装测试要求也提高了。根据iSuppli的研究，2003年我国内地IC封装市场规模约为502亿颗，预计2007年时将会达到1 295亿颗，复合成长率（CAGR）为26.73%，至于封装技术，较低阶的DIP将由2003年的65%，下滑到2007年的44%，中高阶的SOP、SOT、PLCC、SSOP、TSOP、QFP则由2003年的22%，小幅成长到2007年的29%，至于高阶的BGA、CSP、MCP将由2003年的13%，将达到2007年的27%。

目前，我国半导体封装测试产业主要由这样四类厂商组成：根据DigiTimes Research研究，现阶段我国具有规模的封装测试厂约有58家，而这些封装测试厂可以分为4大类，第一类就是国际大厂整合组件制造商的封装测试厂，第二类是国际大厂整合组件制造商与本土业者合资的封装测试厂，第三类则是卡在法规限制，营运规模仍不大的台资封装测试厂，最后的第四类就是只有一两家可以上得了台面的中国本土封装测试厂。

关于第一类（国际大厂整合组件制造商）封装测试厂，目前在我国设封装测试厂的外资共有15家，分别是英特尔、超微、三星电子、摩托罗拉（Motorola）、飞利浦（Philips）、国家半导体（National Semiconductor）、开益禧半导体（KEC）、东芝半导体（Toshiba）、通用半导体（General Semiconductor）、安可（Amkor）、金朋（ChipPAC）、联合科技（UTAC）、三洋半导体（Sanyo Semiconductor）、ASAT、三清半导体，这些厂商主要来自美国、日本以及韩国，建厂目的都是因为外商的系统产品内销中国便可享有内销税的优惠，目前主要集中在上海、苏州等长江三角洲周围城市。

第二类封装测试厂是在我国完全开放前，为了要先行卡位而与我国本土厂商合资的封装测试厂，一共有11家，包括深圳赛意法微电子、阿法泰克（现以改名为上海纪元微科微电子），以及新康电子、日立半导体（Hitachi）、英飞凌（Infineon）、松下半导体（Matsushita）、硅格电子、南通富士通微电子、三菱四通电子、乐山费尼克斯半导体及宁波明昕电子，这些业者的资金主要是来自于我国台湾地区、日本，地点则较为分散，但仍以江苏省、深圳市等地为主。

第三类主要是台资封装测试厂，台资封装测试厂商在近3年内陆续加入中国内地市场，数目约16家，营运模式多属于专业封装测试代工厂，台湾地区的上市封装测试公司几乎都已在中国内地设厂，分别是威宇科技、桐芯科技、宏盛科技、凯虹电子、捷敏电子、日月光半导体、南茂科技、瀚霖电子、硅品科技、京元电子、菱生精密、巨丰电子、超丰电子、珠海南科集成电子、硅德电子及长威电子，这些工厂主要集中在上海、苏州一带，营运规模由于受到台湾岛内当局法规限制，相较于台湾母公司的规模还有一段差距。

第四类是我国本土厂商，虽然数量上高达50多家，但很多都是属于地方国有企业，而这些国有企业业务繁杂，并不是只有经营半导体，有些还跨足其它与半导体不相干的产业，业务相对集中在封装、测试上的约有12家，包括我国本土最大封装测试厂的长电科技、华旭微电子、华润华晶微电子、中电华威电子、九星电子、红光电子、厦门华联、华汕电子、华越芯装电子、南方电子及天水永红。

根据CCID调查，以营业收入作为排名基准，2003年我国前十大半导体封装测试厂商分别为摩托罗拉、三菱四通、南通富士通、江苏长电科技、赛意法微电子、松下半导体、东芝半导体、甘肃永红、上海纪元微科微电子、华润华晶微电子。10大厂商中，有4家是纯封装测试厂，有3家是整合组件制造商，剩下的3家则为合资厂商。

目前，我国本土厂商技术仍停留在DIP、SO等中低阶封装阶段，与国际大厂的技术还有一段差距。

在国际大厂的积极投入下，2001年，我国半导体产业IC年总封装产能已提高至208亿颗，其中独资企业为156亿颗，占总产能的75%；合资企业为33.44亿颗，占总产能的16%；国有企业为19亿颗，占总产能的9%。TR年总产能为290亿颗，其中独资企业为4亿颗，占总产能的1%；合资企业为107.5亿颗，占总产能的37%；国有企业为178.9亿颗，占总产能的62%。由此不难看出，在国际封装测试大厂积极至我国布局的情况下，外商已取得90%以上的产业版图，我国国有企业则退守利润较薄的中低端位置。

尽管国际巨头纷纷布阵我国IC封装测试业，国内也加大了对封装测试业的投入，但国内巨大的市场需求依然无法得到满足。封装测试产业持续成为众多半导体大厂在我国投资的主要对象，诸如英特尔、东芝等国际大厂都正加紧在我国投资封装测试生产线，专业测试公司增至10家左右，我国封装测试产业初具雏形。

2003年，我国集成电路产量达到124.1亿块，市场规模首次突破2 000亿元，未来几年，我国集成电路市场仍将保持高速增长，这无疑也为封装测试产业提供了良好的发展机遇。有资料显示，到2005年，我国集成电路封装测试必须面对每年约500个集成电路新产品上市，以及每年超过约100亿只集成电路成品的封装测试需求，对集成电路封装测试业来讲是挑战也是机遇。

“没有先进的封装技术，就不可能有高性能的半导体集成电路芯片”。正是基于这样的认识，在半导体封装测试投入上众多厂家毫不吝啬。在国际大厂的积极投入下，预计“十五”期间，我国封装测试产业的总投资可达百亿元人民币以上。

（三）消费电子与通信芯片

消费电子对集成电路市场的拉动作用很大，它与计算机和工控三分集成电路市场的天下。到2008年，在集成电路总需求中，合计有32%来自消费电子市场。相对于计算机芯片，消费电子芯片的技术壁垒适中，国内企业较容易介入。此外，因为国内消费类整机企业较强大，在消费类领域能够形成较好的产业链，因此，国内IC企业在此领域将有一定的发展空间。在新兴消费电子方面，PDA(无线PDA)、数码相机、数字电视等产品因具有一定的市场规模和增长率，将是近几年的投资热点。

在电视方面，有业内代表认为，虽然近几年在大屏幕领域，CRT背投一直占主导地位，但微显背投(液晶、DLP、LCOS)是未来的发展方向，因为它不仅具备更好的性能，还具备成本下降的潜力，在国内有一定的发展空间。有业内人士认为，在机顶盒用的数字电视芯片组，针对

LCD、PDP、背投电视、OLED等新型显示以及CRT数模混合电视机的数字视频处理和画质改善芯片上，国内集成电路设计企业是很有机会的。

在通信芯片领域，在最近两年里，三网融合的大趋势有力地推动了芯片业的发展，通信芯片在移动通信、无线Internet和无线数据传输业的发展，已经超过了PC机芯片的应用而成为主流市场。据IDC的专家预测，通信IC芯片，尤其是支持第三代移动通信系统的IC芯片，将成为21世纪初全球半导体芯片业最大的应用市场。针对移动终端正在限制某些电信业务的发展，开发手机及其他高档次芯片将给国内相关企业带来更多的机会。

在3G领域，我国已经具备了与世界一流厂商同台竞争的实力。目前，我国拥有自主知识产权的3G标准——TD-SCDMA，已经形成了完整的产业链。同时，我国也开始了3G的实用。

三、产业环境研究

IC（集成电路）对国民经济的贡献可以简单地用1:10:100来计算，即1元钱的集成电路可以支持10元钱的电子产品，10元钱的电子产品又可以带动100元钱的消费市场。因此，我国半导体产业的迅猛发展不仅成为我国经济增长的重要动力，也是全球半导体产业发展的重要推动力量。但我国的半导体产业发展的历史还不长，产业结构不尽合理，因此，从我国半导体产业发展的总体上看，整个产业还很不成熟。考察世界各国半导体发展的历程，尤其是我国台湾地区半导体发展经验，我们看到的是国家产业支持对半导体产业的巨大促进作用。

可以毫不夸张地说，我国半导体产业在近几年的快速成长无不得益于国家的产业扶持政策。

（一）18号文件的政策效应[①]

2000年6月24日国务院颁发了《鼓励软件产业和集成电路产业发展的若干政策》，简称18号文件。2001年国务院对相关内容进行了补充，2002年相关部门为落实18号文件，在集成电路领域又颁发了若干文件，主要有：

第一，财政部、国家税务总局《关于进一步鼓励软件产业和集成电路产业发展税收政策的通知》(财税2002年70号文件)规定：（1）自2002年1月1日～2010年年底，对增值税一般纳税人销售自产的IC产品按17%的税率征收后，对增值税实际税负超过3%的部分实行即征即退，所退税款用于扩大再生产和研发；（2）对生产线宽小于和等于0.8微米的IC生产企业，从2002年开始，自获利年实行企业所得税“两免三减半”政策，投资超过80亿元或线宽小于0.25微米的企业继续按财税25号文件执行；（3）2002年1月1日～2010年年底，对集成电路生产、封装企业的投资者，以其取得的所得税后利润直接投资本企业或作为资本投资开办其他生产、封装企业，经营期不少于5年的，按40%的比例退还再投资部分已缴纳的所得税，如果投资企业在西部地区，退税比例为80%。

第二，财政部、国家税务总局《关于部分国内设计国外流片加工的集成电路产品进口税收政策的通知》(财税2002年140号文件)规定，国内设计并具有自主知识产权的集成电路产品，因国内无法生产，到国外流片、加工，其进口环节增值税超过6%的部分实行即征即退。

第三，财政部《关于部分集成电路生产企业进口自用生产用生产性原材料、消费品税收政策

---

① 董长虹：“信息产业部：国务院18号文件营造IC业政策氛围”，《财经时报》。

的通知》(财税2002年136号文件)规定，自2000年7月1日起，对在中国境内设立的投资额超过80亿元或线宽小于0.25微米的集成电路生产企业进口本通知附件所列自用生产用生产性原材料、消费品，免征关税和进口环节增值税。

第四，财政部《关于部分集成电路生产企业进口净化室专用建筑材料等物资税收政策问题的通知》(财税2002年152号文件)规定，自2001年1月1日起，对在我国境内设立的投资额超过80亿元或线宽小于0.25微米的集成电路生产企业经本通知附件所列净化室专用建筑材料、配套系统和集成电路生产设备零配件，免征关税和进口环节增值税。

18号文件的实施为我国半导体产业的发展提供了积极的政策支持。一方面巨大的中国市场，吸引着IC产业资本的目光；另一方面，我国政府的鼓励性政策促使一大批IC企业来华投资。上海、北京、深圳等地已经逐渐形成投资集成电路的良好势头，区域聚集效应日渐突出。

政府政策的支持极大地促进了中国本土企业的快速成长。国际数据公司（IDC）的统计数据显示，到2004年12月，我国最大芯片生产商中芯国际在第三季超过新加坡特许半导体，从而成为全球第三大半导体代工厂商。IDC在报告中指出，以营业收入计，中芯国际在行业内的排名仅次于台积电和联电，在国际上已经占有一席之地。

（二）后18号文件下的我国半导体产业发展

18号文件对国内芯片产业发展起到了巨大的支持作用，可是同时使美国、日本和欧盟认为该政策对国外厂商形成了歧视。2004年3月18日，美国向WTO提起申诉，声称我国关于半导体的增值税政策与WTO有关条文有冲突。继美国之后，欧盟、日本也分别于3月26日和31日要求加入关于集成电路增值税政策的磋商。

直到7月14日，中美关于我国集成电路增值税问题的谅解备忘录才于日内瓦签署。至此，中美在世贸组织争端解决机制下的集成电路增值税争端得到解决。根据谅解备忘录，取消“即征即退”的规定，并于2005年4月1日正式实施。

18号文件的取消给我国半导体产业的发展增添了更多变数。尽管中国芯片产业实现了飞跃，但与国际芯片生产强国相比，差距依然悬殊，整个产业尚处于发展期，还需要国家的大力扶植。可以预料的结果是，我国政府将采取更为积极、灵活、务实的政策措施，进一步促进我国半导体产业的产业升级与健康发展。

1. 新18号文件凸现四大扶植政策

半导体产业在国家整体经济战略中的重要作用表明，中国政府不会放手让其自生自灭。来自2004年12月4日《中国经营报》的消息表明，在2005年4月1日正式取消旧政策之前，中国正在加紧制定新的政策来扶持芯片这一基础产业的快速发展。信息产业部国家新政策制定专家小组成员最近表示，有关部门正在争取明年1月份之前出台对于芯片产业的新支持政策，即人们所说的“新18号文件”。由专家组成的新政策筹备小组所拟出的新政策草案早就提交信息产业部以及发改委讨论。

新文件包括四大扶植政策，一是成立专门的集成电路发展基金，由财政部今后每年单独为芯片产业进行拨款，数目在5亿元～10亿元；二是每年投资人民币几千万到一个亿用于芯片人才培养；三是在所得税上要放宽限度，从原来的“两免三减半(两年免税三年收一半税)”变为“五免五减半”甚至“十年全免”；四是在企业新投资项目的贷款上给1%的贴息优惠①。

①“四大扶植政策渐显 芯片产业升级在即”，hc360慧聪网，2004年12月7日。

有关专家认为，新政策的目的在于促使芯片产业升级。目前，从政府、企业界到学术界，大都形成了一个共识：IC Design（芯片设计）是下一阶段国内芯片产业发展的重中之重。而所设立的集成电路发展基金将主要投向芯片设计和开发企业，每年1亿元左右的人才培养投资也将倾向于IC设计人才的培养。这样新政策的出台，将有效地促进国内芯片产业的整体升级换代。

2. 出口退税政策

2004年12月10日财政部及国家税务总局联合下发通知，决定将对部分信息技术产品出口退税率提高到17%(即全额退税)，退税自2004年11月1日起实行。包括集成电路、分立器件(部分)在内的多个IT产品享受到出口退税优惠，出口退税率由现行的13%提高到17%。

（三）支持半导体产业发展的其他政策[①]

1. 知识产权保护

为了促进我国半导体产业的发展，促进创新机制的形成，我国在半导体产业领域加大了知识产权的保护力度。2001年10月1日，我国第一部《集成电路布图设计保护条例》正式实施，迈出了我国芯片业健康发展的第一步。与此同时，相应的集成电路知识产权保护的法律法规相继版本实施。包括《集成电路布图设计保护条例实施细则》，《知识产权保护(关于鼓励软件产业和集成电路产业发展的若干政策　第十章)》，《加强知识产权保护（集成电路产业“十五”规划要点2.2)》，《深圳市专利申请资助管理办法》等。

2. 地方政策

我国半导体产业的飞速发展，已经逐步形成了上海、北京、深圳半导体产业发展聚积中心。这些地方政府为了加强本地半导体产业的发展，制订了一系列促进半导体产业发展的扶持措施。如深圳市政府先后制订了多部法规，包括《关于进一步扶持高新技术产业发展的若干规定》(1999年9月23日)、《关于加快发展深圳市集成电路制造业的若干规定》、《关于鼓励出国留学人员来深创业的若干规定》(2000年6月7日)、《深圳经济特区高新技术产业园区条例》(2001年4月5日)、《深圳市关于鼓励软件产业发展的若干政策》(2001年1月19)、《深圳市关于完善区域创新体系推动高新技术产业持续快速发展的决定》(2004年1月)、《转发信息产业部、国家税务总局关于集成电路设计企业及产品认定管理办法的通知》(2002年6月3日）等，来促进深圳市半导体产业的良好发展。与此同时，2003年1月1日《国家集成电路设计深圳产业化基地服务及管理暂行办法》开始实行。

3. 产业规划

为了更好地规划和促进我国半导体产业的良性发展，我国政府在多个层面加强了半导体产业发展的总体规划。包括《集成电路产业“十五”发展目标与重点》、《集成电路“十五”专项规划思路》、《集成电路产业“十五”规划要点》、《信息产业“十五”计划纲要》、《电子信息产品出口“十五”专项规划》、《“十五”高技术产业发展重点》等。在“十五”规划中，我国政府明确提出了重点支持的半导体产品。

十五期间重点支持产品包括：

CPU产品——微处理器、微控制器、DSP；

移动芯片——基站芯片、射频芯片、军用电路及其支持产品；

---

① 相关资料根据“国家集成电路设计深圳产业化基地”资料整理，http://www.southic.com/。

数字音视频电路——数字VCD、DVD、DTV、HDTV、数码相机、PDA等支持产品；

IC卡芯片——电话卡、身份卡、金融卡等；

量大、面广的适销对路产品——CMOS运放、存储卡等。

四、2005年中国半导体/IC产业发展预测

我国经济的高速发展为半导体产业的发展奠定了坚实的基础。随着我国内地市场在消费电子领域的快速发展，带动了半导体相关产业的火爆。由于国内对芯片的巨大需求，我国半导体产业在今后的几年里将保持高速增长的势头。正如我国半导体代工厂商中芯国际(SMIC)总裁兼首席执行官张汝京在2004年底表示，预计2005年总体半导体产业增长乏力，但我国市场将继续高速增长。

我国市场将继续以高于欧洲、北美和其它地区的速度增长。尽管我国IC设计厂商增多，但我国的芯片进口还在增长。过去我国需要的半导体大约有80%来自进口，剩余部分由国内的芯片厂商生产。2004年，我国进口83%的IC。2005年，我国需要进口90%的IC。供需之间的缺口正在扩大，巨大的国内需求将极大的支撑国内芯片产业的高速发展。

借助于国内对半导体产业的强劲需求，2010年以前，我国IC产量增长率将会非常强劲。但我国IC产值在2004年只有24亿美元，基数相对较小。IC Insights预测，2010年我国的IC产值将增长到145亿美元。尽管高速增长，但2010年我国IC产值在全球IC产值中的比重只有5%。而且，145亿美元的产值只相当于2010年我国IC市场规模的15%。报告预测，2010年我国IC市场将达到950亿美元。来自国家相关机构的规划与预测则表达了我国大力发展半导体/IC产业的迫切心情。两院院士咨询报告对2005年国内IC产业的发展给予了非常好的预期，他们希望到2005年，IC产业的自给率要达到25%，到2010年更是要达到30%，考虑到我国IC产业发展的目前实际情况，可以看出，在未来几年，我国半导体/IC将保持高速增长，只有这样才能满足我国经济发展的需要（见表3.4）。

表3.4　我国集成电路和电子工业的发展预测

年份	GDP		电子工业			IC工业				
	GDP（亿元）	年平均增长率7.4%	产值（亿元）	占GDP的比例	年平均增长率20.0%	产值（亿元）	占GDP的比例	占世界IC产值的比例	自给率	年平均增长率38%
1999年	82 000		4 300	5.2%		89	0.11%	0.70%	16%	
2005年	128 000		12 800	10.0%		706	0.50%	4.51%（3.61%）	25%	
2010年	180 000		32 000	17.8%		2 950	1.60%	10.5%（8.4%）	30%	

数据来源：两院院士咨询报告。

市场调研公司IC Insights最近发表的报告预测，2005年我国IC市场将增长11%，达到343亿美元，成为全球最大的区域IC市场。尽管11%将远低于最近几年我国IC市场的年增长率，但仍然大大高于2005年全球IC产业的增长速度。而全球IC产业预计2005年将下降2%。

据IC Insights的报告，2001年～2004我国IC市场的复合年增率为46%，美洲IC市场同期为14%。预计2005年全球IC消费额为1754亿美元，我国将在其中占20%，该比例大大高于2001年

的8%。报告指出，在2001年的时候，美洲IC市场还是我国IC市场的三倍以上①。

消费性IC市场领域成为半导体市场发展的引领头券。伴随着全球消费电子的兴旺，带动了消费性IC的快速增长。业界预测2005年将是全球半导体市场营收从PC转向数字消费性电子的转折点，众多半导体巨头将未来下注在消费电子的需求趋势上。业者因此预计，2005年半导体市场未来成长空间将可能集中在消费性IC市场领域。

尽管截至目前，不论是半导体产业协会、全球半导体贸易统计组织还是其他市调机构，对于2005年半导体市况看坏者居多，最乐观者也仅有个位数字的成长空间。但由于包括DVD媒体、液晶电视、数字录放机、可携式MP3播放器等消费性电子产品，都将在2005年迅速成长，部分数字家庭产品还将在2005年面临一决胜负的重要关键。业者因此认为，即使PC需求减缓，但消费性IC仍将带动半导体市场成长。

SIA表示，自2004年起企业用户已退位，消费者已成为支配半导体产业的新兴市场驱力，举凡目前市场上最热卖的数字相机、DVD放影机，或是苹果所推出数字音乐播放机iPod等消费性电子装置，加上消费者对于汽车与手机等长期持有与换机需求，消费者购买力的兴起，已成为半导体市场成长驱动力，甚至是带动高科技市场成长的驱动力。

近些年，国内消费电子领域增长势头迅猛，不仅带动了消费电子的快速增长，也带动了与消费电子相关的各领域的增长。展望2005年，在手机、PC市场、数字相机用IC及数字电视芯片市场增长的支持下，2005年我国半导体市场成长将依然前景光明。

参考文献

[1] 广州赛立信市场研究公司，《中国IC卡市场调研报告》，2003年11月

[2]“中国IC设计遭遇倒春寒”，《中国科技财富》，2004年11月

[3] Semico Research：“2005年全球半导体市场有所衰退”，2004年11月3日

[4] 2003年～2004年中国集成电路市场研究年度总报告

[5] SIA：“2004年全球半导体行业市场营业额将创新高”，《科技日报》，2004年11月9日

[6] ZDNet China：“2004年半导体资本出增49%达历史最高水平”，CNETNews.com.cn 2004.年5月2日

[7]“快乐中的痛——中国半导体产业发展趋势解读”，《电子经理世界》，2004年8月

[8] 国务院发展研究中心，《2004年我国产业发展展望》，2003年

[9] 阮炳岚，许通洲：“我国半导体产业未来发展趋势之剖析”，2003年国立中央大学台湾经济发展研究中心

[10] 中国半导体产业发展状况报告(2004版)

[11] 赛迪顾问：“2003年～2004年跨国半导体公司在华投资与经营现状研究年度报告”，2004年

① 资料来源：《国际电子商情》。

附　录

科技部《科技型中小企业技术创新基金》资助项目——半导体/IC行业

编号	立项代码	项目名称	企业名称
1	00C26114400870	半导体电容器瓷片和被银片（表面层）	东莞宏明南方电子陶瓷有限公司
2	00C26213100741	集成电路芯片分析验证系统	上海圣景科技发展有限公司
3	00C26226110465	单晶硅挠性加速度计研发	西安法乐电子有限公司
4	00C26231100061	“熊猫系统”工具的完善及实用化、商品化	中国华大集成电路设计中心
5	01C26113200678	58s半导体抑制栅	宜兴市东大微电子有限公司
6	01C26121100636	大功率半导体激光二极管	海特光电有限责任公司
7	01C26211100626	CMOS数码图像处理芯片	北京中星微电子有限公司
8	01C26212120459	视频动态信息智能识别处理器	大连永佳电子技术有限公司
9	01C26213100469	二氧化硅背封硅片	晶华电子材料有限公司
10	01C26213200100	超高频塑封高压硅堆	南通皋鑫电子股份有限公司
11	01C26213300868	SOT-143四引线表面贴装多晶片组合半导体器件	杭州百事特电子有限公司
12	01C26213300868	SOT-143四引线表面贴装多晶片组合半导体器件	杭州百事特电子有限公司
13	01C26213310366	5英寸、6英寸重掺As单晶硅锭项目	宁波立立电子股份有限公司
14	01C26214400922	片式三极管	佛山市蓝箭电子有限公司
15	01C26223400888	光纤光栅及光纤光栅双参数分布式传感器	合肥正阳光电科技有限责任公司
16	02C26213100047	基于ASIC芯片技术的高速硬件防火墙	上海华依科技发展有限公司
17	02C26213100317	SC6600 GSM/GPRS双模多频段无线通信基带(ASIC)专用芯片	展讯通信（上海）有限公司
18	02C26213200055	纳米材料传感器	江苏华泰纳米器件有限责任公司
19	02C26214400408	大容量存储器集成电路的测试	新会市华凯科技有限公司
20	02C26221100277	IEEE802.11b基带芯片	北京六合万通微电子技术有限公司
21	02C26231300025	电力半导体模块结构件	河北省景县华北整流器件厂

资料来源：科技部科技型中小企业技术创新基金管理中心，http://www.innofund.gov.cn/index.asp。

第四章　软件行业投资分析报告

软件行业是信息行业的核心，是我国信息化建设的关键。经过十几年的发展，我国软件行业取得了巨大的发展。软件行业做为国家重点扶持发展的行业，可以预计，随着我国信息化建设的逐步推进，软件行业将会得到更大的发展。展望2005年，Linux、信息安全、基于网络的应用软件、软件服务等领域，将成为风险投资关注的热点。

一、2004年我国软件行业总体状况与特点分析

（一）软件行业规模不断扩大，增速有所回落

2004年以来，我国软件行业随着政策环境、市场环境的不断改善，行业规模继续扩大，保持了良好的发展态势。

信息产业部副部长娄勤俭在中国软件行业协会及其会刊《软件世界》杂志成立20周年庆典上表示，截止2004年9月底，我国软件行业完成销售收入1 800亿元，比上年同期增长32.5%。其中软件服务与系统集成的市场份额不断增加，接近软件销售收入总量的50%，比2003年同期提高了9个百分点。

据信息产业部经济体制改革与经济运行司预计，2004年我国软件行业全年可实现销售收入2 100亿元。其中软件产品收入1 008亿元，同比增长20.4%；系统集成收入714亿元，同比增长34.5%；软件服务收入378亿元，同比增长42.6%。从市场构成看，软件服务与系统集成市场份额约占总销售收入的52%。从规模企业来看，2004年我国软件行业前10名企业中，有80%的企业完成软件服务与系统集成的收入均超过软件业总收入的50%。这说明软件企业纷纷意识到软件服务市场的重要性，逐渐加大对软件服务与系统集成市场的投入力度。

软件行业一直保持着高速的增长。1992年我国软件行业产值仅为43.7亿元，到2003年规模以上软件企业共完成软件及系统集成收入1 633亿元，复合增长率为39%，是同期GDP发展速度的4倍左右，也明显高于电子信息行业的平均增速。2004年软件行业的年增长速度与2002年和2003年45%以上的增速相比有较大回落，约为28.6%，但仍维持在较高水平（见图4.1）。

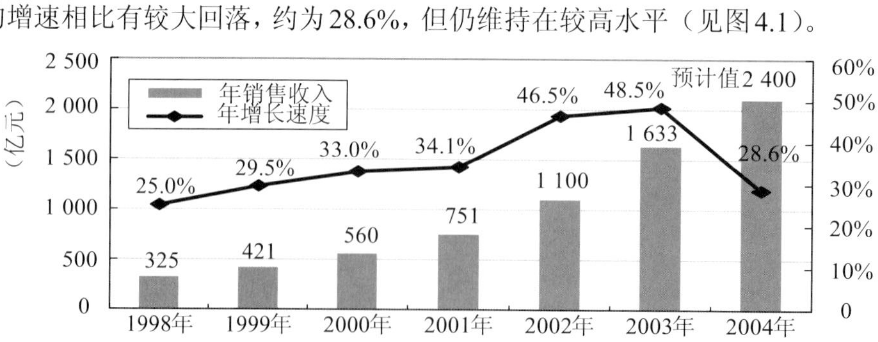

数据来源：信息产业部公告及若干行业报告数据整理而成。

图4. 1　1998年～2004年软件与系统集成年销售收入及增长速度

（二）软件行业发展特点

2004年，我国软件行业具有如下发展特点：

（1）软件企业的实力有所增强，行业集中度有所提高；

（2）软件产业的经济类型呈现多元化，股份制经济占主导地位；

（3）软件产业集聚效应明显，地区分布相对集中；

（4）产品市场仍以应用软件为主，嵌入式软件发展迅猛，应用领域不断拓宽；

（5）软件出口稳定增长；

（6）软件人才队伍规模扩大，但结构有待优化。

本报告将在后面的章节将对软件企业发展特点进行详细分析，故在此不再赘述，仅就其他特点进行分析。

1. 软件产业集聚效用明显，地区分布相对集中

我国软件产业集聚效用明显，地区分布相对集中。从2003年全国软件及系统集成收入的地区分布上看，我国软件产业发展比较快的地区主要分布在环渤海地区、珠江三角洲、长江三角洲地区，这三个地区的销售总收入达到了869亿元，占软件行业销售总收入的一半以上。其中比较发达的省市主要有：北京、广东、浙江、上海、山东，这五个省市软件及系统集成收入占全国的比例依次为：23.64%、21.19%、8.39%、7.80%、7.59%（见图4.2），它们的软件及系统集成收入总和约占全国的69%。

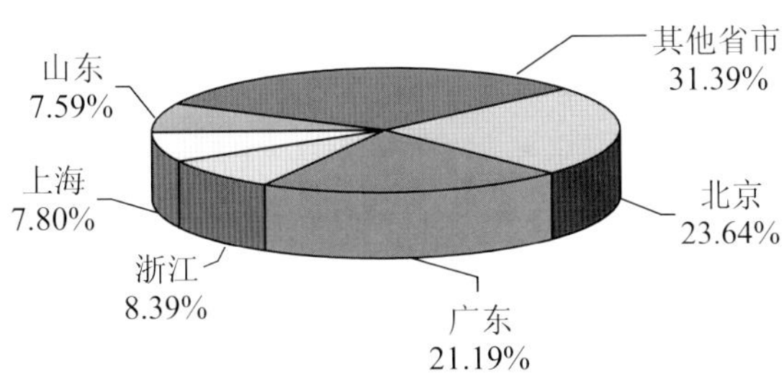

数据来源：CCID(www.ccidnet.com)。

图4. 2　2003年我国软件产业发展的地区分布

2004年，中国软件产业最大规模前100家企业，分布在全国18个省市，但行业骨干企业主要集中在北京、广东、上海、浙江、江苏五个省市，这5个省市进入前100家的企业占69%。

目前，我国已在北京、上海、广州、南京、杭州、西安、成都、大连、济南、长沙和珠海11家国家级的软件产业基地。基地建设初具规模，不仅吸引了国内外大量的软件企业入驻，同时还吸引了各方资金与人才的汇集，成为培育产业成长的沃土。据统计，全国软件园实现软件销售收入一般占到全国软件产业销售总额的三成。这些软件产业基地对推动我国软件产业的发展起到了巨大的辐射和带动作用。

2. 产品市场仍以应用软件为主，嵌入式软件发展迅猛，应用领域不断拓宽

从产品结构来看，2004年的软件市场仍表现了2002年以来的变化规律，即应用软件依然占据

主导地位，系统软件在市场中的份额逐渐下降，支撑软件的份额不断上升①。2002年，我国软件产品市场中，系统软件的份额为28.9%，而中间件软件为6.6%，应用软件的比重为64.5%（见图4.3）。

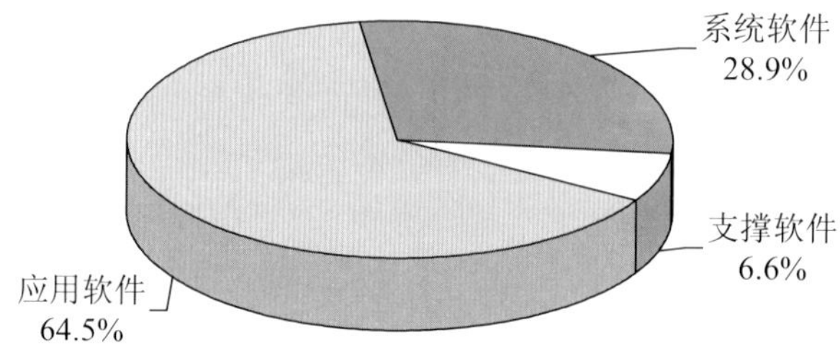

数据来源：2002年我国软件产业发展公报。

图4.3 2002年软件市场产品结构

2004年，软件行业的产品结构特点是Linux受到重视，产业发展的重心仍以应用软件和支撑软件为主。近两年，我国嵌入式软件产品发展迅猛，在软件产品中所占比重逐年加大，成为我国软件产业新的市场增长亮点。嵌入式软件在移动设备、数字家电、数控机床、汽车电子、医疗电子、航天航空、工控等领域得到广泛应用，尤其在通信领域中扮演了极为重要的角色，通过嵌入式软件提供的各类增值服务也带动了信息服务业的快速增长。

从应用领域来看，软件产品应用领域不断拓宽，在通信、家电、汽车、医疗、娱乐等行业中不断得到广泛应用。

（1）我国Linux的应用已扩展到服务器领域、嵌入式系统、互联网领域以及信息安全领域等各个方面，在金融、电信、邮政、传媒、烟草等行业的应用不断增多并开始逐步向PC桌面系统渗透。从市场分布来看，2003年政府应用的市场份额基本保持稳定，中小型企业在中国Linux操作系统市场中所占份额明显上升，比2002年翻了一番，市场需求的增加以及Linux软件厂商与数据库等其他软件厂商联手推进细分市场是促使其市场份额增加的主要原因。不过目前我国很少有企业能够在Linux业务上实现全面盈利，多数处于亏损或持平状态。如何准确找到自己的盈利模式，已经成为所有在Linux平台之上进行开发的软件厂商必须面对的课题。

（2）信息安全市场快速增长。2003年7月，我国首次提出了建立“国家信息安全保障体系”的建设方针，拥有自主知识产权的信息安全产品在电子政务、电子商务和关键信息系统中占据了主导地位。2003年，我国信息安全市场规模快速增长，增速达80%以上。信息安全的主要应用市场是政府、金融、电信和教育，这些市场对信息安全的投资保持了较高的水平。

（3）电子政务市场软件投资比例继续增大。2003年，中国电子政务市场正逐步摆脱“重硬件，轻软件”的建设模式，在中国政府350亿元的电子政务采购中，软件和信息服务的投入比例逐渐提高，已达到30%左右。投资重点也逐步由基础软件转向应用软件。管理软件、网络安全软件、操作系统等成为了电子政务建设中需要的主要软件产品。

从软件市场上国内外企业的竞争状况来看，我国企业的软件产品仍主要集中在应用软件上，国外品牌的产品仍然占据了系统软件和支撑软件的大部分市场份额。但是随着近几年国内一批企业的快速成长，国外品牌长期垄断高端软件市场的格局已开始发生转变。2003年，国内品牌产品在财务管理软件、单机版防杀毒软件、中文信息处理软件及信息安全、电子政务、教育、排版、证券等应用领域优势明显，金山、无锡永中、瑞星、江民在政府采购中屡屡中标。2003年，我国在通信和网络应用软件等方面有所突破，在IP软核、高性能计算、网格计算和航天等高端软件技术方面也取得了很大的成绩。不过，目前我国的软件生产还处于模仿和加工阶段，没有形成一定的行业规模，在操作系统、数据库管理系统和关键应用软件方面没有形成完整、系统的自主版权产品。我国的软件产品主要集中在行业链的低端，在核心技术上有创新、自主设计的“重量级”软件产品还比较缺乏。

3. 软件出口稳定增长

软件行业出口创汇从2000年约4亿美元，增长至2003年的20亿美元，年平均增长高达71%。2004年，软件出口增势依旧强劲，据信息行业部电子信息产品管理司副司长赵波在第二届“中国国际软件合作洽谈会暨展示会”上表示，2004年我国软件产品出口预计将达到25亿美元。

2003年的实际出口额占软件产业总额的10.1%，而2004年的预计出口额所占比例约为9.8%。从这个比例来看，我国软件行业仍以满足内需为主，而外向型和出口导向型的企业不多。不过，软件企业开拓国际市场的意识与能力还是有所增强的。

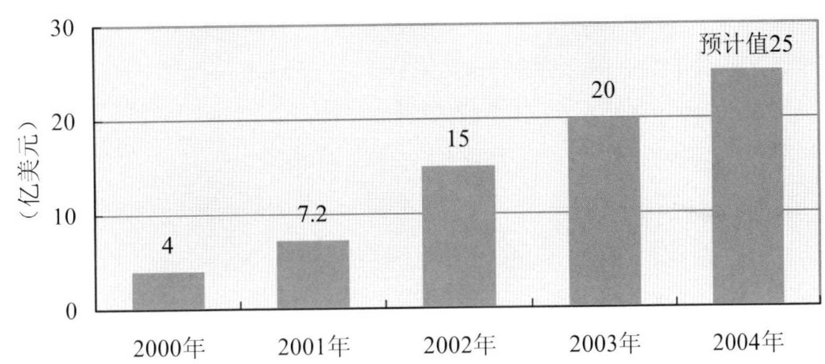

数据来源：信息产业部www.mii.gov.cn和CCID。

图4. 4　2000年～2004年软件行业出口增长情况

从贸易方式来看，我国软件出口呈现多样化的方式，既有软件外包定制加工，又有自主知识产权的软件产品出口，也有大量的装入智能化数字设备的嵌入式软件出口，还有一定数量的技术出口。从2004年前三季度的数据来看，我国软件外包业务不断增加，超过全部软件出口的10%，比2003年同期提高了近5个百分点。特别是北京、天津、大连等三城市软件外包服务占全国外包服务的80%左右。

从出口地区来看，我国软件出口地区比较广，包括日本、美国、欧洲、东南亚等地。无论是软件出口额还是从事软件出口企业的数量，对日软件出口都占绝对多数地位，占出口总额的六成左右。而对欧美的软件出口比例较小，这一方面是由于语言和文化的关系，但最根本的原因是我国软件开发与国际先进水平存在一定的差距。欧美市场一般要求软件商提供完整的解决方案，并开发完整的应用系统，因此对软件企业开发技能、管理水平、维护能力，以及商务、法律的国际接轨都有相当的要求。而对日本的软件出口，多采用传统制造业的外包方式，转包到我国的仅仅是低层模块的开发，所以说对日软件出口的门槛相对较低。对日软件出口采用的外包方式沿用传统产

---

① 目前软件行业业内对嵌入式软件的分类归属问题还存在分歧，所以，与产品结构相关的统计数据比较混乱，故本文此处采用了《2002年我国软件产业发展公报》中的数据来描述产品结构分布的概况，然后介绍软件产品结构近两年来的变化情况。

业方式，缺乏创新，其转包到我国的部分就更少价值，同时对国内软件公司的技术能力和研发能力的提高作用有限。这样的出口地区分布也在某种程度上反映了我国软件行业所存在的问题，如企业缺乏有自主知识产权的产品、不具备较强的项目分析和设计经验、缺乏严格的质量认证和规范化管理等等。

从全球软件产业分工体系来看，我国的软件出口在全球软件产业的研发、生产、加工、服务等产业链中尚处于中、下游的位置。产业上游主要为系统软件、支撑软件（如数据库）等基础平台的开发研制及软件标准的制定，主宰着整个产业，决定产业内的游戏规则，大部分上游企业位于美国；产业中游分为上游产品分解后的子模块开发和独立的嵌入式软件开发两类，可以回溯影响上游规则的制定，前一类以印度、爱尔兰为代表，后一类日本实力比较强大；产业下游分为高级应用类软件（如 ERP、SCM 等）、一般应用类软件和系统集成中的软件开发三类，主要是在上游的基础平台上进行二次开发，我国大部分企业从事一般应用软件的开发，有部分企业从事高级应用类软件的开发；最下游为单纯的数据处理，主要工作是数据录入，技术含量低，以菲律宾为代表。

4. 软件人才队伍规模扩大，但结构有待优化

经过多年的发展，我国已拥有一支优秀的软件人才队伍。2003年，全国软件行业从业人员总数约62万人，占电子信息产业全行业408万人的15.2%（见图4.5）。

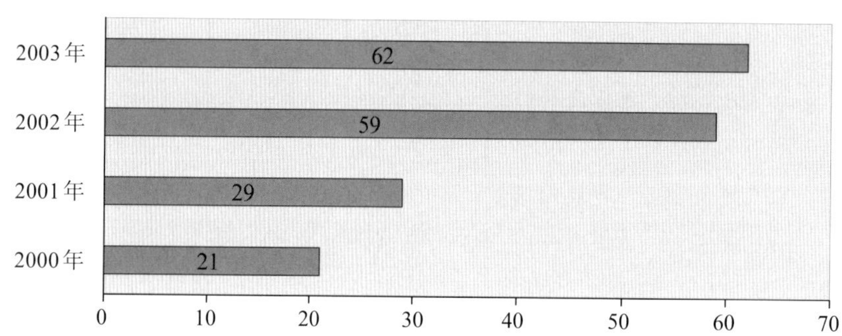

图4. 5　2000年～2003年软件行业人才规模发展情况（单位：万人）

我国在包括清华大学、北京大学、复旦大学、北京航空航天大学等在内的35所高校试办示范性软件学院。我国还积极调动社会力量的办学积极性，成立了35所软件职业技术学院，积极开展与国外教学机构、著名软件企业的联合办学，不断加强软件人才培养的国际交流与合作，多模式、多渠道培养软件人才，使我国软件人才的数量、质量和人才结构都得到明显提升。

但是从整体上看，软件人才数量上供不应求的总体特点并没有根本改变，高端的复合型、国际化人才仍然缺乏。我国目前软件从业人员的组成结构呈现“橄榄型”的特点，即缺乏软件高端人才，包括系统分析师、项目管理、外包项目接单、软件测试人才等；另外，软件低端人才，如软件编码工人数量也严重短缺。由于大量处于中间层次的本科程序员从事简单的编码工作，使得软件的人力成本居高不下，也影响了软件产品的竞争力。

从专业细分来看，通用型软件人才需求趋缓，以游戏开发、嵌入式软件、IC 设计、Linux 软件、出口外包接单、虚拟现实、系统仿真为代表的专业软件人才供不应求现象明显。

从地区分布来看，上海广东等沿海经济发达城市软件人才需求量较多；一些经济欠发达地区软件人才需求数量逐年增加，但人才流失的现象依然严重。

（三）我国软件行业在全球产业结构中所处的地位依然较低

尽管我国软件产业保持了高速的发展速度，但我国软件行业总体规模还比较小，占电子信息行业销售收入的比重不到10%。由于缺乏对软件核心技术和尖端技术的把握，我国软件产业在全球产业结构中所处的地位依然比较低，总体规模与美国、西欧各国、日本等软件发达国家相比还存在着较大的差距。2003年全球软件行业发展规模为7 480亿美元，我国占全球软件行业收入的比重仅为2.64%。不过，也应看到，相对于2000年的1.20%，我国软件行业有所进步，而且具有很大的发展空间和潜力（见图4.6）。

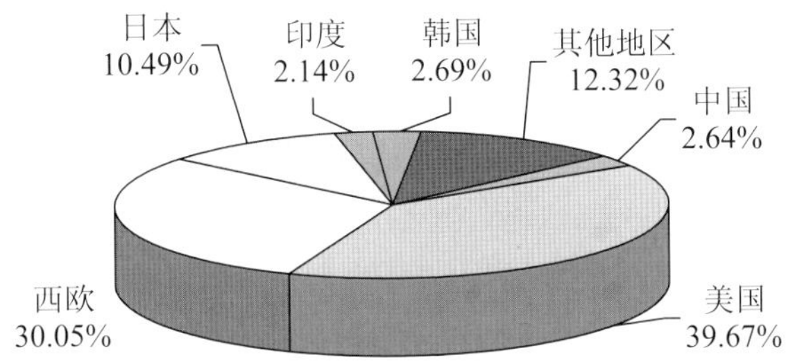

数据来源：CCID(www.ccidnet.com)。

图4. 6　2003年不同国家软件发展规模在国际软件业中所占比例

对软件产品国际市场竞争力进行分析，在软件出口数量上，我国与印度和爱尔兰相比差距也很大。1999年，我国的软件出口竟然达不到印度的5%，与软件新兴国家以色列相比也有差距。由表4.2可以看出，印度2/3以上的软件及服务产业销售收入是依靠出口创造的，出口额占销售收入的比重逐年提高，从1999年的69.64%一直攀升到2001年的73.08%。从软件出口对象来看，印度主要集中在欧美地区，其中出口北美地区和欧洲地区的比例分别为61%和23%，而我国则主要是亚太地区。全球企业前500强中有多达142家公司从印度进口软件，像AT & T、花旗银行、通用汽车等知名厂商都在此之列，这显示出印度软件在成本、质量、可靠性等方面具有我国软件所没有的竞争力。而我国对欧美软件出口受阻虽然有语言和文化的关系，但主要是我国软件发展滞后，与国际先进水平相比还有很大的差距所致（见表4.2）。

表4. 2　我国与印度以及其他国家软件出口的比较(单位：亿美元)

年份	中国	印度	以色列	爱尔兰
1999年	1.3 （6.00%）	39 （69.64%）	20 -	70 -
2000年	4 （13.80%）	63 （71.12%）	26	85
2001年	85 （18.18%）	7.4 （73.08%）	26.52	107

数据来源：IDC和CCID公布的有关数据。注：括号内为软件出口占本国软件总产值的比例。

（四）我国软件行业风险投资的特点

1. 软件行业应用领域的多元化和投资项目的多样化为风险投资提供了发展空间

软件行业的高渗透性体现了软件行业与其他行业结合性强。无论是高技术行业还是传统行业，如能恰当借助软件的支持，往往可获得新的发展机遇或提高行业效率，从而提升行业价值。尤其是处在信息化、网络化、全球化的新经济环境之下，软件行业将具有十分广阔的应用前景，能够较长时间保持高速的发展。在顺应数字化、智能化和3C融和的大趋势下，软件产业正加速向通信、家电、汽车、医疗、娱乐、移动应用等重点领域渗透，而这些极具发展潜力的领域也将带动软件行业的发展。

软件行业的高技术密集性决定了软件行业是一个以创新为发展动力的行业，持续的技术创新为软件行业的风险投资提供了丰富的潜力项目资源。

软件行业应用领域的多元化，以及投资项目资源的多样化使得风险投资在软件行业有了充分的发展空间，并且相对其它行业的风险投资而言，软件行业的投资风险相对较低，而总体回报较高。

2. 我国软件行业风险投资的投资规模水平比较稳定

与互联网领域内的风险投资急剧萎缩相比，国内软件行业内的风险投资数量维持在一个比较稳定的水平。但由于网络经济破灭所带来的阴影，风险投资对高新技术信心严重缺乏，风险投资家们在软件企业急需发展资金的成长阶段采取了谨慎的投资态度。另外，虽然国家不断强调要“建立软件行业风险投资机制，鼓励对软件行业的风险投资”，但是具体措施的落实力度还不够，所以软件行业的风险投资也面临退出途径的不通畅、法律法规的不健全等等普遍问题。目前，软件行业的风险投资还处于观望和等待，所以软件行业风险投资规模出现大幅增长的可能性不大。

2004年软件行业内的风险投资活动亮点应该是由王志东任总裁的点击科技公司由于协同软件的成功，获得由富达远东风险投资公司牵头投资的1 300万美元，有可能创下国内软件企业单笔融资额的最高纪录。

3. 软件行业风险投资阶段多集中在成熟期，较少投向种子期

从已有的风险投资案例来看，软件行业的风险投资多集中在成熟期的企业，而较少投向处于种子期的企业。这一方面是由于国内风险投资公司在当前市场情况下更关注风险的控制和利润的实现，另一方面国内软件创业企业在技术方面的创新不够，创业人员素质特别是管理能力有待提高。尽管这只是阶段性的特点，但是也反映了国内软件行业发展中存在的问题。

4. IT企业主导软件行业的风险投资

无论是境内的风险投资，还是境外的风险投资，软件行业领域内的风险投资总体上来看以IT企业为背景的风险投资为主导。许多软件企业上市募集大量资金后，主要将资金用于原有业务发展及相关方面的风险投资，例如用友和金蝶上市后，分别融资8.8亿元和1亿元，在招股说明和相关公告中都宣布将积极进行软件行业内的收购兼并和风险投资。在最新公布的上市公司中报中，有兰太实业、天鸿宝业、浙江天然、南开戈德等数十家上市公司也表示了继续关注风险投资，明确了董事会和管理层风险投资审批权限，纷纷将投资目标锁定软件和通信等领域。国内如联想、用友、金碟等都将投资作为公司或集团的重要部门，而Intel、IDG等更是软件行业领域投资的先行人。比如，2003年联想投资有限公司向北京市最大的本土软件出口企业中讯软件集团注资2 400万港元，这是中讯继获得日本NEC公司的1 200万港元之后的第二笔大额风险投资基金。中讯公司宣称这笔资金将主要用于并购一些软件出口企业，以扩大公司规模。

这些IT企业的动机往往是将投资作为公司战略发展的需要，是策略联盟的积极延伸，同时有很多情况也是为并购做准备，将初创公司引向上市，寻求更高的财务回报。IT企业在软件行业内的风险投资无疑具有专业上和综合性的优势。

二、我国软件行业的政策环境分析

（一）我国已出台一系列鼓励和支持软件行业发展的政策

未来社会的发展趋势将朝数字化、信息化加速前进，而信息产业发展的核心部分就是软件技术。因此我国政府将软件产业视为信息产业发展的重中之重。为推动我国软件行业的发展，增强行业创新能力和国际竞争力，我国制定了一系列支持和扶持软件行业的政策，为其发展营造了前所未有的政策环境和良好氛围。

1.《鼓励软件行业和集成电路行业发展的若干政策》

2000年6月国务院制定的《鼓励软件行业和集成电路行业发展的若干政策》（国务院18号文）是我国第一个鼓励和支持软件行业发展的专项行业政策，为我国软件企业营造了一个较为宽松的发展环境。18号文件涉及了投融资政策、税收政策、产业技术政策、出口政策、收入分配政策、人才吸引和培养政策、采购政策、软件企业认定制度、知识产权保护、行业组织和行业管理等方面的内容。

它提出的政策目标是通过政策引导，鼓励资金、人才等资源投向软件行业和集成电路行业，进一步促进我国信息行业快速发展，力争到2010年使我国软件行业的研究开发和生产能力达到或接近国际先进水平。

18号文件尤其提到，建立软件行业风险投资机制，鼓励对软件行业的风险投资。由国家扶持、成立风险投资公司，设立风险投资基金。在初期，国家可安排部分种子资金，同时通过社会定向募股和吸收国内外风险投资基金等方式筹措资金。

18号文件还提出，为软件企业在国内外上市融资创造条件，尽快开辟证券市场创业板。软件企业不分所有制性质，凡符合证券市场创业板上市条件的，应优先予以安排；对具有良好市场前景及人才优势的软件企业，在资产评估中，无形资产占净资产的比例可由投资方自行商定；支持软件企业到境外上市融资。

2.《鼓励软件产业和集成电路产业发展有关税收政策问题》

2000年9月，财政部、国家税务总局、海关总署联合发布了财税（2000）25号文件－《鼓励软件产业和集成电路产业发展有关税收政策问题》。

关于鼓励软件行业发展的税收政策包括：

（1）一般纳税人销售其自行开发生产的软件产品，按17%的法定税率征收增值税，对实际税负超过3%的部分即征即退，由企业用于研究开发软件产品和扩大再生产。

（2）对我国境内新办软件生产企业经认定后，自获利年度起，享受企业所得税“两免三减半”的优惠政策。

（3）对国家规划布局内的重点软件生产企业，如当年未享受免税优惠的，减按10%的税率征收企业所得税。

（4）软件生产企业的工资和培训费用，可按实际发生额在计算应纳税的所得额时扣除。

（5）对经认定的软件生产企业进口所需的自用设备，以及按照合同随设备进口的技术（含软件）及配套件、备件，不需出具确认书、不占用投资总额，除国务院国发（1997）37号文件规定的《外商投资项目不予免税的进口商品目录》和《国内投资项目不予免税的进口商品目录》所列商品外，免征关税和进口环节增值税。

（6）企事业单位购进软件，凡购置成本达到固定资产标准或构成无形资产，可以按照固定资产或无形资产进行核算。

3.《振兴软件行业行动纲要（2002年～2005年）》

2002年7月，国务院颁布了《振兴软件行业行动纲要（2002年～2005年）》（国务院47号文），确定了软件行业的发展目标和发展思路。

47号文件提出的主要鼓励政策措施包括：

（1）提高企业技术创新能力：以重大软件技术创新为重点，以骨干企业为主体，国家科技经费向软件产业倾斜，重点支持面向产业化的基础性、战略性、前瞻性和重大关键共性软件技术研究开发；鼓励跨国公司与我国企业、大学、科研机构等联合设立研究开发机构；加强软件标准的研究与制订。

（2）优先采用国产软件产品和服务：利用财政性资金建设的信息化工程，用于购买软件产品和服务的资金原则上不得低于总投资的30%。鼓励企事业单位在信息化建设中，与软件企业合作开发或积极采购国产软件产品和服务。

（3）加大对软件出口的扶持力度：完善软件出口管理办法，为软件企业出口提供便捷服务；支持符合条件的软件出口企业在境外设立研究开发机构、市场营销及服务机构；中国进出口银行通过提供出口信贷方式，支持软件产品出口；把软件工程国际合作纳入我国同有关国家的双边合作谈判。

（4）落实投融资政策，加大对软件产业的投入：以软件产业为试点，逐步建立健全产权交易市场，实现非上市软件企业的资本流动，吸引社会资本增加对软件产业的投入。通过多种方式拓宽软件产业融资渠道，促进建立软件产业风险投资机制，鼓励对软件产业的风险投资。经审核符合境外上市资格的软件企业，均可允许到境外申请上市筹资。

（5）落实《鼓励软件产业和集成电路产业发展有关税收政策问题》中的软件税收优惠政策。

（6）针对软件市场秩序，加强行业管理：认真贯彻落实《中华人民共和国著作权法》和《计算机软件保护条例》，坚决打击软件走私和盗版活动；发挥行业协会在行业自律和规范市场秩序中的作用；加强软件产业统计指标体系研究；建立软件产业现状和政策执行情况的定期评估机制。

（7）加速软件人才队伍建设：加快国家示范性软件学院和职业技术学院建设；积极开展与国外机构联合办学，多模式、多渠道培养软件人才；做好智力引进工作，重点引进软件高级管理人才、系统分析和设计人才；鼓励国外留学生和外籍人员在国内创办软件企业。

4. 其他相关政策

自18号文件出台之后，在全国软件行业产生了强烈反响，极大调动了有关部门和地方加速发展软件行业的积极性和主动性，各部门联合或各自发布关于软件企业的认定、税收、出口管理等政策，为推动国内软件产业的发展给予了极大的动力（见表4.3）。

表4.3　18号文件颁布以来我国相继出台的支持软件行业发展的政策

颁布日期	颁布单位	颁布措施
2000年6月	国务院	《鼓励软件产业和集成电路产业发展的若干政策》（简称“18号文件”）
2000年7月	财政部、国家税务总局、海关总署	《鼓励软件产业和集成电路产业发展有关税收政策问题》
2000年10月	信息产业部、教育部、科技部、国家税务总局	《软件企业认定标准及管理办法》

颁布日期	颁布单位	颁布措施
2000年11月	信息产业部	《软件产品登记管理办法》
2001年2月	对外经贸部、信息产业部、国家税务总局、海关总署、国家外汇管理局、国家统计局	《关于软件出口问题的通知》
2001年5月	国家版权局	《关于贯彻落实〈国务院关于鼓励软件产业和集成电路产业发展的若干政策〉的意见》
2001年6月	人事部	《关于软件产业和集成电路技术人员进入国家扶持的软件园区工作的有关问题的通知》
2001年7月	国家计委、信息产业部、对外经贸部、国家税务总局	《国家规划布局内的重点软件企业认定管理办法》
2001年7月	国家计委、信息产业部	《国家软件产业基地管理办法（试行）》
2001年7月	教育部	《关于试办示范性软件学院的通知》
2001年8月	国家计委、国家经贸委、建设部、信息产业部	《关于工程项目建设中计算机软件开发与购置的有关规定的通知》
2001年10月	对外贸易经济合作部、科学技术部、信息产业部、国家统计局、国家外汇管理局	《软件出口管理和统计办法》
2001年10月	国家计委、信息产业部、财政部、国家版权局	《关于政府部门应带头使用正版软件的通知》
2002年1月	国务院	《计算机软件保护条例》
2002年2月	信息产业部、统计局	《软件及相关产业综合统计制度》
2002年2月	国家版权局	《计算机软件著作权登记办法》
2002年7月	中国软件行业协会	《软件行业基本公约》
2002年7月	国务院	《振兴软件产业行动纲要》
2003年6月	国家版权局、信息产业部、公安部、国家工商总局	《国家版权局、信息产业部、公安部和国家工商总局关于贯彻落实〈振兴软件产业行动纲要（2002年至2005年）〉打击盗版软件工作安排的实施方案》
2004年6月	国家统计局	《软件业统计管理办法（试行）》

（二）京、沪、深出台的软件产业区域政策比较

在18号文的引导下，地方政府纷纷制定了相应的落实措施，鼓励软件产业基地发展的配套政策措施不断完善。软件产业基地内的企业除了可以享受国家高新技术企业和软件企业的优惠政策外，还可以享有在当地的税收、用房、创业注册资金、人才落户、贷款担保和经费申请等方面的各项优惠。

京、沪、深三市为配合国务院出台的《鼓励软件产业和集成电路产业发展的若干政策》，相继出台了上海市《关于本市鼓励软件产业和集成电路产业发展的若干政策规定》，深圳市《关于鼓励软件产业发展的若干政策》和北京市《关于贯彻国务院鼓励软件产业和集成电路产业发展若干政策的实施意见》。

1. 京、沪、深三市实施的政策虽在具体执行方法上有一定差异，但均涉及财政补助、税收优惠等方面

在财政补助政策方面，上海和深圳都会拨出确定数额的专项软件发展专项资金，上海的支持

力度是最大的，而北京市没有明确的数额；除了专项资金外，上海和深圳还有其他来源的补助方式，如上海各部门和区县政府的补助资金、风险投资的倾斜，深圳还要从固定资产投资和科技发展资金中拿出部分经费用以支持软件产业，而北京则没有具体的规定；但值得一提的是，虽然北京在其他来源的资金上没有具体规定，但是，北京在土地使用上提供了相应的优惠政策，对软件企业实行优惠地价，如政府以划拨方式提供土地，使用期限为30年，企业以出让方式取得土地使用权，免交土地出让金，这是北京因地制宜的政策倾斜方式。

在税收及优惠政策方面，北京基本上是按照国务院的政策来框定的，上海侧重于将地方税收让利于企业或用来支持软件园区建设的方法，深圳除了执行国务院18号文件规定的税收优惠政策外，还放宽了对软件企业实施优惠的范围，将高新技术企业、国家规划布局内的软件企业和省、市政府确定的重点软件企业的优惠框架同样适用于软件企业，并同时以明确的缴税比例规定了对软件企业的优惠措施，以推动软件企业的大力发展。

2. 京、沪、深三市在制定地方性法规上也各有侧重

北京逐步形成旨在建立软件行业国家研发核心市场地位的相关政策，其政策主要向创建技术能力和培养软件企业的自主知识产权能力、大力吸引和引进相关人才方面进行倾斜。相比较而言，上海和深圳在这两方面并没有非常具体的政策措施。

上海和深圳则在刺激软件出口、促进软件企业国际化和软件人员出入国境的方便性方面规定了较为具体的措施，而北京的地方性法规在这方面体现不多。

3. 地方政策的比较分析

在目前软件产业区域分布的格局下，分别代表我国北方、南方和华东地区的北京、上海和深圳三市的软件产业不断地取得新的成绩。为了配合国务院18号文件，三市均出台了符合地方软件产业发展特点的，旨在推动未来软件产业发展的地方性法规。通过对比可以发现，北京将会逐步形成一个以核心的研发技术为导向的区域市场，而处在沿海的上海和深圳将逐渐向软件出口进行倾斜。

根据京、沪、深三市软件产业的目前状况，我国软件产业发展的重点是要实现并保持现有的结构化思路，发挥不同区域的优势，建立适合区域性特色的产业模式和发展计划，充分实现优势互补，从而依靠合理化的产业区域政策来推动全国软件产业的发展。

（三）2004年我国推动软件行业发展的措施

信息产业部电子信息产品管理司副司长赵波在第二届“中国国际软件合作洽谈会暨展示会”上表示，2004年我国确定了政府采购、产权交易等18项软件业的重点工作，并将采取八项措施，推动软件产业的发展。

这八大措施包括，结合信息产业“十一五”发展规划起草，制定我国软件产业发展战略；加快出台有关促进软件业发展的政策法规；《软件政府采购管理办法（试行）》近期将出台；加大投资力度，拓宽软件产业的投融资渠道，推动产业发展；进一步提高我国软件企业技术创新能力和管理、服务能力；加快国家软件出口基地建设，相关配套政策正在制定之中；推动软件产业和传统产业的融合；加快软件人才培养。

（四）我国软件产业政策体系尚存在的问题

虽然我国已制定了发展软件行业的方针政策和思路，但还缺乏一套促进发展的、较为完备的

政策体系。促进我国软件产业发展的政策并没有完全得到落实。

在投融资方面，18号文件规定的由国家扶持的软件产业风险投资公司和投资基金至今尚未组建。由于软件企业固定资产少、无形资产比重大，缺少可供抵押或质押的资产，很难争取到银行贷款。在软件企业上市方面，国家各部门制订的政策法规相互矛盾，现行的政策法规阻碍了软件企业的上市融资之路。同时，由于软件企业的规模较小，前期研发投入过大，而且研发费用很难转化为固定资产，与传统制造业的盈利模式有所不同，同时发行股票的规模也无法放大，因而，在目前实行股票发行核准制的情况下，证券公司在推荐软件企业发行股票方面积极性不高，软件企业上市存在实际的困难。另外，国务院18号文件中关于软件企业在资产评估中无形资产占净资产的比例，以及软件企业境外上市融资等规定缺少实施细则。

在税收优惠政策方面，现有的软件产业政策是从软件产品销售收入比例和自产软件产品销售收入比例等方面来界定软件企业，而将软件服务业、软件产业孵化器、软件企业的分支机构以及国产软件的代理和分销商排除在外，实际上使得软件产业链条上各环节、各要素处于不平等的地位，导致有些环节发展滞后，成为整个软件产业发展的掣肘。

在软件采购方面，目前政府采购主要是从提高财政资金使用效率的目的设计，对通过政府采购为国产软件发展创造市场空间的政策目标考虑不够，缺乏完备的指导政府采购的标准规范和产品、服务目录。

在知识产权保护方面，目前版权法的执行仍未取得预期效果。据美国SILA(软件与工业信息协会)的调查报告显示，越南和中国是世界上盗版率最高的两个国家。随着政府对知识产权的重视，近几年我国的盗版率已有所下降，但仍保持在较高水平。这不仅严重制约了国内软件企业的发展，损害国家形象，也严重影响了跨国公司和风险投资进入中国的积极性。

在组织管理方面，我国软件行业的组织管理效率不高。我国软件行业的组织管理是在综合部门、行业部门、信息部门、技术监督部门和科研教育等部门多头进行的，缺乏统一的协调机构来制定软件行业发展的战略目标、规划相应的行业发展政策，软件企业之间缺少必要的协作与联合，企业之间的重复开发和恶性竞争时有发生。

三、软件行业企业发展与业绩分析

（一）我国软件企业总体发展状况

1. 我国软件产业的企业组织特征

无论是在软件产品开发业领域，还是软件服务业领域，企业组织规模呈现分散化特征，既有若干员工组成的小企业，也有上万人的大型公司。网络技术的发展，为企业组织的灵活性、虚拟性的提高提供了技术保障。企业间的重组、购并是企业获取竞争资源、提高核心竞争力的重要手段，资本运作成为企业重要的成长战略。一般而言，软件企业的大体分为：大型独立软件公司，独立软件公司（ISV）是指专门从事软件的开发、生产、销售和服务的公司；大型IT企业中的软件部门；中小企业为主的软件企业群体。

目前，国内软件产业的企业组织特征表现为如下的形式：

（1）软、硬件结合的公司。如华为公司、中兴公司和东软公司。这类公司一般规模能够做的比较大，形成了相互关联的软、硬件产品的系列，具有进一步扩充规模的实力，是国内企业参入国际竞争的主导力量，因此极有可能成为政策扶持的对象。随着国内信息系统规模越来越大，对公司的品牌和实力要求也越来越高，这类公司在大规模的信息系统中具有竞争优势，从而进一步拉大与其他公司的规模差距，一旦企业组织形式结构化后，能够进入软、硬件结合的公司类别的可能性减少，只有在新技术诞生的过程中，才有可能改变这种格局。

（2）全领域软件公司。如中软公司、青鸟天桥。这类公司具有从系统软件、支撑软件到应用软件比较完善的产品链，并且在行业应用领域涉足多个部门。这类公司是国内较早从事软件行业的公司，在前几年软件行业需求急剧增长过程中获得快速扩充的公司，比如中软公司，其产品链涉及到操作系统、数据库、网络平台、开发工具、应用软件、系统集成、语言翻译等多方面。这类公司能够使软件产品成为流程化的生产，提升软件产品的复用水平，降低产品成本，可以比较容易持续成长。

（3）产品专业化公司。如用友软件、金蝶软件。这类公司开发、制作某一类通用软件，适合于标准化业务和流程，如财务软件、文字处理软件、教育软件、游戏软件等。这类公司在成本上容易获得控制，而且市场规模会不断扩充，使公司盈利能力持续增长。

（4）领域专业化。如湘邮科技、恒生电子、金证科技。这类公司专注某个行业，主要以开发某个行业应用软件为主。一般说来，行业应用软件适用于实现和管理电信、金融、电力、社保等专业特征明显的业务。这类公司需要对行业需求有很深的理解，而且在一个公司成功后，有良好的产品示范效应，这是其得以生存和发展的基础，但这类公司受所服务行业的景气程度影响比较大，业绩成长性缺乏保障。

（5）产品单一化公司。如交大博通。这类公司以自有技术为依托，向特定的领域提供产品。这类公司规模比较小，依靠对成本的控制获得发展的机会。

2. 我国软件企业的发展状况

2004年，我国软件行业结构调整较快，各软件企业不断朝着研发、服务和系统集成融合的一体化方向发展，企业规模和管理水平不断提高，使我国软件产品的市场竞争能力进一步增强。总的来说，国内软件企业的发展特点是：软件企业数量迅速增加；尽管大多数软件企业规模比较小，但是软件产业已呈现出向大型企业集中的趋势；国内经营单一的应用软件企业多，综合性、多元化的软件企业比较少。

（1）软件企业发展规模。2003年年销售收入在1 000万元～5 000万元的企业，达到1 691家；年销售收入超过亿元的企业数量达到223家（见图4.7）。而截至2004年，年销售额超过10亿元的软件企业增加到20家。1999以前，软件上市企业仅1家，目前国内上市的软件企业已有20余家。

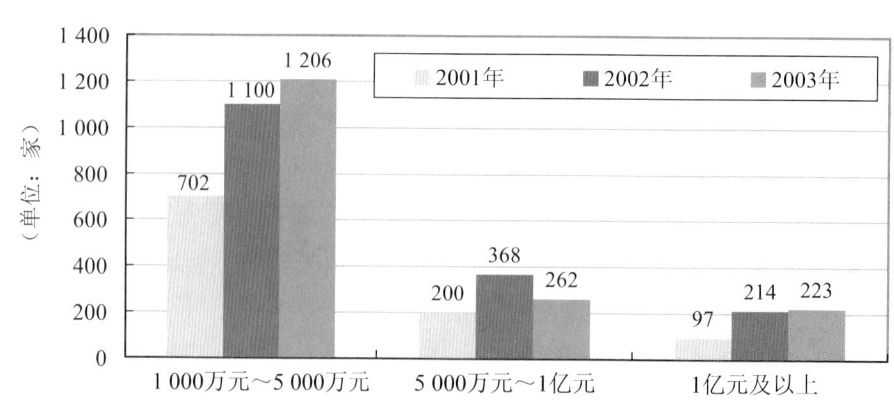

数据来源：信息产业部www.mii.gov.cn。

图4.7 规模软件企业数量增长

（2）软件企业和产品的认定。从软件企业和产品的认定数量来看，截至2004年9月份，我国累计通过认定软件企业达到9 968家，登记的软件产品达到20 192个。国家规划布局内的重点软件企业有172家，获得计算机信息系统集成资格的软件企业1 267家。目前，通过国际上通行的CMM（CAPABILITY MATURITY MODEL）资质认证2级以上的软件企业超过了100多家，其中，通过3级的有50多家，通过4到5级的有9家（见表4.4）。

表4.4　我国通过CMM4级以上认证的软件企业

企业名称	资质等级	通过时间
摩托中国软件中心	CMM5	2000年9月
东软集团	CMM5	2002年12月
大连海辉科技股份有限公司	CMM5	2003年3月
华为印度所	CMM5	2003年8月
新宇科技集团	CMM5	2003年9月
大连华信	CMM5	2004年2月
华为北京所	CMM4	2003年1月
华为南京所	CMM4	2003年5月
上海宝信软件股份有限公司	CMM4	2004年3月

（3）软件企业的经济类型。我国软件产业经济形态是各种经济类型的企业并存，股份制经济占主导地位，外商及港澳台企业也是主要力量之一。2003年股份制企业完成软件及系统集成收入807亿元，占销售总收入的49.4%；外商及港澳台企业完成软件及系统集成收入407亿元，占销售总收入的24.9%；而国有软件企业发展较慢，完成软件及系统集成收入142亿元，仅占销售总收入的8.7%。

3. 软件产业最大规模前100家企业

信息产业部从2002年开始每年会正式发布以“软件产品收入”、“系统集成收入”和“软件服务收入”三项收入指标为主要标准而评选出的“中国软件产业最大规模前100家企业”。这100家软件企业是我国软件行业研发、生产的优势企业，其销售收入占我国软件行业总量的四至五成，是提高我国软件行业自主研发能力、扩大软件产品出口的主力军。

2004年前100家软件企业软件收入达到744.4亿元（见表4.5），比2003年增加了123.3亿元，增长19.8%。企业入围门槛与2003年基本持平，但前10家企业的软件收入总量较2003年有较大幅度增长。2004年，位于前10家的企业软件收入为358.2亿元，比2003年增加了85.4亿元，增长31.3%，占前100家企业收入的比重从2003年的43.9%提高到2004年的48.1%。软件收入超过50亿元的企业有两家，超过10亿元的企业有20家。这些都表明软件行业的集中度有所提高。

表4.5 2004年中国软件产业最大规模前100家企业名单(单位：万元)

排序	单位名称	软件收入	排序	单位名称	软件收入
1	华为技术有限公司	622 360	51	长春一汽启明信息技术有限公司	30 152
2	中兴通讯股份有限公司	601 331	52	湖南计算机集团	28 794
3	海信集团有限公司	448 641	53	华北计算机系统工程研究所	28 794
4	UT斯达康通讯有限公司	386 763	54	深圳迈瑞生物医疗电子股份有限公司	27 000
5	海尔集团公司	333 664	55	福建星网锐捷通讯有限公司	26 922
6	神州数码(中国)有限公司	311 862	56	广州海格通信有限公司	26 551
7	浙江浙大网新科技股份有限公司	288 781	57	京华网络有限公司	26 360
8	熊猫电子集团有限公司	233 572	58	北京市和利时系统工程股份有限公司	26 353
9	浪潮集团有限公司	181 046	59	长江计算机(集团)公司(上海)	25 329
10	东软集团有限公司	174 196	60	太极计算机集团(北京)	24 554
11	北京北大方正集团	171 711	61	江苏东大金智软件股份有限公司	24 206
12	微软(中国)有限公司	163 313	62	杭州信雅达系统工程股份有限公司	24 165
13	朝华科技(集团)股份有限公司	155 943	63	上海达因信息技术股份有限公司	23 848
14	中国计算机软件与技术服务总公司	139 890	64	湖南长沙新宇科技发展有限公司	23 600
15	清华同方股份有限公司	135 305	65	北京联想软件有限公司	23 196
16	上海贝尔阿尔卡特股份有限公司	119 854	66	深圳市金证科技股份有限公司	22 753
17	山东中创软件工程股份有限公司	116 018	67	中程科技有限公司	22 451
18	国际商业机器(中国)有限公司(IBM)	114 000	68	大恒新纪元科技股份有限公司	22 368
19	大唐电信科技股份有限公司(北京)	112 035	69	沈阳先锋计算机工程有限公司	21 475
20	摩托罗拉(中国)电子有限公司	105 614	70	福建新大陆电脑股份有限公司	21 342
21	上海宝信软件股份有限公司	96 472	71	上海致达信息产业股份有限公司	21 050
22	托普集团科技发展有限责任公司	95 271	72	福建榕基软件开发有限公司	20 705
23	中国民航信息网络股份有限公司	89 362	73	宏智科技股份有限公司	20 530
24	北京用友软件股份有限公司	73 100	74	海湾安全技术股份有限公司	20 411
25	中国长城计算机集团公司	69 715	75	亚信科技(中国)有限公司	20 126
26	北京四方继保自动化有限公司	67 849	76	上海复旦光华信息科技股份有限公司	20 111
27	烟台东方电子信息产业集团有限公司	67 144	77	北京天桥北大青鸟科技股份有限公司	19 913
28	北京甲骨文软件系统有限公司	66 275	78	掌中万维中国信息科技有限公司	18 807
29	南京联创科技股份有限公司	62 000	79	九娱(上海)信息技术有限公司	18 746

排序	单位名称	软件收入	排序	单位名称	软件收入
30	金蝶软件(中国)有限公司	57 782	80	四川汇源科技发展股份公司	17 857
31	南京南瑞集团公司	54 877	81	北京东华合创数码科技股份有限公司	17 718
32	杭州恒生电子集团有限公司	46 010	82	华迪计算机有限公司	17 610
33	上海新华控制技术(集团)有限公司	45 712	83	北京朗新信息系统有限公司	17 243
34	新太科技股份有限公司	41 832	84	北京中科大洋科技发展股份有限公司	17 137
35	思爱普(北京)软件系统有限公司	40 813	85	深圳市现代计算机有限公司	16 903
36	哈尔滨亿阳信通股份公司	40 708	86	北京新晨科技股份有限公司	16 813
37	云南南天电子信息产业股份公司	39 892	87	南昌先锋软件股份有限公司	16 790
38	杭州新中大软件股份公司	39 500	88	湖南国讯国际网络有限公司	16 605
39	株洲时代集团公司	39 316	89	大连华信计算机技术有限公司	16 404
40	南京南瑞继保电气有限公司	38 483	90	建研科技股份有限公司	16 345
41	江苏南大苏富特软件股份有限公司	37 813	91	中科软科技股份有限公司	16 169
42	创智集团	37 400	92	南望信息产业集团有限公司	16 059
43	深圳市南凌科技发展有限公司	34 724	93	赛贝斯软件(中国)有限公司	16 044
44	北京握奇数据系统有限公司	33 547	94	四川托日信息工程有限责任公司	15 666
45	毕益辉系统(中国)有限公司(BEA)	33 000	95	国电南瑞科技股份有限公司	15 454
46	华立集团有限公司	32 029	96	北京先进数通信息技术有限公司	15 362
47	广州华南资讯科技有限公司	31 995	97	万达信息股份有限公司	15 254
48	杭州士兰微电子股份有限公司	31 329	98	杭州颐和科技信息系统有限公司	15 020
49	浙江中控科技集团有限公司	30 622	99	黎明网络有限公司	14 976
50	盛趣信息技术(上海)有限公司	30 461	100	浙江大华信息技术股份有限公司	14 896

从经济类型来看，2004年前100家软件企业中股份制经济占59.9%，其他经济占40.1%，形成投资主体多元化的竞争格局，以国有资本、集体资本和非公有资本等参股的混合所有制经济占产业主导地位。

4. 独立软件开发企业最大规模前30家企业

2004年，信息产业部首次发布“独立软件开发企业中国最大规模前30家企业名单”。2004年入围的这30家独立软件开发企业在总体上已经具备了一定的实力，软件及系统集成总收入达到了159亿元，软件产品收入达95亿元。当然，从前30家独立软件开发企业个体来看，软件产品和服务收入5亿元及以上的6家，3亿～5亿元的有9家，3亿元以下的15家，绝对收入规模还比较小，如果不算上系统集成，还没有一家独立软件开发企业的软件和服务收入超过10亿元（见表4.6）。

表4.6　2004年独立软件开发企业最大规模前30家企业名单（单位：万元）

排序	单位名称	软件产品与服务收入	排序	单位名称	软件产品与服务收入
1	中国计算机软件与技术服务总公司	90 336	16	哈尔滨亿阳信通股份公司	29 632
2	沈阳东软软件股份有限公司	80 172	17	新太科技股份有限公司	27 888
3	北京用友软件股份有限公司	73 100	18	深圳迈瑞生物医疗电子股份有限公司	27 000
4	金蝶软件（中国）有限公司	57 446	19	南京南瑞集团公司	25 010
5	深圳中兴软件有限公司	57 400	20	北京联想软件有限公司	23 149
6	山东浪潮齐鲁软件产业股份有限公司	52 411	21	湖南计算机集团	22 724
7	上海宝信软件股份有限公司	49 356	22	广州海格通信有限公司	21 728
8	山东中创软件工程股份有限公司	42 350	23	沈阳先锋计算机工程有限公司	21 475
9	思爱普（北京）软件系统有限公司	40 813	24	华北计算机系统工程研究所	21 275
10	杭州新中大软件股份公司	39 500	25	上海新华控制技术（集团）有限公司	20 972
11	株洲时代集团公司	39 316	26	海湾安全技术股份有限公司	20 411
12	南京南瑞继保电气有限公司	38 483	27	长春一汽启明信息技术有限公司	18 558
13	创智集团	37 400	28	浪潮集团山东通用软件有限公司	18 249
14	北京四方继保自动化有限公司	31 895	29	北京中科大洋科技发展股份有限公司	17 137
15	杭州士兰微电子股份有限公司	31 329	30	浙江中控科技集团有限公司	16 572

2004年中国独立软件开发企业规模最大的前30家企业中，有8家主要是从事嵌入式软件开发，少量企业在开发部分系统软件和支撑软件，其他都是以应用软件为主。

不过，我国绝大多数的软件企业的规模偏小，还有众多小型软件企业尚处于手工式的开发生产阶段。软件龙头企业还未形成，具有自主知识产权、市场占有率较高的品牌产品不多，缺乏核心技术。企业技术创新能力整体较弱，基础性、关键性软件技术领域产品开发能力尚不能满足社会需要。

尤其是我国加入WTO后，国内软件企业与跨国软件企业将在同等条件下进行竞争，由于资金不足、人才匮乏、没有核心技术，许多国内企业将处于下风。但是，跨国公司进入我国软件市场，将使我国软件产业真正融入国际软件产业，从而拥有了发展成为现代软件产业的机会，我国软件企业因此也有机会加入到全球软件产业链条中。据预计，我国政府采购国产软件标准中，国产软件可能被界定为：50%以上的附加值在中国完成。这意味着软件跨国公司将势必加快其本地化节奏。而跨国公司本地化开发和采购更会带动国内软件企业走向国际市场。在全球经济一体化的背景下，跨国软件企业在华投资、建立合资企业和本地化采购，还会引起经济上的连锁反应，拉动软件出口，给我国软件行业创造出新的经济增长点。国内软件企业在面对新一轮的跨国公司本地化进程浪潮时，可以采取三种策略：一是在合作中共生，如联想、中软、用友等企业就是采用这种做法；二是寻求成为跨国公司分工体系中的一员，中小企业多采取此策略；三是在竞争中成长，如中科红旗、金山等软件企业。

（二）我国软件上市公司的发展和业绩分析

1. 我国软件企业依托资本市场谋求发展

证券市场为软件企业跳跃式成长提供了广阔舞台，起到了不可替代的作用。国务院颁布的《鼓励软件产业和集成电路产业发展的若干政策》明确提出要优先支持软件企业进入资本市场。近年来，在有关方面支持下，一批优秀软件企业抓住我国证券市场发展的良好机遇，通过多种方式陆续步入上市公司队伍，利用证券市场强有力的助推作用，逐步发展成为行业龙头。

从软件企业进入证券市场的途径看，一些企业是直接在内地主板上市的，如东大阿派、用友软件、中软股份；还有的是赴海外创业板上市，如金蝶国际；更多的企业进入证券市场是通过并购重组实现的，如托普软件、青鸟天桥、创智科技等。

在行业整合运动中资本的力量得到了充分的体现。首先，由于国内软件产业的高增长率，风险资本大量流向软件产业。其次，国内的软件公司通过在国内主板或香港创业板上市后，在国内软件市场掀起了并购的热潮。如用友收购华表、通宝，与瑞典的IFS合作；金蝶收购开思，与宁波新亚赛邦合资；亚信收购广州邦讯；速达也加快了资本扩张的步伐。特别是国内计算机巨头联想在半年多的时间里，通过入股汉普，投资智软，结盟浦发，收购中望，收购IBM的全球PC业务，完成了其IT服务第一阶段的业务基本布局。

对于许多软件厂商，由于企业规模小进不了主板市场，国内二板市场又不开放，再加上为提高新股上市质量，港交所加强对内地企业的审核力度，从一定意义上增加了上市的难度。

2. 软件上市公司的2004年前三季度业绩分析

由于近年来受到政府的大力扶持，特别是税收和政府采购方面带来实质性的帮助，直接导致大多数上市软件公司业绩都有稳步增长。总体来看，上市软件公司虽然都是领导厂商，但软件企业存在小而散的普遍现象，这二十几家上市公司占软件产业整体份额仍然不高，因此上市公司业绩的增长与软件产业整体的增长并不成比例，甚至关联度也很低。同时，由于不同公司处于不同的调整时期，上市软件公司业绩出现明显分化。

2004年前三季报告显示：（1）国内软件上市公司平均收入有所增长，2004年1月～9月，软件与服务类上市公司主营收入平均同比增长22.9%，高于2003年前三季度的同比增速，不过相对国内软件与服务整体市场前三季度32.5%的增速，上市公司的表现还有一定差距。（2）国内软件与服务类上市公司平均净利润下降，其原因是国内软件厂商最惯用的手段是低价竞争策略，加上大多数软件公司产品化程度不高，收入增长带来的规模效应不显著，所以软件类上市公司整体毛利率保持下滑的趋势在近期难以改变。值得关注的是，新大陆（000997）和浪潮软件（600756）两家公司毛利率同比增长超过50%，表现不俗。（3）国内软件上市公司盈利模式和运营管理尚未成熟导致期间费用吞噬大部分利润，2004年前三季度，其平均管理费用率和营业费用率与上年同期相比均有所提高。（4）国内软件上市公司投资收益能力较弱，其平均投资收益率（剔除ST股和东软股份）为1.06，低于同期其他类型的上市公司。（5）偿债能力和资产管理运营能力有所下降。（6）补贴收入对其利润贡献加大。

四、软件行业投资价值分析

（一）软件行业投资前景

无论是从行业发展的外部环境来看，还是从行业自身的发展动力进行分析，软件行业仍具有诱人的投资前景。从目前软件行业发展状况分析，我国软件行业的成长机会主要来自政策扶持、需求增长、新技术的刺激。需求的大幅度增长，使新技术的采用提升了效益与成本比例，而新技术采用又创造出新的需求，使软件产业处于长期的快速增长过程中。

（1）世界范围内的经济复苏将带动各行各业对IT的投资恢复增长。我国宏观经济向好，有利于软件产业保持持续增长。

（2）我国已经进入新一轮的经济增长周期，机械、化工、冶金、有色、石油、电力、造船、轻工、纺织、汽车、制药等传统行业的改造和持续发展必将使增长向下游产业传递。软件产业作为朝阳产业其投资魅力主要体现在高成长性上，未来存在较好的投资潜力。

（3）我国金融、电信等行业改革时也已经对前期的大规模投资进行了消化，未来设备更新以及新技术应用等业务的扩张将展开新一轮的投资。

（4）电子政务、社会信息化、家庭信息化、现代远程教育、数字奥运、城镇化、西部大开发等新兴应用也为软件行业发展创造了巨大的市场空间。随着我国信息化建设的大面积、深层次地展开，必将进一步促进全社会对软件的巨大需求。

（5）我国进行多年经济改革后市场发生了巨大的变化，市场经济已经基本确立，在宏观经济连续高增长的同时，我国的企业逐步成长起来，有着强烈的“做大做强”的欲望，这就需要企业不断提高自身的管理水平以及信息化的程度，因此对软件产业有着旺盛的需求。

（6）政府扶持力度将加大。国务院颁布的《振兴软件行业行动纲要（2002年～2005年）》提出，到2005年，我国软件市场销售额达到2 500亿元，国产软件和服务的国内市场占有率达到60%，软件出口额达到50亿美元，软件人才达到80万人。如要实现软件行业管理高层设定的这个发展目标，我国软件行业在2005年要继续保持高速的增长，增长速度至少要达到20%。按照近几年软件行业的发展状况来看，实现软件市场销售额达到2 500亿元的发展目标应该没有困难。但是2005年软件出口额要实现50亿美元，则意味着比2004年翻一番，难度较大。不难预测，为了实现这一明确的近期奋斗目标，国家将围绕这一目标实施各项政策措施扶持软件产业。比如，国家政策对软件出口会有所偏斜。所以，对于投资者而言，政府扶持力度的加大在某种程度上保证了软件行业将具有稳定的投资回报底限。

可以预测，2005年软件产业经过充分调整后仍将保持稳定而高速的发展态势。

（二）软件行业进入壁垒和风险

1. 我国软件行业进入壁垒

由于软件的广泛性、多样性，小的软件往往十几人甚至几人就能研制，行业进入壁垒总体较低。不过对于基础软件，其研发和市场开拓需要大量的资金投入，因此资金投入高成为进入基础软件子行业的壁垒之一。

我国的软件产业经过十多年的发展，已经形成了一定的产业规模和产业格局，经过激烈的市场竞争和优胜劣汰，具有一定规模和竞争力的核心软件企业群已经初见端倪，行业的进入壁垒已有所提高。国内公司主要涉足的是行业应用软件，该领域无自然垄断障碍或政策垄断障碍，竞争较为充分。但是，随着主要竞争者地位的确立，新进入的壁垒将逐渐提高，主要体现为：对客户所在行业业务规则、业务特征的深刻理解和经验积累；现有行业应用软件已经在客户中形成品牌效应，培养了现有客户的使用习惯；现有行业应用软件企业在产品开发成本方面具有规模优势。

2. 软件行业风险分析

（1）市场风险。技术上成功的产品不一定有成功的市场。已占领市场的产品往往成为事实上的工业标准，软件市场的竞争往往也是争夺标准控制权的竞争。

（2）盗版风险。由于软件有难开发、易生产的特点，因此知识产权保护成为行业发展中的突出问题。软件三大类产品中，大型行业应用软件与其应用对象密切相关，并对实施服务有全面的技术要求，不易被盗版，能较好地保护软件企业的自身利益；相比之下，系统软件和支撑软件具有通用性广、易拷贝和易盗版的特点，因此承受较大的盗版风险。

（3）人才流动风险。软件企业的竞争核心是人才的竞争，一支经验丰富、结构合理、善于协同工作的高级技术开发、管理的人才队伍是软件企业发展壮大的关键。行业内人才争夺激烈，人员流动频繁，有些公司由于少数高级人才的流失而导致停滞或衰败。技术入股、股票期权等是留住人才的有效措施。

（4）质量风险。由于软件开发方法的特殊性，开发人员的创造性与产品规范化要求成了一对需要不断协调的矛盾，并直接影响软件产品质量。为了保证软件产品的可靠性和安全性，建立软件质量保证体系（事先）和软件测试（事后）十分重要。

（5）技术风险。软件是技术密集型行业，且更新极快，新技术、新产品、新工具、新平台不断产生，产品生命周期短。系统集成综合技术含量高，往往要求软件商在做系统集成时，有跨行业的多方面的技术和知识以及综合运用的能力。软件企业必须拥有满足市场需求的、适销对路的自主产品，并拥有自己的核心技术，才能形成竞争优势，保持企业稳定持续的发展。

（6）竞争异常激烈。国内软件企业不但要面对国内同行的竞争，还要应对国外软件巨头的威胁。比如，微软、甲骨文公司、IBM、Novell、SAP等软件公司。

（三）软件行业发展趋势分析

1. 软件行业发展趋势

主流机构预测我国软件与服务市场将维持20%左右的增长。

IDC预测，中国软件市场在2003年到2008年间复合增长率将达22.4%。应用软件市场是预测期内增长最快的市场，年复合增长率为24.8%。IT服务市场复合增长率为25.6%。

CCID预测，2003年～2007年，我国软件产品市场将以21.1%的年均复合增长率增长。其中中间软件将以33.3%的年均复合增长率保持最快的发展，而平台软件则以15.5%的增长率保持稳定的增长。同时，中间软件和应用软件在软件市场中的份额将逐步扩大，而平台软件的份额将相对缩小。

2. 软件行业技术发展趋势（见表4.7）

（1）嵌入式技术。嵌入式技术的发展趋势主要集中在行业性编程接口API规范、无线网络操作系统、IP构件库和嵌入式JAVA等四个方面。

（2）电子政务 / 电子商务相关技术。电子政务 / 电子商务新技术包括数字证书、数据加密、PKI 等，同时企业的应用集成软件技术是今后的发展重点，主要涉及的技术包括分布式对象计算、XML 数据交换、遗留应用系统的打包（wrapper）以及中间件等众多技术。

（3）信息安全技术。信息安全技术的发展方向包括密码技术与安全认证、新一代防火墙技术、虚拟专用网 (VPN) 安全技术以及网络入侵检测技术 (IDS) 等，同时传统的病毒检测与清除工具也将占有重要的地位。

（4）新一代的软件开发技术。新一代的软件开发更强调软件复用技术，主要领域包括工程、再工程、面向对象技术、构件 / 构架技术、UML 建模技术、CASE 技术等。基于构件的软件工程开发方法是下一代软件开发的主要模式。

（5）标准和平台技术。标准和平台技术是推动行业快速、规范、产业化发展的必由之路。制定和遵循软件标准是软件产品能够实现构件化、模块化的关键；而软件平台化又为各种应用提供一种简便易用、安全可靠和价格低廉的开发或运行环境。

表4. 7　软件技术发展趋势

	目前情况	未来发展趋势
操作系统	Windows 已升级到XP版，Unix、JAVA、Linux 等重要系统软件和嵌入式操作系统不断推出和升级	开放性、友好性、标准化是未来的主要发展趋势。面向对象的操作系统、嵌入式操作系统将成为未来研究开发的重点
开发方法	软件复用技术和软件构件技术日益成熟	2005 年基于构件 / 构架模式的软件开发方法将成为主流，2010 年将实现软件设计生产工厂化

3. 我国对软件行业的未来投资重点

信息产业部电子信息产品管理司司长张琪在2004年8月召开的“亚洲信息技术论坛”上谈及2004年我国确定的对软件行业的投资重点如下：

◆重大软件项目

（1）电子商务软件平台：开发基于自主安全操作系统、安全认证系统、功能先进以及适合我国国情的完整的电子商务解决方案，并在典型领域试点应用；

（2）Linux 软件应用平台：开发基于 Linux 操作系统的信息安全软件包、企业应用服务器软件包和中文办公软件包，并形成 Linux 软件应用接口标准；

（3）软件构件化生产开发平台：开发基于软构件、中间件的软件工程化生产开发平台，建立国家软件构件库、中间件库，并在开发过程中采用的管理模式，提高软件开发生产效率和质量保证能力。

◆重点软件产品

（1）关键基础软件：自主安全的通信操作系统及应用开发平台、信息安全软件（含防火墙软件、防黑客软件、防病毒软件、加密软件等)、软件构件化生产技术及软构件、中间件、网络应用软件平台及面向网络计算的关键产品、基于 Linux 的套装软件、服务器软件及应用系统；

（2）企业管理和社会服务信息化软件：企业资源管理软件 (ERP)、客户关系管理软件 (CRM)、供应链管理软件 (SCM)、生产设备和生产数字化改造专用软件与系统；

（3）嵌入式软件与系统：嵌入式操作系统、嵌入式软件开发平台、DSP 开发系统、手持式数字设备嵌入式软件；

（4）电子商务工程及关键软件：电子商务基础软件平台、安全保障系统、典型行业的电子商务解决方案；

（5）教育软件和家用软件：多媒体教育软件开发系统、辅助教育软件、校园网软件及整体解决方案；

（6）网络软件和通信软件：基于IP的网络通信软件及系统、家庭网络控制器及短距离无线接入软件、网络管理软件、通信综合信息交换平台；

（7）软件出口：软件或模块定制加工、数据处理服务、技术支持服务、现场服务及软件产品出口。

（四）我国软件行业的投资成长领域分析

1. Linux软件成就的发展机会

以Linux为代表的开放源代码运动的兴起，为软件产业跨越式发展提供了难得的机遇。Linux是一种将源代码完全开放的UNIX类操作系统，由于它的开放性和技术的先进性，并宣布遵循自由软件联盟(CNU)的GPL协议，赢得了一批富有市场经验的软件开发厂商的支持，从而使Linux能快速传播和发展。目前Linux在全球已有约1 000万用户，在因特网服务器上所用的操作系统中已居首位，占有率达28%，在全球操作系统市场中处于第二位。在采购费用方面，Linux远远低于Windows；在维护费用方面，Linux的设计思路和体系结构决定了其在企业应用环境下，能够以更为低廉的成本为企业提供一个稳定、安全、高可用及高扩展性的计算平台；在系统管理成本方面，由于没有专利人，管理成本可以很低。

以Linux为代表的源程序公开软件，给现有的软件产业体系带来了巨大冲击，其必将影响世界软件产业的发展。例如，开放源码可能成为软件发展的重要模式；以网络为核心的开放式的崭新开发模式逐渐形成；改变软件产业的“游戏规则”。

我国软件企业规模普遍较小，要突破关键技术，把重点产品的市场做大做强，Linux是国内软件产业突破系统软件的一个机会。为此，我国政府一直在投入资金，支持研发Linux的关键技术和重点产品，目前在国内影响力比较大的有红旗和中软两个品牌。此外，以电子发展基金为主，支持了一批Linux软件、集成办公软件、中间件软件、电子商务和电子政务平台软件等重点软件产品的研发和产业化，使国内Linux软件产业发展环境得到初步改善。

目前，我国Linux行业已由单一从事Linux操作系统，拓展到以Linux为基础的整套平台的层面来竞争，并启动了国内Linux企业与国外IT企业在开源软件及其增值软件方面的合作开端。随着Linux市场占有率的提升，其配套应用软件的需求将被有效放大，电子政务、电子商务等垂直性软件的开发将为我国软件业发展提供巨大空间。

2. 信息系统安全为国内企业提供的发展机会

电子政务所具有的安全性、个性要求、本地化等特点为国内软件企业的发展提供了一个难得的机遇，国产软件企业将在该领域具有较强的竞争力。

根据计世资讯的统计数据，2003年政府在IT的投资保持了强劲的增长态势，市场规模达到345亿人民币，其中软件市场规模为50.5亿元，所占比例约为14.6%；IT服务市场规模为40.0亿元，所占比例为11.6%。而2004年，电子政务进入全面实施年，政府的IT投资进一步加大，硬件的比例有所下降，而软件和服务的投资规模年增长率远高于硬件。

依照国务院的要求，2005年政府采购制度将在国家机关全面实行。未来电子政务建设中的软件和信息服务的投入比例将会有所提高，投资重点也将由基础软件而逐步转向电子政务应用软件。不过，现阶段急需解决的问题是尽快制订统一的电子政务标准规范，提出推荐政府采购的产品或服务目录。

据预计，近期即将出台的我国政府采购国产软件标准中，国产软件可能被界定为50%以上的附加值在中国完成的软件企业。虽然政府采购全面排斥外国软件商产品的可能性较小，但是最终标准肯定会对国内软件商有利。对于那些直接与国外软件产品竞争的国内软件企业来说，可能从该政策中受益。比如，从政府软件采购产品结构来看，中科红旗Linux和中软Linux作为Windows和Unix的替代品可直接从中收益，金山WPS和永中Office则是政府默认的MS Office的替代品。在网络安全中间件领域，国内软件商也可以有一番作为。由于目前政府的应用软件项目大多由国内软件商承接，该政策出台对这些软件商不会有太大的影响。

另外，电子政务涉及信息技术的各种产品和技术，对推动行业企业信息化和家庭信息化也具有广泛的示范性和引导性。

3. 基于网络的应用软件

互联网正步入宽带互联网时代，1995年，国内互联网发展初期时为2M带宽，国际互联网出口带宽是64k，现在互联网基本上已达到了2.5G的带宽，宽带用户数达到1 000万户以上，出现了大容量的视频、大容量的软件、游戏等等。现在很多专门经营宽带内容的公司也在不断出现，而一些大的电信运营商也计划涉足其间，比如中国网通把互联网作为核心业务，计划在三年内使宽带互联网用户从目前的300万户发展到2 000万户～2 500万户，将互联网的收入比重提高到20%～25%。随着网络技术的快速发展和应用的日益普及，行业和用户基于网络的应用系统将成为软件行业发展的亮点。

（1）网络游戏软件。互联网的快速增长为许多网络软件公司发展提供了机会，比如网络游戏。IDC预计，2006年我国网络游戏市场规模将达到83.4亿元人民币。

网络游戏产业对周边产业也具有极强的带动性，比如2003年网络游戏玩家购买专业杂志及攻略本，全年销售额约有2.2亿元人民币；网络游戏玩家2 000万人，按照目前网络玩家电脑升级更新情况，可估计出网络游戏带动电脑硬件年产值91亿元；网络游戏所带动的电信年产值约为54.4亿元。另外网络游戏产业的发展对相关培训教育产业和文化产业也有促进。我国网络游戏产业带动比率约为13倍，按照这样的比例，2006年我国网络游戏的产业贡献率将为1 084.2亿元。

网络游戏也成为最有希望率先实现大规模出口的国产软件产品。虽然，我国网络游戏在游戏开发环节上还与欧美、日本、韩国存在较大差距，自主研发能力较弱，受国外游戏软件和盗版软件冲击的影响较大，并且上下游产业链条缺乏有效的营销手段。但我国网络游戏的比较优势在于国产网络游戏具有很强的中国文化特色，将为全世界各地的华人所接受和欢迎。

（2）家庭网络软件。家庭网络是利用有线或无线网络，将家庭的信息家用电器设备连为一体进行控制、上网和信息交流的未来型家用电器系统，还可以利用互联网和手机等，随时随地对数码家用电器设备进行远程控制。LG公司在2000年就推出了世界上第一台通过互联网相连的“互联网冰箱”。日本网络家电开发已取得了重大进展，主要家电厂家都制定了网络家电的发展战略，试图依靠网络家电建立起一个新的家电王国。2003年，我国也加快网络家庭发展的步伐，纷纷推出了数字家庭的样板设想。随之出现了一系列的“家庭数码信息中心”、“家庭网络中心”、“E-Home”、“E-House”等崭新的数字概念。截至2002年底，我国电视机拥有量达3.4亿台，只要今后电视向智能化发展，对软件的需求相当可观。

（3）网络安全软件。安全软件包括杀毒软件、防火墙、安全管理、认证授权、加密等软件产品，其中以杀毒软件和网络安全软件中的防火墙应用得最为广泛。随着互联网应用的普及和深入，电脑病毒也越来越猖獗，尤其在电子商务实施过程中，对网络安全、信息保密的要求越来越高，所以网络安全软件仍将保持良好的市场前景。未来软件安全的核心问题仍然集中在计算机病毒和垃圾邮件领域。

4. 软件服务成为软件行业竞争的重要手段

服务市场成为IT行业发展最快的一个部分，并逐渐形成与软件市场、硬件市场分庭抗礼之势。2004年前三季度，国内IT服务（包括支持和维护服务、专业服务和网络服务）市场同比增长39.8%，明显高于同期软件市场的23.7%，以及2003年前三季度IT服务21.5%的同比增速。自2001年以来，IT服务在整个软件与服务市场的比重稳步提高，并有持续下去的趋势。

Gartner预测全球IT服务市场将以6%的复合年增长率增长，而亚太地区的增长速度继续领先于其他地区。在2008年，中国有望超过韩国，成为亚太地区第二大IT服务市场，仅次于澳大利亚。

随着技术的不断进步和用户规模的扩大，软件产品的复杂程度越来越高，实施服务费用呈几何级数的增长，各大软件公司在技术上的优势已经不再成为竞争当中决定性的因素，取而代之的是建立在全新服务理念基础上的个性化服务的竞争，软件服务产业化迅速形成。

根据专业化分工的需求，软件多元化增值服务已成为软件产业发展的大趋势。软件与服务外包、软件定制以及软件网络化服务、呼叫中心、数据加工等软件服务模式正在加速发展。

由于企业客户更加追求周到的服务与强大的功能，软件服务所带来的价值将超越实体产品，企业客户更看重软件附带的服务，已经有越来越多的企业开始将软件的购买纳入采购预算中。企业级软件正版率的稳步上升使得软件产品的利润空间增大。

综上所述，我国的软件行业仍将保持较强的增长潜力和广阔的市场前景，是风险投资家关注和青睐的行业。

参　考　文　献

[1] 中华人民共和国信息产业部，http://www.mii.gov.cn

[2] 中国软件行业协会，http://www.csia.org.cn

[3] 赛迪研究，http://www.ccidresearch.com

[4] 国务院发展研究中心，国研网，http://www.drcnet.com.cn

[5] 中国经济信息网，http://www.cei.gov.cn

[6] 中国资讯行，http://202.205.176.2

[7] 计世资讯，http://www.ccwresearch.com.cn

[8] 国家统计局，《中国统计年鉴》（1999年～2002年），北京中国统计出版社

[7] 王建平：《软件产业理论与实践》，北京中国经济出版社，2003年5月

[8] 中国证券市场研究设计中心研究开发部，SEEC《2004年软件行业研究报告》

[9] 海通证券、长城证券等软件行业分析报告

第五章 新材料行业投资分析报告

新材料作为高新技术的基础和先导，应用范围极其广泛，它同信息技术、生物技术一起成为21世纪最重要和最具发展潜力的领域。目前，在我国新材料行业存在着以下的投资热点：新能源材料、纳米材料、先进复合材料、新型功能材料、化工新材料、电子信息材料等。在我国不断加大对新材料的支持力度的环境下，可以看出，新材料将是投资的热点。

一、我国新材料行业发展现状分析

（一）我国新材料科技发展现状分析

新材料是国民经济发展的先导性行业，它的发展可以在源头上带动国民经济的发展。它与信息技术、生物技术构成当今世界高新技术的三大支柱，是行业进步的重要推动力。

新材料是新兴工业的基础。国家发改委自2000年开始组织实施了新材料高技术产业化专项，大力发展对国民经济有重要支撑作用的新材料，特别是发展具有自主知识产权和受西方制约并对我国实行技术、产品封锁的新材料的产业化，使在一些重点、关键新材料的制备技术、工艺技术、新品种开发技术及节能、环保和资源综合利用技术上，有突破性的进展。

在新材料方面，我国研究开发的各种高性能增强体材料正在逐步替代进口产品，一批有特色的高性能树脂已经研制成功，新一代树脂基、金属基和陶瓷基复合材料正在研究开发之中；在新型高临界温度超导材料的探索中，高温超导机理、铜氧化物超导材料的相关和晶体结构、超导铜氧化物材料实用成材技术、薄膜技术有关的材料科学集成性研究，高临界温度超导电性研究等领域一直保持或接近世界前沿。

我国已经成功建成年产百吨级的非晶薄带卷材；研制出多种成分合金、多用途的新材料；能够拉制出直径为300毫米（12英寸）、重量达81千克的大直径硅单晶；在瓷料的研究上取得了突破，高温结构陶瓷材料的研制及应用在国际上有一定地位，低烧瓷料上形成了自己的特色；高分子材料的产业化近年来也有较大发展；利用稀土资源研究开发的新型贮氢材料，在实验室条件下成功地应用于镍氢电池的制造。

（二）我国新材料行业发展现状分析

1. 行业概况

（1）国家积极扶持新材料产业发展。在我国新材料产业发展过程中，国家给予了大力支持，极大地促进了新材料产业的发展。1999年国家颁布实施《当前国家优先发展的高技术产业化重点领域指南》，其中新材料得到重点扶持；2000年实施《国家计委关于组织实施新材料高技术产业化专项的公告》，其中明确了发展新材料对国民经济有重要支撑作用；“十五”规划确定有选择地加快信息技术、生物工程和新材料等三个高新技术产业，新材料列为最重要的发展领域之一，将投入22.5亿元人民币，是此前15年该领域投入额的近4倍；“十五”期间，国家863高技术新材料领域工作也将实施五大战略：提升传统产业、形成经济新增长点、创造标志性成果、建立新材料产业基地和培养创新人才，在光电子材料与器件技术、特种功能材料技术和高性能结构材料技术的前沿性、前瞻性课题和热点问题上进行重点攻关，取得跨越式发展。

（2）许多省市把新材料产业列为高新技术产业发展的重点领域。目前，许多省市政府把新材料产业作为新的经济增长点列入议事日程，在“十五”期间予以重点发展，并将出台配套的产业政策给予重点支持，其中以北京、上海、西安、深圳、山东、重庆、武汉、江苏尤为突出。海门、江阴、长沙、铜陵、宁波、攀枝花、石嘴山等城市先后提出了建设成国家新材料基地的目标。

（3）我国新材料产业发展中存在的主要问题。一是科研成果转化为生产力水平差。我国稀土资源占世界总储量的80%，产量占世界总产量的70%，但其中的2/3以资源或初级产品的方式出口国外。因此，尽快将资源优势转化为产业优势是我国工业领域的一项迫在眉睫的任务。二是新材料产品缺乏市场竞争力。例如我国钢铁产量已居世界前列，其中众多的一般品种已经供求平衡，甚至供大于求，但达到世界主要钢铁强国质量水平的钢材不足20%，每年仍需进口1 000多万吨优质钢材；另外，我国水泥产量已居世界首位，但高标号水泥仅占总产量的17%；再者，我国高性能通用高分子材料与国外差距也较大，目前大量依靠进口，而工业领域主要用到的工程塑料更是难以满足需求，预计通用高分子材料和工程塑料在21世纪前10年仍将存在巨大的缺口。三是国防建设，国民经济建设和国计民生的关键新材料亟待开发，前瞻性新材料和具有自主知识产权的材料研发能力不足。2002年超导材料、纳米材料、信息材料等基础研究领域又有了新的研究成果，而这些成果多为发达国家所取得，我国在这些方面还存在较明显的差距。四是面临入世后竞争力下降的严峻挑战。特别是一些资源垄断性材料产业生产的产品在缺乏政府政策优惠和财政补贴的情况下，将面临极为严峻的挑战。

2. 主要发展地区分布

新材料产业正逐渐彰显其重要力量。近年来一个突出现象是，作为产业进步的重要推动力，新材料在现代城市发展中的地位越来越重要。

北京新材料产业发展迅猛，近几年来成了首都的“金字”招牌。其新材料领域的科技创新能力一直排名全国第一，在稀土永磁、人工晶体、超导材料、纳米材料等领域达到国内领先或者国际先进水平，形成了一批具有自主知识产权的技术。而且依托科研院所改制和科技成果转化，北京每年都会涌现出一批新材料高科技企业，现在已经发展到780多家，年销售收入突破170亿元。

自“九五”期间新材料被列为上海市优先发展的三大高新技术产业后，上海市通过制定新材料产业的具体规划，促进了产业的高速发展，新材料销售额从1994年的60亿元，猛增至2001年的320亿元。目前，上海在以宝钢为主的精品钢基地等新型金属材料、石油化工纤维等新材料领域形成了优势。在汽车工业、电子工业配套的相关材料方面也有长足的进展。而随着90万吨乙烯、67万吨异氢酸脂等世界级大项目在上海化学工业区纷纷启动，进一步预示着上海化工新材料已经进入了一个新的产业发展阶段。

除北京、上海两个新材料基地外，根据不同地区的资源分布情况与当地科技经济情况又陆续建设了众多新材料产业基地。截止到2005年1月，全国已经建有79个新材料产业基地，产业集群效应开始显现。其中北京、深圳、上海已经成为国内三大纳米材料研发和生产基地；京津地区、内蒙古包头以及浙江宁波则成为我国稀土钕铁硼材料的主要生产基地；而武汉、长春、广州、厦门是目前国内主要的光电新材料产业基地。国家通过新材料产业基地的建设和扶持，增强了新材料行业整体的技术研发实力和企业市场竞争力。

无论北京，还是上海，亦或攀枝花、宁波、贵阳、长沙、淄博等地，正在发展中的新材料产业都使得所在城市竞争力不断增强。新材料产值至少已占当地工业总产值的1/3强，而且预计还会进一步扩张。

3. 主要新材料产业基地

（1）北京863新材料成果产业化基地。北京863新材料成果产业化基地是一开放式基地，其目的是通过建设、完善北京新材料产业的创新、创业服务环境，充分利用北京市的科技、信息、人才、产业基础及政策支持等资源，积极推动北京地区国家863计划中新材料领域的大量科技成果的转化与产业化，从而促进北京地区新材料产业的快速、健康、持续发展。

北京863新材料科技成果产业化基地已形成了以安泰科技、有研硅股、北新集团、百慕高科、中科三环、蓝星清洗、北京世维通、北京维信诺、北京星恒电源等优势企业为主的一批新材料高新技术企业群。这些企业先后共承担各类科技计划项目150余项，其中国家863计划项目23项；申请专利总计近200项，授权专利总计近300项；转化科技成果总计200余项，其中国家863计划成果转化23项。目前，这些企业正在成为北京乃至全国新材料高科技领域的龙头企业，如有研硅股的单晶产量位居全国第一，中科三环的钕铁硼磁性材料在全国产量最大，百慕高科是世界著名的高尔夫球具制造商，星恒电源的锂离子电池和电解液产量全国第一，安泰科技入选了2002年深圳交易所的成份股，等等。它们对北京地区以及全国的新材料产业发展和经济建设起到了日益显著的重要作用。

北京863新材料成果产业化基地的近期目标是力争用3年～5年的时间，加快新材料863技术成果的产业化步伐，实施完成8个以上新材料领域的国家863计划成果的产业化，基地企业的销售额2005年达到390亿元，平均年增长率25%以上；基地的远期规划目标是到2010年，北京863新材料成果产业化基地拥有国际主流的新材料技术，在研发、成果产业化、生产制造、产品营销等各方面与世界先进国家同步，成为国家863计划成果最重要的产业化基地之一，新材料产值1 000亿元人民币以上，年均增长率40%以上。

（2）上海新材料产业基地。经过多年的发展，上海的新材料产业初步形成了北有宝钢精品钢基地，南有上海化学工业区基地，新型有机材料、无机材料、金属材料、复合材料、建材等全面启动的发展格局。

2002年，上海新材料销售额达424亿元（其中新型金属材料190亿元，占45%，新型有机材料168亿元，占40%），占全市工业产品销售额的5.2%。从业人员9.06万人，占全市工业从业人员的7.6%。

为进一步发挥上海优势，强化技术创新和技术进步，逐步建立有自主知识产权并具备创新能力的新材料产业体系；培育新材料产业新的经济增长点，促进新材料产业发展与传统工业改造相结合；培养并形成一支新材料产业化的队伍，“十五”期间，上海市新材料领域将重点发展：特种钢材、特种金属材料、稀土深加工材料、粉末冶金材料；通用高分子材料的优化及其合金材料、工程塑料及合金、有机氟、有机硅、粉细化工；高新技术玻璃、人工晶体、现代陶瓷、纳米技术与纳米材料、超细粉末、仿生材料；能源用复合材料、交通用复合材料、航天航空用复合材料及高分子化学建材等。

（3）江苏省国家级新材料特色产业基地。1995年，江苏海门被科技部批准为我国第一个火炬计划国家新材料产业基地。到2004年年底，江苏省已建成国家级新材料特色产业基地12个，占全国国家级新材料产业基地的1/4，居全国第一，在全国新材料产业基地建设中独占鳌头。新材料企业已在长江沿岸集聚，形成了沿江新材料产业带。

这12个新材料特色产业基地已成为推进江苏省高新技术产业化、提升区域经济竞争力的重要载体。2003年12个基地的新材料产业实现销售收入突破1 000亿元，达到1 032.7亿元。沿江高新技术产业规模集聚优势凸显。电子信息、生物医药、机电、新材料等高新技术产业及产品在沿江火炬带聚合成团、遍地开花。2004年，全省高新技术产业产值预计将超过4 168亿元。

根据江苏省"十五"科技发展计划和江苏省高技术研究计划指南，江苏省新材料产业重点发展新型高性能金属材料，光电子通信材料，纳米材料，特种纺织材料，新型复合材料、新型陶瓷材料、稀土材料，硅材料等新型材料（见表5.1）。

表5.1　江苏省12个国家级新材料特色基地

序号	产业基地名称	所在地区	批准年份	2003年销售收入（亿元）
1	海门新材料产业基地	海门市	1995	67
2	江阴新材料成果产业化基地	江阴市	2001	290
3	锡山新材料产业基地	无锡市	2002	65
4	宜兴非金属材料产业基地	宜兴市	2002	160
5	南通化工新材料产业基地	南通市	2002	55
6	丹阳新材料产业基地	丹阳市	2002	80
7	国家火炬计划吴江光电缆产业基地	吴江市	2002	82.8
8	国家火炬计划常熟高分子材料产业基地	常熟市	2003	60
9	武进特种材料产业基地	武进市	2003	80.9
10	东海硅材料产业基地	连云港市	2004	48
11	国家火炬计划太仓特种功能新材料产业基地	太仓市	2004	16
12	国家新型特种涂料产业基地	常州市	2004	28

二、我国新材料行业中几个主要子行业的发展现状

从我国新材料产业成长动因看我国新材料行业中的几个主要子行业：纳米新材料市场环境趋好、产业初具规模、技术日趋成熟、下游需求旺盛；稀土新材料应用产品需求升级、专利壁垒逐渐消除；电池新材料方面，政策支持能源新材料研究与发展、国内厂商技术和价格优势逐步体现，国际市场日益拓宽，与此同时，下游市场需求强劲，新型、高效、环保电池材料倍受重视；光电新材料方面，国内厂商积极开展技术合作逐渐增长，下游产业发展迅速，带动上游材料市场发展。赛迪顾问对于未来几年我国新材料的发展预测是：市场规模持续增长、技术成果转化加快、支柱产业及高技术产业发展对新材料的需求将不断扩大、产业基地建设推动上下游产业进一步整合、

新材料与环境的协调性日益受到重视。从市场规模看，我国新材料市场规模将以20%以上的速度增长，2005年将为219.0亿元，2009年将达到555.5亿元。

（一）新能源材料

新能源和再生清洁能源技术是21世纪世界经济发展中最具有决定性影响的五个技术领域之一，新能源包括太阳能、生物质能、核能、风能、地热、海洋能等一次能源以及二次电源中的氢能等。新能源材料则是指实现新能源的转化和利用以及发展新能源技术中所要用到的关键材料。主要包括储氢电极合金材料为代表的镍氢电池材料、嵌锂碳负极和LiCoO2正极为代表的锂离子电池材料、燃料电池材料、Si半导体材料为代表的太阳能电池材料以及铀、氘、氚为代表的反应堆核能材料等。

当前的研究热点和技术前沿包括高能储氢材料、聚合物电池材料、中温固体氧化物燃料电池电解质材料、锂离子电池、多晶薄膜太阳能电池材料等。

我国为使手机锂离子电池材料国产化，采用独创的湿法技术，生产锂离子电池专用电解质材料——六氟磷酸锂，使工艺流程缩短、简单，投资减少，产品质量稳定，解决了六氟磷酸锂全部依靠进口的局面，可满足国内锂离子电池的需要。同时为配合石油开采中三次采油，采用生物法生产超高分子量聚丙烯酰胺作为三次采油的增稠剂，大大提高驱油能力，增加原油产量。

在镍氢电池领域，我国经过10年努力，实现了正极材料、负极材料和泡沫镍的国产化，达到国际先进水平，年生产能力达到1.6亿只/年，并且可以少量出口。锂离子电池是二次电池中的佼佼者，它不含贵重合金元素、原材料便宜，综合性能极高，消费潜力巨大，是最有发展前途的产品，1990年，日本首先实现锂离子电池的产业化，目前日本处于第一跑道，我国、北美西欧都处于跟踪起步阶段；在太阳能电池领域（包括硅太阳能电池和化合物半导体电池），国内已经具备相当的生产水平，并有较多的半导体厂生产，并且在云南、西藏、广东等地区大规模应用；目前，燃料电池的材料制备和生产工艺都不成熟，仍然停留在实验研究阶段。国内投入能源材料的企业包括有TCL通讯（000542）、风华高科（000636）、稀土高科（600111）、杉杉股份（600884）、中金岭南（000060）、中大股份（600704）、南京熊猫（600775）、江苏索普（600746）、银河创新（000519）、春兰股份（600854）、金牛能源（000937），除了部分企业进展迅速，并对利润有一定影响，其余的大部分投资项目都处于研究开发或者中试阶段、或者刚刚投建。

（二）纳米材料

纳米材料是指由尺寸小于100nm（0.1nm～100nm）的超细颗粒构成的具有小尺寸效应的零维、一维、二维、三维材料的总称。纳米材料的概念形成于20世纪80年代中期，由于纳米材料会表现出特异的光、电、磁、热、力学、机械等性能，纳米技术迅速渗透到材料的各个领域，成为当前世界科学研究的热点。按物理形态分，纳米材料大致可分为纳米粉末、纳米纤维、纳米膜、纳米块体和纳米相分离液体等五类。尽管目前实现工业化生产的纳米料主要是碳酸钙、白炭黑、氧化锌等纳米粉体材料，其他基本上还处于实验室的初级研究阶段，大规模应用预计要到5年～10年以后，但毫无疑问，以纳米材料为代表的纳米科技必将对21世纪的经济和社会发展产生深刻的影响。

当前的研究热点和技术前沿包括：以碳纳米管为代表的纳米组装材料；纳米陶瓷和纳米复合材料等高性能纳米结构材料；纳米涂层材料的设计与合成；单电子晶体管、纳米激光器和纳米开关等纳米电子器件的研制、C60超高密度信息存贮材料等。

我国纳米材料和技术的应用开发始于20世纪90年代中期，并已取得重要进展，形成了一批拥有自主知识产权的技术并已开始产业化。我国是世界上少数几个从上世纪90年代就开始重视纳米材料研究的国家之一，在纳米材料及其应用、隧道显微镜分析和单原子操纵等方面和国际水平相接近，在某些领域内达到了世界先进水平。但在纳米电子学、纳米器件和纳米生物医学研究方面与发达国家仍有明显差距。根据国际纳米科技发展的趋势，结合我国的实际情况，在纳米陶瓷材料、纳米金属、纳米复合材料等方面安排了一批项目，如纳米级氧化铟锡粉体及氧化铟锡靶材、氧化镁纳米系列材料、功能玻璃纳米涂层材料、水系络合分解法制备纳米及亚微米粉体、大比表面纳米氧化锌、纳米级碳酸钙、纳米晶稀土合金磁粉、爆炸法制备金属纳米粉末、纳米润滑及功能织物添加剂、激光复合制备金属纳米粉末、聚合物纳米复合材料阻燃母粒等。

我国纳米技术专利申请数增长迅速，现仅排在美国、日本之后，名列世界第三，占世界总量的12%。我国在2001年以前的10多年中，申请纳米技术专利总计不到千件；但"十五"以来，我国纳米技术专利申请数增加速度明显加快，现已拥有2 400多项专利。表5.2介绍了纳米新材料主要上市公司发展模式比较分析。

表5．2　纳米新材料主要上市公司发展模式比较分析

公司名称	行业与主营	纳米概念	模式分类	与纳米相关程度评价
亿安科技	行业：综合 主营：开发生产加工基地，生产经营禽畜饲料，仓储，粮油食品，纺织等	碳纳米管双电荷层电容电池	成立专门公司，进行有自主知识产权纳米产品的产业化	公司问题重重，单就纳米产品看，有炒作嫌疑
威孚高科	汽配行业 主营内燃机燃油系列产品	汽车尾气环保纳米产品：金属纳晶铝粉	有自主知识产权纳米产品产业化初见成效	有实力的纳米概念股；投资在500万元左右
美菱电器	家电行业 主营制冷电器、空调器、洗衣机、电脑数控注塑机、热水器等	纳米保鲜板材技改工程	有自主知识产权纳米产品只用于主营品种附件	概念股，但潜力大
扬子石化	石化行业 主营业务为石油炼制及烃类衍生物的生产和销售	纳米聚丙烯复合材料	有自主知识产权纳米产品	虽有实验室研究成果成形，但无相应产品，未做概念炒作
津滨发展	公用事业板块，主营基建、稀土材料、电子产品和高新技术产品	纳米器件、纳米探管、纳米机械等	纳米产品在研，有其他新材料产品（自主知识产权）	尚处纳米概念炒作时期，但有深入研究实力
小鸭电器	家电行业主营滚筒式洗衣机	纳米洗衣机	应用纳米技术	单纯概念炒作；投资在500万元左右
爱建股份	金融行业 主营地产业、对外经济贸易、金融信托等	纳米科学仪器STM（扫描隧道显微镜）	有自主知识产权纳米产品	扫描隧道显微镜已于1981年在国外问世，有炒作嫌疑和国产化决心（投资在150万元左右）
哈药集团	医药行业 主营医药原料药及制剂、中成药及中药粉针剂、滋补保健品、生物制药及医药商业	拥有自主知识产权的医电一体化纳米材料产品"三精锐普降糖仪"	有自主知识产权纳米产品	单纯概念炒作

资料来源：光大证券研究所。

（三）先进复合材料

复合材料是由两种或多种性质不同的材料通过物理和化学复合，组成具有两个或两个以上形态结构的材料。该类材料不仅性能优于组成中的任意一个单独材料，而且还可具有组分单独不具有的独特性能。

复合材料按用途主要可分为结构复合材料和功能复合材料两大类。结构复合材料主要作为承力结构使用的材料，由能承受载荷的增强体组元（如玻璃、陶瓷、碳素、高聚物、金属、天然纤维、织物、晶须、片材和颗粒等）与能联结增强体成为整体材料同时又起传力作用的基体组元（如树脂、金属、陶瓷、玻璃、碳和水泥等）构成。结构材料通常按基体的不同分为聚合物基复合材料、金属基复合材料、陶瓷基复合材料、碳基复合材料和水泥基复合材料等。功能材料是指除力学性能以外还提供其他物理、化学、生物等性能的复合材料。包括压电、导电、雷达隐身、永磁、光致变色、吸声、阻燃、生物自吸收等种类繁多的复合材料，具有广阔的发展前景。未来的功能复合材料比重将超过结构复合材料，成为复合材料发展的主流。

未来复合材料的研究方向主要集中在纳米复合材料、仿生复合材料和发展多功能、机敏、智能复合材料等领域。我国聚合物基复合材料发展迅速，2003年产量达92万吨，比1998年增长近3倍。

聚合物基复合材料三大品种去年基本保持10%以上的增速。其中，热固性玻璃钢(FRSP）产量达到62万吨，比上年增加6万吨；热塑性玻璃钢（FRTP）产量达到19万吨，比上年增加2万吨；玻璃布／环氧覆铜板（CCL－GF/EPR）产量达到11万吨，比上年增加1.5万吨。

与世界先进水平比，我国聚合物基复合材料业还有一定差距。当前应着重解决废弃物处理与回收、作业环境改进、新产品及新应用领域的开拓、工艺水准提升、产品科技含量及附加值提高等问题，同时积极推进跨行业发展，重视原辅材料水平的提高。

（四）新型功能材料

功能材料是指表现出力学性能以外的电、磁、光、生物、化学等特殊性质的材料。除前面介绍过的信息、能源、纳米、生物医用等材料外，新型功能材料主要还包括高温超导材料、磁性材料、金刚石薄膜、功能高分子材料等。

当前的研究热点包括：纳米功能材料、纳米晶稀土永磁和稀土储氢合金材料、大块非晶材料、高温超导材料、磁性形状记忆合金材料、磁性高分子材料、金刚石薄膜的制备技术等。

我国非常重视功能材料的发展，在功能材料领域取得了丰硕的成果。并且我国陆续开辟了超导材料、平板显示材料、稀土功能材料、生物医用材料、储氢等新能源材料、金刚石薄膜、高性能固体推进剂材料、红外隐身材料，材料设计与性能预测等功能材料新领域，取得了一批接近或达到国际先进水平的研究成果，在国际上占有了一席之地。镍氢电池、锂离子电池的主要性能指标和生产工艺技术均达到了国外的先进水平，推动了镍氢电池的产业化；功能陶瓷材料的研究开发取得了显著进展，以片式电子组件为目标，我国在高性能瓷料的研究上取得了突破，并在低烧瓷料和贱金属电极上形成了自己的特色并实现了产业化，使片式电容材料及其组件进入了世界先进行列；高档钕铁硼产品的研究开发和产业化取得显著进展，在某些成分配方和相关技术上取得了自主知识产权；功能材料还在“两弹一星”、“四大装备四颗星”等国防工程中作出了举足轻重的贡献。

稀土永磁钕铁硼产业包括烧结和粘结钕铁硼两大类。由于国内烧结钕铁硼产业具有独特的生产工艺，并使用国产化生产设备和低成本优势，使得该产业发展迅速，产销良好。目前，国内企业大约有130家左右，其中有30多家生产能力在100吨以上，少数到达500吨以上。2000年全球烧结钕铁硼产量为13 940吨，国内为6 500吨，目前，我国烧结钕铁硼产量已经占世界总产量的40%左右，与日本并驾齐驱，已成为稀土永磁大国。从1996年～2000年销售总额达到66亿元，出口创汇5亿美元，而且产品达到国际先进水平。粘结钕铁硼产业中，由于国内不能大批量生产快淬磁粉，磁粉原料进口价格相对昂贵，同时IT产业对粘结钕铁硼需求远小于欧美日，产品主要用于出口，因此发展相对缓慢。目前国内具有规模化生产能力的企业有4家，年产量达到160吨左右。

同时，我国是一个稀土大国，其工业储量占世界总储量的70%以上，发展稀土功能材料我国有着独特的资源优势。例如，稀土永磁材料全世界的年平均增长率为23%，而我国高达60%，1995年全球的钕铁硼永磁材料的生产总量为6 000吨，其中我国为2 000吨，占总量的1/3，预测2010年全球钕铁硼永磁材料的产量将达14.6万吨，产值达80亿美元，其中我国的产量将达5.4万吨，产值达20多亿美元，相关器件产值达100亿～150亿美元。稀土在发光、催化等领域的应用也具有广阔的市场需求。而随着移动通信等新一代电子信息技术的迅速崛起，作为一大批基础电子元器件技术核心的信息功能陶瓷日益成为我国发展相关高技术的需求重点。按照5%的世界市场占有率计算，2010年我国信息功能陶瓷材料及制品的年销售额将达300亿元人民币，对信息通讯产业发展具有举足轻重的作用。

（五）化工新材料

化工新材料是应用在化工、石油等领域的基础原材料，主要包括有机氟材料、有机硅材料、高性能纤维、纳米化工材料、无机功能材料等。纳米化工材料和特种化工涂料是近年来的研究热点。

从1995年～2000年，我国氟树脂消费量平均年递增15.7%，有机硅氧烷达26.4%，五种主要通用型工程塑料年增长率为11.8%。这些材料由于生产规模小，技术水平较低，质量不稳定，远远不能满足建筑、通讯和交通等多种行业的巨大需求，仍有相当部分要依赖进口。例如，我国只有少数企业能够生产尼龙、PBT两种产品，其它工程塑料的生产也难成气候。PC和POM是工程塑料两大品种，国内生产基本上处于空白，靠大量进口满足市场需求，因此，我国成为世界上最大的工程塑料进口国。尽管拜耳已与上海氯碱股份有限公司合资，建设10万吨/年（分两期）的PC装置，但2004年投产后每年仍有缺口15万吨。而POM还没有技术来源。

我国主要化工新材料聚甲醛、聚碳酸酯、聚硅氧烷的进口量1998年～2002年增长率在20%以上，而聚氨酯的主要原料TDI、MDI、聚醚的进口量年均递增也基本上在20%左右。但目前我国上市公司中化工新材料企业中，除星新材料、烟台万华等公司外，一般规模都较小。主要原因是化工新材料技术含量高、难度大，一般企业难以掌握；另外，研发费用大，投资规模大，一般企业难以承受。据“同升阁——中国股票论坛”预测，未来5年我国化工新材料消费量仍将以20%左右的速度递增，化工新材料业上市公司具有较好投资机会。国务院国资委成立以来，有关领导表示准备对国资委所属196家企业进行战略性重组。国资委所属的化工企业中中国蓝星集团和中国昊华集团有意合并成立中国化工集团。近年来，这两大集团分别收购了一些化工企业，其中有些企业业务相同，如果两大集团能够合并，将可以对其所属企业按相同业务进行战略性重组，而通过战略性重组可以在某些领域取得主导性地位，做大做强，从而给证券市场带来投资机会。

（六）电子信息材料

电子信息材料是指在微电子、光电子技术和新型元器件基础产品领域中所用的材料，主要包括单晶硅为代表的半导体微电子材料；激光晶体为代表的光电子材料；介质陶瓷和热敏陶瓷为代表的电子陶瓷材料；钕铁硼（NdFeB）永磁材料为代表的磁性材料；光纤通信材料；磁存储和光盘存储为主的数据存储材料；压电晶体与薄膜材料；贮氢材料和锂离子嵌入材料为代表的绿色电池材料等。这些基础材料及其产品支撑着通信、计算机、信息家电与网络技术等现代信息产业的发展。

电子信息材料的总体发展趋势是向着大尺寸、高均匀性、高完整性、以及薄膜化、多功能化和集成化方向发展。当前的研究热点和技术前沿包括柔性晶体管、光子晶体、SiC、GaN、ZnSe等宽禁带半导体材料为代表的第三代半导体材料、有机显示材料以及各种纳米电子材料等。

半导体市场研究公司Databeans Inc.于2004年3月发表的研究报告指出，2004年中国对于IC的需求将增长34.9%，由2003年的229亿美元上升到309亿美元。

但是，2005年我国半导体市场增长率将下降到只有6.7%，市场规模为330亿美元。但在其后的几年中，增长速度将超过20%。到2009年，我国的IC消费将占全球的25%，达到690亿美元。促进中国半导体需求增长的因素包括电信制造业迅速增长、消费电子产品和电脑市场产能上升。Databeans预测，2003年～2009年我国半导体市场的复合年增长率为17%。

我国对于IC需求最大的领域是电脑和通讯。2003年，我国电脑产业的IC需求额估计达93亿美元。Databeans预测，电脑产业在预测期内对IC的需求平均每年增长15%，而增长速度最快的通信产业的年平均增长率为21%。

光电子材料中，已经形成产业的包括光纤预制棒、液晶材料和LED用偏振片等。主要企业包括法尔胜（000890）、特发信息（000070）和长江通信（600345）、深天马（000050）等，还包括部分7家左右的中下游企业。由于主流预制棒生产技术和专利分别被康宁、古河、信越和阿尔卡特等国际大厂掌握，形成高度垄断和竞争的格局。而国内科研成果在产业化上存在一些障碍，实际上只作为谈判筹码，因此，真正的产业化是从国外技术引进开始的。武汉长飞光纤光缆有限公司、江苏法尔胜和杭州富通昭和等先后斥巨资投建光预制棒生产基地，但国际主流大厂不愿对外转让该高利润业务，技术引进一波三折，同时受市场冲击等外在因素的影响，许多项目或提前终止、或变更资金投向，进展缓慢。

长飞公司通过和荷兰德拉克公司合资，掌握了“PCVD＋OVD法”的光预制棒制造技术并实现批量化生产，是少有的成功合作案例；法尔胜通过和澳大利亚合作，掌握了“MCVD＋OVD法”的预制棒生产技术；最近，民营杭州富通集团通过化学合成法自主研制成预制棒；日本住友电气工业株式会社最近立项投资2 983万美元在深圳投产光纤光缆和预制棒项目。国内已有的预制棒技术在生产G.655等具有复杂折射率光预制棒方面有一定优势，而需求最大的G.652仍然需要进口，因此，国际大厂仍然独霸国内80%以上的市场。液晶技术日新月异，在国际上已经推出成熟的第五代产品，而目前国内只能生产普通TN液晶原料和部分ITO导电玻璃等第一代和第二代产品，中高档STN和TFT液晶原料、超薄ITO导电玻璃和偏振片仍然是空白，需要大量依赖进口。片式元器件行业的瓷粉、浆料、铝箔、电解纸等原料也类似存在依赖进口的现象。

三、新材料行业企业情况

（一）行业内企业情况概述

从市场结构看，新材料产业链日益完善、产业集群效应明显、市场需求强劲、企业供应能力增强；从企业行为看，新材料企业并购重组频发、技术屡获突破、竞争手段多样化、销售渠道进一步拓宽；从竞争绩效看，国内43家新材料上市公司盈利水平有明显提升，市场竞争力和抗风险能力逐步得到改善。但是，行业内企业的发展还存在一些问题。在目前的证券市场上，不少公司从事或涉足新材料行业。在这些上市公司中，虽有各行业自己的问题，但也有共性问题，多数公司主业单一。新材料企业中，大部分属于电子信息行业，跨行业的多元化企业不多，主营业务一般比较单一。自身抵抗行业风险的能力不强，容易受外界影响。特别在2001年国际电子信息行业需求不振的影响下，产品价格大幅降低，部分以出口为主导的企业出现较大困境。相对而言，实行多元化的法尔胜、宁波韵升等企业受影响比较小。部分企业经营保守，从板块来看，整体的资产负债率比较低，部分企业从科研院所转制而来，虽然科研实力较一般中小企业有优势，但是，从另外一方面来看，企业的经营机制往往过于保守，没有其他企业灵活，部分企业募集资金投资进展缓慢。

1. 不同领域的新材料企业差别较大

新材料企业的资产质量较为优良，行业整体盈利能力较强。由于所从事的领域不同，新材料企业的经营环境差别较大，不同子行业领域间的企业竞争较小。以信息材料市场和化工新材料市场举例来说：信息材料市场广阔但企业增速放缓；而国内化工新材料市场潜力大而且技术先进的企业高速增长。

信息材料是我国“十五”期间发展的重点。作为信息产业的基础，近几年信息材料企业在研制、生产工艺、技术装备和经营管理等方面取得了质的飞跃。以半导体材料、光电子材料和新型磁性材料为代表的信息材料，已成为新材料领域中最具活力的要素。但由于全球经济增长放缓对我国不很成熟的信息材料市场的影响日渐增大，国际IT产业整体下滑也波及到我国，信息材料企业的经济效益增速开始放慢，近几年信息材料企业可能不会出现高速增长。

化工新材料行业的主要特点是技术高度密集、产品附加值高、市场国际性强、产品的质量和特定性能在市场中起决定作用。一些表现优良的化工新材料企业增长较快的主要原因是公司产品与技术具有垄断优势。

2. 企业平均经营规模较小，有待扩大规模

几家主要的新材料企业的平均主营业务收入为55 500万元左右，平均净利润大概为6 460万元。与其他行业企业相比，新材料企业的平均经营规模仍然较小，企业需继续扩大规模以获得规模效益、增强竞争力。目前国内新材料企业中，生产中低端产品的中小企业占据了大多数，能够参与国际竞争的龙头企业寥寥可数。据有关专家介绍，我国通用材料的生产还处在较低水平，一些高品质、高附加值的新材料还有赖进口。而由于众多良莠混杂的小企业的存在，我国的新材料产品不仅利润低，还要承受着国内企业之间无节制的相互压价、恶性竞争。同样是一种材料，一夜之间起了很多家，每个厂家都掌握了一定技术或者购买了一定成果。企业都处在壮大阶段，在一个水平上重复、缓慢的发展，彼此没有促进、互补，无序竞争、竞相压价、互相残杀，造成资源的极大浪费。

因此，必须依靠国内企业之间的联合、重组，充分发挥国内的新材料资源优势，才能够让国内新材料产业走上良性、快速发展之路。目前国内材料业的发展还处于初级阶段，如果能够以最快的速度出现一些在国际上都叫得响一流、二流的企业，整个材料产业的水平就可以得到迅速提升。想要实现这个目标，资本整合就成为一条必然之路。2004年，我国新材料企业并购重组事件频发。国内钕铁硼龙头企业中科三环向上海爱普生磁性器件公司增资7 000万元人民币，成为其第一大股东，而后者是全球第二大粘结钕铁硼生产企业，中科三环由此进一步巩固了自身在高端钕铁硼材料领域的市场地位。美国化工巨头杜邦公司收购了具有“中国实体面材行业第一品牌”之称的广州蒙特利实业有限公司。在特钢领域，东北三大骨干钢铁企业：大连钢铁集团、抚顺特钢集团和北满特钢集团于2004年8月宣布合并组建东北特钢集团，成为目前国内最大的特殊钢材生产企业。企业重组并购，有利于产业竞争力的提升。

3. 其他一些细分特征

除了以上两点主要特征外，深加工能力需提高高档产品过剩和中低档产品短缺仍然是我国新材料行业的特征，除了部分企业达到或接近国际先进水平，可以生产附加值较高、具有核心竞争力的产品外，其余企业在深加工能力方面仍然不足，面临较大的技术升级压力。

价格协调能力弱。新材料大多是电子元器件的原材料，而电子元器件是电子整机的基础配套产品，因此，新材料对电子整机行业的依赖性很强，整机市场特别是电子信息行业的景气程度对新材料的发展影响很大。由于原料远离成品，价格协商能力比较弱，特别是缺乏技术和资源优势的企业，利润和可持续发展能力受到很大的制约。

市场关联度小。市场上认同的新材料企业分别涉及化工、电子信息、金属和建筑等多个行业，无论是在设备、技术和市场方面都有比较大的差异，开展多元经营比其他企业有更大的困难，因此很难规避主业单一风险，业绩时常大幅波动。即使同一时期，各新材料公司的经营业绩常常差别巨大。

（二）新材料行业及企业的投资价值

1. 新材料行业投资优势

新材料种类繁多，分布在不同的行业，不存在共同的市场基础，因而难以从行业角度统一分析。而且，每种新材料都有其特殊的生命周期，当一种性能更好的新材料问世后，原来的材料就不能称为新材料，这种更新换代对不同的新材料来说，程度和速度都有很大差异。上述特点决定了新材料类股票相互之间缺乏关联性，难以产生有效的联动。但这并不防碍证券市场上将新材料行业作为一种投资理念提出来：无论是投资热点由传统行业向新经济行业转移，还是由虚拟经济向实物经济转移，新材料行业都能成为投资者青睐的对象。首先，新材料行业具有超越传统行业的高成长性。一种先进材料一旦问世，市场有可能迅速推开，其行业增长速度是非常惊人的，比如半导体行业。另一方面，新材料行业又属于实物经济行业，其业绩风险低于网络、基因工程等未来行业。新材料类上市公司的每股收益普遍高于行业风险相对较高的网络类、生物类上市公司是不争的事实。其主要的投资优势可具体的从以下两个方面体现：

(1)政策倾斜、资金扶持双管齐下，新材料行业腾飞在即。为了发展新材料行业，国家在政策上给予大力支持。截止到目前，国家先后通过国家计委高技术行业化新材料专项、国家科技攻关计划、火炬计划、863计划、973计划、国家自然科学基金、中小企业创新基金等七个项目大力支持新材料行业的发展。同时，国家还加大新材料行业科技攻关经费支持，每年投入的经费在5亿元以上。另外，为了使新材料行业的研究成果尽快行业化，1995年国家火炬计划批准成立了海门火炬计划新材料基地，1998年又成立了“国家火炬计划铜陵电子材料行业基地”，随后相继成立了长沙、江阴、宁波、攀枝花等地区性国家新材料成果转化及行业化基地，所有这些举措，对推动、加快我国新材料行业的发展产生了重大影响，我国新材料行业也由此步入了高速发展时期。

(2)用途广泛，下游需求剧增，行业投资价值凸现。宇宙探索、海洋开发，国防建设、工农业生产、航天航空、交通运输，卫星通讯、地质勘探、环境保护、灾情预报、包括生命科学在内的每一项现代科学研究的生产过程检测与控制、人民群众的日常生活等，几乎都离不开新材料与新材料的应用技术。新材料已经渗入了新技术革命的所有领域，涉及国民经济的每个部门，进入了大众生活的各个方面。就目前而言，新材料行业的下游行业主要是汽车、航空设备、通讯设备、家电、IT 行业以及其他电子信息行业，而以上行业目前正处在高速发展时期，势必加大对新材料的需求，为新材料行业长期走向快速发展提供了市场基础。

就需求而言，由于新材料属于新兴行业，规模优势、技术优势与发达国家相比还有一定差距，一个突出特点是产量较低，而下游行业需求巨大，新材料行业面临长期供给紧张的外部环境。以电子、光电行业需求为例，到2010年，我国占世界的市场份额约为10%，即我国光电子产品的年总产值将达到2 000亿元人民币，由此将极大增加对集成电路材料、敏感元器件材料、光导纤维、磁、光记录材料的需求，而我国大直径硅片、大容量光纤、敏感材料等方面，需求大而产量低，大部分依赖进口，这为新材料行业的发展提供了历史机遇。再以磁性材料行业为例，我国稀土资源非常丰富，稀土永磁材料的发展迅猛异常，全世界的年平均增长值为23%，而我国则高达60%。据预测，2010年我国的产量将达5.4万吨，产值31亿美元，即使如此，也难以满足市场需求，供给缺口巨大。根据“十五”计划，彩色电视机、移动电话、固定电话机、计算机、汽车、摩托车等对磁性材料总计需求量高达310 873吨，而到2005年，我国磁性材料预测最大产量只有153 980吨，缺口高达156 893吨。单从这个角度分析，新材料行业的市场需求空间极为广阔，相关公司也将因此步入高速增长的发展时期，其业绩也势必会大幅提高，由此也将打开股票价格的上涨空间[①]。

2. 新材料企业的投资价值评测

新材料已逐渐成为市场的一个热点，但是有政策，有市场，并不等于公司就一定能获得高额利润。而公司的核心能力如何，直接关系到它能否持续为投资者创造更多的价值，并不被竞争对手所淘汰。以下就依据波特的五种竞争力理论对新材料产业投资作一个简要的分析。

第一是原料，这是生产的基本条件。如果不能很好地解决原料供应，产品将成为无源之水，无本之木。以光纤预制棒为例，国内光纤质量达到国际一流水平，但制造光纤的核心材料光纤预制棒80%～90%依靠进口，这在相当程度上影响了产品的盈利能力。因此，在投资新材料项目中，原料的落实是必须首先考虑的。

第二是用户，这是生产的关键。如果没有用户，产品的价值就无法实现，以纳米为例，目前国内有很多的纳米材料生产企业，但真正成气候的极少，而有一定盈利水平的更是寥寥无几，其中主要原因有两个，一是材料均匀度差，无法进行尺寸控制，因此，很难保证产品有良好的物理、化学、光学性能；二是主要产品是粉体，并不是最终产品，很难赢得客户；再以单晶硅为例，尽管国内已具有8英寸硅片的制造能力，产品也能达到相关标准，但在与下游产品的配套方面无法落实，所以很难挤进市场，最多只是被用作陪片。因此，需要对用户和市场进行认真调研和可行性研究，避免投资损失。

第三是进入壁垒，这关系到产品利润率能保持多长时间。以第三代稀土永磁材料钕铁硼为例，虽然该材料在《中国高新技术产品目录2000》中被列为最高档，但进入壁垒并不高，上一套年产500吨的装置只需要投资6 000万元左右，另外中低档产品的技术要求不高，同时国际上的相关专利将在2003年到期，这意味着众多企业可以很快进入国际市场。以上原因造成近几年国内很多企业投资该项目，市场竞争加剧，产品利润率迅速摊薄。因此，门槛比较低的项目不可能在较长的时间内保持超额利润，投资时需要慎重。

---

① 预测数据来源于北京首放证券。

第四是公司在本行业的地位，这关系到企业的生存。面临严酷的市场竞争，一个企业如果在成本、技术、生产规模等方面均处于劣势，生存下来是很困难的。在网络界有 Winner take off（赢者通吃）的说法，其实很多行业都是如此。以东方钽业为例，该公司是生产钽式电容器上游产品钽粉和钽丝的专业厂家，经过几十年的艰苦创业，在钽类产品的质量、品级、生产规模、工艺技术等方面处于国内绝对领先水平，高品级产品的国内市场占有率达到99%以上，并进入世界三强，公司正在进行的电容器级钽粉、钽丝技改等项目无疑将进一步提升竞争优势。因此对一个新材料投资项目来说，公司必须在各方面有自己的优势。如果没有优势，应该想办法通过各种方式创造优势。

第五是替代产品分析。任何一种新材料都是一定时期的新材料，有它的生命周期，不可能永远是新材料，一种新材料将来被更新的新材料所取代也是发展的必然趋势。以永磁材料为例，20世纪40年代出现了铝镍钴永磁，50年代出现了铁氧体永磁，60年代研制出了第一代稀土永磁SmCo5，70年代开发成功第二代稀土永磁 Sm2Co17，1983年出现了“永磁王”NdFeB 材料，最近又出现了 NdFeN 等磁能积更高的稀土永磁材料。因此，对一个新材料产品要研究它在五年左右是否会被取代，并制定相关的对策，未雨绸缪至关重要。

3. 几家重点企业介绍

我国在新材料行业化上形成了一批有国际竞争力的企业（见表5.3），它们的产品销往国际市场，使我国在世界高技术行业中能够占据一席之地。上市公司中就有这样一些企业，它们走出国门，与世界强者相争，取得了足以让国人自豪的业绩。

表5.3 新材料类上市公司的产品介绍

上市公司	主导产品	主营收入增长	
		2002年	2003年
浙大海纳	单晶硅等半导体材料	2%	-16%
中钨高新	钨钴合金材料	5%	8%
东方钽业	电容器级钽粉和钽丝	-66%	6%
安泰科技	稀土永磁，功能材料超硬材料、精细金属制品、生物医用材料	19%	48%
中科三环	钕铁硼永磁材料	26%	45%
皖维高新	高性能纤维材料	46%	63%
稀土高科	稀土金属及其化合物	-4%	65%
鑫科材料	铜基合金材料、金属基碳纤维、复合材料、粉末材料	24%	4%
星新材料	有机硅材料	35%	56%
天通股份	软磁铁氧体材料	15%	13%
金瑞科技	电子基础材料、触媒合金、超硬材料	13%	50%
宝钛股份	钛及钛合金	6%	11%
长园新材	热缩材料	36%	31%
厦门钨业	仲钨酸铵、氧化钨、钨粉	-18%	34%

上市公司	主导产品	主营收入增长	
		2002年	2003年
时代新材	橡塑材料	53%	31%
广东榕泰	ML复合材料	27%	8%
太原刚玉	钕铁硼磁性材料	6%	28%
津滨发展	钕铁硼永磁材、稀土永磁材料	52%	1%
中国化建	玻璃纤维等新材料	19%	25%
行业平均		21.8%	31.4%

数据来源：北京首放证券。

东方钽业(0962)：许多人将它归类为稀有金属资源行业，是不正确的。它自己并没有钽、铌资源。国内钽资源稀缺，它的大部分原料需要从国外进口。它实际上是将钽原料加工制造成具有高比容量的钽粉和细径钽丝，而这两者是制造钽电容器的关键材料，因而属于新材料行业。它是国内同行业中惟一被国际钽、铌研究中心组织(TIC)接纳为成员的企业，是世界第三大钽、铌材料供应商。公司不断推进技术进步，批量供应电容器级钽粉能力已提高到30000μfV/g～50000μfV/g，研究水平达到了100000μfV/g，钽丝从Φ0.2mm～0.25mm细化到Φ0.15mm～0.2mm，处于世界先进水平。今年上半年产销钽粉99吨，钽丝39吨。实现主营业务销售收入45 592万元，与上年同期相比增长了71%。出口创汇4 915.46万美元，比上年同期增长了68.86%。实现净利润5 785.32万元，与上年同期相比增长了103.2%。公司上半年钽粉供应约占世界商品量的20%，钽丝约占46%，提前两年实现了公司世界市场占有率目标。

有研硅股（600206）：前身为半导体材料国家工程研究中心，曾从事“908”工程0.8mm～1mmIC用6英寸硅单晶抛光片的研制任务，以及“909”工程60万片5英寸、6英寸硅单晶抛光片行业化和20万片8英寸硅单晶抛光片技术开发任务，有一定技术储备和国家资金投入方面的支持，是国内惟一能生产8英寸硅单晶抛光片的企业，上市前国家即已投入1亿多元建设大直径硅单晶抛光片生产线作为国家909工程的配套项目。公司于1997年成功拉制出12英寸硅单晶，使我国成为世界上少数几个可以拉制12英寸直拉硅单晶的国家之一。在化合物半导体方面，公司于今年研制成功我国第一根4英寸蒸气压控制直拉法（VCZ）砷化镓单晶，使我国VCZ法拉晶技术进入世界领先行列。公司近两年业绩增长较慢，这与全球半导体工业整体上处于低谷有关。自上年下半年以来，国际半导体行业走出低谷并以30%以上的惊人速度回升，再加上台湾地区连发地震，给国内微电子企业带来了一派兴旺景象，订货量猛增。IC器件企业如华虹、NEC已开始盈利，其他微电子企业也产销两旺。微电子基础材料企业的订单也明显好于往年，公司接获的订单有显著增加。再加上国家对该公司着意扶持，科研经费由国家拨款，免所得税五年，而且它的增值税率还将从17%减到6%，这些政策因素对它的业绩影响也是比较大的。但由于生产和管理上的问题，今年业绩仍不可能太好，业绩真正改观将要等到明年。

风华高科（0636）：片式多层陶瓷电容器实际上是用一种具有高介电常数的新型材料制成的。随着表面贴装技术（SMT）在电子工业中逐步流行，片式元器件以每年20%的速度飞速发展。风华高科与清华大学合作实现了关键原材料的国产化，在片式多层陶瓷电容器生产上突飞猛进，年均业绩增长50%以上。目前，产销量排名全球第10位。未来两三年内，风华高科力争使片式电容器、片式电阻器产销量均达到500亿只的规模，进入全球同行业前5强。国家级重点项目片式电容器、片式电阻器新增双百亿的项目将在今年内实施完成，使片容、片阻的实际产能均达到200个亿的规模。公司拟在新增产能中向与通信类电子产品配套的中高档元器件方向倾斜，以贱金属镍和铜替代贵金属银和钯作为电极等多项技术也将在新增产能中逐步实施。

星新材料（600299）：公司有机硅和双酚A产量国内第一，公司成功运营的2万吨有机硅生产装置使我国成为世界上能够规模生产有机硅的五个国家（美、日、德、法和中国）之一。有机硅材料属于高分子聚合物，主链由硅氧键构成，类似于SiO2的无机结构，而侧链由碳碳键的有机结构构成。这种结构上的特点决定了该类材料既具有一般有机材料的弹性又具有无机材料耐高温（最高可到300℃）和低温（最低可到－100℃）的性能。有机硅品种有5 000多种，大多不为普通人所知，但有一个产品非常有名，那就是曾大量用作隆胸材料的医用硅酮。公司目前主要生产有机硅单体，待2万吨有机硅装置运转正常后，将生产规模再扩大到5万吨，并迅速抢占国内有机硅单体和中间体市场，这一目的达到后再发展有机硅终产品。公司计划发起成立中国有机硅行业协会，下设几个研究中心，加强对有机硅的研究开发。而且已划归蓝星总公司的辰光化工研究院设有国家有机硅工程技术研究中心，在有机硅研究上有雄厚的实力，在有机硅终产品行业化方面也取得了较好的成绩。公司有可能在适当的时候与该院合作。

安彩高科（600207）：玻壳是由一种特种玻璃熔制而成的，它需要在真空条件下承受较大的大气压力以及平面直角所形成的应力集中，屏幕越大对玻壳的受力性能要求越高，因而玻壳也应当算新材料。公司接收了控股股东安彩集团“安玻一期工程”14英寸、18英寸和21英寸玻壳生产线，上市后又收购了“安玻二期工程”的两条25英寸和29英寸玻锥生产线，之后进行了三期工程建设，又成功建成市场急需的29英寸250万套大屏幕玻壳工程，2000年彩色玻壳供应能力居世界第五。安彩集团的“安玻四期工程”也于2001年2月宣布奠基开工。

四、我国新材料行业发展的政策环境

新材料与生物技术、信息技术并列为21世纪的三大技术源动力之一，国家对新材料行业给予了重点支持，大致分为三大类：

（一）前瞻性的基础研究资助

主要集中在国家自然科学基金、国家高技术研究与发展计划（863计划）、国家重点基础研究计划（973计划）、国家计委高科技产业化新材料专项，以上项目主要针对科研院所以及39个材料领域的国家工程研究中心的研究人员，对新材料科研项目每年总计无偿资助约在3.5亿元左右。

1. 863计划新材料领域简介

我国1987年2月开始实施的“863”计划将新材料技术作为一个重要研究领域，采取密切跟踪国际前沿的策略，在一些重大研究课题上取得了可与发达国家抗衡的成果。比如，1986年的世界高温超导材料竞赛，20世纪90年代初碳60的应用研究，20世纪90年代末拉制直径12英寸硅单晶、为阿尔法磁谱仪制造核心稀土永磁体、纳米材料研究、储氢材料研究等等。

“十五”期间，863计划新材料领域设立了三个主题：光电子材料及器件主题，特种功能材料技术主题，高性能结构材料技术主题。其目标是为国民经济和国防提供支撑性关键新材料，探索不同层次微观结构理论指导下的材料设计研究、制造工艺研究、结构与性能的检测评价研究，将投入22.5亿元人民币。

863计划中提出，新材料领域“十五”将在五个方面发挥好支撑作用，即面向信息产业的关键新材料技术、面向国家传统和支柱产业的关键新材料技术、面向国防建设的关键新材料技术、面向改善人类生活环境和提高生活质量的新材料技术以及面向战略性竞争的关键新材料技术等五个方面。

2. 973计划

1997年6月4日，原国家科技领导小组第三次会议决定要制定和实施《国家重点基础研究发展规划》，随后由科技部组织实施了国家重点基础研究发展计划（亦称973计划）。制定和实施973计划是党中央、国务院为实施“科教兴国”和“可持续发展战略”，加强基础研究和科技工作作出的重要决策，是实现2010年以至21世纪中叶我国经济、科技和社会发展的宏伟目标，提高科技持续创新能力，迎接新世纪挑战的重要举措。

战略目标：加强原始性创新，在更深的层面和更广泛的领域解决国家经济与社会发展中的重大科学问题，以提高我国自主创新能力和解决重大问题的能力，为国家未来发展提供科学支撑。

主要任务：一是紧紧围绕农业、能源、信息、资源环境、人口与健康、材料等领域国民经济、社会发展和科技自身发展的重大科学问题，开展多学科综合性研究，提供解决问题的理论依据和科学基础；二是部署相关的、重要的、探索性强的前沿基础研究；三是培养和造就适应21世纪发展需要的高科学素质、有创新能力的优秀人才；四是重点建设一批高水平、能承担国家重点科技任务的科学研究基地，并形成若干跨学科的综合科学研究中心。

973计划的组织实施，以国家目标为宏观导向确定工作总体部署，形成合理布局，体现为技术创新提供动力和源泉，为经济、社会的可持续发展提供支撑的要求。在973计划项目的安排过程中，我们加强对于国家重大需求的分析和战略研究，围绕国民经济产业结构调整与高新技术产业发展、经济和社会信息化、提高人民生活质量和健康水平、自然资源及其有效利用、生态、环境与社会协调发展、西部大开发等国家重大需求，面向未来，面向科学前沿，开展重大关键科学问题的研究。

（二）对产业化项目和产业化技术开发项目资助

主要体现在火炬计划、中小企业创新基金、国家科技攻关计划等三个项目上，它们发挥着技术孵化器的作用。其中，中小企业创新基金项目通过无偿拨款、贴息贷款等方式，从1999年起，每年对新材料项目资助接近9 000万元；国家科技公关计划每年给予5 000万元的无偿资助，火炬计划对新材料项目的资助一直位列前矛（占20%以上），国家主要通过银行贷款方式匹配资金，已将大量成果产业化，创造了极为明显的效益。

1. 火炬计划

火炬计划项目，是以国内外市场需求为导向，以国家、地方和行业的科技攻关计划、高新技术研究开发计划成果及其他科研成果为依托，以发展高新技术产品、形成产业为目标，择优评选并组织开发的具有先进水平和广阔国内外市场及较好经济效益的高科技项目。通过火炬计划项目的实施，造就高新技术企业和企业集团。新材料是火炬计划项目的重点发展领域之一。

用高新技术改造传统产业是实施“火炬”计划的一项重要任务，多年来我国支持了一大批市场急需的新产品和用新工艺生产的新材料，取得了较好的效果，同时培育了一批有持续创新能力的高新技术企业。

1999年，国家级“火炬”计划项目的销售收入958亿元，利税188.36亿元，出口11.01亿美元。其中新材料销售收入164.41亿元，占17.16%；利税35.44亿元，占18.83%出口3.38亿元，占30.7%。与新材料立项的27%相比，新材料项目量大面广，虽然产业规模相对较小，但出口占的比例最高。说明我国新材料产品有一定的出口竞争能力。在2001年申报的1 867个项目中，新材料项目506个，占27.1%。经评审，立项的363项占总立项数28%。其中金属材料84项，占23.1%，无机非金属材料占18.7%，精细化工材料93项占25.6%，高分子材料占15.2%，复合材料及其他63项占17.4%。

2. 中小企业创新基金

科技型中小企业技术创新基金是经国务院批准设立，用于支持科技型中小企业技术创新的政府专项基金。创新基金作为政府对科技型中小企业技术创新的资助手段，将以贷款贴息、无偿资助和资本金投入等方式，通过支持成果转化和技术创新，培育和扶持科技型中小企业。创新基金将重点支持产业化初期（种子期和初创期）、技术含量高、市场前景好、风险较大、商业性资金进入尚不具备条件、最需要由政府支持的科技型中小企业项目，并将为其进入产业化扩张和商业性资本的介入起到铺垫和引导的作用。因此，创新基金将以创新和产业化为宗旨，以市场为导向，上联"863"、"攻关"等国家指令性研究发展计划和科技人员的创新成果，下接"火炬"等高技术产业化指导性计划和商业性创业投资者，在促进科技成果产业化，培育和扶持科技型中小企业的同时，推动建立起符合市场经济客观规律、支持科技型中小企业技术创新的新型投资机制。而新材料企业正是属于需要这样政策的企业。2003年度中央财政安排创新基金预算5亿元，其中新材料行业申请立项172项，共9 915万元，占总预算资金的14.9%，仅次于电子与信息、生物与医药这两个行业。

（三）对高科技企业给予出口补贴和税收减免

从事新材料的企业，可以申请税收减免等优惠。以单晶硅企业为例，根据2002年发布的《鼓励软件和集成电路产业发展的若干政策》以及后来的通知，境内从事单晶硅的企业，从2001年6月24日起到2010年底以前享受增值税为6%，退税款用于研究开发。扩大再生产后不计所得税，生产性设备投入生产设备折旧最短可为3年，在原材料、技术和设备仪器上的进口关税和进口环节增值税予以减免。

此外，各地方政府对新材料领域的支持更多地体现在对产业的支持。对通过高新技术企业认证的新材料企业，在国家优惠政策的基础上，进一步予以融资优惠、增值税返还、加速折旧、土地使用费减免、企业所得税抵扣和减免投资方向税等。各地政府和开发区给予的支持力度不一，总体来看，位于各类高新技术产业开发区内的企业，其税费比区外低50%以上，这种积极的产业政策对新材料产业的发展产生深远影响。

五、新材料行业发展前景分析

（一）行业发展前景

我国加入世界贸易组织后，将凭借相对廉价的劳动力和丰富资源等优势，使原有的制造业优势得到进一步发挥，世界"制造业中心"转向我国是大势所趋。这既是我国制造业与国际接轨并提升国际竞争力的好机会，也是我国发挥资源优势，发展材料工业特别是新材料行业的良好机遇。

自“十五”计划开始，国家行业政策导向明显向以新材料行业为代表的高新技术行业倾斜，陆续出台政策措施以促进新材料行业的发展，特别是国家将指导、协同有关地方政府在因地制宜、科学规划的基础上，培育若干个世界级优势特色材料行业基地。这对新材料行业发展无疑将产生重要的推动作用。

国内支柱行业及高技术行业发展对新材料的需求不断扩大，机械制造业、电子信息制造业、汽车工业、建筑业等支柱行业的快速发展对原材料在质量、性能与数量等方面都提出了更高的要求；高新技术行业将带动新材料需求的增加，特别是电子信息材料以每年20%～30%的速度增长，生物医用材料以约20%的速度递增。

新型能源材料、生态环境材料、航空航天材料等新材料的需求将随着社会经济的发展而迅速增加；复合材料的需求将有较大幅度的增加，特别是树脂基的复合材料。据有关部门统计，2001年，我国新材料市场需求约为2 750亿元。按我国目前经济发展趋势预计，新材料需求增长速度将高于经济增长速度，按10%的增长速度计算，到2010年我国新材料市场可达6 500亿元。

（二）新材料行业经济与区域经济发展的战略思考

当今世界，经济一体化趋势日益加快。特别是我国加入世贸组织后，伴随着全球性的产业转移，产业格局也正在发生重大变化。在我国的市场机制还不完善，企业还不能完全根据市场信号确定投资方向的情况下，产业研究、产业发展战略规划及政策在优化投资结构方面显得非常重要。因此，在充分利用市场机制的条件下，研究区域的产业发展思路，明确方向对区域优势产业的形成，提升区域竞争力更为重要，而新材料产业是产业结构中要研究的核心问题。我国政府确定了以产业结构调整作为“十五”规划主线的方针，并实施了很多重大举措。科技部提出的“西部新材料行动”旨在通过整合国家与地方的资源，强化东西部联动，推动西部具有资源特色和竞争力的新材料行业发展，建立若干个新材料产业基地，促进西部资源优势转化为经济优势，用新材料打造西部新经济。

（三）新材料行业的可持续发展之路

作为不可再生资源，矿产资源的产量和蕴藏量是有限的。如果不能找到有效的发展模式，仅仅依靠对矿产无休止的开采和消耗，国家新材料产业基地终究会有一天要面对该区域资源枯竭的问题。这无形中成为新材料产业基地发展的一大隐忧。因此，在提升传统产业可持续发展能力的同时，新材料产业也必须在资源尚未枯竭之前找到新的发展模式，以此来规避将来因资源枯竭而导致的发展停滞问题。

循环经济概念的提出，对这些以资源为依托的产业无疑是“当头棒喝”。与传统的“资源→产品→废物”的产业线性经济增长，依靠高强度开采和消耗资源，同时高强度破坏生态环境来达成不同，循环经济是一种“促进人与自然的协调与和谐”的经济发展模式，它要求以“减量化、再利用、再循环”（3R）为社会经济活动的行为准则，运用生态学规律把经济活动组织成一个“资源→产品→再生资源”的反馈式流程，实现“低开采、高利用、低排放”，以最大限度利用进入系统的物质和能量，提高资源利用率，最大限度地减少污染物排放，提升经济运行质量和效益。

新材料产业基地发展对传统产业和资源的高度依赖，使其对走循环经济道路的要求更为迫切。这时，就需要建立起一种以循环经济为基础，具有高度前瞻性的、与环境友好的、体现生态效率的工业发展模式——生态工业园区。生态工业园区被专家们认为是我国第三代工业园区的主要发展形态。它是按照循环经济理念和工业生态学原理而设计建立的一种新型工业组织形态。其目的是尽量减少废物，将园区内一个工厂或企业产生的副产品用作另一个工厂的投入或原材料，通过废物交换、循环利用、清洁生产等手段，最终实现园区的污染“零排放”。这对以资源为依托的新材料产业基地来说，无疑是一个极好的发展模式。

参 考 文 献

[1]《技术预测与国家关键技术选择》研究组新材料领域组：“新型功能材料发展趋势”，《科技中国》，2004年11月12日

[2] 路云：“新材料产业的可持续发展之路”，《中国高新技术产业导报》，2004年7月27日

[3] 新材料在线，http://www.materialsone.com，2003年11月11日

[4] 顾金凤：“国内外新材料技术发展动态”，http://www.ynst.net.cn，2002年5月15日

第六章　新能源和可再生能源行业投资分析报告

在我国目前的能源结构中，煤炭占整个消费总量的绝大部分，从而造成了严重的环境污染问题。因此，开发利用新能源与可再生能源有着特殊而现实的重要意义；同时，也是保证我国可持续发展战略的重要环节。在国家鼓励发展新能源和可再生能源的政策影响下，核能、太阳能、风能、地热能、海洋能、小水电等领域得到了较快发展。可以预计，今后几年，新能源和可再生能源行业将维持较高的投资增长率。

一、我国新能源与可再生能源行业发展现状

（一）资源储量及分布

我国拥有丰富的新能源和可再生能源资源，尤其是太阳能、风能、地热能和生物质能等资源十分丰富。由此看出，在整个能源系统中，新能源和可再生能源是不可缺少的组成部分，也是未来十分重要的替代能源。

我国的新能源和可再生能源有巨大资源潜力（见表6.1）。我国的新能源和可再生能源资源主要分布在常规能源缺少的地区。但是除小水电之外，大多数新能源和可再生能源技术目前还处在未商业化阶段。

表6.1　具有最大资源潜力的地区分布

资源	地区选择标准	有最大潜力的地区
小水电	未开发潜在资源大于1 000MW的省份	西藏、云南、四川、新疆、湖南、湖北、广东、福建、浙江、贵州、江西、青海、山西
风能	平均能流密度>200W/m^2，风速>3m/s，时间>5 000h	东南沿海和6 300个岛屿、内蒙古和甘肃的北部、黑龙江和吉林的东部、新疆
太阳能	日照时数>3 000h/a >5 000MJ/(m^2·a)	宁夏、甘肃中北部、新疆南部、青海、西藏东北部和西部、河北北部、陕西北部、内蒙古
地热能	高温>150 ^{o}C	西藏南部、云南和四川西部、台湾地区、福建、广东
生物质能	蔗渣、林业废弃物	云南、广东、广西

资料来源：《中国可再生能源配额制政策可行性研究》。

下面分别介绍我国主要的几种新能源和可再生能源的资源储量及分布情况。

1. 太阳能

我国属太阳能资源丰富的国家之一。全国总面积2/3以上地区年日照时数大于2 000小时。我国西藏、青海、新疆、甘肃、宁夏、内蒙古高原的总辐射量和日照时数均为全国最高，属世界太阳

能资源丰富地区之一；四川盆地、两湖地区、秦巴山地是太阳能资源低值区；我国东部、南部、及东北为资源中等区。各地区资源分类见表6.2。

表6.2　我国太阳能资源区划

资源带号	名称	地区分布
I	资源丰富带	内蒙古、塔里木盆地、青藏
II	资源较富带	高原新疆北部、东北西部、内蒙古东部、陕甘宁
III	资源一般带	东北、内蒙古呼盟、黄河中下游、长江下游、广东、广西、福建、云南等
IV	资源贫乏带	川、贵、桂、赣等部分地区

资料来源：《太阳能》杂志，2000年第4期。

2. 风能

我国幅员辽阔，海岸线长，风能资源比较丰富。据国家气象局估算，全国风能密度为100瓦/平方米，风能资源总储量约1.6×105兆瓦，特别是东南沿海及附近岛屿、内蒙古和甘肃走廊、东北、西北、华北和青藏高原等部分地区，每年风速在3米/秒以上的时间近4 000小时左右，一些地区年平均风速可达6～7米/秒以上，具有很大的开发利用价值（详见表6.3）。有关专家根据全国有效风能密度、有效风力出现时间百分率，以及大于等于3米/秒和6米/秒风速的全年累积小时数，将我国风能资源划分为如下几个区域：

（1）东南沿海及其岛屿，为我国最大风能资源区。

（2）内蒙古和甘肃北部，为我国次大风能资源区。

（3）黑龙江和吉林东部以及辽东半岛沿海，风能也较大。

（4）青藏高原、三北地区的北部和沿海，为风能较大区。

（5）云贵川，甘肃、陕西南部，河南、湖南西部，福建、广东、广西的山区，以及塔里木盆地，为我国最小风能区。

（6）在（4）和（5）地区以外的广大地区，为风能季节利用区。

表6.3　中国风力资源丰富区

省区	风力资源（万千瓦）	省区	风力资源（万千瓦）
内蒙古	6 178	山东	394
新疆	3 433	江西	293
黑龙江	1 723	江苏	238
甘肃	1 143	广东	195
吉林	638	浙江	164
河北	612	福建	137
辽宁	606	海南	64

资料来源：中国气象科学研究院。

3. 地热能

通过地质调查，证明了我国地热资源丰富，分布广泛，其中盆地型地热资源潜力在2 000亿吨标准煤当量以上。全国已发现地热点3 200多处，打成的地热井2 000多眼，其中具有高温地热发电潜力255处，预计可获发电装机5 800兆瓦，现已利用的只有近30兆瓦。

我国可供高温发电的地热资源总量约5 800兆瓦以上，主要分布在西藏南部和云南西部。高温地热发电已可商业运行，与常规电源有强竞争性。羊八井地热电已占萨拉电网发电量50%，且冬季优势明显，稳定性好。

4. 海洋能

在我国大陆沿岸和海岛附近蕴藏着较丰富的海洋能资源，至今却尚未得到应有的开发。据调查统计，我国沿岸和海岛附近的可开发潮汐能资源理论装机容量达2 179万千瓦，理论年发电量约624亿千瓦时，波浪能理论平均功率约1 285万千瓦，潮流能理论平均功率1 394万千瓦，这些资源的90%以上分布在常规能源严重缺乏的华东沪浙闽沿岸。特别浙闽沿岸在距电力负荷中心较近就有不少具有较好的自然环境条件和较大开发价值的大中型潮汐电站站址，不少已经做过大量的前期工作，已具备近期开发的条件。

5. 小水电

装机容量低于25兆瓦的小型水电站的理论资源有180 000兆瓦，技术可开发资源量是75 000兆瓦。中国有丰富的水力资源，可开发量达3.78亿千瓦，其中小水电开发量0.75千瓦。小水电资源分布也很广泛，在全国2 166个县（市）中有1 573个县有可开发小水电资源，其中可开发量在10兆瓦～30兆瓦的县有470个，30兆瓦～100兆瓦的县有500个，超过100兆瓦的县有134个。

总体上看，我国新能源和可再生能源资源总量十分丰富，但是地区分布不均。大多数新能源和可再生能源资源丰富的地区位于经济落后、交通闭塞的西部省份；而支付水平较高，能源需求不断增长的东部及沿海发达城市往往缺乏可开发利用的可再生能源。因此，今后我国的工作就要重点放在新能源和可再生能源的开发利用上，以此来促进我国能源的发展。

（二）我国新能源与可再生能源行业开发利用现状

经过近二十年的研究、开发和试验，我国在新能源和可再生能源的开发利用方面已取得了显著的进展，产业已初具规模。

下面详细介绍一下我国主要的新能源和可再生能源行业的开发利用现状。

1. 小水电开发取得世界公认成就

小水电是我国的特色。我国小水电一般是指单站总装机容量5万千瓦及以下的水电站。

我国小水电的特点是：在国家政策引导下，由当地政府发动当地群众，以自力更生为主，国家给予适当扶持，治水办电相结合，就地开发、就近利用；在电站开发规模上，以适应当地经济承受力为限。随着农村经济的增强，开发规模逐步扩大。

我国开发小水电资源，与农田水利基本建设相结合、与防洪、抗旱相结合、与优化生态环境相结合，是山区农村实现农村电气化，促进贫困山区变资源优势为经济优势的有效途径，得到了地方政府的支持和群众的拥护。到2002年，我国小水电已达4万余处，总装机达2 850万千瓦，年发电量860亿千瓦时。小水电站的座数、装机容量、年发电量三个方面均居世界首位。目前在建规模达500万千瓦以上，资产3 500亿元左右，年收入345亿元，年税收22亿元。全国3亿多人口主要靠小水电供电，小水电已成为我国农村经济迅速发展的重要行业，并取得世界公认成就。

2. 风力发电市场不断扩大

截止到2002年底，全国并网风力发电装机容量46.84万千瓦，分布在全国32个风电场，主要分布在西北的新疆、内蒙古、甘肃和东南沿海的广东、海南、浙江、福建、山东以及东北、河北等地。由于我国尚不能批量生产大型风力发电机组，所需设备几乎全部为进口机组，造价高，运输、维修不便，限制了我国风力发电的发展。因此，实现风力发电机组的本地化是今后发展风电必须解决的问题；另一方面，从建起的多数风电场来看，效益差距很大，设备利用率最高的达到3 000小时以上，最低的只有1 700小时，造成如此大的差距的原因，有些是在风场建设前期资源调查数据不充分，有的是建成后管理和维修没有跟上，所以，提高资源调查和评价的技术水平和风场运行管理水平，在今后风电发展中应给予足够的重视。另外，还有17万台小型风力发电机在无电边远农牧区和海岛运行，为无电区农牧民提供生活用电，深受欢迎，风电市场在不断扩大。

3. 生物质能开发利用

近年来，我国政府及有关部门对生物质能源利用极为重视，国家领导人曾多次批示和指示加强农作物秸秆的能源利用。国家科技部已连续几个五年计划将生物质能技术的应用研究列为重点项目，进行了生物质能利用新技术的研究与开发，用生物或热化学方法制取气体、液体燃料，取得了成功，一大批优秀的科研成果和应用技术进入市场，使我国的生物质转换技术得到了快速的发展。这些技术的推广应用可使农业废弃物得到较好的再利用，并可获得清洁的燃料，从而引起许多地方政府的兴趣和支持及广大农民的欢迎。目前，在国内主要利用和试验开发阶段的生物质能利用技术有：沼气工程技术、生物质气化技术、生物质液化技术、生物质压缩和炭化技术。

在国内应用最广泛的生物质能开发利用技术还是沼气工程技术。经过近30年的发展，我国厌氧处理工业废水和畜禽养殖场废物的技术，已发展到中大规模。至2002年底，中国已建立了400余处不同类型工业废水的沼气工程，年处理废水近1亿立方米。建立了600多个大中型畜禽废水、废渣的沼气工程（池容在100 立方米以上）。估计沼气工程装置总体积达150万立方米左右，年产沼气近10亿立方米，相当于标准煤100万吨。利用沼气发电的机组（发电站）约在200座以上，估计总装机容量接近5 000千瓦。

4. 地热利用仍需加强

我国地热资源极为丰富，每年可利用地热资源约11×106百万兆焦耳，占全球的7.9%（据WEC，1994; EPRI，1978)。2002年，全国地热装机累计容量为3.2万千瓦，在世界22个地热发电国家中排名第14位。西藏羊八井地热电厂装机2.5万千瓦，自1993年以来，年发电量连续超过1亿千瓦时，约占拉萨电网电量的30%，被誉为世界屋脊上的一颗明珠。但是我国地热发电最近10年没有新增地热发电装机容量。全国目前已发现地热点3 200多处，打成的地热井2 000多眼，高温地热主要分布在西藏南部和云南西部。近年发展最快的是中、低温地热利用，如采暖、洗浴、医疗、旅游、种养业等。在地热利用中，进一步提高能源利用率，加强资源的梯级开发和尾水回灌等技术研究方面，应给予足够的重视。

5. 太阳能利用

太阳能的转换和利用方式，从狭义上可分为三类，即光－电转换、光－热转换、光－化学转换。

（1）光电。光伏发电技术包括两个方面，太阳电池及其制造和光伏发电系统及其推广应用。2002年底，我国太阳能光电保有量达到3万千瓦。应用领域为通讯、铁路、公路信号电源，电视差转，阴极保护和农村户用电源及乡镇电站。光电池年生产能力达到2万千瓦，2002年实际产量接近1万千瓦。

（2）太阳热水器。太阳热水器是我国目前惟一基本实现了产业化的太阳能热利用产业，在生产能力与应用规模上都已经处于世界首位。尽管如此，我国太阳热水器产业仍是一个新兴产业，与其他成熟产业比较尚处在发展初期，有许多发展中的问题有待解决。但它又是一个朝阳产业，存在着巨大的持续增长的空间。加入WTO为新能源和可再生能源产业，特别是太阳热水器产业的发展带来新的机遇与挑战。

（3）太阳制冷空调。20多年来我国在太阳能制冷和空调技术的研究和开发方面取得了一定的进展，建立了实用的示范工程。其中以广东省江门的600平方米办公楼的太阳能空调工程和山东乳山1 000平方米的空调工程为成功的范例。

6. 海洋能

目前我国所有的海洋能研究中，从发展成熟程度上来排序，依次是潮汐能、波浪能、潮流（海流）能、温差能。它们目前各自处于不同的研究阶段。潮汐能已经基本上具有大规模商业开发价值。波浪能在某些特殊场合具有商业开发价值，如用于航标灯的微型波力发电装置。潮流能还处于实海况试验阶段，其抗台风问题、输电问题还需解决。温差能则仍处于实验室阶段。

近20年来，我国新能源和可再生能源的开发利用有很大发展，已经成为现实能源系统中不可缺少的组成部分。目前各类新能源和可再生能源，年提供约3亿多吨标准煤(其中大部分是生物质能，在目前的商品能源统计数字中并未计入)，这对促进国民经济发展和满足广大农村和边远地区人民生活的能源需求起到了重要作用。

（三）行业发展之“瓶颈”约束及解决途径

1. 行业发展的“瓶颈”约束

我国新能源与可再生能源资源丰富，但是开发利用的情况却是差强人意，究其原因，主要有以下几个因素制约：

（1）缺乏具体有效的激励政策。由于新能源和可再生能源一次性投入较大，社会效益、环境效益显著，直接经济效益不高，现在还不具备与常规能源的竞争能力，政府的支持是不可缺少的。我国政府虽然在有关法律和法规中规定了支持开发新能源和可再生能源的原则内容，但由于缺乏具体的有效的政策规定，操作性差、执行起来非常困难。加之我国投资体制的限制，对国家、地方财政投入依赖特别大，因此，应该制定具体有效的税收优惠、财政补助和低息贷款等技术经济政策，吸引国内外投资者开发建设新能源和可再生能源项目，促进产业的健康发展。

（2）缺乏长期的、战略性的和可持续的可再生能源商业化发展计划和行动方案。造成这一障碍的主要原因是，目前我国还没有做过详细的，可为新能源和可再生能源项目开发提供依据的资源评价；同时，研究与开发和技术商业化（应用和推广）相脱节。

（3）仍需加大科技投入，加强科技人才的培育。近年来，我国新能源和可再生能源技术水平虽然有了很大的提高，但与国外先进国家相比还存在不小的差距，有些技术问题还没有很好的解决。工程设计、技术装备、产品质量技术水平低、配套能力差，需要科技部门加大科技经费的投入，解决存在的技术关键，支持新技术新产品的开发，提高设备的配套性。吸引高素质的人才从事新能源和可再生能源的研究开发，加快培养一批具有创新能力的科技人才，是今后事业发展的关键。

（4）缺乏产品质量标准体系和质量检测体系。产品质量标准和质量检测是指导生产和规模市场销售的技术法规。我国在太阳能光电、光热、并网与离网型风力发电机组、沼气工程设计、施工等方面已制定一些行业和国家标准，但还不完善，一些急需的标准还没有制定出来。到目前为止，新能源和可再生能源产业还没有建立起国家级检测中心，市场上销售的产品质量参差不齐，使偷工减料、假冒伪劣以次充好的产品低价倾销，给消费者造成很坏的印象，影响了正规厂家的销售，市场需要规范化。建立和完善产品标准体系和检测中心，进一步规范市场秩序是当前产业发展中突出的问题，应加快解决。

（5）新能源和可再生能源的开发利用缺乏强有力的法规保障。我国现有的新能源与可再生能源政策不能保持可再生能源政策的稳定和持续，使其在能源发展中的战略地位不能长期坚持。

专家认为，虽然新能源和可再生能源的发展面临多方面的障碍，但在全球变暖、油价上涨等因素的推动下，新能源在替代传统能源方面有着巨大潜力。随着技术进步，新能源在未来不长的时间内就可能明显改变世界能源格局。

2. 对发展我国新能源和可再生能源行业提出的建议

要真正解决新能源和可再生能源产业发展的短腿问题，需要经营者和政府共同努力，而新能源和可再生能源从受重视到推广和普及是一个很长的过程，因此，政府的政策扶持能否及时出台及其合理性如何，成为新能源和可再生能源产业能否突破困境的关键。

（1）对政府的建议。新能源开发功在当代、利在千秋，需要政府大力扶持。虽然目前我国已经制定了一些有利于发展新能源和可再生能源的政策，但是执行力度不够，政府还需要加大力度，下大力气发展我国的新能源和可再生能源行业。

首先是制定具体有效的激励政策。由于新能源和可再生能源一次性投入较大，社会效益、环境效益显著，直接经济效益不高，现在还不具备与常规能源竞争的能力，政府的支持是不可缺少的。因此制定具体有效的税收优惠、财政补助和低息贷款等技术经济政策，吸引国内外投资者开发建设新能源和可再生能源项目，对产业的发展是非常有利的。

其次是归口管理以及建立和完善产品质量管理体系。同时，政府应实行先予后取政策。在新能源和可再生能源产业的起步阶段，国家应该效仿日本等国，重点对工厂、居民小区等场所强制使用符合本区域条件的新能源品种，如住宅区发展太阳能、养殖厂附近建沼气池、油田附近建地温空调设备等，但是国家可以提供技术、资金、税收政策等方面的指导、扶持和优惠；而在沿海、大平原、岛屿等人烟较少的地区，不妨由国家直接投资建立利用潮汐能、风能等的工程。对于自主开发或利用新能源和可再生能源的企业和农户，国家应该奖励、扶持。总之，应先把新能源和可再生能源产业扶持起来。

最后就是要扩大宣传。政府应该大力开拓市场，通过宣传、培训提高全民的环境意识、能源意识，使越来越多的人了解开发新能源和可再生能源的意义，使更多的人使用和投资开发“绿色能源”。

（2）对企业的建议。政府提供新能源和可再生能源产业的良好发展环境是理所当然的，但是，企业不能成为政府的“温室花朵”、离开了政府的持就寸步难行，而应该练好内功，靠效益在市场中存活、发展。

新能源和可再生能源行业是高技术含量行业，企业应大力开发新技术，同时，新能源和可再生能源行业运营还应形成研究、生产相结合的自觉模式，否则，新能源和可再生能源及其产品的生产、应用和推广势必困难重重，行业发展不稳定、不持续，脆弱且形不成规模。

除此之外，政府示范项目、龙头企业这两个主体的作用至关重要。示范项目要成功运营并不断做大，龙头企业则要担负起占领市场、展示新能源和可再生能源利用成果、带动产业发展的责任。

目前，国际能源普遍紧张，已对许多国家产生了重要影响，节能降耗、开发新能源的迫切性和必要性日益显现出来，太阳能、风能、潮汐能、生物能等可再生能源的开发利用逐渐为人们所关注。发展新能源以保证国家能源安全，已经被我国提上重要日程。我国新能源产业如何才能早日驶上快车道，探索在不断深入。

二、我国新能源与可再生能源行业投资价值分析

（一）我国能源供需形势分析

随着中国经济持续增长和社会不断进步，我国能源产业有了很大发展，产业规模和生产总量不断扩大。能源的供需情况也基本平衡。2002年，我国能源生产和消费结构如图6.1所示。

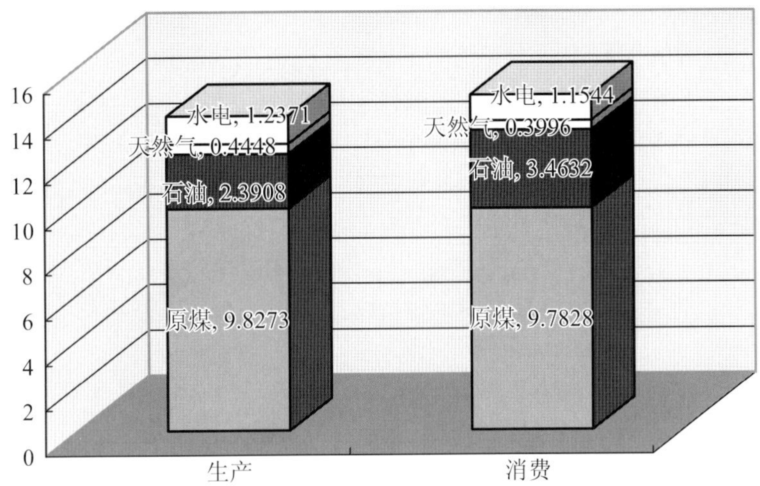

资料来源：中国能源网。

图6. 1　2002年中国能源生产和消费结构（单位：亿吨）

从现在的能源供需形势来看，我国的能源生产和消费基本上是平衡的，但我国从1993年开始成为能源净进口国，能源消费量一直高于能源生产量。据预测，我国未来能源供需的缺口将越来越大，在采用先进技术、推进节能、加速可再生能源开发利用以及依靠市场力量优化资源配置的条件下，2010年约缺能8%，到2050年将短缺24% 左右，其中石油缺额可能多达4.4亿吨标煤。石油进口依存度（净进口量与消费量之比）预计2010年将上升为23%。天然气进口依存度2000年为6%，2010年将为20%。另外能源安全性的问题也将提到议事日程，据专家预测2015年前后可能发生第三次世界性石油危机，届时我国油气进口依存度将会达到25% 左右，在新的世界性石油危机面前，我国能源供应的安全性必将受到威胁。

根据国际上的最新预测，尽管到2020年石油、煤、天然气、核能仍是能源供应的主力，但水力和其他新能源与可再生能源的发展十分令人瞩目，从1970年的约13.8亿吨标准煤发展到1995年的30.2亿吨标准煤，增长了1.19倍，预计到2020年将达到40.9亿吨标准煤，50年将增长1.96倍。届时新能源和可再生能源在能源结构中占21% 左右。

随着人类数量的增长和社会生活的进步，世界能耗的增长将以每年约2.7% 的速度增长；生物质能、风能、太阳能等新能源和可再生能源正以而且将以更大的速度大力发展。根据世界权威部门的预测，到2060年，新能源与可再生能源的比例将占能源结构的50% 以上。因此要从根本上解决我国能源供应不足的问题，开发我国丰富的新能源与可再生能源是一条符合国际发展趋势的

可行之路。

（二）我国新能源与可再生能源行业投资优势分析

开发利用水能、太阳能、风能、生物质能、海洋能及地热能等可再生能源是解决当今世界环境污染的有效途径，受到了世界各国的重视，已逐渐成为世界能源界研究和投资的热点。

我国非常重视环境保护问题，作为一个发展中国家，我国决心不重复某些国家所走过的先污染后治理的道路。我国政府已将环境保护确立为一项基本国策。新能源与可再生能源没有环境污染，是我国实现可持续发展战略的最佳途径之一。

1. 我国能源结构面临大规模调整，新能源和可再生能源逐渐得到重视

我国是世界上最大的煤炭生产国和消费国，煤炭约占商品能源消费构成的一半以上，已成为我国大气污染的主要来源（见图6.2）。

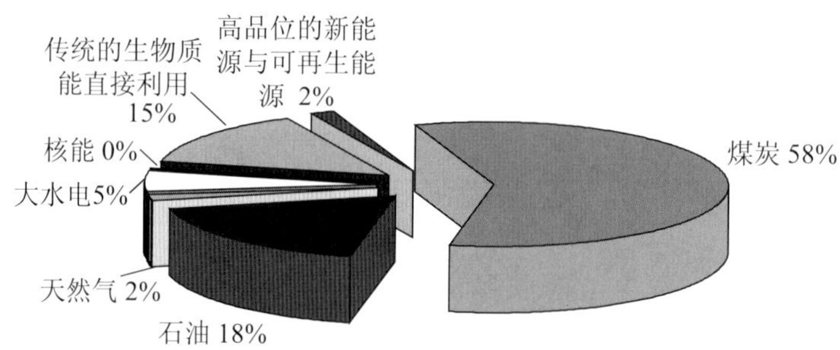

资料来源：中国能源网。

图6. 2 1998年我国能源消费结构

经过50年的发展，目前我国能源工业已经形成了以煤炭为主、多能互补的能源生产体系。随着能源科学技术的进步与发展，我国新能源与可再生能源产业也逐步发展，并形成了一定的规模。目前新能源与可再生能源每年提供的能源量已接近石油，达到2.72亿吨标准煤，占全国一次能源消费量的16.40%，成为现实能源系统中一个重要的组成部分。

根据国际上通行的能源预测，石油将在40年时间内枯竭，天然气将在60年内用光，煤炭也只能用220年。人类面临着能源危机这已是不争的事实。但是根据现在我国的能源结构，我国主要依靠煤炭石油等资源，而煤炭石油又是造成我国环境污染的主要原因。因此从可持续发展战略角度来看，我国的能源结构面临大规模的调整。

2. 中国西部大开发带来的机遇尤其值得重视

西部大开发是我国经济战略的一次大调整，中央和地方各级政府对西部大开发中如何保持经济与环境的协调发展提出了很高的要求。中央为了加大西部地区的环境保护，投入了巨资进行生态环境建设，大规模退耕还林、还草，这表明了中央在西部开发中对环境的高度重视。由于能源是一切经济发展的基础，能源建设是一项重要的基础设施建设，能源需求必须能够满足西部经济发展的需要。同时西部还担负着向东部地区提供能源供应的重任。而能源开发势必对西部本来就很脆弱的生态环境产生负面作用。因此，如果在西部开发中不重视能源结构的改善，西部的生态环境将会进一步恶化。

在西部大开发中加强可再生能源的开发利用不仅对西部地区的环境保护有利，而且对全国的环境保护也有利，特别是对全球环境保护也可以起到积极作用。国家对西部环境保护的重视和国

内外舆论对西部开发中重视环境的呼声为大力发展可再生能源提供了良好的机遇。发展西部的可再生能源，除了国家的大力支持，当地政府、企业和人民群众的支持，还必须建立合理的市场机制，为长期的、持续的可再生能源发展提供保障。

3. 绿色电力市场需求的扩大促进我国发展新能源和可再生能源行业

绿色电力市场一般界定为绿色电力的生产和买卖市场。绿色电力市场发展较缓，目前正处于被开发和逐渐形成阶段。目前绿色电力市场机制在荷兰、美国、德国、澳大利亚等国家逐步发展起来，国外绿色电力市场开发的经验给我们提供了有益的启示，因为我国快速发展的经济带来的环境问题正日益引起人们的关注，环境领域内蓬勃兴起的非营利组织的活动也极大地促进了人们环境意识的提高。随着北京奥运申办的成功，绿色奥运的理念的深入人心，必将极大激发我国公众对环境保护的热情。面对这一趋势，企业，尤其是在华的众多跨国企业必然会对保持一个绿色的公众形象越来越感兴趣。这一群对环境有特殊偏好的群体将有可能成为绿色电力的潜在用户。

根据中国消费者协会所做的全国性绿色消费调查，近95%的用户愿意多花一点钱购买绿色电力。这就表明绿色电力市场在我国有广阔的市场前景，因此在一定方面促进了我国的新能源和可再生能源行业的发展。根据专家预测，只要在我国建立合理可行的运行机制，绿色电力极有希望走入千家万户，使我国能源可持续发展的道路越走越宽。

4. 国际原油价格不断提高使得我国发展新能源和可再生能源行业迫在眉睫

美伊战争后，国际原油价格一路走高，在突破50美元整数关后，仍有加速上升的趋势。2004年10月油价已飙高到53美元，甚至有人称将突破60美元大关。此次油价飚升的主要原因就是原油需求过旺，原油供给明显力不从心。此次原油价格高涨最大的启示是：世界原油日渐枯竭，能源安全已成为国家安全的重要指标，我国迫切需要一个长期的能源战略。

国际石油价格不断提高造成我国能源压力过大，因此，如何降低对煤炭石油等一次性能源的依存度是我国的战略目标。在这种情况下，发展新能源和可再生能源行业就显得更加迫在眉睫，并会逐渐成为国家可持续发展战略的重要部分。

总之，从能源长期发展战略高度来审视，我国必须寻求一条可持续发展的能源道路。新能源和可再生能源对环境不产生或很少产生污染，既是近期急需的补充能源，又是未来能源结构的基础。从我国目前的形势来看，发展新能源与可再生能源行业具有很高的投资价值和投资优势。

（三）我国新能源与可再生能源行业投资风险分析

1. 资源分布带来的风险

从新能源和可再生能源资源的地区分布看，80%～90%的新能源和可再生能源资源分布在经济落后、交通闭塞的西部省份，当地较低的能源需求和较低的支付水平限制了新能源和可再生能源的发展；而支付水平较高，能源需求不断增长的东部及沿海发达城市往往缺乏可开发利用的新能源和可再生能源。

2. 国内技术水平低带来的风险

尽管我国目前的新能源和可再生能源资源储量丰富，但是开发利用技术水平还远远低于其他发达国家，国内技术水平低制约了我国新能源和可再生能源行业的发展，提高了行业发展的成本，因此在现阶段还不能取代传统能源。

3. 价格高致使行业发展速度缓慢

目前，我国风电水电的价格明显远远高于煤电价格，虽然政府也给予了一定的价格优惠政策，但由于我国新能源和可再生能源技术水平比较低，技术成本太高，导致其使用的成本也比较高。这就在一定程度上制约了我国新能源和可再生能源行业的发展。

随着可再生能源技术市场的扩大以及国产化的形成，新能源和可再生能源的技术成本会逐步下降。与此同时，大多其他的发电技术成本也由于环境要求、燃料费用和其他的技术问题将会逐步提高。但从目前的状况看，新能源和可再生能源行业扩大仍需要政府公共政策的支持。

4. 政策的不确定性风险

现阶段我国政府为了促进我国新能源和可再生能源行业，制定了一系列的政策法规以及国际发展计划，并制定了相应的行业激励政策，如税收优惠、价格补贴、低息贷款等。政府的最终目标是为了降低成本，扩大规模，实现新能源和可再生能源行业的产业化发展。但由于我国新能源和可再生能源的市场规模过小，加之市场失灵的存在，新能源和可再生能源在一段时间内还很难在成本上与一次能源相竞争。

尽管如此，鉴于世界能源供需已经达到饱和，发展新能源和可再生能源已经是必须之道。因此，我国今后的工作就是逐步取消新能源与可再生能源行业发展的障碍，使得新能源与可再生能源行业在我国快速的发展起来。

（四）国内投资——中小企业创新基金资助

经国务院批准设立，于1999年6月25日正式启动的科技型中小企业技术创新基金，是一项专门用于支持科技型中小企业技术创新活动的政府专项基金。它的设立对于缓解中小企业技术创新资金的匮乏，优化我国产品和产业整体结构，扩大内需，创造新的就业机会，带动和促进国民经济健康、稳定、快速的发展等将会起到积极的作用。政府通过无偿资助、贷款贴息等方式扶持和引导科技型中小企业的技术创新活动，促进科技成果的转化，培育一批具有中国特色的科技型中小企业，加快高新技术产业化进程。其主要支持方向是电子信息、生物医药、光机电一体化、新材料、新能源与高效节能、资源与环境等领域。

经过几年的发展，中小企业创新基金已经为越来越多的高新技术企业提高了政策和资金方面的支持。图6.3反映了从1999年～2003年新能源和高效节能领域的立项数、获得的资金支持以及立项数占所有项目的百分比，从中我们可以看出，近五年新能源和可再生能源领域获得的资金支持比较少，立项数也比较少，只占所有项目总数的5%左右，因此，我们提出建议，今后新能源和可再生能源行业若要得到更好的发展，必须积极主动地获得政府更多的资金支持，以此保证行业的快速发展。

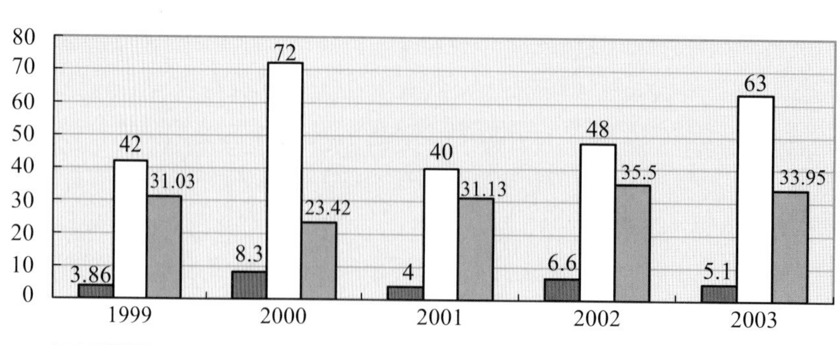

数据来源：科技部中小企业创新基金网站。

图6.3　1999年～2003年中小企业创新基金资助新能源和可再生能源情况

（五）国际投资

伴随新能源和可再生能源行业投资项目的逐步增多，越来越多的中外企业开始把目光投向新能源和可再生能源的开发利用。有关专家的研究表明，我国新能源和可再生能源吸引外资的前景非常广阔。

随着世界上重视环保的呼声越来越大，各国政府和各种国际组织对环保项目的支持力度也越来越大，因此我国的新能源与可再生能源行业越来越受到外国资本的关注。

1. 国际基金资助

世界自然基金会、美国的派克德基金会、荷兰的壳牌基金会等多家基金会均向国家计委提出要求加强同国家计委的联系，开展新能源与可再生能源领域内的合作，现已有部分项目开始执行。

近年来，国家计委的“乘风计划”和“光明工程”已经利用外资将近2亿美元，建成大型风力发电场19个，总装机容量13万千瓦，占到总资金来源的60%左右，为新能源与可再生能源发展的提供了强大的推动作用。而且从近期的发展势头来看，利用外资发展新能源与可再生能源的速度将会有一个飞跃。目前，国家计委正在办理的新能源项目利用外资金额就有2亿美元左右。

2. 国际金融组织资助

1999年，世界银行集团（WBG）向全球环境基金（GEF）提出在可再生能源领域建立战略合作伙伴关系，基本思想是希望能够通过增加资金总量、以国家为基础开发技术和市场、简化审批手续等手段，扩大为可再生能源发展提供支持的规模、速度和有效性。而这种战略合作伙伴关系的第一个试点国家就是中国。

本次合作对于WBG、GEF和我国政府三方来说都是十分重要的一件大事。此次合作的成功，对我国新能源与可再生能源事业发展具有重要意义。

3. 外国政府贷款

1998年西班牙政府副首相访华期间，西班牙政府正式表示愿意通过西班牙政府及西班牙海外发展公司同国家计委的合作，提供3亿美元优惠政府贷款专门用于发展新能源与可再生能源。中国财政部就国家计委基础产业发展司与外资司共同提出的项目安排计划已同西班牙政府进行了谈判，并得到了西班牙政府的认可。

丹麦、荷兰、美国等国家的政府也表示愿意以优惠的政府贷款和赠款继续支持我国新能源与可再生能源事业的发展

4. 其他国际合作

随着我国经济体制的改革，私营企业在我国获得了一定的发展，有越来越多的国内外私营企业对参与新能源与可再生能源建设项目感兴趣。

丹麦一家私营企业同我国广东省在南澳合资建设了总装机容量24 000千瓦的丹南风电场，并且通过了国际商业银行严格的项目评审。还有美国一家私营企业一直在同我国江苏省探讨建设一座总装机容量60 000千瓦的大型风电场。

总体来说，到目前为止私营企业参与到本领域的案例仍然比较少，现在正处于起步阶段。国家计委正在探讨把国际上的私营企业投资引进本领域的可行性与具体实施办法，不久国家计委可能会就私营企业投资风电场建设项目建立一系列试点项目，由国家计委在融资和前期工作上给予指导。

除此之外，2004年6月中旬，中德两国政府联合签署了包括12个新批准项目和7个延伸项目

的技术合作协定，其中就有涉及新能源利用以及环境保护等领域的项目。在风能资源极为丰富的内蒙古自治区，加拿大埃伏隆电力股份有限公司与内蒙古二连浩特市签约，拟投资12亿美元，在2008年前建成一个总装机容量100万千瓦的亚洲最大风电场。此外，从广东省的南澳县也又有一批风电项目开工、签约，计划总装机容量27.55万千瓦，相当于目前全国风电总装机容量的50%，其中，海上风电项目共20万千瓦，为全国首个海上风电场。

由上可见，我国新能源和可再生能源行业越来越吸引中外投资者的目光，随着中外投资的加大，我国新能源和可再生能源一定会得到更大的发展机会。

（六）行业投资热点介绍

对于我国而言，发展新能源和可再生能源有着非常现实而又重要的作用。因此，国家对发展新能源和可再生能源行业非常重视，并鼓励新能源和可再生能源行业的技术创新活动。其中，2004年科技型中小企业创新基金对新能源和可再生能源以下几个领域进行了重点支持，成为2004年度新能源和可再生能源行业的投资热点。

1. 太阳能热利用技术

太阳能热利用主要包括太阳能热水器、太阳灶、被动式太阳房和太阳能干燥器四个领域。目前我国太阳能热利用技术已基本过关，在缓解常规能源短缺、减轻生态和环境恶化等方面做出了贡献。太阳能热利用的关键是如何低成本、高效率地收集太阳辐射能并将其转变为热能。其投资热点主要包括太阳能中高温利用技术、材料及相关产品以及太阳能与其他可再生能源互补的建筑采暖制冷系统。

2. 太阳能光伏技术

目前，我国太阳光伏电池主要用于通信系统和边远无电地区。我国迄今尚有3 600万无电人口，28个无电县，上千个无电乡村，成千个无电岛屿，发展独立运行的光伏及风/光系统技术是解决这些边远偏辟地区供电问题的最经济可行的方案。主要投资热点包括低成本、高效率光伏电池及组件技术的研究开发、并网光伏技术、高扬程光电水泵技术以及高效、低成本多晶硅、单晶硅太阳光伏电池及组件技术。

3. 风能技术

我国的微型风力发电机组的应用技术已处于世界领先水平，目前约有12万余台在内蒙古、新疆、青海等牧区草原和沿海无电网地区运行；微、小型风力发电机组已达到小批量生产阶段，中、大型风力发电机组目前正在研制中。同时，我国也已研制成功低扬程大流量和高扬程小流量两种新型风力提水机。为了促进风能技术的发展，2004年度的投资热点主要包括增加机组发电量和降低发电成本的风力发电技术和产品，中、大型风力发电机组及其总体设计和制造技术以及风力发电机组关键部件与材料及其设计、制造技术和产品。

4. 生物质能技术

我国生物质资源非常丰富，生物质能作为一项低碳能源技术受到广泛重视。生物质能转换与利用技术可以在获得优质能源的同时，实现对工农业有机废弃物的处理和资源化利用，改善和提高能源的综合效益。2004年度的投资热点主要包括生物柴油生产技术与装置、中小型生物质燃料发电系统、致密固化成型、气化和液化技术以及生物质固体燃料高效燃烧及供热技术与装置等。

新能源和可再生能源技术是21世纪世界经济发展中最具有决定性影响的五个技术领域之一，包括水能、太阳能、风能、生物质能、地热能、海洋能等，具有普遍存在、用之不竭、无环境污染等优越性，在世界和我国能源可持续发展中发挥越来越大的作用。开发新能源和再生清洁能源的新技术、新材料和新工艺是提高其能源转换效率、降低生产成本和增大在能源结构中所占比例的关键。

总之，现阶段在我国发展新能源和可再生能源行业，具有很高的投资价值。我国要改善能源结构，实现可持续发展的战略目标，必须合理开发使用新能源和可再生能源，使新能源和可再生能源行业更好地为我国的能源产业服务。

三、我国新能源与可再生能源典型企业分析

随着新能源和可再生能源行业技术水平的提高，各种新能源和可再生能源开发规模和市场容量也逐步扩大，沼气、小水电、太阳能、风力发电、地热等开发规模呈逐年增长趋势。我国新能源与可再生能源产业的形成与扩大，为社会提供了新的就业机会，并带动了相关产业的发展，因此，国内的很多企业目前都涉足发展新能源和可再生能源领域，再加上政府的政策扶持以及国际支持，我国的新能源和可再生能源企业发展业绩良好，具有很大的发展空间和发展潜力。

2004年11月，在中国第三届“中国成长企业100强”排名中，新疆新能源公司位居第四。这就显示了我国新能源和可再生能源企业越来越具有竞争力，成长前景非常好。鉴于目前新能源与可再生能源企业都处于初级发展阶段，上市公司数量比较少，我们选取了一家上市公司和一家未上市公司进行分析总结，由此给其他企业一定的发展启示。

（一）新疆新能源股份有限公司

新疆新能源股份有限公司成立于2000年9月，是特变电工（600089）股份有限公司的下属控股公司之一。新疆新能源股份有限公司是全国最大的从事新能源开发和利用的高新技术企业之一，公司主要由新疆特变电工股份公司、新疆维吾尔自治区投资公司、清华大学企业集团、上海邦联投资有限公司、清华科技创业投资有限公司等六家法人股东构成。新疆新能源股份公司在技术、人才支持上具有很大的发展优势。

2000年公司创办开始，注册资金只有5 000万元。发展四年来，其销售收入和利润呈现翻番增长的趋势（如图6.5所示）。如今，新能源公司不仅成功地实施了新疆和四川甘孜州“送电到乡工程”、“新疆丝绸之路光明工程”等项目，还成功地建成了全国最大的北塔山150千瓦太阳能光伏电站，成为我国集研究、生产、示范、应用四位一体的太阳能高科技示范基地。

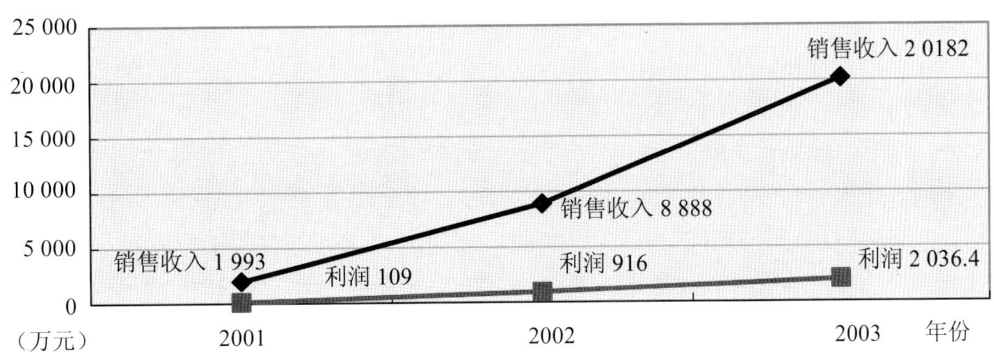

数据来源：新疆新能源股份有限公司网站。

图6. 5　新疆新能源公司销售收入和利润图

目前，公司已经启动“新疆丝绸之路光明工程”和“太阳能扬水与照明综合应用系统示范工程”，将解决大电网不能覆盖边远地区居民用电、人畜饮水、农田灌溉及荒漠绿化、改善生态环境等问题，为帮助贫困地区脱贫致富，发展新疆经济、促进可再生能源的发展，起到了积极的作用。

新疆新能源股份有限公司地处新疆，具有独特的地缘优势。在技术应用方面，新疆新能源股份有限公司拥有清华大学开发研制的“太阳能扬水与照明综合应用系统”和“高效变频异步电机”两项发明专利。为进一步提高产品科技含量，新能源公司创立初期便在北京设立了技术研发中心和核心技术生产基地，充分利用北京技术信息广泛快捷的优势，及时了解国内外太阳能领域的最新发展动态，使新能源的技术研发工作时刻走在世界太阳能技术发展的前沿。因此，可以看出，新疆新能源公司具有广阔的发展前景。

在国际合作项目方面，由新疆新能源公司组织施工的、日本新能源产业技术综合开发机构(NEDO)无偿捐赠的一套140千瓦新型太阳能发电系统（水冷PV+DG(柴油)+新型蓄电池），已于2004年5月28日在哈密星星峡镇正式开工。施工总造价232万元，预计2005年2月完工。在光伏组件方面，公司还与德国BLITZSTROM公司签订合同1.6兆瓦，合同金额约430万欧元，折合人民币4 320万元；另与德国MAASS、SUNWAYS、捷克TRAXLE等三家公司签订了意向性销售合同，需求量为1.69兆瓦，合同金额约450万欧元，折合人民币4 560万元。随着2004年4月和6月公司领导两次出访美国、德国、澳大利亚、荷兰等国新能源企业，与其建立了广泛的、良好的联系，通过共同出资、技术合作、股权置换等方式进行国际合作已进入操作性阶段，与BP SOLAR及德国Bouig Jungermann公司的合作谈判已取得实质性进展。

（二）皇明太阳能

中国皇明太阳能企业是我国最大的太阳能制造基地和清洁能源供应商，是集研发、制造和市场开拓于一体的大型民营股份制企业集团。

自创业以来，皇明太阳能产品为国家节约标准煤及其附加值（对这些煤污染的二次治理）已累计达1 000多万吨的价值，可相当于关闭多个煤矿，减少相应煤污染的排放量500多万吨。近年来，皇明太阳能每年推广太阳能100多万平方米，相当于欧盟总和，比北美两倍还要多，而且推广量在以每年20%以上的速度递增，取得了良好的社会效益。

太阳能作为我国的新兴产业，2002年整个产业的总价值才100亿元，2001年皇明的品牌价值就达到20.94亿元，2004年5月，皇明品牌价值直线上升，达到51.31亿元。

在技术应用方面，皇明太阳能掌控着太阳能应用的核心技术，在太阳能中央热水系统技术研究方面有着其他企业不可企及的高度和优势。表6.4比较了皇明太阳能热水工程与其他热水器的功能，从中我们可以看出，在同等的用水需求、同等配置、同等条件下，皇明太阳能热水系统除一次性购置费高于燃煤、燃油、燃气锅炉以及电热水器等传统能源热水系统外，其他各项费几乎没有，且安全、环保、不占用室内空间、施工方便；而传统能源热水系统无论从使用费用、维护费用、成本等方面都远远高于太阳能热水系统，而且存在安全隐患，并造成环境污染。

目前，皇明集团已经启动年设计产值100亿元以上的“国际环保节能示范区”和“中国太阳能示范城”的项目，主要有各类太阳能一体化建筑、太阳能生产区、太阳能检测中心、中国可再生能源大学、太阳能体育场、太阳能光电应用、太阳能博物馆等项目。届时皇明将成为世界太阳能制冷、发电、海水淡化、光热光电等综合利用的世界水平研发检测、制造、科普展示中心，更加巩固世界上最大的清洁能源供应商地位。

表6.4　皇明太阳能热水器项目优势

项　目	太阳能热水工程（28TT21/ φ58×15台）	燃油锅炉（3.2元/千克）	燃气热水器2.00元/立方米	电热水器0.50元/度
装置投资	180 000	50 000	(1 500+1 200)×50套	1 000元×50套
使用寿命	15年	5年	5年	5年
每年使用天数	365天	365天	365天	365天
15年燃料及电费（元）	50 000	410 625	235 000	469 294
15年装置总投资（元）	180 000	150 000	255 000	150 000
15年总费用（元）	230 000	560 625	490 000	619 094
有无事故隐患	可能性极小	可能性小	有	有
有无环境污染	无	有	有	间接
所占空间	楼顶	专用房	室内	室内

资料来源：皇明企业网。

新疆新能源股份有限公司和皇明太阳能企业的发展给其他新能源公司一个很好的提示：选择发展新能源行业，一定要在地域和技术优势上站稳脚跟，并结合一定的政策扶持和国内外资金投入，这样才能有更好的发展空间。

四、我国新能源与可再生能源行业投资环境分析

（一）技术环境分析

近20年来，我国新能源和可再生能源开发利用取得了较大进展，已经具备了产业化基础。

根据经济日报的报道，从技术发展状况和市场潜力来看，我国太阳能热水器、地热采暖等技术已较成熟并具有获利能力和相应的市场。沼气工程、风力发电、地热发电、太阳光电系统等技术基本成熟，产品已逐步在市场上出现。太阳能热水器市场的年增长率接近30%，是新能源和可再生能源行业中最具潜力的产品之一；太阳电池的应用领域已扩展到通信、交通、石油、农村电气化，每年的市场增长率超过20%；自1990年以来，我国风电场年增长率超过60%，目前全国已建有19个风电场，总装机容量达22.4万千瓦；我国地热供暖面积已超过800万平方米，低温地热的开发利用已经进行了试点，地热利用设备和监测仪器基本能够实现专业化生产，大规模开发的条件已经成熟；我国建成和营运的工业废水和禽畜粪便沼气工程分别超过200个和540个，年产沼气近4亿立方米。我国小水电技术也已经发展成一种成熟的技术，已在世界各国得到广泛的推广和应用。

在新能源和可再生能源技术利用方面，我国在世界上有四个第一：小水电、小风机、沼气和太阳能热水器保有量和生产能力均为第一。但总体来讲，与某些发达国家相比，差距还很大。图6.6

基本上反映了我国目前新能源和可再生能源技术水平。

资料来源：2002年中国新能源和可再生能源发展分析。

图6.6　我国新能源和可再生能源技术利用现状

因此，我国在发展新能源和可再生能源行业方面，还需要加大科技含量，提高行业的技术水平，以此来保证整个新能源和可再生能源行业的发展。

（二）国家政策环境分析

随着我国新能源和可再生能源行业投资价值的不断提高，我国政府也越来越重视新能源和可再生能源行业的发展，并制定相关法规、政策和计划来促进和支持新能源和可再生能源行业的发展。相关政策法规如《中国新能源和可再生能源1999年白皮书》，《新能源和可再生能源产业发展“十五”规划》，《新能源政策发展纲要》，《2000年～2015年新能源和可再生能源产业发展规划》以及《中国可再生能源发电配额制政策》等。相关计划如国家“乘风计划”、“光明工程”、“863计划”等，这些政策和国家计划有力地推动了我国新能源和可再生能源的发展进程。我们重点介绍国家现行促进和激励新能源和可再生能源行业发展的政策。

1. 价格政策

这里主要指新能源和可再生能源发电的电价问题。我国的电价是由政府的物价部门制定的，电力部门无权随意改变电价水平。我国的电价系统非常复杂，不仅用户的电价差别很大，甚至同种电源的上网电价由于隶属关系不同、投产日期不同、投资来源不同，在上网电价上也有很大差别。

还本付息电价也称之为非指令电价或新电新价，是我国于20世纪80年代中期新推出的激励电力工业发展、促进新能源电力发展的一项重大措施。采用集资、中外合资以及外商独资等方式新建电厂，可以给予还本付息电价政策。这项措施有利于吸引社会各界的资金办电，特别是合资、独资经营电厂的积极性。此项措施出台20余年来，我国的电力工业获得快速发展。

2. 低息贷款政策

1987年，国务院节能办公室会议决定从工商银行和农业银行（各50%）拿出6 000万元贷款额度用于农村能源技术的推广和应用。1996年，该额度上升为1.2亿～1.3亿元。中央财政对于这一贷款进行贴息补助，即按商业银行利率的50%补贴企业。贴息的方法是，企业先按照商业利率还本付息，根据企业的项目技术的可行性和经营情况，央行财政一次性补贴利率差值所应该交付的利息。此项补贴由财政直接转入银行。除了农村能源专项贷款外，国家经贸委的技术改造专项贷款也可以用于支持可再生能源的发展。

使用此项贷款的原则和程序是：

（1）企业必须拥有20%以上的资本金；

（2）由企业提出利用低息贷款项目的预测可行性研究报告和立项建议等，报当地省级政府经贸委同意；

（3）由省级经贸委报国家经贸委审批，批准后立项列入下一年投资计划；

（4）企业进行项目的可行性论证，并将可行性论证的报告提交当地银行；银行与企业一起进行项目的预评估；

（5）当地银行批准企业预评估后，报银行总行和国家经贸委；

（6）国家经贸委批准项目评估报告后，通知银行执行。

3. 税收优惠政策

在关税和进口环节增值税优惠方面，风机进口关税减半（由12%减为6%）征收，零部件税率为3%。进口环节增值税税率为17%，风机总进口税率为26%。增值税方面的优惠，基本税率17%，小水电增值税税率为6%，沼气13%；企业所得税方面的优惠，统一税率为33%。国家认定的高新技术产业区内的新办企业投产2年内免征，2年后减按15%征收。以废弃物为原料的企业，投产5年内免征。2000年1月1日起，设在中西部的外商投资企业，在现行税收优惠政策执行期满3年内，减按15%征收。

综上所述，我国政府对促进新能源和可再生能源行业的发展起到了非常积极的作用，并配套实施了很多优惠鼓励政策，这就证明了我国政府越来越重视新能源和可再生能源行业的发展。相信随着各种配套设施的齐全和新政策的实施，我国新能源和可再生能源行业一定能够得到更大更快的发展。

五、我国新能源与可再生能源行业投资前景分析

（一）国家发展规划

根据国家2001年～2015年新能源和再生能源产业发展规划，到2015年新能源和可再生能源年开发量达到4 300万吨标准煤，占我国当时能源消费总量的2%，减少3 000多万吨温室气体及200多万吨二氧化硫等污染物的排放，提供近50万个就业岗位，为500多万户边远地区农牧民解决无电问题。届时，新能源和再生能源将成为国民经济的一个新兴行业。

根据该发展规划，我国新能源和可再生能源产业发展将分三个阶段实施：

一是2000年～2005年，逐步建立新能源和可再生能源经济激励政策体系以及适应市场经济

体制的行业管理体系，加大对重点行业和产品的扶持力度以促进产业发展，新能源和可再生能源的开发利用量在我国商品能源消费总量中占0.7%，达到1 300万吨标准煤。

二是2006年～2010年，完善可再生能源产业配套技术服务体系，进一步规范市场；完善新能源和可再生能源经济激励政策体系。新能源和可再生能源的开发利用量达到2 500万吨标准煤，在我国商品能源消费总量中占1.25%。

三是2011年～2015年，大规模推广应用新能源和可再生能源技术，大部分产品实现商业化生产，完善新能源和可再生能源产业体系，使其成为我国国民经济中一个重要的新兴行业，其总产值达到670亿元。新能源和可再生能源的开发利用量达到4 300万吨标准煤，在我国商品能源消费总量中占2%。

（二）行业投资前景展望

风力发电是当今我国新能源和可再生能源开发利用中技术成熟、最具备开发条件、发展前景良好的项目，自20世纪90年代以来，风电的年增长率一直保持了两位数的百分比水平。目前，由于风机单机容量的增加和电站建设成本的下降，风电价格已经可以与石油、煤、天然气发电以及核电的价格相竞争，一个世界范围内的风力发电高潮已经到来。除了陆地以外，海上风电场也将得到开发。预计到2020年，风力发电将可提供世界电力需求的10%。

太阳能电池是世界增长速度最高和最稳定的领域之一，估计今后10年将以每年20%~30%甚至更高的递增速度发展，其作用也将逐步由作为农村和边远地区的补充能源向全社会的替代能源过渡。太阳能薄膜技术将获得突破，电池成本将不断下降，太阳能集成建筑将快速发展，并网技术将普遍推广应用。太阳能利用的另一个发展方向是空间太阳能技术，即在地球外层空间（卫星、月球等）建立太阳能发电基地，然后通过微波将产生的电能传输到地面上的太阳能接收装置。而如何实现对电能的远距离空间传输，是必须解决的关键问题。总之，太阳能将在21世纪取代原子能作为世界性能源。

燃料电池技术将进一步发展，容量增大、性能提高、寿命延长、价格下降是其发展趋势。燃料电池发电的低噪声、高效率、无污染性能符合未来社会的发展趋势，其优越的运行稳定性和简单的运行方式是火力发电难以比拟的，燃料的多样性和来源的方便性使燃料电池不存在应用上的障碍。

海洋能、地热能发电产业将快速发展，城市垃圾发电技术将得到高度重视，并在世界范围内快速、普遍推广。专家预测，到本世纪中叶，新能源与可再生能源在整个社会能源构成中将占到50%。

我国不但拥有丰富的新能源和可再生能源资源，还具有开发这类能源的迫切需求和内外部条件。这就使得我国新能源与再生能源行业的投资前景极为广阔。

随着全球经济一体化趋势的日益明朗，特别是我国加入WTO后，国外新能源与可再生能源的技术会更容易进入我国市场，我国制造的新能源与可再能源设备也会同样容易进入世界市场，这将为我国新能源与可再生能源产业发展提供一个广阔当然也是竞争十分激烈的市场空间环境。同时，由于我国新能源和可再生能源大部分集中在西部地区，西部大开发战略的实施也将为这个产业的发展提供良好的内部条件。

总之，大力发展新能源和再生能源，从长远来看可以逐步改善以煤炭为主的能源结构尤其是电力供应结构，促进常规能源资源更加合理有效地利用，缓解与能源相关的环境污染问题，使我国能源、经济与环境的发展相互协调，实现可持续发展目标。

参　考　文　献

[1] 中国新能源网：www.newenergy.com.cn

[2] 中国新能源与可再生能源信息网：www.crein.org.cn

[3] 慧聪网——中国行业门户：www.hc360.com

[4] 李俊峰，王仲颖等："我国未来可再生能源开发利用的战略思考"，《工业经济》，2003年第3期

[5] 周宏春："能源结构调整对策建议"，《经济走势》，2001年6月1日

[6] 中华人民共和国国家发展计划委员会基础产业发展司：《中国新能源和可再生能源1999年白皮书》，中国计划出版社，2000年4月

[7] 中华人民共和国国家发展计划委员会基础产业发展司："新能源和可再生能源产业发展"十五"规划"

[8] 中华人民共和国国家发展计划委员会基础产业发展司："2000～2015年新能源和可再生能源产业发展规划"

[9] 国家计委能源所可再生能源发展中心："中国可再生能源配额制政策可行性研究"

[10] 中国能源情报网主编：《中国新能源的开发与利用》，能源出版社

[11] 国家经贸委可再生能源发电及热利用研究项目组：《中国可再生能源技术评价》，中国环境科学出版社，1999年

[12] 尹春涛："绿色电力营销：可再生能源发展的市场动力"，《世界自然基金会》

[13] 王仲颖等："2002中国新能源和可再生能源发展分析"

第七章　传媒行业投资分析报告

从总体上看，我国传媒行业尚处于发展阶段，行业仍不成熟。近几年来，我国传媒产业发展趋势强劲，传统媒体蓬勃发展，同时，新媒体、新媒介等新兴媒体也取得了爆炸式增长。基于我国庞大的市场需求，可以肯定的是传媒行业在今后的若干年内将维持着高增长的势头。对风险投资来说，可以关注的投资热点有报刊发行、出版业、影视制作业、数字电视、户外媒体、楼宇视频媒体等领域。

一、国际传媒行业概述

（一）国际传媒行业的现状

虽然全球娱乐及媒体事业在过去3年增长呆滞，但现在已经开始加快复苏，2003年行业消费额已上升4.2%，至12 000亿美元。在2004年，行业增长率将达到5.7%。亚太地区已逐渐成为娱乐及媒体事业的主要增长动力（见图7.1）。

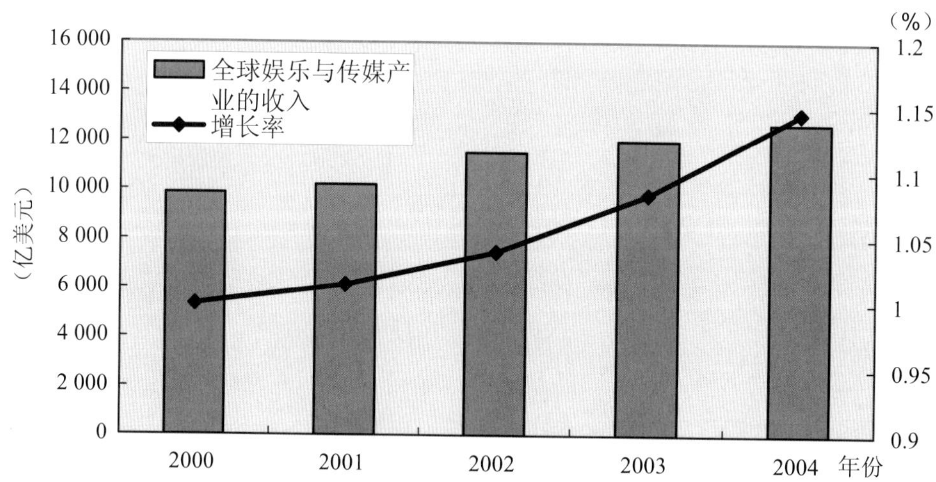

数据来源：国家信息中心。

图7.1　2000年～2004年全球娱乐与传媒业收入情况

全球广告行业开始全面回升，其中最明显的是电视、电台及户外广告的增长。全球宽带业务也正在迅速回升发展，在未来5年内其市场渗透率有望增长超过3倍，年增长率接近30%。

在资本市场上，传媒公司的平均利润比其他上市公司的平均利润率高出20%。传媒产业已经成为世界产业利润最高的产业之一，《财富》杂志评选的全球500强中，每年都有20家左右的传媒公司名列其中。

（二）国际传媒行业的前景

普华永道公司《全球娱乐及媒体事业前瞻：2004年～2008年》的最新年度报告显示：2004年～2008年，由于亚太区娱乐及媒体事业的快速发展，全球经济改善、新分销渠道涌现及新技术普及，全球娱乐及媒体产业的消费额年均复合增长率可达6.3%。这份报告指出，至2008年行业增长率将一直加速增长。

预计亚太区年均复合增长高达9.8%，其中以中国及印度的动力最强。中国及印度人口庞大，媒体渗透度却偏低，两国均在通讯及媒体基建方面投入大量资金，并正在积极开放市场，扩展空间极为广阔。亚太区电子游戏及互联网将会是全球最大及发展最快的行业，预计到2007年，全球将有超过1.53亿个家庭接入宽带网络。而电视分销业务则会主要得益于印度及中国两地9 600万个新增的多频道用户。

二、我国传媒行业发展现状

我国的整个传媒行业尚处于发展阶段，媒体发展不平衡，主要集中在经济发达地区。媒体收入单一，主要收入来源是广告，占总收入的3/4强。

然而，传媒业的产业化发展趋势强劲。近几年来，报刊、广播、出版、影视等传统意义上的媒体蓬勃发展，不断扩张壮大。不仅印数增加、受众扩大、影响力提高，而且经济实力大大增强，出现了一批报业集团、出版集团、新闻集团。新媒体、新媒介急速发展，虽然新兴媒体目前还不能与传统媒体并驾齐驱，但增长速度让人不敢小视，互联网、手机短信以及大屏幕等各种媒介呈现暴发式增长态势。互联网进入我国刚刚10年，使用者已超过8 700万人。以大屏幕、广告路牌为代表的各种户内户外信息传输媒介也在全面扩展。

国家统计局近期调查结果显示：电视报纸广播仍是传媒业主流。调查显示，受众获取新闻的主渠道则依次为：电视、报纸、广播。尽管调查显示随着电脑的普及，互联网的接触率也在不断提高，但与上个世纪90年代相比，人们获取新闻的主渠道并没有发生很大的变化。

（一）传媒行业规模

据统计，我国目前拥有2 000多份报纸，约9 000种杂志，568家出版社，1 000家左右的电台共有7亿听众，此外，还有200家电视台，2 900个节目频道。据新闻出版总署2003年统计，我国出版、报业集团中有31家进入我国企业500强，年收入几十亿元的出版集团有14个，年收入10亿元以上的报业集团9个，单品种发行1 000万册以上的图书、100万份以上的报纸、300万份以上的期刊已经有相当数量，传媒市场规模已超过1 000亿元。户外广告和拥有8 700万网民的互联网也日益兴盛。

（二）传媒行业进出口状况

1999年图书、报纸、期刊的进口额是出口额的3.56倍，贸易逆差达4 067.24万美元。2000年的进口额是出口额的3.46倍，贸易逆差达4 119.94万美元。2001年的进口额是出口额的4倍，贸易逆差达5 140万美元；而音像制品、电子出版物的进口额为出口额的14倍。2002年的进口额是出口额的5.45倍，贸易逆差达7 746.79万美元。2003年的进口额是出口额的6.27倍，贸易逆差达

12 277.93万美元；而音像制品、电子出版物的进口额为出口额的16.35倍（见图7.2）。可见，进口额与出口额的差距仍然在扩大，虽然2003年出口额有相对较大的提高，然而进口额的增幅却大得多。这虽然有利于中国了解世界，但却不利于世界了解中国。

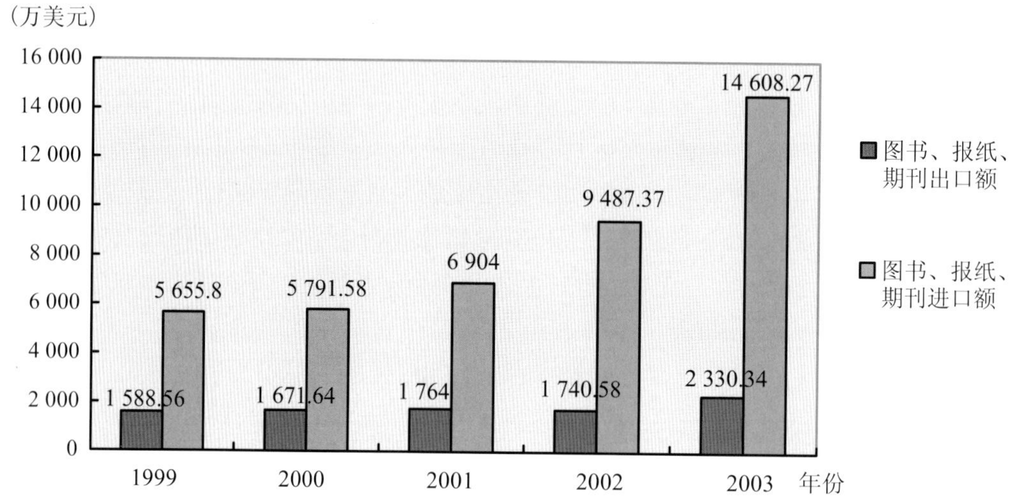

数据来源：新闻出版总署。

图7. 2　图书、报纸、期刊进出口总额

（三）传媒行业收入状况

从1998年起，传媒业的营业额连续多年保持20%以上的增长速度，利税总额已超过烟草行业，在所有行业中排名第四。传媒业的收入主要包括广告收入、出版业收入以及手机增值服务收入（当前主要是短信服务）。

我国传媒业的广告收入最近10年增长了近20倍，达到800亿元，10年内平均增长速度为35%，比同期的GDP增速快4倍多。按刊用价计算，2002年比2001年增长37%，2003年又比2002年增长23%（见图7.3）。

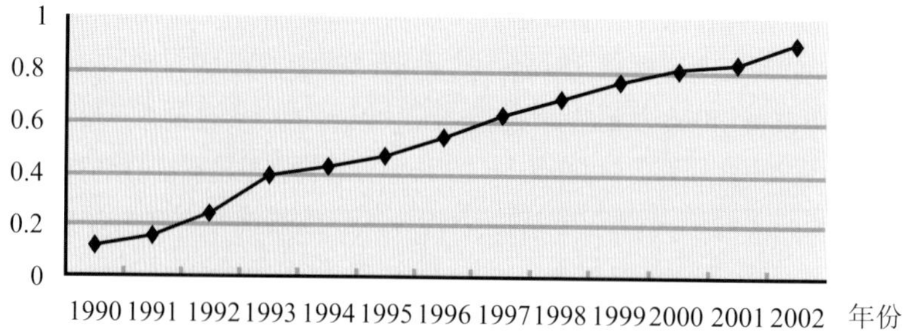

数据来源：2002年中国报刊广告市场研究报告。

图7. 3　1990年～2002年广告额占GDP的比重

2003年，全国图书发行总销售157.54亿册，1 070.2亿元，纯销售67.96亿册，461.64亿元。全国出口图书、报纸、期刊共计766.05万册（份），2 330.34万美元；出口音像制品、电子出版物132.73万盒（张），139万美元。

手机短信发送量更是以几何级数增长。统计表明，2000年，我国手机短信发送量仅10亿条，2001年达到189亿条，2002年为900亿条，2003年超过2 200亿条，2004年前7个月的发送量已相当于2003年全年的总和（见图7.4）。

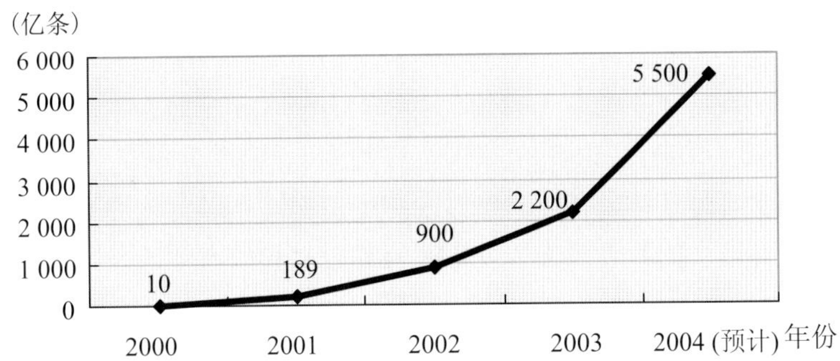

图7. 4　2000年～2004年手机短信发送量

（四）传媒行业盈利模式

在我国，整个媒体行业尚处于发展阶段，传媒业所经营的信息产品决定了我国传媒业具有独特的盈利模式：无论是传统媒体还是现代媒体都不是通过直接出售传媒产品获取主要收益，而是尽量扩大传播受众与范围，通过搭售广告的形式盈利。根据国家工商行政管理总局的统计，2003年，全国广告总量首次超过1 000亿元，达到1 078.68亿元，全年增收175.53亿元，增长幅度达到19.44%，为5年增长幅度最快的一年。专家预测，2004年全国广告经营额大概在1 100亿元左右，报纸广告应在230亿元上下。而在1991年～2001年10年间的发展过程中，我国报纸广告收入从9.62亿元增加到157.7亿元，平均增速为35.9%。与我国媒体产业的飞速发展相伴，我国传媒业盈利水平稳步提高，投资回报率可观，因此传媒业正在成为受社会资金以及风险投资青睐的行业。

（五）传媒行业人才状况

2003年调查结果显示：我国电视、广播、报纸、期刊新闻行业从业人员数量在75万人左右，不包括互联网和出版社单位。但掌握国际贸易规则，又熟悉国内市场规律的人才很少，这是进入WTO后对传媒业人才发展的挑战。传媒业的行政后勤管理部门，在人才结构上也一直是各家媒体的弱势所在。

媒体行业现在急需的有三类人才：一是一来就能用的高质量人才；二是既懂新闻，又懂经济的媒介经营管理人才；三是除新闻专业外，还掌握另一门学科基本知识的复合型人才。

三、我国传媒行业市场环境研究

（一）我国传媒行业所处的社会环境

目前，我国宏观经济增长持续性不断向好，2004年我国国民经济继续保持较快的发展势头，预计全年经济增长超过9%。整个国民经济对传媒行业当中的产品需求随之会得到相应的增加。

相对于其他行业而言，作为朝阳行业的传媒业具有相当的发展潜力，将受到众多投资者的青睐。

（二）我国传媒行业所处的行业环境

目前，作为传媒业主要收入的广告业处于一种分布不均的状态下，沿海地区广告经营额一般占全国广告营业额的80%，北京、上海、广东三地广告营业额可占到全国市场的50%，而我国西部地区十省市合计还不到10%。

在我国现阶段，传统媒体仍然是普及率最高的媒体产品。我国已经形成了比较完整的、技术水平较高的广播制作、播出、覆盖体系，拥有世界上人口最多的广播电视网。2003年我国广播的人口覆盖率为93%，电视的人口覆盖率为94%，共拥有10亿听众和观众。我国的有线电视网已达300多万公里，用户拥有量为1亿户，年度电影观众曾经创下293亿次的记录。

目前，我国媒体行业的管理体制僵化，总体上还处于旧有的计划经济体制框架下，实行“三位一体”（宣传、事业、管理）的管理体制，政府职能部门直接管理媒介，而本身又是媒介的一部分，造成主体经营权与所有权不清晰。例如，电视媒体行业，局直接管台、局直接介入媒介产业经营。而媒体企业对行政管理部门的过度依赖，又导致企业主体经营意识不强，发展意识薄弱，决策目标狭隘。条块分割、重复建设、无序竞争等都造成了巨大的资源浪费。

（三）我国传媒行业所处的政策环境

我国在服务贸易市场准入方面的入世承诺，涉及传媒的不多。主要为：2003年开始向外商放开书报刊批发零售业务；放开音像制品的分销；2004年开始放开对广告公司的投资；允许外商投资建设、改造电影院（中方控股）；允许每年进口20部外国电影等。

1. 传媒行业的市场准入政策

（1）广播电视领域限制逐步放宽。一直以来，由于电视传媒巨大的影响力和广泛的覆盖面，以及本身相对稀缺的资源，该领域的政策壁垒严密，开放进程也明显慢得多。根据1997年8月《广播电视管理条例》的规定，广播电台、电视台由县、不设区的市以上人民政府广播电视行政部门设立，其他任何单位和个人不得设立广播电台、电视台。国家禁止设立外资经营、中外合资经营和中外合作经营的广播电台、电视台。然而2003年12月1日起施行的《电影制片、发行、放映经营资格准入暂行规定》开始鼓励鼓励国有、非国有单位及个人进入电影产业，但也仅限境内。2004年11月28日，《中外合资、合作广播电视节目制作经营企业管理暂行规定》正式施行，标志着境外媒体公司与我国媒体公司组建电视制作合营企业的长久期盼成为可能，而我国媒体行业的开放进入实质性阶段。《暂行规定》规范了中外合资、合作广播电视节目制作经营企业的管理，降低了国际媒体公司进入我国市场的准入门槛。凡符合国家广播电视节目制作业发展布局规划，企业注册资金不少于200万美元（设立专门制作动画片的合营企业，注册资金不少于100万美元），外方以现汇方式出资，即可申请设立合营企业，但合营各方均须具有独立法人资格，中方应有一家为持有《广播电视节目制作经营许可证》或《电视剧制作许可证（甲种）》的机构，外方应为专业广播电视企业，且法定代表人由中方委派。但《暂行规定》不允许设立外商独资广播电视节目制作经营企业，要求中方机构在合营企业中拥有不低于51%的股份，并禁止私有证券基金等不具备媒体业务资格的金融投资者参与。2004年12月14日，国家发改委与商务部联合发令，公布了新的《外商投资产业指导目录（2004年修订）》。新目录放宽了外资准入范围，首次将广播电视节目制作、发行和电影制作列为对外开放领域，但仍要求中方控股。

（2）平面媒体政策相对宽松。作为平面媒体的报纸与杂志，数量众多，单张报纸（杂志）所具有的传播影响力相对于广播电视来讲较小。这类媒体贴近读者，市场化程度较高，因而这块媒体政策相对宽松。2003年5月开始，我国国内书报刊零售市场放开，到2004年底，书、报、刊的批发市场也将对外开放，即外商可以在我国投资设立中外合资、合作和外商独资的书、报、刊批发和零售企业。进一步扩大了外商在出版相关行业的投资领域。在印刷方面，外国投资者现在可以在我国投资设立中外合资、中外合作出版物印刷企业，也可以设立独资的包装、装潢印刷企业。

对于其中一部分的涉及意识形态领域，敏感度较高的平面媒体仍然管制较严。

（3）网络媒体，相关政策限制较少。由于网络媒体很大程度上还处于培育受众、培育市场的阶段，因此宽松的行业资格政策从总体上有利于网络媒体整体实力的壮大和发展，有利于扩大网络媒体的总体规模和影响力，有利于网络媒体从社会上获得各种资源。因此网络媒体受到的行业资格限制最少。2000年11月7日，国务院新闻办公室、信息产业部正式发布了《互联网站从事登载新闻业务管理暂行规定》，指出开展网络媒体业务，只要取得ICP运营许可证和新闻转载权即可，而没有非常严格的刊号审查、频道资源管理等的限制。

2. 传媒行业的业务政策

我国媒体经营的业务类型可以分为新闻业务和非新闻业务两大类。

对于关系到报道国家重大政治经济信息的新闻业务，国家政策有明确的限制规定，最突出的就是网络媒体只有新闻编辑权、新闻登载权而没有新闻采访权。

另一方面，对于非新闻的其他娱乐信息服务业务，国家干涉较少，以一种尝试和宽容的态度对待新媒体的成长和传播。

3. 最新政策变化趋势

根据各种情况、信息分析，政策规则将发生以下几方面的变化。

（1）在安全有效的前提下，融资政策会逐步放宽。虽然传媒业利润率较高，但光靠自有资金是难以实现跨越式发展，难以迅速与国外传媒集团在某些领域和地域相抗衡。因此，为了提高资本运作效率，在加强管理的前提下，融资政策可能会有突破性的变动。在有关部门的一份文件中明确提出，“新闻媒体和出版社的宣传编辑部门不对外融资，但必要时可吸收本系统资金；其经营部分转为企业后，在确保国家控股前提下，经批准可吸收国内社会资金，但投资方不能参与宣传编辑业务”。“要改革对经营性文化企业的支持办法，使其适应市场，增强活力。部分转制为企业的报刊社、出版社，在保证国家控股的前提下，经批准可扩大融资试点”。然而国家对新闻媒体的融资态度短期内不会有太大改变。

（2）进一步整合相关媒体与市场。今后，政策规则将积极推动市（地）、县（市）广播电视播出机构的职能转变，发展频道专业化，加快广播电视传输网络的有效整合；推动调整报刊种类、布局，发展科技、医学类期刊，治理社会文化生活类报刊，压缩总量；对大量的同质媒体，今后可能要推动兼并联合。有些存在问题的媒体可以采用经济、法律、行政手段解决。

同时，政策还会积极推动市场整合，以集团为龙头，积极组建书、报、刊、音像制品的连锁营销系统和物流配送系统，完善报刊发行代理制度，改进报刊自办发行，健全报邮结合的发行网，探索有利于各方资源参与的联合机制，逐步形成互联互通的书报刊影视音像发行、传输网络。

（3）继续体制改革。“发展文化产业要充分发挥市场在国家宏观调控下对文化资源配置的基础性作用，提高集约化经营水平和产业集中度”，并“以资产为纽带，运用市场机制，推动兼并、联合、重组，实行多媒体经营和跨地区发展”。

目前，我们的广播影视体制是一个兼行政、事业和产业为一体的混合体，这种旧的体制长期影响制约了广播影视业生产力的发展。即将实行的管理模式将要求行政和事业分开。

对于新闻单位，政策规则将要求积极促进深化内部改革，健全管理制度。加快人事制度、劳动制度改革，做到能上能下、能进能出；改革分配制度，重实绩、重贡献，与社会效益和经济效益挂钩，向优秀人才和关键岗位倾斜；建立资产经营责任制，明确保值增值目标，盘活国有资产；重视无形资产的管理、保护和合理利用。

（4）对内的“抓大”和对外的“合作交流”。对内“抓大”：“重点扶持大型国有文化企业及有较强创新能力和竞争实力的文化事业单位，做大做强一批对外交流的文化品牌，积极参与国际文化市场竞争，努力扩大文化产品出口份额。坚持以我为主、于我有利，扩大与管理规范、技术先进、对我友好的国外知名文化集团的合作。进一步推动广播影视节目对外交流和境外落地”。

对外“合作交流”：适度地分步骤地开放传媒业外围的一些领域，将传媒业进行细分和剥离，一方面将经营性业务比如广告经营、报刊杂志批发零售等以及与意识形态、舆论导向相关度不大的领域实行适度开放，同时加强审批监管力度，出台一系列管理规定和准入条件（比如股权限制等等，可能会取消股权的限制）。另一方面，对传媒业的“内核”即与意识形态和政治导向有关的领域（比如被誉为党和政府喉舌的报纸、广告、电视等）严格加强控制。但是，依旧只有少数的境外传媒集团可以拥有到我国落地的机会。

（四）我国传媒行业的竞争状况

目前在我国，广电、报纸、出版，三种传媒内部的垄断程度依次呈递减趋势：广电一枝独秀，报纸战国七雄，出版遍地游击。从电视媒体来说，中央电视台的广告收入占所有电视媒体广告收入的40%；从报纸来看，全国2 000多家报纸，其中33家大报的盈利就占到所有报纸盈利的90%。

1. 传媒产业核心竞争力的转变

传播渠道的拥有和掌控能力对于传媒产业核心竞争力形成的贡献将越来越小，而传播内容的原创能力及内容资源的集成配置能力，以及对于销售终端的掌控能力，终端服务链、产业链、价值链的扩张能力逐渐成为传媒产业核心竞争力的关键。

2. 国内竞争格局已经形成

随着我国传媒市场的逐步成熟，媒介产业开始进入深度开发与规模竞争时期。高投入，高产出，大量小型媒体日益萎缩，市场逐步集中于一部分强势媒体之中。强势媒体在确立自己的优势之后，正通过强强联合、成立集团等方式进一步扩大市场份额。我国媒体市场竞争的主体已发生了根本的变化：集团化竞争成为目前我国区域性媒体所面临的最主要形式。一个多元化媒体竞争格局已经出现。有学者指出，我国传媒竞争有六大战区：北京、上海、广州、南京、武汉、成都。

目前国内传媒业存在三种竞争形式：

（1）过度竞争。指某种行业持续性供给过剩，而企业又无法退出困境的现象。在我国，媒体供给总体过剩。比如报纸，中心城市的综合性报纸多则十几家，少则三五家在拼抢市场。在这一阶段，价格战盛行，但是没有胜家，大家都是输家。

（2）差异化竞争。也叫错位竞争，找准对手忽视的空白点或他的弱点，结合自身专长，集中火力猛攻，一举建立自己的竞争优势。进入差异竞争后，价格不再是竞争的最重要的因素，内容取而代之，占据决定性地位。

（3）合作竞争。简称“竞合”，与竞争对手既竞争又合作。这种方式国内鲜见，但可能会成为一种发展趋势。因为媒体竞争对手联合起来做蛋糕，蛋糕可能会做大，大家分得就比以前更多，而大家采取“零和博弈”，会导致蛋糕缩小，利益受损更重。

3. 进入的资金“门槛”迅速加高

由于媒体产业的规模化发展，进入媒体产业的资金“门槛”在迅速提高。以北京报刊为例，1998年《北京晨报》创刊时，仅以1 500万元的资金就成功地占据了北京报业第三的位置，而仅仅两年后，当《京华时报》要想达成这一市场目标时的资金“门槛”就已经升到了5 000万元左右。据估计，未来1年～2年内，试图进入北京主流报业市场的资金门槛会进一步提升至1亿元以上的水平。

4. 传统传媒竞争越来越激烈

从国内市场来看，电视媒体面对的竞争更为现实和直接。我国现有电视台200多家，尽管数量多，但规模小，竞争力弱。随着越来越多的电视卫星的升空，电视传媒竞争局面越来越激烈。越来越多的有线电视台之间的竞争使得收视率下降。越来越多的电视媒体把抢占节目覆盖范围、提高覆盖率作为工作的重要方面，并把目光投向了广大乡村和欠发达地区，加强网络建设，扩大节目传输范围，实现了覆盖的最大化，也由此导致了电视收视市场的进一步分化和节目市场竞争的白热化。

传统的报业更是惨烈，遍地开花甚至出现恶性竞争的情况。各报为了争夺发行市场，都绞尽脑汁，甚至不顾游戏规则互挖墙角，竞相压价。报业成本不断增加，效益却很低，投入与产出不匹配。在消费能力较强的城市读者中，报刊没有形成较为合理的细分市场，一个突出的表现就是从内容到形式上雷同的报刊比较多；另一方面，在广大的农村市场和不发达地区，报刊覆盖率非常低。

5. 传媒制作业竞争尚不十分激烈

由于受国家垄断经营政策保护，我国传媒制作业竞争尚不十分激烈，绝大多数生存条件较好。但随着传媒制作业市场化程度的提高，一些不具备竞争能力的中小媒体已经开始出现生存危机。国有新华书店和国有邮政报刊发行系统竞争力日益下降。

四、我国传媒行业的发展

（一）传媒行业的发展趋势

中国新闻技术联合会理事长孙宝传预言：未来10年将是我国传媒技术和传媒业发展更快的时期。这位曾多年在新华社从事传媒技术研发和管理的老专家预测：未来10年间，我国传媒科技进步将有可能呈现8大亮点。即：传媒网络化、信息多媒体化、传输移动化、服务个性化、出版多样化、管理智能化、安全防毒综合化、技术标准化。

1. 跨媒体的发展

就我国传媒业而言，随着网络信息技术的发展，特别是电话网、有线电视网、互联网“三网合一”技术的发展，高速、互动、多媒体的宽带网将逐步成为新闻、信息、娱乐的主流传播媒介。在这一大趋势下，现有的各类相互独立的媒体将走向融合，形成一个全方位的、以宽带网络信息服务为核心的、整合各种传播媒介的跨媒体平台。

顺应这一潮流，国外各大传媒公司纷纷通过一系列购并，组建跨媒体集团。在国内，有关部门也已明确提出，要加快整合现有分散的媒体资源，以广电影视为主业，以宽带网络传输、互联网、电视台、电台、电影制片厂为主体，努力组建一批在国际、国内有竞争力，资源共享、优势互补的大型广播影视传媒集团。而北京、上海在这方面已有实质性举动。2004年5月，北京广播影视集团正式挂牌宣布成立。新成立的集团将包括北京人民广播电台、北京电视台、北京广播影视报刊社以及北视、中北两大电视艺术中心等企业单位，还有歌华文化（歌华有线第一大股东）、歌华有线电视网络、紫禁城影业、北京音像公司等事业单位。上海东方电视台、东方广播电台、文新集团和东方网也在联合组建新的东方传媒集团。尤其值得注意的是，这两家大型传媒集团在A股市场上均有各自的窗口公司：歌华有线与东方明珠。

实际上，从证券市场的角度来讲，跨媒体平台概念的提出，有利于打破现有有线电视网与传媒类股票的单一媒体概念的束缚，树立大传媒、大产业的全新概念，从而为上市公司发展和二级市场股价打开上升空间。预计跨媒体平台的大传媒，既是传媒产业发展的必然趋势，也是未来资本市场的一个亮点。

2. 区域经济下的区域媒体合作

我国经济发展到区域经济时代，区域经济的发展导致区域市场的伴随产生，而区域市场的产生也给区域媒体的发展带来了良好的机遇。单纯的某一媒体一统全国的局面已经满足不了品牌传播的要求，区域内的深耕细作对企业具有举足轻重的意义，这就要求有适合区域经济时代的媒介形式产生。

虽然在全国范围内区域性媒体的影响力较弱，但在区域市场中具有不可估量的影响，其传播价值对于企业做精做透区域市场具有举足轻重的意义。作为区域媒体，安徽经视频道、江苏城市频道、浙江钱江都市频道等创造出单频道广告创收过亿元的表现充分证明了这一点。而且，区域强势媒体的联合可以形成一种联动，从而扩大区域市场的概念，有效整合各区域市场，同时也为企业选择营销重点区域提供一种思路，凸显本区域范围的经济容量。

如今，单个区域媒体的力量略显单薄，所以强强联合，利用规模效应，无疑更能凸显自己的位置。“区域经济呼唤区域媒体”，如何在区域经济时代发挥自己的价值，成为媒体发展的关键。

3. 出售服务与经营媒体将成为新的盈利模式

我国现阶段传媒业的盈利模式不是通过直接出售传媒产品获取主要收益，而是尽量扩大传播受众与范围，通过搭售广告的形式盈利。然而，随着我国经济的发展，外资的进入，信息产品市场将由产品服务质量向信息服务质量转移，信息加工处理利用能力比以往更加影响媒介的竞争力。出售服务与经营媒体将成为传媒业新的盈利模式。

4. 扩大与其他产业的联合创造双赢局面

电视、报纸、杂志等媒体除了一贯的喉舌功能外，同其他产业如旅游、电讯业都开展了大规模的合作，并取得了理想的经济效益，有些甚至超过了媒体的广告收入。

目前，我国网络游戏产业的兴旺引来了愈来愈多的竞争者进入市场。要想让自己能够在激烈的竞争中生存下去，就得开发利用传媒的丰富资源，努力拓展新的载体和平台。毕竟国内家用电脑的数量不过3 600万台，短时间内得到迅速增长存在困难。而手机用户有23 400万户，电视拥有量更是高达33 000万台，此外，电影等媒介的受众也不在少数。“第四媒体”网站在同游戏产业的合作中，已经获得巨大利益分成，甚至自主独立研发网络游戏，直接充当游戏运营商角色。传统媒体对加入这一新兴产业的欲望和信心也同步加剧。媒体具有游戏厂商所不具备的广泛而忠实的受众、消费群体。在现行体制下，还具备无以伦比的公信力，这都是游戏厂商所追求且无法获得的资源。而游戏产业强劲的发展势头和巨大的发展潜力，对于市场已经相对饱和的传媒业来说，无疑是一个绝佳的第二战场。在利益驱动下，未来的游戏和媒体将更加密不可分。

住宅为主的房地产业已经成为我国经济的支柱产业。房地产的发展与主流媒体、传媒业正在形成一种共生的关系，这也将给媒体的发展带来更广阔的范围。房地产经营与媒体经营的交流合作互通、互动，为拓展市场推波助澜。媒体不仅可以在广告上得益于房地产业，也可以对房地产业进行投资和资本运作，这将是一个上行空间非常大的领域。

（二）传媒行业收入的预测

1. 广告收入

尽管亚洲地区广告开支只有轻微增长，但普华永道研究报告预测：未来数年中国广告开支将以双位数增长，相关行业企业将从中大获其利。

广告业的发展是由经济的发展决定的，如果按照专家的预测，2004年我国国内生产总值增长不低于7%，将达到125 000亿元以上，全国广告经营额大概在1 100亿元左右，不会超过1 200亿元，报纸广告应在230亿元上下[①]。2005年全国广告应该在2004年的基础上继续走强（如果不出现特殊情况）。在与传统媒体——报纸、广播和电视的竞争中，被称作第四媒体的互联网显然具有超乎想象的发展速度。据有关专家预测，到2005年互联网广告收入将超过电视，达到455亿美元[②]。但发展不平衡，矛盾越来越大，竞争越来越激烈，管理会越来越严格。

2. 出版业

目前，由政府过度保护的出版业正在逐步放开，计划经济正在向市场经济过渡，大一统的产品形态也将进一步个性化；单一的、原始范畴的产品线则向多元的、现代化方向发展。整个行业开始提倡资源的多重开发和利用以及管理上的理性回归。

新闻出版总署副署长柳斌杰说，我国已成为世界出版大国，书报刊出版总量居世界第一，整个出版物市场销售年均达1 500多亿元，实现利润135亿元，成为国内最为看好的行业之一。

虽然以纸质媒介为代表的传统图书仍在当今的出版业中占据主导地位，但网络正以其迅猛的发展势头进入到图书出版领域，以互联网为依托进行图书的编辑、出版、销售的网络出版已经显示出其良好的发展势头。业内人士乐观地估计，到2020年，网络出版的产值将占整个出版业的50%。由于网络出版的成本比传统出版业要低得多，因此其利润将会远远超过传统的出版业。

3. 短信

2004年7月信息产业部发布最新移动通讯市场数据，2004年上半年我国新增移动电话用户3 500万户，总数达3.05亿户，到2010年，中国移动用户将突破7亿户（见图7.5）。移动电话用户的庞大规模，为以短信为代表的移动增值服务的发展提供了良好的市场基础（见图7.6）。

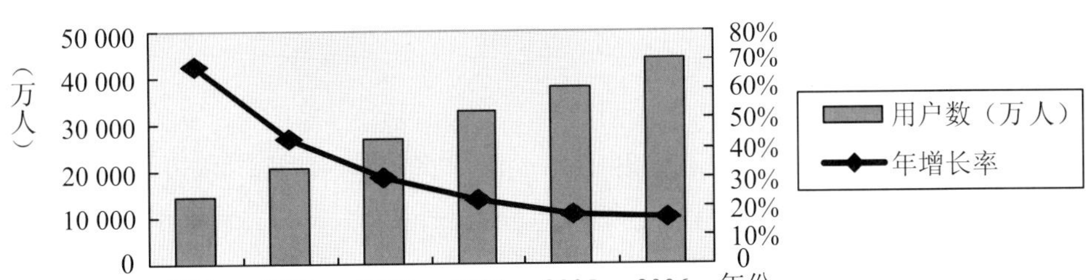

数据来源：信息产业部。

图7.5　中国移动电话用户规模

①数据来源：《广告传媒信息》，2004年第25期。

②数据来源：搜狐国际论坛。

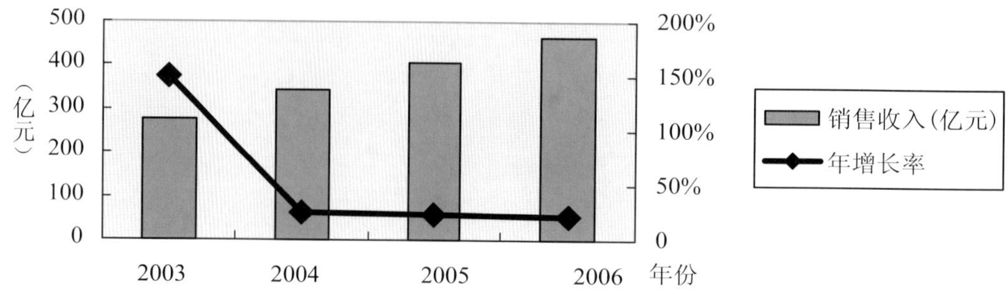

数据来源：ireaserch。

图7.6 2003年～2006年短信市场规模

五、对我国传媒行业的投资分析

传媒业是一个有进入门槛、有进入难度的行业，其风险也很大。我国现阶段传媒业的主要收入来源是广告。广告收入最近10年增长了近20倍，达到800亿元，10年内平均增长速度为35%，比同期的GDP增速快4倍多。预计今后若干年内，我国的传媒广告收入仍能保持10%～15%的年均增幅。由于传媒业作为“影响力经济”的自身性质，品牌建设往往容易“速成”。据摩根斯坦利1998年报告指出，在对11种产业建立世界级有竞争力的大企业所需年限而做的统计中，大众传媒业所需年限为8年，远远快于其他行业。在传媒业还不发达的中国，大众媒体只需要2年左右就能建立起区域或行业优势。

（一）我国传媒市场投资现状

1. 缺少职业投资者和行业投资者，主要是非专业投资者

由于我国现阶段媒体产业发展阶段的限制，我国在媒体行业上的投资还谈不上职业投资，行业投资者（如IDG集团）也不多，而非专业投资占了绝大部分。

非专业投资者一般急功近利，他们对媒体缺乏了解，盲目投资，盲目撤资。由于这样的资金在来源上比较分散，规模比较小，资金稳定性也不够，所以，对投资人和接受投资的媒体都有风险。

泛华东方传媒资深顾问赵小兵认为，一个既有投资银行背景又有对行业运营规律有了解的人，才能真正做好传媒的投资。

2. 国际投资不多，民营资本活跃

由于我国现在缺乏相应的法律环境，政策也处于“不稳定”状态，法律和政策对资金的进入、保护和安全退出都没有保证。国外真正大的投资公司进入不多，一时也不会鱼贯而入。国际资本看重的是传媒集团的跨平台整合，对我国的传媒还处于“观察期”，寻找值得投资的媒体，一旦政策放宽，它们必将来势凶猛。

与此同时，民营资本灵活且活跃。如哈尔滨大嘴鳄鱼公司便是民间资本投资的成功案例，其共发行七八本杂志，效益不菲。很多民营资本正悄无声息地投资进入非主流媒体，暗暗地完成跨地区布局，这些投资在今后几年必将产生使人感到惊讶的结果。再比如数字电视方面，近日，中国国家广播电影电视总局新闻发言人朱虹表示：“鼓励社会资本或机构投资、参与广播影视制作，

提供更多更好的节目”。国内大型民营电视制作机构光线电视市场总监郑伟立即表示要加大投资，计划在2004年，开通10个数字娱乐频道，覆盖全国大部分数字电视家庭。近年来，民营资本不仅积极投资于电影、电视节目制作、广告代理、有线电视网络等领域而且还筹划通过多种方式上市。民营资本将会在节目制作、产品销售等领域占据一席之地甚至是较大市场份额。

（二）未来我国传媒行业资本经营运作的趋势

随着我国传媒市场逐步成熟，社会对传媒的品质要求凸显出来，媒介产业开始进入深度开发与规模竞争时期。其市场特点是高投入，高产出。大量小型媒体日益萎缩，市场逐步集中于一部分强势媒体之中。我国资本市场现已上市的传媒企业有赛迪传媒（000504）、电广传媒（000917）、歌华有线（600037）、博瑞传播（600880）等在国内业界名列前茅、具有发展潜力的优质上市公司，但就现阶段这些企业的经营范围和业务的拓展情况来看，并没有一家企业可以实现跨媒体、跨行业、跨地区的多元化经营能力，多数传媒企业的经营范围和环境都为地域性经营模式。

在所有国家，传媒市场发展到一定阶段，都会由自由竞争阶段走向垄断竞争，具体表现就是媒体之间弱肉强食或强强联合，减少数量，扩大集团规模。在北京、上海、广州等大型城市报业都出现了“二八现象”，即20%的报纸占了80%的市场份额，每个城市基本都由几家大报引领着报业走势，也就是说我国的报业已经开始走向垄断竞争。

所以，强强联合、并购重组已经成为了该行业未来资本经营运作的必然趋势。

（三）传媒行业的投资机遇

1. 民营传媒的潜力

目前，我国民营企业能做的只是内容提供和经营媒体的可经营性资产，还不能拥有像电视、广播、报纸、杂志这些主要的媒体，还存在一定的投资风险。但这种情况正在发生改变，自2003年年底到2004年年初，国家出台传媒投资新政策，已经逐步扫除了民营传媒发展的障碍，现在除了媒体平台本身和时政新闻内容的提供，基本没有其他的限制。

现今人们每天看到的大部分精品节目都出自民营企业。除光线制作的《荣事达娱乐现场》、《娱乐新闻周刊》、《喜之郎CICI音乐风云榜》外，中央电视台的一些知名节目，如《幸运52》、《开心大词典》、《夕阳红》等均是由民间制作公司制作并被冠以中央电视台制作的名义。目前，我国的电视节目制作与发行主体是三足鼎立的格局：首先是中央电视台下属和直属的节目制作发行公司，包括中国国际电视总公司以及上市公司中视传媒；其次是各省级广电集团下属的节目制作和运营公司；最后就是迅速崛起的民间制作力量，据估计，各家电视台播出的节目中有超过80%是外包给这些民营电视节目制作公司的。

同时，我国传媒产业的后产品开发尚处于起步阶段。各大民营传媒企业做品牌后产品开发有三方面的优势：传媒产品的特出形式为传媒公司的后产品节约了大量的广告费用；传媒公司产品本身就创造出了一定的市场品牌效益，为后产品在开拓产品品牌市场做了前期的市场铺垫；有针对性的研究出来的传媒产品的后产品开发，能够准确地把握向产品最终用户进行最为直接的市场销售形式。

传媒产业链是很长、很复杂的产业链，可以容纳大量民营传媒企业的存在，每个企业也许不一定是做这个产业链全部，他只做一部分，已经有很大的空间。因此，民营传媒企业潜力很大。

2. 媒体行业与体育产业互动

随着2008年北京奥运会的临近，传媒产业会受其影响，加快发展的步伐。《北京奥运行动规划文化环境建设专项规划》要求既有的媒体集团要深化改革，调整结构，扩大规模，拓展业务。积极借鉴国际传媒集团成功经验，在经营管理、人才培训、投资运作、市场开发等方面加强合作和交流。大力推进媒体集团跨行业、跨地区的兼并、重组和股份制改造，新闻出版、广播影视等产业要取得实质性进展，不断做大做强，力争形成几家国内一流、国外知名的文化产业集团。加强北京媒体产业与体育产业的互动，以媒体优势促进体育精神传播，推动全民健身运动的开展，发掘潜在的体育商机，拓展体育文化市场。同时，通过创造新的成长空间不断壮大自身实力。

可以以体育商业化为切入点积极向体育产业的市场化领域渗透，最终发展成以体育为传播内容的运动传媒业。

3. 传媒行业改制

2003年，我国开始了传媒历史上最大的一次改制，最深的一次产业变动。2003年6月，文化体制改革开始，中央规定了9个省、35个试点单位作为改制试点。

体制变革引发了许多改变，在传媒投资领域中最先发生的变化将有以下三点：

（1）过去的传媒市场是封闭型的市场，虽然有个别业外资金，但真正的投资根本没有展开。媒体不具备被投资的可能性，不是企业法人。未来传媒将大规模、整体性向企业转制，在工商局登记，成为企业法人。

（2）传媒单位变成公司以后，将成为一个合法的投资主体，允许注资。

（3）传媒企业的经营权开始放开了，这个变化会引起传媒行业的第一次并购和扩张的浪潮。

经营性传媒机构要转变成企业，而社会公益性服务的非经营型单位，继续作为事业单位加以管理。所以，大部分单位是要转制的，不转制的是小部分。这表明单位转制是巨大的产业性的变动。

改制的目标是以国家为投资主体的传统的传媒单位逐渐退出该市场，或者是市场份额逐渐减小。这将有利于投资者进入该行业，降低投资风险，提高投资回报率。

4. 缺少传媒后产品开发

包括电影海报、音像制品、各类玩具、邮票、纪念品、电子游戏、主题公园、图书等等与电影有关的衍生产品，在业内被称为电影后产品。在美国，后产品收入占电影产业收入的73%，而中国的电影产业市场上却几乎很难见到“后产品”的身影。

我国传媒产业的后产品开发尚处于起步阶段。我国电影院票房每年约为8亿元人民币，占我国电影业总收入的90%到95%。但几乎很难见到电影后产品的身影。而且从另一个角度讲，虽然我国以分账方式引进大片已达9年，但大片的后产品在我国市场的开发几乎也一直处于空白状态。

优势和诱人前景并不一定就能转化为实际的经济效益，如何根据传媒产品的特点找准后产品开发的方式和途径，并准确把握市场的热点需求，这是每一个看好传媒后产品开发的企业必须深思熟虑的问题。

在任何一个市场经济高度发达或不那么完善的市场上，每个行业都有一些扮演市场补缺者的角色，其企业规模可能不大，但生存状况却不错，甚至还获得了高于行业平均利润率的利润。由于这些中小企业集中力量来专心致力于市场中被大企业忽略的某些细分市场，只要在这些小市场上专业化经营，也能获得最大限度的收益。

（四）投资传媒业的主要风险及其规避

目前，我国媒体产业的投资属于“高风险”投资，投资操作需要科学缜密，保持清醒明智的头脑。

首先，政策上，国家对于媒介产业的开放一直保持十分谨慎的态度，由于传媒业与意识形态密切相关，影响到整个社会的安定，迄今为止，我国官方关于媒体产业的投资政策仍然是不明晰和不开放的。2001年8月，中共中央办公厅下发了《关于转发中央宣传部、国家广电总局、国家新闻出版总署〈关于深化新闻出版广播影视业改革的若干意见〉的通知》（中办发17号文），文件明确了要积极推进媒体集团化改革，组建跨地区、多媒体大型新闻集团的目标。文件支持媒体可以开辟安全有效的融资渠道，报业、出版、广电集团的经营部门经批准可以股份公司形式吸收国有大型企事业单位的资金；发行集团、电视集团可以进一步吸收非国有资本和境外资本。国内新闻出版、广电影视媒体选择管理规范、技术先进的国外知名媒体集团进行合作。这表明媒体对外融资政策已经松动，媒体融资方式的多元化已获支持。在新政策的鼓舞下，中国媒体频频与境外媒体展开从股权到项目层次的紧密合作。2002年初，中办发17号文（《关于转发中央宣传部、国家广电总局、新闻出版总署〈关于深化新闻出版广播影视业改革的若干意见〉的通知》）后续的广电、报业等行业管理细则出台。中宣部、广电总局和新闻出版署负责人重申了新闻媒体不可以吸收外资和私人资本，并将清理违规资金。目前，行业外资本投资媒体只能获得一定期限的经营权与收益权，不一定能获得相应的实际控制权及国家认可的媒体产权（包括媒体投资中最具投资价值的媒体品牌的拥有权），故存在着相当多显在或潜在的风险。

相比之下，网络媒体具有媒介的特性，商业媒体网站可以自由地上市交易（包括国内和海外上市），可以引入各类投资和进行投资。

其次，随着媒体竞争的加剧，媒体市场份额呈现集中化趋势，后来者进入的难度在加大。譬如，在电视媒体中，中央电视台占有我国电视广告总收入的40%左右。在报纸媒体中，1999年广告收入最高的10家报纸广告收入总额达47.33亿元，占全国报纸广告总收入的42.15%；前33名报纸的广告收入占比达71.48%。市场份额集中于强势媒体，会加高后来者的进入门槛，建立起市场进入的资金壁垒。

此外，随着媒体投资热的升温，竞争者队伍的扩张，在一些人们熟知的媒体市场上（如以都市报为代表的大众化综合报纸）媒体产业以往的高盈利水平有逐渐走低的平均化趋势。这块曾经产生过暴利的行业正在被逐步摊薄。如果没有传播模式的创新和市场的进一步开拓，过去的所谓“暴利”就会回归“薄利”。

（五）进入传媒业的基本战略

投资传媒是长线性投资，不是一朝一夕就能获得回报，最关键的是先要占有一席之地，然后放长线钓大鱼。它是一种智慧型的投资。

首先，对于媒体的投资，应该足以跨越市场准入“门槛”。在规模化竞争的时代，规模化竞争对资本的市场准入以及获取有效回报已经设置一个门槛。当资金达不到这一门槛时，就无法期盼它产生回报。也就是说，这种投资必须在一定时间（一般约18个月）内达到足够的投资力度。

其次，找准投资方式。传媒进入我国市场的路径主要有：

（1）直接投资参与媒体经营。寻找合作伙伴，与其共同投资成立出版公司，采取控股（如果允许控股的话）或参股的形式。这种方式主要局限在专业媒体或是电信运营。

（2）品牌合作。这种路径采取的是许可经营的商务模式，不涉及任何资本与股权交易。比如，美国迪斯尼公司与中国海虹控股合作共同开发的中国互联网市场。

（3）节目交换或其他形式的等价交换。与国内电视台合作，采取收取版面费和换取广告时间的方式。省级以上的电视台付版权费居多，地方电视台和有线电台基本上以广告时间来交换。除了交换节目，还有其他形式的对等交换。比如《财富》利用上海申办年会的机会，换取了在我国出版其中文版的条件。

（4）对等落地协议。外资媒体与我国媒体根据对等原则允许对方卫星频道在自己境内落地。比如，美国在线－时代华纳公司的卫星非新闻类中文文艺节目在我国珠江三角洲落地，我国的CCTV第4套节目也通过该公司上了美国的卫星频道。

（5）兼并收购。通过并购那些既能赚钱，又有品牌效益的传统媒体的相关产业，如广告业等，进入我国传媒市场。

对于不同性质的投资人，应该根据自己的特征，所需进入的细分市场的性质以及所受到的政策的限制选择适当的进入方式，以降低可能受到的政策风险。

第三，这种投资应该视为是一种长线投资而不是一种短线投资。媒介经济实际上是影响力经济，它建立在注意力经济基础之上。做媒介实际上就是做品牌，建立和维持受众的行为忠诚度和情感忠诚度。一定要通过做品牌来培养起一批忠诚度很高的受众，使自己的传播产品成为人们不可或缺的认识社会、判断问题的基本资讯“支点”。只有这样，投资回报才会源源不断。做媒介要通过连续性的生产来获得回报，在可持续当中获得盈利。当投资者的投资回报期待，与媒介投资回报的实际产出周期不相吻合时，投资者就熬不住，这样就会导致投资方与业者之间产生很大的矛盾、冲突，导致市场操作变形，甚至失败。

第四个投资要求是，对媒体的投资实际上是一个智慧型的投资，投资者一定要对媒介业本身有着深刻的了解。熟悉媒介业作为社会公共产品的特殊运作规律及相应的游戏规则，明确其不同于一般商品生产的特殊要求；善于通过投资的串联作用，实现媒体产业链条的有机链接。资本带来的并不应该仅仅是钱，最重要的是要优化资源配置，串联起最具传播竞争能力的产业链条。这种投资还是一种对人的投资，对人的自觉性、创造性、主动性的投资。在这种投资的同时应该营造出一种尊重人的创造性的机制，这样才能发挥出其潜在价值。对媒介投资，应该视为是一种创新的投资，它有赖于人的主动性和创造性。

（六）传媒业的投资热点

摩根斯坦利全球报告1998年就曾指出，根据对11种产业的统计分析，大众传媒的投资回收年只需8年，收益远远高于医药业、日常用品、银行、电力资源和建筑业。可见媒体的投资潜力是巨大的。随着我国经济改革和对外开放的进一步推进，传媒产业的管制政策必将逐步放松，并形成有效竞争格局。

目前只要运作得当的媒体，其投资回报率基本都能超过20%。过去上市公司的净资产收益率底线为10%，现在这条线已放宽到6%，而大多数行业连6%都做不到。随着政策壁垒逐渐松动，传媒行业已经引起资本市场广泛关注，股权收购、合作合资、上市已经成为传媒行业资本运作的主要形式。境外资本对于传媒行业进行了大胆尝试，预计随着政策面的进一步放开，资本运作会更为活跃。

1. 报刊发行

我国报刊年流转额约300亿元人民币，其中117亿属于发行环节收入，批零发行70亿元，订阅发行47亿。根据泛华东方传媒顾问有限公司测算，2003年全国报刊发行的市场规模是300亿元，包括报社或者杂志社的收入和发行渠道的收入。这一数额已经超过了全国报刊广告的总和。报刊发行作为出版业中的一个门类，其利润远远高于其他行业。

《经济日报》研究部副主任曹鹏认为，报刊业在2004年里面发展的速度非常迅猛，最直观的一个数据是广告额，广告营业额的增长幅度非常高，有的已经达到20%甚至更高。发行层面也是这样，虽然说有的报纸是党报，发行存在着这样那样的困难。但是，大众化的、市场化的报刊发行的状况是非常可观的，新办报纸在三四个月的时间里面，能够在一个大城市铺天盖地都被大家所接受，这个其实也反映了报刊业的需求是强劲的，增长幅度是非常大的。

目前，报刊发行已经有了政策保障。据2004年《上海证券报》记者对泛华东方传媒顾问公司总裁赵小兵先生的访问，"市场大，风险小，加之报刊发行服务存在很大的改善余地，报刊发行今、明年将会有资金大规模介入"。

目前，国内已经出现了一些中外合作期刊，如《时尚》、《世界时装之苑》、《健康之友》、《新娘》等杂志。据了解，在中国广告收入排名前10位的期刊中，几乎半数是这些与外资合作的外资出版集团的中文版。这些外资背景的期刊能够如此赚钱，也就引起了更多境外出版集团进入我国市场的兴趣。

报刊发行是我国媒体产业链中最具投资价值的部分。

2. 出版业

由表7.1可见，出版业主营业务利润率非常高。而它的净资产收益率和总资产报酬率同样在信息产业中位列最前。该指标越高，说明企业产品或商品定价科学，产品附加值高，营销策略得当，主营业务市场竞争力强，发展潜力大，获利水平高。

表7.1　主营业务利润率及成本费用利润率

项目	主营业务利润率（%）	成本费用利润率（%）
PC制造	12.4	0.2
电子元件	24.1	1.8
家用影视	7.0	0.3
通信设备	8.5	4.4
服务与软件	17.3	3.5
电信业	27.3	6.1
IT服务	11.2	6.0
信息咨询	25.0	5.5
文化业	23.3	8.2
出版业	26.5	16.0
全国国有企业（平均值）	12.5	2.3

同时可见，出版业成本费用利润率也较高。该指标越高，表明企业为取得收益所付出的代价越小，企业成本费用控制的越好，企业的获利能力越强。

出版传媒业具有非常突出的产业特殊性，政府对传媒业实施了严格的进入管制和行为管制。然而随着经济的发展和社会的进步，传媒行业相关政策不断放开。2003年5月1日起，我国开始允许外国投资者在我国市场上从事图书、报刊和杂志的零售业务。这是我国新闻出版业向外资开放的一步，同时也意味着新闻出版业必将进行大规模的资产重组。

有关投资机构人士表示，报刊、电视、广播与互联网是四种主要传媒，出版行业具有相对垄断性、良好的增值性、独特的盈利模式、较好的盈利性、强者更强等特点，这些特点使得出版行业具有资本密集、高回报、进入壁垒较高的特性，是投资的理想行业。

3. 影视制作行业

在当今世界经济发展的舞台上影视产业已经逐步成为继软件业之后又一大支柱产业，它所产生的巨大经济效益已经为世人所共知，是现今世界又一大经济增长点。同时又因其在艺术上的巨大魅力以及其视听合一的特殊表现手法使得它已经成为了人类生活的一个重要组成。它的发展是随着人类社会的发展而发展的是人类精神世界的体现。

我国现阶段的影视制作行业产业化水平低，产业资本积累低。资本重组是影视制作行业资本积累的最好途径。

自2004年11月国家广电总局允许外资入股国内广播电视制作产业以来，影视制作市场已得到越来越多的关注。新的《外商投资产业指导目录》首次将广播电视节目制作、发行和电影制作列为对外开放领域。“第四届中国创业投资年度论坛”上透露出一个信号，影视制作行业已成为众多风险投资家追逐的新“猎物”，2005年将会成为风险投资的新亮点。

4. 数字电视

我国有卫星地球站34座，地面卫星收转站52万座，光纤网3.8万公里，省级干线网10万公里，地市是300万公里，这是全球最大的有线光纤网络。覆盖有线是1亿户，电视机在2003年已经突破4亿台，是全球最大规模的。

中国网络中心做了一个预测，电视接收机规模是6 000亿元，从模拟电视机转成数字电视机，还有机顶盒，原来的电视不换，加一个机顶盒，机顶盒的市场是3 000亿元，双向改造3 000亿元，数字化设备达到6 000亿元，节目源、信源24 000亿元，非常巨大。基本收费按照30元一户计算，现在估计是10多元，北京17元，有些地方20多元，按照30元计算就达到1 000亿元，还有一些增值服务是500亿元，任何一项服务都是非常巨大的。

相对欧美，我国发展数字电视有自己的优势。一是有政府相关政策的支持，在政策的支持下我国有线电视业的成长只用了十几年的时间，数字电视业的发展预计也不例外；二是国内有旺盛的市场需求。目前，大多数中国人仍然以电视为最主要的日常娱乐和信息来源。数字电视推出后，由于其先进的功能，很容易得到消费者的喜爱。因而，我国数字电视产业市场的潜力非常之大。

国家广电总局近期表示“已正式推出27套付费电视”，“2015年我国将停止模拟电视播出”，“我国将于2004、2005两年分别试播地面数字电视和卫星数字电视”，“我国广播电视数字化将实施三步走：2003年是有线电视先行，2005年是直播新业务，到了2008年全面推广地面的数字电视，2015年就是全部停止模拟电视的播出”，使我国数字电视产业发展的规划进一步清晰。

由此可见，数字电视在未来将有巨大的商机。国家广电总局副局长张海涛透露，在青岛实行的“整体转换”模式是值得推广的，它由有线网络公司向用户免费提供机顶盒，但同时提供较多附加服务和提高收费，以消化机顶盒的成本。北京、上海、宁波等十一城市正在试点这种“整体转换”方式。

5. 户外电子媒体

据央视调查的数据，2004年广告市场投放量达到1 022亿元，户外广告占6%，比2003年全年的3%增长了一倍，虽与电视、报纸有很大距离，但已超过杂志、电台，稳居第三位。

从中天星河的调研数据显示，2004年上半年户外广告投放达到57亿元，同比上升1.32%。而按月走势则显示出1月的投放额表现出最强劲的上升幅度，明显高于其他月份，同比增长6%。2月、3月份开始下滑，3月跌到最低，低于同期1.32%。4月～6月份则上升明显。各地空置率比上年同期都有所下降，惟有长沙、成都有所增长，而长沙最明显，上升了9个百分点。

户外广告的到达率高，媒体种类和数量的增加，使受众逐步被分流，信息也逐渐被细化，广告信息到达成本大幅增加（见图7.7）。

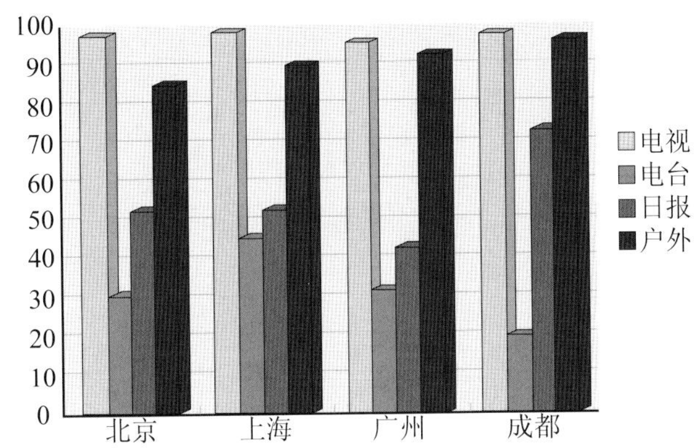

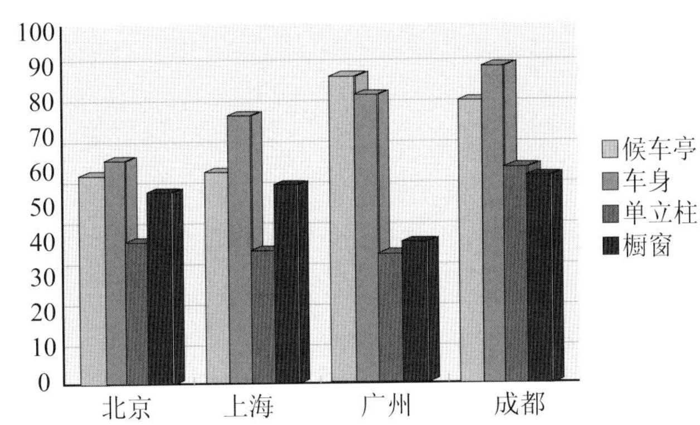

数据来源：CMMS2000。

图7. 7　主要户外媒体一周内到达率(%)

户外广告的千人成本低，目前，户外广告的千人成本，与其他媒体相比具有不可抗拒的吸引力。据调查，户外广告的平均千人成本仅相当于电视、报纸等其他媒体的1/10～1/30，在市场竞争日趋激烈，公司迫于削减成本的压力的现实中，巨大的成本优势成为户外广告倍受青睐的主要原因之一。

生活方式变化驱动户外媒体的发展。随着人们休闲活动的日益增多，现代都市人越来越喜爱旅游和运动等户外活动。社交活动增加的趋势对户外媒体广告有利。调查显示，消费者比以前更少呆在家里，显然，人们生活方式的变化对户外广告更加有利。于是，越来越多的企业开始将广告资金投向户外。据亚洲香港市场研究公司对中国2 700个样本、126个品牌的测试结果表明，在建立品牌广告知名度方面，户外广告已跃居为仅次于电视的第二大媒体。

户外广告成为建立广告知名度的第二大媒体（见图7.8）。

（基于2 700样本，126品牌的测试结果）

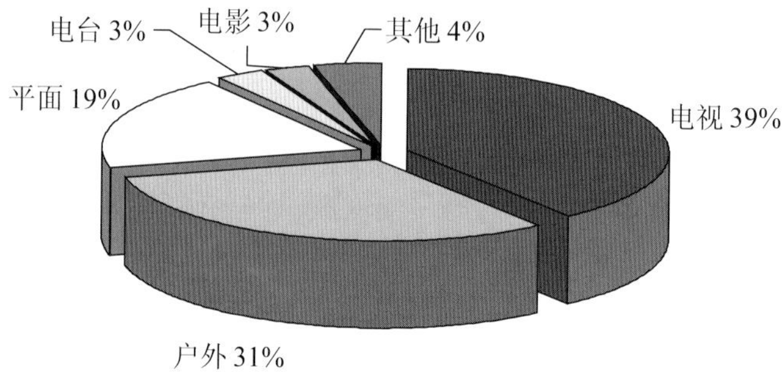

数据来源：Millward Brown。

图7. 8　各大媒体知名度的调查图

受2008年奥运及2010年上海世界博览会的刺激，业界预期，户外广告2004年的增幅可能达至20%，超过130亿元。

业内人士指出，目前，内地户外广告80%的客源，掌握在规模较小的广告公司手中。由于政府对户外媒体的管制相对宽松，这为户外广告市场创造更大的操作和市场空间。

户外广告与其他广告媒体比较，可以覆盖的观众数量与电视广告相差不远，但价钱仅为电视广告的1/7，亦只为平面广告的1/3。随着客户销售市场的延伸，三四线城市肯定会迎来新的机遇。

6. 楼宇视频媒体

楼宇视屏媒体业是近两年在国内快速发展起来的新兴行业，有着广阔的市场空间和超过20%的较高的投资回报率。据了解，目前国内从事楼宇视频媒体的主要有8家公司，而有能力覆盖全国市场的不多。业界人士甚至估计，这一趁人们等候电梯的空隙掘金的新兴传媒市场，将在未来5年内吃下一个20亿元的“大蛋糕”。

调查显示，人们花在等候和乘坐电梯上的时间每天达303秒。有60.7%的人表示每次都会看或经常看写字楼内的广告，其中每次都会看的人达到26.1%。

现代市场经济中，各种各样的产品特别是中高端产品，日益倾向于清晰、特定的人群定位。而广告主的传统做法就是在大众媒介上做广告，由于大众媒介的受众群体比较庞杂，受众群很难清晰界定，很多指向高端消费者群体的产品广告可以说浪费了大部分的广告费用。而楼宇视频媒体锁定的人群正是高学历、高收入、高消费能力特征的“三高人群”，更适合广告的“有的放矢”。

未来5年内我国整个广告市场为1 000亿元～1 500亿元。我国商业楼宇视频的广告市场空间在50亿元以上，目前开发的尚不到1/10。对于上班族而言，他们的12个小时都是在户外度过的，除了8小时上班时间外，有4小时都是在路上或是在户外活动中度过的，市场潜力可想而知。

目前在以上海、北京、深圳和广州为主的一线城市，约80%的高档楼宇中都安装了液晶显示屏，日覆盖人次在2 000万以上。

这种项目前期虽然投入大，但等到楼宇网络建设到一定的成熟度，在后期就会看到投资的回报。楼宇视频媒体的成本相比传统视频媒体要低，获利空间相对可观。

参　考　文　献

[1] 谭文清："中国文化产业投资价值分析报告"

[2] 喻国明："中国传媒产业发展轨迹与前瞻"，人民网，2004年12月1日

[3] 喻国明："对媒体产业发展状况的基本判断"，《中国新闻研究中心》，2003年12月16日

[4] 闵大洪："中国社会变革与新媒体使用"

[5] 喻国明："中国传媒产业发展现状与趋势"，《中国文化产业网》，2004年8月12日

[6] "传媒行业：群雄逐鹿 合纵连横"，中经评论，2003年2月10日

[7] 普华永道公司，《全球娱乐及媒体事业前瞻：2004～2008》，2004年7月14日

[8] 中国文化产业网：www.culture.org.cn

[9] 传媒资讯网：www.chinese.mediachina.net

[10]iResearch － China：www.iresearch.com.cn

第八章　汽车行业投资分析报告

2004年我国汽车产业继续保持了增长的势头，各类汽车保有量接近2 000万辆。有这样巨大的汽车保有量，同时汽车的需求量也在不断增长中，因此，作为经济增长的强劲引擎的汽车产业，已经开始在我国经济发展中占有越来越重要的地位，也越来越成为投资者重点关注的行业。

风险投资行业对于汽车行业的关注，从本文观点来看，应重点关注汽车零部件产业（本报告介绍了汽车电子产业）、汽车服务业、电动汽车产业等高科技中小企业密集的产业链部分，同时这部分也正是汽车产业链中产品附加值最高的部分。因此在分析报告中，作者也打算就这些重点的内容展开论述。

一、2004年汽车产业发展概况

2004年1月～10月汽车产销422.96万辆和413.40万辆，同比分别增长18.78%和18.83%。产销率97.74%，与去年同期基本持平。全年汽车产量可达505万～510万辆，同比增长14%左右，销售汽车495万～498万辆，同比增长13%左右，产销率98%左右，基本与2003年持平（见图8.1）。2004年4月份以来，由于国家经济宏观调控的加强以及银行汽车消费信贷的紧缩，国内汽车消费受到了一定的影响。同时由于2004年5月以来国内主要轿车厂商相继全面调整其产品价格而导致消费者持币待购心理增强，轿车销量的增速大幅回落，进而影响到汽车全行业的销量水平（见图8.2）。总的来说，2004年汽车产业呈现出如下特征。

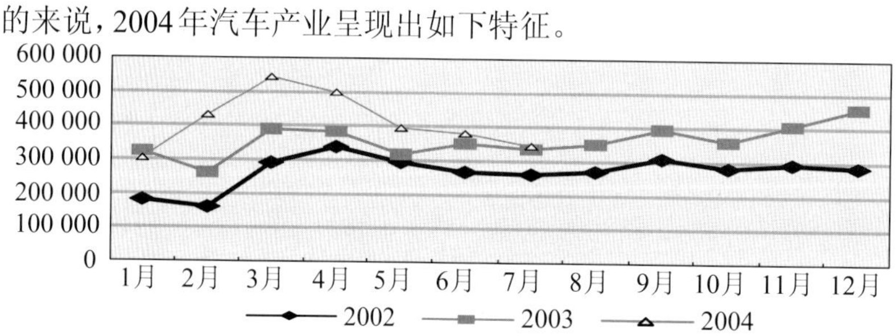

资料来源：中国汽车技术研究中心。

图8.1　2002年～2004年各月度销售情况

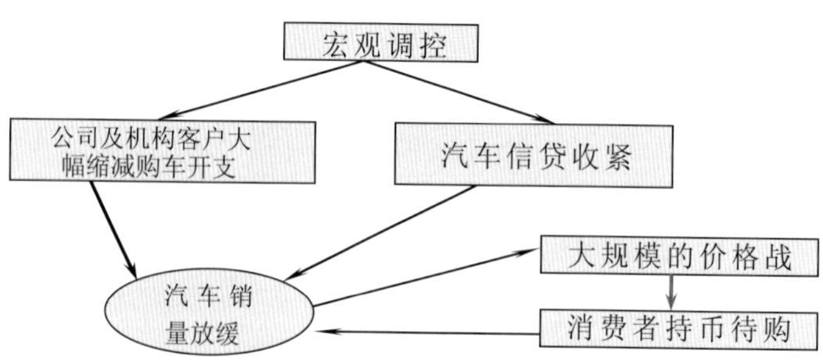

资料来源：华泰证券研究所。

图8.2　行业增长速度放缓的内在动因

（一）行业产销保持适度增长，细分车型增速平均化[1]

对各细分车型的产销情况进行分析，可以发现九大细分车型增长速度趋于平均化。其中，轿车依然保持较高的增长速度，但较2003年77.5%的增长速度相比出现大幅下降，由于轿车已经占据了整个汽车行业销量的46%，其增速下降是造成汽车行业增速减缓的主要原因；大客车行业增长速度最快，同比增长51.56%，主要原因是大客车在2003年受“非典”影响，基数较低，2004年出现恢复性增长；重货、中货、微型货车则分别因为2003年同期遭受“非典”、治理大吨小标和超载、严格安全排放标准等影响，在2004年也出现了一定程度的恢复性增长；轻型客车总体增速有所放缓，但其细分市场中的MPV和SUV市场仍实现了30%以上的增长；微型客车、中型客车继续保持缓慢的增长（见图8.3）。

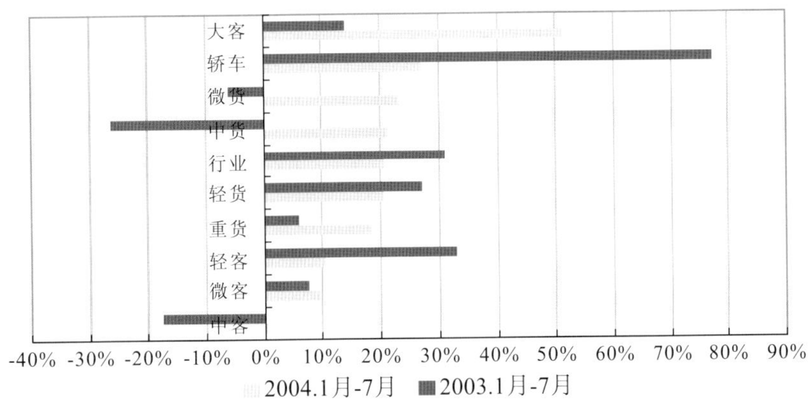

资料来源：中国汽车技术研究中心。

图8.3 2004年1月～7月各细分车型的增长情况

（二）盈利增速趋缓，产业利润空间受到挤压

从我国汽车行业的各项经济指标看，自2003年下半年以来，汽车行业的整体盈利能力持续下降，行业利润总额增长速度也由2003年1月～7月份的92.68%下降到2004年1月～7月份的10.23%（见图8.4）。原材料价格上涨以及产品价格下调的双重挤压使我国汽车行业盈利水平受到了很大影响。其中，商用车盈利下滑的主要原因在于原材料价格的上涨，而轿车等乘用车盈利增长趋缓的根本原因在于价格下滑。

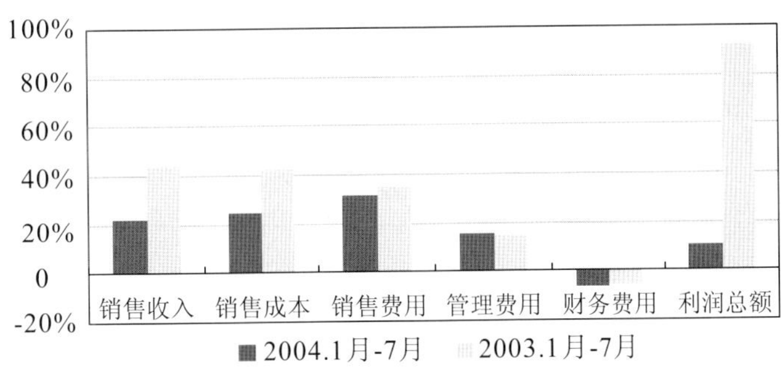

资料来源：国研网。

图8.4 2004年1月～7月汽车行业主要经济指标增长速度与上年同期比较

① 于国庆：“汽车行业四季度分析报告”，2004年10月14日。

汽车行业整体毛利率与利润率（利润总额/销售收入）水平也显示出汽车行业盈利能力持续走低的趋势（见图8.5）。虽然国内汽车企业仍具备规模效应发挥和效率改善的空间，成本、费用有下降的余地，但在今后两年左右的时间里汽车价格集中下滑的态势难以改变，同时钢材等原材料仍处于高位运行，最为关键的是行业利润在受到双重挤压的同时，各个厂家的价格战并没有改变汽车销量增长速度的放缓。就2004年全年的情况看，汽车行业整体盈利能力下降几乎已成定局。

在行业盈利能力出现下降的同时，汽车行业特别是轿车行业的分化也日渐明显。无论是利润总额增长率还是企业利润率均出现了较大的分化。从图8.6中可以看出我国轿车行业的竞争程度正在加剧，但在日益激烈的市场竞争面前，不同企业所面临的处境是不同的，老牌轿车企业上海大众、一汽大众、神龙汽车利润出现了较大幅度的下滑，出现这种情况的主要原因在于这些企业后备车型竞争力不强，老车型尽管相对稳定，但价格下滑导致利润滑坡。而上海通用、广州本田等优势企业仍然处在利润率的快速上升期，利润的提高以及规模的快速增长使得这些企业的利润水平高速增长。

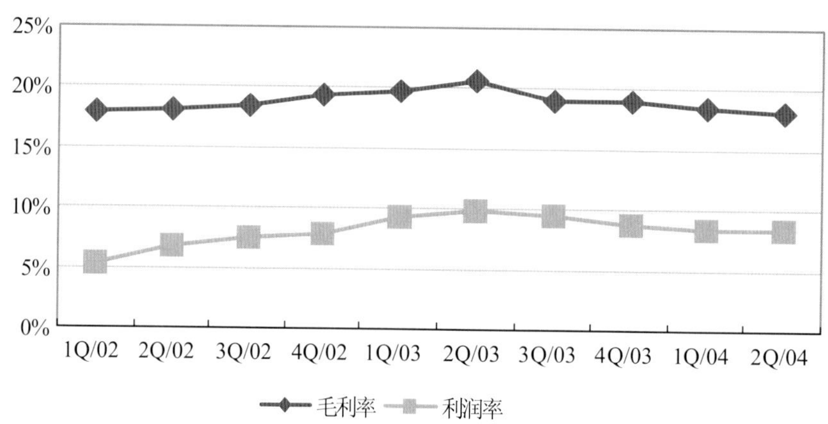

资料来源：华泰证券研究所。

图8.5　2002年以来汽车行业盈利能力变化情况

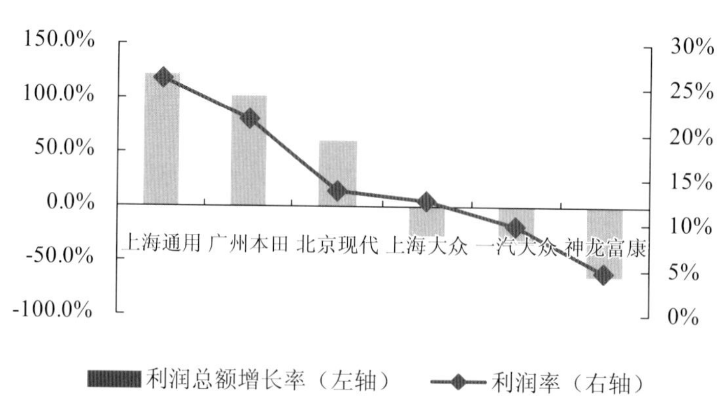

资料来源：国研网、华泰证券研究所。

图8.6　2004年1月～7月主要轿车企业利润总额增长率及利润率

（三）行业短期增长乏力，长期潜力尤存

从目前汽车行业的发展趋势看，汽车行业产销规模总体向上的格局不会发生改变，轿车行业仍然是未来汽车行业发展的主导力量，轿车行业的增长速度将在很大程度上决定整个汽车行业的走向。在需求方面，由于影响行业增长的一些因素依然存在，短期内汽车消费依然受到一定压制，但从长期看来，随着我国国民经济水平的持续快速发展，汽车特别是轿车消费依然具有极大的市场潜力，2004年产生的持币待购所积蓄的消费潜能很可能导致2005年汽车消费的恢复性增长。

回顾过去的2004年，包括信贷消费、治理超载等政策环境的稳定及车价下调，使得传统销售旺季的来临，各类车型的正常需求将稳定增长，但难以再现高速增长。考虑到关税下调、配额取消等政策因素的影响，汽车尤其是轿车很可能再次面临类似2000年严重持币待购现象，加上2003年末高速增长的因素，2004年汽车行业增长率在16%左右。其中轿车销售增长率20%，销量在235万辆左右。就当前的情况看，行业利润增长仍会维持在10%以上。

二、2004年国内汽车产业发展环境分析

2004年，我国汽车产业的发展环境正在日益完善，国民经济持续快速发展，人民收入和消费水平不断提高，对汽车、住房等10万元级商品的消费能力日趋增强，同时在这一年国家也出台了一系列政策，改善汽车消费环境，鼓励居民购买汽车，国际汽车巨头悉数进入中国，带来了先进技术和经营理念，可供消费者选择的车型大幅增加，但同时石油及钢材价格不断上涨，汽车消费环境的制约因素，形成了汽车产业潜在投资的风险因素，将影响到汽车产业的更快发展①。

（一）宏观经济增长拉动汽车产业持续快速发展

2004年上半年，我国GDP增长高达9.8%，工业生产快速增长，目前来看我国经济高增长格局已基本形成，2005年我国经济发展的国内外环境将继续趋好，部分高投资行业开始出现供求关系逆转，上游价格涨幅趋缓。从消费市场看，目前也具备了进一步快速发展的动力和空间。首先来自于城市居民消费结构升级的需求，住房、汽车作为城市消费主打，对整个消费市场拉动趋势非常明显，尤其在发达地区更是如此。从中长期看，我国消费市场保持较快增长是完全有可能的，我国仍属发展中的低收入国家，大部分农民正处于从温饱到小康的转化过程中，居民的消费水平目前也还不高，汽车等耐用消费品拥有率比较低。

2004年上半年城镇居民人均可支配收入4 815元，比去年同期增长11.9%，扣除价格因素，实际增长8.7%，增幅比去年同期提高0.3个百分点。上半年，城镇居民人均消费支出3 484元，增长12.0%，扣除价格因素，实际增长8.7%，与收入同步。上半年人均交通支出192元，增长44.5%。在交通支出构成中，交通工具及服务支出增长最快，人均支出69元和19元，分别增长93.2%和48.3%；交通费和燃料支出分别增长20.9%和38.4%。截止到2004年6月底，每百户居民拥有汽车2.04辆，比去年同期增加0.95辆，增长71.4%。目前我国经济已步入新一轮增长周期，随着市场化程度的不断提高，经济增长的内生性、稳定性进一步增强，内需将会进一步扩大，消费政策、消费体制、消费环境也会得到进一步改善，这些都将为汽车消费增长带来巨大潜力。

---

① 朱敏："我国汽车产业发展环境分析"，《中国经济时报》，2004年11月25日。

（二）有关汽车产业生产、消费的国家政策不断完善

为了促进汽车产业的健康、快速发展，国家近年来颁布了一系列有关汽车业的产业政策，来规范汽车业的生产、销售和技术开发等环节，汽车产业政策重点从生产环节向销售环节转变，以便更好地发挥汽车产业的支柱作用。

2004年的汽车产业政策回顾及相应的政策出台产生的影响分析如下：

1. 2004年汽车产业政策回顾与分析①

新政策的实施无疑是汽车行业发展的风向标，指引着我国汽车工业逐步走向健康发展。综观今年新推出或新实施的与汽车业相关的政策条文，不难看出，2004年不仅有关产业政策的诸多细则出台频繁，如《汽车品牌销售管理办法》及《二手车流通管理办法》，而且众多有关汽车产业方面的政策也在今年开始实施，如《汽车贷款管理办法》、《缺陷汽车产品召回管理规定》、《汽车产业发展政策》等。总而言之，2004年实行或出台的新政策，继续以鼓励汽车消费、支持汽车产业发展作为方向，并且更为理智、更为灵活、更从实际出发，以人性化作为基本，对国内汽车行业的发展具有重要的影响。

（1）《中华人民共和国道路交通安全法》（实施时间：2004年5月1日）

2004年5月1日，新的道路交通安全法正式实施，标志着我国道路交通事业全面走向法治时代。新交通法开始执行轻微交通事故可以私了、高速飙车将受重罚、肇事逃逸终生不得开车、验车无须停车泊位等规定。其中新交法中否定“撞了白撞”、“机动车撞人负全责”的规定也引起了社会的大讨论，北京、广东等地已在新交法的执行中增加了相应条款，在行人有违法行为且机动车驾驶人已经采取必要处置措施的情况下，机动车撞人可不负全责。

以人为本、公平与便民的原则是这部法律的最大特点。比如，行人在人行横道上拥有绝对优先权，强制实行保险和社会救助基金等。同时，该法律力图培养合法的交通行驶习惯，对违反交通规则的司机和行人罚款力度加大，如行人冲红灯将罚款。酒后驾车等7类交通违法者将被拘留等，对我国道路交通事业有积极的影响。

（2）《汽车产业发展政策》（实施时间：2004年6月1日）

与1994年《汽车工业产业政策》相比较，新的政策主要有六大变化：一是取消了与世贸规则和中国加入世贸组织所做承诺相违背的部分，如取消了要求外贸平衡、国产化比例等政策；二是大幅度减少行政审批，强调依靠法规、技术标准引导产业；三是提出了品牌战略，鼓励自主开发具有自主知识产权的产品，为汽车工业自主发展明确政策导向；四是促进国内汽车企业集团做大做强，引导现有企业兼并重组；五是要求汽车企业重视建立品牌销售和服务体系，免除消费者的后顾之忧；六是对创造更好的消费和使用环境提出了指导性意见。

新的产业政策有利于推动汽车产业结构调整和重组，避免散、乱、低水平重复建设，并激励汽车生产企业提高研发能力和技术创新能力，积极开发具有自主知识产权的产品，明确了今后我国汽车产业发展方向。

（3）《汽车品牌销售管理实施办法（征求意见稿）》（实施时间：2004年11月25日）

作为《汽车贸易政策》体系内的具体操作方法之一，《汽车品牌销售管理实施办法》先行露面征求意见，该意见稿规定，自2005年1月1日起，乘用车应当实行品牌销售和服务；自2006年

① “2004年汽车产业9大新政策回顾”，《深圳商报》，2004年12月7日。

12月1日起，所有汽车应实行品牌销售和服务。同一品牌的网络规划应由惟一一家境内企业负责制订和实施。境外汽车生产企业可直接负责制订和实施网络规划，也可授权一家境内企业作为其汽车总经销商，负责制订和实施网络规划。

业内认为，一方面品牌销售政策的出台和实施将会对规范汽车市场的营销活动起很大的推动作用。另一方面，作为没有取得供应商授权的经销商，如果新政策照此出台，肯定会对他们产生很大震动。因此，有业内人士认为，品牌销售管理办法从厂家的角度考虑较多，而对汽车经销商考虑较少，将会增加汽车经销商的负担。

（4）《二手车流通管理办法（征求意见稿）》（颁布时间：2004年9月23日）

《二手车流通管理办法（征求意见稿）》明确鼓励建立竞争机制、拓展流通渠道、逐步放开二手车经营，鼓励有条件的汽车品牌经销商等经营主体经营二手车，以及在异地设立分支机构、开展连锁经营等。

业内认为，这对长期低迷的二手车市场无疑是一支兴奋剂。经营主体的多元化和交易方式的多元化，将极大地刺激二手车市场。而二手车交易一旦活跃起来，不仅带动相关鉴定、评估行业的发展，更将刺激新车的销售，带动整个汽车产业的发展。

（5）《缺陷汽车产品召回管理规定》（实施时间：2004年10月1日）

2004年3月15日出台的《缺陷汽车产品召回管理规定》，是我国以缺陷汽车产品为试点首次实施召回制度。按照规定，消费者或车主发现汽车可能存在缺陷有权向主管部门、有关制造商、销售商、租赁商或者进口商投诉或反映汽车产品存在的缺陷，并可向主管部门提出开展缺陷产品召回的相关调查的建议。同时车主也应当积极配合制造商，进行缺陷汽车产品召回。对于明知有缺陷或隐瞒不报的汽车制造商，主管部门除责令其进行召回外，还要向社会公布曝光，并依情节轻重处以相应数额的罚款。

建立和实行缺陷汽车产品召回制度，对保护消费者的合法权益，督促汽车经营者提高质量水平，对于促进全社会诚信水平的提高都将起到积极作用。

（6）《汽车贷款管理办法》（实施时间：2004年10月1日）

新的《汽车贷款管理办法》和1998年发布的《汽车消费贷款管理办法》相比，变化较大：一是扩大了贷款人的范围，将贷款人由国有独资商业银行扩大为包括各商业银行、城乡信用社以及获准经营汽车贷款业务的非银行金融机构；二是将借款人细分为个人、汽车经销商和机构借款人，对不同借款人申请汽车贷款规定了不同的资质条件，提出了相应的风险管理要求；三是针对不同类型的汽车贷款，规定了不同的贷款期限、贷款最高限额和相应的风险防范措施；四是强化了对汽车贷款的风险管理。

新办法出台显示了车贷市场在经历一片混乱的局面后，中央管理层开始整顿车贷市场，这将有利于整个车贷市场健康发展。同时，新汽车贷款办法的实施，为外资介入汽车金融业打开了大门，竞争主体的增加，使老百姓的车贷选择更加丰富。

（7）《汽车贸易政策（征求意见稿）》（实施时间：2004年10月26日）

《汽车贸易政策（征求意见稿）》在汽车销售、二手车流通、汽车配件流通、汽车报废与回收以及汽车贸易等方面作了诸多规定。比如，汽车供应商和经销商应当通过签订书面合同明确双方的权利和义务，还将实施汽车品牌销售和服务，鼓励二手车流通和汽配流通全面放开等内容。

作为我国加入WTO必备通行证，该政策的出台意味着我国汽车产业从配件、产销到旧车交易向外资全面开放，一些非品牌销售商将面临淘汰，而外商独资有望进入二手车市和汽配领域，在一定程度上会引起车市全方位的洗牌。

（8）《乘用车燃料消耗量限值》（实施时间：2004年10月28日）

《乘用车燃料消耗量限值》由国家质量监督检验检疫总局和国家标准化管理委员会联合发布，该标准按照整车整备质量对乘用车燃料消耗量的限值提出了要求。比如一辆整车整备质量为1吨的乘用车在第一阶段的燃料消耗限值是8.3升／百公里，第二阶段是7.5升／百公里。

该标准将分两个阶段实施。对于新开发车型，第一阶段的执行日期为2005年7月1日，第二阶段的执行日期为2008年1月1日，正在生产的车型分别比新开发车推迟一年实施。

新标准的实施有望减少因为汽车保有量日益增加而能效较低所带来的能源浪费，同时亦有助于国内合资汽车企业引进真正的先进技术。

（9）《节能中长期专项规划》（实施时间：2004年11月25日）

《节能中长期专项规划》提出：我国将研究鼓励发展节能车型和加快淘汰高油耗车辆的财政税收政策，择机实施燃油税改革方案；取消一切不合理的限制低油耗、小排量、低排放汽车使用和运营的规定；同时，研究鼓励混合动力汽车、纯电动汽车的生产和消费政策。

这意味着，小排量汽车将不再受限。而随着燃油税改革方案的实施，小排量汽车的市场地位可能发生翻天覆地的变化。

2. 召回制度实施对汽车产业发展影响分析

2004年3月15日，历经4年研讨的《缺陷汽车产品召回管理规定》正式发布，并从2004年10月1日起实施。召回制度的实施将会对汽车产业的发展带来深刻的影响，从而改变目前国内汽车产业的布局进而影响到对于汽车整车和零部件产业以及汽车服务业的投资①。

从汽车产品召回的实施对汽车产业的影响来看，主要在于下几点：

（1）召回维护了制造商负责任的形象，可能对品牌产生正面影响。

实施汽车召回制度，对汽车需求的负面影响在一定条件下将转变为为正面影响，汽车召回对需求的影响，可大致分为三种：

第一，短暂、有限的负面影响。从国外汽车召回制度建立的初期看，汽车召回会对相关品牌汽车产品销售有一定负面影响。但及时、非重大质量缺陷的召回，却对消费者品牌选择的负面影响相当有限，中国的消费者必将逐步成熟起来，并越来越意识到“汽车召回将极大地保护消费者和车主的合法权益”。

第二，相当程度、甚至严重的负面影响。根据对国际召回案例的研究，汽车召回具有以下三种特征，才会产生相当程度、甚至严重的负面影响：一是重大质量缺陷、巨量召回并存，如三菱汽车的召回；二是重大质量缺陷、恶意隐瞒并存，如三菱汽车的召回；三是重大质量缺陷、巨额诉讼并存，如福特对伟世通（VISION公司）轮胎的召回（2000年～2001年间，福特召回了1 300万条伟世通轮胎；并在其2000年报中指出，诉讼支出而非全部召回支出，在2000年底已达到5.9亿美元）。

第三，一定程度的正面影响。在成熟的消费市场，及时非重大质量缺陷的召回，配合以恰当的公关活动及完善的售后措施，汽车召回所产生的短暂、有限的负面影响会转化成一定程度的正面影响，从而提高产品的诚信度。

例如，截至2004年6月，广州本田的“免费维修”（实质是“召回”）却已先后进行了四次，横跨两年。从数字看，得益于良好的性价比、强大的品牌优势，以及“免费维修”为产品增加的“诚

① 赵雪桂：“汽车召回对整个行业影响几何？”，《国际金融报》，2004年7月8日。

信度”，广州本田年销量已从2002年的59 151辆，上升至2003年的117 129辆。

（2）召回制度增加了汽车企业运营成本，削减了企业利润。

增加召回成本，削减企业利润。与召回相关的召回成本，大致有四种：维修成本（主要成本，包括配件、人工费用）、运输成本（在总召回成本中占有比例低）、违规成本（或有成本，目前《缺陷汽车产品召回管理规定》对制造商的违规罚款过低，只有1万～3万元）、诉讼成本（或有成本，金额难以预测）。

（3）召回制度提高汽车行业的进入门槛。

有助于汽车行业加速优胜劣汰。在国家决定实施汽车召回制前夕举行的听证会中，与会厂商基本分成了两大阵营：正方认为，此时实行汽车召回制没有问题，其代表厂商基本是产品质量高，市场占有率大，实力雄厚的汽车集团公司；而反方则表示时机不成熟应延缓实行，其代表厂商多是刚入行、品牌知名度低、产品质量还有待提高的汽车企业。

汽车召回制度是对国产车质量的挑战，部分简单“拼装”的国产车未来前景不容乐观，有被迫退出汽车市场的可能。从这个意义上说，《缺陷汽车产品召回管理规定》的实施，将有助于抬高汽车行业的进入门槛，并有助于整个行业加速优胜劣汰的过程。预计更加注重产品质量并有良好技术背景的企业将在未来的竞争中胜出。

三、2004年汽车产业投资机会分析

（一）我国汽车零部件产业投资机会分析[①]

在汽车零部件产业分析中，本报告将主要对其中的汽车电子产业进行分析，原因在于汽车电子产品在汽车零部件产业中技术含量高，代表了汽车产业发展的方向——智能化、更安全的汽车。从这方面来说，汽车电子产业应成为风险资本介入汽车产业的突破口，值得特别关注。图8.7列出了近几年汽车零部件市场发展的情况。

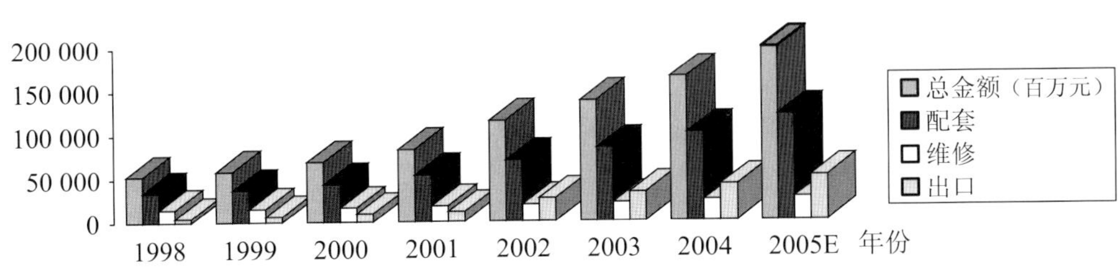

资料来源：中金公司研究部。

图8.7　汽车零部件市场发展情况

中国汽车电子产品市场规模在未来几年将会保持快速增长的态势。到2005年，中国汽车电子产品市场需求额可达到1 050亿元。根据相关的调查分析表明，我国目前发展前景较大的汽车电子产品市场如表8.1所示：

① 周智勇：“中国汽车电子市场和发展机会分析”，《电子工程专辑》网站：http://www.eetchina.com/。

表8.1 中国具有市场前景的汽车电子产品

汽车电子产品	2002年～2004年市场需求的年均复合增长率
GPS	82.60%
ABS	46.10%
车身电子控制	29.20%
车载DVD	25.80%
安全气囊	34.20%

数据来源：《汽车电子世界》和《国际电子商情——市场研究》，http://www.esmchina.com/。

由表8.1可见，与汽车行驶安全和控制相关性不大的车载娱乐和导航信息系统、车身电子是我国汽车电子产品市场的主要发展方向。主要有以下几个投资热点：

1. 车载自主导航系统产业发展迅速，存在投资机会

汽车电子地图市场的发展，将驱动对GPS、电子地图存储设备、显示设备的巨大需求。Strategy Analytics预测，全球导航系统的年需求将由2002年的430万套增加到2010年的1 220万套。Telematics Research Group预测，GPS接收机的需求将从2004年的940万台，增加到2010年的3 000万台。预计到2005年，覆盖我国大部分地区的导航电子地图产品将面世，以满足2008年北京奥运会和2010年上海世博会对汽车导航产品的需要。

由于全球汽车市场的增长主要来自我国，国内车载自主导航系统市场的快速发展对全球市场有举足轻重的影响。据日本媒体报道，基于DVD/HDD的导航系统正在呈现增长的趋势，此类系统的全球销售量有望在2004年突破1 000万个，在我国虽然此类系统只是在2003年才刚刚推出，但预计其销售量到2008年将超过100万个。电子地图数据提供商将在此巨大的市场需求推动下获益。现在比较敏感的是电子地图的普及有可能涉及国家安全问题。

此外，汽车无线电接收机技术正在从模拟接收方式向数字接收方式演变，基于软件无线电技术的数字信号处理器将引领车载数字无线电接收机的发展方向，最终有可能将AM/FM、电视接收机和卫星数字广播接收机、GPS甚至通信等功能集成为一体。飞利浦CarDSP解决方案可提供增强的多路径修正和各种天线自适应功能，对于改善AM/FM或数字广播无线电等车载视听设备品质有重要意义，值得关注。

2. 汽车车身网络系统产业具备投资潜力

由于汽车电子电器数量的急剧增多，为了减少连接导线的数量和车身的重量，网络和总线技术在此期间有了很大的发展，目的是解决汽车电子子系统的增加带来的数据传输的安全性、可靠性、车内线缆总长度太长导致车重增加等问题，并满足线控汽车的需要。国际汽车巨头和顶级汽车半导体制造商提出了一系列汽车总线标准，包括：IDB-1394和MOST(用于多媒体)、FlexRAY和TTCAN(用于线控)、CAN、IDB-C和GMLAN SWC(用于动力总成控制)、J1850和LIN(用于车身控制)、Keywrod2000和ISO 9141(用于诊断)。

我们认为，汽车车身网络系统的发展将为风险投资进入我国汽车电子产业带来了很好的机遇和切入点。据信息产业部经济运行司的预测，车身网络系统产业将从2003年的10.32亿人民币增长为2007年的50.33亿元人民币，增幅为3.8倍，仅次于车载信息通信系统的增幅（2007年比2003年增长4.2倍）。因此，对具有LIN/CAN总线接口的MCU、相关的功率驱动器件、电机控制MCU

和执行电子机械构件的车身电子产品将产生存在巨大需求。

3. 汽车安全系统产业市场需求增长最强劲

据 Strategy Analytics 公司的市场研究报告指出，汽车安全系统是汽车电子领域增长最强劲的需求之一，年平均增幅达到25% 以上。杜邦汽车最新调查表明，大部分用户认为最需要考虑的问题是汽车的安全性，它比汽车性能、车载娱乐和燃油效率都更重要，安全气囊和 ABS 有望成为标准配置。国际汽车安全系统市场正呈现主动和被动安全系统先分别发展然后走向融合的趋势。

目前，国内新兴的汽车电子在汽车安全产品的设计方向上，主要开发轮胎压力监测系统 (TPMS)、以防止正面、侧面和后面碰撞为目的的汽车雷达系统。国内在 ABS 和安全气囊的研究才刚刚起步，在胎压监控系统方面，目前200多万辆通用和福特公司的汽车正在使用这种直接 TPMS（直接轮胎压力监控系统）技术，预计到2008年将达到2 930万套左右，平均复合增长率为44%。国内胎压监测系统市场还处于产品完善和市场起步阶段，整套系统价格高昂，产业化配套的市场具有很大潜力。

4. 汽车电源管理系统产业市场需求以 5% ～8% 速度增长

德尔福的研究预测，汽车电子系统对电力的需求从现在到2030年将保持每年5% ～8% 的速度增长，在过渡阶段42V/12V 电力系统有望成为事实上的车辆电力系统标准。目前国外高级轿车电子产品需要的导线超过2 000线、各种控制器件的触点超过4 000个、导线总长度超过4 000米、重量大于40千克、电机和 MCU 超过100个，采用42V 电力系统之后，现有主流导线截面积由0.5mm^2 ～1.5mm^{2}降低为0.35 mm^2，带来的好处表现在：

（1）相同功率下，导线流过的电流要小，降低了每欧姆导线的损耗，油耗降低10% ～20%；

（2）导线节省出来的空间可以添加新的电子系统功能；

（3）采用铝线代替铜线，并更多地采用柔性导线，电机的尺寸可以做得更小；

（4）符合混合燃料汽车发展的需要。

最新的消息显示：由于能源和环保等问题，我国将在1年～2年内启动混合动力汽车的大规模生产，我国汽车行业将采取根据需要逐步提高汽车电力系统电压的方式 (12V、16V、24V、36V……) 来满足对电源快速增长的需求，这两方面因素的作用下有可能引发对各种汽车电源转换模块 (DC-DC 转换器)、高电压 / 高电流功率器件的需求大幅度增加。

国内汽车市场的快速发展促进了电子信息产业向汽车电子领域的渗透和发展，通过本文的分析可以看到：GPS、车身电子、ABS 和安全气囊、以及胎压监测等领域是我国汽车电子行业利用国外方案进行开发的主要发展方向，娱乐、舒适、安全和环保是我国汽车电子发展的推动力。

面对我国潜在的巨大汽车电子市场，国外汽车电子供应商已积极介入。据赛迪顾问统计，近几年新成立的汽车电子企业中，合资企业约占70%，合作伙伴中有许多是汽车电子零部件行业的跨国公司，这些企业已经成为我国汽车电子产业发展的主要力量。与先进的跨国公司相比，我国汽车电子企业正处于起步发展阶段，根据统计，我国汽车电子企业或涉及汽车电子生产的企业有1 000多家，但绝大部分企业规模都比较小，产品单一并且技术含量较低，与世界汽车电子业跨国公司的差距在不断拉大。汽车电子产业作为汽车零部件产业的重要组成部分，也是汽车零部件产业发展中技术含量和投资价值最高的部分，值得风险投资机构对此领域多加关注。

（二）汽车服务业投资机会分析

汽车服务业所包含的范围非常广泛，从汽车生产到最后报废过程中，除了生产环节外，都可以归结为汽车服务业。在成熟的汽车市场当中，汽车服务的利润约占整个汽车业利润的50% ～

60%，而汽车生产和零部件供应利润只占40%～50%左右。截至2004年底，我国个人汽车保有量接近2 000万辆，其中，个人轿车约700万辆。我国庞大的汽车保有量和日益增长的需求量（见图8.8和图8.9）为汽车服务业的发展提供了巨大的成长空间。

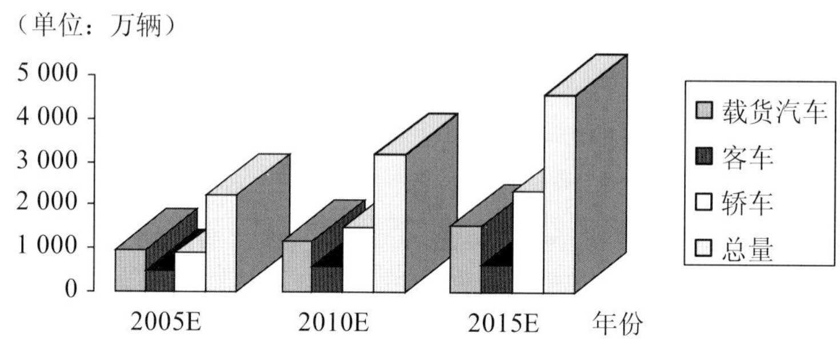

图8.8　汽车保有量预测表

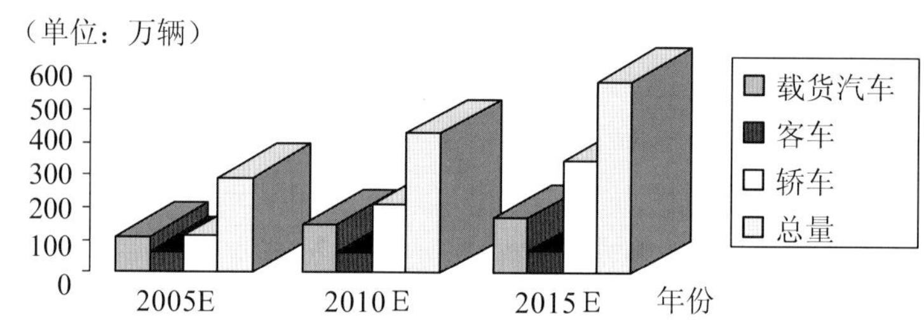

资料来源：上述两图均根据国家“十五”计划相关资料整理。

图8.9　汽车需求量预测表

我国目前的汽车服务业中，汽车分销与服务体系存在诸多问题，比如销售功能不健全，代理制不规范，区域代理商价格不统一，金融业支持不够，旧车交易市场不发达，汽车配件和维修市场混乱，汽车质量缺陷问题得不到有效处理等。汽车服务业的巨大发展前景与良莠不齐的现状形成巨大反差，这也为民间投资者进入本行业提供了投资机会。

近年来，从汽车维修、养护，到汽车美容、加油站等，外资纷纷涉足汽车服务业，对成长初期和长期处于小、散、差的汽车服务市场构成了竞争压力。但我国汽车服务业良好的市场前景，以及引入先进经营理念、业态、技术设备、人才的巨大潜力，为风险投资公司进入汽车服务业提供了良好的投资前景。

1. 汽车维修保养业投资机会分析

我国的汽车行业正处于高速发展的阶段。2004年最新调查结果表明：如果消费环境宽松，大城市将有8.4%的家庭在半年内买车，11.8%的家庭在1年～2年内买车，33%的家庭在3年内买车。开车旅游正在成为生活的必需，100%的受调查人都说非常喜欢开车去旅游。专家估计，2010年，我国汽车拥有量将从目前的不足2 000万辆上升到5 000万辆以上，汽车产量也将从现在的200万辆提高到500万辆以上。各方面分析表明，上述数字还相当保守。因此，我国将继美、日、欧之后，成为世界第四大汽车市场。

汽车作为一种消耗品，在其使用周期内需要消费者不断投资，维修保养是其中占比很大的部分，众多资本关注汽车维修保养业市场。该产业具有如下特点：

（1）市场前景超过整车销售。根据欧美国家统计，在一个完全成熟的国际化的汽车市场中，汽车的销售利润在整个汽车业的利润构成中仅占20%，零部件供应的利润占20%，而50%～60%的利润是从服务中产生的。美国的汽车服务业的营业额已经超过汽车整车的销售额，其中，单单一个汽车美容业年产值已超过2 500亿美元。

（2）投资回报率高于整车销售。与整车相比，汽车服务业的资金起点很低、技术含量也较低。在汽车业发达的美国，从事汽车服务的“美国汽车俱乐部”公司，全美40%以上的司机都是它的成员，会员数3 900万人。它为会员提供从车险、维修、旅游地图到住宿安排的全面服务，1999年营业额达28亿美元。

目前，在国内投资一家略具规模的汽车服务企业启动资金大约在100万～300万元左右，对于一些已经具备一定经济实力的投资者来说是比较适宜的，业内人士介绍说，如果经营得法，一般半年到一年就可以收回投资，回报率非常高。目前国外的大汽车服务商非常看好我国市场，2004年，外资将可以介入汽车服务业，虽然目前他们还没有来得及真正大举进入，但留给国内企业的时间已经不多了。因此，国内的企业应该早做准备，抓住机会，通过对目前零散市场的整合，抢先占领一席之地。对于那些有投资价值的企业，也正是风险投资机构介入的合适时机。

（3）汽车美容养护需求前景看好。汽车美容主要包括车表美容（汽车清洗、除去油性污渍、新车开蜡、旧车开蜡、镀件翻新和轮胎翻新）、车饰美容（车室美容护理、发动机美容护理和行李箱清洁）、漆面美容（漆面失光处理、漆面划痕处理和喷漆）、汽车防护（粘贴防爆太阳膜、安装防盗器、安装语音报警系统和安装静电放电器）和汽车精品（汽车车香水、车室净化、装饰贴和各种垫套）等5个方面。

目前，美国的汽车美容养护业已经占到美国汽车保修行业的80%。2002年全球汽车美容业产值约为10 000亿美元，其中美国为3 500亿美元以上。在我国随着轿车拥有量特别是私家车拥有量的增加，汽车美容养护业开始被有车族熟知，并逐渐走向专业化经营模式，以养代修的爱车新理念逐渐被广大有车族所接受，汽车的美容养护需求前景渐被业内人士所看好。

2. 汽车金融业投资现状与机会分析[①]

2004年汽车金融的发展正处于一个相对艰难的时期，运营资金太少是导致目前国内已经成立的两家汽车金融公司缺乏竞争优势的主要原因之一。从发达国家比较成熟的金融市场来看，汽车消费金额的60%～70%都依赖于贷款。而在我国，2001年～2002年汽车销售井喷时期，银行的汽车消费信贷在个别城市曾达到了消费贷款总额的30%，但从2004年开始汽车贷款就大幅下降了。来自中国人民银行的数据表明，2004年6月底，汽车类消费贷款的余额是1 833亿元，而到了9月底，下降到1 600亿元，净减少了233亿元。这种现象在国内的金融历史上是罕见的。

目前，我国汽车金融业的发展还面临着几方面的阻碍因素。首先就是社会征信体系的不健全，导致了过高的坏账率。据金融系统的统计，到2004年6月底，银行汽车类消费贷款总额达到了1 833亿元，而据称其中车贷坏账达到了900亿元。

其次，目前车市的价格体系不稳定抑制了汽车金融的发展。能源和原材料的涨价以及与国际市场接轨步伐的加快，导致了汽车售价的下降。在这种情况下，如果价格的下跌幅度超过了汽车消费贷款的首付比重，就可能使得有还款能力的人也加入到逃废债务之列。

第三汽车金融公司运作所需的资本高昂。当时政府批准大众和通用这两家汽车金融公司的成立主要是为了推动汽车金融市场的形成与汽车销量的扩张，但是目前来看，没有达到先前的预期效果。原因就在于汽车金融公司的贷款利息比银行正常汽车类消费贷款利率还高1.1～1.5个百分点。出现这种情况主要原因之一就在于目前的汽车金融公司资本金规模太小。比如，大众汽车金

① 徐宏源：“展望2005年：汽车产业形势与汽车金融分析”，国家信息中心宏观预测部，2004年12月。

融公司，注册资金仅有5亿元。资本金的不足导致了资金的运作成本比较高，无法推出质优价廉的汽车贷款产品，达不到真正推动汽车消费的效果。

我国的汽车工业和汽车金融业的前景广阔。从宏观趋势来看，我国经济持续快速的增长是一个不可逆转的趋势。在人均GDP达到1 000美元以后，城市化加速与居民消费结构升级所带来的汽车批量进入家庭也同样是不可逆转的。在完成短暂的行业调整后，有专业人士预计下一轮汽车需求的高速增长会在2006年底到2007年到来。因为那时候国内车市应该初步完成了中低档车价格和国际价格的接轨，汽车业的增长开始实实在在的取决于国民的需求，与此同时，也正是汽车金融行业厚积薄发之时。因此，从风险资本运营的角度分析，汽车金融业将是一种投资规模适度，且未来回报具有稳定预期的业务，建议予以适当的关注。

（三）电动汽车产业发展与投资现状分析

在电动汽车产业领域，处于产业化的前夕，风险资本应给予适当的关注。目前，国内与电动汽车有关的知名企业有北京嘉捷博大电动车有限公司、深圳的明华集团、东风电动车辆股份有限公司等。风险资本可以适当的关注这些利用现有的成熟技术，在现有的技术平台上开发适合国家产业政策电动汽车产品的中小企业，国家对于电动汽车产业领域的大规模投入，对于风险资本介入电动汽车产业也是具有相当导向作用的。从宏观经济环境来说，发展电动汽车的国家政策和下列的宏观经济因素需要给与关注：

（1）2001年9月，中国科技部在“十五”期间的国家“863”计划中，特别设立了电动汽车重大专项。电动汽车重大专项提出“三纵三横”研究开发布局。“三横”是指纯电动汽车、混合动力汽车和燃料电池汽车的整车，“三纵”是指电池、电机和控制系统的关键零部件。

“863”计划电动汽车重大专项自公开招标以来，各分类项目已被一汽集团、东风集团、上汽集团、清华大学和同济大学等摘走。目前，承担大客车项目的是北方车辆工厂，计划在尼奥普兰底盘上改装电机驱动；承担纯电动轿车研发的是上海奇瑞和天津汽车。此外，一汽和东风将在各自客车的底盘上，研发混合驱动公共汽车和大型客车，东风承担了混合动力轿车的研发；而燃料电池客车将由清华大学和北京客车总厂合作研发，燃料电池轿车则由上海汽车工业集团担纲。根据计划，这个专项要在3年～5年内实现纯电动汽车和混合动力汽车的产业化，5年内建立燃料电池汽车产品动力平台，为5年～10年内实现燃料电池汽车的产业化奠定基础。

（2）国家在“973”项目的能源领域设置了“氢能的规模制备、储运及相关燃料电池的基础研究”课题。其中氢能的规模储运技术是发展氢能的瓶颈。目前，国外虽然准备大规模生产氢燃料电池汽车，但是还没有根本解决氢燃料供应问题，这样就不能形成未来的燃料电池汽车市场。该项目不仅包括燃料电池汽车本身，也将对燃料电池商业化过程中各种基础设施、能力建设和培训等进行全方位的试验示范，这将大大推动我国燃料电池汽车的商业化发展的进程。

（3）2008年北京奥运会将以“绿色、科技、人文”为宗旨，届时北京市政府将为奥运会提供绿色车辆，保证环保性能指标达到世界发达国家的先进水平。具体内容为，到2008年奥运会，北京90%的公共汽车和70%的出租车将使用清洁燃料，同时规定，奥运会清洁客车只能是在我国国内生产制造。目前，中国科技部首推电动汽车，它能满足世界上最严格的排放标准。在奥运会的采购清单上，有18 000辆清洁燃料公交车、1 000辆电动汽车和1 000辆其他类型的汽车，这一总金额高达20亿元的奥运电动汽车订单将为我国电动汽车行业提供巨大的发展资金。

（4）国际展览局将2010年世博会的主办权给了上海，上海又一次赢得了发展城市、促进地方经济加速增长的机会。据上海有关方面预计，世博会的总投资大约为150亿美元，上海准备加快城市基础设施的建设，使其能适应世博会的要求。为体现“城市让生活更美好”的主题，上海市将优化调整公交线网，完善与轨道交通的衔接配套，加大公交汽车、电车的更新改造力度，鼓励公交运营企业使用高等级车辆。未来5年内，上海将更新8 000辆以上的公交车辆，快速发展公交电车。到2010年世博会时，由于各比赛场馆里大量需要无污染的电动车，这将促进国产电动汽车的全面上市。

上述的政策利好，业已在国有资本的进入中得到体现，其中一汽集团公司表示将利用自身的汽车生产优势，大力开发生产燃气汽车、混合动力汽车和电动汽车等“绿色”汽车，并准备在长春建设具有国际意义的“绿色”汽车研发生产基地；东风汽车公司也已将开发和推动电动汽车的产业化作为公司的重大发展战略目标之一，准备开发混合动力客车（大巴），“十五”末期形成批量生产能力。目前，东风公司的电动客车（中巴）、燃料电池客车（中巴）、电动概念车、988富康混合动力汽车等均已在湖北省电动车辆科技成果汇展上亮过相，并获得了业界的好评。东风公司与武汉一些科研所等单位筹资创建的东风电动车辆股份有限公司也由此备受关注；上汽集团也做出了如下计划：以燃料电池车为开发目标，在5年～10年内实现燃料电池汽车的产业化。在合作伙伴方面，一方面将加大对科研机构和高校燃料电池汽车项目的支持，另一方面通过多种方式与通用等国外大公司建立技术合作关系；在产品进度方面，上汽集团已经在引进美国通用燃料电池车的基础上，由上海泛亚汽车技术中心改装调试而成的一款氢燃料电池样车也已做过展示①。

早在“九五”期间，东风汽车公司、华中科技大学、武汉理工大学即开始研制电动汽车，并逐步掌握了整车集成、控制系统集成等关键技术。至2001年初，已推出HEB11—1混合动力大客车、燃料电池电动客车、HUST串联混合动力客车，以及富康988混合动力轿车、CEV—95电动轿车概念车等7个产品。苏州益高电动车厂已经获得了国家质量技术监督局颁发的生产许可证，产品除了大量供应中国用户外，还有出口到意大利、新加坡、越南等国家。

尽管我国三大汽车集团都致力于研发电动汽车，但毕竟我国的电动车无论在技术、消费环境、政策方面与国外相比差距都很大。主要表现在以下方面：在整车技术上，国外研制的电动车持续里程比我国大。在其他各种单项技术上，如电机、电控、底盘、外壳、车内设施等都与国外存在不同程度的差距。目前，电动汽车在研发过程中存在的问题是亟待建立中国城市道路工况标准、氢加汽站安全法规和技术标准以及电动汽车产品形式认证体系等标准。

我们分析认为，要使电动汽车实现产业化、商品化，生产企业就必须提高产品质量，同时应该密切关注政府出台相关法规，出租车以及市内邮件、报刊、食品、企业等短途交通使用电动车应是产业投资的关注点。在开拓国内市场的同时，以价格便宜、颜色多样等优势进入第三世界的一些国家，创造出口。同时关注国家在电动汽车产业的投资动向和政策制定，是在产业化前夕投资电动汽车并取得利润回馈的关键所在。

四、汽车产业投资风险分析

（一）汽车行业投资增长过快，有可能造成供需失衡加剧

在2002年和2003年中国汽车市场高速增长的诱惑下，我国汽车产业又出现了新一轮投资热

① “电动汽车：产业化之路有多远”，武汉理工大学——经纬网 http://www.wutnews.net，2004年9月。

潮，各类投资主体对汽车产业投资的积极性大为高涨。这里既有汽车生产企业本身的大规模投资，也有大量新进入的民营资本和非汽车产业的国有资本。2003年到2007年5年时间内，各地规划者设想要投资的汽车行业金额达2 000多亿元，将新增产能600多万辆，到2007年，全国汽车总的生产能力将达到1 100万～1 200万辆。然而，从2004年4月份开始，我国汽车市场需求已从过去两年的"井喷"式增长向平稳增长转变，增长速度大为下降，市场供求矛盾加剧。

加入WTO之后，由于我国汽车市场的快速发展和汽车产业政策，尤其是外资管理政策的变化，跨国汽车公司加快了进军我国市场的步伐。在投资策略上，它们由过去的相对谨慎向积极扩张转变；在布局策略上，由过去的局部布局向全面布局转变，以期尽快抢占中国市场，扩大市场占有率，确立竞争优势。为了加快推进这些策略，同时又避免受到产业政策规定的同一家外商合资生产同类产品不得超过两家的限制，跨国汽车公司已经并将继续采取整合资源和资产重组的方式，产量提升将不可避免，我国汽车产业从此进入了一个真正的激烈竞争时代。

（二）原油价格持续上涨，将影响到消费者的购车热情

目前，国际原油价格屡创新高，国内成品油价格也水涨船高，大大加重了汽车消费者的使用成本，也影响到他们的购车热情。2004年8月份，能源供应依然偏紧，原油及成品油价格继续上涨，原油出厂价格比2003年同月上涨26.6%，涨幅比7月份提高1.6%。成品油中的汽油、煤油和柴油分别上涨12.3%、25.2%和19.8%，涨幅都高于7月份。这主要由国际市场原油价格上涨拉动的，目前，原油期货价格涨至每桶53美元以上，造成原油价格攀升的主要原因是石油输出国家组织未来的增产潜力已十分有限。假如俄罗斯停滞原油生产，其他原油生产国出现更多的未知因素，则原油价格将涨至全新的历史波动区间。

（三）钢材价格出现反弹，将加重汽车企业的成本负担

目前，钢材等原材料价格上涨对汽车企业效益的负面影响日益显现。2004年4月份开始，由于国家加大宏观调控力度，尤其是严格控制新投资项目上马，钢材价格呈现高位趋稳的态势。从6月底开始，国内钢材市场价格又开始了新的攀升，钢材市场价格快速上涨主要有以下几个方面原因：一是政策层面上，国家对钢铁行业的宏观调控强调了"区别对待，不搞一刀切"，客观上起到了增强市场信心的作用。二是钢厂及经销商结成价格保护联盟，钢厂上调了出厂价格，经销商迅速跟进，人为拉升了价格。三是供求关系明显改善。在宏观调控政策导向下，钢材产量有所压减；国际市场钢材价格高企，进口有较多下降，这两方面使得新增资源增长放慢，但需求仍然较为强劲。四是运输紧张，限制了钢材资源流动，加剧了区域市场供应紧张，拉升了价格。

（四）我国汽车消费的外部环境仍有待进一步改善

随着汽车保有量的快速增加，道路拥挤、环境保护、燃油供给、停车难、保险费用增加等一系列问题接踵而来。自1999年起，我国汽车保有量年均增长11%，私人汽车保有量年均增长22%。到2005年底，汽车保有量预计将达到2 500万辆，能源、环境、交通等方面的矛盾日益突出。2003年，全国汽车耗油3 050万吨，占汽油消费总量的52%，而我国汽车平均油耗水平又高于欧美国家10%～15%，高于日本20%；另一方面，国际原油价格却在不断上涨，无疑增加了养车的成本。此外，大气污染和交通堵塞已经成为部分大中城市可持续发展的瓶颈，由于国内汽车消费量较大的城市交通堵塞以及车辆泊位短缺的矛盾突出，汽车消费增速放缓，结构调整加快，近期市场变

化将呈现出一些转型特征。消费者的购买信心下降，购车环境变差。由于银行提高汽车信贷门槛，严格信贷手续，与2003年相比，目前贷款买车比例从49%下降到10%，厂家的频频降价，让消费者的观望心理变得更强，频繁进行的价格战，打破了消费者对于车价的信心，持币待购成了惟一的选择。

五、2005年汽车产业发展展望

2005年预测全球GDP较过去的2004年将增长4.2%，不包括日本在内的亚洲区仍将继续是全球增长最迅速的地区，预期能实现平均6%的增长率。国家统计局公布2004年经济发展速度为9.5%，预计2005年GDP增长将回落到8.2%左右，投资增长有望实现“软着陆”。与经济增长相适应的是，2004年我国汽车总需求量将达到501万辆，同比增长14%左右，2004年我国汽车消费出现了理性回归。预计2005年汽车需求将稳步增长，全年汽车需求量为562万辆，将比2004年增长12%左右。

吸取2004年汽车市场盲目乐观预测的教训，2005年各汽车制造企业会更谨慎务实地预测市场需求，制定相应汽车生产计划。经过2004年的调整，我国的汽车市场已经趋于稳定，综合分析，2005年我国汽车市场将步入一个低速发展时期，预计2005年汽车市场会有12%～15%左右的增长速度，汽车总产量将在575万辆左右，其中轿车市场可能保持15%左右的增长，产量在280万辆左右。

基于上述的分析，预计2005年汽车业产业发展将呈现以下特征：

（1）区域竞争明显。我国主要汽车产业集中在长江三角洲、珠江三角洲、环渤海经济圈、东北三省、中西部地区这五个地区，这五大区域的竞争状况基本决定了未来我国汽车产业的区域竞争状况。

（2）企业竞争激烈。2005年，我国汽车产业的竞争格局还将是一汽、上汽和东风三大集团处于领先地位，北汽、广汽和长安集团奋起直追，其他企业集团维护各自的领地，壮大自身优势，努力增强在产业竞争中的影响力。

（3）品牌不断发展。目前，我国汽车的品牌竞争主要还停留在国外品牌国内竞争化的层次上，但“红旗”、“中华”、“奇瑞”、“吉利”等具有自主知识产权的汽车品牌正在不断发展，今后会有越来越多的自主知识产权的汽车品牌出来争夺国内汽车市场。

参 考 文 献

[1]“2004年汽车产业9大新政策回顾”，《深圳商报》，2004年12月7日

[2] 刘鹏，刘世瑜：“机遇风险并存挑战商家，汽车零部件市场充满变数”，《中国青年报》，2004年12月20日

[3] 赵雪桂：“汽车召回对整个行业影响几何？”，《国际金融报》，2004年7月8日

[4] 中国电动汽车网，http://www.chinaev.gov.cn/。

[5] 周智勇：“中国汽车电子市场和发展机会分析”，《电子工程专辑》网站：http://www.eetchina.com/。

[6]“我国电动汽车技术某些方面超过国外”，国防科技成果推广转化网，http://www.techinfo.gov.cn/，2004年12月24日

[7] 顾翔华：“汽车价格区间将会出现整体下移”，全景网络 http://www.p5w.net，2004年12月21日

[8] 张翔，赵韩等："中国电动汽车的进展"，《汽车研究与开发》，2004年第1期

[9]"电动汽车：产业化之路有多远"，武汉理工大学——经纬网 http://www.wutnews.net，2004年9月

附录1：科技部《科技型中小企业技术创新基金》资助项目——汽车产业类

编号	立项代码	项目名称	企业名称
1	00C26113301230	高性能轿车等速驱动轴产业化项目	浙江万向机械有限公司
2	00C26212111158	应用新型电子元器件开发车用智能型荧光灯逆变器	沈阳新阳光机电科技有限公司
3	00C26213700278	汽车发动机活塞精密成形与加工设备产业化	山东滨州渤海活塞股份有限公司
4	00C26214300359	活塞环等离子喷涂用梯度耐磨涂层材料的开发	先导（益阳）等离子粉末有限公司
5	00C26224501314	摩托车排气催化转化技术中试研究	桂林利凯特环保实业股份有限公司
6	01C26111200447	汽车电喷FKM燃油软管	天津市大港胶管股份有限公司
7	01C26113200108	高精度冷精锻汽车齿轮	姜堰市精锻齿轮厂
8	01C26113300129	轿车后制动器产业化项目	杭州自立汽车制动器有限公司
9	01C26113300514	新型液压转向系统控制元件	浙江临海海宏集团有限公司
10	01C26113300684	汽车座椅靠背角度无级调节器	浙江天成座椅有限公司
11	01C26113700539	轿车内饰用聚氨酯新材料产业化及应用	烟台华润汽车内饰件有限公司
12	01C26114200177	轿车高性能低噪声整体式动力转向器	荆州恒隆汽车零部件制造有限公司
13	01C26213200486	高性能硼酸酯型合成汽车制动液	张家港迪克汽车化学品有限公司
14	01C26213300872	高强度汽车发动机用链	湖州求精汽车链传动有限公司
15	01C26214300920	FCCS现场总线数据测量与控制系统	长沙奥托自动化技术有限公司
16	01C26215110225	可重构摩托车轮辋压冲制造系统	重庆市机电设计研究院
17	01C26233200497	防撞吸能转向传动装置	靖江格尔顿传动轴有限公司
18	02C26113300607	轿车用液力悬置装置	玉环塑胶机械厂
19	02C26113700215	车厢可卸式压缩垃圾车系列产品	济南市园林机械厂
20	02C26114200090	环保型发动机气门	湖北气门厂
21	02C26114200090	环保型发动机气门	湖北气门厂
22	02C26211100012	新型高温合金气门材料	北京钢拓冶金技术研究所

编号	立项代码	项目名称	企业名称
23	02C26211100012	新型高温合金气门材料	北京钢拓冶金技术研究所
24	02C26213200054	汽车空调变排量压缩机控制阀	苏州新智机电工业有限公司
25	02C26214200660	ZWG－1子午胎钢帘线拉丝润滑剂	湖北省化学工业研究设计院
26	02C26215110237	镁合金汽车、摩托车零部件	重庆镁业科技股份有限公司
27	02C26223200586	汽车、电子用高性能聚酯工程塑料	苏州市凯米克新材料有限公司
28	03C26214210199	轮辋、轮对多通道超声自动探伤仪	武汉中科创新技术公司
29	04C26113300571	H型汽车空调热力膨胀阀	浙江春晖智能控制股份有限公司
30	04C26113300576	汽车电喷点火驱动控制单元	浙江省东阳汽车电器有限公司
31	04C26113300577	汽车电涡流缓速器	万安集团有限公司
32	04C26113300578	具有嵌入式软件的汽车空调控制装置	杭州广安汽车电器有限公司
33	04C26113300607	多功能车载警示屏	浙江晨龙橡胶集团有限责任公司
34	04C26113400622	轿车用WXH型涡旋式空调电磁离合器	安徽昊方汽车空调电磁离合器有限公司
35	04C26113700655	汽车电机绕组自动装配成套设备	山东中际电工机械有限公司
36	04C26114100678	车用空调喷锌扁管	新乡天禄工业有限公司
37	04C26114200692	新型EQ-153气门	湖北三环气门有限公司
38	04C26114200693	车用双侧栅格强化扰流空空冷却器	湖北登峰换热器股份有限公司
39	04C26114200694	载重汽车制动间隙自动调整臂总成	十堰市奥斯达汽车零部件有限公司
40	04C26212100376	露天矿车辆调度管理系统深层开发	丹东东方测控技术有限公司
41	04C26212110386	降低柴油燃烧尾气排放的膜滤柴油过滤器	辽宁天力流体滤膜器材有限公司
42	04C26212120402	柔性气缸体清洗机	大连现代辅机开发制造有限公司
43	04C26213100439	商用汽车全空气悬架系统匹配技术及产品总成	上海科曼车辆部件系统有限公司
44	04C26213200492	15分钟特快充型镍氢动力电池	江苏省新动力电池及其材料工程技术研究中心有限公司
45	04C26213200498	数控活塞环柔性仿形磨铣一体化切片系统	泰兴市晨光高新技术开发有限公司
46	04C26213400620	交通事故现场勘测车装备系统	安徽三联科技股份有限公司
47	04C26214200680	汽车自动防倾覆装置（AKS系统）	十堰华海达科工贸有限公司

编号	立项代码	项目名称	企业名称
48	04C26214200687	汽车售后服务与品质管理集成系统	十堰和协商务软件有限公司
49	04C26214200688	面向汽车零部件行业新一代敏捷ERP系统	武汉莱恩软件技术有限公司
50	04C26215100796	区调遥感图像处理系统	绵阳起点科技有限公司
51	04C26215100800	惯导/GPS结合式精确车载导航定位系统	四川力合安盛科技有限公司
52	04C26215110835	高速公路智能型汽车行驶主动安全预警系统	重庆安驰科技有限公司
53	04C26221100327	公共交通线路智能化调度平台与多功能车载设备	北京公交凯鸿科技有限责任公司
54	04C26225110837	汽车轮胎压力监测系统	重庆三信电子有限公司

资料来源：根据科技部科技型中小企业技术创新基金管理中心：http://www.innofund.gov.cn/index.asp整理。

附录2：国内主要零部件厂商一览表

企业名称	主要产品	备注
一汽富奥	散热器、车轮、轮向机、内饰件、减震器	散热器、车轮等产品市场份额占居全国第一位
万向集团	万向节、轴承、等速驱动轴、传动轴、制动器、减震器、滚动体、橡胶密封件8大系列，及悬架、制动2大系统产品	万向节国内市场占有率65%以上
东风本田发动机有限公司	发动机、变速箱、等速传动轴	轿车动力总成制造厂
湘火炬	重型车桥、客车底盘、重型变速器、分动器、齿轮、汽车内饰件、制动系统、火花塞、活塞销、空调压缩机、转向器、汽车灯镜、汽车电器	火花塞、活塞销国内市场占有率第一，全球最大的刹车系统供应商，重型车变速器国内80%份额
联合汽车电子有限公司	用于精确控制汽油发动机喷射和点火的汽油发动机管理系统	为德国博世公司投资的合资企业
湖南江雁机械厂	涡轮增压器及各类引进的高性能风、水冷发动机活塞环，配气机构	涡轮增压器国内技术领先
潍坊柴油机厂	各种车用柴油机	WD615、WD618柴油机在重型汽车、工程机械市场的平均市场占有率达到60%以上
延锋伟世通汽车饰件系统有限公司	座舱系统(含仪表板总成)、内饰系统(含门内板总成和门柱内饰)、外饰系统(含涂装保险杠和涂装门外装饰件)、座椅系统、安全系统、顶饰系统及汽车电子	上海汽车工业(集团)总公司和美国伟世通国际控股有限公司共同投资，
重庆红岩长力汽车弹簧有限公司	钢板弹簧、稳定杆及油气悬挂	汽车弹簧市场占有率第一
德尔福派克电气系统有限公司	汽车动力及信号分配系统	为美国德尔福公司投资企业
一汽无锡柴油机厂	4缸、6缸系列车用高速柴油机	

企业名称	主要产品	备注
上海汽车股份有限公司	变速器、汽车悬架弹簧、发动机气门弹簧、汽车散热器、粉末冶金制品、汽车底盘总成、传动轴、车灯、转向机、ABS 制动系统	
东风康明斯发动机有限公司	B、C、L 系列机械式和全电控康明斯柴油机	东风公司与美国康明斯公司合资
沈阳航天三菱汽车发动机制造有限公司	三菱 4G6 系列发动机	
上海汇众汽车制造有限公司	轿车底盘系统中的前悬挂总成、副车架总成、下摇臂总成、减振器总成和后桥总成	上海大众、上海通用各系列轿车底盘系统零部件骨干配套企业
天津丰田汽车发动机有限公司	丰田 A8 发动机	
广西玉柴机器股份有限公司	各种柴油机及其配件	
陕西法士特汽车齿轮有限责任公司	重型汽车变速器、分动器、取力器、各种汽车齿轮及锻件	富勒变速器为从美国引进的世界名牌产品，占国内 15 吨以上重型汽车市场的 85% 以上，汽车齿轮产品国内最大厂商
上海延锋江森座椅有限公司	汽车座椅产品	
北京德尔福万源发动机管理系统有限公司	发动机管理系统 (EMS) 及其零件	政府批准的两个发动机管理系统生产商之一
无锡威孚集团有限公司	内燃机喷射系统产品以及汽车摩托车尾气净化（消声）器、汽车空调、液压件、各类弹簧	国内最大内燃机喷射系统生产厂商
沈阳兴远东汽车零部件有限公司	发动机制造	
上海纳铁福传动轴有限公司	等速万向节传动轴、十字万向节传动轴、十字万向节以及根据客户需要专门开发的另类产品：输出轴和涡轮轴 - 汽车齿轮变速箱，偏心轴 - 空调谷轮压缩机	jl 汽车传动轴最大厂商
上海博泽汽车部件有限公司	轿车门板模块系统	
霍尼韦尔涡轮增压系统(上海)有限公司	盖瑞特牌涡轮增压器及相关产品	
卢卡斯伟利达廊重制动器有限公司	钳式轿车制动器及其相关产品	
上海采埃孚转向机有限公司	齿轮齿条式机械和动力转向机及阀组等相关产品	上海汽车工业(集团)总公司与德国 ZF 齿轮集团共同出资组建的合资企业
宁波华翔集团公司	轿车空调器塑配件	
上海三电贝洱汽车空调有限公司	汽车热系统产品，不但生产汽车空调压缩机，还将生产汽凝器、蒸发器、暖风器等	
万丰奥特集团	ZCW 铝合金车轮	铝合金轮毂生产规模位列亚洲第一，世界领先

资料来源：华夏基金研究部。

第九章　电力行业投资分析报告

2004年，我国电力行业取得了快速增长，成为吸引投资的重要领域。由于国民经济连续几年保持较快增长，电力短缺已经成为制约我国经济发展的瓶颈。在各方面的压力下，我国电力行业出现了投资高潮。总体上看，电力行业这轮景气周期将维持较长时间。围绕着电源项目投资、电网投资、电力设备、电力信息化、电力环保等领域，将出现持续较长的投资热点。

2004年，我国经济再次取得了较快增长，GDP增长达9.5%。经济的快速发展导致工业生产、居民消费用电大幅上升，电力供应市场再趋紧张，我国各地均出现了拉闸限电现象。来自国家电网公司的消息称，2005年全国电力供需局部将有所缓解，出现区域性、季节性、时段性等新特征，但整体供需依然严峻，夏季高峰全国电力缺口仍在2 000万千瓦以上。

2002年以来，“电荒”从长江三角洲开始，迅速向珠江三角洲以及全国蔓延。2002年，全国有12个省（市、自治区）拉闸限电，电力装机缺口2 035万千瓦；2003年，全国发展到22个省市拉闸限电，电力装机缺口4 485万千瓦，比上年翻了一番多；到2004年上半年，全国已有24个省市拉闸限电。而到2005年1月份我国再次有21个省级电网出现拉闸限电现象。

电力短缺已经成为我国经济增长的制约因素。缺电，严重危害国民经济的正常发展。据浙江杭州市统计局统计，平均每度电可以创造产值22.44元人民币，仅浙江一省缺电750万千瓦以上，直接GDP损失1 000亿元人民币。

缺电，不仅直接影响国民经济的快速发展，其隐性损失更是不可估量：成百上千的企业无法正常生产，安全生产埋下隐患，投资环境和城市形象蒙上阴影。据专家测算，如果从2000年开始的缺电计算，5年来“电荒”给国民经济的直接和间接损失已超过1万亿元人民币。

可以预计，在国家加大了对电力行业的投资力度的情况下，2005年，我国电力行业将维持较高的增长势头。

一、2004年电力行业发展概述

中国电力企业联合会的统计快报数据显示，2004年，我国电力生产与消费继续快速增长，各项主要指标仍在高位运行，电力供需形势依然紧张。从电力供需走势上看，受国家宏观调控的影响，全年总体呈现前高后低的特点，部分统计数据的增速出现减缓迹象①。

（一）电力生产

2004年发电生产能力增速加快，一大批电源项目已建成投产。来自国家发改委的消息称，2004年批准新建电厂的总装机容量为6 000万千瓦。到2004年底全国发电设备容量达到44 070万千瓦，比上年增长12.6%，为近10年以来增幅首次达到10%以上。其中，水电设备容量突

①《上海证券报》，2005年1月14日。

破1亿千瓦，达到10 826万千瓦，同比增长14.1%；火电设备容量达到32 490万千瓦，同比增长12.1%；秦山二期又新增一台核电机组，核电设备容量达到684万千瓦，同比增长10.6%。

2004年我国全年发电量达到21 870亿千瓦时，比上年增长14.8%，尽管如此，增速与2003年相比还是有所下降，回落了0.4个百分点。其中，水电发电量为3 157.05亿千瓦时，同比增长16.8%，主要得益于三峡等大型水电机组陆续投产发电；火电发电量17 454.84亿千瓦时，同比增长14.5%，火电发电量的进一步增长在一定程度上受到了设备健康状况、电煤供应总量与质量等因素的制约；核电发电量稳步增长，全年发电量473.68亿千瓦时，同比增长14.1%（见表9.1）。

表9.1　2004年1月～12月份全国发电状况统计（单位：亿千瓦时）

	全国		水电		火电		核电	
	发电量	增长	发电量	增长	发电量	增长	发电量	增长
1月	15 72.92	9.63%	169.44	-2.85%	1 366.74	10.37%	36.74	17.57%
2月	15 81.77	31.36%	161.15	16.54%	1 387.50	33.29%	33.13	33.00%
3月	17 34.46	15.51%	202.04	29.76%	1 496.20	13.92%	36.23	11.46%
4月	16 70.52	17.07%	256.10	36.17%	1 379.16	13.63%	35.26	40.35%
5月	17 08.99	20.07%	324.47	39.82%	1 348.39	15.72%	36.14	37.70%
6月	17 48.54	19.31%	353.97	37.96%	1 354.79	15.32%	39.77	16.50%
7月	19 37.67	15.27%	368.66	38.72%	1 527.00	11.26%	42.01	-1.83%
8月	19 40.92	13.96%	304.73	17.06%	1 587.04	13.09%	49.14	24.27%
9月	17 93.95	15.60%	311.36	16.82%	1 433.93	15.45%	48.66	12.34%
10月	18 31.51	16.62%	296.10	19.25%	1 491.50	16.70%	43.91	0.40%
11月	18 61.51	16.00%	236.35	26.67%	1 581.37	14.78%	43.80	8.35%
12月	17 02.78	15.50%	172.68	-4.24%	1 501.22	18.70%	28.89	-1.37%
总计	21 870.00	14.80%	3 157.05	16.8%	17 454.84	14.5%	473.68	14.1%

数据来源：中国电力企业联合会。

受国民经济持续快速增长的拉动，2004年，我国电力消费始终保持强劲增长态势。全国用电量达到21 735亿千瓦时，比去年同期增长14.9%。其中第一产业用电量612亿千瓦时，同比增长2.7%；第二产业用电量16 258亿千瓦时，同比增长16.4%；第三产业用电量2 435亿千瓦时，同比增长15.2%；城乡居民生活用电量2 430亿千瓦时，同比增长8.2%（见表9.2）。

随着国家宏观调控措施逐步到位，工业生产用电增速尽管总体呈下降之势，但它依然是推动全社会用电量高速增长的主要力量。从各月工业用电量增长情况来看，在4月末达到18.2%的最高点后，连续4个月呈现下降趋势，至8月末下降为16.4%，9月、10月份出现短暂小幅回升，11月开始回落。全年工业用电量同比增长达16.4%，尤其是金属矿采选业、金属冶炼压延加工业和交通运输设备制造业等重工业行业的用电量增长率维持在20%以上。

表9.2 2004年电力消费状况

<table>
<tr><th colspan="2">指标名称</th><th>2004年
（亿千瓦时）</th><th>2003年
（亿千瓦时）</th><th>同比增长
（%）</th><th>用电结构
（%）</th></tr>
<tr><td colspan="2">全社会用电总计</td><td>21 735</td><td>18 919</td><td>14.9</td><td>100.00</td></tr>
<tr><td colspan="2">A.按产业类别分</td><td></td><td></td><td></td><td></td></tr>
<tr><td rowspan="3"></td><td>第一产业</td><td>612</td><td>596</td><td>2.7</td><td>2.8</td></tr>
<tr><td>第二产业</td><td>16 258</td><td>13 964</td><td>16.4</td><td>74.8</td></tr>
<tr><td>第三产业</td><td>2 435</td><td>2 113</td><td>15.2</td><td>11.2</td></tr>
<tr><td colspan="2">B.城乡居民生活用电合计</td><td>2 430</td><td>2 246</td><td>8.2</td><td>11.2</td></tr>
<tr><td rowspan="2">其中</td><td>城市居民</td><td>1 466</td><td>1 364</td><td>7.5</td><td>6.7</td></tr>
<tr><td>乡村居民</td><td>964</td><td>882</td><td>9.3</td><td>4.4</td></tr>
</table>

资料来源：国家统计局。

中电联有关负责人表示，2004年全国电力供需形势是自上世纪90年代以来最为严峻的一年，考虑到2005年我国经济将保持快速健康发展势头，经济结构将进一步优化，影响电力供需平衡的主要矛盾将逐渐从总量不足转向电煤供应短缺等方面，电力供需形势仍将处于偏紧状态。

（二）电力设备

近年来，我国出现大面积的“电荒”，国家电力供需矛盾不断加剧，为缓解电力紧张状况，国家加快了电力投资步伐，在电源建设上的投资约6 000亿元，电网建设上的投资约3 600亿元，年均投资额较“九五”期间增长约53%。这不仅促使了国内电力行业的快速发展，各地电力投资的大幅增加更是直接刺激了电力设备的市场需求。2003年，全国发电设备产量高达3 700万千瓦，较2002年增长74.8%，2004年前三个季度生产发电设备4 627.19万千瓦，同比增长101.8%。表9.3显示了近几年电力设备行业销售量增长情况。由于电力缺口太大，这一轮爆发性的电力投资主要是弥补以前建设的不足，因此，宏观调控在一定程度上会抑制电力需求，但是对电力投资的影响是间接的，不构成直接影响。由于电力投资的周期很长，在目前的形势下，电力投资规模不断加大，这也会使电力设备行业保持一个较长的景气周期。

表9.3 电力设备行业销售量增长率(%)

	2002年	2003年	2004年前10月
变压器	13.79	25.99	34.04
发电机组	57.6	74.88	102.67
电站锅炉	59.89	52.24	87.42

资料来源：海富通基金管理有限公司。

2004年，电力设备行业保持旺盛的增长态势。表9.4显示了2004年第一季度电力设备行业生产情况。2004年电力设备行业工业总产值达到7 000亿元左右，同比增长40%；产品销售收入达6 500亿元左右，同比增长38.6%；工业增加值达1 900亿元左右，同比增长45%；利润总额可达350亿元左右，同比增长52.2%。电力设备类产品的进出口贸易总额预计完成450亿美元，增长21%左右。行业其他经济指标预计也将有20%左右的增长（见表9.4）。

表9.4　2004年电力设备行业一季度生产情况

	销售收入（万元）	同比增减（%）	利润总额（万元）	同比增减（%）
发电设备子行业	6 793 309	44.58	99 554	156.27
电力一二次设备	4 771 186	25.23	207 990	54.53
总计	11 564 495	28.59	448 126	49.14

资料来源：海通证券研究所。

目前，电力设备企业、特别是大型骨干企业生产任务均异常饱满，在手订单充足且延续到2005年～2006年，行业整体进入高速增长期，总体增长速度在40%左右。可以肯定的是，未来2年～3年电力设备行业面临着巨大的发展前景。

（三）产业依赖性分析

从整个电力行业的产业依赖来看，电力行业严重依赖上游行业——煤炭行业；而在电力消费环节，由于我国正处在重工业化阶段，工业部门对电力的依赖相当大。因此，电力行业不仅仅关系到电力行业自身的发展，更是关系到国民经济的发展。

1. 电力行业对煤炭的依赖

长期以来，我国电力构成中就是以火电为主。2004年，火电占全部发电量的比重将近80%，火电在我国的能源构成充当着主导角色。电力消费煤炭占我国煤炭消费量的60%以上。因此，我国电力行业对电力的上游产业——煤炭行业有着严重的依赖。

但长期以来，煤炭与电力行业之间有着较大的供需矛盾。2004年6月～11月电煤价格的上涨幅度超过了5%。在2005年1月结束的全国重点煤炭产运需衔接会议上确定2005年电煤价格每吨平均上涨20元～40元，签订合同9.14亿吨，比上年增加8 000万吨。其中电力行业为4.22亿吨，比上年增加1.29亿吨，增幅为44.5%；五大电力公司签订1.91亿吨，占电力行业衔接量的45.3%，合同量比上年增加4 807万吨，增幅为33.6%。但煤炭供应依然无法满足电力生产的需求，2005年煤炭供应总体仍然偏紧，可能会影响湖北、湖南、江西、广西等地的需求。而目前各省库存电煤平均为8天，甚至有的省只有3天的库存[①]。在火电企业开足马力生产的同时，煤炭的制约将成为影响电力行业发展的重要因素。

2. 工业生产部门对电力生产的依赖

在电力行业的下游产业，工业企业是最大的用户。2004年1月～5月全国规模以上工业企业累计用

① 每日经济新闻，2005年1月27日，http://finance.sina.com.cn。

② 刘耀东："生产力要素缺位之忧"，国家统计局工业交通统计司，2004年8月24日。

电量为5 007.46亿千瓦小时，占全社会用电比重为76.20%；与去年同期相比，工业用电比重同比上升了2.67个百分点，而这种趋势在相当长时间内不会改变，这将进一步加剧供电紧张，影响其他产业用电[②]。

黑色金属冶炼及压延加工业、化学原料及化学制品制造业、电力、热力的生产和供应业、有色金属冶炼及压延加工业、非金属矿物制品业五大行业2004年5月累计用电量占全国的60.12%，企业单位数占全国比重为21.56%，即占全国1/5左右的高耗能企业消耗了全国工业用电的60%。尽管这五大行业的经济效益较好，但是对社会的能源占用比例过高，从长远看，将在一定程度上制约我国经济的发展。

从区域用电上来看，我国工业用电主要集中在山东、江苏、广东、河南、河北、浙江、辽宁、山西等八省，占全国工业用电的一半。由于资源、人口分布和经济发达程度的差异，造成某些地区电力紧张，形成一定的供需缺口。2005年工业用电的增长趋势仍将继续，电力发展也将进一步影响工业的发展。

3. 电力行业与国民经济的关系[①]

随着我国经济进入了又一次加速增长，能源供需矛盾已经开始成为制约经济发展的重要因素。2003年、2004年的频繁拉闸限电已经给国民经济发展带来了严重影响。尽管有关各方加快了电力建设的速度，但电力短缺在短期内还是难以彻底解决。由于我国现在的社会经济发展水平和上世纪80年代、90年代相比已有明显提高，拉闸限电带来的经济损失加大，现代社会生活对电力供应的依赖程度提高，社会各方对拉闸限电已难以接受。

我国电力市场活跃，经济增长对电力需求的拉动十分强劲。从1997年起，我国能源和电力经历了一个短暂的相对平衡期，但从2000年起，电力需求开始转旺，出现了连续4年电力消费弹性系数大于1的增长。这几年，我国经济保持了比较平稳的增长，没有出现大起大落。市场对生产增长的约束仍很强，经济运行总体效益改善。尽管出现了个别行业的过度扩张问题，但短期市场情景仍比较乐观。即使一些行业的增长速度很可能不会保持这2年的高速度，但整个国民经济有可能继续保持快速增长。生产用电、生活用电的增长都将保持比较强劲的势头（见表9.5）。

表9. 5　2001年～2004年我国GDP与发电量(单位：亿千瓦时)

	2001		2002		2003		2004	
	总量	增长率	总量	增长率	总量	增长率	总量	增长率
GDP（亿元）	95 933	7.3%	102 398	8%	116 694	9.1%	136 515	9.5%
电力	14 807.5	9.0%	16 540	11.7%	19 107.6	15.52%	21 870	14.80%

数据来源：根据国家统计局数据整理。

4. 电力行业发展前景

国内各方对我国2020年的电力需求进行了不少预测分析。最新预测表明，我国在2020年的电力消费将达到4万亿千瓦时以上，对发电装机能力需求将达到9亿千瓦以上。从长期趋势看，经济发展对电力的需求将维持在较高的水平。由于我国正处在重工业化阶段，今后几年，将维持较

① 周大地："我国实现全面小康的电力需求"，国家发展和改革委员会能源研究所，2004年4月。

高的电力消费弹性系数，不少人认为电力消费弹性系数应大于1。与此同时，和世界各工业化国家相比，我国的人均电力消费仍处于很低的水平，增长空间巨大。目前，发达国家人均年电力消费一般在6 000千瓦时以上，OECD国家平均接近8 000千瓦时，日本、澳大利亚、新西兰等国平均已接近9 000千瓦时。高端如美同、加拿大等人均发电量已达15 000千瓦时。新兴国家如韩国人均发电量已达6 200千瓦时，巴西和墨四哥也超过了2 000千瓦时。从装机容量上看，欧盟各国平均人均发电能力1.5千瓦以上，俄罗斯也在这个水平，美国、加拿大则高于3千瓦。目前，我国人均发电量仅有1 000多千瓦时，人均发电能力刚超过0.3千瓦。

在国民经济快速发展的良好预期下，可以肯定的是我国电力行业将维持较高的投资增长。

二、电力行业投资热点分析

2004年，经济的快速发展促使了电力行业总体发展速度达到了新的高度。可以预计，随着我国经济发展步入新的增长景气周期，电力行业将在较长时间内维持较快的增长势头，尤其是电力设备子行业，将取得更为长期的产业景气周期。

（一）固定资产投资

电力工业是国民经济的重要基础产业，用电量和发电量与GDP密切相关。可以预计，2005年国民经济在宏观调控下仍将持续快速发展，重点行业用电仍有较快增长，这些因素将直接决定电力需求。近几年来，中国经济的快速增长为电力行业的发展带来了重大机遇，同时也带来了严峻考验。

国家发改委的电力发展计划指出，我国的电力短缺现象只有到2006年下半年才会得到缓解。随着我国政府宏观调控措施逐步落实，电源及电网建设加快，2005年电力供需可能由紧张走向缓和，拉限电的负荷和电量都将有所减少；2006年全国电力供需可望实现基本平衡，但局部地区还可能紧张。据初步预测，2010年全国用电量将达到30 920亿千瓦时，“十一五”期间年均增长6%左右，发电装机需要6.8亿千瓦左右；2020年需要46 000亿千瓦时，相应发电装机达到10亿千瓦左右。统计显示，目前全国电力在建规模已经达2.4亿千瓦，从2004年四季度开始，电力装机容量将进入快速投产期，预计在2005年底前电力供应紧张状况就将得到有效缓解①。

经济发展对电力的极大需求，促进了电力行业固定资产投资的加速。为保证应有投产容量及结构调整的需要，应保持合理的电力建设规模。目前，全国发电项目在建规模为1.3亿千瓦，其中工期较长的大中型水电占42.3%，火电项目大约75 000兆瓦。2004年新批项目40 000兆瓦（主要是火电），有望在2006年投产运行；那么为了满足2007年以后的机组容量增加，2005年开工的项目估计45 000兆瓦以上。相对于电力需求来说，近几年能够投产的机组仍显不足。为保证电力工业发展的后劲，有必要抓紧规划建设一批大中型发电机组。因此，在相当长的一段时间内，我国电力建设将保持快速增长，电力的高速发展必然带动整个电力设备行业的发展。

（二）电力设备

电力行业的稳定发展和需求状况，给了电力设备行业一个广阔的发展空间，电力设备行业将进入总体增长期。一般来说，电力设备制造业的发展，与电力行业投资力度息息相关，正所谓“经

①《2005年中国电力行业市场分析预测报告》，2005年1月，http://www.okokok.com.cn/。

济发展，电力先行；电力先行，电力设备必须匹配发展”。电力行业稳定的高回报使得电力项目的投资高速增长，电力设备制造业正在进入高速发展时期。据了解，主要发电设备生产企业的定单已经排到了2008年。2004年，随着发电设备的逐步交付以及“西电东送”和三峡输电工程的全面展开，输变电设备行业在2004年迎来真正的建设高峰。

从目前来看，电力设备行业将成为未来2年～3年最可靠的增长性行业，其行业的利润增幅可望一直保持在20%以上。电力设备行业主要由电站设备（锅炉、汽轮机、水轮机和发电机等）、一次设备（变压器、电容器、开关和电线电缆等）、二次设备（包括继电器、输变电及电力自动化）和电力环保设备等四个子行业组成。在国家加大了电源建设的情况下，电力设备行业的各个子行业将取得较长时间的发展机遇。

1. 发电站设备

发电设备行业是国家重点支持的固定资产投资行业，肩负着为国民经济以及人民生活用电提供发电成套设备的重任。由于资源条件和历史问题的制约，我国电力生产目前仍以火力发电为主，火力发电占整个发电量的80%，在总发电量中居于支配地位。因此，发电设备也主要是火力发电配套设备。发电设备主要包括火力发电锅炉、火力发电机、核能发电设备等大型机械产品。目前，我国发电装机容量与发电量均居世界第二位。

为满足国民经济发展的需要，国家将加大电力项目的建设力度，电站设备行业迎来发展高峰。据预测，2004年～2005年期间平均每年水电装机容量增加1 055万千瓦，火电装机容量平均每年增加4 270万千瓦。2006年～2010年之间预计平均每年水电装机容量增加940万千瓦；火电装机容量平均每年增加2 886万千瓦[①]。

电站设备行业的发展与电源投资规模息息相关，电站设备行业2005年将迎来其发展的最高峰，2005年以后由于电源投资规模呈现降中趋稳的局面，电站设备行业也将呈现一种平稳发展的局面。“优先发展水电”是我国能源发展的主要方针，这将给水电制造业的发展带来良好的发展机遇。该行业中企业数量较少，进入壁垒高，市场份额相对集中，每个企业都可以受惠于行业总体景气。随着国家对电源结构的调整，采取优先发展水电的政策，进一步优化火电机组的技术结构，未来将不断提高大机组和高性能机组的比重，同时积极发展风电和核电等新型能源，电站设备行业还将面临更好的发展机遇。

风电设备生产企业将是我国风电产业化的最大受益者。而《可再生能源开发利用促进法》规定的“风电设备的国产化率要达到50%以上”，将促使国外技术领先企业向国内重点生产企业转让技术。同时，按照我国远期规划（2020年风电装机2 000万千瓦）和每千瓦8 000元～10 000元的造价，每年市场容量大约为97.6亿元～122亿元。即使考虑国产化导致的价格下降，平均每年的市场容量也应保持在70亿元以上。

总体而言，我国发电设备行业在电力行业投资大幅增长的情况下，将维持较长时期的行业景气。

我国已在发电设备方面取得了巨大成绩。上海电气电站集团已占据我国电站装备业40%的市场份额，2004年完成1 500万千瓦机组的生产目标，并在中东、东南亚、南美等地不断拓展海外市场。2004年7月，哈尔滨动力设备股份有限公司生产出代表21世纪动力设备制造方向的燃气轮机，从而结束了我国发电设备长期只靠“吃”煤和油才能发电的历史。

①《电力报》，2005年1月20日。

② 第一证券有限公司。

未来发电设备的发展方向②：

大力发展600兆瓦～1 000兆瓦的大容量火电机组。

大力发展300兆瓦～600兆瓦的大型循环硫化机组（CFB）。

大力发展600兆瓦～1 000兆瓦的大型空冷机组，满足西部多煤缺水地区的电源建设需求。

发展燃气及其联合循环发电。

积极发展采用第3代技术发展核电。到2020年，我国每年要平均建设2 000兆瓦的核电机组。

研制千瓦级风力机组，建设10万千瓦等级风力电厂，降低风电成本。

2. 输配电设备

电价改革有利于改善电网公司投资环境，提高盈利能力，最终保障输配电一次、二次设备行业的长远发展，提升整个行业的景气周期。2004年前11个月，全国变压器产量比2003年同期增长34%左右。2004 年全国变压器产量增长30%，增长幅度与2004年全国电网建设投资增幅一致，预计2005年全国变压器产量仍有20%左右的增长。

我国变压器市场目前的产业格局是：在特大型超高压方面，国内大型超高压产品2/3来自进口，在国内100多家变压器生产厂家中，能够生产220千伏变压器的厂家有12家，而能够生产500千伏变压器的生产厂家只有沈阳变压器厂、西安变压器厂和天威保变3家。在110千伏变压器和220千伏变压器产品方面，传统型变压器占市场主流，技术含量不高，产品价格是主要竞争手段，在技术性能上离国外先进技术有较大差距。

输配电设备行业竞争充分，具有核心竞争力，技术领先的企业将会更好地从行业复苏中受益。随着电网电压等级的提高，输变电设备对电站设备的配套定额也呈增加之势。因此，输变电设备不但将随著发电设备的增长而增长，而且增长幅度理应更大、更持久。这种增长不仅是产量的增长而且是电压等级的提高、产品品种的更新和水平的提升。

低压输配电一次设备企业产品技术含量低且竞争激烈，毛利率很低，总体供过于求，很多低压电器企业将面临被兼并或淘汰的境地，但优胜劣汰，将从中涌现出一大批优秀的低压电器生产企业。

在国家加大电网投资，大力推进“西电东送”、全国联网以及积极发展水电、坑口火电大机组的政策背景下，长距离输送电力的趋势越来越明显，这样无疑对输配电设备制造行业特别是行业内的优势企业提供了良好的发展机遇。未来十几年中仅直流输电就将投入800亿元。目前，这一领域有众多公司参与竞争，如特变电工、天威保变、平高电气和上电股份等。民营企业中的正泰、耀华、天正等温州知名的低压电器厂商也将参与到市场竞争中。

此外，随着电网电压等级的提高，输变电设备对电站设备的配套定额也呈增加之势。因此，输变电设备不但将随着发电设备的增长而增长，而且增长幅度理应更大、更持久。这种增长不仅是产量的增长而且是电压等级的提高、产品品种的更新和水平的提升。总之，我国输变电制造行业正面临着千载难逢的发展机遇。

3. 电力环保设备

电力行业的飞速发展尽管对促进经济发展产生了积极影响，但由于我国电力以火电为主，这就给我国的环境造成了较大的压力。2005年初，国家环保总局对30家企业开出罚单，其中主要是电力企业。在国家日益重视环保的情况下，电力环保设备产业迎来了发展的好时机。

电力环保设备行业竞争日趋激烈，市场潜力巨大。电力环保设备主要包括气脱硫设备和除尘器设备。其中气脱硫设备由于行业进入门槛不高，竞争较激烈，行业内公司毛利率普遍偏低，目前已进入微利时代。而大型电站机组用电除尘器和袋式除尘器生产企业一方面技术壁垒较高，另一方面由于电站机组的大型化和环保法规的日益严格面临着良好的发展机遇。随着脱硫设备国产化技术日益成熟，设备投资成本相较于早期已大为降低，目前国内火电厂烟气脱硫设备投资已下降到约260元/千瓦。电力环保设备行业受行业景气度回升带动，以及政府对于环保政策倾斜的双重影响，可以预计该行业未来市场潜力巨大。

排污成本的提高迫使企业安装环保设备。国务院常务会议通过的《排污费征收使用管理条例》已从2003年7月1日起开始施行。该《条例》的颁布标志着对我国企业生产和经营产生重大影响的排污收费制度发生了重大调整。2003年底环保总局和质检总局联合发布新修订的《火电厂大气污染物排放标准》在2004年1月1日正式执行，新标准对不同时期的火电厂建设项目分别规定了对应的大气污染物排放控制要求，规定了现有火力发电锅炉达到更加严格的排放限值的时限，提出了到2005年和2010年火电厂应执行的二氧化硫和烟尘排放限值。这对火电企业而言将是更严厉的标准，各省的环保局纷纷加强对燃煤电厂的检查，达不到标准的企业必须限期整改，安装环保设备已经是势在必行。而前边提到的遭受处罚的30余家企业正是因为违反了2003年9月1日实施的《中华人民共和国环境影响评价法》。

电价改革促进企业加强环保投资。国家各项环保法规、政策的出台，发电排放的环保标准越来越严格，电力环保产业将迎来难得的发展机遇，火电厂的烟气脱硫产业将迎来高速成长期。

4. 电力信息化投资

2004年11月16日，IDC中国发布的《中国电力行业应用解决方案市场2004年～2008年预测与分析》显示，2002年和2003年，对电力行业来说是动荡不稳的两年，电力拆分和全国范围内的严重缺电都加剧了行业的动荡。从电力企业内部来讲，虽然人员和资产的重组延滞了许多IT项目实施，同时也产生了更多新的IT需求。另外，国内制造业的蓬勃发展使电力需求量大幅上升，供需不平衡的矛盾加剧，大量国家投资和民间资本进入发电领域，造成了发电企业信息化的一轮热潮。

IDC研究显示，2003年电力行业IT投资占行业固定资产投资的4.2%，投资总规模达到92.86亿元，比上一年增长10.6%，硬件、通讯产品、软件和服务的投资比例分别为63.9%、11.5%、9.9%和14.6%。预计到2008年，电力行业IT投资会达到184.1亿元人民币，未来五年的年均复合增长率为14.7%。

2004年～2008年我国电力行业IT投资将进入高速发展，主要的市场发展趋势表现在如下几个方面：

（1）内部管理系统面临升级热潮。厂网分离使电力行业分成两个子市场，各有其生产运营特点。许多专注于电力行业的IT企业因此也改变了相应的经营模式，将电力事业部分割成电网和电厂两个独立的事业部，对应的客户关系和采购流程等需要重新建立和适应。另外，目前省级电网公司还有100%的决定权，但是实现了区域管理后，大的集团性IT项目，比如ERP等，其采购流程和决策人员会发生很大的变化。另外区域电网公司的建立也会引发财务等内部管理系统的整合和升级热潮。

（2）软件、服务的投资比例将上升。随着一些解决方案产品的标准化程度和可复用率提高，直接导致了在系统集成项目中，软件比例的上升和服务比例的下降，但是由于厂商逐渐对支持服务开始收费，服务的比例总体来说还会缓慢上升。

（3）提升效率的应用系统将持续走高。目前电力企业面临的是如何提高电厂量的同时努力降低成本，所以帮助企业提高生产效率、控制生产流程、降低成本的应用系统会继续被电力企业重视。在电力市场真正实现了自由竞争时，实时、安全、高效率和可靠的电力交易系统将被企业所追求，高价的产品将迎来庞大市场。相应的，客户服务系统也将又一次成为热点。

（4）未来市场机会与风险并存。为了使中国经济健康成长，中国政府在未来两年会投入大量国有资金建设电厂，并会鼓励私人资金投入。因此，发电企业市场在未来两年内会持续成为热点，尤其是与其生产经营直接有关的系统，比如自动化系统、电厂 MIS 及财务系统等。但是，电源企业的盲目投资引起一些市场的虚假繁荣。投资后由于种种原因不能生产，使得 IT 投资后续不继，甚至由于不能如约付款而造成一些 IT 企业的财务危机。另外，专家预计在2006年将会出现电力过剩的局面，所以，一些效率不高的电厂持续投资 IT 的能力值得怀疑，届时相应的 IT 投资的重点也会由目前的发电端转移到电网市场，重点会在电力交易系统和客户管理系统。

（三）电力投资风险分析

连续几年的拉闸限电给我国电力行业带来了巨大的增长热情。2003年、2004年，地方政府、民营企业纷纷进入发电市场。但是我国发电市场基本上是以国有为主，目前，国有电力占据国内90%左右的份额，外资和民营电力大概占10%。而国有电力中，国资委管理的五大发电集团占35%，地方发电集团占65%左右。国家的宏观调控将对民营、外资发电企业产生不利影响。

1. 民营企业投资电力风险加大

据有关方面的统计，目前有近180亿元的民间资本活跃在发电企业投资市场上。而据浙江省经贸委的不完全统计，2004年仅在四川投资水电项目的浙江民企协议总投资额就超出80亿元。“初步估计，截至2004年年底，全省内由私人投资的小水电站约有4 000座，装机容量超过200万千瓦。”浙江省水利厅一位官员透露，按目前每千瓦平均投资5 000元计算，浙江省内，投入小水电站建设的民间资本超过100亿元。

与民间投资电力项目热潮相呼应的，一些地方政府也表现出了强烈的热情。浙江省2004年下发的《浙江省2010年电力发展规划及2020年展望》显示：2003年～2007年的5年内，建成投产1 000万千瓦发电机组，完成500亿元的电网建设投资，总装机容量将超过3 000万千瓦；2020年装机容量将达到7 000万千瓦左右，人均装机接近1.5千瓦。到2010年，浙江的全省人均发电装机将达1千瓦，电力供需基本平衡，并力争适度超前。

民间资金投资水电站建设将面临较大风险，其中的风险已经开始显现。中小型水电站的建设周期一般为3年～4年，2004年开工的电站至少要到2007年才能建成发电，而那时的国内电力市场有可能会出现饱和现象。有关专家认为，按照现有开工电力项目，及未经批准在建和将建的项目，加之未来几年内新增投产的发电设施，3年～4年内电力供应将远远超出国家电力的需求缺口。而在国家的宏观调控中，由于民营企业基本上经营的是小水电、火电，因此，极容易受到影响。民营企业投资水电、火电已经开始遭遇风险。

2. 外资选择撤离

与地方政府和民营资本的热情相反，外资却纷纷远离电力项目。在2004年11月举行的首届中国（杭州）投资峰会上，国电动力经济研究中心副主任兼总经济师胡兆光提及一个耐人寻味的现象：改革开放后进入我国的第一批外资电力独立开发商已基本退出我国发电领域。

2003年3月，温州特鲁莱发电有限责任公司的最大股东——美国赛德能源公司将拥有的40%股份悉数转让给华润集团。这家公司也结束了浙江省第一家中外合作电力企业的历史。2004年3月，美国电力公司以3 450万美元的价格，将其拥有并经营的河南南阳浦山电厂的70%股份出售给南阳市能源投资公司。随后，首家以外商特许权 BOT 方式参与我国发电领域的外国投资商法国阿尔斯通公司撤出了广西来宾电厂B厂项目的40%股份，撤出了中国市场。

据国电动力经济研究中心统计，1990年，外资占我国电力固定资产投资的比例为12.2%，随后6年间，该比例一直在9.5%上下波动，到1997年出现了外资投资我国电力市场的高峰，这一比例上扬到14.5%。但这个比例随后又逐年下降，到2002年急剧下滑到7.5%。目前，外资电力在我国的投资存量大约还有1 200亿元。对于外资电厂来说，2004年的日子，没有几个好过，几乎全部亏损，或者接近亏损。

专家分析认为，外方纷纷撤资我国电力市场，一方面原因是外商自身的发展原因；另一方面的原因则是投资风险影响了投资主体的投资热情。与最初的政府鼓励地方集资办电，一些地方政府在吸引外资投入发电项目时，与外方在购电量和电价等方面达成了优厚的协议，但在2002年启动的电力市场改革确定了电力竞价上网的大方向后，以往协议纷纷失效，外资发电项目的市场风险因而大大增强。

与此同时，为了解决眼下的电荒，各地纷纷上马大型发电项目，激烈的竞争格局压缩了外资进入的市场空间。此外，电站建成后要经过几年的运营才能盈利，许多外商都担心等到现在投资的发电项目进入盈利期后，却会碰上电力供过于求的时期，而造成亏损局面。于是在我国已经有项目的外方陆续撤离，没有项目的外方则继续观望，等待下一轮电力缺口的来临[①]。

3. 政策风险加大投资电力的成本

2004年11月，国务院正式出台《国务院批转发改委关于坚决制止电站项目无序建设意见的紧急通知》，并下发至电力行业的主管部门和发电企业，决定对电厂建设实施宏观调控。而来自《21世纪经济报道》2005年1月17日的一篇文章也给电力项目投资热情泼上了冷水[②]。国家环保总局将通报约30家无视《环境影响评价法》而上马的投资项目，而这其中主要的是电力项目。

2004年7月，国家新出台了《国务院关于投资体制改革的决定》，它的出台简化了电力投资的审批手续。《国务院关于投资体制改革的决定》总的指导思路是适时淘汰小火电、积极发展水电、适当发展核电、因地制宜发展新能源发电。因此，未来电力投资主体呈现多元化趋势，但是其中也潜伏一些风险。全国新电源点建设的快速发展，引发了电力设备价格的大幅攀升。在国内电力设备市场上，30万千瓦机组的价格上升了30%，60万千瓦机组的价格上升了40%以上。由于利益趋动，电力设备、电力商品在交易过程中的不规范行为也逐步增多，进一步加大了电力投资和经营的风险性。与此同时，小火电受到了冷遇。而鼓励的小水电项目由于遭遇到环境等方面的因素，已经遭到社会的广泛批评。

电力行业投资风险已经出现，企业当审慎前行。

三、电力行业发展环境分析

我国经济的快速发展促进了电力行业的高速增长，但在同时，电力行业的发展不足也制约了我国经济的发展。2003年、2004年出现的严重电力短缺就给我国经济发展造成了巨大的损失。因此，营造良好的电力行业发展环境将对我国经济发展产生积极影响。

---

① 冯源："外资缘何退潮中国电力投资市场"，新华网，2004年12月21日。

② "环保风暴：30项目被指违法"，《21世纪经济报道》，2005年1月17日。

（一）电力监管体制

我国目前的电力监管格局适于几年前的改革。2002年3月，中央决定设立国家电力监管委员会。2002年12月29日，我国电力新组建的11家公司[①]（包括两家电网公司和5大发电集团）的正式成立，标志着我国电力行业市场化改革已经初步完成“厂网分开、引入竞争”的市场结构调整。2003年2月，国务院批准了《国家电力监管委员会职能配置内设机构和人员编制规定》，明确了国家电监会的主要职能和机构编制。至此，我国电力监管体制基本建立起来。

国家电监会为国务院直属事业单位。国务院赋予国家电监会的主要职责是：负责全国电力监管工作，建立统一的电力监管体系；研究提出电力监管法律法规的制定或修改的建议，制定电力监管规章和电力市场运行规则；拟定国家电力市场发展规划和区域电力市场设置方案，审定电力市场运营模式和电力调度交易机构设立方案；监管电力市场运行，监管输电、供电和非竞争性发电业务；参与电力技术、安全、定额和质量标准的制定并监督检查，颁发和管理电力业务许可证；向政府价格主管部门提出调整电价建议，监督检查有关电价，监管各项辅助服务收费标准；依法对电力市场、电力企业违法违规行为进行调查，处理电力市场纠纷；负责监督电力社会普遍服务政策的实施；按照国务院的部署，组织实施电力体制改革方案，提出深化改革的建议。

国家电监会主席柴松岳2005年初在接受采访时指出，《电力监管条例》即将出台，将为全面履行电力监管职责提供有力的法律保障。2005年，国家电监局将组建6大区域电监局和11个城市监管办公室，电力监管工作将直接延伸到第一线。

到目前为止，我国在电力监管方面已经有了较为完善的监管体系，出台了一系列法律法规，包括《电力市场技术支持系统功能规范（试行）》、《关于区域电力市场建设的指导意见》、《电力市场运营基本规则（试行）》、《电力市场监管办法（试行）》、《中华人民共和国电力法（1995）》、《电力设施保护条例（1998）》、《电网调度管理条例（1993）》、《电力供应与使用条例（1996）》等。这为我国电力监管体系的进一步发展与完善奠定了坚实的基础。

然而，由于受电力体制改革的渐进性以及原有计划经济体制惯性的限制，我国目前符合市场经济要求的新型电力监管体系尚不完善。传统电力监管制度的缺陷严重制约着电力行业的快速发展，集中表现在法规体系不健全、电力监管职能越位、缺位、错位以及监管方式落后等弊端，造成电力企业生产经营效率低下以及消费者福利的损失，这也构成了我国当前电力行业监管制度改革的内在动因。尤其是电力市场化改革中对发电、售电的竞争业务与输、配电垄断业务的分割使得电力监管的工作变得更为复杂。因此，构建现代电力监管体系已成为我国深化经济体制改革和电力行业健康发展的必然选择。

（二）市场准入

从国际经验来看，市场准入标准是调整产业组织的一个重要手段。一些市场经济国家利用经济、技术、环境、安全和节约等市场准入标准，促进企业技术进步和实现经济规模。如，美国政府对污染严重的化石燃料电站企业征收碳税，淘汰了一批低效率、污染严重的小电站。

---

① 新成立的11家电力公司包括：国家电网公司和中国南方电网有限公司，以及中国华能集团、中国大唐集团、中国华电集团、中国国电集团、中国电力投资集团等五家发电公司，和中国电力工程顾问集团、中国水电工程顾问集团、中国水利水电建设集团和中国葛洲坝集团等四家辅业公司。

要规范发展我国电力市场，促进国民经济健康发展，就必须建立起完善的市场准入标准。尽管我国在市场准入方面已经建立了初步规范，但还不能满足我国经济发展的需要。目前，我国电力行业市场准入表现了以下特点。

1. 电源建设

目前，我国电源建设已经向非国有资本开放，这在一方面弥补了国有资本在能源建设上的不足，缓解了国家电力紧张的局面；另一方面，也为建立市场化的电力市场奠定了基础。电力生产业方面主要采取项目审批制度，对于可行的建设项目，理论上各方资金都可以进入。在电力生产行业我们已经走出了一大步。

在全国电荒和国家对发电企业政策逐步放宽的大背景下，民营资本在电力投资主体的多元化格局中迅速崛起，尤其对小水电情有独钟。如四川的林凤集团就曾一口气买了投资额30亿元的四川嘉陵电力有限公司51%的股权；浙江民营企业投资中西部小水电已经出现不仅自己投资兴修水电站，还出现斥巨资收购一些已经并网发电中小型水电站的局面。据估计，目前已经有180亿元的民间资本活跃于电力建设市场。

我国电力行业投资经营主体共有5方：一是原国电系统重组的国有五大发电公司，每家约拥有3000万千瓦的装机和数百亿资产，堪称我国电力市场中重量级的竞争对手；二是仍为国字号的三峡总公司、国投电力公司和国华电力公司；三是地方国有企业，全国43家地方电力投资公司拥有电力资产1 752亿元、发电容量5 539万千瓦，占全国电力装机的17%；四是外商直接投资项目3 700万千瓦；五是民间资本也崭露头角，如中国民营企业林凤集团已经购买了投资额30亿元的四川嘉陵电力有限公司51%的股权。以上五大发电投资主体，虽然力量不很均等，特别是民间资本尚属弱小，但是电力改革后利好、稳定的投资回报和市场的开放，会吸引更多的民间资本进入。

启动民营投资是壮大电力产业的有效途径。但应规范管理，可以从以下几个方面入手：一是要完善电力市场准入制度，允许更多的投资者，包括民营资本和国际资本进入电力建设这个有利可图的领域；二是要完善价格管理，既包括供给方的价格管理，让供给方竞价上网，也包括需求方的价格管理，让消费者竞价购电；三是要完善电力投资建设审批体制，在市场机制下为民营资本提供进入机会；四是要强化监管，科学规划，规范民营办电秩序。

2. 电网建设

目前，我国在电网建设及电力供应上仍实行严格的进入管制，民营资本暂不允许进入。电网包括输电网和配电网两部分。根据电力体制改革的方案，完成“厂网分开”后，下一步的目标将是“输配分开”，将目前多数地区输配一体的模式打破，在配电端引入竞争。

电网建设要适度超前于电源的建设已是被证明的成功的经验。然而，我国长期重发电、轻输配电的倾向造成电网构架薄弱，“欠账”较多，地区电网之间也未能实现统一。建设坚强的网架结构、充裕的跨区跨省交换能力和输配协调的电网是建立竞争开放电力市场、发挥现有发电能力和减少装机、节约资源的客观要求。研究表明，实现前述目标，电网投资应占行业投资的40%～50%，在电网滞后阶段更要达到50%左右。1998年以来，电网投资比例逐步接近合理水平，电网瓶颈制约得到初步缓解。随着近些年电力再度紧张，电网投资急剧下降，初步估计2003年电网投资比例下降到30%左右，2004年前三季度为28.4%。电网建设滞后效应可能在近几年凸现，在电源供应总量满足需要的基础上，也可能因电网滞后造成局部地区继续拉限电。电网滞后表面原因是电网资本金不足，根本原因是没有出台独立合理的电网环节电价，造成电网收益偏低，这亟待引起政府和社会的高度重视。

近年来国家对输变电投资每年达1 000多亿元，2004年国家电网建设的投资较之2003年增幅为9.2%。2004年国家电源建设的投资达到新高，仅从装机容量上讲，2004年比2003年新增约6 000万千瓦，按每千瓦造价5 000元计，电源建设投资增幅也远大于电网建设。

根据国外发达国家的经验，输配电资产通常大于发电资产，输配电资产和发电资产比例一般为6:4，我国发电资产却是输配电资产的1.2倍～2倍。就投资而言，电网投资应占全行业投资的50%左右，但我国目前电网投资在行业固定投资中比例大都低于30%。国家电网公司高级顾问周小谦表示，我国电网与电源合理的投资比例宜保持1:1左右。否则，即使2006年后电力供应基本实现供需平衡，电网仍是瓶颈。

种种迹象传达一个隐含的信号，2005年电力建设的侧重点有可能由2004年的电源建设转向电网建设，何况电网建设滞后这一电力建设的瓶颈也已经到了非解决不可的时候了，虽然国家电力"十五"规划将发展电网建设作为重中之重，但事实上电网建设与火爆的电源建设距离却有拉大的趋势。电力专家朱成章估计，国内输变电缺口2004年达到30%。来自电监会的信息表明，2004年由于电网薄弱导致的拉闸限电使电量损失近500亿度。有专家认为，目前电力供应紧张更多缘于电网建设的滞后，而不是装机容量不足。比较一致的看法是，不解决电网滞后的问题，电力紧缺的局面依然存在。所以，输变电在2005年抢占风头成为电力建设热点也在情理之中。

2005年国家将着手解决电网建设的问题，倘能解除了体制上的羁绊，鼓动起投资者的热情，电网建设迎头赶上电源建设的时间会大大缩短。这也许将给民营资本提供又一个投资的机会。

3. 外资准入

在外资准入上，我国电力市场对外开放较早，但一直对外资参股比例有一定限制。目前全国大中型中外合资电厂39个，总容量2 700万千瓦，占全部装机容量的8.46%，外商投资23亿美元。加入WTO后，外资进军我国电力市场的步伐会明显加快。国电总公司的拆分，垄断机制的打破，无疑也会给这些外资电力公司带来发展机遇。目前，国内不少的火电企业都有外资成分。因此，电力体制改革之后，除了国内火电企业之间的重组和收购兼并外，外资收购国内火电企业的可能性也将大大增加。

而在电力设备领域，外资也占有重要地位。目前，众多海外巨头活跃在我国电力设备市场，包括3M、ABB、阿尔斯通、德欣、杜邦中国、日立、默勒集团、诺基亚电容器、施耐德、西门子、东芝、现代重工等几乎所有著名的国际电力电工设备公司都将关注的目光投向了中国。

国家发展改革委和商务部2004年11月30日发布第24号令，公布《外商投资产业指导目录（2004年修订）》，自2005年1月1日起施行。其中的项目涉及到电力的生产、供应及装备制造等多个方面。新目录在保持我国吸收外资政策连续性和稳定性的同时，对原《目录》进行了部分调整，主要涉及三方面内容：一是适应扩大对外开放和引进先进技术的需要，将国内急需发展的产业和产品增列为鼓励类条目；二是放宽外资准入范围，加快服务业对外开放步伐；三是适应国家宏观调控需要，防止部分行业的盲目和低水平投资。

《目录》中与电力有关的内容包括：装备技术方面，60万千瓦及以上超临界机组、大型燃气轮机、10万千瓦及以上燃气－蒸汽联合循环发电设备、煤气化联合循环技术及装备（IGCC）、增压循环流化床（PFBC）、60万千瓦及以上大型空冷机组、30万千瓦大型循环流化床（CFB）、锅炉（限于合资、合作）、15万千瓦及以上大型抽水蓄能机组、15万千瓦及以上大型贯流式机组制造（限于合资、合作）、60万千瓦及以上核电机组制造（限于合资、合作）、500千伏及以上超高压直流输变电设备制造（限于合资、合作）及火电站脱硫技术和设备制造受到鼓励。在经营建设方面，单机容量30万千瓦及以上火电站、洁净煤燃烧技术电站、热电联产电站、天然气发电站、发电为主水电站、核电站（中方控股）、新能源电站（包括太阳能、风能、磁能、地热能、潮汐能、生物质能等）的建设、经营受到鼓励。而单机容量30万千瓦以下以发电为主的常规燃煤火电厂的建设、经营（小电网除外）和电网的建设及经营则分别被限制和禁止。

四、2005年电力行业发展趋势

电力生产：预计2005年发电量同比增长15%左右，全社会用电量将达到23820亿千瓦时～24680亿千瓦时，相应增长10%～14%。随着一部分机组的投产运行，全国电力供需紧张的局面将得到较大缓解，但部分地区依然会拉闸限电。同时，由于煤电联动方案的实施，电价调整只能抵消70%的煤价上升成本，因此电力生产行业的盈利水平将有所下降。来自国家电网公司的最新统计表明，预计2005年、2006年两年投产装机容量分别为6800万千瓦、7200万千瓦，装机容量年增13%左右，高于用电量的增速。根据海通证券研究所的报告，未来几年我国装机总容量预测如表9.6所示。

表9. 6　未来几年装机容量数据预测

项目	2003	2004	2005 E	2006 E	2007 E	2008 E	2009 E	2010 E
用电增长率（%）	15.4	14.5	11	10	8	8	8	8
装机容量（万千瓦）	38 450	43 550	50 350	56 350	60 804	65 668	70 921	76 596

资料来源：海通证券研究所。

国家电网公司报告显示，2005年全国供电形势将会有所缓解，但总体供应仍然紧张。2005年电力需求的增长主要取决于经济增长的幅度，特别是高耗能行业的扩展速度。据预测，2005年供电缺口要比2004年略为减少，在2 000万千瓦～2 500万千瓦。

国家电网公司认为，2006年，如果国家宏观调控基本到位，电力供应可望总体平衡，局部地区仍然紧张。关键因素仍有两个：电煤供应是否能够得到保证；电网制约造成局部限电能否解决。预计2007年能够实现基本平衡，预计增长6%～9%，投产规模超过5 000万千瓦。

参　考　文　献

[1] 黄继忠，杨凤理："论依据、国际经验与我国现代电力监管体系的构建"，教育部重大课题"自然垄断领域政府规制体制比较研究"，2003年

[2]"环保风暴：30项目被指违法"，《21世纪经济报道》，2005年1月17日

[3] 李 勃："电力行业信息化市场与竞争环境分析"，《计算机世界网》，2004年3月1日

[4]"2005：中国能源垄断体制能否破冰"，《中国经济时报》，2005年1月5日

[5]"2005年电力行业公司投资价值分析"，和讯网，2004年12月29日

[6] 刘满平，桂琳："未来3年我国电力行业供需形势分析及对策建议"，《中国电力》，2004年3月

[7] 周大地："我国实现全面小康的电力需求"，《中国电力》，2004年3月

[8] 徐锭明："我国能源工业现状和能源政策"，《中国电力》，2004年9月

附　录

科技部《科技型中小企业技术创新基金》资助项目——电力行业

	立项代码	项目名称	企业名称
1	01C26211100003	TL 型脱硫除尘设备	北京大博创业经济技术发展公司
2	01C26212120299	污染源二氧化硫在线自动监测系统	大连中环环保系统工程有限公司
3	99C26113300233	机电一体化真空热水机组	浙江联丰股份有限公司
4	01C26213310365	MGA-2000 型电力变压器故障在线监测系统	宁波理工监测设备有限公司
5	99C26116110609	电力企业信息自动化系统	西安协同软件股份有限公司
6	01C26216201007	大型火电厂汽水系统多功能四位一体阀装置	兰州宏祥电力技术开发有限责任公司
7	00C26116500483	600kW 国产化风力发电机组规模化生产	新疆金风科技股份有限公司
8	01C26211100757	配电自动化系统远方监控装置（RDCU）	北京科锐配电自动化股份有限公司
9	01C26221300642	KLD-7000 配网自动化及管理系统	石家庄科林自动化有限公司
10	01C26221300795	660kW 风力发电机组风轮叶片	中航（保定）惠腾风电设备有限公司
11	02C26231300025	电力半导体模块结构件	河北省景县华北整流器件厂
12	02C26116100450	66kV 集合式高电压并联电容器	合阳电力电容器制造有限责任公司
13	02C26216500462	20kW 太阳能动力电源控制器	新疆新能源股份有限公司
14	00C26213700830	用于直接点燃煤粉启动电站锅炉的等离子点火装置	烟台龙源电力技术有限公司
15	02C26216110143	电站锅炉燃烧状态在线诊断及优化测控系统	西安远鸿测控技术有限公司
16	01C26211100003	TL 型脱硫除尘设备	北京大博创业经济技术发展公司
17	04C26123200524	年产 10 兆瓦高效超薄多晶硅太阳电池	无锡尚德太阳能电力有限公司
18	04C26213210529	火电厂设备状态监测与智能优化控制系统	南京科远控制工程有限公司
19	04C26223700643	iES600 电力集成控制中心系统	山东鲁能积成电子股份有限公司

附　录

附录一　2004年中国风险投资大事记

1. 2004年1月15日，中国证监会副主席范福春在深圳表示，将在资本市场上建立中小企业板，解决国内中小企业融资的难题。

2. 2004年1月18日，我国最大的电子工业园区——中视联国际数字产业园入园企业在北京经济技术开发区举行签约暨奠基仪式。中视联国际数字产业园项目整个建设周期为3年，预计总投资超过10亿元人民币。

3. 2004年1月18日，服务于国有企业产权交易的“西部产权交易所”暨“上海联合产权交易所陕西分所”，在西安正式挂牌成立。它是经陕西省政府批准依法设立的、具有独立事业法人资格的、不以营利为目的、为国有企业产权交易提供中介的服务机构。

4. 2004年1月29日，中芯国际集成电路制造（上海）有限公司日前与中国工商银行、中国建设银行、交通银行、上海浦东发展银行，签订了总额2.85亿美元的联合贷款合同。这是中芯国际于2003年9月以私募方式集资6.3亿美元后获得的又一笔巨额融资。

5. 2004年1月31日，国务院发布《国务院关于推进资本市场改革开放和稳定发展的若干意见》。《意见》提出，分步推进创业板市场建设，完善风险投资机制，拓展中小企业融资渠道，积极推动我国资本市场的改革开放和稳定发展。

6. 2004年2月9日，代表中国生物工程与医药产业特征的标志性建筑群，生命之源国际广场开始以国际融资的方式公开征集投资方，首期投资13亿元。该项目是北京生物工程与医药产业基地（英文简称：CBP）为推进中国生物工程与医药产业达到国际水平和规模的重点工程之一，建成后将成为北京乃至全国与世界进行产业交流的窗口，并加速产业集聚效应，大力推进生物工程与医药的产业化、国际化进程。

7. 2004年2月10日～12日，全国证券期货监管工作会议召开。尚福林明确提到：“2004年在深圳证券交易所设立中小盘股板块”。

8. 2004年2月12日，深圳市委市政府出台了《关于完善区域创新体系，推动高新技术产业持续快速发展的决定》，这是全国首个“高新产业区域创新政策”，将大大促进深圳高新技术产业的发展。

9. 2004年2月14日，深交所进行配售新股测试，市场认为深市新股发行进入实质性技术准备阶段。

10. 2004年2月14日，一个全新、统一的北京产权市场——北京产权交易所正式成立，它是由原北京产权交易中心与中关村技术产权交易所合并而成的。

11. 2004年2月15日，点击科技成功融资1 300万美元（折合人民币上亿元），投资方是富达远东风险投资公司。

12. 2004年2月17日，阿里巴巴获8 200万美元的巨额战略投资，这是中国互联网业界迄今为止金额最大的一笔私募资金。

13. 2004年2月23日，为支持大连软件企业的国际化发展，香港汉世纪开发金融有限公司与美国Odyssey Venture公司在大连共同发起成立"中国软件产业投资基金"，规模为3 000万美元。

14. 2004年3月2日，中国风险投资研究院发布了《2003年中国风险投资行业调查报告》。这是中国风险投资研究院于2003年7月开始，历时半年，在对全国25个省、市、自治区风险投资机构全面调查基础上经过分析得出的结论。

15. 2004年3月18日，由大连路明科技集团总投资1.5亿美元建设的具有国际先进水平和自主知识产权的"光芯"生产项目正式投产，从而为大连发展半导体照明产业、打造国内外知名"光谷"迈出了重要一步。

16. 2004年3月18日，北京产权交易所与北京市投资促进局合作建立"跨国并购快速通道"，此次合作旨在优化北京市投资环境，与国际接轨，为中外投资者和外商投资企业提供专业化涉外经济服务，为国内外各类投资者从事产权交易和投融资活动提供交易平台和专业服务。

17. 2004年3月30日，长沙市科技创业投融资协会正式成立。该协会成立后，将打破科技与金融的信息瓶颈，搭建科技与资本对接的平台，为长沙市引入外地科技创业资本开启大门。

18. 2004年4月2日～3日，"2004中国风险投资论坛"在深圳开幕。本届论坛由中国民主建国会、中国风险投资研究院（香港）等机构共同举办的，论坛以"中国与世界的互动"为主题，就"风险投资与技术创新"、"风险投资与高校高新技术产业化"、"风险矿投资与退出"等11个专题展开讨论。本届论坛规模大、规格高、嘉宾云集、内容丰富，堪称中国风险投资家、创业家群英荟萃的一次国际性盛会。

19. 2004年4月3日，全国人大常委会副委员长成思危在"2004年中国风险投资论坛"上透露，在深圳建立中小企业板已获有关方面批准，这将是创业板市场建立的第一步。

20. 2004年4月8日，由南京的企业孵化器、投融资商及高科技企业共同发起成立南京企业孵化协会。该协会成立后，将为科技企业创业者提供全方位的优质服务。

21. 2004年4月26日，由科技部中国技术市场管理促进中心主办的全国性技术产权信息披露平台已进入试运行阶段，这一平台主要解决当前各地技术产权市场信息披露分散问题。

22. 2004年4月27日，上海市外国直接投资基金协会正式成立，这是为进一步开辟利用外资新渠道，促进外国投资基金在上海的健康发展，也是中国第一家外国直接投资基金协会。

23. 2004年5月10日，为加快建设福州市科技创新服务体系及推动该市软件产业的发展，福州市政府出台一系列规定扶持金山科技企业孵化器及福州863软件专业孵化器的“入孵企业”。

24. 2004年5月10日，美林国际合格境外机构投资者（QFII）资格日前已获中国证监会批准。至此，已有13家境外机构在我国获得QFII资格。这是中国证监会今年以来首次对境外机构发放QFII牌照。

25. 2004年5月11日，中国证监会公布了首批保荐机构和保荐代表人名单，有67家证券公司和609名考试成绩合格者被分别注册登记为保荐机构和保荐代表人。至此，我国证券发行上市保荐责任主体已经明确，保荐制度将全面实施。

26. 2004年5月11日，江苏省发展和改革委员会与南京财经大学联合设立了“江苏创业发展中心”，其目的是为了能给经营者提供创业培训、为投资人搭建投资桥梁、为创业者提供创业机会。

27. 2004年5月17日，中国证监会发布中小企业板实施细则，中小企业板正式推出。

28. 2004年5月19日，深圳证券交易所颁行了《中小企业板块交易特别规定》、《中小企业板块上市公司特别规定》和《中小企业板块证券上市协议》，这一系列针对中小企业板块的风险特征，在交易和监察上做出的有别于主板市场的特别制度安排的实施，标志着中小企业板块距离正式“开锣”已为时不远。

29. 2004年5月20日，清华同方在董事会上，通过了发起成立北京同方投资有限公司的议案，清华同方将出资2亿元人民币，这也是继联想成立控股投资公司之后又一家老牌企业正式涉足投资业。

30. 2004年5月20日～26日，第七届中国北京国际科技产业博览会在北京举行。据不完全统计，第七届科博会期间，共签订以高新技术为主的投资合作和贸易项目252个，成交总金额39.6亿美元。

31. 2004年5月22日～23日，深圳OCTG公司的海外华人软件精英联合发起，以软件企业关键要素：软件人才和软件产业发展战略为主题，在深圳市政府主办下，与深圳软件园联合共同承办首届“中国软件发展论坛会——软件人才与软件产业战略”。

32. 2004年5月27日，深交所中小企业板启动仪式在深圳隆重举行。历经曲折的中小企业板块在深交所的推出，是中国金融体系市场化变革和资本市场向纵深发展的重要标志。

33. 2004年5月28日，总投资3亿元的江苏省科技成果转化专项资金正式启动实施。此举将为江苏提升科技成果转化能力，培育和壮大具有自主知识产权的高新技术产业提供强有力的支撑。

34. 2004年6月8日，大唐电信成功引进7 000万美元的风险投资，并自投7.4亿元在中关村建设大型产业园，标志着大唐电信已经在产业转型方面迈出了关键一步，并使我国整个微电子产业链从中受益。

35. 2004年6月19日～26日，硅谷银行派出包括8名高管人员在内的豪华团队，带领由美国25位著名风险投资家组成的代表团访问了北京、上海，以进一步了解中国经济和投资环境、有关高科技行业的政策法规及中美经贸合作中存在的商机。

36. 2004年6月22日，中国投资项目管理软件产业联盟（英文缩写：CIPA）在北京正式成立，它是在中国投资协会投资信息专业委员会的支持与统一管理下，由北京联合金投工程科技有限公司会同微软、普华等十二家国内外知名项目管理软件企业共同发起的。

37. 2004年6月24日～25日，在上海科技馆召开“2004东方科技中介论坛”上，上海、江苏、浙江两省一市的科技部门共同签署了“长三角科技中介战略联盟协议书”，标志着长三角区域科技中介公共服务平台建设启动。

38. 2004年6月25日～26日，由商务部国际贸易经济合作研究院主办的“2004中国企业境外IPO融资论坛”在上海新亚汤臣洲际大酒店举行。为中外证券交易机构、金融管理机构、投资银行及金融界、法律界、企业界、财务管理专业人士提供IPO融资经验交流与实践案例讨论的平台。

39. 2004年6月28日，南京青年创业园科技有限公司正式成立，8月6日正式挂牌。该公司由南京同创集团、南京市秦淮区国有资产经营中心、南京豪阁房地产开发有限公司等三家单位发起成立，依托江苏省高新技术创业服务中心，旨在发挥各方优势，结合风险投资、咨询培训、财务及人事代理等功能，为创业型企业服务。

40. 2004年7月9日，由中国风险投资研究院（香港）主办、深圳证券交易所支持、广东省民营科技企业协会、深圳市科技开发交流中心、深圳市中小企业信用担保中心联合协办的“中小企业融资策略与管理创新研讨会”在深圳证券交易所国际会议厅隆重举行。此次会议主要针对中小企业板推出后的一系列热点问题进行探讨。

41. 2004年7月14日，科技部部长徐冠华与上海市市长韩正在沪正式签署了《科学技术部、上海市人民政府工作会商制度议定书》，目的是把上海的科技兴市战略与国家科技创新战略有机结合起来，促进区域创新体系的完善，增强区域创新能力，以快速提升我国科技创新水平。

42. 2004年7月21日，深圳市政府对外公布了被业界称为“深七条”的《关于加强发展资本市场工作的意见》。“深七条”出台是为了进一步加速建立深圳多层次资本市场体系、强化区域金融中心的地位，而其核心是为今后创业板的推出奠定基础。

43. 2004年7月22日，乌鲁木齐高新区投资300多万元的电子政务办公系统正式启动，这是该区计划明年实现“数字园区”的重要举措。“数字园区”的含义就是高新区管委会、企业、科研机构及社会公众各个主体以及园区的各项活动和行为，能在网络化的数字空间中有序进行。

44. 2004年7月30日，由来自贵州、陕西、新疆、四川、云南、甘肃、重庆等地的7家产权交易机构共同发起建立西部产权交易共同市场，这标志着中国已基本建立起覆盖全国的产权交易市场体系。

45. 2004年8月1日，“中国环保基金2004”正式成立，它是由清华创业投资管理有限公司出任基金管理人，由香港LESS公司、亚洲开发银行等国际知名投资机构出资的。该支基金将延续“中国环保基金2002”的成功经验，继续致力于推动中国环保产业的发展。

46. 2004年8月5日，由科技部与河南省科技厅、洛阳市政府三方共建的全国第7家，河南首家的洛阳火炬创新创业园在洛阳市正式成立。

47. 2004年8月8日，中国首台拥有自主知识产权、技术性能达到世界先进水平的高性能IPV6无线路由器，在京通过了教育部组织的鉴定。这一技术填补了国内外在这一领域的空白，达到国际领先水平，具有良好的推广前景。

48. 2004年8月8日，“2004浙江中小企业成长论坛”在浙江杭州举行。论坛围绕“成长、创新、突破——中小企业实现新飞跃”的主题展开一系列活动，并在论坛开幕式上发布了“2004浙江最具成长性中小企业100强”。

49. 2004年8月12日，全国高新技术创业服务中心工作会议暨国家高新区创新创业环境建设经验交流会在长春召开，会议以“营造创新环境，提升创新能力”为主题，进一步明确创新创业环境在国家高新区二次创业中的重要作用，确立高新技术创业服务中心建设和科技型中小企业在促进高新技术产业工作中的地位。

50. 2004年8月13日，马来西亚尤尼森2.1亿美元投建成都“芯工厂”，成为仅次于英特尔(投资金额3.75亿美元)的成都第二大芯片封装与测试工厂。至此，成都在芯片封装测试产业上引进的外资1年来已近8亿美元，居西部之冠。

51. 2004年8月14日，科技部火炬高技术产业开发中心副主任巫英坚日前在“国家高新区创新创业环境建设经验交流会暨全国高新技术创业中心工作会议”上表示，中国已跻身世界企业孵化器大国行列，其科技企业孵化器数量目前仅次于美国，居世界第二位，居发展中国家之首。

52. 2004年8月15日，“第三届中小企业融资论坛”上，深圳市副市长陈应春表示，深圳市将借鉴发达国家的经验和做法，利用CEPA实施契机，积极发展多层次、全方位的中小企业融资体系，拓展多形式的中小企业融资渠道，扶持中小企业健康良好发展。深交所理事长陈东征在会上透露，截至8月14日，正式启动近三个月的中小企业板块已有35家公司刊登招股说明书，总发行规模为8.59亿股，融资总额为84.21亿元，有效扩大了中小企业的直接融资渠道。

53. 2004年8月26日，郑州高新区创业中心与澳大利亚Golden Sunshine国际有限公司合作，在澳大利亚布里斯本建立的中澳科技企业孵化中心正式成立。其目的是为了吸引当地技术、人才、资金，搭建郑州高新区海外创业平台，在当地引入我国中原地区的高科技产业化项目。

54. 2004年8月30日，武汉大学立得空间信息技术发展有限公司与北京盈富泰克投资有限公司签订投资协议，获得上千万元的科技风险投资。

55. 2004年9月1日，全球最大直接投资集团之一——美国凯雷集团对外界正式宣布，投巨资于中国聚众传媒集团。这是凯雷集团设立中国办事处后的第一笔重要投资项目。

56. 2004年9月2日，北京产权交易所在香港国际会展中心举行的“北京产权市场论坛暨跨境产权交易推介会”上重点推介以CEPA中率先向海外投资者开放的以行业为主的152个产权交易项目，其中79个项目将作为此次重点推介项目，涉及金额高达约50亿人民币。

57. 2004年9月9日～10日，由中华创业投资协会主办的中华创业投资协会2004年年度大会暨中美风险/股权投资峰会在北京昆仑饭店隆重举行。

58. 2004年9月15日，为促进中关村园区企业发展，中关村管委会最新出台了20项扶持中小高新技术企业的优惠政策，并专门设立了1亿元资金作为对企业的直接资助。

59. 2004年9月22日，哈尔滨市创业投资协会正式成立，该协会每年将为协会会员企业提供近10万条信息，解决创业投资资本融资渠道窄、资本总量小的问题。

60. 2004年9月23日～24日，新疆维吾尔自治区科技厅、财政厅、知识产权局联合举办了“新疆科技型中小企业技术创新成果展暨投融资洽谈会”，新疆开始将风险投资引入科技型中小企业。

61. 2004年9月27日，“2004年国家高新区投融资工作会议”在北京铁道大厦举行。来自全国十多家高新区的代表参加了会议，并就高新区内债券资金的使用情况及还贷计划做了详细介绍，提出了一些在高新区实际发展中遇到的问题及解决建议。

62. 2004年10月8日，科技部正式发布《科技型中小企业成长路线图计划》，以营造出有利于中国科技型中小企业不同成长阶段发展环境的社会化解决方案。

63. 2004年10月12日～17日，“第六届中国国际高新技术成果交易会”在深圳会议展览中心举行，它是由商务部、科学技术部等部委和深圳市人民政府共同主办。共有42个国家和地区的115个代表团、62家跨国公司参会，4 041家国内外参展商的9 674个项目和1 882家投资商参加了展示、交易和洽谈。

64. 2004年10月14日，深圳市创新投资集团举办了创业投资研究方向博士后工作站的揭牌仪式，这是国内第一家该领域的博士后工作站。刘鸿儒在揭牌仪式上指出，深圳创新投设立博士后工作站对于建立多层次资本市场具有重要意义，弥补了资本市场研究的不足，是研究和探索中国特色的创投之路的良好开端。

65. 2004年10月25日，首届中国优秀民营企业和民营企业家日前在深圳揭晓。据悉，这是中国企业联合会、中国企业家协会在推出了中国企业500强之后，首次评选中国优秀民营企业和优秀民营企业家。

66. 2004年10月27日，国家发改委以及中国进出口银行联合下发了《关于对国家鼓励的境外投资重点项目给予信贷支持政策的通知》，根据这个通知，国家发展改革委和中国进出口银行共同建立境外投资信贷支持机制，受到境外投资信贷支持的专项贷款享受中国进出口银行出口信贷优惠利率。

67. 2004年11月6日，天津市技术产权交易公司在天津市产权交易中心正式挂牌运行，它是由天津市高新技术成果转化中心、技术产权交易所、北方技术交易市场、知识产权服务中心和创业投资中心五家机构联合组建的。它的成立将为天津市以及国内外科技成果的转化和技术产权的交易提供全方位的服务。

68. 2004年11月11日，上海首个电子商务创业园在普陀区隆重开园。这为大力发展电子商务，培育电子商务产业和营造良好的电子商务发展环境，帮助市民在网上开店或网上加盟，实现创业或再就业起到了积极的促进作用。

69. 2004年11月14日，山西省第二届高新技术产业成果展示暨合作洽谈会落下了帷幕，273家企业、高校、科研机构参展，签约资金达到20亿元。

70. 2004年12月6日，中国软件开发商九城关贸科技集团有限公司（简称“九城集团”）在纳斯达克上市，融资1.056亿美元。该IPO发行960万股美国存托股(ADS)，每股ADS定价为11美元。

71. 2004年12月13日，河南省政府为促进高新技术产业发展，鼓励和规范创业投资活动，颁发了《河南省促进创业投资发展暂行办法》，从2005年1月1日起施行。这是河南省第一部针对创业投资行业颁布的地方性法规，800万元的准入门槛目前在全国最低。

72. 2004年12月14日，山东省高新技术投资有限公司与美国CHINAVEST有限公司在济南正式签订合作协议，双方共同出资1.2亿美元设立山东高新投——CHINAVEST创业投资合作基金。该基金的设立将对山东省吸引更多境外资金投入山东省的高新技术产业产生积极影响，同时为山东省企业运作到美国上市或实现跨国并购提供便利通道。

73. 2004年12月23日，由全国工商联并购公会、全球并购研究中心和中国并购交易网联合主办的“2004年中国十大并购事件”评选活动揭晓，包括“汇丰银行入股交通银行”、“联想集团收购IBM的PC业务”在内的2004年具有重大意义的十个并购事件入选。

附录二　中国风险投资相关政策法规汇编

国家级风险投资政策法规文件

应用技术研究与开发专项资金管理暂行办法

财政部、科学技术部　2004年1月7日

第一章　总　则

第一条　为加强对应用技术研究与开发资金（以下简称应用技术研发资金）的管理，提高资金使用效益，根据国家有关财务规章制度和国家科研计划实施课题制度管理的要求，制定本办法。

第二条　应用技术研发资金是中央财政为支持科技创新与发展，加强科技与经济的结合，促进国民经济和社会可持续发展而设立的专项资金。主要支持方向是：

（一）科技攻关计划。通过支持国民经济与社会发展中重大共性、关键性、公益性技术的研发活动，为产业结构调整、人民生活质量提高及社会可持续发展提供技术支撑。

（二）科技产业化环境建设及科技成果的转移扩散。通过支持科技产业化基地技术创新能力建设、科技产业化示范项目研究与开发以及相关科技培训等，为技术创新和科技成果产业化创造环境。

1．星火计划。主要支持农业科技产业化示范项目的开发和应用，支持乡镇企业的技术创新，以及农村区域和城镇科技发展的技术推广、服务平台建设和相关科技培训。

2．火炬计划。主要支持高新技术产业化项目的开发和应用，科技企业孵化器的培育和发展，以及高新技术产业化技术服务平台建设。

3．工程技术研究中心计划。通过加强科技成果转化的中间环节，提高科技成果的工程化、配套化和系统化水平，推动工程化成果向行业辐射、扩散，提高行业技术水平，促进新兴产业崛起和传统产业的升级改造。

4．重点科技成果推广计划。主要支持重大、共性和社会公益性科技成果的推广应用与政策、机制研究，建设科技成果推广转化服务体系。

5．重点新产品计划。主要支持技术含量高、创新性强，对行业技术进步与发展有较大带动作用，采用国际标准或国内外先进技术标准，拥有自主知识产权的新产品的研究开发。

6．科技兴贸行动计划。主要支持提高国际竞争能力、优化外贸出口结构的自主知识产权高新技术示范项目研究开发，推动科技型企业国际化服务建设。

（三）其他。主要支持上述专项计划之外，经财政部、科技部确定予以支持的应用技术研究与开发方面的其他计划或项目。

第三条　应用技术研发资金来源于中央财政拨款，由财政部、科技部共同管理。

第四条　应用技术研发资金的支持对象是具有独立法人资格的企事业单位。优先支持具有较强自主研究开发能力，具备较好科研条件的科研机构（包括转制科研机构）、高等院校和企业。

第五条　应用技术研发资金的管理和使用，坚持集中资源、突出重点、合理安排、讲求效益的原则，并充分发挥中介机构和专家在管理与决策过程中的评议和咨询作用。

第六条　科技计划管理部门要按照财政项目支出预算管理的有关要求建立项目库，加强对应用技术研发资金的管理。

第二章　经费管理职责

第七条　应用技术研发资金管理各方的职责与权限：

（一）财政部

1. 负责核批年度经费总预算及各计划年度经费预算；

2. 负责核批计划管理费预算；

3. 会同科技部审定并下达项目年度经费预算；

4. 监督检查经费的管理和使用情况；

5. 负责审批年度决算。

（二）科技部

1. 负责提出年度经费总预算建议；

2. 负责组织项目预算的申报和评审（评估）；

3. 负责编制计划管理费预算，并具体管理计划管理费；

4. 负责安排项目年度经费预算并会同财政部下达预算；

5. 会同财政部监督检查经费的管理和使用情况。

（三）项目组织单位

1. 负责组织项目申报单位编报项目预算；

2. 组织项目承担单位按项目实施进度执行预算，监督落实项目约定支付的匹配经费及其他配套条件；

3. 按照财政部、科技部的要求汇总报送项目预算执行情况；

4. 受财政部、科技部委托，对专项资金的管理和使用情况进行监督检查；

（四）项目承担单位

1. 负责编制项目预算；

2. 落实项目约定支付的匹配经费及其他配套条件；

3. 负责项目经费的财务管理和会计核算；

4. 接受上级有关部门和计划管理部门的监督检查，并按要求提供项目预算执行情况和有关财务资料。

第三章　经费开支范围

第八条　应用技术研发资金的开支范围包括项目费和计划管理费。

第九条　项目费是指应用技术研究与开发过程中所发生的所有直接费用和间接费用，一般包括：人员费、设备费、能源材料费、试验外协费、差旅费、会议费、管理费和其他相关费用。

人员费：指直接参加项目研究开发人员支出的工资性费用。项目组成员所在单位有事业费拨款的，由所在单位按照国家规定的标准从事业费中及时足额支付给项目组成员，并按规定在项目预算的相关科目中列示，不得在国家资助的项目经费中重复列支。

设备费：指项目研究开发过程中所必需的专用仪器、设备、样品、样机购置费及设备试制费。

能源材料费：指项目研究开发过程中所支付的原材料、燃料动力、低值易耗品的购置等费用。

试验外协费：指项目研究开发过程中所发生的租赁费用、带料外加工费用及委托外单位或合作单位进行的试验、加工、测试等费用。

差旅费：指在项目研究开发过程中，为项目研究开发而进行国内外调研考察、现场试验等工作所发生的交通、住宿等费用。

会议费：指项目研究开发过程中组织召开的与项目研究有关的专题技术、学术会议的费用。

管理费：指项目承担单位为组织管理项目而支出的各项费用。包括现有仪器设备和房屋使用费或折旧、直接管理人员费用和其他相关管理支出。管理费的费用占项目经费总预算的比例（一般为5%）根据项目承担单位的性质分别核定。

其他相关费：指除上述费用之外与项目研究开发有关的其他费用。

第十条　计划管理费，指应用技术研发资金计划管理部门为组织项目，开展项目评审或评估、招标、监督检查、项目验收及绩效考评等工作所发生的费用。计划管理费由科技部负责具体管理，年度预算由财政部核定。

第十一条　应用技术研发资金根据项目类型、课题规模及管理工作的需要，对项目按照成本补偿式和定额补助式两种方式给予不同额度的资助。科技攻关计划项目一般采用成本补偿式和定额补助式，其他计划项目一般实行定额补助式。

第四章　项目预算的申报、审批和执行

第十二条　国务院各有关部门、地方科技厅(局)等项目组织单位组织项目申报单位按要求申报项目的同时，应当编制应用技术研发资金项目预算。

第十三条　项目申报单位应当按照预算编制的有关要求认真编报预算，并按要求提供相关资料。项目预算要求同时编制经费来源预算和经费支出预算，不得编制赤字预算。经费来源预算包括用于同一项目的各种不同渠道的经费，经费支出预算包括与项目研究有关的所有直接费用和间接费用。

第十四条　项目组织单位对项目申报单位申报的应用技术研发资金项目预算进行审核并按要求进行汇总后报送科技部。

第十五条　科技部组织有关专家或择优遴选有关科技评估机构，对拟组织实施的应用技术研发资金项目预算进行评审或评估。需采用招投标方式确定项目承担单位及其预算的，按国家科研计划课题招投标管理的有关规定执行。

第十六条　科技部根据预算评审或评估意见，综合平衡后，会同财政部审定并批复项目预算。经批准的项目经费预算一般不做调整。确有必要调整时，应按项目预算审批程序重新报批。

第十七条　应用技术研发资金项目经费的拨付按财政预算资金拨付的有关要求办理。

第十八条　项目承担单位应当按照项目任务书的要求落实匹配资金，并严格执行项目预算。分年度执行的项目经费预算，应当按照要求进行中期检查或评估，中期检查或评估结论作为科技部会同财政部调整项目预算的参考依据。

第十九条　应用技术研发资金形成的资产（包括固定资产、无形资产和知识产权等），按国家有关规定进行管理。

第二十条　未完成项目的年度结余经费，结转下一年度继续使用；已完成并通过验收的项目

的结余经费，用于补助单位科研事业发展支出。计划管理费年度结余，纳入下一年度预算计划，继续按规定用途使用。

第二十一条　项目因故终止，项目承担单位应当按照项目管理的有关程序报经科技部批准后，将剩余经费归还原渠道，剩余资产按照国家有关规定处置。

第五章　监督与检查

第二十二条　项目承担单位要按照国家有关财务制度的规定和项目任务书的要求，加强对项目经费的监督和管理，并对项目经费实行单独核算。

第二十三条　项目组织单位要按照项目的总体部署和要求，依据国家有关规定对项目经费的预算执行情况和财务管理情况进行监督检查。

第二十四条　项目组织单位和项目承担单位应当按照有关要求及时报送年度经费使用情况及项目完成情况的总结报告，并由科技部汇总报送财政部。

第二十五条　项目完成后，应当按照要求进行项目验收。在项目验收时，项目组织单位或项目承担单位除提供技术成果验收报告外，还需提供项目经费使用情况的总结报告。项目验收委员会成员中应包括财务专家。

第二十六条　财政部、科技部负责对应用技术研发资金的管理和使用进行监督检查，并逐步建立项目经费支出绩效考评制度，考评结果将作为项目承担单位以后年度申报项目资格审查的重要依据。

第二十七条　对于违反财经纪律，弄虚作假、截留、挪用、挤占应用技术研发资金项目经费的行为，财政部、科技部将根据情况采取通报批评、停止拨款、终止项目、取消申报资格等措施予以相应的处罚。构成犯罪的，依法追究刑事责任。

第六章　附　则

第二十八条　本办法由财政部、科技部负责解释。

第二十九条　本办法自发布之日起实施。

国务院关于推进资本市场改革开放和稳定发展的若干意见

国务院　2004年1月31日

各省、自治区、直辖市人民政府，国务院各部委、各直属机构：

《国务院关于进一步加强证券市场宏观管理的通知》(国发〔1992〕68号)下发以来，我国资本市场发展迅速，取得了举世瞩目的成就。资本市场初具规模，市场基础设施不断改善，法律法规体系逐步健全，市场规范化程度进一步提高，已经成为社会主义市场经济体系的重要组成部分，为国有企业、金融市场改革和发展，优化资源配置，促进经济结构调整和经济发展，做出了重要贡献。为贯彻落实党的十六大和十六届三中全会精神，围绕全面建设小康社会的战略目标，积极推进资本市场改革开放和稳定发展，现提出如下意见。

一、充分认识大力发展资本市场的重要意义

大力发展资本市场是一项重要的战略任务，对我国实现本世纪头20年国民经济翻两番的战略目标具有重要意义。一是有利于完善社会主义市场经济体制，更大程度地发挥资本市场优化资源配置的功能，将社会资金有效转化为长期投资。二是有利于国有经济的结构调整和战略性改组，加快非国有经济发展。三是有利于提高直接融资比例，完善金融市场结构，提高金融市场效率，维护金融安全。

我国资本市场是伴随着经济体制改革的进程逐步发展起来的。由于建立初期改革不配套和制度设计上的局限，资本市场还存在一些深层次问题和结构性矛盾，制约了市场功能的有效发挥。这些问题是资本市场发展中遇到的问题，也只有在发展中逐步加以解决。党的十六大提出了全面建设小康社会的战略目标，十六届三中全会通过了《中共中央关于完善社会主义市场经济体制若干问题的决定》，对资本市场发展做出了部署，为我国资本市场改革开放和稳定发展指明了方向。要认清形势，抓住机遇，转变观念，大力发展资本市场，提高直接融资比例，创造和培育良好的投资环境，充分发挥资本市场在促进资本形成、优化资源配置、推动经济结构调整、完善公司治理结构等方面的作用，为国民经济持续快速协调健康发展和全面建设小康社会做出新的贡献。

二、推进资本市场改革开放和稳定发展的指导思想和任务

推进资本市场改革开放和稳定发展的指导思想是：以邓小平理论和“三个代表”重要思想为指导，全面落实党的十六大和十六届三中全会精神，遵循“公开、公平、公正”原则和“法制、监管、自律、规范”的方针，坚持服务于国民经济全局，实现与国民经济协调发展；坚持依法治市，保护投资者特别是社会公众投资者的合法权益；坚持资本市场改革的市场化取向，充分发挥市场机制的作用；坚持改革的力度、发展的速度与市场可承受程度的统一，处理好改革、发展、稳定的关系；坚持用发展的办法解决前进中的问题，处理好加快资本市场发展与防范市场风险的关系；坚持循序渐进，不断提高对外开放水平。

推进资本市场改革开放和稳定发展的任务是：以扩大直接融资、完善现代市场体系、更大程度地发挥市场在资源配置中的基础性作用为目标，建设透明高效、结构合理、机制健全、功能完善、运行安全的资本市场。要围绕这一目标，建立有利于各类企业筹集资金、满足多种投资需求和富有效率的资本市场体系；完善以市场为主导的产品创新机制，形成价格发现和风险管理并举、股票融资与债券融资相协调的资本市场产品结构；培育诚实守信、运作规范、治理机制健全的上市公司和市场中介群体，强化市场主体约束和优胜劣汰机制；健全职责定位明确、风险控制有效、协调配合到位的市场监管体制，切实保护投资者合法权益。

三、进一步完善相关政策，促进资本市场稳定发展

资本市场的稳定发展需要相应的政策引导和支持。各部门要进一步完善相关政策，为资本市场稳定发展营造良好环境。

完善证券发行上市核准制度。健全有利于各类优质企业平等利用资本市场的机制，提高资源配置效率。

重视资本市场的投资回报。要采取切实措施，改变部分上市公司重上市、轻转制、重筹资、轻回报的状况，提高上市公司的整体质量，为投资者提供分享经济增长成果、增加财富的机会。

鼓励合规资金入市。继续大力发展证券投资基金。支持保险资金以多种方式直接投资资本市场，逐步提高社会保障基金、企业补充养老基金、商业保险资金等投入资本市场的资金比例。要培养一批诚信、守法、专业的机构投资者，使基金管理公司和保险公司为主的机构投资者成为资本市场的主导力量。

拓宽证券公司融资渠道。继续支持符合条件的证券公司公开发行股票或发行债券筹集长期资金。完善证券公司质押贷款及进入银行间同业市场管理办法，制定证券公司收购兼并和证券承销业务贷款的审核标准，在健全风险控制机制的前提下，为证券公司使用贷款融通资金创造有利条件。稳步开展基金管理公司融资试点。

积极稳妥解决股权分置问题。规范上市公司非流通股份的转让行为，防止国有资产流失。稳步解决目前上市公司股份中尚不能上市流通股份的流通问题。在解决这一问题时要尊重市场规律，有利于市场的稳定和发展，切实保护投资者特别是公众投资者的合法权益。

完善资本市场税收政策。研究制定鼓励社会公众投资的税收政策，完善证券、期货公司的流转税和所得税征收管理办法，对具备条件的证券、期货公司实行所得税集中征管。

四、健全资本市场体系，丰富证券投资品种

建立多层次股票市场体系。在统筹考虑资本市场合理布局和功能定位的基础上，逐步建立满足不同类型企业融资需求的多层次资本市场体系，研究提出相应的证券发行上市条件并建立配套的公司选择机制。继续规范和发展主板市场，逐步改善主板市场上市公司结构。分步推进创业板市场建设，完善风险投资机制，拓展中小企业融资渠道。积极探索和完善统一监管下的股份转让制度。

积极稳妥发展债券市场。在严格控制风险的基础上，鼓励符合条件的企业通过发行公司债券筹集资金，改变债券融资发展相对滞后的状况，丰富债券市场品种，促进资本市场协调发展。制定和完善公司债券发行、交易、信息披露、信用评级等规章制度，建立健全资产抵押、信用担保等偿债保障机制。逐步建立集中监管、统一互联的债券市场。

稳步发展期货市场。在严格控制风险的前提下，逐步推出为大宗商品生产者和消费者提供发现价格和套期保值功能的商品期货品种。

建立以市场为主导的品种创新机制。研究开发与股票和债券相关的新品种及其衍生产品。加大风险较低的固定收益类证券产品的开发力度，为投资者提供储蓄替代型证券投资品种。积极探索并开发资产证券化品种。

五、进一步提高上市公司质量，推进上市公司规范运作

提高上市公司质量。上市公司的质量是证券市场投资价值的源泉。上市公司董事和高级管理人员要把股东利益最大化和不断提高盈利水平作为工作的出发点和落脚点。要进一步完善股票发行管理体制，推行证券发行上市保荐制度，支持竞争力强、运作规范、效益良好的公司发行上市，从源头上提高上市公司质量。鼓励已上市公司进行以市场为主导的、有利于公司持续发展的并购重组。进一步完善再融资政策，支持优质上市公司利用资本市场加快发展，做优做强。

规范上市公司运作。完善上市公司法人治理结构，按照现代企业制度要求，真正形成权力机构、决策机构、监督机构和经营管理者之间的制衡机制。强化董事和高管人员的诚信责任，进一步完善独立董事制度。规范控股股东行为，对损害上市公司和中小股东利益的控股股东进行责任追究。强化上市公司及其他信息披露义务人的责任，切实保证信息披露的真实性、准确性、完整性和及时性。建立健全上市公司高管人员的激励约束机制。

完善市场退出机制。要采取有效措施，结合多层次市场体系建设，进一步完善市场退出机制。在实现上市公司优胜劣汰的同时，建立对退市公司高管人员失职的责任追究机制，切实保护投资者的合法权益。

六、促进资本市场中介服务机构规范发展，提高执业水平

把证券、期货公司建设成为具有竞争力的现代金融企业。根据审慎监管原则，健全证券、期货公司的市场准入制度。督促证券、期货公司完善治理结构，规范其股东行为，强化董事会和经理人员的诚信责任。改革证券、期货客户交易结算资金管理制度，研究健全客户交易结算资金存管机制。严禁挪用客户资产，切实维护投资者合法权益。证券、期货公司要完善内控机制，加强对分支机构的集中统一管理。完善以净资本为核心的风险监控指标体系，督促证券、期货公司实施稳健的财务政策。鼓励证券、期货公司通过兼并重组、优化整合做优做强。建立健全证券、期货公司市场退出机制。

加强对其他中介服务机构的管理。规范发展证券期货投资咨询机构、证券资信评级机构，加强对会计师事务所、律师事务所和资产评估机构的管理，提高中介机构的专业化服务水平。

七、加强法制和诚信建设，提高资本市场监管水平

健全资本市场法规体系，加强诚信建设。按照大力发展资本市场的总体部署，健全有利于资本市场稳定发展和投资者权益保护的法规体系。要清理阻碍市场发展的行政法规、地方性法规、部门规章以及政策性文件，为大力发展资本市场创建良好的法制环境。要按照健全现代市场经济社会信用体系的要求，制定资本市场诚信准则，维护诚信秩序，对严重违法违规、严重失信的机构和个人坚决实施市场禁入措施。

推进依法行政，加强资本市场监管。按照深化行政审批制度改革和贯彻实施《行政许可法》的要求，提高执法人员的自身素质和执法水平。树立与时俱进的监管理念，建立健全与资本市场发展阶段相适应的监管方式，完善监管手段，提高监管效率。进一步充实监管力量，整合监管资源，培养一支政治素质和专业素质过硬的监管队伍。通过实施有效的市场监管，努力提高市场的公正性、透明度和效率，降低市场系统风险，保障市场参与者的合法权益。

发挥行业自律和舆论监督作用。要发挥证券期货交易所、登记结算公司、证券期货业协会、律师、会计师、资产评估等行业协会的自律管理作用。要引导和加强新闻媒体对证券期货市场的宣传和监督。

八、加强协调配合，防范和化解市场风险

营造良好的资本市场发展环境。资本市场的风险防范关系到国家的金融安全和国民经济的健康发展。各地区、各部门都要关心和支持资本市场的规范发展，在出台涉及资本市场的政策措施时，要充分考虑资本市场的敏感性、复杂性和特殊性，并建立信息共享、沟通便捷、职责明确的协调配合机制，为市场稳定发展创造良好的环境和条件。

共同防范和化解市场风险。各地区、各部门要切实履行《公司法》等有关法律法规规定的职责，采取有效措施防止和及时纠正发起人虚假出资、大股东或实际控制人侵占上市公司资产的行为；各地区和有关主管部门要依法加强对退市公司的管理，确保退市工作平稳顺利。对有重大经营风险必须退出资本市场或采取其他行政处置措施的证券、期货公司，地方人民政府、金融监管部门以及公安、司法等部门，要加强协调配合，按照法律法规和有关政策规定，采取积极有效措施做好风险处置工作。各地区、各部门必须建立应对资本市场突发事件的快速反应机制和防范化解风险的长效机制。

严厉打击证券期货市场违法活动。各地区要贯彻落实国务院关于整顿和规范市场经济秩序的有关精神，严格禁止本地区非法发行证券、非法设立证券期货经营机构、非法代理证券期货买卖、非法或变相设立证券期货交易场所及其他证券期货违法活动。财政、公安、审计、工商等政府部门和国有资产监督管理机构要加强协调配合，加大打击力度，维护资本市场秩序。

九、认真总结经验，积极稳妥地推进对外开放

严格履行我国加入世贸组织关于证券服务业对外开放的承诺。鼓励具备条件的境外证券机构参股证券公司和基金管理公司，继续试行合格的境外机构投资者制度。

积极利用境外资本市场。遵循市场规律和国际惯例，支持符合条件的内地企业到境外发行证券并上市。支持符合条件的内地机构和人员到境外从事与资本市场投资相关的服务业务和期货套期保值业务。认真研究合格的境内机构投资者制度。

加强交流与合作。落实与香港、澳门更紧密经贸合作安排。进一步加强与相关国际组织及境外证券监管机构的联系与合作。

大力发展资本市场是党中央、国务院从全局和战略出发做出的重要决策，各地区、各部门务必高度重视，树立全局观念，充分认识发展资本市场的重要性，坚定信心、抓住机遇、开拓创新，共同为资本市场发展创造条件，积极推动我国资本市场的改革开放和稳定发展，为实现全面建设小康社会的宏伟目标做出贡献。

关于外商投资举办投资性公司的规定

商务部　2004年2月13日颁布，3月15日实施

第一条　为了促进外国投资者来华投资，引进国外先进技术和管理经验，允许外国投资者根据中国有关外国投资的法律、法规及本规定，在中国设立投资性公司。

第二条　本规定中投资性公司系指外国投资者在中国以独资或与中国投资者合资的形式设立的从事直接投资的公司。公司形式为有限责任公司。

第三条　申请设立投资性公司应符合下列条件：

（一）1. 外国投资者资信良好，拥有举办投资性公司所必需的经济实力，申请前一年该投资者的资产总额不低于四亿美元，且该投资者在中国境内已设立了外商投资企业，其实际缴付的注册资本的出资额超过一千万美元，并有三个以上拟投资项目，或者；2. 外国投资者资信良好，拥有举办投资性公司所必需的经济实力，该投资者在中国境内已设立了十个以上外商投资企业，其实际缴付的注册资本的出资额超过三千万美元；

（二）以合资方式设立投资性公司的，中国投资者应为资信良好，拥有举办投资性公司所必需的经济实力，申请前一年该投资者的资产总额不低于一亿元人民币；

（三）投资性公司的注册资本不低于三千万美元。申请设立投资性公司的外国投资者应为一家外国的公司、企业或经济组织，若外国投资者为两个以上的，其中应至少有一名占大股权的外国投资者符合本条第一款第（一）项的规定。

第四条　符合本规定第三条第一款第（一）项规定的条件的外国投资者可以其全资拥有的子公司的名义投资设立投资性公司。

第五条　申请设立投资性公司的外国投资者符合本规定第三条第一款第（一）项规定的条件的，该外国投资者须向审批机关出具保证函，保证其所设立的投资性公司在中国境内投资时注册资本的缴付和属于该外国投资者或关联公司的技术转让。

以全资拥有的子公司的名义投资设立投资性公司的，其母公司须向审批机关出具保证函，保证其子公司按照审批机关批准的条件完成对所设立的投资性公司的注册资本的缴付，并保证该投资性公司在中国境内投资时的注册资本的缴付和属于该母公司及其所属公司的技术转让。

第六条　申请设立投资性公司，投资者应将下列文件经拟设立投资性公司所在地的省、自治区、直辖市、计划单列市商务主管部门审核同意后，报商务部审查批准。

（一）设立合资的投资性公司的项目建议书、投资各方签署的可行性研究报告、合同、章程；

设立独资的投资性公司外国投资者签署的项目建议书、外资企业申请表、可行性研究报告、章程；

（二）投资各方的资信证明文件、注册登记证明文件（复印件）和法定代表人证明文件（复印件）；

（三）外国投资者已投资企业的批准证书（复印件）、营业执照（复印件）和中国注册会计师出具的验资报告（复印件）；

（四）依法审计的投资各方近三年的资产负债表；

（五）依据本规定第五条应提交的保证函；

（六）商务部要求的其他文件。

上述文件除已注明为复印件的，一律应为正式文件。

非法定代表人签署文件的，应出具法定代表人的委托授权书。

委托依法设立的中介机构代为办理申请手续的，应出具由投资者法定代表人签署的委托授权书。

第七条 外国投资者须以可自由兑换的货币或其在中国境内获得的人民币利润或因转股、清算等活动获得的人民币合法收益作为其向投资性公司注册资本的出资。中国投资者可以人民币出资。外国投资者以其人民币合法收益作为其向投资性公司注册资本出资的，应当提交相关证明文件及税务凭证。出资应在营业执照签发之日起两年内全部缴清。

第八条 投资性公司的注册资本中至少应有三千万美元作为向其投资新设立的外商投资企业的出资，或作为向其母公司或关联公司已投资设立外商投资企业（已依法办理完毕股权转让手续）未缴付完毕的出资额的出资，或增资部分的出资，或用于设立研发中心等机构的投资，或用于购买中国境内公司股东的股权（不包括投资性公司母公司或其关联公司已缴付完毕的出资额形成的股权）。

第九条 投资性公司的注册资本不低于三千万美元，其贷款额不得超过已缴付注册资本额的四倍。投资性公司的注册资本不低于一亿美元，其贷款额不得超过已缴付注册资本额的六倍。投资性公司因经营需要，贷款额拟超过上述规定，应当报商务部批准。

第十条 投资性公司经商务部批准设立后，可以依其在中国从事经营活动的实际需要，经营下列业务：

（一）在国家允许外商投资的领域依法进行投资；

（二）受其所投资企业的书面委托（经董事会一致通过），向其所投资企业提供下列服务：

1. 协助或代理其所投资的企业从国内外采购该企业自用的机器设备、办公设备和生产所需的原材料、元器件、零部件和在国内外销售其所投资企业生产的产品，并提供售后服务；

2. 在外汇管理部门的同意和监督下，在其所投资企业之间平衡外汇；

3. 为其所投资企业提供产品生产、销售和市场开发过程中的技术支持、员工培训、企业内部人事管理等服务；

4. 协助其所投资企业寻求贷款及提供担保。

（三）在中国境内设立科研开发中心或部门，从事新产品及高新技术的研究开发，转让其研究开发成果，并提供相应的技术服务；

（四）为其投资者提供咨询服务，为其关联公司提供与其投资有关的市场信息、投资政策等咨询服务；

（五）承接其母公司和关联公司的服务外包业务。

第十一条 本规定所称投资性公司所投资企业系指符合下列条件的企业：

（一）投资性公司直接投资或与其他外国投资者和或中国投资者共同投资，投资性公司中折算出的外国投资者的投资单独或与其他外国投资者一起投资的比例占其所投资设立企业注册资本的25%以上的企业；

（二）投资性公司将其投资者或其关联公司、其他外国投资者以及中国境内投资者在中国境内已投资设立的企业的股权部分或全部收购，投资性公司中折算出的外国投资者的投资单独或与其他外国投资者的投资额共同占该已设立企业的注册资本25%以上的企业；

（三）投资性公司的投资额不低于其所投资设立企业的注册资本的10%。

第十二条　经中国银行业监督管理委员会批准，投资性公司可向其所投资设立的企业提供财务支持。

第十三条　投资性公司可以作为发起人发起设立外商投资股份有限公司或持有外商投资股份有限公司未上市流通的法人股。投资性公司也可以根据国家有关规定持有境内其他股份有限公司未上市流通的法人股。投资性公司应视为股份有限公司境外发起人或股东。

第十四条　投资性公司设立后，依法经营，无违法纪录，注册资本按照章程的规定按期缴付，投资者实际缴付的注册资本额不低于三千万美元且已用于本规定第八条所规定的用途，投资性公司经所在地的省、自治区、直辖市或计划单列市商务主管部门审核同意，向商务部提出申请，并获批准的，还可依其在中国从事经营活动的实际需要，经营下列业务：

（一）受所投资企业的书面委托（经董事会一致通过），开展下列业务：

1. 在国内外市场以经销的方式销售其所投资企业生产的产品；

2. 为其所投资企业提供运输、仓储等综合服务。

（二）依照国家有关规定，以代理、经销或设立出口采购机构（包括内部机构）的方式出口境内商品，并可按有关规定办理出口退税；

（三）购买所投资企业生产的产品进行系统集成后在国内外销售，如所投资企业生产的产品不能完全满足系统集成需要，允许其在国内外采购系统集成配套产品，但所购买的系统集成配套产品的价值不应超过系统集成所需全部产品价值的百分之五十；

（四）为其所投资企业的产品的国内经销商、代理商以及与投资性公司、其母公司或其关联公司签有技术转让协议的国内公司、企业提供相关的技术培训；

（五）在其所投资企业投产前或其所投资企业新产品投产前，为进行产品市场开发，允许投资性公司从其母公司进口与其所投资企业生产产品相关的母公司产品在国内试销；

（六）为其所投资企业提供机器和办公设备的经营性租赁服务，或依法设立经营性租赁公司；

（七）为其母公司生产的产品提供售后服务；

（八）依照国家有关规定，参与有对外承包工程经营权的中国企业的境外工程承包。

第十五条　投资性公司根据第十四条第三款和第五款规定进口产品应依照国家有关规定办理手续。上述进口金额每年累计不超过公司已缴付的注册资本额。

第十六条　投资性公司申请经营本规定第十四条规定业务的，应当向商务部报送下列文件：

（一）投资性公司法定代表人签署的申请书；

（二）投资性公司董事会决议；

（三）修改后的投资性公司章程；

（四）投资性公司的批准证书（复印件）、营业执照（复印件）和中国注册会计师出具的验资报告；

（五）中国注册会计师出具的所投资企业的验资报告；

（六）商务部要求的其他文件。

第十七条　根据投资性公司拟设立的项目性质，按照国家有关外商投资企业经营期限的规定核定投资性公司的期限。

第十八条　投资性公司投资设立企业，按外商投资企业的审批权限及审批程序另行报批。

第十九条　投资性公司投资设立企业，投资性公司中折算出的外国投资者的投资单独或与其他外国投资者一起投资的比例不低于其所投资设立企业的注册资本的25%，其投资设立的企业享受外商投资企业待遇，发给外商投资企业批准证书和外商投资企业营业执照。

第二十条　投资性公司设立分支机构应报商务部审批。投资性公司申请设立分公司，必须符合以下条件：

（一）投资性公司的注册资本已按照合同、章程的规定按期缴付并且已缴付的出资额不低于三千万美元；或投资性公司已投资设立或拥有十个以上外商投资企业；

（二）拟设立分公司的地区应为投资性公司投资集中地区或产品销售集中的地区。

第二十一条　符合条件的投资性公司可申请被认定为跨国公司地区总部（以下简称地区总部），并依法办理变更手续。

（一）投资性公司申请被认定为地区总部应符合下列条件：

1. 已缴付注册资本不低于一亿美元，或者；已缴付注册资本不低于五千万美元，申请前一年其所投资企业资产总额不低于三十亿元人民币，且利润总额不低于一亿元人民币（按合并报表相关规定计）；

2. 符合本规定第八条的规定；

3. 根据有关规定，已设立两家以上研发机构（其中至少一家为法人实体）。

（二）被认定为地区总部的投资性公司，可依其在中国从事经营活动的实际需要，经营下列业务：

1. 本规定第十条、第十四条所规定的业务；

2. 进口并在国内销售跨国公司的产品；

3. 进口为所投资企业、跨国公司的产品提供维修服务所需的原辅材料及零、配件；

4. 承接境内外企业的服务外包业务；

5. 根据有关规定，从事物流配送服务；

6. 经中国银行业监督管理委员会批准，设立财务公司，向投资性公司及其所投资企业提供相关财务服务；

7. 经商务部批准，从事境外工程承包业务和境外投资，设立融资租赁公司并提供相关服务；

8. 经批准的其他业务。

（三）申请程序：

1. 投资性公司向所在地的省、自治区、直辖市和计划单列市商务主管部门提出申请，经初核后报商务部；

2. 商务部自收到全部申请文件之日起三十日内批复，对被认定为地区总部的，换发外商投资企业批准证书（加注“地区总部”）；

3. 投资性公司凭批准证书在三十日内，向工商行政管理部门申请办理变更登记手续。

（四）申请文件：

1. 投资性公司法定代表人签署的申请书；

2. 投资性公司及其跨国公司董事会决议；

3. 修改后的投资性公司章程 / 合同；

4. 投资性公司的批准证书（复印件）、营业执照（复印件）和中国注册会计师出具的验资报告；

5. 所投资企业的批准证书（复印件）和营业执照（复印件）；

6. 中国注册会计师出具的所投资企业的验资报告；

7. 经中国注册会计师审计的投资性公司的主要财务报表；

8. 商务部要求的其他文件。

上述文件除已注明为复印件的，一律应为正式文件。

本条中跨国公司系指设立投资性公司的外国投资者所属公司集团的母公司。

第二十二条　投资性公司在中国境内的投资活动不受公司注册地点的限制。

第二十三条　投资性公司的税收按中国有关法律、法规办理。

第二十四条　投资性公司应切实履行项目投资计划，并将第一年度的投资、经营情况于下一年度的前三个月内，按照规定的内容和格式报商务部备案。上述材料将作为投资性公司参加联合年检申报的必备材料之一。

第二十五条　投资性公司与其所投资设立的企业是彼此独立的法人或实体，其业务往来应按独立企业之间业务往来关系处理。

第二十六条　投资性公司与其投资设立的企业应遵守中国的法律、法规和规章，不得采用任何手段逃避管理和纳税。

第二十七条　投资性公司不得直接从事生产活动。

第二十八条　台湾、香港和澳门地区的投资者在大陆投资举办投资性公司的，准用本规定。

第二十九条　本规定由商务部负责解释。

第三十条　本规定自公布之日起三十日后施行。

国家发展改革委、国家税务总局
关于继续做好中小企业信用担保机构免征营业税有关问题的通知

国家发展和改革委员会　国家税务总局　2004年2月23日

各省、自治区、直辖市和计划单列市、新疆生产建设兵团发展改革委（计委）、经贸委（经委）、中小企业局及地方税务局：

为贯彻落实《中华人民共和国中小企业促进法》和《国务院办公厅转发国家经贸委关于鼓励和促进中小企业发展若干政策意见的通知》（国办发[2000]59号）关于推进中小企业信用担保体系建设的有关规定，以及《国家税务总局关于中小企业信用担保、再担保机构免征营业税的通知》（国税发[2001]37号）精神，根据国务院赋予国家发展改革委的工作职责，现就继续做好中小企业信用担保机构免征营业税问题通知如下：

一、鉴于原国家经贸委有关推进中小企业改革和发展工作，包括信用担保体系建设工作职能已划归国家发展改革委，今后凡《国家税务总局关于中小企业信用担保、再担保机构免征营业税的通知》（国税发[2001]37号）涉及的原国家经贸委和地方经贸委的工作职责均改由国家发展改革委和地方中小企业管理部门承担。

二、根据《国务院办公厅转发国家经贸委关于鼓励和促进中小企业发展若干政策意见的通知》（国办发[2000]59号）及原国家经贸委《关于建立中小企业信用担保体系试点的指导意见》（国经贸中小企[1999]540号）、《关于建立全国中小企业信用担保体系有关问题的通知》（国经贸中小企[2001]198号）和《国家税务总局关于中小企业信用担保、再担保机构免征营业税的通知》（国税发[2001]37号）要求，有关中小企业信用担保机构免征营业税工作，由担保机构自愿申请，经省级中小企业管理部门审核和推荐，经国家发展改革委审核备案并商国家税务总局后下达免税名单。具体实施办法仍按《国家税务总局关于中小企业信用担保、再担保机构免征营业税的通知》（国税发[2001]37号）要求执行。

国家发改委关于贯彻落实党的十六届三中全会《决定》精神推进2004年经济体制改革的意见

国家发展和改革委员会　2004年4月14日

党的十六届三中全会通过的《中共中央关于完善社会主义市场经济体制若干问题的决定》（以下简称《决定》），以邓小平理论和“三个代表”重要思想为指导，全面贯彻党的十六大精神，根据全面建设小康社会新阶段的客观要求，提出了完善社会主义市场经济体制的目标和任务，对今后一个时期的改革作了全面部署，是指导我国经济体制改革的纲领性文件。2004年是全面贯彻落实《决定》精神的第一年，扎实推进2004年的经济体制改革，对完善社会主义市场经济体制具有重要意义。各级领导干部，尤其是从事经济体制改革工作的领导干部要认真学习《决定》精神，进一步明确推进经济体制改革的指导思想、基本原则和主要任务，按照“五个统筹”要求和“五个坚持”原则，切实做好2004年的经济体制改革工作，力争在关键领域和环节上取得新的突破。

根据《决定》精神和中央经济工作会议部署，经国务院同意，现就2004年经济体制改革提出以下意见。

一、2004年经济体制改革的重点工作

（一）进一步调整和完善所有制结构，继续推进国有企业改革

加快调整国有经济的布局和结构。对现有国有企业进行分类排队，研究制定国有经济布局和结构调整的指导性意见。积极推动企业重组、联合、兼并和转让，继续做好企业政策性关闭破产与国有商业银行改革的衔接。发展一批具有国际竞争力的大公司和大企业集团。继续采取多种方式，放开搞活国有中小企业。

积极推进国有企业改革。加大外资和民间资本参与国有企业改制改组的力度，大力发展混合所有制经济。以调整、完善产权结构为重点，积极推行股份制。进行国有独资公司建立董事会试点。完善企业领导人员的聘任制度，扩大运用市场方式选聘企业领导人员的试点范围。探索年薪制、股权激励等多种薪酬制度，着手规范企业领导人员职务消费。继续推进国有大中型企业主辅分离、辅业改制，进一步完善各项配套措施。

继续完善国有资产监督管理体制。落实《企业国有资产监督管理暂行条例》，抓紧制定配套实施办法和相关法规。加快研究建立国有资本经营预算制度。建立健全国有企业经营业绩考核体系。积极探索国有资产监管和经营的有效方式，完善授权经营制度。按照政资分开、政企分开的原则，规范组建地方国有资产监督管理机构。

深化垄断行业和公益事业改革。继续推进电信、电力、民航等行业的改革。选择适宜的企业和业务范围，引入非公有资本，改善资本结构；加快解决不同电信经营主体之间的互联互通问题；推进电信资费管理方式改革；探索实行电信普遍服务的有效机制，加快建立电信普遍服务基金。加快电网企业重组，推进区域电网公司吸纳地方电网投资方并完成改组工作；开展竞价上网和发电企业与大用户直接交易的试点工作。加快民航企业规范的现代企业制度建设步伐，完成航空运输服务保障企业的公司制改制；在大型机场进行机场地面服务保障业务与机场脱钩并引入竞

争机制试点。加快推进邮政、铁路、公路等行业改革。抓紧出台邮政体制改革方案，加快邮政行业政企分开，完善普遍服务机制、特殊服务机制、安全保障机制和价格形成机制。抓紧制定铁路体制改革总体方案，按照“政企分开、加强监管、引入竞争、促进发展”的总体思路推进改革。抓紧研究农村公路养护管理体制改革。研究探索收费公路管理体制改革。加快供水、供气等城市公用事业的市场化进程。深化水利行业管理体制改革。进一步建立健全相关法律法规体系，改善监管方式，加强对垄断行业和公益事业的监管。

进一步改善非公有制经济发展的政策和法制环境。抓紧清理和修订限制非公有制经济发展的政策、法规。落实放宽市场准入、促进非公有制企业同其他企业平等竞争的政策措施；研究制定鼓励非公有制企业参与国有企业改组、改造及进入基础设施、公用事业和其他领域的具体办法。改革政府部门对非公有制企业在登记注册、经营范围核定等方面的审批管理。研究出台加快非公有制经济发展的指导性意见，并制定相应的实施办法。抓紧制定保护合法私有财产的法规，配套制定相关政策。

（二）深化农村改革，为农村经济发展注入新的活力

加快推进农村税费改革。除烟叶外，全面取消农业特产税。从今年起，逐步降低农业税税率，平均每年降低一个百分点以上，五年内取消农业税。完善农业税收征收管理办法。抓紧建立与税费改革配套的农民负担监控约束机制。配套推进农村县乡（镇）机构和财政体制改革，大力精简县乡（镇）机构和财政供养人员。

继续深化粮棉流通体制改革。出台粮食流通体制改革方案。全面放开粮食收购市场和收购价格，实现购销多渠道经营。改革补贴方式，把政府通过流通环节的间接补贴改为对种粮农民的直接补贴。加快国有粮食购销企业转换经营机制，妥善解决“三老”（老粮、老账、老人）历史包袱。加强和改善粮食宏观调控，健全和完善中央和省级粮食储备调节制度，建立中长期粮食供求平衡机制和市场监测预警机制。完善棉花流通体制，推进棉花质量检验体制改革试点，研究棉农利益保障机制。鼓励发展粮棉等农产品专业合作组织、购销大户和农民经纪人。

完善农村金融服务体系。研究拟订农村金融体制综合改革方案。扩大农村贷款利率浮动幅度。切实搞好农村信用社改革试点，总结经验，适时扩大试点面。继续扩大农户小额信用贷款和农户联保贷款。继续深入研究政策性农业保险制度方案，选择部分产品和有条件的省（市、区）进行不同农业保险经营主体模式的试点工作。

加快土地征用制度改革。抓紧出台新的土地征用办法，严格区分公益性用地和经营性用地，明确界定政府土地征用权和征用范围，严格控制征地规模。公益性用地要实行征地价格听证会制度，完善征用办法、补偿标准和补偿机制，建立健全失地农民就业安置和基本生活保障制度。经营性用地要退出政府征用范围，按市场规则运作，全面推行土地使用权招标、拍卖、挂牌出让制度。积极探索集体非农建设用地进入市场的途径和办法。抓紧完善土地法律体系，进一步规范土地市场。深化国土资源管理体制改革，实行省以下土地垂直管理体制。

建立健全农村富余劳动力向非农产业和城镇转移的机制。加大政策支持力度，推动农业产业化经营和非农产业的发展，大力发展农村个体私营等非公有制经济，推进乡镇企业改革调整。继续清理和取消对农民进城就业的歧视性规定和不合理收费。推动大中城市户籍制度改革。

（三）深化金融、财税、投资、价格体制改革，完善宏观调控体系

深化金融体制改革。全面推进国有商业银行改革，认真做好中国建设银行、中国银行股份制改造试点。以完善产权结构和公司治理结构为重点，加快股份制商业银行改革。出台政策性银行

条例，合理调整政策性银行职能定位，加快政策性银行改革。完善证券公司、基金管理公司和保险公司法人治理结构与内控机制。改进对国有商业银行的业绩考核办法，建立科学降低不良贷款率的机制。健全银行、证券、保险监管机构之间以及同宏观调控部门的协调机制，加强产业政策、信贷政策与银行监管政策的配合。

稳步推进财税体制改革。扩大预算外资金“收支脱钩”试点范围，推动项目支出的滚动预算管理，推行实物费用定额试点。从2004年起，将预算外管理的行政事业性收费按年分步纳入预算管理。扩大中央部门国库集中收付制度改革试点，大力推进地方国库集中收付制度改革，建立健全新的财政国库管理法律法规体系。继续推进政府采购制度改革，健全市场运作机制，完善采购监督体系。进一步规范转移支付制度，完善和规范省以下财政体制。建立财政资金使用绩效评估体系。总结现有改革经验，研究制定公务用车制度改革方案。落实出口退税机制改革各项措施，并配套解决相关问题。逐步推行增值税由生产型向消费型转变，在东北地区部分行业先行试点。研究制定内外资企业所得税并轨改革方案，促进内外资企业所得税统一。适时调整消费税征收范围，完善征管办法。

加快推进投资体制改革。落实投资体制改革方案，制定配套实施办法。改革项目审批制度，落实企业投资自主权，真正确立企业的投资主体地位。对于企业不使用政府投资建设的项目，政府仅对重大项目和限制类项目从维护社会公共利益角度进行核准，其他项目均由审批制改为备案制。合理界定政府投资范围，政府投资主要用于关系国家安全和市场不能有效配置资源的经济社会领域。健全政府投资项目决策机制，完善咨询、论证制度，提高透明度，实行政府投资项目公示制度，建立责任追究制度。加强对全社会投资的引导和调控，国家主要通过规划和政策指导、信息发布以及规范市场准入，引导社会投资方向，抑制无序竞争和盲目重复建设。

继续深化价格改革。出台电价改革方案配套实施办法，积极推行峰谷、丰枯等分时电价制度。实施民航国内航空运输价格改革方案，研究制定民航运输成本审核办法。加强和改进药品价格管理，继续降低药品价格。大力推进以节水为核心的水价制度改革，加大城市供水阶梯式水价、超量加价办法的实施力度。全面推行危险废弃物处置、城市污水和生活垃圾处理收费制度。整顿和规范教育、医疗收费，落实涉及就业和再就业的各项收费政策。继续推行价格和收费公示制度。进一步完善市场价格监测体系，建立防范价格异常波动的预警预报及应急处理机制。

（四）深化行政管理体制改革，加快政府职能转变

继续推进政府管理体制创新。加大行政审批制度改革力度，进一步清理并取消不符合政府职能定位的审批事项，清理行政审批收费。加快突发公共事件的预警和应急机制建设。健全重大问题集体决策制度、专家咨询制度、社会听证制度和重大决策公示制度、新闻发布制度和决策责任追究制度。

全面推进依法行政。做好贯彻行政许可法的准备和实施工作，抓紧行政许可项目、规定和实施机构的清理和规范工作，建立和完善各项配套制度。深化行政执法体制改革，推进综合执法试点，加快建立权责明确、行为规范、监督有效、保障有力的行政执法体制。完善行政监督制度，强化对行政权力的监督。

（五）进一步开放市场，建立健全现代市场体系

继续发展资本和产权交易市场。完善股票发行管理体制，健全市场退出机制。做好各项准备工作，分步推进创业板市场建设。改革企业债券发行审批方式，修订出台《企业债券管理条例》，制定和完善债券发行、交易、信息披露、信用评级等规章制度，建立健全资产抵押、信用担保等偿

债保障机制。稳步发展期货市场，审慎扩大交易品种。规范发展产权交易，清理现有产权交易机构，抓紧制定相关法规，加强对产权交易行为的监管。积极探索和完善统一监管下的股份转让制度。

加快推进社会信用体系建设。按照完善法规、特许经营、商业运作、专业服务的方向，加快建设企业和个人信用服务体系。着手建立信用信息基础数据库，尽快形成覆盖全国的企业和个人信用信息网络。加强信用体系建设规划、管理和协调。加快社会信用体系标准化建设。加快信用征集和信息披露立法进程，建立信用监督和失信惩戒制度。

推进行业协会、商会管理体制改革。按照“自主设立、自我管理、自律运行、自我发展”的总体思路，研究制定行业协会、商会改革指导意见。选择有代表性的行业和城市进行行业协会、商会管理体制改革试点。

进一步完善对外开放的制度保障。实行外贸经营主体依法登记制。加快国有外贸企业股份制改造步伐，推动内外贸一体化进程。积极推行外贸代理制，完善外贸中介服务体系。建立健全外贸促进机制、外贸监控、预警和反应机制，有效应对国际贸易摩擦。完善涉外经济管理法规。尽快出台实施“走出去”战略的指导意见。

（六）深化就业和收入分配制度改革，完善社会保障体系

推进就业和收入分配制度改革。进一步消除阻碍劳动力合理流动的制度性障碍。清理不利于自主就业和创业的政策、法规。推行灵活多样的就业方式，鼓励弹性就业、灵活就业。完善就业服务体系，加大财政、税收和金融等的支持力度，支持劳动者自谋职业、自主创业和组织起来再就业。加快劳动力市场的规范化建设，依法管理劳动用工，规范企业用工行为，保护劳动者合法权益。继续研究收入分配制度改革问题，适时出台专项改革意见。

加快完善社会保障体系。稳步推进国有企业下岗职工基本生活保障向失业保险并轨。重点抓好非公有制企业职工和灵活就业人员的参保工作。建立和完善离退休人员社会化管理服务体系。总结辽宁社会保障制度建设试点经验，做好在吉林、黑龙江两省的扩大试点工作。着手研究制定机关和事业单位社会保障制度改革方案。认真落实农垦等行业的企业及职工参加基本养老保险的政策，在有条件的地方探索建立农村养老和最低生活保障制度。继续完善城镇职工基本医疗保险制度，建立健全社会医疗救助和多层次的医疗保障体系。全面推进工伤保险和生育保险制度建设。建立健全城镇最低收入家庭廉租住房制度。

（七）推进社会领域体制改革，统筹经济社会协调发展

深化科技体制改革。以理顺产权关系为重点，推进技术开发类科研机构现代企业制度建设，尽快把转制科研机构改造成为真正的公司制企业。选择一批技术开发类科研机构进行产权制度改革试点。总结分类改革试点经验，全面推进社会公益类科研机构改革。继续推进科技中介组织的规范化发展。

深化教育体制改革。巩固和完善在国务院领导下，由地方政府负责、分级管理、以县为主的农村义务教育管理体制，建立和完善农村义务教育的投入保障机制。巩固和完善中央和省两级管理、以省为主的高等教育管理体制。建立并逐步完善在国务院领导下，分级管理、地方为主、政府统筹、社会参与的职业教育管理体制。积极推进和规范引导民办教育快速健康发展，形成公办教育与民办教育共同发展的新格局。继续组织实施和推进教师全员聘任制，完善教师资格准入制度和交流制度。

加快文化体制改革。继续进行文化体制改革试点。加快推进文化行政管理部门的职能转变，

逐步实现管办分开。深化公益性文化事业单位劳动人事、收入分配和社会保障制度改革。建立健全公共文化服务体系。加快文化产业发展和经营性文化产业单位改制步伐。积极探索国有经营性文化资产管理模式，建立资产经营责任制。进一步放宽文化领域的市场准入，鼓励民间资本进入文化产业。深化体育改革，促进体育产业健康发展，进一步健全群众体育服务体系。

推进医药卫生体制改革。进一步深化城镇医疗机构分类改革。继续深化公立医院产权制度、管理制度改革，探索建立出资人制度和规范的法人治理结构。继续推进办医形式多样化，积极引导民营和中外合资合作医疗机构健康发展。深化药品流通体制改革，探索实行医药收支两条线，改革以药养医的机制，逐步实行医药分开。推进农村医疗卫生体制改革，做好新型农村合作医疗试点工作，探索农村合作医疗的筹资、管理、运行和监督体制建设。

二、切实加强改革的组织领导和统筹协调

加强改革的组织领导。各地区、各部门要高度重视改革工作，切实采取有效措施，进一步加强对改革工作的领导。要结合机构改革，强化改革职能，健全改革机构，提高改革队伍素质，确保改革顺利进行。各级发展改革部门要充分发挥职能作用，认真组织好、指导好、协调好各方面改革。

加强改革的政策指导。要通过制定总体改革和专项改革实施意见，明确操作思路，落实改革任务。要通过政策信息发布，引导改革方向，鼓励自主创新。要深入进行调查研究，及时把握改革进展，发现问题，提出有效对策，不断完善改革思路，拓展改革实践。要加强改革经验沟通交流、总结推广，适时将成熟的做法加以制度化、法律化。各级政府在实施改革政策指导时，要充分考虑到地区、部门的实际差异，因势利导，区别对待。要密切关注形势的变化，适时调整改革的力度，把推进改革、促进发展和维护社会稳定有机结合起来。

加强改革的统筹协调。改革进入建立完善的社会主义市场经济体制新阶段，整体性、配套性和综合性越来越强。要在继续充分发挥各部门、各地方自主推进改革的积极性、创造性的同时，加强改革方案制定和实施的统筹协调。各级发展改革部门要会同有关部门积极做好改革的协调工作，搞好专项改革方案之间的衔接。要加强对改革成本的研究测算，将必要的支出纳入财政预算。

加强改革试点工作。试点是有效推进改革的重要方式。在完善社会主义市场经济体制的过程中，对一些涉及面广、触及利益层次深、风险大的改革领域，要按照国务院的部署，积极组织好各类试点，积累经验，逐步推广。

加强改革工作的监督检查。各有关方面要加强对改革方案实施情况的检查监督。各级发展改革部门要切实履行职责，督促各项改革政策的贯彻落实，跟踪调研实施情况，及时提出完善和推进改革工作的政策建议。

企业登记程序规定

国家工商行政管理总局　2004年6月10日颁布，7月1日实施

《企业登记程序规定》已经中华人民共和国国家工商行政管理总局局务会议审议通过，现予公布，自2004年7月1日起施行。

局长　王众孚

二〇〇四年六月十日

第一章　总　则

第一条　为了规范企业登记行为，提高登记效率，根据《行政许可法》及有关法律、行政法规，制定本规定。

第二条　企业的设立登记、变更登记、注销登记及企业名称预先核准适用本规定。

第三条　企业登记机关依法对申请材料是否齐全、是否符合法定形式进行审查。根据法定条件和程序，需要对申请材料的实质内容进行核实的，依法进行核实。

第四条　企业登记机关应当设立企业登记场所，统一办理企业登记事宜。

有条件的企业登记机关应当建立企业登记网站，受理企业登记申请，方便申请人下载申请书格式文本、提交申请材料、查询企业登记办理情况和企业登记管理规定等。

第五条　企业登记机关工作人员在职责范围内，对企业登记申请进行审查，代表企业登记机关做出是否受理、登记的决定。

第二章　登记申请

第六条　申请企业登记，申请人或者其委托的代理人可以采取以下方式提交申请：

（一）直接到企业登记场所；

（二）邮寄、传真、电子数据交换、电子邮件等。

通过传真、电子数据交换、电子邮件等方式提交申请的，应当提供申请人或者其代理人的联络方式及通讯地址。对企业登记机关予以受理的申请，申请人应当自收到《受理通知书》之日起十五日内，提交与传真、电子数据交换、电子邮件内容一致并符合法定形式的申请材料原件。

第七条　申请人应当按照国家工商行政管理总局制定的申请书格式文本提交申请，并按照企业登记法律、行政法规和国家工商行政管理总局规章的规定提交有关材料。

涉及法律、行政法规和国务院发布的决定确定的企业登记前置许可项目的，申请人应当提交法定形式的许可证件或者批准文件。

第八条　申请人应当如实向企业登记机关提交有关材料和反映真实情况，并对其申请材料实质内容的真实性负责。

第三章　审查、受理和决定

第九条　登记机关收到登记申请后，应当对申请材料是否齐全、是否符合法定形式进行审查。

申请材料齐全是指国家工商行政管理总局依照企业登记法律、行政法规和规章公布的要求申请人提交的全部材料。

申请材料符合法定形式是指申请材料符合法定时限、记载事项符合法定要求、文书格式符合规范。

第十条　经对申请人提交的登记申请审查，企业登记机关应当根据下列情况分别做出是否受理的决定：

（一）申请材料齐全、符合法定形式的，应当决定予以受理。

（二）申请材料齐全并符合法定形式，但申请材料需要核实的，应当决定予以受理，同时书面告知申请人需要核实的事项，理由及时间。

（三）申请材料存在可以当场更正的错误的，应当允许有权更正人当场予以更正，由更正人在更正处签名或者盖章、注明更正日期；经确认申请材料齐全，符合法定形式的，应当决定予以受理。

（四）申请材料不齐全或者不符合法定形式的，应当当场或者在五日内一次告知申请人需要补正的全部内容。告知时，将申请材料退回申请人并决定不予受理。属于五日内告知的，应当收取材料并出具收到材料凭据。

（五）不属于企业登记范畴或者不属于本机关登记管辖范围的事项，应当即时决定不予受理，并告知申请人向有关行政机关申请。

通过邮寄、传真、电子数据交换、电子邮件等方式提交申请的，应当自收到申请之日起五日内做出是否受理的决定。

本规定所称有权更正人，是指申请人或者经申请人明确授权，可以对申请材料相关事项及文字内容加以更改的经办人员。

第十一条　企业登记机关认为需要对申请材料的实质内容进行核实的，应当派两名以上工作人员，对申请材料予以核实。经核实后，提交“申请材料核实情况报告书”，根据核实情况做出是否准予登记的决定。

第十二条　企业登记机关对决定受理的登记申请，应当分别情况在规定的期限内做出是否准予登记的决定：

（一）申请人或者其委托的代理人到企业登记场所提交申请予以受理的，应当当场做出准予登记的决定。

（二）通过邮寄的方式提交申请予以受理的，应当自受理之日起十五日内做出准予登记的决定。

（三）通过传真、电子数据交换、电子邮件等方式提交申请的，申请人或者其委托的代理人到企业登记场所提交申请材料原件的，应当当场作出准予登记的决定；通过邮寄方式提交申请材料原件的，应当自收到申请材料原件之日起十五日内做出准予登记的决定；申请人提交的申请材料原件与所受理的申请材料不一致的，应当做出不予登记的决定；将申请材料原件作为新申请的，应当根据第九条、第十条、第十一条、第十二条的规定办理。企业登记机关自发出《受理通知书》之日起六十日内，未收到申请材料原件的，应当做出不予登记的决定。

需要对申请材料核实的，应当自受理之日起十五日内做出是否准予登记的决定。

第十三条　依法应当先经下级企业登记机关审查后报上级登记机关决定的企业登记申请，下级企业登记机关应当自受理之日起十五日内提出审查意见。

第十四条　地方人民政府规定由企业登记机关统一受理，并转告相关部门实行互联审批的，审批程序及期限按照地方人民政府规定执行。

第十五条　除本规定第十二条第（一）项作出准予登记决定的外，企业登记机关决定予以受理的，应当出具《受理通知书》；决定不予受理的，应当出具《不予受理通知书》，并注明不予受理的理由。

第十六条　企业登记机关作出准予企业名称预先核准的，应当出具《企业名称预先核准通知书》；作出准予企业设立登记的，应当出具《准予设立登记通知书》，告知申请人自决定之日起十日内，领取营业执照；作出准予企业变更登记的，应当出具《准予变更登记通知书》，告知申请人自决定之日起十日内，换发营业执照；作出准予企业注销登记的，应当出具《准予注销登记通知书》，收缴营业执照。

企业登记机关作出不予登记决定的，应当出具《登记驳回通知书》，注明不予登记的理由，并告知申请人享有依法申请行政复议或者提起行政诉讼的权利。

第四章　撤销和吊销的注销登记

第十七条　有下列情形之一的，企业登记机关或者其上级机关根据利害关系人的请求或者依据职权，可以撤销登记：

（一）滥用职权、玩忽职守作出准予登记决定的；

（二）超越法定职权作出准予登记决定的；

（三）对不具备申请资格或者不符合法定条件的申请人作出准予登记决定的；

（四）依法可以撤销作出准予登记决定的其他情形。

被许可人以欺骗、贿赂等不正当手段取得登记的，应当予以撤销。

依照前两款规定撤销登记，可能对公共利益造成重大损害的，不予撤销，应当责令改正或者予以纠正。

第十八条　企业被依法撤销设立登记或者吊销营业执照的，应当停止经营活动，依法组织清算。自清算结束之日起三十日内，由清算组织依法申请注销登记。

第十九条　被依法撤销设立登记或者吊销营业执照的企业，其设立的非法人分支机构应当停止经营活动，依法办理注销登记；其投资设立的相关企业应当依法办理变更登记或者注销登记。

第五章　登记公示、公开

第二十条　企业登记机关应当在企业登记场所公示以下内容：

（一）登记事项；

（二）登记依据；

（三）登记条件；

（四）登记程序及期限；

（五）提交申请材料目录；

（六）登记收费标准及依据；

（七）申请书格式示范文本。

应申请人的要求，企业登记机关应当就前款公示内容，予以说明、解释。

第二十一条　企业登记机关应当建立企业登记簿，供社会查阅。

企业登记材料涉及国家秘密、商业秘密和个人隐私的，企业登记机关不得对外公开。

第六章　附　则

第二十二条　本规定所称企业包括各类企业及其分支机构。

第二十三条　企业集团、外国（地区）企业常驻代表机构、外国（地区）企业在中国境内从事生产经营活动的登记参照本规定。

第二十四条　本规定自2004年7月1日起施行。

国务院关于投资体制改革的决定

国务院　2004年7月16日

改革开放以来，国家对原有的投资体制进行了一系列改革，打破了传统计划经济体制下高度集中的投资管理模式，初步形成了投资主体多元化、资金来源多渠道、投资方式多样化、项目建设市场化的新格局。但是，现行的投资体制还存在不少问题，特别是企业的投资决策权没有完全落实，市场配置资源的基础性作用尚未得到充分发挥，政府投资决策的科学化、民主化水平需要进一步提高，投资宏观调控和监管的有效性需要增强。为此，国务院决定进一步深化投资体制改革。

一、深化投资体制改革的指导思想和目标

（一）深化投资体制改革的指导思想是：按照完善社会主义市场经济体制的要求，在国家宏观调控下充分发挥市场配置资源的基础性作用，确立企业在投资活动中的主体地位，规范政府投资行为，保护投资者的合法权益，营造有利于各类投资主体公平、有序竞争的市场环境，促进生产要素的合理流动和有效配置，优化投资结构，提高投资效益，推动经济协调发展和社会全面进步。

（二）深化投资体制改革的目标是：改革政府对企业投资的管理制度，按照“谁投资、谁决策、谁收益、谁承担风险”的原则，落实企业投资自主权；合理界定政府投资职能，提高投资决策的科学化、民主化水平，建立投资决策责任追究制度；进一步拓宽项目融资渠道，发展多种融资方式；培育规范的投资中介服务组织，加强行业自律，促进公平竞争；健全投资宏观调控体系，改进调控方式，完善调控手段；加快投资领域的立法进程；加强投资监管，维护规范的投资和建设市场秩序。通过深化改革和扩大开放，最终建立起市场引导投资、企业自主决策、银行独立审贷、融资方式多样、中介服务规范、宏观调控有效的新型投资体制。

二、转变政府管理职能，确立企业的投资主体地位

（一）改革项目审批制度，落实企业投资自主权。彻底改革现行不分投资主体、不分资金来源、不分项目性质，一律按投资规模大小分别由各级政府及有关部门审批的企业投资管理办法。对于企业不使用政府投资建设的项目，一律不再实行审批制，区别不同情况实行核准制和备案制。其中，政府仅对重大项目和限制类项目从维护社会公共利益角度进行核准，其他项目无论规模大小，均改为备案制，项目的市场前景、经济效益、资金来源和产品技术方案等均由企业自主决策、自担风险，并依法办理环境保护、土地使用、资源利用、安全生产、城市规划等许可手续和减免税确认手续。对于企业使用政府补助、转贷、贴息投资建设的项目，政府只审批资金申请报告。各地区、各部门要相应改进管理办法，规范管理行为，不得以任何名义截留下放给企业的投资决策权利。

（二）规范政府核准制。要严格限定实行政府核准制的范围，并根据变化的情况适时调整。《政府核准的投资项目目录》（以下简称《目录》）由国务院投资主管部门会同有关部门研究提出，报国务院批准后实施。未经国务院批准，各地区、各部门不得擅自增减《目录》规定的范围。

企业投资建设实行核准制的项目，仅需向政府提交项目申请报告，不再经过批准项目建议书、可行性研究报告和开工报告的程序。政府对企业提交的项目申请报告，主要从维护经济安全、合理开发利用资源、保护生态环境、优化重大布局、保障公共利益、防止出现垄断等方面进行核

准。对于外商投资项目，政府还要从市场准入、资本项目管理等方面进行核准。政府有关部门要制定严格规范的核准制度，明确核准的范围、内容、申报程序和办理时限，并向社会公布，提高办事效率，增强透明度。

（三）健全备案制。对于《目录》以外的企业投资项目，实行备案制，除国家另有规定外，由企业按照属地原则向地方政府投资主管部门备案。备案制的具体实施办法由省级人民政府自行制定。国务院投资主管部门要对备案工作加强指导和监督，防止以备案的名义变相审批。

（四）扩大大型企业集团的投资决策权。基本建立现代企业制度的特大型企业集团，投资建设《目录》内的项目，可以按项目单独申报核准，也可编制中长期发展建设规划，规划经国务院或国务院投资主管部门批准后，规划中属于《目录》内的项目不再另行申报核准，只须办理备案手续。企业集团要及时向国务院有关部门报告规划执行和项目建设情况。

（五）鼓励社会投资。放宽社会资本的投资领域，允许社会资本进入法律法规未禁入的基础设施、公用事业及其他行业和领域。逐步理顺公共产品价格，通过注入资本金、贷款贴息、税收优惠等措施，鼓励和引导社会资本以独资、合资、合作、联营、项目融资等方式，参与经营性的公益事业、基础设施项目建设。对于涉及国家垄断资源开发利用、需要统一规划布局的项目，政府在确定建设规划后，可向社会公开招标选定项目业主。鼓励和支持有条件的各种所有制企业进行境外投资。

（六）进一步拓宽企业投资项目的融资渠道。允许各类企业以股权融资方式筹集投资资金，逐步建立起多种募集方式相互补充的多层次资本市场。经国务院投资主管部门和证券监管机构批准，选择一些收益稳定的基础设施项目进行试点，通过公开发行股票、可转换债券等方式筹集建设资金。在严格防范风险的前提下，改革企业债券发行管理制度，扩大企业债券发行规模，增加企业债券品种。按照市场化原则改进和完善银行的固定资产贷款审批和相应的风险管理制度，运用银团贷款、融资租赁、项目融资、财务顾问等多种业务方式，支持项目建设。允许各种所有制企业按照有关规定申请使用国外贷款。制定相关法规，组织建立中小企业融资和信用担保体系，鼓励银行和各类合格担保机构对项目融资的担保方式进行研究创新，采取多种形式增强担保机构资本实力，推动设立中小企业投资公司，建立和完善创业投资机制。规范发展各类投资基金。鼓励和促进保险资金间接投资基础设施和重点建设工程项目。

（七）规范企业投资行为。各类企业都应严格遵守国土资源、环境保护、安全生产、城市规划等法律法规，严格执行产业政策和行业准入标准，不得投资建设国家禁止发展的项目；应诚信守法，维护公共利益，确保工程质量，提高投资效益。国有和国有控股企业应按照国有资产管理体制改革和现代企业制度的要求，建立和完善国有资产出资人制度、投资风险约束机制、科学民主的投资决策制度和重大投资责任追究制度。严格执行投资项目的法人责任制、资本金制、招标投标制、工程监理制和合同管理制。

三、完善政府投资体制，规范政府投资行为

（一）合理界定政府投资范围。政府投资主要用于关系国家安全和市场不能有效配置资源的经济和社会领域，包括加强公益性和公共基础设施建设，保护和改善生态环境，促进欠发达地区的经济和社会发展，推进科技进步和高新技术产业化。能够由社会投资建设的项目，尽可能利用社会资金建设。合理划分中央政府与地方政府的投资事权。中央政府投资除本级政权等建设外，主要安排跨地区、跨流域以及对经济和社会发展全局有重大影响的项目。

（二）健全政府投资项目决策机制。进一步完善和坚持科学的决策规则和程序，提高政府投资项目决策的科学化、民主化水平；政府投资项目一般都要经过符合资质要求的咨询中介机构的评估论证，咨询评估要引入竞争机制，并制定合理的竞争规则；特别重大的项目还应实行专家评议制度；逐步实行政府投资项目公示制度，广泛听取各方面的意见和建议。

（三）规范政府投资资金管理。编制政府投资的中长期规划和年度计划，统筹安排、合理使用各类政府投资资金，包括预算内投资、各类专项建设基金、统借国外贷款等。政府投资资金按项目安排，根据资金来源、项目性质和调控需要，可分别采取直接投资、资本金注入、投资补助、转贷和贷款贴息等方式。以资本金注入方式投入的，要确定出资人代表。要针对不同的资金类型和资金运用方式，确定相应的管理办法，逐步实现政府投资的决策程序和资金管理的科学化、制度化和规范化。

（四）简化和规范政府投资项目审批程序，合理划分审批权限。按照项目性质、资金来源和事权划分，合理确定中央政府与地方政府之间、国务院投资主管部门与有关部门之间的项目审批权限。对于政府投资项目，采用直接投资和资本金注入方式的，从投资决策角度只审批项目建议书和可行性研究报告，除特殊情况外不再审批开工报告，同时应严格政府投资项目的初步设计、概算审批工作；采用投资补助、转贷和贷款贴息方式的，只审批资金申请报告。具体的权限划分和审批程序由国务院投资主管部门会同有关方面研究制定，报国务院批准后颁布实施。

（五）加强政府投资项目管理，改进建设实施方式。规范政府投资项目的建设标准，并根据情况变化及时修订完善。按项目建设进度下达投资资金计划。加强政府投资项目的中介服务管理，对咨询评估、招标代理等中介机构实行资质管理，提高中介服务质量。对非经营性政府投资项目加快推行“代建制”，即通过招标等方式，选择专业化的项目管理单位负责建设实施，严格控制项目投资、质量和工期，竣工验收后移交给使用单位。增强投资风险意识，建立和完善政府投资项目的风险管理机制。

（六）引入市场机制，充分发挥政府投资的效益。各级政府要创造条件，利用特许经营、投资补助等多种方式，吸引社会资本参与有合理回报和一定投资回收能力的公益事业和公共基础设施项目建设。对于具有垄断性的项目，试行特许经营，通过业主招标制度，开展公平竞争，保护公众利益。已经建成的政府投资项目，具备条件的经过批准可以依法转让产权或经营权，以回收的资金滚动投资于社会公益等各类基础设施建设。

四、加强和改善投资的宏观调控

（一）完善投资宏观调控体系。国家发展和改革委员会要在国务院领导下会同有关部门，按照职责分工，密切配合、相互协作、有效运转、依法监督，调控全社会的投资活动，保持合理投资规模，优化投资结构，提高投资效益，促进国民经济持续快速协调健康发展和社会全面进步。

（二）改进投资宏观调控方式。综合运用经济的、法律的和必要的行政手段，对全社会投资进行以间接调控方式为主的有效调控。国务院有关部门要依据国民经济和社会发展中长期规划，编制教育、科技、卫生、交通、能源、农业、林业、水利、生态建设、环境保护、战略资源开发等重要领域的发展建设规划，包括必要的专项发展建设规划，明确发展的指导思想、战略目标、总体布局和主要建设项目等。按照规定程序批准的发展建设规划是投资决策的重要依据。各级政府及其有关部门要努力提高政府投资效益，引导社会投资。制定并适时调整国家固定资产投资指导目录、外商投资产业指导目录，明确国家鼓励、限制和禁止投资的项目。建立投资信息发布制度，及时发布政府对投资的调控目标、主要调控政策、重点行业投资状况和发展趋势等信息，引导全社会投资活动。建立科学的行业准入制度，规范重点行业的环保标准、安全标准、能耗水耗标准和产品技术、质量标准，防止低水平重复建设。

（三）协调投资宏观调控手段。根据国民经济和社会发展要求以及宏观调控需要，合理确定政府投资规模，保持国家对全社会投资的积极引导和有效调控。灵活运用投资补助、贴息、价格、利率、税收等多种手段，引导社会投资，优化投资的产业结构和地区结构。适时制定和调整信贷政策，引导中长期贷款的总量和投向。严格和规范土地使用制度，充分发挥土地供应对社会投资的调控和引导作用。

（四）加强和改进投资信息、统计工作。加强投资统计工作，改革和完善投资统计制度，进一步及时、准确、全面地反映全社会固定资产存量和投资的运行态势，并建立各类信息共享机制，为投资宏观调控提供科学依据。建立投资风险预警和防范体系，加强对宏观经济和投资运行的监测分析。

五、加强和改进投资的监督管理

（一）建立和完善政府投资监管体系。建立政府投资责任追究制度，工程咨询、投资项目决策、设计、施工、监理等部门和单位，都应有相应的责任约束，对不遵守法律法规给国家造成重大损失的，要依法追究有关责任人的行政和法律责任。完善政府投资制衡机制，投资主管部门、财政主管部门以及有关部门，要依据职能分工，对政府投资的管理进行相互监督。审计机关要依法全面履行职责，进一步加强对政府投资项目的审计监督，提高政府投资管理水平和投资效益。完善重大项目稽察制度，建立政府投资项目后评价制度，对政府投资项目进行全过程监管。建立政府投资项目的社会监督机制，鼓励公众和新闻媒体对政府投资项目进行监督。

（二）建立健全协同配合的企业投资监管体系。国土资源、环境保护、城市规划、质量监督、银行监管、证券监管、外汇管理、工商管理、安全生产监管等部门，要依法加强对企业投资活动的监管，凡不符合法律法规和国家政策规定的，不得办理相关许可手续。在建设过程中不遵守有关法律法规的，有关部门要责令其及时改正，并依法严肃处理。各级政府投资主管部门要加强对企业投资项目的事中和事后监督检查，对于不符合产业政策和行业准入标准的项目，以及不按规定履行相应核准或许可手续而擅自开工建设的项目，要责令其停止建设，并依法追究有关企业和人员的责任。审计机关依法对国有企业的投资进行审计监督，促进国有资产保值增值。建立企业投资诚信制度，对于在项目申报和建设过程中提供虚假信息、违反法律法规的，要予以惩处，并公开披露，在一定时间内限制其投资建设活动。

（三）加强对投资中介服务机构的监管。各类投资中介服务机构均须与政府部门脱钩，坚持诚信原则，加强自我约束，为投资者提供高质量、多样化的中介服务。鼓励各种投资中介服务机构采取合伙制、股份制等多种形式改组改造。健全和完善投资中介服务机构的行业协会，确立法律规范、政府监督、行业自律的行业管理体制。打破地区封锁和行业垄断，建立公开、公平、公正的投资中介服务市场，强化投资中介服务机构的法律责任。

（四）完善法律法规，依法监督管理。建立健全与投资有关的法律法规，依法保护投资者的合法权益，维护投资主体公平、有序竞争，投资要素合理流动、市场发挥配置资源的基础性作用的市场环境，规范各类投资主体的投资行为和政府的投资管理活动。认真贯彻实施有关法律法规，严格财经纪律，堵塞管理漏洞，降低建设成本，提高投资效益。加强执法检查，培育和维护规范的建设市场秩序。

附　件

政府核准的投资项目目录（2004年本）

简要说明：

（一）本目录所列项目，是指企业不使用政府性资金投资建设的重大和限制类固定资产投资项目。

（二）企业不使用政府性资金投资建设本目录以外的项目，除国家法律法规和国务院专门规定禁止投资的项目以外，实行备案管理。

（三）国家法律法规和国务院有专门规定的项目的审批或核准，按有关规定执行。

（四）本目录对政府核准权限作出了规定。其中：

1. 目录规定“由国务院投资主管部门核准”的项目，由国务院投资主管部门会同行业主管部门核准，其中重要项目报国务院核准。

2. 目录规定“由地方政府投资主管部门核准”的项目，由地方政府投资主管部门会同同级行业主管部门核准。省级政府可根据当地情况和项目性质，具体划分各级地方政府投资主管部门的核准权限，但目录明确规定“由省级政府投资主管部门核准”的，其核准权限不得下放。

3. 根据促进经济发展的需要和不同行业的实际情况，可对特大型企业的投资决策权限特别授权。

（五）本目录为2004年本。根据情况变化，将适时调整。

一、农林水利

农业：涉及开荒的项目由省级政府投资主管部门核准。

水库：国际河流和跨省（区、市）河流上的水库项目由国务院投资主管部门核准，其余项目由地方政府投资主管部门核准。

其他水事工程：需中央政府协调的国际河流、涉及跨省（区、市）水资源配置调整的项目由国务院投资主管部门核准，其余项目由地方政府投资主管部门核准。

二、能源

（一）电力

水电站：在主要河流上建设的项目和总装机容量25万千瓦及以上项目由国务院投资主管部门核准，其余项目由地方政府投资主管部门核准。

抽水蓄能电站：由国务院投资主管部门核准。

火电站：由国务院投资主管部门核准。

热电站：燃煤项目由国务院投资主管部门核准，其余项目由地方政府投资主管部门核准。

风电站：总装机容量5万千瓦及以上项目由国务院投资主管部门核准，其余项目由地方政府投资主管部门核准。

核电站：由国务院核准。

电网工程：330千伏及以上电压等级的电网工程由国务院投资主管部门核准，其余项目由地方政府投资主管部门核准。

（二）煤炭

煤矿：国家规划矿区内的煤炭开发项目由国务院投资主管部门核准，其余一般煤炭开发项目由地方政府投资主管部门核准。

煤炭液化：年产50万吨及以上项目由国务院投资主管部门核准，其他项目由地方政府投资主管部门核准。

（三）石油、天然气

原油：年产100万吨及以上的新油田开发项目由国务院投资主管部门核准，其他项目由具有石油开采权的企业自行决定，报国务院投资主管部门备案。

天然气：年产20亿立方米及以上新气田开发项目由国务院投资主管部门核准，其他项目由具有天然气开采权的企业自行决定，报国务院投资主管部门备案。

液化石油气接收、存储设施（不含油气田、炼油厂的配套项目）：由省级政府投资主管部门核准。

进口液化天然气接收、储运设施：由国务院投资主管部门核准。

国家原油存储设施：由国务院投资主管部门核准。

输油管网（不含油田集输管网）：跨省（区、市）干线管网项目由国务院投资主管部门核准。

输气管网（不含油气田集输管网）：跨省（区、市）或年输气能力5亿立方米及以上项目由国务院投资主管部门核准，其余项目由省级政府投资主管部门核准。

三、交通运输

（一）铁道

新建（含增建）铁路：跨省（区、市）或100公里及以上项目由国务院投资主管部门核准，其余项目按隶属关系分别由国务院行业主管部门或省级政府投资主管部门核准。

（二）公路

公路：国道主干线、西部开发公路干线、国家高速公路网、跨省（区、市）的项目由国务院投资主管部门核准，其余项目由地方政府投资主管部门核准。

独立公路桥梁、隧道：跨境、跨海湾、跨大江大河（通航段）的项目由国务院投资主管部门核准，其余项目由地方政府投资主管部门核准。

（三）水运

煤炭、矿石、油气专用泊位：新建港区和年吞吐能力200万吨及以上项目由国务院投资主管部门核准，其余项自由省级政府投资主管部门核准。

集装箱专用码头：由国务院投资主管部门核准。

内河航运：千吨级以上通航建筑物项目由国务院投资主管部门核准，其余项目由地方政府投资主管部门核准。

（四）民航

新建机场：由国务院核准。

扩建机场：总投资10亿元及以上项目由国务院投资主管部门核准，其余项目按隶属关系由国务院行业主管部门或地方政府投资主管部门核准。

扩建军民合用机场：由国务院投资主管部门会同军队有关部门核准。

四、信息产业

电信：国内干线传输网（含广播电视网）、国际电信传输电路、国际关口站、专用电信网的国际通信设施及其他涉及信息安全的电信基础设施项目由国务院投资主管部门核准。

邮政：国际关口站及其他涉及信息安全的邮政基础设施项目由国务院投资主管部门核准。

电子信息产品制造：卫星电视接收机及关键件、国家特殊规定的移动通信系统及终端等生产项目由国务院投资主管部门核准。

五、原材料

钢铁：已探明工业储量5 000万吨及以上规模的铁矿开发项目和新增生产能力的炼铁、炼钢、轧钢项目由国务院投资主管部门核准，其他铁矿开发项目由省级政府投资主管部门核准。

有色：新增生产能力的电解铝项目、新建氧化铝项目和总投资5亿元及以上的矿山开发项目由国务院投资主管部门核准，其他矿山开发项目由省级政府投资主管部门核准。

石化：新建炼油及扩建一次炼油项目、新建乙烯及改扩建新增能力超过年产20万吨乙烯项目，由国务院投资主管部门核准。

化工原料：新建PTA、PX、MDI、TDI项目，以及PTA、PX改造能力超过年产10万吨的项目，由国务院投资主管部门核准。

化肥：年产50万吨及以上钾矿肥项目由国务院投资主管部门核准，其他磷、钾矿肥项目由地方政府投资主管部门核准。

水泥：除禁止类项目外，由省级政府投资主管部门核准。

稀土：矿山开发、冶炼分离和总投资1亿元及以上稀土深加工项目由国务院投资主管部门核准，其余稀土深加工项目由省级政府投资主管部门核准。

黄金：日采选矿石500吨及以上项目由国务院投资主管部门核准，其他采选矿项目由省级政府投资主管部门核准。

六、机械制造

汽车：按照国务院批准的专项规定执行。

船舶：新建10万吨级以上造船设施（船台、船坞）和民用船舶中、低速柴油机生产项目由国务院投资主管部门核准。

城市轨道交通：城市轨道交通车辆、信号系统和牵引传动控制系统制造项目由国务院投资主管部门核准。

七、轻工烟草

纸浆：年产10万吨及以上纸浆项目由国务院投资主管部门核准，年产3.4（含）万吨～10（不含）万吨纸浆项目由省级政府投资主管部门核准，其他纸浆项目禁止建设。

变性燃料乙醇：由国务院投资主管部门核准。

聚酯：日产300吨及以上项目由国务院投资主管部门核准。

制盐：由国务院投资主管部门核准。

糖：日处理糖料1 500吨及以上项目由省级政府投资主管部门核准，其他糖料项目禁止建设。

烟草：卷烟、烟用二醋酸纤维素及丝束项目由国务院投资主管部门核准。

八、高新技术

民用航空航天：民用飞机（含直升机）制造、民用卫星制造、民用遥感卫星地面站建设项目由国务院投资主管部门核准。

九、城建

城市快速轨道交通：由国务院核准。

城市供水：跨省（区、市）日调水50万吨及以上项目由国务院投资主管部门核准，其他城市供水项目由地方政府投资主管部门核准。

城市道路桥梁：跨越大江大河（通航段）、重要海湾的桥梁、隧道项目由国务院投资主管部门核准。

其他城建项目：由地方政府投资主管部门核准。

十、社会事业

教育、卫生、文化、广播电影电视：大学城、医学城及其他园区性建设项目由国务院投资主管部门核准。

旅游：国家重点风景名胜区、国家自然保护区、国家重点文物保护单位区域内总投资5 000万元及以上旅游开发和资源保护设施，世界自然、文化遗产保护区内总投资3 000万元及以上项目由国务院投资主管部门核准。

体育：F1赛车场由国务院投资主管部门核准。

娱乐：大型主题公园由国务院核准。

其他社会事业项目：按隶属关系由国务院行业主管部门或地方政府投资主管部门核准。

十一、金融

印钞、造币、钞票纸项目由国务院投资主管部门核准。

十二、外商投资

《外商投资产业指导目录》中总投资（包括增资）1亿美元及以上鼓励类、允许类项目由国家发展和改革委员会核准。

《外商投资产业指导目录》中总投资（包括增资）5 000万美元及以上限制类项目由国家发展和改革委员会核准。

国家规定的限额以上、限制投资和涉及配额、许可证管理的外商投资企业的设立及其变更事项；大型外商投资项目的合同、章程及法律特别规定的重大变更（增资减资、转股、合并）事项，由商务部核准。上述项目之外的外商投资项目由地方政府按照有关法规办理核准。

十三、境外投资

中方投资3 000万美元及以上资源开发类境外投资项目由国家发展和改革委员会核准。中方投资用汇额1 000万美元及以上的非资源类境外投资项目由国家发展和改革委员会核准。上述项目之外的境外投资项目，中央管理企业投资的项目报国家发展和改革委员会、商务部备案；其他企业投资的项目由地方政府按照有关法规办理核准。国内企业对外投资开办企业（金融企业除外）由商务部核准。

中西部地区外商投资优势产业目录

2004年7月23日国家发展和改革委员会、商务部令第13号发布，自2004年9月1日起施行

根据2002年2月发布的《指导外商投资方向规定》（国务院令第346号），为实施国家西部大开发战略，鼓励中西部地区利用外资，引进先进技术、设备，发展中西部地区比较优势产业和技术先进的企业，促进产业结构的优化升级，带动中西部地区经济整体素质的提高，依据国家产业政策，对2000年6月公布的《中西部地区外商投资优势产业目录》进行修订。

属于本目录的外商投资项目，享受《指导外商投资方向规定》的鼓励类项目的相关政策及《国务院办公厅转发外经贸部等部门关于当前进一步鼓励外商投资意见的通知》（国办发〔1999〕73号）中的有关优惠政策。

本目录生效前按原目录批准的项目，仍按原目录规定享受有关政策。符合本目录规定的在建项目，可按照本目录的有关政策执行。

各有关方面依据本目录审批外商向中西部地区投资的项目时，要全面贯彻国家产业政策，严格执行国家有关法律、法规，按照现行的审批权限和程序进行审核，要注重生产技术水平的提高和产品结构的改善，注重资源的合理利用和对生态环境的保护，防止重复建设和盲目扩大生产能力。

国家将根据经济发展和国内外市场环境变化的需要，适时对此目录进行调整、修订。

山西省

1. 牧草饲料作物种植及深加工
2. 退耕还林还草、天然林保护等国家重点生态工程后续产业开发
3. 节水灌溉技术开发及应用
4. 煤炭加工应用技术开发和产品生产
5. 高岭土勘查、开发及综合利用
6. 钡盐生产（中方控股）
7. 大麻、亚麻纺织品生产
8. 液压技术系统及模具生产
9. 旱地、山地中小农业机械及配套机具制造
10. 大型建筑钢结构件技术开发及生产
11. 煤矸石、洗中煤、焦炉煤气余热发电、供热等综合利用
12. 城市供气、供热、供排水管网建设、经营（大中城市中方控股）
13. 旅游景区（点）开发及其配套设施建设、保护和经营
14. 公路旅客运输

吉林省

1. 长白山生态可食资源的开发、培育养殖和加工
2. 退耕还林还草、天然林保护等国家重点生态工程后续产业开发
3. 节水灌溉技术开发及应用
4. 镍矿勘探开发
5. 动植物药材资源开发生产(列入国家保护的资源除外)
6. 油页岩资源开发及综合利用
7. 汽车零部件制造
8. 大规格超高功率石墨电极及特种石墨开发生产
9. 城市供气、供热、供排水管网建设、经营（大中城市中方控股）
10. 冰雪旅游资源开发及滑雪场建设、经营
11. 旅游景区（点）开发及其配套设施建设、保护和经营
12. 公路旅客运输

黑龙江省

1. 亚麻纺织品及制品生产
2. 退耕还林还草、天然林保护等国家重点生态工程后续产业开发
3. 节水灌溉技术开发及应用
4. 煤炭加工应用技术开发和产品生产
5. 石墨产品深加工
6. 中药冻干粉针制剂生产
7. 电工仪表及电网智能管理控制系统设备制造
8. 城市供气、供热、供排水管网建设、经营（大中城市中方控股）
9. 冰雪旅游资源及森林旅游资源开发
10. 旅游景区（点）开发及其配套设施建设、保护和经营
11. 公路旅客运输

安徽省

1. 粮食、马铃薯、棉花、油料种子开发生产(中方控股)
2. 退耕还林还草等国家重点生态工程后续产业开发
3. 茶叶综合加工（不含我国传统工艺的绿茶和特种茶）
4. 节水灌溉技术开发及应用
5. 煤炭加工应用技术开发和产品生产
6. 电工薄膜生产
7. 塑料复合包装材料生产
8. 新工艺软质湿法造粒碳黑生产

9. 大型散装水泥装备制造
10. 平板玻璃深加工
11. 农用塑料节水器材制造
12. 叉车等工程机械、自动化立库及其仓储物流系统开发与制造
13. 城市供气、供热、供排水管网建设、经营（大中城市中方控股）
14. 旅游景区（点）开发及其配套设施建设、保护和经营
15. 公路旅客运输

江西省

1. 退耕还林还草等国家重点生态工程后续产业开发
2. 节水灌溉技术开发及应用
3. 稀土深加工及应用产品生产
4. 钨、钼矿深加工
5. 高档日用陶瓷生产
6. 粉石英、硅灰石、海泡石、黑滑石、化工用白云石等非金属矿选冶
7. 有机硅开发与应用
8. 氯化亚砜生产及应用、AC 发泡剂生产
9. 赤霉素生产
10. 城市供气、供热、供排水管网建设、经营（大中城市中方控股）
11. 旅游景区（点）开发及其配套设施建设、保护和经营
12. 公路旅客运输

河南省

1. 退耕还林还草、天然林保护等国家重点生态工程后续产业开发
2. 节水灌溉技术开发及应用
3. 天然碱矿开采、加工
4. 煤炭加工应用技术开发和产品生产
5. 平板玻璃深加工
6. 钨、钼矿深加工
7. 洁霉素
8. 电能综合管理自动化及电工仪表制造
9. 城市供气、供热、供排水管网建设、经营（大中城市中方控股）
10. 旅游景区（点）开发及其配套设施建设、保护和经营
11. 公路旅客运输

湖北省

1. 退耕还林还草、天然林保护等国家重点生态工程后续产业开发

2. 节水灌溉技术开发及应用
3. 动植物药材资源的开发生产（列入国家保护的资源除外）
4. 麻纺织及高档服装面料生产
5. 石英玻璃深加工
6. 激光工业加工设备、激光医用设备开发与制造
7. 光电子技术和产品开发
8. 数控机床关键零部件（高速主轴、刀库、动力卡盘）
9. 热灌装 PET 瓶及瓶坯生产
10. 汽车零部件制造
11. 城市供气、供热、供排水管网建设、经营（大中城市中方控股）
12. 旅游景区（点）开发及其配套设施建设、保护和经营
13. 公路旅客运输

湖南省

1. 退耕还林还草等国家重点生态工程后续产业开发
2. 节水灌溉技术开发及应用
3. 苎麻纺织品及制品生产
4. 钨、钼矿深加工
5. 铋化合物生产
6. 钡盐生产（中方控股）
7. 激素类药物深度开发
8. 新型橡胶机械成套设备制造
9. 城市供气、供热及供排水管网建设、经营（大中城市中方控股）
10. 旅游景区（点）开发及其配套设施建设、保护和经营
11. 公路旅客运输

重庆市

1. 天然香料的种植和加工
2. 退耕还林还草、天然林保护等国家重点生态工程后续产业开发
3. 高产优质蚕桑基地建设
4. 节水灌溉技术开发及应用
5. 苎麻纺织品及制品生产
6. 天然气下游化工产品生产和开发
7. 动植物药材资源开发生产（列入国家保护资源的除外）
8. 新型医疗器械产品开发及生产
9. 汽车零部件制造
10. 城市供气、供热、供排水管网建设、经营（大中城市中方控股）

11. 旅游景区（点）开发及其配套设施建设、保护和经营
12. 公路旅客运输

四川省

1. 退耕还林还草、天然林保护等国家重点生态工程后续产业开发
2. 节水灌溉技术开发及应用
3. 稀土深加工及应用产品生产
4. 高产优质蚕桑基地建设及丝绸产品加工
5. 苎麻纺织品及制品生产
6. 动植物药材资源开发生产（列入国家保护资源的除外）
7. 天然气下游化工产品生产和开发
8. 电工薄膜生产
9. 城市供气、供热、供排水管网建设、经营（大中城市中方控股）
10. 旅游景区（点）开发及其配套设施建设、保护和经营
11. 公路旅客运输

贵州省

1. 退耕还林还草、天然林保护等国家重点生态工程后续产业开发
2. 节水灌溉技术开发及应用
3. 煤炭加工应用技术开发和产品生产
4. 马铃薯、魔芋等产品深加工
5. 特色食用资源开发
6. 磨料磨具产品生产
7. 钛冶炼
8. 钡盐生产（中方控股）
9. 苎麻产品深加工
10. 动植物药材资源开发生产（列入国家保护资源的除外）
11. 磷化工产品生产
12. 城市供气、供热、供排水管网建设、经营（大中城市中方控股）
13. 旅游景区（点）开发及其配套设施建设、保护和经营
14. 公路旅客运输

云南省

1. 优质桑、蚕的种植、养殖及产品的开发生产
2. 退耕还林还草、天然林保护等国家重点生态工程后续产业开发

3. 节水灌溉技术开发及应用
4. 煤炭加工应用技术开发和产品生产
5. 特色食用资源开发
6. 马铃薯产品深加工
7. 天然橡胶、亚麻的加工及开发
8. 动植物药材资源开发生产（列入国家保护资源的除外）
9. 铜、铅、锌、镍有色金属矿的勘探及开发
10. 磷化工产品生产
11. 轻型车用柴油发动机及零部件制造
12. 城市供气、供热、供排水管网建设、经营（大中城市中方控股）
13. 旅游景区（点）开发及其配套设施建设、保护和经营
14. 公路旅客运输

西藏自治区

1. 高原生态特色农牧业产业化经营、蔬菜基地、商品粮油基地、禽类养殖基地及草场建设
2. 退耕还林还草、天然林保护等国家重点生态工程后续产业开发
3. 农畜产品加工
4. 节水灌溉技术开发及应用
5. 硼砂、硼镁石开采，加工（限于合资、合作）
6. 铬矿的开采与加工（中方控股）
7. 毛纺产品加工制造
8. 盐湖资源的开发利用
9. 藏药新品种、新剂型产品生产
10. 民族特需产品、工艺美术品、包装容器材料及日用玻璃制品生产
11. 城市供气、供热、供排水管网建设、经营（大中城市中方控股）
12. 旅游景区（点）开发及其配套设施建设、保护和经营
13. 公路旅客运输

陕西省

1. 粮食、马铃薯、棉花、油料种子开发生产（中方控股）
2. 退耕还林还草、天然林保护等国家重点生态工程后续产业开发
3. 节水灌溉技术开发及应用
4. 煤炭加工应用技术开发和产品生产
5. 优质酿酒葡萄基地建设及优质葡萄酒酿制
6. 钼、钛等金属矿产开发及深加工
7. 金属功能材料生产
8. 动植物药材资源开发生产（列入国家保护资源的除外）

9. 天然气下游化工产品生产和开发
10. 现场总线智能仪表制造
11. 数控机床、数控刀具及关键零部件设计与制造
12. 高炉煤气能量回收透平装置设计制造
13. 城市供气、供热和供排水管网的建设、经营（大中城市中方控股）
14. 旅游景区（点）开发及其配套设施建设、保护和经营
15. 公路旅客运输

甘肃省

1. 退耕还林还草、天然林保护等国家重点生态工程后续产业开发
2. 节水灌溉技术开发及应用
3. 马铃薯产品深加工
4. 优质酿酒葡萄基地建设及优质葡萄酒酿制
5. 优质啤酒原料种植、加工
6. 稀土深加工及应用产品生产
7. 天然气化工、管道
8. 集成电路封装
9. 港口及船舶用毫米波导航设备
10. 钻机及油田设备制造
11. 城市供气、供热、供排水管网建设、经营（大中城市中方控股）
12. 旅游景区（点）开发及其配套设施建设、保护和经营
13. 公路旅客运输

青海省

1. 有机天然农畜产品基地建设和产品精深加工
2. 高原动植物资源保护、种养与加工利用（列入国家保护的资源除外）
3. 退耕还林还草、天然林保护等国家重点生态工程后续产业开发
4. 节水灌溉技术开发及应用
5. 碳酸锶、金属锶等锶盐生产（限于合资、合作）
6. 盐湖资源开发和综合利用
7. 天然气下游化工产品生产和开发
8. 牛羊绒产品深加工及藏毯生产
9. 中、藏药新品种、新剂型产品生产
10. 城市供气、供热、供排水管网建设、经营（大中城市中方控股）
11. 旅游景区（点）开发及其配套设施建设、保护和经营
12. 公路旅客运输

宁夏回族自治区

1. 枸杞种植及其深加工
2. 退耕还林还草、天然林保护等国家重点生态工程后续产业开发
3. 节水灌溉技术开发及应用
4. 煤炭加工应用技术开发和产品生产
5. 碳基材料生产
6. 优质酿酒葡萄基地建设及优质葡萄酒酿制
7. 马铃薯产品深加工
8. 天然气下游化工产品生产和开发
9. 聚氯乙烯树脂生产
10. 子午线轮胎生产
11. 片式固体钽电解电容器生产
12. 城市供气、供热、供排水管网建设、经营（大中城市中方控股）
13. 旅游景区（点）开发及其配套设施建设、保护和经营
14. 公路旅客运输

新疆维吾尔自治区（含新疆生产建设兵团）

1. 优质蕃茄、枸杞种植及深加工
2. 退耕还林还草、天然林保护等国家重点生态工程后续产业开发
3. 节水灌溉技术开发及应用
4. 甜菜糖加工及副产品综合利用
5. 天然香料、食用菌的种植、加工
6. 优质酿酒葡萄基地建设及优质葡萄酒酿制
7. 棉籽、葵花、红花油脂深加工
8. 亚麻种植及其制品生产
9. 高档棉毛产品升级改造
10. 铜、铅、锌、镍有色金属矿的勘探及开发
11. 蛭石、钠硝石、云母、石棉、膨润土等非金属矿产的综合利用
12. 煤炭加工应用技术开发和产品生产
13. 高档皮革产品制造
14. 乙烯下游深加工产品及精细化工产品生产
15. 天然气下游化工产品生产和开发
16. 维吾尔族特色药用植物种植、加工和制药新工艺开发
17. 以牛羊内脏为原料的生物制药产品的开发利用
18. 民族特需产品、工艺美术品、包装容器材料及日用玻璃制品生产
19. 城市供气、供热、供排水管网建设、经营（大中城市中方控股）
20. 旅游景区（点）开发及其配套设施建设、保护和经营

21. 公路旅客运输

内蒙古自治区

1. 煤炭加工应用技术开发和产品生产
2. 退耕还林还草、天然林保护等国家重点生态工程后续产业开发
3. 草原生态旅游资源开发、建设和经营
4. 节水灌溉技术开发及应用
5. 毛纺织、针织品高新技术产品开发
6. 饲料加工业
7. 天然气下游化工产品开发和利用
8. 蒙药材加工
9. 以牛羊内脏为原料的生物制药产品的开发利用
10. 稀土深加工及应用产品生产
11. 民族特需产品、工艺美术品、包装容器材料及日用玻璃制品生产
12. 煤矸石、洗中煤、焦炉煤气余热发电、供热等综合利用
13. 城市供气、供热、供排水管网建设、经营（大中城市中方控股）
14. 旅游景区（点）开发及其配套设施建设、保护和经营
15. 公路旅客运输

广西壮族自治区

1. 木薯综合开发利用
2. 天然香料种植和加工
3. 退耕还林还草等国家重点生态工程后续产业开发
4. 节水灌溉技术开发及应用
5. 蔗糖加工及副产品综合利用
6. 动植物药材资源开发生产（列入国家保护资源的除外）
7. 铟、铅、锌的深加工及应用
8. 锰的深加工
9. 滑石和重晶石采选和深加工
10. 松香深加工
11. 氟化盐生产
12. 城市供气、供热、供排水管网建设、经营（大中城市中方控股）
13. 旅游景区（点）开发及其配套设施建设、保护和经营
14. 公路旅客运输

关于内地企业赴香港、澳门特别行政区投资开办企业核准事项的规定

2004年8月31日商务部、国务院港澳办商合发[2004]452号发布

第一条　根据《中华人民共和国行政许可法》和《国务院对确需保留的行政审批项目设定行政许可的决定》及有关规定，制定本规定。

第二条　国家鼓励和支持内地各种所有制企业在港澳地区投资开办企业。

第三条　内地企业赴港澳地区投资开办企业是指：内地企业在港澳地区投资开办具有当地法人资格的贸易、工程承包、劳务合作、生产制造、交通运输、旅游、服务、研发、投资、科技等企业，以及内地企业在港澳地区或其他国家、地区设立的企业在港澳地区投资开办企业。

第四条　投资开办企业的方式包括：新设（包括独资、合资、合作等）、收购、兼并、参股、注资、股权置换等。

第五条　商务部是核准内地企业赴港澳地区投资开办企业（金融类除外）的实施机关。省级人民政府商务行政主管部门（以下简称“省级商务主管部门”）根据商务部委托，对本地区企业赴港澳地区投资开办企业进行初步审查或核准。核准时，如有必要，应事先征求国务院港澳办、中央政府驻香港、澳门联络办意见。

第六条　核准机关应从以下方面对企业申请进行核准：是否有利于内地改革开放和现代化建设；是否有利于港澳地区的繁荣稳定；是否能够发挥港澳地区的有利条件，扩大对外贸易和引进资金、先进技术及管理经验；是否有利于加强内地与港澳地区的经济技术合作。

赴港澳地区投资开办企业在经济、技术上是否可行，由企业自行负责。

第七条　以下赴港澳投资不予核准：危害国家主权、安全和社会公众利益；违反国家法律法规和政策，与香港、澳门地区的法律法规相悖；违反中国所缔结或参加的国际或多双边协定、条约；利用赴港澳地区投资开办企业从事国际犯罪活动；其他不适宜赴港澳地区投资开办企业的情形。

第八条　核准程序

（一）地方企业在港澳地区投资开办企业为从事境外间接上市、开展投资性业务在港澳地区投资开办的企业由商务部核准，其余由商务部委托省级商务主管部门核准。

须经商务部核准的，由地方企业向省级商务主管部门提出申请。省级商务主管部门对申请材料进行初步审查后，应在5个工作日内将符合条件的申请上报商务部。商务部在接到省级商务主管部门申请材料后，对于申请材料不齐全或者不符合规定形式的，应当在5个工作日内一次告知申请人需要补正的全部内容，逾期不告知的，自收到申请材料之日起即为受理。对于申请材料齐全、符合法定形式，或者申请人按照要求补正申请材料的，应当予以受理。受理后，须在15个工作日内作出是否核准的决定。

由省级商务主管部门核准的，核准机关在接到地方企业的申请材料后，对于申请材料不齐全或者不符合规定形式的，应当在5个工作日内一次告知申请人需要补正的全部内容，逾期不告知

的，自收到申请材料之日起即为受理。对于申请材料齐全、符合规定形式，或者申请人按照要求补正申请材料的，应当予以受理。受理后，须在15个工作日内作出是否核准的决定。

（二）中央企业在港澳地区投资开办企业，由商务部核准。商务部在接到中央企业的申请材料后，对于申请材料不齐全或者不符合法定形式的，应当在5个工作日内一次告知申请人需要补正的全部内容，逾期不告知的，自收到申请材料之日起即为受理。对于申请材料齐全、符合法定形式，或者申请人按照要求补正申请材料的，应当予以受理。受理后，须在15个工作日内作出是否核准的决定。

（三）地方企业的申请获得核准后，由省级商务主管部门代发《内地企业赴港澳地区投资批准证书》（以下简称“批准证书”）。中央企业，由商务部颁发批准证书。

第九条 赴港澳地区投资开办企业的内地企业应提供以下申请材料：

（一）申请书（主要内容包括开办企业的名称、注册资本、投资金额、经营范围、经营期限、组织形式、股权结构及人员构成等）；

（二）拟投资开办企业的章程，相关协议或合同；

（三）内地企业营业执照及法律法规要求具备的相关资格或资质证明；

（四）外汇主管部门出具的外汇资金来源审查的批复（需以外汇出资的）；

（五）法律法规及国务院决定要求的其他文件。

第十条 企业获得核准后，须凭批准证书和核准文件办理外汇、银行、海关、外事等相关事宜；并按有关规定报送统计资料、参加境外投资联合年检和境外投资综合绩效评价。

第十一条 获得核准的企业在当地注册后，应将有关注册文件报商务部和国务院港澳办备案，并向中央政府驻香港、澳门联络办报到登记。

第十二条 省级商务主管部门未经商务部批准，不得向下级地方行政主管部门委托核准事宜。各级主管部门未经商务部授权，不得增加核准内容和环节，不得越权审批。

第十三条 本规定第九条第（一）款申请书中所列事项发生变更，须报原核准机关核准。

第十四条 此前管理办法与本规定不符的，以本规定为准。

第十五条 本规定由商务部负责解释。

第十六条 本规定自下发之日起实施。

地方风险投资相关政策法规文件

北京市

北京市地方税务局转发国家发展改革委、国家税务总局关于继续做好中小企业信用担保机构免征营业税有关问题的通知

（京地税营〔2004〕118号）

各区、县地方税务局、各分局：

现将《国家发展改革委、国家税务总局关于继续做好中小企业信用担保机构免征营业税有关问题的通知》（发改企业〔2004〕303号）（以下简称《通知》）转发给你们，并补充通知如下，请一并依照执行。

一、凡按照《国家税务总局关于中小企业信用担保、再担保机构免征营业税的通知》（国税发〔2001〕37号）规定，申请免税的中小企业信用担保机构，应属于国家发展改革委下达的名单中所列单位。

二、具体办法依照《北京市地方税务局转发国家税务总局关于中小企业信用担保、再担保机构免征营业税的通知》（京地税营〔2001〕474号）要求执行。

二〇〇四年三月十六日

国家发展改革委、国家税务总局关于继续做好中小企业信用担保机构免征营业税有关问题的通知

（发改企业〔2004〕303号）

各省、自治区、直辖市和计划单列市、新疆生产建设兵团发展改革委（计委）、经贸委（经委）、中小企业局及地方税务局：

为贯彻落实《中华人民共和国中小企业促进法》和《国务院办公厅转发国家经贸委关于鼓励和促进中小企业发展若干政策意见的通知》（国办发〔2000〕59号）关于推进中小企业信用担保体系建设的有关规定，以及《国家税务总局关于中小企业信用担保、再担保机构免征营业税的通知》（国税发〔2001〕37号）精神，根据国务院赋予国家发展改革委的工作职责，现就继续做好中小企业信用担保机构免征营业税问题通知如下：

一、鉴于原国家经贸委有关推进中小企业改革和发展工作，包括信用担保体系建设工作职能已划归国家发展改革委，今后凡《国家税务总局关于中小企业信用担保、再担保机构免征营业税的通知》（国税发〔2001〕37号）涉及的原国家经贸委和地方经贸委的工作职责均改由国家发展改革委和地方中小企业管理部门承担。

二、根据《国务院办公厅转发国家经贸委关于鼓励和促进中小企业发展若干政策意见的通知》（国办发〔2000〕59号）及原国家经贸委《关于建立中小企业信用担保体系试点的指导意见》（国经贸中小企〔1999〕540号）、《关于建立全国中小企业信用担保体系有关问题的通知》（国经贸中小企〔2001〕198号）和《国家税务总局关于中小企业信用担保、再担保机构免征营业税的通知》（国税发〔2001〕37号）要求，有关中小企业信用担保机构免征营业税工作，由担保机构自愿申请，经省级中小企业管理部门审核和推荐，经国家发展改革委审核备案并商国家税务总局后下达免税名单。具体实施办法仍按《国家税务总局关于中小企业信用担保、再担保机构免征营业税的通知》（国税发〔2001〕37号）要求执行。

二〇〇四年二月二十三日

上海市

上海市产权交易市场管理办法

2004年10月25日上海市人民政府令第36号发布

第一章 总 则

第一条 （目的）

为了规范产权交易行为，促进产权交易市场的健康发展，推动国有、集体产权和其他产权的有序流转，制定本办法。

第二条 （适用范围）

在本市产权交易市场从事产权交易活动，适用本办法。法律、法规和规章另有规定的，从其规定。

第三条 （含义）

本办法所称的产权，是指包括物权、债权、股权、知识产权等各类财产权利。

本办法所称的产权交易，是指产权主体将合法拥有的产权，通过产权交易市场实行有偿转让的行为。

本办法所称的产权交易市场，是指经上海市人民政府批准设立的产权交易场所。

第四条 （原则）

在产权交易市场从事产权交易，应当遵循诚实信用和公开、公平、公正的原则。

第五条 （进场交易）

本市所辖国有、集体产权的交易，应当在产权交易市场进行。

中央企业国有产权和其他产权，可以进入产权交易市场进行交易。

在产权交易市场进行产权交易，不受地区、行业、出资或者隶属关系的限制。

第六条 （管理部门）

上海市国有资产监督管理委员会（以下简称市国资委）负责本市产权交易市场的管理和协调工作。

上海市产权交易管理办公室（以下简称市产管办）是本市产权交易市场的监管机构，负责拟订产权交易市场的政策、规划和管理制度，监督产权交易市场的业务活动和中介机构活动，查处违规行为，指导产权交易中介行业协会工作。

本市有关部门按照各自职责，协助市国资委和市产管办做好产权交易市场的管理工作。

第二章 产权交易市场

第七条 （性质）

产权交易市场是不以营利为目的的事业单位法人。

第八条 （章程）

产权交易市场应当制定章程，规定其组织架构、会员管理和机构运作等事宜。

章程的制定和修改，应当听取市产管办意见，并报市国资委批准。

第九条　（交易规则）

产权交易市场应当根据经市国资委批准的管理制度和章程，依法制定相关交易规则，并报市产管办审核。

第十条　（服务功能）

产权交易市场应当为产权交易提供场所、设施和信息等服务。

产权交易市场应当建立产权交易信息发布网络平台，形成可供上网查询的信息网站和数据库系统，及时提供产权交易的信息、管理制度、交易规则和相关的法律、法规、规章及政策规定。

产权交易市场建立的产权交易信息发布网络平台，应当与国资、工商等有关权证变更登记管理部门实现网络互联或者信息交换。

产权交易市场可以为产权交易提供价款结算服务。

第十一条　（会员）

具有企业法人资格、从事产权交易活动的中介机构，承诺遵守产权交易市场章程，书面申请并经产权交易市场认可，可以成为产权交易市场会员。

产权交易市场应当将会员情况向市产管办备案。

第三章　产权交易市场的交易活动

第十二条　（委托代理）

进入产权交易市场从事产权交易活动的出让方、受让方可以委托产权交易市场的会员进行产权交易活动，并签订委托代理合同。

第十三条　（出让方提交的材料）

出让产权的，应当向产权交易市场提供下列材料：

（一）出让方的有效资格证明；

（二）出让方产权权属的有效证明；

（三）准予产权出让的证明；

（四）出让标的的基本情况；

（五）法律、法规和规章规定需要提交的其他材料。

国有、集体企业出让整体产权，涉及职工合法权益的，应当依法经出让企业职工代表大会或者职工大会审议。出让方提交委托交易方案时，应当出具经职工代表大会或者职工大会审议的证明材料。

第十四条　（受让方提交的材料）

受让产权的，应当向产权交易市场提交下列材料：

（一）受让方的有效资格证明；

（二）受让方的资信证明；

（三）法律、法规和规章规定需要提交的其他材料。

第十五条　（核实和审查）

接受委托代理的会员应当对委托方提供的相关材料进行核实；产权交易市场应当对产权交易主体资格和交易条件进行审查。

出让方、受让方对其提供的产权交易材料的完整性、真实性负责。

第十六条　（信息发布）

产权交易市场实行产权交易信息挂牌制度。

产权交易市场对提供的产权交易信息进行分类、整理，并在约定的期限内，通过产权交易市场信息网络发布平台发布，还可以同时通过媒体或者采用推介会等形式，对外公布。

第十七条　（信息的反馈）

产权交易信息挂牌发布后，产权交易市场应当及时整理反馈的转让和受让意向信息，并做好转让和受让申请登记。

第十八条　（国有产权的出让价格）

国有产权出让价格，应当以评估结果作为主要依据，同时充分利用产权交易市场的价格发现机制，兼顾产权交易市场的供求状况、同类资产的市场价格、职工安置、引进先进技术等综合性因素予以确定。

国有产权出让价格具体实施办法，由市国资委另行制定。

第十九条　（交易方式）

产权交易可以采取协议转让、拍卖、招标、竞价和国家法律、法规规定的其他方式。

产权交易信息挂牌发布后，只有一个受让意向人的，可以采取协议转让的方式；有两个以上受让意向人的，出让方可以与产权交易市场协商，根据产权交易标的的具体情况采取拍卖、招标或者竞价方式确定受让人和受让价格。

第二十条　（合同签订及内容）

出让方和受让方达成成交意向后，应当签订产权交易合同，并签字、盖章。产权交易合同包括下列主要内容：

（一）出让方和受让方的名称、住所；

（二）转让标的；

（三）成交方式；

（四）转让价格及价款支付时间和方式；

（五）转让标的涉及的债权、债务的处理方案；

（六）产权交割事项；

（七）违约责任；

（八）合同争议解决方式；

（九）出让方和受让方约定的其他事项。

除前款合同内容外，国有、集体企业产权交易合同还应当包括职工（含离退休职工）安置方案等内容。

第二十一条　（产权交易凭证）

产权交易市场应当对在产权交易市场交易的产权交易合同进行核实，符合本办法第二十条规定的，出具产权交易凭证。

第二十二条　（权证变更）

在产权交易市场进行产权交易的出让方或者受让方，凭产权交易市场出具的产权交易凭证和产权交易合同到国资、工商、房地产、外资、税务、公安等有关部门办理有关权证变更手续。

各有关部门应当依据产权交易市场出具的产权交易凭证和产权交易合同文本，在收到变更申请的15个工作日内，作出权证变更的决定。

第二十三条　（明示收费价格）

产权交易市场办理产权交易的收费标准，应当在产权交易市场予以公示。

第二十四条（产权交易的中止和终止）

出现下列情形之一的，经出让方、受让方或者第三方向产权交易市场提出申请，可以中止交易：

（一）对出让的产权有争议且尚未解决的；

（二）因不可抗力致使产权交易活动不能按约定的期限和程序进行的。

出现前款第（一）项或者第（二）项情况，致使产权交易合同无法继续履行的，应当终止交易。

第二十五条　（报告）

产权交易市场应当定期向市国资委和市产管办报告产权交易情况。在产权交易过程中，发现国有产权有异常事项的，应当及时报告市国资委；有重大的产权交易事项，应当及时报告市产管办。

第二十六条　（禁止行为）

凡权属关系不清或者存在权属纠纷的产权，不得进入产权交易市场交易。

产权交易市场不得直接或者变相进行产权中介活动。

会员不得在同一宗产权交易中，同时接受出让方和受让方的委托，或者采取胁迫、欺诈、贿赂、恶意串通等手段进行产权交易。

第四章 争议处理和法律责任

第二十七条　（争议处理）

产权交易双方在产权交易过程中发生纠纷，可以向产权交易市场或者市产管办申请调解；也可以依据合同约定，申请仲裁或者向人民法院提起诉讼。

第二十八条　（对违规出具产权交易凭证的处理）

市产管办对产权交易市场违反规定的产权交易，经立案调查并确认的，可以责令产权交易市场撤销违反规定出具的产权交易凭证。

撤销产权交易凭证致使产权交易无效且造成损失的，由违反规定的产权交易市场、出让方、受让方或者会员承担相应的赔偿责任。

第二十九条　（违规从事国有、集体产权交易的处理）

国有、集体产权在产权交易市场外交易的，由市国资委依法追究有关责任人员的责任。

第三十条　（责任追究和处理）

产权交易市场及其工作人员违反本办法及有关规定的，由市产管办责令改正；情节严重，造成国有、集体资产流失或者给当事人造成经济损失的，除根据有关法律、法规承担民事责任外，由市国资委等有关部门依法追究有关责任人员的责任；构成犯罪的，依法追究刑事责任。

第五章　附　则

第三十一条　（外资购并）

外资在产权交易市场购并产权的，还应当符合国家公布的外商投资产业指导目录的要求，并按照法律、法规和规章的规定办理手续。

第三十二条　（股权托管和受让）

非上市股份有限公司国有股权进行转让的，经国有资产出资人同意，应当由产权交易市场托管。

本市的国有企业受让非上市股份有限公司股权的，应当按照本办法产权交易的程序规定在产权交易市场进行。

第三十三条　（施行日期）

本办法自2004年11月25日起施行。市政府1998年12月22日发布的《上海市产权交易管理办法》同时废止。

天津市

关于促进个体私营经济和中小企业发展的意见

天津市人民政府 2004年10月13日

各区、县人民政府，各委、局，各直属单位：

为进一步促进我市个体私营经济和中小企业持续快速健康发展，根据《中华人民共和国中小企业促进法》和《关于进一步加快个体私营经济发展的意见》(津党发〔2003〕5号)，现提出如下意见：

一、指导方针和工作重点

（一）加快个体私营经济和中小企业发展是我市实现“三步走”战略的重大举措之一。今后一个时期发展个体私营经济和中小企业的指导方针是：以邓小平理论、“三个代表”重要思想和党的十六届三中全会精神为指导，紧紧围绕“三步走”战略，以经济结构调整为主线，以改革开放和科技创新为动力，抢抓机遇，与时俱进，放心放开发展，求新求快求高，做优做大做强，为全市经济发展做出更大贡献。

（二）各级政府要把经济管理职能转到主要为市场服务和创造良好发展环境上来。要坚持依法行政和依法管理，转变职能，改进作风，提高效率，搞好服务。要努力培育和发展各类商品市场和要素市场，依法加强管理与监督，规范生产经营行为，进一步形成规范有序的市场秩序，为市场主体的发展搭建有效的载体，创造良好的环境。要努力培育和发展生产、流通、消费等各类市场主体，促进自发的经济要素成长为新的市场主体，促进国有企业通过改革改组改制成为股份制的市场主体，促进国内外资本和企业进入本市成为本市的市场主体。要加大投资融资体制改革力度，采取多种形式，吸纳、激活、盘活各种资本，努力使资金运作活起来。要积极促进个体私营企业发展，加快公有制企业改革步伐，推进公司治理结构改革，真正使企业活起来。要调动一切积极因素，引导社会各界进一步解放思想，支持、鼓励和参与投资创业，使人的创造力活起来。

（三）各级行业协会、商会要充分发挥行业自律以及联系企业与政府的纽带作用。按照自我管理、自我服务、自我协调、自我约束、自我教育的方针，制定发展规划，组织行业内企业依法经营、依法自律和依法维权；认真履行行业技术培训、行业资格认证、行业服务标准制定、行业技能资质考核、行业产品价格协调、行业经济指标统计等职能，真正成为政府促进个体私营企业和中小企业发展的助手。

（四）个体私营企业和中小企业要依法经营，诚实守信。企业要加强道德建设和信用建设，自觉遵守国家法律法规，自觉依法经营，接受行业自律；努力提高经营管理水平，增强市场竞争能力，防范市场风险和经营风险；依法纳税，依法缴纳应由企业负担的社会保险金，依法保障职工合法权益。

二、坚持依法行政和依法管理

（五）全面清理行政许可事项。要按照《中华人民共和国行政许可法》的要求，对涉及个体私营经济和中小企业发展的行政许可事项进行全面清理，对不合法的行政许可事项要坚决取消，对应当保留的行政许可事项要严格执行，不得以任何形式增设行政许可事项和许可条件。今后，对确有必要设定的涉及个体私营企业和中小企业的行政许可事项，要以听证会或论证会的形式充分听取个体私营企业和中小企业的意见，并明确行政许可的实施机关、条件、程序、限期等内容。

（六）下放工商登记权限。注册资本在3 000万元以下的内资有限公司，委托各工商分局核准；无需照前审批的个体工商户的设立和变更登记，下放到工商所办理。

（七）积极实行“并联审批”制度。各照前审批部门对符合规定的申请事项，应在5个工作日内完成审批。

（八）积极试行“一门受理、告知承诺、并联审批、先发证照、事后检查”的告知承诺制度。在实行企业登记注册“并联审批”的基础上，由工商部门代审批部门告知企业审批须知，审批部门根据企业的承诺，在5个工作日内核发有关许可证件，工商部门在5个工作日内核发工商执照。审批部门在发照后的60个工作日内对企业进行检查，对不符合法定条件的吊销其证照或由审批部门建议工商部门核销其营业范围。

（九）全面实行企业属地注册登记管理制度。以工商部门作为第一责任单位，税务、劳动保障、质监和统计等部门，都要严格按照属地原则办理企业登记注册，严格实行企业属地管理。各有关部门对符合规定的申请事项，要在5个工作日内向企业核发登记证，并载明工商注册登记号和组织机构代码，确保企业注册登记的信息代码完整、统一。

（十）提高个体工商户纳税的起征点。提高销售水产品、畜牧产品、蔬菜、果品、粮食等农产品的个体工商户，以及以销售上述农产品为主的个体工商户纳税起征点，提高销售货物等应征收增值税的起征点，提高服务行业等应征收营业税的起征点，提高应税劳务的税收起征点。

（十一）简化税费征收办法。定期定额缴纳税费的个体工商户，可通过委托银行划转税款等纳税方式缴纳税费。非定期定额缴纳税费的个体工商户、私营企业和中小企业，可通过远程电子申报方式缴纳税费。对在各类市场内经营的，可由主管税务机关委托市场主办单位统一代征税费。除上述情况以外的个体工商户税费征收，由国税局和地税局制定简便易行的征收办法。

连锁企业实行统一缴纳税款的办法。对采取统一经营、微机联网、统一采购配送商品、统一核算、统一规范化管理的直营连锁企业，由总部分别向市财政局、市国税局、市地税局提出申请，经审批同意后，可统一申报缴纳各项税收。

（十二）积极推行网上年检。凡设定年检事项的行政机关和执法部门要按照《行政许可法》要求，全面清理年检项目，凡无法定依据的一律取消；符合《行政许可法》应保留的年检项目，要简化程序，压缩内容，积极推行网上年检，网上年检要在5个工作日内受理审核完毕。工商部门要减少企业年检内容，简化网检审查程序，降低年检费用，实行年检报告书的核准、盖章、缴费、贴花一次完成；扩大免检范围，对设立不足半年和守法经营、信誉优良且连续两年无违反工商法规行为的企业及个体工商户，免除年检审查程序，直接通过年检。逾期未年检并确有特殊原因的，不论是否事先申请缓检，不再罚款。

（十三）全面推行调账检查和送达审计制度。税务部门对企业例行的税务检查，每年最多进行一次，除特殊情况必须进入企业检查以外，一般实行调账检查。除依法授权外，审计机关不得对私营企业实施审计，对国有及国有控股中小企业进行审计时，一般应当按照企业审计管辖范围实行送达审计。检查和审计不得影响企业正常的生产经营。

（十四）积极推行电子政务。按照公开、统一、平等的原则，进一步搞好市和区县政府部门的信息化建设，积极推行电子政务。加强政务网站、基础数据库和业务应用系统建设，逐步实现信息共享和业务协作；加强网上服务，公开政务信息，提供行政许可网上受理渠道，及时向社会公布政策法规、市场动态；增加服务功能，曝光违法违规案件，设立网上举报信箱和公众留言等交互平台；解答企业和公众提出的各种问题，收集整理企业和公众的意见和建议，增强对企业发展的信息化服务支撑。

（十五）建立健全统计体系。建立健全市和区县（含开发区、保税区、新技术产业园区）、乡镇和街道个体私营经济和中小企业统计信息体系，全面反映个体私营经济和中小企业的发育、发展情况，并作为反映经济景气状况的重要经济指数，为各级政府决策提供可靠依据。

（十六）加强政策法规宣传。建立政策法规和经济信息平台，为个体私营经济和中小企业发展提供及时、准确的法规信息、政务信息和商务信息。

三、放宽市场准入和企业改制条件

（十七）实行企业注册资本分期缴付制度。注册资本100万元以下的企业，首期缴付额占注册资本10%的即可注册，最低注册资本不少于3万元，其余部分可在3年内缴齐。

（十八）实行企业筹建登记制度。在实行“并联审批”制度的同时，对涉及前置审批事项多、投资额较大、项目建设周期长、需要有较长筹建过程方能具备生产经营条件的企业，可以核发一定期限、经营范围为“项目筹建”的营业执照。

（十九）放宽集团准入条件。申请组建企业集团的，其母公司注册资本放宽至3 000万元，母子公司注册资本总额放宽至5 000万元，子公司的数量放宽为至少3个。其中，以高科技开发为主的企业申请组建集团的，其母公司注册资本放宽至2 000万元，母子公司注册资本总额放宽至3 000万元。国家另有规定的特殊行业从其规定。

（二十）放宽企业住所权属证明的限制。除市政府明确的市区主要景观道路和交通主干线外，个体私营企业的住所系租用旅馆、饭店、写字楼、公寓楼和经登记注册能提供经营场所市场的，只提交出租方加盖登记备案机关印章的证、照复印件，不再提交产权证明。住宅房屋改为其他用房的，按有关规定执行。

（二十一）改革注册登记住所权属证明方式。对产权人确实无法提交产权证明的，经当地政府或其他派出机构、依法登记的市场主办单位以及开发小区（含工业小区、科技园区）管委会、村委会出具的同意该场所从事经营活动的相关证明，即可办理注册登记手续。允许个体工商户租用经登记注册的市场摊位进行注册。各区县要选择1至2条街道，开展将沿街底商统一规划置换改造为经营场所的试点工作。

（二十二）实行对外贸易经营资格登记制。凡注册资金达到50万元的生产型企业，注册资金达到100万元的流通型企业，均可办理进出口资格登记。进出口资格实行“照后登记”的管理办法。企业注册资本达到上述标准，工商部门可在企业注册时为其登记进出口经营范围，发放营业执照。企业凭营业执照和相关文件到区县外经贸主管部门办理登记手续，领取《中华人民共和国进出口企业资格证书》。

（二十三）依法放开对个体私营企业和中小企业在市场准入领域的限制。特许经营项目按有关部门审核或许可的业务范围核定；一般经营项目按企业申请的业务范围核定，或者按国民经济行业分类核定；超出核定范围从事一般项目经营的，不视为超范围经营。放宽企业投资限制，企业依法开展对外投资活动，工商部门不再审查其对外投资累计数额。深化电力、交通、市政、水利等垄断行业改革，鼓励民间资本进入，完善行业竞争机制。允许自然人与外商合资、合作办企业。对需要办理的项目立项等行政审批事项，凡符合国家法律和政策的，要在限定时间内办理完毕。

（二十四）简化改制要件。国有集体企业改制为公司、个人独资、合伙企业的，履行变更登记程序，可以保留原字号；已取得专项许可且仍在有效期内的，不再重新办理审批手续；住所未发生变化的，不再提交房屋产权证明。

（二十五）据实甄别确认企业性质。对名为国有企业实为个人投资需要理顺产权关系的，凭市、区县国有资产管理部门或政府授权管理机构出具的界定产权性质的文件，向登记机关办理相关手续；对名为集体企业实为个人投资需要理顺产权关系的，按照《关于区县个人投资“挂靠”集体企业脱钩规范操作的意见》（津体改发〔2003〕6号）的规定办理。对名称和经营范围不变的个体工商户，可直接变更为个人独资企业。

（二十六）降低企业改制成本。对国有集体企业改制为国有集体控股有限责任公司、股份合作制企业和私营企业的以及摘掉“红帽子”“洋帽子”的私营企业，其资产评估、产权过户、土地使用权过户等涉及的各项费用，按现行规定的最低标准收取。

四、加强融资支持

（二十七）建立企业法人和自然人信用体系。搞好信用体系的制度建设，使信用信息采集、整理、使用规范化；扩大采集范围，使信用信息内容充实，准确反映企业的信用面貌；注重开发利用信用信息资源，依法提供企业信用信息资料。有关部门要在加强信用体系建设的基础上，对信誉良好、无违法违规的企业实行信用监管，免除日常检查。

（二十八）制定和实施信用户贷款管理办法。银行和非银行金融机构要在城市居民、农村居民、个体工商户和中小企业中，开展信用等级评定工作，评定信用户，发展信用户联保体和信用户共同体。对信用户联保体和信用户共同体的信用户发放信用贷款。

（二十九）鼓励扩大个体私营企业和中小企业贷款业务。各银行和非银行金融机构，要积极发展面向个体私营企业和中小企业的贷款零售业务。市财政对银行和非银行金融机构发放的注册资金在200万元（含200万元）以下的个体私营企业和中小企业贷款，按照贷款总额给予一定的成本补偿性资助。

（三十）充分发挥政府中小企业担保管理中心贷款担保作用。市财政局中小企业贷款担保中心在5年内每年扩充贷款担保基金规模，适度降低贷款担保条件，扩大贷款担保范围。鼓励区县设立中小企业贷款担保机构，充实中小企业贷款担保机构资本金，从其获利年度起3年内由同级财政返还已交企业所得税区县留成部分。市财政对符合条件的区县政府中小企业贷款担保机构提供再担保。

（三十一）鼓励社会开办中小企业贷款担保业务。各商业银行应与贷款担保机构建立长期合作关系，对在本行开立账户并交存贷款担保基金、建立有效的贷款风险控制和不良贷款代位清偿等制度的贷款担保机构所担保的企业，按照贷款管理规定，以贷款余额不超过贷款担保基金一定倍数积极发放贷款。对新开办的贷款担保机构，实行税收优惠政策。

（三十二）制定和实施产业投资公司管理暂行办法。企业法人与自然人可以作为发起人，共同发起设立产业投资公司，从事实业投资、股权投资和项目投资。

（三十三）积极开展职工持股信托，鼓励企业职工在自愿的基础上，依据有关政策法规通过信托持股的方式，经有关部门依法登记后，作为出资人投资企业。

（三十四）积极鼓励中小企业上市融资。有关部门要按照国家有关规定，为拟上市企业提供法律和政策咨询服务，解决上市中的困难和问题，促进企业完善法人治理结构，做大做强主业，提高经济效益，在主板或创业板上市，不断增强直接融资能力。加强产权交易市场建设，完善投资者进入与退出市场机制。

五、加大鼓励扶持力度

（三十五）加大对重点企业的扶持力度。市和区县政府每两年开展一次评定表彰优秀私营企业活动。把年纳税额达到一定数量并有发展前景的私营企业和中小企业列为重点帮扶对象，实行定向对口帮扶指导，促其做优做大做强。对重点帮扶的私营企业，可按其贡献给予奖励。

（三十六）支持科技型企业加快发展。经税务部门审核批准，对科技型私营企业和中小企业研究开发新产品、新技术、新工艺所发生的各项费用，比上年度发生额增长达到规定比例的，除当年实际发生的费用按规定据实列支的以外，可再按实际发生额的一定比例抵扣当年应纳税所得额。对促进科技进步，环境保护和国家鼓励投资项目的关键设备，以及常年处于震动、超强度使用或受酸、碱等强烈腐蚀的机器设备，可以加速设备折旧。

（三十七）制定和实施小城镇社会保险办法。有关部门要参照城镇社会保险有关政策规定，结合我市郊区经济和社会发展的实际，充分考虑小城镇企业和居民的实际承受能力，制定我市小城镇社会保险管理办法。

（三十八）加快投资体制改革。有关部门要按照《国务院关于投资体制改革的决定》（国发〔2004〕20号），改革项目审批制度，落实企业投资自主权，对企业不使用政府投资建设的项目，区别不同情况实行核准制和备案制。

（三十九）积极办理土地和产权等相关手续。对个体私营企业和中小企业因历史原因利用原建筑搞建设或办企业，以及摘“红帽子”企业未办理土地使用证和有关产权证的，有关部门要加强调研，制定具体办法，对符合条件的要尽快办理相关手续。使用国有土地的，可采取租赁方式用地。经营性项目用地，应按照招、拍、挂方式办理土地出让手续。对个体私营企业和中小企业以租赁方式获得土地使用权，并在租赁期限内建设的厂房及生活办公用房需要办理规划许可证和产权证的，按照有关规定执行。

（四十）鼓励企业吸纳下岗职工再就业和下岗职工从事个体私营经济。有关部门要按照国务院和市政府有关规定，制定鼓励企业吸纳下岗职工再就业的办法。对安置下岗失业人员达到一定数量或比例的，兑现减免税费或资金资助等政策。对从事个体私营经济的下岗职工，有关部门要兑现各项鼓励政策。

（四十一）积极鼓励各区县发展商品市场和专业市场。按照城市总体规划要求，结合城镇建设和集贸市场改造，优先安排市场建设和发展用地，建设商品市场特别是专业市场，以适应市场规模化发展的趋势，为产品提供销售平台，为市场提高集聚效应。

（四十二）鼓励外地人员来津投资兴业。对具有大学本科以上学历、年龄在35岁以下或具有大学本科以上学历并取得中级以上专业技术任职资格，以及具有高级技术职称或硕士以上学位人员，在本市经济建设中获得市（部）级以上荣誉称号的外省市来津人员，以及外省市来津创办企业上年度纳税额达到一定数额的外地人员，经有关部门核准，可准许本人、配偶及其未成年子女在津落户。

（四十三）鼓励社会各界人员领办、创办私营企业或中小企业。鼓励归侨侨属、港澳同胞眷属、留学归国人员、各类专家学者、高级技术人员领办、创办私营企业或到私营企业工作。机关事业单位工作人员领办、创办私营企业或到私营企业工作，其相关待遇按有关规定执行。

六、维护个体私营企业和中小企业的合法权益

（四十四）依法治理“三乱”。坚决制止乱收费、乱罚款、乱摊派行为，重点清理和取消违法或不合理的年审、年检收费。除法律、行政法规有明确规定外，任何组织和部门不得组织强制性检测、检查和培训。不得将行政机关应当依法履行的管理事项转移给中介机构变相收费。凡依法确定的行政事业性收费项目和标准，都应当向社会公开，便于公众查询。收费开具的票据必须使用市财政部门印（监）制的统一收费票据或法定票据。个体私营企业和中小企业对行政执法部门的“三乱”行为有权抵制和投诉。受理投诉的部门应当依据有关规定限期处理，并向投诉人反馈处理情况、征求意见。

（四十五）实行“三步式”执法。对非故意的一般违规者，采取先教育规范、再限期整改、限期未改者再依法惩处的办法。严格控制和减少各种检查，推行行政执法机关联合检查，一般以书面检查为主。除国家和本市统一部署的检查和涉法案件检查外，各种定期检查要提前通知企业，不得影响企业生产经营。执法人员须持证上岗。进行执法检查时，须出示执法证件；未出示执法证件，或出示执法证件与管辖范围不符的，企业有权拒绝检查。检查结束后，执法人员要在企业检查记录上逐一签署姓名、执法证号、检查事项、检查结果。对检查结果一时难以确认的，要在一定期限内反馈给接受检查的企业。

（四十六）实行评比和调研审批制。各职能部门要严格控制和减少对私营企业和中小企业的各类评比和调研活动。除特殊情况外，科级单位不得进入企业开展上述工作。需要进入企业开展上述工作的，应当经其上一级主管领导批准。进入企业开展工作的时间，一般应限于一个工作日内。评比、调研工作影响企业正常经营活动的，企业有权拒绝。

（四十七）加强行政执法监督检查。市和区县政府监察机关要加强效能监察，建立投诉专线与投诉信箱，对各级行政部门的勤政、廉政、遵守服务承诺制度、依法行政的情况进行监督。坚决查处行政不作为和借执法检查之便，吃、拿、卡、要等违法、违纪行为；情节严重的，要依照有关法律和有关规定追究其行政责任和法律责任。

（四十八）加强对个体私营经济发展工作的组织领导。进一步加强市个体私营经济发展领导小组办公室的工作，切实发挥其组织、推动、指导、督查和协调等职能作用，并会同有关部门对区县的投资环境、发展情况等方面工作进行评议，总结推广先进典型。区县政府要建立健全个体私营经济发展领导小组，办公室可设在综合经济部门或工商分局，并配备懂经济、会管理、善协调的精干人员专门从事此项工作。

（四十九）市政府有关部门、各区县政府和市开发区、保税区、新技术产业园区，要认真学习贯彻《关于进一步加快个体私营经济发展的意见》（津党发〔2003〕5号），并依据本文件要求，认真调查研究，结合实际情况，制定并不断完善具体实施办法。

重庆市

重庆市人民政府批转市工商局《关于优化开发区发展环境鼓励投资创业的意见》的通知

各区县（自治县、市）人民政府，市政府各部门：

市工商局《关于优化开发区发展环境鼓励投资创业的意见》已经市政府同意，现批转给你们，请遵照执行。

二〇〇四年五月二十一日

关于优化开发区发展环境鼓励投资创业的意见

为支持重庆北部新区、经济技术开发区和高新技术开发区（以下简称开发区）经济发展，确保市委、市政府确立的发展目标顺利实现，现结合我市实际情况，就优化开发区发展环境、鼓励投资创业，提出如下意见。

一、试行并联审批制度。在开发区管委会统筹下，对在开发区内申请从事法律法规规定应经审批或许可经营项目的企业（含外商投资企业），由工商行政部门先行受理，并在2个工作日内抄告实行并联审批的相关部门，相关部门在7个工作日内回复工商行政管理部门，逾期未回复的，视为批准。根据相关部门的批准意见，对注册登记材料齐全的企业，工商行政管理部门在5个工作日内核发营业执照，并在经营范围栏目中注明“涉及行政许可、审批的项目凭许可审批手续经营”。

二、试行企业主体资格与经营资格适当分离的登记管理制度。对在开发区内申请设立法律法规规定应经审批或许可后方能登记注册的企业（不含生产销售民用爆炸物品、危险化学品、药品、食品等涉及公共安全行业和从事金融、证券、保险、运输等经营的企业），且筹建期较长，需领取营业执照从事筹建活动的，工商行政管理部门可先行颁发营业执照，确认其主体资格，经营期限统一核定为一年，经营范围统一核定为“经营筹备，未经许可审批和变更登记，不得从事经营活动。”待企业完成筹建，取得相关批准文件或许可证（资质证）后，工商行政管理部门再确认其相应的经营资格，核准变更经营范围、经营期限。在核准筹备期限内擅自从事经营活动，由工商行政管理部门和相关职能部门依法查处。

三、试行内资企业注册资本分期注入的登记管理制度。对设立注册资本在20万元以下的有限公司，允许其注册资本在3年内分期注入，首期到位资金2万元以上即可注册登记，颁发一年经营期限的营业执照，在公司设立登记一年内将出资到位额追加到注册资本50%以上的，可延长营业期限至3年，其余注册资本可在2年内补足。申办非公司企业法人，注册资本金不足3万元的，允许由其他具有法人资格的企业或组织进行担保。

四、放宽注册资本最低限额的限制。生产型或以商品批发为主的有限公司，注册资本最低限额由50万元降低到20万元；以商业零售为主的有限公司，注册资本最低限额由30万元降低到10万元；中介服务型有限公司，注册资本最低限额由10万元降低到5万元。对个人独资企业或合伙企业不设定最低出资限额，不审查个人申报出资的权属。

五、放宽企业集团的组建条件。支持企业组建集团，其母公司注册资本最低限额由5 000万元降低到500万元，母公司和子公司注册资本总额由1亿元降低到1 000万元，子公司数量由5个降低到3个，对参股公司和其他成员单位的数量不作具体要求。

六、放宽出资方式的限制。组建企业集团母公司，或国有企业、集体企业改制为公司时，允许以企业净资产、股权作价出资。其中股权作价出资不超过新公司注册资本的30%。

七、放宽企业对外投资能力的审查。企业应自觉遵守对外投资数额累计不得超过净资产50%的规定，在申办工商登记时，可不再要求企业提交资产负债表或相关证明文件，不再审查其对外投资能力。

八、放宽经营范围的限制。尊重企业经营自主权，凡企业申请的经营范围中不含有国家法律法规禁止或需前置许可审批的项目，工商行政管理部门应以企业申请的经营范围为核准内容。

九、放宽企业冠名的限制。凡在开发区内设立的企业，均可直接冠以“重庆”市名，不受其注册资本大小的限制。

十、鼓励发展高新技术产业。投资人以高新技术成果出资，应出具经全体投资人一致确认的高新技术成果说明书。以高新技术成果作价出资占企业注册资本（金）的比例，可由投资各方协商约定。高新技术成果属国有资产的，按照国家有关国有资产管理的规定办理。

十一、进一步扩大外商投资领域。凡不属于国家明令禁止投资的领域均允许外商投资（国家限制投资的领域按有关规定执行），并享有与国内企业同等的待遇。对外商投资企业经营范围的核准表述原则上采用大类行业用语，对于无需取得许可证或批准文件的经营项目，由企业自主选择申报，放宽经营范围限制，拓宽企业自主经营的权利。

十二、鼓励外商投资企业境内再投资。凡外商投资企业在我市再投资，其出资比例超过再投资企业注册资本25%的，作为外商投资企业对待。

十三、外商投资企业注册资本中外国投资者比例低于25%的，经审批机关批准后，可登记为外商投资企业。

十四、鼓励企业实施商标战略。凡企业达到条件，急需认定为重庆市著名商标的，工商行政管理部门可优先认定。企业如遇商标侵权，不论案件大小，可直接向重庆市工商局投诉举报，由市工商局直接或牵头办理；也可向开发区工商分局投诉举报，市工商局派专人督办。

十五、鼓励企业投资经营广告业务。放宽对特大型企业（集团）兼营广告的限制；放宽对国际国内优势广告企业以分支机构的形式从事广告经营活动的限制。

十六、凡跨国公司或全国性大企业、大集团的投资，工商部门应主动上门服务，提前介入，落实专人负责协助其办理登记注册。涉及国家工商总局、外地工商行政管理部门有关登记事宜的，应积极做好协调、申报、服务工作，提高工作效率。

广东省

中共深圳市委、深圳市人民政府
关于完善区域创新体系推动高新技术产业持续快速发展的决定

深发〔2004〕1号

为完善区域创新体系，提高高新技术产业的核心竞争力，推动我市高新技术产业持续快速发展，特作如下决定。

一、把完善区域创新体系摆到更加突出的位置

1．完善区域创新体系，是推动我市高新技术产业持续快速发展的战略抉择。近年来，我市高度重视区域创新体系建设，加快高新技术产业发展，有力地推动了经济发展和社会进步，高新技术产业已经成为我市经济发展的三大支柱产业之一。但是，随着我国加入世贸组织、全方位开放格局的形成，国内外科技与经济的竞争日趋激烈，我市高新技术产业发展正面临着前所未有的挑战和机遇。我们必须继续完善区域创新体系，加快发展高新技术产业，走新型工业化道路。完善区域创新体系，是提高高新技术产业核心竞争力的内在要求，是建设高科技城市的必然选择，是实现国际化城市战略目标的必由之路。各级党委、政府及其工作部门必须高度重视这项工作，把完善区域创新体系摆上重要议事日程，大力推动我市高新技术持续快速发展。

2．明确完善区域创新体系的总体思路。要以市场为导向，产业化为目的，企业为主体，人才为核心，公共研发体系为平台，形成辐射周边、拓展海内外、官产学研资介相结合的区域创新体系。全面提升我市高新技术的自主创新力，承接国际产业转移的持续吸纳力，对社会经济的强劲带动力和走向世界的广泛影响力，优化高新技术产业发展的软硬环境，使我市成为综合营商成本最佳的地区，努力建设国际化的高科技城市。

二、高度重视人才在区域创新体系中的核心作用

3．牢固树立人才资源是第一资源的观念。充分发挥人才在区域创新体系中的核心作用，坚持培养人才、引进人才和使用人才并重，进一步形成育才、引才、聚才和用才的良好环境和政策优势。

4．加快人才培养。发挥本市高校、深圳大学城和其他高等院校的作用，与海内外名牌大学联合办学，重点培养产业发展急需的高层次人才。对经国家批准设立的博士后科研工作站，市政府予以资助，并对进入博士后科研工作站的博士后每位每年资助5万元。

5．大力引进科技人才。经认定的高新技术企业和研究开发机构所需专业人才，市、区人事部门优先调入。对引进的国内非本市户籍的具有高级专业技术资格、高级技师技术等级、硕士研究生毕业以上学历人员及留学人员，要在子女入托入学、医疗保险和租用市、区政府提供安居房等方面享有规定的优惠和待遇。

6．吸引留学人员来深创业。完善全市留学人员工作联席会议制度，切实解决留学人员创业和生活的实际问题。

7．加强海内外科技交流与合作。市科技发展资金安排专项资金，用于资助与海内外的科技合作，鼓励企业通过各种方式进行海内外科技交流。

8．重奖科技人员。市政府设立科学技术奖，包括深圳市市长奖、深圳市科学技术进步奖和深

圳市技术发明奖，每年安排800万元重奖在我市高新技术产业发展中有突出贡献、创造巨大经济效益的科技人员。

9．鼓励科技型企业设立管理股和技术股。管理股和技术股的比例由企业股东在法律法规范围内自主约定，市工商主管部门按有关规定予以办理相关手续。

三、努力强化企业在技术创新中的主体地位

10．完善以企业为主体的技术创新体系。通过市场和政府的资源配置，推动企业成为研究开发和科技投入的主体，培育一批具有自主知识产权的高新技术企业，支持跨国公司制造业升级并本土化，不断强化企业在我市区域创新体系中的主体地位。

11．支持企业加大研究开发投入。高新技术企业当年实际发生的研究开发经费可全额计入成本，如该费用比上年增长10%（含10%）的，且符合国家税收法律法规规定的，经主管税务机关批准，允许再按其实际发生额的50%，抵扣当年度的应纳税所得额。企业为开发新技术、研制新产品所购置的试制用关键设备、测试仪器，单台价值在10万元以下的，可一次或分次摊入管理费用，其中达到固定资产标准的应单独管理，不再提取折旧。

12．支持对产业有扩散带动效应的重点企业建立技术研究开发机构。经认定的企业技术研究开发机构享受高新技术企业的有关优惠政策。

13．扶持和促进民营科技企业的技术创新活动。民营科技企业申报国家科技型中小企业创新基金项目，市科技发展资金予以匹配。鼓励和帮助民营科技企业到海外进行产品推销和技术交易，为民营科技企业开拓国际市场提供政策和资金支持。

14．吸引海内外大企业研究开发机构落户深圳。海内外大企业在深设立的研究开发机构，享受高新技术企业的有关优惠政策。同时，要积极应对技术壁垒，加快研制技术标准。

四、加快建设高新技术公共技术平台

15．建设有深圳特色的高新技术公共技术平台。加快建设由政府、企业、高校、行业组织等多元主体投入、市场化机制运作、面向社会开放、服务中小企业、研究开发产业共性与关键性技术、提高本地区创新能力的高新技术公共技术平台。

16．支持建立高新技术产业专业公共技术平台。市科技主管部门在市科技发展资金中安排专项资金，用于高新技术产业的共性技术和关键性技术的专业公共技术平台建设。市科技主管部门要定期发布我市高新技术公共技术平台情况。

17．支持建立优势传统产业专业公共技术平台，用高新技术改造传统产业。市经贸主管部门从市产业技术进步资金中安排专项资金，加快建设优势传统产业专业公共技术平台，对由企业组建、国家权威机构认定、面向社会的产品质量检测认证中心予以资金支持。

18．整合和利用高校研究开发资源。支持我市和海内外院校在深研发机构的技术创新活动，鼓励高校研发机构、公共技术平台等承担国家和省的科研任务，鼓励市外的高校与科研机构承担我市重大科研计划项目，市科技发展资金予以资金支持。

19．推动产学研合作向深度和广度发展，促进科技成果产业化。继续实施产学研联合开发工程，鼓励产学研各方发挥综合优势，联合开发关键、核心技术，合作解决产业发展的重大技术瓶颈。

20．建立国际科技商务平台。市政府出资建设国际科技商务平台。利用具有海外政府机构或民间组织背景的科技组织与工商协会，为跨国公司在深投资、设立机构牵线搭桥，为海外科技商务机构和技术转移机构服务。

21．继续办好高交会。坚持政府推动与商业化运作相结合、成果交易与风险投资相结合、技术产权交易与资本市场相结合、落幕与不落幕的交易会相结合，充分利用高交会的科技成果聚集、交易、扩散功能，使高交会成为海内外重要的科技成果交易场所。

22．加强科技信息库网建设。加大政府资金投入，依托科技情报机构、高等院校和图书馆等联合建立专业性、资源共享的科技数据库和科技信息网。

五、大力培育科技孵化体系

23．建设科技企业孵化器，培育科技创业源头。科技企业孵化器建设遵循多元化、专业型、互动式的发展思路，支持海内外企业、高校、科研院所、行业协会及其他投资主体创办多元化科技企业孵化器，鼓励创办针对不同对象和不同行业的专业型科技企业孵化器，促进政府、高校、企业及各类孵化器之间的互动式发展。

24．按照“一个主园、多个分园”的布局规划建设市软件园。鼓励各区和社会资本兴办分园。加快建设深圳国家软件出口基地。

25．建设国家集成电路设计深圳产业化基地。重点做好集成电路设计服务平台、专业技术人才培训基地和专业孵化器。

26．办好生物孵化器。办好留学生园，吸引留学人员来深创业，并为留学生创业提供咨询、培训、融资、场地等配套服务。

27．加快建设深圳虚拟大学园国家大学科技园。鼓励深圳虚拟大学园成员院校在我市建立产业化基地。设立深圳虚拟大学园科技成果转化专项资金，促进成员院校的科技成果在我市实现产业化，并对经认定的深圳虚拟大学园研究生实习基地予以资助，培养高新技术产业急需的各类人才。

六、积极完善高新技术产业链

28．加快建设和完善高新技术产业链。市政府安排专项资金，做大做强通信、计算机、软件、平板显示、生物医药等我市高新技术的主导产业，对制约其发展的关键技术和重大项目，市政府相关部门优先予以政策和资金支持。同时积极培育新兴高新技术产业链，优化高新技术产业结构，培育和完善骨干企业带动、衔接上下游企业和产品、相互依存和发展的产业链条。

29．加大高新技术产业链缺失环节的招商力度。对主导产业的缺失环节进行重点招商，并予以特殊的优惠政策扶持。鼓励对产业链关键配套环节的投资。利用国际产业转移、结构调整的契机，吸引跨国公司将制造和研究开发基地转移到我市。对引进的高新技术产业链骨干企业，在地价、用水、用电、贷款贴息等方面予以补贴。加强和周边地区尤其是大珠三角地区的产业合作，促进区域间骨干企业和配套企业共同发展。

30．加快培育新兴产业。市政府安排专项经费，重点培育集成电路、新型显示技术等新兴产业。

31．积极推进高新技术成果产业化。市计划主管部门负责组织制订重点高新技术产业导向，组织优势高技术产业申报国家级高技术产业基地。对符合我市产业政策、有良好市场前景且已进入产业化阶段的高新技术项目，实施深圳市高技术产业化示范工程项目计划，并组织申报国家高技术产业化示范工程项目计划。

32．加快建设高新技术产业带。加强产业带开发建设的统一领导，加大统筹协调力度。明确各片区的产业功能定位，严格按照产业规划招商和安排项目入区，引进海内外影响大、市场前景好的高新技术项目。加快土地清理工作。集中控制规划范围内的土地资源，加大土地清理和征地力度，注重产业用地的集约利用和单位产出，将更多的土地用于发展高新技术产业。

33．通过“厂房再造、产业置换”扩大软件和科技孵化器的空间。市政府安排专项资金，区政府和相关企业（单位）以不低于1:2的比例进行配套，将现有旧厂房改造为软件园和科技孵化器。

七、全力营造完善区域创新体系的良好环境

34．完善区域创新体系必须从主要依靠优惠政策向着力营造创新环境转变。坚持“以人为本”，以技术创新为灵魂，努力营造有利于完善区域创新体系的产业生态、人文生态、环境生态协调发展的综合环境，使深圳成为技术创新的沃土和成功创业的家园。

35．完善科技中介机构。建立科技成果评估、交易、仲裁等配套服务的科技中介机构。市科技主管部门加快建立科技信用体系，加强对科技中介机构的培育和行业指导，逐步将适于市场化运作的行政职能委托给规范的中介机构。建立市科技中介同业公会，规范市场行为，提高服务水平，形成行业自律。鼓励海内外特别是港、澳人士来深设立科技中介机构。

36．鼓励创业投资，培育创业投资市场。鼓励海内外投资者在我市设立创业投资机构。在我市注册的创业投资机构，凡符合我市创业资本投资高新技术产业导向的项目，累计投资额超过其注册资本或者出资总额70%并且其中不低于30%投资于创始型企业的，享受高新技术企业的有关优惠政策。对符合政府导向的高新技术项目尤其是种子期项目，市科技发展资金采取多种形式与创业投资机构匹配投入。建立担保代偿金和再担保制度，鼓励政府和社会资本设立的担保机构加大对科技型中小企业技术创新活动的支持力度。

37．加速培育技术产权市场，积极探索交易制度创新。加快发展技术产权交易市场，为创业资本退出提供渠道。经认定的技术产权交易机构享受高新技术企业的有关优惠政策，其办理交易见证的项目，工商股权变更时不再办理公证手续。

38．提高高新技术企业认定效率。高新技术企业的认定，实行常年受理，及时审批。除市直属管理的高新区、保税区、大工业区等的高新技术企业认定由市科技局负责外，其余根据属地原则委托区科技局受理并初审，报市科技局审定。

39．政府采购政策支持高新技术尤其是软件产业发展。通过工程设计、预算控制、招投标等形式，引导和鼓励政府部门、企业和事业单位择优购买本国、本地高新技术企业的产品。在同等条件下，政府采购优先购买本国、本地产品，特别是政府的信息化工程要优先采用本国、本地企业的软件系统。

40．对高新技术企业提供个性化服务。对大企业提供便利“直通车”服务。确定重点高新技术企业名单，市政府主管部门负责人要分工联系企业，切实帮助企业解决生产经营中的实际问题。

41．加强科技法制建设，加大知识产权保护力度。加快科技立法步伐，完善以保护知识产权为核心的科技法规体系。市知识产权保护领导小组统筹研究解决知识产权保护方面的重大问题，每年发布我市知识产权保护情况。

42．弘扬创新文化，培育创业环境。倡导敢于冒险、勇于创新，宽容失败、追求成功，开放包容、崇尚竞争，富有激情、力戒浮躁的创新文化，形成海纳百川、人才荟萃的创业热土。发挥企业家组织、学会和行业协会等社团组织沟通政府与企业的桥梁作用，营造创新创业的人文环境。

八、加大政府对完善区域创新体系的投入

43．整合专项资金，提高资金使用效率。整合现有的市科技三项费用、市软件产业发展资金、市留学人员创业资金等政府资金为市科技发展资金，用于区域创新体系建设，推动高新技术产业发展。资金使用坚持公开化、程序化、市场化，实行专家评审、政府决策，依照绩效原则、集中原则、放大原则、后评估原则，提高资金使用效率。

44．整合市政府投资的各类科研机构。实行资源整合、机构整合、资产整合和功能整合，建立体制完善、功能优化、专业集中、有效运作的高新技术研发新机制。

45．增加对高新技术产业的财政扶持。市财政主管部门设立高新技术产业专项补助资金，主要用于高新技术企业和项目、重点软件企业、重点新产品研发费用补助及创业投资补贴等。市财政2004年安排专项经费1.5亿元，2005年、2006年每年安排专项经费支持软件产业发展。市政府要出资兴建市软件大厦。市政府安排专项资金支持国家集成电路设计深圳产业化基地建设。

46．资助企业科研开发。市科技发展资金的85%以上用于支持企业和科研机构的技术创新活动和重大高新技术项目建设，重点支持一批技术先进、能形成自主知识产权、产业化前景良好的高新技术企业。对经认定的国家级和省市级技术研究开发机构分别予以500万元和300万元资助。国家工程中心、国家重点实验室到我市设立分支机构，经认定予以300万元资助。

47．扶持孵化器发展。经市科技主管部门认定的科技企业孵化器予以最高300万元的资助，主要支持科技企业孵化器的公共服务平台、网络通讯、专业实验室设备仪器等共享设施建设。市政府出资建立专业化生物孵化器。

48．鼓励企业研制自主知识产权的国际标准、国家标准和行业标准。从2004年起连续三年，每年在市科技发展资金中安排1 000万元专项经费，重点资助企业、行业组织等研制结合自主知识产权的国际标准、国家标准和行业标准。

49、设立专利申请资助专项经费。重点资助在我市注册的科技型企业申请国内外发明专利。市科技发展资金对有市场前景、进入产业化阶段的发明专利的实施给予支持。在科技发展资金中每年安排专项经费300万元，用于市知识产权主管部门宣传培训、建立预警机制、资助企业境外维权等与科技相关的知识产权保护工作。

50．设立出国留学人员创业专项资金。市政府每年安排3 000万元用于资助出国留学人员来我市从事高新技术项目的研究开发。市政府出资建设市留学生创业大厦。

九、切实加强对完善区域创新体系的组织领导

51．发挥政府在区域创新体系建设中的主导作用。提高政府服务效率和决策水平，注重制度建设和体制创新，整合政府资源，运用市场手段，加快建立符合经济和科技发展规律的科技资源有效配置的新机制。

52．健全市科技顾问委员会。聘请海内外科技、经济、管理和法律专家充实市科技顾问委员会，对我市高新技术产业发展战略、中长期规划等重大决策进行论证和咨询，参与政府科技资源配置的评审。市科技顾问委员会实行常设科技顾问与建立专家库相结合的动态管理模式。

53．完善市政府科技资源配置的监督机制。建立市政府科技资源分配方案公示制度。市政府有关主管部门要加强内部管理制度建设。市纪检、监察、审计部门要加强对政府科技资源分配的监督。聘请人大代表、政协委员、企业代表、社会人士和媒体等组成联合监督小组，对政府科技资源分配予以监督。

54．加强市、区对口部门的配合和联动。发挥区级部门的作用，实行管理重心下移，建立和完善市、区对口部门的工作联动机制。

二○○四年一月十六日

关于加快我省中小企业信用担保体系建设的意见

粤府办〔2004〕76号

各地级以上市人民政府，各县（市、区）人民政府，省政府各部门、各直属机构：

为贯彻《中华人民共和国中小企业促进法》和《中共广东省委、广东省人民政府关于加快民营经济发展的决定》（粤发〔2003〕4号），切实解决中小企业融资担保困难问题，经省人民政府同意，现就进一步加快我省中小企业信用担保体系建设，提出如下意见：

一、中小企业信用担保体系建设的指导思想和原则

我省中小企业信用担保体系建设的指导思想应坚持以促进中小企业发展为宗旨，以缓解中小企业融资难为核心，坚持以市场运作为主，政府积极引导，加快发展和规范管理并重的方针，大力推动中小企业担保机构发展成为信用记录、信用评价、信用担保相结合的社会化信用机构，促进中小企业信用担保体系逐步成为以中小企业为主要服务对象的社会化信用体系。

中小企业信用担保体系建设的原则，一是政府指导扶持和市场化运作相结合，促进发展和防范风险相结合，开展信用担保和提高企业信用相结合，适度竞争和行业自律相结合；二是坚持法制化、市场化、规模化、规范化的发展方向，力争中小企业信用担保体系实现可持续发展。

二、中小企业信用担保体系建设的主要内容

（一）中小企业信用担保体系由政府全资担保机构、政府参股担保机构、互助性担保机构、商业性担保机构和再担保机构组成。政府全资或参股的担保机构是政府财政出资，不以盈利为主要目的担保机构；互助性担保机构是会员企业出资，以会员企业为服务对象的会员制担保机构；商业性担保机构是民间投资组建，以盈利为主要目的的专业担保机构；再担保机构是为政府出资担保机构、互助性担保机构和商业性担保机构提供再担保服务的担保机构。

（二）中小企业信用担保机构可由企业、社团、自然人等出资设立。已经设立的由地方政府或政府部门出资为主的担保机构规范为独立法人后继续运作，地方财政以实际出资额为限承担相应民事责任。

（三）中小企业信用担保机构的组织形式可以是企业法人、事业法人、社团法人。担保机构按《公司法》、《社团登记管理条例》等有关法律、法规办理注册登记手续。

（四）积极鼓励民间力量兴办中小企业信用担保机构，扩大担保资金来源，利用民营企业机制上的灵活性，提高担保行业的竞争力，促进中小企业信用担保行业的规范、健康、可持续发展。

（五）鼓励和指导担保机构自愿成立行业协会，加强行业协作和自律。协会根据国家有关担保体系建设的法律、法规和政策规定，制定行业准则和业务规范，组织业务培训和信息交流；指导担保机构开展业务工作。通过规范业务操作和行业协作，树立中小企业信用担保行业良好的社会形象和社会公信力。

三、加强对中小企业信用担保机构的管理

（一）中小企业信用担保机构要依照《担保法》、《公司法》等有关法律法规的规定，明确股东责任，建立健全现代企业制度，完善法人治理结构，遵循市场经济规律，自主经营，自负盈亏。

（二）中小企业信用担保机构要建立审保分离、分级审批、追究责任等内控制度，防止内部

道德风险；要建立健全法律合同关系，把担保当事人关系建立在法律关系的基础上，控制法律风险；要根据客户的资源条件，依法设计灵活多样、操作性强的担保方案，控制信用风险。

（三）中小企业信用担保机构要坚持风险分散原则，防止风险集中在少数行业和个别客户上；要按照利益共享、风险共担的原则，与贷款金融机构建立业务合作关系，对贷款实行比例担保。担保机构不得向社会集资、不得向社会直接发放贷款。

（四）中小企业信用担保机构必须严格按照财政部门有关规定，健全各项财务管理措施，规范操作程序，强化资金管理，有效防范控制担保风险，确保持续健康发展。具体财务管理办法，由省财政厅根据财政部规定另行制定。

（五）中小企业信用担保机构在办理工商登记或者变更登记后一个月内（现有担保机构在本意见公布后一个月内），应到所在地中小企业主管部门、财政部门、地方金融服务部门和人民银行分支机构登记备案，并按有关规定按时报送机构情况表、业务统计表、资产负债表、损益表、现金流量表以及其他会计报表和资料。

（六）各级中小企业主管部门以及财政、工商、金融监管等部门要切实履行各自职责，加强管理，完善措施，共同做好担保风险的事前防范、事中监控和事后化解工作，促进中小企业信用担保机构规范发展。

四、加大对中小企业信用担保机构的扶持

（一）从2004年至2007年省财政扶持中小企业发展专项资金中安排一定数额资金，专项扶持中小企业信用担保体系建设，并按照公平、公正、公开的原则，重点用于补助已经为中小企业提供贷款担保的担保机构风险准备金，或用于支持设立再担保机构和开展再担保业务发生的损失补偿。根据本地经济发展状况和财政承受能力，各级地方政府可设立专项资金或安排其他有关资金，用于扶持中小企业信用担保体系建设以及补助中小企业信用担保机构担保风险准备金。

（二）省重点扶持一批担保机构示范单位，对担保覆盖面广、社会贡献大、风险防范效果好的中小企业信用担保机构给予奖励，并在媒体上公布，提高其知名度，按程序推荐列入全国试点范围。省中小企业担保机构示范单位确认办法由省中小企业局会省财政厅、国税局、地税局、金融办、工商局和人行广州分行制定。

（三）凡经批准纳入全国试点范围的中小企业担保机构、再担保机构，按规定标准收取的担保业务收入，三年内免征营业税。

（四）营造有利于中小企业担保机构开展业务的政务环境。中小企业担保机构在开展业务过程中，工商行政管理部门应给予办理查询被担保企业档案资料中依法可公开的相关资料，如企业设备和其他动产抵押登记、有限责任公司股份质押备案登记等；国土和房管部门应给予办理土地、在建工程和房产抵押登记等；公安车管部门应给予办理车辆登记；税务部门应给予查询被担保企业纳税情况；各金融机构应按照人民银行有关规定优先安排中小企业担保机构查询被担保企业贷款情况。

五、加强对中小企业信用担保体系建设的领导

（一）建设中小企业信用担保体系是一项长期而艰巨的任务，各级政府及有关部门要充分认识信用担保体系对中小企业发展的重要意义，统一思想，加强领导，采取措施，积极解决中小企业信用担保体系建设中出现的矛盾和问题。

（二）全省中小企业信用担保体系建设工作由省中小企业局负责牵头，财政、税务、工商、民政、国土、司法、公安、金融等部门各司其职，积极配合。其中，省中小企业局负责协调、指导我省中小企业信用担保体系的建设，推荐担保机构参加全国试点工作，会同省金融办、省财政厅、省民政厅、省工商局、人行广州分行等部门共同做好担保机构运作的监督管理；公安、司法、国土、工商等部门，负责办理担保机构的担保合同、反担保合同、抵押和质押等有关公证、登记工作；人行广州分行负责监督金融机构进一步建立和完善中小企业信贷管理体制，并根据中小企业经营特点，结合中小企业信用担保体系，建立健全中小企业信贷评估、审批和风险控制制度，以改善对中小企业的金融服务。

（三）各有关金融机构应认真执行中国人民银行银发（1999）379号文关于“要配合担保机构合理确定担保基金的担保倍数，对经社会担保机构承诺担保的中小企业发放贷款，可适当简化审贷手续，贷款利率不得上浮”的规定，按照“利益共享，风险共担”的原则，与中小企业信用担保机构建立合作关系，通过签订协议明确各自责任，共同促进中小企业的健康持续发展。

以前所发文件与本通知相抵触的，以本通知为准。

广东省人民政府办公厅

二〇〇四年七月二十七日

深圳市人民政府办公厅
关于印发《深圳市中小企业上市、培育工程实施方案》的通知

深府办〔2004〕179号 2004年9月28日

《深圳市中小企业上市培育工程实施方案》已经市政府同意，现予印发，请遵照执行。

深圳市中小企业上市培育工程实施方案

为贯彻落实市政府《关于加强发展资本市场工作的意见》(深府〔2004〕106号)，进一步营造良好的环境，鼓励、支持深圳中小企业通过规范运作、上市融资谋求更大的发展，把深圳建设成为中小企业成长基地，市政府决定在全市范围内组织实施中小企业上市培育工程（以下简称上市培育工程)。具体方案如下：

一、指导原则和培育目标

（一）指导原则

上市培育工作坚持“政府推动、多方参与、点面结合、市场孕育”的原则，充分发挥各级政府的鼓励、支持和引导作用，广泛调动有关专业机构和中小企业的积极性，重点做好符合条件中小企业的上市培育，兼顾一般中小企业的规范化辅导，引导中小企业不断优化自身的管理体制和经营运作机制，充分利用各方面的市场资源寻求发展。

（二）培育目标

上市培育工程的总体目标是：通过实施上市培育工程，进一步增强深圳中小企业对现代企业制度和资本市场的认识，推动中小企业积极改制并通过上市融资寻求发展，使深圳中小企业治理结构进一步完善，规范运作水平明显提高，相当一部分企业成长性大大增强，一批优秀企业通过上市融资获得广阔的发展空间。近三年具体目标：坚持短期效应与长远发展目标相结合，实行滚动培育，每年做到“五个一批”(培训一批、改制一批、培育一批、辅导一批、上市一批)。今后三年内，实现每年重点组织中小企业2 000家以上进入普及培训期，100家以上基本具备条件的优质企业进入上市推荐培育期，10家以上优质企业进入上市辅导培育期。

二、培育工程内容

（一）大力开展企业规范和上市培训

每年重点组织2 000家以上的中小企业进行公司规范运作和上市知识普及培训。原则上每季度举办一次普及性培训班。同时，对其中符合产业政策、业绩优良、成长性好，有上市意愿的优秀企业，举办若干重点培训班进行上市推荐培育期和上市辅导培育期培训，引导其创造条件争取上市融资。主要培训内容包括：现代企业制度基本知识、资本市场和资本运作基本知识、中小企业上市条件与程序、中小企业发展中面临的主要问题等。具体培训课程和内容在征询有关专业机构、专家意见的基础上，根据深圳中小企业改制和上市的需要，有针对性地确定。

（二）积极为企业提供协调服务

在做好中小企业培训的同时，积极帮助企业解决改制上市面临的实际问题。对进入上市推荐

培育期和上市辅导培育期的企业，各区政府、各有关部门要分工负责进行跟踪，及时了解企业面临的实际困难和问题，并积极帮助协调解决。对企业在改制过程中涉及的土地、税费、企业挂靠关系等历史遗留问题，要积极研究可行的政策措施促进解决。

（三）建立中小企业信息资源库

建立统一的“三库一平台”（企业资源库、专业机构库、专家库和网上资讯平台），实现信息互联互通，使各区政府和有关部门能够全面了解我市中小企业情况，有计划地组织上市培育，同时便于中小企业了解企业改制上市有关政策法规和程序，便于中介机构和深圳中小企业建立沟通，进行咨询和磋商。

（四）增进中小企业与有关中介机构的交流合作

根据中小企业上市需要，积极联系有关证券、会计、法律、资产评估、投资、担保、银行、咨询等中介机构，采取座谈、联谊、网上咨询等形式，搭建中小企业与有关中介机构对话平台，为中小企业寻求中介机构进行咨询和着手改制上市工作提供便利。

（五）加大宣传力度努力营造良好的氛围

采取灵活多样的形式，加大力度宣传上市培育工作，使广大中小企业踊跃参加上市培训，各级政府、各有关部门和社会各方面积极参与、支持此项工作。通过在深圳中小企业发展网开设“上市培育”专栏，印发《企业改制及上市指引》，组织刊发经常性广告以及举办研讨会等形式，加强有关政策措施、工作程序的宣传介绍，推动我市更多的中小企业实现上市融资。

三、组织领导和有关工作要求

（一）组织形式

为加强对上市培育工程的领导，成立深圳市中小企业上市培育工程领导小组，由陈应春任组长，余伟良任副组长，成员单位为市发改局、贸工局、科技信息局、金融办、深圳证监局、深圳证券交易所和各区政府。市中小企业上市培育工程领导小组下设办公室，办公室设在市中小企业服务中心，由顾宏伟任主任，俞晶任副主任。

（二）分工协作

在市中小企业上市培育工程领导小组领导下，由各区政府、各有关部门、有关单位按照合理分工、紧密配合的原则组织开展工作。市政府各有关部门具体分工如下：中小企业培训由市贸工局牵头，各成员单位共同举办，市中小企业服务中心负责具体组织和落实；“三库一平台”的建设工作由市中小企业服务中心负责；企业改制的指导工作由市发改局负责；研究制定支持中小企业改制上市具体政策和通过媒体进行宣传的工作，由市金融办负责，市中小企业服务中心协助。

（三）具体要求

加强中小企业上市培育，推动企业改制上市，关系到我市企业竞争力和产业优势的培育，关系到深圳资本市场和深圳整体经济的发展，意义重大。此项工作涉及面广，任务较重，各级政府、各有关部门要高度重视，把它作为抓好经济工作的一项重要任务抓紧抓好。要制定具体工作计划，安排人员负责相关工作，确保责任到位、人员到位、工作落实到位。市中小企业上市培育工程领导小组办公室要加强对此项工作的监督、检查和指导，对培育工程进行定期考核，对有重要贡献的单位和个人进行表彰。

山西省

太原市产权交易管理办法

太原市人民政府　2004年7月12日颁布，8月21日施行

《太原市产权交易管理办法》已经2004年7月1日市人民政府第14次常务会议通过，现予发布，自公布之日起三十日后施行。

市长 李荣怀

二○○四年七月二十一日

第一条　为规范产权交易行为，推动产权制度改革，优化资源配置，防止国有资产流失，促进太原区域经济发展，根据国务院国有资产监督管理委员会、财政部《企业国有产权转让管理暂行办法》等规定，结合本市实际，制定本办法。

第二条　凡在本市行政区域内从事产权交易活动的，均应遵守本办法。

第三条　产权转让应当遵循自愿平等、等价有偿、诚实信用和公开、公平、公正的原则。

第四条　产权交易的主体为：依法拥有产权的转让方和有偿取得产权的受让方。

第五条　产权交易的客体包括：

（一）国有独资公司、国有非公司制企业、城镇集体企业的整体或部分产权；

（二）国有控股、参股的有限责任公司、非上市股份公司股权；

（三）中外合资、合作企业或其他企业的国有产权；

（四）政府投资形成的公共设施特许经营权；

（五）行政、事业单位的资产产权；

（六）非国有企业的产权。

第六条　在上述产权交易的过程中，涉及国有划拨土地使用权转让和由国家出资形成的探矿权、采矿权转让的，应当按照国家有关规定另行办理相关手续。

第七条　产权交易应当维护被转让企业职工（含离退休人员）的合法权益。

第八条　企业国有产权转让应当在依法设立的产权交易机构中公开进行，不受地区、行业、出资或者隶属关系的限制。国家法律、行政法规另有规定的，从其规定。

第九条　产权转让可以采取拍卖、招投标、协议转让以及国家法律、行政法规规定的其他方式。

第十条　产权交易应当按照申请登记、审核委托、挂牌上市、供求洽谈、确定交易方式、成交签约、结算交割、变更登记的程序进行。

第十一条　转让国有产权的应当报履行出资人职责的人民政府授权的机构或单位批准；转让非国有产权的，经出资人同意，可直接进场挂牌交易。

转让方应当委托具有相关资质的资产评估机构按照国家有关规定进行资产评估。

第十二条　产权交易机构应当建立、健全产权交易信息网络，利用信息化技术手段及时向社会发布产权转让信息。

第十三条　交易机构应当对转让方所提交的资料进行审查，并自收到全部资料之日起3个工

作日内，做出是否准予进场转让的书面答复。对准予进场转让的，交易机构应当通过省级以上报刊和产权交易机构的信息网络向社会发布产权转让信息。

第十四条　交易信息发布满20个工作日后，产权交易机构应当根据产权受让的具体情况采取拍卖或招标方式组织实施产权转让。在没有竞买的情况下，也可以由转让方和受让方协商确定。

第十五条　采取招标或拍卖方式转让产权的，应当按照《中华人民共和国拍卖法》或《中华人民共和国招标投标法》的有关规定组织实施。

第十六条　转让方转让整体产权的，应当在转让前征求债权人（包括债权金融机构）的意见。产权受让后债务转移给受让方的，受让方应当与债权人（包括债权金融机构）就债务的处理事项重新签订书面协议。

第十七条　在国有产权的转让过程中，当交易价格低于评估结果的90%时，应当暂停交易，在获得相关产权转让批准机构同意后方可继续进行。

第十八条　国有产权转让方和受让方达成产权转让意向后，应当签订《产权交易合同》。《产权交易合同》包括下列主要内容：

（一）转让标的的基本情况；

（二）转让方和受让方的名称、住所；

（三）转让方式、转让价格、价款支付时间和方式及付款条件；

（四）转让标的企业涉及的债权、债务的处理方案；

（五）产权交割事项；

（六）职工安置方案；

（七）转让涉及的有关税费事项；

（八）合同各方的违约责任；

（九）合同争议解决方式；

（十）合同变更和解除的条件；

（十一）需要约定的其他条款。

第十九条　产权交易机构应当自产权交易合同签订之日起7个工作日内，对合同及履行证明等有关资料进行审核。对合法的产权交易行为出具产权交易凭证。

第二十条　产权交易的转让方和受让方，凭产权交易机构出具的产权交易凭证，按照国家有关规定及时办理相关产权变更手续。

第二十一条　以下产权禁止转让：

（一）产权归属不明或者存在争议的；

（二）已经设置抵押权但未经抵押权人同意的；

（三）已经诉讼保全或者被强制执行的；

（四）法律、法规禁止转让的。

第二十二条　出现下列情形之一的，应当终止转让：

（一）转让方或者受让方向产权交易机构提出终止交易的；

（二）人民法院依法发出终止交易书面通知的；

（三）因不可抗力或意外事件，产权自然灭失的；

（四）依法应当终止产权转让的其他情形。凡终止产权交易行为须提前向产权交易机构提出书面申请。

第二十三条　产权转让出现下列情形之一的，转让行为无效：

（一）违反国家法律、法规，损害国家利益和社会公共利益的；

（二）交易机构、转让方、受让方故意串通，压低底价成交的。

第二十四条　国有企业产权转让时，违反国务院国有资产监督管理委员会、财政部有关规定的，由国有资产监督管理机构依法查处。

第二十五条　产权交易机构收费标准，由物价部门按照国家规定确定。

第二十六条　国有资产监督管理机构对产权交易市场的交易行为履行监督检查职能。产权交易市场应当定期向国有资产监督管理机构报告交易情况。

第二十七条　社会中介机构在企业国有产权转让的审计、评估和法律服务中违规执业的，由国有资产监督管理机构将有关情况通报其行业主管机构，建议给予相应处罚；情节严重的，可要求转让人不再委托其进行企业国有产权转让的相关业务。

第二十八条　国家机关及其工作人员有下列情形之一的，由监察机关依法查处：

（一）在办理审批、登记等手续中，久拖不办，故意刁难，或者滥用职权，越权办理，擅自办理的；

（二）不依据产权交易机构出具的产权交易凭证办理有关手续的；

（三）以权谋私、敲诈勒索，收受贿赂或者索取贿赂的；

（四）玩忽职守，造成国有资产流失的。

第二十九条　产权交易过程中发生产权交易纠纷，当事人可以依据合同的约定申请仲裁，没有约定仲裁的，可以依法向人民法院提起诉讼。

第三十条　太原市产权交易市场是经市政府批准，依法设立为产权交易提供场所、设施、信息等服务的机构。各县（市、区）可以设立产权交易代办机构。

第三十一条　国有企业的产权交易，必须在依法设立的产权交易机构进行；集体企业的产权交易，参照本办法执行；鼓励乡镇企业、村办企业、非公有制企业的产权进场交易。

第三十二条　本办法由太原市人民政府法制办公室负责解释。

第三十三条　本办法自公布之日起三十日后施行。

河北省

河北省人民政府关于加强中小企业社会化服务体系建设的意见

冀政〔2004〕21号

各设区市人民政府，各县（市、区）人民政府，省政府各部门：

为认真贯彻落实党的十六届三中全会《决定》精神，推进中小企业持续、快速、协调、健康发展，依据《中华人民共和国中小企业促进法》（以下简称《中小企业促进法》）的规定，结合我省实际，提出加快全省中小企业社会化服务体系建设的意见。

一、充分认识加强中小企业社会化服务体系建设的重要意义

中小企业在推动国民经济增长、优化经济结构、促进市场繁荣、缓解就业压力、增加财政收入、保持社会稳定等方面发挥着越来越重要的作用。从中小企业自身发展看，正面临着创业难、融资难、创新能力弱、信息不畅等诸多方面的制约；从外部环境看，面向中小企业的社会化服务机构少、服务市场乱、服务范围窄、服务水平低，严重影响着中小企业的健康发展。各级政府要进一步提高认识，认真贯彻实施《中小企业促进法》，按照“放宽政策、改进服务、加快发展”的要求，围绕中小企业发展需求，整合社会资源，积极探索和建立政府主导的社会各方面参与的中小企业社会化服务体系。

二、中小企业社会化服务体系建设的总体思路、任务目标和基本原则

我省中小企业社会化服务体系建设（以下简称服务体系建设）的总体思路是：强化政府服务意识，增强服务机构功能，整合社会服务资源，拓展服务领域，规范服务行为，促进服务市场形成，为中小企业创业、发展提供优质服务。

建设目标是：在各级政府指导下，从2004年开始，用三年左右时间，初步形成以政府公共服务、非营利机构公益性服务和中介机构商业化服务为一体的满足中小企业基本需求的服务网络，进一步完善服务供应机制，有效配置服务资源，开发服务产品，创建服务品牌，提高服务质量，形成比较规范的服务市场。

分阶段目标是：第一年，制定促进服务体系建设的相关政策措施，形成政府公共服务资源为中小企业服务的机制；三分之二的县建立起信用担保机构，融资服务得到改进和加强；通过对各级政府部门所属的有关事业单位整合、改组和扶持，初步建成为中小企业提供公益性服务的载体。第二年，对公益性服务机构进行投资主体多元化改造，信用担保体系、信用评价体系、电子信息网络体系初步建立，全省中小企业信用担保资金达到40亿元，形成200亿元的贷款担保能力；以技术支持、创业辅导、法律援助等为主要内容的服务全面展开；对社会中介机构的服务进行规范，初步形成对中介机构的引导、带动机制。第三年，以公益性服务机构为骨干的服务体系基本形成；抓好信用信息征集和信用评价工作，实现信用资源共享；中小企业电子信息网在全省贯通并发挥作用；创业辅导、技术支持、法律援助等各项服务覆盖全省；行业协会的服务功能得到规范，中介机构服务质量得以提高，服务的市场化初步建立。

推进服务体系建设遵循以下基本原则：统一规划，分步实施。由省政府统筹规划和协调，各级政府中小企业主管部门牵头负责，有关部门积极配合，分级分期分步培育和发展。结合实际，突出重点。从解决融资难、信用缺失等问题入手，结合本地实际，立足自身优势，做好体系建设工作。分类指导，规范服务。对公益性服务机构和社会中介机构进行分类指导和规范，引导其准确定位，按照法律、法规、政策提供服务。试点先行，渐次推开。抓好国家选定的我省试点城市工作；选择若干市作为省级试点先期建设，以点带面，全面推广。政府扶持，市场化运作。各级政府依据《中小企业促进法》规定，设立扶持中小企业发展专项资金，重点对服务体系建设给予必要扶持；以市场为导向，推动公益性和商业性服务有机结合。

三、全省中小企业社会化服务体系的基本框架

全省服务体系基本框架按服务性质由以下三个层次构成：

(一)公共服务。各级各部门依据国家法律、法规和部门职能提出的服务政策；各级各部门转变职能推出的公共服务产品；以政府集中采购方式向中小企业的发标、招标；各级财政资金扶持、支持的服务产品。

(二)公益性服务。公益性服务机构受其主管部门委托，提供的非营利性服务；行业协会、商会、联合会等社会组织向政府反映中小企业的建议、要求，开展行业自律和依法维权服务。

(三)商业性服务。社会各类中介机构以及科研院所、大专院校其经济实体从事的商业化服务。

四、全省中小企业社会化服务体系建设的主要内容

依据《中小企业促进法》规定，结合我省发展中小企业的实际，当前重点建设好6个子系统：

(一)创业辅导体系。以公益性服务机构为主要载体，向中小企业初创者提供策划咨询、政务代理、融资支持、人员培训、技术应用、场地租用、注册登记以及工商、财税、劳动就业、社会保障等方面的政策咨询和服务，解决初创阶段的突出困难，提高资源、设施使用效率，提高创办成功率，开发新的就业岗位。先期省重点抓好唐山市国家级中小企业创业辅导服务试点，省扶持中小企业发展专项资金给予资助；唐山市要在资金、场地、人才、设施等方面给予保障，力求抓出成效。总结唐山试点经验，选择部分市作为省级试点开展工作，在全省逐步推广。

(二)担保融资体系。按照省委、省政府《关于进一步鼓励、支持和引导民营经济发展的若干意见》，认真抓好省、市、县信用担保机构建设，采取财政出资、民间投资等多渠道筹资方式，扩大担保资金规模，增强担保能力，推进融资服务。落实省政府办公厅转发省金融办等四部门《关于做好中小企业融资工作的若干意见》(冀政办〔2003〕33号)，开展银企对接活动，协助中小企业获取资金；为有条件的中小企业上市融资提供咨询、辅导和保荐。开展财务管理培训和理财服务，对中小企业财务人员进行培训，通过会计师事务所、财税咨询机构等，为中小企业提供财税代理、资金运营等理财服务，推进中小企业会计制度建设。开展投资项目服务，对民营企业收购国有企业产权、股权过程中的土地出让及厂房、设备、技术等有形、无形资产的交易、变现提供协助或中介服务；编制、发布中小企业招商引资目录，为中小企业募股引资提供服务。

(三)信用服务体系。由省中小企业局牵头，省直有关部门及金融机构参加，组建“河北省中小企业信用评价委员会”，建设以企业信用征集、信用评价、信用监督、信用奖惩为主要内容的中小企业信用服务体系。开展信用优良企业评价认定活动，按设定的标准每年组织评定一批信用优良企业，通过新闻媒体和信息网络向社会公布；开展信用培训服务，增强中小企业经营管理人员的信用意识和信用管理能力；提供信用管理服务，指导企业建立信用档案，搞好信用管理制度建设，提升信用管理水平；建立企业信用信息库，实现政府部门、金融机构对中小企业信用评价的协调联动和信息交流与共享。

(四)信息服务体系。由省中小企业局负责，配合国家中小企业信息服务网项目建设；建立“河北省中小企业电子服务网”；指导各市抓紧网站建设工作，实现国家、省、市三级联网。逐步建立起中小企业项目库、人才库、产品库、政策法规库、技术专利库、产权交易库，形成电子服务平台。通过电子服务网开展政务服务，发布政策信息，代办行政审批业务；开展商务服务，发布市场供求信息，推介企业产品，进行网上交易服务；开展网上项目服务，发布各行业前沿技术和最新科研成果、投资融资项目和产权交易与合作项目；开展网上人才供求和法律咨询服务。

（五）技术支持体系。整合社会资源，充分利用各类技术创新机构和科研机构，为中小企业新产品研发、试制、设备检验以及生产工艺改造提供技术支持；鼓励各类实验室和测试中心向中小企业开放，满足中小企业共性技术的需求；帮助中小企业与国内外科研机构、大专院校开展产学研对接活动，为中小企业应用新技术提供咨询、诊断、论证服务；吸收一批模具企业组成联盟，在模具设计、模具快速原形方面实现资源互补、设备共享；利用技术创新项目库，为中小企业推介项目；指导和支持有条件的中小企业和企业园区建立技术研发中心，提高技术创新能力；向中小企业发布促进科技进步的有关政策、中外科技发展动态、新产品开发指南、专利科技成果以及争取国家、省科技创新资金支持等。

（六）法律服务体系。依托有关部门组织法律服务机构开展面向中小企业的维权服务；帮助中小企业建立健全法律顾问制度，建立健全法人治理结构，增强依法治企能力；组织引导社会法律组织、行业协会为中小企业提供法律援助，依法保护中小企业的各类产权；设立法律服务热线，建立网上法律咨询平台，为中小企业提供法规政策信息和法律咨询服务；大力开展打击制售假冒伪劣产品和违法经营活动，整顿市场秩序，创造良好的法制环境。《中小企业促进法》规定的人才引进、人员培训、市场营销、企业诊断、产权交易、对外合作、展览展销等方面的服务也要科学组织，积极抓好。

五、推进中小企业社会化服务体系建设的保障措施

（一）切实加强组织领导。各级政府对服务体系建设要高度重视，加强领导，做到思想认识到位、资金支持到位、政策落实到位、工作责任到位，科学谋划，完善措施，抓好落实，积极推进。各有关部门要通力合作，密切配合，共同做好这项工作。调整“全省推动中小企业发展工作领导小组”，由省政府分管中小企业工作的副省长任组长，省中小企业局、省发改委、省国资委、省财政厅、省科技厅、省劳动和社会保障厅、省信息产业厅、省商务厅、省国土资源厅、省国税局、省地税局、省工商局、省质量技术监督局、省统计局、省金融办、省工商联、人行石家庄中心支行、中国银监会河北监管局、中国证监会石家庄特派办等部门及国家开发银行河北省分行和商业银行为成员单位，重点抓好全省中小企业工作的统筹规划、组织领导、政策协调及负责服务体系建设的组织协调工作。领导小组办公室设在省中小企业局。省中小企业局要切实搞好体系建设的指导、日常监管和服务工作重大事项的组织协调。有关部门要结合职能，主动提供服务，配合省中小企业局推进服务体系建设。省民政厅会同有关部门负责指导行业协会服务工作。各市、县在机构改革中，要参照省里的分工，尽快明确中小企业管理机构，理顺工作体制，实行上下对口，明确责任部门，切实加强服务体系建设。

（二）加大财政支持力度。各级政府要依据《中小企业促进法》的规定，在财政预算中设立中小企业科目，建立扶持中小企业发展专项资金，重点用于支持中小企业电子信息服务网、信用体系建设、创业辅导服务、技术支持服务、法律援助服务以及人才培训、市场开拓和国家、省确定的试点项目等，并逐步加大资金供应量。资金规模要根据项目确定，列入年度财政预算，确保落实到位。各市、县（市、区）要认真落实省政府对中小企业信用担保资金的规模要求，采取财政出资、引导社会和企业投资等多种方式筹集资金，确保资金到位。

（三）加强对社会中介服务机构的规范引导。由省中小企业局牵头，有关部门参加，对为中小企业服务的社会中介机构进行指导和规范，引导服务市场健康发展。先期选择两个中介服务行业进行规范服务试点，为全省中介机构提供示范。各类行业协会、商会要发挥自律组织的作用，主动规范服务行为。适时组织企业开展评价中介服务机构活动，对优质服务中介机构予以表彰奖励，并通过媒体向社会广泛宣传。

（四）加强对公益性服务机构的扶持管理。各级政府要对其委托、指导从事公益性服务项目的非营利性服务机构予以适当资助，对承担国家和省服务项目试点的非营利服务机构，省、市中小企业发展专项资金要重点给予引导性、鼓励性、补偿性资助。各级政府部门扶持建立的服务机构主要有：省、市、县（市、区）建立的中小企业信用担保机构，对现有的事业单位经过整合、重组建立的综合性服务机构和专业性服务机构，以及根据当地实际需要设立的创业辅导等其他服务机构。

（五）加强对市、县（市、区）服务体系建设工作的指导。省中小企业局和相关部门，要指导市、县有关部门，结合本地实际，研究制定本级中小企业社会化服务体系建设实施方案，并组织好落实。

二〇〇四年三月十七日

吉林省

吉林省人民政府关于大力推进全民创业的指导意见

吉政发〔2004〕19号

各市州、县（市）人民政府，省政府各厅委、各直属机构：

为深入贯彻落实党的十六大和十六届三中全会以及吉林省委八届四次、五次全会精神，按照全面实施振兴吉林老工业基地战略要求，现就大力推进我省全民创业工作，掀起全民创业热潮，提出如下指导意见。

一、统一思想，明确全民创业的意义目的

（一）全民创业是实施振兴吉林老工业基地战略的重要组成部分，对于促进我省经济社会协调发展，推进全面建设小康社会进程具有重要意义。各级政府和有关部门要从实践“三个代表”重要思想和落实科学发展观的高度，充分认识全民创业的重要意义，抓住振兴吉林老工业基地这一历史机遇，调动一切积极因素，把全民创业工作抓实抓好。

（二）通过大力推进全民创业，解决制约我省经济社会发展的思想观念问题，弘扬自力更生、艰苦创业、开拓创新精神，树立全面、协调、可持续的发展观；创新机制体制，加快国有企业改革，增强公有经济的活力和竞争力，大力发展混合所有制经济，提高民营经济比重；积极扩大就业，提高人民群众生活水平，促进人的全面发展；把全省人民动员组织起来，积极投身于二次创业、振兴吉林的伟大实践之中。

二、突出重点，把握全民创业的主要方向

（三）围绕建设新型工业基地创业。结合我省振兴老工业基地确定的目标任务围绕建设五大产业基地（依托一汽发展整车带动汽车零部件生产带动汽车贸易和服务业建设汽车产业基地以吉化、吉林油田为龙头，发展精细化工、高性能合成材料和特种材料，建设石油化工产业基地；依托丰富的农产品资源和生态优势，大力发展玉米大豆深加工、畜禽乳精深加工、长白生态食品产业，建设农产品加工基地；依托长白山北药资源和生物制品原料、技术优势，建设现代中药和生物药基地；以长春国家光电子产业基地为核心，重点发展光电子信息及软件产业、新型材料产业、现代农业技术等高新技术领域，建设高新技术产业基地），推进具有带动性作用的重大项目建设。加快国有企业改制改组，在吸引外部资金、整合现有资源基础上，发展壮大有前景的大型骨干企业，鼓励发展劳动密集型企业，增加就业岗位，促进创业。

（四）围绕发展现代农业创业。在扩大优质玉米、水稻、大豆等主要粮食作物种植面积的基础上，结合调整和优化种植业结构，引导城乡群众投资加工型玉米、杂粮、杂豆、瓜果、蔬菜、花卉等经济作物的种植、储运和营销，千方百计增加农民收入。充分利用丰富的粮食资源和草地资源，鼓励承包荒山、荒地、荒水，投资发展肉、蛋、奶、鱼饲养业。发挥我省农村剩余劳动力资源丰富的优势，推进农副产品的深度加工。鼓励创办经济实体，重点围绕农业产业化经营办项目，注重引进一批劳动密集型、农产品加工增值型企业，借助区位优势和资源优势，生产特色产品，逐渐提高产品竞争力。鼓励农业科技人员带领广大农民创业致富，采取农民出土地、多方投资金、科技参股、合股经营的办法，共同创业。

（五）围绕发展服务业创业。改造提升传统的商贸流通业，鼓励发展连锁经营、物流配送、电子商务、网上销售、代理分销、厂商直销等新型流通方式和服务方式，构建现代物流体系。鼓励发展公路运输、航空运输、客货运代理等，多方位、多层次地开拓运输业务。发展新型服务业，鼓励民间资本投资通信、网络、传媒、咨询等信息服务业，保险、投资、融资租赁等现代金融业，会计、审计、评估、法律服务等中介服务业，房地产开发、经营、房屋中介等产业，旅游业，会展业，教育、文化、体育和娱乐业，卫生和社会福利业。鼓励城乡群众采取市场化运作的方式，围绕发展社区服务业，包括环境和公共设施建设、小区绿化、清洁卫生、文化娱乐、卫生保健、家政服务等，开发创业项目。大力发展农村服务业，鼓励向农田水利、农村电网、生态环境、农村道路和小城镇建设等领域投资创业。

三、多渠道、多途径、多形式、全方位开放创业领域

（六）大力发展民营经济。大力发展民营经济，除国家明确限制的行业外，其他领域对民间资本开放，凡是具有相应资质的民营企业都可以通过竞标参与各项基础设施和公共事业建设。民营企业可以采取股份制等形式创办投资公司、商业担保机构，可以参与地方金融机构的股份制改造，可以采用收购、兼并、控股、参股等多种形式参与国有、集体企业改制。引导民营企业围绕我省特色资源、支柱和优势产业搞配套加工，吸引更多的民间资本参股经营。

（七）积极发展中小企业。加快国有中小企业转制步伐，培植一批混合型中小企业。依托大企业集团，发展为大企业配套服务的劳动密集型中小企业；充分利用全省农副产品、中药材及矿产资源，发展资源开发型中小企业；借助我省高新技术优势和民间科技成果，发展科技型中小企业；围绕发展第三产业，发展服务型、商贸型中小企业。

（八）发动城乡群众自主创业。城乡群众创业不拘形式，不拘类型，宜工则工、宜农则农、宜商则商，可大可小。围绕小商品大市场，通过发展家庭作坊式的小规模生产加工带动千家万户自主创业。引导鼓励城镇下岗失业人员不等不靠、自主创业，努力提高进入市场的能力和创业致富的本领，充分利用国家和省制定的各项再就业扶持政策，以优惠扶持政策推进创业。

（九）实施“走出去”创业。充分发挥企业和个人在“走出去”创业中的主体地位。鼓励各类企业采取各种形式“走出去”，到省外投资办厂，设立境外企业，借助我省农业优势开展农业合作，利用国际资本市场到境外上市，承包省外、境外工程和开展劳务合作等。鼓励城乡群众“走出去”创业，拓展省外、境外劳务市场，建立省外、境外劳务输出基地或联络机构，创立劳务输出品牌，多渠道培养树立劳务输出带头人，完善信息收集发布、培训、政策扶持等劳务输出服务，为城乡群众“走出去”创业创造条件。

（十）实施“引进来”创业。扩大招商引资规模，鼓励域外投资，鼓励外出人员回省发展。依托各类经济开发区，建立创业园区；借助引进资金，实现投资主体多元化，支持重大项目建设；借助引进技术，加快企业技术升级改造；借助引进人才，加强我省人才队伍建设；借助引进先进的方法、思路、机制，加快机制体制创新步伐。通过全方位、多领域的“引进”，带动更多的人就业、创业。

（十一）积极扩大就业推动创业。将全民创业与扩大就业紧密结合，以创业统领和带动就业，以就业推动创业。扎实推进各项活动载体建设，结合“十百千创业促就业成功项目”、“万名国企下岗员工进民企”、“万人创业培训”和“一清五送两监督”等活动推动下岗失业人员创业，结合“一推双带”活动推动农民创业，结合实施“青年创业1+1行动”推动广大青年创业，结合“巾帼创业小额借款项目”和实施“万名牵手家政服务员培训工程”推动妇女创业，结合“自强就业助残行动”推动残疾人创业，结合“劳务输出双百工程”推动省外、境外创业。

（十二）开展创业培训。对有创业意愿并具备一定创业条件的人员开展创业培训，帮助他们了解就业形势和创业环境，熟悉有关政策法规，掌握企业经营和管理必备知识，掌握申办各类经济组织的方法，提高创业能力、就业能力和职业转换能力，激发创业热情，逐步实现自主创业。培养造就一批创业带头人，开发一批新的就业岗位，实现创业的倍增效应。结合实际，合理确定培训内容，创新培训模式，满足各类创业人员的培训需求。创业培训要与小额贷款、企业开业指导、企业发展服务等有机结合，努力提高创业培训成功率。充分利用社会各类职业教育培训机构开展创业培训，鼓励与大专院校联合办学，共同开展创业培训。有条件的地方可聘请发展改革、经贸、教育、财政、劳动保障、税务、金融、工商等部门具有较高水平的专家组建创业培训咨询委员会，负责创业培训的师资充实、政策咨询、业务指导及协调服务工作。

四、统筹安排，扎实推进全民创业工作

（十三）科学谋划。各级政府要将全民创业作为一项长期的重点工作，纳入日程，统筹安排，周密部署。要结合实际，制订全民创业的近期奋斗目标和中、长期规划，明确推进形式和保障措施。要制订年度具体实施方案，明确年度目标任务，保证扎扎实实推进全民创业工作。

（十四）广泛动员。按照省委关于在全省干部群众中开展“解放思想、二次创业”教育实践活动的要求，采取专题学习讨论、典型宣讲等形式，在广大干部群众中深入开展形势任务教育、发展思路教育和创新创业教育，统一思想、明确思路、振奋精神。通过召开新闻发布会、动员大会等形式，广泛宣传全民创业活动的内容、目的、意义，向社会公布鼓励全民创业的各方面优惠政策，公开各项承诺服务，动员全省人民积极投身创业实践。

（十五）部门联动。在各级政府统一领导下，各部门要发挥自身优势，条块结合，形成合力，联手推进全民创业。各级发展改革、经贸、教育、科技、公安、监察、民政、司法、财政、建设、人事、劳动保障、农业、外经贸、文化、税务、金融、工商等部门要明确责任，制定支持推动全民创业的具体政策和措施，公开服务承诺；充分发挥工会、共青团、妇联、残联等群团组织的优势，推动各条战线全民创业工作的深入发展，同时为全民创业大造声势，掀起全民创业热潮。

（十六）稳步推进。各地要按照长远规划和年度工作方案的安排，精心组织，认真实施，加快推动项目建设，全方位开放创业领域，进一步优化创业环境，保证全民创业工作踏实推进，逐年深入，推动全省经济和社会的发展。

五、采取有力措施，进一步优化创业环境

（十七）完善创业政策。建立完善鼓励全民创业的政策支持体系。制定完善有利于民营经济发展的政策法规，在市场准入、投融资、税收、土地使用、对外贸易等方面享受与其他企业同等待遇。认真贯彻《吉林省委吉林省人民政府关于贯彻落实〈中共中央国务院关于促进农民增加收入若干政策的意见〉的实施意见》（吉发〔2004〕1号），完善和落实促进农民就业，增加收入的有关政策。按照国家有关规定，落实扶持城镇退役士兵自谋职业优惠政策。全面落实小额担保贷款、税费减免、社会保险补贴、公益性岗位补贴、就业服务补贴、国有大中型企业主辅分离分流安置富余人员等再就业扶持政策，最大限度发挥政策效应。在用足、用好现有推动全民创业政策的基础上，结合各地实际，逐步完善省外人士到省投资、高级人才留省创业、广大群众兴省创业的优惠政策。各级财政及有关部门要积极创造条件，为全民创业工作提供必要的资金支持。

（十八）加强创业服务。各级政府要适应市场经济体制的需要，进一步理顺政府与市场、政府与企业的关系，准确把握职能定位，切实把政府职能重点转变到调控、监督、协调、服务上来。以贯彻《行政许可法》为契机，深化行政审批制度改革，减少审批项目、公开收费标准，大力实施

“阳光政务”，提高行政过程的透明度。加强“服务型机关”建设，强化服务意识，提高办事效率，帮助投资者、创业者解决实际问题。坚持严格执法，依法行政。改革行政执法体制，完善行政执法制度，加强对公共权力的约束，强化行政复议、行政应诉和对行政执法的监督，实行执法责任制和执法过错追究制，着力解决多头执法、重复收费、执法扰民等问题，为全民创业创造良好的服务环境。

（十九）建设创业文化。在全社会倡导自力更生、艰苦创业、开拓创新的精神，倡导鼓励创业、支持创业、投身创业的社会风尚，树立全面、协调、可持续的发展观，树立创业光荣、致富光荣的全新理念，用先进的文化塑造时代精神，用时代精神激励创业发展。充分利用各种新闻媒介广泛宣传在振兴老工业基地、优化创业环境、推动全民创业等方面取得的新经验，宣传全民创业中涌现出的新典型，营造良好的舆论氛围，推动全民创业向纵深发展。省政府每年将在全省范围评选出一批“创业标兵”，予以表彰奖励。各地也要培育树立创业典型，发挥示范引路作用，带动全民参与创业、投身创业。

（二十）加强组织领导。全民创业是一项长期的发展战略，将贯穿于振兴吉林老工业基地的整个进程，各级政府要把全民创业当作一件利民亲民的大事，切实加强领导。省就业工作联席会议负责全民创业日常组织工作，各级政府也要明确日常办事机构，将全民创业的年度目标完成情况纳入各级政府及有关部门年终考核的重要内容。要将全民创业工作列入各级政府重点督查事项，对加快项目建设、优化创业环境、落实创业政策等工作，定期督查，及时通报，确保工作取得实效。

二〇〇四年四月二十一日

黑龙江省

中共哈尔滨市委、哈尔滨市人民政府印发《关于加快高新技术产业发展的若干规定》的通知

哈发〔2004〕4号

各区、县（市）党委和人民政府，市委各部办委，市直各党组、党委（工委）：

现将《关于加快高新技术产业发展的若干规定》印发给你们，请认真贯彻执行。

中共哈尔滨市委
哈尔滨市人民政府
二〇〇四年三月一日

关于加快高新技术产业发展的若干规定

为加快高新技术产业发展，促进老工业基地调整改造，带动传统产业优化升级，增强高新技术及其产业对经济发展的支撑和拉动作用，提前实现我市全面建设小康社会的目标，按照”努力快发展，全面建小康，振兴哈尔滨”的要求，借鉴外地经验，结合实际，特制定本规定。

一、继续加大财政对科技的投入。“十五”期间，市本级科技三项费用占财政预算支出比例每年增长0.1个百分点，到2005年达到年度财政预算支出的2.5%；自然科学事业费年增长幅度不低于15%。区、县（市）科技三项费用占财政预算支出比例每年增长0.1个百分点，到2005年达到年度财政预算支出的1.5%。

二、设立哈尔滨市发展高新技术产业专项资金。2004年起至2007年，市财政每年安排4 000万元，同时从市科技三项费用中每年安排30%用于该资金。重点用于国家科技部科技型中小企业技术创新基金、国家“863”等相关科技计划和省发展高新技术产业专项资金项目的配套经费及兑现支持高新技术产业发展优惠政策；扶持民营科技企业特别是“小巨人”企业规模化发展项目、对俄科技合作项目、科技型中小企业技术创新项目、科技创新服务体系建设项目；吸引国内外资金，加大科技风险投资业的引导性投入。

三、经认定的高新技术成果转化项目，自认定之日起三年内，涉及新增用地指标内土地出让金的政府收益部分，将作为政府扶持资金，用于该项目发展。

四、经认定的高新技术成果转化项目，免征购置生产经营用房的产权登记费，交易手续费减半。建设过程中城市基础设施配套费先征后返。

五、经认定的高新技术成果转化项目，优先列入市技术改造重点项目和高新技术产业化重点项目，在贷款贴息等方面给予扶持。

六、经认定的高新技术成果持有者创办企业，注册资本在50万元（含50万元）以下的，首期出资额达到法定注册资本30%以上（含30%）即可登记注册，不足部分允许在一年内补充到50%以上，三年内全部补足；注册资本在50万元以上的，首期出资额已达到法定注册资本最低限额，同时又达到全体股东、发起人或投资人认缴出资额30%以上（含30%）的，即可按认缴的出资额核定注册资本，不足部分允许在一年内补充到50%以上，三年内全部补足。在核发营业执照时，

分别注明注册资本数额和实收资本数额。逾期不能补足的，应依法办理变更登记或注销登记。

七、鼓励股份制高新技术企业将实现利润再投入生产经营。凡按《中华人民共和国公司法》规定，弥补亏损、提取公积金和法定公益金后的剩余利润，再投资进行生产经营的，按照国家税务总局有关文件精神，免征个人所得税。

八、科研单位、大专院校的技术成果转让、技术培训、技术咨询、技术服务、技术承包所取得的技术性服务收入，经税务机关审核后暂免征收企业所得税。

九、经认定的市级以上高新技术企业孵化基地及在孵企业，自认定之日起三年内，享受哈尔滨市发展高新技术产业专项资金支持。

十、加快哈尔滨经济技术和高新技术产业开发区及各类园区建设，充分利用政策、环境等优势，发挥窗口、试验、示范、辐射作用，带动全市高新技术产业发展。

十一、进一步发挥市校（所）合作委员会作用，不断拓宽合作渠道，完善合作机制，促进产学研一体化。对产学研一体化的技术创新及产业化项目，通过科技三项费用和哈尔滨市发展高新技术产业专项资金优先支持，重点扶持。

十二、发挥哈尔滨市科技创新服务中心作用，对高新技术成果转化项目的立项、工商注册、税务登记和优惠政策的落实等提供“一条龙”服务；指导科技中介机构发展，开展社会化服务；采集、发布应用领域的科技攻关信息，推广国内外科技成果；建立科技界与产业界、金融界的沟通渠道，开展产学研成果信息交流。

十三、健全技术产权交易市场，推进高新技术企业的投融资和产权交易。建立风险投资退出机制，促进存量资产优化重组。

十四、健全知识产权专家陪审制度，依法解决知识产权归属和分配中的纠纷，保护知识产权拥有者的合法权益。

十五、高新技术成果作为无形资产参与转化项目投资，成果价值占注册资本比例可达35%(合作各方另有约定的除外)。经认定的高新技术成果作为无形资产投资的价值，需要具有资质的评估机构评估；也可经各投资方（国有资产除外）协商认可并出具书面协议，由市科技主管部门确认，作为工商行政管理部门办理登记注册的依据。

十六、职务科技成果进行转化的，根据不同的转化方式，成果完成人可获得与之相当的股权、收益或奖励。以股权投入方式进行转化的，成果完成人可享有不低于该项目成果所占股份20%的股权；以技术转让方式将成果提供给他人实施转化的，成果完成人可享有不低于转让所得净收入20%的收益；自行实施转化或以合作方式转化的，在项目盈利后3年～5年内，每年可从净收入中提取不低于5%的比例奖励成果完成人。

十七、鼓励高等院校、科研院所的科技人员及在校研究生在完成本职工作和不损害本单位利益的前提下，以兼职形式创办或受聘于高新技术企业，进行高新技术及其产品的研究与开发。在企业兼职期间，科技人员在原单位的工作关系及在校研究生的学籍予以一定时期的保留。

十八、鼓励归国人员携带科技成果来我市从事高新技术产品开发和生产。已获得国外长期（永久）居留权或已在国外开办公司（企业）的人员及其他留学人员，经有关部门审核批准，项目予以优先立项，并享受我市鼓励发展高新技术产业的优惠政策。已获得国外长期（永久）居留权的人员来哈投资创办除国家禁止或限制经营项目以外的公司（企业），允许其按有关规定以认定的高新技术成果出资入股，并享受我市外商投资企业的优惠政策。

十九、市科技主管部门要按照有关规定加强对高新技术企业认定工作的协调和指导；负责高新技术成果转化项目、高新技术企业孵化基地的认定及考核，实行动态管理。已列入国家高新技术产业化示范工程的项目和东北老工业基地调整改造的高新技术项目，不再进行市级认定，直接享受本规定有关高新技术成果转化项目的政策。

二十、涉及财政安排的资金，均按现行财政体制分级负担。凡政府资助的项目未按规定实施的，政府停止对该项目的资助；已拨付的资金要及时清理收回。

二十一、本规定自发布之日起实施。《中共哈尔滨市委 哈尔滨市人民政府印发〈关于进一步促进高新技术产业发展的暂行规定〉的通知》（哈发〔1999〕12号）及《中共哈尔滨市委办公厅 哈尔滨市人民政府办公厅印发〈关于贯彻落实促进高新技术产业发展的暂行规定有关问题的实施意见〉的通知》（哈办发〔2001〕38号）同时废止。现行有关加快高新技术产业发展的政策与本规定有抵触的，按本规定执行。

各区、县（市）参照本规定制定实施意见，市政府有关部门依据本规定制定实施细则。

江苏省

南京市人民政府办公厅转发市科技局关于《南京市高新技术产业化工作实施意见（2004年～2007年）》的通知

宁政办发〔2004〕78号

各区县人民政府，市府各委办局，市各直属单位：

市科技局拟定的《南京市高新技术产业化工作实施意见（2004年～2007年）》已经市政府同意，现转发给你们，请结合实际，认真贯彻实施。

二〇〇四年五月二十七日

南京市高新技术产业化工作实施意见（2004年～2007年）

为深入实施科教兴市战略，大力推进高新技术产业化，全面提升我市经济整体素质和综合竞争力，特制定本实施意见：

一、指导思想和主要目标

（一）指导思想

认真贯彻党的十六大和十六届三中全会精神，落实科学的发展观，紧紧围绕市委、市政府“两个率先、富民优先”和“争先进位”的总体要求，面向“工业经济发展第一方略”，坚持加强技术创新与加快体制创新相结合，坚持发展高新技术产业与提升支柱产业、改造传统产业相结合，以电子信息产业、生物医药产业、新材料产业、光机电一体化制造业、高科技农业为重点，切实加强高新技术研究开发和成果转化，不断增强原始创新能力，培育和壮大具有自主知识产权的高新技术产业，建立和完善富有特色、开放式的区域创新体系，加快以高新技术为主导的经济发展新格局，促进全市经济快速健康发展。

（二）主要目标

到2007年，全市高新技术研究开发在重点领域取得重大突破，高新技术重点产业规模迅速扩大，南京成为全省高新技术产业发展的排头兵。全市高新技术产业销售收入占全市工业销售收入的比重平均每年提高1个百分点，2004年全市高新技术产业销售收入达950亿元，约占全市工业销售收入29%，2007年全市高新技术产业销售收入达1 800亿元；高新技术出口达到30亿美元，约占外贸出口额的45%。

二、加快发展重点高新技术产业

（一）电子信息产业

发挥我市技术人才优势，充分利用我市已有产业基础，大力发展软件产业、计算机及外围设备、通讯与平板显示、集成电路设计产业等优势产业，推动我市电子信息产业迅速发展。电子信息产业销售收入力争年均增长超过25%，2004年销售收入达430亿元，2007年销售达800亿元。

软件产业：坚持“软件技术产业化、软件企业规模化”的发展原则，以软件应用和服务为主线，攻关和突破基础软件和支撑软件等核心关键技术，做大做强我市具有技术和产业化优势和特色的电力系统自动化管理软件、电信系统管理软件、企业信息化应用及电子商务软件、嵌入式软件、网络安全、集成电路设计等优势产品群，加快南京软件园、江苏软件园建设与发展，大力培育骨干软件企业，推动全市软件产业快速发展。到2007年，全市拥有软件企业1 000家以上，全市实现软件产业年收入160亿元，其中南京软件园、江苏软件园软件产业收入达120亿元，全市培育认定软件企业400家，培育千万元以上软件企业100家，培育亿元以上企业15家，有10家软件企业进入全国百强。全市软件产业的研发和产业化水平要达到或接近国际先进水平，成为全国重要的软件产业基地。

计算机及外围设备：以南京高新区为主要产业基地，加快培育壮大园区和基地以计算机及外围设备为主的电子信息产品群，加快规模企业的培育，重点扶持熊猫电子、同创集团、普天通信、LG飞利浦、新华海科技、福中电脑等电子信息企业。到2010年，计算机及外围设备产值达100亿元以上。

通信及平板显示器：以江宁经济开发区、南京经济技术开发区为主要产业基地，重点扶持熊猫电子、统宝光电、翰宇彩欣等骨干电子信息企业。重点支持LG-PHILIPS公司、翰宇彩欣、华日液晶、新华日液晶、LG电子等企业平板显示器的投资项目；落实好华宝、仁宝、光宝等三家企业投资的手机项目。到2010年，全市通信及平板显示器类产值达到900亿产业规模。

集成电路产业：充分发挥我市集成电路人才和集成电路设计的优势，强化集成电路自主开发设计，提高制造工艺水平、加大投入，重点支持具有特色优势的“嵌入式SOC芯片”、“模拟集成电路芯片”、“射频集成电路芯片”等产品，着力培育具有国际竞争力的特色集成电路产品群，加快其产业化进程。加快建设南京光电子产业孵化中心和IC设计专业孵化器，重点支持南京高新区半导体总投资3.6亿美元的6' 晶园片和集成电路公共技术服务平台建设，加快建设南京集成电路生产基地。加快东南大学国家级集成电路人才培养基地建设，大力培养专门从事集成电路设计的高级人才，为南京集成电路设计提供有力支撑。到2007年，全市集成电路设计企业达到40家以上，集成电路设计业收入达2亿元，集成电路设计生产企业销售收入达10亿元。

（二）生物医药产业

根据现有产业特点，以医药产业、农药产业为重点，推动我市生物医药产业的发展。2004年我市生物医药产业销售达100亿元，2007年达250亿元。

医药产业：结合南京产业基础及特点，重点支持中药现代化、生物技术药物、新剂型。利用现代技术，加快中药现代化进程，在推进中药新药创制的同时，选择一批疗效确切、效益较好的中药已上市品种进行现代化二次开发，同时选择一批中医传统名方、传统名中成药进行规范化研究开发；重点选择防治恶性肿瘤、心脑血管疾病等新药创制方向，实施具有自主知识产权的化学和生物技术新药创制项目；鼓励新剂型、新辅料技术研究，选择适宜品种为突破口，提高量大而广及重大制剂产品的生产技术。医疗器械要实现数字化、小型化，重点研究心血管支架、人体组织代用品等生物医学材料，放射治疗、X射线机等电子医疗设备等。2004年我市医药产业销售达80亿元，2007年达200亿元。

农药产业：重点采用高新技术生产农药新品种、农药中间体、微生物农药、新剂型和配制农药用的专用助剂等，尤其要加速具有自主知识产权的新品种的产业化进程。要加强安全、高效、低毒、低残留新农药的创制工作，大力研制开发生物农药、植物源农药及环境友好的农药新品种，研制开发农药新剂型，减少对农产品和环境的污染，努力培育具有国际竞争力的农药高新技术企业。2004年农药产业销售达20亿元，2007年达50亿元。

（三）新材料产业

利用南京现有基础，建立新材料研发创新平台，加快建设新材料产业专业孵化器，培育新材料产品领域群，建设新材料特色产业基地。从新型高分子材料、现代无机非金属材料、新金属材料、精细化学品，专用化学品、新型复合材料等产品技术领域，超细技术和纳米技术的研究开发和应用等方面推动我市新材料产业的发展。2004年全市新材料产业可实现销售收入100亿元，2007年实现销售收入180亿元。

新型功能性高分子材料：重点支持大生产聚乙烯、聚丙烯的改性，形成多批号、多功能的高分子材料。重点支持汽车用增强、阻燃等改性高分子聚合物材料，2004年形成的年销售收入达62亿元，2007年可达150亿元。

无机非金属材料：重点支持多品种、多系列的玻纤制品及陶瓷膜的研发和产业化。培育光纤内窥镜、蓄电池隔膜、高强纤维、陶瓷膜等产品群，2004年形成的产业规模达12亿元，2007年可达15亿元。

新型建筑材料：以增强、防渗、节能、环保等目标，重点支持混凝土添加剂、加气混凝土等新型建材系列产品。在2004年销售收入可达12亿元，并在国内一些重大工程中替代进口，获得应用，2007年可达30亿元。

新型金属合金材料：重点发展镁、铝等轻质合金的研发及产业化工作，重点支持镁合金的冶炼、型材加工技术，建设国家镁合金材料示范基地。2004年销售收入达10亿元，2007年产能扩大后，销售收入可达30亿元。

（四）光机电一体化制造业

围绕我市产业发展特点，重点选择高速高精数控切削单元、高速精密数控机床、数控齿轮加工系统、经济型（普及型）、中高档数控系统及交直流伺服系统、滚动导轨副、滚珠丝杠等滚动元器件、变频器、燃气蒸汽联合循环电站设备、余热锅炉、智能控制锅炉、压缩机、大型气力输送系统、CO2自动灭火装置、通信基站远程监控自动灭火装置、消耗臭氧层替代制冷设备、PR系列齿轮箱、大型冷热连轧配套设备、光学元件及光通信器件、生物光学显微镜及分析技术和分析仪器等关键技术进行攻关及产业化。同时抓住汽车和城市轨道交通快速发展的机遇，加快发展汽车及轨道交通的关键零部件。加快推进车身优化设计、汽车电子中央集成系统、新型电喷系统等一批汽车关键技术的产业化；加快推进动力牵引、信号控制、自动售检票、电力控制、通风环控、远程监控自动门、整体铝合金车身等一批城市轨道交通装备关键技术的产业化，积极提升我市在汽车和城市轨道交通装备领域的系统配套能力，并迅速形成产业规模。最终形成门类比较齐全，配套能力较强，具有一定规模的光机电一体化体系。

面向五大产业，继续实施制造业信息化工程。重点推动以计算机辅助设计与制造（CAD/CAM）、企业资源计划管理系统（ERP）等信息网络集成的应用，实施“5511”工程，以提升传统产业的综合竞争能力。

（五）高科技农业

以无公害农产品生产技术保障、农业科技示范园区、郊县中小企业技术创新三大体系建设为重点，实施六个科技专项计划，推动城市科技优势向郊县辐射、转移，以高新技术推动农业现代化，推进农村经济的快速发展。

加强优质农作物新品种选育与引进繁育。利用基因工程等高新技术研究开发，以提高品质、培育特色为突破口，加快选育优质、高产、抗逆的动植物新品种。在继续引进国内外优良品种的同时，运用动物胚胎、植物组织培养等技术，加快优质良种扩繁速度，推动现代种业的发展。

推进农业信息化技术应用。针对农业生产过程中信息的获取、处理和应用三大环节，将农业专家系统、技术支持、技术服务等与信息技术有机融合起来，加快农业生产技术改造。结合农业标准化和质量安全体系建设，建立面向生产、技术、市场的信息化平台，提高农业生产技术水平。

加快农产品加工业的发展。围绕农副产品多梯度利用和动植物废弃物高效合理利用，建立以高技术为核心的农副产品加工体系，推动农产品加工技术装备和生产工艺的现代化，大幅度提高资源综合利用率和农副产品附加值。建立健全农产品加工质量标准体系和检测技术体系，建立规模化的农副产品加工基地，形成一批有国际竞争力的农副产品加工龙头企业。

三、切实抓好高新技术产业化的重点环节

（一）加强高新技术园区和特色产业基地建设

推进高新园区“二次创业”。集聚和融合科技资源，在高新技术园区建设一批具有国内国际一流水平的高技术研究重点实验室、企业工程技术研究中心、专业科技企业孵化器，提高高新技术园区的技术创新能力。鼓励高新园区与科研机构、高等院校开展多种形式的合作，大力推进外资研发机构进入高新园区，推进国家科技计划成果在高新区实现产业化。引导各高新技术园区合理分工和优势互补，进一步强化专业化、特色化，实现各高新园区之间错位发展、协同发展的新格局。到2007年，力争“一区多园”技工贸总收入达2 500亿元，高新技术产业产值达到1 000亿元，国内生产总值500亿元，实现利税200亿元。

加强高新技术产业特色基地建设。按照产业发展和科技创新内在规律的要求，明确各基地特色产业发展方向，制定特色产业基地发展规划和扶持政策。在加快南京软件园建设的同时，抓好江宁电力自动化产业基地、浦口生物医药产业基地、化工园精细化工产业基地的培育，进一步做大新港平板显示、新港生物医药产业基地的规模。以产业基地骨干企业为依托，建立和完善以工程技术研究中心和专业孵化器为支撑的公共技术服务平台，为产业基地持续发展提供保障。到2007年，力争全市建成在国内居前列的国家级特色产业基地4家以上，实现高新技术产业销售收入300亿元，培育国内行业龙头企业30家以上。

（二）加快建设各类科技企业孵化器

进一步明确不同类型科技企业孵化器的主导发展方向，加强各级科技创业服务中心、大学科技园、企业孵化器的建设。鼓励孵化器进行专业化分工，重点建设软件、集成电路设计、光电子、新药、电力自动化、新材料等专业孵化器。调动各方面力量参与科技企业孵化器建设，鼓励发展民营企业孵化器。到2007年，全市建成各类科技企业孵化器25家以上，形成网络化的科技企业孵化体系，孵化场所面积100万平方米以上，吸引2万名科技人员入园创业。

加快科技成果孵化与资本市场的结合，鼓励科技企业孵化器内的企业与上市公司等资本实力雄厚的企业密切结合，发挥各自在技术创新和资本运作方面的优势，共同推进孵化企业快速发展；加快完善创业种子资金和风险投资运作机制，促进企业孵化器与风险投资公司有机结合，推进孵化服务与风险投资一体化发展。鼓励大学科技园与高新技术园区结合，充分利用高新技术园区的优势，增强大学科技园的科技企业孵化功能，加快推进高新技术成果转化步伐。

（三）培育和壮大高新技术企业

培育壮大高新技术企业，实施“科技企业双百工程”。选择确定40家亿元以上高新技术企业、30家千万元以上骨干软件企业、30家技术创新先进企业、50家年收入5 000万元以上优秀民营科技企业以及50家制造业信息化示范企业予以重点扶持，促使其做大做强。

加快发展骨干高新技术企业。鼓励实力较强的高新技术企业建立工程技术研究中心等创新载体，努力提高其集聚创新要素和组织创新活动的能力。依托骨干高新技术企业，整合科技资源，承担国家重大科技项目，突破一批重大关键技术，形成一批对我市高新技术产业发展有重大带动作用的优势高新技术产品。完成科研机构转制，使其尽快发展成为拥有自主知识产权、具备较强创新能力和市场竞争能力的高新技术企业。2007年，全市累计认定高新技术企业1 000家，其中省级高新技术企业400家，国家级重点高新技术企业50家。

扶持发展民营科技企业。营造民营科技企业不断涌现、规模迅速扩大、民营科技企业家辈出的良好环境，发挥民营科技企业在体制、机制方面的优势，支持其技术创新、融资上市、外向型发展，着力培育一批拥有自主知识产权、规模效益位于全国领先地位的旗舰型民营高科技企业。到2007年，力争全市民营科技企业销售收入达500亿元，其中销售收入超亿元企业达到100家，超10亿元的企业达到10家。

（四）完善研究开发、公共服务平台和科技中介服务体系

加强研究开发和公共服务平台建设。依托我市行业骨干企业，建设一批国内一流水平的高技术重点实验室和工程技术研究中心；大力引进国外研究开发机构，提升高技术研究开发本土化的能力和水平；鼓励科研院所、高等院校与企业联建研究开发机构。整合科技资源，完善相关基础条件，重点建设软件测试、集成电路设计、新药安全评价、遗传工程小鼠资源库、实验动物、生物安全防护、新材料测试等一批公共科技服务平台，提升区域创新服务能力。

加强科技中介服务机构建设。按照业务特色化、服务标准化、管理信息化、机制市场化的要求，加快科技中介服务的能力建设和机制创新，重点建设好生产力促进中心、创业中心、技术产权交易市场、科技项目评估等科技中介服务机构。到2007年，在全市形成较为完善的科技中介服务体系，为加快科技成果转化提供配套服务。

（五）强化自主知识产权的培育

强化自主知识产权培育工作的关键在于加强原始性创新研究。在电子信息、生物技术与新医药、新材料等优势高技术领域，依托南京市科技资源集中的优势，重点扶持具有原始创新性、自主知识产权项目的实施。

加强市科技计划与国家、省科技计划的衔接整合。积极推动市各类科技计划与国家863计划、国家攻关计划、省攻关计划、省高技术研究等科技计划的联动，集成实施一批重大科技专项，努力形成一批具有自主知识产权的重大科技成果。

要强化自主知识产权培育工作，实施南京市知识产权发展战略。启动实施“专利助推计划”和“专利实施与重大成果转化计划”，加速专利技术成果产业化。完成南京高科技专利创业园孵化基地建设。加强科技与经济工作中对知识产权的考核力度，在高新技术企业、高新技术产品认定以及科技项目评价等工作中，把自主知识产权的数量和质量作为评价和认定的重要指标；加快地方知识产权管理机构建设。到2007年，力争使我市自主知识产权拥有的数量和质量位于全国前列，每年平均获得专利授权2 000项以上，其中发明专利400项以上。

（六）组织实施高新技术产业化专项科技工程

以“强化创新，推进高新技术产业化”为目标，以建设软件产业、生物医药产业以及新材料产业基地为重点，实施软件产业、电子信息产业、创新药物与中药现代化、制造业信息化、新材料与节能产业等五大科技产业化专项工程。重点支持基于Linux的应用操作系统、通信平台软件及中间件、消费电子集成电路设计、生物芯片及创新药物、新型改性高分子材料及复合材料等技术领域和产品的攻关，以形成一批具有自主知识产权的核心技术；同时加大对电力系统管理软件、

电信系统管理软件、智能家电、平板显示、化学创新药物与中药产业、新型化工材料等科技产业化的扶持和服务力度，做大做强，使之形成最具竞争力的优势产业。继续实施制造业信息化“5511”工程，拓展并形成“关键技术攻关、重点项目示范、技术咨询监理服务”的完整工作链，进一步提升包括传统产业和新兴产业在内的以ERP应用为核心的信息化水平。

四、积极落实高新技术产业化工作的政策措施

（一）鼓励各类科技人员创业

进一步落实科技部等七部门颁布的《关于促进科技成果转化的若干规定》及《江苏省促进科技成果转化条例》的有关规定和精神，鼓励广大科技人员采取多种方式转化高新技术成果，创办高新技术企业。以高新技术成果作价入股的，经认定，其占注册资本的比例可不受限制；由高校、科研院所承担的政府资助的科研项目形成的职务科技成果，经单位许可，完成人可离岗实施成果转化，无偿使用两年；职务科技成果一年内未实施转化的，单位可在不变更职务成果权属前提下，允许科技成果完成人创办企业实施转化，成果在企业中享有的股权收益的70%属创办企业实施人。高等学校横向科研项目完成后的节余经费，允许用于为转化该科技成果而兴办的科技企业的注册资本金，成果完成人可享有该注册资本金对应股权的80%。

（二）鼓励国（境）外组织和个人在我市设立研发机构

凡设在国家高新技术园区内并经市级以上科技行政主管部门确认的属于生产性高新技术企业的外商研发机构，可按税法有关规定享受高新技术企业税收优惠。外商研发机构被认定为先进技术企业，两免三减半期满后仍为先进技术企业的，可延长三年减按10%征收企业所得税。经确认的外商研发机构，其研究开发新产品、新技术、新工艺的各项费用，比上年实际发生额增长10%（含10%）以上的，可再按技术开发费实际发生额的50%抵扣当年应纳税所得额。外商研发机构的外国投资者，将从研发机构取得的利润直接用于增加研发机构的注册资本，或投资举办其他外商研发机构，可按现行税法规定，享受部分或全部退还其再投资已缴纳的企业所得税优惠。

（三）对科技型企业加大政策扶持

高新技术企业和民营科技企业的技术开发费可按实际发生额计入成本，在税前扣除；其中盈利企业该项费用年增长幅度在10%（含10%）以上的，经税务部门审核，可再按实际发生额的50%抵扣当年度的应纳税所得额。具有独立法人资格的市级以上工程技术研究中心经认定为高新技术企业，可享受有关优惠政策。

进一步拓宽高新技术认定的范围，认定研发、生产、投资型高新技术企业，注册在国家级高新技术园区、江苏软件园、南京软件园、省高新技术创业服务中心的高新技术企业，可按现行税法规定，享受部分或全部退还企业所得税的优惠。积极开展软件企业、软件产品认定，经认定的软件产品，对其增值税实际税负超过3%的部分实行即征即退政策；新办软件生产企业经认定后，自获利年度起，其所得税享受两免三减半的优惠，同时其研发人员薪酬可税前列支；软件企业中高级人才在第一次购房或买车时，按照我市有关规定予以专项补助形式的奖励。

（四）大力促进多元化创业投资及技术产权交易

保障各级财政对科技投入稳定增长，落实市政府出台的技术创新基金、软件发展资金等各项科技发展专项资金政策，以政府资金引导社会资金进行创业投资。要鼓励设立创业投资机构。创业投资机构用于高新技术产品的研究开发及产业化项目的投资额达到其投资总额的70%以上，并经市级以上科技行政主管部门认定为高新技术企业的，可享受高新技术企业的有关优惠政策。进一步完善我市技术贸易服务体系，形成统一、规范、有序的技术交易市场。对单位和个人从事技术转让、技术开发业务和与之相关的技术咨询、技术服务业务取得的收入，免征营业税。

（五）努力提高高新技术产业化工作的组织程度

各区县政府和有关部门要把推进高新技术产业化作为重大战略任务放在突出位置，制定政策措施，明确工作职责，切实做到领导到位、责任到位、投入到位。各区县、各部门要结合实际，围绕贯彻落实本实施意见，抓紧制定工作计划，强化对高新技术产业发展的宏观指导。要进一步完善全市高新技术产业的统计监测体系，建立严格的考核制度，确保如期完成我市高新技术产业化发展目标和任务。

苏州市人民代表大会常务委员会
关于修改《苏州国家高新技术产业开发区条例》的决定

（2004年5月27日苏州市第十三届人民代表大会常务委员会第十次会议通过，2004年6月17日江苏省第十届人民代表大会常务委员会第十次会议批准）

苏州市第十三届人民代表大会常务委员会第十次会议决定对《苏州国家高新技术产业开发区条例》作如下修改：

一、将第十八条修改为："开发区内高新技术产品和高新技术企业的认定工作，由开发区科技行政主管部门组织申报材料，经市科技行政主管部门审核，报省科技行政主管部门批准。"

二、将第十九条修改为："享受优惠政策的高新技术企业，应当按照国家和省的规定进行复审，经复审合格的高新技术企业可以继续享受优惠政策。"

三、将第二十八条修改为："市有关部门应当优先满足开发区对各类专业人才的需求。鼓励大中专毕业生、研究生、留学生和归国专家到开发区工作，待遇从优，来去自由。鼓励引进外国专家。"

四、删除第三十条。

本决定自公布之日起施行。

《苏州国家高新技术产业开发区条例》根据本决定做相应修改，重新公布。

二〇〇四年六月十七日

苏州国家高新技术产业开发区条例

(1994年7月7日苏州市第十一届人民代表大会常务委员会第九次会议制定、1994年9月3日江苏省第八届人民代表大会常务委员会第九次会议批准1994年9月20日施行、根据2004年5月27日苏州市第十三届人民代表大会常务委员会第十次会议通过，2004年6月17日江苏省第十届人民代表大会常务委员会第十次会议批准的《苏州市人民代表大会常务委员会关于修改〈苏州国家高新技术产业开发区条例〉的决定》修正)

第一章　总　则

第一条　为加快苏州国家高新技术产业开发区(苏州新区)的建设，促进对外经济合作和技术交流，加强区域的综合管理，根据国家的有关法律、法规，结合苏州具体情况，制定本条例。

第二条　苏州国家高新技术产业开发区(以下简称开发区)，是苏州市发展高新技术产业和调整产业结构的综合性改革的实验区，是苏州的一个新城区，是对外开放的窗口。其主要任务：

(一)引进国内外高新技术、资金和人才，兴办高新技术企业；

(二)将高新技术成果转化为工业化产品，推广应用；

(三)促进开发区不断培育新产业，发展大企业，推进高新技术的发展；

(四)吸引国内外高等院校、科研院所进开发区从事科研、技术开发，促进生产、教学、科研一体化；

（五）建立符合国际惯例、适应社会主义市场经济的管理体制和现代企业制度；

（六）发挥开发区的辐射功能，带动全市高新技术的发展和产业结构的调整；

（七）苏州市人民政府规定的其他任务。

第三条　开发区的开发建设要依照苏州市城市总体规划，结合老城区改造和老企业改造，建设现代化新城区。开发区的所有单位和个人，必须服从开发区的统一规划和管理。

第四条　开发区应当根据苏州市经济、科技和社会发展需要，统筹规划，加强综合配套服务功能，创造适合高新技术商品化、产业化、国际化的良好环境。

第五条　开发区内的所有单位和个人，必须遵守中华人民共和国的法律、法规，其在开发区合法财产及其他合法权益，受法律保护。

第二章　机构与权限

第六条　苏州国家高新技术产业开发区管理委员会（以下简称开发区管委会）是苏州市人民政府的派出机构，代表市人民政府领导与管理开发区范围内的经济、科技和社会事业，协调各部门和各单位在开发区的工作。

第七条　开发区管委会受市人民政府的委托，行使以下经济和行政管理权限：

（一）依法制定和实施开发区行政管理的具体规定和投资办法；

（二）制定并组织实施开发区经济、科技和社会发展规划；

（三）按照规定的权限审批投资者在开发区的投资项目；

（四）管理开发区内的房地产开发；

（五）组织兴办和管理各项基础设施及公益事业；

（六）依法管理、指导和监督开发区的企业事业单位；

（七）按照国家规定处理开发区涉外事务和进出口事务；

（八）领导开发区内市人民政府所属各行政管理部门相应的机构；

（九）行使市人民政府授与的其他职权。

第八条　开发区管委会按照精简高效的原则，设立若干职能机构。

第九条　开发区设立经济发展集团总公司，参与高新技术的开发与投资，为发展高新技术提供服务。

第十条　金融、保险、外汇管理、海关、商检等部门可以在开发区内设立派出机构，办理专项业务，为投资者提供服务，并依法实施监督。

第十一条　开发区管委会应当按照国家有关环境保护、劳动保护、安全生产、工业卫生的规定，负责优化生产、生活环境，提高防灾、抗灾能力，改善员工的劳动条件。

第三章　建设资金

第十二条　开发区建设资金的来源：

（一）开发区财政收入的留成部分；

（二）土地使用权有偿使用收入中的地方留成部分；

（三）财政拨款和银行贷款；

（四）国内外组织和个人的投资及捐赠；

（五）经批准发行债券、股票、有价证券等；

（六）法律、法规允许的其他来源。

第十三条 开发区建设资金的主要用途：

（一）建设开发区的基础设施、生活服务设施，参与投资高新技术项目；

（二）培训高新技术企业的经营管理人才、科技人才及熟练技工，聘用国内外专家；

（三）扶持高新技术产品的研究、开发及包括民营科技企业在内的高新技术企业；

（四）法律、法规允许的其他用途。

第十四条 开发区经有权单位批准可以设立科技、金融、财政相结合的风险投资基金，创办风险投资机构，以投资入股等形式扶持高新技术及产品的引进、研究、开发、生产等。

第四章 高新技术及产业管理

第十五条 开发区重点发展高新技术产业，同时吸纳古城区传统工业的技术改造，鼓励支持企业事业单位发展以下高新技术：

（一）微电子科学和电子信息技术；

（二）光电子科学和光电机一体化技术；

（三）生命科学和生物工程技术；

（四）材料科学和新材料技术；

（五）能源科学和新能源、高效节能技术；

（六）生态科学和环境保护技术；

（七）医药科学和生物医学技术；

（八）其他高新技术和改造传统产业的新工艺、新技术等。

第十六条 鼓励投资者在开发区内以高新技术作价入股兴办合资、合作经营的高新技术企业，支持创办民办民营和国有民营的高新技术企业。

第十七条 鼓励在开发区内兴办从事高新技术研究、开发、中试、生产、应用的企业事业单位，或者直接为高新技术商品化、产业化、国际化服务的科技信息、创业服务机构，以及与发展高新技术产业相关的加工装配出口等企业。

第十八条 开发区内高新技术产品和高新技术企业的认定工作，由开发区科技行政主管部门组织申报材料，经市科技行政主管部门审核，报省科技行政主管部门批准。

第十九条 享受优惠政策的高新技术企业，应当按照国家和省的规定进行复审，经复审合格的高新技术企业可以继续享受优惠政策。

第二十条 高新技术企业符合国家规定具有自营出口条件的，经由国家有关部门批准授予外贸进出口经营权；经国家有关部门批准可以在国外设立分厂或者建立合资企业和销售机构。

开发区内高新技术企业事业单位的商务、科技人员出国手续，按国家有关规定办理。

第五章 企业事业单位管理

第二十一条 开发区鼓励各种经济成份的投资者进区投资，兴办各种所有制、各种经营方式的企业事业单位，重点支持从事高新技术领域的研究、开发及生产高新技术产品的企业事业单位。

开发区鼓励、支持发展符合国家产业政策和开发区规划的外商投资企业。

开发区鼓励、支持发展为高新技术产业服务的第三产业。

第二十二条 开发区内的各类企业必须按照有关规定组建，在国家法律、法规允许的范围内，享有经营自主权，并按照市场需求组织生产经营活动。

第二十三条　开发区内的各类企业，可以按规定享受国家的有关优惠政策和开发区的有关优惠待遇。

第二十四条　开发区内各类企业事业单位，必须按法律规定的会计报表、统计报表定期抄报开发区管委会，接受财政、税务、审计的检查和监督。

凡涉及企业经营管理的档案资料、报表等，应当定期整理存档，妥为保管。

第二十五条　开发区内各类企业事业单位应当依法成立工会组织，开展工会活动，保障员工的合法权益。

第六章　劳动人事管理

第二十六条　开发区可在规定范围内，公开向社会招聘员工。开发区内各企业事业单位对科技人员、管理人员，实行聘任制，工人实行合同制，并按合同规定进行管理。

第二十七条　开发区建立职业技术培训基地，实行培训上岗制度，经培训合格的各类人才，可优先聘用。

第二十八条　市有关部门应当优先满足开发区对各类专业人才的需求。鼓励大中专毕业生、研究生、留学生和归国专家到开发区工作，待遇从优，来去自由。鼓励引进外国专家。

第二十九条　各类专业人才在受聘期间成绩显著的，可给予一定奖励。各类专业人才及其配偶、子女的户口，符合国家规定的可以优先迁入开发区。

第三十条　开发区内的各类企业事业单位，实行最低工资保障制度。

第三十一条　开发区内各类企业事业单位，应当按照统一规定，建立社会保障制度，为员工办理社会保险。

第三十二条　开发区建立劳动力市场，为各类人才和劳动力的合理配置、流动及结构优化提供有效的服务。

第七章　社会事业管理

第三十三条　开发区内的社会事业，由开发区管委会按照要求，统一规划、组织建设和管理。

第三十四条　供电、供水、供气、供热、排水、通信、仓储、运输、公共卫生等社会公用事业，实行企业化管理和有偿使用制度。

第三十五条　开发区应当设立科技研究、开发、生产服务、咨询、培训、转让、贸易和律师、公证、会计、审计等社会化服务机构。

第八章　附　则

第三十六条　国家对高新技术产业开发区实行新的规定时，按国家规定办理。

第三十七条　苏州市人民政府可依照本条例，制定有关具体规定。

第三十八条　本条例自公布之日起施行。

南京市人民政府关于促进全市中小企业信用担保体系建设的意见

各区县人民政府，市府各委办局，市各直属单位：

为贯彻《中小企业促进法》和省市民营经济工作会议精神，切实解决中小企业（包括个人创业投资者，以下同）贷款融资难问题，改善中小企业创业投融资环境，现就促进全市信用担保机构、信用再担保机构（以下统称担保机构）发展，加速构建全市中小企业信用担保体系，提出以下意见：

一、大力发展为中小企业融资服务的担保机构

按照“社会资本为主、多元化投资、市场化运作、政府支持”的原则，继续运作好现有政府出资的担保机构，并逐步提高市场化运作水平；鼓励社会各类组织和个人创办担保机构，扩大为中小企业发展提供融资担保的规模；鼓励各类再担保机构为担保机构提升信誉、分担风险；鼓励和引导同行业、同区域的中小企业建立联保、互保机制，增强中小企业自身的融资能力。

市政府每年重点扶持一批为中小企业融资提供担保服务的担保机构，主要对象包括：为在南京市辖区内注册、纳税并急需流动资金的从事生产制造业、软件业、农产品加工业等各类中小企业提供担保的机构。

二、提高政府担保基金的运作效率

发挥我市与国家开发银行合作设立的再担保基金的作用，加速构建担保风险分担机制。

发挥市级担保基金的作用，实现与省中小企业担保机构的对接，让我市更多中小企业充分享受到省政府资金的支持；提高下岗失业人员小额贷款担保基金、创业小额贷款基金、科技担保基金的运作效率，充分发挥政府基金促进就业、促进创业的作用。

三、加大对担保机构的财政支持

2004年至2006年，市政府每年安排财政专项资金2 000万元，对纳入市重点扶持的担保机构按年度给予补贴或补偿。

四、加大对担保机构的税收支持

经申请批准，凡纳入市重点扶持的担保机构从事担保业务的收入，3年内免征营业税；对新办担保机构，可免征第一年企业所得税。

担保机构依据规定，应按当年担保费的50%提取未到期责任准备金；按照不超过当年年末担保责任余额1%提取风险准备金，用于担保赔付。

五、加大对担保机构的金融支持

对符合国家产业政策和银行信贷政策、由担保机构推荐并提供担保、具有发展潜力和偿债能力的优秀中小企业，商业银行应简化审贷程序、提高审贷效率，并给予贷款利率优惠。

商业银行在风险可控的前提下，对市重点扶持的担保机构，可放大担保资金的担保倍数，适当分担贷款风险责任。

人民银行应发挥窗口指导作用，引导和鼓励商业银行与市重点扶持的担保机构建立合作关系，积极为市重点扶持的担保机构提供金融服务，引导和鼓励商业银行针对中小企业规模小、有效质押资产少等现实情况，研究制定适合中小企业的担保贷款办法。

六、加大对担保机构征信工作的支持

政府各相关部门和单位要积极支持担保机构对被担保人信用信息的征集工作。凡贷款申请人自己征集或委托担保机构征集有关信用信息的，公安、工商、税务、商业银行等相关部门和单位要在各自工作职责范围内，及时提供有关信用信息。

七、加大对担保机构的行政服务

政府及相关部门要及时发布相关信息，为担保机构提供产业政策信息服务，同时要积极推荐信誉好、有发展潜力、有融资需求的企业名单。

支持具备条件的担保机构申办典当行，为中小企业小额资金需求提供高效便捷的融资服务。

对被担保企业提供的土地、房产、车辆、设备、股权等担保抵（质）押物，国土、房产、工商、公安等职能部门，应简化程序、提高效率，及时办理相关抵（质）押手续。企业依法出具的、用于抵（质）押的土地、房产等评估报告有效期可延长至2年。

八、加大对担保行业协会的引导

积极引导信誉好、规模大、管理规范的担保公司牵头筹建南京市信用担保行业协会，开展服务标准制定、费率幅度控制、信用等级评定等自律活动，维护会员单位合法权益，协调会员与银行间的相关事务，组织会员单位对较大贷款项目实行联保互保再担保，降低单体担保风险。

九、加强对担保业务的规范

为确保担保机构的诚信规范、可持续发展，政府各相关部门应发挥各自职能，积极引导担保机构建章立制、控制内部运作风险；积极引导担保机构按照财政部《中小企业融资担保机构风险管理暂行办法》（财金〔2001〕77号）的要求，控制单笔担保规模，防范外部风险；坚决打击利用担保诈骗银行贷款的不法行为，确保全市信用担保体系健康有序发展。

十、加强对信用担保体系建设的指导

建立由市计委牵头、市经委、工商局、科技局、乡镇企业局、劳动和社会保障局、国税局、地税局、财政局、人行南京分行营管部等部门参加的市信用担保联席会议制度，规范信用担保体系建设工作；加强对全市担保机构和担保行业协会工作的引导、协调和服务；提出对担保机构进行重点扶持的工作意见，报市政府批准后具体实施；加强对重点扶持担保机构的指导。

各区县政府要从促进发展民营经济的高度，尽快设立为中小企业融资服务的担保基金，并通过多元化投资方式逐步提升市场化运作水平。要结合各自实际，加强对信用担保体系建设的指导。

附：《关于促进全市中小企业信用担保体系建设的实施办法》

二〇〇四年七月二十日

关于促进全市中小企业信用担保体系建设的实施办法

第一章 总 则

第一条 为了贯彻落实国家、省、市加快民营经济发展的各项政策措施，引导和扶持担保机构发挥在中小企业贷款融资中的杠杆和桥梁作用，根据《市政府关于促进全市中小企业信用担保体系建设的意见》制定本办法。

第二条 以国家产业政策为导向，以中小企业为主要服务对象，以政府扶持为引导，以专业担保机构为运作主体，以商业银行审贷体系为支撑，建立和完善全市中小企业信用担保体系。

第三条 按照市场化原则，采取政策鼓励和资金扶持措施，规范全市担保业的市场秩序，培育和壮大民营担保机构，发挥其在信用担保体系中的重要作用。

第四条 市发展计划委员会会同市有关部门，负责全市中小企业信用担保体系建设的具体工作。

第二章 信用担保服务体系

第五条 进一步发挥政府担保机构和担保基金的作用。市科技担保基金、创业小额贷款基金、下岗失业人员小额担保贷款基金等市政府出资的担保机构和担保基金，与省担保机构和专项资金配套对接，通过向省担保机构推荐项目、与省担保机构联保、分保等多种形式，为中小企业和创业人员融资提供服务。同时，通过改制、转制，吸引社会资金参股，引入规范的市场运作机制，扩大对中小企业担保的范围，做大担保规模。

第六条 鼓励社会资本兴办民营担保机构。对中小企业融资提供担保业绩突出的，政府予以政策和资金扶持，促进民营担保做大做强。

第七条 实施中小企业、担保机构之间的广泛联保与互保合作。通过联保、互保，提升中小企业在商业银行的融资能力和担保机构的担保能力。

第八条 建立更加广泛的再担保合作体系。在做好国家开发银行支持我市中小企业融资再担保试点工作的基础上，进一步扩大试点规模，引导担保机构和商业银行建立风险分担的再担保合作体系。

第三章 规范管理与风险防范

第九条 担保机构应建立和完善符合现代企业制度要求的法人治理结构。健全事前评估、事中监控、事后追偿等规范管理运作机制。

第十条 担保机构应建立健全财务报告和担保业务统计报告制度，如实反映资产负债、利润、现金流量、担保对象、贷款金额、担保责任余额、担保期限、保费收入、代偿金额等情况，及时向计划、财政、统计等部门报送财务会计和担保业务统计报告。

第十一条 提高担保机构的风险防范能力。担保机构应按当年担保费的50%提取未到期责任准备金；按不超过当年年末担保责任余额1%的比例提取风险准备金。

第十二条 建立全市担保机构行业协会。在协会组织下开展行业自律和信用评级。及时向商业银行和贷款需求企业公布评级结果，帮助运作规范、资信良好的担保机构在商业银行取得更快、更大的融资支持。

第四章　扶持范围和重点

第十三条　纳入市政府扶持范围的担保机构应同时具备以下基本条件：

1. 市政府与国家开发银行签订再担保合作协议中所列的担保机构，或注册资本金不低于2 000万元，年累计担保额不低于自有担保资金规模的5倍。

2. 从事为生产制造业、软件业、农产品加工业等中小企业提供贷款担保的担保机构。

中小企业应符合《中小企业标准暂行规定》（国经贸中小企〔2003〕143号）条件。

3. 守法经营，有健全的内部管理和风险控制机制，担保资金运作安全高效，在工商、税务、银行等部门无不良信用记录。

4. 对一个企业的单笔担保额不超过500万元。担保的中小企业数量多，资金周转效率高。

第十四条　符合上述条件的担保机构，可向市发展计划委员会提出申请。由市发展计划委员会牵头，会同有关部门审核认定。

第五章　税收优惠

第十五条　凡纳入市政府扶持范围内的担保机构从事担保业务的收入，地税部门依据有关规定3年内免征其营业税。新办担保机构，国税部门依据有关规定免征其第一年企业所得税。

第十六条　申请减免税收的担保机构，在年度终了后规定的时间内向主管税务机关申请，报送申请报告、企业财务会计报表、纳税申报表、营业执照、税务登记证及其他相关资料。经批准免税后，所免税额应转增企业资本金或风险准备金。

第六章　补贴与补偿

第十七条　2004年至2006年，每年安排财政专项资金2 000万元，用于对担保机构的担保贷款保费补贴和担保业务风险损失补偿。

第十八条　担保贷款保费补贴。对纳入市政府扶持范围内的担保机构，根据其一年内的担保实绩，按实际累计担保额给予一定比例的补贴。

1. 补贴条件和额度：

（1）属于第十三条认定范围内的担保机构，但为关联企业担保除外；

（2）经商业银行和担保机构信贷审查和风险评估，对符合条件的中小企业发放了担保贷款；

（3）以企业会计年度为计算周期，折算一年的累计担保额。折算办法为：

企业年累计担保额＝∑计算期内每笔担保额 × 担保期（月）/12月。

对担保机构的联保和再担保业务，按其保责比例计算累计担保额。

（4）补贴额为企业年累计担保额的1%。

2. 补贴资金发放程序：

（1）符合条件的担保机构，在每一会计年度结束后，持担保协议和贷款付息凭证及其他相关文件向市发展计划委员会申请保费补贴；

（2）市发展计划委员会会同相关部门对担保机构贴费申请进行审核认定；

（3）经审核认定后，由财政部门根据审核意见核拨补贴资金。

第十九条　担保业务风险补偿。对纳入市政府扶持范围内的担保机构，对其发生代偿后的实际损失部分，给予适当的风险损失补偿。

1. 补偿条件和额度：

（1）属于第十三条认定范围内的担保机构；

（2）已履行担保责任，经审核认定，确有无法追偿的担保代偿损失；

（3）在累计赔付率不超过2.5%的范围内，对实际损失部分，补偿20%。

累计赔付率 = 已无法追偿的实际担保损失额 / 累计担保额

2. 补偿资金发放程序：

（1）符合条件的担保机构，在其每一会计年度结束后，向市发展计划委员会提出申请并附相关资料；

（2）市发展计划委员会会同相关部门对担保机构的实际风险损失进行审核认定；

（3）经审核确认后，由财政部门根据审核意见核拨补偿资金。

第七章　行政管理和金融服务

第二十条　政府各有关部门应加强对担保机构的行政服务。

1. 计委、经委、科技局、劳动和社会保障局、乡镇企业局等部门应及时向担保机构发布产业政策和企业需求信息；

2. 工商、税务、人行等部门应按有关规定向担保机构开放企业资信查询业务，并在政策允许范围内为担保机构提供询证服务；

3. 国土、房产、公安等部门，在办理相关抵（质）押手续时，企业依法出具的相关抵（质）押的土地、房产等评估报告有效期延长至2年。

第二十一条　市发展计划委员会和人民银行南京分行营管部牵头，制定能更好满足中小企业贷款需求的企业评级、审贷与担保程序等配套制度。

对资信等级高的担保机构，允许担保资金的放大规模可以高于自有资金的5倍。

加强对商业银行的担保贷款工作实绩的考核与奖励。各商业银行应积极配合市有关部门，通报核实企业担保贷款的实际发放与回收情况。对担保贷款业务成绩突出的商业银行，市政府给予奖励。

第八章　附　则

第二十二条　如担保机构以虚报、作假等方式骗取财政扶持资金，一经查实，予以追缴，取消其市政府扶持资格，并追究其相应法律责任。

第二十三条　本办法自发布之日起执行。

山东省

青岛高新区管理委员会、青岛市崂山区人民政府关于印发科技企业孵化器管理暂行办法的通知

青高新管［2004］3号

各街道办事处，区政府（管委）各部门、各单位：

《青岛崂山区（高新区）科技企业孵化器管理暂行办法》已经2003年10月24日第7次主任办公会议研究通过，现印发给你们，请认真贯彻执行。

二OO四年一月二日

青岛市崂山区（高新区）科技企业孵化器管理暂行办法

第一章　总　则

第一条　为加快青岛市崂山区、青岛高新技术产业开发区（以下简称高新区）科技创业体系建设，支持各类科技企业孵化器（以下简称孵化器）的发展，完善对孵化器的管理，根据科技部及青岛市政府的相关规定，制定本办法。

第二条　本办法所称的“科技企业孵化器”系指由法人、非法人单位或自然人投资兴办的，主要以入驻其中的科技型中小企业（以下简称入孵企业）为服务对象，通过为入孵企业提供场地、共享设施以及政策、管理、法律、财务、融资、市场推广、咨询培训等创业服务，以降低入孵企业的创业风险和创业成本，提高入孵企业的创业成功率，培养成功的科技企业和企业家的科技创业服务机构。

本办法所称的“入孵企业”系指符合本办法规定的入孵企业条件并且注册地址及主要办事机构所在地均在孵化器内的企业。

在崂山区（高新区）内已经正常经营的企业不得作为入孵企业进入孵化器。

第三条　崂山区政府（高新区管委）鼓励孵化器投资主体多元化、运作市场化、发展专业化和国际化。鼓励境内外机构、企业和个人设立科技企业孵化器。重点支持软件开发、电子信息、海洋生物工程、新材料等产业领域的孵化器建设。

第四条　青岛高新技术创业服务中心（以下简称创业服务中心）是崂山区（高新区）内从事孵化器认定、管理及服务工作的业务主管部门。

第二章　设立程序

第五条　符合下列条件的单位，可以向创业服务中心提出孵化器设立申请：

（一）具有独立法人资格的科技创业服务机构。

（二）孵化器性质、定位、发展方向明确，内部管理规章制度健全。

（三）管理人员专业人才结构合理。

（四）新建房产从事孵化器经营的，孵化器的建筑面积不小于4 000平方米，其中孵化面积不少于2/3，且该新建房产作为孵化器用途的使用期限不少于5年。

（五）租赁房产从事孵化器经营的，孵化器的建筑面积不小于4 000平方米，其中孵化面积不少于2/3。

申请单位符合上述条件的，经创业服务中心认可并报高新区管委批准后，由创业服务中心与申请单位签订《青岛市崂山区（高新区）科技企业孵化器运营合同》，并向申请单位颁发《青岛市崂山区（高新区）科技企业孵化器（临时）证书》。申请单位须参照孵化器的认定标准开展工作，一年期满后可申请认定孵化器。

第三章　认定程序及标准

第六条　申请认定孵化器，应当同时具备下列条件：

（一）拥有《青岛市崂山区（高新区）科技企业孵化器（临时）证书》，且正常运营一年以上。

（二）孵化器入孵企业数量第一年应不少于10家，自第二年开始应不少于20家。

（三）孵化器房产产权无争议。

（四）孵化器的服务设施齐备，可为企业提供政策、管理、法律、财务、融资和市场推广等多方面的创业服务。

专业孵化器除应具备孵化器的一般功能外，还应当具备能为入孵企业提供专业技术开发的公共技术平台的服务。

（五）孵化器的入孵企业应当具备以下条件：

1. 具有独立的法人资格。

2. 成立一般不超过两年。

3. 从事高新技术产品的研发和生产。

4. 产权明晰，运行机制良好。

（六）入孵企业的孵化期一般为三年。入孵企业在崂山区（高新区）的经营期限不得低于10年。

第七条　符合本办法第六条规定的单位，可以提出孵化器认定申请并提交下列材料：

（一）《青岛市崂山区（高新区）科技企业孵化器认定申报书》。

（二）企业营业执照副本或其他法人证书。

（三）申报单位章程。

（四）企业管理团队简介。

（五）申报单位财务制度及其他规章制度。

（六）申报单位房屋产权证明或房屋租赁证明。

（七）会计师事务所审计的本孵化器上年度财务审计报告。

（八）孵化器入孵企业名录。

（九）入孵企业实施各类科技计划项目名录。

（十）创业服务中心要求的其他材料。

第八条　孵化器的认定程序：

（一）申报单位将本办法第七条所列有关材料报送创业服务中心。

（二）创业服务中心按照本办法第六条规定对申报材料进行初审，初审合格后，组织专家进行现场评审。

（三）通过评审的申报单位，由创业服务中心报送高新区管委审批。

（四）经高新区管委批准后，由高新区管委发文确认，向申报单位颁发《青岛市崂山区（高新区）科技企业孵化器证书》。由创业服务中心在批准之日起10日内报区财政局备案。申报单位在批准之日起10日后，凭加盖印鉴的证书到区财政局办理财政支持政策的手续。

第九条　具备下列条件之一的入孵企业达到毕业标准：

（一）经科技行政主管部门认定为高新技术企业。

（二）年销售收入在1 000万元人民币以上，其中高新技术产品占销售收入的60%以上。

（三）能够扩大再生产，具有一定的经济实力，已具备自购、自建或租赁与其规模相适应的生产经营用房的能力。

第四章　政府支持

第十条　崂山区政府（高新区管委）根据《青岛市崂山区（高新区）关于鼓励科技企业孵化器建设和入孵企业发展的政策》给予孵化器及入孵企业以资金支持（入孵企业享受的各项政府支持政策在各孵化器内连续计算，不能重复享受）。

入孵企业享受财政支持政策的资格，由创业服务中心、区财政局与孵化器运营主体三方共同每年确认一次，确认后入孵企业方可享受有关财政支持政策。

第十一条　有关部门到孵化器对入孵企业进行例行检查，须经高新区管委批准后，由创业服务中心统一安排。

第五章　管理与考核

第十二条　创业服务中心对孵化器运营主体实行合同化管理，并进行年度考核。考核标准另行制订。

第十三条　孵化器自通过认定年度的第二年起，应在每年3月1日前向创业服务中心报送《青岛市崂山区（高新区）科技企业孵化器考核表》；经注册会计师事务所审计的上年度财务审计报告；入孵企业、毕业企业、淘汰企业名录；孵化器发展情况总结报告。每季度向创业服务中心报送统计报表。

孵化器自设立之日起，其单位性质、股权、产权等若发生变更，须经创业服务中心书面同意；孵化器运营主体的注册资本、孵化场地面积、经营地点若发生变更，应及时将变更情况通知创业服务中心，并视其变更情况办理相关手续。

第十四条　入孵企业年毕业率应当在5%以上（新设立的孵化器前三年除外）。同一入孵企业不得在两个或两个以上孵化器内重复计算企业数量；孵化器外崂山区（高新区）内的高新技术企业不得作为孵化器的入孵企业；入孵企业自入驻孵化器之日起30日内，由孵化器运营主体将企业入驻协议复印件报送创业服务中心备案，并由创业服务中心报送区财政局备案。

第十五条　通过年度考核的孵化器，由创业服务中心在《青岛市崂山区（高新区）科技企业孵化器证书》上加盖有效期的印鉴。年度考核未通过的孵化器，孵化器运营主体应当在创业服务中心规定的期限内整改。对整改期限届满仍未达到考核标准的，取消其孵化器认定资格，收回《青岛市崂山区（高新区）科技企业孵化器证书》和认定时所颁发的牌匾，不再享受财政支持政策。

考核未通过的孵化器，其入孵企业仍然享受当年度财政支持政策，入孵企业实现的地方财政区级主要收入中用于支持孵化器运营主体的部分纳入孵化器发展专项资金。

每年考核结果由创业服务中心报送高新区管委并抄送有关部门。

第十六条　符合本办法第九条规定，达到毕业标准的入孵企业，因特殊情况需要继续在孵化器内经营的，创业服务中心商区财政局同意并出具书面意见后，可以给予最长不超过2年的延缓毕业期，在延缓毕业期内，按照《青岛市崂山区（高新区）关于鼓励科技企业孵化器建设和入孵企业发展的政策》规定，享受有关毕业企业的财政支持政策。

第十七条　入孵企业在3年孵化期结束后，未达到毕业标准，创业服务中心商区财政局同意并出具书面意见后，可以给予最长不超过2年的延缓毕业期。延缓毕业期结束后，仍未达到毕业标准的，视为被淘汰企业，应在延缓毕业期结束后30日内离开孵化器；延缓毕业期结束后，达到毕业标准的，视为毕业企业，享受有关毕业企业的财政支持政策。

第六章　附　则

第十八条　此前发布的相关文件与本办法不一致的，以本办法规定为准。

第十九条　本办法公布前，在崂山区（高新区）内已具备孵化器条件的机构，在本办法公布后，须参照本办法重新进行孵化器资格认定。

第二十条　本办法自公布之日起实施。

第二十一条　本办法解释权、修改权属于崂山区政府（高新区管委）。

青岛市人民政府关于印发《青岛市产权交易管理暂行办法》的通知

各区、市人民政府，市政府各部门，市直各单位：

《青岛市产权交易管理暂行办法》已经市政府同意，现印发给你们，望认真贯彻执行。

二○○四年一月十日

青岛市产权交易管理暂行办法

第一章　总　则

第一条　为了培育和发展本市产权交易市场，规范产权交易行为，促进产权合理流动和资源的优化配置，维护交易各方合法权益，根据国家有关规定，结合本市实际，制定本办法。

第二条　本办法所称产权是指有限责任公司股权、股份有限公司非上市股权、股份合作企业股权和其他产权。本办法所称产权交易是指产权的所有者或受托机构，通过市场交易，实现其财产所有权及其相关财产权有偿转让的行为。产权交易主体是指依法参加产权交易的出让方和受让方。出让方是指出让产权的所有者或者持有的受托机构。受让方是指受让产权的法人、自然人或其他经济组织。

第三条　在本市从事产权交易及相关活动，应当遵守本办法。

单一的土地、房产、车辆、技术的产权交易，不适用本办法。

第四条　产权交易应当遵循平等自愿、诚实守信和公平、公开、合法的原则。

第五条　市国有资产管理部门依据本办法的规定，负责产权交易的监督管理工作。

市监察机关负责涉及产权交易活动的行政监察工作。

工商行政、税务、审计、财政等部门按照各自的职责，协同做好产权交易的监督管理工作。

第二章　产权交易机构

第六条　产权交易机构是为产权交易提供场所、设施、信息服务的不以营利为目的的独立法人组织。其主要职责：

（一）为产权交易当事人提供交易场所和设施、信息咨询等服务；

（二）制定产权交易章程、业务规则，组织、监督产权交易；

（三）办理产权交易登记，出具产权交割凭证，办理交易结算；

（四）办理企业股权登记和股权托管；

（五）管理和公布产权交易市场信息；

（六）按程序向人民政府有关部门报告产权交易的重大事项；

（七）本办法规定的其他职责。

产权交易机构应当在其职责范围内制定和修改章程、业务规则。业务规则应当包括交易规则、会员管理规则及其他与产权交易活动有关的规则。章程及有关业务规则的制定和修改，应当征求会员单位的意见并经市国有资产管理部门批准。

第七条　产权交易机构应当建立产权交易档案，并提供档案查询服务。

第八条　产权交易机构从业人员履行职责时与其本人或者其近亲属有利害关系的，应当回避。

第九条　产权交易机构实行会员交易制度。会员是在产权交易市场内从事产权交易代理及信息服务的中介机构，分为执业会员和非执业会员。

执业会员是指从事产权交易经纪业务、信息咨询服务的中介机构；非执业会员是指从事产权交易信息咨询服务的中介机构，非执业会员不得从事产权交易经纪业务。

第十条　执业会员应当具备以下条件：

(一)有固定的办公场所和从事业务所需的设施、设备；

(二)注册资金不低于30万元；

(三)有4名以上持有产权交易经纪资格证书的经纪人员；

(四)无违法违规中介活动记录；

(五)法律、法规、规章规定的其他条件。

非执业会员的具体条件，由市国有资产管理部门规定。

第十一条　经工商行政管理部门登记注册的中介机构，符合本办法第十条规定，自愿遵守产权交易机构章程的，可以申请成为产权交易机构会员。

第十二条　产权交易机构应当对在交易市场进行的交易实行监控，保证产权交易按照规定程序依法公开进行。

产权交易机构应当对产权交易双方提供的信息进行审核，及时发布产权交易市场信息。

第十三条　产权交易机构会员从事相关业务，应当遵守法律、法规、规章和产权交易机构章程，并接受产权交易机构的日常监督管理。

第三章　交易程序和行为规范

第十四条　国有产权交易应当在产权交易市场进行；其他产权交易可以在产权交易市场进行。法律、法规另有规定的，从其规定。

第十五条　产权交易应当采取拍卖、招标和竞价等方式进行。

第十六条　产权交易的出让方、受让方，应当委托产权交易机构会员进行产权交易，并与受托方签订委托合同。

第十七条　出让方出让产权，应当提交下列材料：

(一)出让申请书；

(二)出让资格证明；

(三)产权权属的有关证明及准予产权出让的有关证明；

(四)企业职工代表大会或者股东大会的出让决议；

(五)出让标的概况；

(六)债权方的债务处理意见书；

(七)按规定应当提交的其他材料。

第十八条　受让方受让产权，应当提交下列材料：

(一)受让申请书；

(二)受让方的资信证明;

(三)受让产权的意向书;

(四)按规定应当提交的其他材料。

购买属于专卖、专营等产权的,应当取得相应资格和条件,并向产权交易机构提交相关证明。

第十九条　产权交易出让方和受让方提交的材料,必须真实、合法、有效,不得有虚假、误导性内容或者有重大遗漏。

第二十条　非上市股份有限公司职工个人股及其他个人产权转让的,出让方、受让方可以直接向产权交易机构申请进行产权转让并按规定提交相关材料。

国家对个人产权交易另有规定的,从其规定。

第二十一条　产权交易机构应当通过多种形式对交易产权公开挂牌,及时向社会发布产权交易信息。

挂牌期限不得少于15个工作日。

在挂牌期限内,未经产权交易机构同意,产权人不得撤回挂牌。

第二十二条　产权交易价格一般应以竞价方式确定,也可以采取拍卖、招投标或者由出让方和受让方协商等其他方式确定。

国有单位作为产权交易出让方、受让方进行产权交易的,应当经企业内部决策程序审议后,按照有关审批程序经国有资产管理部门批准,并且应当委托具有相关资格的资产评估机构依照国家有关法规规定对所交易产权进行资产评估,评估结果按照规定经核准或者备案后,作为确定交易价格的底价,出让国有产权价格低于底价的,应当经国有资产管理部门批准。有关决策和审批程序由国有资产管理部门制定。

第二十三条　产权交易的出让方与受让方对转让事项达成一致的,应当签订产权交易合同。

产权交易应当以人民币计价。

第二十四条　产权交易合同应当包括下列条款:

(一)出让方和受让方的名称(姓名)、住所、法定代表人姓名;

(二)出让标的、价格以及价款支付方式和期限;

(三)出让标的的债权、债务处理;

(四)产权交易的税费负担;

(五)产权交割方式和期限;

(六)合同变更和解除条件;

(七)违反合同责任和合同争议解决方式;

(八)签约日期;

(九)需要约定的其他事项。

转让国有产权的,应当在产权交易合同中列明职工安置方案。

第二十五条　产权交易的出让方和受让方凭交易合同和与受托产权交易机构会员签订的委托合同及有关资料,经产权交易机构审核后,领取产权转让交割凭证。

第二十六条　产权转让交割凭证由市地方税务机关监制。

国有产权交易的出让方、受让方应当凭产权转让交割凭证及产权交易合同到国有资产管理、财政、工商行政管理、税务、土地、房产、社保、银行等部门办理相关变更、登记手续;未取得产权转让交割凭证的,有关部门不予办理相关手续。

第二十七条 下列产权不得转让：

（一）产权不明或者有争议的；

（二）被设置抵押或者质押，未经抵押权人或者质押权人同意的；

（三）被诉讼保全或被依法强制执行，未经管辖法院或者依法强制执行的行政机关同意的；

（四）法律、法规或者规章禁止转让的；

（五）处分权受限制的其他情形。

第二十八条 涉及国家安全、国防、尖端技术以及国家秘密的产权交易，按照国家有关规定执行。

第二十九条 在产权交易机构进行产权交易过程中，出现下列情形之一的，经产权交易机构确认，中止产权交易：

（一）第三方对出让的产权提出异议尚未裁决的；

（二）因不可抗力或意外事故致使交易活动不能进行的；

（三）法律、法规规定应当中止交易的其他情形。

第三十条 有下列情形之一的，应当终止产权交易：

（一）司法部门或者国有资产管理机构发出终止交易书面通知的；

（二）产权交易未成交前，出让方、受让方有正当理由撤回交易申请的；

（三）因不可抗力造成产权自然灭失的；

（四）法律、法规规定应当终止交易的其他情形。

第三十一条 在产权交易活动中，禁止下列行为：

（一）披露产权交易信息不完善或者有虚假、误导性内容；

（二）故意压低或者抬高交易价格和交易条件，阻碍产权交易；

（三）操纵产权交易市场或者扰乱交易秩序；

（四）在产权交易活动中恶意串通；

（五）产权交易机构及其工作人员作为出让方或受让方参与产权交易活动；

（六）法律、法规、规章禁止的其他行为。

第三十二条 产权交易过程中发生产权交易纠纷的，当事人可以依法申请仲裁，或者向人民法院提起诉讼。

第三十三条 产权交易的有关收费办法，按国家有关规定执行。

第四章 监督与处罚

第三十四条 产权交易机构应当定期向市国有资产管理部门报告产权交易的情况，并接受市国有资产管理部门的指导和监督。市国有资产管理部门应当会同有关部门定期对产权交易情况进行检查。

第三十五条 对违反本办法规定，国有产权在产权交易市场外进行产权交易的，由市国有资产管理部门责令其停止违规行为，补办有关手续，并由有关部门给予责任人员行政处分。

第三十六条 产权交易机构及其工作人员违反本办法有关规定的，由有关部门对责任人员给予行政处分；构成犯罪的，依法追究刑事责任。

第三十七条 产权交易各方恶意串通、弄虚作假，造成国有资产损失的，由有关部门给予责任人员行政处分，并追究其赔偿责任，其中对属行政监察对象的，由监察机关查处；构成犯罪的，依法追究刑事责任。违规交易中所获利益，依照有关规定处理。

第三十八条　中介机构在产权交易中违规执业的，由国有资产管理部门根据有关法律、法规和规章的规定予以处罚；构成犯罪的，提请司法机关依法追究刑事责任。

第三十九条　产权交易机构可以根据章程和有关规则对会员的违规行为进行制裁。

第五章　附　则

第四十条　外商及港、澳、台商受让产权的，应当符合国家颁布的指导外商投资方向的规定和外商投资产业指导目录，并按照有关法律、法规和本办法的规定办理手续。

第四十一条　本办法自2004年2月1日起施行。

济南市人民政府关于加快高新技术产业发展的若干意见

济政发〔2004〕17号

各县（市）、区人民政府，市政府各部门：

为充分发挥科学技术第一生产力的作用，进一步推动我市高新技术产业的持续快速发展，根据国家、省加快高新技术产业发展有关政策规定和先进地区支持高新技术产业发展的做法，结合我市实际，特提出如下意见。

一、认真组织高新技术园区、科技企业孵化器、高新技术企业和高新技术产品认定

（一）认定范围

国家、省正式批准的我市各类园区，各类企业孵化器，在我市辖区内注册并在当地纳税的企业和生产的产品，符合认定条件的，均可申报济南市高新技术园区、科技企业孵化器、高新技术企业和高新技术产品。

（二）认定条件

1. 高新技术园区认定条件

（1）国家、省正式批准建立的；

（2）园区内市级（含市级）以上高新技术企业占三分之一以上；

（3）拥有科技企业孵化器1处以上。

2. 科技企业孵化器认定条件

（1）科技企业孵化器占地面积在3 000平方米以上，其中孵化企业使用场地占2燉3以上；

（2）在孵企业生产、经营范围符合高新技术产业发展方向；

（3）孵化器在孵企业达到30家，其中在孵化场地内的企业达到60%，年度毕业企业数与在孵企业数之比在5%以上。

（4）科技企业孵化器服务设施较齐备，有较强的服务功能，可为企业提供商务、资金、信息、咨询、市场、培训、技术开发与交流和国际合作等多方面服务。

3. 高新技术企业认定条件

（1）经营范围符合国家划定的下列高新技术范围：电子技术与信息技术；生物工程和新医药技术；新材料及应用技术；新能源与高效节能技术；先进制造技术；现代农业技术；环境保护新技术；其他在传统产业改造中应用的新工艺、新技术。

此经营范围将根据国家发布的最新高新技术范围进行适时修订和补充。

（2）企业运营期限1年以上，年销售收入500万元以上。并有与其规模相适应的生产、经营场所和设施。

（3）从事高新技术产品研究、开发的科研人员应占企业职工总数的10%以上；用于高新技术及其产品研究、开发的经费应占本企业每年总收入的5%以上。

4. 高新技术产品认定条件

高新技术产品认定条件，按照市政府《关于印发济南市高新技术产品认定暂行办法的通知》（济政字〔2001〕20号）执行。

（三）认定方法

市高新技术园区、科技企业孵化器的认定工作，采取随时受理、集中认定的方式；高新技术企业和高新技术产品采取分区域、分行业受理、初审，集中认定的方式。高新技术园区、科技企业孵化器每半年认定公布1次，高新技术企业、产品每季度认定公布1次。认定后由市科技主管部门命名授牌。

经认定的高新技术园区、科技企业孵化器、高新技术企业、高新技术产品，每两年进行1次资格复审，复审不合格的取消其资格。

已认定的高新技术企业如发生变更经营范围、合并、分立、转业的，需重新认定。

（四）组织管理

市科技局负责组织市高新技术园区、科技企业孵化器、高新技术企业和高新技术产品的评审、认定与日常管理工作。

市科技局集中受理高新技术园区、科技企业孵化器的认定。各县（市）区、市政府各部门和有关单位负责本区域、本行业的高新技术产品和高新技术企业的受理、初审，报市科技局认定；市属企业的高新技术产品和高新技术企业直接报市科技局受理认定；济南高新区管委会负责区域以内的高新技术产品和高新技术企业的认定、管理工作，并将认定结果报市科技局备案。

二、利用财政专项资金扶持高新技术产业发展

为加快高新技术产品培育、企业培植和科技企业孵化器的建设等，财政部门要在预算中安排专项资金，用于扶持其发展。

（一）扶持范围及确认

扶持范围：经市级以上认定的高新技术企业、高新技术产品，各类科技企业孵化器、孵化器内在孵企业，高新技术风险投资公司，科技中介服务机构。

经省级以上有关部门认定批准的高新技术企业、新产品、各类科技企业孵化器、孵化器内在孵企业、高新技术风险投资公司、科技中介服务机构，享受财政专项资金扶持的确认，按照省有关规定执行。

经市级有关部门认定批准的高新技术企业、高新技术产品、市级新产品、科技企业孵化器及在孵企业，享受财政专项资金扶持的确认，按市财政局、市科学技术局的有关规定执行。

（二）扶持政策

各级财政每年从科技三项费用新增支出预算中安排适当的资金，作为加快高新技术产业发展的专项扶持资金。

享受财政专项资金扶持的高新技术企业、高新技术产品、新产品、科技企业孵化器及在孵企业、高新技术风险投资公司、科技中介服务机构，当年实现并缴入地方国库的增值税、营业税、企业所得税比上年新增的部分为新增地方财力收入。其中，当年新建上述企业、单位、产品，其实现并缴入当地国库的上述全部税收为新增地方财力收入。由各级财政部门根据新增地方财力部分按规定程序审核安排专项资金予以扶持。

经省确认的享受财政专项资金扶持的省级以上高新技术企业、新产品、各类科技企业孵化器、孵化器内在孵企业、高新技术风险投资公司、科技中介服务机构，其资金扶持方式，按省有关规定执行。

经市确认的享受财政专项资金扶持的市级高新技术企业、高新技术产品、新产品、科技企业孵化器及在孵企业，其资金扶持方式，由市、县（市）区财政部门按照规定程序审核安排专项资金。

为了充分体现“集中财力，重点支持”的原则，在每年确定享受该项政策的企业、产品时，将优先选择那些“技术含量高、附加值大、社会效益和经济效益好”，能够填补国内、省内空白和在省内、市内领先的企业与产品给予扶持。

（三）扶持期限

1. 现有符合条件的市以上高新技术企业、科技中介服务机构在2005年底前，市级以上各类企业孵化器、在孵企业、高新技术风险投资机构在2007年底前享受财政专项资金扶持政策。

2. 新开办的市级高新技术企业自认定之日起2年内，各类企业孵化器、在孵企业自认定之日起5年内，享受财政专项资金扶持政策。

3. 市级以上的新产品、高新技术产品，自列入享受财政专项资金扶持的新产品项目名单的年度起，国家级新产品享受3年、省级新产品享受2年、市级新产品享受1年的财政专项资金扶持政策。

（四）办理程序

对符合享受省财政专项资金扶持政策的企业、产品、孵化器、中介服务机构、高新技术风险投资机构，由市科技局、市经委提供具体名单，会同市财政局审核、筛选确认后，上报省科技厅、省经贸委、省财政厅，经确认下达享受财政专项资金扶持的正式文件。对市确认的高新技术企业、高新技术产品、科技企业孵化器及在孵企业，由市科技局提供具体名单，市财政局审查、筛选确认后，两家联合下达享受财政专项资金扶持的企业和项目名单。

列入享受财政专项资金扶持项目名单的单位，应在年终向税收所属预算级次的同级财政部门提出书面申请，同时按照有关规定提供相关证明材料，由同级财政部门经严格审查后下达审查认定文件，并据以办理财政专项资金拨付手续。对省认定的高新技术企业、各类企业孵化器、高新技术风险投资机构、科技中介服务机构以及省级以上的新产品申请财政专项资金，涉及省与省以下共享收入的，由企业向参与共享的最基层财政部门提出书面申请，同时提供相关证明材料，逐级审核后上报省财政厅审查认定。待省财政厅下达审查认定文件后，由参与共享的最基层财政部门根据省财政厅下达的审查认定文件，具体办理财政专项资金拨付手续。其中，需由省、市财政负担的部分，年终凭省财政厅、市财政局下达的审查认定文件和财政专项资金拨付凭证，办理结算手续。

各级财政部门要认真按照政策规定审查，严格把关，防止财政资金的流失。

三、大力支持科技成果向现实生产力的转化

（一）支持范围

对科学研究与技术开发所产生的具有实用价值的科技成果所进行的后续试验、开发、应用、推广直至形成新产品、新工艺、新材料、发展新产业等活动。

（二）支持资金

逐步加大科技成果转化资金的投入，用于扶持科技成果转化的科技三项费用要逐步提高，各级科技行政主管部门每年要选择部分重点科技成果转化项目给予资金扶持。

（三）组织管理

市、县（市）、区科技行政主管部门是科技成果转化工作的主管部门，负责对高新技术及高新技术项目、成果的审查认定，并会同计划、经济管理部门对科技成果转化工作进行管理、指导和协调。其他有关部门要按照各自职责，协同做好科技成果转化。

四、加强对发展高新技术产业的检查考核

（一）考核对象

县（市）区政府、市政府有关部门、高新区、市属企业。

（二）考核内容

1. 高新技术企业发展及高新技术产品生产状况；

2. 高新技术产业产值占规模以上工业总产值的比重；

3. 专利申请状况；

4. 科技三项经费投入状况。

（三）考核标准

采取积分制，每年进行1次，根据评分情况，分县（市）区和市政府有关部门两组排出考核名次。具体评分标准由市科技局制订。

（四）考核的实施

1. 组织领导。市科技工作领导小组全面负责我市科技发展考核工作的组织领导、检查指导和督促落实工作。考核专家组负责县（市）区和行办每年1次的考核评定工作。领导小组办公室负责组织协调和处理有关事宜。

2. 加强督查。由市科技局制定年度科技工作主要指标任务并落实责任。每月在全市范围内通报科技工作主要指标完成情况，每季度召开1次调度会议。年终由市政府通报考核结果。

济南市人民政府

二〇〇四年六月八日

浙江省

浙江省促进科技成果转化条例

2004年1月16日浙江省第十届人民代表大会常务委员会第七次会议通过
浙江省人大常委会　2004年1月16日颁布，3月1日实施

第一章　总　则

第一条　为了促进科技成果转化，推动经济建设和社会发展，根据《中华人民共和国促进科技成果转化法》等有关法律、法规，结合本省实际，制定本条例。

第二条　科技成果转化活动应当有利于提高经济效益、社会效益，有利于保护生态环境。

科技成果转化工作实行市场导向与政府扶持相结合，发展高新技术产业与改造传统产业相结合，自主创新与引进创新相结合的原则。

第三条　各级人民政府应当加强对科技成果转化工作的领导，将科技成果转化纳入国民经济和社会发展计划，及时协调解决科技成果转化工作中的重大问题。

各级人民政府科学技术行政部门和其他有关行政部门在各自职责范围内，管理、指导和协调科技成果转化工作。

第二章　支持与保障

第四条　县级以上人民政府应当根据国家产业政策、本省产业规划以及本地国民经济与社会发展计划，发布重点科技成果转化指南和科技成果目录等信息，引导科技成果转化。

县级以上人民政府应当在资金投入、基础设施建设、人才培训及其他相关方面对科技成果转化给予支持和保障。

第五条　各级人民政府及有关部门应当采取措施，鼓励、指导企业与科研机构、高等院校合作，加强研究开发和技术改造；鼓励社会力量、境内外组织和个人在本省依法设立研究开发机构。

各级人民政府及有关部门应当采取措施，鼓励、支持有条件的企业建立或者设立高新技术研究开发中心、工程研究中心、企业技术中心、企业博士后科研工作站、博士或者硕士实验基地等各类研究开发机构，鼓励、支持企业积极申报国家和省各类科技研究开发、技术创新、高技术产业化项目。

第六条　政府财政支持为主的科技成果转化项目，按国家和本省规定实行招标投标管理。

第七条　县级以上人民政府及有关部门应当加强科技企业孵化器的建设和管理，完善区域科技创新服务体系。

第八条　各级人民政府及有关部门应当采取措施，鼓励、支持科研机构、高等院校、科技人员和社会力量通过多种形式，依法创办技术评估、技术经纪、技术咨询、技术交易、技术服务等各类科技中介服务机构，开展科技成果转化服务活动，并在政策上给予扶持。

第九条　县级以上人民政府财政安排的技术改造等经费和农业发展、海洋开发管理等资金，应当有一定比例用于科技成果转化。

第十条　省人民政府应当对欠发达地区和少数民族地区科技成果转化给予政策倾斜和资金扶持。

第十一条 县级以上人民政府应当设立科学技术发展专项资金，主要用于科技成果转化。

省人民政府设立省专利专项资金，对发明专利、涉外专利申请的费用予以资助。

省人民政府设立省科技型中小企业技术创新专项资金，用于支持科技型中小企业的技术创新和科技成果转化。

科学技术发展专项资金、省专利专项资金、省科技型中小企业技术创新专项资金的筹集、使用和管理办法，由省财政会同科学技术等有关部门制定，报省人民政府批准后实施。

第十二条 各级人民政府应当加强农业科技创新和推广体系建设，促进农作物种子种苗、农产品精深加工、农产品安全与标准化生产、农业高新技术及其产业化等方面的科技创新、引进和成果转化，发展现代农业。具体措施按国家及省有关加快农业科技进步的规定执行。

各级人民政府应当保障农业科学技术研究开发机构、示范推广机构、农业院校管理和使用试验基地、生产资料的自主权，促进农业新品种、新技术的研究开发、试验和推广。农业科学技术研究开发机构可以依法经营自己培育和引进并经审定、认定的优良品种。

第十三条 鼓励企业加大研究开发经费的投入。企业研究开发经费按实际发生额计入生产经营的成本费用。

高新技术企业每年的研究开发经费应当不低于年销售额的百分之五；科技型中小企业每年的研究开发经费应当不低于年销售额的百分之三。

第十四条 对高新技术成果转化项目实行财税、金融扶持政策，具体措施按国家及省有关推进高新技术产业化的规定执行。

第十五条 科技企业孵化器、科技型中小企业享受高新技术企业的优惠政策。

对科技企业孵化器、科技型中小企业实行认定制度，具体办法由省科学技术行政部门会同有关部门制定，报省人民政府批准后实施。

第十六条 各级政府采购活动应当与国家和本省的科技发展政策相适应，鼓励向高新技术企业、科技型中小企业及其他从事科技成果转化活动当事人采购应用先进科技成果的产品和服务。

第十七条 省人民政府建立科技成果转化风险投资的支持制度。鼓励、支持企业及其他组织建立风险投资公司或者设立风险投资基金，对科技成果转化进行风险投资。

风险投资公司投资本省高新技术项目或者产品，累计投资超过其公司注册资本百分之六十的，视同高新技术企业，享受高新技术企业的有关优惠政策；不到百分之六十的，按其投资额占其公司注册资本的比例享受高新技术企业的优惠待遇。

风险投资公司投资本省高新技术项目或者产品发生的投资损失，列入企业所得税税前扣除项目。

第十八条 省人民政府应当采取措施，鼓励有条件的地方建立技术产权交易市场，推动企业的技术股权投资和技术产权交易。

省科学技术行政部门及其他有关部门按信息畅通、资源共享原则，建设科技信息网络和网上技术市场。鼓励企业、科研机构、高等院校、有关行业协会等单位建立行业性、专业性科技信息网络和网上技术市场。

第十九条 县级以上科学技术行政部门应当加强与科技有关的知识产权保护和管理工作，指导科研机构和企业建立与科技有关的知识产权管理制度。

县级以上科学技术行政部门及有关高新技术产业开发区（园区）应当加强对企业知识产权保护的指导和服务，提高企业形成、运用、保护知识产权的能力。

第二十条　省统计行政部门应当会同科学技术等有关行政部门对全省科技成果转化状况进行统计分析，并定期公布。

第三章　技术权益

第二十一条　执行政府科技计划项目所形成科技成果的知识产权，属于项目完成单位。国家另有规定或者科技计划项目主管部门与项目承担单位另有书面约定的除外。

项目完成单位应当按规定或者约定给予成果完成人相应的经济利益。

利用本单位的物质技术条件完成的科技成果，单位与成果完成人以合同形式对科技成果的有关权益归属作出约定的，从其约定。

第二十二条　科技成果持有者可以将科技成果作价，作为企业投资或者注册资本，享有相应的资产权益等股东权利，同时承担相应责任。以高新技术成果作价入股的，其作价金额可以达到企业注册资本的百分之三十五，另有约定的除外。

第二十三条　科技成果项目完成单位自行实施转化或者与他人合作实施转化科技成果的，在项目投产成功后五年内，应当每年从实施该项科技成果新增留利中提取不低于百分之五的比例，奖励成果完成人及对成果转化做出重要贡献的其他人员。

项目完成单位以科技成果作价入股设立股份制企业的，可以用科技成果入股作价金额的一定比例作为股权或者出资比例，由成果完成人及对成果转化做出重要贡献的其他人员持有，持股人按所持股份或者出资比例分享收益。

第二十四条　科技成果完成单位将其职务科技成果转让给他人的，单位应当从转让该项科技成果所取得的净收入中提取不低于百分之二十的比例，用于奖励成果完成人及对成果转化做出重要贡献的其他人员。

第二十五条　县级以上人民政府及有关部门应当采取具体措施，鼓励和吸引国内外科技人员通过调动、兼职、咨询、讲学、科研以及技术合作、技术入股、投资兴办企业等形式，参与本省科技成果转化工作。

高等院校、科研机构和国有及其控股企业的科技人员，可以兼职从事研究开发和科技成果转化活动。

第四章　法律责任

第二十六条　违反本条例，按下列规定予以处罚：

（一）在科技成果转化活动中弄虚作假，采取欺骗手段，骗取奖励或者荣誉称号、诈骗钱财、牟取非法利益的，由科学技术行政部门或者其他有关部门责令改正，取消其奖励和荣誉称号，处一千元以上一万元以下的罚款；有违法所得的，并处没收违法所得；

（二）在科技成果检测或者评估中，故意提供虚假检测结果或者评估证明的，由科学技术行政部门或者其他有关部门责令改正，予以警告，对检测组织者、评估机构处二千元以上二万元以下的罚款；有违法所得的，并处没收违法所得；

（三）以唆使窃取、利诱胁迫等手段侵占他人科技成果，侵犯他人合法权益的，由科学技术行政部门责令其停止违法行为，可以处一千元以上一万元以下的罚款；

（四）在技术交易中从事代理或者居间服务的中介服务机构和从事经纪业务的人员，欺骗委托人的，或者与当事人一方串通欺骗另一方当事人的，由科学技术行政部门或者其他有关部门责令改正，予以警告，处二千元以上二万元以下的罚款；有违法所得的，并处没收违法所得。

前款所列各项行为，给他人造成经济损失的，应当依法承担民事赔偿责任；情节严重的，由有关部门依法吊销营业执照和资格证书；构成犯罪的，依法追究刑事责任。

第二十七条　单位、个人在科技成果转化活动中侵犯他人专利权及其他知识产权的，按照《中华人民共和国专利法》及其他相关法律、法规的规定承担法律责任。

第二十八条　各级科学技术行政部门及其他有关部门工作人员在科技成果转化活动中玩忽职守、徇私舞弊的，依法给予行政处分；构成犯罪的，依法追究刑事责任。

第五章　附　则

第二十九条　本条例自2004年3月1日起施行。

江西省

江西省人民政府办公厅关于维护全省产权交易市场秩序的通知

赣府厅字〔2004〕98号

各市、县（区）人民政府，省政府各部门：

最近，少数地方擅自设立产权交易所，并对产权交易业务进行人为划分，这些做法违反了《江西省产权交易管理办法》（省政府令第117号）有关规定，扰乱了全省产权交易市场秩序。为维护全省产权交易市场的统一性和正常秩序，确保全省产权交易市场依法规范发展，经省政府同意，现就有关事项通知如下：

一、《江西省产权交易管理办法》是规范我省国有集体产权交易行为的地方性法规。各地、各部门要进一步提高认识，加大贯彻力度，坚决维护省政府令的严肃性和权威性。

二、各设区市、县不得自行设立产权交易所（或产权交易中心），分割全省统一的产权交易市场。对违反省政府令第117号的做法，必须立即予以纠正。

三、各级政府和有关部门要加强国有和集体产权交易的监督检查，对违反国家有关产权交易法规和政策的行为，要坚决制止并依法查处，以确保我省产权交易市场的规范发展。

二〇〇四年八月三十一日

贵州省

贵州省人民政府关于加快我省国有中小企业改革的意见

黔府发 [2004]16号

各自治州、市人民政府，各地区行署，各县（自治县、市、市辖区、特区）人民政府，省政府各部门、各直属机构：

为认真贯彻落实党的十六届三中全会和省委九届四次全会关于国有经济“有进有退、有所为有所不为”的方针，进一步加快我省国有经济结构和布局的战略性调整，现就我省国有中小企业改革有关问题提出如下意见。

一、指导思想

按照党中央、国务院关于国有经济结构布局战略性调整的要求，以产权改革为突破口，深化国有企业改革，提高国有资本运营质量，转换企业经营机制，增强活力，促进经济发展。

二、工作目标

加大股份制改造力度，大力发展混合所有制经济，通过多种形式的改革，调整我省国有资本在中小企业中的比例。在2005年底以前，除国家有明确规定的外，国有资本从一般竞争性领域的中小企业中基本退出。

三、工作原则

坚持公开、公平、公正，防止国有资产流失，防止逃废银行债务，妥善安置职工，保护职工合法权益，维护企业和社会稳定，加快优势企业发展。

四、改革的主要途径和方式

国有及国有控股中小企业应按照原国家经贸委、原国家计委、财政部、国家统计局联合制定的《关于印发中小企业标准暂行规定的通知》(国经贸中小企 [2003]143号）的标准确定。对国有中小企业改革总体上通过以下方式进行改革改制和调整重组：

（一）通过转让存量资产、吸收外资和民间资本，将资产质量较好、有发展前景的企业改制为股份有限公司或有限责任公司。

（二）对暂不具备改制条件的企业通过租赁、承包、托管等方式先实行国有民营，待条件成熟后改制为混合所有制企业。

（三）对已改制但国有股比重较大的企业，通过转让股权降低国有股比重。

（四）打破现有行业、部门和所有制界限，通过联合、兼并、划转、引资等方式进行资产整合重组。

（五）对长期亏损、资不抵债、扭亏无望的企业，争取列入全国关闭破产计划，实行政策性破产；不能列入全国计划，符合破产条的，依照《中华人民共和国企业破产法（试行）》实施破产；对不符合工商管理规定，长期末开展经营活动的企业，依法予以注销。

（六）鼓励企业职工和经营者整体购买企业国有资产，也可将企业国有产权（股权）整体或部分出售给境内外非国有性质的法人、自然人或其他经济组织。

五、主要政策和措施

（一）国有资产处置

1．国有企业改制必须开展清产核资，对企业各类资产、负债进行全面清查，按照“谁投资、谁所有、谁受益”的原则，核实和界定国有资本金及其权益；由国有产权持有单位聘请具备资格的中介机构进行财务审计和企业法定代表人的离任审计；依照国务院《国有资产评估管理办法》（国务院令第91号）委托具有相应资质的资产评估事务所、土地评估事务所进行资产和土地使用权评估。企业国有产权转让必须按照国务院国资委、财政部《企业国有产权转让管理暂行办法》（国务院国资委、财政部令第3号）规定，进入产权交易市场，公开信息，竞价转让。有关定价和转让价款管理按国家规定执行。

2．转让国有产权的价款原则上应当一次结清。对一次结清全部价款确有困难的，可采取分期付款方式，但首期付款不得低于总价款的30%，其余价款由受让方提供合法担保，并在首期付款之日起1年内付清。

对企业经营者或职工整体购买并一次付清价款的，可在《省人民政府关于国有小型企业改革若干问题的补充通知》（黔府发[1998]39号）规定的基础上，再给予优惠。对收购方自带项目增资的，在出让净资产时给予一定优惠。凡购买企业国有资产、一次性付清价款、安置50%以上职工并签订3年以上劳动合同的，给予价格优惠，具体优惠比例由国有资产管理部门会同财政部门确定。

3．改革改制企业转让国有产权的价款优先用于支付解除劳动关系职工的安置费、经济补偿金和移交社会保障机构管理职工的社会保险费，以及偿还拖欠职工的债务和企业欠缴的社会保险费，不足以支付的可用土地转让收入补足。各地要探索用市场化的手段筹集改革成本，可成立经营国有资产的投资公司等机构，负责盘活、出售企业资产，筹集资金，补充安置职工经费和支付其他改革成本。

4．对企业的各类资产损失，应严格按照国务院国资委关于《国有企业资产损失认定工作规则》和财政部关于《企业资产损失财务处理暂行办法》（财企[2003]233号）的有关规定执行。

5．企业改革涉及出让土地使用权的，必须依法进行评估，并按规定采用招标、拍卖或者挂牌方式出让。土地出让金按有关规定收取后，可优先用于安置职工。

（二）企业债务处理

企业改革改制时，要对各类债务进行认真清理，重新核对，制定处理办法。

1．企业拖欠的工资、医疗费、住房公积金以及欠缴的社会保险费，经产权持有单位审核，劳动保障部门确认，行使国有资产管理职能的部门会同财政部门批准后，从企业净资产中扣除。改革改制企业补缴社会保险费有困难的，可与社会保险经办机构签订协议，分期缴纳。企业未退还的职工集资款，以现有资产清偿，也可在职工自愿的前提下，转为职工对改制企业的股金。

2．对于金融机构的债权，必须与金融机构协商落实，企业不得借重组、破产之机逃废金融债务。产权持有单位要根据有关政策规定，通过多种方式妥善处理金融债务。支持产权持有单位对所属多个改革改制企业的债务进行“打包”处理，集中与金融机构进行还款商谈。支持资产经营单位承担还债困难企业的银行债务，相应持有对等债务额度的改制企业股权。

3．对企业之间相互欠债，可协商债权转股权。省内国有企业之间难以偿还的债权，转为改制企业的股权；其他企业的债权争取转为改制企业的股权。

（三）职工安置

1．企业改革改制方案要提交企业职工代表大会或职工大会审议，充分听取职工意见；其中，职工安置方案须经职工代表大会或职工大会审议通过方可实施。

2．企业改革改制必须转变国有职工身份，要充分尊重职工意愿，妥善安置职工，按照政策规定处理好劳动关系。对自谋职业的职工，根据黔府发[1998]39号精神，按其实际工作年限，计发安置费或经济补偿金。距法定退休年龄5年以内（含5年）的职工，不得采取一次性付给安置费或经济补偿金的方式解除劳动关系。改革重组后的企业可根据竞争上岗、择优录用的原则招收原企业职工，但应重新签订劳动合同，建立新的劳动关系。被新企业录用的职工，经职工本人同意，也可将安置费或经济补偿金转为改制企业的股金。

3．企业要妥善处理职工社会保险关系。改革前社会保险费有欠缴、漏缴、少缴的，改革时必须足额补缴。改革重组后的新企业或产权持有单位应及时到当地社保机构为原企业的职工办理社会保险关系接续手续。离退休人员应实行属地社区管理，基本养老金实行社会化发放。

4．对距法定退休年龄5年以内（含5年）的职工，实行内部退养，待其达到退休年龄时办理退休手续。内部退养职工从改制时到符合法定退休条件办理退休手续期间的生活费、社会保险费，从原企业净资产中扣除，由新企业负责发放和按规定缴纳。

六、严格制度，规范操作

各地和企业产权持有单位、企业主管部门要根据省委、省政府的总体要求，制定加快国有中小企业改革的总体方案，明确改革的目标、任务、进度和具体措施。

按照总体方案的要求，由产权持有单位和企业制订改革改制的具体实施方案。方案需按照国务院《企业国有资产监督管理暂行条例》（国务院令第378号）和国务院国资委、财政部令第3号的有关规定履行决定或批准程序。国有企业改革改制涉及财政、劳动保障等事项的，需预先报经同级人民政府有关部门审核，批准后报国有资产监督管理机构协调审批；涉及银行债务处理，应与债权银行充分协商并取得债权银行认可的依据；涉及政府社会公共管理审批事项的，依照国家有关法律法规，报经政府有关部门审批；国有资产监督管理机构所出资企业改革改制为国有股不控股或不参股的企业，改革改制方案需报同级人民政府批准；转让上市公司国有股权审批暂按现行规定办理。暂未设立或不设立国有资产监督管理机构的地区，按企业隶属关系，企业改革改制方案由同级经贸部门会同财政、劳动保障部门审核，经债权银行同意后，报同级人民政府批准，并抄送工商行政管理部门备案。

实施方案批准后，企业要认真做好准备工作。产权持有单位要组织好财务审计和资产评估工作。

经审批的企业改革方案由产权持有单位、企业主管部门及国有资产监督管理部门组织实施。

七、精心组织，加强领导

各级政府、各有关部门要高度重视国有企业改革改制工作，全面理解和正确贯彻党中央、国务院有关精神，切实负起责任，加强组织领导，从实际出发，把握好工作的力度和节奏，稳步推进。

企业主管部门要落实责任，成立专门工作机构，负责本系统企业的改革工作，研究本系统的企业改革方案并组织实施。

经贸、国资部门要加强对国有中小企业改革工作的指导协调，省国资委要按照国家有关法律、行政法规的规定，制定企业国有产权交易监管办法。劳动保障、财政、国土资源、工商、税务、公安等部门要研究制定支持国有中小企业改革的具体措施。

各地要根据本意见，结合实际制定实施细则或办法。

贵州省人民政府

二〇〇四年五月二十七日

陕西省

西安市人民政府
关于印发《西安市产权交易暂行办法》的通知

市政发〔2004〕67号

《西安市产权交易暂行办法》已经第44次市政府常务会议研究通过，现印发给你们，请认真贯彻执行。

二〇〇四年五月二十一日

西安市产权交易暂行办法

第一章　总　则

第一条　为了培育和发展本市产权交易市场，规范产权交易行为，促进资源的优化配置，推进现代产权制度建设，根据国务院国有资产监督管理委员会、财政部《企业国有产权转让管理暂行办法》（国务院国有资产监督管理委员会、财政部令第3号）和国家有关法律、法规的规定，结合本市实际，制定本办法。

第二条　本办法适用于本市企业、事业单位和所有进入西安产权交易市场的产权交易。

第三条　本市企业国有产权、集体产权以及事业单位的产权转让，应当在市政府依法设立的产权交易机构中公开进行。国家法律、法规另有规定的，从其规定。

本办法所称企业国有产权，是指国家对企业以各种形式投入形成的权益、国有及国有控（参）股企业各种投资所形成的应享有的权益，以及依法认定为国家所有的其他权益。

鼓励、支持非国有产权进入产权交易市场公开交易。

第四条　产权交易应当遵循自愿诚信、平等竞争、等价有偿和公开、公平、公正的原则。

第五条　产权交易双方应当依法保障职工合法权益，并在产权交易合同中约定妥善安置职工（包括离退休人员）的事项。

国有企业产权转让涉及职工合法权益的，应当听取企业职工（代表）大会的意见，对职工安置等事项，应当经出让企业职工（代表）大会审议通过，并报同级劳动和社会保障行政部门审核。

出让城镇集体所有制企业产权的，应当经出让企业职工（代表）大会通过并做出决议。

第六条　转让的企业国有产权权属应当清晰。权属关系不明确或者存在权属纠纷的企业国有产权不得转让。被设置为担保物权的企业国有产权转让，应当符合《中华人民共和国担保法》的有关规定。

第七条　市国有资产管理部门依法负责产权交易的管理，对产权交易市场以及产权交易活动进行监督和指导。

本市各有关部门应当按照各自职责，协助市国有资产管理部门做好产权交易的管理工作。

第二章　产权交易机构

第八条　产权交易市场的活动，由市政府依法设立的产权交易机构组织进行。产权交易市场是为产权交易提供场所、设施、信息服务，履行相关职责，实行自律管理的法人单位。

第九条　有关专业中介机构从事产权交易中介活动，应当取得中介机构资质，并向工商行政管理及相关部门登记注册。

第三章　产权交易方式和程序

第十条　产权交易可以采取拍卖、招投标、协议转让等方式，也可以采取国家法律、行政法规规定的其他方式进行。

第十一条　产权交易实行会员制，进入产权交易市场从事产权交易活动的出让方或者受让方，可以委托具有会员资格的经纪机构进行产权交易；也可以直接向产权交易机构申请进行产权交易。

经纪机构在同一宗产权交易中，不得同时接受出让方和受让方的代理委托。

第十二条　出让方委托经纪机构申请出让产权或者直接申请出让产权的，应当向经纪机构或者产权交易机构提交下列材料：

（一）出让方的资格证明或者其他有效证明；

（二）产权权属的有关证明；

（三）准予产权转让的有关批准文件；

（四）出让标的的情况介绍；

（五）市人民政府规定需要提交的其他材料。

第十三条　受让方委托经纪机构申请受让产权或者直接申请受让产权的，应当向经纪机构或者产权交易机构提交下列材料：

（一）受让方的资格证明；

（二）受让方的资信证明；

（三）产权交易机构规定需要提交的其他材料。

第十四条　产权交易价格可以由出让方和受让方协议确定，也可以采取拍卖或者招投标方式确定。

国有产权的出让价格，以国有资产管理部门核准或备案的评估值作为底价，经国有资产管理部门批准免评估的，以审计结果为参考价，实际出让价格低于评估结果的90%的，应当报国有资产管理部门批准。

集体产权的出让价格，以有资格的资产评估机构评估的评估值作为底价。出让价格低于底价的，应当经集体产权所有者同意。

第十五条　采取协议转让方式的，产权交易机构对交易的主要事项和主要内容进行公示。公示期内，如有争议或有符合条件的投资者愿以更高的条件收购出让标的的，在报经审批机关同意后中止原协议，在解决争议后继续履行交易程序或重新撮合转让。

第十六条　出让与受让双方达成产权转让意向后，应当签订产权交易合同。产权交易合同包括下列主要内容：

（一）转让标的的企业国有产权的基本情况；

（二）出让与受让双方的名称、住所、法定代表人；

（三）转让价格及支付方式和期限；

（四）债权、债务的承继及清偿办法；

（五）产权交割事项；

（六）企业职工安置方案；

（七）合同各方的违约责任；

（八）合同争议的解决方式；

（九）合同变更和解除的条件；

（十）交易双方认为需要约定的其他事项。

第十七条 进入产权交易机构进行产权交易而订立的产权交易合同，经出让方和受让方签字、盖章后，由产权交易机构审核并出具产权交易凭证。

委托经纪机构进行产权交易的，经纪机构应当在产权交易合同上签字、盖章。

第十八条 在产权交易机构进行产权交易的出让方、受让方，应当凭产权交易机构出具的产权交易凭证及产权交易合同到国资、税务、外资、工商、银行、房地、劳动和社会保障、公安、公用事业等有关部门办理有关变更手续。各有关部门应当依据产权交易机构出具的产权交易凭证，在国家法律、行政法规和规章规定的期限内办理有关变更手续。

第四章　产权交易的行为规范

第十九条 以国有产权进行交易的，应当经有资格的资产评估机构评估。评估报告书应报国有资产管理部门核准或备案后，方可到产权交易机构交易。

第二十条 在产权交易机构进行产权交易过程中，出现下列情形之一的，由出让方、受让方或者第三方向产权交易机构提出申请，经调处双方无异议后，可以中止交易；涉及国有产权的，需经国有资产管理部门确认后，可以中止交易：

（一）第三方与出让方或者受让方与出让方对出让的产权有争议且尚未解决的；

（二）依法应当中止产权交易的其他情形。

第二十一条 在产权交易过程中，出现下列情形之一，应当终止交易：

（一）出让方或者受让方向产权交易机构提出终止产权交易，双方没有异议；涉及国有产权的，需经国有资产管理部门确认；

（二）人民法院依法发出终止交易书面通知书的；

（三）依法终止产权交易的其他情形。

第二十二条 违反本办法规定，有下列（一）、（二）、（三）、（四）、（五）情形之一的，国有资产管理部门不予办理有关手续；有下列（五）、（六）、（七）、（八）情形之一的，该产权交易无效。

（一）在产权交易机构外进行国有、集体产权交易的；

（二）不履行相应的内部决策程序、批准程序或者擅自转让企业国有产权的；

（三）向中介机构提供虚假会计资料或中介机构提供虚假资料，导致审计、评估结果失真，造成国有资产流失的；

（四）交易双方故意串通，低价转让国有产权造成国有资产损失的；

（五）未按规定妥善安置职工，接续社会保险关系，侵害职工合法权益的；

（六）产权交易机构工作人员作为出让方、受让方或者第三方参与产权交易活动的；

（七）操纵交易市场或者扰乱交易秩序，有损于交易双方进行公平交易的；

（八）国家法律、法规、规章禁止的其他行为。

第五章　监管和争议处理

第二十三条　市国有资产管理部门应当依据本办法的规定，对产权交易活动进行监督和管理，对违反产权交易规则的当事人依法进行处理。

第二十四条　在产权交易机构进行产权交易过程中，发生产权交易纠纷的，当事人可以依据合同的约定申请仲裁。涉及国有产权的，可以先向市国有资产管理部门申请调解。没有约定仲裁的，可以依法向人民法院提起诉讼。

第六章　附　则

第二十五条　外商受让产权的，应当符合国家颁布的指导外商投资方向的规定和外商投资产业指导目录，并按照国家有关法律、法规和规章的规定办理手续。

第二十六条　本办法由西安市国有资产管理部门负责解释。

第二十七条　本办法自颁布之日起施行。

新疆维吾尔自治区

新疆维吾尔自治区人民政府
印发自治区关于促进科技风险投资若干规定的通知

新政发〔2004〕42号

伊犁哈萨克自治州，各州、市、县（市）人民政府，各行政公署，自治区人民政府各部门、各直属机构：

创新是一个民族进步的灵魂，是国家兴旺发达的不竭动力。加强技术创新，发展高科技，实现产业化，是经济社会可持续发展的根本推动力量。高新技术产业具有高成长、高风险、高收益的特点。建立规范、有效的风险投资机制，对于发展高新技术产业和运用高新技术改造传统产业，促进结构调整和产业升级，加快经济发展由量的扩张向质的提高转变，增强我区经济综合实力具有重大意义。

根据《国务院办公厅转发科技部等部门关于建立风险投资机制的若干意见的通知》（国办发〔1999〕105号）和《国务院关于推进资本市场改革开放和稳定发展的若干意见》（国发〔2004〕3号）文件精神，为引导和规范我区风险投资活动，逐步建立健全风险投资机制，推动风险投资事业健康发展，现将自治区科技厅关于促进科技风险投资的若干规定印发给你们，请遵照执行。

二〇〇四年六月三十日

自治区关于促进科技风险投资的若干规定

第一条 为建立促进科技创新和创业的资本运作机制，吸引境内外各类创业资本投资我区高新技术产业，营造良好的创业投资发展环境，根据《国务院办公厅转发科技部等部门关于建立风险投资机制的若干意见的通知》（国办发〔1999〕105号）和《国务院关于推进资本市场改革开放和稳定发展的若干意见》（国发〔2004〕3号）的精神及相关法律法规，结合我区实际，制定本规定。

第二条 本规定所称科技风险投资，是指主要向高新技术企业、科技型中小企业进行投资，并为其提供经营管理和咨询服务，以期在被投资企业发展成熟后，通过股权转让获取中长期资本增值收益的投资行为。

第三条 发展科技风险投资以民间资本为主，形成多元投资主体。鼓励国内外各类投资者积极参与科技风险投资，遵循市场经济和高新技术产业成长的规律运作。鼓励融资担保机构、科技中介服务机构从事科技风险投资相关业务，建立科技风险投资所需的社会化服务体系。科技行政管理部门和有关部门应按照“完善规则，优化环境、加强监管、控制风险”的原则，积极引导、扶持和培育资本市场、技术市场和中介服务体系，建立相应的监管系统，制定和完善相应的监管标准。

第四条 本规定所称科技风险投资机构，是指以有限责任公司、股份有限公司等组织形式，在我区设立的科技风险投资公司和科技风险投资管理公司。科技风险投资公司的名称中可以使用

“科技风险投资”字样，科技风险投资管理公司的名称中可以使用“科技风险投资管理”字样、科技风险投资机构是非金融性的投资机构，不得从事金融业务。

第五条　科技风险投资公司，是以直接股权投资为主要业务的投资性企业，吸收各类投资者的创业资本，为高新技术企业和科技型中小企业提供资本金和经营管理及其他方面的附加服务。其主要业务范围是：

（一）直接向高新技术企业和科技型中小企业进行股权投资，参与企业的管理和经营；

（二）接受委托经营管理其他公司的风险资本；

（三）提供有关投资、融资方面的咨询服务；

（四）为高新技术企业和科技型中小企业提供贷款担保；

（五）法律、法规许可的其他业务。

第六条　科技风险投资管理公司，是受科技风险投资公司委托管理风险资本，由专门从事科技风险投资的专家型人才管理，为其推荐、评估投资项目的企业。其主要从事以下业务：

（一）接受委托管理科技风险投资项目；

（二）受科技风险投资公司和其他投资主体委托，经营其风险资本；

（三）为科技风险投资公司提供项目推荐和评估等服务；

（四）提供投资、融资咨询服务；

（五）法律、法规许可的其他业务。

第七条　科技风险投资可以设立科技风险投资基金的方式进行，按照法律、法规规定的审批程序设立，成立或委托相应的基金管理机构按有关规定进行运作。

第八条　设立科技风险投资公司和科技风险投资管理公司，应当按照本规定制定章程，报送申请文件，依法办理注册登记手续。

第九条　科技风险投资机构要完善内部管理制度，强化激励和约束机制。建立严格的项目评估筛选程序，实行科学决策，有效规避投资风险。科技风险投资机构必须精干高效，主要管理人员要具有金融、技术、管理知识和相应的业务能力。无不良记录，并愿意为业务损失承担相关责任。可以采取鼓励经营管理人员出资持股或给予股份、期权等形式调动其积极性，同时明确其对渎职、重大失误等行为承担的责任。

第十条　区外科技风险投资机构向区内高新技术企业、科技型中小企业投资占被投资企业注册资本25%（含25%）以上，投资经营期10年以上的，自被投资企业变更登记之日起，投资生产性企业的，免征区外投资部分新增的企业所得税5年；投资非生产性企业的，免征区外投资部分新增的企业所得税3年。

第十一条　鼓励各类中介服务机构积极参与我区的科技风险投资活动，提供专业服务，利用多种渠道为我区引进科技风险投资资金、科技风险投资管理人才、高科技人才和高新技术项目。中介服务机构从事与科技风险投资有关的咨询、代理、居间服务所取得的收入，比照享受高新技术企业相关优惠政策。

第十二条　各级政府要对科技风险投资机构给予支持，可为组建科技风险投资机构安排一定的引导资金。对风险投资机构投资的高新技术产业化项目，优先列入政府支持的科技计划，并优先安排扶持资金和贷款贴息。对符合条件的，优先支持上市或发行企业债券。

第十三条　积极培育我区技术产权交易市场，加强股权流通的基础性交易平台建设，拓宽科技风险投资的退出渠道，形成科技风险投资的良性循环。科技风险投资机构可以通过企业并购、股权回购、技术产权交易、股票市场上市等方式退出并变现其科技风险投资。

（一）允许科技企业将部分股权或全部股权向其他企业或个人转让，鼓励非银行金融机构、上市公司、产业投资基金和其他公司及个人对高新技术企业的并购；

（二）积极支持企业回购科技风险投资机构在本企业所持股权；

（三）通过我国境内外主板和创业板市场，为我区科技企业上市和交易服务。

第十四条　加强对科技风险投资的宏观指导和行业管理，有效防范风险。

（一）自治区科技行政部门要会同其他有关部门研究制定对科技风险投资主体监管的具体实施办法，规范科技风险投资和技术产权交易活动，严格准入条件和程序，加强对科技风险投资活动监督管理。

（二）根据国家产业政策、技术政策和新疆经济结构调整战略目标，定期制定和发布科技风险投资项目（领域），引导创业资本投向。鼓励多途径引进科技风险投资人才，加强对区内风险投资从业人员的培训工作，提高风险投资业务人员的综合素质。

第十五条　自治区科技行政部门负责组织实施本规定。自治区工商行政管理部门负责科技风险投资机构的注册。

第十六条　本规定由自治区科技厅负责解释。

第十七条　本规定自公布之日起施行。

湖南省

湖南省技术市场条例

2004年4月1日湖南省第十届人民代表大会常务委员会第八次会议通过
湖南省人大常委会　2004年4月1日颁布，6月1日实施

《湖南省技术市场条例》于2004年4月1日经湖南省第十届人民代表大会常务委员会第八次会议通过，现予公布，自2004年6月1日起施行。

湖南省人民代表大会常务委员会
2004年4月1日

第一章　总　则

第一条　为规范技术交易行为，繁荣技术市场，保障技术交易当事人的合法权益，促进科技成果转化，推动技术进步和经济发展，根据《中华人民共和国促进科技成果转化法》、《中华人民共和国合同法》等法律的有关规定，结合本省实际，制定本条例。

第二条　自然人、法人或者其他组织在本省行政区域内从事技术开发、技术转让、技术咨询、技术服务等技术交易活动以及其他与技术市场相关的活动，应当遵守本条例。

涉及国家安全、国家秘密的技术交易，按照国家有关规定办理。

第三条　鼓励开展有益于经济建设、社会发展的技术交易和技术信息交易；鼓励境外、省外组织和个人进入本省技术市场从事技术交易活动。

技术交易活动不受地域、行业、隶属关系、经济性质和专业范围的限制。技术交易当事人的合法权益受法律保护。

第四条　各级人民政府应当支持和鼓励为经济建设和社会发展服务的技术交易活动，促进技术市场的发展。

第五条　县级以上人民政府科学技术行政部门负责本行政区域内技术交易活动的监督管理工作。

第六条　在发展技术市场与技术交易活动中做出突出贡献的单位和个人，由人民政府或者有关主管部门给予表彰、奖励。

第二章　技术市场规范

第七条　技术交易活动应当遵循自愿、平等、互利、诚信的原则。

第八条　从事技术交易活动的技术交易机构应当依法进行工商登记注册，并在登记注册之日起三十日内报所在地人民政府科学技术行政部门备案。

第九条　技术交易双方可以直接交易，也可以通过中介方进行交易。

技术交易活动可以通过技术交易会、洽谈会、信息发布会、招标会、科技集市、常设技术市场、网上技术市场等多种方式进行。

第十条　技术交易出让方必须是所提供技术的合法持有者，并保证其所提供技术的真实性、

可靠性；中介方应当保证所提供技术信息的真实性和来源的合法性；受让方应当按照合同约定使用技术，支付费用。

第十一条 在技术交易活动中，禁止下列行为：（一）侵犯他人专利权和技术秘密；（二）假冒、冒充专利技术；（三）提供虚假技术信息、检测结果、评估报告；（四）做虚假广告、宣传；（五）串通招标、投标；（六）以欺诈、胁迫的手段订立技术合同，损害国家利益；（七）法律、法规禁止的其他行为。

第十二条 提倡采用国家统一制定的技术合同文本订立技术合同。

第三章 技术市场服务

第十三条 鼓励兴办技术交易中介服务机构，为技术交易活动提供场所、技术信息、技术论证、技术评估、技术经纪、技术产权交易、技术招标代理等服务。

第十四条 技术交易中介服务机构的设立必须具备下列条件：（一）有组织章程；（二）有明确的技术交易服务范围；（三）有与服务范围、规模相适应的专业技术人员；（四）有固定的场所和必需的资金、设施；（五）法律、法规规定的其他条件。

第十五条 从事技术交易的经纪人员和科技评估人员，应当具备专业知识，按照国家有关规定取得相应资格。

第十六条 从事技术交易的经纪人员在经纪活动中，应当提供客观、公正、准确、高效的服务，将定约机会和交易情况如实、及时地提供给当事人各方，真实反映当事人各方的履约能力、知识产权等情况，按照约定为当事人保守技术秘密。

第十七条 技术市场各类协会应当加强对会员的职业道德教育、行为规范以及执业技能培训等自律性管理，提供技术交易信用服务，定期公布技术交易当事人的信誉信息。

第十八条 鼓励设立技术产权交易机构，依法开展技术成果入股、高新技术企业产权转让、高新技术企业的增资扩股以及含有技术参与的并购业务，促进技术成果与其他资本的结合。

第四章 技术市场发展

第十九条 各级人民政府及有关部门应当加强对技术市场的培育、扶植、指导、监督，促成行业自律，创造公平竞争、规范有序的技术市场环境。

第二十条 企业支付的技术价款、报酬、使用费或者佣金，可以一次或者分期摊入成本。

事业单位支付技术价款、报酬、使用费或者佣金，可以在事业费支出中列支。

第二十一条 技术交易当事人可以申请省、市（州）人民政府科学技术行政部门对其技术合同是否符合国家和本省规定的享受优惠政策条件进行认定。省、市（州）人民政府科学技术行政部门对符合条件的技术合同，出具认定证明；对不符合条件的，书面答复申请人，并说明理由。认定技术合同不得收费。

技术交易当事人持技术合同认定证明，向税务部门提出申请，经核定，其技术交易的收入享受国家规定的税收优惠政策。

禁止利用无效技术合同或者虚假技术合同，以及使用其他不正当手段骗取技术合同认定证明。

第二十二条 技术交易中介服务机构从事与技术开发、技术转让相关的技术中介服务的收入，可以视同技术开发、技术转让收入，按照科研机构待遇享受国家及本省规定的优惠政策。

前款规定享受优惠政策条件的认定按照第二十一条第一款规定的程序办理。

中介方可以按照合同约定收取佣金。

第二十三条　转让职务技术成果的单位应当从技术交易的净收入中提取不低于百分之三十的比例，奖励直接参加技术研究、开发做出重要贡献的人员。

技术受让方应当按照省人民政府的规定，从实施该项技术新增留利中提取奖酬金，奖励为实施技术做出重要贡献的人员。

第二十四条　在职人员由单位组织或者经单位同意，到外单位进行技术开发或者技术服务，所得报酬与单位分成的，个人所得比例由个人和单位议定，但不得低于百分之三十。在职人员可以以个人的非职务技术成果到企业入股，按照股份分享收益。

专业技术人员利用业余时间和本人的物资、技术条件从事技术交易活动的，所得收入归个人所有，但不得侵害单位和他人的技术权益。

第二十五条　各级人民政府应当采取措施扶持农村技术市场的发展。

农业实验示范单位（基地）、农业技术推广服务站和农村专业技术协会开发和推广农业科技成果，其技术交易收入按照国家对科研机构的有关规定享受税收优惠待遇。

第二十六条　技术交易统一使用税务部门监制的专用技术交易发票。

第二十七条　省人民政府和辖有民族自治地方的市人民政府及其有关部门应当支持民族自治地方建立和完善科技推广机构和服务体系，优先安排民族自治地方的科技新产品开发和科技成果推广项目。

第二十八条　县级以上人民政府安排必要的资金，用于技术市场基础设施建设，支持技术市场发展。

省、市（州）人民政府可以根据本地区实际情况，引导和扶持建立综合性或者专业性常设技术市场。

第二十九条　县级以上人民政府科学技术行政部门应当建设技术市场信息网络平台，拓宽信息渠道，收集、发布技术成果供求信息，发展网络技术市场和网络技术交易。

第五章　法律责任

第三十条　违反本条例第十一条第（一）项、第（二）项、第（四）项、第（五）项、第（六）项、第（七）项和第二十一条第三款、第二十四条第二款规定的，依照有关法律法规的规定处罚。

第三十一条　违反本条例第十一条第（三）项规定，提供虚假技术信息、检测结果、评估报告的，由县级以上人民政府科学技术行政部门责令改正，没收违法所得，可以并处违法所得一倍以上三倍以下的罚款；技术交易中介服务机构或者从事技术交易的经纪人员提供虚假技术信息进行技术中介情节严重的，由有关主管部门依法撤销机构或个人的技术经纪从业资格。给当事人造成损失的，依法承担民事责任。

第三十二条　有关行政管理部门工作人员玩忽职守、滥用职权、徇私舞弊、收受贿赂的，依法给予行政处分；构成犯罪的，依法追究刑事责任。

第六章　附　则

第三十三条　本条例自2004年6月1日起施行。1993年1月6日湖南省第七届人民代表大会常务委员会第三十二次会议通过的《湖南省技术市场管理条例》同时废止。

湖北省

湖北省人民政府办公厅转发省经济委员会等部门《关于加快建立全省中小企业信用担保体系意见》的通知

鄂政办发〔2004〕77号

各市、州、县人民政府，省政府各部门：

省经济委员会、省财政厅、省工商行政管理局、中国人民银行武汉分行《关于加快建立全省中小企业信用担保体系的意见》，已经省人民政府同意，现转发给你们，请认真贯彻执行。

湖北省人民政府办公厅

二〇〇四年六月七日

关于加快建立全省中小企业信用担保体系的意见

为指导和推动中小企业服务体系建设，切实解决中小企业融资难、担保难特别是贷款难问题，促进中小企业发展，根据《中华人民共和国担保法》（以下简称《担保法》）和《中华人民共和国中小企业促进法》（以下简称《促进法》）的有关规定，按照省委、省政府的指示精神，现就加快建设全省中小企业信用担保体系，提出如下意见。

一、加快全省中小企业信用担保体系建设的目标和原则

（一）全省中小企业信用担保体系建设目标

根据《国务院关于鼓励和促进中小企业发展的若干政策意见》（国办发〔2000〕59号）和全省经济工作会议精神，各地要加快推进中小企业信用担保体系建设，全省力争用2年～3年时间，逐步形成以政府出资为主的中小企业信用担保机构为主体、商业性担保机构、互助担保和再担保机构为补充的担保体系，切实解决好我省中小企业融资难问题。为了切实加快全省中小企业信用担保体系建设，在促进现有担保机构规范运作，健康发展的基础上，确定如下目标：

1. 2004年全省各市州、20个扩权县（市）要组建中小企业信用担保机构并开展担保业务；

2. 2005年尚未成立信用担保机构的县（市）要建立中小企业信用担保机构；

3. 2006年进一步完善和规范全省信用担保机构和再担保机构，形成比较完备的中小企业信用担保体系。

（二）建立中小企业担保体系的原则

1. 支持发展与防范风险相结合的原则；

2. 政府扶持与市场化操作相结合的原则；

3. 开展担保与提高信用相结合的原则；

4. 自我完善与政府部门监管、行业自律相结合的原则。

（三）中小企业担保的性质

1. 中小企业信用担保，是指依法登记注册的中小企业信用担保专门机构与债权人（包括银行等金融机构）约定，当被担保人不履行或不能履行主合同约定债务时，由担保机构承担约定的责任或履行债务的行为。

2. 中小企业信用担保属《担保法》规定的保证行为，各种中小企业信用担保机构均属非金融机构，一律不得从事财政信用业务和金融业务。

3. 以政府出资为主建立的中小企业信用担保机构，要实行政企分开和市场化运作，各级政府部门一律不得干预和具体操作担保业务。此类担保机构一般不以营利为主要目的，其担保资本金以政府资助为主。

4. 中小企业信用担保机构依合同约定，承担一般保证责任或连带责任。

二、中小企业信用担保机构的形式、担保对象和担保种类

（一）中小企业信用担保机构的形式

依据《担保法》和有关法律规定，中小企业信用担保机构的法律形式可以是：以政府全额出资组建的不以营利为目的的事业单位法人和信用担保有限责任公司（含政府参股）形式的企业法人。

（二）中小企业信用担保的对象

中小企业信用担保的对象为需要进行担保，符合国家产业政策，有产品、有市场、有发展前景，有利于技术进步与创新的技术密集型和扩大城乡就业的劳动密集型的各类中小企业。

（三）中小企业信用担保的保证种类

中小企业信用担保种类主要包括中小企业短期银行贷款、中长期银行贷款、融资租赁以及其他经济合同的担保。在中小企业信用担保机构建立初期，应重点为中小企业短期银行贷款提供担保，严格控制中长期贷款担保。

三、中小企业信用担保机构的资金来源及筹措办法

（一）担保机构的资金来源主要有：政府预算拨款、会员入股、风险保证金、国内外捐赠、其他来源。

（二）担保机构应积极拓宽资金渠道。除政府出资外，还应广泛吸引民间资本，形成担保机构的多元投资主体。各级政府及其担保管理部门对担保机构要给予政策扶持，应根据当年财政预算平衡的要求和担保机构业务的开展情况，安排一定规模的担保资金纳入当年财政预算。省财政筹措1亿元资金，按与地方1:2配套的原则，借给20个扩权县（市），用于支持建立中小企业信用担保机构，每个扩权县（市）要想办法将配套资金落实到位。其他各市（州）县（市）要积极筹措资金，加快建立信用担保机构。

（三）政府安排的担保资金可作为担保机构的资本金，也可以担保基金的形式委托担保机构运作。担保基金的委托人与代理人应签订委托协议书，确定双方的权利与义务。接受委托的担保机构，应建立担保基金的专门账户，将担保基金与担保机构自身的业务分开，单独核算。

（四）各地应以遵循市场经济规律，实行社会化募股、市场化运作、企业化经营的运作机制，筹措担保资金，不断提升担保机构的能力。

四、中小企业信用担保机构的设立

（一）担保机构的设立应具备以下条件

设立信用担保机构应当符合《担保法》、《公司法》及《公司登记管理条例》或《事业单位登记管理暂行条例》规定的基本条件，并依法向登记机关申请登记注册，领取营业执照（登记证）后始得营业。

（二）担保机构的设立须经核准

依据《促进法》、《国务院办公厅关于鼓励和促进中小企业发展的若干政策意见》(国办发〔2000〕59号)、原国家经贸委《关于建立中小企业信用担保体系试点的指导意见》(国经贸中小企业〔1999〕540号)和《关于建立全国中小企业信用担保体系有关问题的通知》(国经贸中小企业〔2001〕198号)文的规定，由政府出资或部分政府出资设立的担保机构以及其他形式的担保机构，均须经同级政府或政府授权部门进行核准。

（三）申请设立担保机构，应向政府授权核准部门提交申请书和可行性研究报告，经初审合格后，再提交以下资料：

（1）担保机构的章程；

（2）股东名册、出资额及所占股份；

（3）股东资信证明；

（4）拟任职的高级管理人员的简历和资格证明；

（5）法定验资机构出具的验资证明；

（6）经营方针和计划；

（7）营业场所和与业务有关的其他设施的资料；

（8）政府授权审批部门要求提供的其他文件和资料。

（四）经核准设立的担保机构，应依照法律及有关规定办理注册，经登记注册后，方可开展业务。

五、中小企业信用担保机构的职能和业务程序

（一）中小企业信用担保机构的主要职能是对被担保者进行资信评估，开展担保业务，实施债务追偿。

在组建中小企业信用担保机构时，可按上述职能设立内部机构。

（二）中小企业信用担保程序

1. 由债务人提出担保申请，并附债权人签署的意见；

2. 进行资信评估与担保审核；

3. 在债权人与债务人签订主合同的同时，由担保机构与债权人签订保证合同，需要时，担保机构与债务人签订反担保合同；

4. 按约定支付担保费；

5. 主合同履约不能，由担保机构按约定代偿；

6. 担保机构实施追偿。

六、协作银行的选择和担保资金的管理

（一）协作银行的选择

1. 各担保机构应选择有积极性和资信度好的商业银行（包括国有商业银行、股份制商业银行、城市商业银行、城市信用社和农村信用合作社以及经批准可以经营人民币存贷款业务的非银行金融机构、外资银行等)，作为开展中小企业信用担保业务的协作银行。

2. 担保机构应与协作银行签订协作合同，明确保证责任形式、担保资金的放大倍数、责任分担比例、资信评估标准等内容。

（二）担保资金的管理

担保资金按照直接担保业务与授信担保业务分别进行管理。

1. 从事直接担保业务的担保机构，按照与协作银行确定的担保放大倍数和代偿率的乘积的一定比例，将担保资金存入协作银行。

2. 从事授信担保业务的担保机构和托管的政府担保资金，按照确定的担保放大倍数和代偿率的乘积的一定比例，存入承办授信担保业务的协作银行。

3. 担保机构的资金主要用于为中小企业提供信用担保，剩余资金可用于购买国债、金融债券等。

4. 担保机构非货币形态的担保资金按国家有关规定进行管理。

七、担保机构的担保业务收费

1. 为减轻中小企业的融资成本，担保机构的担保收费标准一般控制在同期银行贷款利率的50%以内。严禁提高收费标准和乱收费，具体收费标准由同级政府有关部门审批。

2. 商业性担保机构和企业互助担保机构从事担保业务的收费标准，经同级政府物价部门审批可在上述标准基础上适当浮动。

八、风险控制与责任分担

（一）风险控制

担保机构必须全面加强风险控制，建立健全风险防范的各项措施。

1. 担保放大倍数一般控制在3倍～5倍以内，最高不得超过10倍。具体担保倍数由担保机构和协作银行协商确定。担保机构对单个企业提供的担保责任金额，最高不超过担保机构自身实收资本的10%。

2. 担保机构应建立严格的担保评估制度，配备各类专业人才，加强对担保项目的风险评估审查，建立科学严格的决策程序，切实防止盲目决策，要加强对担保项目的跟踪问效，完善对投保企业的事前评估，事中监控，事后追偿与处置机制。

3. 担保机构应按当年担保费的50%提取未到期责任准备金，按不超过当年末担保责任余额1%的比例以及所得税后利润的一定比例提取风险准备金，用于担保赔付。风险准备金累计达到担保责任金额的50%后，实行差额提取。

（二）责任分担

1. 债权人与担保机构之间的责任分担。按照“利益共享、风险共担”的原则，担保机构可以对银行贷款进行部分担保和全额担保，担保责任分担比例由担保机构与协作银行协商。

2. 担保机构与债务人之间的责任分担。以扶持发展与防范风险相结合的原则，认真落实抵押、质押等反担保措施，防止被担保人随意逃废债务和转嫁风险。担保合同要明确反担保条款。

九、加强担保机构的信用制度建设

1. 担保机构要遵循“诚实信用、公平竞争”的原则，依法开展担保业务，自觉接受经委、财政、工商等有关部门的监督管理。

2. 担保机构要建立内部财务会计制度，确保会计资料真实完整。要严格按照国家统一的会计制度规定进行会计核算，不得账外设账，不得授意、指使、强令会计人员违法办理会计事项，禁止一切弄虚作假的行为。

3. 担保机构要强化信用意识，按照与协作银行签订的合作协议，自觉承担相关责任，逐渐树立在社会中的良好信用形象。

4. 建立担保机构信用等级评价制度。政府有关部门应要求有资质的资信评估机构对担保机构的业务管理、担保能力、责任能力、担保前景等进行评定，确定其信用等级，并将其信用信息及时通报给金融、工商、税务等有关部门。

5. 加强监督管理。各级政府要将担保机构的信用制度建设纳入到当地信用环境专项治理工作中，引导担保机构增强信用观念，并探索建立担保业行业自律组织或监管机构，加强对担保业的行为规范和监督管理，加强担保机构间的信息交流和合作，促进担保业发展壮大，更好地为中小企业融资提供便利。

十、担保机构的税费优惠政策

1. 根据《国务院办公厅转发国家经贸委关于鼓励和促进中小企业发展若干政策意见的通知》（国办发〔2000〕59号）、《国家税务总局关于中小企业信用担保、再担保机构免征营业税的通知》（国税发〔2001〕37号）和国家发展改革委、国家税务总局《关于继续做好中小企业信用担保机构免征营业税有关问题的通知》（发改企业〔2004〕303号）规定，对被国家发展和改革委员会批准并公布的非营利性中小企业信用担保、再担保机构，其从事担保业务收入，3年内免征营业税。

2. 根据《国务院办公厅转发国家经贸委关于鼓励和促进中小企业发展若干政策意见的通知》（国办发〔2000〕59号）精神，各有关部门要降低中小企业贷款抵押物品登记收费标准。为减轻中小企业负担，我省贷款抵押物品登记收费标准，在原标准基础上降低50%。

十一、创新担保方式

各担保公司应全面加强与金融机构的合作，扩大与金融机构的合作范围空间，探索多渠道、多途径支持中小企业发展的新路子，尝试和推广与保险公司和有关国家银行的合作，允许中小企业用自有资产对担保机构实行反担保，对提供贷款担保有困难的中小企业，可以采取保证、抵押、质押组合担保方式，也可以依法开展多种形式的互助性融资担保尽量满足中小企业融资需求。各担保公司要积极努力地工作，不断提高工作效率。要积极创新担保机构的新业务，不断拓展担保服务新领域。

十二、加强对担保机构的服务指导和监督，促进全省信用担保体系的健康发展

建立和完善中小企业信用担保体系，是各级政府为中小企业服务的一项重大举措。各级经委、财政、工商和人民银行要充分发挥职能作用，加大对担保机构的服务力度，加强对担保机构的政策引导、规范管理和监督。各担保机构要定期向各级经委和财政上报有关业务开展情况。各级经委、财政对发现的问题，要采取有效措施及时处理，重大问题应报告当地政府和上级有关部门。同时，要不断研究新情况，解决新问题，推广新经验。要加强信用担保机构的行业自律和维权制度建设，在适当的时候成立“湖北省中小企业信用担保协会”。要建立担保工作考核表彰制度，对信用担保工作做得好的单位和个人，要进行表彰。要采取得力措施，以求真务实的作风、勇于创新的精神，将我省中小企业信用担保机构建设和管理工作提高到一个新的水平，为全省经济发展和改革开放作出新的更大的贡献。

省经委
省财政厅
省工商局
中行武汉分行
二〇〇四年四月二十三日

湖北省人民政府办公厅转发《省科技厅关于湖北省鼓励高校和科研机构科技人员创业的若干规定》的通知

鄂政办发〔2004〕95号

各市、州、县人民政府，省政府各部门：

《省科技厅关于湖北省鼓励高校和科研机构科技人员创业的若干规定》已经省人民政府同意，现转发给你们，请结合实际，遵照执行。

二〇〇四年七月八日

省科技厅关于湖北省鼓励高校和科研机构科技人员创业的若干规定

为了鼓励高等院校、科研机构科技人员创办、领办科技型企业，转化科技成果，调动科技人员创新、创业积极性，大力实施“科教兴鄂”战略，现制定以下规定：

1. 鼓励和支持高校、科研机构科技人员利用科技知识、科研成果、知识产权和信息离岗创办科技型企业或科技中介服务企业。离岗期限由高校和科研机构与离岗人员签订书面协议确定。离岗期限一般为三年，期间的工资、医疗、意外伤害、社会保险等各种待遇，由其创办的企业负责，原单位负责其档案工资调整、年度考核等事宜。实行人员竞争上岗的高校和科研机构，应允许离岗创业者在规定期限内回原单位竞争上岗，重新上岗后享有与连续工作人员同等的工资福利和退休待遇。科技人员离岗期满后回原单位的具体事项，参照有关规定办理。

2. 创办科技型企业的高校、科研机构科技人员，可按正常程序申报晋升专业技术职务，对国家作出较大贡献或业绩特别突出的，可按规定优先选拔为各类专家。

3. 高校、科研机构科技人员按《公司法》规定设立有限责任公司，申请注册资本在50万元以下的，可试行注册资本分期到位。以高新技术成果投资兴办科技型企业或出资入股的，其作价出资额可占企业注册资本（金）的35%，超过这一比例的，按国家有关规定执行。

4. 高校、科研机构承担政府科研项目所形成的职务科技成果，在一年内，单位可先以无偿方式许可成果完成人离岗实施成果产业化，使用期为两年。在该期间内，科技成果完成人享有优先购买权，或期满后与单位另签协议。

5. 高校、科研机构承担政府科研项目所形成的职务科技成果，一年内未实施转化的，在不变更职务成果权属的前提下，由成果完成人创办企业转化的，创办企业实施人可拥有该成果在企业中享有股权收益的70%；非成果完成人创办企业转化本单位他人职务成果的，可拥有该成果在企业中享有股权收益的40%。两年以后仍未转化的，其权属不变，成果完成人自办企业实施转化的，可拥有该成果在企业中享有股权收益的80%；非成果完成人创办企业转化的，该成果在企业中享有股权收益的60%奖励给创办企业实施人。上述创办企业实施人享有的股权收益年限一般为五至十年，具体年限和比例由高校、科研机构与创办企业实施人约定。鼓励高校、科研机构向创办企业实施人转让职务科技成果产权。

6. 由高校、科研机构出资或其他资金来源进行研发的职务科技成果实施产业化的可参照本规定的第4、5条的规定执行。

7. 高校横向科研课题在项目完成后的节余经费，允许用于该项科技成果转化而兴办的科技企业的注册资本金。成果完成人可享有该注册资本（金）对应股权的80%，学校享有20%。

8. 对高校、科研机构科技人员创办科技企业，经有关部门认定的高新技术企业、软件企业、符合国家规定的高新技术产品出口企业，按照相关规定享受财税优惠政策。

9. 鼓励和支持高校、科研机构的在读研究生和拥有科技成果的大学生停学从事科技型企业或创办科技中介机构，停学期限一般不超过2年。高校学生毕业当年，经学校和成果完成人同意，可无偿实施由政府资助的科研成果产业化，并可在无偿使用期两年内优先购入科研成果产权或按有关规定与学校另签成果转化协议。企业在注册、税收、银行贷款按现行有关规定优惠办理。

10. 鼓励高校、科研机构的科技人员进入各类科技企业孵化器、创办各类科技型企业，各孵化器要提高运行质量，为科技型企业提供良好的设施和服务。经认定的省级创业孵化机构及其在孵企业，三年内所缴纳的各项税收的地方所得部分，由财政按规定返还。在试点的基础上，建立省科技企业孵化器创业种子资金，主要用于对在孵企业的创业投资和在孵项目的资助。

11. 积极促进高校、科研机构与高新区“双高对接”。鼓励、支持高校、科研机构与省内高新园区通过转化成果、合作开发、联办企业、共建研发与中介服务机构、建立科技产业基地等多种方式，发展战略合作关系。省直有关部门和高新园区所在市要积极搭建“双高对接”的平台，优先扶持产学研合作项目。协助落实引进项目与人才、融资与基础设施建设等工作。

12. 科技人员创办的各类科技型企业及科技中介服务企业，应当贯彻“自愿组合、自筹资金、自主经营、自负盈亏、自我约束、自我发展”的原则，遵守国家的法律法规，维护各利益关系人的合法权益。

海南省

海南经济特区促进私营个体经济发展条例

2004年5月28日海南省第三届人民代表大会常务委员会第十次会议通过
海南省人大常委会　2004年6月1日颁布，7月1日实施

海南省人民代表大会常务委员会公告第10号

《海南经济特区促进私营个体经济发展条例》已由海南省第三届人民代表大会常务委员会第十次会议于2004年5月28日通过，现予公布，自2004年7月1日起施行。

海南省人民代表大会常务委员会
2004年6月1日

第一章　总　则

第一条　为了创造私营、个体经济与其他经济成份平等竞争、共同发展的良好环境，保护私营企业、个体工商户的合法权益，促进私营、个体经济快速健康发展，根据宪法和有关法律、法规的规定，结合本经济特区实际，制定本条例。

第二条　私营、个体经济是社会主义市场经济的重要组成部分。私营、个体经济与公有经济地位平等。

私营企业、个体工商户合法的财产权、继承权和其他权益受法律保护，任何组织和个人不得侵犯。

第三条　各级人民政府应当把私营、个体经济发展纳入本地区国民经济和社会发展计划，解决私营、个体经济发展中的问题，为其提供良好环境和优质服务。

第四条　本经济特区外的投资者在本经济特区开办私营企业或者从事个体经营，与本经济特区投资者享有同等待遇。农村居民在城镇开办私营企业、从事个体经营，与城镇居民开办私营企业、从事个体经营享有同等待遇。

第二章　设立与经营

第五条　私营企业由县级以上工商行政管理部门直接核准登记或者委托辖区工商所核准登记；个体工商户由辖区工商所直接核准登记。对符合登记条件的申请，工商行政管理部门应当自收到申请之日起5个工作日内发给营业执照。

对合法经营的农村流动性小商小贩，免于工商登记和收取有关税费。

香港特别行政区、澳门特别行政区和台湾地区居民可以凭有效证件申请办理个体工商户登记。

第六条　申请设立科技型私营有限责任公司，最低注册资本为人民币3万元。申请设立其他类型的私营有限责任公司，最低注册资本为人民币10万元。申请设立特定行业的有限责任公司，法律、行政法规对最低注册资本额另有规定的，依照其规定。以工业产权、非专利技术作价出资的金额最高可占注册资本的60%。

私营企业申请设立企业集团，母公司注册资本不少于人民币2 000万元，并至少拥有3家子公

司；母公司和其子公司的注册资本总和不少于人民币3 000万元。

第七条　私营企业的注册资本可以分期缴付。登记后1个月内注入的首期出资应当不少于注册资本总额的10%，1年内注入的出资不少于注册资本总额的50%，最后一期出资应当在登记后3年内注入。

私营企业在规定期限内不能缴足注册资本的，应当办理减少注册资本变更登记或者注销登记。

第八条　凡法律、行政法规未禁入的基础设施、公用事业以及其他行业和领域，私营企业、个体工商户均可投资和经营。

私营企业、个体工商户投资的项目，不须经投资主管部门审批立项。法律、行政法规另有规定的，依照其规定。

第九条　私营企业、个体工商户在登记注册时，对于法律、法规允许经营的行业和项目，可以不限定经营范围、经营方式。

私营企业、个体工商户依法提出经营许可申请的，政府主管部门应当自接到申请之日起20个工作日内作出许可或者不予许可的决定；不予许可的，应当书面说明理由。

第十条　政府有关部门在对私营企业、个体工商户进行登记、注册和实施其他许可以及进行年审、年检或者验照、验证时，不得设置法律、行政法规、地方性法规规定以外的前置审批条件或者其他附加条件，不得收取法律、行政法规规定以外的任何费用。

第十一条　对登记注册为集体所有或者国家所有但经核实属于私营性质的企业，登记机关应当依照国家有关规定办理企业性质变更登记。按照规定需要进行企业产权界定的，政府有关部门应当及时组织产权界定，并出具证明文件。

第三章　鼓励与扶持

第十二条　鼓励国家机关、事业单位、国有企业的分流下岗人员，转业、复员、退伍军人，大中专毕业生、研究生及留学归国人员开办私营企业、到私营企业工作或者从事个体经营，其档案由公共职业介绍机构或者原单位代管，工龄连续计算。

第十三条　私营企业、个体工商户在投资、融资、税收、土地使用、对外贸易、获取信息、参与政府采购和招标投标、高新技术企业认定、申报政府计划项目、科技奖励、取得许可证和资质等级证书以及引进人才等方面，享受与其他企业同等的待遇。

第十四条　各级人民政府可以将依法设立的中小企业发展基金用于私营企业、个体工商户创业辅导、信用担保、技术创新、人员培训、信息咨询、市场开拓等方面的扶持。

政府及其有关部门对中小企业采取资金支持、创业扶持等促进措施时，应当公开、透明，平等地对待包括私营企业在内的各类中小企业。

第十五条　政府出资设立的中小企业信用担保机构应当为符合条件的私营企业、个体工商户提供融资担保。

境内外企业和个人可以依法设立信用担保企业或者机构，为私营企业、个体工商户提供融资担保。

商会、协会可以成立为其会员提供融资担保的服务机构。

第十六条　境内外企业和个人可以依法设立融资租赁公司，为私营企业、个体工商户提供融资租赁服务。

第十七条　私营企业、个体工商户采用参股、控股、兼并、收购等形式参与国有、集体企业改制的，享受本经济特区相关优惠待遇。原企业已取得的各项行政许可和注册商标不因改制而取消。

依照法律、法规规定需要办理变更手续的，应当及时办理。

第十八条　鼓励私营企业建立现代企业制度。有条件的私营企业可以实行股份制改造。

对具备上市条件、要求直接融资的私营企业，政府有关部门应当积极指导和协助其进行规范化股份制改造，为其申请、推荐上市或者发行债券提供服务。

第十九条　鼓励、扶持私营企业、个体工商户开发、培育名牌产品，创立著名商标和驰名商标。

私营企业、个体工商户生产的产品被认定为驰名商标或者中国名牌产品的，由省人民政府及市、县（区）、自治县人民政府给予特别奖励；对被认定为省著名商标或者省名牌产品的，由市、县（区）、自治县人民政府给予奖励。

私营企业、个体工商户生产的产品，经申请认定为发明专利新产品和国家级、省级新产品的，按照国家和本省有关规定享受优惠待遇。

第二十条　对有重大发明、重大科技成果和在招商引资、人才引进方面做出重大贡献的私营企业、个体工商户及其从业人员，由省和市、县（区）、自治县人民政府给予奖励。

第二十一条　失业人员开办的私营企业，当年招收失业人员或者安置残疾人员达到有关规定比例的私营企业，高新技术私营企业，在少数民族地区、贫困地区开办的私营企业，按照有关规定享受税收减免及其他优惠待遇。

第二十二条　私营企业、个体工商户投资下列项目，按照有关规定享受税收优惠待遇：

（一）港口、码头、公路、电站、水利等基础设施；

（二）工业项目；

（三）开发利用废水、废气、废渣等废弃物；

（四）技术转让、技术开发及相关的技术咨询、技术服务项目；

（五）国家和本省规定的其他投资项目。

第二十三条　对符合条件的农产品运销、加工、科技等私营龙头骨干企业的技术改造贷款，可以享受财政贴息等扶持农业企业的优惠政策。对其为农户提供培训、营销服务以及研发引进新品种新技术，开展基地建设和污染治理的，可以给予财政补助。允许各类私营农业企业和农业科技企业申请使用有关农业科技研发、引进和推广等资金。

第二十四条　私营企业、个体工商户依法从事货物进出口和技术进出口贸易，其经营的进出口产品符合免检规定的，检验检疫机构应当给予免检待遇。

鼓励私营企业、个体工商户生产出口创汇产品，从境外引进资金、技术和先进的管理方法，进行中外合资与合作经营。对符合国家和本省产业政策的私营企业投资项目，可以使用境外金融组织、机构的贷款。

第二十五条　私营企业、个体工商户依法在境外投资，自有外汇资金不足的，可以依照有关规定向省外汇管理机构申请购买外汇。

私营企业、个体工商户到境外投资的，政府有关部门应当为其办理相关手续，提供相关服务。对需要申请援外合资合作基金或者有关境外中长期贷款贴息的，政府有关部门应当帮助其申报，并协助其办理出口退税、涉外保险等有关手续。

第二十六条　个体工商户每两年办理一次验照。获得国家驰名商标、中国名牌产品、省著名商标、省名牌产品称号的私营企业经原发证机关同意可以每两年办理一次年检。

私营企业、个体工商户因特殊情况不能按期办理年检或者验照的，经原发证机关批准可以延长半年。

第四章　服务与保障

第二十七条　政府有关部门对私营企业、个体工商户申请办理本部门职权范围内的事务，应当在法律、法规规定的期限内办理完毕。需要补充有关材料的，应当一次性书面告知私营企业、个体工商户提交。对不符合条件不予办理的，应当书面说明理由。

第二十八条　省人民政府的联合征信机构应当将私营企业、个体工商户的信用信息纳入全省统一的征信体系，建立信用监督和守信激励、失信惩戒机制。

第二十九条　县级以上人民政府及其有关部门应当建立健全信息通报制度，及时通报国内外市场供需、政策法规和疫病疫情、检验检疫标准等动态，为私营企业、个体工商户提供信息服务。

第三十条　市、县（区）、自治县人民政府应当建设或者支持社会力量投资建设符合当地产业特点的专业、集贸等市场，根据经营季节性时鲜商品的需要划定临时场地，为私营企业、个体工商户提供便利的生产经营场地。

除当地人民政府划定禁止流动经营的区域外，个体工商户可以在适宜的区域内流动经营。

第三十一条　县级以上人民政府及其有关部门组织举办的各类展览会、洽谈会、博览会、交易会、产品技术推介会等经贸活动，应当告知有关私营企业、个体工商户，由私营企业、个体工商户自主决定参加。

第三十二条　私营企业、个体工商户的专业技术人员申请参加专业技术职称（资格）考试或者评审的，有关部门应当平等地予以办理。

第三十三条　私营企业、个体工商户向所在地的科技主管部门申报科技成果评价的，科技主管部门应当及时组织评价。

第三十四条　政府有关部门在办理出境审批或者其他行政许可、审核、鉴定等手续时，凡国有企业、集体企业出具意见即可受理或者办理的事项，私营企业、个体工商户出具意见后亦应当予以受理或者办理。

第三十五条　市、县、自治县人民政府可以制定适应市场经济发展需要、有利于吸引投资和人才的户籍迁入条件，并根据经营年限、经营业绩等情况对外来投资开办私营企业和从事个体经营的人员实行优惠的落户政策。

第三十六条　对在本经济特区开办私营企业或者从事个体经营的人员，各级教育主管部门和有关教育机构应当为其子女就近入园或者入学提供帮助。

第三十七条　私营企业、个体工商户依法取得使用权的土地或者依法取得所有权、使用权的房屋确需征收、征用、拆迁的，有关单位应当依照国家和本省的有关规定予以妥善安置和相应补偿。未予妥善安置或者未足额支付补偿费的，不得征收、征用、拆迁。

因城市规划调整或者变更，政府有关部门撤回、变更已经生效的行政许可，给私营企业、个体工商户造成财产损失的，应当在2个月内给予相应补偿。

第三十八条　省人民政府有关部门和市、县（区）、自治县人民政府及其所属部门不得擅自设定收费项目或者审批收费标准。

各级人民政府应当向私营企业、个体工商户发放省价格主管部门统一制作的行政事业性收费卡或者公布收费目录，列明收费单位、收费项目和收费标准。收费单位不得收取或者摊派收费项目以外的费用。

收费单位向私营企业、个体工商户收取行政事业性费用时，应当出示收费许可证，开具省财政部门统一印制的收费凭证，如实填写收费项目、收费金额、收费单位和收费人员姓名。未出具或者未如实填写的，私营企业、个体工商户有权拒绝交费。

违反本条第一、二款规定向私营企业和个体工商户收取或者摊派费用，有关部门不予退还的，其所属人民政府应当自接到投诉之日起15个工作日内将所收取或者摊派的款项退还私营企业或者个体工商户，然后再向收取或者摊派费用的部门及人员追索。

第三十九条 行政执法人员需要进入私营企业、个体工商户的生产、加工、办公场所和仓库等非公共场所进行执法检查，或者需要私营企业、个体工商户配合检查的，应当出具载明检查时间、内容和人员等的检查通知书和有效证件。未出具检查通知书和有效证件的，私营企业、个体工商户有权拒绝检查。因紧急检查未能出具检查通知书的，有关部门应当于事后及时补送。

无特殊情况，政府有关行政执法部门不得在一年内对同样内容或者同一项目进行重复检查。

第四十条 政府有关行政执法部门及其工作人员在实施检查时，不得收取任何费用、收受索要财物或者接受馈赠和招待。

政府有关行政执法部门对私营企业、个体工商户生产、经营产品的抽查检验应当依法进行，并不得收取检验费用。经检验证明合格的产品，原价值不受影响的应当退还；不能恢复原有价值的，除法律规定可以无偿取样的以外，有关部门应当主动按产品原价值付款。

私营企业、个体工商户的财产未经法定程序，不被查封、扣押、冻结或者没收。

第四十一条 国家机关及其工作人员不得违法要求私营企业、个体工商户到其指定或者变相指定的检测检验机构进行设备设施、产品的检验，不得强制或者变相强制私营企业、个体工商户购买其指定的设备、部件及其他商品或者接受有偿服务。

第四十二条 任何单位和个人不得违法扣缴或者吊销私营企业、个体工商户依法取得的营业执照或者许可证。

工商所实施吊销个体工商户营业执照的行政处罚，应当报所属县级工商行政管理部门批准。

第四十三条 各级人民政府及其有关部门应当积极受理私营企业、个体工商户及其他企业、经济组织的投诉，自接到投诉之日起10个工作日内作出处理意见，或者移送有关主管部门处理。有关主管部门应当在接受移送后的10个工作日内作出处理意见，未能作出处理意见的，应当书面说明理由。

第四十四条 私营企业、个体工商户可以依法成立或者自愿参加自律性组织。任何单位和个人不得强制私营企业、个体工商户加入自律性组织。

私营企业、个体工商户自律性组织依法制订章程和开展活动，做好对会员生产经营活动的指导、服务工作，向政府及其有关部门反映私营企业、个体工商户的意见、建议和要求，协助有关机关调解处理涉及会员的投诉及纠纷，维护会员合法权益。

私营企业、个体工商户自律性组织可以受会员委托，代办有关行政许可等事项和投诉。

第四十五条 私营企业、个体工商户应当依法经营，诚实守信，照章纳税，建立健全财务管理等内部管理制度，提高产品质量和服务质量，确保安全生产，切实保障员工的合法权益。

第五章 法律责任

第四十六条 违反本条例第五条第一款、第九条第二款、第二十七条、第三十二条、第三十三条、第三十四条、第四十三条规定的，责令限期办理，对有关责任人员给予行政警告处分；故意拖延或者刁难私营企业、个体工商户，情节严重的，给予行政记过、记大过、降级或者撤职处分。

第四十七条 违反本条例第十条、第三十九条规定的，责令改正，并根据情节轻重对有关责任人员给予行政警告、记过、记大过、降级或者撤职处分。

第四十八条 违反本条例第三十七条、第四十一条、第四十二条第一款规定的，责令改正，对有关责任人员给予行政警告、记过或者记大过处分；情节严重或者造成恶劣影响的，给予行政降级、撤职处分。

第四十九条 违反本条例第三十八条第一款、第二款和第四十条规定的，责令退还有关款项、财物，解除违法采取的强制措施；对有关责任人员给予行政警告、记过或者记大过处分；情节严重或者造成恶劣影响的，给予行政降级、撤职或者开除处分。

第五十条 国家机关及其工作人员违反本条例规定，滥用职权、徇私舞弊、贪污受贿等构成犯罪的，依法追究刑事责任。

第五十一条 国家机关及其工作人员违法行使行政职权对私营企业、个体工商户的合法权益造成损害的，依照《中华人民共和国国家赔偿法》的规定承担赔偿责任。

第六章 附 则

第五十二条 省人民政府应当根据本条例制定实施办法。

本经济特区以外的省内私营企业、个体工商户参照本条例执行。

第五十三条 本条例具体应用的问题由省人民政府负责解释。

第五十四条 本条例自2004年7月1日起施行。

海南省企业国有产权交易监督管理办法

海南省人民政府令第177号

《海南省企业国有产权转让管理若干规定》已经2004年5月21日海南省人民政府第35次常务会议通过，现予公布，自2004年7月1日起施行。

省长　卫留成

二〇〇四年六月十日

第一条　为培育和发展本省企业产权交易市场，规范企业国有产权交易行为，促进产权合理流动和企业结构调整，优化资源配置，根据国家有关法律、法规和规章，结合本省实际，制定本办法。

第二条　本办法所称企业国有产权交易是指企业国有产权（资产）持有者通过市场依法对整体或者部分产权（资产）进行有偿转让的行为。

第三条　在本省从事企业国有产权交易活动，应当遵守本办法，法律、法规另有规定的除外。

第四条　从事企业国有产权交易活动，应当遵循合法、公开、自愿、等价有偿和诚实信用的原则，依法保护交易双方及有关债权人、企业职工的合法权益，不得损害社会公共利益。

第五条　省国有资产监督管理机构（以下简称省国资机构）负责本省企业国有产权交易的管理、监督和协调工作。各有关部门按照各自的职责，做好有关产权交易的管理工作。

第六条　依法设立海南省产权交易所，负责为企业国有产权交易提供场所、设施和服务，发布产权交易信息，协助交易双方办理有关产权交易手续，并履行相关职责。

第七条　海南省产权交易所应当依照有关规定接受省国资机构的监督管理，按要求报告产权交易的重要情况及定期统计报表。

第八条　经省国资机构选择确定的产权经纪机构，可以进入海南省产权交易所代理企业国有产权的交易。

海南省产权交易所在具备条件时，可以实行会员制。

第九条　本省所属下列企业国有产权转让应当在省国资机构选择确定的产权交易机构中进行交易：

（一）国有独资企业和国有独资公司的产权（包括各类有形资产和无形资产）；

（二）非上市的股份有限公司、有限责任公司和股份合作企业（包括中外合资、合作企业）的国有股权；

（三）政府投资形成的公共设施的特许经营权。

第十条　下列企业国有产权转让可以直接申请在省国资机构选择确定的产权交易机构办理登记：

（一）企业转制，经批准向内部员工转让的国有产权；

（二）经政府批准定向划转、转让的国有产权；

（三）同一授权经营的国有资产营运主体或者投资主体、大型企业以及企业集团的内部国有独资企业或者国有独资公司之间的国有产权划转、转让。

第十一条　下列事项可以委托省国资机构选择确定的产权交易机构办理：

（一）企业资产对外招租；

（二）政府重点投资项目面向社会投资者引资、招股；

（三）非上市股份有限公司的股权托管；

（四）其他与产权交易相关的事项。

第十二条 企业国有产权转让事项应当依法经国资机构或者本级人民政府批准后，方可进行交易。

第十三条 产权交易的转让方或者受让方，可以委托具有资格的经纪机构代理进行产权交易，也可以直接向产权交易机构申请进行产权交易。在同一产权交易中，经纪机构不得同时接受转让方和受让方的代理委托。

第十四条 转让方申请产权交易时，应当提供以下材料。并保证其真实完整：

（一）产权交易申请书；

（二）转让方的身份和资格证明材料；

（三）转让标的的产权权属证明材料；

（四）准予产权转止的有关证明材料；

（五）转让标的的情况介绍及有关报告材料；

（六）转让条件及有关要求或者限制；

（七）法律、法规、规章规定的其他有关材料。

第十五条 产权交易机构应当对转让方提供材料的真实性、合法性进行核查，作出是否受理进场交易的决定，并以书面通知转让方。受理进场交易的，进行挂牌公告和在媒体上公开发布交易相关信息，公开披露的信息应当包括本办法第十四条规定的主要内容。国有产权转让公告期为20个工作日。

第十六条 受让方办理交易申请时，应当提供以下材料，并保证其真实完整：

（一）产权交易申请书；

（二）受让方的身份证明；

（三）受让方的资格、资质证明；

（四）受让方的资信能力证明；

（五）法律、法规、规章规定的其他有关材料。

第十七条 产权交易可以采用协议转让、招标转让、竞价拍卖或者国家法律、行政法规规定的其他方式进行。

第十八条 产权交易过程中出现下列情形之一的，应当终止交易：

（一）因出现不可抗力情形，导致交易标的自然灭失的；

（二）司法机关依法定程序通知终止交易的；

（三）依法应当终止交易的其他情形。

第十九条 转让方与受让方达成交易后，应当签订产权交易合同。交易合同签订后，由产权交易机构审核并向交易双方发出产权成交确认书。交易双方分别凭产权成交确认书及有关材料办理工商变更、土地使用权和房屋所有权变动等相关手续。

第二十条 产权交易机构、产权经纪机构在企业国有产权交易中的收费标准由物价主管部门商省国资机构核定或者按照国家有关规定确定。

第二十一条 企业国有产权交易双方、产权交易机构及有关中介机构违反本规定，有下列行为之一的，依照国家和本省有关规定处理；构成犯罪的，依法追究刑事责任：

（一）恶意串通，进行幕后交易的；

（二）提供虚假报表、报告、意见、证明等交易资料的；

（三）违反交易规则，扰乱正常交易秩序的；

（四）进行国家禁止的产权交易的；

（五）其他违反法律、法规、规章规定进行产权交易的行为。

第二十二条　国资机构和其他有关产权交易行政主管部门及其工作人员违反本规定的，依照有关规定追究责任。

第二十三条　本省非企业国有产权和集体产权的交易，参照本办法的有关规定执行。

第二十四条　海南省产权交易所应当根据本规定和国家有关规定制定交易规则，报省国资机构备案。

第二十五条　本规定具体应用中的问题由省国资机构负责解释。

第二十六条　本规定自2004年7月1日起施行。

深圳证券交易所政策法规文件

深圳证券交易所设立中小企业板块实施方案

2004年5月18日颁布

为了贯彻党的十六届三中全会和《国务院关于推进资本市场改革开放和稳定发展的若干意见》中关于分步推进创业板市场建设的要求，深圳证券交易所制定了设立中小企业板块实施方案并已经中国证监会批复实施，现予颁布：

一、基本原则

1. 审慎推进原则。设立中小企业板块是落实分步推进创业板市场建设要求的具体安排，是基于现有市场条件的改革措施，重在摸索和积累经验。要把推进发展进程和市场可承受能力结合起来，及时化解风险隐患，保持市场稳定运行。

2. 统分结合原则。中小企业板块在主板市场的制度框架下运行，同时又是主板市场中相对独立的板块，要根据相关条件的成熟情况和中小企业板块的运行要求，积极推进制度和技术创新。

3. 从严监管原则。中小企业板块将针对中小企业的风险特点，在发行核准机制、信息披露机制、市场监察机制和交易机制等方面作出适当调整，采取有针对性的监管措施，维护正常的市场秩序。

4. 统筹兼顾原则。中小企业板块的建立要与主板市场的改革开放和稳定发展统筹考虑，积极落实《国务院关于推进资本市场改革开放和稳定发展的若干意见》，促进主板市场和中小企业板块的协调、稳定发展。

二、实施框架

中小企业板块的总体设计，可以概括为“两个不变”和“四个独立”。即在现行法律法规不变、发行上市标准不变的前提下，在深圳证券交易所主板市场中设立的一个运行独立、监察独立、代码独立、指数独立的板块。

1. 两个不变。中小企业板块运行所遵循的法律、法规和部门规章，与主板市场相同；中小企业板块的上市公司符合主板市场的发行上市条件和信息披露要求。

2. 四个独立。中小企业板块是主板市场的组成部分，同时实行运行独立、监察独立、代码独立、指数独立。运行独立是指中小企业股板块的交易由独立于主板市场交易系统的第二交易系统承担。监察独立是指深圳交易所将建立独立的监察系统实施对中小企业板块的实时监控，该系统将针对中小企业板块的交易特点和风险特征设置独立的监控指标和报警阀值。代码独立是指将中小企业板块股票作为一个整体，使用与主板市场不同的股票编码。指数独立是指中小企业板块将在上市股票达到一定数量后，发布该板块独立的指数。

三、制度安排

针对中小企业板块的特点，设立初期先在以下方面做出相应制度安排：

1. 发行制度

中小企业板块主要安排主板市场拟发行上市企业中流通股本规模相对较小的公司在该板块上市，并根据市场需求，确定适当的发行规模和发行方式。

2. 交易及监察制度

针对中小企业板块的风险特征，在交易和监察制度上作出有别于主板市场的特别安排：一是改进开盘集合竞价制度和收盘价的确定方式，进一步提高市场透明度，遏制市场操纵行为；二是完善交易信息公开制度，引入涨跌幅、振幅及换手率的偏离值等监控指标，并将异常波动股票纳入信息披露范围，按主要成交席位分别披露买卖情况，提高信息披露的有效性；三是完善交易异常波动停牌制度，优化股票价量异常判定指标，及时揭示市场风险，减少信息披露滞后或提前泄漏的影响。同时，根据市场发展需要，持续推进交易和监察制度的改革创新。

3. 公司监管制度

针对中小企业板块上市公司股本较小的共性特征，实行比主板市场更为严格的信息披露制度：一是建立募集资金使用定期审计制度；二是建立涉及公司发展战略、生产经营、新产品开发、经营业绩和财务状况等内容的年度报告说明会制度；三是建立定期报告披露上市公司股东持股分布制度；四是建立上市公司及中介机构诚信管理系统；五是建立退市公司股票有序快捷地转移至股份代办转让系统交易的机制。

深圳证券交易所中小企业板块交易特别规定

2004年5月20日颁布

第一条 为规范中小企业板块交易行为，强化对中小企业板块股票交易的监管，制定本特别规定。

第二条 深圳证券交易所（以下简称“本所”）中小企业板块股票（以下简称“中小企业股票”）的交易，适用本特别规定。

本特别规定未作规定的，适用《深圳、上海证券交易所交易规则》、《深圳证券交易所大宗交易实施细则》以及其他有关规定。

第三条 每个交易日9：15至9：25为中小企业板块开盘集合竞价时间，9：30至11：30、13：00至14：57为连续竞价时间，14：57至15：00为收盘集合竞价时间，15：00至15：30为大宗交易时间。

第四条 开盘集合竞价期间，本所主机即时揭示中小企业股票的开盘参考价格、匹配量和未匹配量。

开盘参考价格是指截至揭示时所有有效申报按照集合竞价规则形成的虚拟开盘价格；匹配量是指截至揭示时所有有效申报按照集合竞价规则形成的虚拟成交数量；未匹配量是指截至揭示时在开盘参考价位上的不能按照开盘参考价虚拟成交的买方或卖方委托剩余量。

第五条 每个交易日9：20至9：25，本所主机不接受中小企业股票的撤销申报。

第六条 中小企业股票的收盘价通过收盘前最后三分钟集合竞价的方式产生。收盘集合竞价不能产生收盘价的，以最后一笔成交价为当日收盘价。

第七条 本所编制中小企业板块指数，以反映中小企业板块总体价格变动和走势。中小企业板块指数编制方法本所另行规定。

第八条 中小企业股票交易出现下列情况之一的，本所公布成交金额最大五家会员营业部或席位的名称及其买入、卖出金额：

（一）日收盘价格涨跌幅偏离值达到 ±7% 的各前三只股票；

收盘价格涨跌幅偏离值的计算公式为：

收盘价格涨跌幅偏离值 = 单只股票涨跌幅－中小企业板块指数涨跌幅

（二）日价格振幅达到15% 的前三只股票；

价格振幅的计算公式为：

价格振幅 =（当日最高价－当日最低价）/ 当日最低价 ×100%

（三）日换手率达到20% 的前三只股票；

换手率的计算公式为：

换手率 = 当日成交股数 / 流通股数 ×100%

收盘价格涨跌幅偏离值、价格振幅或换手率相同的，依次按成交金额和成交量选取。

第九条 中小企业股票交易属于异常波动的，应当停牌，直至有披露义务的当事人作出公告的当日十点三十分复牌。本所公布该股票交易异常波动期间累计成交金额最大五家会员营业部或席位的名称及其买入、卖出金额。

第十条　中小企业股票交易出现下列情况之一的，属于异常波动：

（一）连续三个交易日内日收盘价格涨跌幅偏离值累计达到 ±20% 的；

（二）ST 和 *ST 股票连续三个交易日内日收盘价格涨跌幅偏离值累计达到 ±15% 的；

（三）连续三个交易日内日均换手率与前五个交易日的日均换手率的比值达到30倍，并且该股连续三个交易日内的累计换手率达到20% 的。

（四）本所或中国证监会认为属于异常波动的其他情况。

异常波动指标的计算，自复牌之日起重新计算。

上市首日股票（包括新股、增发、配股、恢复上市股票）不纳入异常波动指标的计算。

第十一条　本所按第八条、第九条规定公布的中小企业股票交易公开信息包含机构专用席位的，只公布该席位所属会员名称及其买入、卖出金额。

第十二条　会员应当在营业场所及时公布第八条、第九条规定的公开信息。

第十三条　违反本特别规定的，本所按《交易规则》相关条款予以处分。

第十四条　中小企业板块指数公布前，本特别规定第八条、第十条的收盘价格涨跌幅偏离值的计算公式为：

收盘价格涨跌幅偏离值＝单只股票涨跌幅－深证 A 股指数涨跌幅

第十五条　本特别规定由本所负责解释。

第十六条　本特别规定自发布之日起施行。

深圳证券交易所中小企业板块证券上市协议

2004年5月20日颁布

甲方：深圳证券交易所
法定代表人：
法定地址：
联系电话：

乙方：
法定代表人：
法定地址：
联系电话：

第一条　为规范中小企业板块公司证券上市行为，根据《公司法》、《证券法》和《证券交易所管理办法》，签订本协议。

第二条　甲方依据有关规定，对乙方提交的全部上市申请文件进行审查，认为符合上市条件的，接受其证券上市。

本协议所称证券包括股票、可转换公司债券及其他衍生品种。

第三条　乙方及其董事、监事、高级管理人员理解并同意遵守甲方不时修订的任何上市规则，包括但不限于《深圳证券交易所股票上市规则》、《深圳证券交易所可转换公司债券上市规则》、《深圳证券交易所中小企业板块上市公司特别规定》，并交纳任何到期的上市费用。

第四条　乙方同意以下有关涉及终止上市的安排，承诺将其载入公司章程并遵守：

（一）乙方股票被终止上市后，将进入代办股份转让系统继续交易。

（二）乙方不对载入公司章程的前项规定作任何修改。

第五条　乙方承诺在其股票上市后六个月内，与具有从事代办股份转让主办券商业务资格的证券公司签订《委托代办股份转让协议》，约定一旦乙方股票终止上市，该证券公司立即成为其代办股份转让的主办券商。上述协议于乙方终止上市之日起生效。

乙方未在终止上市前确定主办券商的，视为乙方同意甲方在作出乙方股票依法终止上市决定时，即代其指定临时主办券商，为乙方提供股份转让代办服务，相关费用由乙方承担。

第六条　乙方承诺在其股票上市后六个月内建立内部审计制度，监督、核查公司财务制度的执行情况和财务状况。

第七条　乙方应当遵守对其适用的任何法律、法规、规章和甲方有关规则、办法和通知等规定，包括但不限于上述第三条中的规则。乙方及其董事、监事和高级管理人员在上市时和上市后作出的各种承诺，作为本协议不可分割的一部分，应当遵守。

第八条　甲方依据有关法律、法规、规章及《深圳证券交易所股票上市规则》、《深圳证券交易所可转换公司债券上市规则》、《深圳证券交易所中小企业板块上市公司特别规定》的规定，对乙方实施日常监管。

第九条　乙方应当向甲方交纳上市费。上市费分为上市初费和上市月费。

股票上市初费为30 000元。上市月费的收取以总股本为收费依据，总股本不超过5 000万的，每月交纳500元；超过5 000万的，每增加1 000万，月费增加100元，最高不超过2 500元。

可转换债券上市初费按可转换债券总额的0.01%缴纳，最高不超过30 000元。上市月费的收取以可转换债券总额为收费依据，可转换债券总额不超过1亿元的，每月交纳500元；超过1亿元的，每增加2 000万元，月费增加100元，最高不超过2 000元。

其他衍生品种的收费标准由甲方经有关主管机关批准后予以实施。

经有关主管机关批准，甲方可以对上述收费标准进行调整。

第十条　上市初费应当在上市日前三个工作日交纳。上市月费自上市后第二个月至终止上市的当月止，在每月五日前交纳，也可以按季度和年度预交。逾期交纳上市费用，甲方每日按应交纳金额的0.03%收取滞纳金。

第十一条　乙方证券暂停上市后恢复上市，不再交纳上市初费；乙方证券被终止上市后，已经交纳的上市费不予返还。

第十二条　乙方同意以书面形式及时通知甲方任何导致乙方不再符合上市要求的公司行为或其他事件。

第十三条　本协议的执行与解释适用中华人民共和国法律。

第十四条　与本协议有关或因执行本协议所发生的一切争议及纠纷，甲乙双方应首先通过友好协商解决。若自争议或者纠纷发生日之后的三十天内未能通过协商解决，任何一方均可将该项争议提交中国国际经济贸易仲裁委员会（深圳分会）按照当时适用的仲裁规则进行仲裁。仲裁裁决为最终裁决，对双方均具有法律约束力。

第十五条　本协议自双方签字盖章之日起生效。双方可以以书面方式对本协议作出修改和补充，经双方签字盖章的有关本协议的修改协议和补充协议是本协议的组成部分，与本协议具有同等法律效力。

第十六条　本协议一式四份，双方各执二份。

甲方：　　　　　　　　　　　　乙方：

法定代表人：　　　　　　　　　法定代表人：

年　　月　　日　　　　　　　　年　　月　　日

深圳证券交易所中小企业板块上市公司特别规定

2004年5月20日颁布

第一条　为规范中小企业板块上市公司信息披露，强化对中小企业板块上市公司信息披露的监管，制定本特别规定。

第二条　在深圳证券交易所（以下简称本所）中小企业板块上市的公司（以下简称中小企业板块上市公司）的信息披露适用本特别规定。

本特别规定未作规定的，适用《深圳证券交易所股票上市规则》及本所其他有关规定。

第三条　中小企业板块上市公司向本所申请上市时，其公司章程除应当包含《上市公司章程指引》的内容外，还应当包含以下内容，并在《上市公告书》中予以披露：

（一）股票被终止上市后，公司股票进入代办股份转让系统继续交易。

（二）公司不得修改公司章程中的前项规定。

第四条　中小企业板块上市公司应当在股票上市后六个月内建立内部审计制度，监督、核查公司财务制度的执行情况和财务状况。

第五条　中小企业板块上市公司股票根据《中小企业板块交易特别规定》被认定为异常波动的，该公司股票及其衍生品种应当停牌，直至中小企业板块上市公司作出相关公告的当日上午十点三十分复牌。

第六条　中小企业板块上市公司应当在定期报告中新增披露以下内容：

（一）截至报告期末前十名流通股股东的持股情况；

（二）公司开展投资者关系管理的具体情况。

第七条　中小企业板块上市公司应当在每年年度报告披露后举行年度报告说明会，向投资者介绍公司的发展战略、生产经营、新产品和新技术开发、财务状况和经营业绩、投资项目等各方面的情况，并将说明会的文字资料放置于公司网站供投资者查看。

在条件许可的情况下，说明会可以采取网上直播和网上互动的方式进行。

第八条　中小企业板块上市公司当年存在募集资金运用的，公司应当在进行年度审计的同时，聘请会计师事务所对募集资金使用情况，包括对实际投资项目、实际投资金额、实际投入时间和完工程度进行专项审核，并在年度报告中披露专项审核的情况。

第九条　中小企业板块上市公司违反本特别规定的，本所按《上市规则》相关条款予以处分。

第十条　本特别规定由本所负责解释。

第十一条　本特别规定自发布之日起施行。

深圳证券交易所中小企业板块上市公司诚信建设指引

第一章　总　则

第一条　为了加强中小企业板块上市公司（以下简称上市公司）诚信建设，完善证券市场诚信体系，促进中小企业板块规范发展，制定本指引。

第二条　本指引适用于深圳证券交易所（以下简称本所）对中小企业板块上市公司及其控股股东、董事、监事、高级管理人员诚信行为的指导、评价和管理。

第三条　上市公司及其控股股东、董事、监事、高级管理人员应当诚实信用，勤勉尽责，积极主动地采取措施保护投资者特别是中小投资者的合法权益。

第二章　上市公司诚信行为

第四条　上市公司及其控股股东、董事、监事、高级管理人员应当严格遵守《公司法》、《证券法》等法律法规以及中国证监会、本所关于上市公司及其控股股东、董事、监事、高级管理人员的各项规定。

第五条　上市公司应当健全公司治理结构，保证股东大会、董事会和监事会规范运作。上市公司聘任的独立董事应不少于董事会成员的三分之一，其中会计专业人士应不少于一名。

第六条　上市公司应当建立有效的内部控制机制，完善财务、会计和内部审计制度，提高风险控制能力。

第七条　上市公司应当做到与其控股股东在人员、资产、财务、机构、业务方面的严格分开。上市公司董事长、副董事长和高级管理人员不应在控股股东兼任除董事以外的其他行政职务。

第八条　上市公司应当建立完备的信息披露制度，在人员和组织上将信息披露责任落实到位，保证信息披露真实、及时、准确、完整，没有虚假记载、误导性陈述或重大遗漏。上市公司不得利用信息披露操纵股票价格，不得将须在临时报告中披露的信息推迟至在定期报告中披露，不得以新闻发布或答记者问等形式代替公司的正式公告。

第九条　上市公司应当审慎使用募集资金，保证募集资金的使用与招股说明书或募集说明书的承诺相一致，不应随意改变募集资金的投向。

上市公司应真实、完整地披露募集资金的实际使用情况，并在年度审计的同时聘请会计师事务所对募集资金使用情况进行专项审核。

第十条　上市公司进行关联交易，应当遵循公正、公平的原则，按照有关规定履行关联交易决策程序并予以披露，不应以不正当的方式掩盖关联交易的实质，不得利用关联交易向关联方输送利益，也不得利用关联交易制造虚假利润。

第十一条　控股股东应当严格依法行使出资人权利，履行法定的信息披露义务和告知义务，不应通过利润分配、关联交易、资产重组、内幕交易等形式谋取不当利益，不应利用控股地位通过借款、担保等形式损害公司及中小股东利益。

第十二条　董事、监事和高级管理人员在上市公司收购中，应当维护公司利益，恪尽职守，确保公司经营管理和信息披露的正常进行。

董事、监事和高级管理人员针对收购行为所做出的决策及采取的措施，不应损害公司及其股东的合法权益。

第十三条　上市公司及其控股股东、董事、监事、高级管理人员应当严格遵守对投资者和监管部门作出的承诺。

第十四条　上市公司应在每年年度报告披露后举行年度报告说明会，向投资者真实、准确地介绍公司的发展战略、生产经营、新产品和新技术开发、财务状况和经营业绩、投资项目等各方面情况，并将说明会的文字资料放置于公司网站供投资者查阅。

第十五条　上市公司除按照强制性规定披露信息外，可以自愿披露所有可能对投资者决策产生影响的信息，并保证所有投资者有平等的机会获得信息。

第十六条　上市公司可以采取以下措施加强投资者关系管理：

（一）指定一名高级管理人员担任投资者关系管理负责人，全面负责公司投资者关系管理工作，并由具体部门承办投资者关系管理的日常工作；

（二）设立专门咨询电话接待投资者的咨询；

（三）在公司网站设立投资者关系管理专栏，并开设论坛；

（四）设立投资者关系管理专用信箱；

（五）进行各种形式的公开路演、分析师会议、投资者说明会等。

第十七条　上市公司可以在章程中规定，在董事会成员中由单一股东或者具有关联关系的股东提名的董事人数不超过半数。

第十八条　上市公司股东大会选举董事可采取累积投票制度，可选举一定比例的由中小股东提名的董事进入董事会，并可规定独立董事中至少有一名由中小股东提名的候选人担任。

第十九条　上市公司应当为股东参加股东大会提供便利，可以采取现场表决、通讯表决及法律法规允许的其他表决形式，广泛地征求中小股东的意见。

第三章　上市公司诚信管理

第一节　签订协议与承诺书

第二十条　上市公司应当按照《深圳证券交易所股票上市规则》的规定，与本所签订《深圳证券交易所中小企业板块证券上市协议》。

第二十一条　上市公司董事、监事和高级管理人员应当按照《深圳证券交易所股票上市规则》的规定，如实填写并签署《董事（监事、高级管理人员）声明及承诺书》，送本所备案。

第二十二条　上市公司及其董事、监事、高级管理人员应当严格按照《深圳证券交易所中小企业板块证券上市协议》和《董事（监事、高级管理人员）声明及承诺书》要求，忠实、诚信、勤勉地履行职责。

第二节　开展诚信教育

第二十三条　本所诚信教育的对象为上市公司的控股股东、董事、监事和高级管理人员。

第二十四条　诚信教育通过董事及独立董事培训、董事会秘书资格培训以及不定期举办专题培训、座谈会、经验交流会等方式进行。本所还通过印发有关学习资料、经验介绍、诚信案例等方式进行诚信教育活动。

第二十五条　本所对诚信教育活动作专项考核和计分，并将有关成绩记入诚信档案。

第三节　建立诚信档案

第二十六条　本所根据中国证监会的统一规划和安排，建立上市公司诚信档案管理系统。诚信档案主要记录上市公司及其控股股东、董事、监事和高级管理人员的诚信信息：

（一）上市公司及其控股股东、董事、监事和高级管理人员违背诚信原则的信息；

（二）中国证监会及其派出机构、本所对上市公司及其控股股东、董事、监事和高级管理人员的监管信息；

（三）从工商税务部门、银行及其他机构获得的有关上市公司及其控股股东、董事、监事和高级管理人员的诚信信息。

第二十七条　本所可以通过本所网站或采取其他适当方式向社会公开上市公司诚信档案的有关信息。

第四节　建立诚信评价体系

第二十八条　本所根据诚信档案建立上市公司诚信评价体系，对上市公司及其控股股东、董事、监事和高级管理人员的诚信状况进行评估。

第二十九条　本所定期将诚信评估结果反馈给上市公司及其控股股东、董事、监事和高级管理人员，对其在诚信方面存在的问题进行警示。

第三十条　本所根据上市公司诚信评估结果对上市公司实施分类监管。

第三十一条　本所在为上市公司再融资出具持续监管意见时，将上市公司诚信评估结果作为重要依据。

第三十二条　本所建立上市公司诚信信息交换制度，及时与中国证监会及其派出机构交换上市公司诚信信息和评估结果。

第三十三条　本所视上市公司诚信情况向司法机关、行业自律组织、工商税务部门、银行等通报上市公司诚信信息和评估结果。

第四章　附　则

第三十四条　本指引由本所负责解释。

第三十五条　本指引自发布之日起施行。

深圳证券交易所中小企业板块保荐工作指引

2004年8月10日颁布

第一章　总　则

第一条　为了提高中小企业板块上市公司规范运作水平，保护投资者的合法权益，促进中小企业板块健康发展，根据《证券发行上市保荐制度暂行办法》（以下简称“《保荐办法》”）、《深圳证券交易所股票上市规则》（以下简称“《上市规则》”）和《深圳证券交易所中小企业板块上市公司特别规定》（以下简称“《特别规定》”），制定本指引。

第二条　本指引适用于深圳证券交易所（以下简称“本所”）中小企业板块的上市推荐和持续督导工作。

第三条　保荐机构和保荐代表人应当遵守法律、行政法规、中国证监会以及本所的规定和行业规范，诚实守信，勤勉尽责，尽职推荐发行人证券上市，持续督导发行人履行相关义务。保荐机构和保荐代表人应当保证向本所出具的文件真实、准确、完整。

第四条　保荐机构应当在发行人证券上市前与本所签订《深圳证券交易所中小企业板块上市推荐与持续督导协议》，明确双方的权利、义务和有关事项。

第五条　本所鼓励保荐机构建立完备的中小企业板块发行人质量评价体系，推荐主业突出、具有较好成长性和较高科技含量的企业到中小企业板块上市。

第二章　上市推荐工作

第一节　保荐协议

第六条　保荐机构在推荐发行人证券上市之前，应当根据《保荐办法》第三十六条规定，与发行人签订保荐协议，明确双方在发行人申请上市期间和持续督导期间的权利和义务。

第七条　发行人证券上市后，如果保荐机构与发行人对保荐协议内容作出修改，应当于修改后五个工作日内报本所备案。

终止保荐协议的，保荐机构和发行人应当自终止之日起五个工作日内向本所报告，说明原因。

第八条　保荐机构与发行人应当在保荐协议中约定，保荐机构每个季度至少对发行人现场调查一次。调查内容主要包括：

（一）发行人公司治理和内部控制是否有效；

（二）发行人信息披露是否与事实相符；

（三）募集资金使用与招股说明书中载明的用途是否一致；如有变更用途的情况，变更理由是否充分，程序是否齐备；募集资金的管理是否安全；

（四）前次现场调查之后发行人发生的关联交易、为他人提供担保、对外投资是否履行了规定的程序。

第九条　保荐机构与发行人可以在保荐协议中约定保荐代表人有权列席发行人的董事会和股

东大会。

第十条　本所鼓励保荐机构与发行人在保荐协议中约定对募集资金实行专户存储制度。

发行人自主确定一家商业银行作为募集资金托管银行，并与该商业银行、保荐机构签订三方协议。协议内容主要包括：

（一）发行人将募集资金集中存放在一个专用账户中；

（二）发行人一次或一年内累计从募集资金专用账户中支取的金额达到一定额度以上的，应当知会保荐代表人；

（三）发行人授权保荐代表人可以随时到商业银行查询募集资金专用账户资料。

第十一条　保荐机构与发行人应当在保荐协议中约定，发行人保证及时提供保荐机构发表独立意见所必需的资料。

第二节　保荐代表人声明与承诺书

第十二条　保荐代表人在发行人证券上市之前，应当签署《保荐代表人声明与承诺书》(一式三份)，并报本所备案。

第十三条　在持续督导期内，保荐代表人发生变更的，新任保荐代表人应当自变更之日起五个工作日内签署《保荐代表人声明与承诺书》并报本所备案。

第三节　上市推荐程序

第十四条　保荐机构在推荐发行人证券上市过程中，应当履行尽职调查和审慎核查的义务，并有充分理由确信发行人向本所提交的《上市公告书》等相关文件不存在虚假记载、误导性陈述和重大遗漏。

第十五条　保荐机构推荐发行人证券在中小企业板块上市，应当向本所提交以下文件：

（一）上市推荐书；

（二）保荐协议；

（三）保荐机构对保荐代表人的专项授权书；

（四）保荐代表人声明与承诺；

（五）与上市推荐工作有关的其他文件。

第十六条　保荐机构应当关注发行人在证券核准发行至上市期间发生的可能对投资者产生重大影响的事项，并及时向本所报告。

第三章　持续督导工作

第十七条　发行人证券上市后，保荐机构和保荐代表人应当督导发行人及其董事、监事和高级管理人员遵守《上市规则》和《特别规定》，并履行向本所作出的承诺。

第十八条　保荐机构应当督导发行人建立健全公司治理制度，包括股东大会、董事会、监事会的职责与议事规则以及董事、监事和高级管理人员的行为规范，并督导发行人有效执行。

第十九条　保荐机构应当督导发行人建立健全内控制度，包括财务管理制度、会计核算制度和内部审计制度，以及募集资金使用、关联交易、为他人提供担保、对外投资等重大经营决策的程序与规则，并督导发行人有效执行。

第二十条　保荐机构应当督导发行人建立健全并有效执行信息披露制度，审阅信息披露文件及其他相关文件，并有充分理由确信发行人向本所提交的文件不存在虚假记载、误导性陈述和重大遗漏。

第二十一条 保荐机构应当持续关注以下事项：

（一）发行人经营环境和业务状况，如行业发展前景，国家产业政策的变化，主营业务的变更等；

（二）发行人股权变动和管理状况，如股本结构的变动，控股股东的变更，管理层、管理制度和管理政策的变化等；

（三）发行人市场营销，如市场开发情况，销售和采购渠道，市场占有率的变化等；

（四）发行人核心技术，如技术的先进性和成熟性，新产品开发和试制等；

（五）发行人财务状况，如会计政策的稳健性，债务结构的合理性，经营业绩的稳定性等。

第二十二条 保荐机构应当对下列事项发表独立意见：

（一）对于需要披露的募集资金使用情况，保荐机构应当就募集资金使用的真实性和合规性发表意见；

（二）对于需要披露的关联交易，保荐机构应当就关联交易的公允性和合规性发表意见；

（三）对于需要披露的担保，保荐机构应当就担保的合规性、是否采取反担保措施等事项发表意见；

（四）对于需要披露的委托理财，保荐机构应当就委托理财的合规性和安全性发表意见；

（五）本所或保荐机构认为需要发表意见的其他事项。

保荐机构应当对上述事项发表以下几类意见之一：无异议；保留意见及其理由；反对意见及其理由；无法发表意见及其障碍。

保荐机构应当将上述意见及时告知发行人，并由发行人在公告中一并披露。

第二十三条 保荐机构对发行人违法违规的事项发表公开声明的，应当以书面形式报送本所，与本所约定时间予以公告。

第二十四条 在持续督导期间出现以下情形，保荐机构应当及时向本所报告：

（一）发行人可能存在违反《上市规则》或《特别规定》的行为；

（二）中介机构及其签名人员出具的专业意见可能存在虚假记载、误导性陈述或重大遗漏等违法违规情形或者其他不当情形；

（三）发行人经营环境、业务状况、股本结构、管理状况、市场营销、核心技术、财务状况发生重大变化；

（四）本所或保荐机构认为需要报告的其他情形。

第二十五条 在持续督导期间发行人发生《保荐办法》第六十五条、第六十六条、第六十七条、第六十八条规定情形的，保荐机构应当自发现或理应发现之日起两个工作日内向本所报告。

第二十六条 保荐机构应当关注公共传媒关于发行人的报道，及时针对市场传闻进行核查。如果经核查发现发行人存在应披露未披露的事项或者与披露不符的事实，保荐机构应当及时督促发行人如实披露或澄清；情节严重的，应当向本所报告。

第二十七条 保荐机构应当在每年上半年结束后十个工作日内和年度结束后二十个工作日内分别向本所报送“半年度保荐工作报告书”和“年度保荐工作报告书”。

第二十八条 保荐机构应当根据《保荐办法》第四十六条规定，自持续督导工作结束后十个工作日内向本所报送“保荐总结报告书”。

第二十九条　保荐机构和保荐代表人应当配合本所做好以下工作：

（一）在限期内回答本所问询；

（二）及时安排并出席本所约见；

（三）对发行人特定事项进行专项调查；

（四）按规定报送相关文件资料；

（五）协助本所调阅保荐工作档案；

（六）参加本所组织的业务培训；

（七）本所要求的其他工作。

第四章　保荐工作协调与管理

第三十条　本所不定期举办保荐机构联席会议，交流保荐经验，研讨保荐工作中遇到的问题及解决措施，并向中国证监会及其他有关部门报告。

第三十一条　本所通过组织保荐机构论坛、保荐机构座谈会、保荐机构与企业见面会、联合走访等形式，为保荐机构和保荐代表人提供服务平台。

第三十二条　本所建立保荐工作评价制度，定期对保荐机构和保荐代表人的保荐工作情况进行评估，并将评价结果反馈给保荐机构和保荐代表人，同时向中国证监会报告。

第三十三条　保荐机构和保荐代表人违反有关规定的，本所根据《保荐办法》、《上市规则》和《特别规定》对其采取书面提醒、在上市公司和保荐机构范围内通报批评、公开谴责等监管措施，并向中国证监会报告。

第五章　附　则

第三十四条　本指引由本所负责解释。

第三十五条　本指引自发布之日起施行。

风险投资相关法律修正案（草案）的说明

关于《中华人民共和国公司法修正案（草案）》的说明

（2004年8月23日在第十届全国人民代表大会常务委员会第十一次会议上）

公司法第一百三十一条第二款和证券法第二十八条都规定，股票采用溢价发行的，须经国务院证券管理部门批准。经与国务院法制办、审改办、证监会研究认为，按照市场经济的要求，股票的发行价格应主要通过市场机制形成。由证券监管机构审批股票发行价格，不能反映股票市场价格的真实走向，还会不适当地加大证券监管机构对股票价格趋势承担的责任。据此，公司法修正案（草案）和证券法修正案（草案）分别删去了公司法和证券法上述关于股票溢价发行须经国务院证券监管机构批准的规定。

关于《中华人民共和国证券法修正案（草案）》的说明

（2004年8月23日在第十届全国人民代表大会常务委员会第十一次会议上）

证券法第五十条规定，公司申请其发行的公司债券上市交易，必须报国务院证券监督管理机构核准。国务院证券监督管理机构可以授权证券交易所核准公司债券上市申请。经与国务院法制办、审改办、证监会研究认为，公司在发行债券时，国务院证券监督管理机构已经依照公司法的规定进行过审批；已批准发行的公司债券上市交易，可直接由证券交易所依照法定条件和程序核准，不必再由证券监管机构审批。据此，证券法修正案（草案）删去了证券法上述规定中“必须报国务院证券监督管理机构核准”的规定。

附录三　国内外风险投资协会名录

一、国内风险投资协会

北京创业投资协会

理事长：胡昭广

北京控股（集团）有限责任公司董事局主席

秘书长：王松奇

中国社会科学院金融研究中心副主任

电话：010-62572150

传真：010-62572151

联系地址：北京市海淀区知春路128号泛业大厦15层1595室

邮编：100086

网址：www.vcab.org

上海市创业投资企业协会

会长：华裕达

上海创业投资有限公司顾问

秘书长：王品高

上海创业投资有限公司总裁

电话：021-64311988

传真：021-64338209

联系地址：上海市淮海中路1634号504室

邮编：200031

网址：www.shvca.org

天津市创业投资协会

理事长：杨旭才

天津市创业投资发展中心主任

秘书长：王建国

电话：022-58792790、58792792

传真：022-58792791

联系地址：天津市河西区琼州道103-1号2楼A区222室

邮编：300203

网址：www.tjvc.org

广东省风险投资促进会

理事长：何国杰

广东省风险投资集团董事长

秘书长：彭星国

广东省风险投资集团副总经理

广东省科技风险投资有限公司总经理

电话：020-87681798

传真：020-87686966

联系地址：广州市先烈中路100号科学院大院58栋生物科技大厦1011室～1017室

邮编：510070

网址：www.gdvca.com

广州市风险投资促进会

会长：郑德理

广州证券有限责任公司副总裁

秘书长：王鸿茂

广州科技风险投资公司董事、总经理

电话：020-85529888-3806/3807

传真：020-85520823

联系地址：广州天河软件园建中路50号佳都大厦3楼

邮编：510665

网址：www.gzvc.com

深圳市创业投资同业公会

会长：陈玮

深圳市创新投资集团有限公司总裁

秘书长：王守仁

深圳市创新投资集团有限公司风险控制委员会秘书长

电话：0755-82912573

传真：0755-82912880

联系地址：深圳市福田中心区深南大道4009号投资大厦23层

邮编：518026

网址：www.szvca.com

珠海市风险投资促进会

会长：陈洪斌

珠海市投资顾问有限公司董事长、总经理

秘书长：刘峰

电话：0756-8158833

传真：0756-8158061

联系地址：珠海市拱北桂花北路桂花中心大厦10E座

邮编：519020

河南省创业投资同业公会

会长：黄布毅

河南省科技厅副厅长

秘书长：刘英锋

河南省科技厅高新处副处长

电话：0371-5930166

传真：0371-5936938

联系地址：郑州市黄河路121号科苑大厦

邮编：450003

网址：www.hnvca.com

湖北省创业投资同业公会

会长：岳勇

省科技厅副厅长

秘书长：郭胜伟

东湖新技术开发区管委会企业处处长

电话：027-87657927

传真：027-87655876

联系地址：武汉市武昌武珞路586号江天大厦14楼

邮编：430070

网址：www.hbvca.com

襄樊高新区民营科技企业风险投资协会

秘书长：刘明

电话：0710-3241707

传真：0710-3224310

联系地址：湖北省襄樊市春园西路8号

邮编：441003

湖南省风险投资协会（筹）

电话：0731-5167219-806

传真：0731-5167221

联系地址：长沙市芙蓉中路465号金源大酒店南座10楼

邮编：410007

江苏省创业投资协会

会长：李中和

江苏省政府办公厅巡视员

秘书长：郭顺根

江苏省创业投资有限公司副总经理

电话：025-86526528

传真：025-86523614

联系地址：南京市汉中路185号鸿运大厦8楼

邮编：210029

网址：www.js-vc.com

辽宁省科技创业投资协会

会长：魏文铎

秘书长：鲁英君

电话：024-23243946

传真：024-23243957

联系地址：沈阳市和平区和平南大街39号嘉环大厦4009室

邮编：110003

山东省创业投资协会

会长：赵奎

秘书长：刘理勇

电话：0531-6566786

传真：0531-6969598

联系地址：山东省济南市解放路166号2号楼

邮编：250013

陕西省创业投资协会

秘书长：陈凯
电话：029-87999016
传真：029-87999015
联系地址：陕西西安高新开发区科技路创业广场B座901C室
邮编：710075

成都创业投资协会

会长：张景文
成都市科技局巡视员、成都市风险开发事业中心主任
秘书长：向宏
成都市科技风险开发事业中心副主任
电话：028-86316941
传真：028-96316961
联系地址：成都市人民南路四段时代数码大厦22层
邮编：610041
网址：www.cdvc.org

浙江省风险投资协会

会长：俞志华
浙江省科技厅副厅长
秘书长：周伟强
电话：0571-88869543
传真：0571-88869550
联系地址：杭州市文二路212号高新大厦16层
邮编：310012
网址：fxtz.zjinfo.gov.cn

台湾创业投资商业同业公会

理事长：王伯元
中诚创投公司、怡和创业投资集团等多家公司董事长
电话：886-2-25450075
传真：886-2-25452752
联系地址：台北市民权东路三段142号301室
网址：www.tvca.org.tw

中华创业投资协会

理事长：孙强
华平创业投资有限公司董事总经理
秘书长：熊晓鸽
美国国际数据集团高级副总裁
电话：010-65055429（北京）
852-25213183（香港）
传真：010-65055439（北京）
852-25213869（香港）
联系地址（北京）：北京建国门外大街1号国贸中心1座505室
邮编：100004
联系地址（香港）：香港金融街8号国际金融中心2期6703室
网址：www.cvca.com

二、海外风险投资协会

澳大利亚风险投资协会

Australian Venture Capital Association Ltd.(AVCAL)
电话：61 2 9251 3888
传真：61 2 9251 3808
联系地址：Australian Venture Capital Association Ltd.
Level 5, 88 Phillip Street
SYDNEY NSW 2000
Australia
网址：www.avcal.com.au

奥地利风险投资协会

Austrian Private Equity and Venture Capital Organisation
电话：43 1 526 38 05-0
传真：43 1 526 38 05-10
联系地址：Austrian Private Equity and Venture Capital Organisation
Mariahilfer Straße 54/3/6
A-1070 Wien
Austria
网址：www.avco.at

比利时风险投资协会

Belgian Venturing Association (BVA)

电话：32 2 761 25 40

传真：32 2 761 25 41

联系地址：Gemeenschappenlaan 2

B-1140

Brussels

网址：www.bva.be

欧洲风险投资协会

European Private Equity and Venture Captial Association

电话：32 2 7150020

传真：32 2 7250704

联系地址：B --- 1930 Zaventem

Brussels

网址：www.evca.com

巴西风险投资协会

Brazilian Venture Capital Association

电话：55 21 2237 4796

传真：55 21 2552 7875

联系地址：Praia de Botafogo, 210/304

Rio de Janeiro, RJ – Brazil

Zip Code: 22.250-040

网址：www.abcr-venture.com.br/english

加拿大风险投资协会

Canadian Venture Capital Association

电话：1 416 4870519

传真：1 416 4875899

联系地址：234 Eglington Avenue East

Suite 301

Toronto

Ontario M4P1K5

Canada

网址：www.cvca.ca

捷克风险投资协会

Czech Venture Capital Association(CVCA)

电话：420 224 235 399

传真：420 224 239 424

联系地址：Czech Venture Capital Association

Kronberg Building

Senovážné náměstí 8

110 00 Praha 1

ic

网址：www.cvca.cz

丹麦风险投资协会

Danish Venture Capital and Private Equity Association

电话：45 3395 0500

传真：45 3391 1838

联系地址：C/o IT- Brancheforeningen Borsen

DK --- 1217 Copenhagen K

Denmark

网址：www.dvca.dk

芬兰风险投资协会

Finnish Venture Capital Association (FVCA)

电话：358 09 6818 690

联系地址：Suomen

pääomasijoitusyhdistys ry

Mannerheimintie 2

FI-00100 Helsinki

网址：http://www.fvca.fi

法国风险投资协会

Association Francaise Des Investisseurs en Capital (AFIC)

电话：33 01 47 20 99 09

传真：33 01 47 20 97 48

联系地址：14, rue de Berri

75008 PARIS

网址：www.afic.asso.fr

德国风险投资协会

German Private Equity and Venture Capital Association e.V.(BVK)

电话：49 0 30 30 69 82 0

传真：49 0 30 30 69 82 20

联系地址：Residenz am eutschen Theater
Reinhardtstrasse 27c
10117 Berlin

网址：www.bvk-ev.de

匈牙利风险投资协会

Hungarian Venture Capital and Private Equity Association

电话：36 1 475 0924

传真：36 1 475 0925

联系地址：H-1051 Budapest
Nador u.32
Hungary

网址：www.hvca.hu

爱尔兰风险投资协会

Icelandic Venture Capital Association

电话：353 588 33 70

传真：353 588 33 40

联系地址：C/o EFA Ventures, Sidumuli 28
ICL --- 108 Reykjavik
Iceland

网址：www.efa.is

印度风险投资协会

Indian Venture Capital Association

电话：91 011 51628566

传真：91 011 26326925

联系地址：A-13, New Friends Colony (East)
IInd Floor, New Delhi – 110065

网址：www.indiavca.org/contactus.htm

以色列风险投资协会

Israel Venture Association (IVA)

电话：972 3 644 81 97

传真：972 3 648 99 49

联系地址：PO Box 58208
Tel Aviv 61580
Israel

网址：www.israelventure.com

意大利风险投资协会

Italian Private Equity and Venture Capital Association(A.I.F.I.)

电话：91 39 2 721 0841

传真：91 39 2 805 5926

联系地址：Via Cornaggia, 10
20123 Milan
Italy

网址：www.aifi.it

日本企业中心

Venture Enterprise Centre

电话：81 335 45 40 81

传真：81 335 45 40 89

联系地址：4th Floor Landic Nagai Bldg
3-9-9 Tsukiji
Chuo-ku
Tokyo 104
Japan

网址：www.venture-web.org.jp/vec

韩国风险投资协会

Korean Venture Capital Association (KVCA)

电话：82 260 00 79 80

传真：82 260 00 79 93

联系地址：Trade Tower #159
Samsung-Dong
Kangnam-Gu
Seoul
Singapore

网址：http://www.kvca.or.kr/

马来西亚风险投资协会

Malaysian Venture Capital Association

电话：603 2096 2094

传真：603 2095 8992

联系地址：No. 26-3 Plaza Damansara
Jalan Medan Setia 2
Bukit Damansara
50490 Kuala Lumpur

网址：www.mvca.org,my

荷兰风险投资协会

Nederlandse Vereniging van Participatiemaatschappijen

电话：31 70 349 04 11

传真：31 70 349 04 50

联系地址：Bezuidenhoutseweg 12
2509 AA’ s- Gravenhage
Netherlands

网址：www.nvp.nl

新西兰风险投资协会

New Zealand Venture Capital Association Inc

电话：64 09 302 5218

传真：64 09 309 1090

联系地址：NZ Venture Capital Association
Level 6, Affco House
12-26 Swanson Street
PO Box 106-002
Auckland
New Zealand

网址：www.nzvca.co.nz

挪威风险投资协会

Norwegian Venture Capital Association

电话：47 22 60 30 40

传真：47 23 08 80 01

联系地址：Norsk Venture Kapitalforening,
Middelthuns gate 27,
Postboks 5250,
0303 Oslo

网址：www.nvca.no

菲律宾风险投资协会

Philippine Venture Capital Investment Group

电话：632 818 5606

传真：632 817 7158

联系地址：184 Salcedo St Legas pi Villa
PH --- 1229 Makati
Metro Manilla
Philippines

网址：www.philvencap.com

波兰风险投资协会

Poland Equity Investors Association

电话：4822 458 85 00

传真：4822 458 85 55

联系地址：Warsaw Financial Center
Emilii Plater 53
00-113 Warsaw
Poland

网址：www.ei.com.pl

葡萄牙风险投资协会

Associacao Portuguesa De Capital De Risco (APCRI)

电话：351 21 353 67 49

传真：351 21 353 67 52

联系地址：Rua Filipe Folque, 2, 7
1050-113 Lisboa
Portugal

网址：www.apcri.pt

俄罗斯风险投资协会

Russian Private Equity and Venture CapitalAssociation (RVCA)

电话：7 812 326 6180

传真：7 812 326 6180

联系地址：PO Box 33
RU --- St Petersburg 194156
Russia

网址：www.rvca.ru

新加坡风险投资协会

The Singapore Venture Capital & Private Equity Association

电话：65 838 95 63

传真：65 838 95 69

联系地址：151 North Buona Vista Road
#02-25 Phase Z.Ro
Singapore 139347

网址：www.svca.org.sg

斯洛伐克风险投资协会

Slovak Venture Capital Association

电话：42 12 5710 02 00

传真：42 12 5273 13 23

联系地址：Obchodna 58
PO Box 100
SK 810 00 Bratislava 1
Slovakia

网址：www.saef.sk

南非风险投资协会

Venture Capital & Private Equity Association (SAVCA)

电话：27 011 885 2666

传真：27 011 885 3640

联系地址：3P O Box 1140, HOUGHTON,2041

网址：www.savca.co.za

瑞典风险投资协会

Swedish Private Equity & Venture Capital Association(SVCA)

电话：46 8 678 30 90

传真：46 8 678 40 90

联系地址：Grev Turegatan 14
SE114 46 Stockholm
Sweden

网址：www.vencap.se

瑞士风险投资协会

Swiss Private Equity & Corporate Finance Association (SECA)

电话：41 41 724 6575

传真：41 41 724 6550

联系地址：Postfach 4332
6304 Zug
Switzerland

网址：www.seca.ch

泰国风险投资协会

Venture Capital Association

电话：66 02 679 6312

传真：66 02 679 6316

联系地址：Venture Capital Association
Suite 1207,12 fl., Sathorn City Tower
175 South Sathorn
Tungmahamek Sathorn
BKK 10120
Thailand

网址：www.venturecapital.or.th

土耳其风险投资协会

Turkish Private Equity and Venture Capital Association

电话：90 212 282 31 00

传真：90 212 282 31 03

联系地址：Boyner Sanayi A.S.
Menekseli Sokak No:5
1. Levent 80620, Istanbul

网址：www.turkvca.org/contact .htm

英国风险投资协会

British Venture Capital Association

电话：44 0207025 2950

传真：44 020 7025 2951

联系地址：BVCA. 3 Clements Inn, London. WC2A 2AZ.

网址：www.bvca.co.uk

美国风险投资协会

National Venture Capital Association (NVCA)

电话：1 703 524 2549

传真：1 703 524 3940

联系地址：1655 North Fort Myer Drive

Suite 850

Arlington, Virginia 22209

USA

网址：www.nvca.org

附录四 中国风险投资机构名录

一、中国大陆风险投资机构

北京市

IDG技术创业投资基金

董事长：Patrick J McGovern

经理：周全

地址：北京市建国门内大街8号中粮广厂

邮编：100005

电话：010-65262400

传真：010-65260700

地址：www.idgvc.com.cn

成立时间：1993年

管理资本：100 000万美元

投资规模：最低投资额400万元
最高投资额8 000万元

霸菱投资

总经理：关博仁

地址：北京市东三环北路8号亮马大厦1座1501室

邮编：100004

电话：010-65906606

传真：010-65906936

网址：www.baringcapitalpartners.com

成立时间：1994年

管理资本：83 000万元

行业偏好：工业及房地产

投资规模：最低投资额2 490万元
最高投资额9 130万元

阶段偏好：Pre-IPO

北京安彩科技风险投资有限公司

董事长：李留昱

总经理：蔡健德

地址：北京市海淀区复兴路12号恩菲科技大厦B区3层321

邮编：100038

电话：010-63972321

传真：010-63972281

网址：www.acvc.com.cn

成立时间：2000年8月

注册资本：20 000万元

管理资本：20 000万元

行业偏好：服务业、媒体、环保新材料、软件等电子信息产业、生物科技、医药保健、医疗设备

投资规模：最低投资额500万元
最高投资额5 000万元

阶段偏好：成长期、扩张期

北京八六三软件孵化器有限责任公司

董事长：姜广智

总经理：杨福轩

地址：北京市海淀区中关村南大街甲10号

邮编：100081

电话：010-62141388

传真：010-62141388

成立时间：2001年1月

注册资本：4 250万元

管理资本：4 250万元

投资规模：最低投资额80万元
最高投资额800万元

北京百富川投资管理有限公司

董事长：刘军

总经理：李宏

地址：北京市朝阳区渔阳饭店618房间

邮编：100027

电话：010-64667320

传真：010-64667319

成立时间：1998年6月

注册资本：1 000万元

管理资本：8 600万元

行业偏好：IT、医药、高科技农业

投资规模：最低投资额50万元
　　　　　最高投资额800万元

北京创业板投资顾问有限责任公司

董事长：张晓明

总经理：王学宗

地址：北京市海淀区紫竹院路31号华澧中心3号楼21F

邮编：100089

电话：010-68728858

传真：010-68728868

网址：www.newmarket.com.cn

注册资本：300万元

管理资本：1 300万元

北京高校创业股份有限公司

董事长：李永军

总经理：王晓军

地址：北京密云县工业开发区

邮编：101500

电话：010-61085089

传真：010-61085903

网址：www.gxcybj.com

成立时间：2000年12月

注册资本：6 020万元

管理资本：7 000万元

投资规模：最低投资额500万元
　　　　　最高投资额3 000万元

北京高新技术创业投资股份有限公司

董事长：商和顺

主要负责人：张力

地址：北京市海淀区中关村南大街32号中关村科技发展大厦A座12层

邮编：100081

电话：010-62140588

传真：010-62142499

网址：www.bhti.com.cn

成立时间：1998年10月

注册资本：31 000万元

管理资本：31 000万元

投资规模：最低投资额300万元
　　　　　最高投资额1 500万元

阶段偏好：扩张期、成熟期、上市筹备期

北京国恒科技集团股份有限公司

董事长：刘波

总经理：刘波

地址：北京市朝阳区裕氏路12号中国国际科技会展中心B903

邮编：100029

电话：010-82251133

传真：010-68711242

成立时间：1994年9月

注册资本：7 600万元

管理资本：4 000万元

投资规模：最低投资额10万元
　　　　　最高投资额400万元

北京国寿投资管理公司

董事长：韩兴桥

总经理：胡颖

地址：北京市知春路128号泛亚大厦1495室

邮编：100086

电话：010-62628861-62

传真：010-62628859

成立时间：2003年1月

注册资本：13 400万元

管理资本：10 000万元

投资规模：最低投资额100万元
　　　　　最高投资额2 000万元

北京汉世纪创业投资有限公司

董事长：江万龄
总经理：陈佑民
地址：北京市西长安街88号首都时代广场512室
邮编：100031
电话：010-83915249、83915180
传真：010-83915244
成立时间：2001年8月
注册资本：500万美元
管理资本：4 500万美元
行业偏好：生物科技、网络/通讯、软件、新材料、房地产、医疗设备、新能源、高新农业
投资规模：最低投资额100万美元
　　　　　最高投资额500万美元
阶段偏好：种子期、成长期、扩张期、上市筹备期、其它（如MBO、MBI、公司周转困境期等）

北京金港创业投资顾问有限公司（中银律师事务所）

董事长：唐金龙
总经理：李燕生
地址：北京市海淀区北三环四路43号青云当代大厦1205-1208室
邮编：100086
电话：010-62137301
传真：010-62137361
成立时间：2000年3月
注册资本：100万元
管理资本：3 000万元
行业偏好：新能源、环保产业、新材料、生物科技、医药保健、医疗设备、半导体、
投资规模：最低投资额50万元
　　　　　最高投资额500万元
阶段偏好：成长期、扩张期、成熟期

北京骏基投资管理有限公司

董事长：任伟
总经理：胡家武
地址：北京市朝阳区安立路66号安立花园2号楼D座1001室
邮编：100101
传真：010-64906900
成立时间：1999年9月
注册资本：1 600万元
管理资本：1 600万元
投资规模：最低投资额不限
　　　　　最高投资额3 000万元

北京科技风险投资股份有限公司

董事长：杨实
总经理：王晓龙
地址：北京市海淀区中关村南大街3号海淀科技大厦10层
邮编：100081
电话：010-68943739
传真：010-68943779
网址：www.bvcc.com.cn
成立时间：1998年10月
注册资本：50 000万元
管理资本：80 000万元
行业偏好：网络/通讯、传媒业、软件、半导体、新材料、生物科技
投资规模：最低投资额500万元
　　　　　最高投资额5 000万元
阶段偏好：成长期、扩张期

北京蓝血科技风险投资有限公司

董事长：李明
总经理：李明
地址：北京市西城区南礼士路66号建威大厦506室
邮编：100045
电话：010-86821599
传真：010-86018069
成立时间：2000年3月
注册资本：3 500万元
管理资本：3 500万元

北京联办投资管理有限公司

总经理：周其仁

地址：北京市朝阳门外大街22号泛立大厦11层

邮编：100020

电话：010-65885002

传真：010-65885000

网址：www.seecinvest.com.cn

成立时间：1989年

管理资本：20 750万元

投资规模：最低投资额830万元

最高投资额4 150万元

北京联和运通投资顾问有限公司

董事长：张树新

总经理：王玉梅

地址：北京市朝阳区建国门外永安东里8号华彬国际大厦20层

邮编：100022

电话：010-85288998

传真：010-85288890

网址：www.genesis-cap.com

成立时间：2000年5月

注册资本：2 075万元

管理资本：41 500万元

投资规模：最低投资额200万元

最高投资额50 000万元

北京麦肯桥资讯有限公司

董事长：周廉

总经理：吴玲

地址：北京市朝阳区北三环东路甲12号万基源大厦3001室

邮编：100013

电话：010-64200716

传真：010-64200717

网址：www.techcn.com

成立时间：2001年8月

注册资本：1 000万元

投资规模：最低投资额300万元

最高投资额5 000万元

北京清华创业投资管理有限公司

董事长：邓华

总经理：叶东

地址：北京市海淀区清华科技园创新大厦A座1301室

邮编：100084

电话：010-62705938-42

传真：010-62705920

网址：www.thvc.com&www.cefund.com

成立时间：2001年3月

注册资本：500万元

管理资本：35 000万元

行业偏好：环保、节能、IT

投资规模：最低投资额800万元

最高投资额2 500万元

阶段偏好：所有阶段

北京赛迪创业投资有限公司

董事长：罗文

总经理：王鹏

地址：北京市海淀区紫竹院路66号16层

邮编：100044

电话：010-88559670

传真：010-88559680

网址：www.ccidvc.com.cn

成立时间：2000年9月

注册资本：7 000万元

管理资本：7 000万元

行业偏好：房地产、环保产业、新能源、医药保健、新材料

投资规模：最低投资额100万元

最高投资额3 000万元

阶段偏好：成熟期、上市筹备期、其它（如MBO、MBI、公司周转困境期等）

北京首创创业投资有限公司

董事长：刘晓光

总经理：王少军

地址：北京市海淀区北洼路4号嘉慧苑816号
邮编：100089
电话：010-68714612
传真：010-68714612
网址：www.capitalvc.com
成立时间：1998年7月
注册资本：5 000万元
管理资本：10 000万元
行业偏好：新材料、光电子与光机电一体化、环保产业
阶段偏好：成熟期、上市筹备期、其它（如MBO、MBI、公司周转困境期等）

北京太平洋优联风险技术创业有限公司

董事长：邹祖烨
总经理：周全
地址：北京市西城区北礼士路甲98号
邮编：100037
电话：010-68314160
传真：010-68344320
成立时间：1993年11月
注册资本：1 000万美元
管理资本：3 000万美元
行业偏好：其它医疗设备商业批发零售业产业、软件、网络/通讯、医药保健、生物科技、新材料、传媒业、环保产业
投资规模：最低投资额24万元
最高投资额900万元
阶段偏好：扩张期、上市筹备期

北京信中利投资有限公司

董事长：汪潮涌
总经理：汪潮涌
地址：北京市建国门外大街1号国贸西楼516室
邮编：100004
电话：010-65056504
传真：010-65056110
网址：www.chinaequity.net
成立时间：1999年5月
注册资本：2 000万元
管理资本：2 000万元
投资规模：最低投资额830万元
最高投资额1 300万元

北京运时投资管理公司

董事长：王健摄
总经理：王健摄
地址：北京市东城区朝阳门北大街6号万泰北海大厦616室
邮编：100027
电话：010-85283669
传真：010-85282677
成立时间：1999年12月
注册资本：7 000万元
管理资本：7 000万元
投资规模：最低投资额100万元
最高投资额2 000万元

北京中关村宏和投资咨询有限公司

董事长：段永基
总经理：伍永钢
地址：北京市海淀区苏州街38号银科大厦808室
邮编：100080
电话：010-82602766
传真：010-82602768
网址：www.bchi_vc.com
成立时间：2001年10月
注册资本：100万美元
管理资本：4 000万美元
行业偏好：IT、通讯、软件、生物及医药
投资规模：最低投资额30万元
最高投资额1 000万元
阶段偏好：种子期、成长期

北京中关村青年科技创业投资有限公司

董事长：段永基
总经理：张金柱
地址：北京市中关村南大街32号中关村科技发展大

厦A座801室

邮编：100081

电话：010-62770006

传真：010-62770009

网址：www.bjcvc.com

成立时间：2000年1月

注册资本：8 000万元

管理资本：8 000万元

行业偏好：生物科技、光电子与光机电一体化、软件、V、W、新材料

投资规模：最低投资额800万元
最高投资额2 000万元

阶段偏好：种子期、成长期

北控高科技发展有限公司

地址：北京市朝阳区安翔北里甲11号

邮编：100101

电话：010-64850345-46

传真：010-64850334

成立时间：1999年

管理资本：24 900万元

大象创业投资有限公司

董事长：李严

总经理：周衡龙

地址：北京市朝阳区北四环中路8号江欣大厦A座23层B室

邮编：100101

电话：010-84990661

传真：010-84990677

成立时间：2001年12月

注册资本：150万元

投资规模：最低投资额104万元
最高投资额104万元

鼎晖创业投资管理有限公司

董事长：吴尚志

总经理：焦树阁

地址：北京市朝阳区光华路甲8号和乔大厦B座318室

邮编：100026

电话：010-65818388

传真：010-65819969

网址：www.cdhfund.com

成立时间：2002年5月

注册资本：100万元

管理资本：23 000万元

投资规模：最低投资额30万元
最高投资额750万元

汉鼎亚太有限公司北京代表处

董事长：徐大麟

地址：北京市建外大街1号国贸1座310

邮编：100004

电话：010-65058886

传真：010-65058889

网址：www.hqap.com

成立时间：1998年

管理资本：180 000万美元

行业偏好：光电子与光机电一体化、医药保健、医疗设备

阶段偏好：种子期

红塔创新投资股份有限公司

董事长：李穗朋

总经理：孙晓

地址：北京西城区复兴门内大街158号远洋大厦F412室

邮编：100031

电话：010-66411166、66421756

传真：010-66421756

网址：www.htvc.net.cn

成立时间：2000年6月

注册资本：40 000万元

华夏世纪创业投资有限公司

董事长：赵大建

总经理：何晓芳

地址：北京东城区交道口东大街101号东方文化中

心4层
邮编：100007
电话：010-64067841
传真：010-64067841
网址：www.ccvc2000.com
成立时间：2000年11月
注册资本：17 000万元
管理资本：30 000万元
行业偏好：新材料、环保产业、生物科技、光电子与光机电一体化、传媒业、软件、传媒业
阶段偏好：种子期、扩张期

汇亚资金管理有限公司

董事长：梁家锵
总经理：王谦
地址：北京市建国门外大街1号国贸大厦1座620室
邮编：100004
电话：010-65055208
传真：010-65055219
成立时间：1989年
管理资本：82 000万美元
行业偏好：网络/通讯、半导体、软件、其它医疗设备商业批发零售业产业、光电子与光机电一体化、传媒业、生物科技
投资规模：最低投资额50万美元
最高投资额5 000万美元
阶段偏好：成长期、扩张期、成熟期、上市筹备期

集富创业投资（香港）有限公司

董事长：陈镇洪
总经理：周政宁
地址：北京市海淀区中关村科学园南路2号融科咨询中心A座6层3室
邮编：100080
电话：010-62508500
传真：010-62508509
网址：www.jafcoasia.com
成立时间：1992年10月
管理资本：82 000万美元
行业偏好：医药保健、医疗设备、高科技、有出口前景的企业
投资规模：最低投资额100万美元
最高投资额500万美元
阶段偏好：种子期、成长期

利德投资有限公司

董事长：于波
总经理：于波
地址：北京市朝阳区亚运村汇园国际公寓F座20层
邮编：100101
电话：010-84986699
传真：010-84988876
网址：www.1eader-invest.com
成立时间：1998年5月
注册资本：3 000万元
管理资本：3 000万元
投资规模：最低投资额1 000万元

联想投资有限公司

董事长：柳传志
总经理：朱立南
地址：北京市中科院南路2号融科资汇中心10层
邮编：100080
电话：010-62509351
传真：010-62509100
网址：www.legendcapital.com.cn
成立时间：2001年4月
注册资本：20 000万元
阶段偏好：种子期、成长期

美国中经合集团北京代表处

董事长：Peter Lin
总经理：Michael Lee
地址：北京市朝阳区工体北路甲2号盈科中心IBM大厦806室
邮编：100027
电话：010-65391366
传真：010-65391367

网址：www.wiharper.com

成立时间：1999年6月

管理资本：25 000万美元

行业偏好：环保产业、教育产业、传统制造业、高新农业、旅游业、新材料、新能源、消费品及服务业

投资规模：最低投资额50万美元
最高投资额500万美元

阶段偏好：其它（如MBO、MBI、公司周转困境期等）

启峰基金管理有限公司

地址：北京市朝阳区建国路118号国贸大厦18F1830

邮编：100022

电话：010-65672299/5899

传真：010-65662732

网址：www.asiatechgroup.com

成立时间：1997年11月

注册资本：4 000万元

管理资本：19 000万元

投资规模：最低投资额500万元
最高投资额3 000万元

清华科技创业投资有限公司

董事长：宋军

总经理：杨宏儒

地址：北京市清华大学华业大厦2608室

邮编：100084

电话：010-62791195

传真：010-62780287

网址：www.tsinghuavc.com

成立时间：2000年4月

注册资本：20 000万元

管理资本：20 000万元

投资规模：最低投资额100万元
最高投资额5 000万元

清华兴业投资管理有限公司

董事长：陈章武

总经理：潘福祥

地址：北京清华大学学研大厦B708室

邮编：100084

电话：010-62780269

传真：010-62780159

网址：www.etsinghua.com

成立时间：1999年9月

注册资本：1 000万元

管理资本：1 000万元

清华紫光科技创新投资有限公司

董事长：李志强

总经理：刘宏飞

地址：北京市海淀区中关村南大街1号友谊宾馆雅园64631室

邮编：100873

电话：010-68949919

传真：010-68947226

网址：www.thuvc.com

成立时间：2000年4月

注册资本：25 000万元

管理资本：25 000万元

行业偏好：网络/通讯、环保产业、新材料、医药保健、生物科技、高新农业、消费品及服务业

投资规模：最低投资额300万元
最高投资额3 000万元

阶段偏好：成长期、扩张期

软银亚洲信息基础投资基金

董事长：孙正义

总经理：阎焱

地址：北京市建国门北大街8号华润大厦10楼

邮编：100005

电话：010-85192049

传真：010-85192048

网址：www.sbaif.com

成立时间：2001年

注册资本：40 000万美元

管理资本：20 000万美元

投资规模：最低投资额300万美元
　　　　　最高投资额4 000万美元

三孚创业投资控股有限公司

董事长：盛骏飞

地址：北京市海淀区复兴路9号

邮编：100038

电话：010-68574373

传真：010-68574350

网址：www.china.sunfull.com

成立时间：1997年8月

注册资本：2 150万元

投资规模：最低投资额100万元
　　　　　最高投资额1 000万元

深圳中科融创业投资公司北京分公司

董事长：黎洪

总经理：龚彦如

地址：北京市宣武区建功西里1号天缘公寓A3003室

邮编：100054

电话：010-83574711-10

传真：010-83522595

网址：www.cstcs.com

成立时间：1999年3月

管理资本：3 000万元

投资规模：最低投资额200万元
　　　　　最高投资额800万元

世纪方舟投资有限公司

董事长：吴军

总经理：宋玉鸣

地址：北京市海淀区中关村南大街乙56号方舟大厦B座

邮编：100044

电话：010-88026547/48

传真：010-88026546

网址：www.millenniumark.com.cn

成立时间：1999年12月

注册资本：5 000万元

管理资本：50 000万元

行业偏好：高新农业、房地产、教育产业、旅游业

投资规模：最低投资额100万元
　　　　　最高投资额2 000万元

阶段偏好：成长期

西门子移动通信投资公司

总经理：司徒海

地址：北京市朝阳区望京中环南路7号

邮编：100102

电话：010-64721888-8890

传真：010-64723969

网址：www.siemens.com.cn

成立时间：2001年

投资规模：最低投资额250万元
　　　　　最高投资额1 200万元

阶段偏好：成长期

先锋投资集团中金高技术资产管理有限公司

董事长：陆步青

总经理：赵恢

地址：北京市东城区王府井大街172号丹耀大厦806室

邮编：100000

电话：010-65242367

传真：010-65242367

网址：www.chinapioneer.com

成立时间：2000年4月

注册资本：3000万元

管理资本：22 000万元

投资规模：最低投资额100万元
　　　　　最高投资额1 000万元

香港龙科创业投资管理有限公司

董事长：韶俊

总经理：王强

地址：北京市建国门内大街8号中粮广场A座611室

邮编：100005

电话：010-65244083

传真：010-65137941

网址：www.dragontechventures.com

成立时间：2000年4月

注册资本：100万元

管理资本：72 000万元

投资规模：最低投资额800万元

最高投资额4 200万元

英属开曼岛中国华登管理有限公司

地址：北京市东长安街1号东方广场W1座206室

邮编：100738

电话：010-85182176、85182190

传真：010-85182179

网址：www.waldenintl.com

优傲龙投资银行集团

董事长：让·尼凯米亚

总经理：宋杰

地址：北京市朝阳区南湖南路8号北三302室

邮编：100102

网址：www.eurorient.com

成立时间：1988年

管理资本：60 000万元

元成基业风险投资公司

董事长：李国麟

总经理：何志雄

地址：北京市海淀区北三环西路11号高德写字楼315室

邮编：100088

电话：010-82090915

传真：010-82090446

网址：www.VcDaddvo.com

成立时间：1998年

注册资本：100 000万元

管理资本：20 000万元

投资规模：最低投资额500万元

最高投资额8 000万元

中成科技创业投资有限公司

董事长：郜卓

总经理：徐根望

地址：北京市安定门西滨河路9号中成集团大厦1301室

邮编：100011

电话：010-64219744

传真：010-64218269

注册资本：10 800万元

管理资本：10 800万元

投资规模：最低投资额100万元

最高投资额2 000万元

中关村丰台园中成科技创业投资有限公司

董事长：郜卓

总经理：徐根望

地址：北京市东城区安定门西滨河路9号中成集团大厦1301室

邮编：100011

电话：010-64219744

传真：010-64218269

成立时间：2002年1月

注册资本：10 800万元

管理资本：10 800万元

投资规模：最高投资额3 000万元

中关金智科技风险投资有限公司

董事长：李三友

总经理：李三友

地址：北京市海淀区西直门外大街168号腾达大厦29层H号

邮编：100044

电话：010-88576155-56

传真：010-88576160

成立时间：2000年10月

注册资本：8 000万元

中国风险投资有限公司

董事长：陈政立

主要负责人：王一军
地址：北京市朝外大街吉祥里208号
邮编：100020
电话：010-65523163
传真：010-65510227
网址：www.c-vc.com.cn
成立时间：2000年4月
注册资本：5 100万元
管理资本：3 000万元
投资规模：最低投资额50万元
最高投资额1 000万元

中国科招高技术有限公司

董事长：顾立基
总经理：林宁
地址：北京市海淀区车公庄西路29号7层
邮编：100044
电话：010-88415880-81
传真：010-88415730
网址：www.ckz.com.cn
成立时间：1989年6月
注册资本：8 000万元
管理资本：10 000万元
投资规模：最低投资额100万元
最高投资额1 500万元

中技经投资顾问股份有限公司

董事长：孟新健
总经理：乔力
地址：北京市海淀区清华东路25号
邮编：100055
电话：010-63437637
传真：010-63395897
网址：www.cteicc.com.cn
成立时间：2001年1月
注册资本：6 400万元
管理资本：6 400万元
投资规模：最低投资额100万元
最高投资额1 000万元

中金联合控股有限公司

董事长：刘楠
总经理：唐昊
地址：北京市西城区金融街37号百盛大厦
邮编：100032
电话：010-66083534
传真：010-66083532
网址：www.chinapioneer.com
成立时间：2001年8月
注册资本：5 000万元
管理资本：15 000万元
投资规模：最低投资额100万元
最高投资额1 000万元

中科招商创业投资有限公司

董事长：王林祥
总经理：单祥双
地址：北京市朝阳区马甸桥裕民路12号中国国际科技会展中心A座14层
邮编：100029
电话：010-82252020
传真：010-82250616
网址：www.leadvc.com
成立时间：2000年12月
注册资本：2 000万元
管理资本：120 000万元
行业偏好：网络/通讯、新能源和节能产品、新材料、生物科技、医药保健、医疗设备、教育科研
阶段偏好：发展期、扩张期、其它（如MBO、MBI、Poe-IPO等）。

中投创业投资有限公司

地址：北京市东城区后圆恩寺7号主楼（友好宾馆）
邮编：100009
电话：010-84016277-8
传真：010-84016282
成立时间：1998年5月
注册资本：16 000万元

管理资本：16 000万元

步长医药集团北京创业投资有限公司

联系人：焦银旺

地址：北京市东城区朝阳门北大街8号富华大厦F座17层D室

北京晨光创业投资有限公司

董事长：刘亮珍

总经理：孙启

地址：北京市昌平区科技园区超前路9号创业大厦504室

邮编：100220

电话：010-69709488

传真：010-69709488

成立时间：2000年12月

注册资本：5 000万元

管理资本：5 000万元

北京国富投资管理公司

地址：北京国贸大厦2座29层

邮编：100004

电话：010-65056808-23

传真：010-65057178

成立时间：2001年1月

注册资本：1 000万元

管理资本：10 000万元

鼎晖创业投资中心

董事长：吴尚志

总经理：焦树阁

地址：北京市朝阳区光华路甲8号和乔大厦B座318室

邮编：100026

电话：010-65818388

传真：010-65819969

成立时间：2002年5月

注册资本：100万元

管理资本：113 000万元

网址：www.cdhfund.com

盈富泰克创业投资有限公司

董事长：李志明

总经理：刘廷儒

地址：北京市海淀区中关村南大街2号数码大厦B座2003室

邮编：100086

电话：010-82512078/79

传真：010-82515186

成立时间：2000年4月

注册资本：5 000万元

管理资本：20 350万元

网址：www.infovc.com

中软科技创业投资有限公司

董事长：唐敏

总经理：崔辉

地址：北京市海淀区学院南路55号中软大厦

邮编：100081

电话：010-51527815

成立时间：2001年3月

注册资本：5 000万元

管理资本：5 000万元

中关村兴业（北京）投资管理有限公司

董事长：辛伟

地址：北京市海淀区北四环西路67号大地科技大厦5层506室

邮编：100080

电话：010-82887822

传真：010-82887827

注册资本：12 000万元

管理资本：12 000万元

北大博雅投资有限公司

地址：北京市海淀区海淀路50号北大资源东楼首层

电话：010-82612806

传真：010-82612806

成立时间：2001年9月

管理资本：20 000万元

网址：www.boyachina.com

投资领域：半导体、生物医药、IT服务、新材料

北大方正投资有限公司

地址：北京北四环西路65号海淀新技术大厦1619室

电话：010-82886308

传真：010-82886255

成立时间：2000年4月

管理资本：1 400万元

网址：www.founderinv.com

投资领域：信息技术、软件、通讯、电子信息、互联网、新能源新材料、半导体、节能环保

投资阶段：种子期、成长期、扩张期、中后期

北京北邮创业投资有限公司

总经理：刘江海

电话：010-85267699

传真：010-85267699

成立时间：2001年9月

管理资本：10 000万元

北京知金科技投资有限公司

董事长：魏锋

地址：北京市西城区金融街投资广场27号B座11层

邮编：100032

电话：010-66212188

传真：010-66212181

成立时间：1999年11月

注册资本：15 000万元

行业偏好：IT、生物医药、新材料

阶段偏好：成长期

北京华尔投资有限公司

总经理：王彦

地址：北京市西城区西直门南大街2号成铭大厦C座27层

邮编：100035

电话：010-66179020-29

传真：010-66139210

网址：www.wall.com.cn

投资领域：通信、信息产业

投资阶段：种子期、初创期

北京金昌投资咨询有限公司

地址：北京市东城区朝阳门北大街8号富华大厦F座18层

电话：010-65541306-551

传真：010-65542988

成立时间：1994年6月

管理资本：240万元

网址：www.jctz.com

投资领域：生物科技、医药

投资阶段：成长期

北京金诚信投资有限公司

地址：北京市复兴门外大街6号光大大厦1409室

电话：010-68561799

传真：010-68560479

成立时间：2001年

注册资本：4 000万元

网址：www.goldentrust.com

投资领域：教育科研、矿产冶金、电子通讯、生物工程、新材料、信息产业

投资阶段：所有

北京圣维尔科技投资有限公司

总经理：徐晓曼

地址：北京市后海北沿14号东楼311-316

电话：010-64012369、64077847

传真：010-64012369

网址：www.schanwell.com

投资领域：医疗、能源、环保

北京世纪万通科技投资有限公司

地址：北京市东城区和平里北街6号

邮编：100013

电话：010-84290666、84291004-3101

传真：010-84291049

成立时间：2000年8月

管理资本：5 000万元

网址：www.fareastwall.com

北京首都国际投资管理有限责任公司

地址：北京市宣武区广安区门内大街338号中经信国际大厦804室

邮编：100053

电话：010-68714612

传真：010-68714612

成立时间：1998年7月

管理资本：4 843万元

网址：www.capitalv.com

北京新恒基投资管理有限公司

地址：北京市朝阳区霄云路26号鹏润大厦35号

邮编：100016

电话：010-84584945

传真：010-64609678

成立时间：2000年

投资领域：IT软件、通讯、互联网及相关设施、生物科技、医药、电子信息、新能源、新材料、半导体、其它

北京永晖投资有限公司

地址：北京市朝阳区北辰东路关听下别墅区7号

电话：010-64921111

传真：010-64938881

网址：www.winsway.com

鼎邦科技投资管理有限公司

电话：010-82511235/1242

传真：010-82511243

富宁投资顾问有限公司

电话：010-85111301

传真：010-85111286

成立时间：2002年4月

注册资本：250万元

网址：www.cashln.com.cn

华苑农业高新技术风险投资有限公司

总经理：宋全安

地址：北京市海淀区首体南路22号国兴大厦D.E区

邮编：100044

电话：010-88355756

传真：010-88355761

清华科技园技术资产经营有限公司

地址：北京市清华科技园创新大厦A座15层

电话：010-62776611、62776620

传真：010-62776606

成立时间：2001年3月

管理资本：5 000万美元

网址：www.thspinno.com.cn

投资领域：IT、材料、能源和环境技术领域中高速增长并处于发展期的公司进行股权相关投资

太合投资有限公司

地址：北京市复兴门内大街158号远洋大厦F405室

邮编：100031

电话：010-66412288

传真：010-66413286

成立时间：1998年9月

网址：www.th-g.com.cn

亿阳投资有限公司

地址：北京市海淀南路19号时代网络大厦8008室

邮编：100080

电话：010-82666789-80001

传真：010-82666332

成立时间：1998年7月

网址：www.boco.com.cn

投资领域：IT/软件、通讯、互联网及相关设施、生物科技、电子信息、信能源、新材

料、半导体

投资阶段：成长期、扩张期、成熟期、上市筹备期

银恒信投资（集团）有限公司

地址：北京市海淀区车道沟8号信弘大厦3楼A座

邮编：100089

电话：010-68419762

传真：010-68484100

投资领域：防伪技术

中国和平（北京）投资有限公司

地址：北京市东城区东长安街6号3号楼

邮编：100006

电话：010-85115502/85116633–186

传真：010-85115509

成立时间：1999年12月

网址：www.cpicl.com

投资领域：水利、城市供水、农林、能源、电力、交通、环保、房地产开发、物业管理、生物工程、通讯、计算机网络工程

中国火炬高新技术产业投资公司

地址：北京市海淀区车公庄西路乙19号华通大厦B座北楼5层

电话：010-88018298

传真：010-88018058

成立时间：2000年9月

管理资本：1 200万元

网址：www.torchvc.com.cn

投资领域：信息技术、通讯、生物医药

投资阶段：成长期、扩张期

中祥投资有限公司

地址：北京市西城区阜成门外大街2号万通新世界广场A座715

电话：010-68015599、68588125

传真：010-68588126

成立时间：1999年7月

网址：www.chinafortune.net

投资领域：电子信息、生物工程。环保节能、其它

投资阶段：种子期、成长期、成熟期

上海

北京联办投资管理有限公司（上海代表处）

地址：上海浦东新区商城路660号乐凯大厦2201室

邮编：200120

电话：021-68767633

传真：021-68875738

网址：www.seecinvest.com.cn

成立时间：1998年

注册资本：10 000万元

管理资本：5 000万元

宏碁技术投资亚太有限公司

董事长：卢宏镒

总经理：陈友忠

地址：上海市淮海中路398号世纪巴士大厦11楼E室

邮编：200020

电话：021-63868708

传真：021-63868709

网址：www.acervc.com.cn

成立时间：2000年

管理资本：IP FUND ONE：2.6亿美元（其中：3 000万美元用于中国大陆投资）；IP F Ⅲ全部用于中国项目，3 000万美元

行业偏好：移动增值服务设计、互联网内容服务、芯片设计、TFT显示器及家用数码产品的零组件、材料及相关的芯片设计等

投资规模：最低投资额100万美元

最高投资额500万美元

阶段偏好：早期及成长期

汇浦科技投资集团公司

董事长：戴卫东

地址：上海宝庆路2号云海大厦19楼

邮编：200031

电话：021-54663939-253

传真：021-54663933

网址：www.wisepool.com.cn
成立时间：1995年
注册资本：35 000万元
管理资本：35 000万元
行业偏好：传统制造业、网络/通讯、教育产业、其它医疗设备商业批发零售业产业、医药保健
投资规模：最低投资额100万元
最高投资额10 000万元
阶段偏好：扩张期、成熟期

上海宝亿科技创业有限公司

董事长：周鹏
总经理：王格铭
地址：上海浦东新金桥路1568号宝钢工贸大厦4楼
邮编：200030
电话：021-58341259
传真：021-58542000
成立时间：1999年7月
注册资本：1 000万元

上海漕河泾创业投资管理有限公司

董事长：马荣林
总经理：陈志胤
地址：上海市宜山路900号A311室
邮编：200233
电话：021-54234229
传真：021-54234177
成立时间：2002年5月
注册资本：100万元
管理资本：3 000万元
行业偏好：信息技术
投资规模：最低投资额50万元
最高投资额800万元
阶段偏好：早期及发展期

上海漕河泾新兴技术开发区科技创业中心

董事长：杨福鑫
总经理：韩宝富
地址：上海市宜山路900号科技大楼A307室
邮编：200233
电话：021-64954969
传真：021-64951721
网址：www.caohejing-ibi.com
成立时间：1997年
注册资本：6 500万元
管理资本：6 500万元
行业偏好：软件、生物医药、新材料
投资规模：最低投资额5万元
最高投资额1 000万元
阶段偏好：早期、发展期

上海兆丰创业投资有限公司

董事长：华裕达
总经理：鲁育宗
地址：上海市长宁路1027号兆丰广场24楼
邮编：200050
电话：021-65632555
传真：021-65148999
成立时间：2003年12月
注册资本：4 000万元
管理资本：4 000万元
行业偏好：文化、体育和娱乐行业、房地产业、其它高新技术行业

上海创新投资管理有限公司

董事长：陈玮
总经理：朱心坤
地址：上海市浦东南路500号国家开发银行大厦19楼A座
邮编：200120
电话：021-58769696
传真：021-58766969
网址：www.szvc.com.cn
成立时间：2001年6月
注册资本：500万元
管理资本：11 000万元
行业偏好：新材料、医疗设备、光电子与光机电一

体化、半导体、医药保健、软件、新能源、环保产业

投资规模：最低投资额500万元
最高投资额3 000万元

阶段偏好：成长期、扩张期、成熟期、其它（如MBO、MBI、公司周转困境期等）

上海创业投资有限公司

总经理：华裕达
地址：上海淮海中路1634号2楼
邮编：200031
电话：021-64311998
传真：021-64336311
网址：www.shvc.com.cn
成立时间：1999年8月
注册资本：40 000万元
管理资本：60 000万元
投资规模：最低投资额24万元
最高投资额3 000万元

上海创业投资管理有限公司

董事长：陈爱国
主要负责人：华裕达、陈爱国、楚宇泰、潘伟敏、王恩强
地址：上海市江宁路420号27楼
邮编：200041
电话：021-32100560
传真：021-62720132
网址：www.shvc.cn
成立时间：2001年7月
注册资本：100万元
管理资本：22 000万元
行业偏好：信息、生物医药、新材料
投资规模：最低投资额30万元
最高投资额1 000万元
阶段偏好：种子期、初创期

上海复旦创业管理有限公司

董事长：蒋国兴
总经理：朱幼惠
地址：上海国定路335号8003室
邮编：200433
电话：021-65103006
传真：021-65101451
成立时间：2000年9月
注册资本：100万元
管理资本：3 000万元
行业偏好：医疗设备、环保产业、新材料、新能源、网络/通讯、其它医疗设备商业批发零售业产业、高新农业、教育产业
投资规模：最低投资额15万元
最高投资额50万元
阶段偏好：种子期

上海复旦思德创业投资咨询有限公司

董事长：黄海涛
总经理：况志琼
地址：上海市邯郸路98号凌武大厦13楼B座
邮编：200437
电话：021-55511916
传真：021-65444190
成立时间：2000年12月
投资规模：最高投资额500万元

上海高科技成果转化有限公司

董事长：蔡敏勇
总经理：张伟
地址：上海市北京东路668号东楼407室
邮编：200001
电话：021-53082143
传真：021-53082143
成立时间：1999年
注册资本：100万元
管理资本：3 100万元

上海华盈创业投资基金管理有限公司

董事长：Tina Ju
总经理：王恩强

地址：上海市陆家嘴东路161号2102

邮编：200120

电话：021-58833185

传真：021-58400078

网址：www.venturetdf.com

成立时间：2001年

注册资本：90万元

行业偏好：软件、网络/通讯、其它医疗设备商业批发零售业产业、环保产业、新材料、医疗设备、光电子与光机电一体化、新能源

投资规模：最低投资额75万元
最高投资额100万元

上海慧谷创业投资管理有限公司

董事长：许晓鸣

总经理：钱振英

地址：上海市虹桥路333号

邮编：200030

电话：021-64287629

传真：021-64394772

网址：www.withubvc.com.cn

成立时间：2000年5月

注册资本：600万元

管理资本：800万元

行业偏好：生物科技、网络/通讯、软件、教育产业、医疗设备、新能源、新材料、其它医疗设备商业批发零售业产业

投资规模：最低投资额200万元
最高投资额350万元

阶段偏好：成长期、成熟期

上海吉信创业投资管理有限公司

董事长：徐斌

总经理：徐斌

地址：上海市张扬路628号东明广场2号12B室

邮编：200122

电话：021-58352529

传真：021-58352529

网址：www.ltvc.com.cn

成立时间：2001年8月

注册资本：550万元

管理资本：5 000万元

投资规模：最低投资额10万元
最高投资额500万元

上海交大创业投资有限公司

董事长：华裕达

总经理：陈思根

地址：上海淮海西路55号9楼A座

邮编：200030

电话：021-52989040

传真：021-52989041

网址：www.sjtu-vc.com

成立时间：2000年6月

注册资本：9 000万元

管理资本：9 000万元

行业偏好：软件、半导体、其它医疗设备商业批发零售业产业、光电子与光机电一体化、计算机设备、网络/通讯、新能源、新材料

投资规模：最低投资额38.5万元
最高投资额3 000万元

阶段偏好：种子期、成长期、扩张期、成熟期、上市筹备期

上海交大颀峰科技创业经营管理有限公司

董事长：许晓鸣

总经理：吴天新

地址：上海市长宁区番禺路390号时代大厦3楼B座

邮编：200052

电话：021-62940468

传真：021-32260032

网址：www.chinapex.com

成立时间：1999年9月

注册资本：3 200万元

行业偏好：新能源及节能技术

投资规模：最低投资额50万元

阶段偏好：种子期、扩张期

上海交大信息投资有限公司

董事长：许晓鸣

总经理：朱玉旭

地址：上海市淮海西路55号6楼A座

邮编：200030

电话：021-52989370

传真：021-52989391

网址：www.sjii.com.cn

成立时间：2001年12月

注册资本：10 000万元

管理资本：20 000万元

行业偏好：软件、集成电路

投资规模：最低投资额100万元

　　　　　最高投资额1 000万元

阶段偏好：成长期

上海杰姆实业公司

董事长：朱正红

总经理：朱正红

地址：上海市张江高科技园区李时珍路288号

邮编：201203

电话：021-50800300

传真：021-50801966

注册资本：2 000万元

管理资本：4 000万元

行业偏好：软件、网络/通讯、生物科技、新材料

阶段偏好：种子期、成长期

上海科技创业有限公司

董事长：王荣

总经理：韩明远

地址：上海市漕滨北路45号航空科技大厦11楼

邮编：200030

电话：021-64810403

传真：021-54590673

成立时间：1999年8月

注册资本：1 100万元

投资规模：最高投资额200万元

上海科技投资公司

董事长：曹臻

总经理：陈伟丰

地址：上海淮海中路1634号

邮编：200231

电话：021-64311988

传真：021-64312336

网址：www.shsti.com.cn

成立时间：1992年12月

注册资本：55 000万元

管理资本：90 000万元

行业偏好：信息、生物医药、新材料环保项目

投资规模：最低投资额200万元

　　　　　最高投资额2 000万元

阶段偏好：种子期、成长期

上海科技投资股份有限公司

董事长：周振益

总经理：吕崇竹

地址：上海建国西路285号

邮编：200031

电话：021-64338288

传真：021-64330776

网址：www.sstic.com.cn

成立时间：1993年6月

注册资本：30 500万元

管理资本：30 500万元

行业偏好：高新技术产业

投资规模：数百万元以上

阶段偏好：成长期

上海联创投资管理有限公司

董事长：严义埙

总经理：冯涛

地址：上海市淮海中路381号中环广场2901室

邮编：200020

电话：021-53832000

传真：021-53831000

网址：www.newmargin.com

成立时间：1999年7月

注册资本：1 000万元

管理资本：95 000万元

投资规模：最低投资额400万元

　　　　　最高投资额16 000万元

上海民创投资管理有限公司

董事长：戴晓波

总经理：戴晓波

地址：上海淮海中路1634号102室

邮编：200031

电话：021-64338890

传真：021-34010548

网址：www.mcvau.com

成立时间：2000年8月

注册资本：100万元

管理资本：2 000万元

投资规模：最低投资额30万元

　　　　　最高投资额400万元

上海浦东科创投资管理有限公司

董事长：柳志伟

总经理：柳志伟

地址：上海市浦东陆家嘴东路161号34楼

邮编：200120

电话：021-68874688

传真：021-58786965

网址：www.shanghaifortume.com

成立时间：1999年11月

管理资本：3 000万元

投资规模：最低投资额100万元

　　　　　最高投资额2 000万元

上海盛基创业投资管理有限公司

董事长：周杰

总经理：张伟

地址：上海市淮海中路138号上海广场2704单元

邮编：200021

电话：021-63756466

网址：www.ssvc.com.cn

成立时间：2000年1月

注册资本：1 000万元

管理资本：16 000万元

上海市科技创业中心

董事长：王荣（主任）

地址：上海市钦州路100号

邮编：200235

电话：021-64833567

传真：021-64833567

网址：www.incubator.sh.cn

成立时间：1988年4月

注册资本：2 000万元

管理资本：10 000万元

行业偏好：网络/通讯、软件、其它医疗设备商业批发零售业产业、消费品及服务业

投资规模：最低投资额2万元

　　　　　最高投资额1 000万元

阶段偏好：成长期、扩张期

上海太平洋技术创业有限公司

董事长：刘振元

总经理：章苏阳

地址：上海遵义路107号安泰大楼1105室

邮编：200051

电话：021-62375408

传真：021-62375899

成立时间：1993年5月

注册资本：500万元

管理资本：4 138.25万元

行业偏好：医药保健、房地产、教育产业、娱乐产业、高新农业、网络/通讯、医疗设备、环保产业

投资规模：最高投资额100万美元

阶段偏好：种子期、成长期

上海天融投资咨询有限公司

董事长：杨海斌

总经理：杨海斌

地址：上海市东方路428号505室

邮编：200120

传真：021-58882631

网址：www.sinocup.com.cn

成立时间：2000年11月

注册资本：500万元

管理资本：10 000万元

投资规模：最低投资额100万元
最高投资额1 000万元

上海天友高新技术产业投资有限公司

董事长：庄晓天

总经理：施瑾

地址：上海市新闸路1093号东恒大厦6楼

邮编：200041

电话：021-62711508-6603

传真：021-62674236

成立时间：2002年2月

注册资本：5 045万元

管理资本：5 045万元

行业偏好：网络/通讯、其它医疗设备商业批发零售业产业、新材料、软件、光电子与光机电一体化

投资规模：最低投资额380万元
最高投资额920万元

阶段偏好：成长期、扩张期

上海湘财贯通投资管理有限公司

董事长：陈学荣

总经理：谭文清

地址：上海市东方路971号钱江15楼ABC座

邮编：200122

电话：021-68634518

传真：021-68866198

网址：www.xcsc.com

成立时间：2001年11月

注册资本：2 000万元

上海信虹投资管理有限公司

董事长：赵明

总经理：俞妙根

地址：上海瑞金2路118号瑞金宾馆G座

邮编：200020

电话：021-64154060

传真：021-64670038

成立时间：2000年10月

注册资本：2 000万元

管理资本：9 000万元

上海鼎嘉创业投资管理公司

董事长：华裕达

总经理：戴燕玲

地址：上海浦东春晓路350号创业中心南3楼

邮编：201203

电话：021-50800508

传真：021-50801918

网址：www.zj-vc.com

成立时间：2003年10月

注册资本：100万元

管理资本：33 000万元

行业偏好：信息、生物、医疗器械

投资规模：最低投资额30万元
最高投资额1 500万元

上海中新技术有限公司

董事长：华裕达

总经理：李元春

地址：上海市淮海中路1634号420室

邮编：200031

电话：021-64316970

传真：021-64318478

注册资本：1 200万元

管理资本：600万元

投资规模：最低投资额26万元
最高投资额145万元

上海紫江创业投资有限公司

董事长：郭峰
总经理：李域
地址：上海市虹桥路2272号4楼F座
邮编：200336
电话：021-62376111
传真：021-62376110
网址：www.zjvc.com.cn
成立时间：2000年9月
注册资本：5 000万元
管理资本：12 000万元
行业偏好：光电子与光机电一体化、生物科技、传媒业、教育产业、计算机设备、新材料、新能源、传统制造业
投资规模：最低投资额100万元
最高投资额1 000万元
阶段偏好：种子期、成长期

时代创新投资管理（上海）公司

董事长：马启元
总经理：马启元
地址：上海张江高科技园区松涛路563号4楼
邮编：201203
电话：021-50803284
传真：021-50803291
网址：www.time-iv.com
成立时间：2000年
注册资本：100万美元
管理资本：1 000万美元
行业偏好：软件、医药保健、医疗设备、新能源、房地产、高新农业、光电子与光机电一体化、其它医疗设备商业批发零售业产业
投资规模：最高投资额1 000万美元
阶段偏好：成长期、上市筹备期、其它（如MBO、MBI、公司周转困境期等）

香港沪光国际投资管理有限公司

总经理：吴在桑
地址：上海市遵义路107号安泰大楼1204室
邮编：200051
电话：021-62197669
传真：021-62197674
成立时间：1993年4月
注册资本：1 000万港币
管理资本：5 400万美元

香港华登太平洋创业投资管理有限公司上海代表处

总裁：江善颂
地址：上海南京西路1168号中信泰富广场41楼4103室
邮编：200041
电话：021-52928911
传真：021-52929516
网址：www.waldenintl.com
成立时间：2002年
管理资本：166 000万元
投资规模：最低投资额2 490万元

祥峰中国投资有限公司

董事长：卓福民
地址：上海南京西路1168号中信广场4103-4104
邮编：200041
电话：021-52925050
传真：021-52928900
网址：www.vertexmgt.com
成立时间：2002年7月
注册资本：3 000万元
管理资本：10 000万美元
行业偏好：其它医疗设备商业批发零售业产业、环保产业、医药保健、高新农业、新材料、新能源、医疗设备、生物科技
阶段偏好：成长期、上市筹备期、其它（如MBO、MBI、公司周转困境期等）

橡子园创业投资管理（上海）有限公司

董事长：黄六来

总经理：黄六来

地址：上海市郭守敬路498号浦东软件园9号楼2层

邮编：201203

电话：021-50806686

传真：021-50803862

网址：www.acomcampus.com

成立时间：2002年

注册资本：14万美元

管理资本：2 400万美元

投资规模：最低投资额2万美元

招商局富鑫资产管理有限公司

董事长：邱罗火

总经理：李岳贞

地址：上海市淮海中路222号力宝广场

邮编：200010

电话：021-53965589

传真：021-53965530

网址：www.cmfve.com

成立时间：2001年2月

注册资本：50万美元

管理资本：4 300万美元

投资规模：最低投资额200万美元

最高投资额400万美元

中国创业投资公司上海分公司

董事长：白德能

总经理：白德能

地址：上海市中山东路12号336室

邮编：200002

电话：021-63293610

传真：021-33130383

网址：www.chinavest.com

成立时间：1983年

注册资本：250 000万元

管理资本：166 670万元

投资规模：最低投资额300万美元

最高投资额1 500万美元

戈壁合伙人有限公司

董事长：刘伟杰

总经理：曹嘉泰

地址：上海市南京西路1168号中兴泰富广场3708室

邮编：200041

电话：021-52929729

传真：021-52929730

成立时间：2002年1月

管理资本：24 829.5万元

网址：www.gobi.com.cn

华登国际

董事长：陈立武

总经理：江善颂

地址：上海市南京西路1376号上海商城340室

邮编：200040

电话：021-62798200

传真：021-62798203

成立时间：1987年

网址：www.waldenintl.com

上海高新技术投资管理有限公司

董事长：蔡敏勇

总经理：王旗

地址：上海市中山西路179号

邮编：200051

电话：021-62281304

传真：021-62340404

成立时间：1998年

注册资本：1 000万元

管理资本：1 000万元

上海隆嘉创业投资管理有限公司

董事长：华裕达

总经理：陈爱国

地址：上海江宁路420号和一大厦2708室

邮编：200041

电话：021-32100560

传真：021-62720132

成立时间：2003年1月

注册资本：100万元

管理资本：22 000万元

上海星河数码投资有限公司

董事长：朱万毅

总经理：周军

地址：上海市高邮路8号

邮编：200031

电话：021-64318520

传真：021-64662567

注册资本：8 000万元

管理资本：8 000万元

上海兴信创业投资管理有限公司

董事长：张惠萍

总经理：陈小平

地址：上海市斜土路2601号嘉汇广场T1幢31楼C座D楼

邮编：200030

电话：021-64260173

传真：021-64260170

成立时间：2000年

注册资本：1 100万元

管理资本：5 000万元

网址：www.helson.com.cn

上海兆邦投资管理有限公司

董事长：侯福顺

总经理：王飞

地址：上海市浦东新区世纪大道88号2203A

邮编：200121

电话：021-50477777

传真：021-50476543

成立时间：2002年4月

注册资本：500万元

管理资本：5 000万元

上海邦联投资有限公司

地址：上海南京西路1168号中信泰富广场18楼

电话：021-52985298

传真：021-52984171

成立时间：1998年

注册资本：20 000万元

管理资本：6 000万元

网址：www.uni.com.cn

投资行业：软件、通讯、网络技术、信息服务

投资阶段：种子期、成长期

上海宝来投资管理有限公司

地址：上海市银城东路139号华能联合大厦32层

电话：021-68866001-229

传真：021-68866056

成立时间：2000年5月

管理资本：600万元

网址：www.pola.com.cn

上海博嵘创业投资管理有限公司

地址：上海黄埔区方斜路525弄1号2302＃

电话：021-53570522-810

传真：021-53570522-803

成立时间：2003年6月

管理资本：60 000万元

网址：www.boro.cn

上海复旦量子创业投资管理有限公司

地址：上海市邯郸路98号甲无锡大厦2002室

邮编：200430

电话：021-55511931、35051042

传真：021-55516911

成立时间：2000年11月

网址：www.fudanventure.com

投资领域：信息技术、生物医药和新材料

上海龙宇投资有限公司

董事长：刘振光

地址：上海市浦东东方路710号汤臣金融大厦25楼

电话：021-58301681

传真：021-58301682

成立时间：1999年12月

注册资本：5 000万元

网址：www.lonyer.com

天津市

国家纳米技术产业化基地

主任：许建中

地址：天津市经济技术开发区第四大街80号

邮编：300457

电话：022-62002900

传真：022-62002902

成立时间：2001年3月

注册资本：180万元

管理资本：3 000万元

投资规模：最低投资额50万元
最高投资额1 000万元

天津财源创业投资管理有限公司

董事长：张鼎星

总经理：张鼎星

地址：天津市红桥区丁字沽三号路奥园14-2-402号

邮编：300134

电话：022-26685869

传真：022-26685869

成立时间：2003年1月

注册资本：100万元

管理资本：10 000万元

投资规模：最低投资额1 000万元
最高投资额10 000万元

天津创业投资有限公司

董事长：杨旭才

总经理：魏宏锟

地址：天津市河西区围堤道125号天信大厦1508室

邮编：300074

电话：022-28408383-803

传真：022-28408686

网址：www.tjvc.com.cn

成立时间：2001年3月

注册资本：20 000万元

管理资本：50 000万元

行业偏好：网络/通讯、软件、半导体、其它医疗设备商业批发零售业产业

投资规模：最低投资额1 000万元
最高投资额10 000万元

阶段偏好：扩张期、成熟期

天津福沃科技投资有限公司

董事长：卜东梅

总经理：齐海涛

地址：天津南开区华苑产业区榕苑路1号

邮编：300384

电话：022-23080368

传真：022-83710199

成立时间：2000年7月

注册资本：9 990万元

管理资本：10 000万元

行业偏好：新材料、V、商业批发零售业、新能源、环保产业、教育产业、软件、高新农业

投资规模：最低投资额500万元
最高投资额3 000万元

阶段偏好：成长期、扩张期

天津环渤海创业投资管理有限公司

董事长：杨应敏

总经理：张仁亮

地址：天津市河西区卫津南路13号体北综合楼5楼

邮编：300060

电话：022-23341562

传真：022-23341533

网址：www.cvcm.com.cn

成立时间：2000年5月

注册资本：2 300万元

管理资本：60 000万元

行业偏好：新材料、医药保健、生物科技、传媒业

投资规模：最低投资额200万元

最高投资额1 000万元
阶段偏好：成长期、扩张期

天津环球高新技术投资有限公司

董事长：朱振山
总经理：李根长
地址：天津市南开区三马路167号太极园底商3楼
邮编：300100
电话：022-87310522
传真：022-87310510
成立时间：2000年6月
注册资本：20 000万元
管理资本：20 000万元
投资规模：最低投资额50万元
最高投资额500万元

天津经投集团华硕高科技投资开发有限公司

董事长：张文锁
总经理：孙晶涛
地址：天津市和平区泰安道1号
邮编：300042
电话：022-23136867
传真：022-23136867
成立时间：2000年3月
注册资本：3 000万元
管理资本：4 500万元
投资规模：最低投资额3 000万元
最高投资额4 500万元

天津科技发展投资总公司

董事长：杨应敏
总经理：杨应敏
地址：天津市河西区卫津南路13号体北综合楼4楼
邮编：300060
电话：022-23525876
传真：022-23521775
网址：www.stic.com.cn
成立时间：1997年12月
注册资本：16 653万元
管理资本：16 653万元
行业偏好：生物科技、医药保健、医疗设备、软件、网络/通讯、半导体、高新农业、新材料
投资规模：最低投资额10万元
最高投资额7 000万元
阶段偏好：扩张期、成熟期、上市筹备期

天津科技风险投资公司

董事长：杨应敏
总经理：刘伯扬
地址：天津市和平区南京路305号津联大厦429室
邮编：300052
电话：022-27230071
传真：022-27230071
成立时间：1993年
注册资本：2 000万元
投资规模：最低投资额50万元

天津南大科技投资有限公司

董事长：胡彦明
总经理：刘成义
地址：天津市南开区苏堤路兴南小区1号楼
邮编：300192
电话：022-23504607
传真：022-23503572
网址：www.nkjh.com
成立时间：2000年8月
注册资本：5 850万元
管理资本：3 000万元
投资规模：最低投资额100万元
最高投资额500万元

天津南开戈德创业投资有限公司

董事长：李明智
总经理：马树旺
地址：天津市河西区友谊路10号深圳发展银行大厦甲418室
邮编：300074

电话：022-28379436

传真：022-28457846

成立时间：2001年6月

注册资本：5 000万元

管理资本：5 000万元

天津市创业投资发展中心

董事长：杨旭才

总经理：杨旭才

地址：天津市河西区围堤道125号天信大厦1509室

邮编：300074

电话：022-28408282

传真：022-28408686

网址：www.tjvc.org

成立时间：2000年12月

注册资本：18 000万元

天津市虹桥创业投资有限公司

董事长：马静茹

总经理：李凤林

地址：天津市红桥区勤俭道192号（区科委内）

邮编：300130

电话：022-86516966

传真：022-86516967

成立时间：2002年12月

注册资本：990万元

管理资本：1 990万元

投资规模：最高投资额2 000万元

天津开明创业投资发展有限公司

董事长：刘成魁

总经理：刘成魁

地址：天津市河西区友谊北路广银大厦5楼

邮编：300204

电话：022-58792300

传真：022-58792300

成立时间：2004年2月

注册资本：5 000万元

管理资本：10 000万元

行业偏好：软件、计算机设备、网络/通讯

阶段偏好：种子期、创建期

天津泰达科技风险投资股份有限公司

董事长：李静平

总经理：赵华

地址：天津经济技术开发区第四大街80号天大科技园3号楼

邮编：300457

电话：022-66299990

传真：022-66297288

网址：www.tedavc.com.cn

成立时间：2000年8月

注册资本：41 021万元

管理资本：70 000万元

行业偏好：医药保健、软件、环保产业、医疗设备

投资规模：最低投资额300万元

阶段偏好：成长期、扩张期

天津新技术产业园区海泰科技投资管理有限公司

董事长：任建成

总经理：苗立志

地址：天津市华苑产业园区华天道6号海泰大厦

邮编：300384

电话：022-23709326

传真：022-23709325

网址：www.hitech-investment.com

成立时间：1997年5月

注册资本：1 000万元

管理资本：37 000万元

行业偏好：生物医药、新材料

阶段偏好：成长期、成熟期

天津新技术产业园区新纪元风险投资有限公司

董事长：冯金有

总经理：兰宝石

地址：天津市南开区华苑产业区华天道海泰大厦2层

邮编：300384

电话：022-23709978

传真：022-23709979

网址：www.neweravc.com.cn

成立时间：1999年5月

注册资本：12 000万元

管理资本：50 000万元

行业偏好：高新农业、新能源、新材料、传媒业、娱乐产业、旅游业

投资规模：最低投资额50万元
最高投资额3 000万元

阶段偏好：种子期、成长期、扩张期

鑫茂科技投资集团

董事长：杜克荣

总经理：刘士君

地址：天津华苑产业区鑫茂科技园中心大厦3层

邮编：300384

电话：022-83713791

传真：022-83711808

成立时间：2000年

注册资本：7 300万元

管理资本：10 000万元

投资规模：最低投资额60万元
最高投资额300万元

天津纳米创业投资有限公司

董事长：许建中

总经理：孟策

地址：天津市经济技术开发区第四大街80号A座2层

邮编：300457

电话：022-62002900

传真：022-62002902

成立时间：2001年3月

注册资本：3 000万元

管理资本：3 000万元

网址：www.nibc.com.cn

天津方正投资发展有限公司

董事长：黄健

总经理：黄海

地址：天津市南开区津南路宁发花园别墅8-1

邮编：300381

电话：022-23921866

传真：022-23921866

成立时间：2003年4月

注册资本：2 000万元

天津和平投资发展集团有限公司

董事长：曹福来

总经理：曹福来

地址：天津市和平区郑州道18号港澳大厦4层

邮编：300050

电话：022-27831765

传真：022-27831765

成立时间：2003年12月

注册资本：57 668万元

管理资本：10 175万元

天津海泰生物科技发展有限公司

董事长：高庆海

总经理：兰宝石

地址：天津华苑产业区华天道6号海泰大厦A座2层

邮编：300384

电话：022-23709978

传真：022-23709979

成立时间：2003年5月

注册资本：30 000万元

天津锟桥创业投资有限公司

董事长：李甫万

总经理：李甫万

地址：天津市南开区科研西路8号411室

邮编：300192

电话：022-87893441

传真：022-87893441

成立时间：2003年8月

注册资本：1 980万元

管理资本：1 980万元

天津市创业投资管理有限公司

董事长：张新军

总经理：张新军

地址：天津市河西区友谊北路广银大厦2107室

邮编：300204

电话：022-23335176

传真：022-23335175

成立时间：2003年3月

注册资本：500万元

管理资本：10 000万元

天津市赛恩创业投资有限公司

董事长：左晔

总经理：纪华磊

地址：天津市华苑产业区桂苑路18号

邮编：3000384

电话：022-83711668-611

传真：022-83713355

成立时间：2003年8月

注册资本：1 980万元

管理资本：1 980万元

网址：www.newsuntech.com

天津泰达国际创业中心

董事长：孙平

总经理：孙平

地址：天津经济技术开发区第五大街泰华路12号

邮编：300457

电话：022-66211511

传真：022-66211504

成立时间：1996年7月

注册资本：10 000万元

网址：www.high-teda.com

天津天士力生物技术创业投资有限公司

董事长：闫希军

地址：天津市北辰区新宜白大道辽河东路1号

邮编：300402

电话：022-26736123

传真：022-26736125

成立时间：2003年6月

注册资本：12 000万元

网址：www.tasly.com

天津天士力生物技术创业投资管理有限公司

董事长：闫希军

总经理：李小强

地址：天津市北辰区新宜白大道辽河东路1号

邮编：300402

电话：022-26736123

传真：022-26736125

成立时间：2003年6月

注册资本：100万元

管理资本：16 000万元

网址：www.tbvcm.com

天津信托投资有限责任公司

董事长：张玉琦

总经理：李宗唐

地址：天津市河西区围堤道125号天信大厦

邮编：300074

电话：022-28408280

传真：022-28408279

成立时间：1980年1月

注册资本：142 500万元

管理资本：50 000万元

网址：www.tjtrust.com

天津逸玖创业投资有限公司

董事长：关向兰

总经理：陈贤民

地址：天津市南开区南马路188号西附楼

邮编：300090

电话：022-27259089

传真：022-27258777

成立时间：2003年3月

注册资本：3 500万元

管理资本：6 000万元

重庆市

重庆市科技风险投资有限公司

董事长：邓华

总经理：沈保林

地址：重庆市石桥西亚商务大厦15楼

邮编：400039

电话：023-68614638

传真：023-68623554

成立时间：1993年4月

注册资本：22 598万元

投资规模：最低投资额13万元
　　　　　最高投资额3 000万元

安徽省

安徽省国有资产运营有限公司

董事长：张鲁毅

总经理：张鲁毅

地址：安徽省合肥阜南西路238号20楼

邮编：230061

电话：0551-5100228

传真：0551-5100404

注册资本：110 000万元

安徽省经贸投资集团有限责任公司

董事长：武大安

总经理：丁守模

地址：安徽省合肥市长江中路57号省妇联大楼13楼

邮编：230001

电话：0551-2608449

传真：0551-2608443

网址：www.acti.com.cn

成立时间：1999年7月

注册资本：20 000万元

管理资本：35 000万元

行业偏好：房地产、传统制造业、环保产业、新材料、新能源

投资规模：最低投资额100万元
　　　　　最高投资额1 000万元

阶段偏好：成长期、扩张期、上市筹备期

安徽省科创投资管理咨询公司

董事长：杨新潮

总经理：江闽涛

地址：合肥高新技术开发区科学大道科创投资大厦3楼

邮编：230088

电话：0551-5322580

传真：0551-5316604

网址：www.ahkjtz.com.cn

成立时间：2000年10月

注册资本：500万

管理资本：7 600万

行业偏好：光机电一体化、生物、医药和医疗器械、新能源和节能产品、网络/通讯、高新农

阶段偏好：种子/创建期

安徽省科技产业投资有限公司

董事长：陈兰志

总经理：杨新潮

地址；合肥市芜湖路168号同济大厦7层

邮编：230001

电话：0551-2888432

传真：0551-2885534

网址：www.ahkjtz.com.cn

成立时间：1990年7月

注册资本：16 600万元

管理资本：30 000万元

投资规模：最低投资额50万元
　　　　　最高投资额3 000万元

安徽中锐投资顾问有限责任公司

董事长：钱建蓉

总经理：林申

地址：合肥市黄山路1460号大学科技园A区209室

邮编：230081

电话：0551-3189931

传真：0551-5329265

成立时间：2002年9月

注册资本：480万元

管理资本：5 000万元

投资规模：最低投资额300万元
最高投资额1 000万元

合肥科创投资管理有限公司

董事长：宋欲鸣

总经理：夏茂

地址：合肥高新技术开发区科学大道科创投资大厦

邮编：230088

电话：0551-2832323

传真：0551-2832300

成立时间：2001年9月

注册资本：600万元

管理资本：14 000万元

行业偏好：医疗设备、生物科技、光电子与光机电一体化、新能源、其它医疗设备商业批发零售业产业

投资规模：最低投资额100万元
最高投资额2 000万元

阶段偏好：成长期、扩张期、上市筹备期

合肥世纪创新投资有限公司

董事长：周志虹

总经理：朱心坤

地址：合肥市芜湖路168号同济大厦7层

邮编：230001

电话：0551-2888440

传真：0551-2885534

成立时间：2002年9月

注册资本：6 000万元

管理资本：6 000万元

投资规模：最低投资额100万元
最高投资额1 000万元

合肥市创新科技风险投资有限公司

董事长：俞能宏

总经理：俞能宏

地址：合肥市花园街科技大厦17楼

邮编：230001

电话：0551-2647739

传真：0551-2646923

成立时间：2000年8月

注册资本：5 000万元

管理资本：16 000万元

行业偏好：软件、其它医疗设备商业批发零售业产业

投资规模：最低投资额100万元
最高投资额600万元

合肥市高科技风险投资有限公司

董事长：孔祥云

总经理：周志宏

地址：合肥市宣城路63号5F

邮编：230061

电话：0551-2832321

传真：0551-2832320

网址：www.hfvc.com.cn

成立时间：2000年6月

注册资本：10 300万元

管理资本：10 300万元

投资规模：最低投资额100万元
最高投资额1 000万元

合肥信息投资有限公司

董事长：蒋诗林

总经理：陈越

地址：安徽省合肥阜南路166号润安大厦A座25层

邮编：230069

电话：0551-5100929

传真：0551-5100932

网址：www.hii.com.cn

成立时间：2002年12月

注册资本：10 000万元

管理资本：10 000万元

行业偏好：其它医疗设备商业批发零售业产业、生物科技、传统制造业、传媒业、新材料、软件、医药保健、环保产业

阶段偏好：成长期、扩张期

万融产权投资顾问有限公司

董事长：张从清

总经理：施永

地址：安徽省蚌埠市体育路颐和宫6

邮编：233000

电话：0552-2079808

传真：0552-2078858

网址：www.wangrong.org

成立时间：1998年1月

注册资本：638万元

管理资本：638万元

投资规模：最低投资额60万元

最高投资额312万元

福建省

福建华兴创业投资有限公司

董事长：梁永新

总经理：黄清良

地址：福建省福州市华林路137号担保大厦8楼

邮编：350003

电话：0591-87857096

传真：0591-87858275

网址：www.fjhxvc.com

成立时间：2000年12月

注册资本：10 100万元

管理资本：11 700万元

行业偏好：新材料、生物医药工程、电子通讯

投资规模：最低投资额100万元

最高投资额2 000万元

阶段偏好：成长期、扩张期

福建留学人员创业园投资有限公司

董事长：骆烟良

地址：福建省福州市工业路568号

邮编：350002

电话：0591-3719088

传真：0591-3719088

成立时间：2 000年1月

管理资本：3 000万元

投资规模：最低投资额50万元

最高投资额1 000万元

厦门高新技术风险投资有限公司

董事长：林韶坚

总经理：潘若谷

地址：福建省厦门湖滨北路31号35Q

邮编：361012

电话：0592-5318633

传真：0592-5318632

网址：www.amoivc.com

成立时间：1998年12月

注册资本：3 000万元

管理资本：3 000万元

行业偏好：高新农业、生物科技、新材料、环保产业

阶段偏好：成长期、扩张期

厦门松涛风险投资股份投资有限公司

董事长：刘家诚

总经理：李笃

地址：福建省厦门市湖滨南路国贸大厦35层C座

邮编：361004

电话：0592-5167261

传真：0592-5167260

网址：www.songtao.com.cn

成立时间：2000年4月

注册资本：2 600万元

管理资本：3 500万元

行业偏好：生物科技、网络/通讯、软件、医疗设备、传媒业、房地产、半导体、教育产业

投资规模：最低投资额40万元

最高投资额1 300万元

阶段偏好：种子期、成熟期、上市筹备期、其它（如MBO、MBI、公司周转困境期等）

厦门火炬集团创业投资有限公司

董事长：余红胜

总经理：刘建军

地址：厦门火炬开发区火炬大厦5层

邮编：361006

电话：0592-5719926

传真：0592-5711818

成立时间：2004年

注册资本：10 000万元

管理资本：10 000万元

厦门东方伟业资本管理有限公司

地址：厦门市厦禾路189号银行中心30楼

电话：0592-2680816-116

传真：0592-2680819

成立时间：2000年3月

注册资本：1 000万元

管理资本：8 000万元

网址：www.orientalcapital.com

投资领域：生物工程、信息技术、新材料、新能源和环保

甘肃省

甘肃金巨龙投资发展有限公司

董事长：包锐

总经理：包锐

地址：甘肃省兰州市庆阳路161号

邮编：730030

传真：0931-8465856

成立时间：2001年7月

注册资本：3 000万元

管理资本：12 000万元

投资规模：最高投资额12 000万元

甘肃省科技风险投资有限公司

董事长：刘长缨

地址：甘肃省兰州市酒泉路403号中匈友好大厦A座16楼

邮编：730030

电话：0931-4600008

传真：0931-4600071

网址：www.gssvc.com

成立时间：2001年8月

注册资本：10 000万元

管理资本：50万元

投资规模：最低投资额50万元
最高投资额2 000万元

广东省

二十一世纪科技投资有限责任公司

董事长：徐鹏

总经理：徐鹏

地址：广东省深圳市深南中路佳和大厦A座11楼

邮编：518031

电话：0755-83295527

传真：0755-83295534

网址：www.21vc.net

成立时间：2000年6月

注册资本：33 500万元

管理资本：33 500万元

行业偏好：新材料、医药保健、网络/通讯、医药保健、环保产业、软件、生物科技、传统制造业

投资规模：最低投资额570万元
最高投资额3 000万元

阶段偏好：成长期、扩张期、上市筹备期

光大控股创业投资（深圳）有限公司

董事长：周立群

总经理：贺玲

地址：深圳市福田区深南大道4013号兴业银行大厦8层

邮编：518026

电话：0755-83026750

传真：0755-83026751

注册资本：5 288.5万元

广东邦富投资服务有限公司

总经理：莫狄

地址：广州市东山区较场东路19号富力中心6楼

邮编：510055

电话：020-83750918

传真：020-83750455

网址：www.xxlrich.com

成立时间：2001年

行业偏好：新材料、光电子与光机电一体化、医药保健、生物科技

阶段偏好：成长期、扩张期

广东省风险投资集团

董事长：何国杰

总经理：何荣

地址：广州市先烈中路100号高中心大楼14-15楼

邮编：510070

电话：020-87620388

传真：020-87612766

网址：www.gvcgc.com

成立时间：2000年9月

注册资本：80 000万元

管理资本：118 000万元

行业偏好：网络/通讯、软件、计算机设备、其它医疗设备商业批发零售业产业

阶段偏好：种子期、成长期

投资规模：最低投资额1 000万元
最高投资额3 000万元

广东太平洋技术创业有限公司

董事长：熊晓鸽

总经理：王树

地址：广东省广州市寺右新马路111-115号五羊新城广场2815室

邮编：510600

电话：020-87377435

传真：020-87007035

网址：www.idgvc.com.cn

成立时间：1994年9月1日

注册资本：1 000万美元

管理资本：1 000万美元

行业偏好：房地产

投资规模：最低投资额400万元
最高投资额4 000万元

广州安敦风险投资管理有限公司

董事长：罗育中

地址：广州天河区龙口东路344-354号世纪华都408室

邮编：510635

电话：020-85566462

传真：020-85565178

网址：www.anton.net.cn

成立时间：2002年4月

注册资本：200万元

管理资本：200万元

投资规模：最低投资额20万元
最高投资额100万元

广州经济技术开发区建设创业投资有限公司

董事长：张昉

总经理：张昉

地址：广州经济技术开发区开发大道783号1301

邮编：510730

电话：020-82223031

传真：020-82228797

网址：www.cdcvc.com.cn

成立时间：2000年9月

注册资本：4 000万元

管理资本：4 000~5 000万元

投资规模：最低投资额50万元
最高投资额196万元

广州君鼎投资有限公司

董事长：廖浩峰

主要负责人：黄岭

地址：广州市环市建设六号路33号宜安广场2703室

邮编：510060

电话：020-83634182

传真：020-83634183

网址：www.winking.com.cn

成立时间：1998年

注册资本：110万元

管理资本：5 000万元
行业偏好：通讯、文化产业
投资规模：最低投资额500万元
　　　　　最高投资额5 000万元
阶段偏好：成熟期

广州科技创业投资有限公司

董事长：张永德
总经理：李明智
地址：广州市天河区龙口东路352号天诚广场4楼405室
邮编：510620
电话：020-87588188
传真：020-87593099
网址：www.gzvc.cn
成立时间：2002年4月
注册资本：16 300万元
管理资本：17 500万元

广州融捷投资管理集团有限公司

董事长：吕向阳
总经理：吕向阳
地址：广州市水荫四横路34号演音大楼B座7楼
邮编：510075
电话：020-87049439
传真：020-87047910
网址：www.youngy.com.cn
成立时间：1993年
注册资本：20 000万元
管理资本：60亿元
行业偏好：软件、其它医疗设备商业批发零售业产业、消费品及服务业、医疗设备、高新农业、传统制造业、新材料、环保产业
投资规模：最低投资额100万元
　　　　　最高投资额2 000万元
阶段偏好：种子期

广州融科创业投资管理有限公司

董事长：王鸿茂
总经理：张冬弟
地址：广州天河东路242号303-304
邮编：510620
电话：020-85513685
传真：020-87502946
网址：www.runco-venture.com.cn
成立时间：2001年5月
注册资本：300万元
行业偏好：新材料、医疗设备、光电子与光机电一体化、生物科技、网络／通讯、半导体、医药保健
投资规模：最高投资额190万元
阶段偏好：成长期、扩张期、上市筹备期

广州市冠通创业投资管理有限公司

董事长：何荣
总经理：周正男
地址：广州市东风东路753号天誉商务大厦东塔1107室
邮编：510665
电话：020-85528180
传真：020-85548591
网址：www.gtvcm.com
成立时间：2002年8月
注册资本：300万元
管理资本：10 000万元
行业偏好：生物科技、医药保健、环保产业、新材料、新能源、高新农业、光电子与光机电一体化、软件
投资规模：最低投资额500万元
　　　　　最高投资额2 000万元
阶段偏好：种子期、成长期

广州市粤丰创业投资有限公司

地址：广州市先烈中路100号高中心大楼14楼
邮编：510070
电话：020-87623728
传真：020-87626584
成立时间：2002年4月

注册资本：2 000万元

管理资本：2 000万元

投资规模：最低投资额100万元
　　　　　最高投资额800万元

广州科技风险投资有限公司

地址：广州市天河北路183号大都会广场1101室

邮编：510075

电话：020-87556020

传真：020-87556023

成立时间：1999年12月

管理资本：100 000万元

网址：www.c-vcc.com

投资领域：IT、软件、通讯、生物科技、医药、电子信息、新能源材料、节能环保

投资阶段：种子期、成长期、扩张期、成熟期、上市筹备期

新太集团投资管理中心

地址：广州天河高新技术工业园建中路51-53号

电话：020-85533364

传真：020-85533364

成立时间：1994年8月

网址：www.chinasuntek.com

广州中科环能科技有限公司

董事长：陈勇

总经理：余伟俊

地址：广州天河区能源路1号

邮编：510040

电话：020-87257301

传真：020-87057302

注册资本：290万元

成立时间：2000年5月

豪威科技创业投资（深圳）有限公司

董事长：许生

总经理：许生

地址：深圳市南山区深南大道科技园南区W1A1楼

邮编：518057

电话：0755-26635800

传真：0755-26635900

成立时间：2001年10月

投资规模：最低投资额100万元
　　　　　最高投资额2 000万元

华隽创业投资管理（深圳）有限公司

董事长：麦建光

总经理：麦建光

地址：深圳市深南中路2号新闻大厦36楼

邮编：518027

电话：0755-25951100

传真：0755-25951101

网址：www.venfund.com

成立时间：2001年3月

注册资本：100万港币

佛山市科海创业投资有限公司

董事长：张建华

总经理：陈石明

地址：广东佛山市南海区软件科技创业中心B座

邮编：528222

电话：0757-6683161

传真：0757-6683139

网址：www.khvc.com.cn

成立时间：2002年5月

注册资本：2 000万元

管理资本：2 000万元

投资规模：最低投资额200万元
　　　　　最高投资额1 000万元

深港产学研创业投资有限公司

董事长：陈章良

总经理：厉伟

地址：深圳市福田区3039号国际文化大厦2805室

邮编：518033

电话：0755-83290633

传真：0755-83290622

网址：www.iervc.com.cn
成立时间：2000年8月
注册资本：15 000万元
管理资本：15 000万元
行业偏好：软件、生物科技、网络／通讯、环保产业、新材料
投资规模：最高投资额1 500万元
阶段偏好：扩张期、成熟期、上市筹备期

深圳市北科创业有限公司

董事长：丁克义
总经理：张琚
地址：深圳蛇口工业大道27号北科创业大厦5楼
邮编：518067
电话：0755-26888600
传真：0755-26888628
网址：www.bhvi.com
成立时间：2000年8月
注册资本：2 000万元
管理资本：3 000万元
行业偏好：信息、通讯、软件、生物医药、自动化等
投资规模：最低投资额30万元
最高投资额1 000万元
阶段偏好：种子期

深圳创新科技园有限公司

董事长：姜卫平
总经理：刘波
地址：广东省深圳市高新区南区威新软件园2号楼5楼
邮编：518057
电话：0755-26716698
传真：0755-26716998
网址：www.sicvc.com
成立时间：2001年6月
注册资本：8 000万元
管理资本：8 000万元
投资规模：最低投资额50万元
最高投资额500万元

世威创业投资管理（深圳）有限公司

董事长：Kim
总经理：Joshua B. Choi
地址：深圳市罗湖区嘉宾路太平洋商贸大厦B1316室
邮编：518000
电话：0755-82138501
传真：0755-82138513
注册资本：100万元
成立时间：2001年8月

深圳高新区名孵化器有限公司

董事长：李镇平
总经理：邱宣
地址：深圳高新区南区虚拟大学园A311
邮编：518057
电话：0755-26551565
传真：0755-26551565
网址：www.szvup.com
成立时间：2001年7月
注册资本：500万元

深圳贵明创业投资有限公司

董事长：黄振汉
总经理：黄振汉
地址：深圳市罗湖区怡景路11号峰景台大厦135号
邮编：518003
电话：0755-25525945
传真：0755-25525903
成立时间：2001年8月
注册资本：3 000万元
投资规模：最低投资额6 000万元
最高投资额20 000万元

深圳国际高新技术产权交易所股份有限公司

董事长：刘明伟
总经理：赵辉
地址：深圳市福田区上步中路科技大厦2层
邮编：518031
电话：0755-83671352

传真：0755-83671354

成立时间：2000年9月

注册资本：3 000万元

行业偏好：网络/通讯、软件、其它医疗设备商业批发零售业产业、生物科技、医药保健、新材料、光电子与光机电一体化、新能源

阶段偏好：种子期、成长期、扩张期、上市筹备期

深圳清华力合创业投资有限公司

董事长：冯冠平

总经理：朱方

地址：深圳市高新技术产业园南区清华大学研究院大楼B座3楼

邮编：518072

电话：0755-26551392

传真：0755-26551372

网址：www.leaguer.com.cn

成立时间：1999年8月

注册资本：30 000万元

管理资本：50 000万元

行业偏好：新能源、生物科技、光电子与光机电一体化、房地产、网络/通讯、传媒业、软件、教育产业

投资规模：最低投资额30万元
最高投资额10 000万元

阶段偏好：上市筹备期

深圳盛润创业投资管理有限公司

董事长：张春志

总经理：田河明

地址：深圳市深南中路商业银行大厦13楼西

邮编：518031

电话：0755-25879203

传真：0755-25879201

成立时间：2002年8月

注册资本：500万元

管理资本：500万元

行业偏好：医疗设备、软件、传统制造业、其它医疗设备商业批发零售业产业、教育产业、新材料、生物科技、医药保健

阶段偏好：成长期、扩张期

深圳世纪愿景创业投资有限公司

董事长：向源

总经理：向源

地址：深圳市福田区深南中路东风大厦5楼

邮编：518031

电话：0755-83785188

传真：0755-83786800

网址：www.ccvc.com.cn

成立时间：2001年7月

注册资本：8 000万元

管理资本：3 000万元

投资规模：最高投资额1 000万元

深圳市百利宏科技投资有限公司

董事长：黄少康

主要负责人：邵明

地址：深圳市深南大道6008号特区报业大厦23层BC区

邮编：518009

电话：0755-83516828

传真：0755-83516953

网址：www.bestgrand.com.cn

成立时间：2000年4月

注册资本：10 000万元

管理资本：100 000(不固定)万元

行业偏好：医疗设备、生物科技、网络/通讯、IT服务、传统制造业

投资规模：最低投资额500万元
最高投资额10 000万元

阶段偏好：种子期、成长期

深圳市百山创业投资有限公司

董事长：韩雷星

总经理：韩雷星

地址：深圳市振兴路建艺大厦15楼

邮编：518037

电话：0755-81919006

传真：0755-81919006

成立时间：1992年11月

注册资本：3 000万元

管理资本：3 000万元

行业偏好：新材料、新能源、光电子与光机电一体化

投资规模：最低投资额100万元
最高投资额2 000万元

阶段偏好：成长期、扩张期、上市筹备期

深圳市长园盈佳投资有限公司

董事长：许晓文

总经理：许晓文

地址：深圳市南山区科技园科苑中路长园新材料港

邮编：518057

电话：0755-26719476

传真：0755-26630603

网址：www.changyuan.com

成立时间：2000年4月

注册资本：3 000万元

管理资本：4 971万元

行业偏好：网络 / 通讯、其它医疗设备商业批发零售业产业、软件、生物科技、光电子与光机电一体化、医疗设备、半导体、新能源

投资规模：最低投资额15万元
最高投资额1 210万元

阶段偏好：成长期、扩张期、上市筹备期

深圳市创新投资集团有限公司

董事长：孙俊平

总经理：陈玮

地址：深圳市福田区深南大道4009号投资大厦11层

邮编：518026

电话：0755-82912888

传真：0755-82912880

网址：www.szvc.com.cn

成立时间：1999年8月

注册资本：160 000万元

管理资本：300 000万元

行业偏好：传统制造业、其它医疗设备商业批发零售业产业、传媒业、医疗设备、新材料、光电子与光机电一体化、教育产业、房地产

投资规模：最低投资额500万元
最高投资额5 000万元

阶段偏好：成长期、扩张期

深圳市达晨创业投资有限公司

董事长：刘昼

总经理：刘昼

地址：深圳市深南大道特区报业大厦23层D区

邮编：518009

电话：0755-83515108

传真：0755-83515115

网址：www.fortunevc.com

成立时间：2000年4月

注册资本：10 000万元

管理资本：43 000万元

行业偏好：医疗设备、医药保健、环保产业、生物科技、新材料、光电子与光机电一体化、新能源、传媒业

投资规模：最低投资额300万元
最高投资额3 000万元

阶段偏好：成熟期、上市筹备期、其它（如MBO、MBI、公司周转困境期等）

深圳市东盛创业投资有限公司

董事长：杨敬强

总经理：杨敬强

地址：深圳市罗湖区罗芳路68号中震大厦1017房

邮编：518033

电话：0755-25116466

传真：0755-25116466

成立时间：2000年9月

注册资本：3 000万元

管理资本：3 000万元

投资规模：最低投资额200万元

最高投资额600万元

深圳市福鸿达创业投资管理有限公司

董事长：俞兆利

总经理：王莉

地址：深圳市罗湖区笋岗东路1002号宝安广场B座13楼

邮编：518020

电话：0755-25170701

传真：0755-25170778

网址：www.fuhongda.com

成立时间：2001年5月

注册资本：7 000万元

管理资本：7 000万元

深圳市高特佳投资集团有限公司

董事长：蔡达建

总经理：蔡达建

地址：深圳市蛇口太子路一号新时代广场21楼

邮编：518067

电话：0755-26888880

传真：0755-26889904

网址：www.hi-vc.com

成立时间：2001年3月

注册资本：23 600万元

管理资本：23 600万元

行业偏好：信息产业、传媒产业、生物医药产业、新材料产业、新能源和环保产业

投资规模：最低投资额1 000万元

最高投资额20 000万元

阶段偏好：成长期、扩张期

深圳市高新技术投资担保有限公司

董事长：曾石泉

总经理：王干梅

地址：深圳市深南中路2号新闻大厦22层

邮编：518027

电话：0755-82091183

传真：0755-82091877

网址：www.szhti.com.cn

成立时间：1994年12月

注册资本：10 000万元

管理资本：40 000万元

行业偏好：高新技术

投资规模：最低投资额200万元

最高投资额2 000万元

阶段偏好：成长期

深圳市光瑞风险投资有限公司

董事长：周明杰

总经理：林敏雄

地址：深圳市福田区深南大道7088号招商银行大厦25楼

邮编：518040

电话：0755-83196323

传真：0755-83196329

成立时间：2001年12月

注册资本：3 000万元

管理资本：10 000万元

行业偏好：生物科技、环保产业、新能源、医药保健

投资规模：最低投资额500万元

最高投资额1 500万元

阶段偏好：扩张期、成熟期、上市筹备期

深圳市国成科技投资有限公司

董事长：朱亚萍

总经理：蔡凡

地址：深圳市深南大道6008号特区报业大厦21C

邮编：518009

电话：0755-83515443

传真：0755-83516944

网址：www.szgcvc.com

成立时间：1997年9月

注册资本：5 860万元

投资规模：最低投资额75万元

深圳市汉德创业投资有限公司

董事长：许汉辉
总经理：肖宁
地址：深圳市福田区彩田南路中深花园B2901
邮编：518026
电话：0755-82891151
传真：0755-82891152
注册资本：3 000万元
管理资本：3 000万元
投资规模：最低投资额100万元
　　　　　最高投资额1 000万元

深圳市和君创业投资有限公司

董事长：王明富
总经理：李隶
地址：深圳市福田区深南大道投资大厦14层F区
邮编：518026
传真：0755-82712999
成立时间：1999年10月
注册资本：11 073万元
管理资本：18 440万元
投资规模：最低投资额500万元
　　　　　最高投资额5 000万元

深圳市桓康创业投资股份有限公司

董事长：易培剑
总经理：牛京军
地址：深圳市福田区益田路江苏大厦A座3503室
邮编：518026
电话：0755-82960940
传真：0755-82960927
成立时间：1999年8月
注册资本：5 000万元
投资规模：最低投资额132万元
　　　　　最高投资额400万元

深圳市汇益创业投资管理有限公司

董事长：苗剑
总经理：苗剑
地址：深圳市福田区益田路江苏大厦A2403
邮编：518026
电话：0755-82960598
传真：0755-82960536
成立时间：2001年6月
注册资本：1 000万元
管理资本：10 000万元
行业偏好：光电子与光机电一体化、环保产业、教育产业、高新农业、新能源、生物科技、消费品及服务业、房地产
投资规模：最低投资额50万元
　　　　　最高投资额1 000万元
阶段偏好：种子期、成长期

深圳市建恒信投资管理有限公司

董事长：张国福
总经理：张国福
地址：深圳市华强北路赛格科技园4栋6楼
邮编：518028
电话：0755-83766188
传真：0755-83762057
成立时间：1998年1月
注册资本：1 000万元
管理资本：2 000万元
行业偏好：网络/通讯、生物科技、半导体、光电子与光机电一体化、医药保健、新材料、新能源、环保产业
投资规模：最低投资额50万元
　　　　　最高投资额500万元
阶段偏好：扩张期

深圳市启之杰创业投资管理有限公司

董事长：王鸣
总经理：王鸣
地址：深圳市南山区麒麟路1号科技创业中心大楼
邮编：518052
电话：0755-26978014
传真：0755-26978664
成立时间：2001年10月

注册资本：100万元

管理资本：2 000万元

投资规模：最低投资额100万元
最高投资额2 000万元

深圳市深投科技创业投资有限公司

董事长：吴雪芳

总经理：王文杰

地址：深圳市福田区投资大厦10F

邮编：518026

电话：0755-82909998

传真：0755-82904193

网址：www.sihvc.com

成立时间：2001年1月

注册资本：1 000万元

管理资本：1 000万元

投资规模：最高投资额1 000万元

深圳市深信创业投资有限公司

董事长：黄燕雄

总经理：李宇刚

地址：深圳市深南中路5002号信兴广场地王大厦4501、4516室

邮编：518008

电话：0755-82460380

传真：0755-82462567

成立时间：2001年8月

注册资本：4 500万元

管理资本：6 750万元

投资规模：最低投资额500万元
最高投资额10 000万元

深圳市天成投资有限公司

董事长：赵广生

总经理：孙明高

地址：深圳市福田区深南中路1019号万德大厦9楼

邮编：518031

电话：0755-82137716

传真：0755-82137701

网址：www.tctz.com

成立时间：2001年5月

注册资本：7 025万元

行业偏好：新能源、其它医疗设备商业批发零售业产业

阶段偏好：种子期、成长期

深圳市天富锦创业投资有限责任公司

董事长：黄绍文

总经理：严四清

地址：深圳市深南中路2号新闻大厦3202室

邮编：518027

电话：0755-82096316

传真：0755-82091348

成立时间：2001年11月

注册资本：5 000万元

管理资本：5 000万元

深圳市天图创业投资有限公司

董事长：王永华

地址：深圳市深南大道特发高尔夫俱乐部别墅1路5号

邮编：518034

电话：0755-83586157

传真：0755-83586102

网址：www.tiantu.com.cn

成立时间：2002年4月

注册资本：3 600万元

行业偏好：网络/通讯、软件、其它医疗设备商业批发零售业产业、医药保健、生物科技

阶段偏好：扩张期、成熟期、上市筹备期

深圳市同创伟业创业投资有限公司

董事长：丁香琴

总经理：郑伟鹤

地址：深圳市燕南路东风大厦2104室

邮编：518031

电话：0755-83243139-58

传真：0755-83243108

成立时间：2000年6月

注册资本：3 000万元

投资规模：最低投资额17.6万元

最高投资额348.66万元

深圳市巍峨创业投资有限公司

董事长：刘绮玲

总经理：刘绮玲

地址：深圳市高山区高新技术产业园 W1-A3

邮编：518057

电话：0755-26525555

传真：0755-26637459

成立时间：2001年1月

注册资本：3 000万元

投资规模：最低投资额1 200万元

最高投资额3 000万元

深圳市维西创业投资管理有限公司

董事长：余荣根

总经理：余荣根

地址：深圳福田区松岭路1号福田高新技术创业中心301室

邮编：518031

电话：0755-83653307

传真：0755-83652940

网址：www.vcmc.com.cn

成立时间：2000年11月

注册资本：100万元

管理资本：5 000万元

深圳市新产业创业投资有限公司

董事长：翁先定

总经理：刘杰

地址：深圳市振兴路3号建艺大厦17楼

邮编：518031

电话：0755-83787668

传真：0755-83786417

网址：www.nii-china.com

成立时间：1996年11月1日

注册资本：40 000万元

管理资本：75 000万元

行业偏好：信息与通讯技术、生物与医药新技术、新材料与新能源、光电

投资规模：最低投资额1 000万元

最高投资额10 000万元

阶段偏好：成熟期、上市筹备期

深圳市中关村创业投资管理有限公司

董事长：段永基

总经理：邓大凯

地址：深圳市福田区商拨路奥林匹克大厦8楼

邮编：518034

电话：0755-83521869、83521267

传真：0755-83522204

成立时间：2001年6月

注册资本：1 000万元

管理资本：1 000万元

投资规模：最低投资额50万元

最高投资额300万元

深圳市中建科创业投资有限公司

董事长：郑玉清

总经理：陈征

地址：深圳市福田区深南中路2号新闻大厦1001室

邮编：518027

电话：0755-82090583

传真：0755-82091523

成立时间：2001年3月

投资规模：最低投资额200万元

最高投资额不限

深圳市中科融创业投资有限公司

董事长：张劲

总经理：黎洪

地址：深圳市人民南路嘉里中心2805

邮编：518001

电话：0755-82364727

传真：0755-82364737

网址：www.cstcs.com

成立时间：1997年11月

注册资本：15 000万元

管理资本：30 000万元

行业偏好：网络/通讯、消费品及服务业、新材料、其它医疗设备商业批发零售业产业、光电子与光机电一体化、高新农业、环保产业、教育产业

投资规模：最低投资额200万元
最高投资额800万元

阶段偏好：成长期、扩张期

深圳市中科招商创业投资管理有限公司

董事长：袁义祥

总经理：单祥双

地址：深圳福田中心区深南大道4009号投资大厦13C

邮编：518026

电话：0755-82912699

传真：0755-82913291

网址：www.zkzs.com/www.leadvc.com

成立时间：2000年12月

注册资本：2 000万元

管理资本：80 000万元

行业偏好：制造业(汽车)、农业、IT、其它

投资规模：5 000万元以下

阶段偏好：种子期、成长期、扩张期、成熟期

深圳市中申创业投资管理有限公司

董事长：赵显峰

总经理：何造中

地址：深圳市福田区福明路40号雷圳大厦4楼3098室

邮编：518033

电话：0755-83995619

传真：0755-83995586

成立时间：2002年12月

注册资本：150万元

深圳信科创业投资管理有限公司

董事长：郑海滨

总经理：郑海滨

地址：深圳市福田区新洲路人民大厦5楼

邮编：518034

电话：0755-83921849

传真：0755-83187067

网址：www.sivc.com.cn

成立时间：1994年

注册资本：550万元

管理资本：5 300万元

投资规模：最低投资额500万元
最高投资额1 000万元

谊威科技创业投资(深圳)有限公司

董事长：许生

总经理：胡元定

地址：深圳市科技园汇景花园海典阁23A

邮编：518057

电话：0755-26635800

传真：0755-26635900

网址：www.hivncgroup.com

成立时间：2001年10月

注册资本：3 320万元

管理资本：3 320万元

招商局科技集团有限公司

董事长：顾立基

总经理：张琚

地址：深圳蛇口工业大道27号北科创业大厦5楼

邮编：518067

电话：0755-26888613

传真：0755-26892899

网址：www.cmtech.net

成立时间：1999年10月

注册资本：40 000万元

管理资本：120 000万元

投资规模：最低投资额100万元
最高投资额1 500万元

中国创业投资（深圳）有限公司

总经理：靳新中

地址：广东省深圳市深南东路5043号20楼BCD

邮编：518007

电话：0755-82080138

传真：0755-82080333

网址：www.cohl.com

成立时间：2001年6月

注册资本：3 000万美元

管理资本：12 000万美元

投资规模：最低投资额3 000万元
最高投资额5 000万元

中国高新技术产业投资管理有限公司

董事长：孙聚义

总经理：高晓兵

地址：深圳深南东路5045号深业中心大厦3002室

邮编：518010

电话：0755-82110078

传真：0755-82110081

网址：www.chtim.com

成立时间：1998年

注册资本：500万港币

管理资本：2 200万美元

投资规模：最低投资额300万元
最高投资额1 000万港币

中星泰科技创业投资股份有限公司

董事长：刘晓明

总经理：武继兵

地址：深圳市深南中路5047号深圳发展银行大厦15B

邮编：518001

电话：0755-82080719

传真：0755-82080737

网址：www.zxtvc.com

成立时间：1995年3月

注册资本：4 180万元

管理资本：20 000万元

投资规模：最低投资额100万元
最高投资额1 000万元

深圳正中创业投资有限公司

联系人：邓学勤

总经理：彭惠超

地址：深圳市深南大道竹子林段光大银行大厦29楼

邮编：518040

电话：0755-33355565

传真：0755-33355510

注册资本：5 000万元

光大环保创业投资（深圳）公司

董事长：陈小平

总经理：陈小平

地址：深圳市福田区福华一路88号中心商务大厦1501

邮编：518026

电话：0755-82033232

传真：0755-82031311

成立时间：2003年9月

注册资本：8 300万元

深圳华强集团有限公司

董事长：张锦墙

总经理：梁光伟

地址：深圳市深南路华强路口

邮编：518031

电话：0755-83030111、83365388

成立时间：1999年

注册资本：7 347万元

深圳市金雨投资有限公司

董事长：吴宇

地址：深圳市福田区福民路12号知本大厦25楼C

邮编：518048

电话：0755-82998788

传真：0755-82998212

成立时间：1997年4月

注册资本：2 100万元

管理资本：1 000万元

深圳市数码港投资有限公司

董事长：张跃

总经理：李智

地址：深圳市人民南路深房广场10层B座06室

邮编：518001

电话：0755-82171751

传真：0755-82293991

成立时间：2000年5月

注册资本：2 00万元

管理资本：2 000万元

深圳市舟仁创业投资有限公司

地址：深圳市福田区南园路70号上田大厦12楼

邮编：518031

电话：0755-83018938

传真：0755-83018966

成立时间：2002年4月

注册资本：19 000万元

管理资本：19 000万元

中海创业投资（深圳）有限公司

董事长：孔庆平

总经理：靳新中

地址：深圳市深南东路5047号发展银行大厦20楼

邮编：518007

电话：0755-82080198

传真：0755-82080333

成立时间：2001年6月

注册资本：24 674.4万美元

管理资本：1 000万元

深圳科鼎创业投资管理公司

董事长：包蔚

总经理：Alan Lai

地址：深圳市福田区滨河大道5022号联合广场A座1511室

邮编：518026

电话：0755-82901361、82900988

传真：0755-82901233

网址：www.winking.com

深圳市安鹏投资发展有限公司

地址：深圳市罗湖区嘉宾路4028号太平洋商贸大厦10层1006室

电话：0755-82138192

传真：0755-82138466

成立时间：1997年12月

网址：www.ap-invest.com.cn

深圳市财富投资管理公司

董事长：王文清

地址：深圳市宝安南路振业大厦A栋12B层C1座

邮编：518008

电话：0755-25863186、25862395

传真：0755-25862396

深圳市舸仁创业投资有限公司

总经理：刘磊

地址：深圳市深南大道1099号商业银行大厦9楼

邮编：518031

电话：0755-25879799

传真：0755-25879666

深圳市国成和众创业投资管理有限公司

地址：深圳市福田区深南大道6008号特区报业大厦2102

邮编：518009

电话：0755-83515448

传真：0755-83516944

深圳市嘉略资讯技术孵化发展公司

地址：深圳市福田区赛格科技工业园4栋中9楼905室

电话：0755-83765718

传真：0755-83765788

成立时间：2002年

管理资本：5 000万元

网址：www.jointnew.com

深圳市金航程投资有限公司

总经理：付继锋

地址：深圳市福田区滨河路证券大厦1902室

邮编：518026

电话：0755-82890519

深圳市罗湖创业投资公司

地址：深圳市罗湖区太宁路85号罗湖科技大厦2楼203室

邮编：518000

电话：0755-25607611

管理资本：1 000万元

网址：www.szonline.net

深圳市特发投资有限公司

总经理：周波

地址：深圳市振华路海外装饰大厦 A-1205

电话：0755-26634488

深圳市贤泽投资有限公司

地址：深圳市人民南路国贸大厦29层东座

邮编：518031

电话：0755-82210929、82210919

传真：0755-82213698

深圳市中新创业投资管理有限公司

电话：0755-82912888

传真：0755-82912880

成立时间：2001年

管理资本：5 000万元

深圳中电投资股份有限公司

地址：深圳市深南中路2070号电子科技大厦 A 座36

邮编：518031

电话：0755-83783159、83783269

传真：0755-83350221

网址：www.ceiesz.com.cn

神州产权投资管理有限公司

地址：深圳华强北路4002号圣廷苑 B 座1103-1104

邮编：518028

电话：0755-82075906、82076665

投资行业：生物医药、健康产业

投资阶段：成长期

中国（深圳）高科技基金有限公司

地址：深圳市深南东路5045号深业中心大厦24楼2418室

邮编：518000

电话：0755-82110086

传真：0755-82110081

管理资本：3 000万元

投资行业：信息、生物工程、软件开发、半导体、环保设备、新材料及新能源和其它能制造高附加值的产品和服务

广西壮族自治区

南宁联合创新投资有限公司

董事长：黄毅

总经理：黄毅

地址：广西南宁市火炬路1号创业大厦9楼 B 座

邮编：530001

电话：0771-3856800

传真：0771-3825207

成立时间：2000年12月

注册资本：1 560万元

管理资本：6 560万元

行业偏好：新能源、环保产业、传统制造业

投资规模：最低投资额100万元

最高投资额500万元

贵州省

贵阳市科技风险投资有限公司

董事长：莫莉萍

总经理：莫莉萍

地址：贵州省贵阳市神奇路8号18楼

邮编：550001

电话：0851-5806600

传真：0851-5806514

网址：www.gyppc.org
成立时间：1998年12月
注册资本：15 000万元
管理资本：4 600万元
行业偏好：其它医疗设备商业批发零售业产业、网络/通讯、半导体、新材料、新能源、光电子与光机电一体化、传媒业、环保产业
投资规模：最低投资额30万元
最高投资额1 000万元
阶段偏好：成长期、扩张期、成熟期、上市筹备期、其它（如MBO、MBI、公司周转困境期等）

河北省

河北省科技风险投资公司

董事长：胡满
总经理：杨振华
地址：河北省昆仑大街55号
邮编：050035
电话：0311-5961611
传真：0311-5961613
成立时间：2003年2月
注册资本：13 000万元
管理资本：18 000万元
行业偏好：新材料、高新农业、医药保健
投资规模：最高投资额1 500万元
阶段偏好：成长期

石家庄科技创业投资公司

董事长：张志勤
总经理：王文辉
地址：河北省石家庄市裕华东路243号科技大厦4楼
邮编：050011
电话：0311-6694013
传真：0311-6694013
成立时间：2002年9月
注册资本：4 500万元
管理资本：50 000万元
行业偏好：半导体、网络/通讯、医疗设备、生物科技、医药保健
投资规模：最低投资额100万元
阶段偏好：种子期、成长期、扩张期、其它（如MBO、MBI、公司周转困境期等）

秦皇岛市科技投资公司

董事长：童保林
总经理：周晓冬
地址：河北省秦皇岛市海港区迎宾路7号
电话：0335-3636722
传真：0335-3067820
成立时间：2000年2月
注册资本：10 000万元
管理资本：1 200万元
网址：www.qhdkj.com
投资领域：IT、软件、通讯、互联网及相关设施、生物科技、医药、电子信息、新能源、新材料、半导体、节能环保、高效生态农业
投资阶段：扩张期

河南省

河南创业投资股份有限公司

董事长：赵志勇
总经理：时运福
地址：河南省郑州市经七路15号中喜大厦6楼
邮编：450052
电话：0371-3943211
传真：0371-3925763
网址：www.hnvc.com.cn
成立时间：2002年9月
注册资本：10 500万元
管理资本：10 000万元
行业偏好：生物科技、高新农业、新材料、新能源
投资规模：最高投资额2 000万元

河南高科技创业投资股份有限公司

董事长：李留思

总经理：陈建业

地址：郑州市未来大道69号未来大厦1209室

邮编：450008

电话：0371-5611731

传真：0371-5611935

网址：www.hnvc.com.cn

成立时间：2001年4月

注册资本：16 100万元

管理资本：21 000万元

行业偏好：高新农业、生物医药、食品及相关产业、其它

投资规模：最低投资额500万元
最高投资额万元

阶段偏好：成长期、扩张期

河南金犁风险投资管理有限公司

董事长：王源海

总经理：王源海

地址：国家郑州经济技术开发区商英街1号

邮编：450047

电话：0371-6781699

传真：0371-6781699

网址：www.hnjlvc.com

成立时间：2000年2月

注册资本：2 000万元

管理资本：8 000万元

行业偏好：医药保健、高新农业、新材料、生物科技、环保产业、传媒业、半导体

投资规模：最高投资额1 400万元

阶段偏好：种子期、成熟期、上市筹备期

洛阳炬星创业投资有限公司

董事长：贺民

总经理：李蓉莉

地址：河南省洛阳市高新区河洛大道05号

邮编：471003

电话：0379-4317197

传真：0379-4317197

网址：www.juxing.lygx.com.cn

成立时间：2001年3月

注册资本：1 000万元

管理资本：2 000万元

行业偏好：生物科技、高新农业、新材料、新能源、旅游业、传媒业、医药保健

投资规模：最低投资额50万元
最高投资额800万元

阶段偏好：种子期、成长期、其它（如MBO、MBI、公司周转困境期等）

郑州高新创业投资管理有限公司

董事长：刘盘光

总经理：闫永生

地址：郑州市未来大道69号未来大厦1201室

邮编：450003

电话：0371-5610259

传真：0371-5610259

成立时间：2000年5月

注册资本：3 000万元

投资规模：最低投资额308万元
最高投资额1 120万元

河南联创投资股份有限公司

董事长：郑献锋

总经理：刘向东

地址：郑州市农业路33号英特大厦

邮编：450008

电话：0371-5718835

传真：0371-5718835

成立时间：2003年9月

注册资本：9 000万元

管理资本：15 000万元

河南省科技投资总公司

总经理：靳敏

地址：河南郑州黄河路121号

邮编：450003

电话：0371-5930166

传真：0371-5936938

成立时间：1992年7月

注册资本：5 400万元

管理资本：5 400万元

网址：www.hnstvc.com

黑龙江省

大庆开发区高科技风险投资有限公司

董事长：王崇胤

地址：黑龙江省大庆开发区创新大厦

邮编：163316

电话：0459-6292690

传真：0459-6292689

网址：www.dq_vc.com

成立时间：1999年12月

注册资本：3 796万元

管理资本：3 796万元

投资规模：最低投资额100万元
　　　　　最高投资额1 000万元

哈尔滨创新投资管理有限公司

董事长：李万寿

总经理：孟繁荣

地址：哈尔滨市南岗区长江路368号开发区管理大厦1002室

邮编：150090

电话：0451-82323108

传真：0451-82323128

网址：www.szvc.com.cn

成立时间：2001年7月

注册资本：5 000万元

管理资本：5 000万元

投资规模：最低投资额300万元
　　　　　最高投资额2 000万元

哈尔滨创新投资有限公司

董事长：李万寿

总经理：王树勋

地址：哈尔滨红旗大街180号507室

邮编：150090

电话：0451-82323308

传真：0451-82323128

成立时间：2002年6月

注册资本：5 000万元

管理资本：5 000万元

投资规模：最低投资额300万元
　　　　　最高投资额2 000万元

哈尔滨巨邦科技风险投资基金管理有限公司

董事长：何璋

总经理：郝士钧

地址：哈尔滨市动力区旭升街55号

邮编：150046

电话：0451-82688890

传真：0451-82688801

成立时间：2001年5月

注册资本：6 000万元

管理资本：6 000万元

投资规模：最低投资额800万元
　　　　　最高投资额3 000万元

哈尔滨市科技风险投资中心

总经理：王树勋

地址：黑龙江省哈尔滨市道里区友谊路86号

邮编：150010

电话：0451-84686552

传真：0451-84686561

成立时间：1998年5月

注册资本：1 052万元

管理资本：19 000万元

行业偏好：医药、网络/通讯、软件、新材料、环保工程

投资规模：最低投资额20万元
　　　　　最高投资额3 000万元

阶段偏好：成长期、扩张期

哈尔滨亿阳投资有限公司

董事长：邓清

总经理：邓清

地址：哈尔滨市南岗区嵩山路高科技开发区1楼
邮编：150090
电话：0451-82326789
传真：0451-82343322
网址：www.boco.com.cn
成立时间：1998年7月
注册资本：5 000万元
管理资本：5 000万元
投资规模：最低投资额100万元
　　　　　最高投资额2 000万元

黑龙江辰能哈工大高科技风险投资有限公司

董事长：高世民
地址：哈尔滨市南岗区红军街20号金融大厦22层
邮编：150090
电话：0451-83633594
传真：0451-83635091
网址：www.cnvc.com
成立时间：2001年8月
注册资本：63 000万元
管理资本：100 000万元
行业偏好：新能源、新材料、生物科技、光电子与光机电一体化、环保产业、软件
投资规模：最高投资额6 300万元
阶段偏好：成长期、成熟期

哈尔滨国创科技投资管理有限公司

董事长：刘国超
总经理：赵鹏
地址：哈尔滨市南岗区玉山路22号
邮编：150090
电话：0451-82285702
传真：0451-82285700
www.hlj-cvc.com
成立时间：2003年4月
注册资本：200万元
管理资本：6 300万元

湖北省

光动力创业投资有限公司（武汉）

董事长：祝佳才
总经理：过文俊
地址：湖北省武汉市民院路6号尖东智能花园9-702
邮编：430074
电话：027-87452631
传真：027-87452167
成立时间：2001年5月
注册资本：2 000万元
管理资本：10 000万元
投资规模：最低投资额100万元
　　　　　最高投资额1 000万元

武汉光谷创业投资有限公司

董事长：张海澎
总经理：叶先勇
地址：武汉市武珞路628号亚洲贸易广场B座23层
邮编：430070
电话：027-87640836
传真：027-87640836
网址：www.ovvc.cn
成立时间：1995年1月
注册资本：10 100万元

武汉东湖创新科技投资有限公司

董事长：钏建勤
总经理：钟建勤
地址：武汉市武昌区武珞路586号江天大厦1407号
邮编：430070
电话：027-87655827
传真：027-87655876
网址：www.whvcc.com
成立时间：1999年12月
注册资本：13 351万元
管理资本：30 000万元
行业偏好：电子信息、医药保健、新材料、其它医疗设备商业批发零售业产业、环保产业、教育产业、传媒业、医疗设备

投资规模：最低投资额100万元

最高投资额1 000万元

阶段偏好：种子期、成长期、扩张期

武汉富华科技风险投资有限公司

董事长：张弘

总经理：蒋金中

地址：武汉市武昌区武珞路543-2号

邮编：430070

电话：027-87885039-8098

传真：027-87870890

成立时间：2000年7月

注册资本：6 000万元

管理资本：6 000万元

武汉华工创业投资有限责任公司

董事长：王廷觉

总经理：李娟

地址：湖北省武汉市洪山区珞瑜路243号华工科技产业大厦13层

邮编：430074

电话：027-87522810

传真：027-87522800

网址：www.hustvc.com.cn

成立时间：2000年9月

注册资本：6 000万元

管理资本：4.88亿元

行业偏好：网络/通讯、光电子与光机电一体化、医药保健、计算机设备、其它医疗设备商业批发零售业产业、生物科技、医药保健、高新农业

投资规模：最低投资额50万元

最高投资额4 000万元

阶段偏好：成长期、上市筹备期

武汉华汉投资管理有限公司

董事长：郝健

总经理：杨乐意

地址：武汉市香港路183号

邮编：430014

电话：027-85790069

传真：027-85790069

成立时间：1998年4月

注册资本：2 010万元

管理资本：10 000万元

武汉火炬科技投资有限公司

董事长：唐杰

总经理：周乘风

地址：湖北省武汉市沿江大道208号

邮编：430014

电话：027-82210053

传真：027-82210053

成立时间：2000年12月

注册资本：6 000万元

管理资本：10 000万元

行业偏好：医疗设备、医药保健、网络/通讯

投资规模：最低投资额50万元

最高投资额10 000万元

阶段偏好：成长期、扩张期

武汉开元科技创业投资有限公司

董事长：李先德

总经理：孙志翔

地址：湖北省武汉市单洞路口武汉国际大厦A栋15楼

邮编：430022

电话：027-58423662

传真：027-85417459

网址：www.keywin.com.cn

成立时间：2000年5月

注册资本：29 600万元

管理资本：29 600万元

行业偏好：房地产、光电子与光机电一体化

投资规模：最低投资额100万元

最高投资额3 000万元

阶段偏好：种子期、成长期、扩张期、成熟期

武汉凌云共富科技投资有限公司

董事长：高伟
总经理：陈学旗
地址：武汉市汉口建设大道417号
邮编：430030
电话：027-68832275
传真：027-83642074
成立时间：2000年10月
注册资本：5 775.84万元
行业偏好：软件、新材料、医药保健、教育产业、生物科技、网络/通讯、光电子与光机电一体化、新能源
投资规模：最低投资额70万元
最高投资额3 300万元
阶段偏好：种子期、成长期

武汉武大创新投资有限公司

董事长：李清泉
总经理：丁辉
地址：武汉东湖高新区武汉武大科技园创业大楼1楼
邮编：430072
电话：027-87196107
传真：027-87196107
网址：www.wusp.com.cn
成立时间：2002年2月
注册资本：3 850万元
管理资本：3 850万元
行业偏好：环保产业、医疗设备、生物科技、高新农业、网络/通讯、传统制造业、房地产
投资规模：最低投资额10万元
最高投资额1 000万元
阶段偏好：成长期、其它（如MBO、MBI、公司周转困境期等）

武汉正信投资发展有限公司

董事长：李方志
总经理：李方志
地址：武汉市江岸区兰陵路24号
邮编：430014
电话：027-82815584
传真：027-82815584
成立时间：2000年4月
注册资本：30 000万元
管理资本：30 000万元

襄樊高新技术产业开发区风险投资中心

董事长：陈玉国
总经理：康仕昌
地址：湖北襄樊市春园西路8号
邮编：441003
电话：0710-3241707
传真：0710-3224310
成立时间：2001年9月
注册资本：800万元
管理资本：2 500万元
投资规模：最低投资额50万元
最高投资额1 000万元

中国宝安集团创新科技园有限公司

董事长：郭强
总经理：林李高
地址：湖北省武汉市红山区武汉科技会展中心15楼
邮编：430079
电话：027-67880392
传真：027-67880383
成立时间：2001年8月
注册资本：7 500万元
管理资本：10 000万元

十堰世纪东方投资发展有限公司

总经理：陆兴贵
地址：湖北十堰市朝阳路2号科器大厦
邮编：442000
电话：0719-8680429

武汉高新技术产业风险投资公司

地址：武汉市红山区珞瑜路548号
邮编：430079

电话：027-67880451

传真：027-87497685

网址：www.wh-vc.com

成立时间：2000年5月

管理资本：1 200万元

投资领域：光通信技术、电子信息、生物工程、新材料

投资阶段：种子期、扩张期

湖南省

长沙高新技术创业投资管理有限公司

董事长：陈春芳

总经理：贺树云

地址：长沙市银盆南街289号万利大厦10楼

邮编：410013

电话：0731-8900081

传真：0731-8900185

网址：www.hncvc.com

成立时间：2000年9月

注册资本：10 000万元

管理资本：10 000万元

投资规模：最低投资额10万元
最高投资额2 000万元

湖南高科技创业投资有限公司

董事长：程鑫

总经理：蔡神元

地址：湖南省长沙市芙蓉中路465号金源大酒店南座10楼

邮编：410007

电话：0731-5167219

传真：0731-5167227

网址：www.hnhvc.com

成立时间：2000年2月

注册资本：30 000万元

管理资本：30 000万元

行业偏好：新材料、软件、高新农业、教育产业、消费品及服务业

投资规模：最低投资额500万元
最高投资额3 000万元

阶段偏好：成长期、扩张期、成熟期

湖南省宏升创业投资有限责任公司

董事长：陆小平

总经理：雷晟

地址：长沙市城南西路1号

邮编：410015

电话：0731-5165035

传真：0731-5165035

成立时间：2001年1月

注册资本：5 000万元

管理资本：30 000万元

行业偏好：高新技术项目投资、股权投资、基础设施投资等

投资规模：最低投资额100万元
最高投资额3 000万元

阶段偏好：成长期、上市筹备期

株洲高科创业投资有限公司

总经理：方光辉

地址：湖南省株洲市黄河北路火炬大厦7楼708～710室

邮编：412007

电话：0733-8830930

传真：0733-8830930

网址：www.zhuzhou.gov.cn/gyml/gaoke.htm

成立时间：2002年1月

注册资本：4 500万元

管理资本：4 500万元

投资规模：最低投资额100万元
最高投资额4 000万元

吉林省

长春经开科技风险投资有限公司

董事长：李维彬

总经理：李维彬

地址：长春市自由大路118号

邮编：130031

电话：0431-4630013

传真：0431-4644215

成立时间：2000年11月

注册资本：5 000万元

管理资本：5 500万元

投资规模：最低投资额50万元
最高投资额2 000万元

长春科技创业服务中心

总经理：杜树柏

地址：吉林省长春市硅谷大街4000号

邮编：130021

电话：0431-5542422

传真：0431-5528550

网址：www.ccibi.com

成立时间：1991年8月

管理资本：2 700万元

投资规模：最低投资额5万元
最高投资额1 100万元

长春科技风险投资有限公司

董事长：吴德华

总经理：吴德华

地址：吉林省长春市前进大街3003号高科技大厦A座5层

邮编：130012

电话：0431-5188007

传真：0431-5188007

网址：www.chinacvc.com

成立时间：2000年4月

注册资本：8 050万元

管理资本：10 000万元

行业偏好：电子信息、生物科技、新材料

投资规模：最低投资额50万元
最高投资额400万元

阶段偏好：成长期、上市筹备期

江苏省

常州高新技术风险投资有限公司

董事长：吴铁岳

总经理：朱龙林

地址：常州新区科技园15号北楼

邮编：213003

电话：0519-8104753

网址：www.cz-vc.com

成立时间：2000年12月

注册资本：7 000万元

管理资本：7 000万元

投资规模：最低投资额20万元
最高投资额6 000万元

江苏弘瑞科技创业投资有限公司

董事长：刘鋖芝

总经理：姜琳

地址：南京市中华路50号弘业大厦1615室

邮编：210001

电话：025-52301288

传真：025-52307117

成立时间：2002年10月

注册资本：3 300万元

管理资本：3 300万元

行业偏好：房地产、生物科技、环保产业、网络/通讯、传媒业、娱乐产业、新材料、计算机设备

投资规模：最低投资额30万元
最高投资额1 000万元

阶段偏好：上市筹备期

江苏南大高科技风险投资有限公司

董事长：戴小景

总经理：陈卫中

地址：南京市集庆路198号江苏通信大厦5F 8522A

邮编：210006

电话：025-52204504

传真：025-52204600

网址：www.svt.com

成立时间：2000年5月
注册资本：5 000万元
管理资本：5 000万元
行业偏好：房地产业、光机电一体化、新材料、网络/通讯、商业批发零售业
阶段偏好：发展期

江苏省苏高新风险投资股份有限公司
董事长：钮跃鸣
总经理：殷卫东
地址：江苏省苏州市狮山路2号新创大厦7楼
邮编：215011
电话：0512-68242192
传真：0512-68243439
网址：www.sz-vc.com
成立时间：2000年4月
注册资本：10 000万元
管理资本：10 000万元
行业偏好：光电子与光机电一体化、网络/通讯、新材料、新能源、房地产、教育产业、传媒业、软件
投资规模：最低投资额100万元
最高投资额1 000万元
阶段偏好：成长期、扩张期、上市筹备期

江苏省高新技术创业服务中心
董事长：夏太寿
总经理：夏太寿
地址：江苏省南京市广州路37号
邮编：210008
电话：025-83232868
传真：025-83232898
网址：www.fortunestart.com
成立时间：1998年12月
注册资本：3 500万元
管理资本：3 500万元
行业偏好：生物、医药和医疗器械
投资规模：最低投资额20万元
最高投资额500万元
阶段偏好：种子期、扩张期

江苏省创业投资有限公司
董事长：沈捷尔
总经理：郭顺根
地址：南京市汉中路185号鸿运大厦8层
邮编：210029
电话：025-86526528
传真：025-86523614
网址：www.js-vc.com
成立时间：1992年7月
注册资本：18 000万元
管理资本：72 000万元
行业偏好：生物科技、其它医疗设备商业批发零售业产业、光电子与光机电一体化、新材料
投资规模：最低投资额100万元
最高投资额2 000万元
阶段偏好：成长期

江苏现代资产管理顾问有限公司
董事长：吉晶
总经理：丁伯康
地址：南京市汉中路180号星汉大厦7楼
邮编：210029
电话：025-86799451、86799452、86799082
传真：025-86799082
网址：www.cfacn.com
成立时间：1997年12月
注册资本：3 000万元
管理资本：3 000万元
行业偏好：基础设施、药业
投资规模：10 000万元

富鑫创业投资香港管理股份有限公司南京办事处
董事长：陈武雄
总经理：陈耀中
地址：南京市广州路140号随园大厦13楼G座
邮编：210024

电话：025-83249501

网址：www.vcfortune.com

成立时间：2002年7月

注册资本：20 000万元

管理资本：20 000万元

投资规模：最低投资额500万元

最高投资额2 000万元

南京合纵投资有限公司

董事长：李德明

总经理：李德明

地址：南京梅园新村18号

邮编：210018

电话：025-84545288

传真：025-84525662

网址：www.he-zong.com

成立时间：2002年3月

注册资本：17 000万元

管理资本：17 000万元

投资规模：最低投资额438.75万元

最高投资额7 381万元

南京市高新技术风险投资股份有限公司

董事长：董主新

总经理：李华飞

地址：江苏省南京市中山东路90号华泰证券大厦12楼

邮编：210002

电话：025-84579659

传真：025-84579660

网址：www.nj-vc.com

成立时间：2001年2月

注册资本：10 000万元

管理资本：10 000万元

行业偏好：医药保健、生物科技、能源、环保

投资规模：最低投资额100万元

最高投资额300万元

阶段偏好：成长期、扩张期、上市筹备期

无锡高新技术风险投资股份有限公司

董事长：魏多

总经理：周子强

地址：江苏省无锡市旺庄路68号农行旁4楼

邮编：214028

电话：0510-5226986

传真：0510-5226431

网址：www.wxvc.com.cn

成立时间：2000年9月

注册资本：8 000万元

管理资本：8 000万元

行业偏好：新能源和节能产品、其它IT产业、生物、医药和医疗器械

投资规模：4 200万元

阶段偏好：成长期、扩张期

中新苏州工业园区创业投资有限公司

董事长：林向红

总经理：林向红

地址：苏州工业园区机场路328号国际科技园2期A311室

邮编：215021

电话：0512-62882698

传真：0512-62882598

网址：www.csvc.com.cn

成立时间：2001年11月

注册资本：128 000万元

管理资本：135 000万元

行业偏好：集成电路产业、软件、网络/通讯、新材料、生物、医药和医疗器械

阶段偏好：发展期、扩张期、成熟期

江苏弘业国际集团投资管理有限公司

地址：南京市浦口科技开发区

电话：025-52301288

传真：025-52308148

成立时间：1999年

注册资本：3 000万元

投资领域：生物科技、医药、其它

江西省

江西高技术产业投资股份有限公司

董事长：姚迪明

总经理：李天晓

地址：江西南昌市高新技术开发区火炬大街199号

邮编：330029

电话：0791-8110252

传真：0791-8112096

网址：investment@jxvc.com.cn

成立时间：2002年3月

注册资本：6 900万元

管理资本：4 830万元

行业偏好：光电子、新材料、新能源、IT、网络传媒、教育等高技术产业

投资规模：单项投资500万元以下

阶段偏好：成长期、扩张期

南昌高新科技创业投资有限公司

董事长：李华

地址：江西省南昌高新开发区泰豪大厦A座5楼

邮编：330029

电话：0791-8108340

传真：0791-8102660

成立时间：2001年9月

注册资本：3 000万元

管理资本：3 000万元

投资规模：最低投资额500万元
　　　　　最高投资额5 000万元

辽宁省

大连德泰投资公司

总经理：张江

地址：辽宁省大连市2号信箱

邮编：116600

电话：0411-87611549

传真：0411-87612476

成立时间：1984年

注册资本：20 000万元

管理资本：34 000万元

行业偏好：生物科技、新材料、网络/通讯、其它医疗设备商业批发零售业产业、传媒业、新能源、环保产业、光电子与光机电一体化

投资规模：最低投资额500万元
　　　　　最高投资额1 500万元

阶段偏好：扩张期

辽宁科技创业投资有限责任公司

董事长：魏文锋

总经理：崔沂涛

地址：辽宁省沈阳市和平区和平南大街39号嘉环大厦4006室

邮编：110003

电话：024-23222100、23247066

传真：024-23244922

网址：www.lnvc.com.cn

成立时间：2000年2月

注册资本：10 000万元

管理资本：20 000万元

行业偏好：新材料、环保产业、光电子与光机电一体化、传统制造业

投资规模：最低投资额50万元
　　　　　最高投资额500万元

阶段偏好：种子期、成长期

沈阳科技风险投资有限公司

董事长：王俊山

地址：沈阳市沈河区市府大路262甲新基火炬大厦2005

邮编：110013

电话：024-22791835

传真：024-22790244

成立时间：1998年11月

注册资本：5 100万元

管理资本：5 100万元

行业偏好：医药保健、生物科技、高新农业、网络/通讯、软件

投资规模：最低投资额100万元

最高投资额300万美元

阶段偏好：成长期

辽宁省鞍山市科技创业投资有限责任公司

董事长：张生灿

总经理：张生灿

地址：辽宁省鞍山市千山路280号

邮编：114044

电话：0412-5216505

传真：0412-2515803

成立时间：2001年3月

注册资本：1 000万元

管理资本：1 000万元

大连科技风险投资有限公司

董事长：励振羽

总经理：范云波

地址：大连高新园区海外创业园A座403室

邮编：116023

电话：0411-84754598

传真：0411-84754598-11

网址：www.dstvc.com.cn

成立时间：2002年2月

注册资本：10 000万元

管理资本：10 000万元

辽宁东软创业投资有限公司

董事长：刘积仁

总经理：王齐

地址：辽宁省大连市软件园东路2号

邮编：116023

电话：0411-84835929

传真：0411-84768811

网址：www.neusoft.com

成立时间：2000年4月

注册资本：10 000万元

管理资本：10 000万元

沈阳科技风险开发事业中心

董事长：张文涛

地址：沈阳市沈河区市府大路262甲火炬大厦16楼

邮编：110013

电话：024-22790094

传真：024-22791108

成立时间：1992年12月

注册资本：444万元

管理资本：12 025万元

内蒙古自治区

内蒙古科技创业投资公司

董事长：赵洪波

总经理：赵家栋

地址：呼市新城西街141号科技大厦6层

邮编：010010

电话：0471-6926405

传真：0471-6282119

网址：www.nmkc.com

成立时间：2000年10月

注册资本：10 000万元

管理资本：13 400万元

投资规模：最低投资额200万元

最高投资额3 000万元

山东省

潍坊创业投资有限公司

董事长：马鸣棠

总经理：张汝建

地址：山东潍坊市高新区东风东街181号东方大酒店2期8楼

邮编：261031

电话：0536-8865276

传真：0536-8865276

网址：www.wfvc.com.cn

成立时间：2001年11月

注册资本：5 118万元

管理资本：6 000万元

行业偏好：新材料、生物技术、精密仪器

投资规模：最低投资额200万元
　　　　　最高投资额2 000万元
阶段偏好：成长期、扩张期

济南科技风险投资有限公司

董事长：王长欣
总经理：邢乐成
地址：济南市开发区新宁路746号
邮编：250100
电话：0531-8879287
传真：0531-8879277
网址：www.jnvc.com.cn
成立时间：2001年4月
注册资本：12 600万元
管理资本：12 600万元
投资规模：最低投资额300万元
　　　　　最高投资额800万元

将军控股有限公司

董事长：安郁厚
总经理：邢乐成
地址：济南市泺源大街6号6楼
邮编：250063
电话：0531-6460752
传真：0531-6461552
网址：www.gimc.com.cn/docc/gsjj.htm
成立时间：2001年1月8日
注册资本：16 800万元
行业偏好：半导体、网络/通讯、其它医疗设备商业批发零售业产业、医药保健、医疗设备、光电子与光机电一体化、教育产业
阶段偏好：扩张期、成熟期

青岛市科技风险投资有限责任公司

董事长：马论业
总经理：张建博
地址：青岛市东海中路2号环海大厦22层
邮编：266071
电话：0532-5063788-823
传真：0532-5063780
网址：www.qdstvc.com
成立时间：2000年8月
注册资本：10 000万元
管理资本：10 000万元
投资规模：最低投资额200万元
　　　　　最高投资额1 000万元

山东省高新技术投资有限公司

董事长：赵奎
总经理：郭鲁伟
地址：济南市解放路166号
邮编：250013
电话：0531-6965156
传真：0531-6965598
网址：www.sdvc.com.cn
成立时间：2000年6月
注册资本：120 000万元
管理资本：120 000万元
投资规模：最低投资额300万元
　　　　　最高投资额9 600万元

山西省

山西省高新技术创业投资公司

董事长：张圣恩
总经理：孙俊科
地址：山西省太原市长治路421号
邮编：030006
电话：0351-7023914
传真：0351-7029290
网址：www.sxbi.net
成立时间：1995年4月
注册资本：500万元
管理资本：2 600万元
行业偏好：医药保健、新材料、传统制造业、生物科技、软件
投资规模：最低投资额20万元
　　　　　最高投资额300万元
阶段偏好：成长期、扩张期、成熟期、上市筹备期

山西省科技基金发展总公司

总经理：郭江明
地址：山西省太原市滨河东路小区1号楼
邮编：030002
电话：0351-4157805
传真：0351-2026370
成立时间：1993年6月
注册资本：8 000万元
管理资本：19 000万元
行业偏好：医药保健、生物科技、环保产业、房地产
投资规模：最低投资额50万元
　　　　　最高投资额1 000万元
阶段偏好：种子期、成长期

陕西省

陕西八方科技投资有限公司

董事长：薛九如
总经理：王宏伟
地址：陕西省西安市小寨国贸大厦10层
邮编：710061
电话：029-85382078
成立时间：2001年2月
注册资本：1 800万元
管理资本：1 800万元
行业偏好：传统制造业、娱乐产业、旅游业、教育产业、房地产、医药保健、高新农业、新能源
投资规模：最低投资额70万元
阶段偏好：成长期

陕西东隆投资有限责任公司

董事长：陈亚军
总经理：王军
地址：陕西省西安市高新开发区光德路5号
邮编：710075
电话：029-87993677
传真：029-87993699
网址：www.donglonggroup.net
成立时间：1997年7月
注册资本：2 000万元
行业偏好：医药保健、新材料、生物科技、新能源、环保产业、软件
阶段偏好：扩张期

陕西国投实业投资有限公司

董事长：赵东
总经理：赵东
地址：陕西省西安高新区高新二路协同大厦同馨阁4A座
邮编：710075
电话：029-88386223
传真：029-88386223
成立时间：2000年5月
注册资本：17 539.4万元
管理资本：10 000万元
行业偏好：光电子与光机电一体化、网络/通讯、软件、半导体、新能源、新材料
投资规模：最高投资额7 000万元
阶段偏好：成长期

陕西汉世纪创业投资管理公司

董事长：马陆霞
总经理：田辉栋
地址：陕西省西安市东新街232号
邮编：740418
电话：029-87406466
传真：029-87406418
成立时间：2001年12月
注册资本：500万元
管理资本：5 000万元
行业偏好：医药保健、生物科技、光电子与光机电一体化、高新农业、网络/通讯
投资规模：最低投资额100万元
　　　　　最高投资额2 000万元
阶段偏好：成长期、上市筹备期

陕西省高新技术产业投资有限公司

董事长：马陆霞

总经理：马陆霞

地址：陕西省西安市高新技术开发区科技二路65号清扬大厦B座

邮编：710004

电话：029-88335635

传真：029-88335636

网址：www.china-hics.com

成立时间：1999年9月

注册资本：20 488万元

管理资本：56 000万元

行业偏好：高新技术

投资规模：最低投资额30万元
最高投资额4 000万元

阶段偏好：成长期、扩张期

陕西维思新技术孵化有限公司

董事长：罗春风

地址：陕西省西安市电子1路249号紫微花园9-152

邮编：710076

电话：029-88254135

传真：029-88254135

网址：www.wisdomvc.com

成立时间：2001年3月

行业偏好：新能源、网络/通讯、软件、光电子与光机电一体化、生物科技、传媒业、环保产业、教育产业

阶段偏好：成长期、扩张期、上市筹备期

陕西原格投资有限责任公司

董事长：王武

总经理：胡锦秀

地址：西安高新技术开发区科技二路清华科技园

邮编：710075

电话：029-88142565

成立时间：2000年

注册资本：800万元

管理资本：1 500万元

行业偏好：新材料、医疗设备、光电子与光机电一体化、半导体、医药保健、软件、新能源、环保产业

投资规模：最高投资额1 500万元

阶段偏好：成长期、扩张期、成熟期、其它(如MBO、MBI、公司周转困境期等)

西安保德信投资发展有限责任公司

董事长：屈向军

总经理：王彦博

地址：陕西省西安市和平路108号佳腾大厦11层D座

邮编：710001

电话：029-87515775

传真：029-87521513

网址：www.prutention.com

成立时间：1998年2月

注册资本：5 000万元

管理资本：40 000万元

行业偏好：生物科技、新材料、医药保健、房地产、其它高新技术行业

投资规模：最低投资额100万元
最高投资额2 000万元(房地产行业除外)

阶段偏好：成长期、扩张期

西安创新技术投资担保有限公司

董事长：陈坚

总经理：梁海兵

地址：陕西省西安市高新一路25号

邮编：710075

电话：029-88247198

传真：029-88247198

网址：www.vc-seed.com

成立时间：2002年5月

注册资本：10 000万元

管理资本：10 000万元

行业偏好：医药保健、光电子与光机电一体化、网络/通讯、新材料、生物科技、半导体、计算机设备、软件

投资规模：最低投资额50万元
最高投资额200万元

阶段偏好：成长期、扩张期

西安高新技术产业风险投资有限责任公司

董事长：章东凡
总经理：梁海兵
地址：西安市高新二路12号协同大厦5F A座
邮编：710075
电话：029-88386222
传真：029-88386086
网址：www.capitech.com.cn
成立时间：1999年5月
注册资本：15 000万元
管理资本：35 000万元
行业偏好：科技制造业、软件、IC设计、教育、环保、新能源、高新农业
投资规模：最低投资额117万元
最高投资额4 600万元
阶段偏好：成长期、其它（如MBO、MBI、公司周转困境期等）

西安海星科技投资控股（集团）有限公司

董事长：荣海
地址：西安高新开发区科技二路62号海星信息产业基地
邮编：710065
电话：029-82307519
传真：029-82307501
网址：www.seastar.com.cn
成立时间：1988年10月
注册资本：10 000万元
行业偏好：新能源、高新农业、新材料、旅游业、传媒业、生物科技、环保产业、教育产业
阶段偏好：种子期、扩张期、上市筹备期、其它（如MBO、MBI、公司周转困境期等）

西安华安投资管理有限公司

董事长：茅笛
总经理：茅永生
地址：陕西省西安市雁塔路南段99号
邮编：710054
电话：029-85511850
传真：029-85511850
网址：www.huaan-tz.com
成立时间：2000年8月
注册资本：100万元
管理资本：25 000万元
行业偏好：新能源、新材料、软件、医药保健
投资规模：最低投资额1 000万元
最高投资额20 000万元
阶段偏好：种子期、成长期

西安汇海投资有限公司

董事长：李岚
地址：陕西省西安高新区新火炬大厦14楼
邮编：710075
电话：029-88229219
传真：029-88229219
网址：www.huihaiinvest.com
成立时间：2003年4月
注册资本：500万元
管理资本：500万元
行业偏好：新能源、生物科技、高新农业、教育产业、新材料、环保产业、网络/通讯、传媒业
阶段偏好：种子期

西安交通大学国家技术转移中心

董事长：王建华
总经理：王建华
地址：陕西省西安市雁翔路99号博源大厦B-410室
邮编：710054
电话：029-3399389
传真：029-3399288
网址：www.xjtlo.com
成立时间：1999年9月
注册资本：200万元
行业偏好：医疗设备、高新农业、生物科技、环保产业、新能源、医药保健、其它医疗设备商业批发零售业产业、软件
阶段偏好：种子期、成长期、上市筹备期

西安金茂投资管理有限公司

董事长：张长丰

总经理：张长丰

地址：西安市朱雀大街78号C座C1002号

邮编：710000

电话：029-88324596

传真：029-88324596

成立时间：2000年11月

注册资本：3 000万元

管理资本：3 000万元

行业偏好：新能源、教育产业、高新农业、环保产业、网络/通讯、新材料、生物科技、消费品及服务业

投资规模：最低投资额9万元
最高投资额500万元

阶段偏好：成长期、上市筹备期

西安君同科技投资有限公司

董事长：王文平

总经理：王文平

地址：西安市高新一路创业大厦B706

邮编：710075

电话：029-88332460

传真：029-88330696

成立时间：2000年10月

注册资本：1 989万元

管理资本：1 989万元

行业偏好：房地产、环保产业、新能源

投资规模：最低投资额50万元

阶段偏好：成长期、扩张期、其它(如MBO、MBI、公司周转困境期等)

西安科技投资有限公司

董事长：高珊

总经理：高珊

地址：西安市开发区协同大厦

邮编：710075

电话：029-8386085

传真：029-8386085

成立时间：1998年5月

注册资本：6 000万元

管理资本：9 000万元

投资规模：最低投资额30万元
最高投资额1 200万元

西部信托投资有限公司

董事长：冯熙和

总经理：倪正

地址：西安市东新街232号

邮编：710004

电话：029-87406375

传真：029-87406300

网址：www.wtl-xa.com

成立时间：2002年7月

注册资本：56 000万元

管理资本：284 000万元

行业偏好：新能源、教育产业、环保产业、房地产、高新农业

投资规模：最低投资额2 000万元

阶段偏好：上市筹备期、其它(如MBO、MBI、公司周转困境期等)

先锋投资集团有限公司

董事长：陆步青

总经理：陆步青

地址：中国西安高新开发区科技二路68号国家级软件园西安软件园示范区D区5层

邮编：710075

电话：029-87669569

传真：029-87669578

网址：www.chinapioneer.com

成立时间：1997年11月

注册资本：5 000万元

管理资本：12 000万元

行业偏好：生物科技、网络/通讯、软件、医疗设备、传媒业、房地产、半导体、教育产业

投资规模：最低投资额50万元

最高投资额100万元

阶段偏好：种子期、成熟期、上市筹备期、其它（如MBO、MBI、公司周转困境期等）

四川省

成都创新风险投资有限公司

董事长：赵尔珉

总经理：肖建

地址：成都市顺城大街308号冠城广场22楼G座

邮编：610017

电话：028-86528368

传真：028-86528268

网址：www.cd-vc.com

成立时间：2001年6月

注册资本：32 000万元

管理资本：32 000万元

行业偏好：软件、生物科技、光电子与光机电一体化、新材料、新能源

投资规模：最低投资额100万元

最高投资额2 500万元

阶段偏好：成长期

成都科技创业投资有限公司

董事长：曾雁鸣

总经理：黄少翔

地址：成都市高新区创业路16号火炬大厦B座4楼

邮编：610041

电话：028-85120853

传真：028-85120852

成立时间：2001年6月

注册资本：2 300万元

管理资本：4 500万元

行业偏好：医药保健、新材料、教育产业、消费品及服务业、商业批发零售业、传统制造业、传媒业、娱乐产业

阶段偏好：成长期、扩张期

成都市科技风险开发事业中心

董事长：黄少翔

地址：成都市人民南路四段1号时代数码大厦22 A7-A8

邮编：610041

电话：028-85288862

成立时间：1997年

注册资本：4 700万元

投资规模：最低投资额4万元

最高投资额3 000万元

成都双开科技创业投资有限公司

董事长：郭际

总经理：郭标

地址：成都市双新化路1号

邮编：610091

电话：028-87337852

传真：028-87349211

成立时间：1999年11月

注册资本：3 000万元

管理资本：6 000万元

成都新兴创业投资股份公司

董事长：张学果

总经理：张少杰

地址：成都高新区高新大厦1层

邮编：610041

电话：028-85130333

传真：028-85156741

网址：www.cnwintech

成立时间：2000年11月

注册资本：10 000万元

管理资本：10 000万元

投资规模：最低投资额300万元

最高投资额5 000万元

盈泰投资管理公司

联系人：廖昌宏

地址：四川省成都市高新区高朋大道23号

邮编：610041

成都高科技发展股份公司

地址：成都市高新区科园二路1号

邮编：610041

电话：028-85179491、85179492

传真：028-85184294

成立时间：1993年

网址：www.gok.com.cn

泓轩投资管理（成都）有限公司

地址：成都市提督街88号民兴金融大厦2806

邮编：610016

电话：028-86767676-607

传真：028-86767373

成立时间：2002年10月

网址：www.primuscapital.com

投资阶段：成长期、扩张期、成熟期、上市筹备期

投资行业：IT、软件、通讯、生物科技、医药、电子信息、新能源、新材料、半导体、节能、环保、高效生态农业

新疆维吾尔自治区

乌鲁木齐科源创业投资有限公司

董事长：刘建甫

总经理：张俊敏

地址：乌鲁木齐市新民路88号

邮编：830002

电话：0991-2657038

传真：0991-2657780

成立时间：2001年5月

注册资本：3 550万元

管理资本：3 550万元

行业偏好：网络/通讯、传统制造业、新能源、新材料、光电子与光机电一体化、半导体、其它医疗设备商业批发零售业产业、医药保健

投资规模：最低投资额200万元
最高投资额1 000万元

阶段偏好：扩张期、成熟期

新疆柏青投资有限公司

董事长：鲍柏青

地址：乌鲁木齐中山西路169号

邮编：830002

电话：0991-2834889

传真：0991-2308842

成立时间：1996年

注册资本：7 000万元

投资规模：最低投资额1 000万元
最高投资额5 000万元

新疆恒合投资股份有限公司

董事长：张澄

总经理：康敬成

地址：乌鲁木齐新华南路9号江源酒店14楼

邮编：830002

电话：0991-2314337

传真：0991-2314337

成立时间：2000年12月

注册资本：11 000万元

投资规模：最低投资额500万元
最高投资额1 152万元

新疆宏大投资集团

董事长：贾伟

总经理：贾玉展

地址：新疆乌鲁木齐市黄河路2号富丽华酒店4楼

邮编：830000

电话：0991-5820558-2402

传真：0991-5820558-2402

成立时间：2001年

投资规模：最高投资额30 000万元

新疆首德投资有限公司

董事长：郭峻青

总经理：张日梁

地址：乌市新华北路47号汇丰大厦23楼

邮编：830002

电话：0991-2326363

传真：0991-2308238

网址：www.xjshoude.com

成立时间：1995年9月

注册资本：1 000万元

管理资本：33 211 931元

行业偏好：旅游产业

阶段偏好：创新

新疆屯河投资股份有限公司

董事长：何贵品

总经理：张国玺

地址：新疆昌吉市尔伊东路333号

邮编：831100

电话：0994-2350118

传真：0994-2337689

网址：www.tunth.com

成立时间：1993年7月

注册资本：80 560万元

管理资本：80 560万元

新疆西贵投资有限责任公司

董事长：田建荣

总经理：李德永

地址：新疆乌鲁木齐市解放北路17号

邮编：830000

电话：0991-2817155

传真：0991-2818155

网址：www.xjxg.com

成立时间：2001年12月

注册资本：3 765万元

投资规模：最高投资额3 000万元

新疆亚通投资有限公司

董事长：赵辛铭

地址：乌鲁木齐新华南路11号

邮编：830002

电话：0991-2817107

传真：0991-2814985

成立时间：2002年10月

注册资本：5 000万元

管理资本：4 000万元

投资规模：最低投资额6 000万元

新疆创新投资有限公司

董事长：王松琦

总经理：王松琦

地址：乌鲁木齐市经二路2号金牧大厦6层

邮编：830002

电话：0991-5848424

传真：0991-5848424

成立时间：2002年6月

注册资本：900万元

管理资本：3 000万元

宁夏回族自治区

宁夏银控科技创业投资有限公司

董事长：陈小平

总经理：常城

地址：宁夏银川市民族南街光耀大厦B519

邮编：750001

电话：0951-4106198

成立时间：2002年

注册资本：5 200万元

管理资本：5 200万元

云南省

云南高新创业投资有限公司

董事长：张亚东

总经理：李建群

地址：昆明市东风西路280号文贸大厦10楼

邮编：650031

电话：0871-5375145

传真：0871-5384153

网址：www.yntz.com

成立时间：2000年8月

注册资本：5 600万元

管理资本：5 600万元

行业偏好：生物医药、新材料、能源

投资规模：单项最高投资额1 200万元

阶段偏好：初期

浙江省

广厦控股创业投资有限公司

董事长：楼忠福

总经理：楼明

地址：浙江省杭州玉古路166号

邮编：310013

电话：0571-87969988

传真：0571-87961608

网址：www.guangsha.com

成立时间：2002年9月

注册资本：15 000万元

投资规模：最低投资额100万元
最高投资额2 000万元

杭州江干科技风险投资公司

董事长：王水福

总经理：王水福

地址：杭州市风起路420号西京电梯集团有限公司5楼

邮编：310003

电话：0571-85178111

传真：0571-85164702

成立时间：2000年10月

注册资本：3 000万元

管理资本：4 000万元

行业偏好：医药保健、生物科技、高新农业、环保产业、高新农业、光电子与光机电一体化、半导体、软件

投资规模：最低投资额50万元
最高投资额1 000万元

阶段偏好：成长期

杭州市高科技投资有限公司

董事长：陈安定

总经理：陈长泉

地址：浙江省杭州惠兴路2号科技大厦5楼

邮编：310001

电话：0571-87062201

传真：0571-87062201

网址：www.hzvc.com.cn

成立时间：2000年8月

注册资本：7 300万元

管理资本：10 140万元

行业偏好：软件、网络/通讯、其它医疗设备商业批发零售业产业、房地产、生物科技

投资规模：最低投资额100万元
最高投资额500万元

阶段偏好：种子期、成长期

杭州天松创业投资有限公司

董事长：施永强

总经理：王斌

地址：杭州市文三路昌地火炬大厦19楼

邮编：310012

电话：0571-88994281

传真：0571-88994034

网址：www.tiansong.com/inner.html

成立时间：2000年11月

注册资本：3 000万元

管理资本：3 000万元

行业偏好：光电子与光机电一体化、新材料、其它医疗设备商业批发零售业产业、生物科技

阶段偏好：扩张期、成熟期、上市筹备期

金华市高新技术投资有限公司

董事长：李安华

总经理：李安华

地址：金华市八一南街588号10楼

邮编：321017

电话：0579-2065673

传真：0579-2065674

成立时间：1998年7月

注册资本：3 550万元

投资规模：最高投资额900万元

宁波创业风险投资有限公司

董事长：洪嘉祥
总经理：黄峥嵘
地址：浙江省宁波市保税区大厦16楼
邮编：315800
电话：0574-6820115
传真：0574-6820115
网址：www.vcbit.com
成立时间：2000年3月
注册资本：5 000万元
管理资本：5 000万元
投资规模：最低投资额不限
　　　　　最高投资额300万元

宁波凯建投资管理有限公司

董事长：贺松青
总经理：王凌云
地址：浙江省宁波市广仁街141号
邮编：315010
电话：0574-87362532
传真：0574-87284998
成立时间：1999年10月
注册资本：2 000万元
管理资本：20 000万元
行业偏好：新材料
投资规模：最低投资额50万元
　　　　　最高投资额2 000万元
阶段偏好：种子期

宁波市科技园区开发有限公司

董事长：陈刚
地址：宁波市江南路599号五环大厦
邮编：315040
电话：0574-87909103
传真：0574-87907707
成立时间：1998年
注册资本：16 400万元
管理资本：79 680万元
行业偏好：生物医药、电信、新材料、医药保健、网络/通讯、新材料
投资规模：最低投资额15万元
　　　　　最高投资额1 800万元
阶段偏好：成长期、成熟期

温州高新技术风险投资有限公司

董事长：吴敏一
总经理：张跃迅
地址：温州市车站大道建行大厦24层
邮编：325003
电话：0577-88080571
传真：0577-88080355
成立时间：2001年5月
注册资本：3 000万元
投资规模：最低投资额50万元
　　　　　最高投资额500万元

浙江大学科技园发展有限公司

董事长：程家安
总经理：韩高荣
地址：杭州玉溪路525号
邮编：310013
电话：0571-87658100
传真：0571-87658101
网址：www.zjusp.com
成立时间：2000年10月
注册资本：10 000万元
管理资本：11 000万元
投资规模：最低投资额5万元
　　　　　最高投资额1 800万元

浙江汇丰投资管理有限公司

董事长：冯金龙
总经理：冯金龙
地址：杭州文二路207号文欣大厦16楼
邮编：310009
电话：0571-88259215
传真：0571-88259222
成立时间：2001年1月

注册资本：2 600万元

行业偏好：传统产业、创业企业

投资规模：最低投资额100万元

　　　　　最高投资额500万元

通和置业投资有限公司

董事长：马强

总经理：闵健

地址：杭州市曙光路15号世贸中心写字楼B座8楼

邮编：310007

电话：0571-87989016

传真：0571-87989051

成立时间：2002年6月

注册资本：30 000万元

管理资本：100 000万元

投资规模：最低投资额1 000万元

　　　　　最高投资额8 000万元

浙江联科创业投资管理有限公司

董事长：丁晓航

总经理：李兆强

地址：杭州市文苑路658号西溪别墅41幢

邮编：310012

电话：0571-88978219

传真：0574-88978567

成立时间：2000年6月

注册资本：5 000万元

投资规模：最高投资额2 000万元

浙江省创业投资有限公司

董事长：于强

总经理：冯金龙

地址：杭州市文二路207号文欣大厦16楼

邮编：310009

电话：0571-88259218

传真：0571-88259222

网址：www.vconline.com.cn

成立时间：2000年9月

注册资本：10 000万元

行业偏好：新材料

投资规模：最低投资额300万元

　　　　　最高投资额2 000万元

浙江省杭嘉湖技术开发有限公司

董事长：潘云鹤

总经理：王炜喆

地址：浙江省杭州市玉龙路147号浙大黄鸿年科技楼2楼

邮编：310013

电话：0571-87993178

传真：0571-87993178

网址：www.uec.com.cn

成立时间：1988年7月

注册资本：1 000万元

管理资本：5 000万元

投资规模：最低投资额100万元

　　　　　最高投资额500万元

浙江省科技风险投资有限公司

董事长：俞志华

总经理：刘海宁

地址：浙江省杭州市文二路212号高新大厦16楼

邮编：310012

电话：0571-88869548

传真：0571-88869550

网址：www.zvc-zj.com

成立时间：1993年6月

注册资本：10 000万元

管理资本：15 000亿元

行业偏好：生物医药、精细化工、新材料等

投资规模：最低投资额100万元

　　　　　最高投资额1 200万元

浙江天堂硅谷创业投资有限公司

董事长：包纯田

总经理：包纯田

地址：杭州市文三路20号建工大厦5楼

邮编：310012

电话：0571-88391917

传真：0571-88391920

网址：www.ttggvc.com

成立时间：2000年11月

注册资本：15680万元

管理资本：20 000万元

投资规模：最低投资额200万元
最高投资额2 000万元

中融投资管理有限公司

董事长：孙黎

总经理：梁樵

地址：浙江省杭州市曙光路29号耀江商务楼403-407室

邮编：310007

电话：0571-28835699

传真：0571-87633266

网址：www.synocapital.com

成立时间：2001年5月

注册资本：1 000万元

管理资本：7 000万元

投资规模：最低投资额50万元
最高投资额2 000万元

慈溪市科技风险投资有限公司

董事长：毛加强

总经理：毛加强

地址：浙江省慈溪市担山北路145号

邮编：315300

电话：0574-63029702

传真：0574-63027715

成立时间：2002年8月

注册资本：1 900万元

管理资本：1 900万元

杭州万事利科技投资有限公司

董事长：李保荣

总经理：李保荣

地址：杭州市机场路309号

邮编：310021

电话：0571-85140886

传真：0571-85140886

成立时间：2000年12月

注册资本：2 000万元

管理资本：2 000万元

宁波德盛投资有限公司

董事长：孟庆有

总经理：方志达

地址：宁波市科技园区创业大厦306室

邮编：315040

电话：0574-87908477

传真：0574-87908477

成立时间：2003年6月

注册资本：2 000万元

管理资本：2 000万元

宁波市科技业务创业投资有限公司

董事长：秦慧聪

总经理：刘纯权

地址：宁波市科技园区创业中心

邮编：315000

电话：0574-87906976

传真：0574-87906976

成立时间：2003年6月

注册资本：3 000万元

管理资本：3 000万元

宁波市索图科技投资有限公司

董事长：刘纯权

总经理：刘纯权

地址：宁波市科技园区创业大厦518室

邮编：315040

电话：0574-87908355

传真：0574-87908355

成立时间：2002年9月

注册资本：1 000万元

管理资本：10 000万元

通联创业投资股份有限公司

董事长：管大源

总经理：沈长寿

地址：杭州市中大广场A座23楼

邮编：310003

电话：0571-85777653

传真：0571-85777656

网址：www.tonglianvc.com

成立时间：2000年12月

注册资本：30 000万元

管理资本：30 000万元

养生堂创业投资有限公司

董事长：钟睒睒

地址：杭州经济开发区8号大街13号

邮编：310007

电话：0571-87631888

传真：0571-87631182

成立时间：2003年

注册资本：5 000万元

管理资本：5 000万元

浙江大学创业投资有限公司

董事长：程家安

总经理：朱国英

地址：浙江省杭州市谷翠路8号新亚科技大楼6楼

邮编：310013

电话：0571-85026369

传真：0571-85025663

成立时间：2001年1月

注册资本：5 000万元

浙江国信创业投资有限公司

董事长：黄金明

总经理：黄金明

地址：杭州市延安路515号浙信大厦7楼

邮编：310006

电话：0571-85069192

传真：0571-85069171

成立时间：2003年3月

注册资本：13 500万元

管理资本：13 500万元

网址：www.zgvc.com

浙江日升昌科技风险投资有限公司

董事长：赵建

总经理：赵建

地址：杭州市曙光路15号浙江世贸中心二期写字楼C座12楼

邮编：310007

电话：0571-87950588-326

传真：0571-87988110

成立时间：2003年12月

注册资本：5 000万元

管理资本：5 000万元

杭州市投资控股有限公司

地址：杭州市中山中路271号

邮编：310001

电话：0571-87806821

传真：0571-87806815

成立时间：1997年

管理资本：8 400万元

二、香港地区风险投资机构

Ref.	COMPANY	TEL	FAX	ADDRESS
1	3i ASIA PACIFIC PLC	852-29018188	852-25377668	26C, Bank of China Tower, 1 Garden Road, Central, HONG KONG
2	698 CAPITAL	852-22318600	852-22318601	22/F, Chinachem Centre, One Hollywood Road, Central, HONG KONG
3	ABN AMRO ASIA CASPITAL INVESTMENT LTD.	852-27005801	852-27005929	38/F Cheung Kong Center, 2 Queen's Road Central, HONG KONG
4	ADM CAPITAL	852-25364567	852-21472813	907 Asia Pacific Finance Tower, 3 Garden Road, Central, HONG KONG
5	ADVANCE CAPITAL INTERNATIONAL LTD.	852-28777311	852-28777322	Room 702-3, Corcodile House 2, 55 Connaught Road, Central, HONG KONG
6	ADVENT INTERNATIONAL CORPORATION	852-29789300	852-28269247	Suite 808, Alexandra House, 16-20 Chater Road, Central, HONG KONG
7	AGIFEL INTERNATIONAL LTD.	852-28441661	852-28100402	Room 2606, 26/F, Bank of America Tower, 12 Harcourt Road, Central, HONG KONG
8	AIF FUNDS MANAGEMENT LTD.	852-29127888	852-28450786	Suite 2302-03, 9 Queen's Road Central, HONG KONG
9	AIG INVESTMENT CORPORATION(ASIA) LTD.	852-21431300	852-28939530	31/F, NatWest Tower, Times Square, 1 Matheson Street, Causeway Bay, HONG KONG
10	AMERICAN ORIENT CAPITAL PARTNERS LTD.	852-28456767	852-28459663	3106 One Exchange Square, 8 Connaught Place, Central, HONG KONG
11	THE ANGLO CHINESE INVESTMENT CO.,LTD.	852-28454400	852-28451162	40/F, Two Exchange Square, 8 Connaught Place, Central, HONG KONG
12	ANTEC CORPORATION LTD.	852-25614111	852-25658439	Room 606, New World Tower One, 16-18 Queen's Road, Central, HONG KONG
13	APC TECHNOLOGY MANAGEMENT CO.,LTD.	852-28015993	852-25305527	15/F, Hong Kong Club Building, 3A Chater Road, Central, HONG KONG
14	APEX ADVISORY GROUP(INT'L) LTD.	852-25846289	852-25300484	Suite 801, Bank of America Tower, 12 Harcourt Road, Central, HONG KONG
15	AQUITAINE INVESTMENT ADVISORS LTD.	852-25281600	852-25281900	Suite 1005, Far East Finance Centre, 16 Harcourt Road, Central, HONG KONG
16	ASCEND VENTURE PARTNERS	852-21554466	852-21559008	Room 2502, China Insurance Group Building, 141 Des Voeux Road Central, HONG KONG

Ref.	COMPANY	TEL	FAX	ADDRESS
17	ASIA CAPITAL MANAGEMENT LTD.	852-25258151	852-28105590	16/F, St. John's Building, 33 Garden Road, Central, HONG KONG
18	ASIA CYBER REPUBLIC LTD.	852-22633000	852-23433217	97 How Ming Street, 2/F Kwun Tong, Kowloon, HONG KONG
19	ASIA EQUITY INFRASTRUCTURE MANAGEMENT(H.K.)LTD.	852-25866222	852-28023803	Suite 5408 Central Plaza, 18 Harbour Road, Wanchai, HONG KONG
20	ASIA DIRECT CAPITAL MANAGEMENT	852-21030276	852-21030279	31/F, Two Exchange Square, 8 Connaught Place, HONG KONG
21	ASIA TECH VENTURES LTD.	852-21166868	852-21160000	2308 Alexandra House, 18 Chater Road, Central, HONG KONG
22	ATLANTIC-PACIFIC CAPITAL(HK) LTD.	852-29181522	852-29181502	39/F, One Pacific Place, 88 Queensway, Admiralty, HONG KONG
23	AUTHOSIS LTD.	852-29604611	852-29600185	2101 Westlands Centre, 20 Westlands Road, Quarry Bay, HONG KONG
24	AVANTA INVESTMENT (INTERNATIONAL) LTD.	852-2111-211107 57/2160-2800	852-28017485	Unit 1001, Tower Two, Lippo Centre, 89 Queensway, HONG KONG
25	BAINLAB	852-29788800	852-29788801	Bain & Company (Hong Kong), 68/F, The Centre, 99 Queen's Road Central, HONG KONG
26	BANCBOSTON CAPITAL INC.	852-28677687	852-25210768	33/F, Jardine House, 1 Connaught Place, Central, HONG KONG
27	BANRING CAPITAL (CHINA) MANAGEMENT LTD.	852-28463080	852-25010609	39/F, One International Finance Centre, 1 Harbour View Street, Central, HONG KONG
28	BARING PRIVATE EQUITY PARTNERS (HK) LTD.	852-28439318	852-28439372	39/F, One International Finance Centre, 1 Harbour View Street, Central, HONG KONG
29	BOCI DIRECT INVESTMENT MANAGEMENT LTD.	852-22007500	852-28109736	24/F, BOC Tower, 1 Garden Road, Central, HONG KONG
30	CAPITAL Z ASIA ADVISORS (MANAGEMENT) LTD.	852-22309819	852-22309898	38/F, Tower 1, Lippo Centre, 89 Queensway, HONG KONG
31	CAPITAL Z PARTNER(ASIA)	852-22309800	852-22309898	38/F, Tower 1, Lippo Centre, 89 Queensway, HONG KONG
32	CARLYLE ASIA-HONG KONG	852-28787000	852-28787007	Carlyle Asia Investment Advisors Ltd., Suite 2801, 28th Floor, 2 Pacific Place, 88 Queensway, HONG KONG

Ref.	COMPANY	TEL	FAX	ADDRESS
33	CDP ASIA INVESTMENTS INC.	852-25866228	852-28773830	Suite 5408 Central Plaza, 18 Harbour Road, Wanchai, HONG KONG
34	CEF NEW ASIA PARTNERS LTD.	852-28463688	852-28450617	Suite 2001, 20/F Cheung Kong Center, 2 Queen's Road Central, HONG KONG
35	CHINA ASSETS MANAGEMENT LTD.	852-25219888	852-25268781	19/F, Wing On House, 71 Des Voeux Road Central, HONG KONG
36	CHINA ENTERPRISE DEVELOPMENT FUND MANAGEMENT LTD.	852-25210078	852-25371075	11/F, Worldwide House, 19 Des Voeux Road, Central, HONG KONG
37	CHINA HIGHTECH INVESTMENT MANAGEMENT CO.,LTD.	852-27236802	852-27233102	Room 819, 8/F, New East Ocean Center, 9 Science Museum Road, T.S.T., Kowloon, HONG KONG
38	CHINA MERCHANT& FORTUNE ASSETS MANAGEMENT LTD.	852-28570388	852-28570288	Rm. 1611, 16/F West Tower, Shun Tak Center, 168-200 Connaught Road, Central, HONG KONG
39	CHINA MERCHANTS CHINA INVESTMENT MANAGEMENT LTD.	852-28589089	852-28588455	1803 China Merchant Tower, Shun Tak Centre, 168-200 Connaught Road Central, HONG KONG
40	CHINAI CORPORATION LTD.	852-27361800	852-27361830	2406-7 Progress Commercial Building, 7-17 Irving Street, Causeway Bay, HONG KONG
41	CHINA VEST LTD.	852-28107081	852-28452949	Dina House, 19/F, 11 Duddell Street, Central, HONG KONG
42	CISCO SYSTEMS	852-25883209	852-25883299	31/F, Great Eagel Centre, 23 Harbour Road, Wanchai, HONG KONG
43	CITICORP CAPITAL ASIA LTD.	852-28686559	852-28686549	43/F, Citibank Tower, Citibank Plaza, 3 Garden Road, Central, HONG KONG
44	CITICORP CHINA INVESTMENT MANAGEMENT LTD.	852-28686648	852-25093052	47/F, Citibank Tower, Citibank Plaza, 3 Garden Road, Central, HONG KONG
45	CITYU ENTERPRISES LTD.	852-27888428	852-26282781	Unit 5, Room 401, Festival Walk, 80 Tat Chee Avenue, Kowloon Tong, HONG KONG
46	CLSA PRIVATE EQUITY MANAGEMENT LTD.	852-26008155	852-29189763	18/F, Pacific Place One, 88 Queensway, HONG KONG
47	CNK INVESTMENT MANAGEMENT LTD.	852-29730573	852-25215182	1610 Tower Two, Lippo Centre, 89 Queensway, HONG KONG
48	COMPASS VENTURE (HONG KONG) LTD.	852-31512300	852-21690222	Suites 1011-1012, Two Pacific Place, 88 Queensway, HONG KONG

Ref.	COMPANY	TEL	FAX	ADDRESS
49	CONCORD CAPITAL HOLDINGS LTD.	852-22380688	852-27399723	2001, 20/F, Central Plaza, 18 Harbour Road, Wanchai, HONG KONG
50	CORE PACIFIC-YAMAICHI CAPITAL LTD.	852-28260019	852-25375079	36/F, Cosco Tower, Grand Millennium Plaza, 183 Queen's Road, Central, HONG KONG
51	CREDIT SUISSE FIRST BOSTON INTERNATIONAL(HK)LTD.	852-21016000	852-21017720	45/F, Two Exchange Square, 8 Connaught Place, HONG KONG
52	CRIMSON ASIA CAPITAL (HK) LTD.	852-25248900	852-25237729	Suite 1613, One International Finance Centre, No. 1, Harbour View Street, Central, HONG KONG
53	CVC ASIA PACIFIC LTD.	852-28686505	852-28686510	40/F, Citibank Tower, Citibank Plaza, 3 Garden Road, Central, HONG KONG
54	Deacons 的近律师行	852-28259211	852-28100431	3rd-7th, 18th & 29th Floors Alexandra House 16-20 Chater Road Central Hong Kong
55	DARBY ASIA INVESTORS LTD.	852-28441015	852-28219815	32/F, Alexandra House, 18 Chater Road, Central, HONG KONG
56	DBS CAPITAL INVESTMENTS LTD.	852-29135633	852-28680250	16/F, Man Yee Building, 68 Des Voeux Road, Central, HONG KONG
57	DRAGON(ASIA) ASSET MANAGEMENT LTD.	852-25265338	852-25399223	Room 1803, Tower Two, Lippo Centre, 89 Queensway, HONG KONG
58	DRAGONTECH VENTURES MANAGEMENT LTD.	852-28017333	852-28992711	23/F, Chekiang First Bank Centre, 1 Duddell Street, Central, HONG KONG
59	DSE INVESTMENT SERVICES LTD.	852-28457420	852-25988941	38/F, Dah Sing Financial Centre, 108 Gloucestor Road, Wanchai, HONG KONG
60	DVA, INC	852-21118717	852-21149880	Unit 606, Island Place Tower, 510 King's Road, North Point, HONG KONG
61	ELECTRA PARTNERS ASIA LTD.	852-25308700	852-25305525	11/F, Jardine House, 7 Connaught Place, Central, HONG KONG
62	EMERGING MARKETS PARTNERSHIP (H.K.) LTD.	852-29187999	852-25723663	Two Pacific Place, Suites 1201-1202, 88 Queensway, HONG KONG
63	ENTERPRISEASIA PLC	852-21165900	852-21510955	Suite 5707, 57/F, The Center, 99 Queen's Road Central, HONG KONG
64	FIDELITY CAPITAL FAR EAST,INC.	852-26292831	852-25090371	17/F, One International Finance Centre, 1 Harbour View Street, Central, HONG KONG

Ref.	COMPANY	TEL	FAX	ADDRESS
65	FIRST CAPITAL PARTNERS OFFSHORE LTD.	852-31020882	852-22140141	Suite 2301, Island Place Tower, 510 King's Road, North Point, HONG KONG
66	FIRST EASTERN INVESTMENT GROUP	852-29563838	852-29561132	19/F, Tower 11, The Gateway, 25 Canton Road, Kowloon, HONG KONG
67	FUND 28	852-31017711	852-24203938	6/F, Landmark East, 12 Ice House Street, Central, HONG KONG
68	GE EQUITY	852-21006700	852-21006733	16/F, Three Exchange Square, Central, HONG KONG
69	GENERAL ATLANTIC PARTNERS	852-21668750	852-21668493	18/F, International Finance Tower, One Harbour View Road, Central, HONG KONG
70	GENERALENTERPRISE MANAGEMENT SERVICES LTD.(GEMS LTD.)	852-28380093	852-28380292	Room 2108, Gloucester Tower, 11 Pedder Street, Central, HONG KONG
71	GENESIS CAPITAL CONSULTING & MANAGEMENT LTD.	852-22951120	852-22951121	Suite 3008, 30/F, One International Finance Center, 1 Harbour View Street, Central, HONG KONG
72	GILBERT GLOBAL EQUITY CAPITAL ASIA,LTD.	852-25246100	852-29700078	1302 Bank of America Tower, 12 Harcourt Road, Admiralty, HONG KONG
73	GLOBAL ALLIANCE LTD.	852-27241223	852-27224373	2-6 Granville Road, Suite 1108,Tsimshatsui, Kowloon, HONG KONG
74	GO-TO-ASIA INVESTMENT LTD.	852-28661060	852-28511589	Unit 1902B, 19/F, The Centrium, 60 Wyndham Street, Central, HONG KONG
75	GOLDMAN SACHS (ASIA) LTD.	852-29781000	852-29780440	37/F, Asia Pacific Finance Tower, Citibank Plaza, 3 Garden Road, HONG KONG
76	GROWTH-LINK INVESTMENTS CO.LTD.	852-28383382	852-28389889	24/F, Causeway Bay Plaza One, 489 Hennessy Road, HONG KONG
77	H&Q ASIA PACIFIC(H.K.)LTD.	852-28684800	852-28104883	Suite 1512, One Pacific Place, 88 Queensway, HONG KONG
78	HAMMON INVESTMENT GROUP	852-25264268	852-25267277	2701-2 One International Finance Centre, 1 Harbour View Street, Central, HONG KONG
79	HARBOURVEST PARTNESRS(ASIA) LTD.	852-25252214	852-25252241	Suite 1207, Citibank Tower, 3 Garden Road, HONG KONG
80	HENDALE VENTURES	852-28400776	852-21680822	22/F, Entertainment Bldg., 30 Queens Road, Central, HONG KONG

Ref.	COMPANY	TEL	FAX	ADDRESS
81	HENDERSON PRIVATE CAPITAL	852-29055129	852-29055199	Private Equity Division, Henderson Global Investors, Suites 3905-3908 Jardine House, 1 Connaught Place, Central, HONG KONG
82	HINTFUL CAPITAL LTD.	852-28696775	852-28695285	8/F, 18/F, 22/F, Double Building, 22 Stanley Street, Central, HONG KONG
83	HKUST RANDD CORPORATION LTD.	852-23587911	852-23582751	Hong Kong University of Science & Technology, Clearwater Bay Road, Kowloon, HONG KONG
84	HONG KONG SCIENCE &TECHNOLOGY PARKS CORP.	852-27884433	852-27884261	1/F, Tech Centre, 72 Tat Chee Avenue, Kowloon Tong, HONG KONG
85	HONGKONG LAND INFRASTRUCTURE LTD.	852-28428428	852-25372676	5/F, One Exchange Square, Central, HONG KONG
86	HSBC PRIVATE EQUITY (ASIA) LTD.	852-28457688	852-28459992	Level 17, 1 Queen's Road, Central, HONG KONG
87	IBUSINESS CORPORATION	852-21266620	852-21218111	12/F, Cheung Kong Center, 2 Queen's Road, Central, HONG KONG
88	ICEA PRIVATE EQUITY ADVISORS LTD.	852-21158888	852-21158677	42/F, Jardine House, 1 Connaught Place, Central, HONG KONG
89	INTEL CAPITAL,ASIA PACIFIC	852-28444555	852-22403255	32/F, Two Pacific Place, 88 Queensway, Central, HONG KONG
90	INTER-ASIA VENTURE MANAGEMENT LTD.	852-25285717	852-25279704	14/F, China HONG KONG Tower, 8 Hennessy Road, Wanchai, HONG KONG
91	INTERMEDIATE CAPITAL ASIA LTD.	852-22973080	852-22973081	Rms 3603-4,Edinburgh Tower,15 Queen's Road Central, HONG KONG
92	INTERNATOONAL FINANCE CORPOSRATION(IFC)	852-25098100	852-25099369	Suite 1107 Asia Pacific Finance Tower, Citibank Plaza, 3 Garden Road, HONG KONG
93	INVESTOR ASIA LIMINTED	852-28016823	852-28104188	1808, Two Exchange Square, Central, HONG KONG
94	INVESTOR GROWTH CAPITAL ASIA LIMITED	852-21238066	852-21238001	1801 Two Exchange Square, Central, HONG KONG
95	ITVENTURES LTD.	852-27351261	852-27306060	29/F, The Center, 99, Queen's Road Central, HONG KONG
96	IVENTURES	852-21860000	852-21860099	15/F, Cheung Kong Center, 2 Queen's Road Central, HONG KONG

Ref.	COMPANY	TEL	FAX	ADDRESS
97	JAFCO INVESTMENT (HONG KONG) LTD.	852-25361960	852-25361979	20/F, Asia Pacific Finance Tower, Citibank Plaza, 3 Garden Road, HONG KONG
98	JAIC INTERNATIONAL (HONG KONG) CO.,LTD.	852-25093011	852-25093025	Suite 1112, Two Pacific Place, 88 Queensway, Admiralty, HONG KONG
99	JIH SUN INTERNATIONAL ASSET MANAGEMENT LTD.	852-28697066	852-22890280	Suite 701-704A, Asia Pacific Finance Tower, Citibank Plaza, 3 Garden Road, Central, HONG KONG
100	JP MORGAN PARTNERS ASIA	852-25331818	852-28685551	Suite 3003, 30/F, One International Finance Center, 1 Harbour View Street, Central, HONG KONG
101	K.WAH TECHNOLOGY VENTURES LTD.	852-28800178	852-28805610	29/F, Wah Centre, 191 Java Road, North Point, HONG KONG
102	KERRY TECHNOLOGY LTD.	852-25257211	852-21046388	21/F, CITIC Tower, No. 1 Tim Mei Avenue, Central, HONG KONG
103	KG NEXT VISION CO.LTD.	852-21082000	852-22950001	Suites 3009-3011, One International Finance Centre, 1 Harbour View Street, Central, HONG KONG
104	KLM CAPITAL MANAGEMENT LTD.	852-25373318	852-25373138	10/F, Century Square, 1-13 D'Aguilar Street, Central, HONG KONG
105	KWR ASSET MANAGEMENT LTD.	852-22376883	852-25238312	c/o CITIC Capital, 26/F, CITIC Tower, No. 1 Tim Mei Avenue, Central, HONG KONG
106	LAZARD ASIA INVESTMENT MANAGEMENT LTD.	852-25228187	852-25228581	Rm. 2601, Henley Bldg., 5 Queen's Road Central, HONG KONG
107	LF CAPITAL MANAGEMENT LTD.	852-23002300	852-23002355	11/F, LiFung Tower, 888 Cheung Sha Wan Road, Kowloon, HONG KONG
108	LOMBARD/APIC(HK) LTD.	852-28787388	852-28787288	3403 Citibank Tower, 3 Grade Road, Central, HONG KONG
109	LONG-TERM PARTNERS LTD.	852-25217218	852-25212626	Suite 4207-8 Lippo Center Tower One, 89 Queensway, HONG KONG
110	LOTUS CAPITAL PARTNERS LTD.	852-21795008	852-21795889	Room 2703, 27/F, The Centrium, 60 Wyndham Street, Central, HONG KONG
111	MACQUARIE REAL ESTATES ASIA LIMITED	852-22955900	852-22955988	Suite 1911-1916, Citic Tower, 1 Tim Mei Avenue, Central, HONG KONG
112	MANAGEMENT CAPITAL LIMITED	852-29051888	852-29051118	19/F, St. George's Building, 2 Ice House Streetk, Central, HONG KONG

Ref.	COMPANY	TEL	FAX	ADDRESS
113	MERRILL LYNCH (ASIA PACIFIC) LTD.	852-25363210	852-21617022	17/F, Asia Pacific Finance Tower, 3 Garden Road, Central, HONG KONG
114	MIZUHO CORPORATE ASIA (HK) LTD.	852-21033087	852-21033048	17/F, Two Pacific Place, 88 Queensway Central, HONG KONG
115	MORGAN STANLEY PRIVATE EQUITY ASIA LIMITED	852-28486200	852-28485282	30/F, Three Exchange Square, Central, HONG KONG
116	MVI ASIA PACIFIC LTD.	852-28992468	852-28992295	11B On Hing Building, 1-9 On Hing Terrace, Central, HONG KONG
117	NATEXIS PRIVATE EQUITY ASIA LTD.	852-28280999	852-28289801	Suite 1208,12/F-CITIC Tower, 1 Tim Mei Avenue, Central, HONG KONG
118	NETWORKASIA	852-29735311	852-25267277	2701 One International Finance Centre, 1 Harbour View Street, HONG KONG
119	NEUBERG ASIA LIMITED	852-29195350	852-28028229	Room 1006, 10/F, Kinwick Centre, 32 Hollywood Road, Central, HONG KONG
120	NEW WORLD LIBERTY CHINA VENTURES LTD.	852-21313600	852-21310918	20/F, Tower 2, New World Tower, 18 Queen's Road, Central, HONG KONG
121	NEWBRIDGE CAPITAL LTD.	852-25302652	852-25309948	Suite 2002-2005, One International Finance Centre, 1 Harbour View Street, Central, HONG KONG
122	NOKIA VENTURE PARTNERS	852-25970129	852-25637384	16/F, Cityplaza 4, 12 Taikoo Wan Road, HONG KONG
123	NUOVO ASSETS (HK) LTD.	852-25378513	852-25265003	15/F, Century Square, 1-B D'Aquilar Street., Central, HONG KONG
124	ODYSSEY CAPITAL	852-21603188	852-28580417	901-907 CITIC Tower, 1 Tim Mei Avenue, Central, HONG KONG
125	OLYMPUS CAPITAL HOLDINGS ASIA	852-21400500	852-21400555	Suite 3406, One Exchange Square, Central, HONG KONG
126	OLYMPUS CAPITAL	(212)2926633	(212)2926644	153 East 53rd Street, 45/F, New York, NY 10022
127	OLYMPUS CAPITAL	(822)3995100	(822)3995555	Young Poong Building, 14/F, 33 Suhrin-Dong, Jongro-Ku,Seoul 110752, Republic of Korea
128	OLYMPUS CAPITAL	852-21400500	852-21400555	One Exchange Square, Suite 3406, Hong Kong, China

Ref.	COMPANY	TEL	FAX	ADDRESS
129	ORIX ASIA LIMITED	852-28629268	852-25279688	30/F, United Centre, 95 Queensway, HONG KONG
130	PACIFIC CENTURY CYBERWORKS-CYBERWORKS VENTURES	852-25148888	852-25148651	38/F, Citibank Tower,Citibank Plaza, Garden Road, Central, HONG KONG
131	PACIFIC HAWK (HK) LTD.	852-25281460	852-28613420	Room 2802, Admiralty Centre, Tower 1, 18 Harcourt Road, HONG KONG
132	PAMA GROUP INC.	852-28441900	852-28773748	PAMA Group (Hong Kong) Limited, 32/F, Alexands House, 18 Chater Road, Central, HONG KONG
133	PAN ASIA CAPITAL MANAGER LTD.	852-25226122	852-25226992	8/F, Hong Kong Diamond Exchange Building, 8 Duddell Street, Central, HONG KONG
134	PANTHEON CAPITAL (ASIA) LTD.	852-28108063	852-25260218	1606 Two Exchange Square, 8 Connaught Place, Central, HONG KONG
135	PPM VENTURES (ASIA) LTD.	852-28685330	852-28683809	Suites 1213-19, Two Pacific Place, 88 Queensway, HONG KONG
136	QUILVEST ASIA LTD.	852-25260238	852-25260308	Suite 3004, Universal Trade Centre, 3-5A Arbuthnot Road, Central, HONG KONG
137	S.I.TECHNOLOGY FUND MANAGEMENT CO.LTD.	852-28521600	852-25451628	5/F, Wing On Centre, 111 Connaught Road, Central, HONG KONG
138	SCHRODER CAPITAL PARTNERS (ASIA) LIMITED	852-28016199	852-28017979	Suite 2503, One International Finance Centre, 1 Harbour View Street, HONG KONG
139	SCHRODER PROPERTY ASIA ADVISORS LTD.	852-22955900	852-22955988	Suite 1911-1916 Citic Tower, 1 Tim Mei Avenue, Central, HONG KONG
140	SCOTTISH AND EASTERN INVESTMENT SERVICES LTD.	852-25043283	852-28955156	1401C, Caroline Centre, 28 Yun Ping Road, Causeway Bay, HONG KONG
141	SEARCH ASIA MEZZANINE CAPITAL LTD.	852-28269684	852-28101572	
142	SEARCH INVESTMENT HOLDINGS LTD.	852-25251211	852-28101572	57/F, Cheung Kong Center, 2 Queen's Road, Central, HONG KONG
143	SHANCREST CAPITAL PARTNERS LTD.	852-28686728	852-28689283	3107 Alexandra House, 16-20 Chater Road, Central, HONG KONG
144	SHANCREST INTERNATIONAL ASSET MANAGEMENT (HK) CO.LTD.	852-28401608	852-28401286	Suite 4412, COSCO Tower, Grand Millennuim Plaza, 183 Queen's Road, Central, HONG KONG

Ref.	COMPANY	TEL	FAX	ADDRESS
145	SHAW KWEI & PARTNERS	852-28685883	852-25234142	1810 Hutchison House, 10 Harcourt Road, Central, HONG KONG
146	SILICON VENTURE LTD.	852-28992897	852-28992819	Room 804, 9 Queenís Road, Central, HONG KONG
147	SINO-CENTURY CAPITAL & DEVELOPMENT LTD.	852-22895902	852-25768446	22/F, Prince's Building,Central, HONG KONG
148	SINOCHEM KINGSWAY ASSET MANAGEMENT LTD.	852-28771830	852-28771031	5/F, Hutchison House, 10 Harcourt Road, Central, HONG KONG
149	SMELOAN HONG KONG LTD.	852-21107373	852-21109777	3603-3605 China Resources Building, 26 Harbour Road, Wanchai, HONG KONG
150	SOFTBANK ASIA INFRASTRUCTURE FUND (SAIF) ADVISORS LTD.	852-29182200	852-22349116	Suites 2115-2118, Two Pacific Place, 88 Queensway, HONG KONG
151	SOFTBANK CHINA VENTURE INVESTMENTS LTD.	852-21552688	852-21559896	11/F, Man Yee Building, 68 Des Voeux Road Central, HONG KONG
152	SOFTBANK INVESTMENT INTENAIONAL (STRATEGIC) LTD.	852-21552688	852-21559896	11/F, Man Yee Building, 68 Des Voeux Road Central, HONG KONG
153	SSAL FINANCE & INVESTMENT LTD.	852-25266699	852-25267787	Suite 4105, 41/F, Tower ll, Lipoo Centre, 89 Queensway, HONG KONG
154	STANDARD CHARTERED PRIVATE EQUITY	852-28410277	852-28685430	10/F, Standard Chartered Bank, 4-4A Des Voeux Road, HONG KONG
155	STRATEGIC CAPITAL MANAGEMENT (H.K.) LTD.	852-21529831	852-21513479	Room 11A, Cindic Tower, 128 Gloucester Road, Wanchai, HONG KONG
156	SUEZ ASIA HOLDINGS (HONG KONG) LTD.	852-21198188	852-25217034	Suites 907-908, 9/F, One International Finance Centre,1 Harbour View Street, Central, HONG KONG
157	SUMITOMO CORPORATION CAPITAL ASIA (HONG KONG) PTE LTD.	852-28609323	852-25299961	23/F, United Centre, 95 Queensway, HONG KONG
158	SUNEVISON VENTURES	852-28288739	852-28271126	43/F, Sun Hung Kai Centre, 30 Harbour Road, Wanchai, HONG KONG
159	SYCAMORE VENTURES	852-22482600	852-22482018	40/F, Citibank Tower, Citibank Plaza, 3 Garden Road, Central, HONG KONG
160	SYNO CAPITAL INC.	852-25176410	852-25176410	Flat A-B, 2/F, Golden Sun Centre, 59-67 Bonham Stand West, HONG KONG

Ref.	COMPANY	TEL	FAX	ADDRESS
161	TEAK INVESTMENT PARTNERS LTD.	852-25264268	852-25267277	2701-2 One International Finance Centre, 1 Harbour View Street, Central, HONG KONG
162	TECHPACIFIC VENTURE CAPITAL LTD.	852-21692800	852-21690008	26/F, COSCO Tower, 183 Queen's Road Central, HONG KONG
163	TELECOM VENTURE GROUP LTD.	852-21472080	852-21473320	Jardine House, Suite 3810,1 Connaught Road, Central, HONG KONG
164	TELESYSTEM-ARGO GLOBAL CAPITAL,LLC	852-22952209	852-22953111	22/F, Silver Fortune Plaza,1 Wellington Street,Central, HONG KONG
165	TEMASEK CAPITAL	852-25247711	852-28772699	c/o Temasek Holdings (HK) Ltd., 3010-3012 One Pacific Place, 88 Queensway, HONG KONG
166	TEMPLETON ASSET MANAGEMENT LTD.	852-28202400	852-28450181	Two Exchange Square, Suite 3905-08, Connaught Road, Central, HONG KONG
167	TG ASIA VENTURES LTD.	852-22970155	852-22970369	30/F, Entertainment Building,Queen's Road Central, HONG KONG
168	TINSHED CAPITAL	852-25017808	852-25217808	808 Yu Yuet Lai Building, 43-55 Wyndham Street, Central, HONG KONG
169	TRANSPAC CAPITAL PTE LTD.	852-25252661	852-28776612	Suite 3322, 33/F, Two Pacific Place, 88 Queensway, HONG KONG
170	TRANSPACIFIC@VENTURES CORPORATION	852-25202226	852-25200550	22/F, Asia Orient Tower, 33 Lockhart Road, Wanchai, HONG KONG
171	UBS CAPITAL ASIA PACIFIC (HK) LTD.	852-29718888	852-29718645	25/F, One Exchange Square, 8 Connaught Place, Central, HONG KONG
172	UFJ INTERNATIONAL FINANCE ASIA LTD.	852-22318622		6/F, Hong kong Club Building, 3A Chater Road, Central, HONG KONG
173	UNI-CYBER GROUP	852-28669812	852-28660012	21/F, Suite 4, Shanghai Industrial Investment Building, 60 Hennessy Road, HONG KONG
174	UNIVERSAL INTERNATIONAL INVESTMENT LTD.	852-27393933	852-27398973	Suite 1205, Ocean Center, Harbour City, Tsimshatsui, HONG KONG
175	VENTUREFUGE INCORPORATED	852-25328888	852-28776645	Room 1805, Lippo Center, Tower II, 89 Queensway, Admiralty, HONG KONG
176	VERTEX MANAGEMENT (II) PTE LTD.	852-25236133	852-28776645	63/F, Room B, Bank of China Tower, 1 Garden Road, Central, HONG KONG

Ref.	COMPANY	TEL	FAX	ADDRESS
177	VP PRIVATE EQUITY LTD.	852-25236133	852-25237233	63/F, Room B, Bank of China Tower, 1 Garden Road, Central, HONG KONG
178	WALDEN INTERNATIONAL HONG KONG LTD./WALDEN INTERNATIONAL CHINA LTD.	852-21112028	852-21119688	1806-08 Tower II Lippo Centre, 89 Queensway, HONG KONG
179	WARBURG PINCUS ASIA LLC	852-25230615	852-25215778	Suite 1203-1211, 12/F, Two Pacific Place, No. 88 Queensway, Admiralty, HONG KONG
180	WHITE & CASE SOLLCITORS	852-28228700	852-28459097	9/F, Glou cester Tower, The Landmark, 11 Pedder Street, Central, HONG KONG
181	WILLIAM E. SIMON& SONS (ASIA) LTD.	852-25213183	852-25213869	12/F, St. George's Building, 2 Ice House Street, Central, HONG KONG
182	PAUL. WEISS. RIFKIND. WHARTON & GARRISON	852-25369933	852-25369622	12/F, Hong Kong Club Building, 3A Chater Road, Central, Hong Kong

三、台湾地区风险投资机构

序号	公司名称	电　话	传　真	地　址
1	力世管理顾问（股）公司	886-2-25176896	886-2-25179208	台北市南京东路三段 70 号 8F
2	大昕创业投资股份有限公司	886-2-26203388	886-2-26224263	台北市南昌路二段 31 号 2 楼
3	大学创业投资股份有限公司	886-2-27148624	886-2-27120231	台北市 105 敦化北路 201-24 号 6 号
4	中太创业投资股份有限公司	886-2-27710168	886-2-27733342	台北市復兴北路 57 号 3 楼
5	中加顾问股份有限公司	886-2-87733997	886-2-87733800	台北市敦化南路一段 245 号 3 楼
6	中科管理顾问股份有限公司	886-2-87706968	886-2-87706958	台北市敦化北路 214 号 8 楼
7	中国信託创业投资股份有限公司	886-2-23455777	886-2-87809960	台北市松寿路 3 号 3 楼
8	中华开发创业投资股份有限公司	886-2-27051006	886-2-27051008	台北市敦化南路二段 99 号 27 楼
9	中华开发工银科技顾问股份有限公司	886-2-27636880	886-2-27535428	台北市南京东路五段 125 号 11 楼
10	中经合股份有限公司	886-2-27556033	886-2-27092127	台北市敦化南路二段 76 号 10 楼之 2

序号	公司名称	电　话	传　真	地　址
11	友泰创业投资股份有限公司	886-2-5779966	886-3-5643988	台北市105民生东路三段128号13楼之1
12	日盛创业投资股份有限公司			台北市南京东路二段111号11楼
13	世群科技顾问股份有限公司	886-2-27184318	886-2-27189717	台北市民生东路四段54号10楼1012室
14	台诚财务管理顾问股份有限公司	886-2-25318678	886-2-25318646	台北市中山北路二段46号10楼
15	台湾工银科技顾问股份有限公司	886-2-27229933	886-2-87883001	台北市復兴北路420号5楼
16	台湾创业投资股份有限公司	886-3-3612131	886-3-3670029	桃园市介寿路22号
17	玉山创业投资股份有限公司	886-2-23125120	886-2-23125182	台北市武昌街一段77号
18	生华生物技术顾问股份有限公司	886-2-23250556	886-2-27547708	台北市敦化南路二段99号30楼
19	立邦投资顾问股份有限公司	886-2-27597279	886-2-87596859	台北市忠孝东路五段508号4楼
20	交通金融管理顾问公司	886-2-23617596	886-2-66308170	台北市衡阳路91号5楼
21	旭邦投资顾问股份有限公司	886-2-87739996	886-2-87739997	台北市敦化南路一段108号3楼
22	旭扬理财顾问股份有限公司	886-2-27579585	886-2-27579586	台北市基隆路一段333号12楼1201室
23	宏大创业投资股份有限公司	886-2-86911072	886-2-86912397	台北县汐止镇新台五路一段88号8楼
24	宏商管理顾问股份有限公司	886-2-25044377	886-2-25044367	台北市民权东路三段35号16楼
25	宏诚创业投资股份有限公司	886-2-27006999	886-2-27026208	台北市敦化南路二段76号2楼
26	宏鼎管理顾问股份有限公司	886-2-27782552	886-2-27781314	台北市104忠孝东路四段148号7楼705室

序号	公司名称	电　话	传　真	地　址
27	宏远育成科技股份有限公司	886-2-25235655#101	886-2-25235755	台北市南京东路二段2号3楼
28	和信创业投资股份有限公司	886-2-87808873	886-2-87803000	台北市松寿路3号18楼
29	和茂创业投资股份有限公司	886-2-89769268	886-2-89769269	台北县五股乡中兴路一段6号8楼
30	和通国际股份有限公司	886-2-25006700	886-2-25029716	台北市松江路261号10楼
31	和乔创业投资股份有限公司	886-2-23458998	886-2-23456980	台北市110信义区松寿路3号11楼
32	怡和财务顾问股份有限公司	886-2-25093533	886-2-25099358	台北市復兴北路420号5楼
33	怡泰创业投资股份有限公司	886-2-27551399#3074	886-2-27551099	台北市仁爱路四段296号22楼
34	明扬顾问股份有限公司	886-2-25428260	886-2-25428265	台北市松江路148号8楼
35	建邦顾问股份有限公司	886-2-25460889	886-2-25460738	台北市民生东路三段138号12楼
36	建华管理顾问股份有限公司	886-2-27779049	886-2-27779054	台北市104南京东路三段132号6楼
37	建兴资讯股份有限公司	886-2-25707983	886-2-25703107	台北市松山区敦化南路一段25号9楼
38	首席财务管理顾问股份有限公司	886-2-27022870	886-2-27554808	台北市敦化南路二段76号15楼
39	凌阳创业投资股份有限公司	886-3-5786005	886-3-5789145	新竹市新庄里长春街16巷10号
40	展华企业管理股份有限公司	886-2-27481807	886-2-27481820	台北市东兴路12号7楼
41	益鼎财务顾问股份有限公司	886-2-23511999	886-2-23519199	台北市中正区忠孝东路二段123号17楼
42	国泰创业投资股份有限公司	886-2-27551399	886-2-27551099	台北市仁爱路四段296号22楼

序号	公司名称	电　话	传　真	地　址
43	国群管理顾问股份有限公司	886-2-29177555	886-2-29171018	台北县231新店市宝桥路233-1号3楼
44	国际华登股份有限公司	886-2-27048018	886-2-27042787	台北市敦华南路二段76号18楼之2
45	国际联合顾问股份有限公司	886-2-27212106	886-2-87730502	台北市大安区仁爱路四段25号9楼B座
46	通信家科技管理顾问公司	886-2-87511804	886-2-87511806	台北市114内湖区阳光街321巷60号5楼
47	麦实管理顾问股份有限公司	886-2-27200011	886-2-27202106	台北市松仁路89号10楼A室
48	创利管理股份有限公司	886-2-26566254	886-2-27998332	台北市114内湖区基湖路18号
49	创鑫创业投资顾问股份有限公司	886-2-27013066	886-2-27013022	台北市敦华南路二段92号8楼
50	创新工业技术移转股份有限公司	886-2-27377394	886-2-27377386	台北市106和平东路二段106号6楼
51	富鑫顾问股份有限公司	886-2-27182330	886-2-25467182	台北市民生东路三段128号13楼之1
52	復华创业投资股份有限公司	886-2-23497993	886-2-23497939	台北市忠孝西路一段4号9楼
53	普讯股份有限公司	886-2-87978787	886-2-87977999	台北市内湖堤顶大道二段15号6楼
54	智扬管理顾问股份有限公司	886-7-3382288	886-7-3387110	高雄市民权二路6号30楼
55	菁英财务顾问股份有限公司	886-2-27625805	886-2-27635332	台北市忠孝东路四段563号13楼之2
56	华威国际科技顾问股份有限公司			台北市敦化南路二段97号28楼
57	华阳中小企业开发股份有限公司	886-2-27591299	886-2-27591300	台北市忠孝东路五段552号4楼
58	华联科技开发股份有限公司	886-2-87883998	886-2-87891830	台北市松仁路89号11楼之1

序号	公司名称	电 话	传 真	地 址
59	华鸿管理顾问股份有限公司	886-2-27540168	886-2-27540169	台北市敦化路二段105号17楼之1
60	新扬管理顾问股份有限公司	886-2-27555000	886-2-27552000	台北市敦化南路二段2号14楼
61	群茂管理顾问股份有限公司	886-2-87896288	886-2-87892938	台北市松仁路101号18楼
62	群通管理顾问股份有限公司	886-2-87806889	886-2-87802089	台北市110松仁路89号11楼D室
63	诚宇管理顾问股份有限公司	886-2-27411162	886-2-27773770	台北市敦化南路一段245号3楼
64	诚信开发股份有限公司	886-2-25072860	886-2-25006908	台北市民生路二段143号5楼
65	达鑫管理顾问股份有限公司	886-2-27828929	886-2-27859673	台北市南港路三段52号8楼
66	钜国创业投资顾问股份有限公司	886-2-27552020	886-2-27548667	台北市郭化南路二段77号16楼之1
67	嘉诚创业投资投资股份有限公司	886-3-5646060	886-3-5646099	新竹市光復路一段526号2楼
68	汉友投资顾问股份有限公司	886-2-25465155	886-2-27195365	台北市民生东路三段115号11楼
69	汉鼎股份有限公司	886-2-27209855	886-2-27222106	台北市基隆路一段333号32楼3201室
70	硕联创业投资顾问股份有限公司	886-2-27817377	886-2-87738341	台北市南京东路三段248号8楼之3
71	精準创业投资顾问股份有限公司	886-2-27065750	886-2-27065800	台北市復兴南路二段13号12楼
72	聚利管理顾问股份有限公司	886-2-27983294	886-2-26599530	台北市忠孝东路四段212号9楼
73	远邦投资顾问股份有限公司	886-2-27512345	886-2-27515416	台北市敦化北路6号10楼
74	德宏管理顾问股份有限公司	886-2-27585565	886-2-27585805	台北市信义路五段150巷2号9楼之6

序号	公司名称	电 话	传 真	地 址
75	德和开发股份有限公司	886-2-27470030	886-2-27472177	台北市南京东路五段108号9楼
76	德欣创业投资管理顾问股份有限公司	886-2-27000787	886-2-27077822	台北市信义路四段6号6楼
77	德华管理顾问股份有限公司	886-2-27117866	886-2-27117966	台北市敦化南路一段2号6楼
78	欧华创业投资股份有限公司	886-2-23952588	886-2-23947170	台北市爱国东路22号11楼
79	铼富创业投资股份有限公司	886-2-27053608	886-2-27053607	台北市和平东路二段181号2楼
80	全球策略管理顾问股份有限公司	886-2-23250777	886-2-27544778	台北市106敦化南路二段71号9楼
81	联太管理顾问股份有限公司	886-2-87511155	886-2-87511212	台北市内湖路一段120巷21号6楼
82	联合创业投资股份有限公司	886-2-27097078	886-2-27097098	台北市敦化南路二段76号4楼之2
83	联讯管理顾问股份有限公司	886-2-26579368	886-2-26577966	台北市民生东路三段75号7楼
84	鸿威创业投资股份有限公司	886-3-5780211	886-3-5787314	新竹市光復路二段882号4楼之5
85	鸿洋企管顾问股份有限公司	886-2-27081915	886-2-27081932	台北市信义路四段267号8楼

附录五　中国高新技术园区名录

一、中国高新技术开发区

序号	地区	单　位	电　话	传　真	地　址	邮编
1	北京	北京中关村科技园区	010-82690406	010-82690506	北京市海淀区倒座庙9（乙）	100080
2	上海	上海高新技术产业开发区	021-38953268	021-50801044	上海浦东春晓路350号	201203
3	天津	天津高新技术产业园区	022-83715768	022-83715770	天津华苑产业区梅苑路6号海泰大厦	300384
4	重庆	重庆高新技术产业开发区	023-68601972	023-68606272	重庆石桥铺科园一路5号	400039
5	安徽	合肥高新技术产业开发区	0551-5313264	0551-5312961	合肥市长江西路669号	230088
6	福建	福州高新技术产业开发区	0591-83973933	0591- 83975668	福州市工业路北段548号创业大厦5楼	350002
7	福建	厦门火炬高新技术产业开发区	0592-6035175	0592-6035174	厦门火炬高新技术产业开发区光厦楼北3楼	361006
8	甘肃	兰州高新技术产业开发区	0931-8552460	0931-8552497	兰州市张苏滩555号	730010
9	广东	广州高新技术产业开发区	020-87037897 82213213	020-87037897 82088764	广州市开发区志诚大道303号	510000
10	广东	深圳高新技术产业开发区	0755-26712060	0755-26551526	深圳高新技术产业园区南区虚拟大学园3楼	518057
11	广东	珠海高新技术产业开发区	0756-2616299	0756-2616099	中国珠海市红山路230号	519001
12	广东	佛山高新技术产业开发区	0757-83355158	0757-83355686	佛山市大福路14号10号楼	528000
13	广东	惠州高新技术产业开发区	0752-2600059	0752-2609789	广东惠州仲恺高新技术产业开发区	516006

序号	地区	单　位	电　话	传　真	地　址	邮编
14	广东	中山火炬高新技术开发区	0760-5597902 5597906	0760-5597917	广东省中山火炬高技术产业开发区康乐大道行政中心	528437
15	广西	南宁高新技术产业开发区	0771-3825743	0771-3827201	南宁市火炬路1号创业大厦9楼B座	530003
16	广西	桂林高新技术产业开发区	0773-5813321	0773-5814333	桂林市瘳弯路高新开发大厦	541004
17	贵州	贵阳高新技术产业开发区	0851-6460673	0851-6460673	贵阳国家高新技术产业开发区金阳科技产业园	550022
18	海南	海口高新技术产业开发区	0898-68635828	0898-68635212	海口秀英海口国家高新区	570314
19	河北	石家庄高新技术产业开发区	0311-5961924	0311-5963266	石家庄高新区黄河大道151号	050035
20	河北	保定高新技术产业开发区	0312-3108801	0312-3108830	保定市高新区化纤路118号	071051
21	河南	郑州高新技术产业开发区	0371-7981442	0371-7981800	郑州高新区国槐街6号	450000
22	河南	洛阳高新技术产业开发区	0379- 4902654	0379- 4902654	河南洛阳南昌路2号牡丹城918室	471000
23	黑龙江	哈尔滨高新技术产业开发区	0451-82312267	0451-82296237	哈尔滨市高新技术产业开发区红旗大街180号	150090
24	黑龙江	大庆高新技术产业开发区	0459-6280019	0459-6282082	黑龙江省大庆高新技术产业开发区	163316
25	湖北	武汉东湖新技术开发区	027-87804115	027-87802764	湖北武汉珞瑜路540号	430079
26	湖北	襄樊高新技术产业开发区	0710-3220246	0710-3241044	湖北省襄樊市春园西路2号	441003
27	湖南	长沙高新技术产业开发区	0731-8806541	0731-8806540	湖南长沙市河西桐梓坡(高新区管委会大楼3楼)	410013
28	湖南	株州高新技术产业开发区	0733-8818549	0733-8818549	株州市河西黄河北路火炬大厦	412007
29	吉林省	长春高新技术产业开发区	0431-5530623	0431-5530635	吉林省长春市硅谷大街4000号创业大厦	130012

序号	地区	单 位	电 话	传 真	地 址	邮编
30	吉林省	吉林高新技术产业开发区	0432-4798186	0432-4798000	吉林市深圳街6号火炬大厦	132013
31	江苏	南京高新技术产业开发区	025-58843666	025-58843843	南京浦口3209信箱	210061
32	江苏	苏州高新技术产业开发区	0512-68251888	0512-68251579	苏州市运河路8号	215011
33	江苏	常州高新技术产业开发区	519-5100668	519-5105661	江苏常州衡山路8号	213022
34	江苏	无锡高新技术产业开发区	0510-5217777	0510-5219390	无锡市天山路5号	214028
35	江西	南昌高新技术产业开发区	0791-8101084	0791-8104528	江西省南昌市火炬大街68号	330029
36	辽宁	沈阳高新技术产业开发区	024-23896824	024-23904631	沈阳市和平区三好街35号	110004
37	辽宁	大连高新技术产业开发区	0411-4793639	0411-4793602	大连高新技术产业区七贤岭产业化基地高新街1号	116023
38	辽宁	鞍山高新技术产业开发区	0412-5212000	0412-5211056	鞍山市千山路288号	114011
39	内蒙古	包头稀土高新技术产业开发区	0472-5118888	0472-5159784	内蒙古包头市青山区青工南路高新区管委会综合楼	014030
40	山东	济南高新技术产业开发区	0531-8871617 8871187	0531-8871648	济南市工业南路28号	250101
41	山东	青岛高新技术产业开发区	0532-8999209 8997797	0532-8999233	青岛市崂山区海尔路南端凯旋商务中心624号房间	266061
42	山东	淄博高新技术产业开发区	0533-3581098 3581178	0533-3581098 0533-3580997	淄博张店柳泉路北首	255086
43	山东	潍坊高新技术产业开发区	0536-8786600	0536-8882507	潍坊市北宫东街火炬大厦	261041
44	山东	威海火炬高新技术产业开发区	0631-5680711	0631-5680205	威海市高新区火炬大厦25楼	264209
45	山西	太原高新技术产业开发区	0351-7033713	0351-7033712	太原市学府西街高科技园区	030006

序号	地区	单　位	电　话	传　真	地　址	邮编
46	陕西	西安高新技术产业开发区	029-88210486	029-88210481	西安高新路火炬大厦	710075
47	陕西	宝鸡高新技术产业开发区	0917-3313270	0917-3319818	宝鸡市火炬路19号	721006
48	陕西	杨凌农业高新技术产业示范区	029-87036900	029-87036882	陕西杨凌新桥北路1号	712100
49	四川	成都高新技术产业开发区	028-85184155	028-85184066	成都市武侯区神仙树城乡结合部	610000
50	四川	绵阳高新技术产业开发区	0816-2532020	0816-2532610	四川省绵阳市兴东路98号火炬大厦	621000
51	新疆	乌鲁木齐高新技术产业开发区	0991-3830834	0991-3830834	新疆乌鲁木齐北京南路钻石城5号	830011
52	云南	昆明高新技术产业开发区	0871-8355108	0871-8188752	昆明高新区管委会办公楼421室	650000
53	浙江	杭州高新技术产业开发区	0571-88060686	0571-88060687	杭州市文三路199号杭州高新技术开发区	310000

二、软件产业基地

序号	地区	单　位	电　话	传　真	地　址	邮　编
1	北京	北京软件产业基地	010-66153423	010-66153423	北京西直门南大街16号	100035
2	上海	浦东软件园	021-38954510	021-38954511	浦东新区郭守敬路498号	201230
3	天津	天津华苑软件园	022-23613218	022-23613218	天津市南开区科研西路8号	300192
4	安徽	合肥软件园	0551-5325326	0551-5324016	合肥市长江西路669号	230000
5	福建	福州软件园	0591-3973933	0591-3975668	福州市科技园区马尾园管理委员会办公室	350002
6	福建	厦门软件园	0592-2512525	0592-2513132	厦门珍珠湾软件园	361005
7	甘肃	兰州软件园	0391-8555739	0391-8554631	兰州张苏滩575号（兰州大学科技园1号楼4楼）	730010

序号	地区	单　位	电　话	传　真	地　址	邮　编
8	广东	广州软件园	020-87546802	020-87548120	广州市天河北路888号	510632
9	广东	深圳软件园	0755-26712298	0755-26551933	深圳市高新技术产业园南区虚拟大学园B座403	518057
10	河南	中部软件园	0371-7988006	0371-7980188	郑州市樱花街5号	450000
11	湖北	湖北软件产业基地	027-87401911	027-87881792	湖北省武汉市珞瑜路546号	430079
12	湖南	长沙软件园	0731- 8805119	0731-8806540	湖南长沙市河西桐梓坡	410000
13	吉林	长春软件园	0431-5542520	0431- 5530635	长春市硅谷大街4000号创业大厦1108室	130012
14	江苏	常州软件园	0519-5119807	0519- 5158100	常州高新区太湖东路9号	213022
15	江苏	南京软件园	025-58841788	025-58641290	南京3209信箱	210061
16	江苏	苏州软件园	0512-65158620 65156915	0512-65158620	苏州市人民路979号苏州科技大楼101室	215000
17	江苏	无锡软件园	0510-5221933 5225336	0510-5225321	江苏省无锡市长江路16号无锡软件园	214000
18	江西	江西金庐软件园	0791-8161048	0791-8161069	江西省南昌高新路火炬大街	330029
19	辽宁	大连软件园	0411-4760030 4760031 4760025	0411-4761107	大连市高新园区产业化基地凌北路1号	116023
20	辽宁	东北软件园	024-23783000	024-23782700	辽宁省沈阳市浑南高新技术产业开发区东软软件园（沈阳园区）	110179
21	山东	齐鲁软件园	0531-8915952	0531-8915952	山东省济南市花园路40号	250000
22	山东	青岛软件园	0532-5780695	0532-5780695	青岛市闽江路172号软件大厦5楼	266071
23	陕西	西安软件园	029-88227287	029-88236554	陕西省西安市高新三路9号西安软件园管理办公室	710075

序号	地区	单　位	电　话	传　真	地　址	邮　编
24	四川	西部软件园	028-87955211	028-87955211	四川省成都市红光科技工业园区	611743
25	云南	昆明软件园	0871-3183176	0871-3183176	昆明市南京街4号	650021
26	浙江	杭州高新软件园	0571-8060767	0571-8060687	浙江杭州高新区之江区北环路1号（杭州市文三路27号高新区管委会）	310000
27	浙江	宁波国际软件园	0574-86820115 86820177	0574-86820115	宁波保税区发展大厦1101	315800

三、大学科技园

序号	地区	单　位	电　话	传　真	地　址	邮编
1	北京	北京大学国家大学科技园	010-82667842	010-82667840	北京市海淀区海淀路52号北大太平洋科技大厦17层	100080
2	北京	清华大学国家大学科技园	010-62785888	010-62772777	北京清华大学东门创新大厦A座16层	100084
3	北京	北京航空航天大学国家大学科技园	010-82316216 82332860	010-82332860	北京市海淀区学院路35号世宁大厦402A	100083
4	上海	复旦大学国家大学科技园	021-65643881	021-65643881	上海市邯郸路220号	200433
5	上海	上海交通大学国家科技园	021-54740000	021-54740000	上海市徐汇区华山路1954号	200030
6	天津	南开大学国家大学科技园	022-83712333	022-87893448	天津市南开大学科技园新贸中心3楼	300000
7	天津	天津大学国家大学科技园	022-27406936	022-27891118	天津市南开区卫津路92号	300072
8	重庆	重庆大学国家大学科技园	023-65111782	023- 65111780	重庆市沙坪坝区沙中路	400044
9	安徽	合肥大学国家大学科技园	0551-5323950	0551-5325781	安徽省合肥市黄山路（临）1460号	230088
10	安徽	中国科学技术大学科技园	0395-2695086	0395-2695036	漯河市湘江东路19号	462000
11	甘肃	兰州大学国家大学科技园	0931-8910955	0931-8910918	兰州大学科技园东岗西路249号	730000

序号	地区	单位	电话	传真	地址	邮编
12	广东	华南理工大学国家大学科技园	020-87111098	020-87112133	广州省广州市天河区五山路华南理工大学3号楼1层	510640
13	黑龙江	哈尔滨工业大学国家科技园	0451-82518338	0451-82518338	哈尔滨市南通大街258号船舶大厦15层	150001
14	湖北	东湖高新区大学国家大学科技园	027-87804115	027-87802764	湖北省武汉市珞瑜路546号	430079
15	湖南	岳麓山大学国家大学科技园	0731-8711847	0731-8713541	河西市岳麓山大学国家大学科技园	410002
16	江苏	东南大学国家大学科技园	025-84500023	025-84526963	南京市长江后街6号	210018
17	江苏	南京鼓楼高校国家大学科技园	025- 83321625 83329782 83329716	025-83315841	南京市广州路228号易发科技大厦304室	210024
18	江苏	南京理工大学国家大学科技园	025-84315332	025-84318054	南京市孝陵卫200号	210024
19	江西	南昌大学国家大学科技园	0791-8317549	0791-8181352	南昌大学（北区）江西中德食品工程中心1层	330047
20	辽宁	东北大学国家大学科技园	024- 83688266	024- 83687353	沈阳市和平区文化路3号巷11号	110004
21	山东	山东大学国家大学科技园	0531-8392566	0531-2922730	济南市天佛山路3号	250061
22	山东	青岛市国家大学科技园	0532-3863595	0532-3861350	青岛市汇泉路17号东海国际大厦1009	266071
23	陕西	西安交通大学国家大学科技园	029-83399099	029-83398008	陕西省西安雁翔路99号	710054
24	陕西	西北工业大学国家大学科技园	029-88315511	029-88315512	西安高新区高新五路2号创新数码时空B106	710000
25	陕西	西北农林科技大学科技园	029-87091271	029-87091272	陕西杨凌邰城路3号	702100
26	四川	电子科技大学国家大学科技园	028-83200131	028-83200131	四川省成都市建设北路二段	610054
27	四川	四川省大学国家大学科技园	028-85406538	028-85401898	四川成都科华北路99号	610065

序号	地区	单　位	电　话	传　真	地　址	邮编
28	云南	云南大学省国家大学科技园	0871-5031309	0871-5031309	云南省昆明市翠湖北路2号云南大学科技处	650091
29	浙江	浙江大学国家大学科技园	0571-87952530	0571-87952499	浙江省杭州市浙大路38	310027

四、创业中心

序号	地区	单　位	电　话	传　真	地　址	邮编
1	北京	北京高技术创业服务中心	010-64853169	010-64853169	北京朝阳区安翔北里11号创业大厦	100101
2	北京	北京望京科技园创业服务中心	010-64392299	010-64392411	北京市朝阳区望京利泽中园106号	100102
3	北京	清华创业园	010-62772742	010-62780883	清华学研大厦A座1001	100084
4	北京	中关村科技园区丰台园区科技创业服务中心	010-63747737	010-63728448	北京丰台科学城科兴路9号	100070
5	北京	中关村科技园区海淀园创业服务中心	010-82898706	010-62984933	海淀区上地信息中路32号中关村创业大厦	100085
6	上海	上海市科技创业中心	021-64839009	021-64833567	上海市钦州路100号	200235
7	上海	上海杨浦高新技术创业服务中心	021-65118148	021-65116218	杨浦区国定路335号7001室	200000
8	上海	上海张江高新技术创业服务中心	021-50800150	021-50801044	上海春晓路350号北3楼	201203
9	天津	天津市科技创业服务中心	022-87891084	022-87890535	天津市南开区科研西路12号	300192
10	天津	天津泰达国际创业中心	022-66211500	022-66211504	天津开发区第四大街80号天大科技园内A1座4层	300457
11	天津	天津新技术产业园区国际创业中心	022-83710085	022-83710936	天津市华苑产业区华天道2号火炬大厦	300384
12	重庆	重庆高新技术创业中心	023-68604221	023-68603354	重庆市石桥铺禹州路50号	400039
13	重庆	重庆高新区创新服务中心	023-68606224	023-68694994	重庆高新区石桥铺科园一路5号	400039

序号	地区	单　位	电　话	传　真	地　址	邮编
14	安徽	芜湖高新技术创业服务中心	0553-5846617	0553-5848005	芜湖银湖北路	241000
15	福建	泉州市高新技术创业服务中心	0595-22492466	0595-22490101	泉州经济技术开发区高科技园	362000
16	福建	厦门高新技术创业中心	0592-3923097	0592-3923097	厦门留学人员创业园创业大厦	361006
17	甘肃	兰州高新技术产业开发区创业服务中心	0931-2160660	0931-2160667	兰州城关区575号高新技术产业开发区创1号楼	730010
18	广东	广州市高新技术创业服务中心	020-85514199	020-85513896 87578719	广州市天河东路242号306	510000
19	广东	深圳市科技创业服务中心	0755-83671391	0755-83233776	深圳市上步中路1001号科技大厦1217室	518031
20	广西	桂林科技创业服务中心	0773-5815692	0773-5812930	桂林市空明西路高新创业大厦	541000
21	广西	柳州高新技术创业服务中心	0772-3998100	0772-3998111	广西柳州市高新一路科技工业苑6楼	545006
22	广西	南宁新技术创业者中心	0771-3213368	0771-3213233	南宁市科园东4路5号3楼B01	530003
23	贵州	贵阳高新技术产业开发区创业服务中心	0851-4701095	0851-6846722	贵阳市新添大道火炬大厦1楼	550018
24	河北	保定高新技术创业服务中心	0312-3138562 3138557	0312-3108830 3150045	保定市高新区化纤路118号	071051
25	河北	石家庄高新技术创业服务中心	0311-3820540	0311-3811546	石家庄新石北路368号创业大楼4楼	050091
26	河北	唐山高新技术创业中心	0315-3856847	0315-3856847	唐山市高新技术开发区西昌路北口创新大厦	063020
27	河南	安阳高新技术创业服务中心	0372-2997578	0372-2997577	安阳开发区管委会	455000
28	河南	洛阳高技术创业服务中心	0379-4323381	0379-4311036	洛阳高新技术开发区丰华路6号	471003
29	河南	郑州高新技术产业开发区创业服务中心	0371-7981230	0371-7981233	郑州高新技术产业开发区瑞达路96号	450001

序号	地区	单　位	电　话	传　真	地　址	邮编
30	河南	郑州市高新技术创业中心	0371-7981233	0371-7981233	郑州市高新区瑞大路96号	450001
31	黑龙江	大庆高新技术创业服务中心	0459-6282540	0459-6282536	大庆高新区高新路12号	163000
32	黑龙江	哈尔滨高新技术创业服务中心	0451-82323005	0451-82321334	哈尔滨嵩山路哈尔滨高科技创业中心	150090
33	湖北	湖北黄石磁湖科技创业服务中心	0714-6355058	0714-6358508	湖北省黄石市杭州西路89号磁湖创业中心B栋6楼	435003
34	湖北	武汉东湖新技术创业服务中心	027-59715239	027-59715238	武汉东湖新技术开发区光谷创业街7号楼2楼	430074
35	湖北	武汉市洪山高新技术创业服务中心	027-87452150	027-87452150-8802	武汉市珞瑜路424号	430079
36	湖北	武汉市青山区高新技术创业服务中心	027-86308944	027-86890475	青山区冶金大道35号	430080
37	湖北	襄樊高新技术创业服务中心	0710--3278169	0710-3226587	湖北省襄樊市春园西路8号高新孵化园	441003
38	湖南	株洲高新技术产业开发区创业服务中心	0733-8836881	0733-8836881	湖南株洲市河西泰山路标准厂房A1栋	412007
39	吉林	长春科技创业服务中心	0431-5542433	0431-5528550	长春硅谷大街4000号	130012
40	吉林	吉林高新技术创业服务中心	0432-4648201	0432-4648207	吉林省吉林市高新区深圳街86号	132013
41	江苏	常州市科技创业服务中心	0519-5105746	0519-5106846	常州市新北区高新科技园305室	213000
42	江苏	南京科技创业服务中心	025-58843277	025-58841993	南京高新区15楼	210061
43	江苏	苏州高新技术创业服务中心	0512-68252537	0512-68256218	苏州高新区竹园路209号	215011
44	江苏	苏州工业园科技企业孵化器	0512-62529888	0512-62529777	苏州工业园区国际科技园管理中心	215000
45	江苏	无锡高新技术创业服务中心	0510-5229915	0510-5213590	无锡市长江路7号	214000

序号	地区	单　位	电　话	传　真	地　址	邮编
46	江苏	扬州高新技术创业服务中心	0514-7862698	0514-7963837	文汇南路8号	225009
47	辽宁	鞍山高新技术创业服务中心	0412-5211326	0412-5212221	辽宁省鞍山市千山路288号	114000 114044
48	辽宁	大连市高新技术创业服务中心	0411-84791773	0411-84792713	大连市高新园区七贤岭产业化基地火炬路1号	116023
49	辽宁	沈阳高新技术创业服务中心	024-23745004	024-23745002	浑南产业区世纪路1号A座4楼	110179
50	内蒙古	包头科技创业服务中心	0472-5154693	0472-5165902	内蒙古包头市钢铁大街24号	014030
51	宁夏	宁夏高新技术创业服务中心	0951-5026974	0951-5032946 5034668	银川开发区1号厂房4层	750001
52	山东	济南高新技术创业服务中心科技创业服务中心	0531-8037851 8037855 8037852	0531-8912544	济南市花园路40号火炬大厦	250000
53	山东	济南腊山高新技术创业服务中心	0531-7502766	0531-7502766	济南市腊山路断店南路18号	250022
54	山东	临沂高新技术创业服务中心	0539-8288037	0539-7109096	山东省临沂高新技术产业开发区工业北路西段创业大厦	276017
55	山东	威海高新技术创业服务中心	0631-5817701	0631-5817413	威海市文化中路80号-1	264200
56	山东	威海火炬高技术产业开发区高新技术创业服务中心	0631-5687755	0631-5687755	山东省威海市高技区沈阳路108号创业大厦702室创业服务中心	264200
57	山东	烟台高新技术创业服务中心	0535-6719500	0535-6719565	烟台市迎存大街133号	264000
58	山西	山西省高新技术创业中心	0351-2209903	0351-2209904	太原市长治路249号	30006
59	陕西	宝鸡高科技创业服务中心	0917-3322901	0917-3319571	陕西省宝鸡市火炬路6号创业大厦	721006
60	陕西	西安高新技术创业服务中心	029-88320125 87998820	029-88320126	西安高新区创业广场B510	710075
61	陕西	杨凌农业高新技术产业示范区创业服务中心	029-87035538	029-87035398	陕西杨凌纬一路16号	712100

序号	地区	单　位	电　话	传　真	地　址	邮编
62	四川	成都高新技术创业服务中心	028-85184340	028-85184196	成都高新区科园2路1号	610041
63	四川	成都高新区技术创新服务中心	028-85177978 85335555	028-87859028 85312171	成都天府大道南延县高新孵化园创新服务中心	610000
64	四川	绵阳高新技术产业开发区创业服务中心	0816-2531264	0816-2539916 2546170	绵阳市火炬大厦	621000
65	云南	昆明高新技术创业服务中心	0871-8181219	0871-8181219	昆明高新区科医路53号	650033
66	浙江	杭州高新技术产业开发区科技创业服务中心	0571-88218885	0571-88073859	浙江省杭州市文三路199号	310051
67	浙江	宁波市科技创业中心	0574-87907875 87907074	0574-87907875	宁波市科技园区院士路1号	315000

五、留学生创业园

序号	地区	单　位	电　话	传　真	地　址	邮编
1	北京	北京市留学人员海淀创业园	010-82898748	010-62984933	北京市海淀区上地信息路26号	100085
2	上海	上海留学人员创业园嘉定园	021-64318226	021-64717121	上海市高安路25号	200031
3	上海	上海留学人员创业园张江创业园	021-50801818	021-50800686	上海市浦东新区龙东大道200号	201204
4	天津	天津新技术产业园区留学生创业园	022-83710085	022-83710936	天津市华苑产业区华天道2号火炬大厦	300384
5	安徽	合肥留学人员创业园	0551-5313403	0551-5311218	合肥市长江西路669号留学生园1号楼	230088
6	福建	福建留学人员创业园	0591-87676733	0591-87677833	福州东大路36号福建人才大厦六层	350000
7	福建	厦门留学人员创业园	0592-5770088	0592-3923999	厦门留学人员创业园创业大厦1层	361009
8	广东	留学人员广州创业园	020-82111956	020-82111937	广州经济技术开发区宝石路11号	510730
9	广西	桂林留学人员创业园	0773-5815692	0773-5819274	桂空明路创业大厦	541000

序号	地区	单　位	电　话	传　真	地　址	邮编
10	黑龙江	哈尔滨海外人员创业园	0451-82320052	0451-82344005	哈尔滨高新开发区南岗区红旗大街162号	150090
11	湖北	武汉留学人员创业园	027-87617337	027-87617342	武汉东湖开发区华光大道18号高科大厦6018室	430074
12	吉林	长春海外学子创业园	0431-5542422	0431-5528550	长春市高新开发区硅谷大街4000号 创业大厦916A	130012
13	江苏	苏州留学人员创业园	0512-68252537	0512-68256218	苏州新区滨河路258号	215000
14	江苏	江苏昆山留学人员创业园	0512-57320198	0512-57375605	昆山长江南路留学人员创业园	215300
15	辽宁	大连留学人员创业园	0411-4791773	0411-4790268	大连高新园区七贤岭产业化基地高新街2号	116023
16	辽宁	沈阳海外学子创业园	024-23745006	024-23745002	沈阳浑南产业区世纪路1号A座4楼	110179
17	山东	济南留学人员创业园	0531-8037851	0531-8037860	济南市花园路40号火炬大厦	250100
18	山东	烟台留学人员创业园	0535-6385289	0535-6379571	烟台经济技术开发区珠江路28号科技大厦10楼	264006
19	陕西	西安留学人员创业园	029-8210064	029-8236567	西安高新区高新一路25号创新大厦2层	710075
20	四川	成都留学人员创业园	028-85184454	028-85184614	成都市高新技术产业开发区起步区	610000
21	浙江	宁波保税区留学人员创业园	0574-86861310	0574-86869112	宁波北仑保税区西区创业大楼	315800
22	浙江	杭州市留学人员高新区创业园	0571-8217868	0571-8060687	杭州文三路199号创业大厦七楼	310012

六、特色产业基地

序号	地区	单　位	电　话	传　真	地　址	邮编
1	北京	北京绿水高新技术产业基地	010-69029453	010-69044644	北京市密云县城西	101500
2	河北	保定新能源与能源设备产业基地	0312-3131800	0312-3151881	保定市高新技术产业开发区	071051

序号	地区	单　位	电　话	传　真	地　址	邮编
3	河南	河南超硬材料产业基地	0371-7985957 7992235	0371-7985019	郑州高新技术产业开发区银屏路9号	450001
4	河南	濮阳生物化工产业基地	0393-4616453	0393-4616457	河南省濮阳市黄河西路濮高新区管委会	457000
5	湖北	谷城节能与环保产业基地	0710-7241220	0710-7232388	湖北省谷城县县府街52号	441700
6	湖北	十堰汽车关键零部件产业基地	027-87253224	027-87253204	湖北省武汉市武昌中北路117号同成富苑B座12层	430071
7	湖南	浏阳生物医药产业基地	0731-3219688	0731-3280666	湖南省长沙市东郊	410331
8	吉林	通化生物医药产业基地	0435-3259332	0435-3212977	长春市硅谷大街4000号创业大厦722	130021
9	江苏	海门新材料产业基地	0513-2212248	0513-2225150	江苏海门市解放东路66号	226100
10	内蒙古	呼和浩特医药产业基地	0471-4961901	0471-4961901	内蒙古呼和浩特市如意开发区	010000

附录六 中国风险投资相关中介机构名录

一、具有证券、期相关业务可证的会计师事务所名录

序号	地区	单 位	电 话	传 真	地 址	邮编
1	北京	毕马威华振会计师事务所	010-65056300	010-65056306	北京朝阳区建外大街1号国贸中心2座1608	100004
2	北京	安永华明会计师事务所	010-65246688	010-85188298	北京东长安街1号东方广场东方经贸城东三办公楼16层	100738
3	北京	利安达信隆会计师事务所	010-65263760	010-65263767	北京建内大街8号中粮广场B1009	100005
4	北京	北京永拓会计师事务所	010-65950511	010-65955570	北京市朝阳区东大桥路关东店北街1号国安大厦13层	100020
5	北京	中和正信会计师事务所	010-65030063	010-65050061	北京市朝阳区东三环路25号住总大厦E层	100020
6	北京	北京京都会计师事务所	010-65264838	010-65227521	北京市朝阳区建外大街22号赛特广场5层	100004
7	北京	岳华会计师事务所	010-84584405-09	010-84584428	北京市朝阳区霄云路26号鹏润大厦1201～1203	100016
8	北京	信永中和会计师事务所	010-65542288	010-65541612	北京市东城区朝阳门北大街8号富华大厦C座12层	100027
9	北京	天职孜信会计师事务所	010-88018766	010-88018737	北京市海淀区车公庄西路乙19号华通大厦B座	100044
10	北京	中审会计师事务所	010-88415996	010-88415997	北京市海淀区阜石路67号银都大厦6层	100036
11	北京	中鸿信建元会计师事务所	010-88356177	010-88354837	北京市海淀区首体南路22号国兴大厦E座4层	100044
12	北京	华证会计师事务所	010-66211199	010-66211199	北京市金融街27号投资广场A座12层	100032
13	北京	中喜会计师事务所	010-83915232	010-83913756	北京市西长安街88号首都新时代广场422室	100031

序号	地区	单　位	电　话	传　真	地　址	邮编
14	北京	北京中兴宇会计师事务所	010-83915599	010-64209025	北京市西长安街88号首都新时代广场818号	100031
15	北京	华会计师事务所	010-62378090	010-62378010	北京市西城区德外五路通街19号院2号楼	100011
16	北京	北京兴华会计师事务所	010-68587588	010-68587589	北京市西城区阜成门外大街2号万通新世界广场708室	100037
17	北京	中天华正会计师事务所	010-68051740	010-68051737	北京市西城区阜成门外大街2号万通新世界广场B座18层	100037
18	北京	天华会计师事务所	010-68569800	010-68569590	北京市西城区复兴门外大街A2号中化大厦17层	100045
19	北京	天健会计师事务所	010-66212130	010-66212110	北京市西城区金融街27号投资广场A座17层	100032
20	北京	天一会计师事务所	010-6212115	010-66212117	北京市西城区金融街27号投资广场A座18层	100032
21	北京	中勤万信会计师事务所	010-68368080	010-68366060	北京市西城区文兴东街1号国谊宾馆迎宾楼	100044
22	北京	中洲光华会计师事务所	010-66414118	010-66414115	北京西城区复兴门内大街158号远洋大厦F105室	100031
23	北京	中瑞华恒信会计师事务所	010-88091188	010-88091199	北京西城区金融街35号国际企业大厦A座8层	100032
24	北京	中磊会计师事务所	010-88067058	010-88067057	北京西城区西单民丰胡同31号中水大厦815室	100032
25	上海	普华永道中天会计师事务所	021-63863388	021-63863300	上海市淮海中路333号瑞安广场12楼	200020
26	上海	上海万隆众天会计师事务所	021-63788398	021-63788398	上海市黄浦区迎勋路168号17楼	200011
27	上海	大华会计师事务所	021-63070766	021-63243522	上海市昆山路146号	200080
28	上海	上海立信长江会计师事务所	021-63606600	021-63501004	上海市南京东路61号新黄浦金融大厦4楼	200002
29	上海	上海众华沪银会计师事务所	021-58799970	021-58872507	上海市浦东大道288号东信大厦7楼	200120

序号	地区	单 位	电 话	传 真	地 址	邮编
30	上海	上海上会会计师事务所	021-63070566	021-63070565	上海市四川北路1318号福海商业中心9楼	200080
31	上海	上海东华会计师事务所	021-64458590	021-64663920	上海市太原路87号（甲）	200031
32	上海	德勤华永会计师事务所有限公司	021-63350202	021-63350003	上海市延安东路222号外滩中心30楼	200002
33	天津	五洲联合会计师事务所	022-23559068	022-23559069	天津市和平区睦南道利增里B座1门	300050
34	重庆	重庆天健会计师事务所	023-63651145	023-63651161	重庆市渝中区人和街74号12楼	400015
35	安徽	安徽华普会计师事务所	0551-2646805	0551-2652879	合肥市荣事达大道100号振信大厦B座8～9楼	230001
36	福建	福州闽都会计师事务所	0591-83312779	0591-83323577	福建福州南门古田路双福楼东4层	350005
37	福建	福建华兴会计师事务所	0591-87827990	0591-87840354	福州市湖东路152号中山大厦B座7～9层	350003
38	福建	厦门天健华天会计师事务所	0592-2218833	0592-2217555	厦门湖滨南路57号金源大厦17～18层	361004
39	甘肃	五联联合会计师事务所	0931-8897262	0931-8897315	甘肃省兰州市城关区民主东路249号移动通信大厦4楼	730000
40	广东	广东康元会计师事务所	020-83606070	020-83606299	广东省广州市东风中路513建银大厦30楼	510045
41	广东	广东恒信德律会计师事务所	0756-2116258	0756-2217643	广东省珠海市香洲康宁路16～18号	519000
42	广东	广东正中珠江会计师事务所	020-83859808	020-83800977	广州市东风东路555号粤海大厦10楼	510050
43	广东	广州羊城会计师事务所	020-83486113	020-83486116	广州市东风中路410号健力宝大厦25楼	510030
44	广东	深圳鹏城会计师事务所	0755-82203222	0755-82237549	深圳市东门南路2006号宝丰大厦5楼	518002
45	广东	深圳天健信德会计师事务所	0755-82903666	0755-82990751	深圳市福田区滨河大道5020号证券大厦16层	518026

序号	地区	单　位	电　话	传　真	地　址	邮编
46	广东	深圳大华天诚会计师事务所	0755-82900952	0755-82900965	深圳市福田区滨河大道5022号联合广场B座11层	518026
47	广东	深圳南方民和会计师事务所	0755-83781709	0755-83259828	深圳市深南中路电子大厦8层	518042
48	海南	海南从信会计师事务所	0898-8534236	0898-8535584	海南海口市国贸大道CMEC大厦12楼	570125
49	河北	河北华安会计师事务所	0311-7026827	0311-7028803	石家庄市裕华西路158号燕山大酒店22层	050000
50	河南	亚太（集团）会计师事务所	0371-5713799	0371-5747567	郑州市红专路84号	450008
51	湖北	武汉众环会计师事务所	027-85426261	027-85424329	武汉市解放单洞路口武汉国际大厦B座16楼	430022
52	湖北	湖北中正会计师事务所	027-87277821	027-87896566	武汉市中南路中南大厦A座4～5楼	430071
53	湖北	湖北大信会计师事务所	027-82833521	027-82816985	武汉市中山大道1056号金源世界中心AB座7～8楼	430013
54	湖南	湖南开元会计师事务所	0731-5165290	0731-5165291	湖南省长沙市芙蓉中路490号	410015
55	江苏	江苏天衡会计师事务所	025-84711188	025-84724882	江苏省南京市新街口正洪街18号东宇大厦8楼	210005
56	江苏	江苏公证会计师事务所	0518-5888988	0518-5885275	江苏省无锡市梁溪路28号	210461
57	江苏	江苏天华大彭会计师事务所	025-83734348	025-83716000	南京市武夷路5号	210024
58	江苏	江苏苏亚金诚会计师事务所	025-83235002	025-83235046	南京市云南路31-1号苏建大厦21～22层	210008
59	江苏	南京永华会计师事务所	025-83311788	025-83309819	南京市中山北路26号8～10层	210008
60	辽宁	大连华连会计师事务所	0411-2819300	0411-2813033	大连市中山区同兴街67号万科大厦24层	116001
61	辽宁	辽宁天健会计师事务所	024-22515988	024-22533738	辽宁省沈阳市沈河区北京街16号人才大厦9层	110013

序号	地区	单　位	电　话	传　真	地　址	邮编
62	山东	山东正源和信会计师事务所	0531-6966578	0531-6966278	济南市泺源大街5号良友富临大酒店4层	250063
63	山东	山东天恒信会计师事务所	0539-8311614	0539-8311614	山东临沂市新华一路65号	276004
64	山东	山东汇德会计师事务所	0532-5796508	0532-5798596	山东省青岛市东海西路世纪大厦26～27层	266071
65	山东	山东乾聚会计师事务所	0535-6224381	0535-6224381	烟台市胜利路201～209号汇丰广场12F	264001
66	山西	山西天元会计师事务所	0351-4038562	0351-4038560	山西省太原市水西门街国税大楼21层	030002
67	陕西	西安希格玛会计师事务所	029-88489083	029-88484956	西安市太白北路320号	710068
68	四川	四川君和会计师事务所	028-86658581	028-86712050	成都市走马街68号锦城大厦10楼	610016
69	四川	四川华信（集团）会计师事务所	028-85560449	028-85592480	四川成都洗面桥街5号	610041
70	云南	云南亚太会计师事务所	0871-3184387	0871-3184386	云南省昆明市拓东路23号	650011
71	浙江	浙江东方会计师事务所	0571-7819695	0571-7819700	浙江省杭州市清泰街563号	310009
72	浙江	浙江天健会计师事务所	0571-88216888	0571-88216999	浙江省杭州市文三路388号钱江科技大厦15～20层	310012

二、具有证券、期相关业务可证的资产评估机构名录

序号	地区	机构名称	电　话	传　真	地　址	邮编
1	北京	北京中企华资产评估公司	010-65881818	010-65882651	北京市朝外大街22号泛利大厦910	100020
2	北京	北京德祥资产评估有限公司	010-65955310	010-65955310	北京市朝阳区东大桥路关东北街1号国安大厦12层	100020
3	北京	中和资产评估有限公司	010-65542288	010-65541612	北京市朝阳区北大街8号富华大厦C座11层	100027
4	北京	中和正信会计师事务所	010-65030063	010-65030061	北京市朝阳区东三环中路25号住总大厦E层	100032

序号	地区	机构名称	电　话	传　真	地　址	邮编
5	北京	中通诚资产评估有限公司	010-64414576	010-64418970	北京市朝阳区樱花西街胜古北里27号楼1层	100029
6	北京	岳华会计师事务所	010-84584405	010-84584428	北京市朝阳区霄云路鹏润大厦1201～1203号	100016
7	北京	北京德威评估公司	010-68587588	010-68587589	北京市车公庄西路20号水科院泥沙中心8层	100044
8	北京	北京北方亚事资产评估有限责任公司	010-65137463	010-83549215	北京市崇文门西大街7号	100005
9	北京	中保资产评估有限公司	010-65542719	010-65542719	北京市东城区朝阳门北大街8号富华大厦F座17层	100027
10	北京	北京龙源智博资产评估有限责任公司	010-65263760	010-85866877	北京市东城区王府井大街138号新东安写字楼2座8层813A	100006
11	北京	中资资产评估公司	010-68042230	010-88357169	北京市阜外大街甲28号京润大厦15层	100037
12	北京	北京六合正旭资产评估公司	010-63950272	010-63950272	北京市复兴路12号恩菲科技大厦B309	100038
13	北京	北京市世纪智源资产评估公司	010-63960702	010-63960702	北京市复兴路丙12号	100038
14	北京	中威华德诚会计师事务所	010-63817618	010-63817618	北京市广安门南滨河路1号高新大厦1303室	100055
15	北京	中商资产评估公司	010-88026164	010-88026272	北京市海淀区白石桥路方圆大厦B座1303室	100044
16	北京	中水资产评估有限公司	010-88118892	010-88118892	北京市海淀区阜成路42号中裕商务花园33号B座4层	100036
17	北京	中审会计师事务所	010-88415996	010-88415997	北京市海淀区阜石路67号银都大厦	100036
18	北京	中科华会计师事务所	010-62536723	010-62536723	北京市海淀区苏州街78号	100080
19	北京	北京中锋资产评估公司	010-88577598	010-88577601	北京市海淀区西直门外大街168号腾达大厦609	100044
20	北京	长城会计师事务所	010-68768472	010-68768476	北京市海淀区紫竹院路车道沟甲8号	100089

序号	地区	机构名称	电　话	传　真	地　址	邮编
21	北京	中喜会计师事务所	010-83915232	010-83913756	北京市西长安街88号首都时代广场422室	100052
22	北京	中宇资产评估有限责任公司	010-62072228	010-62136906	北京市西城区安德路67号	100011
23	北京	北京中天华正会计师事务所	010-68051737	010-88067057	北京市西城区阜外大街2号万通新世界广场B座1806号	100037
24	北京	中联资产评估公司	010-68365066	010-68365038	北京市西城区阜外大街一号四川大厦东路22层	100037
25	北京	中天华资产评估事务所	010-68041920	010-68365038	北京市西城区阜外大街甲28号京润大厦6层	100037
26	北京	中发国际资产评估公司	010-66037279	010-88026287	北京市西城区复兴门内大街101号百盛大厦写字楼6008室	100031
27	北京	中瑞华恒信会计师事务所	010-88091188	010-88091199	北京市西城区金融大街35号国企大厦A座8层	100032
28	北京	北京中证评估公司	010-66211199	010-66211196	北京市西城区金融街27号投资广场A座12层	100032
29	北京	北京天健兴业资产评估公司	010-66212130	010-66212110	北京市西城区金融街27号投资广场A座17层	100032
30	北京	天一会计师事务所	010-66212115	010-66212115	北京市西城区金融街27号投资广场A座1804	100032
31	北京	北京国有大正资产评估公司	010-66211636	010-66211634	北京市西城区金融街27号投资广场B座1503	100032
32	北京	中磊会计师事务所	010-68311672	010-88067057	北京市西城区西外大街132号京鼎大厦2层	100044
33	北京	中元国际资产评估有限责任公司	010-66417407	010-66410448	北京市西城区宣武门西大街129号	100031
34	北京	中华财务会计咨询公司	010-68081472	010-68081470	北京市西城区月坛北街2号月坛大厦709	100045
35	上海	上海东洲资产评估公司	021-62251997	021-62252086	上海市长宁区定西路1279号2楼	200050
36	上海	上海万隆资产评估有限公司	021-63768528	021-63766556	上海市嘉定区南翔镇真南路4980号	200011

序号	地区	机构名称	电　话	传　真	地　址	邮编
37	上海	上海银信汇业资产评估公司	021-63068770	021-63069771	上海市闵行区中春路7001号	200032
38	上海	上海长信资产评估公司	021-62741963	021-62287537	上海市浦东东方路818号众城大厦25楼	200122
39	上海	上海大华资产评估公司	021-62464212	021-64186569	上海市天合路98号港路黄浦中心大厦17层	200001
40	上海	上海众华会计师事务所	021-58204469	021-54580058	上海市徐汇区虹桥路313号403室	200122
41	上海	上海财瑞资产评估公司	021-62261357	021-62257892	上海市延安西路1357号汇中商务楼	200050
42	上海	上海上会资产评估公司	021-65601619	021-65601619	上海市中山北一路396号财大宾馆2楼	200083
43	上海	上海立信资产评估公司	021-64871125	021-64870128	上海市中山西路2330弄2号10楼	200233
44	天津	天津市津评协通会计师事务所	022-23201488	022-23201488	天津市河西区解放南路256号泰达大厦6层	300042
45	天津	天津华夏松德有限责任会计师事务所	022-88238268	022-88238776	天津市河西区围堤道146号	300201
46	天津	天津中联会计师事务所	022-23685688	022-23201482	天津市南开区水上公园路水之花园C区7号	300191
47	重庆	重庆康华会计师事务所	023-63620933	023-63620936	重庆市渝中区中山三路168号中安国际大厦22层	400015
48	安徽	安徽华普会计师事务所	0551-2648722	0551-2652879	安徽省合肥市容事达大道100号振信大厦B区9楼	230001
49	安徽	安徽国信资产评估公司	0551-2623369	0551-2623369	安徽省合肥市益民街28号文采大厦7楼	230061
50	福建	福州联合资产评估公司	0591-83323575	0591-83323575	福建省福州市古田路双福东楼4～5层	350005
51	福建	福建中兴资产评估公司	0591-87275883	0591-87275883	福建省福州市湖东路152号中山大厦B座11层	350003
52	福建	厦门大学资产评估研究中心	0592-2184153	0592-2180646	福建省厦门市演武路	361005

序号	地区	机构名称	电　话	传　真	地　址	邮编
53	甘肃	甘肃弘信会计师事务所	0931-8880588	0931-8855174	甘肃省兰州市城关区民主东路249号(移动通讯大厦5楼)	730000
54	广东	广东大正联合资产评估公司	020-83859728	020-83840775	广东省广州市东风路555号粤海集团大厦19楼	510050
55	广东	广州羊城会计师事务所	020-83486228	020-83486110	广东省广州市东风中路410号健力宝大厦25楼	510040
56	广东	广州中天衡评估公司	020-83126588	020-83126576	广东省广州市府前路2号府前大厦8楼	510030
57	广东	广东恒信德律会计师事务所	0756-2116258	0756-2217643	广东省珠海市香洲康宁路16、18号	519000
58	广东	深圳天健信德会计师事务所	0755-2709191	0755-2990751	深圳市滨河大道5020号证券大厦16楼	518026
59	广东	深圳市德正信资产评估公司	0755-82221352	0755-82355030	深圳市罗湖区人民北路3146号永通大厦	518001
60	广东	深圳市中勤信资产评估公司	0755-83683607	0755-83683090	深圳市深南中路2070号电子科技大厦C座23层AB室	518031
61	广东	珠海市正大新资产评估公司	0756-2511855	0756-2511855	广东省珠海市新香洲梅华东路487号	519000
62	海南	海南普诚华通资产评估事务所	0898-8541982	0898-66254868	海南省海口市金贸区德派斯大厦C座402室	570125
63	河北	秦皇岛嘉华会计师事务所	0335-3028284	0335-3028284	河北省秦皇岛市人民路2号	66000
64	河南	亚太(集团)会计师事务所	0371-5713799	0371-5747567	河南省郑州市红专路84号5楼	450008
65	河南	河南联华会计师事务所	0371-5959587	0371-5959587	河南省郑州市纬二路27号	450003
66	黑龙江	哈尔滨华通资产评估公司	0451-4753026	0453-6224201	黑龙江省哈尔滨市道里区西八道街马迭尔大厦8层	150010
67	黑龙江	黑龙江国通资产评估公司	0451-53666072	0451-53666072	黑龙江省哈尔滨市南岗区花园街235号东方大厦1202室	150001
68	黑龙江	黑龙江中龙会计师事务所	0451-2517967	0451-2517967	黑龙江省哈尔滨市南岗区宣化街110号	150001

序号	地区	机构名称	电　话	传　真	地　址	邮编
69	湖北	湖北大信资产评估有限公司	027-82783507	027-82771642	湖北省武汉市江岸区南京路135号金宝大厦6层C～G座	430014
70	湖北	湖北万信资产评估公司	027-87828357	027-87310930	湖北省武汉市武昌东湖路7～8号	430071
71	湖北	湖北众联咨询评估公司	027-87235991	027-87235991	湖北省武汉市武昌中北路津津花园B座12层	430071
72	湖南	湖南开元会计师事务所	0731-5179800	0731-5179801	湖南省长沙市芙蓉中路692号新世纪城19～20层	410015
73	湖南	湖南天职孜信会计师事务所	0731-4123443	0731-4114614	湖南省长沙市朝阳路297号	410001
74	湖南	湖南湘资会计师事务所	0731-5165300	0731-5165300	湖南省长沙市芙蓉中路486号	410015
75	江苏	江苏天衡会计师事务所	025-84711188	025-84724882	江苏南京市新街口正洪街18号东宇大厦8楼	210005
76	江苏	江苏中天资产评估公司	0519-8157878	0519-8157878	江苏省常州市博爱路72号	213002
77	江苏	南京永华会计师事务所	025-83305054	025-83309809	江苏省南京市中山北路26号8～10楼	210008
78	江苏	江苏仁合资产评估公司	0512-5194850	0512-5194850	江苏省苏州市竹辉路301-1号	215007
79	江苏	江苏公证会计师事务所	0510-5888988	0510-5885275	江苏省无锡市梁溪路28号	214061
80	辽宁	辽宁华诚信资产评估公司	024-23180051	024-22524409	辽宁沈阳和平区青年大街386号甲(华阳国际大厦A座24层)	110003
81	辽宁	大连源正资产评估公司	0411-2817789	0411-2817789	辽宁省大连市宏大路18号万达大厦2501室	116001
82	辽宁	大连众华资产评估公司	0411-2641561	0411-2641561	辽宁省大连市中山区长江路12号海港大厦26楼	116001
83	辽宁	辽宁正和资产评估公司	024-23255216	024-23255216	辽宁省沈阳市和平区和平北大街78号鸿运大厦1003	110001
84	辽宁	沈阳中沈资产评估公司	024-22714185	024-22714185	辽宁省沈阳市沈河区十纬路35号	110014

序号	地区	机构名称	电 话	传 真	地 址	邮编
85	山东	山东正源和信会计师事务所	0531-6922905	0531-6966278	山东省济南市泺源大街53号	250011
86	山东	山东海天会计师事务所	0531-2900154	0531-2900154	山东省济南市民生大街68号	250001
87	山东	青岛天和资产评估公司	0532-5830805	0532-5722324	山东省青岛市东海路37号金都花园C座15层	266071
88	山东	山东乾聚会计师事务所	0535-6628145	0535-6224416	山东省烟台胜利路201-209汇风广场12层	624001
89	山东	山东博会会计师事务所	0533-3186484	0533-3181281	山东省淄博市张店区潘南西路8号	255000
90	山西	山西中新资产评估公司	0351-4036273	0351-4065806	山西省太原市文源巷18号	030001
91	陕西	西安正衡资产评估公司	029-87436025	029-87416762	陕西省西安市和平路108号佳腾大厦11层	710001
92	四川	四川华衡资产评估公司	028-86654455	028-84332924	四川省成都锦江区天仙桥南路3号汇江楼5楼	610021
93	四川	东方资产评估事务所	0838-2232484	0838-2232484	四川省德阳市长江西路一段116号	610041
94	新疆	新疆华夏资产评估公司	0991-2828007	0991-3832494	新疆乌鲁木齐市解放北路30号	830002
95	新疆	新疆华信会计师事务所	0991-2811107	0991-2811107	新疆乌鲁木齐市中山路49号	830002
96	云南	云南亚太会计师事务所	0871-3121203	0871-3184386	云南省昆明市拓东路23号	650011
97	浙江	浙江东方资产评估公司	0571-87810030	0571-87819700	浙江省杭州市清泰街563号	310009
98	浙江	浙江天健资产评估公司	0571-88216999	0571-88216999	浙江省杭州市体育场路429号天河大厦11楼	310006
99	浙江	宁波永德资产评估公司	0574-87322227	0574-84689029	浙江省宁波市中山西路11号海曙大厦5楼	315010
100	浙江	绍兴天源资产评估公司	0575-5130084	0575-5130084	浙江省绍兴市解放南路245号4楼	321000

三、京沪主要律师事务所

序号	单位	电话	传真	地址	邮编	律师姓名	职务	电子邮件
1	凯源律师事务所	010-84977582	010-84979252	北京朝阳区北辰东路8号北京国际会议中心6楼	100101	李晓永		info@anlilaw.com
2	北京同达律师事务所	010-65185559	010-65185057	北京东城建国门内贡院西街6号E座7层	100005	韦宁		lawyerweb@vip.163.com
3	北京市汇佳律师事务所	010-68980426	010-68905743	北京海淀区阜成路北三街8号中国消费者报大厦8层	100037	杨光		guantao@guantao.com
4	北京中盛律师事务所	010-85262730	010-85262739	北京建国门外大街19号国际大厦15层	100000	杨　乐	主任	mail@eastcapital.com.cn
5	惠诚律师事务所	010-65801713	010-65801446	北京市朝外大街19号华普国际大厦515室	100020	张晓维	主任	hanhua@hanhualaw.com
6	北京市立方律师事务所	010-65885450	010-65885462	北京市朝阳门外大街18号丰联广场A座写字楼2512室	100020	徐 蓬	主任	hd@hdlawfirm.com
7	安理律师事务所	010-65882050	010-65882052	北京市朝阳门外大街18号丰联广场A座2312室	100020	魏启学	总经理（或所长）	ip.patent@kingandwood.com
8	北京市奕明律师事务所	010-64935159	010-64934312	北京市朝阳区安慧里四区15号楼中国五矿大厦1015室	100101	任继圣	主任	king@king-capital.com
9	天路律师事务所	010-84991199	010-84990080	北京市朝阳区北四环中路八号汇欣大厦B1216	100101	赵晓华		jdcsc@china.com
10	中咨律师事务所	010-65883293	010-65883290	北京市朝阳区朝外大街20号联合大厦901室	100020	華雷/金明		jzj@junzejun.com
11	同创律师事务所	010-65950183	010-65949762	北京市朝阳区朝外大街延静西里2号华商大厦1105室	100025	童明友	主任	kangda@sh163.net
12	北京亿中律师事务所	010-65884023	010-65884030	北京市朝阳区朝阳门外大街20号联合大厦3层	100020	趙維光		bestsj@263.net
13	北京市亿中律师事务所	010-65884023	010-65884030	北京市朝阳区朝阳门外大街20号联合大厦3层	100020	蓝雄		borong@boronglaw.com
14	北京汉华律师事务所	010-64107060	010-64107161	北京市朝阳区东三环北路2号南银大厦601室	100027	李梦福	主任	fada@beijinglawyer.org
15	北京市中润律师事务所	010-84471800	010-84471810	北京市朝阳区东三环北路戊二号国际港C座10层	100027	龚雁梓		office@ghpartners.com.cn
16	北京市合川律师事务所	010-65686310	010-65686551	北京市朝阳区东三环南路2号艾维克大厦1503～1504	100020	许涛	主任	gl-lawyer@sohu.com

序号	单位	电话	传真	地址	邮编	律师姓名	职务	电子邮件
17	嘉浩律师事务所	010-85271910	010-85271920	北京市朝阳区东土城路14号建达大厦21层	100013	曾斌		laawyer@guotao.com.cn
18	北京金杜律师事务所	010-65612299	010-65610841	北京市朝阳区光华路1号嘉里中心北楼30层	100020	栾建平		lawyer@haituo.com
19	华一律师事务所	010-85271736	010-85271604	北京市朝阳区和平里东土城路14号建达大厦23层	100013	余谈阵		office@oceanlawfirm.com
20	天睿律师事务所	010-84541888	010-65974149	北京市朝阳区呼家楼京广商务中心楼411室	100020	邱宝昌	主任	hj@hjlawyer.com
21	中兆律师事务所	010-64988368	010-64988366	北京市朝阳区惠新东街23号元立大厦7层	100029	王汉坡		
22	中伦金通律师事务所	010-65681188	010-65687317	北京市朝阳区建国路118号招商局中心01楼12层	100022	王峥	主任	ltlaw@sohu.com
23	嘉润律师事务所	010-65142061	010-65142070	北京市朝阳区建国门外大街22号赛特大厦1701室	100004	王明哲		yzlaw@yzlaw.com.cn
24	大地律师事务所海外部	010-65056955-202	010-65056951	北京市朝阳区建外大街1号国贸大厦1座1808室	100004	涂志		root@bjls.net
25	金平律师事务所	010-84544819	010-64606496	北京市朝阳区亮马桥路32号高斓大厦202～205室	100016	刘勇		zhengpinglawfirm@sohu.com
26	北京市高朋律师事务所	010-84534055	010-84534066	北京市朝阳区亮马桥路39号第一上海中心808室	100016	李世亮		ssc@law-ssc.com
27	北京市国韬律师事务所	010-65083250	010-65929962	北京市朝阳区六里屯北里10号国韬律师楼	100026	刘红宇		tongda@tongdalawyer.com
28	环球律师事务所北京总部	010-64672007	010-64672012	北京市朝阳区麦子店西路3号新恒基国际大厦5层	100016	赵湘		xiwang@lawyer.org.cn
29	北京恒德律师事务所	010-64465211	010-64465211	北京市朝阳区西坝河南路甲一号新天第家园A座706室	100028	赵秀峰		nslawyer@public.bta.net.cn
30	天波律师事务所	010-84643018	010-84649785	北京市朝阳区小营路10号阳明广场3号楼北座11E	100101	王明哲		yzlaw@yzlaw.com.cn
31	北京市国联律师事务所	010-64446191	010-64446678	北京市朝阳区樱花西街18号祺洋商务中心1502～1506室	100029	刘会利	主任	mail@zhongshenglawfirm.com
32	怡丰律师事务所	010-64605596	010-64603086	北京市朝阳区左家庄1号国门大厦C座206	100028	苏永海	经理	eddie.so@kpmg.com.cn

序号	单位	电话	传真	地址	邮编	律师姓名	职务	电子邮件
33	京颐律师事务所	010-67086888 13816066888	010-67086886	北京市崇文区崇文门外大街3号新世界中心北办公楼1116号	100062	姚建华	香港注册会计师，工商管理学硕士，香港会计师公会资深会员，英国特许公认会计师公会资深会员	stephen.yiu@kpmg.com.cn
34	尚公律师事务所	010-65288888 13901159596	010-65226989	北京市东长安街长安大厦3层	100006	熊琳	律师	xionglin@dadilaw.com
35	天同律师事务所	010-51669666	010-51669666	北京市东城区东交民巷28号红都商务会馆B座3层	100006	栾建平		derui@deruilaw.com
36	北京市博融律师事务所	010-64073379	010-64073380	北京市东城区东直门内草原胡同76号聚才大厦417～419室	100027	冯江		Feng jlaeyer@163.net
37	劳赛德律师事务所	010-84511075	010-84511299	北京市东城区东直门外大街35号东湖别墅写字楼C座4层	100027	林昌炽		Feng jlaeyer@163.net
38	怡文律师事务所	010-65543435	010-65546035	北京市东城区东中街58号美惠大厦D座604室	100027	张敬前		Bh-lawyer@china.com
39	北京希望律师事务所	010-84210102	010-84221467	北京市东城区和平里五区甲19号楼	100013	刘闻生		szjsx@sohu.com
40	四海通程律师事务所	010-65102530	010-65180218	北京市东城区建国门内大街7号光华长安大厦1座607室	100005	甘勇明		lawyer@cg-lawyer.com
41	颐合律师事务所	010-65178866	010-65180276	北京市东城区建国门内大街7号光华长安大厦2座1910室	100005	钟敏		cflawyer@sohu.net
42	北京君泽君律师事务所	010-64268870 13809234405	010-64217708	北京市东城区西滨河路9号中成大厦11层	100011	陈忆	主任	shenzhen@victorlaw.com
43	六合金证律师事务所	010-5975009	010-65975308	北京市东三环北路19号华鹏大厦北楼607/608室	100020	李世清		
44	北京市立天律师事务所	010-84094991	010-84094997	北京市东直门南大街9号华普花园A座201	100007	金永泉		email@jininfo.com
45	金台律师事务所	010-63288571	010-63288570	北京市广安门外南滨河路1号高新大厦7层	100055			
46	毕马威振华会计师事务所（北京）	010-65056300	010-65056306	北京市国际贸易中心2座16层	100004	杨国杰		grandall@public.szptt.net.cn
47	北京世纪律师事务所	010-62119893	010-62119897	北京市海淀区北三环西路甲18号中鼎大厦B座6层	100086	孙智峰		
48	力行律师事务所	010-82564664	010-82564668	北京市海淀区长春桥路5号（苏州桥畔西北角）	100089			

序号	单位	电话	传真	地址	邮编	律师姓名	职务	电子邮件
49	普华律师事务所	010-88131230	010-88131239	北京市海淀区阜成路58号新洲商务大厦5层	100036	黄雄坤		szjindi@szonline.net
50	北京国达律师事务所	010-88203195	010-88203691	北京市海淀区复兴路甲38号嘉德公寓1123房间	100039	李栋梁		
51	北京市正平律师事务所	010-82028866	010-82028947	北京市海淀区马甸冠城北园6号楼1单元10层	100088	罗长森		julonglawfirm@hotmail.com
52	首创律师事务所	010-88355571	010-88354211	北京市海淀区首体南路20号国兴家园7楼708室	100044	洪 氢		Hong Qing666@Hotmail.com
53	新元律师事务所	010-88515148	010-88515153	北京市海淀区西三环北路16号新元律师楼2层	100081	崔军、陈达		cj64@163.net
54	北京市法大律师事务所	010-62228810	010-62224979	北京市海淀区西土城路25号（中国政法大学院内	100088	黄明根		banking@pubilc.szptt.net.cn
55	恒泰信和律师事务所	010-62755277	010-62759615	北京市海淀区颐和园路1号北大资源宾馆1621室	100080			
56	德润律师事务所	010-68413338	010-68413337	北京市海淀区紫竹院路31号华澳中心嘉慧苑1003室	100089			
57	广盛律师事务所	010-65813529	010-65816534	北京市建国路99号中服大厦25层802～805	100000			
58	君合律师事务所	010-85191300 13808835005	010-85191350	北京市建国门北大街8号华润大厦20层	100005	刘小跃	律师，合伙人	liuxiaoyue@fm365.com liuxiaoyue@msn.com
59	国浩律师集团事务所	010-65171188	010-65176800	北京市建国门内大街贡院西街六号贡院6号E座9层	100005	王涛		cus3008@21cn.com
60	众意达律师事务所	010-66503183	010-66503778	北京市西城区后广平胡同38号国英公寓3D室	100035	吴军		Office@gslaw.com.cn
61	建元律师事务所	010-66212828 13801010400	010-66210767	北京市西城区金融大街23号平安大厦5层	100032	黄伟民	律师	weimin_huang@lawer.org.cn grandall@public2.bta.net.cn
62	北京观律师事务所	010-88086638	010-88086645	北京市西城区金融大街33号通泰大厦B座6层	100032	王自力	主任	mail@hengtaixinhe.com.cn
63	北京新世达律师事务所	010-66072346	010-66058414	北京市西城区金融大街37号百盛大厦7019室	100032	李鸿		honghe@lawyers.com.cn
64	北京京都律师事务所	010-66213301	010-66213307	北京市西城区金融街乙16号华实大厦5层	100032	徐申民		mail@watson-band.com.cn

序号	单位	电话	传真	地址	邮编	律师姓名	职务	电子邮件
65	北京市海拓律师事务所	010-82031012	010-82031014	北京市西城区裕民东路5号瑞得大厦305号	100029	秦文莉		sino-com@lawyers.com.cn
66	李晓光律师事务所	010-66132643	010-66132643	北京市西直门南大街6号国二招B座5222室	100035	魏振瀛		mail@huayilawyers.com
67	北京宝华德律师事务所	010-83131381	010-83131382	北京市宣武区广安门内大街319号广信嘉园C座13C室	100053	高移风		cglo@globallawoffice.com.cn
68	岳成律师事务所	010-64906677	010-64906622	北京市亚运村安立路66号安立花园写字楼A座5层	100101	高红秀		h-hlaw@online.sh.cn.
69	上海市虹桥律师事务所	021-50499111	021-50470900	上海浦东世纪大道88号金茂大厦2804单元	200121	范世汶	主任	hclawyer@vip.sina.com
70	上海市沪南律师事务所	021-63052920	021-63058907	上海市打浦路90弄2号锦城公寓内	200023	张赤军		daihongkun@justhopelaw.com
71	上海市汇英达律师事务所	021-63757886	021-63757886	上海市福建中路188号中外运大厦30楼（福州路口）	200001	安念念	主任	jjlawfirm@jiarun.com.cn
72	上海市汇理律师事务所	021-24028277	021-24028278	上海市复兴中路593号民防大厦1504室汇理律师事务所	200020	鲁哈达	主任	genesis@genesislawfirm.com.cn
73	上海市华联律师事务所	021-65434270	021-65181433	上海市黄兴路122号光大信成大厦	200090	金莲淑	主任	goldbalance@goldbalance.com
74	上海市弘安律师事务所	021-63777984	021-33050932	上海市陆家浜路1332号10楼（南开大厦）	200011	林章龙	主任	jintai@ktlawyer.com
75	上海浩英律师事务所	021-58766699	021-58871810	上海市陆家嘴东路161号招商局大厦25楼	200120	尹艳	主任	jy@winsonlawfirm.com
76	上海市恒业律师事务所	021-56905698	021-56901988	上海市洛川东路360号（东方公寓）904室	200072	陈学明		mailto:chxmlaw@public.szptt.net.cn
77	上海浩信律师事务所	021-63213399	021-53500057	上海市南京东路61号(新黄浦金融大厦)4楼	200002	巩军	主任	junhebj@junhe.com
78	毕马威振华会计师事务所（上海）	021-53594666	021-62881889	上海市南京路西路1266	200040	刘凝		bjkylf@yayuncun.com.cn
79	上海市联合律师事务所	021-68419377	021-68419499	上海市浦东新区陆家嘴东路166号	200120	徐猛		lauseed@china.com
80	上海浩华律师事务所	021-68767750	021-68767740	上海市浦东新区世纪大道1090号斯米克大厦606室	200120	李晓光		lawyerxiaoguang@yahoo.com

序号	单位	电话	传真	地址	邮编	律师姓名	职务	电子邮件
81	黄河律师事务所	021-63831766	021-63830969	上海市四川北路1318号福海商厦1918室	200080	朱寿全	主任	
82	上海海燕律师事务所	021-63640856	021-63577340	上海市四川北路1666号，高宝新时代广场22层	200080	廖靖	金融证券部	postmaster@commerciallawyer.com.cn
83	上海市海之纯律师事务所	021-56961124	021-55600245	上海市四川北路2115号14楼A、B座	200081	刘守豹	主任	phfirm@yahoo.com.cn
84	上海市华荣律师事务所	021-63579988	021-53540281	上海市天潼路133号家化金融大厦7楼（近外白渡桥）	200080	曹海燕	主任	haiyan@lawyers.com.cn
85	华诚律师事务所	021-52921111	021-52921001	上海市威海路755号文新报业大厦26楼	200041	袁季雨		hl@hllawyers.com
86	鸿和律师事务所	021-62175515	021-62675388	上海市武定路1102号505～506室	200040	欧阳润	主任	xhlaw@online.sh.cn
87	上海市华天平律师事务所	021-62178728	021-62189769	上海市新闸路1716号403室（宝城公寓）	200040	徐 捷		hy@handylawfirm.com
88	北京康达律师事务所上海分所	021-63901100	021-63901010	上海市徐家汇路555号广东发展银行大厦11A/D	200023	孙加锋		Hengtaic@online.sh.cn
89	上海恒泰律师事务所	021-62262625	021-32200273	上海市延安西路1088号长峰中心1001室	200052	韩长照	副主任	chinalight@citiz.net
90	上海市华源律师事务所	021-62254788	021-52550315	上海市延安西路1355弄1号1F/B座	200050	翟崇林		haizhichun@online.sh.cn
91	上海华晔律师事务所	021-58205891	021-68671329	上海市张杨路838号华都大厦13楼A座	200122	张慧卿	主任	hengye@online.sh.cn
92	华通律师事务所	021-64669892	021-64669893	上海市肇家浜路446弄2号楼401室	200031	穆世明	主任	h-an-law@lawyers.com.cn
93	上海市华夏律师事务所	021-64649480	021-64649480	上海市中山西路1538号	200235	崔惠平	总经理	WEBMASTER@RAINBOWLAWFIRM.COM
94	广东敏于行律师事务所	0755-83068330	0755-83065812	深圳深南大道6002号人民大厦15楼	518026	张盈东		hunan@lawyers.com.cn
95	广东淳锋律师事务所	0755-27875369	0755-27875269	深圳市宝安4区龙井路科技大厦11楼	518000	王晨波		h-l-law@online.sh.cn
96	广东宝城律师事务所	0755-27753203	0755-27786891	深圳市宝安区建安一路七号岭南宾馆3楼	518000	朱文杰	主任	huaronglaw@citiz.net

序号	单位	电话	传真	地址	邮编	律师姓名	职务	电子邮件
97	广东深宝律师事务所	0755-27782006	0755-27787122	深圳市保安区四区龙井路粮食总公司大厦2楼	518101	肖建平	主任	sh5law@online.sh.cn
98	广东金地律师事务所	0755-82990622	0755-82990625	深圳市滨河大道5020号特区证券大厦12B楼	518000	缪林凤	主任	hxlaw@online.sh.cn
99	经天律师事务所	0755-82910800	0755-82910422	深圳市滨河大道5022号联合广场A座25楼	518026	刘斌	主任	huyulaw@online.sh.cn
100	广东融关律师事务所	0755-82901300	0755-82901311	深圳市滨河大道联合广场A座47楼	518026	成建平	主任	dcjp@wyselead.com
101	广东海埠律师事务所	0755-82990380	0755-82990246	深圳市滨河路5020号证券大厦十七楼1702室	518026	程惠瑛	主任	huiydl@online.sh.cn
102	广东巨龙律师事务所	0755-82914333	0755-82924628	深圳市彩田南路海鹰大厦14楼D、E室	518000	朱洪超		master@unitedlawfirm.com
103	广东广和律师事务所	0755-83679909	0755-83679694	深圳市福田区福虹路世界贸易广场A座20层	519000	李尚公	主任	splf@splf.com.cn
104	广东金卓越律师事务所深圳分所	0755-82934388	0755-82931848	深圳市福田区福华一路深圳国际商会大厦A座1510～1513室	518000	张峰华		864111@sina.com
105	广东长昊律师事务所	0755-83800481	0755-83800481	深圳市福田区福民路博伦花园1栋203室	518000	徐扬		firm@shtclaw.com
106	广东明根律师事务所	0755-83673251	0755-83673251	深圳市福田区红荔路2001号四川大厦主楼505～507室	518000	张天莉	主任	tianbolawfirm@sohu.com
107	广东大圳律师事务所	0755-83279678	0755-83760480	深圳市福田区深南中路国际科技大厦2603室	518000	高强		tl@tianlulaw.com
108	广东新振昌律师事务所	0755-83353336	0755-83263868	深圳市福田区振华路海外装饰大厦A栋13楼1338号	518000	郭光		info@gp-legal.com
109	广东国欣律师事务所	0755-25576324	0755-25564216	深圳市红岭中路1010号国际信托大厦6楼	510008	蒋勇	首席合伙人	ttlaw@ttlaw.cn
110	广东晟典律师事务所	0755-83663333	0755-82076787	深圳市华强北路4002号圣廷苑酒店B座18～20层	518101	王峰	主任	tc@lawyer.org.cn
111	广东大公威德律师事务所	0755-82193033	0755-82286006	深圳市嘉宾路1号阳光酒店B座701～703室	518010	王锐	主任	xinyuan@public.bta.net.cn
112	广东诚公律师事务所	0755-82098000	0755-82098115	深圳市上步中路1002号大院2栋2楼	518027	陆波		office@finefields.com

序号	单位	电话	传真	地址	邮编	律师姓名	职务	电子邮件
113	广东博合律师事务所	0755-83515081	0755-83515090	深圳市深南大道6008号特区报业大厦24D、E	518009	刘玉明		sxu@yiwenlaw.com
114	北京京都律师事务所深圳分所	0755-82183026	0755-82295332	深圳市深南东路3016号银都大厦9层	518001	李清荣		alliance@alliancelawfirm.com
115	广东东方金源律师事务所	0755-82125567	0755-82461373	深圳市深南东路地王大厦6305～6306	518000	岳成		yuecheng@yuecheng.com
116	广东立国律师事务所	0755-83696137	0755-83696719	深圳市深南中路2018号兴华大厦8楼	518000	陈文	主任	beijing@zhonglun.com
117	广东国浩律师集团事务所	0755-83781073	0755-83781395	深圳市深南中路2070号电子科技大厦A座17楼	518031	陶万岭		zhongzhao@zzlawfirm.com
118	广东百利孚律师事务所	0755-83752489	0755-83752460	深圳市深南中路3024号航空大厦22层	518000	吴建峰		zhongzi@zhongzi.com.cn
119	广东众诚律师事务所	0755-83299111	0755-83289711	深圳市深南中路3027号嘉汇新城汇商中心3008室	518033	宋彦禄	主任	zyd@zydlaw.com

四、中国主要证券公司

序号	地区	机构名称	电话	传真	地址	邮编
1	北京	北京证券有限责任公司	010-68431166	010-88018697	北京海淀区车公庄西路乙19号华通大厦B座10	100044
2	北京	华夏证券公司	010-65178899	010-65186598	北京市朝内大街188号	100010
3	北京	中国国际金融有限公司	010-65051166	010-65051156	北京市复兴门外大街6号光大大厦23层	100045
4	北京	中国银河证券有限责任公司	010-66568888	010-66568532	北京市西城区金融大街35号国际大厦C座	100032
5	上海	申银万国证券股份有限公司	021-54033888	021-64678588	上海常熟路171号	200031
6	上海	上海证券有限责任公司	021-62521186	021-62529104	上海九江路111号	200002
7	上海	海通证券有限公司	021-53594566	021-53858549	上海市淮海中路98号	200021
8	上海	东方证券有限责任公司	021-62568800	021-62566000	上海市巨鹿路756号	200040

序号	地区	机构名称	电话	传真	地址	邮编
9	上海	北方证券公司	021-58887333	021-58889111	上海市浦东南路500号	200120
10	上海	光大证券有限责任公司	021-68816000	021-68817271	上海市浦东新区浦东南路528号上海证券大厦	200120
11	上海	国泰君安证券股份有限公司	021-62580818	021-62581911	上海市延平路135号	200042
12	天津	天津证券有限责任公司	022-27111141	022-27119890	天津市和平区劝业场街赤峰道	300041
13	重庆	西南证券有限责任公司	023-63786633	023-63786001	重庆市渝中区临江支路2号合景大厦22～25层	400010
14	安徽	华安证券有限责任公司	0551-5161666	0551-5161600	合肥市阜南路166号	230061
15	福建	兴业证券股份有限公司	0591-87543114	0591-87546058	福建省福州市湖东路99号标力大厦	350001
16	福建	厦门证券有限责任公司	0592-5161816	0592-5161102	福建厦门市莲前西路2号莲富大厦17楼	361009
17	福建	闽发证券有限责任公司	0591-87801005	0591-87801003	福州市五四路158号环球广场28～29层	350004
18	福建	华福证券有限责任公司	0591-7841160	0591-7841150	福州市五四路210号国际大厦15楼	350003
19	甘肃	甘肃证券有限责任公司	0931-8440228	0931-8440269	兰州市庆阳路285号民安大厦B塔楼25层	730030
20	广东	东莞证券有限责任公司	0769-2413065	0769-2412090	东莞市莞太路篁村胜和商业大厦	511700
21	广东	佛山证券有限责任公司	0757-3201367	0757-3363346	佛山市季华路	528000
22	广东	惠州证券有限责任公司	0752-2119391	0752-2119369	广东省惠州市麦地南路华侨新村F幢	516001
23	广东	中山证券有限公司	0760-8300572	0760-8325050	广东省中山市竹苑路102号	528403
24	广东	珠海证券公司	0755-2121381	0756-2121171	广东省珠海市香洲凤凰路185号瀚高商业广场	519000

序号	地区	机构名称	电话	传真	地址	邮编
25	广东	广东民安证券经纪有限责任公司	020-83829921	020-83802385	广州市环市东路322号中梯10楼	510060
26	广东	广东证券股份有限公司	020-83270538	020-83270537	广州市解放南路	510120
27	广东	广发证券有限责任公司	020-87553636	020-87553600	广州市天河北路183号大都会广场42楼	510075
28	广东	广州证券有限责任公司	020-87322668	020-87325030	广州市先烈中路69号东山广场主楼5楼	510095
29	广东	大鹏证券有限责任公司	0755-2463388	0755-2462021	深圳市深南东路5002号地王大厦8楼	518008
30	广东	平安证券有限责任公司	0755-2262888	0755-2400862	深圳市福山区八岭八三路平安大厦3楼	518029
31	广东	深圳经济特区证券公司	0755-3379333	0755-3372050	深圳市福田区彩田南路证券大厦	518026
32	广东	国通证券有限责任公司	0755-3796300	0755-3796500	深圳市福田区深南中路34号华强佳和大厦A座8-11楼	518035
33	广东	蔚深证券有限责任公司	0755-3236188	0755-3241584	深圳市福田区振华路飞亚达大厦902楼	518041
34	广东	南方证券公司	0755-2138138	0755-2138274	深圳市嘉宾路4028号太平洋商贸大厦	518001
35	广东	国信证券有限责任公司	0755-2130833	0755-2130620	深圳市罗湖区红岭中路1012号国信证券大厦	518001
36	广东	长城证券有限责任公司	0755-3516280	0755-3516200	深圳市深南大道6008号特区报业大厦	518034
37	广东	联合证券有限责任公司	0755-2492000	0755-2493000	深圳市深南东路5047号深圳发展银行大厦24层	518010
38	广东	华鑫证券有限责任公司	0755-2081188	0755-2081518	深圳市深南东路5047号深圳发展银行大厦	518010
39	广东	中信证券股份有限公司	0755-82485201	0755-82485221	深圳市笋岗路12号中民时代广场B座32层	100004
40	广西	广西证券有限责任公司	0771-5321255	0771-5321254	南宁市教育路7-1号	530022

序号	地区	机构名称	电话	传真	地址	邮编
41	贵州	贵州证券有限责任公司	0851-5825753	0851-5830900	贵阳市中华中路111号	550001
42	海南	海南省证券有限责任公司	0898-66779966	0898-66792799	海南省海口市龙昆北路2号珠江广场帝豪大厦2层	570125
43	河北	河北证券有限责任公司	0311-6076608	0311-6982188	石家庄市裕华东路81号	050011
44	河南	洛阳证券公司	0379-4326964	0379-4326964	河南省洛阳市西区南昌路98号	471003
45	河南	黄河证券有限责任公司	0371-5613006	0371-5614404	河南省郑州市纬四路东段19号(广发大厦9楼)	450008
46	河南	河南证券有限责任公司	0371-5905878	0371-5905843	河南郑州市经6路9号	450003
47	河南	开封证券公司	0378-3986496	0378-3986496	开封市迎宾路6号楼	475000
48	黑龙江	哈尔滨财政证券公司	0451-4284998	0451-4284955	哈尔滨市道里区买卖街59号	150010
49	黑龙江	黑龙江省证券公司	0451-4680831	0451-4280835	哈尔滨市道里区通江街188号	150010
50	黑龙江	佳木斯证券公司	0454-8693322	0454-8693323	佳木斯市长安路584号	154002
51	黑龙江	牡丹江市证券公司	0453-6235803	0453-6231759	牡丹江市文化宫南侧证券大厦	157000
52	黑龙江	齐齐哈尔市证券有限公司	0452-2688335	0452-2688335	齐齐哈尔市龙沙区永安大街61号	161005
53	湖北	武汉证券有限责任公司	027-82814462	027-82814462	武汉市汉口沿江大道130号	430014
54	湖北	长江证券有限责任公司	027-65799980	027-85481900	武汉市新华下路特8号	430015
55	湖南	长沙证券公司	0731-4111277	0731-4111277	长沙通程国际大酒店	410011
56	湖南	湘财证券有限责任公司	0731-4451488	0731-4413288	湖南省长沙市黄兴中路63号中山国际大厦12楼	410005

序号	地区	机构名称	电话	传真	地址	邮编
57	湖南	泰阳证券有限责任公司	0731-2240280	0731-5382230	湖南省长沙市新建西路1号	410000
58	吉林	新华证券有限责任公司	0431-8923155	0431-8968155	长春市东风大街30号	130061
59	吉林	东北证券有限责任公司	0431-5687888	0431-5604083	长春市人民大街138-1号长春紫荆花饭店19～21	130022
60	江苏	常州市证券公司	0519-8121445	0519-8121446	常州市延陵西路59号常信大厦18、19楼	213003
61	江苏	华泰证券有限责任公司	025-84457777	025-84579778	江苏省南京市中山东路90号华泰证券大厦	210002
62	江苏	南京证券有限责任公司	025-83359425	025-83367377	南京市大钟亭8号	210008
63	江苏	苏州证券有限责任公司	0512-5587591	0512-5589906	苏州市金阊区爱河桥路28号	215008
64	江西	江西省证券公司	0791-6805184	0791-6816354	南昌市胜利路287号	330006
65	辽宁	大连证券有限责任公司	0411-2806520	0411-2808390	大连市中山区人民路26号中国人寿大厦25层	116001
66	辽宁	锦州证券公司	0416-3124855	0416-3140744	锦州市中央大街二段56号建行大厦16层	121000
67	辽宁	辽宁证券有限责任公司	024-22526269	024-22526310	辽宁省沈阳市沈河区市府大路262号甲	110002
68	辽宁	沈阳财政证券公司	024-22523611	024-22523611	沈阳市沈河区北站路105号	110013
69	内蒙古	内蒙古证券有限责任公司	0471-4913998	0471-4930707	内蒙古呼和浩特市新城北街62号	10010
70	宁夏	西北证券有限责任公司	0951-6027219	0951-6030195	银川市民族北街1号	750004
71	青海	青海证券有限责任公司	0971-3547851	0971-3547852	青海省西宁市东大街103号	810000
72	山东	万通证券有限责任公司	0532-5022301	0532-5022301	青岛市市南区东海路28号	266071

序号	地区	机构名称	电话	传真	地址	邮编
73	山东	天同证券有限责任公司	0531-6019999	0531-6029668	山东省济南市泉城路180号齐鲁国际大厦5层	250011
74	山西	大同证券经纪有限责任公司	0352-2045811	0352-2051178	山西省大同大北街13号证券大厦	030001
75	山西	山西证券有限责任公司	0351-4034324	0351-4034324	太原市迎泽大街282号	030001
76	陕西	西部证券股份有限公司	029-87406081	029-87406100	西安市东新街232号陕西信托大厦	710004
77	四川	成都证券有限责任公司	028-86655777	028-86690365	四川省成都市东城根上街95号	610015
78	四川	华西证券有限责任公司	028-86150004	028-86150615	四川省成都市陕西街239号	610041
79	西藏	西藏证券经纪有限责任公司	0891-6811417	0891-6811417	西藏拉萨市北京中路101号	850000
80	新疆	宏源证券股份有限公司	0991-2301870	0991-2301779	新疆乌鲁木齐市建设路2号宏源大厦8楼	830002
81	新疆	新疆证券有限责任公司	0991-2832224	0991-2819880	新疆乌鲁木齐市解放北路1号	830002
82	云南	云南证券有限责任公司	0871-3161152	0871-3165456	云南省昆明市青年路400号	650021
83	浙江	浙江证券有限责任公司	0571-87782038	0571-87782138	杭州市平海路1号	310006
84	浙江	天一证券有限责任公司	021-68556677	021-68536451	宁波市开明街417号～427号	200135

五、产权交易中心

序号	地区	单位	电 话	传真	地 址	邮 编
1	北京	北京产权交易中心	010-68940481	010-68940488	北京市海淀区北三环西路66号北京理工大学国际教育交流中心5层	100081
2	北京	北京中关村技术交易中心	010-82664149	010-82664155	中国北京海淀区中关村大街1号海龙大厦6层	100080
3	北京	中关村技术产权交易所	010-82358800	010-82357372	中国北京市海淀区知春路23号大运村量子银座2层	100083

序号	地区	单位	电 话	传真	地 址	邮 编
4	上海	上海技术产权交易所	021-53080900	021-53085768	上海市北京东路668号A座2楼，北京东路与福建中路交叉口西北角(上海科技京城)	200001
5	上海	上海产权交易所	021-58310608	021-58319961	上海市浦东新区商城路660号乐凯大厦12楼	200120
6	天津	天津产权交易中心	022-23023785	022-23023786	天津市河西区绍兴道161号津滨雅都公寓C座	300204
7	重庆	重庆创新技术产权交易所	023-68604550	023-68609994	重庆市高新区科园一路5号创新大厦7楼	400039
8	重庆	重庆市产权交易中心	023- 63800689	023-63816278	重庆市渝中区青年路77号万豪酒店国贸中心6楼	400010
9	安徽	合肥技术产权交易所(中心)	0551- 2675006	0551-2675104	安徽省合肥市九狮桥街45号兴泰大厦	230000
10	福建	福建省产权交易中心	0591-87855200	0591-87854516	福建省福州市湖东路152号中山大厦B座10层、12层	350003
11	福建	厦门产权交易中心	0592-5321810	0592-5321801	厦门市长青路191号劳动力大厦11楼	361012
12	广东	珠海市产权交易中心	0756-2511423	0756-2524383	广东省珠海市香洲梅华东路宏鑫花园1栋2楼	519000
13	广东	广州产权交易所	020-87383100	020-87383306	广州市五羊新城寺右新马路162号2楼	510000
14	广东	广州技术产权交易所	020-37616680	020-37616689	广州市先烈中路汇华商贸大厦6楼	510070
15	广东	深圳国际高新技术产权交易所	0755-83671353	0755-83671354	深圳市上步中路科技大厦2楼	518031
16	广东	深圳市产权交易中心	0755-83797456	0755-83797407	中国深圳市福田区滨河路海安中心大厦1、2楼	518032
17	河北	河北省产权转让中心	0311-7875662	0311-7879466	河北省石家庄市康乐街35号	50000
18	河南	河南产权交易中心	0371-5936779	0371-5936690	河南省郑州市纬四路15号院21号楼	450003
19	河南	河南省技术产权交易所	0371-5970852	0371-5976880	郑州市黄河路121号科苑大厦2楼	450000
20	湖北	武汉产权交易所	027-85757668	027-85757668	湖北省武汉市江岸区香港路183号	430015

序号	地区	单位	电 话	传真	地 址	邮 编
21	湖北	湖北产权交易所	027-87321203	027-87321693	湖北省武汉市武昌区中南路80号中南大厦3门14楼	430071
22	湖北	武汉光谷技术产权交易股份有限公司	027-87491315	027-87491649	武汉市武昌路珞瑜路548号武汉科技会展中心	430079
23	湖南	长沙技术产权交易所	0731-8927130	0731-8921499	长沙国家高新技术产业开发区火炬城M6-3C	410013
24	湖南	湖南产权交易所有限责任公司	0731-5165060	0731-5165281	湖南省长沙市城南西路1号	410000
25	吉林	长春产权交易中心	0431-2941610	0431-5176310	长春市前进大街3003号(高科技大厦)	130012
26	江苏	常州市产权交易所	0519-6626928	0519-6609148	常州市广化街247号2楼	213001
27	江苏	江苏省产权交易所	025-86609811	025-86601138	南京市汉中路180号 星汉大厦12楼	210029
28	江苏	南京市产权交易中心	025-83619599	025-83619599	南京市中央路32号 联通大厦17楼	210008
29	江苏	苏州市产权交易所	0512-68228393	0512-68221604	苏州市胥江路431号	215002
30	江苏	徐州产权交易所	0516-3752256	0516-3736782	徐州市彭城路1号	221005
31	江西	江西省产权交易所	0791-8526621	0791-8523082	南昌市南京西路555号永溪大厦10楼	330077
32	辽宁	沈阳产权交易中心	024-22526440	024-22503502	中国沈阳市沈河区北站路73号	110013
33	内蒙古	内蒙古产权交易中心	0471-6284817	0471-6284817-8013	呼和浩特市西林南路80号未名楼505房	010020
34	山东	济南技术产权产易所	0531-6059606	0531-6059606	济南市经二路164号	250001
35	山东	青岛技术产权交易所	0532-3802988	0532-3825548	青岛市辽宁路127号恒泰科技大厦2楼	266000
36	山东	山东技术产权交易中心	0531-8587658	0531-8587771	山东济南山大路160号科技市场6层	250100

序号	地区	单位	电话	传真	地址	邮编
37	陕西	陕西技术产权交易所	029-85528000	029-85524687	陕西省西安市雁塔路南段11号	710054
38	陕西	西安技术产权交易所（中心）	029-88386483	029-8386387	西安高新技术产业开发区协同大厦一楼A座	710075
39	四川	成都技术产权交易所	028-86200111	028-86200222	中国成都市人民南路2段18号川信大厦2层	610016
40	云南	云南技术产权交易中心	0871-8318707	0871-8318716	昆明二环西路398号高新科技广场21楼	650118
41	云南	云南省产权交易中心	0871-516206	0871-5162028	昆明市圆通街38号	650031
42	浙江	杭州产权交易中心	0571-7044190	0571-7044186	杭州解放路46号	310000
43	浙江	宁波市产权交易中心	0574-87195383	0574-87195400	药行街31号“灵桥广场”9楼	315000
44	浙江	杭州余杭产权交易所（有限公司）	0571-86240086	0571-86240085	浙江省杭州市余杭区临平河南埭路11号2楼	311100
45	浙江	温州技术产权交易所	0577-88918861	0577-88918865	浙江省温州市新城大道数码大厦2楼	325000

附录七　主管风险投资、高科技政府部门名录

地区	单位	电话	传真	地址	邮编
	中国国家科技部	010-58881826 58881763	010-58881766	北京市海淀区复兴路乙15号	100862
	北京市科学技术委员会	010-66153395	010-66153395	北京市西直门南大街16号	100035
	天津市科学技术委员会	022-27121292	022-27127681	天津市和平区和平路287路	300041
	上海市科学技术委员会	021-23119289	021-63584453	上海市人民大道200号	200003
	重庆市科学技术委员会	023-67611506	023-67605932	重庆市渝北区龙溪镇华莹路380号	401147
安徽	安徽省科学技术厅	0551-2654383	0551-2673587	合肥市巢湖路287号	230001
	合肥市科技局	0551-2657407	0511-2647204	合肥市霍邱路6号	230061
	淮南市科技局	0554-6645120	0554-6645218	淮南市朝阳西路91号	232001
	芜湖市科技局	0553-3834428	0553--3836575	芜湖市中山北路	241000
	马鞍山市科技局	0555-2357634	0555-2360335	马鞍山市花雨路11号	243011
福建	福建省科学技术厅	0591-87883633 87883833	0591-87846611	福州市湖东路7号	350003
	福州市科技局	0591-283350561	0591-283365394	福州市乌商路69号	350000
	厦门市科技局	0592-2034109	0592-2024555	厦门市虎园路2号	361003
	泉州市科技局	0595-22579359 22579326	0595-22579372	泉州市津淮街科技局大厦	362000

地区	单位	电话	传真	地址	邮编
甘肃	甘肃省科学技术厅	0931-8417662	0931-8833100	兰州市庆阳路128号	730030
	兰州市科技局	0931-8849310	0931-8849223	兰州市金昌路	730000
广东	广东省科学技术厅	020-83545100	020-83549393	广州连新路171号科技信息大楼12楼	510033
	广州市科技局	020-83124718 83124709	020-83332382	广州市府前路1号市府大院5号楼	510032
	汕头市科技局	0754-8426671	0754-8426674	汕头市海滨路科技馆5楼	515000
	深圳市科技局	0755-83699663	0755-83699670	深圳福田上步中路深圳科技大厦1315室	518031
	珠海市科技局	0756-2113863 2222653	0756-2213427	珠海市香洲东风路2号市府大院五号楼11楼	519000
	湛江市科技局	0759-3313462	0759-3335564	湛江市赤坎区南桥南路2号	524000
	佛山市科技局	0757-83385761	0757-83355500	佛山市季华5路18号经华大厦	528000
	东莞市科技局	0769-2831307	0769-2235080	东莞市城区新芬路科学馆	523007
广西	广西科学技术厅	0771-2618700	0771-2803615	南宁市新民路55号	530012
	南宁市科技局	0771-5533801	0771-5533822	南宁市嘉宾路1号	530000
	桂林市科技局	0773-2814731	0773-2823464	桂林市文明路16号	541002
	百色市科技局	0776-2824810	0776-2824218	百色市中山1路	533000
	柳州市科技局	0772-2825508	0772-2623550	柳州市高新大厦阿科技大楼4楼	545000
	玉林市科技局	0775-2854092	0775-2803086	玉林市人民东路449号	537000
	河池市科技局	0778-2585236	0778-2105338	广西壮族自治区河池市西环路889号	547000

地区	单位	电话	传真	地址	邮编
贵州	贵州省科学技术厅	0851-5815719	0851-5827452	贵阳市醒狮路11号	550002
	贵阳市科技局	0851-7989259	0851-7989266	贵阳市金阳行政中心	550000
海南	海南省科学技术厅	0898-65343876	0898-65303887	海口市海府路89号	570203
	海口市科技局	0898-66243442	0898-66118385	海口市新华南路5号	570102
	三亚市科技局	0898-88275527 88255167	0898-88272677	三亚市市政府第二办公大楼11楼	572000
河北	河北省科学技术厅	0311-5891885	0311-5804874	河北省石家庄市东风路159号	050021
	石家庄市科技局	0311-5053384	0311-5660134	石家庄市中山东路452号	050031
	邯郸市科技局	0310-3118868	0310-3118868	邯郸市光明北大街72号	056002
	沧州市科技局	0317-2023397	0317-2637974	沧州市迎宾路2号	061000
	唐山市科技局	0315-2823645	0315-2823645	唐山市路北区西山道市政府主楼5楼	063000
河南	河南省科学技术厅	0371-5907827	0371-5952825	郑州市政三街4号	450003
	郑州市科技局	0371-7185493 7448501	0371-7186596	郑州市忆河路22号	450000
	新乡市科技局	0373-3052928	0373-3055842	新乡市南干道79号	453000
	安阳市科技局	0372-5923623	0372-5113364	安阳市洹滨南路5号楼	455000
	洛阳市科技局	0379-3926668	0379-3926668	洛阳市王城路8号	471000
黑龙江	黑龙江省科学技术厅	0451-82628293 82628378	0451-82628355	哈尔滨市中山路202号	150001
	哈尔滨科技局	0451-82363421	0451-82363420	哈尔滨市南岗区宣化街207号	150001

地区	单位	电话	传真	地址	邮编
	大庆市科技局	0459-6396059	0459-6396077	大庆市政府办公大楼4123房间	166000
湖北	湖北省科学技术厅	027-87135893	027-87881972	武汉市武昌南苑村52号	430071
	武汉市科技局	027-82827435	027-82818157	武汉市汉口沿江大道150号	430014
	宜昌市科技局	0717-6736847	0717-6736847	宜昌市西宁二路20号	443000
湖南	湖南省科学技术厅	0731-4586858 4586988	0731-4586848	长沙市八一路135号	410001
	长沙市科技局	0731-8666159	0731-8666160	长沙市河西市政府大楼	410013
	张家界市科技局	0744-8322047	0744-8322047	张家界市崇文路27号	427000
吉林	吉林省科学技术厅	0431-8974091	0431-8972129	吉林省长春市民康路14号	130000
	长春市科技局	0431-8988277	0431-8948011	长春市人民大街75号	130056
江苏	江苏省科学技术厅	025-83357078	025-57715440	南京市北京东路39号	210008
	南京市科技局	025-83639267	025-83639278	南京市北京东路43-2号11楼	210008
	常州市科技局	0519-8117007	0519-8104753	常州市延年西路6号	213000
	无锡市科技局	0510-2706211	0510-2710840	无锡市学前街168号	214001
	苏州市科技局	0512-65241084	0512-65223049	苏州市人民路97号	215002
	连云港市科技局	0518-5805496	0518-5802125	连云港市郝连东路28号	222000
	扬州市科技局	0514-7347583	0514-7036114	扬州市文昌中路145号	225000
	南通市科技局	0513-5128866	0513-5128888	南通市环城南路122号	226001

地区	单位	电话	传真	地址	邮编
江西	江西省科学技术厅	0791-6266630	0791-6255132	南昌市省政府大院北一路	330046
	南昌市科技局	0791-3884235	0791-3884238	南昌市鸿谷滩市政府大楼4楼	330000
	赣州市科技局	0797-8391580	0797-8391581	赣州市市政中心1号楼9楼	341000
辽宁	辽宁省科学技术厅	024-23983633	024-23983458	沈阳市和平区三好街24号	110004
	沈阳市科技局	024-22722784	024-22722794	沈阳市沈河区北京街1号	110013
	大连市科技局	0411-83635517	0411-3684522	大连市人民广场1号	116012
	朝阳市科技局	0421-2625634	0421-2629374	朝阳市长安大街3段7号	122013
	锦州市科技局	0416-3880144	0416-3880144	锦州市市府路69号市科学技术局	121000
	鞍山市科技局	0412-5217006	0412-5215803	鞍山市天山路280号	114044
	阜新市科技局	0418-3999908	0418-3999909	阜新市海州区人民街46号	123000
内蒙古	内蒙古科学技术厅	0471-6282132	0471-6282133	呼和浩特市新城西街141号科技大厦	010010
	呼和浩特市科技局	0471-6980244	0471-6963576	呼和浩特市新朝区中山西路原市政府大楼3楼307室	010000
	赤峰市科技局	0476-8336318	0476-8390180	赤峰市朝乌达路二段市政府大楼8楼	024000
	乌海市科技局	0473-2049050	0473-2036414	乌海市鄂尔多斯东街科技大楼5楼	016000
宁夏	宁夏科学技术厅	0951-5032974	0951-5047265	银川市公园街8号	750001
	银川市科技局	0951-6032160	0951-6032160	银川市解放东街30号	750001
青海	青海省科学技术厅	0971-8244514	0971-8239442	西宁市西大街12号	810000

地区	单位	电话	传真	地址	邮编
	西宁市科技局	0971-8230525	0971-8230519	西宁市南关街48号	810000
山东	山东省科学技术厅	0531-6041647	0531-6915074	济南市省府前街1号	250011
	济南市科技局	0531-6056553	0531-6055010	济南市经二路193号市政府6楼	250001
	烟台市科技局	0535-6241954	0353-6256470	烟台市御西路17号	264000
	泰安市科技局	0538-6991120	0538-6991120	泰安市东岳大街	271000
	临沂市科学技术局	0539-8313641	0539-8313641	临沂市启阳路3号	276000
	青岛市科技局	0532-5911487	0532-5911060	青岛市香港中路11号	210008
山西	山西省科学技术厅	0351-4041479	0351-4068009	太原市迎泽大街366号	030001
	长治市科技局	0355-2046320	0355-2046321	长治市大庆路	046000
	晋城市科技局	0356-2198874	0356-2023795	晋城市市政府大楼	048000
	太原市科技局	0351-4225825	0351-4227139	太原市新建路155号	030000
	忻州市科技局	0350-3036914	0350-3035560	忻州市长征西路13号	034000
陕西	陕西省科学技术厅	029-87292662 87291975	029-87298893	西安市雁塔路南段11号	710000
	西安市科技局	029-88405296	029-88402955	西安市振兴路31号	710068
	宝鸡市科技局	0917-3215718-807	0917-3214278	宝鸡市新建路西段付1号	721000
四川	四川省科学技术厅	028-86663911	028-86669361	成都市学道街39号	610016
	成都市科技局	028-86266802 86260701	028-86636101	成都市人民西路4号	610012

地区	单位	电话	传真	地址	邮编
	乐山市科技局	0833-2446971	0833-2446971	乐山市市中区柏阳东路176号	614000
	德阳市科技局	0838-2201266	0838-2204399	德阳市岷江路一段256号	618000
	绵阳市科技局	0816-2333489	0816-2316086	绵阳市临园路东段76号	621000
	阿坝州科技局	0837-2822138	0837-2822138	马尔康县茸勒街9号	624000
	攀枝花市科技局	0812-3324635	0812-3350527	攀枝花市东区新华街2号	617000
	甘孜州科技局	0836-2835550	0836-2835553	甘孜州康定县	626000
	广安市科技局	0826-2332505	0826-2351860	广安市广安开发区利民北街113号	638000
	广元市科技局	0839-3263090	0839-3222090	广元市利州东路一段	628017
	雅安市科技局	0835-2361402	0835-2222294	雅安市政府大院	625000
	遂宁市科技局	0825-2231876	0825-2239607	遂宁市凯旋中路21号	629000
	南充市科技局	0817-2224929	0817-2236280	南充市文化路259号	637000
	内江市科技局	0832-2022816	0832-2022816	内江市新华路西一巷43号	641000
	自贡市科技局	0813-8103247	0813-8109135	自贡市汇东新区丹桂大街科技大厦	643000
	宜宾市科技局	0831-8225519	0831-8225519	宜宾市中山街市委大院内	644000
	泸州市科技局	0830-3101498	0830-3112931	泸州市江阳南路37号	646000
西藏	西藏科学技术厅	0891-6825676	0891-6833579	拉萨市北京中路93号	850001
	拉萨市科技局	0891-6323130	0891-6333305	拉萨市夺底路11号	850000

地区	单位	电话	传真	地址	邮编
新疆	新疆科学技术厅	0991-3835353	0991-3835442	乌鲁木齐市北京南路40号	830011
	乌鲁木齐市科技局	0991-2819259 2816877	0991-2819259	乌鲁木齐市新华南路	830000
云南	云南省科学技术厅	0871-3136747	0871-3136907	昆明市北京路542号	650051
	昆明市科技局	0871-3172751	0871-3135842	昆明市东风东路17号	650011
	玉溪市科技局	0877-2023369	0877-2024005	玉溪市东方路109号	653100
浙江	浙江省科学技术厅	0571-85058946	0571-87044058	杭州市环城西路33号	310007
	杭州市科技局	0571-87060263 87023807	0571-8803355	杭州市惠兴路2号杭州科技大厦	310001
	宁波市科技局	0574-87282537	0574-87283033	宁波市解放北路91号	315010
	温州市科技局	0577-88213325	0577-88225396	温州市九山河通桥6号	325005
	绍兴市科技局	0575-5144217	0575-5133307	绍兴市胜利西路53号	312000
	湖州市科技局	0572-2024326	0572-2037942	湖州市红旗路188号	313000
	嘉兴市科技局	0573-2159807 2159806	0573-2159810	嘉兴市中山路216号	314001
	丽水市科技局	0578-2134635	0578-2159471	丽水市灯塔街157号	323000
	金华市科技局	0579-2469789	0579-2469793	金华市市政府办公大楼	321017

附录八　风险投资词汇

字母顺序	专业词汇	对应中文	释义
A	Acceleration Clause	加速条款	一个允许债权人在特定情况下，如债务人无力偿债、破产或违约时，要求偿还全部余额的条款。风险投资中常用于雇佣协议中的条款，允许雇员提前于分期到位安排的进度执行部分和所有的股票期权，一般在企业被收购的时候可以采用这一条款。
	Accredited Investor	投资大户	根据美国证管会regulation D规定，私募购买者之人数不可超过35人，但满足以下条件的购买者不计入人数限制内。该购买者的身价至少需达美金100万元或年收入达20万美元，或者至少15万美元的投资，而且该项金额不得超过他资产净值的20%。当有限私有合伙公司(Private Limited Partnership)在做私募(Private Placement)时，因无力通过只有较少资金的35名投资者筹足资金而利用这种方式让投资大户参与投资，这项规定并没有对外国投资者加以设限。
	Adjusted Present Value, APV	经调整的现值	净现值法中的一个变量，适用于公司债务发生变化或公司过去有损失因而可以冲减应税收入的情况。
	Advisory Board	顾问委员会	由有限合作伙伴或外部人士组成的、向私人权益投资机构提供建议的委员会。例如，该委员会可以在每个财务年度末就基金总体发展战略或为私营企业估值提供指导意见。
	Agency Problem	代理问题	代理人和投资者之间的冲突，或者更一般的说，是指代理人不愿意服从雇佣他的委托人的意愿的情况。
	Angel/Angel Investor	天使投资者	投资于创业企业的富有个人。他们所用于投资的是自己的资本而不是机构或是其他个人投资者的资本，通常投资于高风险高回报的项目。
	Angels Financing	天使融资	从富有的个人投资者取得的融资，一般用于种子期融资。
	Anti-dilution Provision	反稀释条款	用于优先股协议中的一个条款，如果公司在后期融资中的价值评估低于优先股投资者的股份购买价格，这一条款将向上调整优先股股东的股份数量(或在公司中的股份比例)。
	Asset Allocation	资产分配	机构或个人投资者将其投资组合在不同种类的投资类型之间进行分配的过程。
	Asset Class	资产类型	机构或个人投资者在进行资产分配过程中所考虑的许多投资类型中的一种——例如：债券、房地产和私人权益。

字母顺序	专业词汇	对应中文	释义
	Associate	助理	私人权益资本中的非合作人的专业雇员。
	Asymmetric Information Problem	信息不对称问题	由于创业者负责企业的日常经营活动，所以，他对企业前景的了解要多于投资者、供应商或者战略伙伴。
B	Balanced Portfolio	均衡投资组合	在风险投资中特指包含各阶段投资项目的投资组合。
	Best Effort	尽力而为	投资银行为公司安排发行证券集资时，答应尽全力经销的承诺形式，但销售的风险由发行机构自行承担，与包销(Underwriting)形式不同。
	Beta	贝塔	用以衡量某个公司的市场价值与总体市场指数价值的偏离程度变量。例如，贝塔系数为0的公司与市场没有相关性，贝塔系数为1的公司与市场运动方向完全一致，而贝塔系数大于1的公司则比市场指数变动更为剧烈。
	Bogey	标准杆	用以衡量投资组合或基金回报水平的参照指标，如S&P 500。
	Book-to-market Ratio	帐面价值-市场价值比率	公司股票的会计(账面)价值与市场价值(即流通股数量乘以每股的价格)之比。
	Bridge Financing	过渡融资	在下一轮融资之前，为创业者提供的短期债务融资。一般是在公开招股和私募之前，为不使业务停顿而由包销商等提供给创业者的。时间短至数月，长达年余。
C	Call Option	买入期权	在一个给定的期限内以某一给定价格(或在某一价格范围内)购买某种证券的权利(但无此义务)。
	Callable	可回购	一种证券的特征，该证券的发行者拥有从证券持有人购回该证券的选择权。
	Capital Structure	资本结构	某一企业股本和债务资本的比例结构。
	Carried Interest	附带收益	一只风险投资合伙基金中普通合伙人所分得的利润份额，通常在20%左右。
	Catch Up	跟上	私人权益合作协议中的条款，通常与优先回报一起使用。该条款允许普通合伙人在有限合伙人收回全部投资资本加上一定优先回报后可以得到后续分配中的全部或大部分，这一过程一直会持续到普通合伙人已得到协议中规定的比例的回报(如20%)时为止。

字母顺序	专业词汇	对应中文	释义
	Certification	认证	某一著名私人权益投资者或者其他金融中介机构向公司和个人提供的"批准图章"。
	Claw Back	补回	有限合伙协议中的条款之一。如果普通合伙人得到了超过协议规定的分配，在基金期限结束时他们必须将超出部分归还给有限合伙人。
	Closed-end Fund	封闭式基金	具有固定投资额度的公开交易的基金，其股份只能出售给其他投资者（而不是由发行公司 回，与开放式基金不同）。许多早期的风险投资基金都采用了这种组织形式。
	Coinvestment	共同投资	一次私人权益资本融资过程中的辛迪加，或在一次融资过程中由普通合伙人或有限合伙人与私人权益基金共同进行的投资。
	Collar	上下限	两个金额相同、执行价格稍有差别的买入与卖出期权的组合。
'	Committed Capital	承付资本	承诺向一只风险投资基金提供的资本。该资本一般不是一次性提供完毕，而是从基金建立的年份起，在3～5年内陆续投入。
	Common Stock	普通股	一般由管理者和创立人所持有的权利。在首次公开发行的时候，所有者权益一般都转换为普通股。
	Community Development Venture Capital	社区发展风险投资	由非盈利机构发起的风险投资基金，通常具有鼓励经济发展和追求财务回报的双重目标。
	Companion Fund	伴随基金	该基金通常与某个传统的私人权益基金同时发起，但只面向特定的投资者。这种基金通常比传统基金有着更优惠的条件（如较低的管理费、没有附带受益等）。
	Consolidation	合并	一种私人权益资本投资策略，把几个小企业合并，以实现规模经济或范围经济。
	Conversion Ratio	转换比率	一单位可转换的债券或可交换的股票数。
	Convertible Equity or Debt	可转换股票或债券	一种在某种条件下可被转换成另一种证券（通常为普通股）的证券。可转换的股票通常都具有某些普通股所没有的权利。
	Cooperative Research and Development Agreement, Crada	合作研发协会	一种在联邦研究机构与私人公司之间的合作安排，最先在20世纪80年代初由国会授权。

字母顺序	专业词汇	对应中文	释义
	Corporate Venture Capital	公司风险投资	有明确主营业务的非金融企业在其内部或外部进行的风险投资。在组织新方式上通常是公司的附属机构，而不是有限合作制。
	Credit Crunch	信用紧缩	由于监管行动和经济条件得变化而导致的银行贷款或者其他债务融资规模的急剧缩减。20 世纪 90 年代初美国就经历了这样一个时期。
	Cumulative Redeemable Preferred Stock	可积累可回优先股	参见可回优先股 。
D	Deposit-oriented Lease	存款抵押租赁	在风险租赁中，有一种租赁形式要求承租方以现金存款抵押，其金额大约为租赁总额度的30% ～ 50%。
	Dilution	稀释	由于新一轮融资而导致企业创始人和以前投资者股份比例的缩减。
	Direct Investment	直接投资	又有限合作人或基金之基金向创业企业或重组企业的投资。
	Disbursement	拨付款项	风险投资家对公司的一笔投资。
	Distressed Debt	廉价债务	一种购买陷入财务困难的公司的折价债券的私人权益资本投资策略。出入困难的公司债券的投资者通常把他们持有的债券转为股权，然后积极参与陷入困境公司的经营管理。
	Distribution	分配	风险投资家把持有的（一般公开交易的）所投资公司的股票或现金转移给每位有限合伙人以及（经常）他们自己。
	Down Round	贬值轮次	指企业价值比上次低的融资轮次。
	Draw Down	入资	参见注资（Take Down）。
	Due Diligence	尽职调查	由潜在投资者（个人或机构）对投资项目所做的调查。目的是分析和评估项目的价值、资金需求和投资潜质，降低投资风险。
E	Early Stage	初创期	在风险投资业中指新办企业发展的第二个阶段，即种子期之后、成长期之前。
	Earning Before Interest and Taxes, Ebit	息税前收益	一种衡量企业盈利能力的指标，计算企业在利息支出和税负调整前的利润。这种方法通常用来比较具有不同负债水平的公司。
	Elasticity	弹性	一个变量发生在1%的变化而引起另一个变量变化的百分比。

字母顺序	专业词汇	对应中文	释义
	Elevator Pitch	电梯推介	指创业投资者用最精炼的语言对创业构思、商业模型、公司组织方案、市场战略和对投资方的要求进行的概括说明。一般要求在几分钟之内完成。因推介时间短，甚至可以在电梯上下途中完成一次对潜在投资者的推介而得名。
	Employee Retirement Income Security Act, ERISA	《雇员退休收入安全法案》	于1974年通过，修改了对公司养老基金计划的监督。参见谨慎人规则(Prudent Man Rule)。
	Endowment	捐赠	由许多大学、医院、基金会和其他非盈利组织拥有的长期金融资产。
	Equipment Takedown Schedule	设备到位进度	指风险租赁合同中规定的承租人提取资金购买预先批准的设备的时间安排。
	Equity Kicker	股权附带	指在以债务为主的融资中加上少量股份或认股权证。
	Exercise Price	执行价格	指期权或认股权执行所用的价格。
	Exit	退出	在风险投资业中指风险投资方将其所持有的公司股份转让或交换的过程，是风险投资家获利变现的重要步骤。
	Exit Strategy	退出策略	指基金退出所投资企业以变现并取得最大收益的具体方式。具体方式的选取取决于当时的退出环境(包括市场状况、行业发展趋势等)。可选择的方式有出售所投资公司、再融资、公开招股后将所持股份出售等。
	External Corporate Venture Capital	外部公司风险投资	投资于本公司之外的创业企业的公司风险投资计划。这些投资通常于其他风险投资家的投资一起进行。
F	Financing Round	融资轮次	私人权益资本投资机构向企业提供资本时所用的术语。由于风险投资机构通常只向某一阶段的企业提供资本，典型的风险企业通常在几年中要进行几轮融资。
	Firm Commitment	稳固承诺	指承销商通过从企业购买所有的证券然后再出售，从而对企业提供购买价格的保证。实际上，这样的交易往往在交易发生前的一夜才会达成，所以，承销商承担的风险通常很小。
	First Closing	第一次关闭	一只基金的首次关闭。
	First Dollar Carry	第一次附带收益	有限合伙协议中的条款之一。允许普通合伙人在有限合伙人收回已投资资本后可以立即得到附带收益分配。更通常的替代性的做法是普通合伙人只有在有限合伙人收回所有已投资资本与管理费之后可以得到附带收益分配。

字母顺序	专业词汇	对应中文	释义
	First Fund	第一只基金	一个风险投资机构筹集的最初一只基金。
	Float	流通股数	公司流通在外可供交易的股票数量，与公司内部持有部分相对。
	Follow-on Fund	后续基金	一个风险投资机构在第一只基金之后所筹集的基金。
	Follow-on Offering	后续发行	参见经验股票发行（Secondary Equity Offering)
	Form 10-k	10-k 表格	所有公开交易的企业和特定的私人企业根据美国证券交易委员会要求每年上报的。这一表格提供了广泛的企业数据摘要。
	Found Focus	基金的投资取向	指风险投资基金主要的投资方式。包括B（均衡投资）、S/E（种子期和初创期投资）LS（后期投资）或LBO（杠杆收购）等。
	Founder' s Shares	创始人持股	指在一轮或几轮融资后，企业创始人持有公司股份的数目或比例。
	Free Cash-flow Problem	自由现金流问题	指在正常的经营和投资之外进行浪费性支出的诱惑。
	"Friend and Family" Fund	"朋友与家庭"基金	参见伴随基金（Companion Fund)。
	Fund	基金	由私人权益资本投资机构定期投机的资金池。通常采取有限合作的形式，私人权益基金一般有着10年的期限，但是通常可以拖长几年。
	Fund of Funds	基金之基金	主要投资于其他私人权益基金而不是经营性企业的基金，通常由投资顾问机构或投资银行发起。
G	Gatekeeper	看门人	即投资顾问（Ivestment Adviser)。
	General Partner	普通合伙人	在有限合伙制风险投资企业中，指对企业所有管理决策负责的合伙人。普通合伙人承担为企业谋取最大利益的受托责任，并为其行为负全责。
	Glass － steagall Act	《格拉斯－斯蒂格尔法案》	于1933年通过，限制美国商业拥有企业股权和从事承销业务。
	Grandstanding Problem	逐名问题	新成立的风险投资机构有时采用的策略，即通过匆忙把公司推向上市来证明自己的成功业绩，尽管这些公司并未做好公开上市的准备。
	Green Shoe Option	绿鞋选择权	承销协议中的条款之一，允许承销商在发行时超额出售股份(通常超额15%)。
H	Hedging	套期保值/对冲	可以使投资者限制由于现有资产或金融债务价值变化而带来的损失的证券交易。例如，农场主可以通过在收割前锁定部分谷物的销售价格而避免由于谷物价格波动带来的风险。

字母顺序	专业词汇	对应中文	释义
	Herding Problem	羊群问题	投资者，尤其是机构投资者所作的投资相互之间过于类似而没有适应各自的特点。
	Hot Issue Market	热点发行市场	对新证券发行，尤其是首次公开发行。
	Hurdle Rate	最低固定报酬率	(1)在普通合伙人参与任何分配之前，有限合伙人必须得到的固定回报率，或者(2)在普通合伙人开始参与任何分配之前基金的净资产价值必须达到的水平。
I	Implicit Rate	绝对回报率	也称为绝对收益(Implicit Yield)，在风险租赁中，绝对回报率是指在不考虑作为交易一部分的认股权价值情况下的年回报率水平。
	In the Money	溢价/价内	在立即执行的情况下具有正价值的期权或认股权。
	Inadvertent Investment Company	无意投资公司	碰巧符合《1940年投资公司法案》对投资公司的定义的生产经营性公司。
	Initial Public Offering , IPO	首次公开发行	以前从未在任何公共股票交易所交易过的公司首次向公众投资发行的股份。一般由投资银行承销这些发行的股票。
	Insider	内部人	至少拥有一定比率(通常是10%)公司股份的董事，官员或股东。
	Intangible Asset	无形资产	专利、贸易秘密、非正式专有技术、品牌资本或是其他非物理资产。
	Internal Corporate Venture Capital Program	内部公司风险投资计划	投资于产生自本公司内部的商业构想的公司风险投资计划。
	Intrapreneuring	内部创业	投资于产生自本公司内部的商业构想的公司风险投资计划。这一术语通常特指公司有意将所投资的新企业收购的情况。
	Investment Adviser	投资顾问	一种投资中介，帮助投资者特别是机构投资者投资于私人权益资本和其他金融资产。投资顾问为其客户评估其潜在的新基金，同时监督现有投资的进展。有时候他们将投资者的资本组成基金之基金。
	Investment Bank	投资银行	一种金融中介，提供证券发行承销，便利兼并和收购，从事自营业务，并提供其他服务。
	Investment Committee	投资委员会	通常由私人权益基金的普通合伙人组成的委员会，审查潜在的和/或过去的投资目　。
	Investment Company Act of 1940	《1940年投资公司法案》	该法案要求共同披露详细信息，并对其经营活动施加限制。公开交易的风险投资基金需要考虑的一个主要问题就是如何避免成为该法案中定义的投资公司。

字母顺序	专业词汇	对应中文	释义
	Investment Letter	投资函	特指(美国)按照“D规则”购买未备案长期证券时,投资者出具的证明其长期投资行为的函件。所指长期投资必须持有一年以上方可出售。
	Investment Trust	投资信托	参见封闭式基金(Closed-end Fund),这一术语在英国比较普遍。
	Investor Buyout, IBO	投资者并购	参见管理层购入(Management Buy-in)。
L	Later Stage(LS)	扩张期	在风险投资业中,扩张期是企业成长的重要阶段之一,在这个阶段,企业融资的主要目的是扩大生产、运输和销售规模,以抢占市场,降低成本。是风险基金投资取向之一。
	Lease Line	租赁额度	类似于银行的信贷额度,在租赁额度内,风险租赁;承租方可以根据事先商定的时间进行提取资金购买所需设备。
	Lemons Problem	次品问题/逆向选择问题	参见信息不对称问题。
	Lessee	承租方	租赁协议的一方,在租赁期内可以使用设备,有义务按月支付租金。
	Lessor	出租方	租赁协议的一方,拥有设备的所有权,在租赁期内将设备使用权出让给承租方,并收取租金。
	Leveraged Buyout Fund	杠杆购并基金	一种基金,一般与风险投资基金具有类似组织结构,但专业从事杠杆购并投资。一些杠杆并购基金也从事风险投资业务。
	Leveraged Buyout(LBO)	杠杠收购	通过借贷资本获得另外一个公司的+d122产权的收购行为。在风险投资企业中,常见的是企业合伙人或现有管理人员利用风险企业的资产进行贷款担保,以购买现有企业或其资产。杠杆收购投资风险较高。
	Leveraged Recapitalization	杠杆性重组	管理团队(而不像杠杆购并中由新的投资者)借钱收购其他投资者的利益,与杠杆购并一样,债务以后由企业的现金归还。
	Licensee	获许可方	许可协议中的一方,通过交许可费获许可使用某项技术、产品或品牌。
	Licensor	许可方	许可协议中的一方,将自己拥有的某项技术、产品或品牌提供给获许可方使用,并收取费用。
	Limit Order	限价指令	在已获承销的首次刚开发行中,由私人或机构投资者作出的决定于价格的指令:例如,投资者向购买1万股股票,条件是发行价低于12美分。

字母顺序	专业词汇	对应中文	释义
	Limited Partner	有限合伙人	在有限合伙制企业中以出资对企业承担有限责任的合伙人，可以监督企业运行但不能参与日常管理，否则不能免除无限责任。参见 Limited Partnership。
	Limited Partnership	有限合伙制企业	是美国多数风险投资机构和私募基金的组织方式。在有限合伙制下，有限合伙人只对其出资承担有限责任，一般合伙人（或称普通合伙人）或管理团队在合伙协议条款约束下管理企业，对其管理决策承担责任。有限合伙制通常是有固定期限的。
	Liquidation Preference Provision	优先清偿条款	优先股协议中的条款之一，禁止公司的内部人和私人权益投资者在发行时出售股票。
	Lock Up	锁定	投资银行与现有的股东之间签署的承销协议中的条款之一，禁止公司内部人和私人权益投资者在发行时出售股票。
M	Mandatory Conversion Provision	强制转换条款	优先股协议中的条款之一，要求优先股持有人将其股份转换成普通股。一般来说，优先股持有人通常在公司首次公开发行的情况下至少将一定规模和一定价值的优先股转换成普通股。
	Management Buy-in ,MBI	管理层收购	欧洲常用术语，外部投资者购买对公司有控制权数量的股票并保留现有的管理层不变。
	Management Buyout， MBO	管理层收购	欧洲常用术语，公司管理层将公司流通在外的股票全数购回，并将公司私有化。
	Management Fee	管理费	在风险投资中特指一般合伙人或投资顾问因管理风险基金而取得的报酬。
	Managing General Partner	执行普通合伙人	一个或多个最终为基金管理负责人的普通合伙人。
	Mandatory Redemption Provision	强制回条款	优先股协议中的条款之一，要求企业按照一定的安排将股份从私人权益投资者　回。通常在可　回优先股投资中使用。
	Market Maker	市场创造者	在证券市场通过自己的户口调控某一证券在市场上的买价和卖价以确保证券交易流动性的投资银行或经纪人。作为其责任的一部分，市场创造着需要持有公司大量的股票作为存货。
	Market-to-book Ratio	市场价值一账面价值比率	账面价值一市场价值比率的倒数。
	Mega-fund	巨型基金	最大的风险投资或私人权益基金，根据承诺资本的规模衡量。
	Mezzanine	麦则恩	在首次公开发行前不久进行的一轮私人权益融资，或者利用次级债务进行的投资，该次级债务拥有的优先权比银行贷款少，但比权益资本多，并且通常附有认股权。

字母顺序	专业词汇	对应中文	释义
	Mezzanine Finance	夹层投资；麦则恩投资	也可直译作“麦特恩投资”。Mezzanine的英文原意是底楼与二楼之间的半层楼，在风险投资业中，特指对成长到扩张阶段，尚未盈利，但仍然需要大量资金进行扩张的风险企业进行投资。就投资的风险和回报水平来说，夹层投资是界于传统风险投资和一般债权、股权投资之间的投资行为。常见于（1）对不久即进行公开招股的风险企业的短期投资；（2）比银行贷款条件宽松但又比股权投资附加更多偿还条件的投资，一般可取得购股权。
	Milestone Payments	进度付款	根据许可协议，由获许可方在特定的时间向许可方支付的款项。
	Mutual Fund	共同基金	即开放式基金，指规模不设上限的投资基金。
N	Naked Short	口卖空	在证券承销中，指承销销售了超过协议中规定的数量（以及根据绿鞋选择权超卖的部分）的股份。在这种情况下，承销商必须发行结束后从公开市场买回这些超出的股份以弥补其空头头寸。
	Net Asset Value, NAV	基金净值	一只基金持有的股票的价值，可以采用各种估价规则来计算。
	Net Financing Cost	净融资成本	即资产的购入成本与其带来的现金流入之间的差额。
	Net Income	净收入	某一企业税后的利润。
	Net Operating Losses, NOLs	净经营损失	给予蒙受财务损失的企业的税收优惠。这些优惠一般只能在企业有了盈利之后才能使用。
	Net Present Value, NPV	净现值	一种价值评估方法，计算一个或多个时期的未来期望现金流量并将他们以一定的贴现率进行贴现以体现资本成本（结果将因现金流量的风险程度流量不同而变化）。
O	Offering Memorandum	募股说明书	指为募集股份而发布的说明募股条款的文件。其内容和结构都类似商业计划书。同Private Placement Memorandum。
	Open-end Fund	开放式基金	见Mutual Fund。
	Operating Lease	经营租赁	风险租赁中的短期租赁，客户只使用设备有用年限中的一部分。与所有权相关的义务由出租方承担，包括维护、保险和税收。
	Option	期权	在一个给定的期限内以某一给定的价格（或在某一价格范围内）购买或者出售某种证券的权利（但无此义务）。

字母顺序	专业词汇	对应中文	释义
	Option Pool	期权储备	非上市公司储备一部分股权用于未来作为期权发出。
	Out of Money	蚀价/价外	在立即执行的情况下具有负价值的期权或认股权。
P	Participating Convertible Preferred Stock	参与可转换优先股	参见参与优先股。
	Participating Preferred Stock	参与优先股	可转换优先股的一种，在特定的条件下，持有人可以既收回他的初始投资资本，也能享有公司的股份。
	Partnership Agreement	合伙协议	明确界定在私人权益基金存续期内约束投资人(有限合作伙伴)和风险投资家(普通合伙人)之间的报酬和条件的合同。有时也指普通合伙人之间签署的关于基金内部运作(例如，附带受益的分配)的协议。
	Patent	专利	由政府根据一定的条件在一定期限内授予一个或多个发明人特殊的权利。
	Phantom Stock	虚拟股票	一种报酬形式，有时用于内部公司风险投资计划，是模仿股票的雇员报酬方案，但雇员并不实际拥有股权。这样的报酬计划往往有着负面的税收和会计效果。
	Piggyback Registration	连带登记	证券包销商允许公司现有股份随同新发行股份一起销售时向证券与交易委员会(SEC)的登记。
	Placement Agent	销售代理	指风险企业为筹集风险投资聘请的代理商。
	Point	点	私人权益基金利润的1%。私人权益基金的普通合伙人通常可以分得20个点，即基金利润的20%，然后再在各个普通合伙人个人之间进行分配。
	Post Venture Capital Index (PVCI)	后风险投资指数	1995年Thomson Financial Venture Economics和Warburg Pincus Counselors推出的反映风险企业上市后的表现的指数。以1986年1月31日为100点基准按市场比例加权计算，上市超过10年的风险企业将从指数中剔除。
	Post-money Valuation	融资后估价	即融资后企业的市值。若为非上市公司，则相当于融资前估价与获得投资的和。
	Preemptive Right	优先购股权	现有股东在新发行股票时以当时价格购入一定股份以保持其持股份额的权利。
	Preferred Return	优先回报	有限合伙协议中的条款之一，规定有限合伙人在普通合伙人参与任何附带收益分配前不仅可以全部收回他们的投资资本，而且可以得到按合同规定的某一百分比计算的基金回报。
	Preferred Stock	优先股	在企业清算的情况下对与此相关的任何股利或其他支付比普通股有优先请求权的股份。优先股股东还可能有一些其他权利，例如，否决公司合并或替换管理层。

字母顺序	专业词汇	对应中文	释义
	Preliminary Prospectus	初步招股书	发行新股前的第一个说明书，发布的目的是要看市场对该拟发股票的反应，其中并不提供新股票的价格，但一般给出一个价格范围。参见“Red Herring”。
	Pre-money Valuation	融资前估价	即融资前企业的市值。若是非上市公司，常用市盈率和预计盈利水平等指标来推算得出。
	Price-earning Ratio, P-E Ratio	市盈率	企业每股价格与企业每股盈余(净利润除以发行在外股份数)的比率。
	Primary Investment	初次投资	由有限合作人或基金之基金向正在进行融资的私人权益合作进行的投资。
	Private Equity	私募资本	包括对风险投资、杠杆收购、购并、半层投资和不良资产进行投资的民间组织。风险租赁(Venture Leasing)和风险分销(Venture Factoring)也是其衍生的投资品种。在美国以外，这个概念常与风险投资混用。
	Private Placement	私募	向机构投资者直接出售证券以募集资金。比起公开发行来，私募可规避在(美国)证券交易委员会(SEC)的注册程序并节省发行费用。投资者要签署一份投资函，以声明购买该股份的目的是投资而不是为了再次出售(见 Investment Letter)。
	Private Placement Memorandum	募股说明书	见 Offering Memorandum。
	Pro Forma	试算表	预测某一企业未来损益表或资产负债表的财务报表，通常被作为对企业进行价值评估的依据。
	Prospectus	招股说明书	向美国证券交易委员会提交的注册表格的广泛流传的精简版本。招股说明书提供了有关企业各方面的摘要信息。
	Proxy Statement	代理须知	向美国证券交易委员会提交的报表之一，经股东授权在股东大会上采取行动或投票的代理人向股东征求代理权的资讯披露文件，一般需要提供董事会人员名单，内部人薪酬等信息。
	Prudent Man Rule	谨慎人规则	在 1979 年之前，《雇员退休收入安全法案》(ERISA)中的一款，该条款禁止养老基金大量投资于私人权益或其他高风险的资产类型。1979 年，美国劳工部对该条款进行了重新诠释，允许养老基金经理投资于高风险资产，包括私人权益。
	Public Venture Capital	公共风险投资	由政府部门发起的风险投资基金，或其他从事风险投资业务的公共基金，例如，小企业投资公司和小企业创新研究计划。
	Put Option	卖出期权	在一个给定的期限里以某一给定的价格(或在某一价格范围内)卖出某种证券的权利(但无此义务)。

字母顺序	专业词汇	对应中文	释义
	Putable	可出售	一种证券，该证券持有人拥有将该证券卖给发行人的选择权。
R	Re-capitalization	资本调整	即公司资本结构的重组，也是风险投资退出机制的一种。
	Red Herring	初步招股书	同 Preliminary Prospectus。Red Herring 的原意是制成红色的　鱼。用在此处一方面是因为初步招股书通常将封面左侧印成红色以引起投资者对潜在风险的重视，另一方面也是借　鱼在经过“　制”后变色的道理暗喻初步招股书是经过包装的文件，内容可能过于乐观。
	Redeemable Preferred Stock	可回优先股	优先股的一种，持有人没有权利还换成普通股。对投资者的回报与投资者的回报类似，包括一系列的股利以及在合同规定的公司必须　回股份的时间将股票的面值支付投资者。
	Registration Right Provision	注册权条款	优先股协议上的条款之一，允许私人权益投资者强制公司上市，或者在企业上市时将投资者的股份作为公开发行的股份的一部分。
	Registration Statement	注册说明书	美国企业公开发售股份前必须向证券与交易委员会（SEC）提交的报告。内容包括企业的主要经营数据和一些重要的法律文件。
	Residual Value	残值	在风险租赁中，租赁设备在租赁期满时的公平市场价值。
	Restricted Shares	受限股份	在美国，在私募中购得的股份被视为受限股份，除非在交易所登记或者过一定期限，否则不能公开发售。非关联人可在购入一年后每季度卖出所持股份1%以内的股票，关联人的受限期限是2年。
	Restricted Stock	限制股票	美国证券交易委员会的规定不能出售或只能有限数量出售的股票。
	Reverse Claw Back	逆向补回条款	有限合伙协议中的条款之一，如果有限合伙人得到了比协议规定的水平更多的分配，该条款要求有限合伙人在基金期限结束时将多分配的部分退回给普通合伙人。
	Right of First Refusal	第一拒绝权	一种合同条款，给予某一公司或私人权益基金比其他公司或基金优先获得与另一个机构相关的购买、许可或投资权利。另一个效力稍弱的条款叫做第一注视权。
	Road Show	路演	向潜在投资者推销风险基金或者公开发行证券的行为。
	Round	轮次	参见融资轮次。

字母顺序	专业词汇	对应中文	释义
	Royalty	特许权使用费	根据许可协议，获许可方向许可方支付的一定的百分比的销售额或利润。
	Rule 10(b)-5	10(b)-5 规则	美国证券交易委员会的规定，主要禁止证券买卖中的欺诈行为。
	Rule 144	144 规则	美国证券交易委员会的监督规则，规定在购买限制股票(Restricted Stock)后一年内(原先规定是两年内)不得出售该股票，同时限制了在购买该股票第二年到第三年(原先规定为第三年到第四年)之间出售该股票的速度。
	Rule 16(a)	16(a) 规则	美国证券交易委员会的规定，要求内部人按月披露任何有关公司股票交易的情况。
	Rule of 99	99 规则	《1940年投资公司法案》中的一个条款，规定不将可信投资者人数在99人内的公司做为投资公司对待。该规定在1996年对《1940年投资公司法案》的一次修订中进一步放松。
S	Secondary Equity Offering	经验股票发行	已完成了首次公开发行并且其股票已经公开交易的企业再次发行股票。
	Secondary Investment	二次投资	有限合伙人或基金之基金从其他有限合伙人处购买已经存在的有限合伙人的权益。
	Secondary Offering	二级发行	不是由企业而是由现有股东进行的股份发行，因此，企业得不到出售这些股份的收入。
	Secondary Sale	二手交易	风险投资业中特指风险投资家将所持有的私募股份或受限股份出售给其他投资者的过程。
	Seed Money	种子投资	即风险企业种子期取得的风险投资。通常以贷款、优先股或者可转换债券的形式取得，也有时用普通股方式。
	Seed Stage	种子期	风险投资基金投资策略的一种。主要对尚未开展，处于萌芽状态的业务进行投资。
	Shares Outstanding	流通股	公司已经对外发行的股份。
	Small Business Administration（SBA）	小企业管理局	美国政府机构，1953年正式设立。成立宗旨是为小企业提供贷款、担保、合同、咨询等多方面支援。
	Small Business Investment Company（SBIC）program	小企业投资公司计划	美国联邦政府担保的，专门用于支持小企业发展的风险基金。于1958年由议会批准，由小企业管理局(SBA)管理，此基金于20世纪60年代大幅增值，但后来因大量企业遇到管理和激励问题而萎缩。
	Social Venture Capital	社会风险投资	社区发展风险投资或公共风险投资(见各自定义)。

字母顺序	专业词汇	对应中文	释义
	Special Limited Partner	特殊有限合伙人	参与分配部分附带收益的有限合伙人。在许多情况下，新基金的第一个投资者往往被给予特殊有限合伙人的地位。
	Staging	分阶段（投资）	投资机构向创业者投资时将资金分期投入，每一阶段均分别设定特定的业务目标为投资条件的投资策略。这种投资策略有助于避免资金被浪费在不盈利的项目上。
	Stapled Fund	盯住基金	与另一只私人权益基金同时发起的基金，按一定比例投资于另一基金选定的（事先确定好的）某一类项目。有时，这一术语用来指那些投资于另一基金选定的所有 目、但面向不同种类的投资者（例如，国外有限合伙人）而发起的基金。
	Stock Appreciation Right	股票溢价权	一种虚拟股票报酬安排。
	Straight Preferred Stock	直接优先股	参见可回优先股 。
	Strategic Investors	战略投资者	能以行业或个人关系为创业者在资金之外提供市场、管理、销售等帮助的机构或个人投资者。
	Super Majority Voting Provision	绝大多数投票权条款	优先股协议中的条款之一，要求某一特定的决策需要得到绝大多数优先股股东的投票同意。
	Syndicate	辛迪加	两个或两个以上的私人权益投资机构共同购买某一企业的股份，或者两个或两个以上的投资银行共同承销某一企业的股份发行。
T	Takedown	注资	部分或全部资本从有限合伙人向有限合伙制企业（基金）投入的过程。
	Takedown Schedule	注资时间表	在风险投资企业中，指招股说明书中列明的有限合伙人为企业（基金）注资的具体时间安排。
	Tangible Assert	有形资产	机器、建筑物、土地、存货或者其他物理资产。
	Term of Lease	租赁期	在风险投资中指租赁的有效期，通常具体到月，并且在一开始就确定。
	Term Sheet	投资条款清单	某一私人权益合伙或股份购买协议结构的初步框架，通常在正式成为合同语言前就已获得各方的同意。
	Tombstone	碑	指承销商通常在主流商业出版物上为其承销的股份发行所做的广告宣传。
	Trade Sale	交易出售	欧洲常用术语，指私人权益资本投资机构通过出售给一家公司而退出对某一企业的投资。
	Triple-net Full-payout Lease	三净全付租赁	一种长期风险租赁，承租方支付的租金中包括承租设备的所有成本，且承租方承担与设备所有权相关的所有责任，包括维护、保险和税收。

字母顺序	专业词汇	对应中文	释义
U	Uncertainty Problem	不确定性问题	某一公司或 目潜在产出的多种可能性。潜在产出的可能分布越广泛，不确定性越大。
	Underpricing	偏低定价	对计划交易价格的折价，在首次公开发行中投资银行通常按这一折价出售证券。第一个交易日较高的回报通常被金融经济学家视为偏低定价的证据。
	Underwriter	承销商	承销股票发行的投资银行。
	Underwriting	承销	投资银行从发行证券的公司购入证券然后（通常是立即）再出售给投资者。
	Unrelated Business Taxable Income（UBIT）	非主营应税业务收入	指获得税收优惠的企业从其从事的非主营应税业务中取得的收入。如果风险投资企业从债务投资中取得收益比重较大时，免税的有限合伙人将可能面临为非主营业务收入纳税的问题。
	Unseasoned Equity Offering	无经验股票发行	参见首次公开发行。
	Up-front Fees	前期费用	在许可协议中，由被许可方在协议签定时向许可方支付的不可回的费用 。
V	Valuation Rule	价值评估规则	私人权益基金为其投资组合中的公共和私人企业的定价规则。
	Venture Capital	风险投资	也作创业投资。指独立运作的，专对新兴的，迅速发展的，有巨大竞争潜力的私营企业提供的资本，通常是权益性资本。
	Venture Capital Method	风险投资法	一种价值评估方法，假设企业未来是成功的，计算企业在未来某个时点的价值，然后将该预测价值按一个较高的贴现率进行贴现。
	Venture Capitalist	风险投资家	风险投资机构中的一般合伙人或其集体。
	Venture Leasing	风险租赁	私人资本投资策略之一，指向成长初期的高风险企业租出设备或其他资产进行投资。通常投资者可得到被投资风险企业的购股权。
	Venture-backed Company	接受过风险投资的企业	指风险投资资助过的企业。
	Vesting	分期到位	雇佣协议中的条款之一，限制雇员立即执行其股份期权的部分或全部。这一条款通常确定一个雇员在不同时间被允许执行股份期权的百分比的进度表，这也被称作分期到位进度安排（Vesting Schedule）。
	Vintage	创始时间	Vintage一词的原意是葡萄酒的生产年份，在风险投资业中指风险投资基金的设立时间，即资本首次投入基金的时间。
	Vintage Year	收获年	如果一组基金的第一次封闭时间都在同一年，则这一年被称为收获年。

字母顺序	专业词汇	对应中文	释义
W	Warrant-based Lease	附认股权租赁	在风险租赁中，指那些要求承租方让出租方以权益性质参与的租赁，通常采用认股权的形式。
	Warrants	认股权	购买某一公司发行的股份的选择权。
	Window Dressing Problem	粉饰门面问题	指基金经理在季度末调整其投资组合，买入股票已上涨的企业，卖出股票下跌的企业以便设置表现优秀的投资组合的行为。这种现象是由于机构投资者不仅检查整个季度的回报，也检查周期末的持股情况。
	Withdraw Offering	撤回的发行	指注册表已提交给美国证券交易委员会，但随后该企业在发行生效前又写信给证券交易委员会撤回此次发行，或者在9个月内发行仍未完成的情况。
	40 Act	1940年法案	参见《1940年投资公司 法案》（Investment Company Act of 1940)。